CW01622286

Y… TELLIER

CAT…UE
DE TIMBRES-POSTE

CENT SEPTIÈME ANNÉE

TOME I

FRANCE

ÉMISSIONS GÉNÉRALES DES COLONIES

2003

TAILLE-DOUCE = LINE ENGRAVING

YVERT&TELLIER

37, rue des Jacobins - 80036 AMIENS CEDEX 1
http://www.yvert-et-tellier.fr

F.C.N.P.

François FELDMAN

10 , rue Drouot - 75009 Paris

Tél : (33). 1.45.23.10.22 - FAX : (33). 1.48.01.03.45

E-mail : FrancoisFeldman@wanadoo.fr

www.Francoisfeldman.com

4 Ventes sur Offres annuelles
Catalogue disponible sur demande
Visitez notre site internet
et retrouvez l'intégralité du catalogue
Vente au détail au magasin.

Vous recherchez?

Pièces sortant de l'ordinaire de France Colonies Europe et Outremer

Timbres rares

Variétés non émis essais épreuves ...

Vous vendez?

Collections de toute importance

timbres rares classiques ou semi-modernes lettres tous pays stocks

N'HÉSITEZ PAS !

DANS VOTRE INTÉRÊT CONSULTEZ NOUS !

PHILATÉLIE

Le présent volume constitue le titre I du

Catalogue YVERT & TELLIER pour 2003

L'ouvrage complet se compose de quinze volumes, qui sont en vente chez les négociants en timbres-poste, chez les libraires et dans les grands magasins :

- Tome de Référence des Catalogues

Outil pour l'identification et le classement des Timbres-Poste.

I. - FRANCE (en couleurs).
Émissions Générales des Colonies.

Ibis. - Monaco - Andorre - Europa - Nations Unies (en couleurs).

II. - Colonies Françaises et Territoires d'Outre-Mer (1re partie en couleurs). ***Édition 2002.***

II. - PAYS INDÉPENDANTS D'AFRIQUE (2e partie). ***Édition 2002.***
Cambodge - Laos - Vanuatu - Vietnam.

III. - EUROPE de l'Ouest (1re partie Allemagne à Grèce).

III. - EUROPE de l'Ouest (2e partie Héligoland à Yougoslavie). ***Édition 2001.***

IV. - EUROPE de l'Est. (1re partie Albanie à Pologne).

IV. - EUROPE de l'Est. (2e partie Roumanie à Ukraine). *(à paraître).*

V. - OUTRE-MER (Aden à Brésil) (1re partie). ***Édition 1998.***

V. - OUTRE-MER (Brunei à Cyrénaïque) (2e partie). ***Édition 1998.***

V. - OUTRE-MER (Dominicaine à Guatemala) (3e partie). ***Édition 1999.***

VI. - OUTRE-MER (Guinée-Bissau à Lesotho) (1re partie). ***Édition 2000.***

VI. - OUTRE-MER (Liban à Nyassaland) (2e partie). ***Édition 2000.***

VII. - OUTRE-MER (Océan Indien à Samoa) (1re partie). ***Édition 1998.***

VII. - OUTRE-MER (Seychelles à Zoulouland) (2e partie). ***Édition 1998.***

Gestion électronique des Collections

- CD-Rom de : France – Monaco – Belgique.
(Mises à jour annuelles)

ACTUALITÉ

- Nouveautés Mondiales des années : 1998 - 1999 - 2000 - 2001.

PHILATÉLIE FISCALE

- Catalogue des Timbres Fiscaux et Socio-Postaux de France - 2000.

TÉLÉCARTES

- L'Officiel des Télécartes - 2003.

COPYRIGHT

Le présent catalogue constitue la propriété de la Société des **ÉDITIONS YVERT & TELLIER**. La reproduction en est interdite, en tout ou en partie. Cette interdiction s'entend non seulement de la reproduction du texte des notices techniques ou historiques, mais aussi de celle de tous dessins, schémas ou documents graphiques, des tables et tableaux divers, ainsi que des numéros du classement adopté par les éditeurs et des cotes affectées à chacun des timbres énumérés.

ISBN 2-86814-126-9 (Broché)
ISBN 2-86814-127-7 (Cartonné)
Publication annuelle - Imprimé en France.

ACHAT-VENTE-CONSEIL EN PLACEMENT-ESTIMATION
VENTE PAR CORRESPONDANCE (Tarifs sur demande)
TIMBRES DE FRANCE AU DÉTAIL ET TOUS PAYS
ET MATÉRIEL DES GRANDES MARQUES, TOUTES COLLECTIONS.

QUALITÉ - CONFIANCE - CHOIX - PRIX

BERNARD AUMONT

SPÉCIALISTE DE LA QUALITÉ

ACHETE

LES TIMBRES EUROPA, MONACO ET LES BELLES COLLECTIONS TOUS PAYS

LES TIMBRES DE FRANCE
STOCK IMPORTANT
AU JUSTE PRIX !

Par QUANTITÉ,
(même les petites valeurs)
FEUILLE OU 1/2 FEUILLE

TOUT EN 1 SEUL MAGASIN
TIMBRES NEUFS OU OBLITÉRÉS -
MATÉRIEL - LIVRES - JOURNAUX

MAGASIN OUVERT DU MARDI AU VENDREDI :
9h à 12h15 et de 13h15 à 18h00
LE SAMEDI :
de 9h à 12h15 et de 14h à 18h00

En plein centre de Paris,
dans le quartier de l'Art et de la Collection

ACCÈS FACILE - 9 lignes de bus
4 stations de métro - parkings.
22 rue Drouot
PARIS 9ème

Tél. 01 47 70 63 34
et 01 42 46 35 29

COMMANDES PAR FAX 01 42 46 25 32
PAR INTERNET
Site Marchand : bernard-aumont.com
Messagerie internet : AUMONT@noos.fr

TOUTES LES GRANDES MARQUES
AV - CERES - DAVO
DAVO - HAWID - ID
KABE - LEUCHTTURM
LINDNER - MOC
MARINI - PRINZ - SAFE
Yvert & Tellier

REMISE ACCORDÉE DÈS LE 1ER ACHAT,
PRIX CLUB OU PAR QUANTITÉ
TARIFS DES MARQUES
ENVOYÉS SUR SIMPLE DEMANDE

Note de l'Editeur

Tout en conservant la formule qui a fait le succès du catalogue YVERT & TELLIER depuis plus d'un siècle, nous avions affirmé l'année dernière notre volonté de le faire évoluer.

C'est ainsi que vous allez découvrir un somptueux chapitre sur les carnets, complété par un livret de l'expert qui vous guidera dans cette collection passionnante et très prisée.

L'édition 2003 voit aussi le retour de deux rubriques réclamées tant par les collectionneurs que les négociants : les Épreuves de Luxe et la L.V.F.

Comme nous ne craignons pas d'innover vous découvrirez les Timbres-Monnaie, un sujet qui intéressera les amateurs de Semeuses, les Thématistes et les Régionalistes.

Le catalogue continue à s'enrichir de variétés, aussi souvent que possible accompagnées d'une reproduction agrandie.

Non seulement les annonceurs de l'année dernière nous ont renouvelé leurs confiance, mais encore ils ont été rejoints par de nouveaux c'est la preuve que les publicités ont atteint leur objectif.

Nous remercions pour leur active participation à ce catalogue M. Bertrand SINAIS et Madame Agnès MONOTTOLI : comme lors de la dernière édition, ils nous ont apporté leur précieux concours.

En vous souhaitant une bonne lecture nous vous donnons rendez-vous l'année prochaine pour d'autres améliorations et innovations.

Benoît GERVAIS
Christophe YVERT

INDEX ALPHABÉTIQUE

FRANCE

1949. - *Exposition philatélique internationale de Paris (CITEX). Type de 1849. Taille-douce. Non dentelé (bordure dentelée 13).* BF *n° 5.*

841	10 f. (+100 f.) vermil.	400	250	350
	a. (Non dent. complet)		10000	

1949. - *Congrès international de Télégraphie et Téléphonie, à Paris. Taille-douce. Dentelés 13.* ✈

Claude Chappe.

F. Arago et Ampère.

844	10 f. rouge	7	5	6
845	15 f. brun-noir	9	5	7

Emile Baudot.

Général Ferrié.

846	25 f. lie de vin	24	15	20
846A	25 f. *lie de vin*	26000	20000	
847	50 f. bleu	40	25	32
	Nos 844 à 847 sans le 846A (4 val.)	80	50	65
	La série (sans le 846A), non dentelée		1400	

Le n° 846A, portant une erreur de date (1848 au lieu de 1845), n'a pas été émis.

Tirages : 844 : 2 900 000 - 845 : 3 340 000 - 846 : 2 700 000 - 847 : 2 585 000.

Millésime

Légende

Sujet repris à la rubrique Blocs et Feuillets

Numéro Yvert

Valeur faciale

Surtaxe

Variété ou autre état (ex : Non dentelé)

Sujets repris à la rubrique Avion

Couleur

Dentelure

Modes d'impression

Couleur en italique = Non émis

Sujet

Cote du timbre oblitéré

Prix de la série

Chiffre de tirage du ou des timbres

Note

Cote du timbre neuf sans charnière

Cote du timbre avec charnière

CLEF DU CATALOGUE

Afin de ne pas alourdir le texte par la constante et fastidieuse répétition de notes explicatives, les auteurs ont adopté certaines conventions IMMUABLES, simples, peu nombreuses. Leur connaissance étant indispensable pour une parfaite utilisation du catalogue, nous les exposons ici aussi clairement que possible.

COMPLÉMENTS RELATIFS AUX TOMES I ET I BIS

Pour les timbres antérieurs à 1900, les cotes s'entendent pour des exemplaires sans défaut de papier, avec des marges correctes et filets visibles pour les timbres non dentelés et une dentelure normale pour les timbres dentelés ; une gomme d'origine pour les timbres neufs et une oblitération n'altérant pas le sujet du timbre pour les timbres oblitérés.

Les exemplaires avec défauts, clair dans le papier, marge courte, dents irrégulières, oblitération lourde ne sont pas sans valeur. On peut leur attribuer, suivant l'importance du défaut de 40 à 10% de la cote. Inversement, pour les exemplaires dits « de luxe » la cote doit être augmentée.

De 1900 à 1959, les cotes sont disposées sur trois colonnes : les cotes de la colonne de gauche concernent les timbres neufs avec gomme d'origine intacte et sans charnière **, celles de la colonne centrale les timbres neufs avec charnière légère *, celles de la colonne de droite les timbres oblitérés ⊙.

A partir de 1960, les cotes de la colonne de gauche concernent les timbres neufs sans charnière.

Les cotes des timbres sur lettres s'entendent pour un affranchissement et des cachets oblitérants normaux. Dans le cas d'affranchissements composés, il conviendra de prendre la cote du principal timbre ***sur lettre*** *et d'y ajouter les cotes des autres timbres* ***oblitérés****. Pour certains timbres, nous avons indiqué une seconde cote qui s'applique à l'affranchissement comportant un timbre unique ; cette cote est signalée par l'abréviation* ***(id. seul)****. Les affranchissements préparés philatéliquement valent moins.*

Centrage des timbres : les cotes s'entendent pour des timbres *bien centrés*. Lorsque le « très bon centrage » mérite une plus-value, nous indiquons entre parenthèses le pourcentage à appliquer à la cote pour obtenir le prix du timbre *très bien centré*. Pour un *centrage moyen*, il convient de diminuer la cote du même pourcentage, sans jamais excéder 50 %.

CLASSEMENT. - Dans chacun des quinze volumes qui constituent le catalogue, nous avons suivi *l'ordre alphabétique*. Cette règle n'a souffert d'exceptions que lorsqu'il s'agissait de ne pas séparer certains départements d'un même pays, certaines régions géographiques, certains anciens États autrefois indépendants et plus tard groupés pour ne former qu'un seul État. En cas de doute, se reporter à **l'index alphabétique** (page 5).

Dans chaque pays, nous avons suivi autant que possible *l'ordre chronologique*. Pour faciliter les classements nous avons souvent groupé plusieurs émissions du même type ; nous avons alors indiqué les dates extrêmes d'émission. Lorsqu'un type ancien a été repris après un temps trop long pour qu'une telle réunion puisse être logiquement effectuée, nous avons indiqué, à la suite de la première émission à ce type, la référence des émissions successives.

COTES. - Les cotes sont disposées dans deux colonnes ; celle de gauche concerne les timbres **neufs** avec charnières ; celle de droite concerne les timbres **oblitérés**. (Voir ci-dessus les compléments relatifs aux tomes 1 et 1bis).

En général, les variétés valent plus cher que les timbres-types. Cependant, ce n'est pas une règle absolue. Pour faire connaître, tout de suite, s'il existe une variété moins chère que le timbre-type, nous avons mis les cotes de ce dernier en *chiffres italiques* (sauf dans le cas où les cotes sont à côté les unes des autres ou immédiatement l'une au-dessus de l'autre).

Remarque concernant les cotes des timbres oblitérés du 20e siècle, les cotes s'appliquent pour des exemplaires oblitérés proprement, durant la période de vente aux guichets et avec une tolérance de une à deux années, les oblitérés avec cachets tardifs lisibles ou non valent beaucoup moins. En revanche les timbres avec oblitération centrale lisible se rapportant à la période de vente valent beaucoup plus.

COULEURS. - La désignation des couleurs, difficile, a été cependant faite méthodiquement et permet un classement rationnel des variétés de nuances.

250 négociants
à votre service
CNEP
Pour tous renseignements :
Chambre syndicale des Négociants et Experts en Philatéli
4, Rue Drouot - 75009 PARIS
Tel : 0145230056 - Fax : 0142465824
http://www.cnep.fr - info@cnep.fr
Liste des membres en fin de catalogue

Pour les timbres imprimés en plusieurs couleurs nous avons toujours décrit celles-ci en partant des bords extérieurs du timbre de la droite vers la gauche. Pour les timbres à quatre ou cinq couleurs ou plus, nous mettons polychrome lorsque les couleurs sont confondues et multicolore lorsqu'elles sont côte à côte. - Lorsque la couleur d'une surcharge n'est pas spécifiée entre parenthèses, c'est que cette surcharge est noire.

Les couleurs en *italiques* signalent un timbre qui n'a pas été mis en cours, un « non émis ». De tels timbres ne sont naturellement cotés qu'à l'état neuf.

NUMÉROTAGE. - En principe nous avons donné un numéro différent - suivi parfois d'une lettre majuscule (toutefois les lettres i et o ne sont pas utilisées) - à chaque *timbre-type*, et aux *variétés* de ce timbre une lettre minuscule de l'alphabet. Toutes ces variétés sont imprimées en petits caractères. De plus elles sont mises en retrait afin que, à gauche de la composition, la suite normale des timbres-types saute à l'oeil du premier coup.

* La Fédération Internationale de Philatélie (F.I.P.) a pris position sur le caractère de l'émission d'un certain nombre de timbres qui ne correspondent pas a l'idée qu'elle se fait de la Philatélie, émissions désignées par elle comme « Émissions abusives ».

Pour tenir compte de ces recommandations dans une large mesure et d'une manière très marquée depuis le mois de juillet 1967, il n'a été attribué qu'un numéro par série et il n'a été donné ni illustration, ni indication de couleurs aux timbres qui entrent dans cette catégorie. L'attention des collectionneurs est attirée par le signe ● pour qu'ils puissent juger s'ils ont intérêt à se rendre acquéreurs de ces timbres.
Les timbres ou séries signalés ● ne figurent pas dans les albums « Standard ».

REPRODUCTIONS. - Tous les clichés utiles à connaître pour classer rapidement une collection figurent à leur place. Nous avons jugé superflue la reproduction entière de quelques séries sur le classement desquelles il est impossible d'hésiter un instant et, dans ce cas, nous avons remplacé les clichés par la désignation des sujets de chaque timbre.

L'expression *cadres variés* signifie que tous les timbres d'une émission ne sont pas exactement semblables au type reproduit, mais n'en diffèrent que par le détail des encadrements.

Les clichés des *timbres* sont réduits aux trois-quarts de leur grandeur réelle. Les *surcharges* ont été gravées en grandeur réelle et reproduites aussi fidèlement que possible. Il en est de même pour les *filigranes*.

[ ] - Deux crochets encadrant la couleur d'un timbre indiquent que ce timbre n'a pas été émis sans la surcharge qu'il porte.

( ) - Deux parenthèses encadrant la valeur nominale d'un timbre indiquent que cette valeur n'est pas portée sur le timbre ; s'agissant de timbres de bienfaisance, elles indiquent, accompagnées du signe +, la plus-value avec laquelle étaient vendus ces timbres, lorsque celle-ci n'est pas exprimée sur la vignette.

- Nous employons aussi les parenthèses pour faire connaître le numéro de certains timbres surchargés, lorsque nous n'avons pas la place de les décrire complètement ou lorsqu'une confusion peut se produire.

▯ - Un petit rectangle à la suite de la désignation de la couleur d'un timbre signifie que ce timbre existe *non dentelé*. Le même rectangle placé immédiatement après la légende, signifie que tous les timbres de la série existent *non dentelés*, ce qui ne veut pas dire que le prix en soit le même.

◺ - Un triangle indique que le timbre a été employé, *coupé en deux*, pour la moitié de sa valeur, soit obliquement, soit verticalement ou horizontalement.

✈ - Ce signe renvoie à la rubrique « Poste aérienne » où l'on trouvera une émission soit de même type, soit commémorant le même événement.

[BF] - Ce signe, lorsqu'il est suivi d'un numéro, renvoie à la rubrique « Blocs et feuillets ». Sous cette rubrique nous cataloguons les timbres imprimés en bloc, en bande, en paire ou même par unité sur des feuillets de dimensions variables, et nous donnons les cotes de ces pièces munies de toutes leurs marges.

- Lorsque le signe [BF] n'est pas suivi d'un numéro, c'est que le timbre existe en feuillet, mais que le caractère ou les conditions d'émission de ce feuillet ne nous ont pas paru justifier son homologation dans le catalogue.

Salon de Printemps
Nantes

du vendredi 4 au dimanche 6 avril 2003

de 10h00 à 18h00
Cité des Congrès Nantes Atlantique

ENTREE GRATUITE

55 stands de négociants
1er jour du timbre sur Nantes
Espace jeunesse
Bloc CNEP "Jules Verne"
Exposition philatélique
Stand CNEP

a CNEP c'est aussi la défense des collectionneurs et des négociants
En cas de problémes sérieux avec un négociant membre, le plaigna
eut saisir gratuitement la commission des litiges par écrit.
Cette commission enregistre un taux de réussite de 90% et a perm
epuis 20 ans de résoudre de nombreux problèmes et de dissiper bie
es malentendus.

Pour tous renseignements :

Chambre syndicale des Négociants et Experts en Philatélie
4, Rue Drouot - 75009 PARIS
Tel : 0145230056 - Fax : 0142465824
http://www.cnep.fr - info@cnep.fr

PETIT LEXIQUE PHILATÉLIQUE

AMINCISSEMENT. - Diminution plus ou moins légère de l'épaisseur du papier, en un ou plusieurs endroits. Un timbre aminci perd beaucoup de sa valeur, laquelle est réduite proportionnellement à l'importance de l'amincissement.

ANTIQUES. - Voir *Caractères*.

BANDE. - Ensemble horizontal de plus de deux timbres qui n'ont pas été séparés. Les bandes de timbres non dentelés, lorsque les exemplaires qui les composent sont en parfait état, présentent de grosses plus-values. Les bandes verticales répondent à la même définition, mais leur plus-value est comparativement moins grande.

BIENFAISANCE (Timbres de). - Un grand nombre d'États ont pris l'habitude d'émettre des timbres qu'ils vendent à un prix supérieur à celui de la valeur d'affranchissement ; la différence est généralement versée à des oeuvres de bienfaisance. D'autres obligent à ajouter, certains jours, au prix normal du port de la lettre, un timbre n'ayant aucune valeur d'affranchissement et dont le montant intégral est remis à des oeuvres charitables. Ce sont seulement ces derniers que nous classons sous la rubrique « *Timbres de bienfaisance* ».

BLOC. - Ensemble de timbres qui n'ont pas été séparés. Le plus petit est le bloc de quatre, qui se présente ainsi : ⊞ ; ceux des timbres anciens sont très recherchés, surtout à l'état neuf, et présentent souvent de très importantes plus-values.

BURELAGE. - Fond formé de lignes légère entrecroisées ou parallèles, sur lequel se détache le dessin principal d'un timbre.

CADRES VARIÉS. - Ces mots signifient que les timbres d'une même émission représentent un même type entouré d'ornements différents. - Nous les employons lorsque nous croyons pouvoir nous dispenser, sans nuire à la clarté, de reproduire plusieurs timbres ne différant que par des détails d'encadrement.

CANCELLED. - Mot anglais qui signifie « annulé » et qui est quelquefois apposé sur des timbres neufs vendus après démonétisation.

CARACTÈRES. - Voici un modèle des caractères typographiques les plus employés et les noms sous lesquels on les désigne :

ANTIQUES — **ÉGYPTIENNES**
ROMAINS — *ITALIQUES*
NORMANDES

CENTRÉ. - Un timbre bien centré est celui dont les marges sont égales les unes aux autres, qu'il soit dentelé ou non.

CHARNIÈRES. - Petits morceaux de papier pelure gommé, à l'aide desquels on fixe les timbres dans les albums.

CHOIX. - Premier choix, second choix, expressions qui indiquent respectivement qu'un timbre est parfait ou imparfait. Nos cotes s'appliquent à des exemplaires de premier choix ; un amincissement, une petite fente, une dentelure incomplète, une oblitération trop forte, même un défaut de fraîcheur, sont autant de tares qui en diminuent plus ou moins la valeur.

COINS DATÉS. - De nombreuses feuilles de timbres de France, des Colonies françaises, de Monaco, etc., portent dans la marge inférieure de droite, depuis 1922, l'indication de la date de l'impression. Nos cotes s'entendent pour des blocs de quatre, neufs, attachés à la marge où figure la date.

COMMÉMORATIFS. - Timbres émis pour commémorer un événement. Ces émissions ont été mises à la mode en 1892 par les États d'Amérique qui ont presque tous émis des timbres à l'occasion du quatrième centenaire de la découverte de l'Amérique. La plupart de ces émissions sont faites pour être vendues aux collectionneurs plutôt que pour affranchir les lettres.

COTELÉ. - Se dit d'un papier plissé qui présente un bâtonné à peu près semblable à celui du papier vergé, mais avec cette différence que ce bâtonné n'est pas dans la pâte du papier et est obtenu par un moyen mécanique.

COUCHÉ. - Se dit d'un papier dont la surface est très glacée et brillante ; c'est le *chalky paper* des Anglais. Les séries jubilaires d'Autriche, quelques émissions des Colonies anglaises et françaises ainsi que de nombreuses séries modernes, ont été imprimées sur ce papier, qui constitue un support très mauvais pour les couleurs. Il ne faut pas mettre ces timbres dans l'eau et si on ne les protège pas, dans l'album, par une feuille de papier cristal, les couleurs se fanent et se rayent rapidement.

DÉMONÉTISÉ. - Se dit d'un timbre qui n'est plus valable pour l'affranchissement des correspondances, à la suite d'un décret le retirant de lacirculation.

DENTELÉ. - Se dit d'un timbre dont les bords ont été perforés ; cette perforation a pour but de faciliter la séparation des timbres d'une même feuille. — Lorsque ce mot n'est pas inscrit en tête d'une émission, les timbres de cette émission sont *non dentelés.* Le mot « dentelé » est toujours suivi d'un chiffre qui indique le nombre de dents contenues dans une longueur de deux centimètres et qu'on peut immédiatement évaluer à l'aide d'un *odontomètre* (voir ce mot).

Dentelés 13 signifie que les timbres d'une émission sont tous dentelés 13 sur les quatre côtés.

Dentelés 13x14 signifie que le côté horizontal a 13 dents et le côté vertical 14.

Dentelés 13-14 signifie que les timbres d'une émission sont indifféremment dentelés 13, 13x14, 14x13 ou 14.

Dentelés 12, 12x12½ signifie que chaque timbre de la série existe sous deux formes de dentelure différentes 12 et 12x12½.

ÉMIS (NON). - Timbre préparé et dont une circonstance politique, économique ou financière n'a pas permis la mise en cours. Dans le catalogue, la couleur des timbres non émis est indiquée en caractères *italiques.*

EMPATTEMENT. - Forme donnée à la terminaison des jambages verticaux des lettres :

M : sans empattement (antiques) ;

M : empattement rectangulaire (égyptiennes) ;

M : empattement triangulaire (elzévir) ;

M : empattement à trait fin (romain).

ENTIER. - Mot qui sert à désigner les enveloppes, cartes postales, cartes-lettre, bandes, etc., portant un timbre imprimé.

ERREUR. - Timbre imprimé dans une couleur autre que celle qu'il aurait dû avoir, ou comportant une ou plusieurs fautes de composition, d'impression ou de disposition. Voir aussi **Tête-bêche**. Les erreurs sont trés recherchées par les spécialistes.

ESSAIS. - Épreuves tirées en diverses couleurs ou sur divers papiers avant l'adoption définitive d'un type de timbre.

EXPRÈS (Timbres). - Timbres émis par certains pays pour l'affranchissement des lettres qui doivent être délivrées par exprès dès leur arrivée au lieu de destination.

FAC-SIMILÉ. - Ces mots, imprimés au recto ou au verso des timbres, indiquent que ceux-ci sont faux. Cette mention est malheureusement exceptionnelle et les timbres faux se présentent en général sous les aspects les plus trompeurs.

FEUILLET. - Petite feuille sur laquelle sont imprimés un ou plusieurs timbres, dentelés ou non, et dont les marges portent souvent des inscriptions.

FIL DE SOIE. - Quelques timbres sont imprimés sur un papier contenant, dans la pâte, un fil de soie qu'on voit plus ou moins nettement en regardant le verso ; c'était un moyen d'empêcher la contrefaçon des timbre lorsque ce procédé de fabrication était secret. — Le papier mélangé de fils de soie est celui dans la pâte duquel se trouvent des multitudes de petits bouts de fils qui donnent au papier l'aspect de papier chiné. C'est aussi au verso qu'on les voit le mieux.

FILIGRANE. - Marque qui se trouve dans la pâte du papier et qui apparaît lorsqu'on regarde le timbre par transparence. Il y la cependant bien des cas où cet examen ne suffit pas à déceler le filigrane ; on a recours alors à la benzine ; on place le timbre, verso en l'air, sur une surface noire ou dans un *filigranoscope*, et on le recouvre de quelques gouttes de benzine. La plupart des filigranes apparaissent alors. Malheureusement un grand nombre de timbres sont imprimés avec des couleurs qui filent dans la benzine et, pour tous les timbres émis en ces dernières années, nous ne saurions recommander trop de circonspection.

Lorsque nous n'indiquons pas de filigrane en tête d'une émission, c'est qu'il s'agit de timbres *sans filigrane* ; dans le cas contraire, un cliché donne presque toujours l'aspect du filigrane tel qu'on le voit par transparence, c'est-à-dire le recto tourné vers soi. Pour les Colonies cependant, nous n'avons pas reproduit les filigranes employés dans les métropoles ; c'est, par exemple, au Danemark qu'on pourra voir le filigrane des Antilles danoises.

Nous reproduisons ici les quatre filigranes qui ont été employés successivement dans les Colonies anglaises :

CC ♔

CA ♔

CA *multiple*

CA multiple

FISCAUX-POSTAUX. - Les timbres fiscaux sont ceux qui sont émis uniquement pour les besoins du fisc (enregistrement, contributions directes et indirectes, etc.). Quelques pays ont admis des timbres fiscaux à l'affranchissement des correspondances ; ce sont ces timbres que nous appelons *fiscaux-postaux.*

FORMAT. - Lorsque nous indiquons le format d'un timbre, les dimensions sont exprimées en millimètres et ne comprennent que le dessin, à l'exclusion des marges. La dimension horizontale est toujours indiquée la première.

GAUFRÉ. - Se dit d'un papier qui a passé à sec entre deux cylindres gravés et qui montre, en un léger relief, l'empreinte de cette gravure.

GOMME. - La plupart des collectionneurs attachent une grande importance à ce que les timbres neufs aient encore au verso la *gomme d'origine,* c'est-à-dire soient encore gommés comme ils l'étaient au moment où ils ont été émis. C'est souvent un premier indice qu'ils n'ont été ni lavés ni truqués.

GRAVÉ. - Se dit d'un timbre imprimé en taille-douce. Les timbres gravés se reconnaissent à la finesse de leur impression et à la légère saillie de l'encre sur le papier. Ils figurent parmi les plus beaux qui aient été émis et la France, qui avait été longtemps rebelle à l'emploi de ce procédé, lui a fait faire par la suite des progrès remarquables.

GRILLES EN RELIEF. - Léger burelage appliqué à sec en relief sur certains timbres anciens des États-Unis et du Pérou et qui avait pour but d'empêcher le lavage de l'oblitération.

GUILLOCHÉ. - Gravure formée d'un réseau d'entrelacs gravé par un moyen mécanique et d'une finesse remarquable.

HÉLIOGRAVÉ. - Nous appelons ainsi les timbres imprimés sur des planches obtenues par des moyens chimiques, après insolation naturelle ou artificielle. Ce procédé a fait son apparition philatélique en Bavière avec la série de 1914 à l'effigie du prince Louis III, alors régnant.

IDEM. - Ce mot, placé en tête d'une émission, signifie que toutes les indications de l'émission précédente, papier, filigrane, dentelure, etc., sont les mêmes, sauf contre-indication pour l'une ou plusieurs d'entre elles.

LÉGENDE. - Nous appelons ainsi les inscriptions qui figurent sur un timbre.

LETTRES EN RETARD (Timbres pour). - Dans certains pays, les lettres mises à la poste après l'heure normale de la dernière levée doivent être munies d'un timbre spécial pour être acheminées le jour même vers leur destination.

LITHOGRAPHIÉ. - Imprimé sur pierre. Nous indiquons, lorsque cela est possible, le moyen de distinguer les timbres lithographiés des gravés ou des typographiés. En général, la couleur est moins vive, l'impression est moins nette et ne laisse au verso aucune trace de foulage.

LOCAUX. - Timbres émis dans une ville ou dans un territoire quelconque et n'ayant pouvoir d'affranchir que les correspondances à destination de cette ville ou de ce territoire. La tradition seule a déterminé quels étaient ceux de ces timbres qui devaient faire partie de la collection générale (par ex. les cantonaux de Suisse) et ceux qui en étaient exclus (par ex. les ruraux de Russie), exclusion qui n'empêche pas ces derniers d'être recherchés par les spécialistes et d'être parfois excessivement rares et chers.

MANCOLISTE. - Liste des timbres qui manquent à un collectionneur.

MARGE. - Espace non imprimé qui encadre un timbre non dentelé. On dit « court de marge d'un côté » un timbre qui n'a pas de marge de ce côté, et cela diminue sa valeur.

MILLÉSIME. - Chiffre indiquant l'année dans laquelle un timbre a été émis ou imprimé. Certains millésimes ne sont pas indiqués sur le timbre, mais sur une marge de feuille, et souvent alors d'une façon conventionnelle.

NETTOYAGE. - Nous ne saurions trop conseiller aux collectionneurs de ne jamais coller un timbre oblitéré dans leur album avant de l'avoir soigneusement nettoyé. Le meilleur moyen pour cela est de le laisser tremper un quart d'heure dans l'eau froide et de le faire sécher ensuite entre deux morceaux de buvard blanc et bien propre. — Il y a des timbres dont la couleur se dissout ou se dénature dans l'eau et que l'usage apprendra à connaître. Citons parmi eux : les premières émissions de Cachemire, de Russie, du Levant russe, certains timbres verts de Grande-Bretagne et tous les timbres des États malais, de Johore, de Maurice, de Sarawak, etc., imprimés en vert tendre (émissions postérieures à 1890). Il en est de même des timbres imprimés sur papier très glacé (dit couché). Le meilleur moyen de les nettoyer est de les placer sur un feutre dont on maintient l'humidité.

NEUF. - Ce n'est pas assez de dire qu'un timbre neuf n'est pas oblitéré : il faut aussi qu'il soit frais et de tout premier choix. La présence de la gomme d'origine doit être exigée quand un timbre est beaucoup plus cher à l'état neuf qu'à l'état oblitéré. Elle est d'ailleurs un premier indice qu'il n'a été ni tripoté ni lavuré.

NOIR SUR COULEUR. - Nous employons cette expression lorsqu'il s'agit d'une émission imprimée en noir sur papiers de couleur. La couleur indiquée est alors celle du papier.

OBLITÉRATION. - Cachet ou marque quelconque qui indique qu'un timbre a servi et ne peut plus être utilisé. Certaines oblitérations donnent une grande valeur à certains timbres, mais ne sont guère collectionnées que dans les pays d'origine de ces timbres ; on ne saurait trop conseiller l'expertise avant l'acquisition de pièces de ce genre, qui ne prennent d'ailleurs tout leur intérêt que quand elles sont sur lettre, sur enveloppe ou sur grand fragment. — Les oblitérations à la plume sont les moins recherchées. Cependant, lorsqu'on ne trouve pas un prix spécial pour les timbres O P, on pourra admettre qu'ils ont la même valeur que les timbres oblitérés poste. L'oblitération fiscale consiste généralement en un cachet violet ; l'oblitération télégraphique, en un ! à l'emporte-pièce.

ODONTOMÈTRE. - Petit instrument en carton ou en celluloïd, portant un graphique qui sert à mesurer les dentelures.

OFFICIEL. - Apposé en surcharge sur un timbre-poste, ce mot le transforme presque toujours en timbre de service.

OFFSET. - Procédé lithographique dans lequel la pierre est remplacée par une plaque de métal, du zinc le plus souvent. L'impression sur le papier se fait par décalquage sur un cylindre plastique, ce qui permet l'emploi de papiers très peu satinés.

PAIRE. - Ensemble de deux timbres se tenant. La paire horizontale est davantage recherchée que la paire verticale. Voir **Bande.**

PERCÉS EN LIGNES. - Se dit d'un timbre dont les bords ont reçu légèrement l'empreinte d'une lame coupante ; cette empreinte a pour but de faciliter la séparation des timbres. Elle est quelquefois colorée et on dit alors que les timbres sont *percés en lignes colorées.* Les mots *percés en scie, en arc,* etc., indiquent des variantes du même procédé, désignées d'après la forme des empreintes.

PIQUÉ. - Synonyme de *dentelé.* De même, *piquage* est employé dans le même sens que *dentelure.*

PLANCHE. - Ensemble des clichés, généralement d'une même valeur, sur lesquels on imprime les timbres par feuilles entières. Lorsque ces planches sont numérotées, le même numéro est reproduit sur tous les timbres de la feuille.

POINTILLÉ. - Se dit d'un papier qui présente une impression plus ou moins visible de petits points rapprochés, formant une espèce de semis grisâtre.

POREUX. - Se dit d'un papier à trame apparente, mou et généralement assez épais.

PROVISOIRE. - Timbre ou émission faite occasionnellement par suite du manque d'une ou plusieurs valeurs postales. La brièveté de leur existence leur confère souvent une certaine rareté.

RECTO VERSO (Impression). - Se dit d'un timbre imprimé à l'endroit au recto et à l'envers, par décalque, au verso.

RECTO ET VERSO (Impression). - Se dit d'un timbre imprimé à l'endroit, au recto comme au verso.

RE-ENTRY. - Mot anglais qui s'applique à un timbre présentant quelques traces d'un report mal effacé et qui doublent certaines parties de l'image obtenue par un nouveau report.

RÉIMPRESSION. - Tirage fait, alors qu'un timbre n'est plus en cours, sur la planche qui a servi à imprimer ce timbre.

REPORT. - Opération qui consiste :

— soit à décalquer l'image d'une gravure pour la reproduire sur une pierre lithographique ou sur un bloc de métal ;

— soit à reporter sur zinc (pour l'impression *offset*), par un procédé photographique, le texte et les clichés qui ont été préalablement imprimés — ou montés (*typons*) — sur cellophane.

SERVICE (Timbres de). - Timbres avec lesquels sont affranchies dans certains pays les correspondances des fonctionnaires admises en franchise.

SERVICE INTÉRIEUR (Timbres pour le). - Timbres qui n'ont pas eu cours dans l'Union Postale Universelle ; on devrait logiquement faire entrer dans cette catégorie les premiers timbres d'un grand nombre de pays (Réunion, Cap de Bonne-Espérance, Suisse, etc.) et tous les timbres de certains autres (les petits États indiens, Shanghai, etc.).

SIGNATURE. - Mention faite, au bas d'un timbre, du nom du dessinateur, du graveur ou de l'imprimeur.

SPÉCIALISTE. - Collectionneur qui limite sa collection à un ou quelques pays, voire à une émission, dont il recherche alors les moindres variétés.

SPÉCIMEN. - Mention apposée sur certains timbres qui ont été remis comme échantillons au bureau de l'Union Postale Universelle, à Berne, ou offerts par un gouvernement à des particuliers. Ces timbres sont admis dans beaucoup de collections ; nous en cotons d'ailleurs quelques-uns parmi ceux qu'on rencontre le plus souvent. Ceux des fortes valeurs de quelques colonies anglaises sont de véritables raretés.

SURCHARGE. - Inscription apposée sur un timbre et qui a pour objet d'en modifier la valeur ou la destination. — Nous indiquons toujours la couleur de la surcharge (voir aux **abréviations**) lorsqu'elle n'est pas noire ; et sa position lorsqu'elle n'est pas horizontale. Il n'est pas inutile de faire remarquer que, dans l'exemple ci-dessous, les surcharges I et II sont verticales et les surcharges III et IV horizontales :

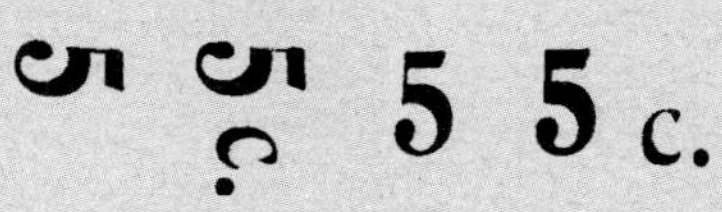

I II III IV

TAXE (Timbres-). - Vignettes apposées sur les correspondances non ou insuffisamment affranchies.

TEINTÉ. - Se dit d'un papier qui à reçu une teinte de fond avant l'impression de la vignette-timbre. — Nous employons les mots *papier teinté*, — lorsque les timbres, sont imprimés sur un papier ayant reçu une teinte de fond de la même couleur que le timbre lui-même, mais dans un ton beaucoup plus pâle.

TÊTE-BÊCHE. - État de deux timbres tenant l'un à l'autre, dont l'un est à l'envers par rapport à l'autre. Le tête-bêche est dit horizontal lorsque les timbres sont à côté l'un de l'autre ; vertical lorsque l'un est au-dessus de l'autre. — Les amateurs préfèrent le tête-bêche horizontal ; c'est ce dernier que nous entendons coter lorsque nous indiquons un prix.

TÊTE D'IVOIRE. - Timbre au verso duquel se détache, en blanc sur azuré, le contour plus ou moins flou de l'effigie du recto.

TYPOGRAPHIÉ. - Se dit d'un timbre imprimé en typographie, c'est-à-dire sur des caractères ou des clichés en relief. Le signe distinctif de cette impression est le *foulage*, empreinte légère qu'on remarque souvent au verso.

USÉ. - Se dit (à tort) d'un timbre qui a servi et qui est oblitéré.

VERGÉ. - Se dit d'un papier bâtonné dans la pâte (comme le sont les papiers dits *anglais* du commerce). - A défaut d'indications contraires, la vergeure est horizontale.

SIGNES ET ABRÉVIATIONS

A. C.	Amérique Centrale	Eu.	Europe	P.	Papier
Af.	Afrique	F.	Fond	P. en l.	Percé en lignes
A. N.	Amérique du Nord	fcé	Foncé	Pl.	Planche
ann.	Anniversaire	Fil.	Filigrane	Quad.	Quadrillé
ard.	Ardoise	Fig.	Figure	R.	Réimpression
A. S.	Amérique du Sud	fve	Fauve	R.	Surcharge rouge
As.	Asie	gr.	Gris	renv.	Renversé(e)
Av.	Poste aérienne	imp.	Impression	rge	Rouge
B.	Annulé par barres	J.	Surcharge jaune	s.	Sur
B.	Surcharge bleue	jne	Jaune	S. ou Surch.	Surcharge
bienf.	Bienfaisance	L.	Surcharge lilas	sép.	Sépia
briq.	Brique	l.d.v.	Lie de vin	Sign.	Signature
C.	Surch. CANCELLED	Lég.	Légende	SP.	Surch. SPÉCIMEN
C.	Surcharge carmin	M. T.	Même type	T.	Timbre
cath.	Cathédrale	Mill.	Millésime	T.-P.	Timbre-poste
cent.	Centenaire	N.	Surcharge noire	V.	Surcharge verte
chs	Chamois	Non d.	Non dentelé	Val.	Valeur
chaudr.	Chaudron	n^r^	Noir	v^on^	Vermillon
c^in^	Carmin	Obl.	Oblitéré	v^rt^	Vert
c^né^	Carminé	Oc.	Océanie	Vte	Surcharge violette
cl.	Clair	O. E.	Oblitéré entier	£	Livre sterling
c^net^	Carnet	O. F.	Oblitéré fiscalement	$	Dollar, Peso ou Yuan
Com.	Commémoratif	O. P.	Oblitéré plume	O	Perforé d'un cercle
D.	Dentelé	O. T.	Oblitéré télégraphe		
Dble	Double	ol.	Olive		
Eff.	Effigie	or^ge^	Orange		
Eg.	Église	outr.	Outremer		

TABLE ALPHABÉTIQUE

DES ARMOIRIES, DES PERSONNAGES ET DES VUES
représentés sur les timbres de FRANCE depuis 1849

ARMOIRIES, BLASONS, SCEAUX ET RÉGIONS

EFFIGIES

La CNEP vous invite au

56e SALON PHILATELIQUE D'AUTOMNE

Espace Champerret (Hall A)

Métro Porte de Champerret - Paris 17e
du jeudi 7 au lundi 11 novembre 2002
(le 7 de 14h à 18h - les autres jours de 10h à 18h)

ENTREE GRATUITE

+ de 70 négociants français et étrangers
Administrations postales étrangères
Invité d'honneur : Saint-Marin
1er jour du timbre "Croix-Rouge"
1er jour du timbre "Rome Capitale Européenne"
Espace jeunesse : jeux, animations ...
Exposition philatélique
Séances de dédicaces des artistes créateurs de timbres
Vignette Lisa Paris / Rome
37e bloc CNEP
(oeuvre originale d'Aurélie Baras)

Pour tous renseignements :
Chambre syndicale des Négociants et Experts en Philatélie
4, Rue Drouot - 75009 PARIS
Tel : 0145230056 - Fax : 0142465824
http://www.cnep.fr - info@cnep.fr

ADPhile Association pour le Développement de la Philatélie · CROIX-ROUGE FRANÇAISE · CNEP · APPF · FÉDÉRATION FRANÇAISE DES ASSOCIATIONS PHILATÉLIQUES · LA POSTE

SITES ET MONUMENTS

AUTRES SUJETS

VINCENNES PHILATÉLIE

74/76, avenue de Paris 94300 VINCENNES
Tél.: 01 43 28 67 61 Fax : 01 43 65 29 43
e-mail : Vincphil@club-internet.fr
METRO : BERAULT ligne n°1,
VINCENNES RER ligne A, AUTOBUS : 325

ACHAT - VENTE

FRANCE - ANDORRE - MONACO - FDC - COLONIES FRANCAISES - ONU - TERRITOIRES D'OUTRE-MER HISTOIRE POSTALE - ABONNEMENTS - MATERIEL PHILATÉLIQUE - TOUTES MARQUES

TABLEAUX PAR TYPES

(Blanc à Marianne du 14 Juillet)

ET GENRES

(Journée du Timbre à Blasons)

(LES COTES SONT CELLES DES TIMBRES NEUFS AVEC GOMME D'ORIGINE, SANS CHARNIÈRE)

Blanc

107	1 c. gris	1 25	109	3 c. orange	1 »	111	5 c. vert-jaune	4 60	Préo 42	7½ c. lilas	1 40
108	2 c. brun-lilas	1 55	110	4 c. brun-jaune	4 60				233	10 c. violet	7 65

Le 1 c. a été surchargé ½ c. (n° 157).

Merson

119	40 c. rge et bleu	45 »	144	60 c. viol. et bleu	1 60	145	2 f. orange.		123	5 f. bl. et cham.	250 »
143	45 c. vert et bleu	80 »	121	1 f. lie de vin			et vert-bleu	115 »	207	10 f. vert et rge	285 »
				et olive	75 »	206	3 f. violet et bl.	50 »	208	20 f. lilas-rose	
120	50 c. br. et gris	275 »	122	2 f. viol. et jne	2 000 »	240	3 f. lilas et carm.	135 »		et vert-bleu	450 »

Les n°s 121, 123 et 145 ont été surchargés pour des Expositions philatéliques (voir n°s 182, 257A, Av. 1 et 2). Le 45 c. existe préoblitéré (n° 44). La plupart des « Merson » ont été également surchargés ANNULÉ OU SPÉCIMEN (voir Timbres des cours d'instruction).
On tiendra compte des % pour très bon centrage.

Semeuse lignée

129	10 c. rose	20 »	161	50 c bleu	60 »	201	65 c. rose	6 »	205	1 f. bleu	14 50
130	15 c. vert-gris	9 »	198	50 c. olive	13 »	234	65 c. olive	13 50	1233	20 c. turquoise	
131	20 c. brun-lilas	165 »	199	50 c. rouge	2 30	202	75 c. lilas-rose	11 70		et rose	0 30
132	25 c. bleu	180 »	362	50 c. turquoise	2 60	203	80 c. rouge	60 »	1234A	30 c. noir et	
133	30 c. lilas	430 »	200	60 c. lilas	13 50	204	85 c. rouge	27 »		outremer	2 »
197	45 c. lilas	13 »									

Ont été surchargés d'une nouvelle valeur (n°s 220, 221, 223, 224) ou B.I.T., Caisse d'Amortissement (n°s 247, 250, 254, 267, 276) ou Préoblitérés. La plupart ont été également surchargés ANNULÉ OU SPÉCIMEN. Le 20 c. de 1960 a été surchargé en francs C.F.A. pour la Réunion (n° 349).
On tiendra compte des % pour très bon centrage.

Avec sol.

Semeuse fond plein

Sans sol.

277A	1 c. bistre-olive	0 30	138	10 c. rouge	3 35	141	30 c. orange	30 »	194	40 c. vermillon	5 »
277B	1 c. bistre-brun	0,30	159	10 c. vert	1 25	160	30 c. rouge	14 »	236	40 c. violet	4 30
278	2 c. vert foncé	0 30	188B	10 c. vert	51 »	191	30 c. rose	2 30	237	40 c. outremer	2 60
278A	3 c. rge-orange	0 30	279	10 c. outremer	3 »	192	30 c. bleu	6 80	195	1 f. 05, vermillon	19 50
137	5 c. vert foncé	3 »	189	15 c. brun-lilas	0 50	360	30 c. rge sombre	1 »	238	1 f. 10, rose	24 »
158	5 c. orange	2 60	139	20 c. lilas-brun	7 »	136	35 c. violet	355 »	196	1 f. 40, rose	40 »
278B	5 c. rose	0 30	190	20 c. lilas-rose	0 50	142	35 c. violet fcé	15 »	239	2 f. vert-bleu	27 »
134	10 c. rouge	4 60	140	25 c. bleu	5 »	361	35 c. vert	1 40	241	5 f. bleu	355 »
135	10 c. rouge	23 »	235	25 c. jaune-brun	0 30	193	40 c. brun-olive	3 40	242	10 f. rouge	355 »

Ont été également surchargés soit d'une nouvelle valeur (voir nos 217 218, 225, 227 228, 279A, 279B, 476) soit ANNULÉ ou SPÉCIMEN, soit Caisse d'Amortissement (nos 246, 249, 253, 266, 268, 275, 277) ou préoblitérés. voir BF n° 2.
On tiendra compte des % pour très bon centrage.

Paix

280	30 c. vert	2 60	364	60 c. bistre	0 50	285	90 c. rouge	66 »	287	1 f. 25, olive	170 »
281	40 c. lilas	0 50	284	65 c. violet-brun	1 10	367	90 c. vert	0 15	370	1 f. 25, rose	4 30
282	45 c. bistre	4 30	365	65 c. outremer	0 65	368	90 c. outremer	1 70	371	1 f. 40, lilas	13 »
283	50 c. rose-rouge	0 30	284A	75 c. olive	0 30	286	1 f. orange	7 10	288	1 f. 50, bleu	0 50
363	55 c. violet	1 40	366	80 c. orange	0 30	369	1 f. rose	7 »	289	1 f. 75, rose-lilas	9 30

Ont été également surchargés d'une nouvelle valeur (voir nos 298, 359, 478 à 485).
On tiendra compte des % pour très bon centrage.

Iris

431	80 c. brun	0 30	650	1 f. bleu	0 15	435	1 f. 50, orange	0 30	655	3 f. orange	0 30
649	80 c. vert	0 30	651	1 f. 20, violet	0 15	652	1 f. 50, brun	0 15	656	4 f. bleu	0 30
432	1 f. vert	1 40				653	2 f. brun	0 15			
433	1 f. rouge	0 70	434	1 f. 30, outremer	0 30	654	2 f. 40, rose	0 30			

Marianne de Gandon

	Typographie	
712	1 f. 50, rose	0 15
713	2 f. vert	0 15
714	2 f. 40, rouge	0 50
Préobl. 95	2 f. 50, brun	2 60
715	3 f. brun foncé	0 15
716	3 f. rose	0 15
716A	3 f. vert	2 30
806	3 f. rose-lilas	0 30
716B	3 f. 50, rouge-brun	1 »
717	4 f. outremer	0 15
718	4 f. violet	0 15
807	4 f. émeraude	0 30
808	4 f. orange	3 70
718A	4 f. 50, bleu	0 15
719	5 f. vert	0 30
719A	5 f. rose	0 15
719B	5 f. bleu	0 30
809	5 f. vert clair	1 »
883	5 f. violet	0 60
720	6 f. bleu-violet	0 30
721	6 f. rouge	2 »
721A	6 f. rose	0 30
884	6 f. vert	8 »
810	8 f. bleu	0 50
722	10 f. orange	0 80
723	10 f. bleu	2 »
811	10 f. lilas	0 30
812	12 f. outremer	3 70
885	12 f. orange	1 »
724	15 f. lilas	4 »
813	15 f. rouge	1 20
886	15 f. outremer	0 40
887	18 f. rose	20 »

	Taille-douce	
725	4 f. bleu	0 30
726	10 f. bleu	1 60
727	15 f. lilas	11 »
832	15 f. rouge	4 »
728	20 f. vert	1 60
730	20 f. vert	1 60
729	25 f. orange	11 »
833	25 f. bleu	4 »
731	25 f. violet	2 »
732	50 f. br.-rouge	2 40
733	100 f. carmin	15 50

Les nos 721A et 887 ont été surchargés d'une nouvelle valeur, des valeurs ont été préoblitérées, d'autres surchargées en francs CFA, voir Département de la Réunion (Tome II 1re partie).

Marianne de Cheffer

	Taille-douce	
1535	25 c. bleu	0 65
1536	30 c. lilas	0 50
1536A	30 c. vert	0 50
1536B	40 c. rouge carmin	0 65
1536Ba	Idem (2 bandes de phosphore)	4 15
1643	Idem avec vignette PÉRIGUEUX)	0 50

	Typographie	
1611	30 c. vert	0 30
1611b	Idem (1 bande de phosphore)	0 30

Les nos 1536A, 1536B et 1611 ont été surchargés en francs CFA, voir Département de la Réunion (Tome II 1re partie).

Marianne de Béquet

Taille-douce.

Avec signature BEQUET en bas à gauche.

1664	50 c. carmin-rose	0 30
1664c	Idem (3 bandes de phosphore)	0 50
1815	60 c. vert (1 bande de phosphore)	4 60
1815c	Idem (sans bande de phosphore)	30 »
1816	80 c. rouge (3 bandes de phosphore)	0 80
1816d	Idem (sans bande de phosphore)	7 »
1893	80 c. vert (1 bande de phosphore)	1 60
1894	Idem. Non dentelé verticalement (1 bande de phosphore)	0 80
1892	1 f. rouge (3 bandes de phosphore)	0 65
1892b	Idem (sans bande de phosphore)	1 60
1895	Idem. Non dentelé verticalement (3 bandes de phosphore)	0 80

Typographie.

Sans signature BEQUET en bas à gauche.

1663	45 c. bleu	0 50
1814	60 c. vert (1 bande de phosphore)	0 80
1814a	Idem (sans bande de phosphore)	2 30
1891	80 c. vert (1 bande de phosphore)	0 65
1891b	Idem (sans bande de phosphore)	1 10

Les nos 1664, 1814a et 1816b ont été surchargés en francs CFA, voir Département de la Réunion (Tome II 1re partie).
Les cotes « Marianne de Béquet » concernent les timbres avec gomme brillante.

Sabine de Gandon

1962	1 c. gris foncé	0 15
1963	2 c. bleu-violet	0 15
1964	5 c. vert-noir	0 15
1965	10 c. rouge-brun (1 bande phosphore)	0 15
1966	15 c. vert-bleu (1 bande phosphore)	0 50
1967	20 c. émeraude (1 bande phosphore)	0 15
1967a	Idem (1 bande phosphore à gauche 1979)	0 50
1968	30 c. orange (1 bande phosphore)	0 15
2118	40 c. brun foncé (1 bande phosphore)	0 30
1969	50 c. violet (1 bande phosphore)	0 30
2119	60 c. brun-rose (1 bande phosphore)	0 30
2056	70 c. bleu-violet (1 bande phosphore)	0 30
1970	80 c. vert (1 bande phosphore)	1 25
1970a	Idem (sans bande phosphore)	1 85
1980	Idem. Non dentelé verticalement (1 bande phosphore)	1 60
1971	80 c. jaune-olive (1 bande phosphore)	0 30
2120	90 c. lilas-rose (1 bande phosphore)	0 50
1972	1 f. rouge (2 bandes phosphore)	1 25
1972a	Idem (sans bande phosphore)	4 90
1981	Idem. Non dentelé verticalement (2 bandes phosphore)	1 60
1973	1 f. vert (1 bande phosphore)	0 80
1981A	Idem. Non dentelé verticalement (1 bande phosphore)	1 25
2057	1 f. olive (1 bande phosphore)	0 50
2058	1 f. 10, vert (1 bande phosphore)	0 80
2062	Idem. Non dentelé verticalement (1 bande phosphore)	2 »
1974	1 f. 20, rouge (2 bandes phosphore)	0 80
1981B	Idem. Non dentelé verticalement (2 bandes phosphore)	1 25
2101	1 f. 20, vert (1 bande phosphore)	0 65
2103	Idem. Non dentelé verticalement (1 bande phosphore)	0 80
2059	1 f. 30, rouge (2 bandes phosphore)	0 80
2063	Idem. Non dentelé verticalement (2 bandes phosphore)	2 »
1975	1 f. 40, bleu (2 bandes phosphore)	1 90
2102	1 f. 40, rouge (2 bandes phosphore)	0 80
2104	Idem. Non dentelé verticalement (2 bandes phosphore)	1 »
2060	1 f. 60, violet (2 bandes phosphore)	1 25
1976	1 f. 70, bleu clair (2 bandes phosphore)	1 10
2061	1 f. 80, ocre orangé (2 bandes phosphore)	1 10
1977	2 f. vert-jaune (2 bandes phosphore)	1 »
1978	2 f. 10, rose carminé (2 bandes phosphore)	1 10
1979	3 f. brun (2 bandes phosphore)	1 40
2121	3 f. 50, vert-olive (2 bandes phosphore)	1 70
2122	4 f. carmin (2 bandes phosphore)	2 15
2123	5 f. bleu (2 bandes phosphore)	2 75

Légende : RÉPUBLIQUE FRANÇAISE

2154	1 f. 40, vert (1 bande phosphore)	0 80
2157	Idem. Non dentelé verticalement	0 80
2155	1 f. 60, rouge (2 bandes phosphore)	0 80
2158	Idem. Non dentelé verticalement	0 80
2156	2 f. 30, bleu (2 bandes phosphore)	2 30

Les cotes « Sabine de Gandon » concernent les timbres avec gomme brillante.

Liberté de Gandon

2178	5 c. vert-noir	0 30
2179	10 c. rouge-brun	0 15
2180	15 c. rose	0 50
2181	20 c. émeraude	0 15
2182	30 c. orange	0 15
2183	40 c. brun foncé	0 30
2184	50 c. violet	0 30
2239	60 c. brun-rose	0 30
2240	70 c. bleu-violet	0 50
2241	80 c. brun-olive	0 50
2242	90 c. violet clair	0 50
2185	1 f. olive foncé	0 50
2186	1 f. 40, vert	1 »
2191	Idem. Non dentelé verticalement	1 55
2187	1 f. 60, rouge	0 80
2192	Idem. Non dentelé verticalement	1 55
2219	1 f. 60, vert	1 »
2222	Idem. Non dentelé verticalement	1 »
2318	1 f. 70, vert	1 »
2321	Idem. Non dentelé verticalement	1 »
2220	1 f. 80, rouge	1 »
2223	Idem. Non dentelé verticalement	1 10
2375	1 f. 80, vert	1 10
2378	Idem. Non dentelé verticalement	1 10
2424	1 f. 90, vert	2 30
2426	Idem. Non dentelé verticalement	1 25
2188	2 f. vert-jaune	1 10
2274	2 f. rouge	1 »
2277	Idem. Non dentelé verticalement	1 10
2484	2 f. vert	1 »
2487	Idem. Non dentelé verticalement	1 »
2319	2 f. 10, rouge	1 10
2322	Idem. Non dentelé verticalement	1 10
2376	2 f. 20, rouge	1 10
2379	Idem Non dentelé verticalement	1 10
2427	Idem. Dentelé sur 3 côtés	1 25
2461	Idem avec vignette « Philexfrance'89 »	1 25
2530	Id. surchargé 0,31 Écu	1 55
2189	2 f. 30, bleu	2 30
2221	2 f. 60, bleu	2 75
2275	2 f. 80, bleu	2 15
2243	3 f. brun-violet	1 40
2320	3 f. bleu	2 30
2377	3 f. 20, bleu	3 »
2425	3 f. 40, bleu	2,60
2485	3 f. 60, bleu	1 85
2486	3 f. 70, rose	1 85
2244	4 f. rouge carmin	1 80
2190	5 f. bleu-vert foncé	2 60
2276	10 f. violet	4 60
2423	A = (1 f. 90) vert	1 »
2483	B = (2 f.) vert	1 »
2615	C = (2 f. 10) vert	1 10
2616	C = (2 f. 30) rouge	1 25

Marianne du Bicentenaire

2617	10 c. bistre-noir	0 15
2618	20 c. émeraude	0 15
2619	50 c. violet-rouge	0 15
2824	70 c. brun. Non dentelé, gommage adhésif	8 »
2873	Idem. Dentelure verticale en lignes ondulées	8 »
2620	1 f. orange	0 50
3009	Idem. Dentelure verticale en lignes ondulées. Gommage adhésif	2 50
2621	2 f. vert clair	1 »
2906	2 f. bleu	1 »
2622	2 f. 10, vert	1 10
2627	Idem. Non dentelé verticalement	1 »
2714	2 f. 20, vert	1 40
2718	Idem. Non dentelé verticalement	1 40
2790	2 f. 20, vert clair	1 55
2614	2 f. 30, rouge	1 10
2628	Idem. Non dentelé verticalement	1 25
2629	Idem. Dentelé sur 3 côtés	2 15
2630	Idem. Non dentelé, gommage adhésif	1 25
2820	2 f. 40, vert	1 25
2823	Idem. Non dentelé verticalement	1 50
2715	2 f. 50, rouge	1 25
2719	Idem. Non dentelé verticalement	1 40
2720	Idem. Non dentelé, gommage adhésif	1 40
3005	2 f. 70, vert	1 40
3008	Idem. Non dentelé verticalement	2 »
2623	3 f. 20, bleu	1 70
2716	3 f. 40, bleu	1 55
2821	3 f. 50, vert-jaune (2 bandes phosphore)	1 70
2821a	Idem (1 bande phosphore)	2 »
2624	3 f. 80, rose	1 85
3006	3 f. 80, bleu	1 70
2717	4 f. rose	2 30
2770	4 f. 20, rose	2 »
2822	4 f. 40, bleu	2 »
3007	4 f. 50, rose	2 »
2625	5 f. bleu-vert	2 30
2626	10 f. violet	4 30
2711	D = (2 f. 30) vert	1 25
2712	D = (2 f. 50) rouge	1 25
2713	Idem Non dentelé, gommage adhésif	1 40
2806	(Sans val.) Timbre à validité permanente	1 40
2807	Idem. Non dentelé, gommage adhésif	1 55
2819	Idem. Non dentelé verticalement	1 40
2874	Idem. Dentelure verticale en lignes ondulées. Gommage adhésif	1 25

Marianne du 14 Juillet

3086	10 c. bistre-noir	0 15
3087	20 c. émeraude	0 15
3088	50 c. violet-rouge	0 15
3089	1 f. orange	0 30
3101	Idem. Dentelure verticale en lignes ondulées.Gommage adhésif	1 50
3090	2 f. bleu	0 65
3091	2 f. 70, vert	1 »
3100	Idem. Non dentelé verticalement	1 50
3092	3 f. 50, vert-jaune	1 10
3093	3 f. 80, bleu	1 25
3094	4 f. 20, orange foncé	1 40
3095	4 f. 40, bleu	1 40
3096	4 f. 50, rose	1 40
3097	5 f. bleu-vert	1 55
3098	6 f. 70, vert foncé	2 »
3099	10 f. violet	3 »
3083	(Sans val.) rouge Timbre à validité permanente	1 »
3084	Idem. Non dentelé verticalement	1 50
3085	Idem. Dentelure verticale en lignes ondulées.Gommage adhésif	1 »
3417	(Sans val.) Mention RF	0 80
3418	Idem. Non dentelé verticalement	1 »
3419	Idem. Dentelure verticale en lignes ondulées.Gommage adhésif	0 80
3443	0,01 € jaune	0 15
3444	0,02 € bistre-noir	0 15
3445	0,05 € vert-émeraude	0 15
3446	0,10 € violet-rouge	0 20
3447	0,20 € orange	0 40
3448	0,41 € vert	0 80
3458	Idem. Non dentelé verticalement	0 80
3449	0,50 € bleu nuit	1 »
3450	0,53 € vert-jaune	1 »
3451	0,58 € bleu	1 20
3452	0,64 € orange foncé	1 30
3453	0,67 € bleu outremer	1 40
3454	0,69 € rose	1 40
3455	1,00 € bleu-vert	2 »
3456	1,02 € vert foncé	2 »
3457	2,00 € violet	4 »

Caisse d'Amortissement

Années		
1927	246 à 248	48 »
1928	249 à 251	175 »
1929	Travail, 252	200 »
1929	253 à 255	200 »
1930	Sourire, 256	130 »
1930	266 à 268	260 »
1931	Provinces, 269	270 »
1931	275 à 277	480 »

On tiendra compte des % pour très bon centrage.

Journée du Timbre

Années			
1944	Renouard	668	0 30
1945	Louis XI	743	0 65
1946	La Varane	754	0 80
1947	Louvois	779	1 85
1948	Arago	794	0 80
1949	Choiseul	828	1 40
1950	Facteur rural	863	4 60
1951	Ambulants	879	4 60
1952	Diligence	919	5 50
1953	Argenson	940	4 »
1954	La Valette	969	5 50
1955	Ballon	1018	6 »
1956	Tassis	1054	3 50
1957	Felouque	1093	2 30
1958	Auto	1151	2 15
1959	Aéropostal	1196	0 80
1960	Bateau	1245	1 85
1961	Chamousset	1285	1 »
1962	Messager	1332	1 »
1963	Char	1378	0 30
1964	Postillon	1406	0 30
1965	La Guienne	1446	1 »
1966	Graveur	1477	0 30
1967	Facteur	1516	0 30
1968	Facteur rural	1549	0 30
1969	Omnibus	1589	0 30
1970	Facteur	1632	0 50
1971	La Poste aux Armées	1671	0 65
1972	Facteur rural	1710	1 »
1973	Relais de Poste	1749	0 50
1974	Centre de tri automatique d'Orléans la Source	1786	0 50
1975	Plaque de facteur de Paris sous la IIe République	1838	0 65
1976	Centenaire du type Sage	1870	0 50

Années			
1977	Enseigne du Relais de Marckolsteim	1927	0 65
1978	Relevage des lettres en 1900	2004	0 65
1979	Hôtel des Postes de Paris en 1908	2037	0 80
1980	« La lettre à Mélie », d'Avati	2078	0 80
1981	« La lettre d'Amour », de Goya	2124	1 »
1982	« Femme lisant », de Picasso	2205	1 10
1983	« Homme dictant une lettre » de Rembrandt	2258	1 25
1984	« Diderot », de Van Loo	2304	1 25
1985	Machine à oblitérer Daguin	2362	1 25
1986	La « Briska »	2410	1 40
	Idem de carnet	2411	1 55
1987	Berline	2468	1 40
	Idem de carnet	2469	1 55
1988	Voiture montée	2525	1 40
	Idem de carnet	2526	1 40
1989	Diligence	2577	1 40
	Idem de carnet	2578	1 40
1990	Les services financiers de La Poste	2639	1 40
	Idem de carnet	2640	1 40
1991	Le tri postal	2688	1 40
	Idem de carnet	2689	1 55
1992	L'accueil	2743	1 40
	Idem de carnet	2744	1 55
1993	La distribution du courrier	2792	1 40
	Idem, sans surtaxe, de carnet	2793	1 55

Années			
1994	La « Marianne de Dulac »	2863	1 55
	Idem, sans surtaxe, de carnet	2864	4 »
1995	La « Marianne de Gandon »	2933	1 85
	Idem, sans surtaxe, de carnet	2934	4 »
1996	La « Semeuse 1903 »	2990	1 70
	Idem, sans surtaxe, de carnet	2991	4 »
1997	« Mouchon 1902 »	3051	1 70
	Idem, sans surtaxe, de carnet	3052	4 »
1998	« Blanc 1900 »	3135	1 55
	Idem, sans surtaxe, de carnet	3136	4 »
1999	Astérix	3225	1 40
	Idem, avec surtaxe, de carnet	3226	3 »
	Idem, du feuillet (BF 22)	3228	2 »
2000	Tintin et Milou	3303	1 40
	Idem, avec surtaxe, de carnet	3304	2 »
2001	Gaston Lagaffe	3370	1 »
	Idem, avec surtaxe, de carnet	3371	1 50
2002	Boule & Bill	3467	1 »
	Idem, avec surtaxe, de carnet	3468	1 10

De 1969 à 1974, voir Département de la Réunion (Tome II 1re partie).

Croix-Rouge

146	10 + 5 c.	7 50
147	10 + 5 c.	80 »
156	15 + 5 c.	300 »
422	90 + 35 c.	15 »
459-460	(1940)	22 50
876-877	(1950)	6 10
914-915	(1951)	8 45
937-938	(1952)	12 »
966-967	(1953)	22 50
1006-1007	(1954)	29 50
1048-1049	(1955)	15 50
1089-1090	(1956)	7 10
1140-1141	(1957)	11 40
1187-1188	(1958)	3 20
1226-1227	(1959)	5 60
1278-1279	(1960)	8 »
1323-1324	(1961)	6 25
1366-1367	(1962)	4 30
1400-1401	(1963)	2 »

1433-1434	(1964)	1 »
1466-1467	(1965)	0 80
1508-1509	(1966)	1 30
1540-1541	(1967)	1 30
1580-1581	(1968)	1 »
1619-1620	(1969)	1 30
1661-1662	(1970)	1 60
1700-1701	(1971)	1 60
1735-1736	(1972)	1 60
1779-1780	(1973)	1 30
1828-1829	(1974)	1 45
1860-1861	(1975)	1 45
1910-1911	(1976)	1 65
1959-1960	(1977)	1 45
2024-2025	(1978)	2 »
2070-2071	(1979)	1 65
2116-2117	(1980)	2 »
2175-2176	(1981)	2 10
2247-2248	(1982)	2 20

2295-2296	(1983)	2 10
2345	(1984)	1 25
2392	(1985)	1 25
2449	(1986)	1 40
2498	(1987)	1 25
2555	(1988)	1 25
2612	(1989)	1 25
2646	(1990)	1 40
2733	(1991)	1 40
2783	(1992)	1 40
2853	(1993)	1 70
2915	(1994)	1 70
2946	(1995)	1 70
3039	(1996)	1 70
3122	(1997)	1 70
3199	(1998)	1 55
3288	(1999)	1 55
3362	(2000)	1 10
3436	(2001)	1 10

De 1962 à 1974, voir Département de la Réunion (Tome II 1re partie).
Pour les nos 147 et 156, on tiendra compte des % pour très bon centrage.

ACHAT-VENTE-ESTIMATION-CONSEIL EN PLACEMENT
BERNARD AUMONT
SPÉCIALISTE DE LA QUALITÉ
ACHETE
LES TIMBRES EUROPA, MONACO ET LES BELLES COLLECTIONS TOUS PAYS
AU JUSTE PRIX !
LES TIMBRES DE FRANCE
STOCK IMPORTANT
FEUILLE OU 1/2 FEUILLE
Par QUANTITÉ,
(même les petites valeurs)
22 rue Drouot PARIS 9ème
MAGASIN OUVERT du MARDI AU VENDREDI : 9h à 12h15 et de 13h15 à 18h00
et le SAMEDI : de 9h à 12h15 et de 14h à 18h00
Tél. 01 47 70 63 34 et 01 42 46 35 29
COMMANDES PAR FAX 01 42 46 25 32
PAR INTERNET Site Marchand : bernard-aumont.com
Messagerie internet : AUMONT@noos.fr
TOUTES LES GRANDES MARQUES
AV - CERES - DAVO - HAWID - ID
KABE - LEUCHTTURM - LINDNER
MOC - MARINI - PRINZ - SAFE
Yvert & Tellier
UNE REMISE EST ACCORDÉE DÈS LE 1ER ACHAT
TARIF DES TIMBRES DE FRANCE ET TOUS PAYS TARIF DES MARQUES ENVOYÉ SUR SIMPLE DEMANDE.

Tableaux

« Musée imaginaire » (Vitraux, Tapisseries, etc.)

1319	Braque (Messager)	3 »
1320	Matisse (Nus bleus)	4 70
1321	Cézanne (Joueurs de cartes)	2 30
1322	R. de La Fresnaye (14 juillet)	4 »
1363	Courbet (Bonjour M.)	4 »
1364	Manet (Canapé bleu)	3 »
1365	Géricault (Officier)	7 »
1376	Delacroix (Lutte)	4 60
1377	Vitrail de Conches	5 50
1398	Chagall (Mariés)	2 30
1399	Vitrail de Chartres	0 80
1413	D'Orléans (Jean le Bon)	1 85
1419	Vitrail de N.-D. de Paris	0 65
1424	Email champlevé	1 90
1425	La Dame à la licorne	0 80
1426	Toulouse-Lautrec (Serveuse)	0 65
1427	Vitrail de Sens	0 65
1457	Les Très riches heures	0 50
1458	« L'Apocalypse » d'Angers	0 50
1459	Dufy (Violon rouge)	0 50
1478	Le « Cratère » de Vix	0 50
1479	G. de La Tour (Nouveau-né)	0 50
1492	Vitrail de la Sainte-Chapelle	0 50
1493	Lurçat (Tapisserie)	0 50
1494	Daumier (Crispin et Scapin)	0 50
1517	Rousseau (Carriole)	0 50
1518	Clouet (François Ier)	0 50
1530	Ingres (Baigneuse)	0 50
1531	Vitrail de Troyes	0 50
1555	Peinture rupestre de Lascaux	0 65
1568	Gauguin (Arearea)	0 80
1569	Bourdelle (La Danse)	0 80
1570	Renoir (Modèle)	1 »
1586	Bas-relief d'Amiens	0 80
1587	R. de La Pasture (Ph. le Bon)	0 80
1588	Fresque de Saint-Savin	0 80
1588A	Seurat (Le Cirque)	0 80
1640	Primitif de Savoie	0 65
1641	Carpeaux (Triomphe de Flore)	0 65
1652	Boucher (Diane au retour de la Chasse)	1 25
1653	Degas (Danseuse au bouquet)	1 10
1654	Sculpture de la cathédrale de Strasbourg	1 10
1672	Millet (Le Vanneur)	0 80
1673	Rouault (Songe creux)	0 80
1702	Fragonard (L'Étude)	1 25
1703	Monet (Femmes au Jardin)	2 30
1732	Maître de Moulins (Pierre de Bourbon)	2 30
1733	Derain (Les Péniches)	3 50
1741	Chapiteau d'Issoire	1 85
1742	Le Brun (Étude de femme)	1 85
1743	Boiseries du Moutier d'Ahun	1 85
1765	Watteau (La Finette)	2 45

Tableaux (suite)

1766	Philippe de Champaigne (Cardinal de Richelieu)	1 60
1811	Miro (Tableau de)	1 85
1812	Sisley (Canal du Loing)	1 85
1813	Mathieu (Tapisserie de la manufacture nationale des Gobelins « Hommage à Nicolas Fouquet »)	1 85
1867	Linteau de St-Genis-des-Fontaines	1 40
1868	Vénus de Brassempouy	1 25
1869	Robert Delaunay (La joie de vivre)	1 40
1899	Ramsès (Fresque d'Abu-Simbel)	1 25
1900	Carzou (Oeuvre de)	1 25
1901	Vlaminck (Nature morte)	1 25
1923	Corot (Le « Pont de Mantes »)	1 25
1924	Vasarely (Oeuvre de)	1 85
1950	Trémois (Oeuvre de)	2 30
1951	Excoffon (Oeuvre d')	2 30
1958	Rubens (Vierge à l'Enfant)	1 60
1983	Carrousel sous Louis XIV	3 »
1994	Buffet (Le Pont des Arts)	3 »
2026	Brayer (Oeuvre de)	2 30
2033	Miniature sur la Musique	1 85
2053	Diane au bain (Château d'Écouen)	1 55
2054	Van Gogh (L'Eglise d'Auvers-sur-Oise)	4 60
2067	Salvador Dali (Oeuvre originale)	1 85
2068	Chapelain-Midy (Le « Danseur du feu »)	1 85
2074	Zadkine (La « Femme à l'éventail »)	1 85
2075	Ubac (Oeuvre d')	1 85
2090	Dürer (Autoportrait)	1 25
2107	Picart Le Doux (Hommage à Bach)	2 »
2108	Le Nain (Paysan, détail)	2 »
2109	Modigliani (Femme aux yeux bleus)	3 »
2110	Hartung (Oeuvre de)	2 50
2113	Agam (Message de Paix)	3 85
2136	Pissarro (La sente du chou)	1 25
2137	Gleizes (Composition)	2 45
2141	Trémois (La France)	1 40
2142	Trémois (Paris)	1 40
2168	Pignon (Les Plongeurs)	2 45
2169	Manessier (Alleluia)	2 45
2174	Hommage à Virgile « Mosaïque du 2e siècle »	1 55
2199	Folon (La Poste et les Hommes)	3 85
2200	Folon (La Poste et les Techniques)	3 85
2210	L'Ephèbe d'Agde	2 45
2211	Claude Gelée, dit Le Lorrain (Embarquement à Ostie)	2 30
2231	« La Dentellière », de Vermeer	2 45
2234	« La Famille », sculpture de Boyan	2 45
2245	« La Chambre turque », de Balthus	2 45
2263	« Aurora-Set », de Dewasne	2 45
2264	« Vénus et Psyché », de Raphaël	2 45
2265	Gustave Doré (Illustration des Contes de Perrault)	2 45
2291	Hommage à Jean Effel	2 45
2297	« Le Lapin Agile », de Maurice Utrillo	2 45
2299	Hommage au Cinéma », sculpture de César	2 50
2300	« Les 4 coins du ciel », de Messagier	2 50
2301	« Coin de salle à manger au Cannet », de Bonnard	2 50
2342	« La Pythie », d'André Masson	3 »
2343	« Le peintre piétiné par son modèle », de Jean Hélion	3 »
2363	Vitrail de la Cathédrale de Strasbourg	4 60
2364	« Nature morte au chandelier », de Nicolas de Staël	3 85
2381	Dubuffet	3 »
2382	P. Alechinsky	3 »
2383	« Le chien », sculpture par A. Giacometti	3 »
2407	La Typographie	3 »
2413	« Skibet », de Maurice Estève	3 »
2414	« Virginia », d'Alberto Magnelli	3 »
2446	« Portrait d'Isabelle d'Este, de Léonard de Vinci	3 »
2447	« La Danseuse » de Jean Arp	3 »
2448	Oeuvre de Pierre Soulages	3 »
2473	Oeuvre de Bram Van Velde	3 »
2474	« Femme à l'ombrelle », d'Eugène Boudin	3 »
2493	« Précambrien » de Camille Bryen	3 »
2494	« Monde » d'Antoine Pevsner	3 »
2537	L'Assemblée de Vizille	1 40
2538	La journée des tuiles	1 70
2551	« Hommage à Léon Degand » de Robert Jacobsen	3 »
2553	Le Sépulcre Saint-Mihiel de Ligier-Richier	3 »
2554	« Composition » de Serge Poliakoff	3 »
2557	« Meta » de Tinguely	3 85
2558	Pietà de Villeneuve-lès-Avignon	3 »
2561	« Anthropométrie de l'époque bleue » d'Yves Klein	2 75
2591	« Le Serment du Jeu de Paume » par David	2 75
2606	« Régates vent arrière » de Lapicque	2 75
2635	« Profil de femme » d'Odilon Redon	2 75
2636	« Cambodgienne assise » d'Auguste Rodin	2 75
2637	« Tête de Christ » de Wissembourg	3 35
2672	« Jaune et gris » de Roger Bissière	2 75
2692	« La balançoire » d'Auguste Renoir	2 75
2693	« Le Noeud noir » de Georges Seurat	2 75
2730	« Volta faccia » de François Rouan	2 75
2731	« Ô tableau noir » de Roberto Matta	2 75
2761	« Portrait de Claude Deruet » de Jacques Callot	2 75
2779	« Étude pour le portrait de John Edward » de Francis Bacon	2 30
2780	Création pour la Poste, d'Alberto Burni	2 30
2781	« Le rendez-vous d'Ephèse » de Paul Delvaux	2 30
2782	Création pour la Poste, d'Antoni Tapies	2 30
2797	« Rouge rythme bleu » d'Olivier Debré	1 25
2798	« Le griffu » de Germaine Richier	1 80
2828	« Saint Thomas », de Georges de la Tour	2 75
2832	« Les Muses » de Maurice Denis	2 60
2834	Oeuvre originale de Takis	2 30
2835	« Gravure rehaussée », de Marie Hélène Vieira da Silva	2 30
2858	Oeuvre originale de Sean Scully	3 »
2859	« La légende de Saint Étienne » vitrail de la Cathédrale du Mans	3 »
2914	Oeuvre originale de Georg Baselitz	3 »
2926	La châsse de Saint-Taurin à Evreux	3 »
2927	« Etude pour le rêve du bonheur », de Pierre Prud'hon	3 »
2928	Oeuvre originale de Zao Wou-Ki	3 »
2969	Oeuvre originale de Kirkeby	3 »
2972	« Le Berceau » de Berthe Morisot	3 »
2986	Oeuvre originale de Wercollier	3 »
2987	« Horizon » de Dibbets	3 »

2989	« Le Pont de Narni » de Jean-Baptiste Corot	3 35
3014	Bronze gallo-romain du Trésor de Neuvy-en-Sullias	3 »
3023	Oeuvre originale d'Arman	3 35
3049	Fresque de Tavant	3 »
3050	Oeuvre originale de Bernard Moninot	3 »
3104	« Le Pouce » de César	3 »
3105	« Raisins et grenades » de Chardin	3 »
3147	« Entrée des Croisés à Constantinople » d'Eugène Delacroix	3 »
3162	« Le Printemps » de Pablo Picasso	3 »
3197	« Les neufs moules Malic » de Marcel Duchamp	3 »
3207	« Vision après le sermon » de Paul Gauguin	3 »
3221	Jean Goujon	2 50
3234	La Vénus de Milo	8 »
3235	« La Joconde » de Léonard de Vinci	8 »
3236	Détail de "La Liberté guidant le peuple" de Delacroix	18 50
3247	« Nymphéas, effet du soir » de Claude Monet	3 »
3254	Cathédrale d'Auch	3 »
3289	Portrait de Charles Ier d'Anton Van Dyck	3 »
3301	« Vénus et les Grâces offrant des présents à une jeune fille », détail d'une fresque de Sandro Botticelli	2 75
3309	« La Valse » de Camille Claudel	2 75
3350	« Visage rouge » de Gaston Chaissac	2 15
3358	Mosaïque (9e siècle) de Germigny-des-Prés	2 15
3359	« Le kiosque des amoureux - Valence » de Peynet	1 25
3369	« La danse des paysans » de Pieter Brugel l'Ancien	2 05
3385	Hôtel des Chevaliers de Saint-Jean-de-Jérusalem, à Toulouse	2 05
3421	« Yvette Guilbert chantant « Linger, Longer, Loo » de Toulouse-Lautrec	2 »
3429	« Honfleur à marée basse » de Johan Barthold Jongking	2 »
3435	Œuvre originale d'Albert Decaris	1 »
3461	« Le baiser » de Gustav Klimt	2 »
3482	« Les danseurs » de Fernando Botero	2 »
3498	« Eve et le serpent, La Création » de Marc Chagall, cathédrale de Metz	1 »

Les nos 1766, 1811, 1812 et 1813 ont été surchargés en francs CFA, voir Département de la Réunion (Tome II 1re partie).

Blasons et Armoiries

1353A	Agen	0 15
1195	Alger	0 30
1232	Alger	1 »
756	Alsace	0 15
1352	Amiens	0 15
558	Angers	4 30
1003	Angoûmois	0 15
838	Anjou	0 50
899	Artois	0 15
1468	Auch	0 15
1004	Aunis	0 15
837	Auvergne	0 65
901	Béarn	0 30
959	Berri	0 30
529	Bordeaux	3 »
1183	Bordeaux	0 15
1002	Bourbonnais	0 15
834	Bourgogne	0 15
573	Bretagne	0 80
553	Chambéry	4 65
953	Champagne	0 60
531	Clermont-Fd	3 »
1047	Comtat-Venaissin	0 15
755	Corse	0 15
954	Dauphiné	0 80
559	Dijon	4 30
602	Flandre	0 30
1044	Foix	0 15
903	Franche-Comté	1 »
958	Gascogne	0 30
557	Grenoble	4 20
1351B	Guéret	0 15
835	Guyenne	0 15
575	Ile-de-France	1 90
554	La Rochelle	3 90
603	Languedoc	0 30
561	Le Havre	4 30
527	Lille	3 »
1186	Lille	0 15
1230	Lille	8 50
560	Limoges	4 30
900	Limousin	0 15
757	Lorraine	0 15
533	Lyon	3 40
1181	Lyon	0 15
572	Lyonnais	0 50
999	Maine	0 30
1045	Marche	0 15
532	Marseille	3 »
1180	Marseille	0 15
734	Metz	0 30
1469	Mont-de-Marsan	1 10
536	Montpellier	3 40
526	Nancy	3 »
562	Nantes	4 30
1185	Nantes	0 15
1000	Navarre	0 30
1354	Nevers	0 15
758	Nice (Comté)	0 15
563	Nice (Ville)	4 30
1184	Nice (Ville)	0 15
1351A	Niort	0 15
1001	Nivernais	0 30
605	Normandie	1 60
1230A	Oran	0 30
556	Orléans	3 90
604	Orléanais	1 »
537	Paris	3 40
1354B	Paris	0 80
951	Picardie	0 30
555	Poitiers	3 90
952	Poitou	0 30
574	Provence	2 30
535	Reims	3 40
534	Rennes	3 40
528	Rouen	3 »
1046	Roussillon	0 15
1354A	St-Denis-Réunion	0 50
564	Saint-Étienne	4 65
1510	Saint-Lô	0 15
1005	Saintonge	0 15
836	Savoie	0 65
735	Strasbourg	0 30
530	Toulouse	3 »
1182	Toulouse	0 15
902	Touraine	1 10
1353	Troyes	0 15

Le blason « Anjou » existe préoblitéré, quelques valeurs sont surchargées en francs CFA, voir Département de la Réunion (Tome II 1re partie).

Vous avez la légende, la surcharge...

identifiez vos timbres

Devenez un expert ou tout simplement simplifiez vous la vie pour décoder un texte dans une langue inconnue ou venir à bout des légendes les plus récalcitrantes. Le complément indispensable de vos recherches.

par Rodolphe FISCHMEISTER.

YVERT&TELLIER
Disponible dans nos points de vente et sur
www.yvert.com

PIERRE DRIJARD PHILATÉLIE

CNEP

Membre de la Chambre Syndicale des négociants et experts en Philatélie
Membre de l'International Fédération of Stamps Dealer's Association

ACHAT - VENTE - ESTIMATION - EXPERTISE

76, rue La Fayette - 75009 Paris
Métro Cadet (ligne 7)
Bus 26, 32, 42, 43, 48, 85
Tél. 01 48 01 04 12 - Fax : 01 48 01 04 11
e-mail : drijardphilat@aol.com

Catalogue gratuit sur simple demande de NOS VENTES À PRIX NETS

ACHAT

Nous sommes acheteurs en permanence
de lots et collections de timbres-poste France et Etranger.
Paiement comptant quelle que soit l'importance
NOUS CONSULTER-DÉPLACEMENT ET RÉPONSE IMMÉDIATS

Le Spécialiste
des Timbres et Lettres Classiques,
des Ballons Montés.

Achats de timbres, lettres et collections,
Ventes à Prix net
au détail et par correspondance,
Expertises

Documentation gratuite
disponible
sur simple demande

Une Philatélie de Tradition depuis 1920
Une Tradition dans la Philatélie

Behr

30 avenue de L'Opéra 75002 Paris France

tél: 01 43 12 37 67
www.behr.fr
fax : 01 43 12 37 73

email: pascal.behr@behr.fr

RCS: Paris A 404945321

FRANCE

100 c(entimes) =1 f(ranc)

Depuis le 1er Janvier 2002 : 1 €(uro) = 100 c(entimes).

IIe République

Pour les timbres (sur lettre) voir rubrique "Clef du catalogue".

La cote des timbres oblitérés des nos 1 à 106 varie en fonction du type d'oblitération.

En règle générale, la cote figurant dans la colonne de droite correspond à la plus faible de ces cotes.

Les autres cotes sont détaillées dans les tableaux des principales oblitérations après le n° 106.

Voir également nos éditions spécialisées.

1849-50. - *Cérès. Typographie. Papier teinté.*

Le 20 centimes noir.

Ce type a été repris en 1870-71 pour la France et les Colonies générales : en 1937 à l'occasion de l'Exposition philatélique de Paris (nos 348 à 351), en 1949, à l'occasion de l'Exposition du Centenaire du Timbre (nos 830, 831 et 841) et en 1999 pour le cent cinquantième anniversaire (nos 3211 et 3212 et entier n° 3094).

1	10 c. bistre-jaune	1 650 »	300 »
	(sur lettre)		650 »
	a. bistre-brun	2 300 »	385 »
	b. bistre verdâtre	2 850 »	460 »
	c. bistre verdâtre foncé	5 350 »	915 »
2	15 c. vert	24 000 »	955 »
	(sur lettre)		1 600 »
	a. vert clair	23 500 »	965 »
	b. vert foncé	25 000 »	1 100 »
	c. vert très foncé	31 000 »	2 300 »
3	20 c. noir s. jaune	420 »	55 »
	(sur lettre)		80 »
	a. noir s. blanc	535 »	60 »
	b. noir s. chamois	1 100 »	200 »
	c. gris-noir	2 300 »	500 »
4	25 c. bleu	8 000 »	40 »
	(sur lettre)		60 »
	a. bleu foncé	8 000 »	60 »
	b. bleu s. jaune	6 500 »	50 »
5	40 c. orange	4 200 »	460 »
	(sur lettre)		750 »
	a. orange vif	4 350 »	525 »
	b. orange foncé	4 600 »	650 »
	c. (gomme brunâtre)	2 700 »	

Carmin.

Vermillon.

6	1 f. carmin foncé	11 000 »	915 »
	(sur lettre)		1 600 »
	a. carmin clair	11 500 »	915 »
	d. carmin cerise		2 700 »
6A	1 f. rouge-brun	21 500 »	2 700 »
6B	1 f. carmin-brun	14 000 »	1 300 »
7	1 f. vermillon	78 000 »	19 500 »
	(sur lettre)		28 000 »
	a. vermillon vif	92 500 »	24 500 »
	b. vermillon terne	55 000 »	18 500 »
7A	1 f. *vermillon pâle* (Vervelle)	25 000 »	

Le n° 7A, toujours sans gomme, est généralement aminci. Il n'existe qu'à l'état neuf.

Timbres neufs, sans gomme.

(1)	10 c. bistre-jaune	610 »
(2)	15 c. vert	6 100 »
(3)	20 c. noir sur jaune	155 »
(4)	25 c. bleu	2 300 »
(5)	40 c. orange	1 150 »
(6)	1 f. carmin foncé	3 850 »
(6A)	1 f. rouge-brun	7 650 »
(6B)	1 f. carmin-brun	4 600 »
(7)	1 f. vermillon	40 000 »

4 retouchés (plus larges).

normal

retouché

5d	40 c. orange	29 000 »	7 650 »
	(Sur lettre)		15 500 »
5e	Paire avec un normal	46 000 »	15 500 »
5f	Paire des deux timbres retouchés	122 000 »	61 000 »

Par erreur, on avait placé deux clichés du 20 c. dans une planche du 40 c. Cette erreur fut corrigée en modifiant individuellement les chiffres 2.

NON ÉMIS

8	20 c. *bleu s. jaunâtre*	3 300 »
	a. *bleu foncé*	2 800 »
	b. *bleu s. azuré*	2 650 »

Le n° 8 est toujours sans gomme, les nos 8a et 8b sont avec ou sans gomme.

DOCUMENT POSTAL

Le 1er décembre 1849, une circulaire portant une moitié de 1 f. vermillon et une moitié de 1 f. carmin fut envoyée aux bureaux de poste, afin de procéder au retrait des timbres vermillon dont la couleur était proche de celle des 40 c. orange, imprimés depuis avril 1849, mais qui ne furent émis qu'en 1850.

sur circulaire entière	45 000 »
sur fragment	8 500 »

TÊTE-BÊCHE

1d	10 et 10 c. bistre-jaune	75 000 »	16 000 »
	(Sur lettre)		30 500 »
1e	10 et 10 c. bistre verdâtre	100 000 »	23 000 »
	(Sur lettre)		40 000 »
2d	15 et 15 c. vert (Sur lettre)		260 000 »
3d	20 et 20 c. noir s. jaune	11 000 »	7 250 »
	(Sur lettre)		13 000 »
3e	20 et 20 c. noir s. blanc	12 000 »	8 400 »
	(Sur lettre)		15 500 »
4c	25 et 25 c. bleu	160 000 »	14 500 »
	(Sur lettre)		30 500 »
6e	1 et 1 f. carmin	150 000 »	27 000 »
	(Sur lettre)		53 500 »
6Aa	1 et 1 f. rouge-brun (Sur lettre)		138 000 »
6Ba	1 et 1 f. carmin-brun	165 000 »	42 000 »
	(sur lettre)		53 500 »
7d	1 et 1 f. vermillon vif	330 000 »	160 000 »
7e	1 et 1 f. vermillon terne		190 000 »
7f	1 et 1 f. *vermillon pâle*	245 000 »	
8c	20 et 20 c. *bleu s. jaunâtre*	92 000 »	
8d	20 et 20 c. *bleu foncé*	84 000 »	
8e	20 et 20 c. *bleu s. azuré*	75 000 »	

On ne connaît qu'un exemplaire oblitéré et défectueux du n° 2d (sur lettre), un tête-bêche neuf sans gomme du 1 f. vermillon vif (dans un bloc de quatre), un oblitéré mais défectueux dans une bande de trois, un tête-bêche du 1 f. vermillon terne dans une bande de trois oblitérée, et un tête-bêche du 1 f. vermillon pâle dans un bloc de quatre.

BLOCS DE QUATRE

10 c. bistre-jaune	9 200 »	11 000 »
10 c. bistre verdâtre	17 000 »	15 000 »
15 c. vert	120 000 »	70 000 »
15 c. vert foncé	125 000 »	85 000 »
20 c. noir s. jaune	2 100 »	4 750 »
20 c. noir s. blanc	2 450 »	5 500 »
25 c. bleu	38 500 »	5 500 »
40 c. orange	27 000 »	20 000 »
1 f. carmin	57 500 »	14 000 »
1 f. rouge-brun	120 000 »	
1 f. carmin-brun	61 000 »	36 000 »
1 f. vermillon	385 000 »	130 000 »
1 f. vermillon vif	440 000 »	155 000 »
1 f. vermillon terne	252 000 »	92 000 »
1 f. *vermillon pâle*	168 000 »	
20 c. *bleu s. jaunâtre*	15 500 »	
20 c. *bleu foncé*	13 000 »	
20 c. *bleu s. azuré*	14 000 »	

Le 10 c. avec annulation rouleau de gros points vaut 4 000 »
Le 10 c. verdâtre vaut ainsi 6 200 »

TÊTE-BÊCHE DANS UN BLOC

Pour évaluer la cote d'un tête-bêche dans un bloc de quatre, ajouter la cote du tête-bêche à celle du bloc de quatre.

RÉIMPRESSIONS

1f	10 c. bistre clair	450 »
2e	15 c. vert vif clair	600 »
3f	20 c. noir	425 »
4d	25 c. bleu	450 »
5g	40 c. orange	600 »
5h	40 c. (4 retouchés)	13 500 »
5j	(Paire avec un normal)	18 500 »
5k	(Paire des 2 retouchés)	37 500 »
6f	1 f. carmin	600 »
8f	20 c. bleu	400 »

Ces réimpressions ont été faites en 1862 dans les couleurs employées à cette époque, qui sont généralement plus claires que celles de 1849-50.

Surchargé.

8A 25 c. s. 20 c. *bleu* (R) 19 000 »

On connaît un exemplaire d'un n° 8 original avec une surcharge voisine qui ne comprend ni le point sous le c ni les barres ornementales.

TIMBRE COUPÉ, SUR LETTRE

On connaît une lettre affranchie avec la moitié gauche d'un timbre de 40 c. ayant servi de timbre de 20 c. ; oblitération losange de points avec 851 en petits chiffres (Le Cheylard).

Valeur 150 000 »

Voir ci-après les tableaux des principales oblitérations.

1852. - *Prince-président Louis-Napoléon. Légende REPUB. FRANC. B sous le cou. Typographie. Papier teinté.*

9	10 c. bistre-jaune	40 000 »	650 »
	(sur lettre)		1 000 »
	a. bistre-brun	42 000 »	915 »
10	25 c. bleu	3 050 »	50 »
	(sur lettre)		80 »
	a. bleu foncé	3 850 »	80 »

Timbres neufs, sans gomme.

(9)	10 c. bistre-jaune	9 150 »
(10)	25 c. bleu	1 100 »

TIMBRES AVEC LIGNES D'ENCADREMENT.

9b	10 c.	50 000 »	8 500 »
10b	25 c.	4 600 »	1 150 »

BLOCS DE QUATRE

10 c.	230 000 »	50 000 »
25 c.	15 500 »	2 300 »

RÉIMPRESSIONS (1862)

9c	10 c. bistre clair	600 »
10c	25 c. bleu	430 »

Voir ci-après les tableaux des principales oblitérations.

Second Empire

1853-60. - *Napoléon III. Idem. Légende EMPIRE FRANC. Typographie. Papier teinté.*

Le 1 c. n'a existé qu'au type II, les 5, 25, 40, 80 c. et 1 f., qu'au type I.

11	1 c. olive	215	»	100	»
	(Seul sur lettre)			400	»
	a. bronze	230	»	105	»

Type I

Type II

12	5 c. vert	810	»	100	»
	(Seul sur lettre)			275	»
	a. vert-jaune	810	»	110	»
	b. vert foncé	1 150	»	185	»
	c. vert foncé s. vert	1 950	»	230	»
13A	10 c. bistre (I)	460	»	10	»
	(sur lettre)			16	»
	a. jaune-citron	2 300	»	80	»
	b. bistre-orange	690	»	25	»
	c. bistre-brun	610	»	35	»
13B	10 c. brun clair (II)	610	»	25	»
	(sur lettre)			40	»
	a. bistre-brun	690	»	45	»
	b. brun	955	»	70	»

Le Spécialiste des Classiques de France

Achats de timbres, lettres et collections,
Ventes à Prix net au détail et par correspondance,
Expertises

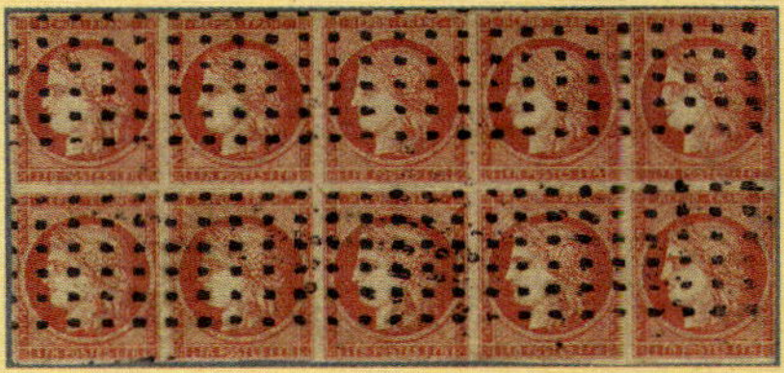

N°7a
1 franc vermillon vif bloc de dix

Cérès 1849
Présidence 1852
Empire Non Dentelé
1853 1860

N°9
10c. bistre bloc de 4 avec filet d'encadrement

brochure gratuite disponible sur simple demande

Behr

30 avenue de L'Opéra
75002 Paris France
tél: 01 43 12 37 67 fax : 01 43 12 37 73
email: pascal.behr@behr.fr
www.behr.fr
RCS: Paris A 404945321

14A	20 c. bleu (I)	185 »	2 »
	(sur lettre)		3 »
	a. bleu foncé	255 »	2 »
	(sur lettre)		4 »
	b. bleu-noir	1 250 »	30 »
	c. bleu s. azuré	460 »	12 »
	d. bleu s. vert	5 350 »	155 »
	e. bleu s. lilas	5 000 »	80 »
	f. bleu laiteux	305 »	12 »
	g. bleu s. rose		4 600 »
	h. POSTFS	1 150 »	75 »
14B	20 c. bleu (II)	385 »	6 »
	(sur lettre)		8 »
	a. bleu s. vert	5 350 »	210 »
	b. bleu s. lilas	4 900 »	460 »
15	25 c. bleu	2 300 »	255 »
	(sur lettre)		460 »
	a. bleu laiteux	2 550 »	275 »
16	40 c. jaune-orange	2 300 »	15 »
	(sur lettre)		25 »
	a. orange vif	2 550 »	25 »
	b. orange s. paille	2 750 »	30 »
17A	80 c. carmin foncé	4 000 »	115 »
	(sur lettre)		200 »
	a. carmin clair	2 200 »	55 »
	b. carmin-rose	2 300 »	55 »
	c. carmin foncé s. paille	4 600 »	155 »
	d. vermillonné		610 »
17B	80 c. rose	2 200 »	54 »
	(sur lettre)		110 »
	a. rose vif	2 250 »	80 »
	b. rose pâle	2 100 »	60 »
18	1 f. carmin	7 000 »	3 000 »
	(sur lettre)		5 350 »
	(Id. seul)		6 900 »
	a. carmin foncé	8 800 »	3 850 »

Timbres neufs, sans gomme.

(11)	1 c. olive	75 »
(12)	5 c. vert	260 »
(13A)	10 c. bistre (I)	155 »
(13B)	10 c. brun clair (II)	200 »
(14A)	20 c. bleu (I)	70 »
(14B)	20 c. bleu (II)	155 »
(15)	25 c. bleu	840 »
(16)	40 c. jaune-orange	765 »
(17A)	80 c. carmin foncé	1 150 »
(17Aa)	80 c. carmin clair	700 »
(17Ab)	80 c. carmin-rose	700 »
(17B)	80 c. rose	600 »
(18)	1 f. carmin	2 550 »
(18a)	1 f. carmin foncé	2 850 »

Les 1 c. et 25 c. ont subi certaines retouches qu'on reconnaît aux raccords des filets des cadres ou à des lettres déformées.

Il a été fait un tirage spécial, dit des "*Arts & Métiers*".

12e	5 c. *vert clair*	650 »
13Ae	10 c. *bistre-jaune*	425 »
14Ak	20 c. *bleu laiteux*	380 »
16d	40 c. *orange vif*	2 000 »
17Ae	80 c. *carmin terne*	1 700 »

Ces timbres sont sans gomme et d'une impression très soignée.

TÊTE-BÊCHE

14Bc	20 et 20 c. bleu (II)	200 000 »	
17Af	80 et 80 c. carmin	250 000 »	18 000 »
	(Sur lettre)		31 000 »
17Bc	80 et 80 c. rose	55 000 »	13 000 »
	(Sur lettre)		25 000 »
18b	1 et 1 f. carmin	270 000 »	130 000 »
	(Sur lettre)		195 000 »

On ne connaît qu'un exemplaire neuf du n° 17Af et deux du n° 18b. Le n° 14Bc est en réalité le n° 22b non dentelé.

TIMBRES AVEC LIGNES D'ENCADREMENT.

12d	5 c.	6 700 »	2 700 »
13Ad	10 c. (I)	1 200 »	600 »
14Aj	20 c. (I)	700 »	350 »
15b	25 c.	4 400 »	2 500 »
16c	40 c.	6 700 »	1 250 »
17Ag	80 c.	12 500 »	3 800 »
18c	1 f.	11 000 »	10 000 »

Les timbres avec ligne d'encadrement formant coin de feuille valent le double des cotes ci-dessus.

BLOCS DE QUATRE

1 c. vert-olive	1 050 »	1 150 »
5 c. vert-jaune	4 200 »	1 150 »
10 c. bistre (I)	2 300 »	305 »
10 c. brun clair (II)	3 050 »	405 »
20 c. bleu (I)	880 »	84 »
20 c. bleu (II)	1 950 »	405 »
25 c. bleu	11 500 »	2 300 »
40 c. jaune-orange	11 500 »	840 »
80 c. carmin clair	10 000 »	610 »
80 c. carmin foncé	21 000 »	995 »
80 c. rose	9 550 »	610 »
1 f. carmin	38 500 »	30 500 »

Piquages.

A. - Piquage Susse, consistant en larges trous (7¼ x 7) :

Les cotes concernent les lettres entières.

1 c. vert-olive	5 350 »
5 c. vert-jaune	2 100 »
10 c. bistre (I)	385 »
10 c. bistre (II)	285 »
20 c. bleu (I)	155 »
20 c. bleu s. vert (I)	200 »
20 c. bleu (II)	115 »
40 c. orange	460 »
80 c. rose	1 600 »

B. - Percés en lignes.

Les cotes concernent les lettres entières.

C. - Percés en scie (ou en arc).

1 c.	725 »
5 c.	345 »
10 c.	140 »
20 c.	115 »
20 c. bleu s. vert	765 »
40 c.	155 »
80 c.	270 »

C. - Percés en scie (ou en arc).

1 c.	725 »
5 c.	575 »
10 c.	305 »
20 c.	140 »
20 c. bleu s. vert	7 650 »
40 c.	230 »
80 c.	535 »

D. - Piquage de Clamecy (dents en pointes allongées).

5 c.	19 500 »
10 c.	7 650 »
20 c.	7 650 »
20 c. bl. s. vert	8 400 »
40 c.	15 500 »

E. - Piquage de Cosne (dents en triangle).

20 c.	19 500 »

F. - Piquage de Chéroy.

10 c.	19 500 »
20 c.	19 500 »

G. - Piquage de Sancerre.

20 c.	12 500 »

Les cotes des timbres piqués ou percés s'entendent pour des timbres oblitérés sur lettre entière. (Les timbres sur grand fragment daté valent le quart).

RÉIMPRESSIONS (1862-63)

15c	25 c. bleu clair	460 »
17Ah	80 c. carmin-rose	2 100 »
18d	1 f. carmin	1 600 »
18e	(Tête-bêche)	27 000 »

TIMBRES COUPÉS, SUR LETTRES

Moitié de 10 c. (13)	
Moitié de 20 c. (14)	22 000 »
Moitié de 40 c. (16)	77 000 »
Moitié de 80 c. (17)	25 000 »

La moitié de 80 c. n'est connue que sur fragment.

Voir ci-après les tableaux des principales oblitérations.

1862. - *Napoléon III. Idem. Légende EMPIRE FRANC. Typographie. Papier teinté. Dentelés 14 x 13½.*

19	1 c. olive	185 »	45 »
	(Seul sur lettre)		155 »
	a. bronze	185 »	50 »
	b. mordoré	430 »	
	c. mordoré, non dentelé	535 »	
	d. (Grand C dans le cartouche supérieur)	1 200 »	1 000 »
20	5 c. vert	200 »	13 »
	(Seul sur lettre)		75 »
	a. vert foncé	225 »	17 »
21	10 c. bistre	1 600 »	5 »
	(sur lettre)		6 »
	a. bistre-jaune	1 650 »	5 »
	b. bistre-brun	2 200 »	12 »
22	20 c. bleu	230 »	1 »
	(sur lettre)		2 »
	a. bleu foncé	305 »	2 »
23	40 c. orange	1 400 »	9 »
	(sur lettre)		12 »
	a. orange pâle	1 250 »	10 »
	b. orange vif	1 950 »	13 »
24	80 c. rose	1 300 »	42 »
	(sur lettre)		80 »
	a. rose foncé	1 400 »	65 »

Timbres neufs, sans gomme.

(19)	1 c. olive	60 »
(20)	5 c. vert	75 »
(21)	10 c. bistre	405 »
(22)	20 c. bleu	75 »
(23)	40 c. orange	405 »
(24)	80 c. rose	460 »

TÊTE-BÊCHE

22b	20 et 20 c.	4 450 »	1 300 »
	(Sur lettre)		3 000 »
24b	80 et 80 c.	23 500 »	10 000 »
	(Sur lettre)		23 000 »

Le 24b est généralement décentré.

Behr

brochure gratuite disponible sur simple demande

N°22b
20c. bleu paire tête bêche

Le Spécialiste des Classiques de France

Empire Dentelé 1862
Empire Lauré
1863 1870

Achats de timbres, lettres et collections,
Ventes à Prix net au détail et par correspondance,
Expertises

N°27c
4c. gris paire tête bêche

30 Avenue de L'Opéra
75002 Paris France
tél: 01 43 12 37 67 fax : 01 43 12 37 73
email: pascal.behr@behr.fr
www.behr.fr
RCS: Paris A 404945321

BLOCS DE QUATRE

1 c.	880 »	460 »
5 c.	955 »	245 »
10 c.	7 650 »	155 »
20 c.	1 150 »	100 »
40 c.	6 900 »	285 »
80 c.	6 100 »	400 »

Voir ci-après les tableaux des principales oblitérations.

1863-70. - *Napoléon III lauré. Typographie. Papier teinté. Dentelés 14 x 13½.*

Types des 10 c. et 20 c.

Type I : petits points

Type II : gros points

Le 30 c. est au type I, les 40 c. et 80 c. sont au type II. Il existe également deux types pour les 2 c. et 4 c. (voir catalogue spécialisé Volume I).

Type des 1 c., 2 c. et 4 c.

Type des 10 c., 20 c., 30 c., 40 c. et 80 c.

25	1 c. bronze	30 »	15 »
	(Seul sur lettre)		70 »
	a. olive	27 »	16 »
	b. (à la cigarette)	2 750 »	1 000 »
26	2 c. rouge-brun	100 »	25 »
	(Seul sur lettre)		60 »
	a. rouge-brun foncé	100 »	42 »
	b. (Boule blanche sous le cou)	2 200 »	1 600 »
27	4 c. gris	215 »	55 »
	(Seul sur lettre)		430 »
	a. gris jaunâtre	225 »	58 »
	b. gris-lilas	305 »	85 »
28A	10 c. bistre (I)	535 »	9 »
	(sur lettre)		10 »
28B	10 c. bistre (II)	305 »	6 »
	(sur lettre)		8 »
	Ba. bistre foncé	345 »	8 »
29A	20 c. bleu (I)	345 »	2 »
	(Sur lettre)		3 »
	a. bleu foncé	385 »	3 »
29B	20 c. bleu (II)	215 »	2 »
	(Sur lettre)		3 »
	a. bleu foncé	230 »	3 »
	b. (à la corne)	1 850 »	110 »
	c. (aux abeilles)	3 050 »	245 »
	d. (à la pipe)	2 000 »	155 »
30	30 c. brun	850 »	20 »
	(Sur lettre)		25 »
	a. brun clair	915 »	22 »
	b. brun-noir	1 400 »	40 »
31	40 c. orange	880 »	12 »
	(Sur lettre)		15 »
	a. orange pâle	915 »	14 »
	b. orange vif	1 300 »	16 »
32	80 c. rose	1 200 »	27 »
	(Sur lettre)		45 »
	a. rose carminé	1 300 »	42 »

33	5 f. violet-gris	6 500 »	1 000 »
	(sur lettre)		1 600 »
	(Id. seul)		22 500 »
	a. gris-bleu	6 900 »	1 100 »
	b. 5 et F en bleu	7 650 »	1 350 »
	c. (Non dentelé)	11 000 »	

Timbres neufs, sans gomme.

(25)	1c. bronze	10 »
(26)	2 c. rouge-brun	27 »
(27)	4 c. gris	75 »
(28A)	10 c. bistre (I)	185 »
(28B)	10 c. bistre (II)	100 »
(29A)	20 c. bleu (I)	115 »
(29B)	20 c. bleu (II)	95 »
(30)	30 c. brun	275 »
(31)	40 c. orange	275 »
(32)	80 c. rose	305 »
(33)	5 f. violet-gris	2 300 »

Grand chiffre 5

Chiffre 5 normal

33d	5 f. (grand chiffre 5)	7 800 »	1 350 »

Le "grand chiffre 5" mesure 4,3 mm de haut.

ERREUR Sans "5" et "F".

33e	violet-gris	80 000 »

On ne connaît que quelques exemplaires oblitérés, plus ou moins défectueux, de cette rarissime variété.

TÊTE-BÊCHE

27c	4 et 4 c.	20 000 »	13 500 »
	(Sur lettre)		40 000 »

BLOCS DE QUATRE

1 c.	130 »	155 »
2 c.	460 »	385 »
4 c.	1 100 »	690 »
10 c. (I)	2 700 »	110 »
10 c. (II)	1 600 »	100 »
20 c. (I)	1 700 »	60 »
20 c. (II)	1 100 »	55 »
30 c.	4 000 »	370 »
40 c.	4 000 »	385 »
80 c.	4 600 »	270 »
5 f.	35 000 »	10 000 »

Non dentelé (dit Lebaudy).

29Be	20 c. bleu laiteux (sur lettre)	21 000 »
	Le timbre détaché, oblitéré vaut	4 600 »

Émission Rothschild.

Impression très fine. Non dentelés.

25c	1 c.	1 300	»
26c	2 c.	210	»
27d	4 c.	170	»
28Aa	10 c. (I)	170	»
29Ab	20 c. (I)	285	»
30c	30 c.	170	»
31c	40 c.	230	»
32b	80 c.	500	»

RÉIMPRESSION (Granet). Sans gomme.

25d	1 c. bronze	1 150	»

Voir ci-après les tableaux des principales oblitérations.

TIMBRES COUPÉS, SUR LETTRE

Moitié de 2 c.	42 000	»
Moitié de 4 c.	55 000	»
Moitié de 10 c.	4 200	»
Moitié de 20 c.	46 000	»
Moitié de 40 c.	42 000	»
Quart de 80 c.	59 000	»
Moitié de 80 c.	50 000	»

Voir ci-après les tableaux des principales oblitérations.

1871. - *Non émis. Timbre de 1863 surchargé.*

34	10 s.10 c. *bistre* (B)	1 700	»
	a. Surcharge bleu pâle	1 750	»

Timbre neuf, sans gomme.

(34)	10 s. 10 c.	915	»

BLOC DE QUATRE

10 s. 10 c.	8 400	»

Le changement de tarif du 1er septembre 1871 avait porté de 5 à 10 c. l'affranchissement des cartes du Nouvel An. Comme la pénurie de timbres était grande, on songea à utiliser le stock restant du 10 c. Empire lauré. Pour éviter la confusion avec le 15 c. (n° 59) on apposa la surcharge 10 en bleu. Il ne fut jamais mis officiellement en cours. Il peut se rencontrer oblitéré tardivement par complaisance.

1871 (Novembre). - *Type de 1862. Typographie. Dentelé 14 x 13½.*

35	5 c. vert pâle s. bleu	2 200	»	110	»
	(Seul sur lettre)			270	»

Timbre neuf, sans gomme.

(35)	5 c. vert pâle sur bleu	610	»

BLOC DE QUATRE

5 c.	20 000	»	1 200	»

Voir ci-après les tableaux des principales oblitérations.

Le Spécialiste des Classiques de France

Siège de Paris
1870 1871
Ballons Montés

N° 38
coupe du 40c. orange sur lettre

N° 36 10c. bistre jaune paire tête bêche
sur ballon monté

Achats de timbres, lettres et collections,
Ventes à Prix net au détail et par correspondance,
Expertises

brochure gratuite disponible
sur simple demande

Behr
30 Avenue de L'Opéra
75002 Paris France
tél: 01 43 12 37 67 fax : 01 43 12 37 73
email: pascal.behr@behr.fr
www.behr.fr
RCS: Paris A 404945321

1870-71. - *Émission dite du Siège de Paris. Type de 1849. Typographie. Dentelés 14 x 13½.*

36	10 c. bistre-jaune	725	»	75	»
	(Seul sur lettre)			215	»
	a. bistre-brun	915	»	110	»
37	20 c. bleu	270	»	8	»
	(Sur lettre)			12	»
	a. bleu foncé	430	»	10	»
	b. (Papier jaunâtre)	500	»	20	»
38	40 c. orange	650	»	9	»
	(Sur lettre)			13	»
	a. jaune-orange	725	»	10	»
	b. orange terne	690	»	10	»
	c. (Coin inférieur gauche absent)	995	»	80	»

Timbres neufs, sans gomme.

(36)	10 c. bistre-jaune	230	»
(37)	20 c. bleu	85	»
(38)	40 c. orange	230	»

4 retouchés (plus larges).

38d	40 c. orange	4 200	»	185	»
38e	Paire avec un normal	8 400	»	610	»
38f	Paire de deux retouchés	25 500	»	3 500	»

Pour la distinction de cette variété, se reporter aux clichés placés avant le n° 5c.

TÊTE-BÊCHE

36b	10 et 10 c.	6 500	»	2 550	»
	(Sur lettre)			6 300	»
37c	20 et 20 c.	4 200	»	1 700	»
	(Sur lettre)			4 250	»
37d	20 et 20 c. (Pap. jaunâtre)	5 750	»	2 000	»
	(Sur lettre)			4 300	»

BLOCS DE QUATRE

10 c.	3 700	»	1 300	»
20 c.	1 600	»	130	»
40 c.	3 400	»	125	»

RÉIMPRESSIONS (Granet).

Non dentelés. Papier teinté. Avec ou sans gomme.

36c	10 c. bistre-jaune	420	»
37f	20 c. bleu clair	460	»

Voir la note après le n° 99.

TIMBRES COUPÉS, SUR LETTRE

Moitié de 10 c.	5 350	»
Moitié de 40 c.	53 500	»

Voir ci-après les tableaux des principales oblitérations.

Gouvernement provisoire

1870-71. - *Cérès. Émission dite de Bordeaux. Lithographie. Papier teinté.*

Type des 1 c., 2 c. et 4 c.

On distingue les timbres lithographiés de cette émission des timbres au même type, typographiés (qui servirent non dentelés, en France en 1849-50 et aux Colonies en 1871-76), par la couronne d'épis qui fait beaucoup moins saillie au sommet de la tête sur les timbres imprimés à Bordeaux que sur les autres (cette observation ne s'applique pas au premier type du 20 c. bleu).

Reports du 1 centime.

Report 1 — *Reports 2 et 3* — *Report 3 (2e Etat)*

R. 1. Ombres sous l'oeil formées par des points. Les impressions usées présentent un léger contour blanc derrière la tête.

R. 2. - Ombres sous l'oeil formées par des traits. Une ligne blanche derrière la tête souligne le contour des cheveux.

R. 3. - Pas de contour blanc derrière la tête.

1er état : ombres sous l'oeil formées par des traits.

2e état : les traits formant les ombres de l'oeil sont reliés entre eux.

Reports du 2 centimes.

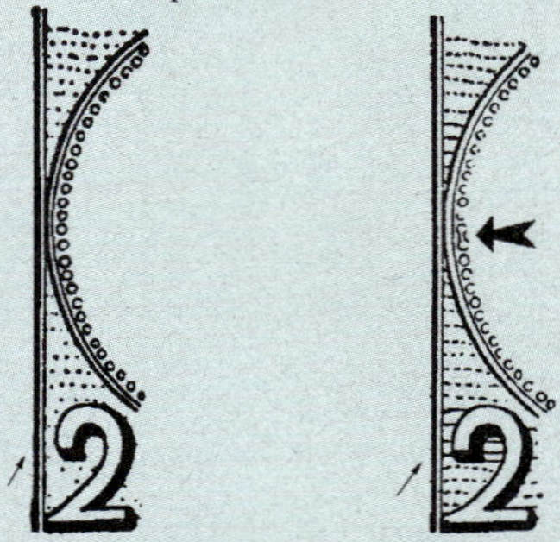

Report 1 — *Report 2*

R. 1. - Toutes les lignes ondulées sont formées par des points, notamment celles entre le cadre et la boucle du 2 qui sont peu visibles.

R. 2. - La plupart des lignes ondulées sont formées par des traits. Trois lignes horizontales séparées se trouvent entre le cadre et la boucle du 2.

Reports du 4 centimes.

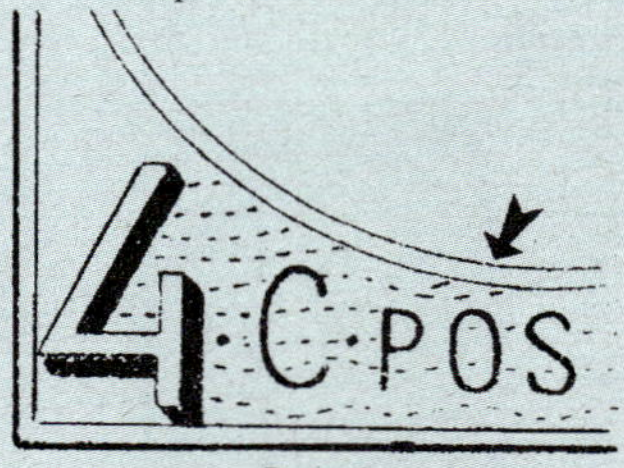

Report 1

R. 1. - Impression fine du burelage constitué par des points. Les traits formant les ombres sous l'oeil sont plus ou moins reliés entre eux.

R. 2. - Impression plus lourde. Le burelage est constitué de traits irréguliers dont certains se touchent.

39A	1 c. olive impression fine,				
	Report 1 (1er état)	130	»	130	»
	a. olive, impression usée (2e état)	115	»	110	»
	b. olive très foncé (idem)	200	»	200	»
39B	1 c. olive, Report 2	125	»	115	»
	a. olive foncé	135	»	130	»

39C	1 c. olive, Report 3 (1er état)	115 »	110 »
	(Seul sur lettre)		1 000 »
	a. olive clair (2e état)	125 »	115 »
	b. olive foncé	140 »	145 »
	c. olive bronze	155 »	170 »
40A	2 c. chocolat clair, Report 1	915 »	840 »
	a. chocolat	1 150 »	880 »
	b. brun-rouge	6 100 »	7 000 »
	c. impression très fine dite de Tours	1 700 »	5 000 »
40B	2 c. brun-rouge, Report 2	270 »	275 »
	(Seul sur lettre)		1 600 »
	a. rouge-brique	1 250 »	840 »
	b. marron	1 700 »	1 000 »
	c. chocolat foncé	4 600 »	3 850 »
41A	4 c. gris, Report 1	1 850 »	2 000 »
	a. gris-jaunâtre	2 000 »	2 200 »
41B	4 c. gris, Report 2	290 »	230 »
	(Sur lettre)		700 »
	(Id. seul)		16 000 »
	a. gris jaunâtre	300 »	255 »
	b. gris-lilas	460 »	385 »
	c. gris-noir	2 450 »	2 300 »

Reports du 5 centimes.

Report 1

Report 2

R. 1. - Pas de ligne blanche derrière la tête. L'iris de l'oeil est fait d'un trait et d'un point qui ne touche que la paupière supérieure. Menton en retrait de la lèvre inférieure. Impression très fine donnant aspect dépouillé.

R. 2. - Ligne blanche derrière la tête plus ou moins marquée. L'iris de l'oeil est fait d'une seule grosse tache ovale. Menton fuyant en avant de la lèvre inférieure. Impression générale plus lourde.

Reports du 10 centimes.

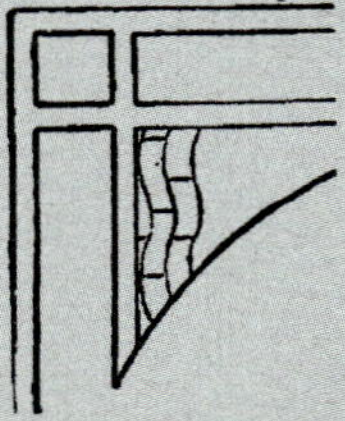

Report 1

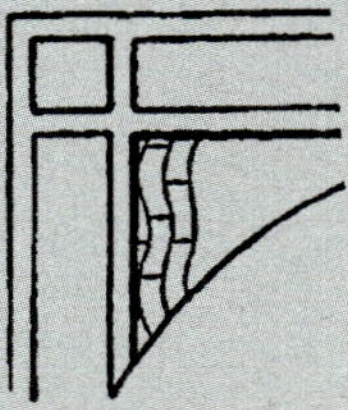

Report 2

R. 1. - Le cadre triangulaire intérieur est formé de traits égaux en épaisseur.

R. 2. - Le filet intérieur du cadre est plus épais.

42A	5 c. vert-jaune, Report 1	2 850 »	3 850 »
42B	5 c. vert-jaune, Report 2	275 »	185 »
	(Seul sur lettre)		4 000 »
	a. vert-jaune foncé	340 »	200 »
	b. vert-émeraude foncé	4 000 »	1 300 »
	c. vert-gris	610 »	305 »
	d. vert-sauge	610 »	305 »
	e. vert très foncé	1 850 »	1 000 »
43A	10 c. bistre, Report 1	995 »	70 »
	(Sur lettre)		125 »
	a. brun clair	995 »	85 »
	b. bistre verdâtre	1 850 »	650 »

Le Spécialiste des Classiques de France

Behr

N°42B report II
5c. vert bloc de quatre

Emission de Bordeaux
Guerre de 1870 1871

N°48
nuances du 40 c.

N°48b jaune citron
N°48a orange vif
N°48e rouge sang foncé

Achats de timbres, lettres et collections,
Ventes à Prix net au détail et par correspondance,
Expertises

brochure gratuite disponible sur simple demande

30 Avenue de L'Opéra
75002 Paris France
tél: 01 43 12 37 67 fax : 01 43 12 37 73
email: pascal.behr@behr.fr
www.behr.fr
RCS: Paris A 404945321

43B	10 c. bistre-jaune, Report 2	995 »	100 »
	a. bistre orangé	1 400 »	115 »
	b. bistre verdâtre	1 400 »	610 »
	c. citron	2 300 »	1 000 »

Types et reports du 20 centimes

Type I.

Type II.

Type III.

Type I. - L'ombre du cou est formée par des points, les inscriptions sont petites.

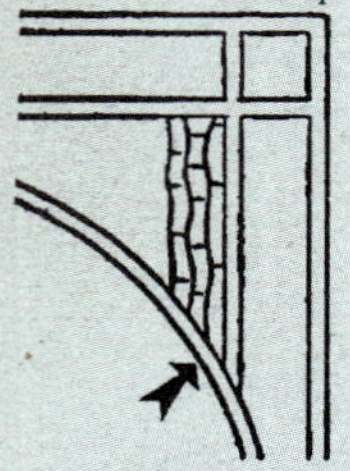

Report 1

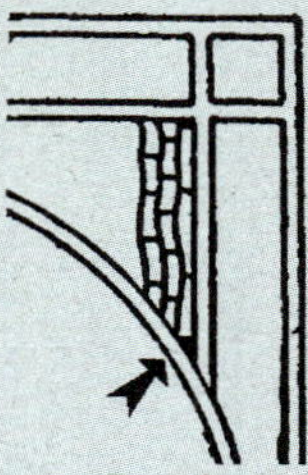

Report 2

R. 1. - Imbriquement normal.

R. 2. - Dans la partie supérieure droite du timbre, un point de couleur réunit la ligne intérieure du cadre au premier trait horizontal de l'imbriquement.

Type II. L'ombre du cou est formée par des traits, les inscriptions sont petites comme dans le type I.

La grecque supérieure gauche est prolongée à sa base par un trait blanc de forme triangulaire.

Report 1

Reports 2 et 3

R. 1. Les seconds grains de raisin des 1re et 3e rangées de la grappe sont blancs. Le premier lobe de la feuille de vigne de droite est à peine indiqué.

R. 2. - Les seconds grains de raisins des 1re et 3e rangées de la grappe sont ombrés par un trait courbe. La feuille de vigne est franchement découpée. Il y a un point ou un trait parasite dans le cinquième intervalle de l'imbriquement à gauche en bas.

R. 3. - Mêmes caractéristiques que le report 2. De plus le contour des cheveux est souligné par une ligne blanche.

Type III. - Les inscriptions sont plus grandes.

R. 1. - Le cadre est formé de traits égaux en épaisseur (voir R. 1 du 10 c.). Le contour des cheveux est souligné par une légère ligne blanche.

R. 2. - Le filet intérieur du cadre triangulaire est plus épais (voir R. 2 du 10 c.). Pas de contour blanc derrière la tête.

44A	20 c. bleu (I), Report 1	22 500 »	650 »
	(Sur lettre)		1 000 »
	a. bleu foncé	24 500 »	995 »
	b. bleu outremer	26 000 »	1 300 »
44B	20 c. bleu (I), Report 2	23 000 »	765 »
	a. bleu foncé	26 000 »	1 100 »
45A	20 c. bleu (II), Report 1	1 150 »	60 »
	a. bleu foncé	1 300 »	110 »
	b. bleu-noir	3 550 »	1 100 »
	c. Impression fine	1 850 »	420 »
45B	20 c. bleu (II), Report 2	1 150 »	58 »
	a. bleu foncé	1 300 »	110 »
45C	20 c. bleu (II), Report 3	995 »	55 »
	(Sur lettre)		60 »
	a. bleu foncé	1 350 »	100 »
	b. outremer	24 500 »	4 200 »
46A	20 c. bleu (III), Report 1	1 150 »	65 »
	a. bleu pâle	1 200 »	65 »
	b. bleu foncé	1 450 »	155 »
	c. gris-bleu	1 400 »	230 »
	d. outremer	2 850 »	915 »
46B	20 c. bleu (III), Report 2	1 100 »	22 »
	(Sur lettre)		30 »
	a. bleu foncé	1 300 »	60 »
	b. gris-bleu	1 150 »	100 »
47	30 c. brun	385 »	245 »
	(Sur lettre)		385 »
	a. brun pâle	400 »	245 »
	b. brun-noir	2 300 »	1 000 »
	c. brun verdâtre	3 050 »	1 600 »
	d. impression fine	3 050 »	1 600 »
	e. (R. relié au cadre)	535 »	385 »
48	40 c. orange	460 »	125 »
	(Sur lettre)		185 »
	a. orange vif	690 »	210 »
	b. jaune citron	12 500 »	2 550 »
	c. rouge-orange	765 »	210 »
	d. rouge sang clair	1 400 »	915 »
	e. rouge sang foncé	6 100 »	2 000 »
	f. ocre	9 150 »	1 950 »
	g. vermillon		2 000 »
49	80 c. rose	535 »	305 »
	(Sur lettre)		610 »
	a. rose pâle	535 »	305 »
	b. rose vif	915 »	340 »
	c. rose carminé	1 100 »	385 »
	d. groseille	2 450 »	1 300 »
	e. saumon	4 000 »	1 950 »
	f. (88 au lieu de 80)	18 500 »	7 650 »
	g. (Boule blanche sous le cou)	24 500 »	7 650 »

Timbres neufs, sans gomme.

(39A)	1 c. olive report 1	70 »
(39B)	1 c. olive report 2	60 »
(39C)	1 c. olive report 3	60 »
(40A)	2 c. chocolat clair report 1	385 »
(40B)	2 c. brun-rouge report 2	140 »
(41A)	4 c. gris report 1	1 150 »
(41B)	4 c. gris report 2	140 »
(42A)	5 c. vert-jaune report 1	1 850 »
(42B)	5 c. vert-jaune report 2	140 »
(43A)	10 c. bistre report 1	305 »
(43B)	10 c. bistre-jaune report 2	305 »
(44A)	20 c. bleu (I) report 1	7 650 »
(44B)	20 c. bleu (I) report 2	7 650 »
(45A)	20 c. bleu (II) report 1	305 »
(45B)	20 c. bleu (II) report 2	305 »
(45C)	20 c. bleu (II) report 3	305 »
(46A)	20 c. bleu (III) report 1	305 »
(46B)	20 c. bleu (III) report 2	305 »
(47)	30 c. brun	215 »
(48)	40 c. orange	185 »
(49)	80 c. rose	230 »

BLOCS DE QUATRE ET BLOCS-REPORTS DE 15.

Blocs de 4.

1 c. Rep. 1	535 »	765 »
1 c. Rep. 2	535 »	690 »
1 c. Rep. 3	500 »	690 »
2 c. Rep. 1	5 350 »	8 400 »
2 c. Rep. 2	1 150 »	2 300 »
2 c. (40Ac) Rep. 1	15 500 »	
4 c. Rep. 1	9 150 »	15 500 »
4 c. Rep. 2	1 400 »	1 850 »
5 c. Rep. 1	18 000 »	
5 c. Rep. 2	1 600 »	2 000 »
10 c. Rep. 1	4 600 »	1 850 »
10 c. Rep. 2	4 600 »	1 850 »
20 c. (I) Rep. 1	100 000 »	
20 c. bleu foncé (I) Rep. 2		42 000 »
20 c. (II) Rep. 1	5 350 »	1 700 »
20 c. (II) Rep. 2	5 350 »	1 700 »
20 c. (II) Rep. 3	5 350 »	1 700 »
20 c. (III) Rep. 1	5 750 »	1 700 »
20 c. (III) Rep. 2	5 000 »	1 700 »
30 c.	1 950 »	2 750 »
40 c.	2 300 »	3 050 »
80 c.	3 450 »	3 450 »

Blocs de 15.

1 c. Rep. 1	2 300 »
1 c. Rep. 2	1 700 »
1 c. Rep. 3	1 700 »
2 c. Rep. 1	37 000 »
2 c. Rep. 2	5 050 »
4 c. Rep. 1	57 500 »
4 c. Rep. 2	5 750 »
5 c. Rep. 1	76 500 »
5 c. Rep. 2	6 750 »
10 c. Rep. 1	25 500 »
10 c. Rep. 2	28 500 »
20 c. (I) Rep. 1	480 000 »
20 c. (II) Rep. 1	59 000 »
20 c. (II) Rep. 2	59 000 »
20 c. (II) Rep. 3	59 000 »
20 c. (III) Rep. 1	50 500 »
20 c. (III) Rep. 2	46 000 »
30 c.	9 950 »
40 c.	14 500 »
80 c.	15 500 »

Percés en lignes.

Les cotes des timbres percés ou piqués s'entendent pour des timbres oblitérés sur lettre entière. (les timbres sur grands fragments datés valent le quart).

1 c.	1 700 »
2 c.	1 700 »
4 c.	1 600 »
5 c.	690 »
10 c.	500 »
20 c. (I)	2 850 »
20 c. (II)	210 »
20 c. (III)	185 »
30 c.	1 850 »
40 c.	610 »
80 c.	2 200 »

Piquage d'Avallon.

(Sur lettre).

10 c.	22 500 »
20 c.	18 000 »

TIMBRES COUPÉS, SUR LETTRES

Moitié de 2 c.	
Moitié de 10 c.	15 500 »
Quart de 20 c.	50 000 »
Moitié de 20 c.	38 000 »
Moitié de 40 c.	50 000 »
Quart de 80 c.	63 000 »
Moitié de 80	63 000 »

FAUX POUR SERVIR

20 c. (II) (sur lettre)	5 350 »
20 c. (III) Marseille	535 »
(sur lettre)	4 600 »

Voir ci-après les tableaux des principales oblitérations.

IIIe République

1871-75. - *Cérès. Typographie. Papier teinté. Dentelés 14 x 13½.*

Type des N°s 50 à 53.

Type des N°s 54 à 57.

a. - *Grands chiffres dans les angles inférieurs.*

50	1 c. vert-olive	50 »	15 »
	(Seul sur lettre)		85 »
	a. vert-bronze	45 »	20 »
	b. *(Trait inférieur du cadre brisé)*	130 »	61 »
51	2 c. rouge-brun	110 »	15 »
	(Seul sur lettre)		85 »
	a. brun-rouge foncé	100 »	20 »
	b. *(Trait inférieur du cadre brisé)*	275 »	135 »
52	4 c. gris	305 »	45 »
	(Seul sur lettre)		340 »
	a. gris-jaunâtre	385 »	50 »
53	5 c. vert-jaune s. azuré	185 »	10 »
	(Seul sur lettre)		25 »
	a. vert s. blanc	185 »	10 »
	b. *(Trait inférieur du cadre brisé)*	230 »	95 »
	c. *(Trait mince sous le cadre inférieur)*	260 »	100 »

Timbres neufs, sans gomme.

(50)	1 c. vert-olive	15 »
(51)	2 c. rouge-brun	30 »
(52)	4 c. gris	125 »
(53)	5 c. vert-jaune sur azuré	60 »

b. - *Type de 1849-50. Gros chiffres.*

54	10 c. brun s. rose	430 »	15 »
	(Sur lettre)		20 »
	a. brun foncé s. rose	535 »	15 »

55	15 c. bistre	430 »	5 »
	(Sur lettre)		6 »
	a. bistre-jaune	535 »	5 »
56	30 c. brun	765 »	8 »
	(Sur lettre)		10 »
	a. brun foncé	955 »	10 »
57	80 c. rose	840 »	15 »
	(Sur lettre)		40 »
	a. carmin-rose	995 »	20 »
	b. carmin vif	1 150 »	30 »

Timbres neufs, sans gomme.

(54)	10 c. brun sur rose	140 »
(55)	15 c. bistre	155 »
(56)	30 c. brun	200 »
(57)	80 c. rose	270 »

c. - *Même type. Petits chiffres.*

Les petits chiffres furent les premiers émis.

Le 25 c. a été tiré sur plusieurs planches différentes. Trois planches du type **I** et deux planches au type **II** ont été complètement reconstituées. Le nombre de planches au type **III** n'est pas encore déterminé avec certitude.

I. - Type normal (1er état, sans les signes ci-après).

II (2e état).

II. - Point de couleur à gauche du fleuron supérieur droit et point blanc sous le fleuron inférieur droit.

III (3e état).

III. - Trois points de couleur, un dans le coin supérieur gauche, branche supérieure gauche, les deux chacun sur une des branches supérieures, coin supérieur droit.

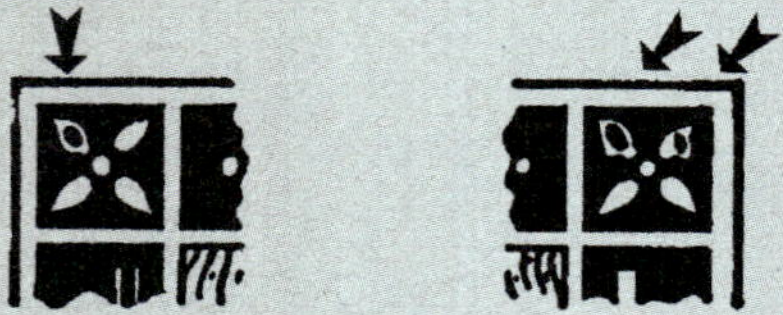

58	10 c. brun s. rose	340 »	13 »
	(Sur lettre)		20 »
	a. brun foncé s. rose	430 »	15 »
59	15 c. bistre	405 »	5 »
	(Sur lettre)		10 »
	a. bistre-brun	460 »	6 »

Type des Nos 58 à 60.

60A	25 c. bleu (I)	140 »	2 »
	(Sur lettre)		3 »
	a. bleu foncé	155 »	2 »
60B	25 c. bleu (II)	3 000 »	30 »
	(Sur lettre)		40 »
60C	25 c. bleu (III)	140 »	2 »
	(Sur lettre)		3 »
	a. 25 c. (II) et 25 c. (III) se tenant	7 650 »	2 100 »

Timbres neufs, sans gomme.

(58)	10 c. brun sur rose	110 »
(59)	15 c. bistre	115 »
(60A)	25 c. bleu (I)	45 »
(60B)	25 c. bleu (II)	765 »
(60C)	25 c. bleu (III)	45 »

Non dentelés.

50c	1 c.	385 »
51c	2 c.	460 »
52b	4 c.	460 »
53d	5 c.	385 »
56b	30 c.	690 »
57c	80 c.	1 000 »
58b	10 c.	460 »
59c	15 c.	460 »

Papier filigrané.

53e	5 c.	1 250 »	460 »

Le filigrane "LACROIX FRÈRES" porte sur la surface de 12 timbres d'un tirage.

ERREUR

55b	15 c. brun s. rose	5 350 »	6 100 »
	(Sur lettre)		25 000 »
55c	15 c. et 10 c. se tenant	9 950 »	11 500 »

L'erreur provient de ce qu'un cliché de 15 c. s'est glissé dans une planche de 10 c.

TÊTE-BÊCHE

58c	10 et 10 c.	5 000 »	2 200 »
	(Sur lettre)		4 250 »
59b	15 et 15 c.	50 000 »	18 500 »
	(Sur lettre)		42 000 »
60Ab	25 et 25 c.	8 400 »	3 900 »
	(Sur lettre)		11 000 »

BLOCS DE QUATRE

1 c.	200 »	200 »
2 c.	420 »	230 »
4 c.	1 600 »	610 »
5 c.	915 »	140 »
10 c. (54)	2 200 »	170 »
15 c. (55)	2 200 »	170 »
30 c.	3 850 »	200 »
80 c.	4 150 »	200 »
10 c. (58)	1 700 »	155 »
15 c. (59)	2 000 »	155 »
25 c. I	690 »	50 »
25 c. II	14 000 »	610 »
25 c. III	690 »	50 »

FOND LIGNÉ

50d	1 c.	61 »	23 »
51d	2 c.	110 »	23 »
52c	4 c.	460 »	61 »
53f	5 c.	215 »	15 »
54b	10 c. (gros chiffres)	535 »	25 »
56c	30 c.	915 »	20 »
57d	80 c.	995 »	35 »
58d	10 c. (petits chiffres)	460 »	20 »

RÉIMPRESSION (Granet). (1887)

Papier teinté. Non dentelé.

25 c. bleu laiteux 550 »

Voir ci-après les tableaux des principales oblitérations.

Les nos 61 à 106 trés bien centrés méritent une plus-value de 60% environ.

En outre les timbres neufs avec gomme d'origine intacte et sans charnière méritent une plus-value.

1876-78. - *Groupe allégorique Paix et Commerce dit Type Sage. Typographie. Papier teinté. Dentelés 14 x 13½.*

Le coin (plaque gravée) se fendit pendant une trempe et le graveur dut refaire tout l'angle inférieur gauche du timbre ; la signature J. A. SAGE INV. ne fut pas disposée exactement de la même façon que sur le cliché original et ceci donna naissance aux deux types ci-dessous :

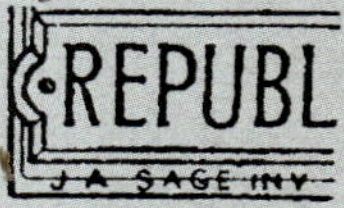

I. N sous B.

II. N sous U.

En 1897 on utilisa un troisième poinçon peu différent du Type I.

Type ***I.***

61	1 c. vert	185 »	90 »
	(Sur lettre)		270 »
	(Id. seul)		765 »
62	2 c. vert	1 850 »	270 »
	(Sur lettre)		400 »
	(Id. seul)		610 »
63	4 c. vert	185 »	60 »
	(Sur lettre)		245 »
	(Id. seul)		725 »
64	5 c. vert	915 »	55 »
	(Sur lettre)		60 »
	(Id. seul)		85 »
65	10 c. vert	1 100 »	25 »
	(Sur lettre)		35 »
	(Id. seul)		45 »
66	15 c. gris	1 100 »	20 »
	(Sur lettre)		26 »
	(Id. seul)		45 »
67	20 c. brun-lilas	740 »	20 »
	(Sur lettre)		35 »
	(Id. seul)		85 »
68	25 c. outremer	10 000 »	65 »
	(Sur lettre)		84 »
69	30 c. brun clair	535 »	10 »
	(Sur lettre)		12 »
70	40 c. rouge-orange	725 »	37 »
	(Sur lettre)		50 »
71	75 c. carmin	1 200 »	15 »
	(Sur lettre)		20 »
	(Id. seul)		30 »
72	1 f. bronze	1 100 »	12 »
	(Sur lettre)		38 »
	(Id. seul)		100 »

Non émis.

73	20 c. *bleu*	37 000 »	

Achats de timbres, lettres et collections,
Ventes à Prix net au détail et par correspondance,
Expertises

Le Spécialiste des Classiques de France

N°58c 10c. brun sur rose
tête bêche central dans bloc de 9

Cérès 1871 1875
Histoire Postale
Boules de Moulins

brochure gratuite disponible sur simple demande

N°44 bande de 5 sur Boule de Moulins

Behr

30 Avenue de L'Opéra
75002 Paris France
tél: 01 43 12 37 67 fax : 01 43 12 37 73
email: pascal.behr@behr.fr
www.behr.fr
RCS: Paris A 404945321

*Type **II**.*

74	2 c. vert	130	»	20	»
	(Sur lettre)			35	»
	(Id. seul)			85	»
75	5 c. vert	30	»	0 50	
	(Sur lettre)			1	»
76	10 c. vert	1 300	»	270	»
	(Sur lettre)			305	»
	(Id. seul)			400	»
77	15 c. gris	840	»	2	»
	(Sur lettre)			3	»
78	25 c. outremer	550	»	1	»
	(Sur lettre)			1	50
	b. outremer sur vert clair			765	»
79	25 c. bleu	565	»	2	»
	(Sur lettre)			2	50
80	30 c. brun-jaune	100	»	1 50	
	(Sur lettre)			3	»
	(Id. seul)			5	»
	a. brun	115	»	2	»
81	75 c. rose (1885)	2 450	»	125	»
	(Sur lettre)			245	»
	(Id. seul)			535	»
82	1 f. olive clair	170	»	8	»
	(Sur lettre)			35	»
	(Id. seul)			100	»

*Types **I** et **II** se tenant.*

78a	25 c. et 25 c.	130 000	»	23 000	»
	(Sur lettre)			76 500	»

Non dentelés.

*Type **II**. Non émis.*

73a	20 c. *bleu sur verdâtre*	535	»

*Type **I**.*

61a	1 c.	185	»
62a	2 c.	1 100	»
63a	4 c.	185	»
64a	5 c.	610	»
65a	10 c.	690	»
66a	15 c.	690	»
67a	20 c.	460	»
69a	30 c.	305	»
70a	40 c.	305	»
71a	75 c.	690	»
72a	1 f.	460	»

*Type **II**.*

75a	5 c.	200	»
78c	25 c.	385	»
80b	30 c.	550	»
81a	75 c.		
82a	1 f.	1 300	»

BLOCS DE QUATRE

*Type **I**.*

1 c.	915	»	420	»
2 c.	9 150	»	2 550	»
4 c.	840	»	500	»
5 c.	4 600	»	400	»
10 c.	5 350	»	385	»
15 c.	5 450	»	385	»
20 c.	3 400	»	385	»
25 c.	70 000	»	2 750	»
30 c.	2 550	»	155	»
40 c.	3 400	»	285	»
75 c.	5 900	»	170	»
1 f.	5 350	»	130	»

*Type **II**.*

2 c.	690	»	170	»
5 c.	140	»	10	»
10 c.	7 650	»	2 300	»
15 c.	4 200	»	61	»
25 c. outremer	2 450	»	77	»
25 c. bleu	2 450	»	115	»
30 c.	500	»	100	»
75 c.	12 500	»	1 150	»
1 f.	840	»	70	»

RÉIMPRESSIONS (voir après le n° 99).

1877-80. - *Idem (type **II**). Dentelés 14 x 13½.*

Noir sur azuré.

Noir sur bleu de Prusse.

83	1 c. noir s. azuré	5	»	1	»
	(Sur lettre)			2	»
	(Id. seul)			3	»
	a. noir s. bleu	6	»	1	25
	b. noir s. gris	5	»	1	»
	c. noir sur cobalt	2 550	»	1 150	»
84	1 c. noir s. bleu de Prusse	14 500	»	5 350	»
	(Sur lettre)				»
	(Id. seul)				»
85	2 c. brun-rouge	7	»	2	»
	(Sur lettre)			3	»
	(Id. seul)			6	»
	a. brun foncé	7	»	3	»
86	3 c. bistre s. jaune	250	»	50	»
	(Sur lettre)			460	»
	(Id. seul)			995	»
87	3 c. gris	5	»	2	»
	(Sur lettre)			11	»
	(Id. seul)			70	»
	a. gris clair	6	»	2	»
	b. gris-jaunâtre	5	»	2	50
88	4 c. lilas-brun	7	»	2	»
	(Sur lettre)			12	»
	(Id. seul)			110	»
	a. lilas s. azuré	8	»	3	»
	b. lilas foncé s. azuré	10	»	4	»
89	10 c. noir s. lilas	40	»	1	»
	(Sur lettre)			2	»
	a. noir s. violet	45	»	2	»
90	15 c. bleu	25	»	0 50	
	(Sur lettre)			1	»
	a. bleu sur bleu	500	»	5	»
91	25 c. noir s. rouge	1 450	»	26	»
	(Sur lettre)			45	»
	a. noir s. rouge foncé	1 600	»	30	»
92	25 c. bistre s. jaune	420	»	5	»
	(Sur lettre)			13	»
	a. jaune s. bistre-jaune	460	»	6	»
93	35 c. violet-noir s. jaune	700	»	40	»
	(Sur lettre)			75	»
	(Id. seul)			140	»
	a. violet-noir s. orange	700	»	40	»
94	40 c. rouge-orange	115	»	2	»
	(Sur lettre)			8	»
	a. vermillon	125	»	3	»
95	5 f. violet s. lilas	610	»	90	»
	(Sur lettre)			460	»
	(Id. seul)			3 000	»
	a. lilas-rose s. lilas pâle	645	»	100	»

Voir le 5 f. carmin sous le n° 216.

Non dentelés.

83d	1 c.	77	»
85b	2 c.	77	»
86a	3 c. bistre s. jaune	130	»
87c	3 c. gris	77	»
88c	4 c.	77	»
89b	10 c.	77	»
90b	15 c.	110	»
91b	25 c. noir s. rouge	765	»
92b	25 c. bistre s. jaune	305	»
93b	35 c.		
94b	40 c.	255	»
95b	5 f.	840	»

BLOCS DE QUATRE

1 c. noir s. azuré	20 »	20 »
1 c. noir s. bleu de Prusse	90 000 »	
2 c.	25 »	25 »
3 c. bistre s. jaune	1 300 »	405 »
3 c. gris	20 »	20 »
4 c.	30 »	23 »
10 c.	200 »	15 »
15 c.	125 »	12 »
25 c. noir s. rouge	7 650 »	610 »
25 c. bistre s. jaune	2 000 »	400 »
35 c.	3 050 »	400 »
40 c.	610 »	50 »
5 f.	3 050 »	575 »

Emission dite des Régents,

Ce tirage de luxe a été fait officiellement, alors que les timbres français étaient imprimés par la Banque de France.

Les timbres, tous non dentelés et au type **II**, se distinguent par la perfection de l'impression et la texture du papier, qui est épais.

1 c. noir s. azuré	80 »
2 c. brun-rouge	80 »
3 c. gris	275 »
4 c. lilas-brun	80 »
5 c. vert	80 »
10 c. noir s. lilas	80 »
15 c. jaune clair	80 »
15 c. bleu	700 »
20 c. bleu	925 »
20 c. brun-lilas s. paille	270 »
20 c. brique s. vert	775 »
25 c. noir s. rouge	275 »
25 c. jaune clair	775 »
30 c. brun clair	80 »
35 c. violet s. jaune	80 »
a. violet s. orange	80 »
40 c. rouge-orange	80 »
75 c. rose	80 »
1 f. vert-bronze	80 »
5 f. violet s. lilas	425 »
La série complète (19 valeurs)	5 500 »

Une deuxième série des mêmes timbres existe, dans les mêmes couleurs, mais sans teinte de fond (même valeur).

Voir les réimpressions Granet après le n° 99.

FAUX POUR SERVIR

Il existe un certain nombre de timbres de 15 c. faux, ayant servi à l'affranchissement des lettres ; les plus connus sont, entre autres, ceux de Chalon-sur-Saône.

valeur neuf	100 »
oblitéré sur lettre	765 »

Ces faux se reconnaissent à la dentelure, qui n'est pas rectangulaire mais linéaire, et montre, par conséquent, des irrégularités aux quatre angles.

1884-90. - *Idem (type **II**). Dentelés 14 x 13½.*

96	20 c. brique s. vert	45 »	5 »
	(Sur lettre)		30 »
	(Id. seul)		130 »
	a. garance s. vert	70 »	7 »
97	25 c. noir s. rose	85 »	1 »
	(Sur lettre)		4 »
	a. noir s. rose foncé	95 »	1 50
98	50 c. rose	260 »	3 »
	(Sur lettre)		10 »
	(Id. seul)		27 »
	a. rose pâle	260 »	3 »

Behr
30 avenue de L'Opéra
75002 Paris France
tél: 01 43 12 37 67 fax : 01 43 12 37 73
email: pascal.behr@behr.fr
www.behr.fr
RCS: Paris A 404945321
Types Sage
1876 - 1900

N°73 20c. non émis
Achats
de timbres, lettres et collections.
Ventes à Prix net
au détail et par correspondance.
Expertises et Estimations

Timbre Taxe N°24
Pascal Behr, expert
membre de
Académie Européenne de Philatélie
Association Internationale des
Experts en Philatélie
brochure gratuite disponible
sur simple demande

99	75 c. violet s. orange	260 »	37 »
	(Sur lettre)		125 »
	(Id. seul)		285 »
	a. violet s. jaune	285 »	45 »

Non dentelés.

96b	20 c.	115 »
97b	25 c.	155 »

BLOCS DE QUATRE

20 c.	210 »	42 »
25 c.	420 »	30 »
50 c.	1 250 »	45 »
75 c.	1 250 »	345 »

RÉIMPRESSIONS (Granet 1887).

Ces réimpressions sont connues sous le nom du Ministre des Postes. Leurs nuances et la structure du papier, ainsi que leur réaction sous la lumière de Wood, où elles prennent une teinte jaune caractéristique, permettent de les distinguer.

Elles sont toutes au type **II** et non dentelées et souvent sans gomme (même prix).

1 c. vert foncé sur vert	55 »
1 c. noir sur azuré	50 »
2 c. vert foncé sur vert	55 »
2 c. brun sur jaune foncé	50 »
3 c. jaune	55 »
3 c. gris	55 »
4 c. vert foncé sur vert	55 »
4 c. lilas-brun sur azuré	70 »
5 c. vert foncé sur vert	50 »
10 c. vert foncé sur vert	55 »
10 c. noir sur lilas	115 »
15 c. gris	70 »
15 c. bleu	50 »
20 c. brun sur jaune	50 »
20 c. bleu foncé	625 »
20 c. rouge sur vert	70 »
25 c. outremer	50 »
25 c. bleu	50 »
25 c. noir sur rouge-brique	450 »
25 c. bistre sur jaune	55 »
25 c. noir sur rose	50 »
30 c. brun	50 »
35 c. violet sur orange	50 »
40 c. vermillon sur paille	50 »
75 c. rose vif	150 »
1 f. vert-bronze	85 »
5 f. violet	2 000 »
La série complète (27 valeurs)	4 500 »

1892. - *Idem (type **II**). Papier quadrillé. Dentelé 14 x 13½.*

101	15 c. bleu	17 »	0 50
	(Sur lettre)		2 »
	a. bleu foncé	20 »	1 »
	b. (Non dentelé)	230 »	

Le Vermillon
55, passage des Panoramas 75002 Paris
Lettres classiques
(marques postales et timbres sur lettres)
Guerre de 1870-1871
(ballons montés, boules de Moulins)
ACHAT • ESTIMATION
Tél. : 01 44 76 04 64 - Fax : 01 44 76 04 65
www.le-vermillon.com

BLOC DE QUATRE

15 c. bleu	65 »	10 »

La surface du timbre est revêtue d'un quadrillé de vernis gras incolore, qui forme un réseau de petits carrés de 3½ mm de côté. Il est plus ou moins visible.

1898-1900. - *Idem. Dentelés 14 x 13½.*

*Type **III**.*

Pour les nos 102 à 105 on utilisa un troisième poinçon, gravé dès 1876. Ce poinçon est peu différent du type **I** (N sous B).

102	5 c. vert-jaune	16 »	2 »
	(Sur lettre)		3 »
103	10 c. noir s. lilas	25 »	3 »
	(Sur lettre)		5 »
104	50 c. rose	245 »	30 »
	(Sur lettre)		70 »
	(Id. seul)		100 »
105	2 f. bistre s. azuré	130 »	45 »
	(Sur lettre)		500 »
	(Id. seul)		5 350 »

*Type **II**.*

106	5 c. vert-jaune	22 »	2 »
	(Sur lettre)		3 »

*Types **III** et **II** se tenant verticalement.*

106a	5 c. et 5 c.	125 »
103a	10 c. (II) et 10 c. (III)	200 »
103b	10 c. (III) et 10 c. (II)	370 »

Non dentelés.

*Type **III**.*

102a	5 c.	690 »
103c	10 c.	305 »
105a	2 f.	3 000 »

*Type **II**.*

106b	5 c.	100 »

BLOCS DE QUATRE

5 c. (III)	70 »	10 »
5 c. (II)	84 »	15 »
10 c.	100 »	17 »
50 c.	1 250 »	285 »
2 f.	610 »	460 »

Voir ci-après les tableaux des principales oblitérations.

Les nos 61 à 106 trés bien centrés méritent une plus-value de 60% environ.

En outre les timbres neufs avec gomme d'origine intacte et sans charnière méritent une plus-value.

JAMET

Maison fondée en 1945

JEAN-FRANÇOIS BAUDOT

Expert près la Cour d'Appel de Bourges

EXPERTISES
VENTES SUR OFFRES

(catalogues sur demande)

"Nizerolles"
18130 BUSSY
Tél. : 02 48 59 84 30

24, rue de Gramont
75002 PARIS
Tél. : 01 42 96 51 12
Fax : 01 42 96 04 67
(métro Richelieu Drouot)

PRINCIPALES OBLITERATIONS SE RENCONTRANT SUR LES PREMIÈRES ÉMISSIONS DE FRANCE

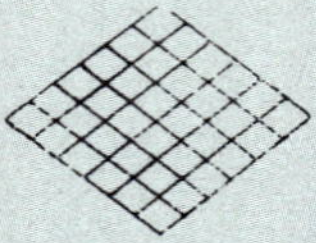
Grille de 1849

Gros points

Grille sans fin

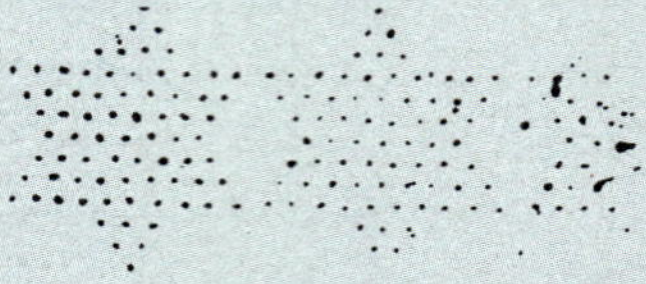
Roulette d'étoiles

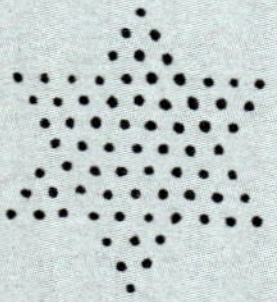
Etoile

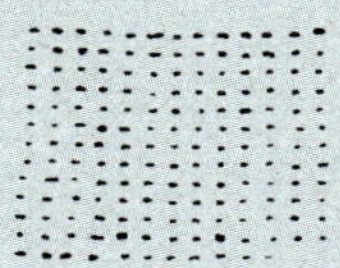
Pontillé

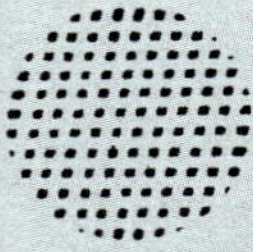
Cercle de points

Losange petits chiffres

Losange gros chiffres

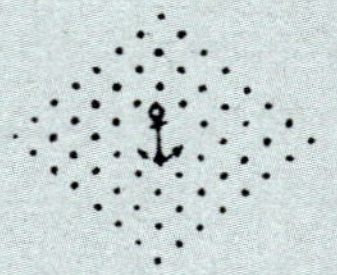
Ancre

Petit cachet à date

Grand cachet à date

Moyen cachet à date

Cachet à date à cercle pointillé

OR dans un cercle
(Origine Rurale)

PD dans un rectangle
(Payé jusqu'à destination)

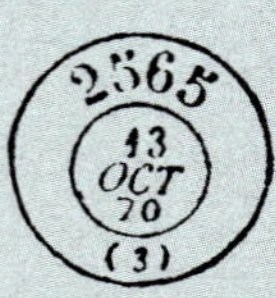

Cachet à date de bureau de Passe

Cachet à date rouge des Imprimés

Annulation typographique des journaux.

Assemblée Nationale

Lorsque la couleur n'est pas précisée, il s'agit d'une oblitération noire.

OBLITÉRATIONS

Les cotes représentent la valeur du timbre et de l'oblitération (celle-ci nette et lisible).
Abréviations : **P.C.** : Petits Chiffres - **G.C.** : Gros Chiffres - **C. à D.** : Cachet à Date

I. CÉRÈS de 1849-50 (Nos 1 à 7)

Timbres détachés

Oblitérations	10 c.	15 c.	20 c.	25 c.	40 c.	1 F carmin	1 F vermillon
Grille sans fin	500 »	995 »	915 »	110 »	575 »	1 100 »	20 000 »
Grille (rouge)	2 300 »	4 600 »	995 »	2 300 »	3 850 »		
Gros points	385 »	1 300 »		81 »	500 »	915 »	
Étoile de points	460 »	1 000 »	610 »	42 »	500 »	1 000 »	20 000 »
Losange P. C.	340 »	4 600 »	765 »	38 25	500 »	915 »	23 000 »
Petit C. à D.	880 »	3 450 »	200 »	535 »	915 »	3 050 »	23 000 »
Moyen C. à D.	1 050 »	3 850 »	385 »				27 500 »
Grand C. à D.	1 400 »		765 »			3 050 »	27 500 »
OR dans un cercle	690 »						

Timbres sur lettre

Oblitérations	10 c.	15 c.	20 c.	25 c.	40 c.	1 F carmin	1 F vermillon
Grille sans fin	1 150 »	1 550 »	6 100 »	170 »	840 »	1 550 »	
Grille (rouge)			11 500 »				
Gros points	1 250 »	2 000 »		385 »	765 »	1 400 »	
Étoile de points	915 »	1 550 »	14 000 »	88 »	690 »	1 400 »	
Losange P. C.	610 »	17 000 »	5 350 »	58 »	690 »	1 400 »	34 000 »
Petit C. à D.	3 700 »		610 »	3 050 »	3 850 »		38 500 »
Moyen C. à D.	7 650 »		2 000 »				42 000 »
Grand C. à D.	11 000 »		4 600 »				76 500 »
OR dans un cercle	2 150 »						

NOTA : *Sur les 20 c. noir et le 1 F vermillon les oblitérations des premiers jours de janvier 1849 et surtout celles du 1er janvier sont recherchées. Il en est de même de toutes les oblitérations provisoires de cette époque.*

II. - PRÉSIDENCE (Nos 9 et 10)

Timbres détachés — *Timbres sur lettre*

Oblitérations	10 c.	25 c.	Oblitérations	10 c.	25 c.
Gros points	765 »	130 »	Gros points	2 150 »	690 »
Grille sans fin	1 100 »	195 »	Grille sans fin	4 600 »	1 000 »
Petit C. à D.	1 300 »	840 »	Petits C. à D.	8 400 »	3 850 »
OR dans un cercle	1 300 »		OR dans un cercle	5 350 »	

III. - EMPIRE NON DENTELE (Nos 11 à 18)

Timbres détachés

Oblitérations	1 c.	5 c.	10 c.	20 c.	25 c.	40 c.	80 c.	1 F
Grille	305 »	270 »	54 »	42 »	575 »	115 »	255 »	5 350 »
Gros points		125 »	45 75	54 »	255 »	30 50	92 »	3 700 »
Grille sans fin			210 »	110 »	305 »	130 »		4 000 »
Cercle de points		110 »	20 75	9 95		54 »	96 »	
Étoile (bleue)	245 »	215 »	155 »	125 »		245 »	285 »	3 850 »
Étoile (rouge)	270 »	245 »	155 »	155 »		270 »		
Roulettes d'étoiles	210 »	185 »	69 »	61 »		77 »	110 »	
Pointillé	195 »	140 »	23 »	18 50		30 50	77 »	
Losange P. C.	125 »	100 »	10 75	1 55	255 »	15 25	69 »	3 050 »
Losange P. C. (bleu)	245 »	210 »	110 »	115 »	420 »			
Losange P. C. (rouge)	260 »	230 »	140 »	155 »		230 »	270 »	
Losange G. C.	125 »	115 »	18 50	13 75	255 »	20 »	77 »	
Ancre	385 »	270 »	45 75	38 25		24 50	81 »	
Petit C. à D.	92 »	100 »	13 75	13 75	420 »	69 »	185 »	4 300 »
C. à D. à cercle pointillé	110 »	110 »	15 25	23 »		84 »	155 »	
C. à D. des Imprimés (rouge)	125 »	155 »	130 »	155 »		155 »	215 »	
PD dans un rectangle	245 »	230 »	125 »	125 »		155 »	185 »	
OR dans un cercle	200 »	200 »	49 75	125 »				
Cachet de facteur (autres lettres que OR	185 »	185 »	100 »	140 »				

Timbres sur lettre

Oblitérations	1 c.	5 c.	10 c.	20 c.	25 c.	40 c.	80 c.	1 F
Grille		840 »	275 »	285 »		690 »	1 100 »	
Gros points		535 »	200 »	215 »	915 »	100 »	460 »	5 750 »
Grille sans fin				500 »	725 »			7 650 »
Cercle de points		385 »	54 »	30 50		255 »	460 »	
Étoile (bleue)	1 300 »	1 100 »	690 »	460 »		1 300 »	1 850 »	
Étoile (rouge)	1 950 »	1 100 »	840 »	1 150 »		3 850 »		
Roulettes d'étoiles	915 »	610 »	305 »	195 »		880 »	915 »	
Pointillé		420 »	65 »	61 »		92 »	230 »	
Losange P. C.	385 »	185 »	15 25	2 30	460 »	23 »	125 »	5 750 »
Losange P. C. (bleu)		915 »	355 »	420 »				
Losange P. C. (rouge)		840 »	460 »	535 »		725 »	915 »	
Losange G. C.	385 »	185 »	34 50	26 75		45 75	140 »	
Ancre		880 »	100 »	92 »		61 »	210 »	
Petit C. à D.	230 »	200 »	77 »	45 75		230 »	690 »	8 400 »
C. à D. à cercle pointillé	305 »	245 »	100 »	115 »		340 »		
C. à D. des Imprimés (rouge)	725 »	725 »	650 »	805 »		955 »	1 250 »	
PD dans un rectangle			690 »	690 »		995 »	1 250 »	
OR dans un cercle		805 »	305 »	805 »				
Cachet de facteur (autres lettres que OR		765 »	535 »	725 »				

IV. - EMPIRE DENTELÉ (Nos 19 à 24)

Timbres détachés

Oblitérations	1 c.	5 c.	10 c.	20 c.	40 c.	80 c.
Grille			45 75	34 50	88 »	
Gros points	155 »	170 »	42 »	42 »	58 »	105 »
Pointillé		84 »	23 »	20 »	23 »	69 »
Etoile (rouge)		100 »	77 »	77 »	115 »	155 »
Losange P. C.	58 »	17 »	6 10	1 55	7 65	49 75
Ancre	200 »	170 »	15 25	15 25	15 25	54 »
Petit C. à D.	45 75	13 »	4 60	2 30	7 65	54 »
C. à D. à cercle pointillé	58 »	38 25	15 25	11 50	30 50	92 »
C. à D. des Imprimés (rouge)	61 »	26 »	26 75	38 25	54 »	130 »
C. à D. de Bureau de Passe	92 »	81 »	38 25	30 50	45 75	77 »
OR dans un cercle	115 »	69 »	30 50	38 25		
Annulation typographique des Journaux	155 »	270 »				

Timbres sur lettre

Oblitérations	1 c.	5 c.	10 c.	20 c.	40 c.	80 c.
Grille			500 »	340 »	995 »	
Gros points		1 100 »	575 »	385 »	535 »	1 150 »
Pointillé			77 »	61 »	84 »	230 »
Etoile (rouge)		1 850 »	1 300 »	725 »	1 150 »	2 150 »
Losange P. C.	245 »	61 »	27 50	7 65	24 50	110 »
Ancre	575 »	460 »	45 75	61 »	30 50	185 »
Petit C. à D.	110 »	30 50	6 10	6 10	30 50	115 »
C. à D. à cercle pointillé	420 »	230 »	84 »	61 »	185 »	460 »
C. à D. des Imprimés (rouge)	345 »	125 »	305 »	340 »	460 »	1 100 »
C. à D. de Bureau de Passe		500 »	230 »	92 »	245 »	690 »
OR dans un cercle		575 »	230 »	535 »		
Annulation typographique des Journaux	2 850 »					

V. - EMPIRE LAURÉ (Nos 25 à 33)

Timbres détachés

Oblitérations	1 c.	2 c.	4 c.	10 c.	20 c.	30 c.	40 c.	80 c.	5 F
Gros points				77 »	73 »	77 »	77 »	77 »	1 450 »
Losange P. C.	38 25	42 »	65 »	6 90	5 35	23 »	17 »	26 »	1 400 »
Ancre	140 »	170 »	170 »	15 25	17 »	34 50	15 25	38 25	1 450 »
Petit C. à D.	15 25	25 25	58 »	6 10	4 60	26 75	23 »	30 50	995 »
C. à D. avec cercle pointillé	26 75	34 50	61 »	9 15	9 15	26 75	26 75	34 50	
C. à D. de Bureau de Passe	58 »	65 »	245 »	17 »	9 15	38 25	34 50	65 »	
C. à D. des Imprimés (rouge)	23 »	34 50	69 »	38 25	38 25	69 »	69 »	92 »	1 550 »
OR dans un cercle	61 »	61 »	110 »	42 »	54 »				
Annulation typographique des Journaux	19 25	30 50	155 »						

Timbres sur lettre

Oblitérations	1 c.	2 c.	4 c.	10 c.	20 c.	30 c.	40 c.	80 c.	5 F
Gros points				270 »	270 »	305 »	305 »	305 »	
Losange P. C.	100 »	110 »	200 »	12 25	9 15	54 »	38 25	77 »	2 700 »
Ancre				30 50	38 25	77 »	30 50	77 »	2 850 »
Petit C. à D.	26 »	38 25	92 »	7 65	7 65	61 »	61 »	92 »	1 550 »
C. à D. avec cercle pointillé	110 »	140 »	200 »	41 25	42 »	100 »	110 »	185 »	
C. à D. de Bureau de Passe	460 »	650 »	2 000 »	77 »	38 25	370 »	275 »	610 »	
C. à D. des Imprimés (rouge)	140 »	215 »	420 »	385 »	385 »	460 »	535 »	840 »	6 100 »
OR dans un cercle	400 »	400 »	430 »	200 »	385 »				
Annulation typographique des Journaux	92 »	140 »	1 250 »						

VI. SIÉGE DE PARIS (Nos 35 et 36 à 38)

Timbres détachés

Oblitérations	Empire	Cérès		
	5 c.	10 c.	20 c.	40 c.
Gros points		125 »	77 »	65 »
Losange P. C.	110 »	77 »	12 25	10 75
Ancre	125 »	170 »	77 »	36 75
AS. NA.		155 »	61 »	69 »
C. à D. des Imprimés (rouge)	115 »	125 »	77 »	54 »
OR dans un cercle		140 »		

Timbres sur lettre

Oblitérations	Empire	Cérès		
	5 c.	10 c.	20 c.	40 c.
Gros points		765 »	500 »	420 »
Losange P. C.	155 »	140 »	38 25	24 50
Ancre		840 »	500 »	84 »
AS. NA.		1 400 »	725 »	805 »
C. à D. des Imprimés (rouge)	650 »	915 »	690 »	430 »
OR dans un cercle				

VII. - BORDEAUX (Nos 39 à 49)

Timbres détachés

Oblitérations	1 c.	2 c.	4 c.	5 c.	20 c. 10 c.	20 c. (I)	20 c. (II)	(III)	30 c.	40 c.	80 c.
Losange P. C.	110 »	260 »	270 »	230 »	73 »	915 »	61 »	30 50	340 »	155 »	385 »
Cachet à date	110 »	260 »	230 »	170 »	69 »	1 150 »	96 »	100 »	370 »	155 »	385 »
Etoile	155 »	305 »	385 »	270 »	92 »	1 400 »	92 »	45 75	385 »	185 »	500 »
Ancre	385 »	420 »	460 »	360 »	155 »	995 »	155 »	125 »	415 »	155 »	370 »
OR dans un cercle	140 »	385 »	420 »	285 »	170 »						
Annulation typographique des journaux	115 »	385 »	535 »	575 »							

Timbres sur lettre

Oblitérations	1 c.	2 c.	4 c.	5 c.	10 c.	20 c. (I)	20 c. (II)	20 c. (III)	30 c.	40 c.	80 c.
Losange P. C.	460 »	840 »	1 100 »	690 »	200 »	2 300 »	170 »	77 »	840 »	385 »	915 »
Cachet à date	230 »	420 »	650 »	305 »	110 »	2 600 »	285 »	340 »	1 300 »	765 »	1 100 »
Etoile		2 300 »	9 150 »	460 »	460 »	2 100 »	460 »	270 »	1 300 »	1 300 »	1 700 »
Ancre					500 »		385 »	340 »	690 »	345 »	650 »
OR dans un cercle			3 850 »	1 950 »	1 150 »						
Annulation typographique		385 »									
des journaux	2 000 »	1 400 »									

VIII. CÉRÈS DE 1871-75 (N°s 50 à 60)

Timbres détachés

Oblitérations					Gros chiffres				Petits chiffres		
	1 c.	2 c.	4 c.	5 c.	10 c.	15 c.	30 c.	80 c.	10 c.	15 c.	25 c.
Gros points				210 »	77 »	69 »	69 »	69 »	69 »	69 »	58 »
Losange G.C. (bleu)	61 »	61 »	92 »	65 »	27 50	27 50	30 50	38 25	30 50	30 50	24 50
Losange P.C.	20 75	19 25	42 »	9 15	13 75	4 60	8 40	15 25	13 »	4 60	1 55
Ancre	140 »	115 »	155 »	61 »	42 »	42 »	42 »	26 75	42 »	38 25	24 50
AS. NA.			215 »	115 »	110 »	77 »	125 »	170 »	77 »	77 »	38 25
C. à D. des Imprimés (rouge)	17 »	17 »	49 75	10 75	17 »	15 25	42 »	61 »	15 25	18 50	20 »
OR dans un cercle	28 25	28 25	69 »	26 75	28 25	28 25			28 25	28 25	
Annulation typographique des Journaux	17 »	17 »	155 »	230 »							

Timbres sur lettre

Oblitérations					Gros chiffres				Petits chiffres		
	1 c.	2 c.	4 c.	5 c.	10 c.	15 c.	30 c.	80 c.	10 c.	15 c.	25 c.
Gros points				765 »	345 »	345 »	345 »	345 »	345 »	345 »	345 »
Losange G.C. (bleu)	215 »	230 »	385 »	260 »	140 »	170 »	200 »	200 »	155 »	140 »	125 »
Losange P.C.	77 »	77 »	170 »	20 »	20 »	9 15	12 25	38 25	23 »	9 15	2 30
Ancre				200 »	115 »	115 »	110 »	61 »	110 »	110 »	61 »
AS. NA.				1 100 »	765 »	765 »	1 100 »	1 400 »	765 »	765 »	275 »
C. à D. des Imprimés (rouge)	54 »	54 »	345 »	125 »	92 »	100 »	260 »	340 »	92 »	110 »	215 »
OR dans un cercle				275 »	185 »	185 »			185 »	185 »	305 »
Annulation typographique des Journaux	77 »	77 »	1 400 »								

IX. - GROUPE ALLÉGORIQUE DIT « TYPE SAGE » (N°s 61 à 106)

a) Émission de **1876 (Type I)** (N°s 61 à 72)

Timbres détachés

Oblitérations	1 c.	2 c.	4 c.	5 c.	10 c.	15 c.
Petit C. à D. (bleu)	120 »	385 »	81 »	73 »	58 »	35 25
C. à D. des Imprimés (rouge)	100 »	340 »	81 »	61 »	36 75	36 75
Annulation typographique des Journaux	115 »	340 »	215 »	200 »		

Oblitérations	20 c.	25 c.	30 c.	40 c.	75 c.	1 F
Petit C. à D. (bleu)	39 75	155 »	24 50	54 »	54 »	33 75
C. à D. des Imprimés (rouge)	39 75	130 »	13 75	45 75	44 25	45 75

Timbres sur lettre

Oblitérations	1 c.	2 c.	4 c.	5 c.	10 c.	15 c.
Petit C. à D. (bleu)	245 »	915 »	230 »	155 »	115 »	65 »
C. à D. des Imprimés (rouge)	305 »	915 »	230 »	110 »	81 »	77 »
Annulation typographique des Journaux	1 950 »	1 950 »	1 700 »			

Oblitérations	20 c.	25 c.	30 c.	40 c.	75 c.	1 F
Petit C. à D. (bleu)	110 »	400 »	30 50	140 »	140 »	115 »
C. à D. des Imprimés (rouge)	77 »	400 »	61 »			

b) Émission de **1876 (Type II)** (Nos 73 à 82)

Timbres détachés

Oblitérations	2 c.	5 c.	10 c.	15 c.	25 c. outremer	25 c. bleu	30 c.	75 c.	1 F
Petit C. à D. (bleu)	33 75	5 35	340 »	9 15	9 15	9 15	15 25	140 »	17 »
C. à D. des Imprimés (rouge)	33 75	3 85	340 »	9 15	9 15	9 15	17 »		
Ancre		4 60	370 »						
Annulation typographique des Journaux	33 75	92 »							

Timbres sur lettre

Oblitérations	2 c.	5 c.	10 c.	15 c.	25 c. outremer	25 c. bleu	30 c.	75 c.	1 F
Petit C. à D. (bleu)	100 »	18 50	765 »	20 »	20 75	26 75	30 50	460 »	49 »
C. à D. des Imprimés (rouge)	84 »	17 »	880 »	20 »	20 »	26 75	73 »		
Ancre		10 75							
Annulation typographique des journaux	155 »								

c) Émission de **1877-80 (Type II)** (Nos 83 à 95)

Timbres détachés

Oblitérations	1 c.	1 c. bl. de Prusse	2 c.	3 c. bistre	3 c. gris	4 c.	10 c.
Petit C. à D. (bleu)	7 65		7 65	77 »	15 25	15 25	8 40
C. à D. des Imprimés (rouge)	4 60	7 650 »	6 10	58 »	7 65	7 65	7 65
Annulation typographique des journaux	4 60	8 050 »	7 65	73 »	69 »	77 »	

Oblitérations	15 c.	25 c. noir/rouge	25 c. bistre	35 c.	40 c.	5 F
Petit C. à D. (bleu)	9 15	49 75	17 »	77 »	23 »	140 »
C. à D. des Imprimés (rouge)	15 25	29 »	13 75	61 »	54 »	210 »

Timbres sur lettre

Oblitérations	1 c.	1 c. bl. de Prusse	2 c.	3 c. bistre	3 c. gris	4 c.	10 c.
Petit C. à D. (bleu)	18 50		20 »	535 »	38 25	38 25	30 50
C. à D. des Imprimés (rouge)	9 15		18 50	500 »	17 »	17 »	17 »
Annulation typographique des journaux	17 »		54 »	2 850 »	2 550 »	3 550 »	

Oblitérations	15 c.	25 c. noir/rouge	25 c. bistre	35 c.	40 c.	5 F
Petit C. à D. (bleu)	30 50	155 »	38 25	385 »	77 »	500 »
C. à D. des Imprimés (rouge)	26 75	84 »	35 25	270 »		

d) Émissions de **1884 et 1892 (Type II)** (N°s 96 à 101)

Timbres détachés

Oblitérations	20 c.	25 c.	50 c.	75 c.	15 c. Papier quadrillé
Petit C. à D. (bleu)	19 25	17 »	17 »	58 »	7 65
C. à D. des Imprimés (rouge)	17 »	15 25	15 25	45 75	6 90
OR dans un cercle					7 65

Timbres sur lettre

Oblitérations	20 c.	25 c.	50 c.	75 c.	15 c. Papier quadrillé
Petit C. à D. (bleu)	45 75	38 25	38 25	305 »	19 25
C. à D. des Imprimés (rouge)	42 »	42 »	38 25		18 50
OR dans un cercle					61 »

e) Émission de **1898-1900** (N°s 102 à 106)

Timbres détachés

Oblitérations	Type III				Type II
	5 c.	10 c.	50 c.	2 F	5 c.
Petit C. à D. (bleu)					
C. à D. des Imprimés (rouge)	6 90	9 15	38 25	84 »	10 75
Ancre	6 90	7 65	30 50	77 »	6 90
Chiffres dans un cercle	5 35	13 75			5 35
	3 85				3 85

Timbres sur lettre

Oblitérations		Type III	Type II		
	5 c.	10 c.	50 c.	2 F	5 c.
Petit C. à D. (bleu)	18 50	26 75	140 »	535 »	38 25
C. à D. des Imprimés (rouge)	13 75	17 »	100 »		18 50
Ancre	9 15	23 »			9 15
Chiffres dans un cercle	9 15				9 15

BUREAUX FRANÇAIS A L'ÉTRANGER

Comme les Bureaux Métropolitains, les Bureaux Français à l'Étranger reçurent l'attribution d'un numéro dans la première nomenclature mise en service (losange petits chiffres) et un nouveau numéro lors de l'établissement de la deuxième (losange gros chiffres).

«Les cotes indiquées s'appliquent : pour les losanges petits chiffres, aux oblitérations sur le 40 c. (n° 16) ; pour les losanges gros chiffres, aux oblitérations sur le 40 c. (n° 31). Ce sont sur ces timbres, que les oblitérations se rencontrent surtout. Lorsqu'il s'agit d'un autre timbre, le numéro est signalé entre parenthèses.»

Les prix de la première colonne s'entendent pour des timbres détachés, ceux de la deuxième colonne pour des timbres sur lettre.

LOSANGE PETITS CHIFFRES

3704	Alexandrie	17 »	77 »
3705	Bâle		
3706	Beyrouth	18 50	92 »
3707	Constantinople	17 »	45 75
3708	Dardanelles	115 »	650 »
3709	Smyrne	18 50	84 »
3766	Alexandrette	26 75	260 »
3767	Gallipoli	155 »	1 550 »
3768	Jaffa	170 »	1 550 »
3769	Lattaquié	345 »	2 450 »
3770	Mersina	77 »	535 »
3771	Metelin	100 »	765 »
3772	Rhodes	170 »	1 700 »
3773	Tripoli (Syrie)	155 »	1 550 »
4008	Galatz	140 »	1 100 »
4009	Ibraila	420 »	5 350 »
4010	Ineboli (13)	650 »	9 150 »
4011	Kerassunde	385 »	6 100 »
4012	Salonique	30 50	155 »
4013	Samsoun	77 »	610 »
4014	Sinope	915 »	
4015	Sulina	1 050 »	9 950 »
4016	Trébizonde	69 »	535 »
4017	Tulscha	610 »	6 100 »
4018	Varna	84 »	690 »
4222	Monaco (14)	765 »	4 600 »

LOSANGE GROS CHIFFRES

2387	Monaco (29)	84 »	275 »
5079	Alexandrette	23 »	155 »
5080	Alexandrie	13 75	54 »
5081	Bâle		23 000 »
5082	Beyrouth	17 »	77 »
5083	Constantinople	13 »	30 50
5084	Dardanelles	38 25	370 »
5085	Galatz	110 »	575 »
5086	Gallipoli	185 »	1 300 »
»	Rodosto (38)	460 »	7 650 »
5087	Ibraila	155 »	1 300 »
5088	Ineboli	610 »	9 150 »
5089	Jaffa	96 »	805 »
5090	Kerassunde	155 »	1 300 »
5091	Lattaquié	155 »	1 300 »
5092	Mersina	77 »	420 »
5093	Metelin (1862-72)	140 »	650 »
5094	Rhodes	155 »	805 »
5095	Salonique	15 25	92 »
5096	Samsoun	69 »	535 »
5097	Ordou (38)	765 »	14 000 »
»	Sinope	650 »	11 000 »
5098	Smyrne	15 25	54 »
5099	Sulina	610 »	8 400 »
5100	Trébizonde	45 75	420 »
5101	Tripoli (Syrie)	155 »	915 »
5102	Tulscha	200 »	1 850 »
5103	Varna	45 75	500 »
5104	Shangai	30 50	370 »
5105	Suez	125 »	880 »
5107	Tunis	38 25	155 »
5118	Yokohama	84 »	805 »
5119	Le Caire	61 »	385 »
5121	La Goulette	155 »	915 »
5129	Port-Saïd	77 »	420 »
5139	Kustendjé	610 »	7 650 »
5153	Enos (38)	2 450 »	
5154	Port-Lagos (38)	1 250 »	
5155	Dédéagh (38)	1 400 »	11 500 »
5156	Cavalle (38)	1 400 »	12 500 »

BUREAUX D'ALGÉRIE

Les Bureaux d'Algérie ont reçu également l'attribution d'un numéro dans la première nomenclature mise en service (losange petits chiffres) et un nouveau numéro lors de l'établissement de la deuxième (losange gros chiffres). Il est connu :

- 81 Bureaux ayant eu un losagne petits chiffres (le premier numéro attribué à l'Algérie fut le 3710 (Alger) ;
- 147 Bureaux ayant eu un losange gros chiffres (le premier numéro attribué à l'Algérie fut le 5000 (Aboukir) ;
- Certains numéros sont rares et recherchés.

DELTA PHILATELIE

55, rue Auguste Comte
69002 Lyon

Tél. : 04 78 92 92 54 - Fax : 04 78 37 29 90

e-mail : jean-paulpinet@wanadoo.fr
Site internet : http://monsite.wanadoo.fr/deltaphilatelie

ACHAT

EXPERTISE

VENTE

Spécialiste timbres français - collections...

3 ventes à prix nets annuelles
(Mars - Septembre - Décembre)
Catalogues disponibles sur demande

CNEP - IFSDA - SNETP

RCS : A 312 524 820

A partir de 1900 et jusqu'en 1959 les cotes de la colonne de gauche concernent les timbres neufs avec gomme d'origine intacte et sans charnière, celles de la colonne centrale les timbres neufs avec charnière légère, celles de la colonne de droite les timbres oblitérés.

1900-24. - *Type Blanc. Typographie. Dentelés 14 x 13½.*

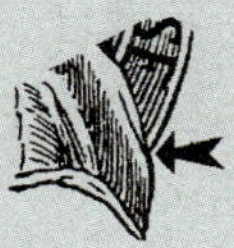

Type I.

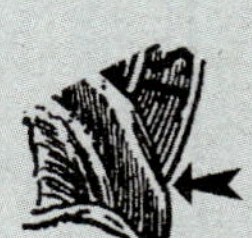

Type II.

Type I. - A la bordure de la draperie qui se trouve sous la lettre E de FRANÇAISE, il n'y a qu'un seul trait d'ombre.

Type II. - A cet endroit, il y a deux traits d'ombre.

Type IIB (roulette). - Comme II mais trait cassé à droite du gros orteil du pied droit.

Un type II existe pour le 4 c. mais seulement en préoblitérés.

Types du 1 c.

Type IA

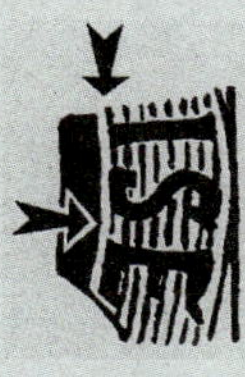

Type IB

Type IA. - Ligne blanche allant en se rétrécissant sous ISE de FRANÇAISE. Trait épais reliant le pied du S à celui du E.

Type IB. - Ligne blanche de largeur régulière. Trait mince ou ne se marquant pas, ou très peu entre S et E.

Types du 2 c.

Type IA

Type IB

Type IA. - Tache reliant deux lignes.

Type IB. - Tache à cheval sur une ligne.

Types du 3 c.

Type IA. - La boucle inférieure du C se termine par un triangle.

Type IB. - Boucle inférieure du C ramenée à une simple pointe par retaille au burin.

Types du 5 c.

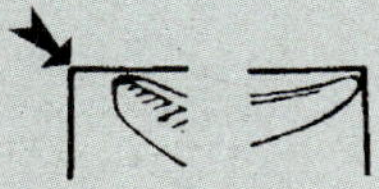

Type IA

Type IB

NOUS SOMMES SPÉCIALISTES
des timbres classiques,
des séries anciennes et modernes
de la FRANCE et de tous les pays.
Histoire postale du monde entier.

Demandez l'envoi GRATUIT de :
• Nos catalogues mensuels de vente.
• Nos catalogues de ventes sur offres.

FILATELIA LLACH, s.l.
Fondé en 1915
Diagonal, 489 - 08029 BARCELONA (Espagne)
Tél. : 34 93 410 50 00- Fax : 34 93 419 47 28
e-mail : fillach@filateliallach.com
web : www.filateliallach.com

Type IA. - Dans le coin supérieur gauche, l'extrémité de la plume est ronde et éloignée de l'angle ; dans le coin supérieur droit, l'extrémité est rapprochée du cadre, ou le touche.

Type IB. - Dans le coin supérieur gauche, l'extrémité est pointue et se dirige vers l'angle du cadre ; dans le coin supérieur droit, l'extremité est éloignée du cadre. Ce type n'a existé qu'en carnets.

Type IIA

Type IIB

Trait sous le pied (zone inférieure droite du timbre).

IIA - Trait continu (feuilles rotatives).

IIB - Trait interrompu un peu à droite du gros orteil (roulettes rotatives).

107	1 c. gris (IB)	1 25	0 80	0 50
	(Sur lettre)			0 80
	a. ardoise (IB)	1 40	0 80	0 80
	b. ardoise (II)	1 25	0 80	0 80
	f. gris (IA)	3 »	1 85	0 80
	g. ardoise (IA)	2 30	1 55	0 80
108	2 c. brun-lilas (IB)	1 55	1 »	0 30
	(Sur lettre)			0 80
	a. brun-lilas foncé (IB)	3 35	2 »	0 50
	b. brun-lilas (II)	1 55	1 »	0 50
109	3 c. orange (IB)	1 »	0 65	0 65
	(Sur lettre)			3 »
	(Id. seul)			9 15
	a. rouge-orange (IB)	1 10	0 65	0 80
	b. rouge (IB)	30 »	23 »	7 65
	c. rouge-orange (II)	3 »	2 30	0 80
	f. rouge-orange (IA)	4 60	3 »	1 55
	g. rouge (IA)	40 »	30 »	12 50
110	4 c. brun-jaune (I)	4 60	3 »	2 »
	(Sur lettre)			4 60
	(Id. seul)			61 »
	a. brun (I)	10 »	6 10	2 30
	b. brun foncé (I)	15 50	9 15	3 85

111	5 c. vert (IIA) (1925)	4 60	2 30	0 30
	(Sur lettre)			0 80
	a. vert (IIB)	100 »	77 »	30 »
	b. vert-jaune (IA) (1900-02)	5 35	2 60	0 50
	c. vert-bleu (IA) (1902-06)	7 65	4 15	0 65
	d. vert (IA) (1906-07)	11 50	7 65	1 55
	e. vert (IB) (1906)	42 »	35 »	12 50
	f. id. paire verticale de carnet (IB)	88 »	77 »	

Paire verticale de carnet :

Les cotes s'appliquent à des paires avec marges blanches supérieure et inférieure.

Papier GC.

A la fin de 1916 et jusqu'en 1920, les timbres ont été imprimés sur un papier grisâtre de très mauvaise qualité, dit "de grande consommation" (GC) :

107d	1 c. gris (IB)	1 55	1 »	1 »
107e	1 c. ardoise (IB)	1 85	1 10	1 10
107h	1 c. gris (IA)			
107j	1 c. ardoise (IA)			
108d	2 c. (IA)	3 70	1 85	1 10
109e	3 c. (IB)	1 »	0 80	1 10

Non dentelés.

107c	1 c.	70 »
108c	2 c.	70 »
109d	3 c.	70 »
110c	4 c.	210 »
111g	5 c.	92 »

A ce type ont paru en 1919, un ½ c. sur 1 c. (157), en 1926, un 7½ c. lilas (Préoblitérés, n° 42) et, en 1929, un 10 c. violet (233).

1900-01. - *Types Mouchon. Typographie. Dentelés 14 x 13½.*

Type I : les premiers tirages étaient faits en deux fois : on imprimait tout d'abord la vignette, ensuite le chiffre de la valeur, et il arriva que celui-ci occupait dans le cartouche des places variables ou n'était pas exactement de la même couleur que la vignette.

Type I

Type I

Type II

Type II

Type II : ces timbres furent par la suite imprimés en une seule fois. Les 10 c. et 25 c. existent seuls dans les deux types. Dans le premier type du 10 c., la barre inférieure du 1 est droite, tandis qu'elle est courbe dans le type II.

Dans le deuxième type du 25 c., les traits du cadre inférieur du cartouche sont interrompus.

Type I.

112	10 c. rose	73 »	27 »	11 50
	(Sur lettre)			13 »
113	20 c. brun-lilas	165 »	61 »	10 »
	(Sur lettre)			15 50
	(Id. seul)			40 »
114	25 c. bleu	300 »	130 »	10 »
	(Sur lettre)			11 »
	(Id. seul)			15 50
115	30 c. violet	225 »	85 »	6 »
	(Sur lettre)			15 50
	(Id. seul)			40 »

Type II.

116	10 c. rouge	80 »	27 »	2 »
	(Sur lettre)			11 50
	(Id. seul)			15 50
117	15 c. orange	25 »	9 15	0 50
	(Sur lettre)			0 80
118	25 c. bleu	340 »	125 »	2 15
	(Sur lettre)			4 60
	(Id. seul)			7 65

Très bon centrage (+125%). Voir note page 7.

Chiffre 1 touchant le cadre.

117a	15 c.	100 »	70 »	15 »

Chiffres déplacés.

Un des chiffres doit sortir du cartouche blanc, soit à gauche ou à droite, soit en bas ou en haut.

112a	10 c.	170 »	110 »	42 »

113a	20 c.	230 »	185 »	38 »
114a	25 c.	1 150 »	915 »	185 »
115a	30 c.	385 »	260 »	42 »

Chiffres doubles.

113b	20 c.		4 500 »	
115b	30 c.		17 500 »	

Sans chiffres.

112b	10 c.		9 500 »	
113c	20 c.		12 500 »	
114b	25 c.		13 500 »	

Impression recto-verso.

113d	20 c.	230 »	155 »	38 »
114c	25 c.	345 »	230 »	54 »
115c	30 c.	305 »	215 »	46 »
117b	15 c.	35 »	23 »	10 »

Non dentelés.

112c	10 c.		385 »	255 »
113e	20 c.		500 »	345 »
114d	25 c.		650 »	460 »
115d	30 c.			385 »
116a	10 c.		305 »	210 »
117c	15 c.		230 »	170 »
118a	25 c.		650 »	420 »

Pour les non dentelés, la colonne de droite concerne les timbres sans gomme.

1900. - *Type Merson. Typographie. Dentelés 13½ x 14.*

119	40 c. rouge et bleu	45 »	16 »	0 80
	(Sur lettre)			1 55
	(Id. seul)			2 30
120	50 c. brun et gris	275 »	110 »	1 55
	(Sur lettre)			2 30
	(Id. seul)			3 85
121	1 f. lie-de-vin et olive	75 »	31 »	0 80
	(Sur lettre)			2 30
	(Id. seul)			4 60
122	2 f. violet et jaune	2 000 »	915 »	84 »
	(Sur lettre)			305 »
	(Id. seul)			2 300 »
123	5 f. bleu et chamois	250 »	100 »	5 »
	(Sur lettre)			40 »
	(Id. seul)			155 »
	a. bleu et olive	385 »	200 »	20 »

Très bon centrage (+50%).

Papier GC.

119d	40 c.	55 »	27 50	1 40
120d	50 c.	385 »	200 »	2 30
121f	1 f.	115 »	54 »	1 40

Voir note au n° 107d.

Non dentelés.

119a	40 c.		245 »	155 »
120a	50 c.		385 »	305 »
121a	1 f.		230 »	170 »
122a	2 f.			1 600 »
123b	5 f.		1 100 »	610 »

Pour les non dentelés, la colonne de droite concerne les timbres sans gomme.

Centre déplacé.

119b	40 c.	100 »	60 »	13 »
120b	50 c.	535 »	345 »	77 »
121b	1 f.	270 »	170 »	17 »
123c	5 f.	500 »	305 »	84 »

Sans teinte de fond.

119c	40 c.		500 »	100 »
120c	50 c.		500 »	115 »
121c	1 f.		500 »	100 »
123d	5 f.		690 »	155 »

Danièle Dutertre
ACHATS
de toutes collections,
timbres, lettres, archives
EXPERTISES et ESTIMATIONS
VENTES sur OFFRES
Conseils pour la réalisation
de tout ou partie de votre collection.

3 exemplaires N°3, paire TÊTE-BÊCHE.

5 exemplaires N°42A, REPORT I

N°261B, La Rochelle - 10 f., brun/noir

24, galerie de Chartres
jardins du PALAIS-ROYAL
75001 PARIS - France
Téléphone : 01 42 96 09 29
Fax : 01 42 96 00 88
e-mail : dutert@club-internet.fr
membre C.N.E.P. - I.F.S.D.A

Double teinte de fond.

121d	1 f.	460 »	
121e	(Idem), dont une renversée	765 »	

Pour les timbres à ce type, de 1906 à 1927, voir Tableau page 31.

1902. - *Type Mouchon retouché. Typographie. Dentelés 14 x 13½.*

124	10 c. rose	110 »	30 »	1 25
	(Sur lettre)			1 55
125	15 c. vermillon	30 »	12 »	0 50
	(Sur lettre)			0 65
126	20 c. brun-lilas	235 »	90 »	15 50
	(Sur lettre)			23 »
	(Id. seul)			46 »
127	25 c. bleu	290 »	100 »	2 30
	(Sur lettre)			4 60
	(Id. seul)			8 »
128	30 c. violet	625 »	260 »	17 »
	(Sur lettre)			23 »
	(Id. seul)			45 »

Très bon centrage (+125%).

Pour le centrage, voir rubrique "Clef du catalogue", p. 7.

Queue du 5 touchant le cadre.

125a	15 c.	100 »	80 »	20 »

Non dentelés.

124a	10 c.		345 »
125b	15 c.	610 »	420 »
126a	20 c.		610 »
128a	30 c.		840 »

La colonne de droite concerne les timbres sans gomme.

Impression recto-verso.

124b	10 c.	115 »	54 »
125c	15 c.	70 »	30 »
127a	25 c.	460 »	230 »

1903-24. - *Type Semeuse lignée de Roty (gravée par Mouchon). Typographie. Dentelés 14 x 13½.*

Types du 10 c.

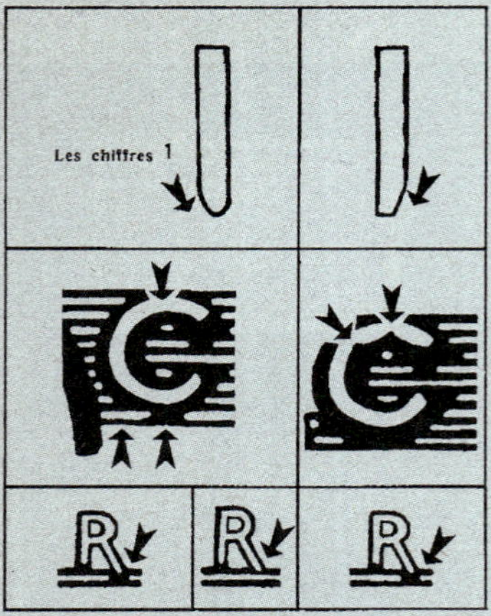

Type I *Type II* *Type III*

Type I. - Deuxième jambage du R de République avec ombre pied du chiffre 1 arrondi et courbe inférieure du C de 10 c. régulière.

Type II. - Semblable au type I mais le deuxième jambage du R est sans ombre.

Type III. - Pied du chiffre 1 avec méplat à droite, courbe inférieure du C irrégulière et deuxième jambage du R avec ombre.

Types du 15 c.

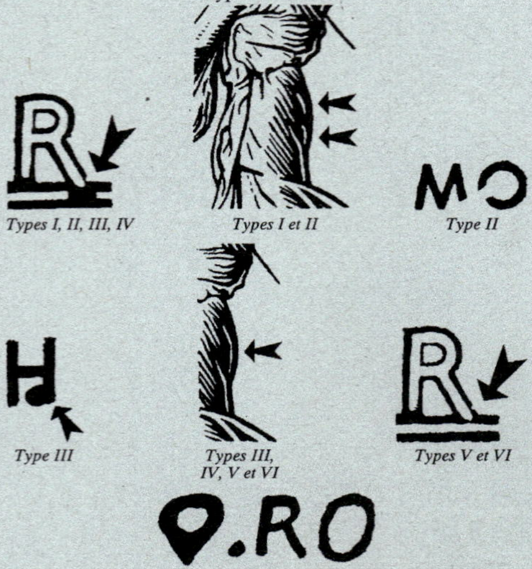

Types I, II, III, IV — *Types I et II* — *Type II*

Type III — *Types III, IV, V et VI* — *Types V et VI*

Type V

Les types I à V sont difficilement identifiables lorsque les timbres sont décentrés vers le bas.

Type I. - Ligne de lumière en deux tronçons sur la partie postérieure de la Semeuse. Lettre M de MOUCHON normale.

Type II. - Comme type I mais les deux premières lettres de MOUCHON sont brisées, notamment la lettre M.

Type III. - Ligne de lumière en un seul tronçon ; lettre H de MOUCHON avec boule au pied du deuxième jambage.

Type IV. - Ligne de lumière en un seul tronçon, mais lettre H sans boule. La lettre M de Mouchon est dissymétrique.

Types I à IV. - Deuxième jambage du R de République avec ombre ; ces types sont ceux des timbres des feuilles et roulettes à plat.

Type V. - R de République sans ombre. Le premier O de O. ROTY est en forme de toupie. C'est le type propre aux timbres des carnets.

Type VI. - R de République sans ombre, format plus grand 22,5 mm de filet à filet (c'est le seul type du 15 c. imprimé sur rotative pour roulettes). Dentelures latérales avec coupe mécanique rectiligne et nette, 4 hachures dans le bras qui tient le sac.

129	10 c. rose (type I)	20 »	9 »	0 30
	(Sur lettre)			0 65
	a. rose (II)	120 »	61 »	3 »
	b. rose (III)	20 »	9 »	0 30
	c. rose foncé (III)	40 »	15 50	1 »
130	15 c. vert-gris (I) (1903-06)	9 »	4 50	0 30
	(Sur lettre)			0 50
	a. vert-gr. (II) (1903-04)	38 »	19 »	0 80
	b. vert-gris (III) (1904)	61 »	30 »	2 30
	c. id., à olive (IV) (1904-06, 1916-24)	9 »	4 50	0 30
	d. vert (V) (1917-20)	61 »	30 »	2 30
	e. id., paire verticale de carnet à partir de	155 »	77 »	
	f. vert-gris (Type VI)		8 000 »	210 »

131	20 c. brun-lilas	165 »	77 »	2 »
	(Sur lettre)			8 »
	(Id. seul)			30 »
	a. brun-lilas foncé	200 »	92 »	3 »
132	25 c. bleu	180 »	84 »	1 55
	(Sur lettre)			3 85
	(Id. seul)			5 35
	a. bleu foncé	215 »	110 »	2 30
	b. bleu-noir	550 »	305 »	70 »
133	30 c. lilas	430 »	200 »	6 50
	(Sur lettre)			12 50
	(Id. seul)			28 25
	a. violet foncé	500 »	230 »	7 »
	b. violet très foncé	725 »	400 »	25 »

Très bon centrage (+100%).

Papier GC.

130j	15 c. (IV)	9 »	4 50	0 80
130k	15 c. (V)	30 »	15 50	1 10
130l	id. paire vertic. de carnet	70 »	32 »	

Voir note au n° 107d.

Non dentelés.

129d	10 c.	210 »	84 »
130g	15 c.	170 »	77 »
131b	20 c.	305 »	130 »
132c	25 c.	385 »	125 »
133c	30 c.	765 »	305 »

Pour les non dentelés, la colonne de droite concerne les timbres sans gomme.

Impression recto-verso.

129e	10 c.	70 »	35 »	7 »
130h	15 c.	54 »	27 »	8 »
132d	25 c.	305 »	170 »	14 »
133d	30 c.	805 »	420 »	77 »

Pour les timbres émis à ce type, de 1921 à 1938, voir Tableau page XXII.

1906. - *Type Semeuse fond plein avec sol. Typographie. Dentelé 14 x 13½.*

Type I. - La figure et le bras droit de la "Semeuse", ainsi que le sol, sont fortement ombrés.

Type II. - La figure et le bras droit, ainsi que le sol, sont moins ombrés et apparaissent beaucoup plus blancs et plus contrastés.

134	10 c. rouge (I)	4 60	3 »	2 »
	(Sur lettre)			6 10
	a. rouge clair (I)	7 65	4 60	2 »
	b. (Non dent. avec gomme)		300 »	
	c. (Non dent. sans gomme)		200 »	
	d. rouge (II)	6 75	3 »	2 »
	e. rouge clair (II)	8 40	4 60	2 30
	f. rouge sombre (II)	13 »	6 »	3 »
	g. (Non dent. sans gomme)		200 »	

1906. - *Type Semeuse fond plein sans sol, à inscriptions maigres. Typographie. Dentelés 14 x 13½.*

THIN

PHILATELIE 50

Laurent DÉSIRÉ

9 Rue Albert Mahieu
BP 832 - 50108 CHERBOURG
Tél : 02 33 93 55 91 Fax : 02 33 93 56 74
E-mail : desire.philatelie@wanadoo.fr

J'achète vos timbres, collections et lettres, à très bon prix! Appelez-moi au 02 33 93 55 91

Je saurais répondre à votre attente.

Déplacement rapide et gratuit dans toute la France
Paiement immédiat

Mon sérieux est la garantie de votre satisfaction.

ACHAT - VENTE - EXPERTISE

CNEP Membre de la Chambre syndicale des Négociants et experts en Philatélie

Types du 10 c.

Types I et II

Type III

Type I des 10 c. et 35 c. - Le contour de la Semeuse et du sac se confond avec le fond plein.

Type IIA. - Des lignes de lumière dessinent le contour et détachent le sujet du fond uni. Sur ces 2 types la dernière lettre de RÉPUBLIQUE a la forme d'un F.

Type IIB (particulier aux entiers postaux). - Accentuation des lignes de lumière, notamment celle de la partie postérieure.

Type III du 10 c. - Comme type IIA mais la lettre finale de RÉPUBLIQUE ressemble à un E. C'est le type des timbres de carnets, les deux autres étant ceux des timbres de feuilles.

135	10 c. rouge (I)	23 »	9 »	1 10
	(Sur lettre)			3 »
	a. rouge foncé (IIA)	45 »	20 »	1 50
	b. rouge (IIA)	40 »	17 »	1 25
	c. rouge (III)	35 »	15 »	4 »
	d. id. paire verticale de carnet	80 »	35 »	
	e. (Non dentelé)		385 »	
136	35 c. violet clair (IIA)	355 »	170 »	8 »
	(Sur lettre)			23 »
	a. violet (I)	650 »	305 »	30 »
	b. (Non dentelé sans gomme)		500 »	

Très bon centrage (+40%).

Impression recto-verso.

135f	10 c. (IIA)	84 »	45 »	11 »

A ce type est paru, en 1926, un 10 c. vert (n°s 188 à 188B).

1907-20. - *Type Semeuse fond plein sans sol, à inscriptions grasses. Typographie. Dentelés 14 x 13½.*

Les inscriptions sont plus fortes et rappellent celles du n° 134.

Types du 5 c.

On distingue 2 types principaux pour le 5 c.

I

II

Type I. - Le bas de la lettre Q est formé par un point (timbres des feuilles, des roulettes à plat et des premiers carnets).

Type IIA. - La lettre Q est normale (timbres des seconds carnets).

Types du 10 c.

Il existe 2 types et 1 sous-type du 10 c. rouge.

Type IA. - Timbres des feuilles et des roulettes à plat : lettre Q avec un trait, barre médiane du B de RÉPUBLIQUE horizontale, hachures régulières dans la main qui sème.

Type IC. - Timbres des carnets de 20 : la barre médiane du B est oblique et la troisième hachure est brisée dans la main qui sème. Le type IB appartient au 10 c. vert n° 159.

Type IA

Type IC

Type II (carnets de 30 timbres et feuilles de 144 pour les dits carnets). - Lettre Q avec un gros point. R de RÉPUBLIQUE avec 2 jambages égaux.

Types du 20 c.

Il est connu 3 types du 20 c. (hormis les entiers postaux).

Type I. - Timbres des feuilles à plat dont les mesures du cadre sont 18 X 22 mm. Les 20 c. sur papiers GC sont à ce type.

Type III. - Timbres des feuilles rotatives. Dimensions du cadre 18½ X 22½ mm.

Type IV. - Timbres des roulettes rotatives ; mêmes dimensions que type III.

Type III

Type IV

Bon repère entre types III et IV : présence ou absence de point et hachure à l'endroit indiqué par la flèche supérieure.

Types du 25 c.

Il est connu 4 types principaux et 5 sous-types pour le 25 c.

Type I

Type II

Type III

Type IV

Type I (feuilles, roulettes à plat et carnets). - La branche supérieure du C n'est pas barrée et présente un tracé caractéristique presque horizontal. - Le chiffre 2 a la tête moins creusée que dans les autres types. La pointe inférieure gauche est distante de 1 mm du cadre extérieur. La base du chiffre 2 est mince et bien déliée.

Type IA. - Chiffre 2 avec tête la moins creusée et boule la plus grosse dont l'axe est en biais.

Type IB. - Boule du 2 plus creusée, base de ce chiffre bien déliée.

Type II (carnets). - La branche supérieure du C est nettement courbe et a son extrémité barrée. Le chiffre 2 a la tête plus creuse que dans le type 1. Sa pointe est à 3/4 de mm du cadre extérieur. La base du 2 est épaisse et beaucoup moins déliée que dans les autres types.

Type III. - La branche supérieure du C est courbe mais moins nettement barrée que dans le type II. Le chiffre 2 a la tête creuse. Sa pointe inférieure forme presque angle droit et est à moins de 3/4 de mm du cadre extérieur. La base du 2 est épaisse mais bien déliée sa partie droite descend plus bas que sa partie gauche qui se divise en :

Type IIIA (feuilles à plat). - Le filet intérieur blanc du cadre gauche est important et d'épaisseur irrégulière.

Type IIIB (feuilles rotatives). - Comme le type IIIA, mais le filet est très mince et le cadre plus haut.

Type IIIC (roulettes). - Comme le type IIIB, mais la rencontre des boucles du R de FRANÇAISE forme un angle aigu.

Type IV (carnets). - La lettre C a le même aspect que dans le type I. Le chiffre 2 a la tête creuse ; sa pointe est à un peu plus de 3/4 de mm du cadre extérieur. La base du chiffre est plus épaisse que dans le type I, mais est cependant bien déliée.

Types du 35 c.

Enfin on distingue 2 types pour le 35 c. :

Type I (feuilles à plat). Le premier S de POSTES est ouvert dans le bas.

Type II (feuilles rotatives). La boucle inférieure du S remonte fortement.

Type I

Type II

Timbre avec bande publicitaire.

137	5 c. vert foncé (I)	3 »	1 85	0 15
	(Sur lettre)			0 50
	a. vert clair	4 60	2 30	0 50
	b. vert	4 30	2 30	0 30
	c. id. paire verticale de carnet	35 »	18 50	
	d. vert (IIA)	6 75	3 85	0 80
	e. id. paire verticale de carnet	15 50	8 40	
138	10 c. rouge (IA)	3 35	1 85	0 15
	(Sur lettre)			0 50
	a. rouge foncé	8 »	4 60	0 50
	b. rouge-orange	3 35	1 85	0 15
	c. écarlate	345 »	230 »	54 »
	d. rouge (IC) (1910)	25 »	14 »	4 30
	e. id. paire verticale de carnet	60 »	30 »	
	f. rouge (II)	130 »	65 »	55 »
139	20 c. brun-rouge (III)	7 »	3 »	0 65
	(Sur lettre)			1 55
	a. lilas-brun (I)	8 »	4 »	0 65
	b. brun très foncé (I)	12 75	6 10	1 55
	c. brun-rouge (IV)	32 »	17 »	10 »
140	25 c. bleu (IA)	5 »	3 »	0 15
	(Sur lettre)			0 50
	a. bleu foncé (IA)	6 »	3 »	0 80
	b. bleu-noir (IA)	30 »	15 »	5 35
	c. bleu (IB)	300 »	185 »	45 »
	d. id. paire verticale de carnet	675 »	385 »	
	e. bleu (II)	25 »	14 »	2 30
	f. id. paire verticale de carnet	76 »	46 »	
	g. id. unité (avec bande publ.)	25 »	18 50	6 10
	h. bleu (IIIA) (1923-24)	34 »	18 50	3 »
	j. bleu (IIIB) (1924-27)	4 30	2 30	0 15
	k. bleu (IIIC)	60 »	40 »	15 »
	l. bleu (IV)	155 »	92 »	7 65
	m. id. paire verticale de carnet	340 »	215 »	
141	30 c. orange (I)	30 »	15 »	1 55
	(Sur lettre)			2 30
	(Id. seul)			6 90
	a. jaune foncé	35 »	20 »	2 60
142	35 c. violet (I)	15 »	9 »	1 »
	(Sur lettre)			1 85
	a. violet foncé	18 50	10 »	1 25
	b. (II) (1926)	105 »	65 »	40 »

Type Merson. Dentelés 13½ x 14.

143	45 c. vert et bleu	80 »	32 »	2 30
	(Sur lettre)			4 60
	(Id. seul)			6 10
	a. (sans teinte de fond)		765 »	
144	60 c. violet et bleu	1 60	1 »	1 »
	(Sur lettre)			4 60
	a. (sans teinte de fond)		1 100 »	

Albert Cohen Sabban
EXPERT AGRÉÉ
A.I.E.P LLOYD'S

Achat
Expertise
Estimation

Vente à prix nets
Deux Catalogues Annuels

FRANCE ANDORRE MONACO
COLONIES & EUROPE

A.C.S
4, rue Drouot 75009 PARIS
(bureau 1er étage)
Tél. : 01 42 46 63 72
Fax : 01 42 46 32 67
E-mail : cohen.sabban@wanadoo.fr

N° 145

N° 145c

145	2 f. orange et vert-bleu	115 »	55 »	0 50
	(Sur lettre)			7 65
	(Id. seul)			30 »
	a. (double teinte de fond)		305 »	54 »
	b. (triple teinte de fond)		610 »	
	c. (cassure dans le bas de l'écusson)	1 800 »	1 250 »	305 »
	d. (sans teinte de fond)		230 »	92 »

Nos 143 à 145, très bon centrage (+50%).

Papier GC.

137h	5 c. (I)	5 »	3 »	0 80
137j	5 c. (IIA)	18 50	9 »	3 »
137k	id. paire verticale de carnet	42 »	23 »	
138j	10 c. (IA)	23 »	14 »	2 30
138k	10 c. (IC)	185 »	115 »	15 50
138l	id. paire verticale de carnet	420 »	275 »	
139e	20 c. (I)	8 40	4 60	1 25
140r	25 c. (IA)	6 75	3 35	1 25
141c	30 c.	32 »	18 50	2 15
142d	35 c. (I)	21 »	12 50	1 85
143d	45 c.	80 »	40 »	3 85

Voir note au n° 107d.

Non dentelés.

137f	5 c. (I)	23 »	
137g	5 c. (IIA)	210 »	
138g	10 c. (IA)	23 »	
138h	10 c. (IC)	230 »	
139d	20 c. (I)	30 »	
140n	25 c. (IA)	27 »	
140p	25 c. (II)	92 »	
140q	25 c. (IIIA)	170 »	
141b	30 c.	92 »	
142c	35 c.	92 »	
143b	45 c.	385 »	230 »
144b	60 c.	765 »	535 »
145e	2 f.	610 »	460 »

Pour les nos 143b à 145e, la colonne de droite concerne les timbres sans gomme.

Centre très déplacé.

143c	45 c.	170 »	84 »	15 50
145f	2 f.	295 »	155 »	15 50

Impression recto-verso.

137l	5 c. (I)	15 »	10 »	5 »
138m	10 c. (IA)	15 »	10 »	5 »
139f	20 c. (I)	55 »	30 »	12 50
140s	25 c. (IA)	17 »	9 »	4 60
141d	30 c.	72 »	46 »	12 50
142e	35 c. (I)	72 »	46 »	12 50
143e	45 c.	155 »	110 »	77 »
144c	60 c.	155 »	110 »	77 »

Pour les timbres émis à ce type, de 1921 à 1938, voir Tableau page 31.

1914. - *Au profit de la Croix-Rouge. Semeuse fond plein avec surcharge carmin.*

146	+5 c. s. 10 c. rouge foncé (138a)	7 50	6 »	6 »
	(Sur lettre)			11 50
	(Id. seul)			15 50
	a. sur 10 c. rouge-orange (138)	10 »	7 »	7 »

Premier timbre de France avec surtaxe.

1914. - *Idem. Typographie. Dentelé 14 x 13½.*

147	10 c.+5 c. rouge	80 »	40 »	4 »
	(Sur lettre)			12 50
	(Id. seul)			15 50
	a. rouge-orange	100 »	47 »	5 50
	b. paire verticale de carnet	225 »	150 »	

Très bon centrage (+25%).

1917-18. - *Au profit des Orphelins de la guerre. Typographie. Dentelés 13½-14.*

148	2 c.+3 c. brun-lilas	8 »	5 »	4 60
149	5 c.+5 c. vert	46 »	20 »	11 40
150	15 c.+10 c. gris-vert	70 »	30 »	24 »

151	25 c.+15 c. bleu	185 »	90 »	60 »

Tranchée et drapeau.

Le Lion de Belfort (réplique de Paris).

152	35 c.+25 c. ardoise et violet	341 »	160 »	130 »
153	50 c.+50 c. brun et brun clair ▯	600 »	260 »	200 »

La Marseillaise (haut-relief de Rude, Arc de Triomphe de l'Etoile), à Paris.

La Marseillaise (haut-relief de Rude, Arc de Triomphe de l'Etoile), à Paris.

154	1 f.+1 f. carmin	1 000 »	435 »	400 »
155	5 f.+5 f. noir et bleu	4 000 »	1 700 »	1 500 »
	Nos 148 à 155 (8 val.)	6 250 »	2 700 »	2 330 »

Très bon centrage (+25%).

Ces timbres ont été surchargés en 1922 (nos 162 à 169), puis ont reparu en 1926-27 avec réduction de la plus-value (nos 229 à 232).

1918. - *Au profit de la Croix-Rouge. Typographie. Dentelé 13½ x 14.*

156	15 c.+5 c. noir et rouge	300 »	140 »	70 »
	(Sur lettre)			92 »
	a. (Non dentelé)	2 750 »	2 000 »	

Très bon centrage (+25%).

1919-26. - *Timbre de 1900 (n° 107) surchargé.*

157	½ c. s. 1 c. gris-noir (R) (IA)	1 »	0 30	0 30
	(Sur lettre)			40 »
	(Id. seul)			765 »
	a. ardoise (II)	1 »	0 30	0 30
	e. gris-noir (R) (IB)	1 55	0 65	0 30

Papier GC.

157b	½ c. s. 1 c. (IA)	0 50	0 30	0 30
157c	½ c. s. 1 c. (Surch. renv.)		1 400 »	1 150 »
157d	½ c. s. 1 c. (Double surcharge)			8 000 »
157f	½ c. s. 1 c. gris-noir (R) (IB)	1 55	0 65	0 30

Voir note au n° 107d.

Il existe deux types de surcharges : la première, de 14½ mm de haut, nette (surcharge à plat), la seconde de 15 mm, moins nette (surcharge rotative).

1921-22. - *Typographie. Dentelés 14 x 13½.*

Type Semeuse fond plein, inscriptions grasses.

Types du 5 c.

Type I (feuilles et roulettes à plat) et type IIA (carnets). - Se reporter au n° 137 mêmes types.

Type IIB (roulette rotative). - Dimensions du cadre 18¼ X 22½ contre 18 X 22 pour les types IA et IIA. Le trait signalé par la flèche est absent.

Types du 10 c.

Type IB

Type III

Type IV

Type IA. - Lettre Q avec un trait ; lettre C de 10 c. à dos plat (feuilles et roulettes à plat) voir au n° 138.

Type IB. - Lettre Q avec un point ; C à dos plat (premières feuilles rotatives de France).

Type IC. - Voir au n° 138 (carnets).

Type III. - C de 10 c. à dos rond avec boucle inférieure courte (deuxièmes feuilles rotatives).

Type IV. - C à dos rond avec longue boucle inférieure (roulettes rotatives).

Actualité Philatélique

14 Rue Daguerre - BP 28
95240 CORMEILLES-EN-PARISIS
FRANCE

Tél : (33) 01 34 50 64 15

Fax : (33) 01 34 50 64 16

www.actualitephilatelique.fr

Spécialiste de la Vente par Correspondance

TARIF GÉNÉRAL
France - Monaco - TAAF

Ventes à prix nets
3 catalogues annuels
colonies, étranger, lots, collections, etc…

ACHAT - EXPERTISE - VENTE
English spoken - sprechen Deutsch
spreken Nederlands

158	5 c. orange (I)	2 60	1 40	0 30
	(Sur lettre)			0 80
	(Id. seul)			3 »
	a. orange (IIA)	3 70	2 30	0 30
	b. id. paire verticale de carnet	8 40	5 35	
	c. orange (IIB)	27 »	20 »	9 15
	d. (Non dentelé)		54 »	
159	10 c. vert (III)	1 25	0 65	0 50
	(Sur lettre)			0 80
	a. vert (IA)	2 »	1 10	0 65
	b. vert (IB)	2 90	1 55	0 65
	c. vert (IC)	9 30	5 35	1 10
	d. id. paire verticale de carnet	20 50	12 50	
	e. vert (IV)	8 40	5 35	3 85
	f. (Non dentelé) (IA)		185 »	
	g. (Non dentelé) (III)		305 »	
	h. (Premier s de Postes retouché)		155 »	92 »
160	30 c. rouge (I)	14 »	7 65	1 85
	(Sur lettre)			4 60

Type Semeuse lignée.

161	50 c. bleu (I)	60 »	28 25	1 25
	(Sur lettre)			3 »
	(Id. seul)			4 60
	a. (Non dentelé)		155 »	

Très bon centrage (+50%).

1922. - *Au profit des Orphelins de la guerre. Timbres de 1917 (n°s 148 à 155) surchargés.*

162	+1 c. s. 2+3 c.	0 80	0 50	0 50
163	+2½ c. s. 5+5 c.	1 50	0 80	0 80
164	+5 c. s. 15+10 c.	3 50	1 40	1 40
165	+5 c. s. 25+15 c.	4 20	2 80	2 80
166	+5 c. s. 35+25 c.	30 »	16 50	16 50
167	+10 c. s. 50+50 c. ▯	40 »	22 »	22 »

168	+25 c. s. 1+1 f.	60 »	36 »	36 »
169	+1 f. s. 5+5 f. [noir et bleu-gris]	300 »	170 »	170 »
	a. +1 f. s. 5+5 f. noir et bleu (155)	340 »	220 »	220 »
	N°s 162 à 169 (8 val.)	440 »	250 »	250 »

Très bon centrage (+25%).

La surcharge est différente sur chaque valeur.

1923-26. - *Type Pasteur. Typographie. Dentelés 14 x 13½.*

Louis Pasteur (1822-1895).

170	10 c. vert	1 60	0 80	0 30
	(Sur lettre)			0 80
	(Id. seul)			2 30
	a. paire verticale de carnet	7 65	4 60	
171	15 c. vert	3 70	1 85	0 30
	(Sur lettre)			0 80
	(Id. seul)			2 30
172	20 c. vert	5 70	3 35	1 »
	(Sur lettre)			2 30
	(Id. seul)			4 60
173	30 c. rouge	1 70	1 »	1 85
	(Sur lettre)			3 85
	(Id. seul)			6 10
174	30 c. vert	1 55	0 80	0 50
	(Sur lettre)			3 85
	(Id. seul)			6 10
175	45 c. rouge	4 30	2 30	2 50
	(Sur lettre)			6 10
176	50 c. bleu	9 30	5 20	0 50
	(Sur lettre)			5 35
	a. (roulette)	420 »	305 »	155 »
NOUVEAU	b. (imp. recto verso)	70 »		
177	75 c. bleu	7 65	4 60	1 25
	(Sur lettre)			3 85
	(Id. seul)			5 35
	a. (Non dentelé)		155 »	
178	90 c. rouge	23 50	13 »	4 »
	(Sur lettre)			5 35
	(Id. seul)			7 65
179	1 f. bleu	48 »	25 »	0 50
	(Sur lettre)			5 35
	(Id. seul)			40 »
180	1 f. 25, bleu	51 »	31 »	10 »
	(Sur lettre)			23 »
	(Id. seul)			46 »
	a. bleu-noir	285 »	200 »	21 »
181	1 f. 50, bleu	14 »	6 10	0 30
	(Sur lettre)			1 55
	(Id. seul)			2 30
	N°s 170 à 181 (12 val.)	172 »	95 »	23 »

Très bon centrage (+25%).

Le 50 c. provenant de roulettes a son format plus haut (22 mm).

Les valeurs suivantes ont également donné lieu à l'impression de timbres sur bandes sans fin pour roulettes : 10 c., 15 c., 30 c. vert, 75 c., 1 f. et 1 f. 50. Leur identification n'est pas toujours aisée. Se reporter au tableau "ROULETTES".

Le 1 f. 50 a été surchargé 10 f. en 1928 (voir Poste aérienne N° 4). Il a également été surchargé CONGRES DU B.I.T. 1930 (n° 265).

1923. - *Congrès philatélique de Bordeaux. Timbre de 1900 (n° 121) surchargé en bleu.*

182	1 f.(+2 f.) lie-de-vin et ol.	725 »	460 »	500 »
	a. (BORDFAUX)		2 000 »	2 000 »

Très bon centrage (+50%).

Le prix indiqué pour le timbre oblitéré s'entend pour oblitération apposée à Bordeaux à l'époque du Congrès (15 au 24 juin).

Ce timbre n'était vendu que contre le ticket d'entrée à l'exposition, qui valait 2 f.

1924. - *Jeux olympiques de Paris. Typographie. Dentelés 13½ x 14.*

183	10 c. vert-jaune et vert-gris	6 »	2 30	1 10
	(Sur lettre)			2 30
	(Id. seul)			4 60
184	25 c. rouge carminé et rouge	9 »	3 20	0 90
	(Sur lettre)			2 30
	(Id. seul)			5 35
NOUVEAU	b. (centre très déplacé)	200 »	170 »	100 »

Milon de Crotone (Louvre).

185	30 c. noir et rouge-brun	20 »	10 »	13 »
	(Sur lettre)			23 »
	(Id. seul)			58 »
186	50 c. bleu et outremer	90 »	27 50	5 »
	(Sur lettre)			40 »
	(Id. seul)			100 »
	Nos 183 à 186 (4 val.)	125 »	43 »	20 »

Non dentelés.

183a	10 c.	1 600 »
184a	25 c.	1 600 »
185a	30 c.	1 600 »
186a	50 c.	1 600 »

Voir également à la rubrique des Entiers postaux (n° 37).

On trouvera au n° 42 des Préoblitérés le timbre précédemment catalogué sous le n° 187.

1924-26. - *Dentelés 14 x 13½.*

Type Semeuse fond plein, inscriptions maigres (type III) avec bandelette supérieure ou inférieure au timbre.

188	10 c. vert *(Phéna)*	54 »	43 »	42 »
188A	10 c. vert *(Minéraline)*	585 »	375 »	380 »

Sans bandelette.

188B	10 c. vert	51 »	40 »	40 »

Très bon centrage (+40%).

N'ont été émis qu'en carnets pour les produits pharmaceutiques des laboratoires Phéna ou du laboratoire Mauchant (Minéraline).

PERIMMOB
Philatélie
Marc & Yves UZAN
EXPERTS
N° VERT GRATUIT
0800 881 083

ACHAT
TOUTES COLLECTIONS DE TIMBRES-POSTE

Stocks, Lettres, Archives
Feuilles, Blocs etc…

Un déplacement rapide et gratuit dans toute la France.
Expertise et paiement comptant.

Deux adresses à votre service pour partager ensemble notre passion de plus de trente ans :

10 bis rue de Chateaudun 75009 PARIS
(boutique voisine d'Yvert et Tellier)
Tél. : 01 45 26 10 26
Timbres et lettres du monde entier : DOM TOM, Colonies, Etranger...

11 rue de Chateaudun 75009 PARIS
Tél. : 01 48 78 68 41
Timbres de France
Monaco Andorre

CNEP

Une impressionnante sélection de timbres et collections à des prix très étudiés vous y attend.

Demandez nos tarifs et nos conditions générales de vente sur place ou par correspondance

1924-26. - *Type Semeuse fond plein, inscriptions grasses. Dentelés 14 x 13½.*

Types du 15 c.

Type I

Type II

15 c. Type I. - Le chiffre 1 est élancé et mince, le trait horizontal du 5 se termine par un triangle pointe en bas.

Type II. - Le chiffre 1 est plus épais, la barre horizontale du 5 se termine par un trait vertical.

Types du 20 c.

Types III, IV et VI

Type V

Type III (premières feuilles rotatives). - Le chiffre 2 a le graphisme de celui des timbres brun-lilas n° 139.

Type IV (roulettes). - Se reporter au n° 139 pour distinction entre les types III et IV.

Type V (deuxième feuilles rotatives). - Chiffre 2 à pointe effilée.

Type VI (carnets). - Graphisme semblable au type IV ; le timbre est grand ; marges réduites.

Types du 30 c.

Type I (feuilles à plat). - La barre du chiffre 3 mesure 1¾ de mm (les n°s 141 et 160 sont à ce type).

Type II. - La barre du 3 mesure 2¼ de mm. Ce type se divise en :

Type IIA (feuilles rotatives). - Avec la boucle supérieure du S de FRANÇAISE ouverte, courte et horizontale.

Type I

Type II

Type IIA

Type IIB

Type IIB (carnets). - Avec la boucle du S plongeante.

Type IIC (roulette). - Comme le type IIA, mais il manque la deuxième hachure à la partie antérieure du pied droit.

Types du 40 c.

Type I

Type II

Type I (feuilles et carnets à plat). - Les 2 extrémités du c de la valeur se trouvent sur une même verticale. Le trait gauche du 4 est incurvé.

Type II (feuilles rotatives). - L'extrémité inférieure du c est plus arrondie et dépasse la verticale correspondante à la tête de la lettre. Le trait gauche du 4 est droit.

189	15 c. brun-lilas (I)	0 50	0 30	0 15
	(Sur lettre)			0 50
	a. (avec bande publ.)	21 50	15 50	11 50
	b. (Type II)	1 »	0 50	0 15
190	20 c. lilas-rose (III)	0 50	0 30	0 30
	(Sur lettre)			0 65
	a. (Type IV)	26 »	18 50	5 35
	b. (Type V)	1 »	0 50	0 50
	c. (Type VI)	1 70	1 10	0 30
	d. (Id. avec bande publ.)	2 »	1 55	0 65
191	30 c. rose (I)	2 30	1 30	0 80
	(Sur lettre)			3 »
	(Id. seul)			7 65
	a. (Type IIA)	5 »	3 85	1 10
	b. (Type IIB)	7 65	3 85	1 85
	c. (Id. avec bande publ.)	8 40	6 10	3 35
192	30 c. bleu (IIA)	6 80	4 60	0 50
	(Sur lettre)			1 55
	a. (Type IIB)	7 65	4 60	0 65
	b. (Id. avec bande publ.)	8 40	5 35	1 85
	c. (Type IIC)	340 »	245 »	46 »
193	40 c. brun-olive (I)	3 40	1 50	0 50
	(Sur lettre)			1 55
	a. (avec bande publ.)	13 50	8 40	4 60
	b. (Type II)	3 70	2 30	0 65
194	40 c. vermillon (II)	5 »	3 »	0 50
	(Sur lettre)			1 55
	a. (Type I)	5 »	3 »	0 80
	b. (avec bande publ.)	6 75	4 60	2 75
195	1 f. 05, vermillon	19 50	10 »	5 25
	(Sur lettre)			11 »
	(Id. seul)			40 »
196	1 f. 40, rose	40 »	21 »	23 »
	(Sur lettre)			77 »
	(Id. seul)			
	N°s 189 à 196 (8 val.)	78 »	42 »	31 »

Très bon centrage (+20%).

Timbres se tenant verticalement.

190e	20 c. (III)+20 c. (V)	385 »	270 »

Non dentelés.

191d	30 c.	305 »
193c	40 c.	610 »

1924-32. - *Type Semeuse lignée. Typographie. Dentelés 14 x 13½.*

Types du 50 c.

On distingue pour le 50 c. :

Type I (feuilles et premiers carnets à plat). - Seul type avec point dans le bonnet. Les oeilletons des deux R sont égaux ; les oeilletons des A de FRANCAISE sont normaux et les deux du B sont à peu près égaux.

Type II (feuilles rotatives IIA, seconds carnets IIB et seconds carnets rotatifs IIA). - L'oeilleton du premier R est plus grand que celui du deuxième. L'oeilleton supérieur du B est plus petit que l'inférieur. Ceux des A sont minuscules.

Type III (roulettes). - Comme le type II, mais sans ombre sous le R de RÉPUBLIQUE.

Type IV (premiers carnets rotatifs sans, puis avec publicité sur marges des timbres). - R de RÉPUBLIQUE sans ombre ; le cadre intérieur de gauche est très épais. Le fond apparaît plein derrière les lettres de RÉPUBLIQUE ; ligne large du fond ligné.

Types du 75 c.

Type I

Type II

Type I. - Une ligne blanche entre le c de centimes et la pointe de la retombée de la ceinture.

Type II. - Au même endroit, deux lignes blanches, l'aspect du chiffre de la valeur est différent du type I, 7 plus cambré ; pas d'ombre sous le c.

197	45 c. lilas	13 »	7 »	2 15
	(Sur lettre)			8 40
	(Id. seul)			40 »
	a. violet clair	15 50	8 40	1 25
198	50 c. olive (I)	13 »	7 50	1 25
	(Sur lettre)			3 »
	(Id. seul)			12 50
	a. vert (Type IIA)	15 50	9 15	1 10
	b. (c. fermé : 50°)	200 »	170 »	77 »
199	50 c. rouge (IIA)	2 30	1 50	0 15
	(Sur lettre)			0 50
	a. (Avec bande publ.)	6 10	4 60	1 85
	b. (Type I)	4 30	2 30	0 65
	c. (Avec bande publ.)	5 35	3 85	1 55
	d. (Type IIB)	3 35	2 30	0 50
	e. (Avec bande publ.)	5 »	3 »	1 55
	f. (Type III)	35 »	22 »	7 65
	g. (Type IV)	7 65	4 60	1 55
	h. (Id. paire verticale de carnet)	17 »	11 »	
	j. (IV) (Avec bande publ.)	6 75	4 60	1 85
	k. (c fermé : 50°)	65 »	40 »	16 »
200	60 c. lilas	13 50	6 90	1 85
	(Sur lettre)			3 85
	(Id. seul)			7 65
201	65 c. rose	6 »	3 »	1 55
	(Sur lettre)			5 35
	(Id. seul)			30 »
202	75 c. lilas-rose (I)	11 70	6 10	0 65
	(Sur lettre)			1 55
	(Id. seul)			3 85
	a. (Type II)	1 250 »	880 »	155 »
203	80 c. rouge	60 »	30 »	9 »
	(Sur lettre)			11 50
	(Id. seul)			46 »
204	85 c. rouge	27 »	15 »	2 60
	(Sur lettre)			3 85
	(Id. seul)			7 65
205	1 f. bleu	14 50	7 »	0 80
	(Sur lettre)			3 »
	(Id. seul)			10 »
	a. bleu-noir	155 »	100 »	20 »
	Nos 197 à 205 (9 val.)	161 »	84 »	20 »

Très bon centrage (+20%) ; n° 203 : (+50%).

Type Merson. Typographie. Dentelés 13½ x 14.

206	3 f. violet et bleu	50 »	30 »	8 »
	(Sur lettre)			15 50
	(Id. seul)			46 »
	a. (sans teinte de fond)		840 »	
207	10 f. vert et rouge	285 »	140 »	17 »
	(Sur lettre)			30 »
	(Id. seul)			92 »
208	20 f. lilas-rose et vert-bleu	450 »	220 »	40 »
	(Sur lettre)			125 »
	(Id. seul)			385 »

Très bon centrage (+25%).

Non dentelés.

198c	50 c.	140 »
199l	50 c.	92 »
199m	50 c. (avec bande publicitaire)	125 »
201a	65 c.	385 »
202b	75 c.	575 »
205b	1 f.	1 150 »
206b	3 f.	915 »

Centre déplacé.

206c	3 f.	210 »

1924. - *4e centenaire de la naissance du poète Pierre de Ronsard (1524-1585). Typographie. Dentelé 14 x 13½.*

209	75 c. bleu s. azuré	3 35	2 30	1 85
	(Sur lettre)			11 50
	(Id. seul)			20 »

nouveau nouveau nouveau nouveau
toute la philatélie
sur le net
www.lapostale.fr
Ne vous déplacez plus
pour acheter vos timbres !

1924-25. - *Exposition internationale des Arts décoratifs, à Paris. Typographie. Dentelés 13½ x 14.*

210	10 c. vert-noir et jaune	1 40	0 80	1 »
	(Sur lettre)			1 85
	(Id. seul)			4 60
211	15 c. bleu-vert et vert	1 70	0 80	1 10
	(Sur lettre)			1 85
	(Id. seul)			5 35
	a. (Non dentelé)		1 100 »	

212	25 c. violet-br. et lilas-brun	2 »	0 80	0 50
	(Sur lettre)			1 55
	(Id. seul)			5 35
213	25 c. gris-bleu et violet	2 90	1 75	1 »
	(Sur lettre)			1 55
	(Id. seul)			2 »
	a. (Non dentelé)		1 100 »	
214	75 c. gris et outremer (212)	8 »	3 85	2 75
	(Sur lettre)			3 85
	(Id. seul)			14 »
215	75 c. bleu fcé et bleu (210)	44 »	20 »	7 65
	(Sur lettre)			12 50
	(Id. seul)			25 »
	a. (Non dentelé)		840 »	
	Nos 210 à 215 (6 val.)	60 »	28 »	14 »

Très bon centrage (+50%).

Voir également à la rubrique des Entiers postaux (n° 38).

1925. - *Exposition philatélique internationale de Paris. Type de 1876-77 (II). Typographie. Dentelé 14 x 13½.* BF *n° 1.*

216	5 f. carmin	185 »	115 »	115 »
	a. (Non dentelé)		915 »	

Le prix indiqué pour le timbre oblitéré s'entend pour une oblitération apposée à Paris. (2 au 12 mai).

1926-27. - *Timbres de 1906-26 surchargés. Avec double bande publicitaire.*

Avec double bande publicitaire.

217	25 c. s. 30 c. bleu (192 IIA)	0 50	0 30	0 50
	(Sur lettre)			3 85
	a. Id. (192 IIB)	3 35	2 30	1 55
	b. (Avec bde publ. Gibbs)	6 75	3 85	2 30
	c. (Avec bde publ. autre)	200 »	150 »	150 »
	d. (Avec double publ. Gibbs)	15 50	9 15	
	e. (Boucle du 5 fermée)	84 »	61 »	
218	25 c. s. 35 c. violet (142)	0 50	0 30	0 50
	(Sur lettre)			3 85
	a. (Double surcharge)	650 »	500 »	
	b. (Boucle du 5 fermée)	60 »	40 »	

219	50 c. s. 75 c. bleu (177)	6 »	3 75	2 »
	(Sur lettre)			5 35
220	50 c. s. 80 c. rouge (203)	2 50	1 40	1 25
	(Sur lettre)			4 60
221	50 c. s. 85 c. rouge (204)	5 »	2 30	1 10
	(Sur lettre)			4 60
222	50 c. s. 1 f. 25, bleu (180)	6 »	3 »	2 60
	(Sur lettre)			5 35
223	50 c. s. 60 c. violet (200)	2 90	1 40	1 25
	(Sur lettre)			5 35
224	50 c. s. 65 c. rose (201)	1 70	0 80	0 80
	(Sur lettre)			4 60
	a. (Surch. renversée)	2 200 »	1 600 »	1 600 »
225	50 c. s. 1 f. 05, vermillon (195)	2 60	1 40	0 80
	(Sur lettre)			4 60
	a. (Double surcharge)			

227	90 c. s. 1 f. 05, vermillon (195)	4 30	2 75	3 10
	(Sur lettre)			4 60
228	1 f. 10 s. 1 f. 40, rose (196)	2 »	1 10	1 10
	(Sur lettre)			7 »
	(Id. seul)			23 »
	Nos 217 à 228 (11 val.)	34 »	18 50	15 »

Le 55 c. s. 60 c. lilas (n° 200), précédemment répertorié sous le n° 226, n'existe qu'avec surcharge Affr. Postes (voir Préoblitérés, n° 47).

1926-27. - *Au profit des Orphelins de la guerre. Types de 1917 avec surtaxe modifiée. Typographie. Dentelés 13½-14.*

229	2 c.+1 c. brun-lilas	3 »	2 »	1 50
230	50 c.+10 c. brun foncé et brun (153)	52 »	25 »	15 50
231	1 f.+25 c. carmin	135 »	58 »	48 »
232	5 f.+1 f. noir et bleu (155)	250 »	115 »	110 »
Nos	229 à 232 (4 val.)	440 »	200 »	175 »

Très bon centrage (+25%).

1927-31. - *Typographie. Dentelés 14 x 13½.*

Type Blanc.

233	10 c. violet (II)	7 65	4 60	0 50
	(Sur lettre)			3 »
	(Id. seul)			46 »

Type Semeuse lignée.

234	65 c. olive	13 50	7 65	2 30
	(Sur lettre)			9 15
	(Id. seul)			54 »

Type Semeuse fond plein, inscriptions grasses.

235	25 c. jaune-brun (IIIB)	0 30	0 15	0 15
	(Sur lettre)			0 65
	a. jaune-brun (IIIC)	80 »	55 »	20 »
236	40 c. violet (II)	4 30	2 30	1 »
	(Sur lettre)			1 10
	a. (Non dentelé)			
237	40 c. outremer (II)	2 60	1 55	0 50
	(Sur lettre)			0 80
	a. gris-bleu	3 35	1 85	0 80
238	1 f. 10, rose	24 »	12 50	2 60
	(Sur lettre)			8 40
	(Id. seul)			19 25
239	2 f. vert-bleu	27 »	16 »	1 60
	(Sur lettre)			15 50
	(Id. seul)			54 »
	a. (Sans nom du graveur)		27 50	4 60

Type Merson. Dentelé 13½ x 14.

240	3 f. lilas et carmin	135 »	61 »	2 30
	(Sur lettre)			11 50
	(Id. seul)			40 »
	a. (Non dentelé)		575 »	

Très bon centrage (+25%).

1927. - *Exposition philatélique de Strasbourg. Semeuse sur fond plein. Typographie. Dentelés 14 x 13½.* BF *n° 2.*

241	5 f. bleu	355 »	230 »	230 »
242	10 f. rouge	355 »	230 »	230 »
242A	Paire avec intervalle	960 »	610 »	610 »

Les prix indiqués pour les timbres oblitérés s'entendent pour des oblitérations apposées à Strasbourg (4 au 12 Juin).

1927. - *Centenaire de la naissance de Marcelin Berthelot (1827-1907). Typographie. Dentelé 14 x 13½.*

243	90 c. rouge	3 35	2 30	0 65
	(Sur lettre)			2 30

A été surchargé 10 f. en 1928 (voir Poste aérienne n° 3).

Voir également à la rubrique des Entiers Postaux (n° 348).

1927. - *Visite de la Légion Américaine. Typographie. Dentelés 13½ x 14.*

Bustes de Marie-Joseph Motier, marquis de La Fayette (1757-1834), et Washington. Le "Spirit of Saint-Louis" survolant le "Paris".

Bustes de Marie-Joseph Motier, marquis de La Fayette (1757-1834), et Washington. Le "Spirit of Saint-Louis" survolant le "Paris".

244	90 c. rouge	2 60	1 40	1 85
	(Sur lettre)			4 60
	(Id. seul)			9 15
	a. (Non dentelé)		11 500 »	
245	1 f. 50, outremer	8 40	4 60	2 30
	(Sur lettre)			5 35
	(Id. seul)			9 15
	a. (Non dentelé)		1 050 »	

Sans valeur dans le cartouche.

244b	rouge ▯	2 850 »	2 450 »
245b	outremer ▯	2 100 »	1 700 »

Valeur déplacée.

244c	90 c.	2 000 »	1 700 »	1 700 »

"90 c." se trouve dans le coin supérieur gauche du timbre.

Vendus durant un mois seulement.

1927. - *Au profit de la Caisse d'Amortissement. Types anciens surchargés. Typographie. Dentelés 14 x 13½.*

246	+10 c. s. 40 c. [bleu] (C)	10 »	6 »	6 »
247	+25 c. s. 50 c. [vert-bleu] (B)	13 »	9 »	9 »
248	+50 c. s. 1 f. 50 [rge-orange]	25 »	14 »	14 »

Très bon centrage (+20%).

Sans le premier e d'Amortissement.

246a	+10 c. s. 40 c.	120 »	70 »	70 »

Sans point sur le i d'Amortissement.

247a	+25 c. s. 50 c.	76 »	46 »	46 »

Avec les mêmes surcharges, ont paru de 1928 à 1931 :

Au type Semeuse sur fond plein :

+10 c. sur 40 c. violet-gris (n° 249)

+10 c. sur 40 c. vert (n° 253)

+10 c. sur 40 c. rose (n° 266)

+10 c. sur 40 c. olive (n° 275)

+50 c. sur 1 f. 50, violet (n° 268)

+50 c. sur 1 f. 50, rouge (n° 277)

Au type Semeuse sur fond ligné :

+25 c. sur 50 c. rouge-brun (n° 250)

+25 c. sur 50 c. rose-lilas (n° 254)

+25 c. sur 50 c. brun (n° 267)

+25 c. sur 50 c. violet (n° 276)

Au type Pasteur :

+50 c. sur 1 f. 50, lilas (n° 251)

+50 c. sur 1 f. 50, rouge-brun (n° 255)

1928. - *Au profit de la Caisse d'Amortissement. Types anciens surchargés. Typographie. Dentelés 14 x 13½.*

249	+10 c. s. 40 c. [violet-gris] (C)	25 »	11 »	10 »
250	+25 c. s. 50 c. [rge-brun] (B)	55 »	34 »	30 »
251	+50 c. s. 1 f. 50 [lilas]	95 »	55 »	43 »

Très bon centrage (+20%).

Sans le premier e d'Amortissement.

249a	+10 c. s. 40 c.	130 »	84 »	84 »

Sans point sur le i d'Amortissement.

250a	+25 c. s. 50 c.	125 »	84 »	84 »

1928. - *Au Profit de la Caisse d'Amortissement. Taille-douce. Dentelé 13½.*

Le Travail.

Star Feuilles

« Comme de nombreux collectionneurs philatélistes, devenez vous aussi un passionné des timbres en feuille entière »

- ***Collection de Prestige***
- ***Esthétique exceptionnelle « Un véritable bouquet de fleurs multicolores qui ravit les yeux »***
- ***N'ayant jamais été découpés, les timbres sont parfaits et la gomme est garantie d'origine***
- ***Dans le tarif de Star Feuilles : plus de 300 feuilles différentes de France à moins de 15 €***

Demandez notre tarif général et un spécimen de notre bulletin mensuel STAR FEUILLES NEWS à

STAR FEUILLES (doc CYT)
BP 55
93152 LE BLANC-MESNIL Cedex
Tél. : 01 48 67 66 77
Fax : 01 45 91 27 02
E-Mail : sorapac@aol.com

Visitez notre site WEB : www.starfeuilles.com

RCS Paris A 320 641 087 APE 526 B

I II III

252	1 f. 50 + 8 f. 50, bleu (Etat I)	200 »	155 »	155 »
	(Sur lettre)			230 »
	(Id. seul)			305 »
	a. (Etat II)	305 »	200 »	200 »
	b. (Etat III)	215 »	170 »	170 »
	c. bleu-vert (I, II ou III)	840 »	610 »	610 »
	d. (Non dentelé)		610 »	
	Les trois états (III+II+I) se tenant	1 250 »	915 »	

Très bon centrage (+20%).

1929. - *Au profit de la Caisse d'Amortissement. Types anciens surchargés. Typographie. Dentelés 14 x 13½.*

253	+10 c. s. 40 c. [vert]	31 »	20 »	17 »
254	+25 c. s. 50 c. [rose-lilas]	54 »	35 »	29 »
255	+ 50 c. s. 1 f. 50 [rouge brun]	115 »	65 »	58 »

Très bon centrage (+20%).

Sans le premier e d'Amortissement.

253a	+10 c. s. 40 c.	140 »	92 »	92 »

Sans point sur le i d'Amortissement.

254a	+25 c. s. 50 c.	140 »	100 »	100 »

1930. - *Au profit de la Caisse d'Amortissement. Taille-douce. Dentelé 13.*

Détail de "l'Ange au Sourire", de la Cathédrale de Reims.

256	1 f. 50+3 f. 50, lilas	130 »	92 »	92 »
	(Sur lettre)			140 »
	(Id. seul)			230 »
	a. Paire verticale de carnet	275 »		

La cote de la paire s'applique à une paire avec marges blanches supérieure et inférieure.

Ce timbre a été présenté en feuilles de 25 et en carnets de 8 (Deux blocs de 4 entourés chacun de marges blanches).

1929. - *5e centenaire de la délivrance d'Orléans par Jeanne d'Arc. Typographie. Dentelé 14 x 13½.*

257	50 c. bleu (I)	3 »	2 30	0 30
	(Sur lettre)			0 80
	a. (Id. avec bande publ.)	5 »	3 85	1 55
	b. (Type II) (avec b publicitaire)	6 75	4 60	2 30
	c. (Non dentelé)		230 »	
	d. Id. (avec bande publ.)		275 »	

Le type II est celui des timbres des carnets tirés sur rotative. La ligne à la base des lettres de ORLÉANS est fine, interrompue ou absente entre les lettres O et R ; le cadre du cartouche est aminci au-dessus des lettres AN ; le timbre est légèrement plus haut que le 257a, tiré à plat.

1929. - *Exposition philatélique du Havre. Timbre de 1906-20 (n° 145) surchargé.*

257A	2 f. (+5 f.) orange et vert-bleu (B)	1 150 »	675 »	675 »

Très bon centrage (+60%).

Le prix oblitéré s'entend avec l'oblitération de l'Exposition (18 au 26 mai).

Ce timbre n'était vendu que contre le ticket d'entrée à l'exposition qui valait 5 f.

1929-31. - *Monuments et sites. Taille-douce. Dentelés 13.*

3 FRANCS

I

II

III

IV

I. - Ogive brisée à gauche, 3 et F non séparés, ligne du bas interrompue.

II. - Ogive brisée à gauche, 3 et F non séparés, ligne du bas continue.

III. - Ogive brisée à gauche, 3 et F séparés, pas de pointillé sous le porche central, ligne du bas continue. (Le type III est, en fait, un état de molette du type II).

IV. - Ogive intacte, 3 et F séparés, ligne du bas continue.

5 FRANCS

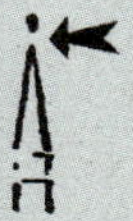
I

II

I. - Trait interrompu en haut du clocher.

10 FRANCS

I

II et III

I. - Le E de POSTES montre un petit trait vertical en haut à droite.

II

III

II. - Pas de trait vertical au E de POSTES. L'ovale allongé qui se trouve à l'intérieur du chiffre zéro est ouvert dans le bas et le filet d'encadrement du même chiffre est brisé à la partie inférieure.

III. - Pas de trait vertical au E de POSTES. L'ovale intérieur du zéro est fermé dans le bas et le filet qui encadre ce chiffre est intact.

20 FRANCS

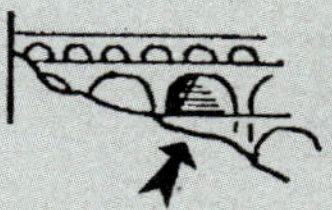
I

IIA, IIB

I. - L'ombre sous la seconde arcade gauche moyenne du pont est terminée par des lignes horizontales (tirage à plat).

IIA-IIB. - Le relief de la même arcade est limité par 3 traits obliques qui coupent les horizontales à leurs extrémités droites.

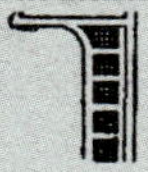
I et IIA

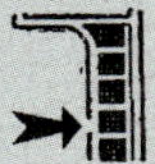
IIB

I - IIA. - Le filet du cadre intérieur, à droite, est intact.

IIB. - Le filet de ce cadre est brisé.

Arc de Triomphe de l'Etoile.

Cathédrale de Reims.

258	2 f. brun-rouge	81 »	42 »	1 »
	(Sur lettre)			3 85
	(Id. seul)			9 15

259	3 f. ardoise (I)	130 »	77 »	3 »
	(Sur lettre)			5 35
	(Id. seul)			23 »
	a. (Type II)	230 »	155 »	4 60
	b. (Type III)	725 »	460 »	27 »
	c. (Type IV)	130 »	77 »	3 »
	d. (Non dentelé) (III)		5 000 »	

Mont-Saint-Michel.

Port de La Rochelle.

260	5 f. brun (II)	42 »	25 »	0 80
	(Sur lettre)			3 »
	(Id. seul)			11 »
	a. brun (I)	46 »	27 50	5 35
261	10 f. bleu (III)	155 »	84 »	7 65
	(Sur lettre)			17 »
	(Id. seul)			35 »
	a. outremer vif (III)	20 000 »	15 500 »	
	b. outremer pâle (I)	185 »	125 »	18 50
	c. bleu (II)	245 »	170 »	30 »
	d. outremer (II)	370 »	245 »	35 »
261A	10 f. chaudron clair (I)	5 000 »	4 300 »	
	a. (Non dentelé)	4 600 »	4 050 »	
261B	10 f. brun-noir (I)	4 850 »	4 350 »	
	a. (Non dentelé)	4 300 »	3 850 »	

Papier transparent (tirage rotatif) (1931).

Dentelure rectangulaire 13.

Pont du Gard.

262	20 f. chaudron (IIB)	460 »	300 »	42 »
	(Sur lettre)			92 »
	(Id. seul)			345 »
	a. chaudron foncé	500 »	345 »	45 »
	b. chaudron clair	575 »	385 »	45 »
	c. chaudron (IIA)	575 »	385 »	45 »
	d. chaudron foncé	610 »	420 »	55 »
	e. chaudron clair	765 »	535 »	61 »
	f. Types se tenant (IIA + IIB)	1 400 »	915 »	305 »

Papier opaque (tirage à plat) (1929).

Dentelure rectangulaire 13½ x 13.

262A	20 f. chaudron (I)	500 »	350 »	45 »
	a. chaudron clair	2 300 »	1 400 »	385 »

Dentelure linéaire 11 (1930).

262B	20 f. chaudron clair (I)	1 900 »	1 150 »	400 »
	a. (Dentelé sur 3 côtés)			

Un 65 c. + 35 c. outremer au type Cathédrale de Reims modifié, a paru en 1938 (n° 399).

Le millénaire du Mont-Saint-Michel a été célébré en 1966 (n° 1482).

1930. - *Centenaire de l'Algérie Française. Vue prise de Mustapha supérieur, à Alger. Typographie. Dentelé 13½ x 14.*

263	50 c. bleu et rose	5 »	3 »	0 50
	(Sur lettre)			1 55
	(Id. seul)			3 85
	a. (Non dentelé)		305 »	
	b. (ALCERIE)	200 »	120 »	75 »

1930. - *Réunion du conseil d'administration du Bureau International du Travail, à Paris. Timbres de 1923-24 surchargés.*

264	50 c. rouge (199)	5 35	2 75	2 30
	(Sur lettre)			7 65
	(Id. seul)			11 50
265	1 f. 50, bleu (181)	42 »	21 »	15 50
	(Sur lettre)			27 »
	(Id. seul)			40 »

Sans accent grave sur le E de CONGRES.

264a	50 c.	125 »	70 »	70 »
265a	1 f. 50	225 »	150 »	150 »

1930. - *Au profit de la Caisse d'Amortissement. Types anciens surchargés. Dentelés 14 x 13½.*

266	+10 c. s. 40 c. [rose]	42 »	20 »	20 »
267	+25 c. s. 50 c. brun	78 »	40 »	37 »
268	+50 c. s. 1 f. 50 [violet]	140 »	70 »	70 »

Très bon centrage (+20%).

Sans point sur le i d'Amortissement.

267a	+25 c. s. 50 c.	150 »	100 »	80 »

Surcharge déplacée.

C de Caisse au-dessus du premier t d'Amortissement.

268a	+50 c. s. 1 f. 50	220 »	155 »	155 »

1931. - *Au profit de la Caisse d'Amortissement. Taille-douce. Dentelé 13.*

Les coiffes des provinces françaises (Arlésienne, Boulonnaise, Alsacienne et Bretonne).

269	1 f. 50+3 f. 50, vert-jaune	270 »	155 »	155 »
	(Sur lettre)			245 »
	(Id. seul)			305 »

1930-31. - *Exposition coloniale internationale de Paris (1931). Typographie. Dentelés 14 x 13½.*

Femme Fachi.

Types du 50 c.

Type I

Type II

Type I. - Cheveux en haut du front ; profil du menton peu visible flou dans le feuillage (timbres des premières feuilles).

Type II. - Front dégagé ; menton souligné par un trait ; lignes de lumière dans le feuillage (timbres des deuxièmes feuilles et des carnets).

270	15 c. gris	2 60	1 40	0 50
	(Sur lettre)			1 »
	(Id. seul)			3 85
271	40 c. sépia	5 50	2 60	0 50
	(Sur lettre)			1 »
	(Id. seul)			1 85

272	50 c. rouge (I)	1 40	1 »	0 15
	(Sur lettre)			0 80
	(Id. seul)			1 55
	a. (Id. II)	1 55	1 »	0 30
	b. (Avec bande publ.)	6 75	3 85	1 85
	c. (Non dentelé)		92 »	
	d. (Non dentelé) (Avec bande publicit.)		155 »	
273	1 f. 50, bleu	25 50	11 »	0 65
	(Sur lettre)			1 25
	(Id. seul)			2 30

Héliogravure. Dentelé 13½.

274	1 f. 50, bleu	106 »	50 »	2 20
	(Sur lettre)			3 85
	(Id. seul)			5 35
	a. sans point après le F de RF		385 »	155 »
	Nos 270 à 274 (5 val.)	141 »	66 »	4 »

Très bon centrage (+25%).

1931. - *Au profit de la Caisse d'Amortissement. Types anciens surchargés. Dentelés 14 x 13½.*

275	+10 c. s. 40 c. [olive]	90 »	45 »	40 »
276	+25 c. s. 50 c. [violet]	200 »	110 »	110 »
277	+50 c. s. 1 f. 50 [rouge sombre]	190 »	110 »	110 »

Très bon centrage (+20%).

Sans point sur le i d'Amortissement.

276a	+25 c. s. 50 c.	260 »	170 »	170 »

Surchage déplacée.

C de Caisse au-dessus du premier t d'Amortissement.

277a	+50 c. s. 1 f. 50	340 »	230 »	210 »

1932-37. - *Type Semeuse fond plein, inscriptions grasses. Dentelés 14 x 13½.*

Le graphisme au type III du 5 c. rose est particulier à ce timbre.

277A	1 c. bistre-olive	0 30	0 15	0 30
	(Sur lettre)			3 »
	(Id. seul)			46 »
NOUVEAU	a. (retouche STE de POSTES)	50 »	50 »	50 »
277B	1 c. bistre-brun	0 30	0 15	0 30
	(Sur lettre)			3 »
	(Id. seul)			46 »
278	2 c. vert foncé	0 30	0 15	0 30
	(Sur lettre)			3 »
	(Id. seul)			46 »
278A	3 c. rouge-orange	0 30	0 15	0 30
	(Sur lettre)			3 »
	(Id. seul)			77 »
278B	5 c. rose (III)	0 30	0 15	0 30
	(Sur lettre)			3 85
	(Id. seul)			140 »
279	10 c. outremer (III)	3 »	1 85	0 30
	(Sur lettre)			1 55
	(Id. seul)			15 50
	a. Id. (IV)	10 25	6 90	3 »

Surchargés.

279A	½ c. s. 1 c. bistre-olive	0 65	0 30	0 50
279B	½ c. s. 1 c. bistre-brun	1 70	1 »	1 40

Sur ce dernier, le tirage de la surcharge a été défectueux et presque tous les exemplaires présentent un doublage des caractères et de la barre de fraction.

1932-33. - *Type Paix. Typographie. Dentelés 14 x 13½.*

On distingue les types suivants :

Pour le 40 c. :

Type I. - La barre horizontale formant la base de la boucle du R de FRANÇAISE est mince par rapport à l'ensemble des traits de la lettre.

Type II (roulette). - La barre du R est d'épaisseur normale.

Pour le 50 c., il existe 4 types et 1 sous-type du type II :

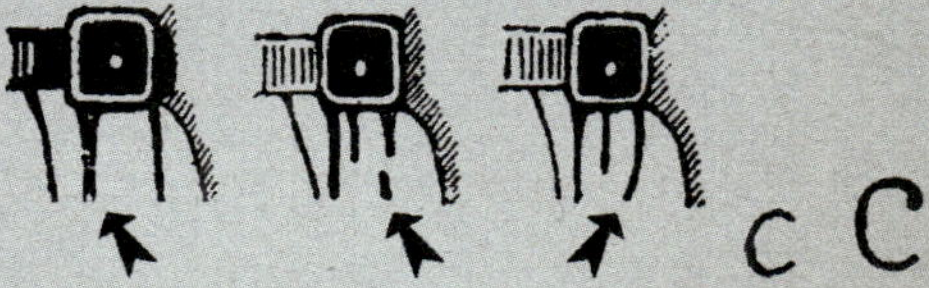

I et II *III* *IV* *A* *B*

nouveau nouveau nouveau nouveau
toute la philatélie sur le net
www.lapostale.fr
Ne vous déplacez plus pour acheter vos timbres !
rapidité - fiabilité - prix
4 ventes à prix nets
Catalogue gratuit sur simple demande
LA POSTALE
Philatélie
55, passage des Panoramas - 75002 Paris

Type I. - Petit c (A) ; sous la boucle de la ceinture, lignes comme en (I).

Type IIA. - c plus grand et avec boule (B) ; sous la boucle de la ceinture, lignes comme en (II).

Type IIB (roulette). - Comme le type IIA, mais le filet inférieur est plus épais dans sa partie centrale, entre les 2 signatures.

Type IIB

Type III. - Petit c (A) ; sous la boucle de la ceinture, lignes comme en (III).

Type IV. - Petit c (A) sous la boucle de la ceinture, lignes comme en (IV). (La ceinture est fortement ombrée sur les types I et II ; elle est plus aérée sur les types III et IV).

Pour le 1 F :

Type I. - Ceinture unie à gauche de la boucle.

Type II. - Ceinture avec traits blancs.

Type I

Type II

280	30 c. vert	2 60	1 »	0 65
	(Sur lettre)			1 55
	(Id. seul)			4 60
281	40 c. lilas (I)	0 50	0 30	0 30
	(Sur lettre)			1 »
	(Id. seul)			2 30
	a. (Type II)			
282	45 c. bistre	4 30	2 »	1 30
	(Sur lettre)			15 50
	(Id. seul)			46 »
283	50 c. rose-rouge (I)	0 30	0 15	0 15
	(Sur lettre)			0 30
	(Id. seul)			0 65
	a. (Avec bande publ.)	3 35	1 85	0 80
	b. (Type IIA)	5 »	3 »	0 50
	c. (Avec bande publ.)	6 »	4 »	1 85
	d. (Type IIB)	155 »	92 »	9 15
	e. (Type III)	0 30	0 15	0 15
	f. (Avec bande publ.)	3 70	2 30	1 »
	g. (Type IV)	35 »	18 50	2 30
	h. (Avec bande publ.)	40 »	23 »	3 85
	i. (Non dentelé) (I)		70 »	
	k. (Non dentelé) (I), avec (bande publ.)		115 »	
	l. (Non dentelé) (IIA)		140 »	
284	65 c. violet-brun	1 10	0 50	0 50
	(Sur lettre)			1 »
	(Id. seul)			3 85
284A	75 c. olive	0 30	0 15	0 30
	(Sur lettre)			0 65
	(Id. seul)			2 30
285	90 c. rouge carminé	66 »	40 »	2 30
	(Sur lettre)			6 10
	(Id. seul)			10 »
286	1 f. orange (II)	7 10	3 60	0 30
	(Sur lettre)			3 »
	(Id. seul)			6 10
	a. (Type I)	9 30	5 »	0 50
287	1 f. 25, olive	170 »	85 »	5 40
	(Sur lettre)			7 65
	(Id. seul)			40 »
288	1 f. 50, bleu	0 50	0 30	0 30
	(Sur lettre)			1 55
	(Id. seul)			3 »
289	1 f. 75, rose-lilas	9 30	5 »	0 50
	(Sur lettre)			1 »
	(Id. seul)			3 »
	Nos 280 à 289 (11 val.)	262 »	138 »	12 »

Nos 285 et 287. Très bon centrage (+30%).

Timbres se tenant verticalement.

283m	50 c. (I)+50 c. (III)	37 »
283n	50 c. (III)+50 c. (I)	61 »

Timbres se tenant horizontalement.

283p	50 c. (I)+50 c. (IIA)	77 »
283q	50 c. (IIA)+50 c. (III)	110 »
283r	50 c. (I)+50 c. (III)	115 »

Pour les timbres émis à ce type, de 1937 à 1939, voir tableau page 32.

1933. - *Taille-douce. Dentelé 13.*

Le Puy-en-Velay.

290	90 c. rose-lilas	7 »	4 »	1 10
	(Sur lettre)			2 15
	(Id. seul)			3 »

Tirage : 12 000 000.

1933. - *Célébrités. Typographie. Dentelés 14 x 13½.*

Aristide Briand (1862-1932).

Paul Doumer (1857-1932).

Victor Hugo (1802-1885).

291	30 c. bleu-vert	37 »	20 »	9 15
	(Sur lettre)			11 »
	(Id. seul)			15 50
292	75 c. lilas	60 »	30 »	1 55
	(Sur lettre)			3 »
	(Id. seul)			9 15
293	1 f. 25, lilas-rose	12 75	7 »	2 30
	(Sur lettre)			4 60
	(Id. seul)			23 »

Très bon centrage (+30%).

1934. - *Colombe de la Paix, de Daragnès. Typographie. Dentelé 14 x 13½.*

294	1 f. 50, outremer	120 »	61 »	17 »
	(Sur lettre)			27 »
	(Id. seul)			46 »

Tirage : 6 000 000.

1934. - *Centenaire de la mort du tisseur Joseph Marie Jacquard (1752-1834). Taille-douce. Dentelé 14 x 13.*

295	40 c. bleu-gris	6 »	4 »	1 »
	(Sur lettre)			1 55
	(Id. seul)			2 30

Tirage : 10 000 000.

1934. - *4ᵉ centenaire de l'arrivée de Jacques Cartier (1491-1557) au Canada. Taille-douce. Dentelés 13.*

296	75 c. lilas	80 »	30 »	2 30
	(Sur lettre)			4 60
	(Id. seul)			15 50
297	1 f. 50, bleu	135 »	52 »	4 60
	(Sur lettre)			7 65
	(Id. seul)			11 50

Tirage : 2 500 000 paires.

1934. - *Timbre de 1932-33 (n° 287) surchargé.*

298	50 c. s. 1 f. 25, olive	7 65	4 60	0 65
	(Sur lettre)			3 »
	(Id. seul)			11 »

1934-36. - *Paquebot "Normandie". Taille-douce. Dentelés 13.*

299	1 f. 50, bleu ▯	30 »	15 »	2 30
	(Sur lettre)			3 »
	(Id. seul)			5 35
300	1 f. 50, bleu clair ▯	145 »	70 »	20 »
	(Sur lettre)			40 »
	(Id. seul)			61 »
	a. bleu-vert	30 000 »	25 000 »	
	b. turquoise	460 »	300 »	40 »

Tirage global : 20 000 000.

Le 1 f. 50 bleu clair a été émis lorsque "Normandie" a obtenu le "Ruban bleu".

Voir également à la rubrique des Entiers postaux (n° 44).

RHÔNE-PHILATELIE

ACHAT

Au + haut cours

Collections, stocks...

France, Colonies, Europe, Europa

DOM-TOM, Monaco, Andorre...

Déplacement dans toute la France

Expert : CNEP, CNEPT, IFSDA

RHÔNE-PHILATÉLIE

BP54 - Le Château - 69290 CRAPONNE

Tél./Fax : 04 78 57 93 57

1935. - *Taille-douce. Dentelés 13.*

Rivière bretonne.

Cloître de St-Trophime à Arles.

301	2 f. vert	81 »	40 »	1 »
	(Sur lettre)			3 »
	(Id. seul)			15 50
	a. ardoise	10 000 »	8 000 »	
302	3 f. 50, brun	70 »	32 »	4 60
	(Sur lettre)			8 50
	(Id. seul)			20 »

Tirages : 20 000 000 et 8 000 000.

1935. - *Congrès international des Caisses d'épargne, à Paris et centenaire de leur création. Taille-douce. Dentelé 13.*

Benjamin, baron Delessert (1773-1847).

303	75 c. vert	44 »	21 50	1 50
	(Sur lettre)			3 »
	(Id. seul)			7 65

Tirage : 10 000 000.

1935. - *Cinquantenaire de la mort de Victor Hugo (1802-1885). Taille-douce. Dentelé 14 x 13.*

304	1 f. 25, lilas-rose	8 50	5 35	2 30
	(Sur lettre)			6 10
	(Id. seul)			30 »

Tirage : 5 000 000.

1935. - *Tricentenaire de l'Académie Française. Effigie d'Armand-Jean Du Plessis, cardinal de Richelieu (1585-1642). Taille-douce. Dentelé 13.*

305	1 f. 50, rose	60 »	25 »	1 50
	(Sur lettre)			3 »
	(Id. seul)			6 10

Tirage : 10 000 000.

1935. - *Tricentenaire de la mort du graveur Jacques Callot (1592-1635) (d'après le tableau de Van Dyck, 1599-1641). Taille-douce. Dentelé 14 x 13.*

306	75 c. rouge-brique	21 »	12 »	0 65
	(Sur lettre)			1 55
	(Id. seul)			6 »

Tirage : 8 000 000.

1935. - *Au profit des Chômeurs intellectuels. Taille-douce. Dentelés 13.*

307	50 c.+10 c. bleu	5 50	3 »	3 »
	(Sur lettre)			4 60
	(Id. seul)			7 65
308	50 c.+2 f. rouge-brique	120 »	65 »	55 »
	(Sur lettre)			61 »
	(Id. seul)			100 »

Le 50 c.+2 f. est reparu, surchargé +20 c. en 1936 (n° 329).

1936. - *Au profit des réfugiés politiques. Statue de la Liberté, par Frédéric-Auguste Bartholdi (1834-1904). Taille-douce. Dentelé 13.*

309	75 c.+50 c. violet	22 »	11 »	11 »
	(Sur lettre)			15 »
	(Id. seul)			27 50

Au même type a paru, en 1937, un 50 c.+25 c. bleu-gris (n° 352).

1936. - *Centenaire de la mort d'André-Marie Ampère (1775-1836). Taille-douce. Dentelé 13.*

310	75 c. brun	40 »	20 »	2 30
	(Sur lettre)			3 »
	(Id. seul)			7 65

1936. - *Le moulin d'Alphonse Daudet. Taille-douce. Dentelé 13.*

311	2 f. outremer	6 »	4 50	0 50
	(Sur lettre)			1 55
	(Id. seul)			5 35
	a. (fond blanc)	125 »	90 »	30 »

Tirage : 8 000 000.

1936. - *Au profit des enfants des Chômeurs. Taille-douce. Dentelé 13.*

312	50 c.+10 c. rouge-brique	7 65	5 35	5 35
	(Sur lettre)			7 65
	(Id. seul)			11 »

1936. - *150e anniversaire de la mort de l'aéronaute François Pilâtre de Rozier (1756-1785). Taille-douce. Dentelé 13.*

Cathédrale de Metz et montgolfière.

313	75 c. bleu-vert	40 »	20 »	3 »
	(Sur lettre)			6 »
	(Id. seul)			9 15

Tirage : 8 100 000.

1936. - *Centenaire de la mort de Claude Rouget de Lisle (1760-1836). Taille-douce. Dentelés 13.*

Sa statue, à Lons-le-Saunier.

La Marseillaise de Rude (haut-relief de l'Arc de Triomphe).

314	20 c. vert	6 »	3 85	2 30
	(Sur lettre)			3 »
	(Id. seul)			4 60
315	40 c. brun	12 50	6 »	3 85
	(Sur lettre)			4 60
	(Id. seul)			5 35

La gravure du 40 c. a été utilisé en 1940 pour une enveloppe. Voir à la rubrique des Entiers postaux (n° 45).

Tirages : 16 000 000 et 15 000 000.

1936. - *Inauguration du monument de Vimy à la mémoire des Canadiens tombés au cours de la guerre 1914-1918. Taille-douce. Dentelés 13.*

316	75 c. rouge-brun	25 »	10 »	2 30
	(Sur lettre)			4 60
	(Id. seul)			23 »
317	1 f. 50, bleu	37 »	18 »	10 »
	(Sur lettre)			12 50
	(Id. seul)			20 »

Tirages : 7 000 000 et 5 000 000.

1936. - *22e anniversaire de la mort de Jean Jaurès (1859-1914). Taille-douce. Dentelés 13.*

318	40 c. brun-rouge	6 »	4 »	1 60
	(Sur lettre)			1 60
	(Id. seul)			4 »
319	1 f. 50, outremer	30 »	15 »	4 »
	(Sur lettre)			4 60
	(Id. seul)			7 65

Tirages : 15 000 000 et 8 000 000.

1936. - *100e traversée aérienne de l'Atlantique-Sud par les avions postaux français. Taille-douce. Dentelés 13.*

320	1 f. 50, bleu-violet	35 »	20 »	5 50
	(Sur lettre)			7 65
	(Id. seul)			23 »
321	10 f. vert foncé	700 »	375 »	150 »
	(Sur lettre)			160 »
	(Id. seul)			210 »

Tirages : 8 000 000 et 500 000.

1936. - *Propagande pour l'Exposition internationale de Paris, 1937. Typographie. Dentelés 13½ x 14.*

322	20 c. lilas	1 »	0 50	0 65
	(Sur lettre)			1 60
	(Id. seul)			4 60
323	30 c. vert-bleu	4 50	3 »	1 85
	(Sur lettre)			3 85
	(Id. seul)			23 »
324	40 c. outremer	3 50	1 60	0 80
	(Sur lettre)			1 85
	(Id. seul)			3 »
325	50 c. rouge-orange	3 »	1 40	0 40
	(Sur lettre)			0 80
	(Id. seul)			1 60
	a. rouge carminé	12 500 »	10 000 »	

326	90 c. rose carminé	26 »	13 50	8 70
	(Sur lettre)			14 »
	(Id. seul)			27 »
327	1 f. 50, outremer	70 »	37 »	4 60
	(Sur lettre)			9 15
	(Id. seul)			20 »
	Nos 322 à 327 (6 val.)	108 »	57 »	17 »

Très bon centrage (+20%).

Voir également le n° 336, émis l'année suivante.

1936. - *Rassemblement universel pour la paix, à Paris. Taille-douce. Dentelé 13.*

328	1 f. 50, bleu	32 »	17 »	4 60
	(Sur lettre)			6 »
	(Id. seul)			12 50

Tirage : 6 000 000.

1936. - *Au profit des Chômeurs intellectuels. Timbre de 1935 (n° 308) surchargé.*

329	+20 c. s. 50 c.+2 f. rouge-brique	5 50	4 »	4 »
	(Sur lettre)			5 50
	(Id. seul)			10 »

La surcharge recouvre entièrement l'ancienne surtaxe.

1936. - *Au profit des Chômeurs intellectuels. Taille-douce. Dentelés 13.*

Jacques Callot (1592-1635).

Louis-Hector Berlioz (1802-1869).

330	20 c.+10 c. brun carminé	5 »	3 »	3 »
	(Sur lettre)			4 60
	(Id. seul)			9 15
331	40 c.+10 c. vert	5 »	3 »	4 »
	(Sur lettre)			5 35
	(Id. seul)			9 15

Victor Hugo (1802-1885).

Louis Pasteur (1822-1895).

332	50 c.+10 c. rouge-brique	8 »	4 »	4 »
	(Sur lettre)			5 35
	(Id. seul)			6 90
333	1 f. 50+50 c. outremer	45 »	23 »	22 »
	(Sur lettre)			26 »
	(Id. seul)			35 »
	N°s 330 à 333 (4 val.)	63 »	33 »	33 »

De nouvelles valeurs à ces types ont paru en 1938 (n°s 380 à 385).

Voir également les n°s 343 et 344 (1937), 436 à 439 (1939) et 462 à 464 (1940).

Tirages : 1 600 000, 1 600 000, 1 600 000 et 1 300 000.

1937. - *Championnats internationaux de ski, à Chamonix. Taille-douce. Dentelé 13.*

334	1 f. 50, bleu-violet	15 50	7 65	1 85
	(Sur lettre)			4 »
	(Id. seul)			5 50

Tirage : 4 000 000.

1937. - *Tricentenaire de la tragédie "Le Cid". Taille-douce. Dentelé 13.*

Pierre Corneille (1606-1684), par Lebrun.

335	75 c. brun carminé	4 30	2 30	1 60
	(Sur lettre)			2 30
	(Id. seul)			5 50

Tirage : 6 000 000.

1937. - *Propagande pour l'Exposition internationale de Paris. Taille-douce. Dentelé 13.*

336	1 f. 50, bleu-vert	4 75	2 75	1 25
	(Sur lettre)			1 85
	(Id. seul)			4 60

Tirage : 30 000 000.

1937. - *En souvenir de l'aviateur Jean Mermoz (1901-1936) et de ses compagnons de l'hydravion "Croix du Sud". Taille-douce. Dentelés 13.*

337	30 c. vert-gris	1 »	0 50	0 80
	(Sur lettre)			4 60
	(Id. seul)			6 »
	a. vert-jaune	12 500 »	9 650 »	
338	3 f. lilas	13 »	6 »	3 85
	(Sur lettre)			11 50
	(Id. seul)			27 »
	a. violet	14 50	7 »	4 60
	b. violet-gris	305 »	15 50	55 »

Tirages : 8 900 000 et 5 750 000.

1937. - *13e Congrès international des chemins de fer, à Paris. Taille-douce. Dentelés 13.*

Locomotive électrique.

"Pacific" carénée.

339	30 c. vert	1 70	1 »	1 60
	(Sur lettre)			3 85
	(Id. seul)			6 »
340	1 f. 50, outremer	15 50	8 50	8 50
	(Sur lettre)			11 50
	(Id. seul)			30 »

Tirages : 3 000 000 et 2 400 000.

1937. - *Tricentenaire du Discours de la méthode. Effigie de René Descartes, dit "Cartesius" (1596-1650). Taille-douce. Dentelés 13.*

Portrait, d'après Frans Hals.

Portrait, d'après Frans Hals.

341	90 c. rouge-brique	4 30	2 30	1 60
	(Sur lettre)			2 30
	(Id. seul)			4 60
342	90 c. rouge-brique	12 »	7 »	2 »
	(Sur lettre)			3 »
	(Id. seul)			4 60

Le n° 341 porte l'inscription erronée : Discours sur la méthode.

Tirages : 5 000 000 et 4 500 000.

1937. - *Au profit des Chômeurs intellectuels. Taille-douce. Dentelés 13.*

Anatole France (1844-1924).

Auguste Rodin (1840-1917), et "le Penseur".

343	30 c.+10 c. vert	4 50	3 »	3 »
	(Sur lettre)			4 60
	(Id. seul)			7 65
344	90 c.+10 c. rose carminé	15 50	7 »	7 »
	(Sur lettre)			7 »
	(Id. seul)			8 »

Tirage : 1 500 000 paires.

De nouvelles valeurs à ces types ont paru en 1938 (nos 380 et 384).

1937. - *Au profit des oeuvres sociales et sportives des P.T.T. Légende P.T.T. SPORTS ET LOISIRS. Taille-douce. Dentelés 13.*

Plaisirs de la plage.

Sports.

345	20 c.+10 c. brun	3 35	1 85	2 30
	(Sur lettre)			3 »
	(Id. seul)			4 60
346	40 c.+10 c. brun-rouge	3 35	1 85	2 30
	(Sur lettre)			3 »
	(Id. seul)			4 60

L'auberge des loisirs.

347	50 c.+10 c. brun-violet	3 35	1 85	2 30
	(Sur lettre)			3 »
	(Id. seul)			4 60

Tirage : 1 500 000 séries.

1937. - *Exposition philatélique de Paris (PEXIP). Type Cérès de 1849-50. Typographie. Dentelés 14 x 13½.* BF *n° 3.*

348	5 c. outremer et brun	90 »	55 »	55 »
349	15 c. rouge-brun et rose	90 »	55 »	55 »
350	30 c. outremer et rose	90 »	55 »	55 »
351	50 c. rouge-brun et brun	90 »	55 »	55 »
	Nos 348 à 351 (4 val.)	360 »	220 »	220 »
	La série, non dentelée		1 400 »	

Les prix oblitérés s'entendent avec l'oblitération de l'exposition (18 au 27 juin 1937).

1937. - *Au profit des réfugiés politiques. Type de 1936. Taille-douce. Dentelé 13.*

352	50 c.+25 c. bleu-gris (309)	7 »	4 »	4 60
	(Sur lettre)			6 »
	(Id. seul)			12 50

Tirage : 1 500 000 dont 800 000 vendus.

1937. - *Pour le fonds d'érection d'un monument à Pierre Loti (1850-1923). Taille-douce. Dentelé 13.*

Buste de Pierre Loti et vue de Constantinople.

353	50 c.+20 c. rose carminé	7 »	4 »	4 60
	(Sur lettre)			7 65
	(Id. seul)			23 »

Tirage : 1 300 000 dont environ 500 000 invendus.

1937. - *Pour les musées nationaux, Victoire de Samothrace (Musée du Louvre). Taille-douce. Dentelés 13.*

354	30 c. vert	170 »	84 »	46 »
	(Sur lettre)			61 »
	(Id. seul)			110 »
	a. rouge			
355	55 c. rouge	170 »	84 »	46 »
	(Sur lettre)			61 »
	(Id. seul)			110 »

Très bon centrage (+25%).

Tirage : 150 000 paires.

Vendus avec plus-value de 70 c., représentant le coût de la carte illustrée qu'on était obligé d'acheter en même temps que chacun de ces timbres.

Les cotes, sur lettres, s'entendent pour affranchissement non philatélique.

1937. - *Au profit de la Société de prophylaxie sanitaire et morale. Taille-douce. Dentelé 13.*

356	65 c.+25 c. brun-lilas	6 »	3 85	3 »
	(Sur lettre)			4 60
	(Id. seul)			6 »
	a. (Non dentelé)		385 »	

Tirage : 2 000 000.

Un 90 c.+30 c. bleu-vert au même type a paru en 1939 (n° 419).

1937. - *Sesquicentenaire de la Constitution des Etats-Unis. Taille-douce. Dentelé 13½.*

357	1 f. 75, outremer	5 »	3 »	2 30
	(Sur lettre)			3 85
	(Id. seul)			4 60

Tirage : 10 600 000.

1937. - *Ouverture de la route du col de l'Iseran. Taille-douce. Dentelé 13½.*

358	90 c. vert foncé	4 30	2 30	0 30
	(Sur lettre)			0 80
	(Id. seul)			2 30
	a. (Non dentelé)		2 750 »	

Tirage : 30 000 000.

1937. - *Timbre de 1932-33 (n° 286) avec surcharge rouge.*

359	80 c. s. 1 f. orange (II)	0 65	0 50	0 65
	(Sur lettre)			4 »
	(Id. seul)			54 »
	a. 80 c. s. 1 f. (I)	2 »	1 10	1 10
	b. (Surch. renv.) (II)		1 100 »	
	c. (Tenant à non surchargé)		1 400 »	

Voir aux "Préoblitérés" n° 74a.

Il existe deux types de surcharge : la première a les barres, épaisses, écartées de 1¼ mm (surcharge à plat), la seconde a les barres, moins épaisses, écartées de 1½ mm (surcharge rotative).

1937-39. - *Typographie. Dentelés 14 x 13½.*

Type Semeuse fond plein, inscriptions grasses.

IIA

III

Le type III spécial au n° 360 n'a été émis qu'en carnet. (Boucle du 3 remontant haut et 0 étroit).

360	30 c. rouge sombre (IIA)	1 »	0 50	0 30
	(Sur lettre)			0 80
	(Id. seul)			1 60
	a. (Type III)	2 »	1 »	0 50
	b. Id. (avec bande publ.)	2 60	1 25	1 10
361	35 c. vert (II)	1 40	0 80	0 65
	(Sur lettre)			1 60
	(Id. seul)			6 »
	a. (Non dentelé)		460 »	

Type Semeuse lignée (1938).

362	50 c. turquoise	2 60	1 60	0 50
	(Sur lettre)			1 60
	(Id. seul)			4 60
	a. (Non dentelé)		77 »	

Type Paix.

On distingue les types suivants :

Pour le 65 c. :

Type I (feuilles). - La ligne blanche sous l'avant-bras gauche est mal venue ou manquante. Deux points de couleur dans la robe, à la verticale du Q de RÉPUBLIQUE.

Type II (carnets). - Comme le type 1, mais un seul point de couleur dans la robe.

Type III (roulettes). - Forte ligne blanche sous l'avant-bras gauche et un seul point à la robe.

Toutefois, dans certains tirages, la différenciation de ce type peut être difficilement repérable.

Pour le 90 c. :

Type I (feuilles et carnets). - La barre du L. de LAURENS touche le A.

Type I

Type II

Type II (roulettes). - La barre du L ne touche pas le A.

363	55 c. violet	1 40	0 80	0 30
	(Sur lettre)			0 80
	(Id. seul)			1 60
364	60 c. bistre	0 50	0 30	0 50
	(Sur lettre)			3 85
	(Id. seul)			20 »
365	65 c. outremer (I)	0 65	0 30	0 15
	(Sur lettre)			0 50
	(Id. seul)			0 80
	a. (Type II)	3 »	1 60	0 50
	b. (Avec bande publ.)	3 70	2 30	1 25
	c. (Type III)	47 »	30 »	6 »
366	80 c. orange	0 30	0 15	0 30
	(Sur lettre)			0 80
	(Id. seul)			3 »
367	90 c. vert (I)	0 15	0 15	0 15
	(Sur lettre)			0 80
	(Id. seul)			3 85
368	90 c. outremer (I)	1 70	1 »	0 15
	(Sur lettre)			0 50
	(Id. seul)			0 80
	a. (Avec bande publ.)	3 70	2 30	1 25
	b. (Type II)	84 »	70 »	15 50
	c. (Non dentelé) (Id. avec bde publicit.)		420 »	
369	1 f. rose (II)	7 »	4 30	0 50
	(Sur lettre)			1 »
	(Id. seul)			2 30
370	1 f. 25, rose	4 30	2 »	2 25
	(Sur lettre)			4 »
	(Id. seul)			7 65
371	1 f. 40, lilas	13 »	7 »	5 70
	(Sur lettre)			15 50
	(Id. seul)			77 »
	Nos 363 à 371 (9 val.)	29 »	16 »	10 »

Le nos 365a, émis en carnets, existe avec variété sans C (timbre supérieur droit).

1938-41. - *Type Cérès. Typographie. Dentelés 14 x 13½.*

372	1 f. 75, bleu	1 50	0 80	0 60
	(Sur lettre)			1 »
	(Id. seul)			5 35
373	2 f. rose-rouge	0 30	0 20	0 30
	(Sur lettre)			1 »
	(Id. seul)			12 50
374	2 f. 25, outremer	18 »	10 »	1 »
	(Sur lettre)			1 60
	(Id. seul)			4 60
375	2 f. 50, vert	3 50	1 70	0 80
	(Sur lettre)			1 60
	(Id. seul)			3 85
375A	2 f. 50, outremer	1 40	0 65	0 80
	(Sur lettre)			1 »
	(Id. seul)			4 60
376	3 f. lilas-rose	1 30	0 65	0 50
	(Sur lettre)			1 25
	(Id. seul)			3 »
	Nos 372 à 376 (6 val.)	26 »	14 »	4 »

1938-39. - *Au profit de la Société des oeuvres de mer. Effigie de Charcot (1867-1936). Taille-douce. Dentelés 13.*

377	65 c.+35 c. vert-bleu	3 20	1 60	3 »
	(Sur lettre)			4 60
	(Id. seul)			6 »
377A	90 c.+35 c. lilas-rose	27 »	13 »	13 »
	(Sur lettre)			17 »
	(Id. seul)			40 »

Tirages : 2 000 000 et 1 200 000.

1938. - *Centenaire de la naissance de Léon Gambetta (1838-1882). Taille-douce. Dentelé 13.*

378	55 c. lilas	0 65	0 50	0 65
	(Sur lettre)			1 60
	(Id. seul)			3 »

Tirage : 4 500 000.

1938. - *Au profit des "Saisons nationales d'Art français". Taille-douce. Dentelé 13.*

Cour d'honneur du château de Versailles.

379	1 f. 75+75 c. bleu	42 »	23 »	21 50
	(Sur lettre)			25 »
	(Id. seul)			35 »

Tirage : 1 500 000 dont environ 500 000 vendus.

1938. - *Au profit des Chômeurs intellectuels. Types de 1936-37. Taille-douce. Dentelés 13.*

380	30 c.+10 c. brun-rouge (343)	3 50	2 »	2 »
	(Sur lettre)			4 60
	(Id. seul)			7 65
381	35 c.+10 c. vert-bleu (330)	4 50	3 »	3 »
	(Sur lettre)			5 35
	(Id. seul)			7 65
382	55 c.+10 c. lilas (331)	12 »	7 »	4 50
	(Sur lettre)			6 »
	(Id. seul)			7 65
383	65 c.+10 c. outremer (332)	13 »	7 »	4 50
	(Sur lettre)			6 »
	(Id. seul)			7 65
384	1 f.+10 c. carmin (344)	10 »	6 »	6 »
	(Sur lettre)			6 »
	(Id. seul)			7 65
385	1 f. 75+25 c. bleu (333)	40 »	20 »	20 »
	(Sur lettre)			25 »
	(Id. seul)			30 »
	Nos 380 à 385 (6 val.)	83 »	45 »	40 »

Tirages : 1 500 000, 1 500 000, 1 400 000, 1 400 000, 1 250 000 et 1 250 000.

1938. - *Pour l'érection d'un monument à la gloire de l'infanterie. Taille-douce. Dentelés 13.*

386	55 c.+70 c. brun-violet	10 »	5 35	5 35
	(Sur lettre)			7 65
	(Id. seul)			23 »
387	65 c.+1 f. 10, bleu-vert	7 »	5 35	5 35
	(Sur lettre)			7 65
	(Id. seul)			23 »

Tirage : 1 100 000 paires dont 565 000 vendues.

1938. - *Taille-douce. Dentelés 13.*

Champenoise coiffée du toquat.

Arc de Triomphe d'Orange.

388	1 f. 75, outremer	8 40	3 85	4 60
	(Sur lettre)			5 35
	(Id. seul)			7 65
389	2 f. brun-gris	1 40	0 60	1 30
	(Sur lettre)			3 »
	(Id. seul)			15 50

Mineurs.

Avignon : le château des Papes et le pont Benazet.

390	2 f. 15, brun-lilas	9 40	5 »	1 »
	(Sur lettre)			1 25
	(Id. seul)			2 30
391	3 f. brun-rouge	27 »	13 50	4 60
	(Sur lettre)			6 90
	(Id. seul)			23 »

Remparts de la cité de Carcassonne.

Donjon du château de Vincennes.

392	5 f. outremer	1 20	0 65	0 50
	(Sur lettre)			3 »
	(Id. seul)			15 50
	a. (Non dentelé)		535 »	
393	10 f. brun sur azuré	2 60	1 40	2 »
	(Sur lettre)			4 60
	(Id. seul)			30 »

Port de Saint-Malo.

394	20 f. vert foncé	90 »	45 »	21 »
	(Sur lettre)			27 »
	(Id. seul)			42 »
	a. (Papier épais)	115 »	63 »	26 »
	Nos 388 à 394 (7 val.)	140 »	70 »	35 »

Les 2 f. 15, 5 f., 10 f. et 20 f. ont été surchargés d'une nouvelle valeur en 1940-41 (nos 489 à 492).

Tirages : 3 500 000, 10 000 000, 14 000 000, 8 000 000, 50 000 000, 15 500 000 et 1 500 000.

1938. - *Pour l'érection du monument à la gloire du Service de Santé militaire, à Lyon. Taille-douce. Dentelé 13.*

395	55 c.+45 c. rouge	24 »	12 50	12 50
	(Sur lettre)			18 50
	(Id. seul)			46 »

Tirage : 1 000 000 dont 500 000 vendus.

1938. - *3e Coupe mondiale de football, à Paris. Taille-douce. Dentelé 13.*

396	1 f. 75, outremer	32 »	15 »	15 »
	(Sur lettre)			30 »
	(Id. seul)			61 »

Tirage : 3 500 000.

1938. - *En l'honneur du fabuliste Jean de La Fontaine (1621-1695). Taille-douce. Dentelé 13.*

La Fontaine et scène du loup et de l'agneau.

397	55 c. vert	1 40	0 65	1 25
	(Sur lettre)			1 60
	(Id. seul)			2 30

Tirage : 6 000 000.

1938. - *En souvenir de Clément Ader (1841-1925), pionnier de l'aviation. Ader et son "Avion N° 3". Taille-douce. Dentelé 13.*

398	50 f. outremer	160 »	110 »	80 »
	(Sur lettre)			185 »
	(Id. seul)			305 »
	a. outremer foncé (Papier épais)	180 »	110 »	92 »

Tirage : 570 000.

Les nos 398 et 398a ont été surchargés d'une nouvelle valeur en 1940-41 (nos 493 et 493a).

1938. - *Fêtes de la restauration de la cathédrale de Reims. Type du n° 259 modifié. Taille-douce. Dentelé 13.*

399	65 c.+35 c. outremer	18 50	10 »	12 50
	(Sur lettre)			17 »
	(Id. seul)			23 »

Tirage : 1 500 000 dont environ 700 000 vendus.

1938. - *Visite des souverains britanniques. Taille-douce. Dentelé 13.*

Tour du Palais de Wesminster et Arc de Triomphe.

400	1 f. 75, outremer	1 40	0 65	1 25
	(Sur lettre)			2 30
	(Id. seul)			3 85

Tirage : 4 000 000.

Voir également à la rubrique des Entiers postaux (nos 39 et 40).

1938. - *Au profit du Comité d'assistance aux Français rapatriés d'Espagne. Taille-douce. Dentelé 13.*

401	65 c.+60 c. rose	8 50	4 50	6 »
	(Sur lettre)			7 65
	(Id. seul)			15 50

Tirage : 1 100 000 dont environ 750 000 vendus.

1938. - *40ᵉ anniversaire de la découverte du radium. Taille-douce. Dentelé 13.*

Pierre (1859-1906) et Marie Curie (1867-1934).

402	1 f. 75+50 c. outremer	22 50	10 »	12 50
	(Sur lettre)			15 50
	(Id. seul)			23 »

Tirage : 1 500 000 dont environ 850 000 vendus.

Dans 21 colonies, a paru un timbre similaire de même couleur. Ce dessin a également été utilisé en Afghanistan et à Cuba (Voir les tomes 5 1ʳᵉ et 2ᵉ parties).

1938. - *20ᵉ anniversaire de la Victoire. Taille-douce. Dentelé 13.*

Défilé du 11 Novembre.

403	65 c.+35 c. rouge carminé	6 50	3 70	4 50
	(Sur lettre)			7 »
	(Id. seul)			8 50

Tirage : 1 700 000 dont environ 1 000 000 vendus.

Voir également à la rubrique des Entiers postaux (nᵒˢ 41 et 42).

1938-41. - *Type Mercure. Typographie. Dentelés 14 x 13½.*

Timbres de roulettes :

30 c. type II. - La barre oblique du chiffre 3 descend plus bas et sa boucle est plus fermée que sur le type I ; le dos du C est rond et plus rapproché du zéro. La différenciation de ce type peut être difficilement repérable.

70 c. type II. - Les traits de l'aile entre le caducée et le serpent sont détachés les uns des autres. Ils sont en partie comme soudés entre eux sur le type I.

404	1 c. sépia	0 15	0 15	0 15
	(Sur lettre)			4 60
	(Id. seul)			55 »
405	2 c. vert foncé	0 15	0 15	0 15
	(Sur lettre)			4 60
	(Id. seul)			54 »
406	5 c. rose	0 15	0 15	0 15
	(Sur lettre)			4 60
	(Id. seul)			61 »
407	10 c. outremer	0 15	0 15	0 15
	(Sur lettre)			3 »
	(Id. seul)			23 »
408	15 c. vermillon	0 30	0 15	0 30
	(Sur lettre)			3 »
	(Id. seul)			46 »
	a. orange pâle	0 50	0 30	0 30
409	15 c. brun-orange	1 25	0 75	0 80
	(Sur lettre)			3 »
	(Id. seul)			46 »
410	20 c. lilas	0 15	0 15	0 15
	(Sur lettre)			2 30
	(Id. seul)			7 65
411	25 c. vert	0 15	0 15	0 15
	(Sur lettre)			2 30
	(Id. seul)			7 65
412	30 c. rouge (I)	0 15	0 15	0 15
	(Sur lettre)			0 80
	(Id. seul)			2 30
	a. (Type II)	» »	» »	» »
413	40 c. violet	0 15	0 15	0 15
	(Sur lettre)			0 80
	(Id. seul)			1 85
414	45 c. vert-jaune	1 10	0 50	0 80
	(Sur lettre)			4 60
	(Id. seul)			15 50
414A	50 c. bleu	4 75	3 »	0 65
	(Sur lettre)			3 »
	(Id. seul)			15 50
414B	50 c. vert	1 »	0 50	0 65
	(Sur lettre)			3 »
	(Id. seul)			23 »
415	60 c. rouge-orange	0 30	0 15	0 30
	(Sur lettre)			1 60
	(Id. seul)			6 »
416	70 c. lilas-rose (I)	0 30	0 15	0 30
	(Sur lettre)			0 80
	(Id. seul)			2 30
	a. (Type II)	» »	» »	» »
416A	75 c. brun-rouge	9 30	4 60	2 75
	(Sur lettre)			30 »
	(Id. seul)			92 »
	Nᵒˢ 404 à 416A (16 val.)	19 50	11 »	7 75

Un 50 c. turquoise au même type a paru en 1942 (n° 538).

- Les 10, 30, 40 et 50 c. ont paru en 1942 avec légende POSTES FRANÇAISES (nᵒˢ 546 à 549) ; ces derniers ont été surchargés RF en 1944 (nᵒˢ 657 à 660).

1938. - *Au profit des oeuvres sociales en faveur des étudiants. Taille-douce. Dentelé 13.*

417	65 c.+60 c. bleu-vert	18 50	9 15	9 15
	(Sur lettre)			11 50
	(Id. seul)			18 50

Tirage : 1 500 000 dont 657 800 vendus.

1938. - *Au profit de l'oeuvre "La radio aux aveugles". Taille-douce. Dentelé 13.*

418	90 c.+25 c. brun-lilas	18 50	9 »	10 »
	(Sur lettre)			11 50
	(Id. seul)			18 50

Tirage : 1 500 000 dont 751 500 vendus.

1938
Du N° 372 au N° 418 =
52 timbres ****670** ***375** **⊙300**

1939. - *Au profit de la Société de prophylaxie sanitaire et morale. Type de 1937. Taille-douce. Dentelé 13.*

419	90 c.+30 c. bleu-vert (356)	4 50	2 50	3 »
	(Sur lettre)			5 50
	(Id. seul)			15 »
	a. (Non dentelé)		305 »	

Tirage : 1 511 700.

1939. - *Pour l'érection du monument aux victimes civiles de la guerre de 1914-1918. Taille-douce. Dentelé 13.*

Maquette du monument au jeune Léon Trulin qui devait être érigé à Lille.

420	90 c.+35 c. brun-gris	18 50	10 »	11 »
	(Sur lettre)			14 »
	(Id. seul)			18 50

Tirage : 1 200 000 dont 729 780 vendus.

PHILATEL - FOURCAUT
55, rue A.Pallu - 78110 Le Vésinet
Tél. 01 39 76 01 07
Fax : 01 39 76 01 87
Consultez notre site :
www.philatel.com
VENTES SUR OFFRES
6 catalogues par an et 60 000 lots présentés

CATALOGUE GRATUIT
ACHAT
de collections et timbres rares.
Paiement comptant. Au plus haut prix.

1939. - *Centenaire de la naissance du peintre Paul Cézanne (1839-1906). Taille-douce. Dentelés 13.*

421	2 f. 25, bleu-vert	9 »	4 »	4 »
	(Sur lettre)			5 »
	(Id. seul)			8 »
421A	2 f. 25, *bleu foncé*	5 000	» 4 000 »	
421B	2 f. 25, *bleu-vert*	5 500	» 4 200 »	

Les n°s 421A et 421B se distinguent du n° 421 non seulement par leurs couleurs mais aussi par de sensibles différences dans la gravure : traits du paysage du fond plus accentués, sourcil droit en angle aigu, quadrillé du veston moins distinct et hachures dans la lettre R.

1939. - *75e anniversaire de la Croix-Rouge internationale. Croix en rouge. Taille-douce. Dentelé 13.*

422	90 c.+35 c. noir et bleu	15 »	8 »	8 50
	(Sur lettre)			10 »
	(Id. seul)			14 »

Tirage : 1 200 000 dont environ 720 000 vendus.

1939. - *A la gloire du génie militaire. Taille-douce. Dentelé 13.*

423	70 c.+50 c. rouge	13 »	7 »	7 65
	(Sur lettre)			11 50
	(Id. seul)			46 »

Tirage : 1 200 000 dont 725 650 vendus.

1939. - *Au profit de l'oeuvre des Orphelins des P.T.T. Taille-douce. Dentelé 13.*

Paris, le ministère des P.T.T.

424	90 c.+35 c. bleu-vert	40 »	22 50	22 50
	(Sur lettre)			25 »
	(Id. seul)			40 »

Tirage : 1 260 000 dont 667 300 vendus.

1939. - *Mise sur cale du cuirassé "Clemenceau". Taille-douce. Dentelé 13.*

Cuirassé "Clemenceau".

425	90 c. outremer	1 »	0 65	0 80
	(Sur lettre)			2 30
	(Id. seul)			4 60

Tirage : 4 000 000.

1939. - *Exposition internationale de New York. Taille-douce. Dentelé 13.*

Le pavillon de la France et la statue de la Liberté.

426	2 f. 25, outremer	18 »	9 »	7 »
	(Sur lettre)			7 65
	(Id. seul)			11 50
	a. (Non dentelé)		285 »	

Tirage : 4 000 000 dont 2 000 000 vendus.

Un 2 f. 50 à ce type a paru en 1940 (n° 458).

Voir également à la rubrique des Entiers postaux (n°s 43 et 44).

1939. - *Centenaire de la photographie. Effigies de J.-N. Niepce (1765-1833) et Louis Daguerre (1787-1851). Taille-douce. Dentelé 13.*

François Arago annonçant la découverte à l'Académie des Sciences.

427	2 f. 25, bleu	17 »	8 »	7 »
	(Sur lettre)			7 65
	(Id. seul)			12 50

Tirage : 4 000 000 dont 2 000 000 vendus.

1939. - *Au profit de l'oeuvre des enfants des chômeurs. Taille-douce. Dentelé 13.*

428	90 c.+35 c. rouge-brique	4 30	2 75	2 75
	(Sur lettre)			4 60
	(Id. seul)			9 15

Tirage : 1 250 000.

1939. - *Fêtes du cinquantenaire de la tour Eiffel. Taille-douce. Dentelé 13.*

429	90 c.+50 c. lilas-rose	15 50	9 15	9 15
	(Sur lettre)			11 50

Tirage : 1 140 000 dont 875 000 vendus.
En 1982, une carte postale a utilisé cette gravure de la tour Eiffel.

Voir à la rubrique des Entiers postaux (n° 48).

1939. - *Exposition de l'eau, à Liège (Belgique). Taille-douce. Dentelé 13.*

"La machine de Marly", à Bougival (démolie).

430	2 f. 25, outremer	25 »	12 50	5 35
	(Sur lettre)			7 »
	(Id. seul)			10 »

Tirage : 4 000 000.

1939-41. - *Type Iris. Typographie. Dentelés 14 x 13½.*

431	80 c. brun-carmin	0 30	0 15	0 30
	(Sur lettre)			0 80
	(Id. seul)			11 »
432	1 f. vert	1 40	0 80	0 30
	(Sur lettre)			0 80
	(Id. seul)			1 60
433	1 f. rouge	0 70	0 30	0 30
	(Sur lettre)			0 80
	(Id. seul)			1 60
	a. (Paire verticale de carnets non confectionnés)	8 40	5 35	
434	1 f. 30, outremer	0 30	0 15	0 30
	(Sur lettre)			3 85
	(Id. seul)			15 50
435	1 f. 50, orange	0 30	0 15	0 30
	(Sur lettre)			1 60
	(Id. seul)			11 »
	Nos 431 à 435 (5 val.)	3 »	1 55	1 50

Le n° 434 existe sans nom du graveur.

Le n° 433a a été émis en feuilles de 80 sans publicité marginale (voir chapitre des carnets).

Les 80 c., 1 f. et 1 f. 50 ont reparu en d'autres couleurs en 1944, en même temps que d'autres valeurs (nos 649 à 656).

1939. - *Au profit des Chômeurs intellectuels. Taille-douce. Dentelés 13.*

Pierre Puvis de Chavannes (1824-1898).

Claude Debussy (1862-1918) et évocation du "Prélude à l'après-midi d'un faune".

436	40 c.+10 c. rouge	2 »	0 90	1 25
	(Sur lettre)			3 »
	(Id. seul)			6 »
437	70 c.+10 c. brun-lilas	9 50	4 60	2 75
	(Sur lettre)			4 60
	(Id. seul)			9 15

Honoré de Balzac (1799-1850).

Claude Bernard (1813-1878).

438	90 c.+10 c. lilas-rose	8 50	4 »	3 »
	(Sur lettre)			4 60
	(Id. seul)			7 65
439	2 f. 25+25 c. outremer	30 »	17 »	13 »
	(Sur lettre)			15 50
	(Id. seul)			20 »
	Nos 436 à 439 (4 val.)	50 »	26 50	20 »

Tirage : 1 200 000 séries.

Ces trois derniers types ont été remis en cours en 1940 (nos 462 à 464).

1939. - *Propagande en faveur de la natalité. Taille-douce. Dentelés 13.*

440	70 c.+80 c. bleu, vert et violet	6 »	3 85	4 50
	(Sur lettre)			6 »
	(Id. seul)			15 »
441	90 c.+60 c. brun, lilas et brun-rouge	10 »	5 15	6 »
	(Sur lettre)			6 »
	(Id. seul)			9 »
	La paire, non dentelée		185 »	

Tirage : 673 000 paires vendues.

1939. - *14e centenaire de la naissance de Grégoire de Tours (v. 538-v. 594). Taille-douce. Dentelé 13.*

Effigie de Grégoire de Tours et vue de Clermont-Ferrand.

442	90 c. rouge	1 »	0 50	0 80
	(Sur lettre)			1 60
	(Id. seul)			2 30

Tirage : 4 000 000.

1939. - *5e centenaire de l'achèvement de la flèche de la cathédrale de Strasbourg. Taille-douce. Dentelé 13.*

Cathédrale de Strasbourg.

443	70 c. brun-rouge	1 70	1 »	1 50
	(Sur lettre)			1 85
	(Id. seul)			3 »

Tirage : 4 000 000.

1939. - *Sesquicentenaire de la Révolution. Taille-douce. Dentelé 13.*

Le Serment du Jeu de Paume, d'après David.

444	90 c. ardoise	4 30	2 15	2 15
	(Sur lettre)			3 »
	(Id. seul)			4 60

Tirage : 4 000 000.

1939. - *23ᵉ anniversaire de la victoire de Verdun. Taille-douce. Dentelé 13.*

Verdun : la Porte Chaussée.

445	90 c. gris-brun	1 40	0 65	1 10
	(Sur lettre)			1 60
	(Id. seul)			4 60

Tirage : 4 000 000.

1939. - *Au profit du Musée postal. Taille-douce. Dentelé 13.*

L'inspiration favorable (de Fragonard).

446	40 c.+60 c. brun-lilas, brun et sépia	5 »	2 75	3 85
	(Sur lettre)			5 35
	(Id. seul)			7 65
	a. (Non dentelé)		270 »	

Tirage : 1 000 000 dont 954 500 vendus.

1939. - *Pour l'érection du monument national "Aux Marins perdus en mer", à Boulogne-sur-Mer. Taille-douce. Dentelé 13.*

Statue de Desruelles.

447	70 c.+30 c. lilas-brun	27 50	14 »	14 »
	(Sur lettre)			15 50
	(Id. seul)			25 »

Tirage : 730 000.

1939. - *Taille-douce. Dentelés 13.*

Languedocienne et cathédrale de Béziers.

448	70 c. noir sur azuré	0 65	0 50	0 65
	(Sur lettre)			4 60
	(Id. seul)			23 »

Château de Pau.

Pont de la Guillotière, à Lyon.

449	90 c. carmin sur azuré	1 70	1 »	1 25
	(Sur lettre)			4 60
	(Id. seul)			9 15
450	90 c. brun-violet	1 25	0 65	1 »
	(Sur lettre)			4 60
	(Id. seul)			16 »

Tirage : 4 000 000 de séries.

1939
Du N° 419 au N° 450
sauf n° 421A et B =
32 timbres   **295   *156   ⊙147

1940. - *Pour nos soldats. Taille-douce. Dentelés 13.*

Fantassin et Strasbourg.

Marsouin et village africain.

451	40 c.+60 c. brun	4 30	2 30	3 »
	(Sur lettre)			5 50
	(Id. seul)			12 50
452	1 f.+50 c. vert-bleu	4 30	2 30	3 »
	(Sur lettre)			5 50
	(Id. seul)			12 50

Tirages : 1 700 000 et 2 000 000.

1940. - *Pour la France d'Outre-Mer. Taille-douce. Dentelé 13.*

Carte de l'Empire français.

453	1 f.+25 c. rouge	3 35	2 »	2 75
	(Sur lettre)			4 60
	(Id. seul)			6 »

Tirage : 1 700 000 dont 920 000 vendus.

A reparu en 1941 avec mill. 1941 (n° 503) et en 1945 avec mill. 1945 et croix de Lorraine (n° 741).

1940. - *Au profit des oeuvres de guerre. Taille-douce. Dentelés 13.*

Joseph Joffre (1852-1931), Maréchal de France.

Ferdinand Foch (1851-1929), Maréchal de France, de Grande-Bretagne et de Pologne.

454	80 c.+45 c. brun-rouge	9 50	4 60	7 »
	(Sur lettre)			9 15
	(Id. seul)			15 50
455	1 f.+50 c. violet	8 50	8 40	7 »
	(Sur lettre)			9 15
	(Id. seul)			15 50

Joseph-Simon Galliéni (1849-1916).

La femme au labour.

456	1 f. 50+50 c. rouge-brun	8 »	4 »	4 50
	(Sur lettre)			9 15
	(Id. seul)			15 50
457	2 f. 50+50 c. bleu	17 »	8 50	12 50
	(Sur lettre)			15 50
	(Id. seul)			46 »
	Nos 454 à 457 (4 val.)	43 »	25 50	31 »
	La série, non dentelée		340 »	

Tirage : 1 700 000 séries.

1940. - *Exposition internationale de New York. Type de 1939. Taille-douce. Dentelé 13.*

458	2 f. 50, outremer (426)	22 »	10 »	10 »
	(Sur lettre)			11 »
	(Id. seul)			14 »

Tirage : 2 000 000 dont 1 000 000 vendus.

1940. - *Au profit des blessés. Taille-douce. Croix rouge en surchage typographique. Dentelés 13.*

459	80 c.+1 f. vert	10 »	5 50	7 »
	(Sur lettre)			12 50
	(Id. seul)			80 »
460	1 f.+2 f. brun-lilas	12 50	7 »	7 »
	(Sur lettre)			11 »
	(Id. seul)			16 »

Tirage : 1 500 000 paires.

1940. - *Capitaine aviateur Georges Guynemer (1894-1917), par Lawrence (Musée de l'Armée, Paris). Taille-douce. Dentelé 13.*

461	50 f. bleu	20 »	10 »	10 »
	(Sur lettre)			92 »
	(Id. seul)			230 »
	a. outremer	22 »	11 50	11 50
	b. (Non dentelé)		230 »	

Tirage : 937 500.

1940. - *Au profit des Chômeurs intellectuels. Types de 1939. Taille-douce. Dentelés 13.*

462	80 c.+10 c. brun-lilas (437)	10 »	5 »	8 50
	(Sur lettre)			10 »
	(Id. seul)			12 50
463	1 f.+10 c. lilas-rose (438)	10 »	5 »	8 50
	(Sur lettre)			10 »
	(Id. seul)			12 50
464	2 f. 50+25 c. outremer (439)	10 »	5 20	8 50
	(Sur lettre)			10 »
	(Id. seul)			12 50
	a. (Papier carton)	12 »	5 50	8 50

Tirage : 1 500 000 séries.

1940. - *Au profit des victimes de la guerre. Taille-douce. Dentelé 13.*

465	1 f.+2 f. brun-lilas	1 70	1 10	1 25
	(Sur lettre)			3 »
	(Id. seul)			9 15
NOUVEAU	a. (Double signature)	50 »	40 »	25 »

Tirage : 1 500 000 dont 1 430 000 vendus.

1940. - *Au profit du Secours national. Taille-douce. Dentelés 13.*

Moisson.

Semailles.

466	80 c.+2 f. brun	3 90	1 85	2 50
	(Sur lettre)			4 60
	(Id. seul)			80 »
467	1 f.+2 f. brun-rouge	3 90	1 85	2 50
	(Sur lettre)			4 60
	(Id. seul)			23 »

Vendanges.

Élevage.

468	1 f. 50+2 f. violet	3 90	2 »	2 50
	(Sur lettre)			4 60
	(Id. seul)			40 »
469	2 f. 50+2 f. vert	5 30	2 80	2 50
	(Sur lettre)			4 60
	(Id. seul)			46 »
	Nos 466 à 469 (4 val.)	17 »	8 50	10 »

Tirage : 1 200 000 séries.

1940
Du N° 451 au N° 469 =
19 timbres   **168   *89   ⊙110

État Français

1940-41. - *Effigie du Maréchal Pétain. Taille-douce. Dentelés 13.*

470	40 c. brun-rouge	0 50	0 30	0 50
	(Sur lettre)			7 65
	(Id. seul)			40 »
471	80 c. vert-bleu	0 65	0 30	0 65
	(Sur lettre)			7 65
	(Id. seul)			30 »
472	1 f. rouge	0 30	0 15	0 30
	(Sur lettre)			1 60
	(Id. seul)			3 »
473	2 f. 50, outremer	1 85	1 10	1 40
	(Sur lettre)			9 15
	(Id. seul)			30 »
	Nos 470 à 473 (4 val.)	3 30	1 85	2 85
	La série, non dentelée		185 »	
	Le 1 f. est reparu surchargé + 10 c. (n° 494).			

Ce type a été repris en 1943 pour deux timbres de 2 f. + 12 f. (nos 570 et 571).

Tirages : 1 930 000, 1 950 000, 4 000 000 et 2 000 000.

1941. - *Au profit des prisonniers de guerre. Taille-douce. Dentelés 13.*

474	80 c.+5 f. vert	2 »	1 10	1 90
	(Sur lettre)			4 60
	(Id. seul)			46 »
475	1 f.+5 f. brun carminé	2 15	1 25	2 »
	(Sur lettre)			4 60
	(Id. seul)			30 »

Tirage : 1 170 000 paires.

1940-41. - *Timbres de 1932-38 avec nouvelle valeur en surcharge rouge (noire sur le n° 483).*

Type Semeuse fond plein.

476	30 sur 35 c. vert (361)	0 35	0 15	0 35
	(Sur lettre)			1 70
	(Id. seul)			11 50
	a. (Double surcharge)		765 »	

Type Mercure.

477	50 sur 75 c. brun-rouge (416A)	0 35	0 15	0 35
	(Sur lettre)			1 70
	(Id. seul)			23 »

Type Paix.

478	50 sur 55 c. violet (363)	0 35	0 15	0 35
	(Sur lettre)			1 »
	(Id. seul)			11 50
	a. (Surcharge renversée)		1 000 »	
479	50 sur 65 c. outremer (365)	0 15	0 15	0 15
	(Sur lettre)			1 »
	(Id. seul)			11 50
	a. (Surcharge renversée)		535 »	
	b. (Double surcharge dont une verticale)		915 »	
480	50 sur 75 c. olive (284A)	0 35	0 15	0 35
	(Sur lettre)			1 »
	(Id. seul)			11 50
481	50 sur 80 c. orange (366)	0 35	0 15	0 35
	(Sur lettre)			1 »
	(Id. seul)			11 50
482	50 sur 90 c. outremer (368)	0 15	0 15	0 15
	(Sur lettre)			1 »
	(Id. seul)			11 50

N°	Désignation			
	a. (Surcharge renversée)		460 »	
	b. (Sans surcharge tenant à normal)		915 »	
	c. (05 sur 90 c.)		8 500 »	
483	1 F. sur 1 f. 25, rose (370)	0 35	0 15	0 35
	(Sur lettre)			1 »
	(Id. seul)			3 »
484	1 F. sur 1 f. 40, lilas (371)	0 50	0 15	0 50
	(Sur lettre)			1 70
	(Id. seul)			4 60
	a. (Double surcharge)		1 250 »	
485	1 F. sur 1 f. 50, bleu (288)	1 40	0 80	1 30
	(Sur lettre)			1 70
	(Id. seul)			3 »

Type Cérès.

N°	Désignation			
486	1 F. sur 1 f. 75, bleu (372)	0 35	0 15	0 35
	(Sur lettre)			0 80
	(Id. seul)			3 »
487	1 F. sur 2 f. 25, outr. (374)	0 35	0 15	0 35
	(Sur lettre)			0 80
	(Id. seul)			3 »
	a. (Sans surcharge tenant à normal)		1 300 »	
488	1 F. sur 2 f. 50, vert (375)	1 70	1 »	1 50
	(Sur lettre)			1 70
	(Id. seul)			3 »

Timbres grand format en taille-douce, avec nouvelle valeur et traits sur l'ancienne en surcharge rouge.

N°	Désignation			
489	1 F. sur 2 f. 15, brun-lilas (390)	0 50	0 35	0 50
	(Sur lettre)			0 80
	(Id. seul)			3 »
	a. (Surcharge renversée)			6 100 »
490	2 f. 50 s. 5 f. outremer (392)	0 50	0 35	0 50
	(Sur lettre)			7 65
	(Id. seul)			23 »
	a. (Double surcharge)		385 »	170 »

N°	Désignation			
491	5 F. sur 10 f. brun s. azuré (393)	2 30	1 25	2 20
	(Sur lettre)			7 65
	(Id. seul)			30 »
492	10 F. sur 20 f. vert fcé (394)	2 »	1 10	1 90
	(Sur lettre)			15 50
	(Id. seul)			61 »
493	20 f. s. 50 f. outremer foncé (Pap. épais) (398a)	70 »	40 »	45 »
	(Sur lettre)			92 »
	(Id. seul)			275 »
	a. (Papier mince) (398)	90 »	55 »	62 »
	b. (Double surcharge)		2 700 »	
	Nos 476 à 493 (18 val.)	82 »	46 50	56 50

1941. - *Au profit du Secours national. Timbre précédent (n° 472), avec surcharge violette.*

N°	Désignation			
494	+10 c. sur 1 f. rose carminé	0 30	0 15	0 15
	(Sur lettre)			3 »
	(Id. seul)			5 35
	a. (Non dentelé)		23 »	

Tirage : 2 000 000.

1941. - *Frédéric Mistral (1830-1914), poète. Taille-douce. Dentelé 14 x 13.*

N°	Désignation			
495	1 f. brun carminé	0 30	0 15	0 30
	(Sur lettre)			1 60
	(Id. seul)			6 »
	a. (Non dentelé)		40 »	

Tirage : 3 070 000.

1941. - *Lutte contre le cancer. Taille-douce. Dentelé 13.*

N°	Désignation			
496	2 f. 50+50 c. ardoise et brun	2 »	1 10	1 70
	(Sur lettre)			6 »
	(Id. seul)			30 »
	a. (Non dentelé)		110 »	

Tirage : 1 235 000.

1941. - *Au profit du Secours national. Taille-douce. Dentelés 13.*

N°	Désignation			
497	1 f.+2 f. brun-violet	3 35	1 85	1 60
	(Sur lettre)			3 »
	(Id. seul)			15 50

498	2 f. 50+7 f. 50, bleu	11 »	5 80	3 »
	(Sur lettre)			3 85
	(Id. seul)			30 »
	La paire, non dentelée		155 »	

Tirages : 1 160 000 et 1 225 000, dont 600 000 paires vendues.

1941. - *Monuments et sites. Taille-douce. Dentelés 13.*

Hôtel-Dieu de Beaune Cour intérieure.

Angers.

499	5 f. brun-noir	0 50	0 30	0 30
	(Sur lettre)			3 »
	(Id. seul)			15 50
	a. brun	0 65	0 50	0 30
	b. (Non dentelé)		30 »	
500	10 f. violet foncé	1 10	0 50	0 65
	(Sur lettre)			3 »
	(Id. seul)			23 »
	a. (Non dentelé)		30 »	

Remparts d'Aigues-Mortes.

501	20 f. brun-noir	1 70	0 80	1 25
	(Sur lettre)			6 »
	(Id. seul)			40 »
	a. brun-gris	2 15	1 25	1 85
	b. (Non dentelé)		140 »	

Au type du 5 f., a été émis en 1942 un 15 f. (n° 539). La légende a été modifiée.

Tirages : 52 850 000, 35 000 000 (environ) et 7 140 000.

1941. - *Au profit des oeuvres de mer. Lancement du paquebot "Pasteur". Taille-douce (non émis) surchargé en rouge. Dentelé 13.*

502	1 f.+1 f. sur 70 c. [vert foncé] (R)	0 50	0 30	0 50
	(Sur lettre)			1 60
	(Id. seul)			4 60
	a. (Non dentelé)		40 »	
	b. (Sans surcharge)		31 000 »	

Tirage : 3 350 000.

1941. - *"Pour la France d'Outre-Mer". Type de 1940 avec millésime 1941. Taille-douce. Dentelé 13.*

503	1 f.+1 f. vert, lilas et bleu	1 »	0 50	0 65
	(Sur lettre)			1 60
	(Id. seul)			3 85
	a. (Non dentelé)		35 »	

Tirage : 1 260 000.

Ce timbre ne porte plus la mention R. F.

1941. - *Au profit des oeuvres de mer. Taille-douce. Dentelé 13.*

504	1 f.+9 f. vert	1 25	0 65	1 10
	(Sur lettre)			3 85
	(Id. seul)			23 »
	a. (Non dentelé)		77 »	

Tirage : 1 200 000.

1941-42. - *Types Pétain. Typographie et Taille-douce (nos 522 à 525). Dentelés 14 x 13½.*

Type Prost.

Type Hourriez.

Type Bersier.

Type Prost.

505	20 c. lilas-rose	0 15	0 15	0 15
	(Sur lettre)			7 65
	(Id. seul)			» »
506	30 c. rouge	0 15	0 15	0 15
	(Sur lettre)			4 60
	(Id. seul)			27 »
507	40 c. outremer	0 15	0 15	0 15
	(Sur lettre)			4 60
	(Id. seul)			30 »

Type Hourriez.

508	50 c. vert	0 15	0 15	0 15
	(Sur lettre)			2 30
	(Id. seul)			7 65
509	60 c. violet	0 15	0 15	0 15
	(Sur lettre)			1 60
	(Id. seul)			3 »
510	70 c. bleu	0 15	0 15	0 15
	(Sur lettre)			1 60
	(Id. seul)			40 »
	a. bleu foncé	0 50	0 30	0 50
511	70 c. orange	0 15	0 15	0 15
	(Sur lettre)			1 60
	(Id. seul)			23 »
512	80 c. brun	0 30	0 15	0 30
	(Sur lettre)			1 60
	(Id. seul)			40 »
513	80 c. vert-jaune	0 15	0 15	0 15
	(Sur lettre)			1 60
	(Id. seul)			23 »
514	1 f. rouge	0 15	0 15	0 15
	(Sur lettre)			1 »
	(Id. seul)			1 60
515	1 f. 20, brun-rouge	0 15	0 15	0 15
	(Sur lettre)			1 25
	(Id. seul)			1 60

Type Bersier.

516	1 f. 50, rose	0 15	0 15	0 15
	(Sur lettre)			0 65
	(Id. seul)			1 25
517	1 f. 50, brun-rouge	0 15	0 15	0 15
	(Sur lettre)			0 50
	(Id. seul)			0 80
	a. (Avec bande publ.)	1 25	0 80	0 50
	b. Id. (Non dentelé)		115 »	
	c. Paire verticale de carnets avec barres	7 »	4 »	4 »
518	2 f. vert	0 15	0 15	0 15
	(Sur lettre)			0 65
	(Id. seul)			2 30
519	2 f. 40, rouge	0 30	0 15	0 30
	(Sur lettre)			7 65
	(Id. seul)			115 »
520	2 f. 50, outremer	1 »	0 30	1 »
	(Sur lettre)			7 65
	(Id. seul)			30 »
521	3 f. orange	0 15	0 15	0 15
	(Sur lettre)			3 »
	(Id. seul)			12 50

Type Hourriez.

521A	4 f. bleu	0 30	0 15	0 30
	(Sur lettre)			1 60
	(Id. seul)			3 »
521B	4 f. 50, vert-jaune	1 25	0 50	0 80
	(Sur lettre)			1 60
	(Id. seul)			3 85

Taille-douce.

Type Hourriez. Format 18 x 21.

Dentelés 14 x 13.

522	4 f. outremer	0 30	0 15	0 30
	(Sur lettre)			2 30
	(Id. seul)			5 35
523	4 f. 50, vert foncé	0 30	0 15	0 30
	(Sur lettre)			1 60
	(Id. seul)			5 35

Types Mazelin.

524	5 f. vert-bleu	0 30	0 15	0 30
	(Sur lettre)			7 65
	(Id. seul)			23 »
	La série, non dentelée (22 val.)		130 »	

Dentelé 13.

525	50 f. noir	5 40	3 »	5 »
	(Sur lettre)			46 »
	(Id. seul)			92 »
	a. (Papier jaunâtre)	7 65	4 60	6 »
	b. (Non dentelé)		100 »	
	N°s 505 à 525 (23 val.)	11 55	6 80	10 70

Le type du 50 f. a été repris en 1943 pour deux timbres de 1 f. + 10 f. (n°s 568 et 569).

Pour les timbres aux types Pétain surchargés R. F., voir à la rubrique Libération.

1941. - *Au profit du Secours national. Armoiries de ville (I). Taille-douce. Dentelés 14 x 13.*

Nancy.

Lille.

Rouen.

526	20 c.+30 c. noir	3 »	2 »	3 »
527	40 c.+60 c. brun-rouge	3 »	2 »	3 »
528	50 c.+70 c. bleu-vert	3 »	2 »	3 »

Bordeaux.

Toulouse.

Clermont-Ferrand.

529	70 c.+80 c. lilas-rose	3 »	2 »	3 »
530	80 c.+1 f. rose	3 »	2 »	3 »
531	1 f.+1 f. noir	3 »	2 »	3 »

Marseille.

Lyon.

Rennes.

532	1 f. 50+2 f. bleu	3 »	2 »	3 »
533	2 f.+2 f. violet	3 40	2 »	3 40
534	2 f. 50+3 f. vert-jaune	3 40	2 »	3 40

Reims.

Montpellier.

Paris.

535	3 f.+5 f. brun-rouge	3 40	2 »	3 40
536	5 f.+6 f. outremer	3 40	2 »	3 40
537	10 f.+10 f. rouge	3 40	2 »	3 40
	N°s 526 à 537 (12 val.)	38 »	24 »	38 »
	La série, non dentelée		185 »	

Tirage : 1 000 000, dont 600 000 séries vendues.

1941
Du N° 470 au N° 537 =
70 timbres ****162** ***94** **⊙23**

1942. - *Type Mercure. Typographie. Dentelé 14 x 13½.*

538	50 c. turquoise	0 15	0 15	0 15
	(Sur lettre)			0 80
	(Id. seul)			3 85
	a. (Non dentelé)		4 60	

A reparu avec inscriptions modifiées (n° 549).

1942. - *Hôtel-Dieu de Beaune. Type de 1941. Lég. : POSTES FRANÇAISES. Taille-douce. Dentelé 13.*

539	15 f. brun carminé	0 80	0 30	0 65
	(Sur lettre)			3 »
	(Id. seul)			9 15
	a. (Non dentelé)		27 »	
	b. (Papier carton)	9 15	6 »	4 60

1942. - *Au profit des oeuvres de l'air. Taille-douce. Dentelé 13.*

540	1 f. 50+3 f. 50, violet	3 »	1 85	3 »
	(Sur lettre)			3 »
	(Id. seul)			9 15
	a. (Non dentelé)		155 »	

Ce timbre existe en bleu (Voir Tome II Algérie n° 245c).

Tirage : 1 560 000 dont 350 000 invendus.

1942. - *Au profit du Secours national. Bicentenaire de la naissance de Jean-François de Galaup, comte de La Pérouse (1741-1788). Taille-douce. Dentelé 13.*

La Boussole et l'Astrolabe.

541	2 f. 50+7 f. 50, bleu	1 85	1 10	1 85
	(Sur lettre)			2 30
	(Id. seul)			15 50
	a. (Non dentelé)		140 »	

Tirage : 1 225 000.

1942. - *Au profit des oeuvres d'entraide des musiciens. Centenaire de la naissance d'Emmanuel Chabrier (1841-1894). Taille-douce. Dentelé 13.*

Chabrier au piano (extrait du tableau de Fantin-Latour).

542	2 f.+3 f. brun-gris	1 60	0 80	1 60
	(Sur lettre)			2 30
	(Id. seul)			15 50
	a. (Non dentelé)		140 »	

Tirage : 1 225 000.

1942. - *Au profit du comité de propagande de la Quinzaine impériale. Taille-douce. Dentelé 13.*

543	1 f. 50+8 f. 50, noir	1 40	0 80	1 40
	(Sur lettre)			2 30
	(Id. seul)			15 50
	a. (Non dentelé)		110 »	

Tirage : 1 275 000.

1942. - *Sixième centenaire de la naissance de Jean de Vienne (1341-1396), amiral de France. Au profit des oeuvres de la marine. Taille-douce. Dentelé 13.*

544	1 f. 50+8 f. 50, brun-violet	1 60	0 80	1 60
	(Sur lettre)			2 30
	(Id. seul)			7 65
	a. (Non dentelé)		110 »	

Tirage : 1 250 000.

1942. - *Centenaire de la naissance du compositeur Jules Massenet (1842-1912). Taille-douce. Dentelé 14 x 13.*

545	4 f. vert-bleu	0 30	0 15	0 30
	(Sur lettre)			1 60
	(Id. seul)			12 50
	a. (Non dentelé)		18 50	

Tirage : 2 150 000.

1942. - *Type Mercure modifié avec légende POSTES FRANÇAISES. Typographie. Dentelés 14 x 13½.*

546	10 c. outremer	0 15	0 15	0 15
	(Sur lettre)			2 30
	(Id. seul)			15 50
547	30 c. rouge	0 15	0 15	0 15
	(Sur lettre)			2 30
	(Id. seul)			6 »
548	40 c. violet	0 30	0 15	0 30
	(Sur lettre)			1 60
	(Id. seul)			6 »
549	50 c. turquoise	0 15	0 15	0 15
	(Sur lettre)			1 60
	(Id. seul)			3 »
	Nos 546 à 549 (4 val.)	0 75	0 60	0 75
	La série, non dentelée		30 »	

Ces timbres ont reparu, surchargés R F en 1944 (nos 657 à 660).

1942. - *Centenaire de la mort de l'écrivain Henri Beyle, dit Stendhal (1783-1842). Taille-douce. Dentelé 13.*

Henri Beyle, dit Stendhal, par Alfred de Dreux-Dorcy (Musée de Grenoble).

550	4 f. brun-noir et carmin	0 65	0 50	0 65
	(Sur lettre)			3 »
	(Id. seul)			23 »
	a. (Non dentelé)		61 »	

Tirage: 2 060 000.

1942. - *En souvenir du physicien André Blondel (1863-1938). Taille-douce. Dentelé 13.*

André Blondel.

551	4 f. bleu	0 65	0 50	0 65
	(Sur lettre)			3 »
	(Id. seul)			15 50
	a. (Non dentelé)		61 »	

Tirage : 2 060 000.

TOMY ANKA
EXPERT
Médaille d'Argent de la Ville de Paris
27 rue du Faubourg - Montmartre- 75009 Paris
Tél 01 47 70 45 72
Fax 01 47 70 18 71
depuis 1965

VENDEURS !
Vous avez les timbres
Nous avons les acheteurs
TOUT NOUS INTERESSE
Transactions rapides et agréables
ACHAT
35 années d'expérience
Déplacement immédiat : France et étranger
Réglement comptant de toute importance
VENDEZ SANS INTERMÉDIAIRE

VENTE SUR OFFRES
CATALOGUE GRATUIT SUR DEMANDE
- Documents
- Autographes
- Actions
- Cartes-postales
- Thématiques
- Livres
- Timbres
- Lettres
- Marques postales
- Lots et Collections
- Monnaies
- Billets

1942. - *Secours national. Type Bersier de 1941-42, dentelé 14 x 13½ avec surcharge carmin.*

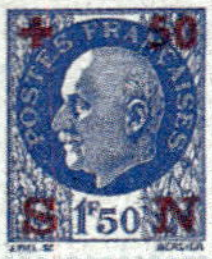

552	+50 sur 1 f. 50, [outremer]	0 15	0 15	0 15
	(Sur lettre)			1 60
	(Id. seul)			3 85
	a. (Non dentelé)		15 50	
	b. (Sans surch.)		200 »	
	c. (Id.) (Non dentelé)		200 »	
	d. +50 (N) s. 1 f. 50, brun		2 200 »	

Tirages : 5 100 000 dont 5 050 000 vendus.

1942. - *Au profit du Secours national. Armoiries de villes (II). Taille-douce. Dentelés 14 x 13.*

Chambéry.

La Rochelle.

Poitiers.

553	50 c.+60 c. noir	4 65	3 »	4 65
554	60 c.+70 c. bleu-vert	3 90	2 30	3 90
555	80 c.+1 f. rose	3 90	2 30	3 90

Orléans.

Grenoble.

Angers.

556	1 f.+1 f. 30, vert	3 90	2 30	3 90
557	1 f. 20+1 f. 50, lie-de-vin	4 20	2 30	4 20
558	1 f. 50+1 f. 80, bleu foncé	4 30	2 30	4 30

Dijon.

Limoges.

Le Havre.

559	2 f.+2 f. 30, rouge	4 30	2 30	4 30
560	2 f. 40+2 f. 80, vert-gris	4 30	2 60	4 30
561	3 f.+3 f. 50, violet	4 30	2 60	4 30

Nantes.

Nice.

Saint-Étienne.

562	4 f.+5 f. outremer	4 30	3 »	4 30
563	4 f. 50+6 f. orange	4 30	3 »	4 30
564	5 f.+7 f. lilas-rose	4 65	3 »	4 65
	Nos 553 à 564 (12 val.)	51 »	31 »	51 »
	La série, non dentelée		185 »	

Tirage : 800 000 dont 560 000 séries vendues.

1942. - *Pour la Légion tricolore. Taille-douce. Dentelés 13.*

565	1 f. 20+8 f. 80, bleu	12 50	6 90	12 50
566	1 f. 20+8 f. 80, rouge	12 50	6 90	12 50
	a. La paire avec intervalle, impr. en relief	27 50	15 50	26 »
	b. La bande complète avec intervalle	55 »	35 »	54 »
	c. Idem (Non dentelée)		1 300 »	

Ces timbres ont été imprimés par feuilles de 20 exemplaires (10 timbres bleus dans le haut, 10 rouges dans le bas).

La bande blanche qui les sépare porte une impression du timbre à sec.

Tirage : 120 000 feuilles dont 48 000 vendues.

1942. - *Beffroi d'Arras. Taille-douce. Dentelé 13.*

567	10 f. vert	0 30	0 15	0 30
	(Sur lettre)			1 60
	(Id. seul)			4 60
	a. (Non dentelé)		55 »	
NOUVEAU	b. (double légende inférieure)	50 »	40 »	25 »

Tirage : 17 400 000.

1942
Du N° 538 au N° 567 =
30 timbres **89 *53 ⊙89

1943. - *Au profit du Secours national. Types de 1940-42. Taille-douce. Dentelés 13.*

568	1 f.+10 f. bleu	3 »	1 60	3 »
569	1 f.+10 f. rouge	3 »	1 60	3 »
570	2 f.+12 f. bleu	3 »	1 60	3 »
571	2 f.+12 f. rouge	3 »	1 60	3 »
	Nos 568 à 571 (4 val.)	12 »	6 40	12 »
571A	La bande de quatre timbres avec francisque	17 »	9 15	17 »
	a. idem, non dentelée		1 250 »	

Tirés par feuilles de cinq bandes.

Tirage : 1 000 000 de bandes.

1943. - *Armoiries de provinces (I). Typographie. Dentelés 14 x 13½.*

Lyonnais.

Bretagne.

572	5 f. outremer, rouge et jne	0 50	0 30	0 50
	(Sur lettre)			0 80
	(Id. seul)			7 65
573	10 f. noir et jaune-brun	0 80	0 50	0 65
	(Sur lettre)			0 80
	(Id. seul)			15 50
	a. (signature EL au lieu de PIEL)	25 »	14 »	14 »

Provence.

Ile-de-France.

574	15 f. outremer, rouge et jne	2 30	1 40	1 70
	(Sur lettre)			3 »
	(Id. seul)			23 »
575	20 f. brun, outremer et jne	1 90	1 »	1 90
	(Sur lettre)			3 85
	(Id. seul)			23 »
	Nos 572 à 575 (4 val.)	5 50	3 20	4 75
	La série, non dentelée		46 »	

Sans impression rouge dans l'écusson.

572a	5 f. outremer et jaune		125 »	

Tirages : 39 500 000, 45 350 000, 12 000 000 et 10 600 000.

1943. - *Au profit du Secours national. ("Travail, Famille, Patrie"). Taille-douce. Dentelés 13.*

576	1 f. 20+1 f. 40, violet-brun	18 50	11 50	18 50
577	1 f. 50+2 f. 50, rouge	18 50	11 50	18 50
578	2 f. 40+7 f. brun	18 50	11 50	18 50
579	4 f.+10 f. violet-brun	18 50	11 50	18 50
580	5 f.+15 f. rouge-brun	18 50	11 50	18 50
	Nos 576 à 580 (5 val.)	92 50	57 50	92 50
580A	La bande de cinq timbres	140 »	92 »	140 »
	a. idem non dentelée		1 250 »	

Tirés par feuilles de cinq bandes.

Tirage : 1 075 000 bandes.

1943. - *Antoine Laurent de Lavoisier (1743-1794) (d'après David). Taille-douce. Dentelé 14 x 13.*

581	4 f. bleu	0 30	0 15	0 30
	(Sur lettre)			3 »
	(Id. seul)			15 50
	a. (Non dentelé)		15 50	

Tirage : 2 610 000.

1943. - *Paysage du Dauphiné. Taille-douce. Dentelé 13.*

Le lac Lérié et la Meije.

582	20 f. vert foncé	1 10	0 80	1 10
	(Sur lettre)			3 »
	(Id. seul)			30 »
	a. (Non dentelé)		70 »	

Tirage : 1 675 000.

1943. - *Cinquième centenaire de l'Hôtel-Dieu de Beaune. Taille-douce. Dentelé 13.*

Nicolas Rolin (1380-1461) et Guigone de Salins, d'après Roger de La Pasture (Van der Weyden), et porche de l'Hôtel-Dieu.

583	4 f. bleu	0 30	0 15	0 30
	(Sur lettre)			2 30
	(Id. seul)			15 50
	a. bleu-gris	2 30	1 40	2 30
	b. bleu-gris, impression très défectueuse		420 »	
	c. Bleu-noir	1 25	0 80	0 80
	d. (Non dentelé)		46 »	

Tirage : 2 450 000.

1943. - *Au profit du Secours national. Taille-douce. Dentelé 13.*

584	1 f. 50+3 f. 50, noir	0 65	0 50	0 65
	(Sur lettre)			1 60
	(Id. seul)			15 50
	a. (Non dentelé)		61 »	

Tirage : 1 150 000.

1943. - *Au profit de la famille du prisonnier. Taille-douce. Dentelés 13.*

585	1 f. 50+8 f. 50, gris-brun	1 10	0 80	1 10
	(Sur lettre)			3 85
	(Id. seul)			15 50
586	2 f. 40+7 f. 60, vert	1 25	0 80	1 25
	(Sur lettre)			3 85
	(Id. seul)			77 »
	La paire, non dentelée		125 »	

Tirages : 1 190 000 et 1 050 000, dont 1 000 000 de paires vendues.

1943. - *Célébrités du XVIe siècle. Taille-douce. Dentelés 13.*

Michel Eyquem de Montaigne (1533-1592), moraliste.

François Clouet (1520-1572), peintre, Autoportrait.

Ambroise Paré (1510-1590), chirurgien.

587	60 c.+80 c. vert-bleu	2 30	1 40	2 30
588	1 f. 20+1 f. 50, noir	2 30	1 40	2 30
589	1 f. 50+3 f. outremer	2 30	1 40	2 30

Pierre Terrail, seigneur de Bayard (1476-1524).

Maximilien de Béthune, baron de Rosny, duc de Sully (1560-1641).

Henri IV (1553-1610).

590	2 f. 40+4 f. rouge	2 30	1 40	2 30
591	4 f.+6 f. brun-rouge	2 60	1 40	2 60
592	5 f.+10 f. vert	2 75	1 60	2 75
	Nos 587 à 592 (6 val.)	14 55	8 60	14 55
	La série, non dentelée		230 »	

Tirage : 1 000 000 de séries.

1943. - *Coiffes régionales. Au profit du Secours national. Taille-douce. Dentelés 13.*

Picardie.

Bretagne.

Ile-de-France.

593	60 c.+1 f. 30, brun	2 45	1 60	2 45
594	1 f. 20+2 f. violet	2 45	1 60	2 45
595	1 f. 50+4 f. bleu-vert	2 45	1 60	2 45

Bourgogne.

Provence.

Auvergne.

596	2 f. 40+5 f. carmin	2 45	1 60	2 45
597	4 f.+6 f. bleu	3 60	1 85	3 60
598	5 f.+7 f. rouge	3 60	2 »	3 60
	Nos 593 à 598 (6 val.)	17 »	10 25	17 »
	La série, non dentelée		230 »	

Tirage : 1 030 000, dont 1 000 000 de séries vendues.

1943
Du N° 568 au N° 598
Soit I : sauf 571A et 580A =
31 timbres **148 *89 ⊙146
Soit II : sauf 568-71 et 576-80 =
22 timbres,
2 bandes **199 *126 ⊙198

1944. - *Centenaire de la naissance du physicien Édouard Branly (1844-1940). Taille-douce. Dentelé 14 x 13.*

599	4 f. outremer	0 30	0 15	0 30
	(Sur lettre)			3 85
	(Id. seul)			15 50
	a. (Non dentelé)		23 »	

Tirage : 2 500 000.

1944. - *Tricentenaire de la naissance du maréchal Anne-Hilarion de Cotentin, comte de Tourville (1642-1701). Taille-douce. Dentelé 13.*

600	4 f.+6 f. rouge-brun	1 »	0 65	1 »
	(Sur lettre)			3 »
	(Id. seul)			15 50
	a. fond teinté	3 »	1 85	1 60
	b. (Non dentelé)		54 »	

Tirage : 1 185 000.

1944. - *Cinquantenaire de la mort du compositeur Charles Gounod (1818-1893). Taille-douce. Dentelé 14 x 13.*

601	1 f. 50+3 f. 50, sépia	1 25	0 65	1 »
	(Sur lettre)			3 »
	(Id. seul)			23 »
	a. (Non dentelé)		46 »	

Tirage : 1 350 000, dont 1 200 000 vendus.

1944. - *Armoiries de provinces (II). Typographie. Dentelés 14 x 13½.*

Flandre.

Languedoc.

602	5 f. rouge, noir et orange	0 30	0 15	0 30
	(Sur lettre)			0 80
	(Id. seul)			15 50
603	10 f. noir, carmin et jaune	0 30	0 15	0 30
	(Sur lettre)			0 80
	(Id. seul)			15 50

Orléanais.

Normandie.

604	15 f. brun, bleu et jaune	1 »	0 70	1 »
	(Sur lettre)			1 10
	(Id. seul)			15 50
605	20 f. outremer, rouge et jaune	1 60	1 »	1 25
	(Sur lettre)			1 60
	(Id. seul)			15 50
	Nos 602 à 605 (4 val.)	3 20	2 »	2 85
	La série, non dentelée		61 »	

Tirages : 35 400 000, 28 900 000, 13 500 000 et 9 100 000.

1944. - *88e anniversaire du maréchal Pétain. Taille-douce. Dentelés 13.*

Buste du maréchal (médaille, par Lavrillier).

606	1 f. 50+3 f. 50, brun-noir	4 60	2 75	4 60
	a. brun rosé	11 »	6 40	11 »
	b. (Non dentelé)		115 »	

Corporation paysanne.

Charte du travail.

607	2 f.+3 f. bleu	0 80	0 50	0 80
608	4 f.+6 f. rose	0 80	0 50	0 80
	La paire, non dentelée		92 »	

Tirages : 1 100 000, 1 200 000 et 1 200 000.

1944. - *Centenaire du service postal ambulant. Taille-douce. Dentelé 13.*

609	1 f. 50, vert	1 »	0 50	0 80
	(Sur lettre)			1 60
	(Id. seul)			7 65
	a. (Non dentelé)		46 »	

Tirage : 3 070 000.

1944. - *Château de Chenonceaux. Taille-douce. Dentelés 13.*

610	15 f. brun-lilas	0 80	0 30	0 65
	(Sur lettre)			1 60
	(Id. seul)			7 65
	a. brun-noir	11 »	6 90	2 30
	b. (Non dentelé)		30 »	
	c. gris-noir	65 »	50 »	46 »
611*	25 f. noir	1 »	0 50	0 80
	(Sur lettre)			1 60
	(Id. seul)			7 65
	a. (Non dentelé)		61 »	

Le n° 611, paru en octobre 1944, porte R F dans le coin supérieur droit.

Tirages : 2 500 000 et 4 000 000.

1944. - *Célébrités du XVIIe siècle. Taille-douce. Dentelés 13.*

J.-B. Poquelin, dit Molière (1622-1673).

Jules Hardouin dit Hardouin-Mansart (1646-1708).

Blaise Pascal (1623-1662).

612	50 c.+1 f. 50, rouge carminé	2 50	1 60	2 50
613	80 c.+2 f. 20, vert foncé	1 90	1 10	1 90
614	1 f. 20+2 f. 80, noir	1 90	1 10	1 90

Louis II, prince de Condé (1621-1686).

J.-B. Colbert (1619-1683).

Louis XIV (1638-1715), par Rigaud.

615	1 f. 50+3 f. 50, outremer	1 90	1 10	1 90
616	2 f.+4 f. brun-rouge	1 90	1 10	1 90
617	4 f.+6 f. vermillon	1 90	1 10	1 90
	N°s 612 à 617 (6 val.)	12 »	7 10	12 »
	La série, non dentelée		245 »	
	Tirage : 1 050 000 séries.			

1944. - *Centenaire des lignes de chemin de fer Paris-Orléans et Paris-Rouen. Au profit du Secours national. Taille-douce. Dentelé 13.*

618	4 f.+6 f. noir	2 60	1 60	2 30
	(Sur lettre)			7 65
	(Id. seul)			30 »
	a. (Non dentelé)		61 »	
	Tirage : 1 160 000.			

1944. - *Sesquicentenaire du télégraphe optique. Taille-douce. Dentelé 14 x 13.*

Claude Chappe (1763-1805), ingénieur.

619	4 f. bleu	0 30	0 15	0 30
	(Sur lettre)			3 »
	(Id. seul)			15 50
	a. (Non dentelé)		23 »	
	Tirage : 2 725 000.			

Gouvernement Provisoire

1944. - *Arc de Triomphe de l'Étoile. 1re série. Lithographie. Dentelés 11.*

620	5 c. lilas-rose	0 15	0 15	0 15
	(Sur lettre)			7 65
	(Id. seul)			» »
621	10 c. gris	0 15	0 15	0 15
	(Sur lettre)			7 65
	(Id. seul)			77 »
622	25 c. brun-jaune	0 15	0 15	0 15
	(Sur lettre)			7 65
	(Id. seul)			61 »
623	50 c. jaune-olive	0 15	0 15	0 15
	(Sur lettre)			7 65
	(Id. seul)			77 »
624	1 f. vert	0 15	0 15	0 15
	(Sur lettre)			7 65
	(Id. seul)			77 »
625	1 f. 50, rose	0 15	0 15	0 15
	(Sur lettre)			7 65
	(Id. seul)			15 50

NOUVEAU	a. (Auréolé)	30 »	30 »	30 »
626	2 f. 50, violet	0 15	0 15	0 15
	(Sur lettre)			15 50
	(Id. seul)			110 »
627	4 f. bleu	0 15	0 15	0 15
	(Sur lettre)			9 15
	(Id. seul)			15 50
628	5 f. gris-noir	0 30	0 30	0 30
	(Sur lettre)			30 »
	(Id. seul)			110 »
629	10 f. orange	35 50	21 50	27 50
	(Sur lettre)			155 »
	(Id. seul)			460 »
	N°s 620 à 629 (10 val.)	37 »	23 »	29 »

Cette série a été imprimée aux États-Unis.

Les 50 c. et 1 f. 50 ont reparu en 1945, mais avec chiffres en noir, en même temps que d'autres valeurs (n°s 702 à 711).

1944. - *Série d'Alger. Coq et Marianne (d'Alger). Lithographie. Dentelés 12.*

N° 635b.

Type Coq.

630	10 c. vert-jaune	0 15	0 15	0 15
	(Sur lettre)			23 »
	(Id. seul)			» »
631	30 c. lilas foncé	0 50	0 30	0 50
	(Sur lettre)			23 »
	(Id. seul)			125 »
632	40 c. bleu	0 15	0 15	0 15
	(Sur lettre)			23 »
	(Id. seul)			125 »
633	50 c. rouge	0 15	0 15	0 15
	(Sur lettre)			23 »
	(Id. seul)			230 »

Type Marianne.

634	60 c. sépia	0 15	0 15	0 15
	(Sur lettre)			30 »
	(Id. seul)			230 »
635	70 c. lilas-rose	0 15	0 15	0 15
	(Sur lettre)			23 »
	(Id. seul)			125 »
NOUVEAU	a. (bonnet à pointe)	30 »	30 »	30 »
636	80 c. vert-jaune	1 40	0 80	1 40
	(Sur lettre)			23 »
	(Id. seul)			155 »
637	1 f. violet	0 30	0 15	0 30
	(Sur lettre)			15 50
	(Id. seul)			155 »
638	1 f. 20, rouge carminé	0 30	0 15	0 30
	(Sur lettre)			15 50
	(Id. seul)			185 »
639	1 f. 50, bleu	0 15	0 15	0 15
	(Sur lettre)			7 65
	(Id. seul)			15 50

Type Coq.

640	2 f. gris-bleu	0 15	0 15	0 15
	(Sur lettre)			15 50
	(Id. seul)			230 »

Type Marianne.

641	2 f. 40, vermillon	1 85	1 10	1 85
	(Sur lettre)			40 »
	(Id. seul)			915 »
642	3 f. vert foncé	0 30	0 15	0 30
	(Sur lettre)			23 »
	(Id. seul)			125 »
643	4 f. bleu clair	0 30	0 15	0 30
	(Sur lettre)			15 50
	(Id. seul)			61 »
644	4 f. 50, noir	0 15	0 15	0 15
	(Sur lettre)			15 50
	(Id. seul)			46 »
645	5 f. bleu-violet	5 50	3 35	5 50
	(Sur lettre)			77 »
	(Id. seul)			230 »

Type Coq.

646	10 f. violet	6 »	3 85	6 »
	(Sur lettre)			77 »
	(Id. seul)			» »
647	15 f. sépia	6 »	3 85	6 »
	(Sur lettre)			77 »
	(Id. seul)			» »
648	20 f. vert-noir	5 35	3 35	5 35
	(Sur lettre)			77 »
	(Id. seul)			305 »
	Nos 630 à 648 (19 val.)	29 »	18 40	29 »
	La série, non dentelée		600 »	

Les timbres au type Coq ont une gomme mate, peu visible.

1944. - *Type Iris. Typographie. Dentelés 14 x 13½.*

649	80 c. vert-jaune	0 30	0 15	0 30
	(Sur lettre)			4 60
	(Id. seul)			15 50
650	1 f. bleu clair	0 15	0 15	0 15
	(Sur lettre)			1 60
	(Id. seul)			4 60

	a. (Bord de feuille filigrané)	30 »		NOUVEAU
651	1 f. 20, violet	0 15	0 15	0 15
	(Sur lettre)			0 80
	(Id. seul)			1 60
652	1 f. 50, rouge-brun	0 15	0 15	0 15
	(Sur lettre)			0 80
	a. bistre	0 15	0 15	0 15
653	2 f. brun	0 15	0 15	0 15
	(Sur lettre)			0 80
	(Id. seul)			1 60
	a. (bord de feuille filigrané)	120 »		NOUVEAU
654	2 f. 40, rose carminé	0 30	0 15	0 30
	(Sur lettre)			3 »
	(Id. seul)			46 »
655	3 f. rouge-orange	0 30	0 15	0 15
	(Sur lettre)			3 »
	(Id. seul)			6 »
	a. (bord de feuille filigrané)	30 »		NOUVEAU
656	4 f. bleu	0 30	0 15	0 30
	(Sur lettre)			4 60
	(Id. seul)			9 15
	Nos 649 à 656 (8 val.)	1 80	1 20	1 65
	La série, non dentelée		77 »	

1944. - *Type Mercure. Timbres de 1942 (nos 546 à 549) surchargés RF*

657	10 c. outremer	0 15	0 15	0 15
	(Sur lettre)			1 60
	(Id. seul)			7 65
658	30 c. rouge	0 15	0 15	0 15
	(Sur lettre)			1 60
	(Id. seul)			4 60
659	40 c. violet	0 15	0 15	0 15
	(Sur lettre)			1 60
	(Id. seul)			3 »
660	50 c. turquoise	0 15	0 15	0 15
	(Sur lettre)			0 80
	(Id. seul)			1 60
	Nos 657 à 660 (4 val.)	0 60	0 60	0 60

1944. - *Huitième centenaire de la basilique de Saint-Denis. Taille-douce. Dentelé 13.*

Tombeaux des rois de France dans la crypte.

661	2 f. 40, brun-rouge	0 50	0 30	0 50

	(Sur lettre)			4 60
	(Id. seul)			155 »
	a. (Non dentelé)		40 »	

Tirage : 2 400 000.

1944. - *Centenaire de la bataille de l'Isly (Algérie). Effigie du maréchal Bugeaud (1784-1849). Taille-douce. Dentelé 13.*

Thomas Robert Bugeaud, marquis de la Piconnerie.

662	4 f. gris-vert	0 30	0 15	0 30
	(Sur lettre)			4 60
	(Id. seul)			23 »
	a. (Non dentelé)		40 »	

Tirage : 2 400 000.

1944. - *Cathédrales. Au profit de l'Entraide française. Taille-douce. Dentelés 13.*

Angoulême.

Chartres.

Amiens.

663	50 c.+1 f. 50, noir	1 »	0 65	1 »
664	80 c.+2 f. 20, lie-de-vin	1 »	0 65	1 »
665	1 f. 20+2 f. 80, brun-rouge	1 »	0 65	1 »

Beauvais.

Albi.

666	1 f. 50+3 f. 50, bleu	1 »	0 65	1 »
667	4 f.+6 f. orange	1 »	0 65	1 »
	N°s 663 à 667 (5 val.)	5 »	3 25	5 »
	La série, non dentelée		345 »	

Tirage : 1 375 000 séries.

Écusson de Renouard de Villayer, créateur de la Petite Poste.

1944. - *Journée du Timbre. Au profit de l'Entraide française. Taille-douce. Dentelé 13.*

668	1 f. 50+3 f. 50, brun	0 30	0 15	0 30
	(Sur lettre)			4 60
	(Id. seul)			16 »
	a. (Non dentelé)		46 »	

Tirage : 2 700 000.

1944
Du N° 599 au N° 668 =
70 timbres **104 *64 °95

1945. - *Libération. Taille-douce. Dentelé 13.*

669	4 f. bleu	0 50	0 30	0 50
	(Sur lettre)			3 »
	(Id. seul)			15 50
	a. (Non dentelé)		54 »	

Tirage : 7 500 000.

IVe République

1945-47. - *Typographie. Dentelés 14 x 13½.*

Chaînes brisées.

Cérès de Mazelin.

Type Chaînes brisées.

670	10 c. brun-noir	0 15	0 15	0 15
	(Sur lettre)			3 »
	(Id. seul)			40 »
671	30 c. vert	0 15	0 15	0 15
	(Sur lettre)			3 »
	(Id. seul)			23 »
672	40 c. lilas-rose	0 30	0 15	0 30
	(Sur lettre)			3 »
	(Id. seul)			23 »
673	50 c. violet foncé	0 15	0 15	0 15
	(Sur lettre)			3 »
	(Id. seul)			15 50

Type Cérès de Mazelin.

674	60 c. outremer	0 15	0 15	0 15
	(Sur lettre)			3 »
	(Id. seul)			23 »
675	80 c. vert-jaune	0 15	0 15	0 15
	(Sur lettre)			3 »
	(Id. seul)			15 50
676	1 f. rose-rouge	0 15	0 15	0 15
	(Sur lettre)			3 »
	(Id. seul)			4 60
677	1 f. 20, brun-noir	0 15	0 15	0 15
	(Sur lettre)			3 »
	(Id. seul)			61 »

678	1 f. 30, bleu	0 15	0 15	0 15
	(Sur lettre)			3 »
	(Id. seul)			11 »
679	1 f. 50, lilas	0 15	0 15	0 15
	(Sur lettre)			3 »
	(Id. seul)			4 60
680	2 f. vert-jaune	0 15	0 15	0 15
	(Sur lettre)			3 »
	(Id. seul)			4 60
681	2 f. 50, brun	0 15	0 15	0 15
	(Sur lettre)			3 »
	(Id. seul)			4 60
	Nos 670 à 681 (12 val.)	1 95	1 80	1 95
	Nos 670 à 681, sauf 678 et 680, ▯, chaque		9 15	

Le 90 c. vert au type Cérès de Mazelin n'existe qu'avec préoblitération (voir Préoblitérés n° 89).

1945. - *Série de Londres. Marianne de Dulac. Taille-douce. Dentelés 11½ x 12½.*

682	10 c. bleu	0 15	0 15	0 15
	(Sur lettre)			3 »
	(Id. seul)			46 »
683	30 c. jaune-bistre	0 15	0 15	0 15
	(Sur lettre)			3 »
	(Id. seul)			30 »
684	40 c. bleu-noir	0 15	0 15	0 15
	(Sur lettre)			3 »
	(Id. seul)			30 »
685	50 c. vermillon	0 15	0 15	0 15
	(Sur lettre)			3 »
	(Id. seul)			92 »
686	60 c. bleu-gris	0 15	0 15	0 15
	(Sur lettre)			3 »
	(Id. seul)			92 »
687	70 c. brun-violet	0 15	0 15	0 15
	(Sur lettre)			3 »
	(Id. seul)			46 »
688	80 c. vert	0 15	0 15	0 15
	(Sur lettre)			3 »
	(Id. seul)			15 50
689	1 f. lilas	0 15	0 15	0 15
	(Sur lettre)			3 »
	(Id. seul)			6 »
690	1 f. 20, noir-olive	0 15	0 15	0 15
	(Sur lettre)			3 »
	(Id. seul)			40 »
691	1 f. 50, groseille	0 15	0 15	0 15
	(Sur lettre)			3 »
	(Id. seul)			4 60
692	2 f. brun	0 15	0 15	0 15
	(Sur lettre)			3 »
	(Id. seul)			4 60
693	2 f. 40, rouge BF n° 4	0 15	0 15	0 15
	(Sur lettre)			3 »
	(Id. seul)			305 »
	a. (Non dentelé)	460 »	345 »	
694	3 f. olive	0 15	0 15	0 15
	(Sur lettre)			3 »
	(Id. seul)			7 65
695	4 f. outremer	0 30	0 15	0 30
	(Sur lettre)			3 »
	(Id. seul)			15 50
696	4 f. 50, gris foncé	0 30	0 15	0 30
	(Sur lettre)			3 »
	(Id. seul)			23 »
697	5 f. orange	0 30	0 15	0 30
	(Sur lettre)			7 65
	(Id. seul)			46 »
698	10 f. vert clair	0 30	0 15	0 30
	(Sur lettre)			7 65
	(Id. seul)			46 »
699	15 f. lie-de-vin	0 50	0 15	0 30
	(Sur lettre)			15 50
	(Id. seul)			77 »
700	20 f. brun-orange	2 15	1 10	1 85
	(Sur lettre)			15 50
	(Id. seul)			61 »
701	50 f. violet foncé	4 20	2 30	3 »
	(Sur lettre)			23 »
	(Id. seul)			77 »
	Nos 682 à 701 (20 val.)	10 »	6 10	8 30

Imprimés à Londres chez De La Rue.

Toutes les valeurs existent, non dentelées, souvent collées sur les feuilles de De La Rue. (valeur : 460 » chaque).

Dès 1942 deux séries de trois valeurs chacune, portant la même effigie mais avec encadrement différent avaient été imprimées en héliogravure chez Harrison and Sons et livrées au gouvernement de la France Libre du Général de Gaulle. Ces deux séries ne furent pas mises en cours.

Dentelés 15 x 14.

I

II

Type I.

701A	25 c. *vert*	185 »	115 »
701B	1 f. *rose-rouge*	185 »	115 »
701C	2 f.50, *outremer*	185 »	115 »

Type II.

701D	25 c. *vert*	40 »	27 »
701E	1 f. *rose-rouge*	40 »	27 »
701F	2 f.50, *outremer*	40 »	27 »

1945. - *Type Arc de Triomphe de 1944. 2e série. Chiffres de la valeur en noir. Lithographie. Dentelés 11.*

702	30 c. orange	0 15	0 15	0 15
	(Sur lettre)			3 »
	(Id. seul)			30 »
703	40 c. gris	0 15	0 15	0 15
	(Sur lettre)			3 »
	(Id. seul)			40 »
704	50 c. jaune-olive	0 15	0 15	0 15
	(Sur lettre)			3 »
	(Id. seul)			46 »
705	60 c. violet	0 15	0 15	0 15
	(Sur lettre)			3 »
	(Id. seul)			46 »
706	80 c. vert-jaune	0 15	0 15	0 15
	(Sur lettre)			3 »
	(Id. seul)			30 »
707	1 f. 20, brun	0 15	0 15	0 15
	(Sur lettre)			3 »
	(Id. seul)			30 »
708	1 f. 50, rouge	0 15	0 15	0 15
	(Sur lettre)			3 »
	(Id. seul)			30 »
709	2 f. jaune-orange	0 15	0 15	0 15
	(Sur lettre)			3 »
	(Id. seul)			30 »
710	2 f. 40, rose carminé	0 15	0 15	0 15
	(Sur lettre)			6 »
	(Id. seul)			385 »

711	3 f. lilas	0 15	0 15	0 15
	(Sur lettre)			6 »
	(Id. seul)			46 »
	Nos 702 à 711 (10 val.)	1 50	1 50	1 50

Série imprimée aux États-Unis.

1945-47. - *Marianne de Gandon.*

N° 722a.

Typographie. Format 17 x 21. Dentelés 14 x 13½.

712	1 f. 50, rose carminé	0 15	0 15	0 15
	(Seul sur lettre)			7 65
	a. (Sans f après 1)	12 50	7 65	3 85
713	2 f. vert	0 15	0 15	0 15
	(Seul sur lettre)			1 60
	a. vert foncé	0 30	0 15	0 15
	b. (2 sans f)	14 »	8 40	5 35
714	2 f. 40, rouge	0 50	0 15	0 50
	(Seul sur lettre)			460 »
715	3 f. brun foncé	0 15	0 15	0 15
	(Seul sur lettre)			1 60
	a. brun-noir	0 30	0 15	0 30
716	3 f. rose	0 15	0 15	0 15
	(Seul sur lettre)			1 60
	a. rose carminé	0 30	0 15	0 15
716A	3 f. vert	2 30	1 10	0 50
	(Seul sur lettre)			3 »
716B	3 f. 50, rouge-brun	1 »	0 50	0 65
	(Seul sur lettre)			4 60
717	4 f. outremer	0 15	0 15	0 15
	(Seul sur lettre)			30 »
	a. bleu	0 30	0 15	0 30
718	4 f. violet clair	0 15	0 15	0 15
	(Seul sur lettre)			15 50
	a. violet vif	0 30	0 15	0 30
718A	4 f. 50, bleu	0 15	0 15	0 15
	(Seul sur lettre)			15 50
719	5 f. vert	0 30	0 15	0 15
	(Seul sur lettre)			7 65
719A	5 f. rose	0 15	0 15	0 15
	(Seul sur lettre)			7 65
	(Idem, sur lettre des 1 ou 2/1/47)			460 »
719B	5 f. bleu	0 30	0 15	0 30
	(Seul sur lettre)			3 »
720	6 f. bleu-violet	0 30	0 15	0 30
	(Seul sur lettre)			1 60
721	6 f. rouge	2 »	1 10	1 30
	(Seul sur lettre)			30 »
721A	6 f. rose carminé	0 30	0 15	0 15
	(Seul sur lettre)			3 »
722	10 f. orange	0 80	0 45	0 65
	(Seul sur lettre)			30 »
NOUVEAU	a. (Boucle d'oreille)	50 »	40 »	25 »
723	10 f. bleu	2 »	1 10	1 »
	(Seul sur lettre)			125 »
724	15 f. lilas-rose	4 »	2 30	2 30
	(Seul sur lettre)			30 »
	Nos 712 à 724 (19 val.)	15 »	8 50	9 »

Taille-douce. Format 18 x 22. Dentelés 14 x 13.

725	4 f. bleu	0 30	0 15	0 30
	(Seul sur lettre)			7 65
726	10 f. bleu	1 60	0 80	0 65
	(Seul sur lettre)			46 »
727	15 f. lilas-rose	11 »	6 »	2 50
	(Seul sur lettre)			77 »
	a. lilas-rose pâle	12 50	6 90	2 30
728	20 f. vert	1 60	0 80	0 65
	(Seul sur lettre)			46 »
	a. vert pâle	1 85	1 10	0 80
729	25 f. orange	11 »	5 80	1 85
	(Seul sur lettre)			92 »

Taille-douce. Format 22 x 36. Dentelés 13.

730	20 f. vert	1 60	1 »	1 40
	(Seul sur lettre)			92 »
731	25 f. violet	2 »	1 10	1 60
	(Seul sur lettre)			54 »
	a. lilas-gris	3 85	2 30	2 »
732	50 f. brun-rouge	2 40	1 25	2 40
	(Seul sur lettre)			54 »
733	100 f. carmin	15 50	9 10	7 65
	(Seul sur lettre)			230 »
	a. rose	17 »	11 »	8 40

	b. (à la bretelle)	100 »	60 »	30 »
	Nos 725 à 733 (9 val.)	47 »	26 »	19 »

Mèches reliées.

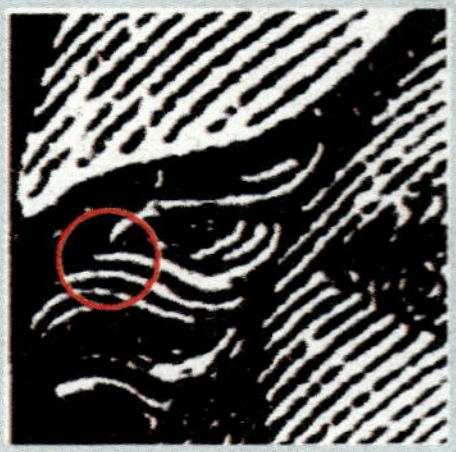

720a	6 f. bleu-violet	28 »	20 »	11 50
721a	6 f. rouge	28 »	20 »	14 »
721Aa	6 f. rose carminé	28 »	20 »	11 50
721Ab	Idem, retouché	54 »	40 »	17 »

• Cette variété existant sur les cases 44 et 94 a été retouchée au cours des tirages du 6 f. rose.

Mèches croisées.

720b	6 f. bleu-violet	28 »	20 »	11 50
721b	6 f. rouge	28 »	20 »	14 »
721Ac	6 f. rose carminé	28 »	20 »	11 50

Cette variété existe sur les cases 15 et 65.

Non dentelés.

N°s 712, 713, 714, 715, 716, 717, 719 720, 721, 722, 723 et 724 (12 valeurs)	215 »
718A et 719B (chaque timbre)	305 »
725 à 729 (5 valeurs)	110 »
730 et 731 (chaque timbre)	115 »
732 et 733 (chaque timbre)	535 »

Le n° 719A, vendu à la poste avec un rabais de 10%, n'affranchissait que pour 4 f. 50.

Voir, de 1948 à 1953, les valeurs au même type parues dans d'autres couleurs (n°s 806 à 813, 827, 883 à 887, 968 et Préoblitérés n° 95) et celles émises en 1949 à l'occasion de l'Exposition du centenaire du Timbre (n°s 832 et 833).

1945. - *Libération de Metz et de Strasbourg. Armoiries. Taille-douce. Dentelés 14 x 13.*

Metz.

Strasbourg.

734	2 f. 40, bleu	0 30	0 15	0 30
	(Sur lettre)			7 65
	(Id. seul)			155 »
735	4 f. brun-noir	0 30	0 15	0 30
	(Sur lettre)			7 65
	(Id. seul)			30 »
	La paire, non dentelée		70 »	

Tirages : 5 035 000 et 5 040 000.

1945. - *Au profit des tuberculeux. Typographie. Dentelés 14 x 13½.*

736	2 f.+1 f. orange	0 30	0 15	0 30
	a. (Non dentelé)		19 25	

Est reparu surchargé en 1945 (n° 750).

Tirage : 38 000 000.

1945. - *Au profit des victimes de guerre des P.T.T. Taille-douce. Dentelé 13.*

737	4 f.+6 f. brun-lilas	0 30	0 15	0 30
	a. (Non dentelé)		42 »	

Tirage : 5 050 000.

1945. - *Centenaire de la naissance de Sarah Bernhardt (1844-1923). Au profit de la fondation Coquelin. Taille-douce. Dentelé 13.*

Rosine Bernard dite Sarah Bernhardt par Bastien-Lepage.

738	4 f.+1 f. brun-lilas	0 50	0 30	0 50
	a. (Non dentelé)		77 »	

Tirage : 4 500 000.

1945. - *Libération de l'Alsace et de la Lorraine. Taille-douce. Dentelé 13.*

Alsacienne et Lorraine, Cathédrales de Strasbourg et de Metz.

739	4 f. rouge-brun	0 30	0 15	0 30
	a. (Non dentelé)		54 »	

Tirage : 4 950 000.

1945. - *Au profit de la Croisade de l'air pur. Taille-douce. Dentelé 13.*

740	4 f.+2 f. vert-bleu	0 30	0 15	0 30
	a. (Non dentelé)		46 »	

Tirage : 3 500 000.

1945. - *La France d'Outre-mer. Type de 1940 avec millésime 1945 et Croix de Lorraine. Taille-douce. Dentelé 13.*

741	2 f. bleu-vert (453)	0 30	0 15	0 30
	a. (Non dentelé)		30 »	

Tirage : 4 250 000.

1945. - *Anniversaire de la destruction d'Oradour-sur-Glane. Au profit de l'Entraide française. Taille-douce. Dentelé 13.*

L'incendie de l'Église.

742	4 f.+2 f. gris	0 30	0 15	0 30
	a. (Non dentelé)		40 »	

Tirage : 4 500 000.

1945. - *Journée du Timbre. Effigie de Louis XI. Au profit de l'Entraide française. Taille-douce. Dentelé 13.*

Louis XI (1423-1483).

743	2 f.+3 f. bleu	0 65	0 30	0 65
	a. (Non dentelé)		50 »	

Tirage : 3 530 000.

1945. - *Au profit de l'Entraide française. Taille-douce. Dentelés 13.*

Place Jean Bart, à Dunkerque.

Cathédrale et quais de Rouen.

744	1 f. 50+1 f. 50, rouge-brun	0 65	0 50	0 65
745	2 f.+2 f. violet	0 65	0 50	0 65

Église Saint-Jean, à Caen.

Les remparts, à Saint-Malo.

746	2 f. 40+2 f. 60, bleu	0 65	0 50	0 65
747	4 f.+4 f. noir	0 65	0 50	0 65
	N°s 744 à 747 (4 val.)	2 60	2 »	2 60
	La série, non dentelée		185 »	

Tirage : 3 225 000 séries.

1945
Du N° 669 au N° 747
(sauf 701A à F) =
85 timbres ****82** ***48** **⊙46**

1946. - *Propagande sanitaire. Taille-douce. Dentelés 13.*

Alfred Fournier (1839-1914), médecin.

Henri Becquerel (1852-1908), prix Nobel de Physique, 1903.

748	2 f.+3 f. rouge-brun	0 50	0 30	0 50
749	2 f.+3 f. violet	0 50	0 30	0 50
	La paire, non dentelée		110 »	

Tirage : 2 225 000 dont 2 200 000 vendus.

Le n° 748 a été émis en bleu-noir en 1947 (n° 789).

1946. - *Timbre de 1945 (n° 736) surchargé :*

750	3 f. s. 2 f.+1 f. orange	0 30	0 15	0 30

Tirage : 11 700 000.

1946. - *Pour les plus grands invalides de guerre. Taille-douce. Dentelé 13.*

Chapelle des Invalides, à Paris.

751	4 f.+6 f. rouge-brun	0 50	0 30	0 50
	a. (Non dentelé)		40 »	

Tirage : 2 300 000.

1946. - *Pour les oeuvres de la marine. Taille-douce. Dentelé 13.*

Bâtiments de ligne.

752	2 f.+3 f. noir	1 »	0 65	1 »
	a. (Papier mince)	1 85	1 »	1 10
	b. (Non dentelé)		125 »	

Tirage : 2 525 000.

1946. - *Pour le Musée postal. Taille-douce. Dentelé 13.*

"Le cachet de cire", d'après J.-B. Chardin (1699-1779).

753	2 f.+3 f. rouge-brun	0 65	0 30	0 65
	a. (Papier mince)	1 60	1 »	1 10
	b. (Non dentelé)		155 »	

Tirage : 2 640 000.

1946. - *Journée du Timbre. Taille-douce. Dentelé 13.*

Guillaume Fouquet, marquis de La Varane (1560-1616), et chapelle du Prytanée de la Flèche.

754	3 f.+2 f. brun-noir	0 80	0 50	0 80
	a. (Non dentelé)		84 »	

Tirage : 3 100 000.

1946. - *Armoiries de Provinces (III). Typographie. Dentelés 14 x 13½.*

Corse.

Alsace.

755	10 c. outremer et noir	0 15	0 15	0 15
	a. bleu-gris et noir	0 30	0 15	0 30
756	30 c. noir, rouge et jaune	0 15	0 15	0 15

Lorraine.

Nice.

757	50 c. brun, jaune et rouge	0 15	0 15	0 15
758	60 c. noir, rouge et outremer	0 15	0 15	0 15
	Nos 755 à 758 (4 val.)	0 60	0 60	0 60
	La série, non dentelée		61 »	

Tirages : 71 900 000, 129 900 000, 244 500 000 et 64 600 000.

1946. - *Monuments et sites. Taille-douce. Dentelés 13.*

Vézelay.

Palais du Luxembourg, oeuvre de Salomon de Brosse (1571-1626).

759	5 f. lilas	0 30	0 15	0 30
760	10 f. bleu	0 30	0 15	0 30
	a. bleu clair	0 30	0 15	0 30
	b. (Non dentelé)		840 »	

Un 12 f. rose carminé et un 15 f. rouge, Palais du Luxembourg, ont paru en 1948 (nos 803 et 804).

Tirages : 34 500 000 et 124 300 000.

1946. - *Conférence de la paix, à Paris. Taille-douce. Dentelés 13.*

761	3 f. vert foncé	0 30	0 15	0 30
762	10 f. bleu	0 30	0 15	0 30
	La paire, non dentelée		110 »	

Tirages : 15 000 000 et 10 000 000.

1946. - *Monuments et sites. Taille-douce. Dentelés 13.*

Rocamadour.

Pointe du Raz.

763	15 f. brun-lilas	5 35	3 »	0 65
764	20 f. bleu-noir	1 60	0 80	0 30
	a. (Non dentelé)		840 »	

Tirages : 46 850 000 et 185 300 000.

1946. - *Célébrités du XVe siècle. Taille-douce. Dentelés 13.*

Villon.

Fouquet.

Commynes.

765	2 f.+1 f. vert foncé	1 90	1 25	1 90
766	3 f.+1 f. noir	1 90	1 25	1 90

NOUVEAU	a. (Bonnet à pointe)	30 »	18 50	27 50
	b. (Non dentelé)		500 »	
767	4 f.+3 f. brun-rouge	1 90	1 25	1 90

Jeanne d'Arc.

Jean Charlier, dit Jean de Gerson.

Charles VII.

768	5 f.+4 f. outremer	2 10	1 25	2 10
769	6 f.+5 f. sépia	2 10	1 50	2 10
770	10 f.+6 f. rouge	2 10	1 50	2 10
	a. (Papier mince)	14 »	9 15	14 »
	Nos 765 à 770 (6 val.)	12 »	8 »	12 »

Tirage : 2 200 000 séries.

1946. - *Conférence générale de l'U.N.E.S.C.O. (Organisation pour le développement de l'éducation, des sciences et de la culture dans les Nations Unies), à Paris. Taille-douce. Dentelé 13.*

771	10 f. bleu	0 30	0 15	0 30

Tirage : 5 000 000.

1946
Du N° 748 au N° 771 =
24 timbres ****25** ***16** **⊙9**

1947. - *Cathédrales. Taille-douce. Dentelés 13.*

Saint-Sernin, de Toulouse.

Notre-Dame du Port, à Clermont-Ferrand.

772	1 f.+1 f. rose	1 30	0 80	1 30
773	3 f.+2 f. bleu-noir	3 70	2 15	3 70

Saint-Front, de Périgueux.

Saint-Julien, Le Mans.

774	4 f.+3 f. brun-rouge	1 90	1 10	1 90
775	6 f.+4 f. bleu	1 90	1 10	1 90

Notre-Dame de Paris.

776	10 f.+6 f. vert	3 70	2 15	3 70
	Nos 772 à 776 (5 val.)	12 50	7 30	12 50

Tirage : 1 600 000 séries.

1947. - *Monuments et sites. Taille-douce. Dentelés 13.*

La Croisette, à Cannes.

Place Stanislas, à Nancy.

777	6 f. rouge	1 85	1 10	0 80
778	25 f. brun-noir	5 35	3 »	0 50

Ce dernier a reparu en bleu en 1948 (n° 822).

Tirages : 16 350 000 et 72 800 000.

1947. - *Journée du Timbre. Michel Le Tellier, marquis de Louvois. Taille-douce. Dentelé 13.*

779	4 f. 50+5 f. 50, rose carminé	1 85	1 10	1 85
	a. (Papier mince)	10 »	6 »	10 »

Tirage : 2 200 000.

1947. - *12ᵉ Congrès de l'Union Postale Universelle, à Paris. Taille-douce. Dentelés 13.* ✈

Colonnade du Louvre.

La Conciergerie.

780	3 f. 50, brun-lilas	0 50	0 30	0 50
781	4 f. 50, bleu-gris	0 70	0 50	0 50

La Cité.

Place de la Concorde.

782	6 f. rouge	1 40	0 80	1 25
783	10 f. outremer	1 40	0 80	1 25
	a. bleu	2 60	1 70	2 60
	Nᵒˢ 780 à 783 (4 val.)	4 »	2 40	3 50

La série, non dentelée

Tirages : 2 500 000, 4 500 000, 2 500 000 et 3 500 000.

1947. - *Centenaire de la naissance de l'explorateur Auguste Pavie. Taille-douce. Dentelé 13.*

784	4 f. 50, brun foncé	0 50	0 30	0 50

Tirage : 2 000 000.

1947. - *En l'honneur de Fénelon. Taille-douce. Dentelé 13.*

François de Salignac de la Mothe-Fénélon.

785	4 f. 50, brun-lilas	0 50	0 30	0 50

Tirage : 2 000 000.

1947. - *5ᵉ anniversaire du débarquement britannique à Saint-Nazaire. Taille-douce. Dentelé 13.*

Monument commémoratif.

786	6 f.+4 f. bleu-noir	0 80	0 50	0 80

Tirage : 1 800 000.

1947. - *Jamboree mondial, à Moisson. Taille-douce. Dentelé 13.*

Emblème scout.

787	5 f. brun	0 50	0 30	0 50

Tirage : 2 875 000.

1947. - *Voie de la Liberté. Taille-douce. Dentelé 13.*

Une des bornes de la Voie de la Liberté, à Ste-Mère-Église.

788	6 f.+4 f. vert-bleu	1 25	0 80	1 25
	a. (anneau sur la flamme)	30 »	20 »	28 »

Tirage : 1 900 000.

1947. - *Alfred Fournier. Type de 1946 (n° 748). Taille-douce. Dentelé 13.*

789	2 f.+3 f. bleu-noir	0 50	0 30	0 50

Tirage : 1 970 000.

1947. - *Résistance. Taille-douce. Dentelé 13.*

790	5 f. sépia	0 80	0 50	0 80

Tirage : 2 500 000.

1947. - *Timbre de 1945-47 (Cérès, n° 678) surchargé :*

791	1 f. s. 1 f. 30, bleu (R)	0 15	0 15	0 15

Tirage : 18 300 000.

1947. - *Abbaye de Conques. Taille-douce. Dentelé 13.*

792	15 f. brun-orange	5 35	3 »	1 25

Tirage : 22 700 000.

Voir au n° 805 un 18 f. bleu au même type.

1947
Du N° 772 au N° 792 =
21 timbres ****36** ***21** **⊙25**

1948. - *Au bénéfice de l'Entraide française. Effigie de Louis Braille. Taille-douce. Dentelé 13.*

793	6 f.+4 f. violet	0 50	0 30	0 50

Tirage : 1 900 000.

1948. - *Journée du Timbre et centenaire de l'institution du Timbre-poste par Étienne Arago. Taille-douce. Dentelé 13.*

794	6 f.+4 f. sépia	0 80	0 50	0 80

Tirage : 2 160 000.

1948. - *Centenaire de la Révolution de 1848. Taille-douce. Dentelés 13.*

Alphonse Marie-Louis de Prat de Lamartine (1790-1869).

Alexandre-Auguste Ledru-Rollin (1807-1874).

Louis Blanc (1811-1882).

795	1 f.+1 f. vert	1 60	1 »	1 60
796	3 f.+2 f. rouge-brun	1 60	1 »	1 60
797	4 f.+3 f. brun-lilas	1 60	1 »	1 60

A.-M. Albert (1815-1895).

Pierre Joseph Proudhon (1809-1865).

Louis-Auguste Blanqui (1805-1881).

798	5 f.+4 f. émeraude	4 »	2 50	4 »
799	6 f.+5 f. bleu-noir	3 10	1 85	3 10
800	10 f.+6 f. carmin	3 10	1 85	3 10

Armand Barbès (1809-1870).

Mgr Denis-Auguste Affre (1793-1848).

801	15 f.+7 f. bleu-vert	4 »	2 15	4 »
802	20 f.+8 f. violet	4 »	2 15	4 »
	Nos 795 à 802 (8 val.)	23 »	13 50	23 »
	La série, non dentelée		185 »	

Tirage : 2 000 000 de séries.

1948. - *Palais du Luxembourg. Type de 1946 (n° 760). Légende FRANCE au lieu de R.F. Taille-douce. Dentelés 13.*

803	12 f. rose carminé	3 85	2 30	0 80
804	15 f. rouge	1 »	0 50	1 »

Tirages : 25 300 000 et 8 000 000.

1948. - *Abbaye de Conques. Type de 1947 (n° 792). Légende FRANCE au lieu de RÉPUBLIQUE FRANÇAISE. Taille-douce. Dentelé 13.*

805	18 f. bleu	5 35	2 75	0 50

Tirage : 44 000 000.

1948. - *Type Marianne de Gandon. Format 17 x 21. Typographie. Dentelés 14 x 13½.*

806	3 f. rose-lilas	0 30	0 15	0 30
807	4 f. émeraude	0 30	0 15	0 30
808	4 f. orange	3 70	2 15	1 10
809	5 f. vert clair	1 »	0 65	0 30
810	8 f. bleu clair	0 50	0 30	0 30
811	10 f. lilas	0 30	0 15	0 15

NOUVEAU	a. (Sans le "F" après le 10)	60 »	60 »	60 »
812	12 f. outremer	3 70	2 15	0 50
	a. (Non dentelé)	30 »		

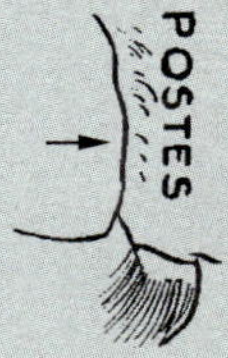

Type I

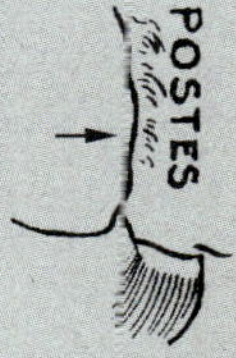

Type II

813	15 f. rouge (I)	1 20	0 50	0 15
	a. (Type II)	19 25	12 50	4 60
	b. (avec band. publ.) (II)	19 25	12 50	6 »
	c. (Non dentelé) (I)		19 25	
	Nos 806 à 813 (8 val.)	11 »	6 20	3 10

Voir au n° 95 des Préoblitérés, le 2 f. 50, brun, au même type.

1948. - *1er Congrès international du B. C. G. (Bacille, Calmette-Guérin). Taille-douce. Dentelé 13.*

Calmette dans son laboratoire.

814	6 f.+4 f. bleu-vert	0 80	0 50	0 80

Tirage : 1 800 000.

1948. - *Anniversaire de la mort du général Leclerc de Hauteclocque (1902-1947). Taille-douce. Dentelé 13.*

Leclerc et cathédrale de Strasbourg.

815	6 f. noir	0 50	0 30	0 50
	a. (Non dentelé)		40 »	

Tirage : 8 100 000.

Un 8 f. brun-rouge et un 12 f. olive et bleu-gris au même type ont été émis en 1953-54 avec la légende GÉNÉRAL LECLERC, MARÉCHAL DE FRANCE (nos 942 et 984).

1948. - *Centenaire de la mort de François-René, Vicomte de Chateaubriand. Taille-douce. Dentelé 13.*

Chateaubriand et le château de Combourg.

816	18 f. bleu	0 50	0 30	0 50
	a. (Non dentelé)		40 »	

Tirage : 2 480 000.

1948. - *Barrage de Génissiat. Taille-douce. Dentelé 13.*

Barrage de Génissiat.

817	12 f. rose carminé	1 »	0 50	1 »
	a. (Non dentelé)		40 »	

Tirage : 2 000 000.

1948. - *Assemblée générale des Nations Unies, à Paris. Taille-douce. Dentelés 13.*

Palais de Chaillot.

Palais de Chaillot.

818	12 f. rouge carminé	0 65	0 30	0 65
819	18 f. bleu-noir	0 65	0 50	0 65
	La paire, non dentelée		305 »	

Tirages : 3 000 000 et 3 500 000.

1948. - *Transfert, au Panthéon des cendres de célébrités. Taille-douce. Dentelés 14 x 13.*

Paul Langevin.

Jean Perrin.

820	5 f. brun-rouge	0 50	0 30	0 30
821	8 f. bleu-vert	0 50	0 30	0 30
	La paire, non dentelée		50 »	

Tirage : 2 890 000 paires.

1948. - *Place Stanislas, à Nancy. Type de 1947 (n° 778). Taille-douce. Dentelé 13.*

822	25 f. bleu	14 »	7 65	1 60

Tirage : 8 000 000.

1948
Du N° 793 au N° 822 =
30 timbres ****65** ***37** **⊙36**

1949. - *Série des métiers. Taille-douce. Dentelés 13.*

Agriculteur.

Marin pêcheur.

823	3 f.+1 f. lilas-brun	1 20	0 65	0 80
824	5 f.+3 f. bleu	1 20	0 65	1 »
	a. double galon sur la manche	40 »	23 »	9 15

Mineur.

Métallurgiste.

825	8 f.+4 f. bleu-noir	1 20	0 65	1 »
826	10 f.+6 f. rouge	1 40	1 05	1 20
	N°s 823 à 826 (4 val.)	5 »	3 »	4 »
	La série, non dentelée		92 »	

Tirage : 1 600 000 séries.

1949. - *Timbre de 1945-47 (Marianne de Gandon, n° 721A) surchargé :*

827	5 f. s. 6 f. rose	0 30	0 15	0 30
	a. (mèches reliées)	185 »	125 »	29 »
	b. (Idem, retouché)	17 »	11 »	8 40
	c. (mèches croisées)	15 50	9 15	7 65

Tirage : 32 500 000.

Pour explication des n°s 827a, b et c voir après le n° 733.

1949. - *Journée du Timbre. Portrait d'Étienne-François, duc de Choiseul (1719-1785) et malle-poste. Taille-douce. Dentelé 13.*

828 15 f.+5 f. vert 1 40 0 65 1 40
a. (Non dentelé) 77 »
Tirage : 1 800 000.

1949. - *Expéditions polaires de Paul-Emile Victor. Taille-douce. Dentelé 13.*

829 15 f. bleu-noir 0 50 0 30 0 50
a. (Non dentelé) 77 »
Tirage : 3 450 000.

1949. - *Centenaire du Timbre.*

Type de 1849-50 (Cérès).
Taille-douce. Non dentelés.

830 15 f. rouge 4 » 2 30 4 »
831 25 f. bleu 4 » 2 30 4 »

Type de 1945 (Marianne de Gandon).
Taille-douce. Dentelés 14 x 13.

832 15 f. rouge 4 » 2 30 4 »
833 25 f. bleu 4 » 2 30 4 »

Ces quatre timbres ont été imprimés par bandes verticales, les deux paires étant séparées par un intervalle portant la mention CENTENAIRE 1849-1949 DU TIMBRE-POSTE, imprimée en rouge-brun.

833A la bande 20 » 14 » 20 »
Idem, avec dentelure inversée 2 700 »
Tirage : 2 520 000 bandes.

Le 10 f., émis à l'occasion de la CITEX, est catalogué sous le n° 841. Voir aussi la rubrique BF n° 5.

1949. - *Armoiries de provinces (IV). Typographie. Dentelés 14 x 13½.*

Bourgogne.

Guyenne.

Savoie.

834 10 c. outremer, rouge, jaune et noir 0 15 0 15 0 15
835 50 c. outremer, rouge, jaune et noir 0 15 0 15 0 15
836 1 f. brun et rouge 0 65 0 30 0 50

Auvergne.

Anjou.

837 2 f. vert, jaune et rouge 0 65 0 30 0 30
838 4 f. outremer, rouge et jaune 0 50 0 15 0 50
N°s 834 à 838 (5 val.) 2 10 1 05 1 60
La série, non dentelée
Tirages : 145 010 000, 58 990 000, 94 060 000, 64 000 000 et 36 040 000.

1949. - *6e centenaire du rattachement du Dauphiné. Taille-douce. Dentelé 13.*

Collégiale St Barnard, à Romans et armoiries du Dauphiné.

839 12 f. brun-rouge 0 50 0 30 0 50
a. (Non dentelé) 30 »
Tirage : 2 550 000.

1949. - *Amitié franco-américaine. Taille-douce. Dentelé 13.*

Écussons des États-Unis et de la France.

840 25 f. bleu et rouge 0 80 0 50 0 80
a. (Non dentelé) 92 »
Tirage : 2 575 000.

1949. - *Exposition philatélique internationale de Paris (CITEX). Type de 1849. Taille-douce. Non dentelé (bordure dentelée 13).* BF *n° 5.*

841	10 f. (+100 f.) vermillon	65 »	40 »	54 »
	a. (Non dent. complet)		1 600 »	

Imprimés sur feuilles de 10 comme ci-dessous (voir bloc feuillet n° 5).

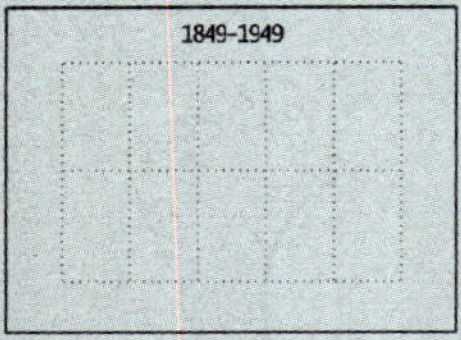

841b	La bande horizontale de 3 timbres avec marge supérieure portant 1849-1949	245 »	185 »	245 »

Tirage : 1 300 000 dont 725 000 vendus.

Le prix d'entrée à l'exposition (100 francs) donnait droit à l'achat d'un timbre (10 francs).

1949. - *Monuments et sites. Taille-douce. Dentelés 13.*

Saint-Bertrand-de-Comminges.

Abbaye de Saint-Wandrille.

841A	20 f. rouge-brique	0 30	0 15	0 30
842	25 f. outremer	0 50	0 30	0 30

Vallée de la Meuse.

Mont Gerbier de Jonc.

842A	40 f. vert-noir	18 50	10 »	0 50
843	50 f. brun violacé	3 »	1 85	0 30
	a. brun-noir	28 »	20 »	12 »
	Nos 841A à 843 (4 val.)	22 30	12 30	1 40
	La série, non dentelée		100 »	

Un 30 f. bleu clair, Abbaye St-Wandrille a paru en 1951 (n° 888).

Tirages : 132 185 000, 133 345 000, 74 450 000 et 126 750 000.

1949. - *Congrès international de Télégraphie et Téléphonie, à Paris. Taille-douce. Dentelés 13.* ✈

Claude Chappe.

F. Arago et Ampère.

844	10 f. rouge	1 10	0 65	1 10
845	15 f. brun-noir	1 25	0 65	1 25

Emile Baudot.

Emile Baudot.

Général Ferrié.

846	25 f. lie-de-vin	3 »	2 »	2 75
846A	25 f. *lie-de-vin*	4 000 »	3 050 »	
847	50 f. bleu	5 65	3 »	4 90
	Nos 844 à 847 sans le 846A (4 val.)	11 »	6 30	10 »
	La série (sans le 846A), non dentelée		215 »	

Le n° 846A, portant une erreur de date (1848 au lieu de 1845), n'a pas été émis.

Tirages : 2 900 000, 3 390 000, 2 700 000 et 2 585 000.

1949. - *250e anniversaire de la mort de Jean Racine (1639-1699). Taille-douce. Dentelé 13.*

848	12 f. brun violacé	0 50	0 30	0 50
	a. (Non dentelé)		27 »	

Tirage : 2 580 000.

1949. - *Assemblée des présidents de Chambres de Commerce de l'Union française, à Paris. Taille-douce. Dentelé 13.*

849	15 f. rouge carminé	0 30	0 15	0 30
	a. (Non dentelé)		27 »	

Tirage : 2 800 000.

1949. - *75e anniversaire de l'U.P.U. Taille-douce. Dentelé 13.*

850	5 f. vert	0 30	0 15	0 30
851	15 f. rouge	0 50	0 30	0 30
852	25 f. bleu	1 60	1 10	1 10
	La série, non dentelée		690 »	

Tirages : 2 000 000, 3 000 000 et 2 000 000.

1949. - *Célébrités du XVIIIe siècle (I). Taille-douce. Dentelés 13.*

Charles de Secondat, baron de La Brède et de Montesquieu.

François Marie Arouet, dit Voltaire.

Antoine Watteau.

853	5 f.+1 f. vert	4 »	2 30	4 »
854	8 f.+2 f. bleu-noir	4 »	2 30	4 »
855	10 f.+3 f. brun-rouge	4 60	2 70	4 60

George Louis Leclerc, comte de Buffon.

Joseph François, marquis Dupleix.

Anne Robert Jacques Turgot, baron de l'Aulne.

856	12 f.+4 f. violet	4 60	2 70	4 60
857	15 f.+5 f. rouge	6 »	4 »	6 »
858	25 f.+10 f. bleu	7 80	5 »	7 80
	Nos 853 à 858 (6 val.)	31 »	19 »	31 »
	La série, non dentelée		305 »	

Tirage : 1 425 000 séries.

1949. - *Série des saisons. Bas-reliefs de la Fontaine de Bouchardon, rue de Grenelle, à Paris. Taille-douce. Dentelés 13.*

Printemps.

Été.

859	5 f.+1 f. vert	2 15	1 10	2 15
860	8 f.+2 f. jaune et brun	2 75	1 60	2 75

Automne.

Hiver.

861	12 f.+3 f. violet	2 75	1 60	2 75
862	15 f.+4 f. bleu	4 60	2 70	4 60
	Nos 859 à 862 (4 val.)	12 25	7 »	12 25
	La série, non dentelée		305 »	

Tirage : 1 325 000 séries.

1949
Du No 823 au No 862
(sauf Nos 833A et 846A) =
42 timbres **171 *102 ⊙136

1950. - *Journée du Timbre. Taille-douce. Dentelé 13.*

Facteur rural.

863	12 f.+3 f. bleu	4 60	2 75	3 55
	a. (Non dentelé)		84 »	

Tirage : 1 275 000.

1950. - *Raymond Poincaré. Taille-douce. Dentelé 13.*

864	15 f. bleu-noir	0 50	0 30	0 50
	a. (Non dentelé)		30 »	

Tirage : 3 825 000.

1950. - *Charles Péguy et cathédrale de Chartres. Taille-douce. Dentelé 13.*

865	12 f. brun-noir	0 50	0 30	0 50
	a. (Non dentelé)		40 »	

Tirage : 2 950 000.

1950. - *François Rabelais (1494-1553). Taille-douce. Dentelé 13.*

866	12 f. brun-rouge	1 »	0 65	1 »
	a. (Non dentelé)		30 »	

Tirage : 2 800 000.

1950. - *Célébrités du XVIIIe siècle (II) (Révolution de 1789). Cadre bleu-noir. Taille-douce. Dentelés 13.*

André-Marie de Chénier, par J.-B. Suvée.

Jacques-Louis David, d'après son autoportrait.

Lazare Carnot.

867	5 f.+2 f. lilas	13 »	7 »	13 »
868	8 f.+3 f. sépia	13 »	7 »	13 »
869	10 f.+4 f. lie-de-vin	14 »	9 »	14 »

Georges Jacques Danton.

Maximilien de Robespierre.

Lazare Hoche.

870	12 f.+5 f. brun-rouge	16 »	10 »	16 »
871	15 f.+6 f. vert	17 »	10 »	17 »
872	20 f.+10 f. bleu	17 »	10 »	17 »
	N°s 867 à 872 (6 val.)	90 »	53 »	90 »
	La série, non dentelée		305 »	

Tirage : 1 200 000 séries.

1950. - *Taille-douce. Dentelés 13.*

Château de Châteaudun.

Madame de Sévigné, par Nanteuil.

873	8 f. brun-violet et brun	0 80	0 50	0 65
	a. (Non dentelé)		30 »	
874	15 f. bleu clair	0 65	0 30	0 65
	a. (Non dentelé)		30 »	

Tirages : 2 895 000 et 3 000 000.

1950. - *Madame Récamier (1777-1849) (détail), d'après Gérard. Taille-douce. Dentelé 13.*

875	12 f. vert	0 65	0 30	0 65
	a. (Non dentelé)		30 »	

Tirage : 2 960 000.

1950. - *Au profit de la Croix-Rouge. Croix en rouge. Taille-douce. Dentelés 13.*

Portrait de Brongniart enfant (1739-1813), par Houdon (1741-1828).

L'Amour, par Falconet (1716-1791).

876	8 f.+2 f. bleu-gris	2 75	1 60	2 75
877	15 f.+3 f. brun-rouge	3 35	1 85	3 »
	La paire, non dentelée		275 »	

Tirage : 3 000 000 de paires dont 1 350 000 vendues.

1950
Du N° 863 au N° 877 =
15 timbres **105 *62 ⊙103

1951. - *Château de Fontainebleau. Taille-douce. Dentelé 13.*

La Cour des Adieux.

878	12 f. brun violacé	1 10	0 65	1 »
	a. (Non dentelé)		40 »	

Tirage : 2 895 000.

1951. - *Journée du Timbre. Taille-douce. Dentelé 13.*

Intérieur d'un wagon-poste.

879	12 f.+3 f. gris-violet	4 60	3 »	4 60
	a. (Non dentelé)		77 »	

Tirage : 1 625 000.

1951. - *Jules Ferry. Taille-douce. Dentelé 13.*

880	15 f. vermillon	0 65	0 30	0 65
	a. (Non dentelé)		50 »	

Tirage : 3 010 000.

1951. - *Exposition textile internationale de Lille. Taille-douce. Dentelé 13.*

Navette de métier à tisser.

881	25 f. bleu-violet	1 25	0 65	0 80
	a. (Non dentelé)		30 »	

Tirage : 2 800 000.

1951. - *Tricentenaire de la naissance de Saint Jean-Baptiste de La Salle (1651-1719). Taille-douce. Dentelé 13.*

882	15 f. brun-lilas	0 80	0 50	0 65
	a. (Non dentelé)		40 »	

Tirage : 3 115 000.

1951. - *Type Marianne de Gandon. Format 17 x 21. Typographie. Dentelés 14 x 13½.*

Pour le type II du 886b se reporter au cliché du 813a.

Dans le type III du 886d, la dernière lettre (C) suivant le nom du graveur (CORTOT SC) dépasse nettement à droite la verticale du cadre du timbre.

883	5 f. violet	0 60	0 15	0 15
884	6 f. vert	8 »	4 70	0 70
	a. (mèches reliées, retouché)	77 »	54 »	4 60
	b. (mèches croisées)	73 »	52 »	5 35
885	12 f. orange	1 »	0 50	0 30
886	15 f. outremer (type I)	0 40	0 15	0 15
	a. (avec bande publ.)	6 »	3 85	1 85
	b. id. (Type II)	8 40	5 35	1 85
	c. (avec bande publ.)	9 15	6 »	2 75
	d. id. (Type III) (roulette)	46 »	30 »	8 40
887	18 f. rose carminé	20 »	11 50	1 70
	Nos 883 à 887 (5 val.)	30 »	17 »	3 »
	La série, non dentelée		77 »	

1951. - *Abbaye de St-Wandrille. Type de 1949 (n° 842). Taille-douce. Dentelé 13.*

888	30 f. bleu clair	6 »	3 85	5 35
	a. (Non dentelé)		35 »	

Tirage : 6 160 000.

1951. - *Cinquantenaire des troupes coloniales. Taille-douce. Dentelé 13.*

889	15 f. bleu	0 80	0 50	0 65
	a. (Non dentelé)		40 »	

Tirage : 3 000 000.

1951. - *Centenaire de la naissance du compositeur Vincent d'Indy (1851-1931). Taille-douce. Dentelé 13.*

890	25 f. vert foncé	2 30	1 40	2 30
	a. (Non dentelé)		54 »	

Tirage : 2 000 000.

1951. - *Célébrités du XIXe siècle (I). Cadres brun-violet. Taille-douce. Dentelés 13.*

Alfred de Musset, par Landelle.

Eugène Delacroix (autoportrait).

Louis-Joseph Gay-Lussac.

891	5 f.+1 f. vert	8 »	4 50	8 »
892	8 f.+2 f. lie-de-vin	9 50	5 50	9 50
893	10 f.+3 f. bleu-vert	8 »	4 50	8 »

Robert, baron Surcouf, par Alaux.

Charles-Maurice de Talleyrand-Périgord, par Prud'hon (1758-1823).

Napoléon, par Gros (détail) (1771-1835).

894	12 f.+4 f. violet-brun	9 50	5 50	9 50
895	15 f.+5 f. brun carminé	9 50	6 »	9 50
896	30 f.+10 f. bleu	15 50	10 »	15 50
	N°s 891 à 896 (6 val.)	60 »	36 »	60 »
	La série, non dentelée		275 »	

Tirage : 1 400 000 séries.

1951. - *Hommage à la médecine vétérinaire et à la médecine militaire. Taille-douce. Dentelés 13.*

Docteurs Nocard, Bouley, Chauveau et péristyle de l'École vétérinaire de Lyon.

Docteurs Picqué, Roussin, Villemin et chapelle du Val-de-Grâce, à Paris.

897	12 f. lilas-rose	0 65	0 50	0 65
	a. (Non dentelé)		46 »	
898	15 f. brun-lilas	0 80	0 50	0 65
	a. (Non dentelé)		54 »	

Tirages : 2 550 000 et 3 055 000.

1951. - *Armoiries de provinces (V). Typographie. Dentelés 14 x 13½.*

Artois.

Limousin.

899	10 c. carmin, outremer, noir et jaune	0 15	0 15	0 15
900	50 c. olive, noir et carmin	0 15	0 15	0 15

Béarn.

Touraine.

Franche-Comté.

901	1 f. outemer, carmin et jaune foncé	0 30	0 15	0 30
902	2 f. outremer, carmin, noir et jaune	1 10	0 65	0 50
903	3 f. carmin, outremer et jaune foncé	1 »	0 65	0 50
	N°s 899 à 903 (5 val.)	2 70	1 75	1 60
	La série, non dentelée		77 »	

1951. - *Inauguration du musée de l'imagerie française, à Epinal. Taille-douce. Dentelé 13.*

La légende de saint Nicolas.

904	15 f. bleu-noir, lie-de-vin, vert et orange	1 60	0 80	1 25
	a. (Non dentelé)		77 »	

Tirage : 3 265 000.

1951. - *Vue d'Arbois. Taille-douce. Dentelé 13.*

905	30 f. bleu-noir	1 25	0 65	0 30
	a. (Non dentelé)		40 »	

Tirage : 69 615 000.

1951. - *Bimillénaire de Paris. Taille-douce. Dentelé 13.*

Sceau de la corporation des bateliers.

906	15 f. rouge, sépia et bleu	0 80	0 50	0 50
	a. (Non dentelé)		70 »	

Tirage : 3 570 000.

1951. - *A la mémoire de l'aviateur Maurice Noguès (1889-1934) et 20e anniversaire de la ligne aérienne France-Indochine. Taille-douce. Dentelé 13.*

907	12 f. bleu-noir et bleu clair	1 10	0 65	1 »
	a. (Non dentelé)		77 »	

Tirage : 2 935 000.

1951. - *Poètes symbolistes. Taille-douce. Dentelé 13.*

Charles Baudelaire (1821-1867) et évocation des "Fleurs du Mal".

Paul Verlaine (1844-1896) et évocation de l'"Après-midi d'un faune", par Carrière.

908	8 f. violet	0 80	0 50	0 80
909	12 f. gris	0 80	0 50	0 80

Arthur Rimbaud (1854-1891) et évocation du "Bateau ivre", par Fantin-Latour.

910	15 f. vert foncé	0 80	0 50	0 80
	La série, non dentelée		92 »	

Tirage : 2 225 000 séries.

1951. - *6e session des Nations Unies, à Paris. Taille-douce. Dentelés 13.*

Tour Eiffel et palais de Chaillot.

911	18 f. rouge	1 40	1 »	1 »
912	30 f. bleu	2 45	1 40	1 40
	La paire, non dentelé		305 »	

Tirage : 3 000 000 de paires.

1951. - *4e Centenaire du château du Clos de Vougeot. Taille-douce. Dentelé 13.*

Château du Clos de Vougeot.

913	30 f. brun et violet-brun	7 65	3 85	3 »
	a. brun-jaune et violet-brun	20 »	11 50	6 »
	b. (Non dentelé)		77 »	

Tirage : 2 997 000.

1951. - *Au profit de la Croix-Rouge. Croix en rouge. Taille-douce. Dentelés 13.*

Enfant royal en prière (portrait présumé du dauphin Charles), par le Maître de Moulins.

Portrait de Nicole Ricard, par Quentin de La Tour.

914	12 f.+3 f. brun-rouge	3 85	2 30	3 85
915	15 f.+5 f. bleu	4 60	3 »	4 60
	La paire, non dentelée		230 »	

Tirage : 2 000 000 de paires.

1951. - *Monuments et sites. Taille-douce. Dentelés 13.*

Pic du Midi de Bigorre et observatoire.

Abbaye aux Hommes, Caen.

916	40 f. violet foncé	6 90	3 85	0 30
	a. (Non dentelé)		77 »	
917	50 f. brun-noir	6 »	3 »	0 30
	a. (Papier carton)	12 50	7 65	1 60

Tirages : 57 780 000 et 113 000 000.

1951. - *33e anniversaire de l'armistice. Taille-douce. D. 13.*

Georges Clemenceau.

918 15 f. brun-noir 0 65 0 50 0 65
a. (Non dentelé) 30 »

Tirage : 3 500 000.

1951
Du N° 878 au N° 918 =
41 timbres **152 *90 ⊙102

1952. - *Journée du Timbre. Taille-douce. Dentelé 13.*

Malle-poste.

919 12 f.+3 f. vert 5 50 3 50 5 50
a. (Non dentelé) 77 »
NOUVEAU b. RepublTque ("T" au lieu de "I") 60 » 40 » 20 »

Tirage : 1 575 000.

1952. - *Maréchal de Lattre de Tassigny (1889-1952). Taille-douce. Dentelé 13.*

Vue de Colmar et piton de Ninh-Binh.

920 15 f. brun-lilas 1 25 0 80 0 80
a. (Non dentelé) 40 »

Tirage : 5 120 000.

Un 12 f. à ce type a paru en 1954 (n° 982).

1952. - *Porte de France, à Vaucouleurs. Taille-douce. Dentelé 13.*

921 12 f. noir violacé 1 60 1 » 1 25
a. (Non dentelé) 70 »

Tirage : 2 800 000.

1952. - *12e anniversaire de la bataille de Narvik (Norvège). Taille-douce. Dentelé 13.*

Le Monument aux soldats et marins français.

922 30 f. bleu-violet 4 » 2 30 2 75
a. (Non dentelé) 77 »

Tirage : 2 500 000.

1952. - *Réunion du Conseil de l'Europe, à Strasbourg. Taille-douce. Dentelé 13.*

Siège du Conseil et cathédrale de Strasbourg.

923 30 f. vert 9 50 5 50 7 »
a. (Non dentelé) 575 »

Tirage : 2 450 000.

1952. - *Château de Chambord et premier spectacle "Son et Lumière". Taille-douce. Dentelé 13.*

924 20 f. violet foncé 0 65 0 30 0 30
a. (Non dentelé) 35 »

Tirage : 66 500 000.

1952. - *10e anniversaire de la victoire de Bir Hakeim (Libye). Taille-douce. Dentelé 13.*

Le monument érigé dans le désert.

925 30 f. brun carminé 4 30 2 75 2 45
a. (Non dentelé) 77 »

Tirage : 2 000 000.

1952. - *14e centenaire de l'abbaye Sainte-Croix de Poitiers. Taille-douce. Dentelé 13.*

926	15 f. vermillon	0 65	0 50	0 65
	a. (Non dentelé)		35 »	

Tirage : 4 280 000.

1952. - *Centenaire de la Médaille militaire. Taille-douce. Dentelé 13.*

927	15 f. marron, vert et jaune	0 65	0 50	0 65
	a. (Non dentelé)		95 »	

Tirage : 4 500 000.

1952. - *Viaduc de Garabit. Taille-douce. Dentelé 13.*

928	15 f. bleu foncé	0 80	0 50	0 65
	a. (Non dentelé)		40 »	

Tirage : 4 080 000.

1952. - *5e centenaire de la naissance de Léonard de Vinci (1452-1519). Taille-douce. Dentelé 13.*

Autoportrait, château d'Amboise, et vue de Florence.

929	30 f. bleu-violet	10 »	6 »	8 40
	a. (Non dentelé)		130 »	

Tirage : 2 250 000.

1952. - *Célébrité du XIXe siècle (II). Cadres sépia. Taille-douce. Dentelés 13.*

Gustave Flaubert, écrivain.

Édouard Manet, peintre.

Camille St-Saëns, compositeur.

930	8 f.+2 f. bleu-noir	8 50	5 »	8 50
	a. (Papier carton)	25 »	16 »	16 »
931	12 f.+3 f. outremer	8 50	5 »	8 50
932	15 f.+4 f. vert foncé	8 50	5 »	8 50

Jules-Henri Poincaré, physicien.

Georges Eugène baron Haussmann, urbaniste.

Adolphe Thiers, homme d'État.

933	18 f.+5 f. brun-violet	11 50	7 »	11 50
934	20 f.+6 f. carmin	11 50	7 »	11 50
935	30 f.+7 f. violet	11 50	7 »	11 50
	Nos 930 à 935 (6 val.)	60 »	36 »	60 »
	La série, non dentelée		230 »	

Tirage : 1 300 000 séries.

1952. - *Dr René Laennec, inventeur du stéthoscope. Taille-douce. Dentelé 13.*

936	12 f. vert foncé	0 80	0 50	0 65
	a. (Non dentelé)		77 »	

Tirage : 2 825 000.

1952. - *Au profit de la Croix-Rouge. Motifs du bassin de Diane, à Versailles. Croix en rouge. Taille-douce. Dentelés 13.*

937	12 f.+3 f. vert	6 »	4 »	6 »

938 15 f.+5 f. bleu foncé 6 » 4 » 6 »
a. (avec bande publ.) 16 » 10 » 16 »
La paire, non dentelée 230 »
Tirage : 1 600 000 paires.
Le 15+5 f. a également été émis en carnet de 10.

1952. - *Grille d'entrée du château de Versailles (d'après une gouache de Maurice Utrillo (1883-1955). Taille-douce. Dentelé 13.*

939 18 f. brun 3 50 2 » 2 30
a. (Non dentelé) 77 »
Tirage : 2 600 000.
Ce timbre a reparu dans d'autres couleurs en 1954 (n° 988).

1952
Du N° 919 au N° 939 =
21 timbres **115 *70 ⊙105

1953. - *Journée du Timbre. Taille-douce. Dentelé 13.*

Marc-Pierre, comte d'Argenson (1696-1764), surintendant général des Postes.

940 12 f.+3 f. bleu 4 » 2 » 4 »
a. (Non dentelé) 77 »
Tirage : 1 570 000.

1953. - *Haute couture parisienne. Taille-douce. Dentelé 13.*

Mannequin en robe de soirée et place Vendôme, à Paris.

941 30 f. violet et bleu-noir 1 10 0 65 0 50
a. (Non dentelé) 42 »
Tirage : 29 950 000.
Voir également les n°s 970 à 974 et 1020.

1953. - *Maréchalat posthume de Philippe de Hautecloque, dit Leclerc (1902-1947). Type de 1948 (n° 815) modifié. Légende GÉNÉRAL LECLERC, MARÉCHAL DE FRANCE. Taille-douce. Dentelé 13.*

Le Maréchal Leclerc. Cathédrale de Strasbourg.

942 8 f. brun-rouge 1 25 0 65 1 10
a. (Non dentelé) 40 »
Tirage : 2 540 000.
Un 12 f. à ce type a paru en 1954 (n° 984).

1953. - *Théâtre français. Taille-douce. Dentelés 13.*

Gargantua.

Hernani.

943 6 f. rose-rouge et lilas 0 30 0 30 0 30
944 18 f. violet-br. et brun-noir 0 65 0 30 0 50
La paire, non dentelée 70 »
Voir également les n°s 956 et 957.
Tirages : 32 600 000 et 20 350 000.

1953. - *Célébrités du XIIe au XXe siècles. Taille-douce. Dentelés 13.*

Saint Bernard, 8e centenaire de sa mort.

Olivier de Serres, agronome.

Jean-Philippe Rameau, compositeur.

945 8 f.+2 f. outremer 7 75 5 » 7 75
946 12 f.+3 f. vert foncé 7 75 5 » 7 75
947 15 f.+4 f. brun carminé 12 50 8 » 12 50

Gaspard Monge, comte de Peluse, mathématicien.

Jules Michelet, historien.

Maréchal Hubert Lyautey.

948	18 f.+5 f. bleu	13 »	8 »	13 »
949	20 f.+6 f. violet	13 »	8 »	13 »
950	30 f.+7 f. brun-lilas	14 »	10 »	14 »
	Nos 945 à 950 (6 val.)	68 »	44 »	68 »
	La série, non dentelée		200 »	

Tirage : 1 300 000 séries.

1953. - *Armoiries de provinces (VI). Typographie. Dentelés 14 x 13½.*

Picardie.

Poitou.

951	50 c. outremer, rouge et jne	0 30	0 15	0 30
952	1 f. noir, rouge et jaune	0 30	0 15	0 30

Champagne.

Dauphiné.

953	2 f. brun-rouge, outremer et jaune	0 60	0 15	0 50
954	3 f. rouge, outremer et jne	0 80	0 55	0 50
	Nos 951 à 954 (4 val.)	2 »	1 »	1 60
	La série, non dentelée		61 »	

Tirages : 22 500 000, 53 450 000, 73 000 000 et 39 000 000.

1953. - *Cinquantenaire du Tour de France cycliste. Taille-douce. Dentelé 13.*

Cyclistes de 1903 et 1953.

955	12 f. rouge-brun, outremer et noir	2 75	1 60	1 60
	a. (Non dentelée)		54 »	

Tirage : 3 075 000.

1953. - *Théâtre français. Taille-douce. Dentelés 13.*

Célimène.

Figaro.

956	8 f. bleu-noir et outremer	0 30	0 15	0 30
957	12 f. brun-lilas et vert-bleu	0 30	0 15	0 30
	La paire, non dentelée		70 »	

Voir également les nos 943 et 944.

Tirages : 42 285 000 et 84 125 000.

1953. - *Armoiries de provinces (VI). Typographie. Dentelés 14 x 13½.*

Gascogne.

Berri.

958	70 c. rouge, outr. et jaune	0 30	0 15	0 30
959	80 c. outr., rouge et jaune	0 30	0 15	0 30
	La paire, non dentelée		30 »	

Tirages : 10 600 000 et 10 250 000.

1953. - *Jeux olympiques d'Helsinki (1952). Taille-douce. Dentelés 13.*

Natation.

Athlétisme.

960	20 f. rose-carmin et bistre	3 »	1 85	0 30
961	25 f. vert foncé et bistre	16 »	9 50	0 70

Escrime.

Canoë.

962	30 f. bleu-violet et bistre	3 »	2 »	0 50
963	40 f. bistre et bleu-violet	14 »	7 65	0 70

Aviron.

Hippisme.

964	50 f. émeraude et bistre	10 »	6 »	0 30

965	75 f. orange et brun carminé	44 »	26 »	15 50
	Nos 960 à 965 (6 val.)	90 »	53 »	18 »
	La série, non dentelée		275 »	

Série émise en l'honneur des athlètes français médaillés d'or : Boiteux, Mimoun (argent sur 5000 et 10000 m), D'Oriola, Turller et Laudet, Salles et Mercier barré par Mallvoire, et Jonquères d'Oriola.

Tirages : 26 650 000, 13 950 000, 16 850 000, 17 000 000, 21 200 000 et 6 650 000.

1953. - *Au profit de la Croix-Rouge. Croix en rouge. Taille-douce. Dentelés 13.*

Marie-Louise Elisabeth Vigée-Le Brun et sa fille, par elle-même (1755-1842).

"Le retour du baptême", par Louis Le Nain (détail), (1593-1648).

966	12 f.+3 f. brun	9 50	5 50	8 40
967	15 f.+5 f. bleu-noir	13 »	8 »	12 »
	La paire, non dentelée		230 »	

Tirage : 1 500 000 paires.

Ont été émis aussi en carnets (tirage : 127 000).

1953
Du N° 940 au N° 967 =
28 timbres **194 *118 ⊙118

1954. - *Timbre de 1951 (Marianne de Gandon, n° 887) surchargé :*

968	15 f. s. 18 f. rose-carmin	0 65	0 30	0 65

Tirage : 21 750 000.

1954. - *Journée du timbre. Taille-douce. Dentelé 13.*

Comte de La Valette.

969	12 f.+3 f. vert et sépia	5 50	3 »	4 60
	a. (Non dentelé)		77 »	

Tirage : 1 507 000.

1954. - *Productions de luxe. Métiers d'Art. Taille-douce. Dentelés 13.*

Tapisserie et cour des Gobelins.

Édition, reliure et Institut de France.

Porcelaine, cristaux et le Louvre.

970	25 f. brun-rge, rose et noir	17 »	9 50	0 65
971	30 f. violet-gris et vert-bleu	2 »	1 40	0 30
972	40 f. br., violet et brun-jne	5 »	3 »	0 50

Joaillerie, orfèvrerie et la Madeleine.

Fleurs, parfums et l'Opéra.

973	50 f. bleu-violet, vert et brun clair	2 »	1 10	0 30
974	75 f. rouge-carmin et lie-de-vin	17 »	10 »	1 40
	Nos 970 à 974 (5 val.)	43 »	25 »	3 15
	La série, non dentelée		130 »	

Voir également les nos 941 et 1020.

Tirages : 31 160 000, 90 525 000, 63 325 000, 134 195 000 et 19 295 000.

1954. - *Cinquantenaire de la foire de Paris. Taille-douce. Dentelé 13.*

Entrée de la Foire à la Porte de Versailles.

975	15 f. rouge et bleu	0 50	0 30	0 50
	a. (Non dent.)		30 »	

Tirage : 3 880 000.

1954. - *Série touristique. Taille-douce. Dentelés 13.*

Lourdes.

La vallée de la Seine aux Andelys et le château Gaillard.

976	6 f. bleu-noir, outremer et olive	0 50	0 30	0 50
977	8 f. bleu et olive	0 30	0 15	0 30
	a. (noir et bleu)	2 850 »	2 300 »	

Royan.

Quimper, la rue Kéréon.

978	10 f. brun-rge et bleu clair	0 30	0 15	0 15
979	12 f. lilas et violet	0 50	0 30	0 15
	a. violet	110 »	73 »	40 »

Château de Cheverny (1630), oeuvre de Hurault et Boyer.

Baie d'Ajaccio (Corse).

980	18 f. vert foncé et bleu-noir	3 60	2 30	1 10
981	20 f. brun foncé, brun-rouge et bleu-vert	3 50	2 50	0 30
	Nos 976 à 981 (6 val.)	8 70	5 70	2 50
	La série, non dentelée		140 »	

Le type du 6 f. (Lourdes) a été repris en 1958 pour un 20 f. olive et bleu-vert (n° 1150).

Tirages : 48 750 000, 116 600 000, 110 000 000, 194 750 000, 23 500 000 et 61 250 000.

1954. - *Maréchal de Lattre de Tassigny. Type de 1952 (n° 920). Taille-douce. Dentelé 13.*

982	12 f. bleu-violet et bleu-noir	2 30	1 60	1 60
	a. (Non dentelé)		30 »	

Tirage : 3 080 000.

1954. - *10e anniversaire de la Libération. Taille-douce. Dentelé 13.*

983	15 f. rouge et bleu	2 30	1 40	1 60
	a. (Non dentelé)		50 »	

Tirage : 5 215 000.

1954. - *Maréchal Leclerc. Type de 1953 (n° 942). Taille-douce. Dentelé 13.*

984	12 f. olive et bleu-gris	3 70	2 15	2 30
	a. (Non dentelé)		30 »	

Tirage : 3 085 000.

1954. - *13e centenaire de l'abbaye de Jumièges. Taille-douce. Dentelé 13.*

Ruines de l'abbaye.

985	12 f. outremer, vert foncé et bleu-noir	1 85	1 10	1 40
	a. (Non dentelé)		23 »	

Tirage : 2 970 000.

1954. - *1er colloque du Centre international d'études romanes, à Tournus. Taille-douce. Dentelé 13.*

Église St-Philibert, vue du cloître.

986	30 f. bleu-noir et bleu clair	6 »	4 »	5 50
	a. (Non dentelé)		25 »	

Tirage : 2 450 000.

1954. - *Tricentenaire du rattachement de Stenay. Taille-douce. Dentelé 13.*

Place de la République et armoiries.

987	15 f. brun-noir et brun-rge	1 »	0 50	0 80
	a. (Non dentelé)		23 »	

Tirage : 3 810 000.

1954. - *Grille d'entrée du château de Versailles. Type de 1952 (n° 939). Taille-douce. Dentelé 13.*

988	18 f. brun-lilas, bleu-noir et bleu	11 »	7 »	7 65
	a. (Non dentelé)		70 »	

Tirage : 2 515 000.

1954. - *Célébrités du XIIIe au XXe siècles. Taille-douce. Dentelés 13.*

Louis IX, dit Saint-Louis. Roi de France de 1226 à 1270.

Jacques-Bénigne Bossuet. 250e anniversaire de sa mort.

Marie-François Sadi Carnot. Président de la République de 1887 à 1894.

989	12 f.+4 f. bleu	25 »	15 »	25 »
990	15 f.+5 f. violet	25 »	15 »	25 »
991	18 f.+6 f. brun foncé	25 »	15 »	25 »

Bourdelle.

Dr Émile Roux.

Paul Valéry.

992	20 f.+7 f. rouge	35 »	22 »	35 »
993	25 f.+8 f. bleu-noir	35 »	22 »	35 »
994	30 f.+10 f. lilas-brun	35 »	18 »	35 »
	N°s 989 à 994 (6 val.)	180 »	107 »	180 »
	La série, non dentelée		230 »	

Tirage : 1 050 000 séries.

1954. - *Château de Villandry (Touraine). Taille-douce. Dentelé 13.*

995	18 f. bleu et vert	5 50	3 »	4 60
	a. (Non dentelé)		25 »	

Tirage: 2 385 000.

1954. - *150e anniversaire de l'École spéciale militaire de Saint-Cyr. Taille-douce. Dentelé 13.*

St-Cyrien et porche de l'École.

996	15 f. bleu, gris-bleu et rouge	1 60	1 »	1 60
	a. (Non dentelé)		46 »	

Tirage : 3 550 000.

1954. - *150e anniversaire de la Légion d'honneur. Taille-douce. Dentelé 13.*

Napoléon 1er au camp de Boulogne.

997	12 f. rouge	1 70	1 25	1 25
	a. (Non dentelé)		61 »	

Tirage: 3 000 000.

1954. - *10e conférence internationale des Poids et Mesures, à Paris. Le Système métrique. Taille-douce. Dentelé 13.*

998	30 f. bleu-noir et brun-lilas	6 »	3 50	5 50
	a. (Non dentelé)		35 »	

Tirage: 1 800 000.

1954. - *Armoiries de provinces (VII). Typographie. Dentelés 14 x 13½.*

Maine.

Navarre.

999	50 c. brun-noir, rouge, outremer et jaune	0 30	0 15	0 30
1000	70 c. vert, rouge et jaune	0 30	0 15	0 30

Nivernais.

Bourbonnais.

Angoûmois.

1001	80 c. outremer, rge et jaune	0 30	0 15	0 30
1002	1 f. rouge, outremer et jne	0 15	0 15	0 15
1003	2 f. noir, rouge et jaune	0 15	0 15	0 15

Aunis.

Saintonge.

1004	3 f. brun, rouge et jaune	0 15	0 15	0 15
1005	5 f. outremer et jaune	0 15	0 15	0 15
	Nos 999 à 1005 (7 val.)	1 50	1 05	1 50
	La série, non dentelée		77 »	

Tirages : 16 600 000, 9 500 000, 5 320 000, 40 060 000, 273 420 000, 130 690 000 et 1 104 660 000.

1954. - *Au profit de la Croix-Rouge. Croix en rouge. Taille-douce. Dentelés 13.*

Maternité, par Eugène Carrière (1849-1906).

Jeune fille aux colombes, par J.-B. Greuze (1725-1805).

1006	12 f.+3 f. bleu-gris et bleu-noir	14 »	7 65	12 50
1007	15 f.+5 f. brun et sépia	15 50	9 50	14 »
	La paire, non dentelée		230 »	

Tirage : 1 350 000 paires.
Ont été émis aussi en carnets (tirage : 135 000).

> **1954**
> **Du N° 968 au N° 1007 =**
> **40 timbres** ****312** ***186** **⊙253**

1955. - *Bicentenaire de la mort de Louis de Rouvroy, duc de Saint-Simon. Taille-douce. Dentelé 13.*

1008	12 f. brun et lie-de-vin	0 80	0 50	0 80
	a. (Non dentelé)		23 »	

Tirage : 2 500 000.

1955. - *Cinquantenaire du Rotary international. Taille-douce. Dentelé 13.*

1009	30 f. bleu et jaune	3 »	1 85	1 85
	a. (Non dentelé)		125 »	

Tirage : 2 500 000.

1955-59. - *Marianne de Muller. Typographie. Dentelés 14 x 13½.*

1009A	6 f. brun-orange	3 »	1 60	2 30
1010	12 f. vert-jaune	3 55	1 70	1 60
	a. (Feuillet de 10)	51 »	40 »	
1011	15 f. rose carminé	0 30	0 15	0 15
	a. (Avec bande publicit.)	1 85	1 25	0 65

Type I.

Type II.

1011A	18 f. vert foncé (II)	0 30	0 15	0 30
	a. (Type I)	1 40	0 80	1 »

20F

Type I.

20F

Type II.

1011B	20 f. bleu (I)	0 50	0 30	0 15
	b. (Avec bande publicité)	2 30	1 40	1 »
	c. (Type II)	18 50	11 50	6 »
	d. (Avec bande publicité)	18 50	11 50	6 »

Type I.

Type II (carnet de 8).

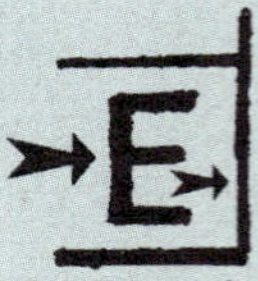

Type II (carnet de 8).

1011C	25 f. rouge (I)	1 60	0 80	0 15
	a. (Paire verticale de carnet avec barres) (I)	5 50	3 50	
	b. (Type II)	3 »	2 30	0 65
	c. (Avec bandelette inférieure blanche) (II)	15 50	9 50	5 50
	Nos 1009A à 1011C (6 val.)	9 25	4 70	4 65

Tirages : 6 440 000, 19 212 000, 4 435 368 500, 112 630 000, 2 749 939 600 et 1 042 390 000.

Le n° 1009A n'a été émis qu'en roulettes. La coupe des dentelures verticales des roulettes rotatives est toujours nette et rectiligne, parfois rognée. Il en est de même des timbres provenant des carnets pour distributeurs (Exemple : 1011Cb).

Deux textes et dessins différents se rencontrent sur les feuillets de 10 timbres de 12 F n° 1010a.

Les timbres au type II du n° 1011C sont ceux des carnets de 8.

Non dentelés

1009Aa		270 »
1010b		270 »
1010c	feuillet de 10	2 700 »
1011b		30 »
1011Ab		30 »
1011Be (I)		30 »
1011Bf	id. avec pub.	385 »
1011Cd		30 »

1955. - *Inventeurs célèbres. Taille-douce. Dentelés 13.*

Philippe Le Bon (gaz d'éclairage).

Barthélémy Thimonnier (machine à coudre).

1012	5 f. bleu et bleu clair	0 80	0 50	0 80
1013	10 f. brun foncé et brun-rouge	1 10	0 65	1 10

Nicolas Appert (conserve alimentaire).

Sainte-Claire Deville (aluminium).

1014	12 f. vert-bleu	1 25	0 80	1 25
1015	18 f. bleu et bleu-gris	3 50	1 70	3 50

Pierre Martin (fabrication de l'acier) (40e anniv. de sa mort).

Louis-Maurice-Hilaire de Bernigaud, comte de Chardonnet (soie artificielle).

1016	25 f. brun-violet et violet-noir	3 60	1 85	2 75
1017	30 f. carmin et vermillon	4 »	2 30	3 »
	Nos 1012 à 1017 (6 val.)	14 25	7 80	12 40
	La série, non dentelée		125 »	

Tirage : 2 500 000 séries.

1955. - *Journée du Timbre et 85e anniversaire de la poste aérienne. Taille-douce. Dentelé 13.*

Départ d'un ballon-poste pendant le Siège de Paris.

1018	12 f.+3 f. bleu-olive et brun-rouge	6 »	3 60	5 50
	a. (Non dentelé)		61 »	

Tirage : 1 470 000.

1955. - *Vue de Limoges (le pont Saint-Étienne et la cathédrale). Taille-douce. Dentelé 13.*

1019	12 f. brun-jaune et brun-lilas	1 85	1 10	1 70
	a. (Non dentelé)		23 »	

Tirage : 2 540 000.

1955. - *La ganterie. Taille-douce. Dentelé 13.*

Élégante devant les fontaines de l'Obélisque de la place de la Concorde.

1020	25 f. noir violacé et bleu-violet	1 10	0 50	0 30
	a. (Non dentelé)		23 »	

Tirage : 31 500 000.

Voir également les nos 941 et 970 à 974.

1955. - *Bicentenaire de la naissance du fabuliste Jean-Pierre Claris de Florian (1755-1794). Taille-douce. Dentelé 13.*

Florian et scène de "Estelle et Nemorin".

1021	12 f. bleu-vert	1 »	0 65	0 80
	a. (Non dentelé)		23 »	

Tirage: 2 545 000.

1955. - *La Télévision. Taille-douce. Dentelé 13.*

La Tour Eiffel et antennes, au-dessus des toits de Paris.

1022	15 f. bleu-noir et outremer	1 25	0 80	1 10
	a. (Non dentelé)		35 »	

Tirage: 3 500 000.

1955. - *10e anniversaire de la libération des camps de déportation. Taille-douce. Dentelé 13.*

1023	12 f. brun-noir et gris-bleu	1 25	0 80	1 10
	a. (Non dentelé)		30 »	

Tirage : 2 500 000.

1955. - *Électrification de la ligne Valenciennes-Thionville. Taille-douce. Dentelé 13.*

Locomotive Alsthom.

1024	12 f. sépia et gris-bleu	2 60	1 60	1 60
	a. (Non dentelé)		40 »	

Tirage : 2 500 000.

1955. - *5e centenaire du Jacquemart de Moulins. Taille-douce. Dentelé 13.*

Moulins : le Jacquemart.

1025	12 f. brun-gris	1 85	1 10	1 60
	a. (Non dentelé)		23 »	

Tirage : 2 600 000.

1955. - *Cinquantenaire de la mort de Jules Verne (1828-1905). Taille-douce. Dentelé 13.*

Jules Verne et le "Nautilus".

1026	30 f. bleu-noir	8 40	4 15	6 »
	a. (Non dentelé)		70 »	

Tirage : 2 200 000.

1955. - *Célébrités du XIIe au XXe siècles. Taille-douce. Dentelés 13.*

Philippe-Auguste, roi de France de 1180 à 1223.

François de Malherbe, poète.

Sébastien Le Prestre de Vauban, par Rigaud.

1027	12 f.+5 f. violet	19 »	12 »	19 »
1028	15 f.+6 f. bleu	19 »	12 »	19 »
1029	18 f.+7 f. vert	21 »	12 50	21 »

Charles Gravier, comte de Vergennes.

Pierre Simon, marquis de Laplace.

Pierre-Auguste Renoir.

1030	25 f.+8 f. violet-gris	26 »	15 50	26 »
1031	30 f.+9 f. lie-de-vin	30 »	17 »	30 »
1032	50 f.+15 f. bleu-vert	35 »	21 »	35 »
	Nos 1027 à 1032 (6 val.)	150 »	90 »	150 »
	La série, non dentelée		245 »	

Tirage : 1 050 000 séries.

1955. - *60e anniversaire de l'invention du cinématographe par les frères Lumière. Taille-douce. Dentelé 13.*

Auguste (1862-1954) et Louis (1864-1948) Lumière.

1033	30 f. brun-rouge	7 »	4 »	5 50
	a. (Non dentelé)		40 »	

Tirage : 2 200 000.

1955. - *5e centenaire de la mort de Jacques Coeur (1395-1456). Taille-douce. Dentelé 13.*

Jacques Coeur et son palais de Bourges.

1034 12 f. violet foncé 2 60 1 40 1 85
a. (Non dentelé) 23 »

Tirage : 2 535 000.

1955. - *Centenaire de l'amitié franco-canadienne. Frégate "La Capricieuse". Taille-douce. Dentelé 13.*

1035 30 f. bleu-vert et bleu 6 » 3 60 5 50
a. (Non dentelé) 30 »

Tirage : 2 200 000.

1955. - *Série touristique. Taille-douce. Dentelés 13.*

Région bordelaise (la Gironde et puits de pétrole de Parentis).

Marseille, le vieux port et N. D. de la Garde.

1036 6 f. rouge carminé 0 30 0 15 0 30
1037 8 f. ardoise 0 70 0 30 0 30

Le port de Nice.

Pont Valentré, à Cahors.

1038 10 f. bleu 0 30 0 15 0 30
1039 12 f. sépia et gris-bleu 0 30 0 15 0 30

Uzerche (Limousin).

Le Mont Pelé, Martinique.

1040 18 f. vert et bleu-noir 1 » 0 70 0 30
1041 20 f. violet et lilas 4 » 2 30 0 30

Remparts de Brouage (Aunis) (16e siècle).

1042 25 f. brun-rouge et brun-lilas 1 40 1 » 0 30
N°s 1036 à 1042 (7 val.) 8 » 4 75 2 10
La série, non dentelée 125 »

Les types des 6 f. et 12 f. ont été repris en 1957 pour des 35 f. et 70 f. (n°s 1118 et 1119).

Tirages : 53 830 000, 115 050 000, 169 885 000, 384 835 00, 60 370 000, 75 080 000 et 114 595 000.

1955. - *Centenaire de la mort de l'écrivain Gérard Labrunie, dit de Nerval. Taille-douce. Dentelé 13.*

Médaillon, par Ichan Duseigneur.

1043 12 f. brun carminé et brun-noir 0 65 0 50 0 50
a. (Non dentelé) 23 »

Tirage : 2 500 000.

1955. - *Armoiries de provinces (VIII). Typographie. Dentelés 14 x 13½.*

Comté de Foix.

Marche.

1044 50 c. noir, vert, jaune et rouge 0 15 0 15 0 15
1045 70 c. rouge, bleu et jaune 0 15 0 15 0 15

Roussillon.

Comtat Venaissin.

1046 80 c. bistre, jaune et rouge 0 15 0 15 0 15
1047 1 f. outremer, rouge et jaune 0 15 0 15 0 15
N°s 1044 à 1047 (4 val.) 0 60 0 60 0 60
La série, non dentelée 46 »

Tirages : 35 920 000, 26 240 000, 8 240 000 et 102 230 000.

1955. - *Au profit de la Croix-Rouge. Croix en rouge. Taille-douce. Dentelés 13.*

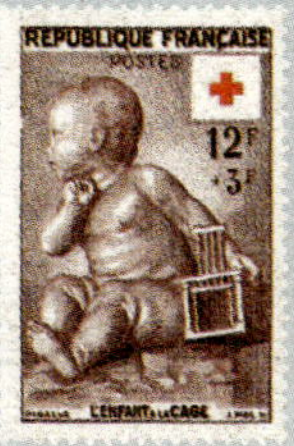

L'enfant à la cage, par J.-B. Pigalle (1714-1785).

L'enfant à l'oie (statue grecque).

1048	12 f.+3 f. lie-de-vin	9 50	4 60	9 50
1049	15 f.+5 f. bleu-gris	6 »	4 »	6 »
	a. paire verticale de carnet		50 »	
	La paire, non dentelée		155 »	

Tirage: 1 500 000 paires.

Le 15 f.+5 f. a aussi été émis en carnets de 10 (tirage : 150 000).

La cote du n° 1049a s'applique à une paire avec marges blanches supérieure et inférieure.

1955
Du N° 1008 au N° 1049 =
46 timbres **243 *143 ⊙221

1956. - *Mémorial national de la déportation, à Struthof (Alsace). Taille-douce. Dentelé 13.*

1050	15 f. brun-carm. et brun-noir	0 80	0 50	0 65
	a. (Non dentelé)		30 »	

Tirage : 2 600 000.

1956. - *Beffroi de Douai. Taille-douce. Dentelé 13.*

1051	15 f. bleu foncé et bleu clair	0 65	0 50	0 65
	a. (Non dentelé)		23 »	

Tirage : 3 000 000.

1956. - *40e anniversaire de la mort du colonel Émile A.-C. Driant (1855-1916) à Verdun. Taille-douce. Dentelé 13.*

Le colonel Driant et son poste de commandement du bois des Caures.

1052	15 f. bleu	0 50	0 30	0 50
	a. (Non dentelé)		23 »	

Tirage : 3 130 000.

1956. - *40e anniversaire de la victoire de Verdun. Taille-douce. Dentelé 13.*

Fantassins dans la tranchée.

1053	30 f. bleu-violet et br.-olive	2 30	1 40	1 85
	a. (Non dentelé)		30 »	

Tirage : 2 350 000.

1956. - *Journée du Timbre. Taille-douce. Dentelé 13.*

François de Tassis et courrier à cheval, gravure de Dürer.

1054	12 f.+3 f. vert, outremer et brun-lilas	3 50	2 »	3 50
	a. (Non dentelé)		40 »	

Tirage : 1 400 000.

1956. - *Inventeurs et chercheurs célèbres. Taille-douce. Dentelés 13.*

J-H. Fabre et insectes.

Charles Tellier et navire frigorifique.

1055	12 f. brun-violet et brun-orange	1 »	0 50	0 80
1056	15 f. noir et violet-noir	1 »	0 50	0 80

Camille Flammarion et observatoire de Juvisy.

Paul Sabatier et catalyseur.

1057 18 f. outremer 2 » 1 30 2 »

1058 30 f. vert-noir et vert-bleu 5 50 3 20 3 50

Nos 1055 à 1058 (4 val.) 9 50 5 50 7 10

La série, non dentelée 110 »

Tirage : 2 300 000 séries.

1956. - *Grand Trianon de Versailles. Taille-douce. Dentelé 13.*

Oeuvre d'Hardouin-Mansart (1646-1708).

1059 12 f. vert foncé et brun 1 85 1 10 1 25

a. (Non dentelé) 23 »

Tirage : 2 800 000.

1956. - *Amitié France-Amérique latine. Taille-douce. Dentelé 13.*

Sculpture péruvienne du XVIe siècle (guerrier Ataviado et tête de "La Prudence" (XVIe siècle), par Michel Colombe (1431-1512).

1060 30 f. brun et brun-rouge 2 45 1 60 2 »

a. (Non dentelé) 30 »

Tirage : 2 075 000.

1956. - *Jumelage Reims-Florence. Taille-douce. Dentelé 13.*

Détail de "l'Ange au Sourire", cathédrale de Reims. Palais de la Seigneurie à Florence et détail du "Printemps", de Botticelli.

1061 12 f. noir et vert 1 » 0 65 1 »

a. (Non dentelé) 42 »

Tirage : 2 550 000.

1956. - *Ordre de Malte. Taille-douce. Dentelé 13.*

Léproserie en A.E.F.

1062 12 f. sépia, rouge et brun-rouge 0 65 0 50 0 65

a. (Non dentelé) 35 »

Tirage : 2 450 000.

1956. - *Saint Yves, patron des hommes de loi. Taille-douce. Dentelé 13.*

St Yves entre le pauvre et le riche.

1063 15 f. gris et noir 0 50 0 30 0 50

a. (Non dentelé) 27 »

Tirage : 2 900 000.

1956. - *Centenaire de la naissance du maréchal Franchet d'Esperey. Taille-douce. Dentelé 13.*

Maréchal Franchet d'Esperey.

1064 30 f. lilas-brun 3 » 1 85 2 30

a. (Non dentelé) 23 »

Tirage : 2 200 000.

1956. - *Centenaire de l'érection en commune de Montceau-les-Mines. Taille-douce. Dentelé 13.*

Monument aux mineurs de Montceau-les-Mines.

1065 12 f. brun-violet 0 65 0 50 0 65

a. (Non dentelé) 23 »

Tirage : 2 730 000.

1956. - *Célébrités du XVe au XXe siècles. Taille-douce. Dentelés 13.*

Guillaume Budé, humaniste.

Jean Goujon, sculpteur.

Samuel de Champlain, explorateur.

1066	12 f.+3 f. bleu	6 50	4 »	6 50
1067	12 f.+3 f. gris-violet	6 50	4 »	6 50
1068	12 f.+3 f. vermillon	6 50	4 »	6 50

Jean-Baptiste Siméon Chardin (autoportrait).

Maurice Barrés, écrivain.

Maurice Ravel, compositeur.

1069	15 f.+5 f. vert	9 50	6 »	9 50
1070	15 f.+5 f. bistre	9 50	6 »	9 50
1071	15 f.+5 f. violet	9 50	6 »	9 50
	N°s 1066 à 1071 (6 val.)	48 »	30 »	48 »
	La série, non dentelée		185 »	

Tirage : 1 100 000 séries.

1956. - *Série sportive. Taille-douce. Dentelés 13.*

Basket-ball.

Pelote basque.

1072	30 f. gris et noir	1 60	0 80	0 30
1073	40 f. brun foncé et lilas	7 »	4 50	0 50

Rugby.

Alpinisme.

1074	50 f. lilas et violet	2 40	1 20	0 30
1075	75 f. bleu ardoise et vert	14 »	9 50	2 90
	N°s 1072 à 1075 (4 val.)	25 »	16 »	4 »
	La série, non dentelée		155 »	

Tirages : 53 475 000, 35 575 000, 101 575 000 et 13 590 000.

1956. - *Europa. Format 21 x 35½. Typographie. Dentelé 13½ x 14.*

1076	15 f. rose et grenat	1 25	0 80	0 30

Tirage : 43 500 000.

Taille-douce. Format 22 x 36. Dentelé 13.

1077	30 f. bleu foncé et bleu	7 20	4 »	1 25

Tirage : 13 300 000.

La paire, non dentelée 500 »

1956. - *Réalisations techniques (I). Taille-douce. Dentelés 13.*

Barrage de Donzère-Mondragon.

Téléphérique de l'Aiguille du Midi.

1078	12 f. ardoise et brun	1 85	1 10	1 40
1079	18 f. bleu-noir	3 60	2 30	2 75

Port de Strasbourg.

1080	30 f. bleu-noir et bleu	15 50	9 50	7 65
	La série, non dentelée		77 »	

Tirages : 2 590 000, 2 200 000 et 2 535 000.

1956. - *Antoine-Augustin, baron Parmentier, créateur de la chimie alimentaire (1737-1803). Taille-douce. Dentelé 13.*

1081	12 f. brun-rge et brun-lilas	1 »	0 50	0 80
	a. (Non dentelé)		23 »	

Tirage : 2 600 000.

1956. - *Personnages étrangers ayant participé à la vie française. Taille-douce. Dentelés 13.*

Pétrarque, poète italien.

J.-B. Lulli, musicien italien.

J.-J. Rousseau, littérateur suisse.

1082	8 f. vert	0 80	0 50	0 80
1083	12 f. lie-de-vin	0 80	0 50	0 80
1084	15 f. rouge	1 30	0 65	0 80

Benjamin Franklin, homme d'État et physicien américain.

Frédéric Chopin, musicien polonais.

Vincent van Gogh, peintre néerlandais (autoportrait).

1085	18 f. outremer	3 »	1 75	2 80
1086	20 f. violet	4 60	2 60	2 20
1087	30 f. turquoise	6 50	4 »	3 60
	Nos 1082 à 1087 (6 val.)	17 »	10 »	11 »
	La série, non dentelée		155 »	

Tirage : 2 500 000 séries.

1956. - *60e anniversaire de la rénovation des Jeux Olympiques. Baron Pierre de Coubertin, rénovateur. Taille-douce. Dentelé 13.*

1088	30 f. gris et lilas	2 30	1 40	1 60
	a. (Non dentelé)		185 »	

Tirage : 2 500 000.

1956. - *Surtaxe au profit de la Croix-Rouge. Croix en rouge. Taille-douce. Dentelés 13.*

Jeune paysan. Détail de "Famille de paysans dans un intérieur", par Le Nain.

"Gilles", par Watteau.

1089	12 f.+3 f. brun-olive	3 50	1 85	3 50
1090	15 f.+5 f. carmin	3 60	2 »	3 60
	La paire, non dentelée		155 »	

Tirage : 1 600 000 paires.

Ont été émis aussi en carnets (tirage : 155 700).

1956
Du Nº 1050 au Nº 1090 =
41 timbres   **157   *96   ⊙108

1957. - *En l'honneur de la colombophilie. Taille-douce. Dentelé 13.*

Pigeon "Bleu-Sion-Lamotte".

1091	15 f. bleu-noir, bleu et rose	0 50	0 30	0 50
	a. (Non dentelé)		30 »	

Tirage : 4 550 000.

1957. - *A la mémoire de Victor Schoelcher (1804-1893). Taille-douce. Dentelé 13.*

1092	18 f. rose	0 80	0 50	0 80
	a. (Non dentelé)		23 »	

Tirage : 2 645 000.

1957. - *Journée du Timbre. Taille-douce. Dentelé 13.3*

Felouque du XVIIIe siècle.

1093	12 f.+3 f. gris-bleu et brun-noir	2 30	1 40	1 85
	a. (Non dentelé)		27 »	

Tirage : 1 900 000.

1957. - *Bicentenaire de la manufacture nationale de Sèvres. Biscuit "La Baigneuse", d'après Falconet. Taille-douce. Dentelé 13.*

1094	30 f. outremer et bleu foncé	1 »	0 65	0 80
	a. (Non dentelé)		27 »	

Tirage : 2 595 000.

1957. - *Savants et inventeurs. Taille-douce. Dentelés 13.*

Gaston Planté, inventeur de l'accumulateur électrique.

Antoine Béclère, fondateur de la radiologie.

1095	8 f. gris-olive et brun-lilas	0 50	0 30	0 50
1096	12 f. bleu, vert et noir	0 65	0 30	0 65

Octave Terrillon, créateur de l'asepsie.

Étienne Oehhmichen, inventeur de l'hélicoptère.

1097	18 f. rose et lie-de-vin	1 60	0 80	1 60
1098	30 f. vert et vert-noir	2 75	1 70	2 75
	N°s 1095 à 1098 (4 val.)	5 50	3 10	5 50
	La série, non dentelée		125 »	

Tirage : 2 500 000 séries.

1957. - *Château d'Uzès. Taille-douce. Dentelé 13.*

1099	12 f. bleu-vert et bistre	0 50	0 30	0 50
	a. (Non dentelé)		23 »	

Tirage : 2 980 000.

1957. - *Héros de la Résistance (I). Taille-douce. Dentelés 13.*

Jean Moulin.

Honoré d'Estienne d'Orves.

1100	8 f. brun-lilas	1 25	0 80	0 65
1101	10 f. noir et outremer	1 25	0 80	0 65

Robert Keller.

Pierre Brossolette.

Jean-Baptiste Lebas.

1102	12 f. bistre et vert foncé	1 25	0 80	1 10
1103	18 f. violet et noir	2 15	1 25	1 85
1104	20 f. bleu-vert et bleu	1 85	1 10	1 25
	N°s 1100 à 1104 (5 val.)	7 75	4 75	5 50
	La série, non dentelée		115 »	

Tirage : 2 570 000 séries.

1957. - *Le Quesnoy. Taille-douce. Dentelés 13.*

Remparts, lac Vauban et porte fortifiée de Fauroeulx.

1105	8 f. vert foncé	0 15	0 15	0 15
1106	15 f. sépia et vert-bleu	0 15	0 15	0 15
	La paire, non dentelée		40 »	

Tirage : 244 255 000 (15 f.).

1957. - *Sesquicentenaire de la Cour des Comptes. Taille-douce. Dentelé 13.*

1107	12 f. brun-olive, noir et bleu	0 30	0 15	0 30
	a. (Non dentelé)		17 »	

Tirage : 2 800 000.

1957. - *Célébrités du XIIIe au XIXe siècles. Taille-douce. Dentelés 13.*

Jean de Joinville.

Bernard Palissy.

Quentin de La Tour. Autoportrait.

1108	12 f.+3 f. brun-olive et olive	3 »	1 85	3 »
1109	12 f.+3 f. vert-noir et bleu	3 »	1 85	3 »
1110	15 f.+5 f. lie-de-vin et rouge	4 »	2 50	4 »

Félicité Robert de Lamennais.

George Sand.

Jules Guesde.

1111	15 f.+5 f. outr. et bleu-noir	4 »	2 30	4 »
1112	18 f.+7 f. vert-noir et vert-gris	5 »	2 75	5 »
1113	18 f.+7 f. brun-lilas et brun	5 »	2 75	5 »
	N°s 1108 à 1113 (6 val.)	24 »	14 »	24 »
	La série, non dentelée		140 »	

Tirage : 1 100 000 séries.

1957. - *Travaux publics. Taille-douce. Dentelé 13.*

1114	30 f. vert-noir, violet-brun et bistre	2 45	1 40	1 60
	a. (Non dentelé).		20 »	

Tirage : 2 320 000.

1957-59. - *Type Moissonneuse. Typographie. Dentelés 14 x 13½.*

1115	6 f. brun-jaune	0 15	0 15	0 15
1115A	10 f. vert	1 »	0 30	0 15
1116	12 f. lilas-rose	0 30	0 15	0 30
	Chaque, non dentelé		15 50	

Plusieurs timbres à ce type ont été émis avec préoblitération (voir Préoblitérés n°s 106 et suivants).

Un 10 c. vert a paru en 1960 (n° 1231).

Tirages : 390 910 000, 303 740 000 et 148 980 000.

1957. - *Port de Brest. Taille-douce. Dentelé 13.*

1117	12 f. brun et vert foncé	1 40	0 80	1 40
	a. (Non dentelé)		23 »	

Tirage : 2 500 000.

1957. - *Série touristique. Types de 1955. Taille-douce. Dentelés 13.*

1118	35 f. vert-noir et vert-bleu (1036)	4 60	3 »	1 10
1119	70 f. noir et vert (1039)	22 50	13 »	2 30
	La paire, non dentelée		50 »	

Tirages : 14 345 000 et 9 635 000.

1957. - *Jeux universitaires mondiaux, à Paris. Taille-douce. Dentelé 13.*

Léo Lagrange (1900-1940) et stade.

1120	18 f. gris et noir	0 65	0 50	0 65
	a. (Non dentelé)		46 »	

Tirage : 2 200 000.

1957. - *Centenaire de la mort d'Auguste Comte. Taille-douce. Dentelé 13.*

Auguste Comte.

1121	35 f. brun-rouge et sépia	0 50	0 30	0 50
	a. (Non dentelé)		23 »	

Tirage : 3 000 000.

1957. - *Europa. Taille-douce. Dentelés 13.*

1122	20 f. brun et vert	0 75	0 35	0 35
1123	35 f. brun-noir et bleu	1 40	1 10	1 10
	La paire, non dentelée		230 »	

Tirages : 12 630 000 et 9 335 000.

1957. - *Bimillénaire de Lyon. Taille-douce. Dentelé 13.*

Théâtre antique de Fourvière.

1124	20 f. lilas-brun et orange	0 50	0 30	0 50
	a. (Non dentelé)		27 »	

Tirage : 4 400 000.

1957. - *Série touristique. Taille-douce. Dentelés 13.*

Rivière Sens, à la Guadeloupe.

1125	8 f. vert et ocre	0 15	0 15	0 15
	a. vert-jaune et ocre	0 30	0 15	0 15

Palais de l'Élysée, à Paris.

Beynac-Cazenac.

1126	10 f. violet-gris et bistre	0 15	0 15	0 15

NOUVEAU	a. (Sans légende ni faciale)	500 »		
1127	18 f. bleu et brun-lilas	0 30	0 15	0 30

Château de Valençay.

Cathédrale de Rouen.

1128	25 f. brun-rouge et gris-bleu	0 80	0 50	0 30
1129	35 f. rose et lie-de-vin	0 30	0 15	0 15

St-Rémy-les-Antiques.

Évian-les-Bains.

1130	50 f. bistre et vert	0 65	0 30	0 15
1131	65 f. bleu-noir et bleu	0 80	0 50	0 50
	Nos 1125 à 1131 (7 val.)	3 15	1 90	1 70
	La série, non dentelée		170 »	

Les types des 8 f., 10 f. et 65 f. ont été repris en 1959 (nos 1192 à 1194).

Le 35 f. a été surchargé CONSEIL DE L'EUROPE en janvier 1958, pour les besoins de cette institution (voir Timbres de Service, n° 16).

Tirages : 63 840 000, 67 850 000, 92 855 000, 55 335 000, 121 900 000, 190 615 000 et 110 430 000.

1957. - *Célébrités étrangères. Taille-douce. Dentelés 13.*

Nicolas Copernic.

Michelangelo Buonarroti, dit Michel-Ange.

1132	8 f. brun-violet	1 »	0 70	0 80
1133	10 f. vert-bleu	1 »	0 70	0 80

Miguel Cervantès de Saavedra.

Rembrandt (autoportrait).

Newton.

1134	12 f. violet foncé	1 »	0 70	1 »
1135	15 f. bistre et brun	1 30	1 »	1 10
1136	18 f. bleu	1 85	1 10	1 30

Wolfgang Amadeus Mozart.

Johann Wolfgang Von Goethe.

1137	25 f. violet et brun-violet	1 85	1 60	1 30
1138	35 f. bleu	2 30	1 60	1 70
	N°s 1132 à 1138 (7 val.)	10 30	7 40	8 »
	La série, non dentelée		170 »	

Tirage : 2 700 000 séries.

1957. - *Centenaire de la mort du chimiste L.-J. Thénard et de la fondation de la Société de secours des amis des sciences. Taille-douce. Dentelé 13.*

1139	15 f. jaune-olive et vert fcé	0 50	0 30	0 50
	a. (Non dentelé)		19 25	

Tirage : 3 000 000.

1957. - *Au profit de la Croix-Rouge. Croix en rouge. Gravures de Jacques Callot (1592-1635) (musée de Nancy). Taille-douce. Dentelés 13.*

L'aveugle et le mendiant.

La mendiante et la borgnesse.

1140	15 f.+7 f. outremer	5 »	2 45	5 »
1141	20 f.+8 f. brun-lilas	6 40	3 70	6 40
	La paire, non dentelée		115 »	

Tirage : 1 350 000 paires.

Ont été émis aussi en carnets (tirage : 180 000).

1957
Du N° 1091 au N° 1141 =
52 timbres ****105** ***63** **⊙72**

1958. - *Grands médecins. Taille-douce. Dentelés 13.*

Philippe Pinel.

Fernand Widal.

1142	8 f. olive	1 »	0 65	0 80
1143	12 f. violet	1 »	0 65	0 80

Charles Nicolle.

René Leriche.

1144	15 f. bleu	1 60	0 80	1 »
1145	35 f. noir	2 »	1 10	1 40
	N°s 1142 à 1145 (4 val.)	5 60	3 20	4 »
	La série, non dentelée		95 »	

Tirage : 2 600 000 séries.

1958. - *Grands savants. Taille-douce. Dentelés 13.*

Joseph-Louis Lagrange.

Joseph Le Verrier.

1146	8 f. bleu-vert et bleu-violet	1 »	0 50	0 80
1147	12 f. brun-noir et violet-gris	1 25	0 65	0 80
	a. brun-noir	185 »	125 »	

Léon Foucault.

Claude-Louis Berthollet.

1148	15 f. vert-noir et vert	2 »	1 25	1 10
1149	35 f. carmin et brun-carmin	2 75	1 60	1 60
	N°s 1146 à 1149 (4 val.)	7 »	4 »	4 30
	La série, non dentelée		95 »	

Tirage : 2 400 000 séries.

1958. - *Série touristique. Type de 1954 (976). Taille-douce. Dentelé 13.*

1150	20 f. olive et bleu	0 50	0 30	0 30
	a. (Non dentelé)		23 »	

1958. - *Journée du Timbre. Taille-douce. Dentelé 13.*

Mécanisation de la distribution rurale.

1151	15 f.+5 f. vert-brun et olive foncé	2 15	1 25	1 60
	a. (Non dentelé)		35 »	

Tirage : 1 900 000.

1958. - *Villes reconstruites. Taille-douce. Dentelés 13.*

Le Havre. Maubeuge.

1152	12 f. olive et rose-rouge	0 80	0 50	0 65
1153	15 f. bistre, lilas et violet-br.	0 80	0 50	0 65

Saint-Dié. Sète.

1154	18 f. vert-noir et outremer	1 30	0 80	1 »
1155	25 f. bistre, vert-bleu et bleu foncé	1 60	1 »	1 »
	Nos 1152 à 1155 (4 val.)	4 50	2 80	3 30
	La série, non dentelée		95 »	

Tirage : 2 700 000 séries.

1958. - *Exposition de Bruxelles. Taille-douce. Dentelé 13.*

1156	35 f. vert foncé et bleu	0 30	0 15	0 30
	a. (Non dentelé)		46 »	

Tirage : 3 600 000.

1958. - *Héros de la Résistance (II). Taille-douce. Dentelés 13.*

Jean Cavaillès. Fred Scamaroni.

1157	8 f. violet et brun-noir	0 80	0 50	0 80
1158	12 f. bleu clair et vert-bleu	0 80	0 50	0 80

Simone Michel-Lévy. Jacques Bingen.

1159	15 f. brun et gris	2 20	1 25	1 25
1160	20 f. olive et bleu foncé	1 70	1 25	1 40
	Nos 1157 à 1160 (4 val.)	5 50	3 50	4 25
	La série, non dentelée		95 »	

Tirage : 2 450 000 séries.

1958. - *Jeux traditionnels. Taille-douce. Dentelés 13.*

Boules. Joutes nautiques.

1161	12 f. rouge et brun-orange	1 25	0 80	1 10
1162	15 f. vert foncé, bleu et vert	1 60	1 »	1 20
	a. (FFRANÇAISE)	230 »	185 »	130 »

Tir à l'arc.

Lutte bretonne.

1163	18 f. vert et brun-orange	3 »	1 60	1 60
1164	25 f. brun et vert-noir	4 15	3 »	2 50
	Nos 1161 à 1164 (4 val.)	10 »	6 40	6 40
	La série, non dentelée		115 »	

Tirages : 2 350 000, 2 685 000, 2 585 000 et 2 350 000.

1958. - *Cathédrale de Senlis. Taille-douce. Dentelé 13.*

1165	15 f. gris-bleu et bleu	0 50	0 30	0 50
	a. (Non dentelé)		19 25	

Tirage : 2 800 000.

1958. - *Célébrités. Taille-douce. Dentelés 13.*

Joachim du Bellay.

Jean Bart.

Denis Diderot.

1166	12 f.+4 f. vert	2 15	1 25	2 15
1167	12 f.+4 f. bleu	2 15	1 25	2 15
1168	15 f.+5 f. lilas-brun	2 30	1 60	2 30

Gustave Courbet.

J.-B. Carpeaux (autoportrait).

Toulouse-Lautrec.

1169	15 f.+5 f. outremer	2 45	1 70	2 45
1170	20 f.+8 f. rouge	2 45	1 70	2 45
1171	35 f.+15 f. vert-bleu	3 »	2 »	3 »
	Nos 1166 à 1171 (6 val.)	14 50	9 50	14 50
	La série, non dentelée		130 »	

Tirages : 1 250 000, 1 300 000, 1 100 000, 1 200 000, 1 200 000 et 1 100 000.

1958. - *Fragment de la tapisserie de la reine Mathilde, à Bayeux. Taille-douce. Dentelé 13.*

1172	15 f. rouge et bleu	0 50	0 30	0 50
	a. (Non dentelé)		40 »	

Tirage : 2 900 000.

1958. - *Europa. Taille-douce. Dentelés 13.*

1173	20 f. rouge	0 40	0 20	0 40
1174	35 f. outremer	1 15	0 70	1 15
	La paire, non dentelée		155 »	

Tirages : 19 805 000 et 9 210 000.

1958. - *Château de Foix. Taille-douce. Dentelé 13.*

Château de Foix.

1175	15 f. outremer, gris, brun et vert	0 50	0 30	0 50
	a. (Non dentelé)		19 25	

Tirage : 3 285 000.

1958. - *Jumelage Paris-Rome. Taille-douce. Dentelé 13.*

Hôtels de Ville des deux capitales.

1176	35 f. gris, rouge et bleu clair	0 50	0 30	0 50
	a. (Non dentelé)		30 »	

Tirage : 3 335 000.

1958. - *Inauguration du palais de l'U.N.E.S.C.O., à Paris. Taille-douce. Dentelés 13.*

1177	20 f. bistre et bleu-vert	0 15	0 15	0 15
1178	35 f. orange et vert-noir	0 30	0 15	0 30
	La paire, non dentelée		125 »	

Tirages : 5 350 000 et 4 400 000.

1958. - *40e anniversaire de l'armistice. Taille-douce. Dentelé 13.*

1179	15 f. vert et bleu	0 65	0 30	0 50
	a. (Non dentelé)		23 »	

Tirage : 4 050 000.

1958. - *Armoiries de villes (III). Typographie. Dentelés 14 x 13½.*

Marseille.

Lyon.

1180	50 c. bleu et outremer	0 15	0 15	0 15
1181	70 c. brun-rouge, rouge, bleu et jaune	0 15	0 15	0 15

Toulouse.

Bordeaux.

1182	80 c. rouge, bleu et jaune	0 15	0 15	0 15
1183	1 f. bleu, rouge et jaune	0 15	0 15	0 15

Nice.

Nantes.

Lille.

1184	2 f. bleu fcé, rouge et vert	0 15	0 15	0 15
1185	3 f. noir, rouge, jne et vert	0 15	0 15	0 15
1186	5 f. brun-noir et rouge	0 15	0 15	0 15
	Nos 1180 à 1186 (7 val.)	1 05	1 05	1 05
	La série, non dentelée		95 »	

Un 5 c. au type du 5 f. Lille a paru en 1960 (n° 1230).

Tirages : 11 790 000, 13 930 000, 8 160 000, 92 560 000, 41 850 000, 35 540 000 et 473 320 000.

1958. - *Au profit de la Croix-Rouge. Croix en rouge. Taille-douce. Dentelés 13.*

Saint Vincent de Paul.

J. Henri Dunant.

1187	15 f.+7 f. vert foncé	1 60	1 »	1 60
1188	20 f.+8 f. violet	1 60	1 »	1 60
	La paire, non dentelée		115 »	

Tirage : 1 700 000 paires.

Ont été émis aussi en carnets (tirage : 199 300).

1958
Du N° 1142 au N° 1188 =
47 timbres ****59** ***37** **⊙48**

Ve République

1959. - *Floralies parisiennes. Taille-douce. Dentelé 13.*

Arc de Triomphe du Carrousel, à Paris.

1189	15 f. polychrome	0 65	0 50	0 50
	a. (Non dentelé)		30 »	

Tirage : 6 360 000.

1959. - *Sesquicentenaire des Palmes académiques. Taille-douce. Dentelé 13.*

1190	20 f. grenat, violet et sépia	0 30	0 15	0 30
	a. (Non dentelé)		19 25	

Tirage : 3 325 000.

1959. - *Centenaire de la naissance de Charles de Foucauld, apôtre du Sahara (1858-1916). Taille-douce. Dentelé 13.*

Le Père de Foucauld devant son ermitage, à Tamanrasset.

1191	50 f. bleu, brun-rouge et brun-lilas	0 65	0 30	0 65
	a. (Non dentelé)		30 »	

Tirage : 3 060 000.

1959. - *Série touristique. Types de 1957. Taille-douce. Dentelés 13.*

1192	30 f. vert foncé (1126)	3 »	1 60	0 30
1193	85 f. lilas-brun (1131)	4 60	2 75	0 50

1194	100 f. violet (1125)	35 »	21 »	0 50
	La série, non dentelée		110 »	

Tirages : 67 095 000, 46 445 000 et 59 775 000.

1959. - *Blason d'Alger. Typographie. Dentelé 14 x 13½.*

1195	15 f. polychrome	0 30	0 15	0 15
	a. (Non dentelé)		15 50	

Tirage : 96 490 000.

Un 15 c. à ce type a paru en 1960 (n° 1232).

1959. - *Journée du Timbre et 20e anniversaire du service aéropostal de nuit. Taille-douce. Dentelé 13.*

1196	20 f.+5 f. polychrome	0 80	0 50	0 80
	a. (Non dentelé)		61 »	

Tirage : 2 500 000.

Ce type a été repris, modifié, en 1964 (n° 1418).

1959. - *175e anniversaire de l'École des Mines à Paris. Taille-douce. Dentelé 13.*

Façade de l'École et lampe de mineur.

1197	20 f. carmin, noir et bl.-vert	0 30	0 15	0 30
	a. (Non dentelé)		23 »	

Tirage : 2 950 000.

1959. - *Héros de la Résistance (III). Taille-douce. Dentelés 13.*

Les 5 martyrs du lycée Buffon. Yvonne Le Roux. Médéric Védy.

1198	15 f. violet et gris-noir	0 50	0 30	0 30
1199	15 f. lilas-rose et lilas	0 50	0 30	0 50
1200	20 f. vert et bleu-vert	0 50	0 30	0 50

Louis-Manin Bret. Gaston Moutardier.

1201	20 f. br.-orange et brun clair	0 70	0 30	0 70
1202	30 f. lilas-rose et violet fcé	0 80	0 30	0 70
	Nos 1198 à 1202 (5 val.)	3 »	1 50	2 70
	La série, non dentelée		95 »	

Tirages : 3 085 000, 3 150 000, 3 000 000, 3 100 000 et 3 100 000.

1959. - *Réalisations techniques (II). Taille-douce. Dentelés 13.*

Barrage de Foum el Gherza, en Algérie. Centre atomique de Marcoule.

1203	15 f. olive et bleu-vert	0 50	0 15	0 30
1204	20 f. carmin et brun-rouge	0 70	0 30	0 70

Hassi-Messaoud, Sahara.

Palais du C.N.I.T (Centre National des Industries et des Techniques).

1205	30 f. brun-olive, bleu et bleu-vert	0 70	0 30	0 70
1206	50 f. vert terne et bleu-gris	1 10	0 80	0 80
	Nos 1203 à 1206 (4 val.)	3 »	1 55	2 50
	La série, non dentelée		100 »	

Tirages : 4 140 000, 4 550 000, 4 110 000 et 4 085 000.

1959. - *Célébrités. Taille-douce. Dentelés 13.*

Geoffroi de La Villehardouin.

André Le Nôtre et vue du parc de Versailles.

1207	15 f.+5 f. bleu-violet	1 60	1 »	1 60
1208	15 f.+5 f. vert foncé	1 60	1 »	1 60

Jean d'Alembert.

David d'Angers, sa statue et le château du roi René, à Angers.

1209	20 f.+10 f. brun-jaune	1 60	1 »	1 60
1210	20 f.+10 f. gris	1 80	1 »	1 80

Xavier Bichat.

Frédéric-Auguste Bartholdi et ses oeuvres : la statue de la Liberté, à New York et le Lion de Belfort.

1211	30 f.+10 f. carmin	1 60	1 25	1 60
1212	30 f.+10 f. brun-rouge	2 »	1 25	1 80
	Nos 1207 à 1212 (6 val.)	10 20	6 50	10 »
	La série, non dentelée		140 »	

Tirage : 1 500 000 séries.

1959. - *Hommage aux pilotes d'essai. Taille-douce. Dentelé 13.*

Charles Goujon et colonel Rozanoff.

1213	20 f. bleu et brun-orange	0 65	0 30	0 65
	a. (Non dentelé)		54 »	

Tirage : 4 380 000.

1959. - *Centenaire de la mort de Marceline Desbordes-Valmore. Taille-douce. Dentelé 13.*

Marceline Desbordes-Valmore et église N.-D. de Douai.

1214	30 f. vert-bleu, brun-lilas et bleu	0 30	0 15	0 30
	a. (Non dentelé)		27 »	

Tirage : 4 200 000.

1959. - *Inauguration du pont de Tancarville. Taille-douce. Dentelé 13.*

1215	30 f. bistre, vert et bleu	0 50	0 15	0 50
	a. (Non dentelé)		30 »	
	b. (inscript. en bleu clair)	46 »	30 »	15 50

Tirage : 4 930 000.

1959. - *Marianne à la nef. Typographie. Dentelé 14 x 13½.*

1216	25 f. vert-gris et rouge	0 50	0 30	0 15
	a. (Non dentelé)		19 25	

Tirage : 714 710 000.

Un 25 c. bleu et rouge à ce type a paru en 1960 (n° 1234).

1959. - *Centenaire de la naissance de Jean Jaurès. Taille-douce. Dentelé 13.*

1217	50 f. brun-violet	0 50	0 30	0 50
	a. (Non dentelé)		23 »	

Tirage : 4 630 000.

1959. - *Europa. Taille-douce. Dentelés 13.*

1218	25 f. vert	0 50	0 20	0 20
1219	50 f. violet	1 80	1 »	1 40
	La paire, non dentelée		155 »	

Tirages : 10 000 000 et 8 500 000.

1959. - *Hommage aux donneurs de sang. Taille-douce. Dentelé 13.*

1220	20 f. lilas-rose et gris	0 30	0 15	0 30
	a. (Non dentelé)		42 »	

Tirage : 4 890 000.

1959. - *Tricentenaire du traité des Pyrénées. Taille-douce. Dentelés 13.*

Avesnes-s-Helpe (la place Guillemin).

Perpignan (le Castillet).

1221	20 f. bleu et bistre	0 50	0 30	0 30
1222	30 f. lilas-brun et bleu	0 50	0 30	0 50

Symbole du traité (détail du revers de la médaille frappée à cette occasion).

1223	50 f. bleu, orange et rose	0 65	0 30	0 50
	La série, non dentelée		77 »	

Tirages : 4 475 000, 4 990 000 et 4 730 000.

1959. - *Pour vaincre la poliomyélite. Taille-douce. Dentelé 13.*

1224	20 f. bleu foncé	0 30	0 15	0 30
	a. (Non dentelé)		35 »	

Tirage: 4 500 000.

1959. - *Centenaire de la naissance du philosophe Henri Bergson. Taille-douce. Dentelé 13.*

1225	50 f. brun-orange	0 50	0 30	0 50
	a. (Non dentelé)		27 »	

Tirage : 4 600 000.

1959. - *Au profit de la Croix-Rouge. Croix en rouge. Taille-douce. Dentelés 13.*

Abbé de L'Épée.

Valentin Haüy.

1226	20 f.+10 f. noir et br.-violet	2 60	1 60	2 60
1227	25 f.+10 f. bleu et noir	3 »	1 60	3 »
	La paire, non dentelée		110 »	

Tirages : 1 700 000 paires ; ont été émis aussi en carnets (tirage : 132 000).

1959. - *10e anniversaire de l'O.T.A.N. et inauguration de son palais, à Paris. Taille-douce. Dentelé 13.*

Le Palais de l'O.T.A.N., porte Dauphine.

1228	50 f. vert, outremer et brun-lilas	0 65	0 30	0 65
	a. (Non dentelé)		77 »	

Tirage : 4 325 000.

1959. - *Au profit des sinistrés de Fréjus. Timbre de même date (Marianne à la nef, n° 1216) surchargé.*

1229	+5 f. s. 25 f. vert-gris et rouge	0 30	0 15	0 30
	a. (Non dentelé)		23 »	
	b. (Surch. renv.)		2 700 »	

Tirage : 12 420 000.

1959
Du N° 1189 au N° 1229 =
41 timbres **76 *44 ⊙32

A partir de 1960 : 100 c(entimes) = 1 NF.

1 (nouveau) f(ranc) = 100 f. anciens.

Avec le "nouveau franc", les mentions c (centimes) et f (franc) n'apparaissent plus sur les timbres : pour garder l'homogénéité du catalogue nous avons préféré indiquer comme avant 1960, les valeurs inférieures au franc en centimes (Exemple : N° 1230 : 5 c. et 0,05 sur le timbre).

A partir de 1960 les cotes de la colonne de gauche concernent les timbres neufs sans charnière, celles de la colonne de droite, les timbres oblitérés.

1960-61. - *Types de 1957-59 (nouveaux pour les nos 1230A, 1233 et 1234A) avec valeur en nouveau franc. Typographie. Dentelés 14 x 13½.*

20 c. Type I : Présence de deux taches parasites entre 0 et 2.

20 c. Type II : Taches parasites absentes (roulettes).

Voir note après le n° 181.

25 c. Type I : Présence de petites taches en bout des hachures.

25 c. Type II : Taches supprimées (carnets de 8).

VENTE SUR PLACE OU PAR CORRESPONDANCE
TOUT EN 1 SEUL MAGASIN
TIMBRES DE FRANCE AU DÉTAIL ET TOUS PAYS
NEUFS OU OBLITÉRÉS-MATÉRIEL-LIVRES-JOURNAUX
TOUTES LES GRANDES MARQUES DE MATERIEL TOUTES COLLECTIONS
AV - CERES - DAVO - HAWID
ID - KABE - LEUCHTTURM
LINDNER - MOC - MARINI
PRINZ - SAFE
Yvert & Tellier
REMISE DÈS LE 1ER ACHAT
TARIF DES MARQUES
ENVOYÉS SUR SIMPLE DEMANDE
BERNARD QUALITÉ CHOIX - PRIX
AUMONT
SPÉCIALISTE DE LA QUALITÉ
ACHETE
LES TIMBRES DE FRANCE EN STOCK IMPORTANT
AU JUSTE PRIX ! Par QUANTITÉ, FEUILLE OU 1/2 FEUILLE (même les petites valeurs)
JE SUIS ACHETEUR DE BONS TIMBRES ET DE BELLES COLLECTIONS TOUS PAYS
MAGASIN OUVERT DU MARDI AU VENDREDI :
9h à 12h15 et de 13h15 à 18h00
LE SAMEDI :
de 9h à 12h15 et de 14h à 18h00
En plein centre de Paris, dans le quartier de l'Art et de la Collection
22 rue Drouot PARIS 9ème
ACCÈS FACILE - 9 lignes de bus - 4 stations de métro - parkings.
Tél. 01 47 70 63 34 et 01 42 46 35 29
COMMANDES PAR FAX 01 42 46 25 32
PAR INTERNET Site Marchand : bernard-aumont.com
Messagerie internet : AUMONT@noos.fr ou bernard@bernard-aumont.com
ACHETER CHEZ BERNARD AUMONT, La certitude de ne jamais ÊTRE DÉÇU !
(Faîtes l'essai de montrer vos timbres à vos amis philatélistes.)

Armoiries d'Oran.

1230 5 c. brun-noir et rouge 8 50 0 30
1230A 5 c. polychrome 0 30 0 15
1231 10 c. vert 0 65 0 15

La semeuse de Piel, d'après Roty.

1232 15 c. polychrome 1 » 0 30
1233 20 c. turquoise et rose (I) 0 30 0 15
a. (type II) (roulette) 21 50 3 »

1234 25 c. bleu et rouge (I) 2 75 0 15
a. (paire verticale de carnet avec barres) 10 »
b. (type II) 5 50 0 30
c. (avec bandelette inférieure blanche) 17 »
1234A 30 c. noir et outremer (1233) 2 » 0 70
N°s 1230 à 1234A (7 val.) 15 50 1 90
La série, non dentelée 115 »

Le n° 1231 a été surchargé "E.A." en 1962 (voir tome II Algérie n°s 354 et 359).

Tirages : 143 580 000 (1230), 255 500 000 (1230A), 892 530 000 (1231), 143 760 000 (1232) et 390 300 000 (1234).

1960. - *Série touristique. Taille-douce. Dentelés 13.*

Cathédrale de Laon.

1235 15 c. bleu-noir et bleu 0 50 0 50

Château de Fougères.

Gorges de Kerrata, en Algérie.

1236 30 c. brun, vert et bleu 4 70 0 50
1237 45 c. olive et violet 1 » 0 50

Mosquée de Tlemcen, en Algérie.

Vallée de la Sioule.

1238 50 c. vert foncé et lie-de-vin 3 » 0 15
1239 65 c. bistre-olive, brun et bleu 1 60 0 65

Viaduc de Chaumont.

Massif du Grand Bénard et église de Cilaos, à La Réunion.

1240 85 c. vert, sépia et bleu 3 60 0 65
1241 1 f. violet, vert et bleu 3 60 0 30
N°s 1235 à 1241 (7 val.) 18 » 3 25
La série, non dentelée 170 »

Les n°s 1237 et 1238 ont été surchargés "E.A." en 1962 (voir tome II Algérie n°s 356, 357, 361 et 362).

Tirages : 32 680 000, 37 360 000, 63 670 000, 87 050 000, 36 965 000, 55 365 000 et 87 130 000.

1960. - *Centenaire de la naissance de l'historien Pierre Girauld de Nolhac. Taille-douce. Dentelés 13.*

Effigie de l'historien, château de Versailles et St-Pierre de Rome.

1242 20 c. noir et gris 0 65 0 65
a. (Non dentelé) 30 »

Tirage : 4 500 000.

1960. - *Musée d'art et d'industrie de Saint-Étienne. Taille-douce. Dentelé 13.*

1243 30 c. brun-lilas, vert-bleu et rouge 0 65 0 65
a. (Non dentelé) 23 »

Tirage : 4 500 000.

1960. - *5e session des États généraux des communes d'Europe, à Cannes. Taille-douce. Dentelé 13.*

Vue de Cannes.

1244 50 c. rouge-orange et vert   1 »   1 »
a. (Non dentelé)   77 »

Tirage : 4 500 000.

1960. - *Journée du Timbre. Taille-douce. Dentelé 13.*

Navire câblier "Ampère".

1245 20 c.+5 c. bleu, bleu-vert et bleu-noir   1 85   1 85
a. (Non dentelé)   30 »
b. (nuages bleus)   23 »

Tirage : 2 600 000.

1960. - *Centenaire du rattachement du duché de Savoie et du comté de Nice. Taille-douce. Dentelés 13.*

Savoyarde et glaciers de l'Homme.   Niçoise et plage.

1246 30 c. vert foncé   0 80   0 80
1247 50 c. brun-rouge, rouge et jaune   0 80   0 50
La paire, non dentelée   77 »

Tirages : 4 500 000 et 5 000 000.

1960. - *Héros de la Résistance (4e série). Taille-douce. Dentelés 13.*

Edmond Debeaumarché.   Pierre Masse.   Maurice Ripoche.

1248 20 c. jaune-olive et noir   3 »   2 »
1249 20 c. rose et lilas-rose   2 30   2 »
1250 30 c. violet et lilas   2 30   2 »

Léonce Vieljeux.   Abbé René Bonpain.

1251 30 c. bleu-gris et bleu   4 20   3 »
1252 50 c. olive et brun-rouge   4 20   4 »
Nos 1248 à 1252 (5 val.)   16 »   13 »
La série, non dentelée   55 »

Tirage : 3 300 000 séries.

1960. - *Année mondiale du réfugié. Taille-douce. Dentelé 13.*

1253 25 c.+10 c. vert, brun-olive et bleu-noir   0 50   0 50
a. (Non dentelé)   70 »

Tirage : 3 030 000.

1960. - *Sesquicentenaire de l'École Normale de Strasbourg. Taille-douce. Dentelé 13.*

1254 20 c. rose-lilas, violet et noir   0 30   0 30
a. (Non dentelé)   23 »

Tirage : 4 500 000.

1960. - *Château de Blois. Taille-douce. Dentelé 13.*

1255 30 c. bleu, sépia et vert-bleu   1 »   0 80
a. (Non dentelé)   23 »

Tirage : 4 500 000.

1960. - *Station thermale de La Bourboule. Taille-douce. Dentelé 13.*

1256	50 c. brun foncé, carmin et vert-bleu	0 80	0 80
	a. (Non dentelé)	27 »	

Tirage : 4 500 000.

1960. - *Célébrités. Taille-douce. Dentelés 13.*

Michel de l'Hospital et château de La Roche les Aigueperse.

Henri de La Tour d'Auvergne, vicomte de Turenne et la ferme de Turenne, à Bazeille.

1257	10 c.+5 c. lilas-rose et violet	3 »	3 »
1258	20 c.+10 c. olive et lilas-brun	4 »	4 »

Nicolas Boileau et sa maison, à Auteuil.

Jean-Martin Charcot et hôpital de la Salpétrière, à Paris.

1259	20 c.+10 c. vert et vert-bleu	4 »	4 »
1260	30 c.+10 c. lie-de-vin et rouge	6 »	6 »

Georges Bizet et évocation de l'Arlésienne et de Carmen.

Edgar Degas et ses oeuvres : Danseuse au bouquet, Femme se baignant, La Ballerine.

1261	30 c.+10 c. violet et bleu	7 »	7 »
1262	50 c.+15 c. ardoise	7 »	7 »
	Nos 1257 à 1262 (6 val.)	31 »	31 »
	La série, non dentelée	130 »	

Tirage : 1 600 000 séries.

1960. - *Type Marianne de Decaris. Typographie. Dentelé 14 x 13½.*

Type II : présence d'une ligne épaisse (carnets de 8).

1263	25 c. gris clair et carmin foncé (I)	0 30	0 15
	a. rose et carm. foncé (I)	17 75	5 50
	b. (Non dentelé)	30 »	
	c. (avec bande publicit.) (I)	4 60	1 60
	d. (paire verticale de carnets avec barres) (I)	4 »	
	e. gris et carmin (II)	1 »	1 »
	f. (avec bandelette inférieure blanche) (II)	9 50	

Ce timbre a été surchargé "E.A." en 1962 (voir Algérie Tome II nos 355 et 360).

1960. - *20e anniversaire de l'Appel du général de Gaulle (18 juin 1940). Taille-douce. Dentelé 13.*

1264	20 c. brun-rouge, vert et sépia	0 80	0 50
	a. (Non dentelé)	77 »	

Tirage : 10 000 000.

1960. - *Jeux olympiques de Rome. Taille-douce. Dentelé 13.*

Jean Bouin (1888-1914).

1265	20 c. noir, lie-de-vin et bleu	0 50	0 50
	a. (Non dentelé)	125 »	

Tirage : 5 500 000.

1960. - *Europa. Taille-douce. Dentelés 13.*

1266	25 c. vert et bleu-vert	0 15	0 15
1267	50 c. carmin et lilas	0 50	0 50
	a. (centre de la rosace rose pâle)	15 50	
	La paire, non dentelée	140 »	

Tirages : 17 050 000 et 11 735 000.

1960. - *Basilique de Lisieux. Taille-douce. Dentelé 13.*

Statue de sainte Thérèse et la basilique.

1268	15 c. bleu, gris et sépia	0 50	0 50
	a. (Non dentelé)	30 »	

Tirage : 4 795 000.

1960. - *Madame de Staël (Précurseur de l'Idée Européenne). Taille-douce. Dentelé 13.*

Corrine au Cap Misène, par Gérard (détail).

1269 30 c. lilas et brun-jaune 0 50 0 50
a. (Non dentelé) 54 »

Tirage : 5 200 000.

1960. - *Centenaire de la naissance du général Estienne. Taille-douce. Dentelé 13.*

Portrait, char Renault et avion d'observation.

1270 15 c. lilas et gris-olive 0 50 0 50
a. (Non dentelé) 40 »

Tirage : 4 750 000.

1960. - *10e anniversaire de la mort de Marc Sangnier. Taille-douce. Dentelé 13.*

Marc Sangnier et auberge de la jeunesse.

1271 20 c. bleu, lilas et noir 0 30 0 30
a. (Non dentelé) 30 »

Tirage : 5 025 000.

1960. - *20e anniversaire de l'Ordre de la Libération. Taille-douce. Dentelé 13.*

1272 20 c. noir et vert 0 50 0 50
a. (Non dentelé) 35 »

Tirage : 4 990 000.

DROUET *Philatelie*
29 Rue des Puits- 92150 Suresnes - France
Tél. : 01 45 06 64 47 - Fax : 01 40 99 98 31
Achète
Compositions France
et Colonies Françaises,
Timbres en bottes,
Stocks divers,
Timbres par multiples ou en feuilles.
Collections de toutes importances.
DR Phil

1960. - *Oiseaux. Taille-douce. Dentelés 13.*

Vanneaux.

Macareux-moines.

1273 20 c. multicolore 0 30 0 30
1274 30 c. multicolore 0 30 0 30

Sarcelles.

Guêpiers.

1275 45 c. multicolore 0 80 1 »
1276 50 c. multicolore 1 » 0 50
Nos 1273 à 1276 (4 val.) 2 40 2 10
La série, non dentelée 125 »

Tirages : 5 000 000, 5 350 000, 3 600 000 et 5 250 000..

1960. - *10e anniversaire de la mort d'André Honnorat. Taille-douce. Dentelé 13.*

André Honnorat et entrée de la Cité Universitaire de Paris.

1277 30 c. noir, vert et bleu 0 30 0 30
a. (Non dentelé) 19 25

Tirage : 4 835 000.

1960. - *Au profit de la Croix-Rouge. Croix en rouge. Taille-douce. Dentelés 13.*

Bâton de Confrérie de St-Martin (bois doré).

Bois sculpté de l'église St-Martin (Oise, XVIe siècle).

1278	20 c.+10 c. grenat	4 »	4 »
1279	25 c.+10 c. bleu	4 »	4 »
	La paire, non dentelé	110 »	

Ont été émis aussi en carnets (tirage : 110 200).

Tirages : 1 480 000 et 1 435 000.

1960. - *5e centenaire du collège Sainte-Barbe, à Paris. Taille-douce. Denielé 13.*

Statuette de Ste Barbe et ancien plan du quartier du Collège.

1280	30 c. brun-olive, bleu, olive et rouge	0 50	0 50
	a. (Non dentelé)	23 »	

Tirage : 5 145 000.

1960
Du N° 1230 au N° 1280 =
53 timbres ****105** **⊙72**

Autres rubriques de l'année :

Poste aérienne 38 à 41
Préoblitérés 119 à 122
Service 22 à 26
Taxe 90 à 94

1961. - *Centenaire de la naissance du sculpteur Aristide Maillol. Taille-douce. Dentelé 13.*

"La Pensée", de Maillol (Hôtel de Ville de Perpignan).

1281	20 c. rouge et vert-noir	0 30	0 30
	a. (Non dentelé)	30 »	

Tirage : 5 445 000.

1961. - *Type Marianne de Cocteau. Taille-douce. Dentelé 13.*

I

II

1282	20 c. bleu et rouge (I)	0 30	0 15
	a. (Type II)	4 »	0 80
	b. (Non dentelé) (I)	46 »	

1961. - *Inauguration de l'aéroport de Paris-Orly. Taille-douce. Dentelé 13.*

Aérogare-Sud.

1283	50 c. bleu, bleu clair et sépia	0 65	0 50
	a. (Non dentelé)	46 »	

Tirage : 5 175 000.

1961. - *Centenaire de la naissance de Georges Méliès. Taille-douce. Dentelé 13.*

Georges Méliès et son film "Le voyage dans la Lune".

1284	50 c. violet, olive et vert foncé	1 »	0 80
	a. (Non dentelé)	65 »	

Tirage : 5 270 000.

1961. - *Journée du Timbre. Taille-douce. Dentelé 13.*

Facteur de la Petite Poste de Paris, 1760.

1285	20 c.+5 c. vert foncé, rouge et bistre	1 »	0 80
	a. (Non dentelé)	30 »	

Tirage : 2 200 000.

1961. - *4ᵉ centenaire de l'introduction du tabac. Taille-douce. Dentelé 13.*

J. Nicot, feuilles et fleurs de tabac.

1286 30 c. vert, brun-orange et rouge 0 30 0 30
a. (Non dentelé) 30 »

Tirage : 5 440 000.

1961. - *Centenaire de la mort de Jean-Baptiste Henri de Lacordaire. Taille-douce. Dentelé 13.*

Portrait, par Chasseriau.

1287 30 c. brun et sépia 0 50 0 50
a. (Non dentelé) 23 »

Tirage : 5 080 000.

1961. - *Héros de la Résistance (5ᵉ série). Taille-douce. Dentelés 13.*

Jacques Renouvin.

Lionel Dubray.

1288 20 c. bleu et lilas 1 » 0 80
1289 20 c. olive et bleu 1 10 0 80

Paul Gateaud.

Mère Elisabeth.

1290 30 c. brun-orange et noir 2 » 1 10
1291 30 c. outremer et gris-vert 1 60 1 30
Nᵒˢ 1288 à 1291 (4 val.) 5 70 4 »
La série, non dentelée 77 »

Tirages : 3 400 000, 3 115 000, 3 315 000 et 3 565 000.

1961. - *Réunion à Paris de la fédération mondiale des anciens combattants. Taille-douce. Dentelé 13.*

1292 50 c. bleu, vert et grenat 0 50 0 50
a. (Non dentelé) 20 »

Tirage : 4 800 000.

1961. - *Bagnoles-de-l'Orne. Taille-douce. Dentelé 13.*

Le lac de la Vée.

1293 20 c. vert, bleu et ocre 0 30 0 30
a. (Non dentelé) 20 »

Tirage : 5 135 000.

1961. - *Centenaire de Deauville. Taille-douce. Dentelé 13.*

Deauville en 1861.

1294 50 c. rose-lilas 2 30 1 70
a. (Non dentelé) 30 »

Tirage : 4 750 000.

1961. - *Célébrités. Taille-douce. Dentelés 13.*

Du Guesclin et scène de la bataille de Cocherel.

Pierre Puget et ses oeuvres Milon de Crotone caryatides de l'Hôtel de Ville de Toulon, figure de proue.

1295 15 c.+5 c. lilas-brun et noir 3 » 3 »
1296 20 c.+10 c. vert foncé et bleu 3 » 3 »

Coulomb et sa balance de torsion.

Général Drouot et les grilles de Lamour, place Stanislas, à Nancy.

1297 20 c.+10 c. orange et carmin 3 » 3 »
1298 30 c.+10 c. brun-orange et noir 4 » 4 »

Honoré Daumier et ses oeuvres : laveuses, le drame, Ratapoil.

Guillaume Apollinaire et évocation de ses oeuvres.

1299 45 c.+10 c. violet-brun et vert foncé 4 50 4 50
1300 50 c.+15 c. lilas-rose et violet 4 50 4 50
N°s 1295 à 1300 (6 val.) 22 » 22 »
La série, non dentelée 130 »

Tirages : 1 600 000, 1 600 000, 1 500 000, 1 550 000, 1 600 000 et 1 600 000.

1961. - *Comédiens français. Encadrement grenat. Taille-douce. Dentelés 13.*

La Champmeslé, dans le rôle de Roxane.

Talma, dans le rôle d'Oreste.

Rachel, dans Phèdre.

1301 20 c. vert et brun-violet 1 25 0 50
1302 30 c. brun-jaune et rouge 1 25 0 65
1303 30 c. vert-jaune et vert-noir 1 25 0 65

Raimu, dans le rôle de César (Marius).

Gérard Philipe, dans Le Cid.

1304 50 c. bleu-vert et brun-orange 1 70 1 »
1305 50 c. olive et brun-violet 1 60 0 80
N°s 1301 à 1305 (5 val.) 7 05 3 60
La série, non dentelée 115 »
Tirages : 5 200 000, 4 745 000, 4 580 000, 5 650 000 et 5 650 000.

1961. - *Le Mont-Dore. Taille-douce. Dentelé 13.*

Téléphérique du Puy de Sancy.

1306 20 c. orange et lilas 0 30 0 30
a. (Non dentelé) 35 »

Tirage : 10 390 000.

1961. - *Bicentenaire de la mort de Pierre Fauchard. Taille-douce. Dentelé 13.*

Gravure, par J. Le Bel.

1307 50 c. vert et noir 0 65 0 65
a. (Non dentelé) 20 »

Tirage : 4 300 000.

1961. - *8e centenaire de la ville de Thann. Taille-douce. Dentelé 13.*

Thann.

1308 20 c. vert foncé, brun-lilas et violet 0 80 0 65
a. (Non dentelé) 23 »

Tirage : 4 835 000.

1961. - *Europa. Taille-douce. Dentelés 13.*

1309 25 c. rouge 0 15 0 15
1310 50 c. outremer 0 50 0 50
La paire, non dentelée 140 »

Tirages : 19 725 000 et 14 395 000.

1961-62. - *Série touristique. Taille-douce. Dentelés 13.*

Saint-Paul-de-Vence.

Arcachon.

1311 15 c. violet, bleu et gris 0 15 0 15
1312 30 c. vert-gris, outremer et bistre 0 30 0 30

NOUVEAU a. (Sans "Postes") 300 »

Sully-sur-Loire.

Cognac.

1313	45 c. bleu, vert et brun-orange	0 30	0 15
1314	50 c. vert, vert foncé et bleu-vert	1 60	0 30

Dinan.

Calais.

1315	65 c. vert foncé, brun-orange et bleu	0 50	0 30
1316	85 c. vert foncé, bleu-gris et brun-orange	0 65	0 50

Dunkerque. 3e centenaire du port.

Médéa (Algérie).

1317	95 c. bistre, lilas et vert	1 50	0 80
1318	1 f. bistre, vert foncé et bleu	6 »	0 50
	N°s 1311 à 1318 (8 val.)	11 »	3 »
	La série, non dentelée	170 »	

Voir également le n° 1355.

Le n° 1318 a été surchargé "E.A." en 1962 (voir Tome II Algérie n°s 358 et 363).

Tirages : 22 625 000, 63 025 000, 123 325 000, 93 125 000, 58 980 000, 44 190 000, 22 900 000 et 46 950 000.

1961. - *Tableaux de peintres modernes. Taille-douce. Dentelés 13 x 12½.*

Le Messager, de Braque (1882-1963).

1319	50 c. polychrome	3 »	2 »

Les Nus bleus, d'Henri Matisse (1869-1954).

1320	65 c. vert, bleu et violet-noir	4 70	3 »

Les Joueurs de cartes, de Paul Cézanne (1839-1906).

1321	85 c. polychrome	2 30	2 30

"14 juillet", de R. de La Fresnaye (1885-1925).

1322	1 f. polychrome	4 »	3 50
	N°s 1319 à 1322 (4 val.)	14 »	10 80
	La série, non dentelée	420 »	

Tirages : 4 252 500, 3 315 000, 4 137 000 et 3 520 000.

1961. - *Au profit de la Croix-Rouge. Reproductions d'oeuvres de Rouault (1871-1958). Croix en rouge. Taille-douce. Dentelés 13.*

"Il serait si doux d'aimer".

"L'aveugle a parfois consolé le voyant".

1323	20 c.+10 c. noir et sépia	2 75	2 75
1324	25 c.+10 c. noir et sépia	3 50	3 50
	La paire, non dentelée	155 »	

Ont été émis aussi en carnets (tirage : 242 800).

Tirages : 1 575 000 et 1 610 000.

1961
Du N° 1281 au N° 1324 =
44 timbres ****75** **⊙57**

1962. - *Premier voyage du paquebot "France". Taille-douce. Dentelé 13.*

1325	30 c. bleu foncé, noir et rouge	1 »	0 65
	a. (Non dentelé)	40 »	
	b. (Cheminées noires)	95 »	

Tirage : 6 230 000.

1962. - *Championnats du monde de ski, à Chamonix. Taille-douce. Dentelés 13.*

Descente.

Slalom.

1326	30 c. outremer et violet foncé	0 30	0 30
	a. (Ski court)	12 50	4 60
1327	50 c. vert foncé, violet et bleu-vert	0 65	0 50
	La paire, non dentelée	155 »	

Tirages : 5 545 000 et 6 800 000.

1962. - *Centenaire de la mort du docteur Pierre-Fidèle Bretonneau. Taille-douce. Dentelé 13.*

Vue de Tours.

1328	50 c. violet et bleu	0 50	0 50
	a. (Non dentelé)	23 »	

Tirage : 6 375 000.

1962. - *60e anniversaire de la naissance du journaliste Maurice Bourdet (1902-1944). Taille-douce. Dentelé 13.*

1329	30 c. gris	0 30	0 30
	a. (Non dentelé)	19 25	

Tirage : 5 970 000.

1962. - *Vue de Laval. Taille-douce. Dentelé 13.*

Château et Pont-Vieux sur la Mayenne.

1330	20 c. brun et vert	0 30	0 30
	a. (Non dentelé)	19 25	

Tirage : 6 650 000.

1962-65. - *Type Coq de Decaris. Taille-douce. Dentelés 13.*

1331	25 c. outremer, carmin et brun	0 30	0 15
	a. (Non dentelé)	61 »	
	b. (n° rouge au verso)	77 »	
	c. (n° vert au verso)	260 »	
	d. (Papier spécial fluor. jaune vif aux U.V.)	1 150 »	61 »
1331A	30 c. vert, rouge et bistre	1 »	0 15
	a. (Non dentelé)	40 »	
	b. (n° rouge au verso)	12 50	

Depuis 1962, les timbres des roulettes destinés aux distributeurs portent tous les 10 exemplaires, un numéro inscrit au verso. C'est ce timbre que nous cotons sous l'appellation : (n° rouge au verso). A partir de 1986, les numéros apparaissent tous les 5 timbres.

320

1962. - *Journée du Timbre. Taille-douce. Dentelé 13.*

Messager royal de la fin du Moyen Age.

1332 20 c.+5 c. rose-rouge, violet-brun et bleu 1 » 1 »
a. (Non dentelé) 30 »

Tirage : 2 200 000.

1962. - *Remparts illuminés de Vannes. Taille-douce. Dentelé 13.*

Vannes.

1333 30 c. bleu foncé 1 » 1 »
a. (Non dentelé) 23 »

Tirage : 5 150 000.

1962. - *Journée mondiale du théâtre. Taille-douce. Dentelé 13.*

1334 50 c. vert foncé, jaune et carmin 0 65 0 50
a. (Non dentelé) 23 »

Tirage: 5 810 000.

1962. - *Hauts lieux de la Résistance. Taille-douce. Dentelés 13.*

Mont Valérien.

1335 20 c. vert foncé et olive 1 » 0 80

Vercors.

Ile de Sein.

Le Marché aux Timbres de Paris

"Le Carré Marigny"

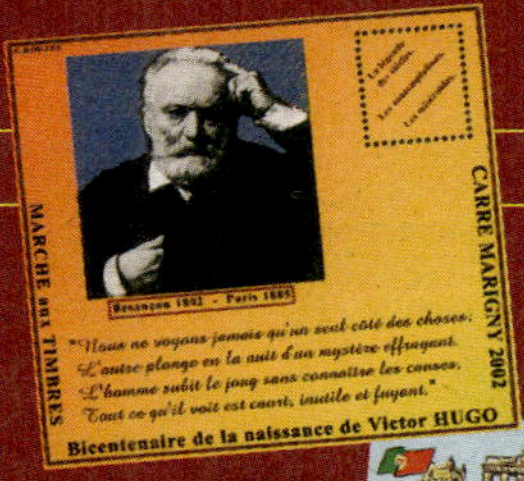

Parution d'un bloc souvenir dentelé et non dentelé

Le Marché aux Timbres de Paris est ouvert tous les **Jeudis Samedis, Dimanches** et jours fériés de 10 h à 18 h.

Chaque année à l'Ascension, les 4 jours de Marigny

Avenue Gabriel ou Avenue Marigny
métro : Champs-Elysées-Clémenceau
Parking public (entrée Avenue Matignon)
Bus n°28, 32, 49, 52, 80, 83, 93

Un marché unique dans un site unique à deux pas des Champs-Elysées.

CPMTP

1336 30 c. ardoise 1 » 0 80
1337 50 c. bleu et bleu-noir 1 25 1 »
La série, non dentelée 100 »
Voir également les nos 1380 et 1381.
Tirages : 4 300 000, 4 870 000 et 4 870 000.

1962. - *Eradication du paludisme. Taille-douce. Dentelé 13.*

1338 50 c. bleu, vert foncé et rouge 0 50 0 50
a. (Non dentelé) 61 »
Tirage : 5 995 000.

1962. - *Semaine nationale des hôpitaux. Taille-douce. Dentelé 13.*

1339 30 c. vert, gris et rouge-brun 0 30 0 30
a. (Non dentelé) 27 »
Tirage : 5 240 000.

1962. - *Aviation légère et sportive. Taille-douce. Dentelés 13.*

Vol à voile.

Aviation de tourisme.

1340 15 c. brun-orange et violet-brun 0 65 0 65
1341 20 c. lilas-rose et lie-de-vin 0 65 0 65
La paire, non dentelée 125 »
Tirages : 5 560 000 et 5 120 000.

1962. - *Centenaire de l'école d'horlogerie de Besançon. Taille-douce. Dentelé 13.*

1342 50 c. brun-lilas violet foncé et ocre 0 65 0 50
a. (Non dentelé) 23 »
Tirage : 4 745 000.

1962. - *Tricentenaire de la manufacture des Gobelins. Taille-douce. Dentelé 13.*

Louis XIV visitant la manufacture. Tapis de Ch. Le Brun et tapis moderne.

1343 50 c. vert, rose et vert-bleu 0 65 0 65
a. (Non dentelé) 23 »
Tirage : 6 050 000.

1962. - *Tricentenaire de la mort de Blaise Pascal. Taille-douce. Dentelé 13.*

1344 50 c. vert-noir et orange 0 65 0 65
a. (Non dentelé) 27 »
Tirage : 5 825 000.

1962. - *Célébrités. Taille-douce. Dentelés 13.*

Denis Papin.

Edmé Bouchardon.

Joseph Lakanal.

1345 15 c.+ 5 c. vert-bleu et sépia 2 70 2 70
1346 20 c.+10 c. lilas-brun et brun 3 50 3 50
1347 20 c.+10 c. gris et bleu-gris 3 » 3 »

Gustave Charpentier.

Edouard Estaunié.

Hyacinthe Vincent.

1348 30 c.+10 c. bleu et bleu-noir 4 60 4 60
1349 45 c.+15 c. brun-rouge et violet-brun 4 60 4 60
1350 50 c.+20 c. bleu-vert et noir 4 60 4 60
Nos 1345 à 1350 (6 val.) 23 » 23 »
La série non dentelée 125 »
Tirage : 1 600 000 séries.

1962. - *Palais de justice de Rennes. Taille-douce. Dentelé 13.*

Palais de Justice.

1351	30 c. noir, vert et gris-bleu	1 85	1 70
	a. (Non dentelé)	27	»

Tirage : 5 645 000.

1962-65. - *Armoiries de villes (IV). Typographie. Dentelés 14 x 13½.*

Niort.

Guéret.

Amiens.

1351A	1 c. bleu et jaune	0 15	0 15
1351B	2 c. vert, outremer et jaune	0 15	0 15
1352	5 c. rouge, bleu et jaune	0 15	0 15

Troyes.

Agen.

Nevers.

1353	10 c. brun, outremer et jaune	0 15	0 15
	a. (3 bandes de phosphore) (1970)	0 15	0 15
1353A	12 c. rouge, jaune et noir	0 15	0 15
1354	15 c. rouge, bleu foncé et jaune	0 15	0 15

Saint-Denis de La Réunion.

Paris.

1354A	18 c. bleu, vert, rouge et jaune	0 50	0 50
1354B	30 c. bleu et rouge	0 80	0 15
	a. (Paire verticale de carnet, avec barres)	7	»
	Nos 1351A à 1354B (8 val.)	2 20	1 55
	La série, non dentelée	95	»

1962. - *Le Touquet-Paris-Plage. Taille-douce. Dentelé 13.*

1355	1 f. bleu, vert-bleu et brun-rouge	0 65	0 15
	a. (Non dentelé)	70	»
	b. (plage verte)	70	»

Tirage : 193 700 000.

Fait partie de la série touristique nos 1311 à 1318.

1962. - *Roses. Taille-douce. Dentelés 13.*

1356	20 c. olive, rose-rouge et vert	0 80	0 50
1357	30 c. olive, vert-noir et rose	0 80	0 65
	La paire, non dentelée	140	»

Tirages : 7 940 000 et 5 800 000.

1962. - *Europa. Taille-douce. Dentelés 13.*

1358	25 c. lilas	0 15	0 15
1359	50 c. rouge-brique	0 50	0 50
	La paire, non dentelée	140	»

Tirages : 18 975 000 et 10 380 000.

1962-63. - *Télécommunications spatiales. Taille-douce. Dentelés 13.* BF

Centre de télécommunications spatiales de Pleumeur-Bodou.

1360	25 c. gris, vert-bleu et jaune	0 30	0 30

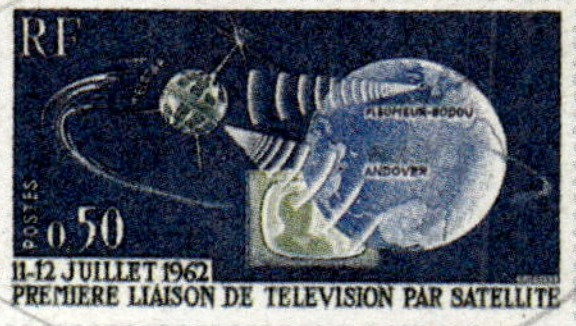

Première liaison de télévision par satellite "Telstar".

1361	50 c. bleu foncé, outremer et vert pâle	0 65	0 50

Radiotélescope de Nançay.

1362	50 c. bleu et brun-violet	0 65	0 50
	La série, non dentelée	275	»

Afin de commémorer les premières liaisons de télécommunications spatiales et à l'intention de tous ceux qui furent les artisans de cette réussite, il a été émis un bloc-feuillet spécial comportant les n°s 1360 et 1361 (tirage : 400), valeur 765 ».

Tirages : 11 212 500, 10 650 000 et 6 457 500.

1962. - *Tableaux de Maîtres. Taille-douce. Dentelés 12½-13.*

Bonjour, M. Courbet ! de Courbet (1819-1877).

1363 50 c. polychrome 4 » 3 »

Madame Manet au canapé bleu, de Manet (1832-1883).

1364 65 c. polychrome 3 » 2 30

Officier de chasseurs de la Garde, de Théodore Géricault (1791-1824).

1365 1 f. polychrome 7 » 4 60

La série, non dentelée 305 »

Tirages : 3 365 000, 3 962 500 et 3 900 000.

1962. - *Au profit de la Croix-Rouge. Reproductions d'oeuvres de Fragonard (1732-1806). Croix en rouge. Taille-douce. Dentelés 13.*

Rosalie Fragonard.

L'enfant en Pierrot.

1366 20 c.+10 c. lilas-brun 1 85 1 85
a. lilas-brun foncé 100 » 100 »
1367 25 c.+10 c. vert 2 45 2 45
a. gris 100 » 100 »
La paire, non dentelée 125 »

Ont été émis aussi en carnets (tirage : 242 600).

Les n°s 1366a et 1367a proviennent du 2e tirage des carnets.

Tirages : 2 110 000 et 2 100 000.

1962
Du N° 1325 au N° 1367 =
49 timbres ****64** **⊙56**

A compter de 1963 la plupart des timbres portent le millésime de l'année de parution.

1963. - *Bathyscaphe "Archimède". Taille-douce. Dentelé 13.*

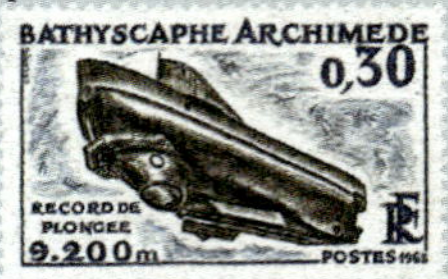

1368 30 c. bleu et noir 0 30 0 30
a. (Non dentelé) 40 »

Tirage : 5 400 000.

1963. - *Floralies nantaises. Taille-douce. Dentelé 13.*

1369 30 c. polychrome 0 30 0 30
a. (Non dentelé) 46 »

Tirage : 5 450 000.

1963. - *Célébrités. Taille-douce. Dentelés 13.*

Jacques Amyot (écrivain, 450e anniversaire de sa naissance).

Étienne Méhul (compositeur, bicentenaire de sa naissance).

1370 20 c.+10 c. brun-lilas, gris et violet 1 40 1 40

1371 20 c.+10 c. rge, bleu et brun-rouge 1 85 1 85

Pierre de Marivaux (écrivain, bicentenaire de sa mort).

Nicolas Vauquelin (chimiste, bicentenaire de sa naissance).

1372 30 c.+10 c. vert-bleu et lie-de-vin 1 25 1 25

1373 30 c.+10 c. lilas-brun olive et sépia 1 60 1 60

Jacques Daviel (chirurgien, bicentenaire de sa mort).

Alfred de Vigny (poète, centenaire de sa mort).

1374 50 c.+20 c. bleu, jaune-brun et olive 1 40 1 40

1375 50 c.+20 c. brun-noir, bleu-gris et sépia 2 50 2 50

Nos 1370 à 1375 (6 val.) 10 » 10 »

La série, non dentelée 125 »

Tirages : 1 950 000, 1 900 000, 1 950 000, 1 900 000, 1 950 000 et 1 900 000.

1963. - *Oeuvres d'art. Taille-douce. Dentelés 12½ x 13.*

Lutte de Jacob avec l'Ange, de Delacroix.

1376 50 c. polychrome 4 60 3 »

Vitrail de l'Église Sainte-Foy, à Conches.

1377 1 f. polychrome 5 50 4 60

La paire, non dentelée 215 »

Tirages : 4 290 000 et 3 622 500.

1963. - *Journée du Timbre. Taille-douce. Dentelé 13.*

Char de poste gallo-romain.

1378 20 c.+5 c. lilas-brun et bistre 0 30 0 30

a. (Non dentelé) 35 »

Tirage : 3 000 000.

1963. - *Campagne mondiale contre la faim. Taille-douce. Dentelé 13.*

1379 50 c. vert-noir et brun-rouge 0 50 0 50

a. (Non dentelé) 46 »

Tirage : 5 050 000.

1963. - *Hauts lieux de la Résistance. Taille-douce. Dentelés 13.*

A la mémoire des résistants des Glières (Haute-Savoie).

A la mémoire des déportés, monument de Paris.

1380 30 c. brun-violet et olive 0 65 0 65

1381 50 c. bleu-noir 0 65 0 65

La paire, non dentelée 54 »

Voir également les nos 1335 à 1337.

Tirages : 5 460 000 et 5 655 000.

1963. - *Grands hommes de la Communauté Economique Européenne. Taille-douce. Dentelés 13.*

Ludwig van Beethoven, musicien allemand (1770-1827).

Émile Verhaeren, poète belge (1855-1916).

1382 20 c. vert, bleu-noir et brun-jaune 0 50 0 50

1383 20 c. grenat, noir et violet 0 50 0 50

F. Mazzini, homme d'État italien.

Émile Mayrisch, diplomate luxembourgeois.

1384 20 c. olive, bleu-noir et brun carminé 0 50 0 50
1385 20 c. brun-jaune, sépia et brun carminé 0 50 0 50

Hugo de Groot, homme d'État néerlandais.

1386 30 c. brun-jaune, violet et sépia 0 50 0 50
Nos 1382 à 1386 (5 val.) 2 50 2 50
La série, non dentelée 125 »

Tirages : 6 000 000, 6 250 000, 6 600 000, 6 100 000 et 5 150 000.

1963. - *Centenaire de la 1re Conférence postale internationale, à Paris. Taille-douce. Dentelé 13.*

Hôtel des Postes, en 1863.

1387 50 c. sépia 0 50 0 50
a. (Non dentelé) 58 »

Tirage : 5 580 000.

1963. - *4e centenaire du Lycée Louis le Grand, à Paris. Taille-douce. Dentelé 13.*

Lycée Louis le Grand.

1388 30 c. vert foncé 0 30 0 30
a. (Non dentelé) 30 »

Tirage : 7 295 000.

1963. - *36e Congrès de la Fédération des sociétés philatéliques françaises, à Caen. Taille-douce. Dentelé 13.*

Église Saint-Pierre et donjon du château.

1389 30 c. gris-bleu et brun 0 30 0 30
a. (Non dentelé) 23 »

Tirage : 6 620 000.

1963-65. - *Série touristique. Taille-douce. Dentelés 13.*

Château d'Amboise.

Côte d'Azur varoise.

1390 30 c. bleu-gris, vert et ocre 0 50 0 30
1391 50 c. bleu-noir, rouge-brun et vert 0 50 0 15

Saint-Flour.

Tour de César, à Provins.

1392 60 c. bleu, vert et rouge-brun 0 80 0 50
1392A 70 c. gris, vert-bleu et rose 0 50 0 15

Vittel.

Abbaye de Moissac.

1393 85 c. vert-jaune, vert et violet-brun 1 85 0 50
1394 95 c. sépia et gris 1 » 0 30

Chapelle de Notre-Dame du Haut, à Ronchamp.

1394A 1 f. 25 bleu, vert-noir et olive 1 » 0 50
N°s 1390 à 1394A (7 val.) 6 15 2 40
La série, non dentelée 155 »

Un 40 c. au type du 1 f. 25 a été émis en 1965 (n° 1435).

Tirages : 82 250 000, 74 250 000, 47 690 000, 279 535 000, 29 240 000, 19 830 000 et 19 650 000.

1963. - *Championnats du monde de ski nautique, à Vichy. Taille-douce. Dentelé 13.*

1395 30 c. vert foncé, noir et rouge 0 30 0 30
a. (Non dentelé) 70 »

Tirage : 6 515 000.

1963. - *Europa. Taille-douce. Dentelés 13.*

1396 25 c. brun-rouge 0 30 0 30
1397 50 c. vert-bleu 0 50 0 50
La paire, non dentelée 140 »

Tirages : 19 435 000 et 10 765 000.

1963. - *Oeuvres d'art. Taille-douce. Dentelés 12½ x 13.*

Les mariés de la Tour Eiffel, de Chagall.

1398 85 c. polychrome 2 30 1 60

Les marchands de fourrures, vitrail de la cathédrale de Chartres.

1399 95 c. polychrome 0 80 0 80
La paire, non dentelée 230 »

Tirages : 4 435 000 et 4 292 500.

1963. - *Au profit de la Croix-Rouge. Centenaire de la Croix-Rouge internationale. Croix en rouge. Taille-douce. Dentelés 13.*

L'enfant à la grappe, par David d'Angers (1788-1856).

Le fifre, par Manet (1832-1883).

1400 20 c.+10 c. noir 1 » 1 »
1401 25 c.+10 c. vert foncé 1 » 1 »
La paire, non dentelée 155 »

Tirage : 2 100 000 paires.

Ont été aussi émis en carnets (tirage : 300 700).

1963. - *Maison de la Radiodiffusion-Télévision à Paris. Taille-douce. Dentelé 13.*

1402 20 c. bleu, bistre, vert et rouge 0 30 0 30
a. (Non dentelé) 23 »

Tirage : 9 660 000.

1963. - *Exposition philatélique internationale "PHILATEC 1964", à Paris (Prélude). Taille-douce. Dentelé 13.*

Le Grand Palais. Cheval de Marly, aux Champs-Élysées.

1403 25 c. gris, rouge et vert 0 30 0 30
a. (Non dentelé) 40 »

Tirage : 52 525 000.

Des timbres à ce type ont été émis dans les différents Territoires d'Outre-Mer, à l'exception des T.A.A.F. (voir Tome 2).

Voir également les n° 1414 à 1417 et le n° 1422 émis en 1964.

1963
Du N° 1368 au N° 1403 =
38 timbres ****39** **⊙32**
Autre rubrique de l'année :
Service 27 à 35

1964. - *Protection civile (sapeurs-pompiers). Taille-douce. Dentelé 13.*

1404	30 c. jaune-orange, carmin et outremer	0 50	0 50
	a. (Non dentelé)	30 »	

Tirage : 6 735 000.

1964. - *Reclassement professionnel des paralysés. Taille-douce. Dentelé 13.*

1405	30 c. brun-olive, orange et vert	0 30	0 30
	a. (Non dentelé)	23 »	

Tirage : 6 370 000.

1964. - *Journée du Timbre. Taille-douce. Dentelé 13.*

Courrier à cheval (18e s.). Gravure de Parrocel.

1406	20 c.+5 c. vert	0 30	0 30
	a. (Non dentelé)	30 »	

Tirage : 3 690 000.

1964. - *20e anniversaire de la Libération. Taille-douce. Dentelés 13.*

Déportation.

L'affiche "A tous les Français"

1407	20 c.+5 c. gris foncé	0 80	0 80
1408	25 c.+5 c. carmin, bleu, rouge et noir (dent. 13 x 12½)	1 10	1 10
	a. (Papier bleuté)	7 65	7 65

Vingtième anniversaire des débarquements de Normandie et de Provence.

1409	30 c.+5 c. brun-orange, gris-bleu et sépia	1 »	1 »

Libération de Paris et de Strasbourg.

Résistance.

1410	30 c.+5 c. lie-de-vin, noir et rouge	1 »	1 »
1411	50 c.+5 c. vert foncé	1 »	1 »
	Nos 1407 à 1411 (5 val.)	4 90	4 90
	La série, non dentelée	155 »	

Tirages : 2 500 000, 5 975 000, 3 300 000, 3 800 000 et 2 500 000.

1964. - *2e anniversaire de la mort du président René Coty. Taille-douce. Dentelé 13.*

1412	30 c.+10 c. lilas-brun et noir	0 50	0 50
	a. (Non dentelé)	23 »	

Tirage : 2 875 000.

1964. - *6e centenaire de la mort de Jean II le Bon, roi de France (1319-1364). Taille-douce. Dentelé 12½ x 13.*

1413	1 f. polychrome	1 85	1 60
	a. (Non dentelé)	95 »	

Tirage : 4 325 000.

1964. - *Exposition philatélique internationale PHILATEC, à Paris (Interlude). Taille-douce. Dentelés 13.*

Sujets : 1416, Poste ; 1414, Type Blanc ; 1415, Type Mouchon ; 1417, Télécommunications. Tour hertzienne de Meudon ; au centre de la bande emblème de Philatec.

1414	25 c. brun-jaune et brun-lilas	0 50	0 50
1415	25 c. brun-jaune et bleu	0 50	0 50
1416	30 c. noir, bleu et brun-orange	0 50	0 50
1417	30 c. sépia, rose et vert-bleu	0 50	0 50
	Nos 1414 à 1417 (4 val.)	2 »	2 »
1417A	La bande de quatre avec emblème PHILATEC	2 15	2 15
	a. Id. (Non dentelé)	305 »	

Tirages : 4 500 000 bandes.

1964. - *25e anniversaire du service aéropostal de nuit. Taille-douce. Dentelé 13.*

Douglas DC-3.

1418	25 c. polychrome	0 30	0 30
	a. (Non dentelé)	58 »	

Tirage: 20 155 000.

1964. - *8e centenaire de Notre-Dame de Paris. Taille-douce. Dentelé 12½ x 13.*

Rose Ouest de la Cathédrale.

1419	60 c. polychrome	0 65	0 65
	a. (Non dentelé)	100 »	

Tirage: 5 675 000.

1964. - *Personnages célèbres. Taille-douce. Dentelés 13.*

Jean Calvin, réformateur (4e centenaire de sa mort).

Gerbert (pape sous le nom de Sylvestre II).

1420	30 c.+10 c. vert, noir et bistre	0 50	0 50
1421	30 c.+10 c. gris et lilas-brun	0 50	0 50
	La paire, non dentelée	61 »	

Tirages : 2 755 000 et 2 790 000.

1964. - *Exposition philatélique internationale PHILATEC à Paris (Ouverture). Taille-douce. Dentelé 13.* BF *n° 6.*

1422	1 f. (+3 f.) brun, bleu foncé et carmin	35 »	25 »
	a. (Non dentelé)	305 »	

Tirage : 300 000 feuillets de 8 timbres.

Le prix d'entrée de l'Exposition (3 f.) donnait droit à l'achat d'un timbre (1 f.).

1964. - *20e anniversaire de la mort de Georges Mandel. Taille-douce. Dentelé 13.*

1423	30 c. lilas-brun	0 30	0 30
	a. (Non dentelé)	18 50	

Tirage : 6 450 000.

1964-65. - *Oeuvres d'art. Taille-douce. Dentelés 12½ x 13.*

Plaque tombale Email champlevé limousin (XIIe s.), de Geoffroi IV le Bel, dit Plantagenet (1113-1151), comte d'Anjou et du Maine.

1424	1 f. polychrome	1 90	1 60
	a. (Non dentelé)	95 »	

La Dame à la licorne. Tapisserie (15e s.). Musée de Cluny.

1425	1 f. polychrome	0 80	0 80
	a. (Non dentelé)	95 »	

La serveuse anglaise du "Star", au Havre, par Toulouse-Lautrec.

1426	1 f. polychrome	0 65	0 65
	a. (Non dentelé)	95 »	

Saint Paul sur le chemin de Damas. Vitrail de la cathédrale de Sens.

1427	1 f. polychrome	0 65	0 65
	a. (Non dentelé)	95 »	
	N°s 1424 à 1427 (4 val.)	4 »	3 70

Ce dernier timbre commémore le 8e centenaire de la cathédrale.

Tirages : 4 385 000, 4 770 000, 6 917 500 et 7 182 500.

1964. - *Jeux olympiques de Tokyo. Taille-douce. Dentelé 13.*

1428	50 c. bleu et brun-lilas	0 50	0 50
	a. (Non dentelé)	115 »	

Tirage : 9 360 000.

1964. - *Cinquantenaire de la Victoire de la Marne. Taille-douce. Dentelé 13.*

Le rassemblement des "Taxis de la Marne".

1429	30 c. noir, rouge et bleu	0 30	0 30
	a. (Non dentelé)	30 »	

Tirage : 6 500 000.

1964. - *Europa. Taille-douce. Dentelés 13.*

1430	25 c. carmin, ocre et vert	0 15	0 15
1431	50 c. violet, vert et carmin	0 50	0 30
	La paire, non dentelée	140 »	

Tirages : 28 990 000 et 10 225 000.

1964. - *Coopération avec l'Afrique et Madagascar. Taille-douce. Dentelé 13.*

1432 25 c. brun-rouge et bleu 0 30 0 30
a. (Non dentelé) 27 »

Tirage : 15 175 000.

Treize pays africains ont émis simultanément une valeur à ce type (voir au tome II, 2e partie).

1964. - *Au profit de la Croix-Rouge. Croix en rouge. Taille-douce. Dentelés 13.*

Jean-Nicolas baron Corvisart.

Dominique baron Larrey.

1433 20 c.+10 c. noir 0 50 0 50
1434 25 c.+10 c. noir 0 50 0 50
La paire, non dentelée 125 »

Ont été aussi émis en carnets (tirage : 345 000).

Tirages : 2 790 000 et 2 810 000.

1964
Du N° 1404 au N° 1434
(sauf 1417A) =
31 timbres ****54** **⊙44**

Autres rubriques de l'année :

Blocs et feuillets 6

Préoblirérés 123 à 129

Taxe 95 à 102

1965. - *Série touristique. Type de 1963-64 pour le 40 c. Taille-douce. Dentelés 13.*

Moustiers-Sainte-Marie.

Aix-les-Bains.

1435 40 c. vert, ocre et violet-brun (1394A) 0 35 0 35

See 1394A

a. (Provenant de roulette) vert-olive foncé, bistre-jaune et violet-brun (1971) 0 35 0 35
b. (2 nos rouges au verso) 4 60

1436 50 c. vert, bleu-gris et ocre 0 55 0 35
a. neige sur le bourg 23 » 7 65

1437 60 c. bleu et brun 1 » 0 35

Gorges du Tarn.

Paysage vendéen.

1438 75 c. brun-violacé, bleu et vert 1 60 1 20
1439 95 c. bistre, vert et bleu 7 » 1 20

Alignements de Carnac.

Château de Joux (Doubs).

1440 1 f. gris, vert et bistre 1 75 0 35
1441 1 f. 30, ocre, violet-brun et brun-orange 1 75 0 55

Nos 1435 à 1441 (7 val.) 14 » 4 35
La série, non dentelée 155 »

Pour les nos 1435a et b, voir note après le n° 1331Ab.

Tirages : 64 000 000, 108 600 000, 36 290 000, 14 915 000, 19 355 000, 129 840 000 et 20 000 000.

1965. - *Célébrités. Taille-douce. Dentelés 13.*

François VI, prince de Marcillac, duc de La Rochefoucauld (1613-1680), moraliste, tricentenaire de la publication de ses "Maximes".

Nicolas Poussin (1594-1665), peintre, tricentenaire de sa mort (autoportrait), détail.

1442 30 c.+10 c. bleu fcé et brun-orange 0 50 0 50
1443 30 c.+10 c. brun foncé et rouge 0 65 0 65

Paul Dukas (1865-1955), compositeur, centenaire de sa naissance.

Charles d'Orléans (1391-1465), poète, 5e centenaire de sa mort.

1444 40 c.+10 c. gris-bleu et brun-lilas 0 65 0 65

1445 40 c.+10 c. rouge-brique, brun foncé et bleu-vert 0 65 0 65

Nos 1442 à 1445 (4 val.) 2 45 2 45

La série, non dentelée 115 »

Tirages : 2 600 000, 2 750 000, 2 500 000 et 2 950 000.

1965. - *Journée du Timbre. Taille-douce. Dentelé 13.*

Paquebot-poste "La Guienne".

1446 25 c.+10 c. bleu, vert foncé et sépia 1 » 1 »

a. (Non dentelé) 30 »

Tirage : 4 300 000.

1965. - *20e anniversaire du retour des déportés. Taille-douce. Dentelé 13.*

1447 40 c. bleu-vert et vert 0 65 0 50

a. (Non dentelé) 30 »

Tirage : 7 250 000.

1965. - *Maisons des Jeunes et de la Culture. Taille-douce. Dentelé 13.*

Troyes : Maison des Jeunes et de la Culture.

1448 25 c. noir, vert foncé et brun-lilas 0 30 0 30

a. (Non dentelé) 18 50

Tirage : 11 240 000.

1965. - *Campagne de l'accueil et de l'amabilité. Taille-douce. Dentelé 13.*

1449 60 c. vert foncé, bistre et rouge 0 50 0 50

a. (Non dentelé) 23 »

Tirage : 10 650 000.

1965. - *20e anniversaire de la Victoire. Taille-douce. Dentelé 13.*

1450 40 c. bleu, rouge et noir 0 50 0 30

a. (Non dentelé) 30 »

Tirage : 8 285 000.

1965. - *Centenaire de l'Union Internationale des Télécommunications. Taille-douce. Dentelé 13.*

1451 60 c. bleu, bistre et noir 0 65 0 65

a. (Non dentelé) 95 »

Tirage : 7 000 000.

A l'intention des personnalités invitées à assister à la Commémoration du Centenaire de l'Union Internationale des Télécommunications, dans le Salon de l'Horloge du Ministère des Affaires Étrangères où fut signée le 17 mai 1865 la première Convention Télégraphique Internationale, il a été émis un feuillet spécial dentelé et gommé comportant un bloc de quatre du n° 1451 (tirage : 300), valeur : 885 ».

1965. - *Cinquantenaire de la Croix de guerre. Taille-douce. Dentelé 13.*

1452 40 c. vert, brun et rouge 0 65 0 65

a. (Non dentelé) 30 »

Tirage : 7 760 000.

1965. - *Cathédrale de Bourges. Taille-douce. Dentelé 13.*

1453	40 c. brun-rouge et gris-bleu	0 50	0 50
	a. (Non dentelé)	23 »	

Tirage : 7 780 000.

1965. - *Inauguration du tunnel routier sous le Mont-Blanc. Taille-douce. Dentelé 13.*

1454	30 c. turquoise, bleu et violet	0 30	0 30
	a. (Non dentelé)	30 »	

Tirage : 19 550 000.

1965. - *Europa. Taille-douce. Dentelés 13.*

1455	30 c. rouge	0 50	0 30
1456	60 c. bleu-gris	0 90	0 75
	La paire, non dentelée	140 »	

Tirages : 23 890 000 et 11 225 000.

1965. - *Oeuvres d'art. Taille-douce. Dentelés 12½-13.*

Les très riches heures du duc de Berry.

1457	1 f. polychrome	0 50	0 50
	a. (Non dentelé)	100 »	
NOUVEAU	b. (Sans le jaune)	100 »	50 »

L'Apocalypse (tapisserie du XIVe s., à Angers).

1458	1 f. polychrome	0 50	0 50
	a. (Non dentelé)	95 »	

Le violon rouge, de Raoul Dufy.

1459	1 f. noir, rose et rouge	0 50	0 50
	a. (Non dentelé)	95 »	

Tirages : 7 647 000, 7 275 000 et 7 275 000.

1965. - *Millionième hectare reboisé. Taille-douce. Dentelé 13.*

1460	25 c. vert foncé, vert et bistre	0 30	0 30
	a. (Non dentelé)	30 »	

Tirage : 12 460 000.

1965. - *Tricentenaire du peuplement de l'île Bourbon (La Réunion). Taille-douce. Dentelé 13.*

1461	30 c. carmin et bleu-noir	0 30	0 30
	a. (Non dentelé)	23 »	

Tirage : 17 565 000.
A paru avec valeur exprimée en francs CFA. Voir à département de La Réunion (n° 365), Tome II 1re partie.

1965. - *20e anniversaire du Commissariat à l'énergie atomique. Taille-douce. Dentelé 13.*

Centre d'étude nucléaire de Cadarache (Bouches-du-Rhône), la pile Rapsodie.

1462 60 c. outremer et bleu foncé 0 65 0 65
a. (Non dentelé) 70 »

Tirage : 7 800 000.

1965. - *30e anniversaire de l'École de l'Air, à Salon-de-Provence. Taille-douce. Dentelé 13.*

1463 25 c. bleu foncé et vert 0 50 0 30
a. (Non dentelé) 70 »
b. (sans les toits) 200 » 100 »

Tirage : 8 505 000.

1965. - *Lancement du premier satellite national, à Hammaguir (Sahara). Taille-douce. Dentelés 13.*

Sujets : 30 c. Fusée Diamant ; 60 c. Satellite A1.

1464 30 c. bleu-vert, bleu-noir et bleu 0 30 0 30
1465 60 c. bleu-noir, bleu et bleu-vert 0 50 0 30
1465a La paire se tenant 0 80 0 80

Les deux timbres sont émis sous forme de triptyque avec, au centre, une vignette bleue MISE SUR ORBITE DU PREMIER SATELLITE FRANÇAIS 26 NOVEMBRE 1965.

1465A Le triptyque 1 » 1 »
a. Idem, (non dentelé) 230 »

Tirage : 8 052 800 triptyques.

BF voir note après le n° 1476.

1965. - *Au profit de la Croix-rouge. Oeuvres de Renoir (1841-1919). Croix en rouge. Taille-douce. Dentelés 13.*

Bébé à la cuiller.

Coco écrivant.

1466 25 c.+10 c. gris-bleu 0 30 0 30
1467 30 c.+10 c. brun-lilas 0 50 0 50

La paire, non dentelée 140 »

Ont été aussi émis en carnets (tirage : 524 000).

Tirages : 3 350 000 et 3 450 000.

> **1965**
> **Du N° 1435 au N° 1467**
> **(sauf 1465A) =**
> **33 timbres** **28 ⊙17
> Autre rubrique de l'année :
> Poste aérienne 42

1966. - *Armoiries de ville (V). Typographie. Dentelés 14 x 13½.*

Auch.

Mont-de-Marsan.

1468 5 c. bleu et rouge 0 15 0 15
a. (Dent. 13, roulette) 0 15 0 15
b. (n° rouge au verso) 2 30
1469 25 c. brun-rouge et bleu 1 10 0 30
a. (n° rouge au verso) 95 »
La paire, non dentelée 30 »

Voir note après le n° 1331Ab.

1966. - *Célébrités. Taille-douce. Dentelés 13.*

Saint Pierre Fourier, éducateur (1565-1640) et basilique St-Pierre Fourier, à Mattaincourt (Vosges).

François Mansart architecte (1598-1666) et hôtel Carnavalet, à Paris.

1470 30 c.+10 c. vert et sépia 0 65 0 65
1471 30 c.+10 c. vert et violet-brun 0 65 0 65

Marcel Proust, écrivain (1871-1922), et pont St-Hilaire, à Illiers (Eure-et-Loire).

Gabriel Faure et "Ulysse et Pénélope", pour le Prématice.

1472 30 c.+10 c. bleu-noir, vert et brun-olive 0 65 0 65
1473 30 c.+10 c. gris-bleu et ocre 0 50 0 50

Elie Metchnikoff, biologiste.

Hippolyte Taine, philosophe.

1474 30 c.+10 c. noir et sépia 0 50 0 50
1475 30 c.+10 c. brun et vert 0 50 0 50
Nos 1470 à 1475 (6 val.) 3 45 3 45

La série, non dentelée 155 »

Tirages : 3 350 000, 3 320 000, 3 485 000, 3 825 000, 3 760 000 et 3 300 000.

1966. - *Lancement du satellite D1, à Hammaguir (Algérie). Taille-douce. Dentelé 13.*

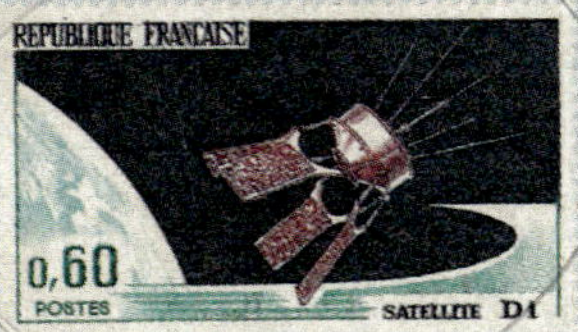

1476 60 c. bleu-noir, lilas et émeraude 0 30 0 30
a. (Non dentelé) 77 »

Tirage : 9 807 500.

Afin de commémorer le lancement, par la fusée Diamant, des Satellites A1 et D1 et à l'intention de tous ceux qui furent les artisans de cette réussite, il a été émis un bloc-feuillet spécial comportant les nos 1464, 1465 et 1476 (tirage : 400), valeur : 925 ».

1966. - *Journée du Timbre. Taille-douce. Dentelé 13.*

Gravure d'un poinçon.

1477 25 c.+10 c. brun-lilas, bistre et ardoise 0 30 0 30
a. (Non dentelé) 23 »

Tirage : 3 400 000.

1966. - *Oeuvres d'art. Taille-douce. Dentelés 12½-13.*

Vase "Cratère de Vix".

1478 1 f. lilas, noir et vert 0 50 0 50
a. (Non dentelé) 84 »

"Le Nouveau-Né", de Georges de La Tour.

1479 1 f. polychrome 0 50 0 50
a. (Non dentelé) 100 »

Tirages : 6 957 075 et 8 024 575.

Un feuillet spécial a été émis fin 1966 au profit du Musée Postal :

Document philatélique de 92 X 185 reproduisant les phases d'impression du timbre-poste "Le Nouveau Né", de Georges de la Tour (n° 1479). De gauche à droite, impression taille-douce report (jaune, jaune-orange et rouge), impression taille-douce (noir et blanc) et impression définitive (polychrome). Avec - POUR LE MUSEE POSTAL ‐ Phases d'impression du Timbre-poste "Le Nouveau-Né", de Georges de La tour. Sans pouvoir d'affranchissement. Sans gomme. Non dentelé.

1479b Polychrome 2 30

1966. - *Festival international d'échecs, au Havre. Taille-douce. Dentelé 13.*

1480 60 c. outremer, gris-bleu, ocre et noir 0 80 0 80
a. (Non dentelé) 200 »

Tirage : 6 470 000.

1966. - *7e centenaire du pont de Pont-Saint-Esprit. Taille-douce. Dentelé 13.*

1481 25 c. noir et bleu 0 30 0 30
a. (Non dentelé) 23 »

Tirage : 9 795 000.

1966. - *Millénaire du Mont-Saint-Michel. Taille-douce. Dentelé 13.*

1482 25 c. noir, vert et rouge s. paille 0 30 0 30
a. (Non dentelé) 30 »

Tirage : 10 160 000.

1966. - *Bicentenaire de l'intégration de la Lorraine et du Barrois. Taille-douce. Dentelé 13.*

Stanislas Leczinski (1677-1766) et château de Lunéville.

1483 25 c. vert, bleu et brun-rouge 0 30 0 30
a. (Non dentelé) 23 »

Tirage : 9 610 000.

1966. - *Cinquantenaire de la Victoire de Verdun. Taille-douce. Dentelé 13.*

Porte de la Chaussée, à Verdun.

1484 30 c.+5 c. outr., bleu-vert et vert 0 30 0 30
a. (Non dentelé) 23 »

Tirage : 5 600 000.

1966. - *3e Congrès de la Fédération des sociétés philatéliques françaises, à Niort. Taille-douce. Dentelé 13.*

Église Saint-André.

1485 40 c. bleu, gris-bleu et vert 0 50 0 30
a. (Non dentelé) 23 »

Tirage : 9 595 000.

1966. - *9e centenaire de la bataille d'Hastings. Taille-douce. Dentelé 13.*

Le château de Falaise, la statue de Guillaume le Conquérant.

1486 60 c. outremer et brun-orange 0 65 0 50
a. (Non dentelé) 46 »

Tirage : 5 700 000.

1966. - *Tricentenaire de l'Académie des Sciences, à Paris. Taille-douce. Dentelé 13.*

Bernard Le Bovier de Fontenelle (1657-1757), écrivain, Secrétaire perpétuel de l'Académie des Sciences (1699-1740).

1487 60 c. carmin et violet-brun 0 50 0 50
a. (Non dentelé) 23 »

Tirage : 6 380 000.

1966. - *19e congrès international des chemins de fer, à Paris. Taille-douce. Dentelé 13.*

1488 60 c. carmin, bleu et violet-brun 1 » 0 80
a. (Non dentelé) 46 »

Tirage : 6 510 000.

1966. - *Inauguration du pont d'Oléron. Taille-douce. Dentelé 13.*

1489 25 c. bleu-vert, bleu, brun et vert 0 30 0 30
a. (Non dentelé) 27 »

Tirage : 10 805 000.

1966. - *Europa. Taille-douce. Dentelés 13.*

1490 30 c. bleu et bleu foncé 0 30 0 30
1491 60 c. rouge et rouge foncé 0 80 0 50
La paire, non dentelée 140 »

Tirages : 31 310 000 et 8 200 000.

1966. - *Oeuvres d'art. Taille-douce. Dentelés 12½-13.*

Vitrail de la Sainte-Chapelle (le baptême de Judas).

1492 1 f. polychrome 0 50 0 50
a. (Non dentelé) 84 »

Tapisserie de Lurçat (lunes et toros).

1493 1 f. polychrome 0 50 0 50
a. (Non dentelé) 84 »

Crispin et Scapin, de Daumier.

1494 1 f. polychrome 0 50 0 50
a. (Non dentelé) 95 »

Tirages : 7 665 000, 7 537 000 et 7 610 000.

1966. - *Grands noms de l'Histoire. Taille-douce. Dentelés 13.*

Vercingétorix (82-46 av. J.-C.).

1495 40 c. brun-rouge et sépia 0 50 0 50

Clovis (455-511).

Charlemagne (742-814).

1496 40 c. vert, bleu et violet-brun 0 50 0 50
1497 60 c. brun-violet, rose et violet 0 65 0 50
La série, non dentelée 95 »

Tirages : 6 550 000, 6 545 000 et 6 232 000.

1966. - *Centenaire de la poste pneumatique, à Paris. Taille-douce. Dentelé 13.*

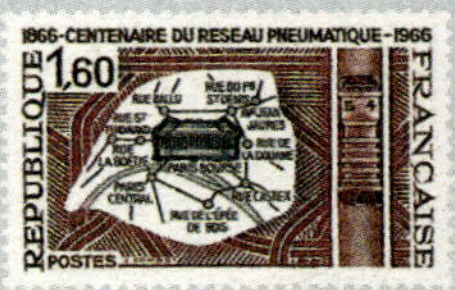

1498 1 f. 60 violet-br. et gris-bleu foncé 1 » 0 80
a. (Non dentelé) 23 »

Tirage : 6 323 650.

1966-67. - *Monuments et sites. Taille-douce. Dentelés 13.*

Hôtel de Ville de St-Quentin.

Porte de l'Horloge à Vire.

1499 50 c. bistre, bleu-noir et bleu clair 0 50 0 30
1500 60 c. bleu clair, bleu fcé et bistre 0 70 0 70

Château de St-Germain-en-Laye.

La Baule.

1501 70 c. brun, carmin et bleu 0 50 0 15
1502 75 c. bleu-vert, bistre et rouge 2 30 1 60

Boulogne-sur-Mer.

Cathédrale de Rodez.

1503 95 c. vert, violet et bleu 1 60 1 60
1504 1 f. gris-bleu 0 80 0 15

Morlaix.

Château de Val, à Lanobre (Cantal) et lac de Bort-les-Orgues (Corrèze).

1505 1 f. 50 rouge, outremer et vert-jaune 1 60 0 50
1506 2 f. 30 bleu, violet, br. et vert fcé 2 30 0 50
N°s 1499 à 1506 (8 val.) 10 30 5 50
La série, non dentelée 170 »

1966. - *Usine marémotrice de la Rance. Taille-douce Dentelé 13.*

1507 60 c. gris-bleu, brun et vert 0 65 0 65
a. (Non dentelé) 27 »

Tirage : 7 610 000.

1966. - *Au profit de la Croix-Rouge. Croix en rouge. Taille-douce. Dentelés 13.*

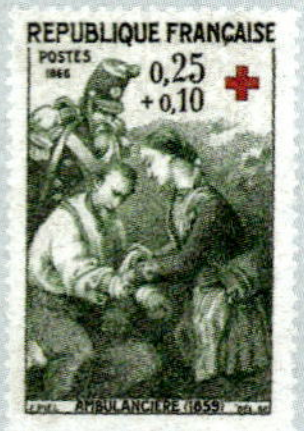

Ambulancière (1859).

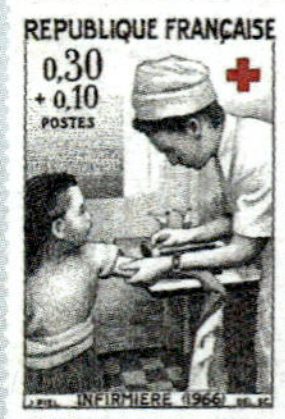

Infirmière (1966).

1508 25 c.+10 c. vert-gris et rouge 0 65 0 65
1509 30 c.+10 c. gris-bleu et rouge 0 65 0 65
La paire, non dentelée 125 »

Ont été émis aussi en carnets (tirage : 538 800).

Tirages : 3 500 000 et 4 100 000.

1966. - *Armoiries de ville (VI). Héliogravure. Dentelé 13.*

Blason de Saint-Lô.

1510 20 c. multicolore 0 15 0 15
a. (Non dentelé) 27 »
b. (n° rge au verso (1971) 17 »
c. (Trois bandes de phosphore) (1972) 0 15 0 15
d. (1510 et 1510c en paire verticale) 170 »

Pour le n° 1510b, voir note après le n° 1331Ab.

1966
Du N° 1468 au N° 1510 =
43 timbres **29 ⊙22
Autre rubrique de l'année :
Service 36 à 38

1967. - *Célébrités. Taille-douce. Dentelés 13.*

Émile Zola.

Beaumarchais.

1511 30 c.+10 c. noir et bleu-vert 0 50 0 50
1512 30 c.+10 c. rouge-brique et violet 0 50 0 50

Saint François de Sales.

Albert Camus.

1513 30 c.+10 c. bleu-violet et violet 0 50 0 50
1514 30 c.+10 c. bistre-brun et lilas 0 50 0 50
N°s 1511 à 1514 (4 val.) 2 » 2 »
La série, non dentelée 115 »
Tirages : 3 850 000, 3 870 000, 4 080 000 et 4 160 000.

1967. - *3e congrès international de l'Union Européenne de Radiodiffusion, à Paris. Taille-douce. Dentelé 13.*

1515 40 c. violet et rouge-brun 0 30 0 30
a. (Non dentelé) 30 »
Tirage : 6 810 000.

1967. - *Journée du Timbre. Taille-douce. Dentelé 13.*

Facteur du Second Empire.

1516 25 c.+10 c. gris-bleu, vert et rouge 0 30 0 30
a. (Non dentelé) 30 »

Tirage : 5 120 000.

1967. - *Oeuvres d'art. Taille-douce. Dentelés 12½-13.*

La carriole du pére Juniet, du douanier Henri Rousseau (1844-1910).

1517 1 f. polychrome 0 50 0 50
a. (Non dentelé) 100 »

Portrait de François Ier (1494-1547), par Jean Clouet (1475-1541).

1518 1 f. polychrome 0 50 0 50
a. (Non dentelé) 100 »

Tirages : 8 142 500 et 8 092 500.

1967. - *Exposition internationale de Montréal (Canada). Taille-douce. Dentelé 13.*

Pavillon français.

1519 60 c. bleu et vert-bleu 0 50 0 50
a. (Non dentelé) 50 »

Tirage : 8 730 000.

1967. - *Prélude aux Jeux Olympiques d'hiver, à Grenoble. Héliogravure. Dentelé 13.*

1520 60 c. bleu, bleu clair et rouge 0 50 0 50
a. (Non dentelé) 130 »

Tirage : 20 000 000.

1967. - *Europa. Taille-douce. Dentelés 13.*

1521 30 c. bleu, gris et bleu foncé 0 30 0 30
1522 60 c. brun, bleu et sépia 1 10 0 80
La paire, non dentelée 125 »

Tirages : 40 600 000 et 10 310 000.

1967. - *40e anniversaire de la tentative de traversée aérienne de l'Atlantique-Nord. Taille-douce. Dentelé 13.*

Nungesser, Coli et avion Levasseur "L'Oiseau blanc".

1523 40 c. violet-brun, brun-jaune et bleu-noir 0 65 0 50
a. (Non dentelé) 61 »

Tirage: 7 300 000.

1967. - *Inauguration du grand pont de Bordeaux. Taille-douce. Dentelé 13.*

1524 25 c. noir et brun 0 30 0 30
a. (Non dentelé) 23 »

Tirage : 15 485 000.

1967. - *40ᵉ Congrès de la Fédération des Sociétés philatéliques françaises, à Tours. Taille-douce. Dentelé 13.*

Hôtel Goüin à Tours.

1525 40 c. brun-rouge, rouge et violet 0 65 0 65
a. (Non dentelé) 23 »

Tirage : 8 000 000.

1967. - *10ᵉ anniversaire de la mort de Robert Esnault-Pelterie (1881-1957). Taille-douce. Dentelé 13.*

1526 60 c. outremer foncé, bleu-gris et gris-vert 0 65 0 65
a. (Non dentelé) 70 »

Tirage : 7 325 000.

1967. - *Bicentenaire de l'École Vétérinaire d'Alfort. Taille-douce. Dentelé 13.*

Professeur Gaston Ramon (1886-1953).

1527 25 c. vert, bleu et brun 0 30 0 30
a. (Non dentelé) 30 »

Tirage : 13 165 000.

1967. - *Floralies d'Orléans. Taille-douce. Dentelé 13.*

Orchidées.

1528 40 c. rouge, rose et violet 1 10 0 80
a. (Non dentelé) 40 »

1967. - *9ᵉ congrès international de comptabilité, à Paris. Taille-douce. Dentelé 13.*

1529 60 c. violet, gris-vert et ocre 0 80 0 80
a. (Non dentelé) 18 50

Tirage : 6 610 000.

1967. - *Oeuvres d'art. Taille-douce. Dentelés 12½-13.*

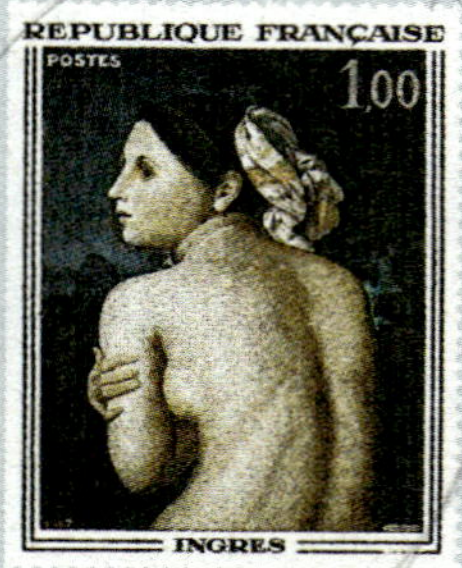

La Baigneuse, de Dominique Ingres (1780-1867).

1530 1 f. polychrome 0 50 0 50
a. (Non dentelé) 100 »

Vitrail de l'église Sainte-Madeleine de Troyes (Aube).

1531 1 f. polychrome 0 50 0 50
a. (Non dentelé) 95 »

1967. - *25ᵉ anniversaire de la Victoire de Bir-Hakeim. Taille-douce. Dentelé 13.*

1532 25 c. bleu-violet, bleu et brun 0 30 0 30
a. (Non dentelé) 30 »

Tirage : 8 810 000.

1967. - *Centenaire de la naissance de Marie Sklodowska-Curie (1867-1934). Taille-douce. Dentelé 13.*

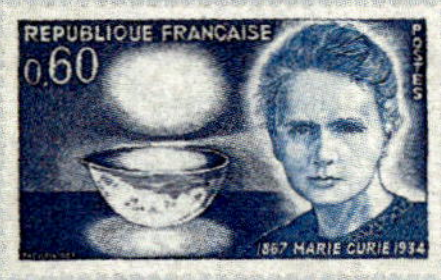

1533 60 c. bleu et outremer 0 50 0 50
a. (Non dentelé) 77 »

Tirage : 7 040 000.

1967. - *Cinquantenaire du Lions international. Taille-douce. Dentelé 13.*

1534 40 c. violet-brun et bleu foncé 1 10 0 65
a. (Non dentelé) 95 »

Tirage : 10 000 000.

1967-69. - *Type Marianne de Cheffer (I). Taille-douce. Dentelés 13.* BF

1535 25 c. bleu 0 65 0 50
a. (n° rouge au verso) 73 »
1536 30 c. lilas 0 50 0 15
a. (Gomme tropicale) 1 85
b. (Idem n° rouge au verso) 14 »
1536A 30 c. vert 0 50 0 15
a. (Gomme tropicale) 1 »
b. (Idem n° rouge au verso) 4 »
1536B 40 c. rouge carminé 0 65 0 20
a. (Deux bandes de phosphore (1970) 4 15 2 30
b. (Gomme tropicale) 1 25
c. (Idem n° rouge au verso) 17 »
N°s 1535 à 1536B (4 val.) 2 30 1 »
La série, non dentelée 77 »

Les timbres avec gomme tropicale (gomme mate) proviennent de roulettes.

Voir note après le n° 1331Ab.

Afin de commémorer la parution des deux premières valeurs à l'effigie de Marianne (de Cheffer), un bloc-feuillet a été émis, comportant les n°s 1535-1536 en bloc de quatre (tirage : 300), valeur : 1100 ».

Le 30 c. vert a été réimprimé en typographie en 1969 (n° 1611).

Le 40 c. a été réimprimé en 1970 avec vignette attenante à l'occasion de l'inauguration de l'Imprimerie des timbres-poste à Périgueux (n° 1643).

1967. - *Grands noms de l'Histoire. Taille-douce. Dentelés 13.*

Hugues Capet (938-996).

1537 40 c. bleu-vert foncé et outremer 0 50 0 50

Philippe II Auguste (1165-1222).

Louis IX (Saint Louis) (1214-1270).

1538 40 c. gris et noir 0 50 0 50
1539 60 c. brun-rouge et vert foncé 0 65 0 50
La série, non dentelée 125 »

Tirages : 7 212 000, 7 450 000 et 6 300 000.

1967. - *Au profit de la Croix-Rouge. Ivoires du musée de Dieppe. Croix en rouge. Taille-douce. Dentelés 13.*

Joueur de flûte.

Violoneux.

1540 25 c.+10 c. violet et brun carminé 0 65 0 65
1541 30 c.+10 c. vert foncé et brun carminé 0 65 0 65
La paire, non dentelée 125 »

Ont été émis aussi en carnets (tirage : 525 000).

Tirages : 3 735 000 et 4 280 000.

1967
Du N° 1511 au N° 1541 =
33 timbres ★★19 ⊙16

1968. - *Cinquantenaire des Comptes courants postaux (chèques postaux). Taille-douce. Dentelé 13.* BF

1542 40 c. vert foncé et brun pâle 0 30 0 30
a. (Non dentelé) 23 »

Tirage : 11 670 000.

Afin de commémorer le cinquantenaire de l'établissement des chèques postaux, un bloc-feuillet a été émis comportant le n° 1542 en bloc de quatre (tirage : 300), valeur : 420 ».

1968. - *Jeux Olympiques d'hiver, à Grenoble. Taille-douce. Dentelés 13.*

Ski (saut et fond).

Hockey sur glace.

Flamme.

1543 30 c.+10 c. gris, brun et rouge 0 50 0 50
1544 40 c.+10 c. jne-olive, lilas et violet 0 50 0 50
1545 60 c.+20 c. violet, rouge et vert 0 65 0 65

Patinage artistique.

Ski (slalom).

1546 75 c.+25 c. vert-jaune, brun-violet et rose-lilas 0 65 0 65
1547 95 c.+35 c. rose-lilas, brun-rouge et turquoise 0 70 0 70
Nos 1543 à 1547 (5 val.) 3 » 3 »
La série, non dentelée 230 »

Tirages : 6 330 000, 6 515 000, 6 000 000, 5 030 000 et 5 005 000.

1968. - *Prévention routière. Taille-douce. Dentelé 13.*

1548 25 c. lilas, carmin et bleu-vert 0 30 0 30
a. (Non dentelé) 23 »

Tirage : 9 555 000.

1968. - *Journée du Timbre. Taille-douce. Dentelé 13.*

Facteur rural de 1830.

1549 25 c.+10 c. ardoise, bleu, rge et noir 0 30 0 30
a. (Non dentelé) 30 »

Tirage : 5 210 000.

1968. - *Célébrités. Taille-douce. Dentelés 13.*

François Couperin, compositeur (1668-1733).

Général Louis-Charles-Antoine Desaix de Veygoux (1768-1800).

1550 30 c.+10 c. violet et lilas 0 30 0 30
1551 30 c.+10 c. vert et brun-carmin 0 30 0 30

Paul-Pierre Roux, dit Saint-Pol-Roux, et "Golgotha".

Paul-Louis-Charles Claudel et "Jeanne au bûcher".

1552 30 c.+10 c. bistre-rouge et sépia 0 30 0 30
1553 30 c.+10 c. brun et violet 0 30 0 30
Nos 1550 à 1553 (4 val.) 1 20 1 20
La série, non dentelée 95 »

Tirages : 4 980 000, 4 400 000, 4 150 000 et 4 550 000.

1968. - *5e conférence de Coopération mondiale pour l'enseignement audiovisuel des langues vivantes, à Royan. Taille-douce. Dentelé 13.*

1554 40 c. sépia, vert foncé et bleu 0 50 0 50
a. (Non dentelé) 23 »

Tirage : 8 855 000.

1968. - *Oeuvre d'art. Taille-douce. Dentelé 13 x 12½.*

Peinture rupestre de la grotte de Lascaux à Montignac (Dordogne).

1555 1 f. polychrome 0 65 0 65
a. (Non dentelé) 95 »

Tirage : 7 747 500.

1968. - *Europa. Taille-douce. Dentelés 13.*

1556 30 c. lilas et brun-orange 0 30 0 15
1557 60 c. brun et violet 1 25 0 80
La paire, non dentelée 125 »

Tirages : 30 290 000 et 11 165 000.

1968. - *Tricentenaire de la naissance de l'écrivain Alain René Lesage (1668-1747). Taille-douce. Dentelé 13.*

1558 40 c. violet et bleu 0 30 0 30
a. (Non dentelé) 23 »

Tirage : 14 535 000.

1968. - *Château de Langeais. Taille-douce. Dentelé 13.*

Construction de Jean Bourré de 1450 à 1460.

1559 60 c. vert, bleu et brun 0 65 0 65
a. (Non dentelé) 23 »

Tirage : 7 555 000.

1968. - *Sesquicentenaire de la naissance du grammairien Pierre Larousse (1817-1875). Taille-douce. Dentelé 13.*

1560 40 c. violet et bistre 0 50 0 50
a. (Non dentelé) 23 »

Tirage : 17 905 000.

1968. - *Jumelage de la forêt de Rambouillet et de la Forêt Noire. Taille-douce. Dentelé 13.*

1561 25 c. bleu-vert, vert et brun 0 50 0 50
a. (Non dentelé) 30 »

Tirage : 9 630 000.

1968. - *650ᵉ anniversaire de l'enclave papale de Valréas. Taille-douce. Dentelé 13.*

1562 60 c. brun-lilas, olive et violet 0 65 0 65
a. (Non dentelé) 27 »

Tirage : 7 215 000.

1968. - *Tricentenaire du rattachement de la Flandre (traité d'Aix-la-Chapelle). Taille-douce. Dentelé 13.*

Louis XIV.

1563 40 c. gris, olive et carmin 0 30 0 30
a. (Non dentelé) 30 »

Tirage : 7 665 000.

1968. - *Pont de Martrou, à Rochefort. Taille-douce. Dentelé 13.*

1564 25 c. bleu, noir et rose 0 30 0 30
a. (Non dentelé) 27 »

Tirage : 9 615 000.

1968. - *50e anniversaire de la première liaison postale régulière par avion (Paris - Le Mans - Saint-Nazaire). Taille-douce. Dentelé 13.*

1565 25 c. bleu foncé, bleu et rouge 0 65 0 50
a. (Non dentelé) 77 »

Tirage : 9 750 000.

1968. - *Bicentenaire de la libération des prisonnières huguenotes de la tour de Constance, à Aigues-Mortes. Taille-douce. Dentelé 13.*

1566 25 c. bleu, olive et brun-carmin 0 30 0 30
a. (Non dentelé) 30 »

Tirage : 7 400 000.

1968. - *41e Congrès de la Fédération des Sociétés philatéliques françaises, à Béziers. Taille-douce. Dentelé 13.*

Cathédrale Saint-Nazaire et Pont-Vieux de Béziers.

1567 40 c. bistre, vert et bleu 1 10 0 65
a. (Non dentelé) 23 »

Tirage : 10 620 000.

1968. - *Oeuvres d'art. Taille-douce. Dentelés 12½-13.*

L'arearea, de Paul Gauguin (1848-1903).

1568 1 f. polychrome 0 80 0 65
a. (Non dentelé) 115 »

La Danse, d'Antoine Bourdelle (1861-1929).

1569 1 f. olive et rouge 0 80 0 50
a. (Non dentelé) 95 »

Modèle, d'Auguste Renoir (1841-1919).

1570 1 f. polychrome 1 » 0 65
a. (Non dentelé) 110 »

Tirages : 8 567 000, 8 270 000 et 7 950 000.

1968. - *Cinquantenaire de l'Armistice sur le front d'Orient. Taille-douce. Dentelé 13.*

La Tour Blanche de Salonique (Grèce).

1571 40 c. violet foncé et violet 0 30 0 30
a. (Non dentelé) 27 »

Tirage : 7 300 000.

1968. - *Bicentenaire du rattachement de la Corse. Taille-douce. Dentelé 13.*

Louis XV.

1572 25 c. vert, noir et bleu 0 30 0 30
a. (Non dentelé) 27 »

Tirage : 17 000 000.

1968. - *Jeux Olympiques de Mexico. Taille-douce. Dentelé 13.*

1573 40 c. bleu, brun et vert 0 65 0 65
a. (Non dentelé) 115 »

Tirage: 6 285 000.

1968. - *20e anniversaire des Expéditions polaires françaises. Taille-douce. Dentelé 13.*

1574 40 c. bleu-vert et brun-rouge 0 50 0 50
a. (Non dentelé) 110 »

Tirage: 6 917 500.

1968. - *Cinquantenaire du bal des Petits Lits Blancs. Taille-douce. Dentelé 13.*

Léon Bailby (1867-1954).

1575 40 c. rouge, brun-orange et brun 0 30 0 30
a. (Non dentelé) 19 25

Tirage : 7 760 000.

1968. - *Cinquantenaire de l'Armistice du 11 novembre. Taille-douce. Dentelé 13.*

1576 25 c. carmin et bleu 0 30 0 30
a. (Non dentelé) 27 »

Tirage : 8 120 000.

1968. - *Grands noms de l'Histoire. Taille-douce. Dentelés 13.*

Philippe IV le Bel (1268-1314), États Généraux de 1302.

1577 40 c. gris, rouge-brun et vert 0 50 0 50

Mort de Bertrand du Guesclin (1320-1380), devant Châteauneuf-de-Randon (Lozère).

Jeanne d'Arc (1412-1431), départ de Vaucouleurs (1429).

1578 40 c. vert, bleu et brun 0 50 0 50
1579 60 c. gris-bleu, bleu et brun 0 80 0 65
La série, non dentelée 95 »

Tirages : 6 675 000, 6 950 000 et 6 817 000.

1968. - *Au profit de la Croix-Rouge. Tableaux de Nicolas Mignard (1606-1668). Croix en rouge. Taille-douce. Dentelés 13.*

Le Printemps.

L'Automne.

1580 25 c.+10 c. bleu et violet 0 50 0 50
1581 30 c.+10 c. carmin et brun 0 50 0 50
La paire, non dentelée 125 »

Ont été émis aussi en carnets (tirage : 554 000).

Tirages : 4 025 000 et 4 750 000.

1968
Du N° 1542 au N° 1581 =
40 timbres ****21** **⊙19**

1969. - *Série touristique. Taille-douce. Dentelés 13.*

Église de Brou, à Bourg-en-Bresse (Ain).

Barrage de Vouglans (Jura).

1582	45 c. polychrome	0 30	0 30
1583	80 c. brun-violet, rouge, brun et jaune	0 65	0 15

Château de Chantilly (Oise).

Port de La Trinité-sur-Mer (Morbihan).

1584	85 c. gris-bleu, vert foncé et bleu	1 10	1 10
1585	1 f. 15, bleu, brun-rouge et brun	1 10	0 80
	a. (brun-rouge omis)	115 »	45 »
	N°s 1582 à 1585 (4 val.)	3 15	2 35
	La série, non dentelée	110 »	

1969. - *Oeuvres d'art. Taille-douce. Dentelés 12½-13.*

Bas-relief de la cathédrale d'Amiens (Quatre-feuilles de Février, paysan au coin du feu).

1586	1 f. brun-olive et vert foncé	0 80	0 65
	a. (Non dentelé)	77 »	

Philippe le Bon, duc de Bourgogne, (1396-1467), par Rogier de La Pasture.

1587	1 f. polychrome	0 80	0 65
	a. (Non dentelé)	100 »	

Fresque de l'Abbaye de Saint-Savin (Vienne).

1588	1 f. polychrome	0 80	0 65
	a. (Non dentelé)	95 »	

"Le Cirque", de G. Seurat (1859-1891).

1588A	1 f. polychrome	0 80	0 65
	a. (Non dentelé)	100 »	
	N°s 1586 à 1588A (4 val.)	3 20	2 60

Tirages : 7 830 000, 7 920 000, 7 622 500 et 7 700 000.

1969. - *Journée du Timbre. Taille-douce. Dentelé 13.*

Omnibus de transport des facteurs (1890).

1589	30 c.+10 c. violet-brun, noir et vert	0 30	0 30
	a. (Non dentelé)	30 »	

Tirage : 5 000 000.

1969. - *Célébrités du XVIIIe au XXe siècles. Taille-douce. Dentelés 13.*

Albert-Charles-Paul, Marie Roussel, compositeur (1869-1937).

Général François, Séverin, Marceau Desgravier, dit Marceau (1769-1796).

Charles, Augustin Sainte-Beuve, poète (1804-1869).

1590	50 c.+10 c. bleu-gris	0 65	0 65
1591	50 c.+10 c. brun-rouge	0 65	0 65
1592	50 c.+10 c. gris	0 65	0 65

Maréchal Jean, Lannes (1769-1809), duc de Montebello.

André Gide (1869-1951), écrivain.

Georges, baron Cuvier (1769-1832), naturaliste.

1593	50 c.+10 c. brun-violet	0 65	0 65
1594	50 c.+10 c. émeraude	0 65	0 65
1595	50 c.+10 c. lie-de-vin	0 65	0 65
	Nos 1590 à 1595 (6 val.)	3 90	3 90
	La série, non dentelée	155	»

Tirages : 4 350 000, 4 200 000, 4 290 000, 5 025 000, 5 045 000 et 4 630 000.

1969. - *Château de Hautefort (Dordogne). Taille-douce. Dentelé 13.*

1596	70 c. bistre, bleu et bleu foncé	0 50	0 50
	a. (Non dentelé)	23	»

Tirage : 10 530 000.

1969. - *Floralies internationales de Paris. Héliogravure. Dentelé 13.*

1597	45 c. polychrome	0 50	0 50
	a. (Non dentelé)	40	»

Tirage : 8 980 000.

1969. - *Europa. 10e anniversaire de la Conférence Européenne des Postes et Télécommunications. Taille-douce. Dentelé 13.*

1598	40 c. rouge carminé	0 30	0 15
1599	70 c. bleu-vert	0 50	0 50
	La paire, non dentelée	125	»

Tirages : 24 920 000 et 11 925 000.

1969. - *Cinquantenaire de l'Organisation Internationale du Travail. Taille-douce. Dentelé 13.*

Albert Thomas (1878-1932).

1600	70 c. brun-olive, brun-rouge et gris-bleu	0 50	0 50
	a. (Non dentelé)	40	»

Tirage : 9 265 000.

1969. - *25e anniversaire de la victoire du Garigliano. Taille-douce. Dentelé 13.*

Victoire du Maréchal Alphonse Juin (1888-1967).

1601	45 c. violet-gris et gris	0 65	0 65
	a. (Non dentelé)	40	»

Tirage : 7 920 000.

1969. - *42e Congrès national de la Fédération des Sociétés philatéliques françaises. Taille-douce. Dentelé 13.*

Ancien pont des Archers, à Châlons-sur-Marne (Marne).

1602	45 c. vert, brun-olive et bleu-gris	0 65	0 50
	a. (Non dentelé)	23	»

Tirage : 8 850 000.

1969. - *25e anniversaire de la Libération. Taille-douce. Dentelés 13.*

Débarquement en Normandie.

Combats du mont Mouchet.

1603 45 c. bleu-violet, gris et gris-vert 1 60 0 65
a. (Non dentelé) 40 »
1604 45 c. gris-bleu, vert et gris 1 10 0 80
a. (Non dentelé) 30 »

Débarquement en Provence.

1605 45 c. bistre foncé, gris et bleu foncé 1 25 0 80
a. (Non dentelé) 30 »

Escadrille Normandie-Niemen.

1606 45 c. ardoise, bleu et rouge 1 60 1 »
a. (Non dentelé) 54 »

Libération de Paris et Maréchal Leclerc.

1607 45 c.+10 c. gris-bleu et brun-olive 1 25 1 25
a. (Non dentelé) 40 »

Libération de Strasbourg et Maréchal Leclerc.

1608 70 c.+10 c. brun-rouge, lilas-brun et brun-olive 3 50 3 50
a. (Non dentelé) 40 »
N°s 1603 à 1608 (6 val.) 10 30 8 »

Tirages : 8 440 000, 8 520 000, 8 370 000, 7 975 000, 4 870 000 et 4 100 000.

1969. - *Championnats du monde de canoë-kayak, à Bourg-Saint-Maurice (Savoie). Taille-douce. Dentelé 13.*

1609 70 c. bistre, bleu et gris-olive 0 65 0 50
a. (Non dentelé) 77 »

Tirage : 9 150 000.

1969. - *Bicentenaire de la naissance de Napoléon Bonaparte. Taille-douce. Dentelé 13.*

1610 70 c. violet, turquoise et olive 0 65 0 50
a. (Non dentelé) 95 »

Tirage : 8 880 000.

1969. - *Type Marianne de Cheffer. Typographie. Dentelé 14 x 13.*

1611 30 c. vert 0 30 0 15
a. (Non dentelé) 15 50
b. (Une bande de phosphore) (1970) 0 30 0 15

1969. - *Charte européenne de l'eau. Taille-douce. Dentelé 13.*

1612 70 c. bleu, émeraude et noir 0 50 0 50
a. (Non dentelé) 46 »

Tirage : 8 415 000.

1969. - *Fonds mondial pour la Nature. Taille-douce. Dentelé 13.*

Mouflon méditerranée.

1613 45 c. olive, brun-rouge et noir 1 10 1 10
a. (Non dentelé) 95 »

Tirage : 8 855 000.

1969. - *École centrale des Arts et Manufactures, à Châtenay-Malabry. Taille-douce. Dentelé 13.*

1614 70 c. vert et orange 0 65 0 65
a. (Non dentelé) 61 »

Tirage : 8 775 000.

1969. - *Sous-marin "Le Redoutable", à propulsion nucléaire. Taille-douce. Dentelé 13.*

1615 70 c. vert clair, vert foncé et bleu 0 50 0 50
a. (Non dentelé) 30 »

Tirage : 8 590 000.

1969. - *Grands noms de l'Histoire. Taille-douce. Dentelés 13.*

Louis XI et Charles le Téméraire.

1616 80 c. vert, brun et sépia 0 65 0 50

Le chevalier Bayard à la bataille de Brescia.

1617 80 c. bistre, noir et sépia 0 65 0 50

Henri IV (1553-1610) et l'Edit de Nantes.

1618 80 c. bleu, noir et violet 0 65 0 50
La série, non dentelée 77 »

Tirages : 6 300 000, 7 500 000 et 7 500 000.

1969. - *Au profit de la Croix-Rouge. Croix en rouge. Tableaux de Nicolas Mignard (1606-1668). Taille-douce. Dentelés 13.*

L'Été.

L'Hiver.

1619 40 c.+15 c. brun-jaune 0 65 0 65
1620 40 c.+15 c. bleu-vert et violet 0 65 0 65
La paire, non dentelée 125 »

Ont été émis aussi en carnets. (Tirage : 550 000).

Tirages : 4 475 000 et 4 195 000.

1969
Du N° 1582 au N° 1620 =
40 timbres **32 ⊙27

Autres rubriques de l'année :
Poste aérienne 43
Service 39 à 4

1970. - *Tour du monde par Alain Gerbault (1923-1929). Taille-douce. Dentelé 13.*

1621 70 c. bleu et ardoise 1 » 0 80
a. (Non dentelé) 46 »

Tirage : 7 527 500.

1970. - *Gendarmerie nationale. Taille-douce. Dentelé 13.*

Ses différentes activités.

1622 45 c. outremer, vert foncé et brun 1 25 0 65
a. (Non dentelé) 30 »

Tirage : 7 250 000.

1970. - *Personnages célèbres. Taille-douce. Dentelés 13.*

Louis Le Vau, architecte (1612-1670).

Prosper Mérimée, écrivain (1803-1870).

1623 40 c.+10 c. brun-rouge 0 65 0 65
1624 40 c.+10 c. vert-bleu 0 65 0 65

Philibert de l'Orme, architecte (1515-1570).

Édouard Branly, physicien et chimiste (1844-1940).

1625 40 c.+10 c. olive foncé 0 65 0 65
1626 40 c.+10 c. brun-lilas 0 65 0 65

Maurice de Broglie, physicien (1875-1960).

Alexandre Dumas, écrivain (1803-1870).

1627 40 c.+10 c. gris 0 65 0 65
1628 40 c.+10 c. bleu foncé 0 65 0 65
N°s 1623 à 1628 (6 val.) 3 90 3 90
La série, non dentelée 140 »
Tirages : 4 205 000, 4 500 000, 4 440 000, 4 750 000, 5 000 000 et 5 350 000.

1970. - *7e championnat du monde de handball. Taille-douce. Dentelé 13.*

1629 80 c. vert 0 65 0 65
a. (Non dentelé) 40 »
Tirage : 7 545 000.

1970. - *Maréchal Juin. Taille-douce. Dentelé 13.*

La chapelle des Invalides.

1630 45 c. bleu et violet-brun 0 50 0 30
a. (Non dentelé) 35 »
Tirage : 7 337 500.

1970. - *Aérotrain. Taille-douce. Dentelé 13.*

1631 80 c. violet et bistre 0 80 0 65
a. (Non dentelé) 46 »
Tirage : 7 600 000.

1970. - *Journée du Timbre. Taille-douce. Dentelé 13.*

Facteur de ville en 1830.

1632 40 c.+10 c. bleu, carmin et noir 0 50 0 50
a. (Non dentelé) 23 »
Tirage : 6 250 000.

1970. - *150e anniversaire de la découverte de la quinine. Taille-douce. Dentelé 13.*

Pelletier et Caventou.

1633 50 c. vert foncé, bleu clair et carmin 0 50 0 50
a. (Non dentelé) 42 »
Tirage : 7 000 000.

1970. - *Année européenne de la Nature. Taille-douce. Dentelé 13.*

Flamant rose.

1634 45 c. olive, rose et gris 0 50 0 30
a. (Non dentelé) 40 »
Tirage : 9 280 000.

1970. - *Premier lancement de la fusée "Diamant B". Taille-douce. Dentelé 13.*

1635 45 c. émeraude 0 80 0 65
a. (Non dentelé) 70 »

Tirage : 7 300 000.

1970. - *Journée mondiale de lutte contre le cancer. Taille-douce. Dentelé 13.*

1636 40 c.+10 c. bleu, sépia et rose carminé 0 30 0 30
a. (Non dentelé) 30 »

Tirage : 6 750 000.

1970. - *Europa. Taille-douce. Dentelés 13.*

Symbole en forme de soleil.

1637 40 c. rouge 0 30 0 30
1638 80 c. turquoise 0 65 0 65
La paire, non dentelée 125 »

Tirages : 20 375 000 et 15 900 000.

1970. - *Anniversaire de l'Armistice du 8 mai 1945. Taille-douce. Dentelé 13.*

Maréchal de Lattre de Tassigny (Berlin 8 mai 1945).

1639 40 c.+10 c. gris-vert et violet 0 80 0 80
a. (Non dentelé) 35 »

Tirage : 4 325 000.

1970. - *Oeuvres d'art. Taille-douce. Dentelés 12½-13.*

"L'Annonciation". Primitif de Savoie (15e siècle).

1640 1 f. polychrome 0 65 0 65
a. (Non dentelé) 95 »

Sculpture "Le Triomphe de Flore", de J.-B. Carpeaux (1827-1875).

1641 1 f. polychrome 0 65 0 65
a. (Non dentelé) 77 »

Tirages : 7 700 000 et 7 700 000.

1970. - *43e Congrès national de la Fédération des Sociétés Philatéliques françaises, à Lens. Taille-douce. Dentelé 13.*

1642 40 c. carmin 0 30 0 30
a. (Non dentelé) 23 »

Tirage : 10 455 000.

1970. - *Inauguration de l'Imprimerie des timbres-poste de Périgueux. Type Marianne de Cheffer. Taille-douce. Dentelé 13.*

1643 40 c. rouge carminé 0 50 0 30

Tirage : 20 330 000.

Ce timbre a été émis en feuilles de 50 figurines, chacune de ces figurines étant jumelée avec une vignette portant l'inscription JUIN 1970 PÉRIGUEUX 1re ÉMISSION.

La vignette peut, bien entendu, être attenante à l'un quelconque des quatre côtés du timbre.

1970. - *Série touristique. Taille-douce. Dentelés 13.*

Rocher du Diamant (Martinique).

Abbaye de Chancelade (Dordogne).

1644	50 c. vert foncé, bleu foncé et lie-de-vin	0 50	0 30
	a. (bleu omis)	230	»
1645	95 c. olive, violet-brun et rouge-brun	1 60	1 40

Ilet du Gosier (Guadeloupe).

Observatoire de Haute-Provence.

1646	1 f. vert foncé, bleu foncé et rouge-brun	0 60	0 15
1647	1 f. 30, bleu foncé, bleu-violet et vert	2 30	1 25
	Nos 1644 à 1647 (4 val.)	5 »	3 10
	La série, non dentelée	125	»

1970. - *25e anniversaire de la libération des camps de concentration. Taille-douce. Dentelé 13.*

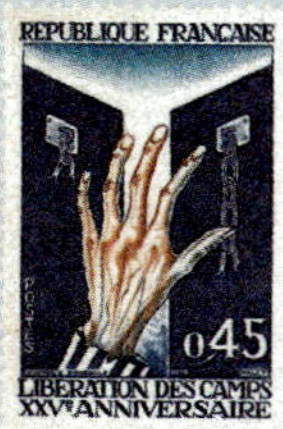

1648	45 c. bistre, bleu-violet et bleu ciel	0 65	0 50
	a. (Non dentelé)	40	»

Tirage : 7 235 000.

1970. - *Jeux mondiaux des handicapés physiques, à Saint-Etienne. Taille-douce. Dentelé 13.*

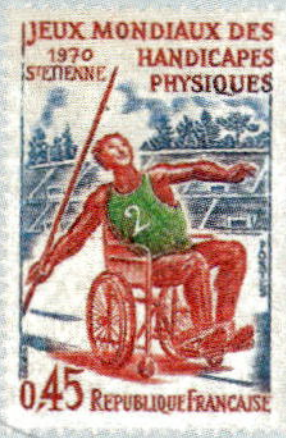

1649	45 c. lilas foncé, vert et bleu	0 65	0 50
	a. (Non dentelé)	42	»

Tirage : 7 340 000.

1970. - *1ers championnats d'Europe d'athlétisme des Juniors. Taille-douce. Dentelé 13.*

1650	45 c. lilas-rose, bleu et gris-bleu	0 65	0 50
	a. (Non dentelé)	40	»

Tirage : 7 300 000.

1970. - *Salines de Chaux - Nicolas Ledoux, Centre du futur à Arc-et-Senans (Doubs). Taille-douce. Dentelé 13.*

1651	80 c. bleu, violet-brun et vert-noir	1 25	1 10
	a. (Non dentelé)	30	»

Tirage : 6 800 000.

1970-71. - *Oeuvres d'art. Taille-douce. Dentelés 12½-13.*

"Diane au retour de la chasse", de Boucher (1703-1770).

1652	1 f. polychrome	1 25	0 80
	a. (Non dentelé)	100	»

"Danseuse au bouquet saluant", de Degas (1834-1917).

1653	1 f. polychrome	1 10	1 »
	a. (Non dentelé)	100	»

Sculpture de la cathédrale de Strasbourg.

1654	1 f. violet-brun	1 10	0 80
	a. (Non dentelé)	77 »	

Tirages : 7 600 000, 6 800 000 et 6 600 000.

1970. - *Histoire de France. Taille-douce. Dentelés 13.*

Richelieu (1575-1642).

1655	45 c. gris-bleu, sépia et carmin	0 80	0 65

Louis XIV (1637-1715).

1656	45 c. vert foncé, ocre et rouge-brun	0 80	0 65

Bataille de Fontenoy (1745).

1657	45 c. rouge-brun, gris-bleu et violet-brun	0 80	0 80
	La série, non dentelée	95 »	

Tirages : 7 100 000, 7 200 000 et 7 200 000.

1970. - *25e anniversaire de l'O.N.U. Taille-douce. Dentelé 13.*

1658	80 c. violet-brun, bleu et olive	0 65	0 65
	a. (Non dentelé)	54 »	

Tirage : 7 200 000.

1970. - *Centenaire de l'"Émission de Bordeaux". Taille-douce. Dentelé 13.*

Vue générale de Bordeaux.

1659	80 c. violet et gris-bleu	0 65	0 65
	a. (Non dentelé)	46 »	

Tirage : 7 300 00.

1970. - *100e anniversaire du Siège de Belfort. Taille-douce. Dentelé 13.*

Colonel Denfert-Rochereau.

1660	45 c. rouge-brun, gris-olive et bleu foncé	0 50	0 50
	a. (Non dentelé)	40 »	

Tirage : 7 200 000.

1970. - *Au profit de la Croix-Rouge. Croix en rouge. Fresques de la chapelle de Dissay (Vienne). Taille-douce. Dentelés 13.*

Seigneurs.

L'ange au fouet.

1661	40 c.+15 c. vert	0 80	0 80
1662	40 c.+15 c. rouge-brun	0 80	0 80
	La paire, non dentelée	125 »	

Ont été émis aussi en carnets. (Tirage : 613 000).

Tirages : 4 600 000 et 4 900 000.

1970
Du N° 1621 au N° 1662 =
42 timbres ****32** **⊙27**

Autre rubrique de l'année :
Poste aérienne 44

1971. - *Type Marianne de Béquet. 1re série. Typographie (N° 1663) et taille-douce (N° 1664). Dentelés 14 x 13.*

Typographie.

Taille-douce.

Les timbres typographiés ne portent pas la signature BÉQUET en bas à gauche.

1663	45 c. bleu	0 50	0 15
1664	50 c. carmin-rose	0 30	0 15
	a. (Gomme tropicale)	1 25	
	b. (Id. n° rouge au verso)	26	»
	c. (3 bandes de phosphore)	0 50	0 15
	d. Idem (Gomme tropicale)	1 25	
	e. (Id. n° rouge au verso)	25	»
	La paire, non dentelée	61	»

Ce type a été repris avec de nouvelles valeurs en 1974-75 (nos 1814 à 1816) et en 1976 (nos 1891 à 1895).

Voir note après 1331Ab.

1971. - *Championnats du monde de patinage sur glace. Taille-douce. Dentelé 13.*

1665	80 c. noir, bleu pâle et violet	0 65	0 65
	a. (Non dentelé)	61	»

Tirage : 7 500 000.

1971. - *OCÉANEXPO. Bordeaux 1971. Taille-douce. Dentelé 13.*

1666	80 c. bleu-vert et bleu foncé	0 65	0 50
	a. (Non dentelé)	23	»

Tirage : 7 400 000.

1971. - *Personnages célèbres. Taille-douce. Dentelés 13.*

Esprit Auber (1782-1871).

Général Diégo Brosset (1898-1944).

Victor Grignard (1872-1935).

Henri Farman (1874-1958).

1667	50 c.+10 c. lilas-brun et bistre	0 80	0 80
1668	50 c.+10 c. vert foncé et réséda	0 80	0 80
1669	50 c.+10 c. brique et bistre	0 80	0 80
1670	50 c.+10 c. violet et lilas	0 80	0 80
	Nos 1667 à 1670 (4 val.)	3 20	3 20
	La série, non dentelée	110	»

Cette série est complétée par deux timbres émis en 1971 (nos 1689 et 1690).

Tirages : 4 200 000, 4 300 000, 4 840 000 et 3 645 000.

1971. - *Journée du Timbre. Taille-douce. Dentelé 13.*

La poste aux Armées, 1914-1918.

1671	50 c.+10 c. bistre, bleu foncé et brun-orange	0 65	0 50
	a. (Non dentelé)	23	»

Tirage : 5 900 000.

1971. - *Oeuvres d'art. Taille-douce. Dentelés 12½ x 13.*

"Le Vanneur", de Millet (1814-1875).

1672	1 f. polychrome	0 80	0 80
	a. (Non dentelé)	95	»

"Songe creux", oeuvre de Rouault (1871-1958).

1673	1 f. polychrome	0 80	0 65
	a. (Non dentelé)	95	»

Tirages : 6 600 000 et 6 948 000.

1971. - *Quatre-mâts. Cap-hornier "Antoinette". Taille-douce. Dentelé 13.*

1674 80 c. gris-vert, bleu et violet pâle 1 60 1 10
a. (Non dentelé) 30 »

Tirage : 7 297 000.

1971. - *Protection de la nature. Taille-douce. Dentelé 13.*

Isard.

1675 65 c. bleu, ocre et violet 0 80 0 65
a. (Non dentelé) 27 »

Tirage : 15 400 000.

Voir également les n°s 1692 à 1694 émis en 1971-72.

1971. - *Europa. Taille-douce. Dentelés 13.*

Basilique de la Salute, à Venise.

1676 50 c. gris-bleu et bistre 0 55 0 30
1677 80 c. lilas-rose 0 70 0 70
La paire, non dentelée 125 »

Tirages : 20 000 000 et 10 100 000.

1971. - *Histoire de France. Taille-douce. Dentelés 13.*

Salle des États Généraux et représentants des trois ordres.

1678 45 c. brun-orange, bleu et violet 0 65 0 65

Bataille de Valmy.

1679 45 c. bistre, bleu et brun-orange 0 80 0 65

Prise de la Bastille.

1680 65 c. violet-brun, bleu-gris et lilas 1 » 1 »
La série, non dentelée 125 »

Tirages : 8 045 000, 6 800 000 et 6 880 000.

1971. - *44e congrès national de la Fédération des sociétés philatéliques françaises, à Grenoble. Taille-douce. Dentelé 13.*

1681 50 c. ocre-orange, rouge et lilas 0 50 0 30
a. (Non dentelé) 20 »

Tirage : 13 900 000.

1971. - *Aide familiale rurale. Taille-douce. Dentelé 13.*

1682 40 c. violet foncé et vert foncé 0 30 0 30
a. (Non dentelé) 18 50

Tirage : 23 800 000.

1971. - *Série touristique. Taille-douce. Dentelés 13.*

Sainte-Chapelle de Riom.

Dôle.

Riquewihr.

1683	60 c. vert, gris et bleu	0 60	0 30
1684	65 c. noir, ocre-jaune et lilas	0 80	0 30
1685	90 c. violet-br., ocre-orange et vert	0 80	0 30

Château fort de Sedan.

Gorges de l'Ardèche.

1686	1 f. 10, vert foncé, brun et bleu	0 80	0 80
1687	1 f. 40, vert, violet-brun et bleu	1 »	0 30
	Nos 1683 à 1687 (5 val.)	4 »	2 »
	La série, non dentelée	95 »	

1971. - *59e conférence de l'Union interparlementaire. Taille-douce. Dentelé 13.*

L'Assemblée Nationale.

1688	90 c. bleu-violet	0 80	0 80
	a. (Non dentelé)	27 »	

Tirage : 10 550 000.

1971. - *Personnages célèbres. Taille-douce. Dentelés 13.*

Général Delestraint.

Robert Houdin.

1689	50 c.+10 c. violet foncé et lilas	0 80	0 80
1690	50 c.+10 c. bleu foncé et bleu-vert	0 80	0 80
	La paire, non dentelée	46 »	

Voir également les nos 1667 à 1670.

Tirages : 4 600 000 et 4 050 000.

1971. - *40e anniversaire de l'assemblée permanente des Chambres de métiers. Taille-douce. Dentelé 13.*

1691	90 c. rouge et lilas	0 80	0 50
	a. (Non dentelé)	17 »	

Tirage : 8 900 000.

1971-72. - *Protection de la nature. Héliogravure (No 1692) et taille-douce (Nos 1693 et 1694). Dentelés 13.*

Caméléon (Ile de la Réunion).

1692	60 c. polychrome	1 10	0 80

Saumon.

Grand-duc.

1693	60 c. vert, outremer et bleu-gris	2 60	1 60
1694	65 c. bleu-gris, brun foncé et brun	1 25	0 80
	La série, non dentelée	77 »	

Voir également le n° 1675.

Tirages : 8 408 000, 7 450 000 et 7 600 000.

1971. - *Anniversaire de la mort du général de Gaulle. Taille-douce. Dentelés 13.*

Sujets : 1695, le général de Gaulle en juin 1940 ; 1696, le général de Gaulle à Brazzaville en 1944 ; 1697, la descente des Champs Elysées en 1944 ; 1698, portrait officiel du président de la République. - Imprimés en bandes horizontales de quatre timbres avec une vignette centrale sans valeur représentant une croix de Lorraine.

1695	50 c. sépia	1 25	0 80
1696	50 c. outremer	1 25	0 80
1697	50 c. rouge	1 25	0 80
1698	50 c. sépia	1 25	0 80
	Nos 1695 à 1698 (4 val.)	5 »	3 20
1698A	La bande entière	6 »	6 »
	a. (Non dentelée)	305 »	

Tirage : 14 140 000 bandes.

1971. - *Sesquicentenaire de l'Académie nationale de Médecine. Taille-douce. Dentelé 13.*

Baron Antoine Portal (1742-1832).

1699	45 c. violet et lilas	0 50	0 50
	a. (Non dentelé)	27 »	

Tirage : 8 728 000.

1971. - *Au profit de la Croix-Rouge. Croix en rouge. "Oeuvres de Greuze (1725-1805)". Taille-douce. Dentelés 13.*

Jeune fille au petit chien.

L'oiseau mort.

1700	30 c.+10 c. outremer	0 80	0 80
1701	50 c.+10 c. rouge-brique	0 80	0 80
	La paire, non dentelée	77 »	

Ont été émis aussi en carnets (tirage : 641 000).

Tirages : 5 007 000 et 4 503 000.

1971
Du N° 1663 au N° 1701 =
39 timb. (sauf 1698A) **34 ⊙26
Autres rubriques de l'année :
Poste aérienne 45, 46
Préoblitérés 130 à 133

1972. - *Oeuvres d'art. Taille-douce. Dentelés 12½ x 13.*

L'Étude, de Fragonard (1732-1806).

1702	1 f. polychrome	1 25	1 »
	a. (Non dentelé)	100 »	

Femmes au Jardin, de Monet (1840-1926).

1703	1 f. polychrome	2 30	1 »
	a. (Non dentelé)	100 »	

Tirages : 6 625 000 et 6 775 000.

1972. - *200e anniversaire de la découverte des îles Crozet et Kerguelen. Taille-douce. Dentelé 13.*

1704	90 c. noir, bleu et bistre	0 80	0 65
	a. (Non dentelé)	84 »	

Tirage : 7 750 000.

1972. - *Jeux olympiques d'hiver de Sapporo. Taille-douce. Dentelé 13.*

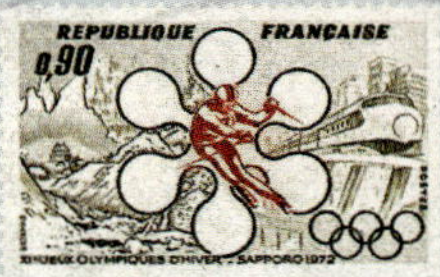

1705	90 c. olive et rouge	0 65	0 50
	a. (Non dentelé)	84 »	

Tirage : 7 750 000.

1972. - *Personnages célèbres. Surtaxe au profit de la Croix-Rouge. Taille-douce. Dentelés 13.*

Paul de Chomedey, sieur de Maisonneuve.

Aristide Bergés.

1706	50 c.+10 c. bl.-noir, noir et bl. pâle	0 80	0 80
1707	50 c.+10 c. vert foncé, noir et vert	0 80	0 80

Édouard Belin.

Louis Blériot.

1708	50 c.+10 c. lilas et gris	0 80	0 80
1709	50 c.+10 c. rouge et gris	0 80	0 80
	Nos 1706 à 1709 (4 val.)	3 20	3 20
	La série, non dentelée	95 »	

Voir également les nos 1727 et 1728.

Tirages : 4 300 000, 4 250 000, 4 650 000 et 4 500 000.

1972. - *Journée du Timbre. Taille-douce. Dentelé 13.*

Facteur rural et église de Champignelles (Yonne).

1710 50 c.+10 c. gris-olive, bleu et jaune 1 » 1 »
a. (Non dentelé) 23 »

Tirage : 5 800 000.

1972. - *Mois mondial du coeur. Taille-douce. Dentelé 13.*

1711 45 c. gris, orange et carmin 0 50 0 50
a. (Non dentelé) 19 25

Tirage : 7 750 000.

1972. - *Série touristique. Taille-douce. Dentelés 13.*

Abbaye de Charlieu.

Narbonne, Cathédrale Saint-Just.

1712 1 f. 20, bistre et bleu 0 80 0 30
a. (Non dentelé) 18 50

1713 3 f. 50, turquoise, carmin et olive 2 30 0 65
a. (Non dentelé) 18 50

1972. - *Europa. Taille-douce (N° 1714) et héliogravure (N° 1715). Dentelés 13.*

Cathédrale d'Aix-la-Chapelle.

1714 50 c. jaune, olive et brun-violet 0 55 0 30
1715 90 c. multicolore 0 70 0 70
La paire, non dentelée 110 »

Tirages : 21 550 000 et 10 500 000.

1972. - *20ᵉ anniversaire des donneurs de sang bénévoles des P.T.T. Taille-douce. Dentelé 13.*

1716 40 c. rouge-orange 0 30 0 30
a. (Non dentelé) 19 25

Tirage : 13 100 000.

1972. - *Trois-mâts, terre-neuvas "Côte d'Emeraude". Taille-douce. Dentelé 13.*

1717 90 c. saumon, vert foncé et bleu 1 25 1 »
a. (Non dentelé) 23 »

Tirage : 8 275 000.

1972. - *45ᵉ congrès national de la Fédération des sociétés philatéliques françaises, à Saint-Brieuc. Taille-douce. Dentelé 13.*

1718 50 c. rouge 0 30 0 30
a. (Non dentelé) 17 »

Tirage : 8 500 000.

1972. - *Code postal. Typographie. Dentelés 13.*

1719 30 c. vert et rouge 0 15 0 15
1720 50 c. rouge et jaune 0 50 0 30
La paire, non dentelée 35 »

1972. - *XXI*[e] *congrès mondial de l'Internationale P.T.T. Taille-douce. Dentelé 13.*

Tour du Télégraphe
Chappe de Saverne.

1721 45 c. gris-bleu et bleu foncé 0 50 0 30
a. (Non dentelé) 23 »

Tirage : 7 500 000.

1972. - *Jeux olympiques de Munich. Taille-douce. Dentelé 13.*

1722 1 f. brun-olive 0 65 0 50
a. (Non dentelé) 77 »

Tirage : 17 900 000.

1972. - *Année du tourisme pédestre. Héliogravure. Dentelé 13.*

1723 40 c. polychrome 1 60 1 10
a. (Non dentelé) 18 50

Tirage : 7 500 000.

1972. - *Championnats du monde cyclistes. Taille-douce. Dentelé 13.*

1724 1 f. gris-bleu, brun-olive et lilas 2 30 1 10
a. (Non dentelé) 65 »

Tirage : 7 500 000.

1972. - *Série touristique. Taille-douce. Dentelés 13.*

Sologne.

Château de Bazoches-du-Morvand.

1725 1 f. ocre et brun 0 80 0 30
a. (Non dentelé) 27 »

1726 2 f. vert-noir et brun-lilas 1 25 0 30
a. (Non dentelé) 15 50

1972. - *Personnages célèbres. Taille-douce. Dentelés 13.*

Amiral de Grasse.

Théophile Gautier.

1727 50 c.+10 c. orange et noir 0 80 0 80
1728 50 c.+10 c. brun-jaune et noir 0 80 0 80
La paire, non dentelée 30 »

Voir également les n°s 1706 à 1709.

Tirages : 3 700 000 et 3 850 000.

1972. - *Histoire de France. Taille-douce. Dentelés 13.*

"Incroyables et
Merveilleuses".

1729 45 c. olive, vert foncé et carmin 0 50 0 50

Bonaparte au pont d'Arcole.

Expédition d'Égypte.

1730 60 c. rouge, gris et bleu-noir 1 » 0 65
1731 65 c. ocre, outremer et brun-violet 1 » 0 80
La série, non dentelée 95 »
Tirages : 6 700 000, 6 800 000 et 6 625 000.

1972. - *Oeuvres d'art. Taille-douce. Dentelés 12½-13.*

Pierre de Bourbon présenté par saint Pierre, oeuvre du maître de Moulins.

1732 2 f. polychrome 2 30 1 40
a. (Non dentelé) 95 »

"Les Péniches", de Derain (1880-1954).

1733 2 f. polychrome 3 50 1 70
a. (Non dentelé) 95 »
Tirages : 6 750 000 et 6 625 000.

1972. - *150ᵉ anniversaire du déchiffrement des hiéroglyphes par Jean-François Champollion. Taille-douce. Dentelé 13.*

1734 90 c. outremer et rouge-brun 0 65 0 50
a. (Non dentelé) 30 »
Tirage : 7 500 000.

1972. - *Au profit de la Croix-Rouge. Croix en rouge. Taille-douce. Dentelés 13.*

N. Desgenettes.

F. Broussais.

1735 30 c.+10 c. vert 0 80 0 80
1736 50 c.+10 c. rouge 0 80 0 80
La paire, non dentelée 84 »

Tirage : 4 300 000 paires.

Ont été émis aussi en carnets (tirage : 617 000).

1972
Du N° 1702 au N° 1736 =
35 timbres ****36"** **⊙24**
Autre rubrique de l'année :
Poste aérienne 47

1973. - *Centenaire de la naissance de Sainte Thérèse de l'Enfant-Jésus. Taille-douce. Dentelé 13.*

1737 1 f. turquoise et gris-bleu 0 80 0 65
a. (Non dentelé) 23 »

Tirage : 8 350 000.

1973. - *L'Anthurium de la Martinique. Héliogravure. Dentelé 13.*

1738 50 c. polychrome 0 50 0 50
a. (Non dentelé) 23 »

Tirage : 15 150 000.

1973. - *X[e] anniversaire du traité sur la coopération franco-allemande. Héliogravure. Dentelé 13.*

1739　50 c. multicolore　0 50　0 50
a. (Non dentelé)　46 »
b. (bleu omis)
Tirage : 9 650 000.

La République Fédérale Allemande a émis simultanément une figurine au même type, de 40 p. (N° 603 ; cotes : 1 70　0 40).

1973. - *Immigration polonaise de 1921-23. Taille-douce. Dentelé 13.*

1740　40 c. carmin, violet et vert　0 30　0 30
a. (Non dentelé)　15 50
Tirage : 8 000 000.

1973. - *Oeuvres d'art. Taille-douce. Dentelés 12½ x 13.*

Le chapiteau de la Cène de l'église Saint-Austremoine d'Issoire.

1741　2 f. polychrome　1 85　1 40
a. (Non dentelé)　77 »

"Étude de femme à genoux", de Charles Le Brun.

1742　2 f. jaune-orange et rouge　1 85　1 40
a. (Non dentelé)　77 »

Boiseries du Moutier d'Ahun.

1743　2 f. ocre et lilas-brun foncé　1 85　1 60
a. (Non dentelé)　77 »
Tirages : 6 375 000, 6 875 000 et 6 700 000.

1973. - *Personnages célèbres. Taille-douce. Dentelés 13.*

Amiral de Coligny.　Ernest Renan.　Santos-Dumont.

1744　50 c.+10 c. olive, violet et gris-bl.　1 »　1 »
1745　50 c.+10 c. orange, carmin et gris　1 »　1 »
1746　50 c.+10 c. gris-olive, jne et lilas　1 »　1 »

Colette.　Duguay-Trouin.

1747　50 c.+10 c. lilas, rouge-brun et ocre　1 »　1 »
1748　50 c.+10 c. lilas, ocre et gris-bleu　1 »　1 »
N°s 1744 à 1748 (5 val.)　5 »　5 »
La série, non dentelée　100 »

Voir également les n°s 1768 et 1769.

Tirages : 4 250 000, 4 100 000, 4 150 000, 4 000 000 et 4 350 000.

1973. - *Journée du Timbre. Taille-douce. Dentelé 13.*

Relais de Poste.

1749　50 c.+10 c. turquoise　0 50　0 50
a. (Non dentelé)　23 »
Tirage : 5 550 000.

1973. - *Série "Grandes réalisations". Taille-douce. Dentelés 13.*

Centre téléphonique "Tuileries".

A 300 B Airbus.

1750	45 c. outremer, olive et vert	0 30	0 30
	a. (Non dentelé)	15 50	
1751	3 f. noir et bleu clair	2 »	1 60
	a. (Non dentelé)	61 »	

Voir également le n° 1772.

Tirages : 8 100 000 et 8 050 000.

1973. - *Europa.Taille-douce (N° 1752) et héliogravure (N° 1753). Dentelés 13.*

Grand place de Bruxelles : l'Hôtel de Ville.

Cor postal.

1752	50 c. lilas-rose et brun-violet	0 50	0 30
1753	90 c. vert foncé, rouge, ocre-orange et jaune	2 25	1 10
	La paire, non dentelée	95 »	

Tirages : 20 000 000 et 10 200 000.

1973. - *Protection de la nature. Taille-douce. Dentelés 13.*

Raton laveur de la Guadeloupe.

Cigognes d'Alsace.

1754	40 c. lilas, olive et violet-brun	0 50	0 30
	a. (Non dentelé)	23 »	
1755	60 c. gris, turquoise et rose	0 65	0 65
	a. (Non dentelé)	23 »	

Tirages : 21 900 000 et 8 250 000.

1973. - *Bicentenaire du Grand-Orient de France. Taille-douce. Dentelé 13.*

1756	90 c. violet et carmin	0 65	0 50
	a. (Non dentelé)	27 »	

Tirage : 8 250 000.

1973. - *Série touristique. Taille-douce. Dentelés 13.*

Palais des Ducs de Bourgogne, à Dijon.

1757	65 c. violet et rouge	0 50	0 30
	a. (Non dentelé)	17 »	

Château de Gien.

Le Clos-Lucé, à Amboise.

1758	90 c. gris-bleu et brun carminé	0 65	0 15
	a. (Non dentelé)	15 50	
	b. gris-bleu		
1759	1 f. ocre-orange, vert et bleu clair	0 65	0 15
	a. (Non dentelé)	15 50	

1973. - *50e anniversaire de l'Académie des Sciences d'Outre-Mer. Taille-douce. Dentelé 13.*

1760	1 f. lilas, vert-noir et rouge	0 65	0 50
	a. (Non dentelé)	15 50	

Tirage : 7 650 000.

1973. - *50e anniversaire des 24 heures du Mans. Taille-douce. Dentelé 13.*

1761	60 c. violet et outremer	0 80	0 65
	a. (Non dentelé)	42 »	

Tirage : 8 250 000.

1973. - *Cinq-mâts "France II". Taille-douce. Dentelé 13.*

1762 90 c. bleu et gris-bleu 1 60 0 80
a. (Non dentelé) 23 »

Tirage : 7 600 000.

1973. - *46e congrès national de la Fédération des sociétés philatéliques françaises, à Toulouse. Taille-douce. Dentelé 13.*

1763 50 c. violet et rouge-brun 0 50 0 30
a. (Non dentelé) 15 50

Tirage : 11 500 000.

1973. - *Série touristique. Taille-douce. Dentelé 13.*

Le saut du Doubs.

1764 60 c. turquoise, vert foncé et bleu-noir 0 50 0 30
a. (Non dentelé) 15 50

Voir également les nos 1757 à 1759.

1973-74. - *Oeuvres d'art. Taille-douce. Dentelés.*

"La Finette", de Watteau (1684-1721).

1765 2 f. polychrome (dent. 12½ x 13) 2 45 1 40
a. (Non dentelé) 84 »

Cardinal de Richelieu, tableau de Philippe de Champaigne (1602-1674).

1766 2 f. polychrome (dent. 12 x 13) 1 60 1 25
a. (Non dentelé) 84 »

Ce dernier timbre est imprimé attenant à une vignette portant la mention "ARPHILA 1975", qui ne fait pas partie du timbre, mais qui est comprise avec le non dentelé.

Tirages : 6 500 000 et 6 700 000.

1973. - *Centenaire de la découverte du bacille de la lèpre par Hansen (1841-1912). Taille-douce. Dentelé 13.*

1767 45 c. vert-olive, brun-jaune et vert 0 50 0 30
a. (Non dentelé) 46 »

Tirage : 8 750 000.

1973. - *Personnages célèbres. Taille-douce. Dentelés 13.*

Pasteur.

Tony Garnier (La cité industrielle).

1768 50 c.+10 c. brun-olive, lilas et violet 1 » 1 »
1769 50 c.+10 c. lilas-rose, noir et gris-bleu 1 » 1 »
La paire, non dentelée 40 »

Voir également les nos 1744 à 1748.

Tirages : 4 050 000 et 3 550 000.

1973. - *75e anniversaire de la liaison T.S.F. "Tour Eiffel-Panthéon (E. Ducretet)". Taille-douce. Dentelé 13.*

1770	1 f. vert et grenat	0 65	0 65
	a. (Non dentelé)	18 50	

Tirage : 8 150 000.

1973. - *Tricentenaire de la mort de Molière. Taille-douce. Dentelé 13.*

1771	1 f. brun et rouge	0 65	0 50
	a. (Non dentelé)	18 50	

Tirage : 8 250 000.

1973. - *Série "Grandes réalisations". Taille-douce. Dentelé 13.*

Le Havre, écluse François 1er.

1772	90 c. noir, bleu et lilas foncé	0 65	0 65
	a. (Non dentelé)	18 50	

Tirage : 8 000 000.

Voir également les nos 1750 et 1751.

1973. - *Pierre Bourgoin et Philippe Kieffer. Héros des parachutistes S.A.S. et commandos F.F.L. Compagnons de la Libération. Taille-douce. Dentelé 13.*

1773	1 f. rouge, carmin et bleu	0 65	0 50
	a. (Non dentelé)	30 »	

Tirage : 8 050 000.

1973. - *Histoire de France. Taille-douce. Dentelé 13.*

Bonaparte. Jean Portalis. Préparation du Code Civil, 1800-1804.

1774	45 c. bleu, brun-violet et gris	0 65	0 50

Encouragement à l'industrie, 1806.

1775	60 c. brun-jaune, vert-bleu et brun	0 65	0 65

Sacre de Napoléon.

1776	1 f. vert-noir, olive et carmin	0 80	0 65
	La série, non dentelée	100 »	

Tirages : 7 575 000, 7 575 000 et 7 525 000.

1973. - *50e anniversaire de la flamme sous l'Arc de Triomphe. Taille-douce. Dentelé 13.*

1777	40 c. lilas, rouge et bleu	0 50	0 30
	a. (Non dentelé)	18 50	

Tirage : 8 150 000.

1973. - *50e anniversaire de la création des chambres d'agriculture. Taille-douce. Dentelé 13.*

1778 65 c. outremer, noir et vert 0 50 0 50
a. (Non dentelé) 15 50

Tirage : 8 050 000.

1973. - *Au profit de la Croix-Rouge. Taille-douce. Dentelés 13.*

Sépulcre de Tonnerre. (Marie-Madeleine).

Sépulcre de Tonnerre. (Femme avec vase aux aromates).

1779 30 c.+10 c. vert foncé et rouge 0 65 0 65
1780 50 c.+10 c. noir et rouge 0 65 0 65
La paire, non dentelée 84 »

Tirage : 4 000 000 de paires.

Ont été émis aussi en carnets (tirage : 616 000).

1973. - *25e anniversaire de la déclaration des Droits de l'Homme. Taille-douce. Dentelé 13.*

1781 45 c. orange, brun-rouge et brun 0 30 0 30
a. (Non dentelé) 23 »

Tirage : 7 700 000.

1973. - *Musée Postal. Maison de la poste et de la philatélie. Taille-douce. Dentelé 13.*

1782 50 c. brun carminé et ocre 0 30 0 30
a. (Non dentelé) 15 50

Tirage : 6 900 000.

1973
Du N° 1737 au N° 1782 =
46 timbres ****40** **⊙32**
Autre rubrique de l'année :
Poste aérienne 48

1974. - *Arphila 75. Paris. Taille-douce. Dentelé 13.*

1783 50 c. lilas foncé, brun et bleu 0 30 0 30
a. (Non dentelé) 21 »

Tirage : 16 350 000.

1974. - *Personnages célèbres. Taille-douce. Dentelés 13.*

Saint-Louis Marie Grignon de Montfort (1673-1716).

Francis Poulenc (1899-1963).

1784 50 c.+10 c. sépia, carmin et vert foncé 1 » 1 »
1785 50 c.+10 c. brun carminé et lilas foncé 1 » 1 »
La paire, non dentelée 35 »

Voir également les n°s 1822 et 1823.

Tirages : 3 800 000 et 3 600 000.

1974. - *Journée du Timbre. Taille-douce. Dentelé 13.*

Centre de tri automatique d'Orléans la Source.

1786 50 c.+10 c. rouge-brique et sépia 0 50 0 50
a. (Non dentelé) 17 »

Tirage : 5 655 000.

1974. - *Série "Grandes réalisations". Taille-douce. Dentelé 13.*

Aéroport Charles de Gaulle.

1787	60 c. olive et violet	0 50	0 50
	a. (Non dentelé)	100 »	

Tirage : 8 200 000.

1974. - *Centenaire du club alpin français. Taille-douce. Dentelé 13.*

Gentiane et glacier.

1788	65 c. bleu-noir et violet	0 50	0 50
	a. (Non dentelé)	30 »	

Tirage : 7 750 000.

1974. - *Europa. Sculptures. Taille-douce. Dentelés 13.*

"L'Age d'Airain", de Rodin (1840-1917).

"L'Air", Maillol (1861-1944).

1789	50 c. lilas et noir	0 55	0 30
1790	90 c. violet-brun et ocre	1 »	0 70
	La série, non dentelée	95 »	

Tirages : 20 300 000 et 10 200 000.

1974. - *Sauvetage en mer. Taille-douce. Dentelé 13.*

1791	90 c. gris, bleu foncé, ocre et rouge	0 65	0 50
	a. (Non dentelé)	18 50	

Tirage : 7 575 000.

1974. - 25e *anniversaire du Conseil de l'Europe. Taille-douce. Dentelé 13.*

1792	45 c. ocre, bleu et gris-bleu	0 50	0 50
	a. (Non dentelé)	46 »	

Tirage : 7 675 000.

1974. - *Série touristique. Taille-douce. Dentelés 13.*

Salers.

Golfe de Saint-Florent (Corse).

1793	65 c. vert-jaune et violet-brun	0 50	0 50
	a. (Non dentelé)	15 50	
1794	3 f. bleu, rouge et vert-jaune	1 60	0 65
	a. (Non dentelé)	21 50	

1974. - *Protection de la nature. Taille-douce. Dentelé 13.*

Bison d'Europe.

1795	40 c. ocre, bleu et violet-brun	0 50	0 30
	a. (Non dentelé)	23 »	

Tirage : 10 350 000.

1974. - 30e *anniversaire de la Libération. Taille-douce. Dentelés 13.*

Général Koenig.

1796	1 f. lilas, lilas-rose et brun-jaune	0 65	0 50
	a. (Non dentelé)	21 »	

Villes "Compagnons de la Libération".

1797 1 f.+10 c. vert-émeraude, noir et sépia 0 80 0 80
a. (Non dentelé) 27 »

Tirages : 7 725 000 et 4 200 000.

1974. - *47e congrès national de la Fédération des sociétés philatéliques françaises, à Colmar. Taille-douce. Dentelé 13.*

La maison Pfister.

1798 50 c. rouge-brique et lilas 0 30 0 30
a. (Non dentelé) 15 50

Tirage : 8 450 000.

1974. - *30e anniversaire du débarquement en Normandie. Taille-douce. Dentelé 13.*

1799 45 c. vert, gris-bleu et rouge pâle 0 80 0 80
a. (Non dentelé) 27 »

Tirage : 7 750 000.

1974. - *XXIe Jeux olympiques échiquéens. Taille-douce. Dentelé 13.*

1800 1 f. brun, outremer et rouge 0 80 0 50
a. (Non dentelé) 155 »

Tirage : 8 050 000.

1974. - *Tricentenaire de la fondation de l'Hôtel des Invalides. Taille-douce. Dentelé 13.*

1801 40 c. bleu, brun-jne et gris-bleu fcé 0 30 0 30
a. (Non dentelé) 18 50

Tirage : 7 765 000.

1974-75. - *Série "Grandes réalisations". Taille-douce. Dentelés 13.*

Turbotrain TGV 001. Surrégénérateur Phénix.

1802 60 c. bleu-gris, rouge et sépia 1 10 0 80
a. (Non dentelé) 61 »
1803 65 c. rouge-orange lilas et noir 0 50 0 50
a. (Non dentelé) 30 »

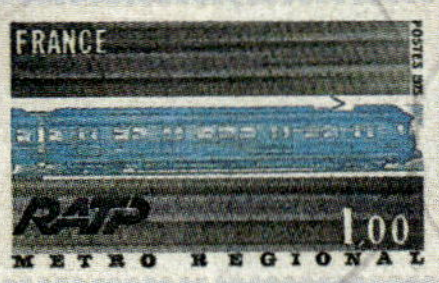

Réseau Express Régional. Hélicoptère Gazelle.

1804 1 f. gris-bleu et bleu 0 80 0 50
a. (Non dentelé) 46 »
1805 1 f. 30, violet et vert-olive 0 80 0 65
a. (Non dentelé) 70 »
Nos 1802 à 1805 (4 val.) 3 20 2 45

Tirages : 7 800 000, 7 700 000, 10 000 000 et 6 000 000.

1974-75. - *Série touristique. Taille-douce. Dentelés 13.*

Palais de Justice de Rouen. La vallée du Lot.

1806 85 c. bistre et bleu 0 65 0 50
1807 1 f. 10, brun et olive 0 65 0 50

Saint-Pol-de-Léon.

Château de Rochechouart.

1808	1 f. 20, brun-olive, bleu et bistre	0 65	0 30
1809	1 f. 40, bleu-gris, vert-jaune et brun	0 80	0 30

Basilique de Saint-Nicolas de Port.

1810	2 f. gris et lilas-rose	1 25	0 30
	N^{os}1806 à 1810 (5 val.)	4 »	1 90
	La série, non dentelée	77 »	

1974. - *"Arphila'75". Héliogravure (N°s 1811 et 1813) et taille-douce (N° 1812). Dentelés 12-13.*

Tableau de Miro.

1811	2 f. bleu, rouge, vert, jaune et noir	1 85	1 85
	a. (Non dentelé)	84 »	

"Canal du Loing". Tableau de A. Sisley.

1812	2 f. polychrome	1 85	1 60
	a. (Non dentelé)	84 »	

Tapisserie de la manufacture nationale des Gobelins, par Mathieu. "Hommage à Nicolas Fouquet".

1813	2 f. polychrome	1 85	1 60
	a. (Non dentelé)	84 »	

Timbres imprimés attenant à une vignette portant la mention "ARPHILA 75 Paris", qui ne fait pas partie du timbre, mais qui est comprise avec le non dentelé.

Tirages : 6 800 000, 5 825 000 et 5 950 000.

1974. - *Type Marianne de Béquet. Une bande de phosphore pour les 60 c., trois bandes pour le 80 c. Typographie (N° 1814) et taille-douce (N°s 1815 et 1816). Dentelés 13.*

Typographie (1814).

Taille-douce (1815).

Voir note sous les clichés des n°s 1663 et 1664.

1814	60 c. vert (dent. 14 x 13)	0 80	0 15
	a. (sans bande de phos.)	2 30	0 65
	b. (Non dentelé)	30 »	
1815	60 c. vert	4 60	0 50
	a. (Gomme tropicale)	8 40	
	b. (Id. n° rouge au verso)	30 »	
	c. (sans bande de phos.)	30 »	27 50
1816	80 c. rouge	0 80	0 15
	a. (sans bandes de phosphore)	10 »	1 25
	b. (Gomme tropicale)	1 60	
	c. (Id. n° rouge au verso)	26 »	
	d. (Gomme tropicale, sans bandes de phosphore)	7 »	1 25
	e. (Non dentelé)	35 »	

Les n°s 1815 et 1815c proviennent de carnets ; le 1815c est avec gomme tropicale.

1974. - *Centenaire de l'U.P.U. Taille-douce. Dentelé 13.*

1817	1 f. 20, outr.r, carmin et vert-olive	0 65	0 50
	a. (Non dentelé)	95 »	

Tirage : 7 525 000.

1974. - *500e anniversaire de la naissance de Nicolas Copernic. Taille-douce. Dentelé 13.*

1818 1 f. 20, bleu-gris, brun et lilas-rose 0 65 0 50
a. (Non dentelé) 46 »

Tirage : 6 825 000.

1974-75. - *Protection de la nature. Taille-douce. Dentelés 13.*

Tatou géant de la Guyane.

Aigrette Garzette.

1819 65 c. bleu-gris, bistre et vert-jaune 0 50 0 50
a. (Non dentelé) 27 »
1820 70 c. bleu et bistre 0 50 0 50
a. (Gomme tropicale) 40 »
a. (Non dentelé) 27 »

Tirages : 9 050 000 et 6 750 000.

1974. - *XXXe anniversaire de la Libération, médaille de la Résistance française. Taille-douce. Dentelé 13.*

1821 1 f. rouge, bistre et noir 0 80 0 65
a. (Non dentelé) 40 »

Tirage : 5 100 000.

1974. - *Personnages célèbres. Légende RÉPUBLIQUE FRANÇAISE. Taille-douce. Dentelés 13.*

Jean Giraudoux.

Barbey d'Aurevilly.

1822 80 c.+15 c. bleu, lilas et violet-brun 0 80 0 80
1823 80 c.+15 c. bleu-gris, lilas et noir 0 80 0 80
La paire, non dentelée 30 »
Voir également les nos 1784 et 1785.

Tirages : 3 100 000 et 3 050 000.

1974. - *Idem. Personnages célèbres avec légende FRANCE. Taille-douce. Dentelés 13.*

Docteur A. Schweitzer.

Edmond Michelet.

1824 80 c.+20 c. vert-noir, br.-rouge et rge 0 65 0 65
1825 80 c.+20 c. gris-bleu et bleu 0 65 0 65

Robert Schuman.

Eugène Thomas.

1826 80 c.+20 c. bleu-noir et noir 1 05 1 05
1827 80 c.+20 c. gris-bleu et gris 0 65 0 65
Nos 1824 à 1827 (4 val.) 3 » 3 »
La série, non dentelée 95 »

Ces timbres ont paru en 1975.

Tirages : 3 050 000, 3 300 000, 3 750 000 et 3 500 000.

1974. - *Au profit de la Croix-Rouge. "Les saisons". Taille-douce. Dentelés 13.*

L'été.

L'hiver.

1828 60 c.+15 c. bleu, brun-lilas et rouge 0 65 0 65
1829 80 c.+15 c. gris-bleu et bistre 0 80 0 80
La paire, non dentelée 84 »

Ont été émis aussi en carnets (tirage : 600 000).

Tirages : 3 400 000 et 3 050 000.

1974
Du N° 1783 au N° 1829 =
47 timbres ****41 ⊙29**

1975. - *Arphila'75. Paris. Taille-douce. Dentelés 13.*

"L'oeil".

1830	1 f. violet foncé, jaune-orange et rouge	0 65	0 50

Le Chapiteau.

1831	2 f. carmin, vert-olive et vert-noir	1 10	0 80

Graphisme.

1832	3 f. vert et brun carminé	1 60	1 10

Cérès.

1833	4 f. vert-noir, bistre et rouge	2 15	1 60
	Nos 1830 à 1833 (4 val.)	5 50	4 »
	La série, non dentelée	185 »	

Tirage : 7 500 000 séries.

1975. - *Idem. Valeurs et couleurs différentes. Taille-douce. Dentelés 13* x *13½.* BF *n° 7.*

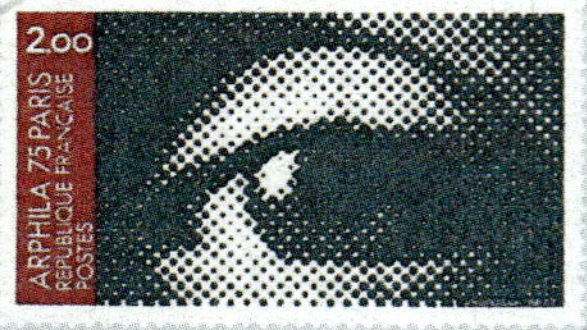

1834	2 f. gris-vert et rouge-brique	1 60	1 60

1835	3 f. rouge, bleu et gris-bleu	2 »	2 »

1836	4 f. bleu, rouge-brique et vert-noir	2 30	2 30

1837	6 f. gris-vert, rouge et bleu	3 60	3 60
	Nos 1834 à 1837 (4 val.)	9 50	9 50

Émis seulement en feuillet.

Tirage : 2 300 000 blocs.

1975. - *Journée du Timbre. Héliogravure. Dentelé 13.*

Plaque de facteur de Paris sous la IIe République.

1838	80 c.+20 c. bleu, noir et jaune	0 65	0 65
	a. (Non dentelé)	17 »	

Tirage : 4 150 000.

1975. - *Président Georges Pompidou (1911-1974). Taille-douce. Dentelé 13.*

Georges Pompidou.

1839	80 c. gris-bleu et gris	0 50	0 30
	a. (Non dentelé)	17 »	

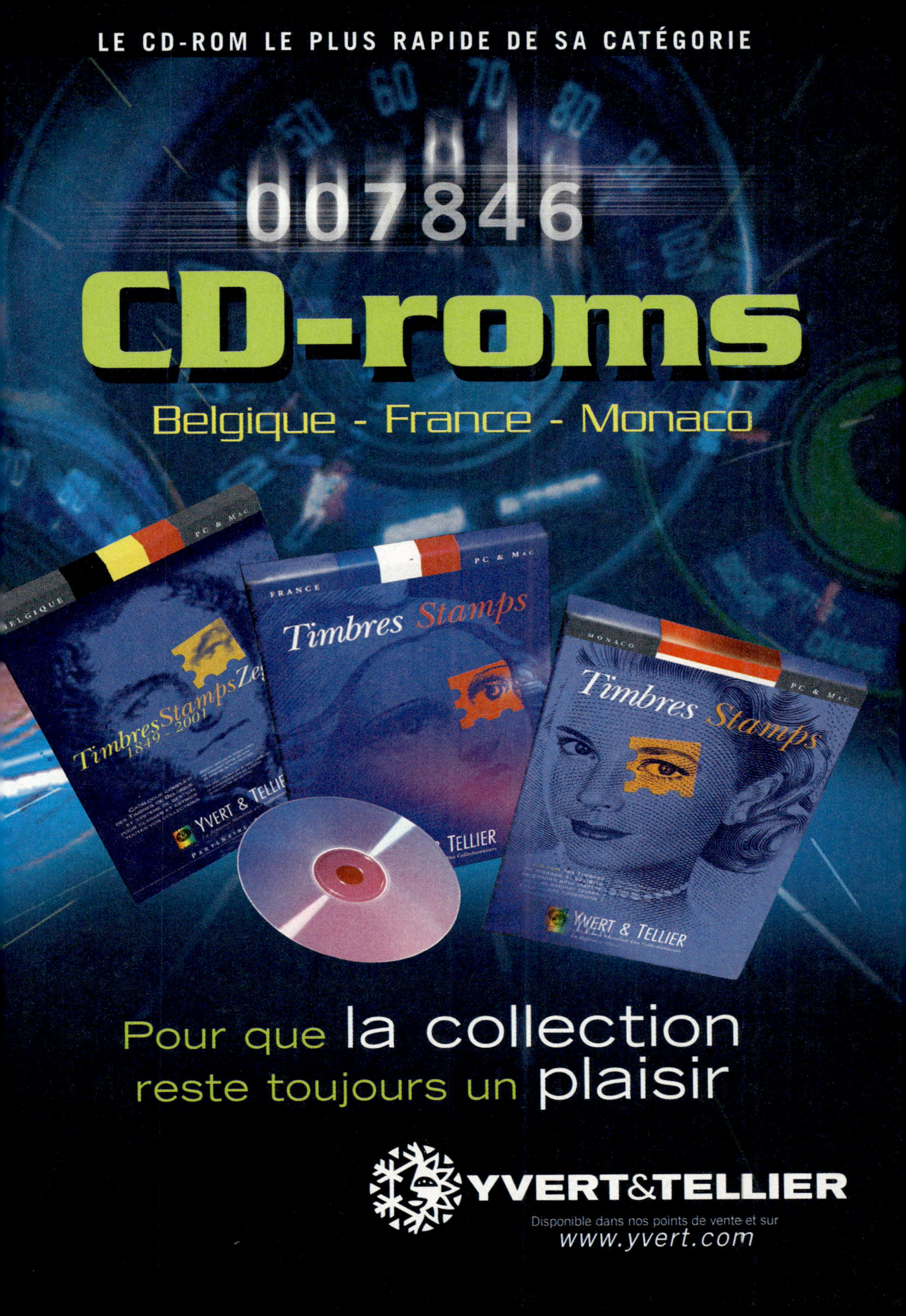

LE CD-ROM LE PLUS RAPIDE DE SA CATÉGORIE
007846
CD-roms
Belgique - France - Monaco
Timbres Stamps
Timbres Stamps
Timbres Stamps
Pour que la collection
reste toujours un plaisir
YVERT&TELLIER
Disponible dans nos points de vente et sur
www.yvert.com

A partir du n° 1840 les timbres portent la légende FRANCE, pour reprendre la légende REPUBLIQUE FRANÇAISE en septembre 1981.

1975. - *Europa. Tableaux. Héliogravure. Dentelés 13.*

Paul en Arlequin, de Picasso (1881-1973).

1840 80 c. polychrome 0 75 0 35
a. (marron omis : sans valeur et logo CEPT)

En la plaza, femme à la balustrade, de Van Dongen (1877-1968).

1841 1 f. 20, polychrome 1 10 0 90
La paire, non dentelée 125 »

Tirages : 20 000 000 et 10 000 000.

1975. - *Exposition mondiale de la machine-outil. Taille-douce. Dentelé 13.*

1842 1 f. 20, turquoise, noir et brun-rouge 0 65 0 50
a. (Non dentelé) 15 50

Tirage : 6 100 000.

1975. - *Centenaire du Sénat de la République. Taille-douce. Dentelé 13.*

1843 1 f. 20, gris-olive et carmin 0 80 0 65
a. (Non dentelé) 15 50

Tirage : 7 500 000.

1975. - *Convention du mètre. Taille-douce. Dentelé 13.*

1844 1 f. violet et lilas 0 65 0 50
a. (Non dentelé) 18 50

Tirage : 6 000 000.

1975. - *Fondation santé des étudiants de France. Taille-douce. Dentelé 13.*

1845 70 c. noir, lilas et rouge 0 50 0 50
a. (Non dentelé) 15 50

Tirage : 10 000 000.

1975. - *Théâtre du peuple de Bussang. Taille-douce. Dentelé 13.*

1846 85 c. bleu, olive et violet 0 50 0 50
a. (Non dentelé) 15 50

Tirage : 7 000 000.

1975. - *Régions. Taille-douce. Dentelés 13.*

Picardie.

Bourgogne.

Pays de la Loire.

1847 85 c. bleu, vert-bleu et orange 0 80 0 50
1848 1 f. brun, rouge et jaune 0 80 0 50
1849 1 f. 15, bistre-olive, turquoise et émeraude 0 80 0 50

Auvergne.

Poitou-Charentes.

1850	1 f. 30, bleu-gris, noir et rouge	1 »	0 65
1851	1 f. 90, gris, olive et bleu-gris	1 25	0 50

Nord - Pas-de-Calais.

1852	2 f. 80, carmin, gris et bleu	1 70	1 25
	Nos 1847 à 1852 (6 val.)	6 35	3 90
	La série, non dentelée	77 »	

1975. - *30e anniversaire de la libération des camps de concentration. Taille-douce. Dentelé 13.*

Pierre Kaan. F. H. Manhes et le général Jean Verneau.

1853	1 f. bleu, olive et rouge	0 65	0 65
	a. (Non dentelé)	30 »	

Tirage : 7 000 000.

1975. - *30e anniversaire de la création du service de déminage. Taille-douce. Dentelé 13.*

1854	70 c. bleu, olive et bistre-olive	0 50	0 30
	a. (Non dentelé)	15 50	

Tirage : 10 000 000.

1975. - *Villes nouvelles. Taille-douce. Dentelé 13.*

1855	1 f. 70, brun-jaune, vert et bleu	1 »	0 80
	a. (Non dentelé)	15 50	

Tirage : 7 000 000.

1975. - *Pont de Saint-Nazaire. Taille-douce. Dentelé 13.*

1856	1 f. 40, turquoise, vert-bleu et noir	0 80	0 50
	a. (Non dentelé)	15 50	

Tirage : 10 000 000.

1975. - *Année internationale de la Femme. Héliogravure. Dentelé 13.*

1857	1 f. 20, polychrome et argent	0 65	0 65
	a. (Non dentelé)	40 »	

Tirage : 7 500 000.

1975. - *Personnage célèbre. André Siegfried (1875-1959). Taille-douce. Dentelé 13.*

1858	80 c.+20 c. noir et turquoise	0 65	0 65
	a. (Non dentelé)	15 50	

Tirage : 3 500 000.

1975. - *50e anniversaire des relations diplomatiques franco-soviétiques. Taille-douce. Dentelé 13.*

1859 1 f. 20, bleu, rouge et bistre-jaune 0 65 0 50
a. (Non dentelé) 18 50

Tirage : 7 000 000.

1975. - *Au profit de la Croix-Rouge. "Les saisons". Taille-douce. Dentelés 13.*

Le printemps. L'automne.

1860 60 c.+15 c. olive, rouge et brun-rge 0 65 0 65
1861 80 c.+20 c. brun-olive, rouge et orange 0 80 0 80
La paire, non dentelée 100 »

Tirage : 3 500 000 paires.

Ont été émis aussi en carnets (tirage : 600 000).

1975. - *Bateau-école. Frégate "La Melpomène". Taille-douce. Dentelé 13.*

1862 90 c. rouge, orange et vert-noir 1 60 0 80
a. (Non dentelé) 23 »

Tirage : 8 000 000.

1975
Du N° 1830 au N° 1862 =
33 timbres ****35** **⊙29**
Autres rubriques de l'année :
Blocs et feuillets 7
Préoblitérés 134 à 137
Service 43 à 48

1976. - *Régions. Taille-douce (Nos 1863, 1864, 1865 et 1865A) et héliogravure (N° 1866). Dentelés 13.*

Centre.

1863 25 c. bleu, vert-jaune et vert 0 30 0 30
a. (Non dentelé) 15 50

Aquitaine. Limousin.

1864 60 c. brun carminé, vert foncé et outremer 0 30 0 30
a. (Non dentelé) 15 50
1865 70 c. noir, vert foncé et bleu 0 70 0 50
a. (Non dentelé) 15 50

Guyane. Midi-Pyrénées.

1865A 1 f. 25, vert, orange et turquoise 0 80 0 80
a. (Non dentelé) 54 »
1866 2 f. 20, multicolore 1 40 1 25
a. ("France" omis) 3 450 » 1 700 »
b. (Non dentelé) 70 »

Nos 1863 à 1866 (5 val.) 3 50 3 15

1976. - *Oeuvres d'art. Taille-douce (N°s 1867 et 1868) et héliogravure (N° 1869). Dentelés 13.*

Linteau de l'église de Saint-Genis-des-Fontaines.

1867	2 f. gris-bleu et bleu	1 40	1 10
	a. (Non dentelé)	70	»

La Vénus de Brassempouy.

1868	2 f. sépia et bistre	1 25	1 10
	a. (Non dentelé)	70	»

La joie de vivre de Robert Delaunay (1885-1941).

1869	2 f. polychrome	1 40	1 25
	a. (Non dentelé)	77	»

Tirages : 6 000 000 de chaque.

1976. - *Journée du Timbre. Centenaire du Timbre-poste au type Sage. Taille-douce. Dentelé 13.*

1870	80 c.+20 c. noir et lilas	0 50	0 50
	a. (Non dentelé)	23	»

Tirage : 4 000 000.

1976. - *Série touristique. Taille-douce. Dentelés 13.*

Château fort de Bonaguil.

1871	1 f. vert foncé, bistre et brun-rouge	0 50	0 30

Ussel.

Château de Malmaison.

1872	2 f. lilas, brun-jaune et ocre	1 10	0 30
1873	3 f. bleu-gris, vert-jaune et bistre	1 40	0 30
	La série, non dentelée	35	»

1976. - *Cinquantenaire de l'Association Centrale des Officiers de Réserve de l'Armée de Mer (A.C.O.R.A.M.). Taille-douce. Dentelé 13.*

1874	1 f. outremer, carmin et bistre-jaune	0 65	0 50
	a. (Non dentelé)	15	50

Tirage : 7 000 000.

1976. - *49e congrès national de la Fédération des sociétés philatéliques françaises à Rouen. Taille-douce. Dentelé 13.*

1875	80 c. brun-olive et brun-orange	0 50	0 30
	a. (Non dentelé)	14 »	

Tirage : 10 000 000.

1976. - *Exposition philatélique mondiale de la jeunesse "JUVAROUEN". Taille-douce. Dentelé 13.*

1876	60 c. bleu-vert, carmin et gris-bleu	0 50	0 30
	a. (Non dentelé)	15 50	

Tirage : 10 000 000.

Voir également à la rubrique "Entiers Postaux (n° 46)".

1976. - *Europa. Héliogravure. Dentelés 13.*

Faïence de Strasbourg.

Porcelaine de Sèvres.

1877	80 c. polychrome	0 50	0 30
1878	1 f. 20, polychrome	0 90	0 75
	La paire, non dentelée	100 »	

Tirages : 20 000 000 et 10 000 000.

1976. - *Bicentenaire de l'indépendance des États-Unis. Taille-douce. Dentelé 13.*

Charles Gravier de Vergennes (1719-1787),
et Benjamin Franklin (1706-1790).

1879	1 f. 20, gris-bleu, bleu et carmin	0 65	0 50
	a. (Non dentelé)	77 »	

Tirage : 8 000 000.

1976. - *Personnages célèbres. Taille-douce. Dentelés 13.*

Maréchal Moncey.

Max Jacob.

Mounet-Sully.

1880	80 c.+20 c. lilas et brun-jaune	0 65	0 65
1881	80 c.+20 c. brun-rouge et brun-olive	0 65	0 65
1882	80 c.+20 c. vert-olive et carmin	0 65	0 65
	La série, non dentelée	40 »	

Tirages : 3 000 000 de chaque.

Voir également les nos 1896 à 1898.

1976. - *Verdun. Taille-douce. Dentelé 13.*

1883	1 f. vert foncé, rge et brun carminé	0 65	0 50
	a. (Non dentelé)	14 »	

Tirage : 8 000 000.

1976. - *La Communication. Héliogravure. Dentelé 13.*

1884	1 f. 20, polychrome	0 65	0 65
	a. (Non dentelé)	14 »	

Tirage : 6 500 000.

1976. - *30e anniversaire de l'Association des Français libres. Taille-douce. Dentelé 13.*

1885	1 f. bleu, rouge et outremer	0 80	0 50
	a. (Non dentelé)	30 »	

Tirage : 8 000 000.

1976. - *Protection de la nature et de l'environnement. Taille-douce. Dentelé 13.*

Forêt de Tronçais.

1886	70 c. vert foncé, bistre et bleu	0 50	0 30
	a. (Non dentelé)	18 50	

Tirage : 8 000 000.

1976. - *Satellite "Symphonie". Taille-douce. Dentelé 13.*

1887	1 f. 40, violet et brun-violet	0 80	0 65
	a. (Non dentelé)	54 »	

Tirage : 7 000 000.

1976. - *La Fête. Taille-douce. Dentelé 13.*

1888	1 f. bleu-nuit, rouge et vert-jaune	0 65	0 50
	a. (Non dentelé)	12 50	

Tirage : 8 000 000.

1976. - *Jeux Olympiques de Montréal. Taille-douce. Dentelé 13.*

1889	1 f. 20, bleu, outremer et noir	0 80	0 50
	a. (Non dentelé)	77 »	

Tirage : 6 500 000.

1976. - *Centenaire du Corps des officiers de réserve. Taille-douce. Dentelé 13.*

1890	1 f. noir, bleu et carmin	0 65	0 30
	a. (Non dentelé)	12 50	

Tirage : 8 000 000.

1976. - *Type Marianne de Béquet.*

Voir note sous les clichés des n°s 1663 et 1664.

Pour ces 3 timbres, la 1re colonne de prix concerne les timbres avec gomme brillante, la 2e ceux avec gomme tropicale (gomme mate) et la 3e les oblitérés.

1891	80 c. vert (1 bande de phosphore (dent. 14 x 13)	0 65	1 »	0 15
	a. (Non dentelé)	21 »		
	b. (sans bande de phosphore) (1977)	1 10		0 50
1892	1 f. rouge (3 bandes de phosphore (dent. 13)	0 65	1 25	0 15
	a. (Non dentelé)	21 »		
	b. (sans bande de phosphore) (1977)	1 60		0 50

Provenant de carnet. Dentelé 13.

1893	80 c. vert (1 bande de phosphore)	1 60	1 25	0 50
	a. (Sans bande de phosphore)	230 »		

Émis seulement en carnets de 20, une des dentelures horizontales de ce timbre est coupée ou rognée.

Timbres non dentelés verticalement et dentelés 13 horizontalement, provenant de roulettes.

1894	80 c. vert (1 bde de phosph.)	0 80	0 65
	a. 80 c. vert (n° rouge au verso)	3 »	
1895	1 f. rouge (3 bandes de phosphore)	0 80	0 50
	a. 1 f. rouge (n° rouge au verso)	3 »	

Voir note après le n° 1331Ab.

1976. - *Personnages célèbres. Au profit de la Croix-Rouge. Taille-douce. Dentelés 13.*

Général Daumesnil. Eugène Fromentin. Anna de Noailles.

1896	1 f.+20 c. bleu-vert, bleu et turquoise	0 80	0 80
1897	1 f.+20 c. outremer, violet-brun et lilas-rose	0 80	0 80
1898	1 f.+20 c. gris-bleu et brique	0 80	0 80
	La série, non dentelée	40 »	

Tirages : 3 000 000 chacun.

Voir également les n°s 1880 à 1882.

1976. - *Oeuvres d'art. Taille-douce. Dentelés 13 x 12½.*

Ramsés (fresque d'Abu-Simbel).

1899 2 f. polychrome 1 25 1 10
a. (Non dentelé) 77 »

Oeuvre de Carzou.

1900 2 f. polychrome 1 25 1 »
a. (Non dentelé) 77 »

Nature morte, de Maurice de Vlaminck (1876-1958).

1901 2 f. polychrome 1 25 1 »
a. (Non dentelé) 84 »

Tirages : 6 000 000 chacun.

1976. - *Série touristique. Taille-douce. Dentelés 13.*

Cathédrale de Lodève.

Biarritz-Côte basque.

1902 1 f. 10, outremer 0 65 0 50
a. (Non dentelé) 15 50

1903 1 f. 40, brun, bleu et olive 0 80 0 30
a. (Non dentelé) 15 50

Thiers.

1904 1 f. 70, bleu, vert-olive et lilas-brun 1 » 0 30
a. (Non dentelé) 15 50

1976. - *Centenaire de la première liaison téléphonique. Taille-douce. Dentelé 13.*

1905 1 f. gris, bleu et brique 0 65 0 30
a. (Non dentelé) 23 »

Tirage : 12 000 000.

1976. - *X^e festival international du film de tourisme, Tarbes 1976. Taille-douce. Dentelé 13.*

1906 1 f. 40, vert-noir, orge et brun-olive 0 80 0 65
a. (Non dentelé) 17 »

Tirage : 6 000 000.

1976. - *Police nationale. Taille-douce. Dentelé 13.*

1907 1 f. 10, bleu, olive et rouge 0 65 0 50
a. (Non dentelé) 15 50

Tirage : 6 000 000.

1976. - *Accélérateur européen de particules. Héliogravure. Dentelé 13.*

1908 1 f. 40, multicolore 1 » 0 80
a. (Non dentelé) 50 »

Tirage : 6 000 000.

1976. - *Foires expositions. Taille-douce. Dentelé 13.*

1909 1 f. 50, bleu-noir, vert-bleu et ocre 1 » 0 65
a. (Non dentelé) 12 50

Tirage : 8 000 000.

1976. - *Au profit de la Croix-Rouge. Sculptures religieuses de l'église de Brou. Croix en rouge. Taille-douce. Dentelés 13.*

Sainte Barbe.

Sibylle cimmérienne.

1910 80 c.+20 c. lilas 0 65 0 65
1911 1 f.+25 c. sépia 1 » 1 »
La paire, non dentelée 61 »

Tirage : 3 500 000 paires.

Ont été émis aussi en carnets.

1976. - *Douane. Héliogravure. Dentelé 13.*

1912 1 f. 10, polychrome et or 0 65 0 65
a. (Non dentelé) 18 50

Tirage : 6 000 000.

1976. - *Port-Louis (Morbihan). Musée de l'Atlantique. Taille-douce. Dentelé 13½ x 13.*

Vue aérienne et trois-mâts "Duchesse Anne".

1913 1 f. 45, bleu-vert et olive 0 80 0 65
a. (Non dentelé) 18 50

Tirage : 6 000 000.

1976
Du N° 1863 au N° 1913 =
52 timbres ****42** **⊙34**

Autres rubriques de l'année :
Poste aérienne 49
Préoblitérés 138 à 145
Service 49 à 52

1977. - *Régions. Héliogravure (N°s 1914, 1915 et 1918) et taille-douce (N°s 1916, 1917, 1919, 1920 et 1921). Dentelés 13.*

Réunion.

Martinique.

1914 1 f. 45, vert et rose carminé 0 80 0 50
1915 1 f. 50, multicolore 0 80 0 65

Franche-Comté.

Bretagne.

1916 2 f. 10, turquoise, bleu et jaune 1 25 1 »
1917 2 f. 40, olive, brun et outremer 1 40 0 50

Languedoc-Roussillon.

Rhône-Alpes.

1918 2 f. 50, multicolore 1 40 1 »
1919 2 f. 75, bleu-vert foncé 1 70 1 »

Champagne-Ardenne.

Alsace.

1920 3 f. 20, bleu, vert-noir et bistre 1 85 1 10
1921 3 f. 90, bleu, lilas-brun et bistre 2 45 1 60
Nos 1914 à 1921 (8 val.) 11 65 7 35
La série, non dentelée 95 »

1977. - *Centre national d'Art et de Culture Georges Pompidou. Taille-douce. Dentelé 13.*

1922 1 f. vert foncé, bleu et rouge 0 50 0 30
a. (Non dentelé) 19 25

Tirage : 6 500 000.

1977. - *Oeuvres d'art. Taille-douce. Dentelés 12½-13.*

Le "Pont de Mantes", de Camille Corot (1796 1875).

1923 2 f. polychrome 1 25 1 »
a. (Non dentelé) 84 »

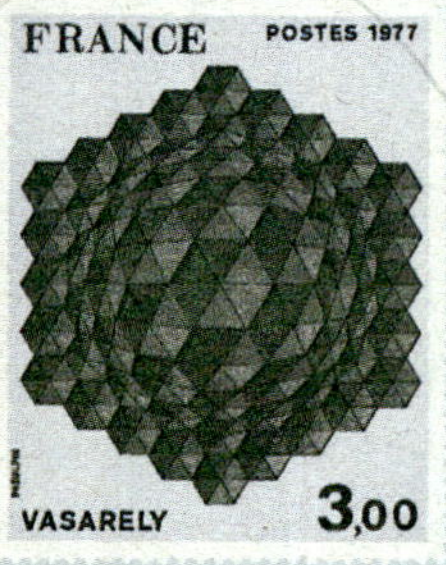

"Hommage à l'hexagone". Oeuvre de Vasarely.

1924 3 f. lilas pâle et vert-noir 1 85 1 »
a. (Non dentelé) 77 »

Tirages : 6 000 000 chacun.

1977. - *Extensions portuaires de Dunkerque. Taille-douce. Dentelé 13.*

1925 50 c. lilas-brun, bleu-noir et bleu 0 30 0 30
a. (Non dentelé) 14 »

Tirage : 10 000 000.

1977. - *Le Souvenir français. Taille-douce. Dentelé 13.*

1926 80 c. bleu, rouge et brun-olive 0 65 0 50
a. (Non dentelé) 15 50

Tirage : 8 000 000.

1977. - *Journée du Timbre. Taille-douce. Dentelé 13.*

Enseigne du relais de poste à Marckolsheim (Bas-Rhin).

1927 1 f.+20 c. bleu et bleu-noir 0 65 0 65
a. (Non dentelé) 15 50

Tirage : 4 500 000.

1977. - *Europa. Taille-douce. Dentelés 13.*

Village provençal. Port breton.

1928 1 f. bleu, olive et brique 0 75 0 25
1929 1 f. 40, vert-olive, brun-olive et noir 1 25 0 45
La paire, non dentelée 95 »
Tirages : 20 000 000 et 10 000 000.

1977. - *150e anniversaire de la Société nationale d'horticulture. Taille-douce. Dentelé 13.*

1930 1 f. 70, vert-olive et carmin-brun 1 » 0 65
a. (Non dentelé) 27 »

Tirage : 8 000 000.

1977. - *Floralies internationales de Nantes. Taille-douce. Dentelé 13.*

1931 1 f. 40, lilas, jaune et bleu-vert 1 » 0 80
a. (Non dentelé) 23 »

Tirage : 8 000 000.

1977. - *Rattachement du Cambrésis. Taille-douce. Dentelé 13.*

1932 80 c. bleu, brun-lilas et lilas-rouge 0 50 0 50
a. (Non dentelé) 15 50

Tirage : 7 000 000.

1977. - *Instituts catholiques de France. Taille-douce. Dentelé 13.*

1933 1 f. 10, gris-bleu, brun et brun-olive 0 65 0 65
a. (Non dentelé) 15 50

Tirage : 7 000 000.

1977. - *Fédération européenne de la construction. Taille-douce. Dentelé 13.*

1934 1 f. 10, outremer, rouge et bistre 0 65 0 50
a. (Non dentelé) 19 25

Tirage : 7 000 000.

1977. - *50ᵉ congrès national de la Fédération des sociétés philatéliques françaises à Annecy. Taille-douce. Dentelé 13.*

1935 1 f. brun-olive et brun-lilas 0 65 0 50
a. (Non dentelé) 15 50

Tirage : 10 000 000.

1977. - *École polytechnique de Palaiseau. Taille-douce. Dentelé 13.*

1936 1 f. 70, vert-noir, outremer et rouge 1 » 0 50
a. (Non dentelé) 19 25

Tirage : 7 000 000.

1977. - *Série touristique. Taille-douce. Dentelés 13.*

Collégiale du Dorat
(XIIᵉ s.).

1937 1 f. 45, gris-bleu et brun-olive 0 80 0 50

Abbaye de Fontenay (XIIᵉ s.)
Côte d'Or.

Cathédrale de Bayeux
(XIIᵉ-XVᵉ siècles).

1938 1 f. 50, brun-rge, rge et brun-olive 0 80 0 50
1939 1 f. 90, jaune et sépia 1 10 0 50
La série, non dentelée 42 »

1977. - *60e anniversaire de la coupe de France de football. Taille-douce. Dentelé 13.*

1940 80 c. rouge, bleu et brun-olive 1 25 0 65
a. (Non dentelé) 46 »
Tirage : 6 000 000.

1977. - *5e anniversaire du Mémorial au général de Gaulle. Héliogravure. Dentelé 13.*

1941 1 f. polychrome et or 1 10 0 80
a. (Non dentelé) 77 »
Tirage : 15 000 000.

1977. - *Jeune Chambre économique française. Taille-douce. Dentelé 13.*

1942 1 f. 10, outremer et rouge 0 65 0 50
a. (Non dentelé) 14 »
Tirage : 7 000 000.

1977. - *5e centenaire de la bataille de Nancy. Taille-douce. Dentelé 13.*

1943 1 f. 10, bleu et gris 1 » 0 65
a. (Non dentelé) 18 50
Tirage : 6 000 000.

1977. - *5e centenaire du rattachement de la Bourgogne (1477). Taille-douce. Dentelé 13.*

1944 1 f. 25, bistre et vert-noir 0 65 0 50
a. (Non dentelé) 14 »

Tirage : 7 000 000.

1977. - *10e anniversaire de l'Association internationale des parlementaires de langue française. Taille-douce. Dentelé 13.*

1945 1 f. 40, bleu, rouge et bistre clair 0 80 0 50
a. (Non dentelé) 12 50

Tirage : 7 000 000.

1977. - *La cigale rouge. Héliogravure. Dentelé 13.*

1946 80 c. polychrome 0 65 0 50
a. (Non dentelé) 42 »
b. (inscriptions omises) 5 000 »

Tirage : 10 000 000.

1977. - *Série touristique. Taille-douce. Dentelés 13.*

Abbaye des Prémontrés à Pont-à-Mousson.

1947 1 f. 25, sépia, rouge et gris 0 65 0 50

Tour abbatiale de Saint-Amand-les-Eaux.

Château de Vitré.

1948 1 f. 40, lilas-brun, lilas-rouge et vert-bleu 0 80 0 50

1949 2 f. 40, gris, vert et brun 1 25 0 50

La série, non dentelée 46 »

1977. - *Oeuvres d'art. Héliogravure (N° 1950) et taille-douce (N° 1951). Dentelés 12½-13.*

Oeuvre originale de Trémois.

1950 3 f. noir et rouge-brun 2 30 1 85

a. (Non dentelé) 77 »

Oeuvre originale d'Excoffon.

1951 3 f. bleu et bistre-rouge 2 30 1 60

a. (Non dentelé) 77 »

Tirages : 6 000 000 chacun.

1977. - *Meilleurs ouvriers de France. Taille-douce. Dentelé 13.*

1952 1 f. 40, brun-rouge et olive 1 » 0 65

a. (Non dentelé) 12 50

Tirage : 7 000 000.

1977. - *Personnages célèbres. Taille-douce. Dentelés 13.*

Édouard Herriot.

Abbé Breuil.

1953 1 f.+20 c. noir 0 80 0 80

1954 1 f.+20 c. vert-bleu et olive 0 80 0 80

Guillaume de Machault.

Charles Cros.

1955 1 f.+20 c. br., vert-noir et brun-lilas 0 80 0 80

1956 1 f.+20 c. grenat, bl.-vert et bl.-noir 0 80 0 80

N°s 1953 à 1956 (4 val.) 3 20 3 20

La série, non dentelée 61 »

Tirages : 3 000 000 chaque.

1977. - *30e anniversaire du Conseil économique et social. Taille-douce. Dentelé 13.*

1957 80 c. brun foncé, brun-olive et bistre-olive 0 50 0 30

a. (Non dentelé) 12 50

Tirage : 10 000 000.

1977. - *400e anniversaire de la naissance de P. P. Rubens. Tableau. Détail du tableau "La Vierge à l'Enfant et deux donateurs Alexandre Goubeau et sa femme". Taille-douce. Dentelé 12½ x 13.*

1958	2 f. polychrome	1 60	1 10
	a. (Non dentelé)	84 »	

Tirage : 6 000 000.

1977. - *Au profit de la Croix-Rouge. "Santons" de Provence. Taille-douce. Dentelés 13.*

Chemineau.

Guérisseuse.

1959	80 c.+20 c. rouge et bleu-gris foncé	0 65	0 65
1960	1 f.+25 c. rouge et vert-noir	0 80	0 80
	La paire, non dentelée	95 »	

Tirage : 4 000 000 de paires.

Ont été émis aussi en carnets.

1977. - *Tournoi du cinquantenaire de la Fédération française de tennis de table. Taille-douce. Dentelé 13.*

1961	1 f. 10, orange, lilas-rouge et vert-bleu	3 »	1 »
	a. (Non dentelé)	95 »	

Tirage : 7 000 000.

1977
Du N° 1914 au N° 1961 =
48 timbres ****51** **⊙34**

Autres rubriques de l'année :

Poste aérienne 50

Préoblitérés 146 à 149

Service 53 à 55

1977-78. - *Type Sabine, tirée d'une oeuvre du peintre Louis David. 1re série. Taille-douce. Dentelés 13.*

Les nos 1970 (80 c. vert) et 1972 (1 f. rouge) ont été seuls émis en 1977.

La 1re colonne concerne les neufs avec gomme métropolitaine (brillante), la 2e les neufs avec gomme tropicale (mate) et la 3e les oblitérés.

1962	1 c. gris foncé	0 15	0 15	0 15
1963	2 c. bleu-violet	0 15	0 15	0 15
1964	5 c. vert-noir	0 15	0 15	0 15
1965	10 c. rouge-brun	0 15	0 15	0 15
1966	15 c. vert-bleu	0 50	0 50	0 50
	a. (2 bandes de phosphore)	155 »		
1967	20 c. émeraude	0 15	0 30	0 15
	a. (bande de phosph. à gauche) (1979)	0 50		0 15
1968	30 c. orange	0 15	0 30	0 15
1969	50 c. violet	0 30	0 30	0 15
1970	80 c. vert	1 25	2 15	0 30
	a. (sans bande de phosphore)		1 85	1 25
1971	80 c. jaune-olive	0 30	0 50	0 30
1972	1 f. rouge	1 25	4 90	0 15
	a. (sans bande de phosphore)		4 90	1 60
1973	1 f. vert	0 80	1 10	0 15
1974	1 f. 20, rouge	0 80	1 10	0 15
1975	1 f. 40, bleu	1 90	2 30	0 80
1976	1 f. 70, bleu clair	1 10	1 25	0 65
1977	2 f. vert-jaune	1 »	1 25	0 15
1978	2 f. 10, rose carminé	1 10	1 25	0 30
1979	3 f. brun	1 40	1 60	0 50
	Nos 1962 à 1979 (18 val.)	12 60	19 40	5 »
	La série, non dentelée	305 »		

Les 1 c., 2 c. et 5 c. sont sans phosphore. - Les 10 c., 15 c., 20 c., 30 c., 50 c., les deux 80 c. et le 1 f. vert, avec une bande de phosphore à droite (sauf n° 1967a). - Les autres valeurs avec deux bandes de phosphore.

Les nos 1965 à 1979, avec gomme métropolitaine (brillante), sont connus sans bande de phosphore.

La série de 15 val. 460 »

Timbres non dentelés verticalement et dentelés 13 horizontalement, provenant de roulettes.

1980	80 c. vert (1 bande de phosphore)	1 50	1 25
	a. 80 c. vert (n° rouge au verso)	6 »	
1981	1 f. rouge (2 bandes de phosphore)	1 60	1 »
	a. 1 f. rouge (n° rouge au verso)	6 »	
1981A	1 f. vert (1 bande de phosphore)	1 25	1 »
	a. (n° rouge au verso)	5 50	
1981B	1 f. 20, rge (2 bandes de phosphore)	1 25	1 »
	a. (n° rouge au verso)	5 50	

Voir note après le n° 1331Ab.

De nouvelles valeurs à ce type ont paru en 1979 (nos 2056 à 2063), en 1980 (nos 2101 à 2104) et en 1981 (nos 2118 à 2123 et nos 2154 à 2158).

1978. - *Tableau de Jacques Birr. Héliogravure. Dentelé 13.*

Percheron.

1982	1 f. 70, polychrome	1 25	1 »
	a. (Non dentelé)	46 »	

Tirage : 8 000 000.

1978. - *Les Tuileries, 1662. Dessin du "Cabinet du Roy". Taille-douce. Dentelé 12.*

Carrousel sous Louis XIV.

1983	2 f. noir	3 »	1 85
	a. (Non dentelé)	77 »	

Tirage : 6 000 000.

1978. - *Centenaire de l'École Nationale Supérieure des Télécommunications. Taille-douce. Dentelé 13.*

1984	80 c. bleu-vert foncé	0 50	0 30
	a. (Non dentelé)	15 50	

Tirage : 10 000 000.

1978. - *Rattachement de l'île de Saint-Barthélemy à la France (1878-1978). Taille-douce. Dentelé 13.*

1985	1 f. 10, carmin, rouge-brun et brun	0 65	0 50
	a. (Non dentelé)	14 »	

Tirage : 7 000 000.

1978. - *Personnages célèbres. Taille-douce. Dentelés 13.*

Marie Noël. Georges Bernanos. Leconte de Lisle.

1986	1 f.+20 c. bleu-noir et bleu	0 80	0 80
1987	1 f.+20 c. olive, brun-jne et bleu-gris	0 80	0 80
1988	1 f.+20 c. lilas-rouge et bleu-violet	0 80	0 80

Léon Tolstoi. Voltaire et Rousseau. Claude Bernard.

1989	1 f.+20 c. vert foncé et vert-olive	0 80	0 80
1990	1 f.+20 c. grenat et lilas	0 80	0 80
1990A	1 f.+20 c. bistre, brun, rouge et noir	0 80	0 80
	Nos 1986 à 1990A (6 val.)	4 80	4 80
	La série, non dentelée	77 »	

Tirage : 3 000 000 de séries.

1978. - *"Régions". Héliogravure (Nos 1991 et 1993) et taille-douce (No 1992). Dentelés 13.*

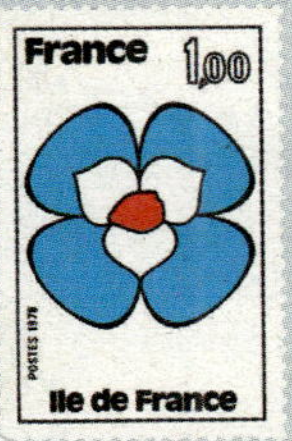

Ile-de-France. Haute-Normandie.

1991	1 f. noir, bleu et rouge	0 65	0 30
1992	1 f. 40, vert, outremer et orange	1 »	0 65

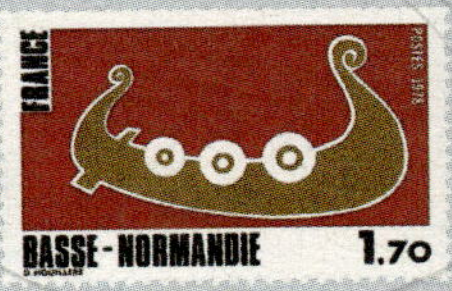

Basse-Normandie.

1993	1 f. 70, noir, grenat et or	1 40	0 80
	La série, non dentelée	46 »	

1978. - *Oeuvre d'art. Taille-douce. Dentelé 13 x 12½.*

Oeuvre originale de Bernard Buffet.

1994	3 f. bleu pâle, vert pâle, jaune et noir	3 »	1 60
	a. (Non dentelé)	77 »	

Tirage : 6 000 000.

1978. - *15e anniversaire de la délégation à l'aménagement du territoire et à l'action régionale (DATAR). Taille-douce. Dentelé 13.*

1995	1 f. 10, violet et vert	0 65	0 30
	a. (Non dentelé)	14 »	

Tirage : 7 000 000.

1978. - *Série touristique. Taille-douce. Dentelés 13.*

Les gorges du Verdon.

Le Pont-Neuf de Paris.

1996	50 c. bleu, vert-noir et turquoise	0 30	0 30
1997	80 c. vert-noir et bleu-vert	0 50	0 30

Église de St-Saturnin.

Abbaye Notre-Dame du Bec-Hellouin.

1998	1 f. noir	0 50	0 30
1999	1 f. 10, brun-olive, bleu et lilas	0 80	0 50

Château d'Esquelbecq.

Église abbatiale Aubazine.

2000	1 f. 10, brun, gris-bleu et vert	0 65	0 50
2001	1 f. 25, carmin et brun-rouge	1 »	0 50

Abbaye de Fontevraud.

2002	1 f. 70, brun-rouge et noir	1 10	0 80
	Nos 1996 à 2002 (7 val.)	4 85	3 20
	La série, non dentelée	95 »	

1978. - *"Juvexniort". Taille-douce. Dentelé 13.*

2003	80 c. brun foncé, carmin et bistre	0 50	0 30
	a. (Non dentelé)	14 »	

Tirage : 10 000 000.

1978. - *Journée du Timbre. Taille-douce. Dentelé 13.*

Facteur parisien de 1900.

2004	1 f.+20 c. olive et gris-bleu	0 65	0 65
	a. (Gomme tropicale)	40 »	
	b. (Non dentelé)	14 »	

Tirage : 4 500 000.

1978. - *Parc national de Port-Cros. Héliogravure. Dentelé 13.*

2005 1 f. 25, polychrome 1 25 1 25
a. (Non dentelé) 27 »

Tirage : 8 000 000.

1978. - *Fleurir la France. Taille-douce. Dentelé 13.*

2006 1 f. 70, vert-olive, bleu et carmin 2 » 0 65
a. (Non dentelé) 27 »

Tirage : 8 000 000.

1978. - *Économies d'énergie. Taille-douce. Dentelé 13.*

2007 1 f. bistre, brun et ocre 0 65 0 50
a. (Non dentelé) 15 50

Tirage : 10 000 000.

1978. - *Europa. Monuments. Taille-douce. Dentelés 13.*

Fontaine des Innocents à Paris.

Fontaine du Parc floral de Paris.

2008 1 f. outremer, bistre et noir 0 75 0 35
a. (Gomme tropicale) 42 »
2009 1 f. 40, bleu, vert et brun 1 10 0 60
La paire, non dentelée 95 »

Tirages : 20 000 000 et 10 000 000.

1978. - *Colline Notre-Dame de Lorette. Taille-douce. Dentelé 13.*

2010 2 f. bistre-olive et lilas-rouge 1 25 0 50
a. (Non dentelé) 14 »

Tirage : 7 000 000.

1978. - *51ᵉ Congrès national de la Fédération des Sociétés Philatéliques Françaises, à Troyes. Taille-douce. Dentelé 13.*

2011 1 f. bleu, carmin, brun et noir 0 65 0 50
a. (Non dentelé) 14 »

Tirage : 10 000 000.

1978. - *Cinquantenaire du stade Roland Garros. Taille-douce. Dentelé 13.*

2012 1 f. bleu-noir, bleu et brique 2 75 0 50
a. gomme tropicale 9 50
b. (Non dentelé) 61 »

Tirage : 10 000 000.

1978. - *Métiers d'Art. Taille-douce. Dentelé 13.*

2013 1 f. 30, brun foncé, carmin et vert-olive 0 65 0 50
a. (Non dentelé) 12 25

Tirage : 7 000 000.

1978. - *Imprimerie nationale. Taille-douce. Dentelé 13.*

2014 1 f. vert-bleu, bleu et noir 0 50 0 30
a. (Non dentelé) 12 25

Tirage : 7 000 000.

1978. - *Réunion de la Franche-Comté à la Couronne par la Paix de Nimègue (1678-1978). Taille-douce. Dentelé 13.*

2015 1 f. 20, bleu-vert et vert foncé 0 65 0 30
a. (Gomme tropicale) 40 »
b. (Non dentelé) 15 »

Tirage : 10 000 000.

1978. - *300e anniversaire du rattachement de Valenciennes et Maubeuge. Taille-douce. Dentelé 13.*

2016 1 f. 20, gris-brun, rouge et violet 0 65 0 50
a. (Non dentelé) 15 »

Tirage : 7 000 00.

1978. - *Cinquantenaire de l'Académie de Philatélie. Taille-douce. Dentelé 13.*

2017 1 f. outremer, lilas-rouge et turquoise 0 65 0 50
a. (Non dentelé) 23 »

Tirage: 8 000 000.

1978. - *Série nature. Taille-douce. Dentelé 13.*

Balbuzard.

2018 1 f. 80, vert-jaune, olive et brun 1 10 0 65
a. (Non dentelé) 30 »

Tirage : 7 000 000.

1978. - *XIXes championnats du monde de gymnastique, à Strasbourg. Taille-douce. Dentelé 13.*

2019 1 f. brun, orange et brun carminé 0 65 0 50
a. (Non dentelé) 70 »

Tirage : 7 000 000.

1978. - *Sport pour tous. Taille-douce. Dentelé 13.*

2020 1 f. violet, turquoise et rose 1 » 0 80
a. (Non dentelé) 46 »

Tirage : 7 000 000.

1978. - *Monument aux Combattants Polonais 1939-1945. Taille-douce. Dentelé 13.*

2021 1 f. 70, rge, vert-bl. et carmin-brun 1 » 0 80
a. (Non dentelé) 14 »

Tirage : 7 000 000.

1978. - *60e anniversaire de l'Armistice à Rethondes. Taille-douce. Dentelé 13.*

Le wagon de l'Armistice.

2022 1 f. 20, noir 0 80 0 50
a. (Non dentelé) 40 »

Tirage : 8 000 000.

1978. - *Aide à la réadaptation. Taille-douce. Dentelé 13.*

2023 1 f. ocre, brun et rouge 0 65 0 50
a. (Non dentelé) 14 »

Tirage : 7 000 000.

1978. - *Au profit de la Croix-Rouge. Fables de La Fontaine. Taille-douce. Dentelés 13.*

Le lièvre et la tortue. Le rat de ville et le rat des champs.

2024 1 f.+25 c. brun-olive, olive et rouge 1 » 0 80
2025 1 f. 20+30 c. olive, brun-olive et rge 1 » 1 »
La paire, non dentelée 80 »

Tirage : 3 000 000 de paires.

Ont été émis aussi en carnets (Tirage : 550 000).

1978. - *Oeuvre d'art. Taille-douce. Dentelé 13 x 12½.*

"Chevaux de Camargue", oeuvre originale d'Yves Brayer.

2026 3 f. polychrome 2 30 1 40
a. (Non dentelé) 85 »

Tirage : 6 000 000.

1978. - *30e anniversaire de la Déclaration universelle des Droits de l'Homme. Taille-douce. Dentelé 13.*

2027 1 f. 70, brun et bleu 1 » 0 50
a. (Non dentelé) 54 »

Tirage : 7 000 000.

1978		
Du N° 1962 au N° 2027 =		
69 timbres	****65**	**⊙40**
Autres rubriques de l'année :		
Poste aérienne 51		
Préoblitérés 150 à 157		
Service 56 à 59		

1979. - *Année internationale de l'Enfant. Taille-douce. Dentelé 13.*

2028 1 f. 70, brun-rouge, violet et rouge 3 » 2 30
a. (Non dentelé) 80 »

Tirage : 7 000 000.

1979. - *Personnages célèbres. Taille-douce. Dentelés 13.*

Ladislas de Bercheny. Léon Jouhaux. Pierre Abélard.

2029 1 f. 20+30 c. brun, bl. vif et bleu-vert 1 » 1 »
2030 1 f. 20+30 c. gris-noir et ocre 1 » 1 »
2031 1 f. 20+30 c. brun-rose, orange, et brun 0 80 0 80

G. Moineaux, dit Courteline.

Simone Weil.

André Malraux.

2032 1 f. 20+30 c. rouge, lilas-rouge et bleu-gris 1 » 1 »
2032A 1 f. 30+30 c. carmin et brun-rouge 1 » 1 »
2032B 1 f. 30+30 c. bleu et outremer 1 » 1 »
Nos 2029 à 2032B (6 val.) 5 80 5 80
La série, non dentelée 80 »

Tirage : 3 000 000 de séries.

1979. - *Miniature du XVe siècle sur la musique. Taille-douce. Dentelé 13 x 12.*

2033 2 f. multicolore 1 85 1 25
a. (Non dentelé) 85 »

Tirage : 6 000 000.

1979. - *100e anniversaire de la naissance de Victor Segalen (1878-1919). Ecrivain. Taille-douce. Dentelé 13.*

2034 1 f. 50, brun, vert-bleu et carmin 0 80 0 50
a. (Non dentelé) 23 »

Tirage : 7 000 000.

1979. - *Floralies internationales de la Martinique. Taille-douce. Dentelé 13.*

2035 35 c. vert, carmin et violet-brun 0 30 0 30
a. (Non dentelé) 23 »

Tirage : 7 000 000.

1979. - *Temple de Borobudur à Java. Taille-douce. Dentelé 13.*

2036 1 f. 80, brun clair et vert-bleu 1 10 0 50
a. (Non dentelé) 45 »

Tirage : 7 000 000.

1979. - *Journée du Timbre. Taille-douce. Dentelé 13.*

Hôtel des Postes de Paris sur carte postale.

2037 1 f. 20+30 c. gris-bleu, rouge et bistre clair 0 80 0 65
a. (Non dentelé) 23 »

Tirage : 4 500 000.

1979. - *100e anniversaire de la naissance de Francisque Poulbot (1879-1946), dessinateur. Héliogravure. Dentelé 13.*

2038 1 f. 30, rose, orange, bleu ciel, jaune et noir 0 65 0 50
a. (Non dentelé) 18 50

Tirage : 10 000 000.

1979. - *Protection de la nature. L'abeille (apis mellifica). Taille-douce. Dentelé 13.*

2039 1 f. sépia, olive et ocre 1 » 0 50
a. (Non dentelé) 50 »

Tirage : 8 000 000.

1979. - *Série touristique. Taille-douce. Dentelés 13.*

Abbayes normandes.

Auray (Morbihan).

Moulin de Steenvoorde (Nord).

2040	1 f. vert-bleu, vert-olive et vert	0 50	0 50
2041	1 f. brun, bistre et violet	0 50	0 30
2042	1 f. 20, turquoise, olive et brun-lilas	0 65	0 30

Grotte de Niaux.

Palais des Rois de Majorque.

2043	1 f. 50, brun-jaune, rouge et brun	0 80	0 50
2044	1 f. 70, brun-rouge et gris-bleu	0 80	0 80
	a. gomme tropicale	40 »	
	Nos 2040 à 2044 (5 val.)	3 25	2 40
	La série, non dentelée	110 »	

1979. - *Abbaye de Saint-Germain-des-Prés. Taille-douce. Dentelé 13.*

2045	1 f. 40, bleu, carmin et gris-bleu	0 80	0 50
	a. (Non dentelé)	15 »	

Tirage : 7 000 000.

1979. - *Europa. Taille-douce. Dentelés 13.*

"Simoun", aviation postale intérieure.

Boule de Moulins.

2046	1 f. 20, bleu, bleu-turquoise et vert	1 »	0 30
2047	1 f. 70, vert foncé, rouge et bleu-turquoise	1 70	0 70
	La paire, non dentelée	125 »	

Tirage : 10 000 000 de paires.

1979. - *52e Congrès national de la Fédération des Sociétés Philatéliques Françaises, à Nantes. Taille-douce. Dentelé 13.*

2048	1 f. 20, violet, bleu et gris	0 65	0 50
	a. (Non dentelé)	15 »	

Tirage : 10 000 000.

1979. - *Palais Royal. Taille-douce. Dentelé 13.*

2049	1 f. grenat et carmin	0 50	0 30
	a. (Non dentelé)	15 »	

Tirage : 7 000 000.

1979. - *Élection de l'Assemblée des Communautés Européennes. Héliogravure. Dentelé 13.*

2050	1 f. 20, multicolore	0 65	0 30
	a. (Non dentelé)	70 »	

Tirage : 15 000 000.

1979. - *Hommage à Jeanne d'Arc. Monument national. Taille-douce. Dentelé 13.*

2051	1 f. 70, carmin	1 »	0 65
	a. (Non dentelé)	30 »	

Tirage : 7 000 000.

1979. - *Félix Guyon (1831-1920), chirurgien français. Maître de l'école urologique française. Taille-douce. Dentelé 13.*

2052	1 f. 80, brun et vert-bleu	1 »	0 50
	a. (Non dentelé)	14 »	

Tirage : 7 000 000.

1979. - *Série artistique. Taille-douce (N° 2053) et héliogravure (N° 2054). Dentelés 12½ x 13.*

Diane au bain. Château d'Écouen.

2053 2 f. bistre-orange et noir 1 55 1 25
a. (Non dentelé) 80 »

L'église d'Auvers-sur-Oise, de Vincent van Gogh (1853-1890).

2054 2 f. polychrome 4 60 1 55
a. (Non dentelé) 85 »

Tirage : 6 000 000 chacun.

1979. - *3e exposition mondiale des télécommunications "TELECOM 79". Genève 20-26 sept. 1979. Taille-douce. Dentelé 13.*

2055 1 f. 10, olive, bleu-vert et brun 0 65 0 30
a. (Non dentelé) 23 »

Tirage : 7 000 000.

1979. - *Type Sabine. Taille-douce. Dentelés 13.*

Voir au n° 1962, la note sur les 3 colonnes.

2056	70 c. bleu-violet	0 30	0 50	0 30
2057	1 f. olive	0 50	0 50	0 15
2058	1 f. 10, vert	0 80	1 85	0 30
2059	1 f. 30, rouge	0 80	2 30	0 15
2060	1 f. 60, violet	1 25	1 55	0 50
2061	1 f. 80, ocre orangé	1 10	1 10	0 80
	Nos 2056 à 2061 (6 val.)	4 75	7 80	2 20
	La série, non dentelée		1[illegible]0 »	

Les 70 c., 1 f. et 1 f. 10, sont avec une bande de phosphore à droite, les autres valeurs avec deux bandes de phosphore.

Sans bandes de phosphore.

2056a	70 c.	» »
2057a	1 f.	15 »
2058a	1 f. 10	12 50
2059a	1 f. 30	130 »
2060a	1 f. 60	185 »
2061a	1 f. 80	54 »

Timbres non dentelés verticalement et dentelés 13 horizontalement, provenant de roulettes.

2062 1 f. 10, vert (1 bande de phosphore) 2 » 0 65
a. (n° rouge au verso) 6 10

2063 1 f. 30, rouge (2 bandes de phosphore) 2 » 0 50
a. (n° rouge au verso) 6 10

1979. - *Série touristique. Taille-douce. Dentelé 13.*

Château de Maisons-Laffitte.

2064 45 c. bleu, turquoise et violet 0 30 0 30
a. (Non dentelé) 15 »

1979. - *Région. Héliogravure. Dentelé 13.*

Lorraine.

2065 2 f. 30, rouge, noir et jaune 1 25 0 50
a. (Non dentelé) 15 »

1979. - *150e anniversaire de la fondation de l'École Centrale des Arts et Manufactures. Héliogravure. Dentelé 13.*

2066 1 f. 80, vert, noir et jaune 1 » 0 80
a. (Non dentelé) 15 »

Tirage : 7 000 000.

1979. - *Série "Création philatélique". Tableaux. Taille-douce. Dentelés 12½ x 13.*

Oeuvre originale de Salvador Dali.

2067 3 f. brun, noir, rouge, outremer et jaune 1 85 1 25
a. (Non dentelé) 85 »

"Danseur du feu, la flûte enchantée", de Chapelain-Midy.

2068 3 f. olive et brun 1 85 1 25
a. (Non dentelé) 80 »

Tirage : 6 000 000 chacun.

1979. - *Championnats du monde de judo. Taille-douce. Dentelé 13.*

2069 1 f. 60, vert et noir 0 80 0 50
a. (Non dentelé) 80 »

Tirage : 7 000 000.

1979. - *Au profit de la Croix-Rouge. Vitraux de l'église Jeanne d'Arc à Rouen (détails). Taille-douce. Dentelés 13.*

"Hérodiade".

"Simon le Magicien".

2070 1 f. 10+30 c. polychrome 0 65 0 65
a. (dent. 12½ x 13) 0 80 0 80

2071 1 f. 30+30 c. polychrome 1 » 0 80
a. (dent. 12½ x 13) 1 » 1 »

La paire, non dentelée 92 »

Tirage : 4 000 000 de paires.

Ont été aussi émis en carnets (tirage : 550 000). Les n°s 2070a et 2071a proviennent des carnets.

1979. - *Métiers d'Art. "La Lutherie". Taille-douce. Dentelé 13.*

2072 1 f. 30, brun-rouge et sépia 0 80 0 50
a. (Non dentelé) 20 »

Tirage : 10 000 000.

1979
Du N° 2028 au N° 2072 =
47 timbres ****51** **⊙37**
Autres rubriques de l'année :
Poste aérienne 52
Préoblitérés 158 à 165

1980. - *Eurovision. Taille-douce. Dentelé 13.*

2073 1 f. 80, gris, bleu et bleu-vert 1 10 1 »
a. (Non dentelé) 46 »

Tirage : 7 000 000.

1980. - *Série artistique. Taille-douce. Dentelés 12½-13.*

Femme à l'éventail de Zadkine (1890-1967).

2074 3 f. bistre, vert et brun 1 85 1 25
a. (Non dentelé) 80 »

Oeuvre de Raoul Ubac.

2075 3 f. bleu-noir, bleu-gris et beige 1 85 1 25
a. (Non dentelé) 80 »
b. couleur beige omise 650 »

Tirage : 6 000 000 chacun.

1980. - *Les Géants du Nord. Taille-douce. Dentelé 13.*

2076 1 f. 60, vert, rouge et bleu 0 80 0 50
a. (Non dentelé) 12 50

Tirage : 7 000 000.

1980. - *Gastronomie française. Taille- douce. Dentelé 13.*

2077 90 c. rouge et brun 1 » 0 80
a. (Non dentelé) 12 50

Tirage : 7 000 000.

1980. - *Journée du Timbre. Héliogravure. Dentelé 13.*

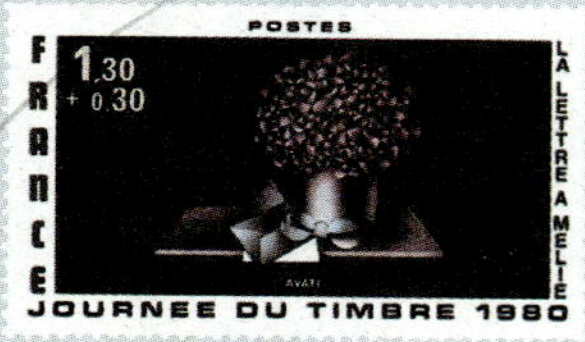

La Lettre à Mélie, d'Avati.

2078 1 f. 30+30 c. noir, rose-lilas et bleu-gris 0 80 0 80
a. (Non dentelé) 15 »

Tirage : 4 500 000.

1980. - *Métiers d'Art. "La Broderie", d'après une oeuvre de Toffoli. Taille-douce. Dentelé 13.*

2079 1 f. 10, bleu fcé, jne clair et orange 0 65 0 50
a. (Non dentelé) 15 »

Tirage : 8 000 000.

1980. - *Lutte contre le tabagisme. Héliogravure. Dentelé 13.*

2080 1 f. 30, bleu, noir et rouge 0 65 0 30
a. (Non dentelé) 14 »

Tirage : 9 000 000.

1980. - *Série touristique. Taille-douce. Dentelés 13.*

Bastide (1222) Cordes (Tarn).

Château de Maintenon.

2081 1 f. 50, orange, brun et bleu 0 80 0 30
a. (Non dentelé) 14 »
2082 2 f. noir, brun et rouge-brun 1 » 0 50
a. (Non dentelé) 14 »

Montauban.

Cathédrale du Puy.

2083 2 f. 30, brun, vert et bleu 1 25 0 50
a. (Non dentelé) 14 »
2084 3 f. 20, bleu et brun-rouge 1 70 0 65
a. (Non dentelé) 15 »
Nos 2081 à 2084 (4 val.) 4 75 1 95

1980. - *Europa. Personnages célèbres. Taille-douce. Dentelés 13.*

Aristide Briand (1862-1932).

Saint Benoît (v. 480-547). Patron de l'Europe.

2085	1 f. 30, brun-rouge, rge, bleu et jne	0 75	0 35
2086	1 f. 80, brun-rouge et rouge	1 10	0 75
	La paire, non dentelée	115 »	

Tirages : 10 000 000 et 8 000 000.

1980. - *200e anniversaire de l'École nationale supérieure d'Arts et Métiers. Taille-douce. Dentelé 13.*

2087	2 f. vert foncé et lie-de-vin	1 »	0 50
	a. (Non dentelé)	15 »	

Tirage : 7 000 000.

1980. - *53e Congrès national de la Fédération des Sociétés Philatéliques Françaises, à Dunkerque. Taille-douce. Dentelé 13.*

2088	1 f. 30, bleu-vert, violet et bleu	0 65	0 30
	a. (Non dentelé)	15 »	

Tirage : 10 000 000.

1980. - *Série nature. Papillon. Héliogravure. Dentelé 13.*

Graellsia isabellae gr.

2089	1 f. 10, vert-olive, brun foncé, jaune et bleu-vert	1 »	0 65
	a. (Non dentelé)	61 »	

Tirage : 8 000 000.

1980. - *"Philexfrance'82". Exposition philatélique internationale. Taille-douce. Dentelé 12½ x 13.*

Autoportrait, d'Albrecht Dürer (1471-1528).

2090	2 f. noir, rose carminé, brun, vert-olive et bistre	1 25	1 »
	a. (Avec marge attenante (logo)	2 30	1 85
	b. (Non dentelé)	92 »	
	c. (Non dent. avec marge attenante)	155 »	

Les marges, à gauche et à droite de chaque rangée horizontale de 5 timbres, comportent, imprimés en noir, le logo de Philexfrance 82 et la légende : EXPOSITION PHILATELIQUE INTERNATIONALE PARIS-LA DEFENSE 10-24 JUIN 1982.

Tirage : 12 000 000.

1980. - *25e anniversaire de l'Association internationale des relations publiques. Héliogravure. Dentelé 13.*

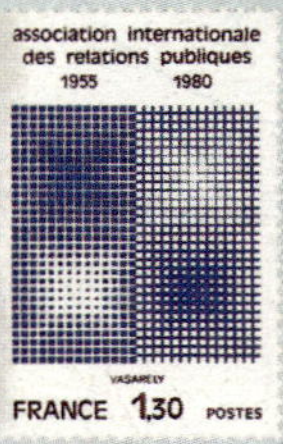

2091	1 f. 30, rouge-brun et bleu	0 80	0 50
	a. (Non dentelé)	20 75	

Tirage : 9 000 000.

1980. - *Année du Patrimoine. Taille-douce. Dentelé 13.*

2092	1 f. 50, gris et noir	0 80	0 50
	a. (Non dentelé)	20 »	

Tirage : 12 000 000.

1980. - *Sciences de la Terre. Taille-douce. Dentelé 13.*

2093	1 f. 60, rouge, brun-vert et brun	1 »	0 65
	a. (Non dentelé)	14 »	

Tirage : 8 000 000.

1980. - *Rochambeau. 2e centenaire de l'arrivée à Newport. Taille-douce. Dentelé 13.*

2094 2 f. 50, violet, rouge orangé et gris 1 55 1 »
a. (Non dentelé) 46 »
Tirage : 8 000 000.

1980. - *Personnages célèbres. Taille-douce. Dentelés 13.*

Viollet-le-Duc. (1814-1879).

Jean Monnet (1888-1979).

2095 1 f. 30+30 c. noir 1 » 0 80
2096 1 f. 30+30 c. brun-rouge et vert 1 60 1 60

Jean-Marie de La Mennais (1780-1860).

Frédéric Mistral (1830-1914).

2097 1 f. 40+30 c. bleu et bleu-gris 1 » 0 80
2098 1 f. 40+30 c. noir 1 » 0 80

Saint-John Perse (1887-1975).

Pierre Paul de Riquet (1604-1680).

2099 1 f. 40+30 c. vert foncé et vert-olive 1 » 0 80
2100 1 f. 40+30 c. gris et noir 1 » 0 80
Nos 2095 à 2100 (6 val.) 6 60 5 60
La série, non dentelée 92 »
Tirages : 3 000 000 de séries.

1980. - *Type Sabine. Taille-douce. Dentelés 13.*

Voir au n° 1962, la note sur les trois colonnes.

2101 1 f. 20, vert (une bande de phosphore à droite) 0 65 0 80 0 15
2102 1 f. 40, rouge (deux bandes de phosphore) 0 80 0 80 0 15
La paire, non dentelée 35 »

Sans bandes de phosphore.

2101a 1 f. 20, 6 90
2102a 1 f. 40, 17 »

Timbres non dentelés verticalement et dentelés 13 horizontalement, provenant de roulettes.

2103 1 f. 20, vert (une bande de phosphore à droite) 0 80 0 65
a. (n° rouge au verso) 2 30
2104 1 f. 40, rouge (deux bandes de phosphore) 1 » 0 50
a. (n° rouge au verso) 2 30
Le n° 2103 est connu sans bande de phosphore.

1980. - *Fédération française de golf. Taille-douce. Dentelé 13.*

2105 1 f. 40, brun et vert 0 80 0 50
a. (Non dentelé) 61 »
Tirage : 10 000 000.

1980. - *300e anniversaire de la Comédie Française. Taille-douce. Dentelé 13.*

2106 2 f. gris foncé, bleu foncé et carmin 1 10 0 65
a. (Non dentelé) 20 »
Tirage : 8 000 000.

1980. - *Série artistique. Héliogravure (Nos 2107 et 2110) et taille-douce (Nos 2108 et 2109). Dentelés 12½-13.*

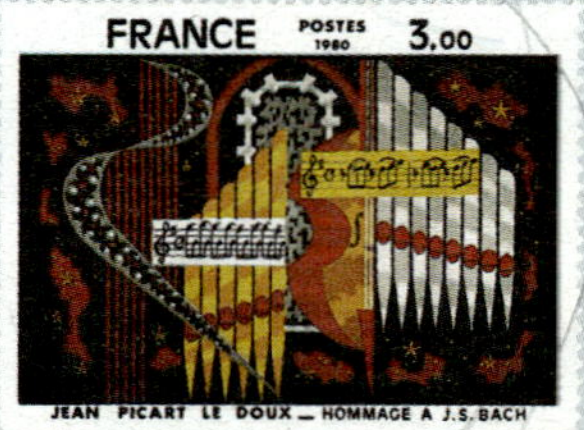

"Hommage à J.-S. Bach", Tapisserie de Jean Picart Le Doux.

2107 3 f. noir, rge, jaune, gris et br. clair 2 » 1 30
a. (Non dentelé) 80 »

"La famille de paysans" (détail), de Louis Le Nain (1593-1648).

2108	3 f. brun foncé, brun-rouge, brun clair et gris	2 »	1 30
	a. (Non dentelé)	85 »	

"Femme aux yeux bleus", oeuvre d'Amedeo Modigliani (1884-1920).

2109	4 f. noir, vert, sépia, rose et bleu	3 »	1 40
	a. (Non dentelé)	85 »	

Oeuvre de Hans Hartung.

2110	4 f. gris-bleu, noir et bleu-gris	2 50	2 »
	a. (Non dentelé)	85 »	
	b. (Sans la valeur)		
	Nos 2107 à 2110 (4 val.)	9 50	6 »

Tirages : 6 000 000, 5 500 000, 5 000 000 et 5 500 000.

1980. - *Série touristique. Taille-douce. Dentelé 13.*

Le château de Rambouillet.

L'Abbaye Saint-Pierre de Solesmes.

2111	2 f. 20, bleu, vert et brun-rouge (papier phosphorescent)	1 10	0 50
2112	2 f. 50, violet, bleu et lilas-rose	1 25	0 30
	La paire, non dentelée	50 »	

1980. - *Série "Création philatélique". Héliogravure. Dentelé 13.*

"Message de Paix", oeuvre de Yaacov Agam.

2113	4 f. multicolore	3 85	1 55
	a. (Non dentelé)	80 »	
	b. (couleur noire omise)	2 850 »	

Tirage : 5 000 000.

1980. - *Charles de Gaulle. 40e anniversaire de l'Appel du 18 juin 1940 et 10e anniversaire de la mort du général de Gaulle. Oeuvre de G. Mathieu. Héliogravure. Dentelé 13.*

2114	1 f. 40, noir, gris, jaune, bleu et rouge	1 40	0 65
	a. (Non dentelé)	140 »	

Tirage : 10 000 000.

1980. - *Garde Républicaine. Taille-douce. Dentelé 13.*

Trompette de la Garde.

2115	1 f. 70, rouge, bleu et rge carminé	1 10	0 65
	a. (Non dentelé)	15 »	

Tirage : 8 000 000.

1980. - *Au profit de la Croix-Rouge. Stalles de la cathédrale d'Amiens (détails). Taille-douce. Dentelés 13.*

Remplissage des greniers.

Le raisin de la terre promise.

2116	1 f. 20+30 c. rouge et brun-rouge	1 »	0 80
	a. (dent. 12½ X 13)	1 »	1 »
2117	1 f. 40+30 c. rouge et brun-rouge	1 »	1 »
	a. (dent. 12½ X 13)	1 »	1 »
	La paire, non dentelée	80 »	

Tirages : 4 000 000 de paires.

Ont été émis aussi en carnets. (Tirage : 550 000). Les nos 2116a et 2117a proviennent des carnets.

1980
Du N° 2073 au N° 2117 =
45 timbres ****55** **⊙35**

Autres rubriques de l'année :

Poste aérienne 53
Préoblitérés 166 à 169
Service 60 à 64

1981. - *Type Sabine. Taille-douce. Dentelés 13.*

Voir au n° 1962, la note sur les 3 colonnes.

2118	40 c. brun foncé	0 30	0 30	0 30
2119	60 c. brun-rose	0 30	0 30	0 30
2120	90 c. lilas-rose	0 50	0 50	0 50
2121	3 f. 50, vert-olive	1 70	1 70	0 80
2122	4 f. carmin	2 15	2 15	0 70
2123	5 f. bleu	2 75	2 75	0 30
	Nos 2118 à 2123 (6 val.)	7 70	7 70	2 90
	La série, non dentelée		100 »	

Les 40 c., 60 c. et 90 c. sont avec une bande de phosphore à droite, les autres valeurs avec deux bandes de phosphore.

Sans bandes de phosphore.

2118a	40 c.	7 65
2119a	60 c.	40 »
2122a	4 f.	42 »
2123a	5 f.	» »

1981. - *Journée du Timbre. Oeuvre de Goya (1746-1828). Taille-douce. Dentelé 13 x 12½.*

"La lettre d'amour".

2124	1 f. 40+30 c. multicolore	1 »	1 »
	a. (Non dentelé)	70 »	

Tirage : 4 500 000.

1981. - *"L'Eau". Concours de dessins d'enfants. Taille-douce. Dentelé 13.*

Dessin de Virginie Saura.

2125	1 f. 40, bleu, noir et rouge	0 80	0 50
	a. (Non dentelé)	20 75	

Tirage : 8 000 000.

1981. - *Série "Grandes réalisations". Héliogravure. Dentelés 13.*

La microélectronique du C.N.E.T. (Microprocesseurs).

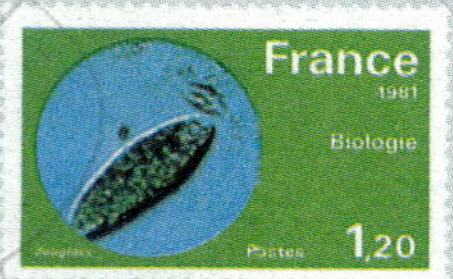

Biologie (micro-organisme en évolution).

2126	1 f. 20, multicolore	0 65	0 50
2127	1 f. 20, vert-jaune, bleu-gris, vert et brun	0 65	0 50

Énergies nouvelles ("Dialogue" stylisé entre la terre et le Soleil).

Fonds marins (Recherche des dépôts pélagiques).

2128	1 f. 40, jaune, noir, bleu et bleu foncé	0 80	0 50
2129	1 f. 80, bleu, bleu foncé et jaune	1 »	0 80

Télématique (Poste à clavier).

2130	2 f. bleu clair, noir et rouge	1 25	1 »
	a. (Sans rayures horizontales dans le cercle)	3 050 »	2 150 »
	Nos 2126 à 2130 (5 val.)	4 35	3 30
	La série, non dentelée	85 »	

Tirages : 8 000 000, 8 000 000, 8 000 000, 7 000 000 et 7 000 000.

1981. - *Série "Métiers d'Art". La Reliure. Taille-douce Dentelé 13.*

Relieur à sa presse.

2131	1 f. 50, brun-olive, gris et rouge-carmin	1 »	0 65
	a. (Non dentelé)	14 »	

Tirage : 7 000 000.

1981. - *Série touristique. Taille-douce. Dentelés 13.*

Cathédrale Saint-Jean de Lyon, "Primatiale des Gaules".

La Maison Carrée, à Nîmes.

2132	1 f. 40, carmin et brun	0 80	0 30
2133	1 f. 70, bleu, brun-rouge et olive	1 10	0 65

Basilique de Sainte-Anne d'Auray.

Château de Sully, à Rosny-sur-Seine.

2134	2 f. 20, noir et bleu	1 25	0 65
2135	2 f. 50, brun, bleu et vert-olive	1 25	0 50
	Nos 2132 à 2135 (4 val.)	4 40	2 10
	La série, non dentelée	80 »	

1981. - *Série artistique. Taille-douce (N° 2136) et héliogravure (N° 2137). Dentelés 12½-13.*

"La sente du chou", oeuvre de Camille Pissarro (1830-1903).

2136	2 f. multicolore	1 25	1 10
	a. (Non dentelé)	85 »	

"Composition 1920-23", oeuvre d'Albert Gleizes (1881-1953).

2137	4 f. multicolore	2 45	1 10
	a. (Non dentelé)	80 »	

Tirages : 5 500 000 chacun.

1981. - *Europa. Folklore. Danses traditionnelles. Taille-douce. Dentelés 13.*

La Bourrée croisée (Berry).

La Sardane (Pays Catalans).

2138	1 f. 40, noir, brun et vert	0 80	0 30
2139	2 f. brun, bleu et noir	1 50	0 50
	La paire, non dentelée	92 »	

Tirages : 20 000 000 et 10 000 000.

1981. - *Centenaire de l'École militaire de Saint-Maixent. Taille-douce. Dentelé 13.*

Formations militaires et sportives (croquis juxtaposés).

2140	2 f. 50, lilas-rose, bleu et violet	1 25	0 50
	a. (Non dentelé)	15 »	

Tirage : 7 000 000.

1981. - *"Philexfrance'82". Exposition philatélique internationale. Dessins symboliques de Trémois. Héliogravure. Dentelés 13.*

Sujets : 2141, "La France" ; 2142, "Paris".

2141	2 f. bleuté, or, noir, bleu et rouge	1 40	1 10
2142	2 f. bleuté, noir, gris-bleu, or et rge	1 40	1 10
2142A	La paire attenant au logo	3 85	3 85
	a. (La paire, non dentelée)	230 »	

Tirage : 8 000 000 de paires.

Imprimés en bande horizontale de 2 paires disposées ainsi :

Logo	2141	2142	2141	2142	Logo

1981. - *Presse. Anniversaires : Centenaire des lois sur la liberté de la presse. 350e anniversaire de la fondation du journal : "La Gazette", par Théophraste Renaudot et centenaire de la mort d'Emile de Girardin, créateur du journalisme moderne. Taille-douce. Dentelé 13.*

Portraits de T. Renaudot (1586-1653) et d'Émile de Girardin (1806-1884).

2143	2 f. 20, noir et rouge	1 25	0 80
	a. (Non dentelé)	15 »	

Tirage : 7 000 000.

1981. - 54e *Congrès national de la Fédération des Sociétés Philatéliques Françaises, à Vichy. Taille-douce. Dentelé 13.*

Loisirs, sports et station thermale de Vichy.

2144	1 f. 40, brun, bleu et olive	0 80	0 50
	a. (Non dentelé)	20 »	

Tirage : 10 000 000.

1981. - *Centenaire de la fondation de l'École des hautes études commerciales. Taille-douce. Dentelé 13.*

H.E.C., sigle de l'École.

2145	1 f. 40, rouge, vert-olive et bleu	0 80	0 50
	a. (Non dentelé)	20 »	

Tirage : 8 000 000.

1981. - *Conservatoire de l'espace littoral et des rivages marécageux. Taille-douce. Dentelé 13.*

Héron, symbole de la vie protégée et côte de la Palissade.

2146	1 f. 60, vert, brun et rouge	1 10	0 80
	a. (Non dentelé)	26 75	

Tirage : 8 000 000.

1981. - *Championnats du monde d'escrime. Taille-douce. Dentelé 13.*

Restitution de l'assaut fulgurant.

2147	1 f. 80, noir et brique	1 10	0 80
	a. (Non dentelé)	45 »	

Tirage : 7 000 000.

1981. - *Personnages célèbres. Taille-douce. Dentelé 13.*

Louis Armand (1905-1971), académicien.

Louis Jouvet (1887-1951), artiste et directeur de théâtre.

2148 1 f. 20+30 c. olive et vert-olive 0 80 0 80
2149 1 f. 20+30 c. gris-noir et vermillon 0 80 0 80

Soeur Anne-Marie Javouhey (1779-1851), fondatrice de la congrégation Saint-Joseph de Cluny.

Jacques Offenbach (1819-1880), compositeur.

2150 1 f. 40+30 c. brun clair et vert-olive 1 » 1 »
2151 1 f. 40+30 c. noir et bleu-gris 1 » 1 »

Révérend-Père Pierre Teilhard de Chardin (1881-1955), théologien et savant.

Pasteur Marc Boegner (1881-1970), penseur et écrivain.

2152 1 f. 40+30 c. bleu foncé et violet 1 15 1 15
2153 1 f. 40+30 c. olive et brun 1 25 1 25
Nos 2148 à 2153 (6 val.) 6 » 6 »
La série, non dentelée 92 »

Tirages : 3 000 000, 3 200 000, 2 500 000, 2 500 000, 3 000 000 et 3 200 000.

1981. - *Type Sabine. Légende "République Française". Taille-douce. Une bande de phosphore à droite pour le 1 f. 40, et deux bandes pour les 1 f. 60 et 2 f. 30. Dentelés 13.*

Voir au n° 1962 la note sur les 3 colonnes.

2154 1 f. 40, vert 0 80 1 » 0 15
2155 1 f. 60, rouge 0 80 1 » 0 15
2156 2 f. 30, bleu 2 30 3 85 1 10
La série, non dentelée 54 »

Sans bandes de phosphore.

2155a 1 f. 60 » »
2156a 2 f. 30 11 »

Provenant de roulettes. Dentelés 13 horizontalement.

2157 1 f. 40, vert (1 bande de phosphore à droite) 0 80 0 65
a. (N° rouge au verso) 2 30
2158 1 f. 60, rouge (2 bandes de phosphore) 0 80 0 50
a. (N° rouge au verso) 2 30

1981. - *Campagne pour la sécurité routière : "Boire ou conduire, à vous de choisir". Taille-douce. Dentelé 13.*

2159 1 f. 60, brun, rouge et olive 1 10 0 50
a. (Non dentelé) 17 »
Tirage : 8 000 000.

1981. - *Série touristique. Taille-douce. Dentelés 13.*

Abbaye de Vaucelles (Nord).

Notre-Dame de Louviers.

2160 2 f. noir et rouge 1 25 0 65
2161 2 f. 20, brun et carmin 1 25 0 65

Saint-Émilion (Gironde).

Crest (Drôme).

2162 2 f. 60, olive et carmin 1 40 0 50
2163 2 f. 90, vert-noir 1 60 0 30
a. (Gomme tropicale) 40 »
Nos 2160 à 2163 (4 val.) 5 50 2 10
La série, non dentelée 61 »

1981. - *45e congrès international du "P.E.N. Club". Poètes, Essayistes et Romanciers. Taille-douce. Dentelé 13.*

"La plume" (Pen en anglais).

2164 2 f. vert, violet et noir 1 10 0 50
a. (Non dentelé) 15 »
Tirage : 7 000 000.

1981. - *Centenaire de la Caisse nationale d'épargne. Héliogravure. Dentelés 13.*

2165 1 f. 40, vert, bleu et rouge 0 80 0 30
2166 1 f. 60, carmin, bleu et rouge 1 » 0 30
La paire, non dentelée 30 »

Tirages : 10 000 000 et 12 000 000.

1981. - *Centenaire de l'École publique. Taille-douce. Dentelé 13.*

Portrait de Jules Ferry (1832-1893).

2167 1 f. 60, brun foncé, violet et noir 1 » 0 50
a. (Non dentelé) 15 »

Tirage : 8 000 000.

1981. - *Série "Création philatélique". Tableaux. Héliogravure. Dentelés 12½-13.*

"Les Plongeurs", oeuvre d'Edouard Pignon.

2168 4 f. polychrome 2 45 1 10
a. (Non dentelé) 80 »

"Alléluia", d'Alfred Manessier.

2169 4 f. polychrome 2 45 1 10
a. (Non dentelé) 80 »

Tirages : 5 500 000 et 11 000 000.

1981. - *150e anniversaire de l'École navale. Taille-douce. Dentelé 13.*

Bateau "Borda" et bâtiments de la nouvelle École navale.

2170 1 f. 40, bleu-gris, rouge et brun 1 » 0 50
a. (Non dentelé) 15 »

Tirage : 8 000 000.

1981. - *Maison de la chasse et de la nature. Hôtel de Guénégaud. Taille-douce. Dentelé 13.*

Saint Hubert devant le "cerf", sculpture sur pierre du 15e siècle.

2171 1 f. 60, brun foncé et beige 1 10 0 50
a. (Non dentelé) 15 »

Tirage : 10 000 000.

1981. - *"Panthéon - 21 mai 1981". Visite du Président de la République. Hommage à trois grandes figures de la Nation. Portraits. Taille-douce. Dentelé 13.*

J. Moulin (1899-1943), J. Jaurès (1859-1914) et V. Schoelcher (1804-1893).

2172 1 f. 60, violet et bleu 1 » 0 30
a. (Non dentelé) 23 »

Tirage : 8 000 000.

1981. - *Année internationale des personnes handicapées. Taille-douce. Dentelé 13.*

Réadaptation professionnelle.

2173 1 f. 60, rouge, gris-bleu et noir 0 80 0 50
a. (Non dentelé) 15 »

Tirage : 9 000 000.

1981. - *Hommage à Virgile (70 av. J.-C. - 19 av. J.-C.). Taille-douce. Dentelé 13 x 12½.*

Mosaïque du 2e siècle (Musée de Saint-Germain-en-Laye).

2174	2 f. brun, gris, rose-brun et brun fcé	1 55	1 10
	a. (Non dentelé)	80 »	

Tirage : 7 000 000.

1981. - *Au profit de la Croix-Rouge. Église du Sacré-Coeur d'Audincourt. Vitraux de Fernand Léger. Héliogravure. Dentelés 13.*

"Les fouets de la Passion".

"La paix".

2175	1 f. 40+30 c. multicolore	1 »	1 »
2176	1 f. 60+30 c. multicolore	1 10	1 »
	La paire, non dentelée	115 »	

Tirages : 4 000 000 de paires.

Ont été émis aussi en carnets (tirage : 550 000).

1981. - *Hommage aux martyrs de Châteaubriant. Taille-douce. Dentelé 13.*

Mémorial national de la Résistance Française, oeuvre de Antoine Rohal.

2177	1 f. 40, violet, noir et bleu	0 80	0 50
	a. (Non dentelé)	15 »	

Tirage : 8 000 000.

1981
Du N° 2118 au N° 2177 = 60 timbres (sauf 2142A) **70 ⊙49

Autres rubriques de l'année :
Poste aérienne 54 et 55
Préoblitérés 170 à 173
Service 65 à 70

1982. - *Type Liberté, d'après le tableau "La Liberté guidant le peuple", de Delacroix. Taille-douce. Dentelés 13.*

2178	5 c. vert-noir	0 30	0 30
2179	10 c. rouge-brun	0 15	0 15
	c. (Papier couché)	110 »	
2180	15 c. rose	0 50	0 50
2181	20 c. émeraude	0 15	0 15
2182	30 c. orange	0 15	0 15
	b. (Papier couché)	110 »	
2183	40 c. brun foncé	0 30	0 30
	a. (Papier couché)	9 50	
2184	50 c. violet	0 30	0 15
	a. (Papier couché)	12 50	
2185	1 f. olive foncé	0 50	0 30
	a. (Papier couché)	15 »	
2186	1 f. 40, vert	1 »	0 15
2187	1 f. 60, rouge	0 80	0 15
2188	2 f. vert-jaune	1 10	0 15
	a. Une bande de phosphore (1984)	1 10	0 30
2189	2 f. 30, bleu	2 30	1 40
2190	5 f. bleu-vert foncé	2 60	0 15
	Nos 2178 à 2190 (13 val.)	10 15	4 »
	La série, non dentelée	200 »	

Le 5 c. est sans phosphore. Les 10 c., 15 c., 20 c., 30 c., 40 c., 50 c., 1 f. et 1 f. 40 avec une bande de phosphore à droite. Les 1 f. 60, 2 f., 2 f. 30 et 5 f. avec deux bandes de phosphore.

Sans bandes de phosphore.

2179b	10 c.	80 »
2181a	20 c.	61 »
2182a	30 c.	70 »
2183b	40 c.	54 »
2184b	50 c.	42 »
2185b	1 f.	7 65
2188b	2 f.	42 »
2189a	2 f. 30	27 50
2190a	5 f.	9 50

Provenant des carnets n° 1501. Paire se tenant horizontalement.

2179a	10 c.+40 c. (n° 2183)	1 70	1 70

Provenant de roulettes. Dentelés 13 horizontalement.

2191	1 f. 40, vert (1 bande de phosphore)	1 55	1 25
	a. (N° rouge au verso)	6 10	
2192	1 f. 60, rouge (2 bandes de phosphore)	1 55	1 25
	a. (N° rouge au verso)	6 10	

De nouvelles valeurs ont paru à ce type en 1982 (nos 2219 à 2223 et 2239 à 2244), en 1983 (nos 2274 à 2277) en 1984 (nos 2318 à 2322), en 1985 (nos 2375 à 2379) en 1986 (nos 2423 et 2424 à 2427) et en 1987 (nos 2483 et 2484 à 2487).

Un 2 f. 20 a été imprimé, avec vignette attenante pour annoncer l'Exposition philatélique mondiale "Philexfrance'89" (n° 2461), puis sur un timbre grand format (n° 2524).

Le 2 f. 20 est paru en 1988, avec surcharge en ÉCU (n° 2530).

1982. - *Série touristique. Taille-douce. Dentelés 13.*

Saint-Pierre-et-Miquelon.

Aix-en-Provence.

2193	1 f. 60, bleu foncé, vert et noir	1 »	0 30
2194	2 f. rouge et violet	1 »	0 50

Pau - Château Henri IV.

Collonges-la-Rouge.

2195	3 f. bleu foncé, bleu et noir	1 40	0 65
2196	3 f. rouge, jaune et bleu foncé	1 40	0 50
	Nos 2193 à 2196 (4 val.)	4 80	1 95
	La série, non dentelée	80 »	

Tirages : 12 000 000, 8 000 000, 8 000 000 et 8 000 000.

1982. - *Région. Taille-douce. Dentelé 13.*

Corse.

2197	1 f. 90, bleu et rouge-brique	1 »	0 50
	a. (Non dentelé)	17 »	

Tirage : 10 000 000.

1982. - *800e anniversaire de la naissance de saint François d'Assise. Taille-douce. Dentelé 13.*

Saint François d'Assise.

2198	2 f. bleu et noir	1 10	0 65
	a. (Non dentelé)	18 50	

Tirage : 7 000 000.

1982. - *"Philexfrance'82". Exposition philatélique internationale. Dessins de Jean-Michel Folon. Héliogravure. Dentelés 13.*

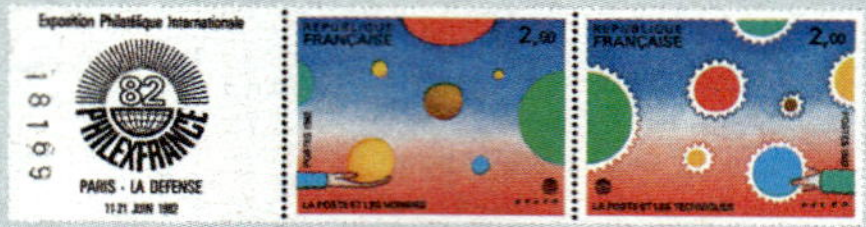

Sujets : 2199, "La Poste et les Hommes" ; 2200, "La Poste et les Techniques".

2199	2 f. multicolore	3 85	3 »
2200	2 f. multicolore	3 85	3 »
2200A	La paire attenant au logo	9 50	7 65
	a. (La paire, non dentelée)	170 »	

Tirages : 7 000 000 de paires.

Imprimés en bande horizontale de 2 paires disposées ainsi :

Logo	2199	2200	2199	2200	Logo

1982. - *125e anniversaire de la naissance de Lord Baden-Powell et 75e anniversaire du Mouvement scout. Taille-douce. Dentelé 13.*

Portrait de Baden-Powell et scouts.

2201	2 f. 30, noir et vert	1 10	0 50
	a. (Non dentelé)	85 »	

Tirage : 6 000 000.

1982. - *Recensement de la population. Héliogravure. Dentelé 13.*

"Une belle moisson de chiffres".

2202	1 f. 60, multicolore	0 80	0 30
	a. (Chiffre 7 vert manquant sur la Corse)	40 »	35 »
	b. (Couleur verte manquant)	535 »	345 »
	c. (Non dentelé)	23 »	
	d. (Idem, sans le chiffre 7)		

Tirage : 10 000 000.

Il existe deux n° 2202a par planche de 50 timbres (29e et 39e cases).

1982. - *Aéroport Bâle-Mulhouse. Taille-douce. Dentelé 13.*

Aérogare, passerelle "Swissair" et avion "Air-France".

2203 1 f. 90, bleu, rouge et brun 1 25 0 65
a. (Non dentelé) 40 »

Tirage : 5 000 000.

1982. - *Lutte contre le racisme. Taille-douce. Dentelé 13.*

Fraternité des races.

2204 2 f. 30, orange et brun foncé 1 25 0 65
a. (Non dentelé) 14 »

Tirage : 6 000 000.

1982. - *Journée du Timbre. Oeuvre de Pablo Picasso. Taille-douce. Dentelé 13 x 12½.*

"Femme lisant".

2205 1 f. 60+40 c. multicolore 1 10 0 80
a. (Non dentelé) 61 »

Tirage : 4 500 000.

1982. - *Série "Métiers d'art". La ferronnerie. Taille-douce. Dentelé 13.*

Ferronnier à son ouvrage.

2206 1 f. 40, multicolore 0 80 0 65
a. (Non dentelé) 14 »

Tirage : 10 000 000.

1982. - *Europa. Faits historiques. Taille-douce. Dentelés 13.*

Traité de Rome de 1957.

Traité de Verdun de 843.

2207 1 f. 60, bleu foncé 1 25 0 65
2208 2 f. 30, noir, brun et brun-vert 1 50 0 65
La paire, non dentelée 110 »

Tirages : 12 000 000 et 8 000 000.

1982. - *Coupe du monde de football. Taille-douce. Dentelé 13.*

Gardien de but et stade.

2209 1 f. 80, bleu foncé, olive et rouge 1 85 0 50
a. (Non dentelé) 70 »

Tirage : 8 000 000.

1982. - *Série artistique. Taille-douce (N° 2210) et héliogravure (N° 2211). Dentelés 12½-13.*

"L' Éphèbe d'Agde", chef-d'oeuvre de la statuaire hellénistique.

2210 4 f. brun foncé, brun et bleu pâle 2 45 1 10
a. (Non dentelé) 80 »

"Embarquement à Ostic", oeuvre de Claude Gellée, dit Le Lorrain.

2211 4 f. bleu-vert, ocre, noir, bleu et rose 2 30 1 10
a. (Non dentelé) 80 »

Tirages : 5 500 000 et 5 500 000.

1982. - *35e festival international du film, à Cannes. Héliogravure. Dentelé 13.*

Affiche du festival, illustration du film "Amarcord".

2212 2 f. 30, polychrome 1 25 1 »
a. (Non dentelé) 30 »

Tirage : 6 000 000.

1982. - *20e anniversaire du Centre national d'études spatiales (C.N.E.S.). Taille-douce. Dentelé 13.*

Satellite "Éole", fusée "Ariane" et antenne terrestre.

2213 2 f. 60, bleu, bleu-violet et rouge-brun 1 25 0 80
a. (Non dentelé) 42 »

Tirage : 7 000 000.

1982. - *Sommet des Pays industrialisés. Château de Versailles. Héliogravure. Dentelé 13.*

Synthèse graphique.

2214 2 f. 60, multicolore 1 25 0 80
a. (Non dentelé) 23 »

Tirage : 6 000 000.

1982. - *150e anniversaire de la naissance de Jules Vallès (1832-1885), écrivain et journaliste. Taille-douce. Dentelé 13.*

2215 1 f. 60, olive, vert et noir 1 » 0 30
a. (Non dentelé) 15 »

Tirage : 10 000 000.

1982. - *"Philexfrance'82". Exposition philatélique internationale. La "Marianne" de Jean Cocteau. Type de 1961. Taille-douce. Dentelés 13.* BF *n° 8.*

2216 4 f. rouge et bleu 6 90 6 90
2217 6 f. bleu et rouge 6 90 6 90

Émis seulement en feuillet vendu 30 f. (10 f. de valeur faciale et 20 f. de droit d'entrée permanente à l'exposition).

Voir également à la rubrique "Entiers postaux (n° 47)".

Tirage : 1 252 652 blocs vendus.

1982. - *Hommage à Frédéric et Irène Joliot - Curie, physiciens. Taille-douce. Dentelé 13.*

2218 1 f. 80, rose, violet et bleu 1 » 0 50
a. (Non dentelé) 35 »

Tirage : 10 000 000.

1982. - *Type Liberté. Taille-douce. Une bande de phosphore pour le 1 f. 60, et deux bandes pour les 1 f. 80 et 2 f. 60. Dentelés 13.*

2219 1 f. 60, vert 1 » 0 15
2220 1 f. 80, rouge 1 » 0 15
2221 2 f. 60, bleu clair 2 75 1 25
La série, non dentelée 46 »

Sans bandes de phosphore.

2219a 1 f. 60, 100 »
2220a 1 f. 80, 110 »

Provenant de roulettes. Dentelés 13 horizontalement.

2222 1 f. 60, vert (1 bande de phosphore) 1 » 0 50
a. (N° rouge au verso) 1 85
b. (Sans bande de phosphore) 85 »
c. (Idem N° Rouge au verso) 115 »

2223 1 f. 80, rouge (2 bandes de phosphore) 1 10 0 50
a. (N° rouge au verso) 1 85

1982. - *Première réalisation d'un éclairage public à l'électricité - Grenoble 14 juillet 1882. Taille-douce. Dentelé 13.*

Évocation.

2224 1 f. 80, violet, bleu-gris et bleu 1 » 0 30
a. (Non dentelé) 15 »

Tirage : 10 000 000.

1982. - *Personnages célèbres. Taille-douce. Dentelés 13.*

Guillaume Postel (1510-1581), érudit.

Henri Mondor (1885-1962), chirurgien et écrivain.

2225 1 f. 40+30 c. brun-rouge et noir 1 10 1 10
2226 1 f. 40+30 c. bleu-noir et brun 1 10 1 10

Louis Pergaud (1882-1915), écrivain.

Robert Debré (1882-1978), pédiatre.

2227 1 f. 60+40 c. bleu et brun foncé 1 10 1 10
2228 1 f. 60+40 c. vert-bleu foncé et noir 1 10 1 10

André Chantemesse (1851-1919), médecin, bactériologiste.

Gustave Eiffel (1832-1923), ingénieur.

2229 1 f. 60+30 c. bleu, brun-violet et violet 1 20 1 20
2230 1 f. 80+40 c. brun 1 40 1 40
N°s 2225 à 2230 (6 val.) 7 » 7 »
La série, non dentelée 92 »

Tirages : 3 000 000 de séries.

1982. - *Série artistique. Héliogravure. Dentelé 12½ x 13.*

"La Dentellière", de Vermeer.

2231 4 f. polychrome 2 45 1 25
a. (Non dentelé) 80 »
Tirage : 6 000 000.

1982. - *Série touristique. Taille-douce. Dentelé 13.*

Château de Ripaille (Haute-Savoie).

2232 2 f. 90, brun-rouge et brun 1 55 1 »
a. (Non dentelé) 15 »
Tirage : 10 000 000.

1982. - *100ᵉ anniversaire de la Fédération nationale des Sapeurs-Pompiers. Taille-douce. Dentelé 13.*

Sapeurs-Pompiers au combat.

2233 3 f. 30, brun et rouge 1 85 0 50
a. (Non dentelé) 26 75
Tirage : 8 000 000.

1982. - *Sculpture de Marc Boyan. Taille-douce. Dentelé 12½ x 13.*

"La Famille".

2234 4 f. bleu-gris foncé et brun clair 2 45 1 25
a. (Non dentelé) 80 »
Tirage : 8 000 000.

1982. - *Marionnettes. Taille-douce. Dentelé 13.*

Marionnettes à tige, fils et gaine.

2235 1 f. 80, carmin, bleu et violet 1 » 0 50
a. (Non dentelé) 15 »

Tirage : 10 000 000.

1982. - *Rugby. Taille-douce. Dentelé 13.*

Phase de jeu.

2236 1 f. 60, bleu foncé, rouge et olive 2 30 0 50
a. (Non dentelé) 58 »

Tirage : 8 000 000.

1982. - *Écoles Normales supérieures. Taille-douce. Dentelé 13.*

Hémicycle.

2237 1 f. 80, rouge-brique et gris-bleu 1 » 0 50
a. (Non dentelé) 17 »

Tirage : 10 000 000.

1982. - *Lille. Année du Beffroi. Taille-douce. Dentelé 13.*

2238 1 f. 80, olive et rouge-brique 1 » 0 50
a. (Non dentelé) 15 »

Tirage : 12 000 000.

1982. - *Type Liberté. Taille-douce. Dentelés 13.*

2239 60 c. brun-rose 0 30 0 15

2240 70 c. bleu-violet 0 50 0 30
a. (Double frappe) 14 »
2241 80 c. brun-olive 0 50 0 15
a. (Bande de phosphore à gauche) 3 »
2242 90 c. violet clair 0 50 0 30
2243 3 f. brun-violet 1 40 0 30
2244 4 f. rouge-carmin 1 80 0 30
N°s 2239 à 2244 (6 val.) 5 » 1 50
La série, non dentelée 70 »

Les 60 c., 70 c., 80 c. et 90 c. avec une bande de phosphore à droite. Les 3 f. et 4 f. avec deux bandes de phosphore.

Sans bandes de phosphore.

2239a	60 c.	42 »
2240b	70 c.	4 60
2241b	80 c.	30 »
2242a	90 c.	54 »
2243a	3 f.	27 50
2244a	4 f.	185 »

1982. - *Série "Création philatélique". Tableau. Héliogravure. Dentelé 13 x 12½.*

"La chambre turque", oeuvre de Balthus.

2245 4 f. polychrome 2 45 1 25
a. (Non dentelé) 80 »

Tirage : 5 500 000.

1982. - *Centenaire de la découverte du bacille de la tuberculose par Robert Koch. Taille-douce. Dentelé 13.*

Microscope, R. Koch et évolutions bacillaires.

2246 2 f. 60, noir et rouge 1 25 0 65
a. (Non dentelé) 18 50

Tirage : 7 000 000.

1982. - *Au profit de la Croix-Rouge. Hommage à Jules Verne. Illustrations de romans. Taille-douce. Dentelés 13.*

"Cinq semaines en ballon".

"Vingt mille lieues sous les mers".

2247 1 f. 60+30 c. brun et rouge 1 10 0 80
a. (Dent. 12½ X 13) 1 10 1 »
2248 1 f. 80+40 c. vert et rouge 1 10 0 80
a. (Dent. 12½ X 13) 1 10 1 »
La paire, non dentelée 110 »
Tirages : 4 500 000 paires.

Ont été aussi émis en carnets (tirage : 500 000). Les n°s 2247a et 2248a proviennent des carnets.

1982. - *4e centenaire de la mort de sainte Thérèse d'Avila. Taille-douce. Dentelé 13.*

Portrait et remparts d'Avila.

2249	2 f. 10, vert, brun et noir	1 10	0 65
	a. (Non dentelé)	18 50	

Tirage : 6 000 000.

1982. - *Cavelier de La Salle. Découverte de la Louisiane, 1682. Taille-douce. Dentelé 13.*

Portrait et carte avec tracé du Mississippi.

2250	3 f. 25, vert, rose et brun-rouge	1 55	0 65
	a. (Non dentelé)	18 50	

Tirage : 5 500 000.

1982. - *Hommage à Léon Blum (1872-1950), écrivain et homme politique. Taille-douce. Dentelé 13.*

2251	1 f. 80, brun et brun-rouge	1 »	0 30
	a. (Non dentelé)	14 »	

Tirage : 10 000 000.

1982
Du N° 2178 au N° 2251 =
(sauf 2200A)
74 timbres ****106** **⊙63**

Autres rubriques de l'année :
Poste aérienne 56
Bloc-feuillet 8
Préoblitérés 174 à 177
Service 71 à 74
Taxe 103 à 108

1983. - *Région. Héliogravure. Dentelé 13.*

Provence-Alpes-Côte d'Azur.

2252	1 f. multicolore	0 65	0 30
	a. (Non dentelé)	15 »	

Tirage : 10 000 000.

1983. - *Série touristique. Taille-douce. Dentelés 13.*

Brantôme en Périgord.

Concarneau, remparts de la Ville-close.

2253	1 f. 80, vert foncé, bleu foncé et brun-rouge	1 »	0 30
2254	3 f. brun foncé et bleu-vert	1 40	0 80

Abbaye de Noirlac, Bruère Allichamps (Cher).

2255	3 f. 60, bleu, noir et brun	1 85	0 50
	La série, non dentelée	46 »	

Tirages : 10 000 000, 8 000 000 et 8 000 000.

1983. - *500e anniversaire de la naissance de Martin Luther (1483-1546), théologien et réformateur. Taille-douce. Dentelé 13 x 12½.*

Portrait, d'après Lucas Cranach.

2256	3 f. 30, bistre et brun	1 70	0 65
	a. (Non dentelé)	40 »	

Tirage : 8 000 000.

1983. - *Centenaire de l'Alliance française. Taille-douce. Dentelé 13.*

Symboles.

2257 1 f. 80, bleu, brun et rouge 1 » 0 50
a. (Non dentelé) 18 50

Tirage : 10 000 000.

1983. - *Journée du timbre. Oeuvre de Rembrandt. Taille-douce. Dentelé 13.*

"Homme dictant une lettre".

2258 1 f. 80+40 c. sépia et bistre 1 25 1 »
a. (Non dentelé) 61 »

Tirage : 4 500 000.

1983. - *Hommage à la femme. Journée internationale de la femme. Taille-douce. Dentelé 13.*

Danielle Casanova, résistante
morte en déportation.

2259 3 f. noir et brun-rouge 1 40 0 50
a. (Non dentelé) 15 »

Tirage : 7 000 000.

1983. - *Année mondiale des communications. Héliogravure. Dentelé 13.*

2260 2 f. 60, multicolore 1 25 1 »
a. (Non dentelé) 15 »

Tirage : 8 000 000.

1983. - *Bicentenaire de l'air et de l'espace. Premières ascensions de l'homme dans l'atmosphère. Héliogravure. Dentelés 13.*

Sujets : 2 f. 1re ascension en montgolfière à air chaud par Pilâtre de Rozier et le marquis d'Arlandes ; 3 f. 2e ascension en ballon à hydrogène par J. Charles et M.N. Robert.

2261 2 f. polychrome et or 1 25 0 80
2262 3 f. polychrome et or 1 55 1 »
2262A La paire attenant au logo 3 » 2 75
a. (La paire, non dentelée) 170 »

Imprimés en bande horizontale de 2 paires disposées ainsi :

*	2261	2262	2261	2262	*

* Emblème des manifestations du bicentenaire.

Émis en feuille de 10 paires.

Tirage : 6 000 000 de paires.

1983. - *Série "Création philatélique". Héliogravure. Dentelé 13.*

"Aurora-Set", oeuvre de Dewasne.

2263 4 f. multicolore 2 45 1 25
a. (Non dentelé) 80 »

Tirage : 6 000 000.

1983. - *Série artistique. Taille-douce. Dentelés 12½ x 13.*

"Vénus et Psyché", oeuvre de Raphaël.

2264 4 f. brun-orange et brun clair 2 45 1 25
a. (Non dentelé) 85 »

Illustration des Contes de Perrault, oeuvre de Gustave Doré.

2265	4 f. multicolore	2 45	1 25
	a. (Non dentelé)	80 »	

Tirages : 6 000 000 pour chaque valeur.

1983. - *Flore et faune de France (I). Fleurs de montagne. Taille-douce. Dentelés 12½.*

Carline (Carlina flore rubente).

Martagon (Lilium montanum).

2266	1 f. multicolore	0 50	0 30
2267	2 f. multicolore	1 10	0 30

Aster (Aster montanus coeruleus).

Aconit (Aconitum pyrenaicum).

2268	3 f. multicolore	1 60	0 70
2269	4 f. multicolore	2 30	0 70
	Nos 2266 à 2269 (4 val.)	5 50	2 »
	La série, non dentelée	125 »	

Tirages : 8 000 000 pour chaque valeur.

1983. - *Europa. Les grandes oeuvres du génie humain. Taille-douce. Dentelés 13.*

La photographie.

Le cinéma.

2270	1 f. 80, brun foncé et brun-rouge	2 45	0 50
2271	2 f. 60, brun foncé et brun-rouge	2 45	1 »
	La paire, non dentelée	115 »	

Tirages : 12 000 000 et 8 000 000.

1983. - *Convention de Paris pour la protection de la propriété industrielle. Héliogravure. Dentelé 13.*

2272	2 f. polychrome	1 »	0 30
	a. (Non dentelé)	12 50	

Tirage : 8 000 000.

1983. - *56e Congrès national de la Fédération des Sociétés Philatéliques Françaises, à Marseille. Taille-douce. Dentelé 13.*

Vieux-Port et Notre-Dame-de-la-Garde.

2273	1 f. 80, bleu et rouge	1 »	0 50
	a. (Non dentelé)	15 »	

Tirage : 8 000 000.

1983. - *Type Liberté. Deux bandes de phosphore. Taille-douce. Dentelés 13.*

2274	2 f. rouge	1 »	0 15
2275	2 f. 80, bleu	2 15	1 10
2276	10 f. violet	4 60	0 15
	a. (papier couché)	23 »	
	La série, non dentelée	40 »	

Sans bandes de phosphore

2274a	2 f.	70 »	
2276b	10 f.	20 »	

Provenant de roulettes. Dentelé 13. horizontalement.

2277 2 f. rouge (2 bandes de phosphore) 1 10 0 30

a. (N° rouge au verso) 2 30

1983. - *50ᵉ anniversaire de la création de la Compagnie Air-France. Héliogravure. Dentelé 13.*

2278 3 f. 45, noir, rouge et bleu 1 85 1 10

a. (Non dentelé) 30 »

Tirage : 6 500 000.

1983. - *Personnages célèbres. Taille-douce. Dentelés 13.*

André Messager (1852-1929), compositeur et chef d'orchestre.

Jacques-Ange Gabriel (1698-1782), architecte.

Hector Berlioz (1803-1869), compositeur.

2279 1 f. 60+30 c. noir et bleu 1 10 1 10

2280 1 f. 60+30 c. orange et noir 1 » 1 »

2281 1 f. 80+40 c. noir et violet 1 20 1 20

Max-Pol Fouchet (1913-1980), écrivain.

René Cassin (1887-1976), juriste. (Prix Nobel de la paix, 1968).

Stendhal (Henri Beyle, dit), (1783-1842), écrivain.

2282 1 f. 80+40 c. rouge et noir 1 20 1 20

2283 2 f.+40 c. vert et noir 1 25 1 25

2284 2 f.+40 c. noir et outremer 1 25 1 25

Nᵒˢ 2279 à 2284 (6 val.) 7 » 7 »

La série, non dentelée 92 »

Tirage : 3 000 000 de séries.

1983. - *Indépendance américaine 1783. Traités de Versailles et de Paris. Dentelé 13 x 12½.*

"La jeune Amérique défendue par la France contre l'Angleterre". médaille du 18ᵉ siècle.

2285 2 f. 80, noir et gris-olive 1 40 0 80

a. (Non dentelé) 46 »

Tirage : 7 000 000.

Les Etats-Unis ont émis simultanément sur ce sujet une figurine de 20 c. (n° 1494 cotes : 5 » 1 50).

1983. - *Série "Métiers d'art". Art du bijou. Héliogravure. Dentelé 13.*

Fabrication d'une bague.

2286 2 f. 20, multicolore 1 10 0 50

a. (Non dentelé) 20 »

Tirage : 8 000 000.

1983. - *Série touristique. Taille-douce. Dentelés : 13 (N° 2287 et 13 x 12½ (N° 2288).*

Jarnac (Charente).

2287 2 f. bistre-orange et noir 1 » 0 50

Charleville-Mézières (Ardennes).

2288 3 f. 10, rose foncé et brun 1 60 1 »

La paire, non dentelée 30 »

Tirages : 10 000 000 et 8 000 000.

1983. - *30ᵉ anniversaire du Conseil de coopération douanière. Taille-douce. Dentelé 13.*

Musée des Douanes à Bordeaux et emblème du C.C.D.

2289 2 f. 30, vert, brun-olive et noir 1 10 0 65

a. (Non dentelé) 14 »

Tirage : 10 000 000.

1983. - *Vélocipède. Pierre et Ernest Michaux. Taille-douce. Dentelé 13.*

Ancêtres de la bicyclette.

2290	1 f. 60, carmin, brun-olive et outr.	1 55	0 50
	a. (Non dentelé)	20 »	

Tirage : 8 000 000.

1983. - *Série "Création philatélique". Hommage à Jean Effel. Héliogravure. Dentelé 13.*

Lettre de Marianne, dessin humoristique du caricaturiste.

2291	4 f. bleu pâle, noir, rouge et rose	2 45	1 25
	a. (Non dentelé)	80 »	

Tirage : 6 000 000.

1983. - *Météorologie nationale. Taille-douce. Dentelé 13.*

Satellite et carte de météorologie sur globe.

2292	1 f. 50, bleu foncé, bleu et brun fcé	0 80	0 30
	a. (Non dentelé)	46 »	
	b. (bleu foncé omis)	155 »	

Tirage : 8 000 000.

1983. - *Héroïnes de la Résistance. Taille-douce. Dentelés 13.*

Renée Lévy (1906-1943).

Berthie Albrecht (1893-1943).

2293	1 f. 60, brun foncé et bleu	0 80	0 50
2294	1 f. 60, brun foncé et olive	0 80	0 50
	La paire, non dentelée	40 »	

Tirages : 7 000 000 de paires.

1983. - *Au Profit de la Croix-Rouge. Sculptures en bois polychrome. Taille-douce. Dentelés 13.*

Vierge à l'Enfant, Baillon, 16e siècle.

Vierge à l'Enfant, Genainville, 16e siècle.

2295	1 f. 60+40 c. rouge et brun	1 »	0 80
	a. (dent. 12½ X 13)	1 »	1 »
2296	2 f.+40 c. rouge et bleu	1 10	0 80
	a. (dent. 12½ X 13)	1 10	1 10
	La paire, non dentelée	80 »	

Tirages : 3 500 000 paires.

Ont été aussi émis en carnets (tirage : 450 000). Les nos 2295a et 2296a proviennent des carnets.

1983. - *Série artistique. Taille-douce. Dentelé 13 x 12½.*

"Le Lapin Agile", de Maurice Utrillo (1883-1955).

2297	4 f. multicolore	2 45	1 10
	a. (Non dentelé)	80 »	

Tirage : 6 000 000.

1983. - *Hommage à Pierre Mendès France (1907-1982). Taille-douce. Dentelé 13.*

Portrait de l'homme d'État.

2298	2 f. bleu et carmin	1 »	0 30
	a. (Non dentelé)	14 »	

Tirage : 12 000 000.

1983
Du N° 2252 au N° 2298 =
(sauf 2262A)
47 timbres ****70** **⊙35**

Autres rubriques de l'année :
Préoblitérés 178 à 181
Service 75 à 78
Taxe 109 à 112

1984. - *Série artistique. Taille-douce (N°s 2299 et 2301) et héliogravure (N° 2300). Dentelés 12½-13.*

"Hommage au Cinéma", sculpture de César (César Baldaccini, dit).

2299 4 f. brun foncé et brun-orange 2 50 1 10
a. (Non dentelé) 80 »

"Les 4 coins du ciel", de Jean Messagier.

2300 4 f. polychrome 2 50 1 25
a. (Non dentelé) 70 »

"Coin de salle à manger au Cannet", de Pierre Bonnard (1867-1947).

2301 4 f. multicolore 2 50 1 25
a. (Non dentelé) 80 »

Tirages : 6 000 000 chacun.

1984. - *Région. Taille-douce. Dentelé 13.*

La Guadeloupe.

2302 2 f. 30, brun-rouge, rose foncé et violet 1 10 0 50
a. (Non dentelé) 14 »

Tirage : 10 000 000.

1984. - *Hommage aux Femmes. Taille-douce. Dentelé 13.*

Flora Tristan (Flore Tristan-Morcoso, dite Flora) (1803-1844), femme de lettres et initiatrice du féminisme en France.

2303 2 f. 80, lilas-rose et noir 1 40 0 65
a. (Non dentelé) 14 »

Tirage : 7 000 000.

1984. - *Journée du Timbre. Oeuvre de L.M. Van Loo. Taille-douce. Dentelé 12½ x 13.*

"Diderot".

2304 2 f.+40 c. bleu et noir 1 25 1 10
a. (Non dentelé) 61 »

Tirage : 4 500 000.

1984. - *Centenaire de la création des Syndicats professionnels par la loi du 21 mars 1884. Taille-douce. Dentelé 13.*

Pierre Waldeck-Rousseau (1846-1904), promoteur de la loi.

2305 3 f. 60, noir et bleu 1 70 0 50
a. (Non dentelé) 14 »

Tirage : 8 000 000.

1984. - *2es élections au Parlement Européen - 17 juin 1984. Héliogravure. Dentelé 13.*

Emblème du Parlement.

2306 2 f. multicolore 1 10 0 30
a. (Non dentelé) 30 »

Tirage : 12 000 000.

1984. - *Jacques Cartier. 450e anniversaire de son Ier voyage au Canada. Emission commune franco-canadienne. Taille-douce. Deux bandes de phosphore. Dentelé 13.*

Évocation symbolique.

2307 2 f. multicolore 1 10 0 30
a. (Sans bandes de phosphore) 305 » » »
b. (Non dentelé) 30 »

Tirage : 15 000 000.

Imprimé au Canada.

Le Canada a émis simultanément une figurine au même type de 32 c. (n° 869 cotes : 7 » 4 »).

1984. - *"Philex-Jeunes'84". Exposition philatélique de la jeunesse, à Dunkerque. Taille-douce. Dentelé 13.*

Éveil philatélique de la jeunesse et semeuse des timbres de France.

2308 1 f. 60, violet, brun et rouge-brique 0 80 0 50
a. (Non dentelé) 14 »

Tirage : 8 000 000.

Voir également à la rubrique "Entiers postaux, (n° 49)".

1984. - *Europa. 25e anniversaire de la Conférence européenne des administrations des postes et télécommunications (C.E.P.T.). Taille-douce. Dentelés 13.*

Pont de la coopération européenne (thème commun).

Pont de la coopération européenne (thème commun).

2309 2 f. rouge-brique 1 35 0 50
2310 2 f. 80, bleu 2 » 0 85
La paire, non dentelée 80 »

Voir également à la rubrique "Entiers postaux (n° 50)".

Tirages : 10 000 000 et 8 000 000.

1984. - *Légion étrangère. Taille-douce. Dentelé 13.*

Le serment de Camerone et uniforme actuel.

2311 3 f. 10, vert, rouge et noir 1 55 0 65
a. (Non dentelé) 15 »

Tirage : 7 000 000.

1984. - *40e anniversaire de la Libération : Résistance et débarquements. Taille-douce. Dentelés 13.*

Sujets : 2 f. Résistance au combat ; 3 f. Débarquements des armées. - Imprimés se tenant avec vignette centrale "Croix de la Libération".

2312 2 f. gris, noir et rose 1 » 0 65
2313 3 f. gris, rose et noir 1 55 0 80
2313A Le triptyque 2 75 2 75
a. (Idem. Non dentelé) 92 »

Tirage : 10 000 000 de triptyques.

Imprimés en bande horizontale de 2 triptyques disposés ainsi :

2312	*	2313	2312	*	2313

* : Croix de la Libération.

1984. - *Jeux olympiques d'été, à Los Angeles. 90e anniversaire du Comité international olympique (C.I.O.). Taille-douce. Dentelé 13.*

Mouvements de différentes disciplines.

2314 4 f. violet pâle, olive et bleu 2 » 1 10
a. (Non dentelé) 70 »

Tirage : 7 000 000.

1984. - *Série "Métiers d'art". Art de la gravure. Taille-douce. Dentelé 13.*

Exécution d'une gravure ancienne.

2315 2 f. noir, vert et bistre 1 » 0 30
a. (Non dentelé) 14 »

Tirage : 8 000 000.

1984. - *57ᵉ Congrès national de la Fédération des Sociétés philatéliques françaises, à Bordeaux. Taille-douce. Dentelé 13.*

Monuments, édifices et croissant de lune de la ville.

2316	2 f. rouge-brique	1 »	0 30
	a. (Non dentelé)	14 »	

Tirage : 8 000 000.

1984. - *40ᵉ anniversaire du Centre national d'études des télécommunications (CNET). Héliogravure. Dentelé 13.*

Moyens modernes de télécommunications.

2317	3 f. bleu-noir et bleu	1 40	0 50
	a. (Non dentelé)	20 »	

Tirage : 8 000 000.

1984. - *Type Liberté. Une bande de phosphore pour le 1 f. 70, et deux bandes pour les 2 f. 10 et 3 f. Taille-douce. Dentelés 13.*

2318	1 f. 70, vert	1 »	0 15
2319	2 f. 10, rouge	1 10	0 15
2320	3 f. bleu	2 30	0 80
	La série, non dentelée	40 »	

Sans bandes de phosphore.

2318a	1 f. 70	55 »	
2319a	2 f. 10	30 »	

Provenant de roulettes. Dentelés 13 horizontalement.

2321	1 f. 70, vert (1 bande de phosphore)	1 »	0 65
	a. (N° rouge au verso)	1 85	
2322	2 f. 10, rouge (2 bandes de phosphore)	1 10	0 50
	a. (N° rouge au verso)	2 30	

Avec gomme brillante.

2321b	1 f. 70	3 85	
2321c	1 f. 70 (N° rouge au verso)	12 50	
2322b	2 f. 10	6 10	
2322c	2 f. 10 (N° rouge au verso)	18 50	

1984. - *Série touristique. Taille-douce. Dentelés 13.*

Monastère de la Grande Chartreuse (Isère).

Palais idéal du Facteur Cheval, à Hauterives (Drôme).

2323	1 f. 70, gris-bleu et rose violacé	1 »	0 30
2324	2 f. 10, brun, vert et brun-rouge	1 10	0 30

La citadelle de Vauban. Belle-Ile-en-Mer (Morbihan).

Phare de Cordouan (16ᵉ siècle), Gironde.

2325	2 f. 50, olive, bleu et brun	1 25	0 50
2326	3 f. 50, violet et noir	2 15	0 50
	Nᵒˢ 2323 à 2326 (4 val.)	5 50	1 60
	La série, non dentelée	61 »	

Tirages : 10 000 000, 12 000 000, 10 000 000 et 7 000 000.

1984. - *25ᵉ Congrès international de géographie. Dentelé 13.*

2327	3 f. jaune orangé, noir et gris	1 40	0 65
	a. (Non dentelé)	23 »	

Tirage : 6 000 000.

1984. - *Personnages célèbres. Taille-douce. Dentelés 13.*

Émile Littré (18T01-1881), lexicographe.

Jean Zay (1904-1944), homme politique.

2328	1 f. 60+40 c. violet clair et noir	1 »	1 »
2329	1 f. 60+40 c. vert et noir	1 »	1 »

Pierre Corneille (1606-1684), auteur dramatique.

Gaston Bachelard (1884-1962), philosophe.

2329A	1 f. 70+40 c. violet et noir	1 10	1 10
2330	2 f.+40 c. gris et noir	1 10	1 10

Jean Paulhan (1884-1968), critique et essayiste.

Evariste Galois (1811-1832), mathématicien.

2331	2 f. 10+40 c. brun et noir	1 10	1 10
2332	2 f. 10+40 c. bleu et noir	1 10	1 10
	Nᵒˢ 2328 à 2332 (6 val.)	6 40	6 40
	La série, non dentelée	80 »	

Tirage : 3 000 000 de séries.

1984. - *Lancement du satellite TELECOM 1. Héliogravure. Dentelé 13.*

Télécom 1 en service.

2333 3 f. 20, multicolore 1 70 0 65
a. (Non dentelé) 35 »

Tirage : 7 000 000.

1984. - *Mise en service du TGV postal. Héliogravure. Dentelé 13.*

2334 2 f. 10, multicolore 1 55 0 30
a. (Non dentelé) 50 »

Tirage : 12 000 000.

1984. - *Série touristique. Taille-douce. Dentelé 13.*

Château de Montségur (Ariège).

2335 3 f. 70, violet, violet-rouge et rouge 1 70 0 50
a. (Non dentelé) 15 »

Tirage : 8 000 000.

1984. - *Hommage à Marx Dormoy (1888-1941). Taille-douce. Dentelé 13.*

2336 2 f. 40, noir et bleu 1 25 0 50
a. (Non dentelé) 12 50

Tirage : 7 000 000.

1984. - *Faune et flore de France (II). Rapaces diurnes. Taille-douce. Dentelés 13.*

Gypaète barbu (Gypaetus barbatus aureus).

Circaète Jean le Blanc (Circaetus G. Gallicus).

2337 1 f. multicolore 0 50 0 30

2338 2 f. multicolore 1 25 0 50

Épervier d'Europe (Accipiter N. Nisus).

Faucon pèlerin (Falco P. Peregrinus).

2339 3 f. multicolore 1 70 1 »

2340 5 f. multicolore 2 75 0 70

Nos 2337 à 2340 (4 val.) 6 20 2 50

La série, non dentelée 110 »

Tirages : 8 000 000 pour chaque valeur.

1984. - *Centenaire de l'automobile. Taille-douce. Dentelé 13.*

Plans du véhicule de MM. Delamare, Deboutteville et Malandin.

2341 3 f. brun, rouge et bleu 1 85 0 50
a. (Non dentelé) 26 75

Tirage : 7 000 000.

1984. - *Série artistique. Héliogravure. Dentelés 12* x *13.*

"La Pythie", oeuvre d'André Maison.

2342	5 f. multicolore	3 »	1 25
	a. (Non dentelé)	70 »	

"Le peintre piétiné par son modèle", oeuvre de Jean Hélion.

2343	5 f. multicolore	3 »	1 25
	a. (Non dentelé)	70 »	

Tirages : 6 000 000 pour chaque valeur.

1984. - *Hommage à Vincent Auriol (1884-1966). Taille-douce. Dentelé 13.*

Portrait du Président.

2344	2 f. 10, brun et vert	1 »	0 30
	a. (Non dentelé)	14 »	

Tirage : 8 000 000.

1984. - *Au profit de la Croix-Rouge. "La corbeille rose", d'après une oeuvre de Caly. Héliogravure. Dentelé 12½* x *13.*

2345	2 f. 10+50 c. multicolore	1 25	1 10
	a. (Dentelé 13½ x 13)	1 40	1 25
	b. (Non dentelé)	46 »	

Tirage : 4 000 000.

A été aussi émis en carnets (tirage : 500 000 carnets). Le n° 2345a provient des carnets.

1984. - *9e Plan. Moderniser la France. Héliogravure. Dentelé 13.*

Symbole du 9e Plan.

2346	2 f. 10, bleu, rouge et noir	1 10	0 30
	a. (Non dentelé)	15 »	

Tirage : 10 000 000.

1984
Du N° 2299 au N° 2346 =
49 timbres
(sauf 2313A) **** 72** **⊙33**

Autres rubriques de l'année :

Poste aérienne 57
Préoblitérés 182 à 185
Service 79 à 84

1985. - *La Francophonie. Taille-douce. Dentelé 13.*

Symbolique de l'égalité et de l'union entre peuples différents.

2347	3 f. bleu foncé et bleu clair	1 40	0 50
	a. (Non dentelé)	14 »	

Tirage : 7 000 000.

I HAVE THOSE CIRCLED

1985. - *Série touristique. Taille-douce. Dentelés 13.*

Vienne (Isère).

Abbaye de Landévennec (1500e anniversaire).

2348	1 f. 70, vert, brun clair et brun foncé	1 »	0 30
2349	1 f. 70, vert et violet	1 »	0 30

Millénaire de la fondation de Montpellier (985).

Abbaye Saint-Michel-de-Cuxa.

2350	2 f. 10, brun et jaune	1 10	0 50
2351	2 f. 20, beige, brun, bleu et rouge	1 10	0 30

Saintonge Romane : l'Église de Talmont.

2352	3 f. brun, rouge et bleu	1 40	0 65
	Nos 2348 à 2352 (5 val.)	5 60	2 05
	La série, non dentelée	70 »	

Tirages : 10 000 000, 7 000 000, 10 000 000, 10 000 000 et 7 000 000.

1985. - *50e anniversaire de la Télévision. Héliogravure. Dentelé 13.*

Représentation schématique du balayage de l'écran par le "spot" électronique.

2353	2 f. 50, multicolore	1 25	0 65
	a. (Non dentelé)	17 »	

Tirage : 6 000 000.

1985. - *La Saint-Valentin. Héliogravure. Dentelé 13.*

"Les amoureux", de Peynet.

2354	2 f. 10, multicolore	1 10	0 30
	a. (Non dentelé)	50 »	
	b. (Valeur omise)		

Tirage : 12 000 000.

1985. - *Personnages célèbres. Écrivains. Taille-douce. Dentelés 13.*

Romain Rolland (1866-1944).

Jules Romains (1885-1972).

2355	1 f. 70+40 c. rouge violacé et violet foncé	3 »	3 »
2356	1 f. 70+40 c. violet clair et violet foncé	3 »	3 »

Jean-Paul Sartre (1905-1980).

Victor Hugo (1802-1885).

2357	1 f. 70+40 c. violet foncé et rouge violacé	3 »	3 »
	b. (point sur le I de FRANCAISE)	33 75	33 75
2358	2 f. 10+50 c. violet clair et rouge violacé	3 »	3 »

Roland Dorgelès (1885-1973).

François Mauriac (1885-1970).

2359	2 f. 10+50 c. rouge violacé et violet foncé	3 »	3 »
2360	2 f. 10+50 c. violet clair et violet foncé	3 »	3 »
	Nos 2355 à 2360 (6 val.)	18 »	18 »
	La série, non dentelée	110 »	

Tirage : 2 500 000 séries.

Dentelés 15 X 15½.

2355a	1 f. 70+40 c.	5 35	5 35
2356a	1 f. 70+40 c.	5 35	5 35
2357a	1 f. 70+40 c.	5 35	5 35
2358a	2 f. 10+50 c.	5 35	5 35
2359a	2 f. 10+50 c.	5 35	5 35
2360a	2 f. 10+50 c.	5 35	5 35
	Nos 2355a à 2360a (6 val.)	32 25	32 25

Ont été aussi émis en carnets (tirage : 750 000). Les nos 2355a à 2360a proviennent des carnets.

La bande destinée à la confection de carnets, et comprenant les timbres n°s 2355a à 2360a, est disposée comme suit :

2360A	La bande-carnet non pliée	40 »	35 »

Pour les bandes-carnets pliées, se reporter au chapitre "Carnets".

1985. - *Hommage aux femmes. Taille-douce. Dentelé 13.*

Pauline Kergomard. Portrait de l'inspiratrice de l'école maternelle.

2361	1 f. 70, bleu-gris et rouge	1 »	0 30
	a. (Non dentelé)	14 »	

Tirage : 7 000 000.

1985. - *Journée du Timbre. Machine à oblitérer Daguin. Taille-douce. Dentelé 13.*

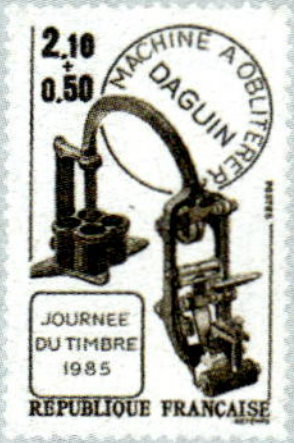

Vue de la machine et cachets.

2362	2 f. 10+50 c. bistre fcé, gris et noir	1 25	1 10
	a. (Non dentelé)	18 50	

Tirage : 4 500 000.

1985. - *Série artistique. Taille-douce (N° 2363) et héliogravure (N° 2364). Dentelés 12½-13.*

Vitrail de la cathédrale de Strasbourg.

2363	5 f. multicolore	4 60	1 55
	a. (Non dentelé)	70 »	
	b. (Vitrail jaune au lieu de vert)	500 »	

"Nature morte au chandelier", de Nicolas de Staël.

2364	5 f. multicolore	3 85	1 55
	a. (Non dentelé)	70 »	

Tirages : 6 000 000 pour chaque valeur.

1985. - *L'architecture contemporaine. Taille-douce. Dentelé 13.*

Vue de Givors.

2365 2 f. 40, noir, vert et orange 1 25 0 65
a. (Non dentelé) 15 »

Tirage : 6 000 000.

1985. - *Europa. Année européenne de la Musique. Taille-douce. Dentelés 13.*

Adam de la Halle (1240-1285), trouvère.

Darius Milhaud (1892-1974), compositeur.

2366 2 f. 10, bleu, bleu clair et noir 1 45 0 65
2367 3 f. noir, bleu et bleu clair 2 40 1 »
La paire, non dentelée 92 »

Tirages : 10 000 000 et 6 000 000.

1985. - *40e anniversaire de la Victoire. Taille-douce. Dentelés 13.*

Sujets : 2 f. "Retour à la Paix" ; 3 f. "Retour à la Liberté".

2368 2 f. bleu, rouge, noir et or 1 » 0 65
2369 3 f. bleu, rouge, noir et or 1 40 0 65
2369A Le triptyque 2 45 2 15
a. (Idem, Non dentelé) 80 »

Imprimés attenant à une vignette centrale sans valeur.

Tirage : 8 000 000 de triptyques.

1985. - *58e Congrès national de la Fédération des Sociétés philatéliques françaises, à Tours. Taille-douce. Dentelé 13.*

La cathédrale de Tours.

2370 2 f. 10, bleu-noir et turquoise 1 10 0 50
a. (Non dentelé) 14 »

Tirage : 8 000 000.

1985. - *Centenaire de la découverte du vaccin contre la rage. Taille-douce. Dentelé 13.*

Vaccination d'un patient (gravure d'époque).

2371 1 f. 50, vert foncé et rouge sur beige 0 80 0 30
a. (Non dentelé) 20 »

Tirage : 10 000 000.

1985. - *Série "Grandes réalisations". Taille-douce. Dentelé 13.*

Mystère Falcon 900.

2372 10 f. bleu 4 60 2 30
a. (Non dentelé) 54 »

Tirage : 6 000 000.

Le BULLETIN MENSUEL de THÉODORE CHAMPION

LA REFERENCE MENSUELLE !
Le Bulletin Mensuel de THEODORE CHAMPION, qui contient le supplément aux catalogues YVERT ET TELLIER est une aide précieuse pour tout philatéliste. En effet, c'est la seule liste complète en français sur les nouveautés du Monde entier ce qui est très utile pour suivre les nouvelles émissions entre les parutions des catalogues.

UN PRIX TRES INTERESSANT !
L'Abonnement au Bulletin Mensuel est de **21,35 €** (Port inclus, Ecopli France) pour 11 numéros. Le renouvellement se fait par tacite reconduction. Exceptionnel ! EUROPE : 27,20 €, AUTRES PAYS : 35,85 €

LES NOUVEAUTES DU MONDE
Vous aurez la possibilité de commander chaque mois les nouveautés du monde entier que vous recevrez en recommandé, selon nos stocks disponibles. Alors, n'hésitez pas un seul instant, Abonnez-vous au Bulletin Mensuel en complétant le bon ci-dessous. Dans l' attente, de vous compter parmi nos abonnés, nous vous prions d'agréer, Madame, Monsieur, nos salutations distinguées.

THEODORE CHAMPION

L'abonnement annuel du Bulletin Mensuel est de
21,35€ seulement
pour 11 numéros
(port inclus, Ecopli, France). Exceptionnel

Coupon d'abonnement

☐ Oui, je désire m'abonner au Bulletin Mensuel Théodore Champion

Je désire régler par :
☐ **Chèque bancaire** *ou postal à l'ordre de Théodore Champion S.A. ci-joint*
☐ **CCP 382 78 M Paris** ☐ **Visa** ☐ **Eurocard/Mastercard**

no ____________________ expirant le ____ (M A)

Client no. : ____________________

Nom : ____________________

Adresse : ____________________

Code postal : __________ Ville : ____________________

Merci d'envoyer le coupon dans une enveloppe à :

THEODORE CHAMPION
1902 2002

Théodore Champion S.A.
BP no 124,
F-75463 PARIS, CEDEX 10
www.theodorechampion.fr

TÉL. : 01 42 46 70 38
FAX : 01 48 24 08 27

1985. - *Centenaire de la Société internationale de sauvetage du Lac Léman. Taille-douce. Dentelé 13.*

Canot de sauvetage en action.

2373	2 f. 50, bleu-gris, rouge et bleu	1 25	0 65
	a. (Non dentelé)	23 »	

Tirage : 8 000 000.

La Suisse a émis simultanément sur ce sujet une figurine de 70 c. (n° 1221 cotes : 9 » 7 »).

1985. - *40e anniversaire de l'Organisation des Nations Unies. Taille-douce. Dentelé 13.*

Emblème de l'O.N.U.

2374	3 f. bleu clair, bleu et gris	1 40	0 50
	a. (Non dentelé)	23 »	

Tirage : 7 000 000.

1985. - *Type Liberté. Une bande de phosphore à droite pour le 1 f. 80, et deux bandes pour les 2 f. 20 et 3 f. 20. Taille-douce. Dentelés 13.*

Type I.

Type II. Barre du grand 2 plus droite et plus épaisse

2375	1 f. 80, vert	1 10	0 15
2376	2 f. 20, rouge (I)	1 10	0 15
	a. (Type II)	3 »	
	c. (Type II) (Papier couché)	105 »	
	d. (Type I) (Papier couché)	15 »	
	e. (Type I) (Double frappe tenant à normal)	11 50	
2377	3 f. 20, bleu	3 »	1 »
	La série, non dentelée	40 »	

Le papier couché glacé fait apparaître une gravure plus fine et précise. Sur le 2376c les bandes de phosphore semblent jaunes.

Provenant des carnets n° 1501. Paire se tenant horizontalement.

2376b	2 f. 20+40 c. (n° 2183)	4 90	4 90

Provenant de roulettes. Dentelés 13 horizontalement.

a

b

Depuis le mois de mars 1986, la numérotation des figurines a été modifiée. Les numéros rouges apparaissant au verso sont désormais apposés tous les cinq timbres. Les chiffres composant ces numéros sont également légèrement différents.

2378	1 f. 80, vert (1 bande de phosphore)	1 10	0 50
	a. (N° rouge au verso)	1 85	
	b. (N° rouge au verso)	3 »	
	c. 1 f. 80, vert (Gomme brillante)	6 10	
	d. Idem, n° rouge type b au verso (Gomme brillante)	26 75	
2379	2 f. 20, rouge (2 bandes de phosphore)	1 10	0 30
	a. (N° rouge au verso)	3 »	
	b. (N° rouge au verso)	1 85	
	c. 2 f. 20, rouge (Gomme brillante, jaunâtre (1988)	1 85	
	d. Id., n° rouge type b au verso (Gomme brillante, jaunâtre (1988)	3 85	

Sans bandes de phosphore.

2375a	1 f. 80	11 »
2376f	2 f. 20 (I)	3 35
2376g	2 f. 20 (II)	40 »
2379e	2 f. 20	9 50
2379f	Id. n° rouge au verso	20 »

Pour le 2 f. 20 rouge dentelé sur 3 côtés voir au n° 2427.

Le 2 f. 20 a été imprimé en 1987, avec vignette attenante pour annoncer l'exposition philatélique mondiale "Philexfrance'89" (n° 2461), puis en 1988, sur un timbre de grand format horizontal (n° 2524).

Le 2 f. 20 a en outre été surchargé, en 1988, en ÉCU (n° 2530).

1985. - *Tricentenaire de la révocation de l'Édit de Nantes : accueil des Huguenots. Taille-douce. Dentelé 13.*

La croix huguenote, emblème des Huguenots accueillis en tous pays du "Refuge".

2380	2 f. 50, brun, rouge et bleu	1 25	0 65
	a. (Non dentelé)	20 »	

Tirage : 10 000 000.

1985. - *Série artistique.Héliogravure (N° 2381) et taille-douce (Nos 2382 et 2383). Dentelés 12½-13.*

"L'égaré", Oeuvre de Dubuffet.

2381	5 f. multicolore	3 »	1 25
	a. (Non dentelé)	70 »	

Oeuvre de Pierre Alechinsky.

2382	5 f. vert clair, rouge et noir	3 »	1 25
	a. (Non dentelé)	70 »	

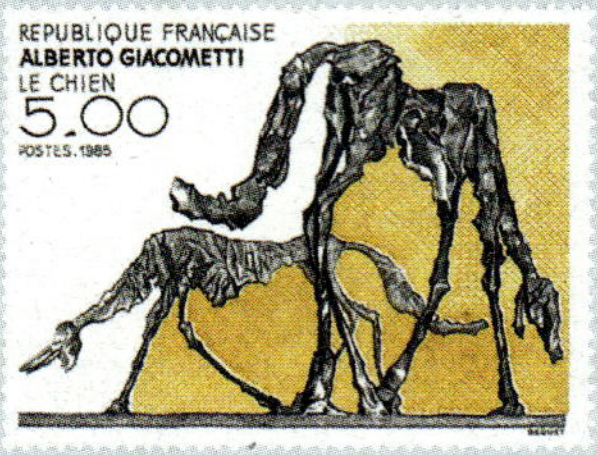

"Le chien", sculpture par Alberto Giacometti.

2383	5 f. olive clair et noir	3 »	1 25
	a. (Non dentelé)	80 »	

Tirages : 6 000 000 chacun.

1985. - *Flore et faune de France (III). Arbres. Dentelés 13.*

Fagus sylvatica.

Ulmus montana.

2384	1 f. multicolore	0 65	0 30
2385	2 f. multicolore	1 25	0 30

Quercus pedunculata.

Picea abies.

2386	3 f. multicolore	1 70	0 80
2387	5 f. multicolore	2 60	0 50
	Nos 2384 à 2387 (4 val.)	6 20	1 90
	La série, non dentelée	110 »	

Tirages : 8 000 000 de chaque valeur.

1985. - *Série touristique. Dentelé 13.*

Solutré.

2388	3 f. 90, brun, bleu et rouge	2 »	0 50
	a. (Non dentelé)	15 »	

Tirage : 12 000 000.

1985. - *La France à ses morts. 65e anniversaire de l'inhumation du Soldat inconnu sous l'Arc de Triomphe. Dentelé 13.*

Allégorie.

2389	1 f. 80, rouge violacé, brun clair et noir	1 10	0 30
	a. (Non dentelé)	14 »	

Tirage : 12 000 000.

1985. - *Hommage à Charles Dullin. Dentelé 13.*

Portrait.

2390	3 f. 20, noir et bleu	1 55	0 65
	a. (Non dentelé)	14 »	

Tirage : 7 000 000.

1985. - *La documentation française. Dentelé 13.*

Livre et planisphère, clavier d'ordinateur.

2391	2 f. 20, noir et rouge	1 10	0 30
	a. (Non dentelé)	15 »	

Tirage: 15 000 000.

1985. - *Au profit de la Croix-rouge. Retable d'Issenheim Colmar. Dentelé 12½ x 13.*

2392	2 f. 20+50 c. multicolore	1 25	1 »
	a. (Dentelé 13½ x 13)	1 25	1 »
	b. (Non dentelé)	40 »	

Tirage : 3 500 000.

A été aussi émis en carnets (tirage : 600 000 carnets). Le n° 2392a provient des carnets.

1985
Du N° 2347 au N° 2392 =
47 timbres
(sauf 2369A) ****126** **⊙80**

Autres rubriques de l'année :
Poste aérienne 58
Préoblitérés 186 à 189
Service 85 à 90

1986. - *Tricentenaire des relations diplomatiques avec la Thaïlande. Emission conjointe France-Thaïlande. Taille-douce. Dentelé 13.*

Les émissaires du Roi de Siam présentant à Louis XIV leurs lettres de créance.

2393	3 f. 20, rouge violacé et noir	1 70	0 80
	a. (Non dentelé)	17 »	

Tirage : 5 658 008.

La Thaïlande a émis simultanément sur ce sujet deux figurines de 2 b. et 8 b. 50 (n° 1131/32 cotes : 15 » 8 »).

A compter du 1-1-1986, nous indiquons sous "Tirage" les chiffres de vente.

1986. - *Cinquantenaire du Front populaire. Héliogravure. Dentelé 13.*

"Les Loisirs", d'après Fernand Léger.

2394	2 f. 20, multicolore	1 10	0 30
	a. (Non dentelé)	30 »	

Tirage : 15 465 238.

1986. - *Carnaval. Venise à Paris. Héliogravure. Dentelé 12½ x 13.*

Tour Eiffel et masques.

2395	2 f. 20, multicolore et or	1 10	0 30
	a. (Non dentelé)	25 25	
	b. (Tour Eiffel jaune au lieu de vert)	18 50	

Tirage : 14 456 244.

1986. - *Personnages célèbres. Physicien, chimistes et ingénieurs. Taille-douce. Dentelés 13.*

François Arago, physicien (1786-1853).

Henri Moissan, chimiste (1852-1907).

2396	1 f. 80+40 c. gris, bleu et vert	1 »	1 »
2397	1 f. 80+40 c. gris, bleu et vert	1 »	1 »

Henri Fabre, ingénieur (1882-1984).

Marc Seguin, ingénieur (1786-1875).

Paul Héroult, chimiste (1863-1914).

2398	1 f. 80+40 c. gris, bleu et vert	1 »	1 »
2399	2 f. 20+50 c. gris, vert et bleu	1 25	1 25
2400	2 f. 20+50 c. gris, vert et bleu	1 40	1 40
	N°s 2396 à 2400 (5 val.)	5 65	5 65
	La série, non dentelée	92 »	

Tirages : 1 727 727, 1 705 385, 1 737 701, 1 727 204 et 1 677 350.

Ont été aussi émis en carnets (tirage : 1 224 392).

La bande (format horizontal) destinée à la confection de carnets et comprenant les timbres 2396 à 2400 est disposée comme suit (de gauche à droite) : guillochis, vignette, 2396, 2399, 2397, 2400, 2398, vignette.

2400A	La bande-carnet non pliée	6 90	6 90

Voir après le n° 2360 la présentation de la bande.

1986. - *Série touristique. Taille-douce. Dentelés 13.*

Monument mégalithique de Filitosa (Corse du Sud).

Château de Loches.

2401 1 f. 80, multicolore 1 » 0 30

2402 2 f. bleu-gris et noir 1 10 0 70

Manoir normand, à Saint-Germain de Livet.

Cloître de Notre-Dame-en-Vaux, à Châlons-sur-Marne.

2403 2 f. 20, brun, bleu-gris et vert 1 10 0 50

2404 2 f. 50, brun et rouge 1 40 0 50

a. (Double frappe) 11 50

Bastide de Monpazier (Dordogne).

2405 3 f. 90, ocre-jaune et noir 2 40 1 »

N°s 2401 à 2405 (5 val.) 7 » 3 »

La série, non dentelée 80 »

Tirages : 9 690 496, 5 749 800, 12 197 138, 6 800 730 et 4 862 6S7.

1986. - *Hommage à Pierre Cot (1895-1977). Surtaxe. Taille-douce. Dentelé 13.*

Portrait de l'homme politique.

2406 2 f. 20+50 c. brun et noir 2 15 2 15

a. (Non dentelé) 17 »

Tirage : 1 750 000.

1986. - *La Typographie. Taille-douce. Dentelé 12½ x 13.*

Figure allégorique.

2407 5 f. noir et rouge 3 » 1 25

a. (Non dentelé) 70 »

Tirage : 5 014 497.

1986. - *Hommage aux Femmes. Taille-douce. Dentelé 13.*

Louise Michel (1830-1905).

2408 1 f. 80, noir et rouge 1 » 0 30

a. (Non dentelé) 14 »

Tirage : 13 258 357.

1986. - *La Villette, cité des Sciences et de l'Industrie. Dentelé 13.*

Vue d'une partie des aménagements.

2409 3 f. 90, multicolore 2 » 0 65

a. (Non dentelé) 21 50

b. (Bleu foncé omis) 805 »

Tirage : 7 191 188.

1986. - *Journée du Timbre. Taille-douce. Dentelé 13.*

Malle-poste Briska.

2410 2 f. 20+60 c. marron sur beige 1 40 1 25

a. (Non dentelé) 23 »

Tirage : 2 241 433.

1986. - *Idem. Timbre provenant de carnet.*

2411	2 f. 20+60 c. brun fcé sur jaune clair	1 55	1 40

La bande (format vertical) destinée à la confection de carnets comprend six n° 2411 plus deux vignettes.

La bande-carnet	10 »	10 »

Tirage : 1 011 328.

Voir après le n° 2360 la présentation de la bande.

1986. - *Centre des Hautes Etudes sur l'Afrique et l'Asie Modernes. Héliogravure. Dentelé 13.*

Carte des deux continents.

2412	3 f. 20, rouge, vert et noir	1 55	0 50
	a. (Non dentelé)	17 »	

Tirage : 5 744 816.

1986. - *Série artistique. Héliogravure. Dentelés 13 x 12½.*

"Skibet", de Maurice Estève.

2413	5 f. multicolore	3 »	1 25
	a. (Non dentelé)	70 »	

"Virginia", d'Alberto Magnelli.

2414	5 f. multicolore	3 »	1 40
	a. (Non dentelé)	70 »	
	b. (Légende absente)	2 850 »	

Tirages : 4 658 187 et 4 830 517.

1986. - *Année internationale de la Paix. Taille-douce. Dentelé 13.*

Portrait de Victor Basch (1863-1944) et emblème de l'année.

2415	2 f. 50, noir et vert clair	1 25	0 50
	a. (Non dentelé)	20 75	

Tirage : 7 101 440.

1986. - *Europa. Protection de la nature et de l'environnement. Mammifères. Taille-douce. Dentelés 13.*

Genette.

Petit rhinolophe.

2416	2 f. 20, noir et rouge	1 80	0 40
2417	3 f. 20, noir et rouge	2 50	0 80
	La paire, non dentelée	92 »	

Tirages : 12 106 214 et 6 187 592.

1986. - *Bicentenaire de la naissance de saint J.M.B. Vianney (1786-1859), curé d'Ars. Taille-douce. Dentelé 13.*

Portrait du Saint, vue de l'église.

2418	1 f. 80, brun, brun fcé et brun clair	1 »	0 30
	a. (Non dentelé)	23 »	

Tirage : 12 118 058.

1986. - *59e Congrès national de la Fédération des Sociétés philatéliques françaises, à Nancy. Taille-douce. Dentelé 13.*

La porte de la Craffe.

2419	2 f. 20, bleu-gris et vert	1 10	0 30
	a. (Non dentelé)	14 »	

Tirage : 11 889 017.

1986. - *Championnat du monde masculin de volley-ball. Taille-douce. Dentelé 13.*

2420 2 f. 20, violet, brun-lilas et rouge 1 10 0 50
a. (Non dentelé) 23 »

Tirage : 11 378 250.

1986. - *Centenaire de l'érection de la statue de la Liberté, à New York. Emission conjointe France-Etats-Unis. Taille-douce. Dentelé 13.*

Tête de la Statue.

2421 2 f. 20, bleu et rouge 1 10 0 30
a. (Non dentelé) 58 »

Les Etats-Unis ont émis simultanément une figurine au même type de 22 c. (n° 1672 cotes : 5 » 2 »).

Voir également à la rubrique "Entiers postaux" (n° 51).

Tirage : 21 562 605.

1986. - *Bicentenaire de la première ascension du Mont-Blanc (8 août 1786), par le guide Balmat et le Dr Paccard. Taille-douce. Dentelé 13.*

2422 2 f. bleu, bleu-vert et brun 1 10 0 65
a. (Non dentelé) 23 »

Tirage : 6 316 152.

1986. - *Type Liberté avec lettre A (valeur du tarif postal pour P.N.U. de 20 gr maximum : 1 f. 90 à compter du 1.8.86). 1 bande de phosphore. Taille-douce. Dentelé 13.*

2423 A = (1 f. 90), vert 1 » 0 30
a. (Non dentelé) 11 50

1986. - *Type Liberté. Une bande de phosphore à droite pour le 1 f. 90 et deux bandes pour les 2 f. 20 et 3 f. 40. Taille-douce. Dentelés 13.*

2424 1 f. 90, vert 2 30 0 15
2425 3 f. 40, bleu 2 60 1 »
La paire, non dentelée 23 »

Provenant de roulettes. Dentelés 13 horizontalement. Une bande de phosphore à gauche.

2426 1 f. 90, vert 1 25 0 50
a. (N° rouge au verso) 3 »

Sans bande de phosphore.

2423b A = (1 f. 90) 3 85
2424a 1 f. 90 14 »
2426b 1 f. 90 61 »

Provenant de carnets. Dentelés 13 sur 3 côtés. Deux bandes de phosphore.

2427 2 f. 20, rouge 1 25 0 30
a. Paire verticale 3 » 2 30

1986. - *250e anniversaire des mesures d'arcs de méridien par Maupertuis, en Laponie. Emission conjointe franco-finnoise. Taille-douce. Dentelé.*

Compas ; effigies de Maupertuis et La Condamine.

2428 3 f. bleu et gris foncé 1 55 0 65
a. (Non dentelé) 23 »

Tirage : 6 185 949.

La Finlande a émis simultanément une figurine au même type de 1 m. 60 (n° 966 cotes : 10 » 3 »).

L'Équateur a de son côté commémoré la partie équatoriale de cet événement scientifique.

1986. - *Série "Nature de France" (IV). Minéraux. Taille-douce. Dentelés 13.*

Marcassite.

Quartz.

2429	2 f. jaune, noir et lilas	1 10	0 30
2430	3 f. bleu clair, noir et lilas	1 40	0 30

Calcite.

Fluorite.

2431	4 f. brun clair, noir et lilas	2 »	1 »
2432	5 f. turquoise, noir et lilas	2 50	0 80
	N°s 2429 à 2432 (4 val.)	7 »	2 40
	La série, non dentelée	125 »	

Tirages : 6 589 906, 5 803 786, 4 787 581 et 5 014 583.

1986. - *Cinquantenaire de la cinémathèque française. Héliogravure. Dentelés 13 x 13½.* BF *n° 9.*

Louis Feuillade - "Les vampires".

Max Linder.

2433	2 f. 20, noir et gris	1 55	1 25
2434	2 f. 20, noir et gris	1 55	1 25

Sacha Guitry - "Le roman d'un tricheur".

Jean Renoir - "La grande illusion".

2435	2 f. 20, noir et gris	1 55	1 25
2436	2 f. 20, noir et gris	1 55	1 25

Marcel Pagnol - "La femme du boulanger".

Jean Epstein - "La glace à trois faces".

2437	2 f. 20, noir et gris	1 55	1 25
2438	2 f. 20, noir et gris	1 55	1 25

René Clair - "Les belles de nuit".

Jean Grémillon - "Gueule d'amour".

2439	2 f. 20, noir et gris	1 55	1 25
2440	2 f. 20, noir et gris	1 55	1 25

Jacques Becker - "Casque d'or".

François Truffaut - "L'enfant sauvage".

2441	2 f. 20, noir et gris	1 55	1 25
2442	2 f. 20, noir et gris	1 55	1 25
	N°s 2433 à 2442 (10 val.)	15 50	12 50

Emis uniquement en feuillet.

Tirage : 2 364 800 feuillets.

1986. - *Centenaire de la naissance d'Henri Alain-Fournier (1886-1914). Taille-douce. Dentelé 13.*

Illustration du livre "Le Grand Meaulnes".

2443	2 f. 20, noir et rouge	1 10	0 50
	a. (Non dentelé)	18 50	

Tirage : 14 854 238.

1986. - *Centenaire de l'enseignement technique. Taille-douce. Dentelé 13.*

Circuit imprimé,
profil féminin,
équerre et rapporteur.

2444	1 f. 90, violet et rose carminé	1 »	0 30
	a. (Non dentelé)	14 »	

Tirage : 14 645 588.

1986. - *Conférence mondiale de l'énergie, à Cannes. Héliogravure. Dentelé 13.*

Symbole.

2445	3 f. 40, bleu foncé, rose et rouge	1 70	0 80
	a. (Gomme tropicale)	3 »	
	b. (Non dentelé)	15 »	

Tirage : 6 990 654.

1986. - *Série artistique. Taille-douce (N°s 2446 et 2448) et héliogravure (N° 2447). Dentelés 12½-13.*

"Portrait d'Isabelle d'Este", de
Léonard de Vinci.

2446	5 f. jaune clair et brun	3 »	1 10
	a. (Non dentelé)	80 »	

"La danseuse", de Jean Arp.

2447	5 f. multicolore	3 »	1 10
	a. (Non dentelé)	70 »	

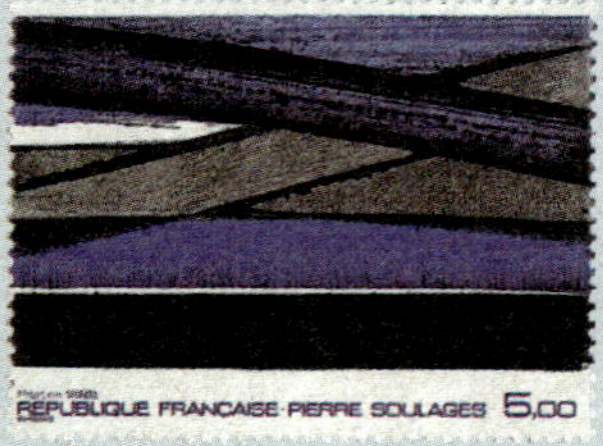

Oeuvre de Pierre Soulages.

2448	5 f. violet, gris et noir	3 »	1 10
	a. (Non dentelé)	70 »	

Tirages : 4 743 992, 4 751 615 et 4 839 227.

1986. - *Au profit de la Croix-Rouge. Vitrail de Vieira da Silva (église Saint-Jacques de Reims, Marne). Héliogravure. Dentelé 12½ x 13.*

2449	2 f. 20+60 c. gris, noir et rouge	1 40	1 10
	a. (Dentelé 13 x 13½)	1 55	1 25
	b. (Non dentelé)	46 »	

Tirage : 1 900 058.

A été aussi émis en carnets (tirage : 637 434). Le n° 2449a provient des carnets.

1986. - *Les Musées techniques de Mulhouse. Taille-douce. Dentelé 13.*

Automobile, locomotive et étoffe imprimée.

2450	2 f. 20, noir, rouge et bleu	1 85	0 50
	a. (Non dentelé)	30 »	

Tirage : 15 696 071.

1986. - *Inauguration du Musée d'Orsay. Héliogravure. Dentelé 13.*

Façade du bâtiment.

2451	3 f. 70, bleu clair sur bleu foncé	1 70	0 80
	a. (Non dentelé)	26 75	

Ce timbre porte le millésime "1987".

Tirage : 8 715 853.

> **1986**
> **Du N° 2393 au N° 2451 =**
> **60 timbres** **103 ⊙56
>
> Autres rubriques de l'année :
> Poste aérienne 59
> Bloc-feuillet 9
> Préoblitérés 190 à 193
> Service 91 à 95

1987. - *Hommage à Fulgence Bienvenue (1852-1936), créateur du métropolitain de Paris. Taille-douce. Dentelé 13.*

Portrait, et rame de métro.

2452	2 f. 50, brun, vert et violet	1 55	0 50
	a. (Non dentelé)	30 »	

Tirage : 6 898 795.

1987. - *Hommage à Raoul Follereau (1903-1977), "père" des lépreux. Taille-douce. Dentelé 13.*

Portrait.

2453	1 f. 90, vert foncé et vert clair	1 »	0 30
	a. (Non dentelé)	15 »	

Tirage : 13 187 607.

1987. - *Personnages célèbres médecins et biologistes. Taille-douce. Gomme tropicale. Dentelés 13.*

Charles Richet, physiologiste (1850-1935). Prix Nobel 1913.

Eugène Jamot, médecin (1879-1937).

2454	1 f. 90+50 c. bleu-gris	1 10	1 10
2455	1 f. 90+50 c. violet-brun	1 10	1 10

Bernard Halpern, immunologiste (1804-1978).

Alexandre Yersin, microbiologiste (1863-1943).

2456	1 f. 90+50 c. gris-vert	1 10	1 10
2457	2 f. 20+50 c. gris-vert	1 25	1 25

Jean Rostand, biologiste et écrivain (1894-1977).

Jacques Monod, biologiste (1910-1976). Prix Nobel 1965.

2458	2 f. 20+50 c. bleu-gris	1 25	1 25
2459	2 f. 20+50 c. violet-brun	1 25	1 25
	N°s 2454 à 2459 (6 val.)	7 05	7 05
	La série, non dentelée	80 »	

Gomme brillante.

N°s 2454a à 2459a (6 val.)	11 »	

Tirages : 1 597 149, 1 588 002, 1 599 507, 1 593 116, 1 600 228 et 1 599 816.

Ont été aussi émis en carnets (tirage : 1 112 598). Les 2454a à 2459a proviennent des carnets.

La bande (format vertical), destinée à la confection de carnets et comprenant les timbres n°s 2454a à 2459a est disposée comme suit (de haut en bas).

Vignette, 2454a, 2457a, 2455a, 2458a, 2456a, 2459a, vignette.

2460	La bande-carnet non pliée	11 »	11 »

Voir après le n° 2360 la présentation de la bande.

1987. - *"Philexfrance'89" : exposition philatélique mondiale, à Paris, du 7 au 17 juillet 1989. T.-P. de 1985 émis attenant à une vignette sans valeur comportant une adaptation du logotype de l'exposition. Dentelé 13.*

2461	2 f. 20, rouge (2376)	1 25	0 30
	a. (Non dentelé)	46 »	

Ce timbre a été émis en feuilles de 50 figurines, attenant chacune à une vignette.

Est connu sans bandes de phosphore.

Tirage : 19 866 306.

1987. - *Série touristique.*

Redon. Clocher de l'abbatiale.

Vue d'Étretat, d'après E. Delacroix.

2462	2 f. 20, noir, brun et violet	1 25	0 30
2463	2 f. 20, multicolore	1 25	0 65

Château d'Azay-le-Rideau.

Les Baux de Provence.

2464	2 f. 50, turquoise et olive	1 40	0 65
2465	3 f. brun et violet	1 60	0 50

Les Côtes de Meuse.

2466	3 f. 70, brun-rouge, violet et bleu-gris	3 »	1 90
	Nos 2462 à 2466 (5 val.)	8 50	4 »
	La série, non dentelée	80 »	

Tirages : 10 372 259, 15 214 784, 6 734 412, 5 472 387 et 6 020 150.

1987. - *Série "Métiers d'art". La coutellerie Thiers. Taille-douce. Dentelé 13.*

Emouleur au travail.

2467	1 f. 90, noir et rouge foncé	1 »	0 30
	a. (Non dentelé)	14 »	

Tirage : 11 314 323.

1987. - *Journée du Timbre. Taille-douce. Dentelé 13.*

Berline.

2468	2 f. 20+60 c. brun sur beige clair	1 40	1 10
	a. (Non dentelé)	23 »	

Tirage : 2 165 203.

1987. - *Idem. Timbre provenant de carnet.*

2469	2 f. 20+60 c. bleu sur bleu clair	1 55	1 25

La bande (format vertical) destinée à la confection de carnets comprend six n° 2469 plus deux vignettes.

La bande-carnet	10 75	10 75

Tirage : 972 323.

Voir après le n° 2360 la présentation de la bande.

1987. - *Centenaire de la naissance de Le Corbusier (1887-1965), architecte et urbaniste. Héliogravure. Dentelé 13 x 12½.*

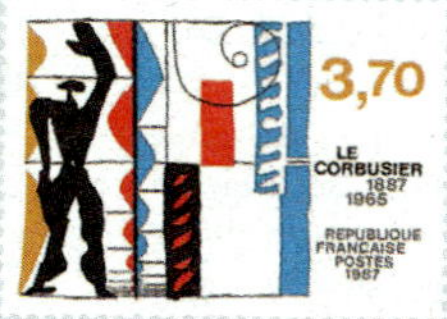

Le "Modulor".

2470	3 f. 70, noir, rouge, bleu et brun clair	1 85	0 65
	a. (Non dentelé)	25 25	

Tirage : 6 522 477.

1987. - *Europa. Architecture moderne. Taille-douce. Dentelés 13.*

"57 métal" Boulogne-Billancourt.

Rue Mallet-Stevens Paris 16e.

2471	2 f. 20, bleu et vert	2 50	0 70
2472	3 f. 40, brun et vert	3 30	0 90
	La paire, non dentelée	80 »	

Tirages : 10 649 881 et 5 344 668.

1987. - *Série artistique.Héliogravure (N° 2473) et taille-douce (N° 2474). Dentelés 13 x 12½.*

Oeuvre de Bram Van Velde (1895-1981).

2473	5 f. multicolore	3 »	1 25
	a. (Non dentelé)	70 »	

"Femme à l'ombrelle", d'Eugène Boudin (1824-1898).

2474 5 f. multicolore 3 » 1 85
a. (Non dentelé) 70 »

Tirages : 4 855 255 et 4 472 074.

1987. - *Centenaire de la naissance de l'écrivain Henri Pourrat (1887-1959). Taille-douce. Dentelé 13.*

Illustration de "Gaspard des Montagnes".

2475 1 f. 90, brun et vert 1 » 0 30
a. (Non dentelé) 14 »

Tirage : 9 194 800.

1987. - *60e Congrès national de la Fédération des Sociétés philatéliques françaises, à Lens. Taille-douce. Dentelé 13.*

2476 2 f. 20, rouge et brun 1 10 0 50
a. (Non dentelé) 14 »

Tirage : 9 072 088.

1987. - *70e anniversaire de l'entrée en guerre des États-Unis, lors de la 1re Guerre mondiale. Taille-douce. Dentelé 13.*

Général Pershing, soldats, drapeau.

2477 3 f. 40, vert, rouge et bleu 1 70 1 »
a. (Non dentelé) 40 »

Tirage : 5 632 166.

1987. - *Millénaire de l'avènement d'Hugues Capet. Offset. Dentelé 13.*

Sceau et cathédrale de Noyon.

2478 1 f. 90, bleu clair et noir 1 » 0 65
a. (Non dentelé) 15 »
Tirage : 6 365 174.

1987. - *Le Prytanée national militaire de la Flèche (Sarthe). Taille-douce. Dentelé 13.*

Bâtiment principal et portail d'entrée.

2479 2 f. 20, vert, turquoise et brun clair 1 10 0 50
a. (Non dentelé) 15 »
Tirage : 9 121 641.

1987. - *6e Congrès international des transports à câbles, à Grenoble. Héliogravure. Dentelé 13.*

Chaîne de nacelles sur fond montagneux.

2480 2 f. bleu, noir et vert 1 » 0 80
a. (Non dentelé) 15 »
b. (vert omis) 4 200 »
Tirage : 7 225 043.

1987. - *Rassemblement mondial des "Pieds-Noirs" : Nice 25 ans après. Héliogravure. Dentelé 13.*

2481 1 f. 90, bleu, rouge, noir et gris 1 » 0 65
a. (Non dentelé) 17 »
Tirage : 5 582 608.

1987. - *Championnats du monde de lutte, à Clermont-Ferrand. Dentelé 13.*

Mappemonde et lutteurs.

2482	3 f. brun clair, gris et violet	1 55	0 80
	a. (Non dentelé)	30 »	

Tirage : 5 514 618.

1987. - *Type Liberté avec lettre B. (Valeur du tarif postal pour P.N.U. de 20 g maximum : 2 F à compter du 1.8.87). Une bande de phosphore. Taille-douce. Dentelé 13.*

2483	B = (2 f.) vert	1 »	0 30
	a. (Non dentelé)	11 50	

1987. - *Type Liberté. Une bande de phosphore à droite pour le 2 f., deux bandes pour les 3 f. 60 et 3 f. 70. Taille-douce. Dentelés 13.*

2484	2 f. vert	1 »	0 15
2485	3 f. 60, bleu	1 85	0 65
	a. (papier couché)	15 »	
2486	3 f. 70, rose	1 85	0 50
	a. (Une bande de phosphore à droite)	3 35	0 80
	La série, non dentelée	35 »	

Provenant de roulettes. Dentelés 13 horizontalement.
Une bande de phosphore à droite.

2487	2 f. vert	1 »	0 50
	a. (N° rouge au verso)	1 55	
	b. 2 f. vert (Gomme brillante jaunâtre (1988)	1 55	0 50
	c. Id. n° rouge au verso (Gomme brillante jaunâtre (1988)	3 »	

Sans bandes de phosphore.

2483b	B = (2 f.)	24 50
2484a	2 f.	46 »
2486b	3 f. 70	85 »
2487d	2 f.	12 50

1987. - *Flore et faune de France (V). Champignons. Taille-douce. Dentelés 12½.*

Indigotier (Gyroporus cyanescens).

Chanterelle violette (Gomphus clavatus).

2488	2 f. bleu, jaune et brun	1 10	0 30
2489	3 f. violet, jaune et bistre	1 40	0 50

Morille conique (Morchella conica).

Palomet (Russula virescens).

2490	4 f. brun, jaune et noir	2 »	1 40
2491	5 f. vert, brun et noir	2 50	1 »
	N°s 2488 à 2491 (4 val.)	7 »	3 20
	La série, non dentelée	125 »	

Tirages : 7 898 588, 6 173 011, 4 947 838 et 6 074 754.

1987. - *900ᵉ anniversaire de la mort de Guillaume le Conquérant. Taille-douce. Dentelé 13.*

Guillaume et ses frères (d'après la tapisserie de Bayeux).

2492	2 f. brun, rouge et vert	1 »	0 50
	a. (Non dentelé)	20 »	

Tirage : 6 985 275.

1987. - *Série artistique. Héliogravure (N° 2493) et taille-douce (N° 2494). Dentelés 12½-13.*

Oeuvre de Camille Bryen, "Précambrien".

2493 5 f. multicolore 3 » 1 25
a. (Non dentelé) 70 »

Oeuvre d'Antoine Pevsner, "Monde".

2494 5 f. brun, beige rosé et noir 3 » 1 25
a. (Non dentelé) 70 »
Tirages : 5 126 658 et 5 175 365.

1987. - *Montbenoît, "capitale" de la "République" du Saugeais. Taille-douce. Dentelé 13.*

Les fondateurs ; chapiteaux du cloître ; les 24 heures des neiges.

2495 2 f. 50, bleu, rouge et bleu-noir 1 25 0 65
a. (Non dentelé) 14 »
Tirage : 6 633 075.

1987. - *Centenaire de l'Institut Pasteur. Taille-douce. Dentelé 13.*

L'entrée principale.

2496 2 f. 20, rouge et bleu 1 10 0 30
a. (Non dentelé) 15 »
Tirage : 14 197 436.

Voir également à la rubrique "Entiers postaux" (n° 52).

1987. - *Centenaire de la naissance de Blaise Cendrars (1887-1961). Taille-douce. Dentelé 12½.*

Portrait du poète et écrivain, d'après Modigliani.

2497 2 f. gris, vert et jaune 1 » 0 50
a. (Non dentelé) 30 »

Tirage : 13 691 216.

1987. - *Au profit de la Croix-Rouge. Retable de la Chartreuse de Champmol. Héliogravure. Dentelé 12½ x 13.*

"La fuite en Égypte", de Melchior Broederlam.

2498 2 f. 20+60 c. multicolore 1 25 1 »
a. (Dentelé 13½ X 13) 1 40 1 10
b. (Non dentelé) 42 »

Tirage : 2 098 021.

A été aussi émis en carnets (tirage : 728 126). Le n° 2498a provient des carnets.

1987. - *40e anniversaire de la mort du Général Leclerc, Maréchal de France (1902-1947). Taille-douce. Dentelé 13.*

Portrait, char et monuments.

2499 2 f. 20, brun, brun clair et gris 1 25 0 30
a. (Non dentelé) 20 »

Tirage : 13 961 416.

1987. - *1400e anniversaire du Traité d'Andelot. Taille-douce. Dentelé 13.*

Gontran, Chilpéric II et Brunehaut, sur fond de parchemin.

2500	3 f. 70, bleu foncé, gris et bleu clair	1 85	0 65
	a. (Non dentelé)	15 »	

Tirage : 6 526 313.

1987
Du N° 2452 au N° 2500 =
49 timbres ****86** **⊙48**

Autres rubriques de l'année :
Poste aérienne 60
Préoblitérés 194 à 197
Service 96 à 99

1988. - *25e anniversaire du traité sur la coopération franco-allemande. Émission conjointe France-R.F.A. Taille-douce. Dentelé 13.*

Portraits du Chancelier Adenauer et du Général De Gaulle.

2501	2 f. 20, noir et violet-brun	1 55	0 50
	a. (Non dentelé)	30 »	

Tirage : 19 736 659.

La R.F.A. a émis simultanément une figurine au même type de 80 p. (n° 1183 cotes : 17 » 4 »).

1988. - *Hommage à Marcel Dassault (1892-1986). Taille-douce. Dentelé 13.*

Portrait de l'avionneur et avions.

2502	3 f. 60, bleu-rouge et brun	2 30	0 80
	a. (Non dentelé)	26 75	

Tirage : 5 129 018.

1988. - *"La Communication", vue par 12 auteurs de bandes dessinées français, lauréats du "Grand Prix" du Festival d'Angoulême. Multicolores. Héliogravure. Dentelés 13½ x 13.*

Pellos.

Reiser.

2503	2 f. 20, multicolore	1 25	0 80
2504	2 f. 20, multicolore	1 25	0 80

Marijac.

Fred.

2505	2 f. 20, multicolore	1 25	0 80
2506	2 f. 20, multicolore	1 25	0 80

Giraud-Moebius.

Gillon.

2507	2 f. 20, multicolore	1 25	0 80
2508	2 f. 20, multicolore	1 25	0 80

Brétécher.

Forest.

2509	2 f. 20, multicolore	1 25	0 80
2510	2 f. 20, multicolore	1 25	0 80

Mezières.

Tardi.

2511 2 f. 20, multicolore 1 25 0 80
2512 2 f. 20, multicolore 1 25 0 80

Lob.

Bilal.

2513 2 f. 20, multicolore 1 25 0 80
2514 2 f. 20, multicolore 1 25 0 80
N°s 2503 à 2514 (12 val.) 15 » 9 60

Emis uniquement en carnets.

Tirage : 3 252 778.

Voir également à la rubrique "Entiers postaux".

La bande (format vertical) destinée à la confection de carnets.

2515 La bande-carnet non pliée 14 75 11 50
a. (Non dentelé) 275 »

1988. - *La Grande Synagogue de la rue de la Victoire, à Paris. Offset. Dentelé 13.*

2516 2 f. noir et or 1 » 0 50
a. (Non dentelé) 23 »
b. (Double impression) 270 »

Tirage : 13 680 577.

1988. - *Personnages célèbres. Grands navigateurs français. Buste et carte de leurs périples. Taille-douce. Dentelés 13.*

Duquesne (1610-1688).

Suffren (1729-1788).

2517 2 f.+50 c. noir, bleu clair et marron clair 1 10 1 10
2518 2 f.+50 c. noir, bleu clair et marron clair 1 10 1 10

La Pérouse (1741-1788).

La Bourdonnais (1699-1753).

2519 2 f.+50 c. noir, bleu clair et marron clair 1 10 1 10
2520 2 f. 20+50 c. noir, bleu clair et marron clair 1 10 1 10

Bougainville (1729-1811).

Dumont d'Urville (1790-1842).

2521 2 f. 20+50 c. noir, bleu clair et marron clair 1 10 1 10
2522 2 f. 20+50 c. noir, bleu clair et marron clair 1 10 1 10
N°s 2517 à 2522 (6 val.) 6 60 6 60
La série, non dentelée 110 »

Tirages : 1 720 946, 1 771 611, 1 742 590, 1 731 475, 1 788 790 et 1 758 714.

Ont été aussi émis en carnets (tirage : 1 505 898).

La bande (format vertical) destinée à la confection de carnets et comprenant les timbres n°s 2517 à 2522 est disposée comme suit (de haut en bas).

Vignette, 2517, 2520, 2518, 2521, 2519, 2522, vignette.

2523 La bande-carnet non pliée 6 40 6 40

1988. - *"Philexfrance'89". Exposition philatélique mondiale, à Paris, du 7 au 17 juillet 1989 (II). Taille-douce. Dentelé 13.*

"Liberté de Gandon" et logotype de l'exposition.

2524 2 f. 20, rouge, bleu et noir 1 10 0 30
a. (Non dentelé) 46 »

Tirage : 20 275 130.

1988. - *Journée du Timbre. Taille-douce. Dentelé 13.*

Voiture montée.

2525 2 f. 20+60 c. violet sur mauve clair 1 40 1 25
a. (Non dentelé) 23 »

Tirage : 2 122 028.

1988. - *Idem. Timbre provenant de carnet.*

2526 2 f. 20+60 c. brun sur beige clair 1 40 1 25

La bande (format vertical) destinée à la confection de carnets comprend six n° 2526 plus deux vignettes.

La bande-carnet 8 40 8 40

Tirage : 1 049 374.

Voir après le n° 2360 la présentation de la bande.

1988. - *Centenaire de l'École nationale supérieure des P.T.T. Taille-douce. Dentelé 13.*

Mappemonde et enveloppe.

2527 3 f. 60, bleu, bleu-vert et brun 1 70 0 50
a. (Non dentelé) 17 »

Tirage : 4 752 194.

1988. - *En faveur du don du sang. Héliogravure. Dentelé 13.*

Goutte de sang.

2528 2 f. 50, noir, rouge et jaune 1 25 0 50
a. (Non dentelé) 23 »

Tirage : 5 649 234.

1988. - *"Philex-Jeunes 88". Exposition philatélique des jeunes, à Nevers. Taille-douce. Dentelé 13.*

"Timbres" représentant de jeunes collectionneurs et une vue de Nevers.

2529 2 f. rose, rouge, violet et bleu clair 1 » 0 30
a. (Non dentelé) 15 »

Tirage : 14 244 013.

1988. - *Série courante. Type Liberté. T.-P. de 1985 avec en surcharge valeur convertie en monnaie européenne (ECU).*

2530 0,31 ECU s. 2 f. 20, rouge (2376) 1 55 0 30
a. (Non dentelé) 14 »

1988. - *Europa. Transports et communication. Taille-douce. Dentelés 13.*

Câbles et Satellites.

Transports urbains de demain.

2531 2 f. 20, bleu-vert et gris 2 50 0 40

2532 3 f. 60, violet et noir 3 30 0 65

La paire, non dentelée 92 »

Tirages : 12 047 695 et 5 167 380.

1988. - *Centenaire de la naissance de Jean Monnet (1888-1979). Taille-douce. Dentelé 13.*

Portrait du "Père" de l'Europe.

2533 2 f. 20, gris-bleu, noir et brun 1 25 0 30
a. (Non dentelé) 26 75

Tirage : 13 676 133.

1988. - *61e Congrès de la Fédération des Sociétés philatéliques françaises, à Valence. Taille-douce. Dentelé 13.*

Sculptures, et vue de l'Hôtel de Ville.

2534 2 f. 20, ocre, bleu et bleu clair 1 10 0 50
a. (Non dentelé) 15 »

Tirage : 8 919 789.

1988. - *Assistance médicale internationale. Héliogravure. Dentelé 13.*

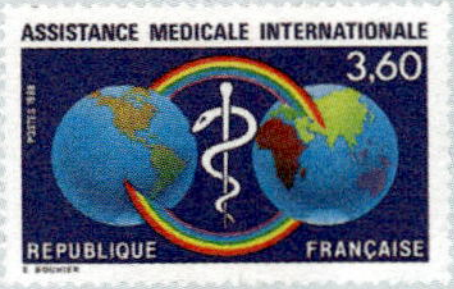

Arc-en-ciel, caducée et globe.

2535	3 f. 60, bleu, bleu clair, jne et rouge	1 70	0 65
	a. (Non dentelé)	15	»

Tirage : 5 469 681.

1988. - *Accessibilité aux handicapés. Héliogravure. Dentelé 13.*

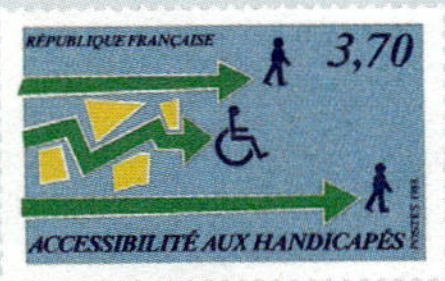

Illustration des difficultés d'accès pour les handicapés.

2536	3 f. 70, bleu-gris, bleu, vert et jaune	1 70	0 65
	a. (Non dentelé)	15	»

Tirage : 5 375 689.

1988. - *Bicentenaire de la Révolution. "Philexfrance'89". Exposition philatélique mondiale, à Paris. Taille-douce. Dentelés 13 x 12½.*

Sujets : Tableaux d'Alexandre Debelle. 3 f. "L'Assemblée des 3 Ordres, à Vizille, en 1788" ; 4 f. "La journée des Tuiles, à Grenoble, en 1788".

2537	3 f. bleu, noir et rouge	1 40	1 25
2538	4 f. bleu, noir et rouge	1 70	1 40
2538A	Le triptyque	3 35	3 »
	a. (Idem. Non dentelé)	170	»

Tirage : 4 192 961.

1988. - *Série "Nature de France" (VI). Animaux de l'"Histoire naturelle", de Buffon. Taille-douce. Dentelés 13.*

Loutre.

Cerf.

2539	2 f. vert et noir	1 »	0 30
2540	3 f. rouge et noir	1 40	0 50

Renard.

Blaireau.

2541	4 f. violet et noir	1 90	1 »
2542	5 f. bleu et noir	2 30	0 70
	Nos 2539 à 2542 (4 val.)	6 60	2 50
	La série, non dentelée	92	»

Tirages : 10 335 162, 5 731 452, 4 700 949 et 5 639 184.

1988. - *Centenaire des Troupes alpines. Taille-douce. Dentelé 13.*

Soldats en tenues de 1888 et 1988.

2543	2 f. 50, bleu-gris, rouge et bleu	1 55	0 80
	a. (Non dentelé)	15	»

Tirage : 6 429 637.

1988. - *Centenaire de la naissance de Roland Garros (1888-1918). Taille-douce. Dentelé 13.*

Monoplan d'époque (vue et schémas).

2544	2 f. vert clair, vert et bleu	1 25	0 30
	a. (Non dentelé)	30	»

Tirage : 11 033 695.

1988. - *Série touristique. Taille-douce. Dentelés 13 (13 x 12½ pour le n° 2548).*

Musée du Bateau, à Douarnenez.

Château de Sedières.

2545	2 f. multicolore	1 10	0 30
2546	2 f. 20, brun, ardoise et bleu clair	1 10	0 50

Cirque de Gavarnie.

2547 3 f. violet, vert et brun 1 40 0 50

Hermès dicéphale (Haut Empire romain) Fréjus.

2548 3 f. 70, gris, bleu et rouge 1 90 1 »
Nos 2545 à 2548 (4 val.) 5 50 2 30
La série, non dentelée 85 »
Tirages : 12 879 594, 11 838 961, 5 510 097 et 5 832 492.

1988. - *70e anniversaire de l'Armistice du 11 novembre 1918. Taille-douce. Dentelé 13.*

Soldats souriants sortant des tranchées.

2549 2 f. 20, gris clair, bleu et noir 1 10 0 30
a. (Non dentelé) 23 »
Tirage : 14 959 414.

1988. - *Série touristique. Taille-douce. Dentelé 13.*

Vue de Pérouges (Ain).

2550 2 f. 20, bleu-violet, vert et vert clair 1 10 0 30
a. (Non dentelé) 15 »
Tirage : 12 026 633.

1988. - *Série artistique. Année culturelle France-Danemark. Émission conjointe franco-danoise. Taille-douce. Dentelé 12½ x 13.*

"Hommage à Léon Degand", sculpture de Robert Jacobsen.

2551 5 f. noir et brun-rouge sur bleuté 3 » 1 55
a. (Non dentelé) 70 »
Tirage : 4 283 267.

Le Danemark a émis simultanément une figurine au même type de 4 k. 10 (n° 931 cotes : 25 » 20 »).

1988. - *Bimillénaire de Strasbourg. Taille-douce. Dentelé 13.*

Armoiries.

2552 2 f. 20, bleu, or, rouge, gris et noir 1 10 0 30
a. (Non dentelé) 20 »
Tirage : 14 085 946.

1988. - *Série artistique. Taille-douce (N° 2553) et héliogravure (N° 2554). Dentelés 13 x 12½.*

Le Sépulcre Saint-Mihiel de Ligier-Richier.

2553 5 f. brun foncé 3 » 1 25
a. (Non dentelé) 70 »

"Composition", de Serge Poliakoff.

2554 5 f. multicolore 3 » 1 25
a. (Non dentelé) 70 »
Tirages : 4 046 917 et 4 124 399.

1988. - *Au profit de la Croix-rouge. 125e anniversaire de la Croix-Rouge. Taille-douce. Dentelé 12½ x 13.*

Emblème.

2555	2 f. 20+60 c. noir, rouge et bleu	1 25	1 »
	a. (Dentelé 13½ X 13)	1 40	1 25
	b. (Non dentelé)	30 »	

Tirage : 1 891 561.

A été aussi émis en carnets (tirage : 806 609). Le n° 2555a provient des carnets.

1988. - *Le thermalisme. Taille-douce. Dentelé 13.*

Source stylisée ; curistes.

2556	2 f. 20, bleu, rouge et vert	1 10	0 30
	a. (2 f. 20, rouge au lieu de bleu)	610 »	
	b. ("aux doigts coupés")	58 »	
	c. (Non dentelé)	23 »	

N° 2556a est sur papier couché.

Tirage : 11 973 844.

1988. - *Série artistique. Émission conjointe franco-suisse. Oeuvre de Tinguely. Héliogravure. Dentelé 13 x 12½.*

"Meta".

2557	5 f. multicolore	3 85	1 55
	a. (Non dentelé)	80 »	

Tirage : 4 430 027.

La Suisse a émis simultanément une figurine au même type de 90 c. (n° 1308 cotes : 40 » 40 »).

1988. - *Série artistique. Héliogravure. Dentelé 13 x 12½.*

Pietà de Villeneuve-lès-Avignon, par Enguerrand Quarton.

2558	5 f. multicolore et or	3 »	1 55
	a. (Non dentelé)	80 »	

Tirage : 4 753 456.

PHILATELIE 50
Laurent DÉSIRÉ
9 Rue Albert Mahieu
BP 832 - 50108 CHERBOURG
Tél : 02 33 93 55 91 Fax : 02 33 93 56 74
E-mail : desire.philatelie@wanadoo.fr

Laurent DÉSIRÉ :
"je vous propose mes catalogues gratuits, ainsi que mes listes de promotions. Pour chaque demande se référant à cette publicité, je vous offrirai un lot surprise (un par foyer)".

Le spécialiste de la Vente par correspondance

Mes spécialités :
France - TAAF
Andorre - CFA
Lots par thèmes et par pays
Matériel Philatélique

CNEP

ACHAT - VENTE - EXPERTISE
Notre sérieux est la garantie de votre satisfaction

1988. - *40e anniversaire de la Déclaration universelle des Droits de l'Homme. Offset. Dentelé 13.*

Article 1er de la Déclaration.

2559 2 f. 20, bleu et turquoise 1 55 0 30
a. (Non dentelé) 26 75

Tirage : 7 655 416.

1988
Du N° 2501 au N° 2559 =
59 timbres
(sauf 2538A) ****110** **⊙62**
Autre rubrique de l'année :
Préoblitérés 198 à 201

1989. - *Bicentenaire de la Révolution. Héliogravure. Dentelé 13.*

Logotype de J.-M. Folon (Liberté, Égalité, Fraternité).

2560 2 f. 20, bleu et rouge 1 10 0 50
a. (sans signature FOLON) 185 »
b. (Non dentelé) 61 »

Tirage : 42 232 940.

Voir également à la rubrique des Entiers Postaux (Aérogramme n° 1017).

1989. - *Série artistique. Oeuvre d'Yves Klein. Héliogravure. Dentelé 13 x 12½.*

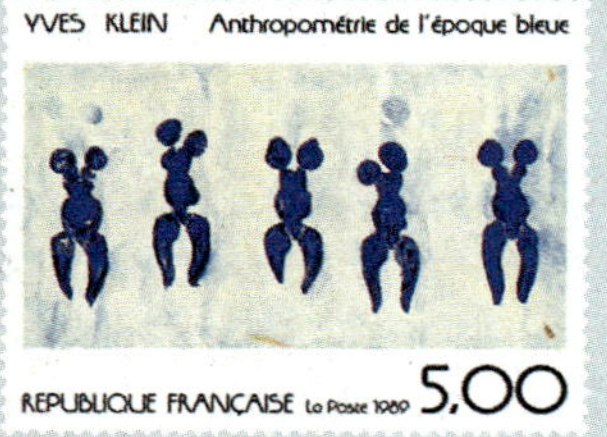

"Anthropométrie de l'époque bleue".

2561 5 f. bleu, noir et jaune clair 2 75 1 25
a. (Non dentelé) 61 »

Tirage : 4 410 474.

1989. - *Pour le bien des aveugles. Héliogravure. Dentelé 13.*

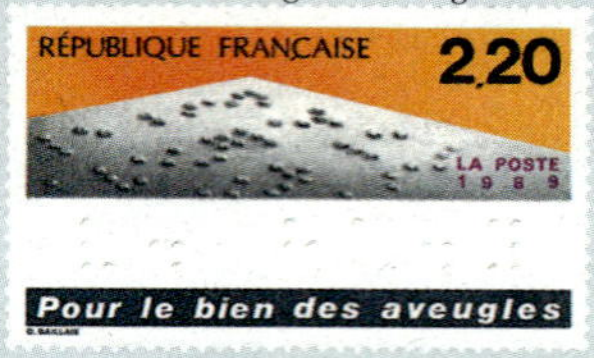

Texte en braille (V. Haüy).

2562 2 f. 20, orange, gris et bleu 1 10 0 65
a. (Non dentelé) 23 »
b. (sans l'inscription en relief du braille) 3 450 »

Tirage : 14 250 009.

1989. - *Centenaire de l'École Estienne (École supérieure des Arts et industries graphiques). Taille-douce. Dentelé 12½.*

2563 2 f. 20, noir et rouge sur gris 1 10 0 50
a. (Non dentelé) 18 50

Tirage : 9 765 711.

1989. - *Personnages célèbres de la Révolution. Taille-douce. Dentelés 13.*

Sieyès (1748-1836).

Mirabeau (1749-1791).

2564 2 f. 20+50 c. rge, bleu, noir et rose 1 25 1 25
2565 2 f. 20+50 c. rge, bleu, noir et rose 1 25 1 25

Vicomte de Noailles (1756-1804).

La Fayette (1757-1834).

2566 2 f. 20+50 c. rge, bleu, noir et rose 1 25 1 25
2567 2 f. 20+50 c. rge, bleu, noir et rose 1 25 1 25

Barnave (1761-1793).

Drouet (1763-1824).

2568 2 f. 20+50 c. rge, bleu, noir et rose 1 25 1 25
2569 2 f. 20+50 c. rge, bleu, noir et rose 1 25 1 25

N°s 2564 à 2569 (6 val.) 7 50 7 50
La série, non dentelée 125 »

Tirages : 2 120 770, 2 036 369, 1 964 055, 1 983 435, 1 975 224 et 2 070 210.

Ont été aussi émis en carnets (tirage : 1 648 703).

La bande (format vertical) destinée à la confection de carnets comprend les timbres n°s 2564 à 2569, dans l'ordre des numéros de haut en bas, encadrés de deux vignettes.

2570 La bande-carnet non pliée 7 35 7 35

Voir après le n° 2360 la présentation de la bande.

1989. - *Vol franco-soviétique "C.N.E.S.-Glavcosmos-Intercosmos". Offset. Dentelé 13.*

Spationaute, engins spatiaux.

2571 3 f. 60, multicolore 2 30 0 65
a. (Non dentelé) 42 »

Tirage : 6 191 638.

1989. - *3es élections au Parlement européen. Offset. Dentelé 13.*

Symbole.

2572 2 f. 20, multicolore 1 10 0 30
a. (Non dentelé) 42 »

Tirage : 11 100 939.

1989. - *Bicentenaire de la Révolution et de la Déclaration des Droits de l'Homme et du Citoyen. Taille-douce. Dentelés 12½ x 13.*

La Liberté. L'Égalité.

2573 2 f. 20, multicolore 1 10 0 50
2574 2 f. 20, multicolore 1 10 0 50

La Fraternité.

2575 2 f. 20, multicolore 1 10 0 50
La série, non dentelée 155 »

Tirages : 15 208 975, 14 889 763 et 14 825 534.

Idem - imprimés en bande horizontale de deux triptyques, attenant chacun à une vignette sans valeur (logo de "Philexfrance'89", Liberté, Egalité, Fraternité).

2576 Le triptyque, avec vignette 3 85 3 »
a. (Non dentelé) 185 »

Tirage : 4 899 857.

1989. - *Journée du Timbre. Taille-douce. Dentelé 13.*

Diligence Paris-Lyon.

2577 2 f. 20+60 c. bleu-gris sur bleu clair 1 40 1 10
a. (Non dentelé) 30 »

Tirage : 2 329 828.

1989. - *Idem. Timbre provenant de carnet.*

2578 2 f. 20+60 c. violet sur mauve 1 40 1 10

La bande (format vertical) destinée à la confection de carnets comprend six n° 2578 plus deux vignettes.

La bande carnet 8 40 8 40

Tirage : 1 145 898.

Voir après le n° 2360 la présentation de la bande.

1989. - *Panorama de Paris. Monuments de la Capitale. Multicolores. Taille-douce. Dentelés 13 x 12½.*

Imprimés se tenant horizontalement.

2579	2 f. 20 *(Arche de la Défense)*	1 25	1 »
2580	2 f. 20 *(Centenaire de la tour Eiffel)*	1 25	1 »
2581	2 f. 20 *(Pyramide du Grand Louvre)*	1 25	1 »
2582	2 f. 20 *(Notre-Dame)*	1 25	1 »
2583	2 f. 20 *(Opéra Bastille)*	1 25	1 »
	Nos 2579 à 2583 (5 val.)	6 25	5 »
2583A	La bande entière	6 90	6 10
	a. (Non dentelée)	185 »	

Tirage : 4 154 665.

Voir également à la rubrique "Entiers Postaux" (nos 53 à 57).

1989. - *Europa. Jeux d'enfants. Taille-douce. Dentelés 13.*

La marelle.

Jeu de balle.

2584	2 f. 20, multicolore	1 60	0 45
2585	3 f. 60, multicolore	3 »	1 »
	La paire, non dentelée	80 »	

Tirages : 13 302 761 et 5 939 388.

1989. - *Série touristique. Taille-douce.*

Forêt de Fontainebleau.

2586 2 f. 20, vert, brun et orange 1 10 0 30

Château de Vaux-le-Vicomte.

2587 3 f. 70, olive et noir 1 85 0 80

Malestroit.

2588	3 f. 70, rouge et noir	1 85	0 65
	La série, non dentelée	50 »	

Tirages : 10 282 672, 5 581 100 et 6 602 565.

1989. - *Conférence des plénipotentiaires de l'U.I.T. (Union Internationale des Télécommunications), à Nice. Offset. Dentelé 13.*

Bâtiment et emblème.

2589	3 f. 70, bleu, orangé et rouge	1 70	0 50
	a. (Non dentelé)	42 »	

Tirage : 6 277 192.

1989. - *Championnats du monde de cyclisme. Offset. Dentelé 13.*

2590	2 f. 20, multicolore	1 40	0 30
	a. (Non dentelé)	42 »	

Tirage : 13 442 328.

1989. - *Bicentenaire de la Révolution et de la Déclaration des Droits de l'Homme et du Citoyen. Héliogravure. Dentelé 13 x 12½.*

"Le serment du Jeu de Paume" par David.

2591	5 f. multicolore	2 75	1 25
	a. (Non dentelé)	61 »	

Tirage : 5 459 534.

1989. - *Personnages célèbres de la Révolution. Taille-douce. Dentelés 13.* BF *n° 10.*

Antoine Caritat, marquis de Condorcet (1743-1794) ; philosophe et mathématicien.

Mme Roland (1754-1793).

2592	2 f. 20, multicolore	1 10	0 80
2593	2 f. 20, multicolore	1 10	0 80

Camille Desmoulins (1760-1794) ; avocat et journaliste.

François-Christophe Kellermann, Maréchal de France, Duc de Valmy (1735-1820).

2594	2 f. 20, multicolore	1 10	0 80
2595	2 f. 20, multicolore	1 10	0 80
	Nos 2592 à 2595 (4 val.)	4 40	3 20

Émis uniquement en feuillet.

Tirage : 3 616 296.

1989. - *Bicentenaire de la Révolution et de la Déclaration des Droits de l'Homme et du Citoyen. Taille-douce et offset. Dentelés 13 x 12½.* BF *n° 11.*

Sujets : Préambule et texte de la Déclaration, d'après peinture et gravure conservées au Musée Carnavalet. 2596, préambule ; article 1er ; 2597, articles II à VI ; 2598, articles VII à XI ; 2599, articles XII à XVII.

2596	5 f. multicolore	5 50	5 50
2597	5 f. multicolore	5 50	5 50
2598	5 f. multicolore	5 50	5 50
2599	5 f. multicolore	5 50	5 50
	Nos 2596 à 2599 (4 val.)	22 »	22 »

Émis uniquement en feuillet, vendu 50 f. (20 f. de valeur faciale et 30 f. de droit d'entrée permanent à l'Exposition "Philexfrance'89").

Tirage : 1 440 114.

1989. - *Sommet des pays industrialisés, à l'Arche de la Défense. Héliogravure. Dentelé 13.*

Logo de la Conférence.

2600	2 f. 20, multicolore	1 10	0 65
	a. (Non dentelé)	27 »	
	b. (ligne verte omise)	2 700 »	2 000 »

Tirage : 12 322 901.

1989. - *Série touristique. Taille-douce. Dentelé 13 x 12½.*

La Brenne.

2601	4 f. bleu	2 »	0 80
	a. (Non dentelé)	17 »	

Tirage : 4 666 010.

1989. - *Bicentenaire de la Déclaration des Droits de l'Homme et du Citoyen. Taille-douce. Dentelés 13 x 12½.*

Sujets : Faisceau de licteur et texte de la Déclaration. 2602, préambule et article premier ; 2603, articles II à VI ; 2604, articles VII à XI ; 2605, articles XII à XVII. - Pour les textes des nos 2603 à 2605 se reporter aux clichés des nos 2597 à 2599.

2602	2 f. 50, multicolore	1 10	1 »
2603	2 f. 50, multicolore	1 10	1 »
2604	2 f. 50, multicolore	1 10	1 »
2605	2 f. 50, multicolore	1 10	1 »
	Nos 2602 à 2605 (4 val.)	4 40	4 »

2605A	La bande, avec vignette	4 60	4 60
	a. (Idem, non dentelée)	155 »	

Imprimés se tenant horizontalement, et attenant à une vignette sans valeur (illustration et date de la Déclaration).

Tirage : 2 505 756 bandes.

1989. - *Série artistique. Héliogravure. Dentelé 12½ x 13.*

"Régates vent arrière", de Lapicque.

2606 5 f. multicolore 2 75 1 25
a. (Non dentelé) 61 »

Tirage : 4 791 363.

1989. - *Le TGV atlantique. Héliogravure. Dentelé 13.*

2607 2 f. 50, bleu, argent et rouge 2 15 0 50
a. (Non dentelé) 46 »

Tirage : 6 588 053.

1989. - *Centenaire du 1er tramway électrique, à Clermont-Ferrand. Taille-douce. Dentelé 13.*

2608 3 f. 70, marron clair et noir 2 » 0 50
a. (Non dentelé) 30 »

Tirage : 6 737 815.

1989. - *450e anniversaire de l'Ordonnance de Villers-Cotterêts sur le traitement des archives. Taille-douce. Dentelé 13.*

2609 2 f. 20, noir et rouge 1 10 0 50
a. (Non dentelé) 15 »

Tirage : 14 631 414.

1989. - *Bicentenaire de la naissance d'Augustin Cauchy (1789-1857), mathématicien. Taille-douce. Dentelé 13.*

Portrait, formule et courbes.

2610 3 f. 60, bleu-vert, rouge et noir 1 70 0 65
a. (Non dentelé) 15 »

Tirage : 5 332 706.

1989. - *Centenaire de la naissance du Maréchal de Lattre de Tassigny (1889-1952). Taille-douce. Dentelé 13.*

Portrait et devise.

2611 2 f. 20, rouge, noir et bleu 1 25 0 65
a. (Non dentelé) 20 »

Tirage : 14 188 987.

1989. - *Au profit de la Croix-Rouge. Motif d'une soierie de Lyon (XVIIIe siècle). Héliogravure. Dentelé 12½ x 13.*

Oiseau ; nid avec oisillons.

2612 2 f. 20+60 c. multicolore 1 25 1 10
a. (Dentelé 13½ x 13) 1 40 1 25
b. (Non dentelé) 35 »

Tirage : 2 137 931.

A été aussi émis en carnets (tirage : 935 167). Le n° 2612a provient des carnets.

1989. - *Hommage aux Harkis, soldats de la France. Héliogravure. Dentelé 13.*

Profil d'un harki.

2613 2 f. 20, multicolore 1 25 0 30
a. (Non dentelé) 18 50

Tirage : 11 084 185.

1989. - *Type Marianne du Bicentenaire. Deux bandes de phosphore. Taille-douce. Dentelé 13.*

2614	2 f. 30, rouge	1 10	0 15
	b. (Non dentelé)	12 50	

Pour le 2 f. 30, provenant de carnets et de roulettes, voir ci-dessous après le n° 2626.

Sans bandes de phosphore.

2614c	2 f. 30	20 »	

De nouvelles valeurs à ce type sont parues en 1990 (n°s 2617 à 2630), 1991 (n°s 2711 à 2720), 1992 (n° 2770), 1993 (n°s 2790, 2806 et 2807), 1994 (2873, 2874 et 2906).

1989
Du N° 2560 au N° 2614 =
55 timbres
(sauf 2583A et 2605A) **104 ⊙72
Autres rubriques de l'année :
Blocs et feuillets 10 et 11
Préoblitérés 202 à 205
Service 100 et 101

1990. - *Type "Liberté" avec lettre C (valeur du tarif postal pour plis de 20 g maximum, à compter du 1er janvier 1990 : P.N.U. = 2 f. 10 ; Lettre = 2 f. 30). Une bande de phosphore à droite pour le timbre "C" vert, deux bandes pour le "C" rouge. Taille-douce. Dentelés 13.*

2615	C = (2 f. 10) vert	1 10	0 50
2616	C = (2 f. 30) rouge	1 25	0 50
	La paire, non dentelée	23 »	

1990. - *Type Marianne du Bicentenaire. Taille-douce. Dentelés 13.*

2617	10 c. bistre-noir	0 15	0 15
2618	20 c. émeraude	0 15	0 15
2619	50 c. violet-rouge	0 15	0 15
2620	1 f. orange	0 50	0 30
2621	2 f. vert clair	1 »	0 15
2622	2 f. 10, vert	1 10	0 15
2623	3 f. 20, bleu	1 70	1 »
2624	3 f. 80, rose	1 85	0 30
2625	5 f. bleu-vert	2 30	0 15
2626	10 f. violet	4 30	0 30
	N°s 2617 à 2626 (10 val.)	13 20	2 80
	La série, non dentelée	92 »	

Une bande de phosphore à droite pour les 10 c., 20 c., 50 c., 1 f., 2 f. et 2 f. 10. Deux bandes de phosphore pour les autres valeurs.

Sans bande de phosphore.

2618a	20 c.	15 »	
2619a	50 c.	12 50	
2620a	1 f.	9 95	
2624a	3 f. 80	40 »	

Provenant de carnets. Paires se tenant horizontalement.

2614a	2 f. 30+20 c.	13 »	11 »
2617a	10 c.+20 c.	6 90	5 35

Provenant de roulettes. Dentelés 13 horizontalement. Une bande de phosphore à droite pour le 2 f. 10, deux bandes pour le 2 f. 30.

2627	2 f. 10, vert	1 »	0 30
	a. (N° rouge au verso)	1 55	
2628	2 f. 30, rouge	1 25	0 30
	a. (N° rouge au verso)	1 55	

Provenant de carnets. Dentelés 13 sur 3 côtés. Deux bandes de phosphore.

2629	2 f. 30, rouge	2 15	0 30
	a. Paire verticale	4 60	2 60

Provenant de carnets. Gommage adhésif. Non dentelé. Deux bandes de phosphore

2630	2 f. 30, rouge	1 25	0 30

Ce numéro ainsi que les n°s 2713, 2720, 2807 et 2824 sont non dentelés par précoupe droite entre les timbres.

Les timbres adhésifs doivent être conservés sur leur support papier.

1990. - *Métiers d'art. La dentelle. Taille-douce. Dentelé 13.*

Dentelle réalisée à la main.

2631	2 f. 50, rouge et rose	1 25	0 50
	a. (Non dentelé)	15 »	

Tirage : 6 793 697.

1990. - *"Albertville'92". Jeux olympiques d'hiver 1992, à Albertville (I). Héliogravure. Dentelé 13.*

Logo des jeux.

2632 2 f. 50, multicolore 1 25 0 30

a. (Non dentelé) 46 »

Tirage : 22 822 844.

1990. - *"Albertville'92" (II). Patinage artistique. Taille-douce. Dentelé 13.*

Logo, et couple de patineurs.

2633 2 f. 30+20 c. rouge, gris et bleu 1 25 1 »

a. (Non dentelé) 46 »

Tirage : 3 110 831.

A ce type est paru en 1992 un 2 f. 50+20 c. (n° 2737).

1990. - *Centenaire de la naissance du Général de Gaulle (1890-1970). Taille-douce. Dentelé 13.*

Portrait.

2634 2 f. 30, bleu, violet et noir 1 55 0 50

a. bleu, violet-rose et noir 1 85 0 80

b. (Non dentelé) (2634) 50 »

Tirage : 27 279 272.

1990. - *Série artistique. Offset (N° 2635) et taille-douce (N°s 2636 et 2637). Dentelés 12½ x 13.*

"Profil de femme", d'Odilon Redon.

2635 5 f. multicolore 2 75 1 25

a. (Non dentelé) 61 »

"Cambodgienne assise", d'Auguste Rodin.

2636 5 f. bleu et ocre 2 75 1 25

a. (Non dentelé) 61 »

Tête de Christ de Wissembourg.

2637 5 f. jaune, bleu et rouge 3 35 1 25

a. (Non dentelé) 61 »

Tirages : 3 564 206, 4 991 667 et 4 625 323.

1990. - *Hommage à Max Hymans (1900-1961), résistant, homme d'Etat, organisateur d'Air-France. Dentelé 13.*

Portrait, avions, emblème d'Air-France.

2638 2 f. 30, lilas, olive et bleu 1 10 0 30
a. (Non dentelé) 26 75

Tirage : 11 295 930.

1990. - *Journée du Timbre. Les Métiers de la Poste. Héliogravure. Dentelé 13.*

Les services financiers. Chiffres, clavier, et regard d'un employé.

2639 2 f. 30+60 c. bleu et jaune 1 40 1 10
a. (Non dentelé) 17 »

Tirage : 1 974 379.

1990. - *Idem. Timbre provenant de carnet.*

2640 2 f. 30+60 c. bleu, jaune et vert 1 40 1 25

La bande (format vertical), destinée à la confection de carnets comprend six n° 2640 plus deux vignettes.

La bande carnet 8 40 8 40

Tirage : 1 069 529.

Voir après le n° 2360 la présentation de la bande.

1990. - *Centenaire de la naissance de Jean Guéhenno (1890-1978), écrivain, critique et polémiste. Taille-douce. Dentelé 13.*

2641 3 f. 20, brun sur crème 1 55 0 50
a. (Non dentelé) 15 »

Tirage : 5 873 958.

1990. - *Europa. Bâtiments postaux d'hier et d'aujourd'hui. Taille-douce. Dentelés 13.*

Bâtiment postal historique : Mâcon.

Bâtiment postal moderne : Cerizay.

2642 2 f. 30, brun, noir et bleu clair 2 » 0 90
2643 3 f. 20, brun, jaune et bleu 2 60 1 40
La paire, non dentelée 80 »

Tirages : 13 711 930 et 5 524 562.

1990. - *Centenaire du 1er Mai. Héliogravure. Dentelé 13.*

Manifestants avec banderoles.

2644 2 f. 30, multicolore 1 10 0 30
a. (Non dentelé) 23 »

Tirage : 15 915 063.

1990. - *L'Institut du Monde arabe. Taille-douce. Dentelé 13.*

Institut et "Tour des Livres".

2645 3 f. 80, bleu et rouge 1 85 0 65
a. (Non dentelé) 15 »

Tirage : 6 419 141.

1990. - *Au profit de la Croix-Rouge. Faïence de Quimper. Héliogravure. Dentelé 12½ x 13.*

Assiette avec bretonne en costume régional.

2646 2 f. 30+60 c. multicolore 1 40 1 10
a. (Dentelé 13½ x 13) 1 55 1 25
b. (Non dentelé) 30 »

Tirage : 2 152 858.

A été aussi émis en carnets (tirage : 942 429). Le n° 2646a provient de carnets.

1990. - *63ᵉ Congrès de la Fédération des Sociétés philatéliques françaises, à Villefranche sur Saône. Taille-douce. Dentelé 13.*

Frises gothiques de Notre-Dame des Marais.

2647	2 f. 30, rouge, vert et noir	1 10	0 50
	a. (Non dentelé)	15 »	

Tirage : 14 582 552.

1990. - *Course autour du monde 1989-1990. Taille-douce. Dentelé 13.*

"La Poste" en course.

2648	2 f. 30, vert, bleu et jaune	1 10	0 30
	a. (Non dentelé)	30 »	

Tirage : 15 038 805.

Voir également à la rubrique "Entiers postaux" (n° 58).

1990. - *Personnages célèbres. Grands noms de la chanson française. Héliogravure. Dentelés 13.*

Aristide Bruant.

Maurice Chevalier.

2649	2 f. 30+50 c. noir et rouge sur or	1 40	1 40
2650	2 f. 30+50 c. rose et noir sur or	1 40	1 40

Tino Rossi.

Edith Piaf.

2651	2 f. 30+50 c. bleu, rge et jaune sur or	1 40	1 40
2652	2 f. 30+50 c. noir et rouge sur or	1 40	1 40

Jacques Brel.

Georges Brassens.

2653	2 f. 30+50 c. multicolore sur or	1 40	1 40
2654	2 f. 30+50 c. rge, bleu et noir sur or	1 40	1 40
	Nᵒˢ 2649 à 2654 (6 val.)	8 40	8 40
	La série, non dentelée	125 »	

Tirages : 2 103 508, 2 123 638, 2 052 815, 2 164 172, 2 136 464 et 2 093 868.

Ont été aussi émis en carnets (tirage : 1 650 476).

La bande (format horizontal) destinée à la confection de carnets est disposée comme suit, de gauche à droite : deux vignettes (effigies des 6 personnages, réparties sur les 2 vignettes), timbres nᵒˢ 2649 à 2654, dans l'ordre des numéros.

2655	La bande-carnet non pliée	8 40	8 40

Voir après le n° 2360 la présentation de la bande.

1990. - *Cinquantenaire de l'Appel à la Résistance (Appel du 18 juin 1940). Taille-douce. Dentelé 13.*

Croix de Lorraine sur Marianne symbolique.

2656	2 f. 30, noir, rouge et bleu	1 25	0 30
	a. (Non dentelé)	42 »	

Tirage : 14 447 618.

1990. - *Série touristique. Taille-douce. Dentelé 13.*

Abbaye de Cluny.

Pont-canal de Briare.

2657	2 f. 30, bleu, orange et noir	1 10	0 50
2658	2 f. 30, bleu, noir et vert	1 10	0 50

Abbaye de Flaran (Gers).

Cap Canaille à Cassis.

2659	3 f. 80, brun et vert	2 »	0 65
2660	3 f. 80, bleu, violet et rouge-brique	2 »	0 65
	Nᵒˢ 2657 à 2660 (4 val.)	6 20	2 30
	La série, non dentelée	61 »	

Tirages : 12 048 208, 15 818 595, 6 885 399 et 6 868 558.

1990. - *La Maison France-Brésil à Rio de Janeiro. Taille-douce. Dentelé 13.*

Vue aérienne.

2661 3 f. 20, multicolore 1 55 1 »
a. (Non dentelé) 23 »

Tirage : 5 211 605.

Ce timbre porte le millésime "1989".

Le Brésil a émis simultanément une figurine de 50 C. sur ce sujet (n° 1973 : cotes 15 » 6 »).

1990. - *Cinquantenaire de l'Institut Géographique National. Héliogravure. Dentelé 13.*

Carte de France.

2662 2 f. 30, multicolore 1 25 0 65
a. (Non dentelé) 26 75

Tirage : 15 176 965.

1990. - *Série "Nature de France" (VII). Poissons d'eau douce. Taille-douce. Dentelés 13.*

Gardon.

Perche.

2663 2 f. multicolore 1 » 0 15
2664 3 f. multicolore 1 40 0 30

Saumon.

Brochet.

2665 4 f. multicolore 2 30 0 80
2666 5 f. multicolore 2 30 0 80
N°s 2663 à 2666 (4 val.) 7 » 2 05
La série, non dentelée 110 »

Tirages : 7 187 192, 5 755 146, 5 284 988 et 5 455 607.

1990. - *Bicentenaire de la Révolution. Taille-douce. Dentelés 13.* BF *n° 12.*

Gaspard Monge, comte de Péluse (1746-1818), mathématicien.

Abbé Grégoire (Henri) (1750-1831).

2667 2 f. 50, multicolore 1 25 1 10
2668 2 f. 50, multicolore 1 25 1 10

Création du drapeau tricolore (allégorie).

Création des départements français.

2669 2 f. 50, multicolore 1 25 1 10
2670 2 f. 50, multicolore 1 25 1 10
N°s 2667 à 2670 (4 val.) 5 » 4 40

Émis uniquement en feuillet.

Tirage : 2 539 176.

1990. - *Centenaire de la naissance de Maurice Genevoix (1890-1980). Taille-douce. Dentelé 13.*

Portrait de l'écrivain.

2671 2 f. 30, noir sur jaune verdâtre 1 10 0 30
a. (Non dentelé) 15 »

Tirage : 15 293 317.

1990. - *Série artistique. Héliogravure. Dentelé 12½ x 13.*

"Jaune et gris", de Roger Bissière.

2672 5 f. multicolore 2 75 1 25
a. (Non dentelé) 61 »

Tirage : 4 707 417.

1990. - *30e anniversaire de l'O.C.D.E. (Organisation de Coopération et de Développement Economiques). Offset. Dentelé 13.*

Sigle et dates sur planisphère.

2673 3 f. 20, bleu et bleu clair 1 55 0 80
a. (Non dentelé) 42 »

Tirage : 6 312 668.

1990. - *"Albertville'92". Jeux olympiques d'hiver (III). Logo et disciplines sportives. Taille-douce. Dentelés 13.*

Saut à skis (Courchevel).

Ski de vitesse-démonstration (Les Arcs).

2674 2 f. 30+20 c. rouge, gris et bleu 1 25 0 80
2675 2 f. 30+20 c. rouge, gris et bleu 1 25 0 80
La paire, non dentelée 92 »

A ces types ont paru en 1992 des 2 f . 50 + 20 c. (nos 2738 et 2739).

Tirages : 2 946 636 et 2 694 522.

1990
Du N° 2615 au N° 2675 =
61 timbres ****99** **⊙51**
Autres rubriques de l'année :
Blocs-feuillet 12
Préoblitérés 206 à 212
Service 102 à 105

1991. - *"Albertville'92". Jeux olympiques d'hiver (IV). Logo et disciplines sportives. Taille-douce. Dentelés 13.*

Slalom (Les Ménuires).

Hockey (Méribel).

2676 2 f. 30+20 c. rouge, gris et bleu 1 25 1 »
2677 2 f. 30+20 c. rouge, gris et bleu 1 25 1 »

Ski de fond (Les Saisies).

2678 2 f. 30+20 c. rouge, gris et bleu 1 25 1 »

Luge (La Plagne).

Curling-démonstration (Pralognan).

2679 2 f. 50+20 c. rouge, gris et bleu 1 25 1 »
a. (Papier blanc brillant) 2 » 2 »
2680 2 f. 50+20 c. rouge, gris et bleu 1 25 1 »
a. (Papier blanc brillant) 2 » 2 »
Nos 2676 à 2680 (5 val.) 6 25 5 »
La série, non dentelée 230 »

Le n° 2678 porte le millésime 1992.

Les nos 2679a et 2680a proviennent du BF n° 14.

Aux types des nos 2676 à 2678 sont parus en 1992 des 2 f. 50+20 c. (nos 2740 à 2742).

Tirages : 2 709 745, 2 587 163, 2 689 257, 2 285 528 et 2 198 160.

1991. - *Personnages célèbres. Poètes français du 20e siècle. Taille-douce. Dentelés 13.*

Paul Eluard (1895-1952).

André Breton (1896-1966).

2681 2 f. 50+50 c. gris, noir et bleu 1 40 1 40
2682 2 f. 50+50 c. gris, noir et bleu 1 40 1 40

Louis Aragon (1897-1982).

Francis Ponge (1899-1988).

2683 2 f. 50+50 c. gris, noir et bleu 1 40 1 40
2684 2 f. 50+50 c. gris, noir et bleu 1 40 1 40

Jacques Prévert (1900-1977). René Char (1907-1988).

2685 2 f. 50+50 c. gris, noir et bleu 1 40 1 40
2686 2 f. 50+50 c. gris, noir et bleu 1 40 1 40
N°s 2681 à 2686 (6 val.) 8 40 8 40
La série, non dentelée 110 »

Tirages : 1 450 778, 1 587 752, 1 460 619, 1 541 987, 1 579 234 et 1 556 674.

Ont été aussi émis en carnets (tirage : 1 196 527).

Réalisés à partir de dessins originaux de Pablo Picasso pour P. Eluard et J. Prévert ; Man Ray pour A. Breton ; Henri Matisse pour L. Aragon ; Stella Martens pour F. Ponge ; Valentine Hugo pour R. Char.

La bande, destinée à la confection de carnets est disposée comme suit, de haut en bas : vignette avec noms des poètes des 3 premiers timbres et des artistes ayant réalisé le dessin original, timbres n°s 2681 à 2686, vignettes avec noms des poètes et dessinateurs des 3 derniers timbres.

2687 La bande-carnet non pliée 8 40 8 40

Voir après le n° 2360 la présentation de la bande.

1991. - *Journée du Timbre. Les Métiers de la Poste. Héliogravure. Dentelé 13.*

Le Tri postal.

2688 2 f. 50+60 c. bleu clair, lilas, jaune et rouge 1 40 1 25
a. (Non dentelé) 18 50

Tirage : 1 915 789.

1991. - *Idem. Timbre provenant de carnet.*

2689 2 f. 50+60 c. lilas, bleu, jne et rouge 1 55 1 40

La bande (format vertical) destinée à la confection de carnets comprend six n°s 2689 plus deux vignettes.

La bande carnet 9 15 9 15

Tirage : 1 030 310.

Voir après le n° 2360 la présentation de la bande.

1991. - *"Philexjeunes'91". Exposition philatélique des Jeunes, à Cholet. Offset. Dentelé 13.*

Garçon avec bicyclette, fillette au cerceau, oiseau et lettres.

2690 2 f. 50, multicolore 1 25 0 50
a. (Non dentelé) 15 »

Tirage :

1991. - *350e anniversaire de l'Imprimerie Nationale. Héliogravure. Dentelé 13.*

Portrait de Gutenberg réalisé en caractères.

2691 4 f. multicolore 1 85 0 80
a. (Non dentelé) 15 »

Tirage : 6 823 246.

1991. - *Série artistique. Taille-douce. Dentelés 12½ x 13.*

"La balançoire", d'Auguste Renoir.

2692 5 f. multicolore 2 75 1 25
a. (Non dentelé) 61 »

"Le Noeud noir", de Georges Seurat.

2693 5 f. jaune clair et gris foncé 2 75 1 25
a. (Non dentelé) 61 »

Tirages :

1991. - *90e anniversaire du Concours Lépine. Taille-douce. Dentelé 13.*

Affiche du 13e Concours Lépine.

2694 4 f. multicolore — 1 85 — 1 »
a. (Non dentelé) — 15 »

Tirage : 7 160 543.

1991. - *Bicentenaire de la mort de Mozart (1756-1791). Héliogravure. Dentelé 13.*

Allégorie.

2695 2 f. 50, bleu, noir, rouge et bleu foncé — 1 25 — 0 80
a. (Non dentelé) — 54 »

Tirage : 9 769 188.

1991. - *Europa. L'Europe et l'espace. Taille-douce. Dentelés 13.*

Espace et Guyane.

Satellite de télévision directe.

2696 2 f. 50, bleu, rouge et vert — 1 85 — 0 45
2697 3 f. 50, bleu, vert et rouge — 2 75 — 1 »
La paire, non dentelée — 85 »

Un 2 f. 80 est paru en 1995 au type du 2 f. 50, avec inscriptions modifiées et sans le sigle de la C.E.P. T. (n° 2948).

Tirages : 21 313 540 et 5 429 361.

1991. - *Congrès de la Fédération des Sociétés Philatéliques françaises, à Perpignan. Taille-douce. Dentelé 13.*

Monuments perpignanais.

2698 2 f. 50, rouge, gris et bleu — 1 25 — 0 30
a. (Non dentelé) — 15 »

Tirage : 10 319 163.

1991. - *"Roland Garros 1991". Tournoi du centenaire. Taille-douce. Dentelé 13.*

Oeuvre originale de Miro.

2699 3 f. 50, multicolore — 1 85 — 0 65
a. (Non dentelé) — 46 »

Tirage :

1991. - *Bicentenaire de la Révolution française. Taille-douce. Dentelés 13.* BF *n° 13.*

La Tour d'Auvergne (1743-1800).

Plantation de l'Arbre de la Liberté.

2700 2 f. 50, multicolore — 1 40 — 1 »
2701 2 f. 50, multicolore — 1 40 — 1 »

Bicentenaire de la Gendarmerie Nationale.

Saint-Just (1767-1794).

2702 2 f. 50, multicolore — 1 40 — 1 »
2703 2 f. 50, multicolore — 1 40 — 1 »
Nos 2700 à 2703 (4 val.) — 5 60 — 4 »

Émis uniquement en feuillet.

Tirage : 2 451 507.

1991. - *Série touristique. Taille-douce. Dentelés 13.*

Le pont de Cheviré, à Nantes.

Carennac (Lot).

2704	2 f. 50, gris, orange et bleu clair	1 25	0 30
2705	2 f. 50, brun-rouge, brun et vert fcé	1 60	0 50

Wasquehal (Nord) ; le buffet d'orgue.

Vallée de Munster.

2706	4 f. crème et noir	2 »	0 65
2707	4 f. mauve	1 85	0 65
	N°s 2704 à 2707 (4 val.)	6 70	2 10
	La série, non dentelée	110 »	

Tirages : 10 104 448, 7 348 981, 6 788 360 et 6 765 129.

1991. - *Sixième centenaire de la mort de Gaston Fébus (1331-1391). Héliogravure. Dentelé.*

2708	2 f. 50, multicolore	1 25	0 65
	a. (Non dentelé)	23 »	

Tirage : 7 582 438.

1991. - *"Albertville'92". Jeux olympiques d'hiver (V). Disciplines sportives. Taille-douce. Dentelés 13.*

Ski artistique (Tignes).

Ski alpin (Val d'Isère).

2709	2 f. 50+20 c. rouge, gris et bleu	1 25	1 »
	a. (papier blanc brillant)	2 »	2 »
2710	2 f. 50+20 c. rouge, gris et bleu	1 25	1 »
	a. (papier blanc brillant)	2 »	2 »
	La paire, non dentelée	92 »	

Les n°s 2709a et 2710a proviennent du B.-F. n° 14.

Tirages : 2 084 907 et 1 999 543.

1991. - *Type Marianne du Bicentenaire avec lettre D (valeur du tarif postal pour plis de 20 g maximum, à compter du 19 août 1991 : ECOPLI : 2 f. 20, lettre : 2 f. 50). Une bande de phosphore à droite pour le timbre "D" vert, deux bandes pour le "D" rouge. Taille douce. Dentelés 13.*

2711	D = (2 f. 20) vert	1 25	0 30
2712	D = (2 f. 50) rouge	1 25	0 30
	La paire, non dentelée	23 »	

Provenant de carnets. Gommage adhésif. Deux bandes de phosphore. Non dentelé.

2713	D = (2 f. 50) rouge	1 40	0 30

1991. - *Type Marianne du Bicentenaire. Taille-douce. Dentelés 13.*

2714	2 f. 20, vert	1 40	0 15
2715	2 f. 50, rouge	1 25	0 15
2716	3 f. 40, bleu	1 55	0 65
2717	4 f. rose	2 30	0 30
	N°s 2714 à 2717 (4 val.)	6 50	1 25
	La série, non dentelée	46 »	

Une bande de phosphore à droite pour le 2 f. 20, deux bandes pour les autres valeurs.

Imprimé attenant horizontalement à la gauche d'une vignette sans valeur ("Des cadeaux olympiques. Les souvenirs philatéliques de la Poste") :

2715a	2 f. 50, rouge	4 60	3 35

Provient du carnet n° 1088.

Provenant de roulettes. Une bande de phosphore à droite pour le 2 f. 20, deux bandes pour le 2 f. 50. Dentelés 13 horizontalement.

2718	2 f. 20, vert	1 40	0 65
	a. (N° rouge au verso)	2 »	
2719	2 f. 50, rouge	1 40	0 30
	a. (N° rouge au verso)	2 »	

Provenant de carnet. Gommage adhésif. Deux bandes de phosphore. Non dentelé.

2720	2 f. 50, rouge	1 40	0 30

Sans bandes de phosphore.

2714a	2 f. 20	15 »
2715b	2 f. 50	20 »
2717a	4 f.	40 »
2718b	2 f. 20	230 »
2719b	2 f. 50	230 »

1991. - *Série "Nature de France" (VIII). Espèces protégées. Taille-douce. Dentelés 13.*

Ours des Pyrénées.

Tortue terrestre.

2721 2 f. marron, violet et vert 1 10 0 50
2722 3 f. marron clair, rouge et noir 1 40 0 50

Castor.

Martin pêcheur.

2723 4 f. marron, lilas et noir 2 » 1 10
2724 5 f. bleu clair, jaune et noir 2 50 1 10
Nos 2721 à 2724 (4 val.) 7 » 3 20
La série, non dentelée 110 »

Tirages : 6 552 732, 5 651 069, 7 884 441 et 5 103 792.

1991. - *10e Congrès forestier mondial, à Paris. Taille-douce. Dentelés 13.*

Composition symbolique.

2725 2 f. 50, vert foncé, bleu-vert et noir 1 25 0 30
a. (Non dentelé) 18 50

Tirage : 11 948 802.

1991. - *Centenaire de l'École Spéciale des Travaux Publics. Impression mixte offset-taille-douce. Dentelé 13.*

Têtes casquées, engin, réalisations.

2726 2 f. 50, multicolore 1 25 0 65
a. (Non dentelé) 15 »

Tirage : 5 629 966.

1991. - *Centenaire de la naissance de Max Ernst (1891-1976). Émission conjointe franco-allemande. Oeuvre de l'artiste. Héliogravure. Dentelé 13.*

"Après nous la maternité".

2727 2 f. 50, multicolore 1 55 1 »
a. (Non dentelé) 54 »

Tirage : 7 495 036.

La R.F.A. a émis simultanément sur ce sujet une figurine de 100 p. (n° 1401 cotes 12 » 6 »).

1991. - *30e anniversaire d'"Amnesty International". Héliogravure. Dentelé 13.*

2728 3 f. 40, rose, bleu et noir 1 70 0 65
a. (Non dentelé) 26 75

Tirage : 6 304 294.

1991. - *75e anniversaire de la naissance de Marcel Cerdan (1916-1949). Héliogravure. Dentelé 13.*

Un combat de Cerdan.

2729 2 f. 50, noir, rouge et gris 1 25 0 50
a. (Non dentelé) 26 75

Tirage : 7 928 177.

1991. - *Série artistique. Taille-douce (N° 2730) et héliogravure (N° 2731). Dentelés 12½-13.*

Oeuvre de François Rouan. "Volta faccia".

2730 5 f. noir 2 75 1 10
a. (Non dentelé) 61 »

Oeuvre de Roberto Matta. "Ô tableau noir".

2731 5 f. multicolore 2 75 1 25
a. (Non dentelé) 61 »
Tirages : 4 099 831 et 4 206 186.

1991. - *Parcours de la flamme olympique (VI). Taille-douce. Dentelé 13.*

Logo officiel.

2732 2 f. 50, bleu, rouge et noir 1 25 0 30
a. (Non dentelé) 46 »
Tirage : 27 928 695.

Porte le millésime 1992.

1991. - *Au profit de la Croix-Rouge. Toulon, d'après l'oeuvre de François Nardi. Héliogravure. Dentelé 13* x *12½.*

Vue du port.

2733 2 f. 50+60 c. multicolore 1 40 1 10
a. (Dentelé 13 X 13½) 1 55 1 40
b. (Non dentelé) 30 »
Tirage : 1 819 292.

A été aussi émis en carnets. Tirage : 957 135. Le n° 2733a provient des carnets.

1991. - *V^es Jeux paralympiques, à Tignes. Héliogravure. Dentelé 13.*

Oiseau aux ailes brisées de Folon.

2734 2 f. 50, bleu foncé et bleu clair 1 25 0 65
a. (Non dentelé) 40 »
Tirage : 14 882 599.
Porte le millésime 1992.

1991. - *150e anniversaire du rattachement volontaire de Mayotte à la France. Taille-douce. Dentelé 13.*

Paysage et logo.

2735 2 f. 50, brun, vert, jaune et bleu clair 1 25 0 30
a. (Non dentelé) 15 »
Tirage : 12 176 397.
Porte le millésime 1992.

> **1991**
> **Du N° 2676 au N° 2735 =**
> **60 timbres **101 ⊙56**
> Autre rubriques de l'année :
> Bloc-feuillet 13
> Service 106 à 109

1992. - "*Expo'92". Exposition universelle de 1992, à Séville (Espagne). Offset-taille-douce. Dentelé 13.*

Croquis sommaire du pavillon français.

2736 2 f. 50, bleu, noir et vert clair 1 25 0 30
a. (Non dentelé) 30 »
Tirage : 15 659 136.

1992. - "*Albertville'92". Jeux olympiques d'hiver (VII). Types des T.-P. de 1990 et 1991, avec valeur faciale différente. Taille-douce. Dentelés 13.* BF *n° 14.*

2737	2 f. 50+20 c. rge, gris et bleu (2633)	2 »	2 »
2738	2 f. 50+20 c. rge, gris et bleu (2674)	2 »	2 »
2739	2 f. 50+20 c. rge, gris et bleu (2675)	2 »	2 »
2740	2 f. 50+20 c. rge, gris et bleu (2676)	2 »	2 »
2741	2 f. 50+20 c. rge, gris et bleu (2677)	2 »	2 »
2742	2 f. 50+20 c. rge, gris et bleu (2678)	2 »	2 »
	N°s 2737 à 2742 (6 val.)	12 »	12 »

Ces timbres portent le millésime 1990 (2737, 2738, 2739), 1991 (2740, 2741) ou 1992 (2742).

Émis uniquement en feuillet.

Tirage : 1 777 996.

1992. - *Journée du Timbre. Les Métiers de la Poste. Impression offset. Dentelé 13.*

L'accueil des usagers.

2743	2 f. 50+60 c. bleu, gris et jaune	1 40	1 10
	a. (Non dentelé)	18 50	

Tirage : 1 816 225.

1992. - *Idem. Timbre provenant de carnet. Héliogravure. Dentelé 13.*

2744	2 f. 50+60 c. bleu, rouge et jaune	1 55	1 10

La bande (format vertical) destinée à la confection de carnets comprend 6 n°s 2744 et deux vignettes.

La bande carnet	9 30	9 30

Tirage : 1 023 174.

Voir après le n° 2360 la présentation de la bande.

1992. - *Jeux olympiques d'été 1992, à Barcelone (Espagne). Émission conjointe franco-grecque. Offset. Dentelé 13.*

Silhouette de coureur.

2745	2 f. 50, rouge, ocre, noir et bleu	1 85	0 30
	a. (Non dentelé)	42 »	

Tirage : 13 193 419.

La Grèce a émis simultanément une figurine au même type de 90 d. (n° 1781 cotes : 9 » 3 »).

1992. - *500e anniversaire de la naissance de Marguerite d'Angoulême, Reine de Navarre (1492-1549). Offset. Dentelé 13.*

Portrait, d'après l'oeuvre de Clouet.

2746	3 f. 40, multicolore	1 70	1 10
	a. (Non dentelé)	20 »	

Tirage : 7 560 069.

1992. - *Personnages célèbres. Musiciens. Héliogravure. Dentelés 13.*

César Franck (1822-1890).

Erik Satie (1866-1925).

Florent Schmitt (1870-1958).

2747	2 f. 50+50 c. multicolore	1 40	1 40
2748	2 f. 50+50 c. multicolore	1 40	1 40
2749	2 f. 50+50 c. multicolore	1 40	1 40

Arthur Honegger (1892-1955).

Georges Auric (1899-1983).

Germaine Tailleferre (1892-1983).

2750	2 f. 50+50 c. multicolore	1 40	1 40
2751	2 f. 50+50 c. multicolore	1 40	1 40
2752	2 f. 50+50 c. multicolore	1 40	1 40
	N°s 2747 à 2752 (6 val.)	8 40	8 40
	La série, non dentelée	110 »	

Tirages : 1 553 056, 1 573 526, 1 534 763, 1 558 541, 1 554 152 et 1 560 581.

Ont été aussi émis en carnets (tirage : 1 171 197).

La bande (format horizontal) destinée à la confection de carnets comprend les timbres n°s 2747 à 2752, dans l'ordre des numéros de gauche à droite, encadrés de deux vignettes.

2753	La bande-carnet non pliée	9 50	9 50

Voir après le n° 2360 la présentation de la bande.

1992. - *500e anniversaire de la fondation d'Ajaccio. Détail d'une oeuvre de Sandro Botticelli. Héliogravure. Dentelé 13.*

"La Vierge et l'Enfant soutenus par un ange, sous une guirlande".

2754	4 f. multicolore sur bistre	1 85	0 65
	a. (Non dentelé)	23 »	

Tirage : 4 872 476.

1992. - *Europa. 500e anniversaire de la découverte de l'Amérique par Christophe Colomb. Taille-douce. Dentelés 13.*

1493. Christophe Colomb. Carte avec trajet ; instruments de navigation.

1507. America. Carte, caravelle, rose des vents.

2755 2 f. 50, rouge, jne, brun, bleu et noir 1 85 0 45
2756 3 f. 40, rge, noir, jaune et vert-bleu 2 75 1 »
La paire, non dentelée 85 »

Voir également à la rubrique des "Entiers Postaux" (nos 59 et 60).

Tirages : 12 128 142 et 5 634 125.

1992. - *Congrès international des céréales et du pain. Offset. Dentelé 13.*

Pains, épis et coquelicots.

2757 3 f. 40, multicolore 1 70 1 25
a. (Non dentelé) 18 50

Tirage : 6 823 504.

1992. - *Congrès des Sociétés philatéliques françaises, à Niort. "L'Europe d'Art". Héliogravure. Dentelé 13.*

Personnages allégoriques sur timbre triangulaire.

2758 2 f. 50, multicolore 1 25 0 30
a. (Non dentelé) 26 75

Tirage : 12 484 695.

1992. - *L'Homme de Tautavel. Héliogravure. Dentelé 13.*

Homme préhistorique avec javelot ; grotte.

2759 3 f. 40, multicolore 1 70 0 80
a. (Non dentelé) 18 50

Tirage : 4 906 292.

1992. - *La France et l'Espagne pays olympiques 1992. Émission conjointe franco-espagnole. Héliogravure. Dentelé 13.*

Anneaux olympiques sur noms "Albertville" et "Barcelone" répétés.

2760 2 f. 50, multicolore 1 85 0 50
a. (Non dentelé) 46 »

Tirage : 17 063 210.

L'Espagne à émis simultanément une figurine au même type de 45 ptas (n° 2808 cotes 9 » 3 »).

1992. - *Série artistique. Gravure de Jacques Callot. Taille-douce. Dentelé 12½ x 13.*

"Portrait de Claude Deruet".

2761 5 f. noir sur crème 2 75 0 80
a. (Non dentelé) 61 »

Tirage : 3 972 272.

1992. - *500e anniversaire de la 1re ascension du Mont Aiguille (Isère). Taille-douce. Dentelé 13.*

Vue du Mont.

2762 3 f. 40, brun, vert et bleu 1 70 0 80
a. (Non dentelé) 23 »

Tirage : 5 203 910.

1992. - *Série touristique. Taille-douce. Dentelés 13.*

Château de Biron (Dordogne).

2763 2 f. 50, vert, bleu foncé et brun 1 25 0 30

Le canal de l'Ourcq.

Lorient.

2764 4 f. vert, noir et bleu 1 85 0 65
2765 4 f. ocre, vert clair et vert foncé 1 85 0 80
La série, non dentelée 61 »

Tirages : 13 680 272, 6 647 681 et 5 556 441.

1992. - *Série "Nature de France" (IX). Fleurs des étangs et marais. Taille-douce. Dentelés 12½.*

Lys de mer.

Rossolis.

2766 2 f. multicolore 1 » 0 30
2767 3 f. multicolore 1 40 0 50

Orchis des marais.

Nénuphar jaune.

2768 4 f. multicolore 1 80 0 80
2769 5 f. multicolore 2 30 1 40
Nos 2766 à 2769 (4 val.) 6 50 3 »
La série, non dentelée 92 »

Tirages : 5 567 941, 5 105 801, 5 528 486 et 4 235 364.

1992. - *Type Marianne du Bicentenaire. Deux barres de phosphore. Taille-douce. Dentelé 13.*

2770 4 f. 20, rose 2 » 0 30
a. (Non dentelé) 11 50

Sans bandes de phosphore.

2770b 4 f. 20 30 »

1992. - *1792, An I de la République Française. Taille-douce. Dentelé 13.*

Allégorie de la République et texte.

2771 2 f. 50, multicolore 1 25 0 30
a. (Non dentelé) 42 »

Tirage : 14 734 220.

1992. - *Bicentenaire de la proclamation de la République. Oeuvres d'artistes contemporains. Taille-douce. Dentelés 13.*

Oeuvre d'Alechinsky.

Oeuvre de M. Raysse.

2772 2 f. 50, rouge 1 25 0 15
2773 2 f. 50, rouge 1 25 0 15

Oeuvre de G. Garrouste.

Oeuvre de J.-C. Blais.

2774 2 f. 50, rouge 1 25 0 15
2775 2 f. 50, rouge 1 25 0 15
Nos 2772 à 2775 (4 val.) 5 » 0 60
La série, non dentelée 110 »

Imprimés par feuilles de 100 avec interpanneaux comportant des inscriptions (50 exemplaires du n° 2772 à gauche et 50 du n° 2773 à droite ; idem pour les nos 2774 et 2775).

Paires se tenant.

2772a (2772+2773) 6 10 4 60
2774a (2774+2775) 6 10 4 60

Sans bandes de phosphore.

2772b 2 f. 50 17 »

2773a 2 f. 50 17 »

Tirages : 102 877 017, 102 877 017, 108 017 074 et 108 017 074.

1992. - *Mise en vigueur du Marché unique européen. Héliogravure. Dentelé 13.*

Composition de N. de Saint-Phalle.

2776 2 f. 50, multicolore 1 25 0 50

a. (Sans le vert, sur maillot et coeur) 230 » » »

b. (Non dentelé) 46 »

Tirage : 15 238 156.

1992. - *10ᵉ anniversaire de la mort de Marcel Paul (1900-1982), ancien Ministre (1945). Taille-douce. Dentelé 13.*

Portrait, et pylône électrique, conduite de gaz.

2777 4 f. 20, lilas-brun et bleu 2 30 0 65

a. (Non dentelé) 23 »

Tirage : 6 565 323.

1992. - *80ᵉ anniversaire de la 1ʳᵉ liaison postale aérienne, Nancy-Lunéville. Héliogravure. Dentelé 13.*

Avions ancien et moderne en vol.

2778 2 f. 50, multicolore 1 25 0 65

a. (Non dentelé) 23 »

Tirage : 24 520 065.

Voir également à la rubrique des "Entiers postaux" (n° 61).

1992. - *Série européenne d'art contemporain. Héliogravure. Dentelés 13 x 12½.*

"Étude pour le portrait de John Edward", de F. Bacon (Grande-Bretagne).

2779 5 f. multicolore 2 30 1 10

Création pour la Poste d'Alberto Burri (Italie).

2780 5 f. multicolore 2 30 1 10

"Le rendez-vous d'Ephèse", de P. Delvaux (Belgique).

2781 5 f. multicolore 2 30 1 10

Création pour la Poste d'Antoni Tapies (Espagne).

2782 5 f. multicolore 2 30 1 10

Nᵒˢ 2779 à 2782 (4 val.) 9 20 4 40

La série, non dentelée 230 »

Voir également les nᵒˢ 2834, 2835, 2858, 2914, 2969, 2986 et 2987 ainsi que le n° 2797.

Tirages : 3 834 334, 3 786 880, 3 922 429 et 3 861 977.

1992. - *Au profit de la Croix-Rouge. L'Entraide, Strasbourg. Héliogravure. Dentelé 13½ x 13.*

Illustration de l'entraide.

2783	2 f. 50+60 c. multicolore	1 40	1 10
	a. (Non dentelé)	35 »	

Tirage : 1 709 276.

A été aussi émis en carnets. (Tirage : 880 680).

1992. - *Les gens du voyage. Taille-douce. Dentelé 13.*

Composition symbolique.

2784	2 f. 50, multicolore	1 25	0 50
	a. (Non dentelé)	28 »	

Tirage : 13 151 767.

1992
Du N° 2736 au N° 2784 =
49 timbres ****91** **⊙54**
Autres rubriques de l'année :
Bloc-feuillet 14
Préoblitérés 213 à 227

1993. - *Série "Nature de France" (X). Espèces protégées de canards. Taille-douce. Dentelés 13.*

Harle Piette.

Fuligule Nyroca.

2785	2 f. multicolore	1 »	0 30
2786	3 f. multicolore	1 50	0 30

Tadorne de Belon.

Harle huppé.

2787	4 f. multicolore	2 »	1 »
2788	5 f. multicolore	2 50	0 80
	Nos 2785 à 2788 (4 val.)	7 »	2 40
	La série, non dentelée	92 »	

Tirages : 5 934 372, 5 162 410, 6 036 310 et 4 581 175.

1993. - *Les Postiers autour du monde dans la "Whitbread". Taille-douce. Dentelé 13.*

Mappemonde et voilier en course.

2789	2 f. 50, multicolore	1 55	0 50
	a. (Non dentelé)	35 »	

Tirage : 16 512 108.

Au même type est paru un 2 f. 80 (n° 2831).

Voir également à la rubrique "Entiers postaux" (n° 62).

1993. - *Type Marianne du Bicentenaire. Une bande de phosphore. Taille-douce. Dentelé 13.*

2790	2 f. 20, vert clair	1 55	0 30
	a. (Non dentelé)	15 »	
	Sans bandes de phosphore.		
2790b	2 f. 20	18 50	

1993. - *Mémorial des guerres en Indochine (Nécropole de Fréjus). Taille-douce. Dentelé 13.*

Motif symbolique.

2791	4 f. multicolore	1 85	0 65
	a. (Non dentelé)	23 »	

Tirage : 5 371 957.

Ce timbre porte le millésime 1992.

1993. - *Journée du Timbre. Les métiers de la Poste. "La distribution du courrier", d'après une affiche dessinée pour le film "Jour de Fête". Héliogravure. Dentelé 12½ x 13.*

Le facteur et son vélo.

2792 2 f. 50+60 c. multicolore sur rouge 1 40 1 10

a. (Non dentelé) 23 »

Tirage : 1 942 284.

1993. - *Idem, sans surtaxe. Émis en carnet. Héliogravure. Dentelé 12½ x 13.*

2793 2 f. 50, multicolore sur rouge 1 55 0 80

2793A La paire 2793+2792 3 35 3 »

2794 La bande carnet non pliée 12 50 12 50

La bande (format horizontal) destinée à la confection de carnets comprend 1 vignette, 4 timbres n° 2793 et 3 timbres n° 2792 intercalés entre les précédents.

Tirage : 1 196 978 carnets.

1993. - *Jeux méditerranéens 93. Agde Languedoc Roussillon. Héliogravure. Dentelé 13 x 12½.*

Coureur en action.

2795 2 f. 50, multicolore 1 25 0 30

a. (Non dentelé) 35 »

b. (Cicatrice au bras) 23 » » »

Tirage : 15 291 910.

1993. - *Centenaire du "Droit Humain", Ordre maçonnique mixte international. Taille-douce. Dentelé 13.*

Emblèmes : couple en médaillon.

2796 3 f. 40, bleu et noir 1 70 0 65

a. (Non dentelé) 35 »

Tirage : 4 569 906.

1993. - *Europa. Art contemporain. Héliogravure. Dentelés 12½-13.*

Oeuvre d'Olivier Debré, "Rouge rythme bleu".

2797 2 f. 50, rouge, bleu, vert et violet 1 25 0 50

Oeuvre de Germaine Richier, "Le griffu".

2798 3 f. 40, gris clair, gris foncé et bronze 1 80 0 90

La paire, non dentelée 110 »

Le n° 2797 fait également partie de la série européenne d'art contemporain.

Tirages : 16 455 095 et 4 376 647.

sonnages célèbres. Ecrivains français. Taille-ntelés 13.

Guy de Maupassant (1850-1893). Émile Chartier, dit Alain (1868-1951).

2799	2 f. 50+50 c. bleu, vert et noir	1 40	1 40
2800	2 f. 50+50 c. bleu, vert et noir	1 40	1 40

Jean Cocteau (1889-1963). Marcel Pagnol (1895-1974).

2801	2 f. 50+50 c. bleu, vert et noir	1 40	1 40
2802	2 f. 50+50 c. bleu, vert et noir	1 40	1 40

André Chamson (1909-1983). Marguerite Yourcenar (1903-1987).

2803	2 f. 50+50 c. bleu, rouge et noir	1 40	1 40
2804	2 f. 50+50 c. bleu, vert et noir	1 40	1 40
	Nos 2799 à 2804 (6 val.)	8 40	8 40
	La série, non dentelée	110 »	

Tirages : 1 389 269, 1 401 390, 1 394 740, 1 404 071, 1 382 329 et 1 437 729.

Ont été aussi émis en carnets (tirage : 1 058 740).

La bande (format vertical) destinée à la confection de carnets comprend de haut en bas : une vignette sans valeur (titre de l'émission), une seconde vignette (signatures des écrivains), les timbres nos 2799 à 2804, dans l'ordre des numéros.

2805	La bande-carnet non pliée	8 40	8 40

Voir après le n° 2360 la présentation de la bande.

1993. - *Type Marianne du Bicentenaire. Sans valeur indiquée (validité permanente). Deux bandes de phosphore. Taille-douce. Dentelé 13.*

2806	(sans val.), rouge	1 40	0 15
	a. (Non dentelé)	15 »	

Sans bandes de phosphore.

2806b	(sans val.)	11 »	

1993. - *Idem. Émis en carnet. Gommage adhésif. Non dentelé.*

2807	(sans val.) rouge	1 55	0 15

Imprimé attenant horizontalement à la gauche d'une vignette sans valeur ("l'enveloppe à cases. Elle facilite votre courrier"). Provenant du carnet n° 1503.

2807a	(sans val.)+vignette	2 30	

Ce timbre non dentelé a été remplacé en 1994 par un timbre comportant une dentelure verticale en lignes ondulées (n° 2874).

1993. - *IXe Conférence des Cours Constitutionnelles européennes. Protection des Droits de l'Homme. Taille-douce. Dentelé 13.*

Allégorie.

2808	2 f. 50, multicolore	1 25	0 30
	a. (Non dentelé)	30 »	

Tirage : 9 434 623.

1993. - *Centenaire de la naissance et 10e anniversaire de la mort de Louise Weiss (1893-1983), écrivain et femme politique. Taille-douce. Dentelé 13.*

Portrait : logo européen, main et crayon.

2809	2 f. 50, noir, crème et rouge	1 25	0 50
	a. (Non dentelé)	30 »	

Tirage : 9 778 832.

1993. - *40e anniversaire de la mort du compositeur et guitariste Django Reinhardt (1910-1953). Héliogravure. Dentelé 13 x 12½.*

Tête vue de face, Reinhardt à la guitare.

2810	4 f. 20, multicolore	2 »	0 80
	a. (Non dentelé)	23 »	

Tirage : 5 438 585.

1993. - *Congrès de la Fédération des Sociétés Philatéliques françaises, à Lille. Taille-douce. Dentelé 13.*

TGV et bâtiments.

2811 2 f. 50, multicolore 1 25 0 50
a. (Non dentelé) 30 »

Tirage : 9 827 621.

1993. - *Bicentenaire du Muséum national d'Histoire naturelle. Taille-douce et offset. Dentelé 13.*

Sceau, avec rappel des 3 ordres
(minéral, végétal, animal).

2812 2 f. 50, multicolore 1 25 0 30
a. (Non dentelé) 23 »

Tirage : 9 204 339.

1993. - *Martyrs et Héros de la Résistance. Héliogravure. Dentelés 13.*

Sujets : 2 f. 50, Martyrs. ; 4 f. 20, Héros..

2813 2 f. 50, noir et gris sur rouge 1 40 0 80
2814 4 f. 20, noir et gris sur rouge 2 » 1 10
2813A La paire se tenant 3 35 3 »
b. (La paire, non dentelée) 61 »

Tirage : 5 676 802 paires.

Imprimés se tenant horizontalement.

1993. - *Bicentenaire de la mise en service du télégraphe optique Chappe (1794). Taille-douce. Dentelé 13.*

2815 2 f. 50, bleu clair, jaune et noir 1 25 0 30
a. (Non dentelé) 28 »

Tirage : 7 550 119.

1993. - *Série touristique. Taille-douce. Dentel 2818 : 13 ; n° 2817 : 13 x 12½.*

Le petit train d'Artouste
(Pyrénées-Atlantiques).

2816 3 f. 40, bleu, vert et rouge 1 85 1 »

Chinon, Indre-et-Loire.

2817 4 f. 20, multicolore 2 » 1 »

Minerve.

2818 4 f. 20, brun et vert 2 » 0 50
La série, non dentelée 70 »

Tirages : 3 890 852, 5 451 297 et 4 701 486.

1993. - *Type Marianne du Bicentenaire. Sans valeur indiquée. Émis en roulettes. Deux bandes de phosphore. Taille-douce. Dentelé 13 horizontalement.*

2819 (sans val.), rouge 1 40 0 15
a. (N° rouge au verso) 1 85

1993. - *Type Marianne du Bicentenaire. Taille-douce. Dentelés 13.*

2820 2 f. 40, vert 1 25 0 15
2821 3 f. 50, vert-jaune 1 70 0 30
a. (Une bande de phosphore) 2 » 0 30
2822 4 f. 40, bleu 2 » 0 65
La série, non dentelée 54 »

Une bande de phosphore à droite pour le 2 f. 40, deux bandes pour les autres valeurs.

Sans bande de phosphore.

2820a 2 f. 40 17 »

Provenant de roulettes. Dentelé 13 horizontalement.

2823 2 f. 40, vert 1 50 1 »
a. (N° rouge au verso) 2 »

Provenant de carnet. Une bande de phosphore à droite. Gommage adhésif. Taille-douce. Non dentelé.

2824 70 c. brun 8 » 4 »

Imprimé attenant horizontalement à la gauche d'une vignette sans valeur ("L'enveloppe à cases. Elle facilite votre courrier"). Provenant du carnet n° 1503.

2824a 70 c.+vignette 8 »
2824b (sans val.)+70 c.+vignette 10 »

Remplacé en 1994 par un timbre comportant une dentelure verticale en lignes ondulées (n° 2873).

1993. - *Série touristique. Taille-douce. Dentelés 13.*

Abbaye de la Chaise-Dieu (Haute-Loire).

2825 2 f. 80, brun, bleu et vert 1 40 0 50

Palais et temple de Montbéliard (Doubs).

Le Jacquemard de Lambesc (Bouches-du-Rhône).

2826 4 f. 40, vert, ardoise et brun-rouge 2 » 0 80
2827 4 f. 40, multicolore 2 » 0 80
La série, non dentelée 61 »

Tirages : 15 277 579, 6 210 973 et 6 330 234.

1993. - *Série artistique. 400e anniversaire de la naissance de Georges de la Tour (1593-1652). Héliogravure. Dentelé 12½ x 13.*

"Saint Thomas".

2828 5 f. multicolore 2 75 1 10
a. (Non dentelé) 61 »

Tirage : 3 880 322.

1993. - *Cinquantenaire de la libération de la Corse. Taille-douce. Dentelé 13.*

Carte de l'île, sous-marin "Casabianca".

2829 2 f. 80, noir, brun-rouge et bleu 1 55 0 30
a. (Non dentelé) 30 »

Tirage : 13 746 395.

1993. - *Bicentenaire de l'implantation du Service de Santé des Armées au Val de Grâce. Taille-douce. Dentelé 13.*

Le Dôme.

2830 3 f. 70, noir et vert 1 70 0 50
a. (Non dentelé) 23 »

Tirage : 8 211 384.

1993. - *Les Postiers autour du monde dans la "Withbread". Type du n° 2789. Taille-douce. Dentelé 13.*

2831 2 f. 80, bleu et jaune 2 » 0 50
a. (Non dentelé) 23 »

Tirage : 14 301 047.

Voir également à la rubrique des "Entiers postaux" (nos 63 et 64).

1993. - *Série artistique. Cinquantième anniversaire de la mort de Maurice Denis (1870-1943). Héliogravure. Dentelé 12½ x 13.*

"Les Muses".

2832	5 f. multicolore	2 60	1 »
	a. (Non dentelé)	61 »	

Tirage : 4 092 500.

1993. - *Centre National des Arts du Cirque, à Châlons-sur-Marne. Héliogravure. Dentelé 13.*

"Les Clowns", d'après Albert Gleizes.

2833	2 f. 80, multicolore	1 40	0 30
	a. (Non dentelé)	23 »	

Tirage : 14 927 518.

1993. - *Série européenne d'art contemporain. Héliogravure. Dentelés 13 x 12½.*

Oeuvre originale de Takis (Grèce).

2834	5 f. rouge et noir	2 30	0 80
	a. (Non dentelé)	61 »	

"Gravure rehaussée", oeuvre de Marie Hélène Vieira da Silva (1909-1992).

2835	5 f. multicolore	2 30	0 80
	a. (Non dentelé)	61 »	

Tirages : 3 815 619 et 3 906 369.

1993. - *"Le plaisir d'écrire", vu par 12 auteurs de bandes dessinées. Héliogravure. Dentelés 13½ x 13.*

"Bonne Fête", de C. Wendling.

"Bonne Fête", de B. Olivié.

2836	2 f. 80, multicolore	1 25	0 50
2837	2 f. 80, multicolore	1 25	0 50

"Joyeux anniversaire", de S. Colman.

"Joyeux anniversaire", de G. Sorel.

2838	2 f. 80, multicolore	1 25	0 50
2839	2 f. 80, multicolore	1 25	0 50

"Avec flamme", de J.-M. Thiriet.

"Plaisir d'écrire", d'E. Davodeau.

2840	2 f. 80, multicolore	1 25	0 50
2841	2 f. 80, multicolore	1 25	0 50

"Félicitations", de J. de Moor.

"Bonne chance", de Mezzo.

2842	2 f. 80, multicolore	1 25	0 50
2843	2 f. 80, multicolore	1 25	0 50

"Meilleurs voeux", de N. de Crécy.

"Meilleurs voeux", de F. Magnin.

2844	2 f. 80, multicolore	1 25	0 50
2845	2 f. 80, multicolore	1 25	0 50

"Joyeux Noël", de T. Robin.

"Joyeux Noël", de P. Prugne.

2846	2 f. 80, multicolore	1 25	0 50
2847	2 f. 80, multicolore	1 25	0 50
	Nos 2836 à 2847 (12 val.)	15 »	6 »

Dentelés 12½.

Nos 2836a à 2847a (12 val.)	17 »	5 50

Tirages :

La bande (format vertical) destinée à la confection de carnets comprend six paires horizontales superposées, entourées de marges blanches.

2848	La bande-carnet non pliée	15 »	13 »
	a. (Dentelée 12½)	18 50	15 »
	b. (Non dentelé)	275 »	

Émis en carnets ces timbres ont également été émis en feuilles composées de 4 bandes verticales des 12 timbres, séparées les unes des autres par un perçage en lignes et avec inscription dans la marge supérieure ("Feuille de 4 bandes de 12 timbres à 2,80 F : 33,60 F X 4 = 134,40").

Voir également à la rubrique des Entiers Postaux.

1993. - *Salon du Timbre. 1er Salon européen des Loisirs du Timbre (I). Héliogravure. Dentelés 13.* BF *n° 15.*

Rhododendrons.

Parc floral de Paris.

2849	2 f. 40, multicolore	8 40	8 40
2850	2 f. 40, multicolore	8 40	8 40

Émis uniquement en feuillet.

Tirage :

1993. - *Bicentenaire de la création du Musée du Louvre. Héliogravure. Dentelés 13.*

1793 Le Palais devient Musée.

1993 Le Grand Louvre.

2851	2 f. 80, multicolore	1 40	1 »
2852	4 f. 40, multicolore et or	2 »	1 25

Imprimés se tenant horizontalement pour former panorama. Les diptyques sont imprimés attenant horizontalement de part et d'autre d'une vignette centrale sans valeur (regard de la "Joconde"). Emis en feuille de 20 diptyques, vendus en bande de 2 diptyques et 1 vignette.

2852A	Le diptyque avec vignette	3 85	3 »
2852B	La bande de 2 diptyques et 1 vignette	7 65	7 65
	a. Idem, non dentelé	170 »	

Tirage : 2 199 329 bandes de 2 diptyques.

1993. - *Au profit de la Croix-Rouge. L'imagerie de Metz. Taille-douce. Dentelé 12½ x 13.*

Saint Nicolas.

2853	2 f. 80+60 c. multicolore	1 70	1 25
	a. (Dentelé 13½ X 13)	1 70	1 25
	b. (Non dentelé)	40 »	

Tirage : 1 749 138.

A été aussi émis en carnets (tirage : 898 823). Le n° 2853a provient de carnets.

1993
Du N° 2785 au N° 2853 =
69 timbres
(sauf 2793A, 2813A,
2852A et B) ****160** **⊙98**

Autres rubriques de l'année :
Bloc-feuillet 15
Préoblitérés 228 à 231
Service 110 et 111

1994. - *Série "Arts décoratifs". Héliogravure. Dentelés 12½ x 13.*

Verrerie de Gallé (1901).

Fonte de Guimard (vers 1900).

2854	2 f. 80, multicolore	1 25	0 30
2855	2 f. 80, multicolore	1 25	0 30

Ébénisterie de Majorelle (vers 1902).

Théière en céramique de Dalpayrat (vers 1898).

2856	4 f. 40, multicolore	1 85	0 65
2857	4 f. 40, multicolore	1 85	0 65
	Nos 2854 à 2857 (4 val.)	6 20	1 90
	La série, non dentelée	85 »	

Tirages : 12 246 349, 13 348 130, 4 987 910 et 5 077 513.

1994. - *Série européenne d'art contemporain. Héliogravure. Dentelé 13 x 12½.*

Oeuvre originale de Sean Scully (Irlande).

2858	6 f. 70, multicolore	3 »	1 10
	a. (Non dentelé)	61 »	

Tirage : 5 265 258.

1994. - *Série artistique. Vitrail roman de la cathédrale du Mans. Taille-douce. Dentelé 12½ x 13.*

"La légende de Saint Étienne" (XIIe siècle).

2859	6 f. 70, multicolore sur bleu	3 »	1 25
	a. (Non dentelé)	61 »	

Tirage : 5 844 468.

1994. - *4e élections au Parlement Européen. Offset. Dentelé 13.*

Drapeau européen.

2860	2 f. 80, gris-bleu et jaune	1 25	0 30
	a. (Non dentelé)	40 »	

Tirage : 11 237 249.

1994. - *150e anniversaire de la mort de Laurent Mourguet (1769-1844), créateur de Guignol. Héliogravure. Dentelé 13.*

Portrait ; la marionnette.

2861	2 f. 80, multicolore	1 25	0 50
	a. (Non dentelé)	23 »	

Tirage : 14 489 257.

1994. - *Bicentenaire de la création de l'École Polytechnique. Héliogravure. Dentelé 13.*

"X" allégorique.

2862	2 f. 80, multicolore	1 25	0 50
	a. (Non dentelé)	23 »	

Tirage : 8 112 308.

1994. - *Journée du Timbre. Cinquantenaire de la Marianne de Dulac. Timbre sur timbre. Taille-douce. Dentelé 13.*

2863	2 f. 80+60 c. rouge et bleu	1 55	1 40
	a. (Id. timbre de carnet, dent. 13½ x 13)	1 55	1 55
	b. (Non dentelé)	30 »	

Tirage : 1 651 056.

1994. - *Idem, sans surtaxe. Émis en carnet. Taille-douce. Dentelé 13.*

2864	2 f. 80, rouge et bleu	4 »	2 »
2864A	La paire 2864+2863a	6 10	4 60

La bande (format vertical) destinée à la confection de carnets comprend 1 vignette sans valeur, 4 timbres n° 2864 et 3 timbres n° 2863a intercalés entre les précédents (voir au n° 2794).

2865	La bande carnet non pliée	21 »	21 »
	a. (Non dentelée)	305 »	

Tirage : 974 324 carnets.

1994. - *Relations culturelles France-Suède. Émission conjointe franco-suédoise. Émis en carnet. Taille-douce. Dentelés 13.*

"Les Vikings" ; détails de la tapisserie de Bayeux.

"Les Vikings" ; détails de la tapisserie de Bayeux.

2866	2 f. 80, multicolore	2 60	1 10
2867	2 f. 80, multicolore	2 60	1 10

Costumes de Fernand Léger pour les Ballets Suédois ("Skating Rink") : "Un marin".

Costumes de Fernand Léger pour les Ballets Suédois ("Skating Rink") : "Monsieur en haut-de-forme".

2868	2 f. 80, multicolore	2 60	1 10
2869	2 f. 80, multicolore	2 60	1 10

"Fête au Trianon pour Gustave III" (1784), de Niclas Lafrensen le jeune.

2870	3 f. 70, multicolore	4 50	1 70

"Relations France-Suède", composition de René Dessirier.

2871	3 f. 70, multicolore	4 30	1 70
	N°s 2866 à 2871 (6 val.)	19 20	7 80

La bande (format horizontal) destinée à la confection de carnets comprend les six timbres ci-dessus dans l'ordre de gauche à droite : 2866, 2867, 2870, 2871, 2868, 2869, entourés de marges blanches.

2872	La bande-carnet non pliée	20 »	20 »
	a. (Non dentelée)	200 »	

Tirage : 1 505 086 carnets.

La Suède a émis simultanément sur ce sujet un carnet de 30 k., de 6 timbres dont 2 sont identiques aux n°s 2870 et 2871 (carnet C1794 cote : 75 »).

1994. - *Type Marianne du Bicentenaire. Émis en carnets. Gommage adhésif. Précoupé vertical en lignes ondulées.*

Type I.

Type II.

Type I : lettres plus épaisses, cadre du bas interrompu au milieu et base de l'échancrure du cou arrondie.

Type II : lettres plus fines, cadre du bas continu et base de l'échancrure du cou en pointe.

2873 70 c. brun 8 » 4 »
2874 (sans val.) rouge (I) 1 25 0 15
a. (Type II) 9 50 1 55

Une bande de phosphore pour le 70 c., deux bandes pour le timbre sans valeur indiquée.

Le n° 2874a provient du carnet 1105.

Imprimé attenant horizontalement à une vignette sans valeur ("l'enveloppe à cases, elle facilite votre courrier"), provenant des carnets n°s 1504 à 1506.

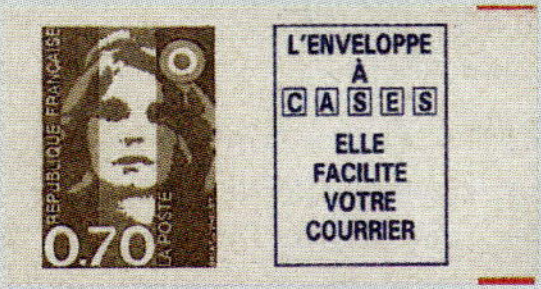

2873a 70 c.+vignette 8 »

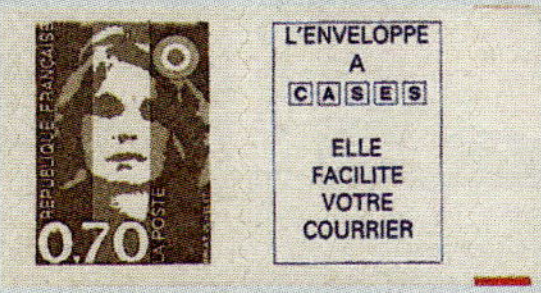

2873b	70 c.+vignette caractères maigres	8 »	
2874b	(Sans valeur)+vignette	2 30	
2874ba	(Sans valeur)+vignette caractères maigres	4 60	
2874c	(Sans valeur)+70 c.+vignette	10 »	
2874ca	(Sans valeur)+70 c.+vignette caractères maigres	11 50	

1994. - *20ᵉ anniversaire de la mort du Président Georges Pompidou. Taille-douce. Dentelé 13.*

Esquisse du portrait.

2875 2 f. 80, brun sur verdâtre 1 25 0 50
a. (Non dentelé) 30 »

Tirage : 8 963 204.

1994. - *Hommage aux Maquis. Taille-douce. Dentelé 13.*

Maquisards en embuscade, et convoi ennemi.

2876 2 f. 80, noir, vert, jaune et bleu 1 25 0 30
a. (Non dentelé) 46 »

Tirage : 7 683 096.

1994. - *"Philexjeunes'94". Exposition philatélique des Jeunes, à Grenoble. Héliogravure. Dentelé 13 x 12½.*

"La chasse aux timbres".

2877 2 f. 80, multicolore 1 25 0 30
a. (Non dentelé) 20 »

Tirage : 14 189 093.

1994. - *Europa. L'Europe et les découvertes. Taille-douce et offset. Dentelés 13.*

Le virus du SIDA. L'onde de Louis de Broglie.

2878 2 f. 80, multicolore 1 40 0 30
2879 3 f. 70, multicolore 1 65 1 25
La paire, non dentelée 80 »

Le n° 2878 a été réimprimé attenant à une vignette sans valeur à l'occasion de la journée mondiale de lutte contre le SIDA (n° 2916).

Tirages : 11 040 316 et 6 960 223.

1994. - *Inauguration du tunnel sous la Manche. Emission commune franco-britannique. Héliogravure. Dentelés 13½.*

Sujets : 2880 et 2882 : lion britannique et coq gaulois se serrant ... la "main" par-dessus la Manche ; 2881 et 2883 mains britannique et française (cocardes) sous la mer et au-dessus du TGV.

2880 2 f. 80, multicolore 1 25 0 50

2881 2 f. 80, multicolore 1 25 0 50

2882 4 f. 30, multicolore 2 » 1 10

2883 4 f. 30, multicolore 2 » 1 10
N°s 2880 à 2883 (4 val.) 6 50 3 20
La série, non dentelée 170 »

Imprimés se tenant horizontalement par valeurs faciales identiques.

La Grande-Bretagne a émis simultanément 4 timbres identiques de 25 p. (X 2) et 41 p. (X 2), (n°s 1758 à 1761 cotes : 38 » 24 »).

Tirages : 8 973 307, 8 973 307, 3 677 868 et 3 677 868.

1994. - *Banque asiatique de développement. Offset. Dentelé 13.*

Logo de l'établissement.

2884 2 f. 80, multicolore 1 25 0 30
a. (Non dentelé) 18 50

Tirage : 7 851 171.

1994. - *67e Congrès de la Fédération des Sociétés Philatéliques Françaises, à Martigues. Taille-douce. Dentelé 13.*

Poisson englobant une vue de la ville.

2885 2 f. 80, multicolore 1 25 0 30
a. (Non dentelé) 18 50

Tirage : 8 087 369.

1994. - *La Cour de Cassation. Taille-douce et offset. Dentelé 12½ x 13.*

Vue du monument.

2886 2 f. 80, bleu, noir et jaune 1 25 0 30
a. (Non dentelé) 18 50

Tirage : 7 606 174.

1994. - *50e anniversaire du débarquement des troupes alliées en Normandie. Taille-douce. Dentelés 13.*

Le débarquement. Hommage aux libérateurs.

2887 4 f. 30, bleu, rouge et gris 1 85 0 80
2888 4 f. 30, multicolore 1 85 0 80
La paire, non dentelée 92 »

Tirages : 7 800 256 et 7 795 045.

1994. - *Centenaire de la création du C.I.O. (Comité International Olympique). Impression offset. Dentelé 13.*

Visage de P. de Coubertin, coupole de la Sorbonne, anneaux olympiques.

2889 2 f. 80, multicolore 1 85 0 50
a. (Non dentelé) 46 »

Tirage : 7 823 574.

1994. - *Bicentenaire de l'orgue de la cathédrale de Poitiers. Dentelé 13½.*

Vue du buffet.

2890 4 f. 40, noir, jaune, lilas et brun-rouge 2 » 0 65
a. (Non dentelé) 18 50

Tirage : 6 000 720.

1994. - *Série touristique. Héliogravure (N° 2891) et taille-douce (Nos 2892, 2893 et 2894). Dentelés 13.*

La montagne Sainte-Victoire, d'après une aquarelle de Cézanne.

Pays de la Saulx (Meuse). Le pont de Rupt-aux-Nonains.

2891   2 f. 80, multicolore   1 25   0 30
2892   2 f. 80, bleu nuit   1 25   0 30

Bastia. Le vieux port et l'église Saint-Jean-Baptiste.

Argentat (Corrèze).

2893   4 f. 40, brun et bleu   1 85   0 65
2894   4 f. 40, rouge et brun   1 85   0 65
Nos 2891 à 2894 (4 val.)   6 20   1 90
La série, non dentelée   80 »

Tirages : 9 781 660, 11 712 066, 5 912 166 et 5 460 779.

1994. - *Débarquement et bataille de Provence-Août 1944. Taille-douce. Dentelé 13.*

Emblème, tracé des côtes, soldat débarquant, dans la mer.

2895   2 f. 80, noir, bleu, jaune et rouge   1 25   0 30
a. (Non dentelé)   46 »

Tirage : 11 955 533.

1994. - *400e anniversaire de la naissance de Nicolas Poussin (1594-1665). Oeuvre de l'artiste. Taille-douce. Dentelé 13.*

"Moïse et les filles de Jethro".

2896   4 f. 40, noir et brun-jaune   2 »   1 »
a. (Non dentelé)   35 »

Tirage : 5 068 456.

1994. - *Personnages célèbres. "De la scène à l'écran". Héliogravure. Dentelés 13.*

Yvonnes Printemps (1894-1977).

Fernandel (1903-1971).

Joséphine Baker (1906-1975).

2897   2 f. 80+60 c. multicolore   1 55   1 55
2898   2 f. 80+60 c. multicolore   1 55   1 55
2899   2 f. 80+60 c. multicolore   1 55   1 55

Bourvil (1917-1970).

Yves Montand (1921-1991).

Coluche (1944-1986).

2900   2 f. 80+60 c. multicolore   1 55   1 55
2901   2 f. 80+60 c. multicolore   1 55   1 55
2902   2 f. 80+60 c. multicolore   1 55   1 55
Nos 2897 à 2902 (6 val.)   9 30   9 30
La série, non dentelée   125 »

Tirages : 1 738 255, 1 815 853, 1 777 735, 1 758 757, 1 799 307 et 2 371 418.

La bande (format horizontal) destinée à la confection de carnets comprend, de gauche à droite, deux vignettes reproduisant le rideau de scène à l'Olympia, puis les timbres nos 2897 à 2902, dans l'ordre des numéros.

2903 La bande-carnet non pliée   9 15   9 15
a. (Non dentelée)   230 »

Tirage : 1 416 202 carnets.

Voir également à la rubrique "Entiers postaux" (N° 65).

1994. - *Bicentenaire du Conservatoire National des Arts et Métiers. Taille-douce. Dentelé 13.*

Pendule de Foucault ; carte de France.

2904   2 f. 80, rouge, noir et bleu   1 25   0 30
a. (Non dentelé)   20 »

Tirage : 7 630 288.

1994. - *Série touristique. La Grande Cascade du Parc de Saint-Cloud. Taille-douce. Dentelé 13.*

Vue de la cascade.

2905 3 f. 70, vert-bleu, vert clair et noir 1 70 0 65
a. (Non dentelé) 20 »

Tirage : 5 697 830.

1994. - *Type Marianne du Bicentenaire. Une fine bande de phosphore à droite. Taille-douce. Dentelé 13.*

2906 2 f. bleu 1 » 0 15
a. (Non dentelé) 12 50

1994. - *Bicentenaire de l'École Normale Supérieure. Taille-douce. Dentelé 13.*

Porche d'entrée, rue d'Ulm à Paris.

2907 2 f. 80, lilas et brun-rouge 1 25 0 30
a. (Non dentelé) 18 50

Tirage : 7 923 636.

1994. - *Journée mondiale de prévention des toxicomanies. Héliogravure. Dentelé 13.*

Oeuvre symbolique de V. Velikovic.

2908 2 f. 80, multicolore 1 25 0 50
a. (Non dentelé) 18 50

Tirage : 7 877 313.

1994. - *Salon du Timbre. 1er Salon européen des Loisirs du Timbre (II). Héliogravure. Dentelés 13.* BF *n° 16.*

Parc floral de Paris.

Dahlias.

2909 2 f. 80, multicolore 8 40 8 40
2910 2 f. 80, multicolore 8 40 8 40

Emis uniquement en feuillet.

Tirages :

1994. - *Hommage à Georges Simenon (1903-1989). Émission conjointe Belgo-Franco-Suisse. Offset-taille-douce. Dentelé 13.*

Portrait du romancier ; vue du Quai des Orfèvres.

2911 2 f. 80, multicolore 1 40 0 30
a. (Non dentelé) 28 »

Tirage : 17 064 208.

La Belgique et la Suisse ont chacune émis simultanément un timbre de présentation identique, la vue en arrière-plan étant différente Belgique 16 f. (nos 2579 cotes 10 » 2 »), Suisse 100 c. (n° 1463 cotes 12 » 8 »).

1994. - *Centenaire de la Grande Loge de France. Taille-douce. Dentelé 13.*

Symboles maçonniques.

2912 2 f. 80, bleu-vert, rouge et ocre 1 25 0 30
a. (Non dentelé) 35 »

Tirage : 8 703 799.

1994. - *Hommage à Alain Colas (1943-1978). Taille-douce. Dentelé 13.*

Portrait ; mer déchaînée.

2913 3 f. 70, vert clair, noir et vert foncé 1 85 0 80
a. (Non dentelé) 28 »

Tirage : 5 805 738.

1994. - *Série européenne d'art contemporain. Héliogravure. Dentelé 13 x 12½.*

Oeuvre originale de Georg Baselitz.

2914	6 f. 70, multicolore	3 »	1 25
	a. (Non dentelé)	61 »	

Tirage : 4 573 902.

Vous désirez voir les personnages ? tournez votre catalogue.

1994. - *Au profit de la Croix-Rouge. Tapisserie d'Arras (XVe siècle). Héliogravure. Dentelé 12½ x 13.*

Saint Vaast.

2915	2 f. 80+60 c. multicolore	1 70	1 25
	a. (Dentelé 13½ x 13)	1 70	1 40
	b. (Non dentelé)	40 »	

Tirage : 1 767 018.

A été aussi émis en carnets (tirage : 913 860). Le n° 2915a provient des carnets.

1994. - *Journée mondiale de lutte contre le SIDA. T.-P. précédent réimprimé attenant à une vignette sans valeur. Taille-douce et offset. Dentelé.*

2916	2 f. 80, multicolore (2878)	1 40	0 80

Tirage : 7 857 312.

1994. - *Cinquantenaire de la Fédération nationale de la Presse française. Héliogravure. Dentelé 13.*

2917	2 f. 80, lilas et jaune	1 25	0 30
	a. (Non dentelé)	15 »	

Tirage : 8 219 584.

Le n° 2917 porte le millésime 1995.

1994
Du N° 2854 au N° 2917
(sauf 2864A) =
64 timbres ** 179 ⊙117

Autres rubriques de l'année :Bloc-feuillet 16
Préoblitérés 232 à 235

1995. - *Série touristique. Taille-douce. Dentelé 13.*

Avenue des Champs-Élysées.

2918	4 f. 40, multicolore	2 30	0 80
	a. (Non dentelé)	28 »	

Tirage : 5 837 023.

Imprimé attenant à une vignette sans valeur ("Bonne Année 1995-Happy New Year").

1995. - *1er siècle du cinéma. Héliogravure. Dentelés 13.* BF *n° 17.*

Tête d'acteur, projecteur.

Projecteur, tête avec casquette.

2919	2 f. 80, muticolore	1 55	1 55
2920	2 f. 80, multicolore	1 55	1 55

Projecteur, tête grimée, style "La Bête".

Bobines et tête d'Indien.

2921	2 f. 80, multicolore	1 55	1 55
2922	2 f. 80, multicolore	1 55	1 55
	N°s 2919 à 2922 (4 val.)	6 20	6 20

Emis uniquement en feuillet.

Tirage : 2 334 341.

1995. - *Inauguration du pont de Normandie. Taille-douce. Dentelé 13.*

Vue de l'ouvrage d'art.

2923	4 f. 40, bleu et vert	2 30	0 65
	a. (Non dentelé)	23 »	

Tirage : 5 247 073.

1995. - *Le Notariat européen. Taille-douce. Dentelé 13.*

Drapeau européen, emblème, devise.

2924	2 f. 80, bleu clair, jne et bleu foncé	1 25	0 30
	a. (Non dentelé)	23 »	

Tirage : 8 372 272.

1995. - *Centenaire de la mort de Louis Pasteur (1822-1895). Héliogravure. Dentelé 13.*

Portrait.

2925	3 f. 70, multicolore	1 70	1 10
	a. (Non dentelé)	23 »	

Tirage : 5 413 259.

1995. - *Série artistique. Taille-douce (N°s 2926 et 2927) et offset (N° 2928). Dentelés 12½-13.*

La châsse de Saint-Taurin, à Evreux.

2926	6 f. 70, jaune, brun-rouge et noir	3 »	1 10
	a. (Non dentelé)	54 »	

"Etude pour le rêve du bonheur". Oeuvre de Pierre Prud'hon (1758-1823).

2927	6 f. 70, gris foncé, beu clair et bleu	3 »	1 10
	a. (Non dentelé)	61 »	

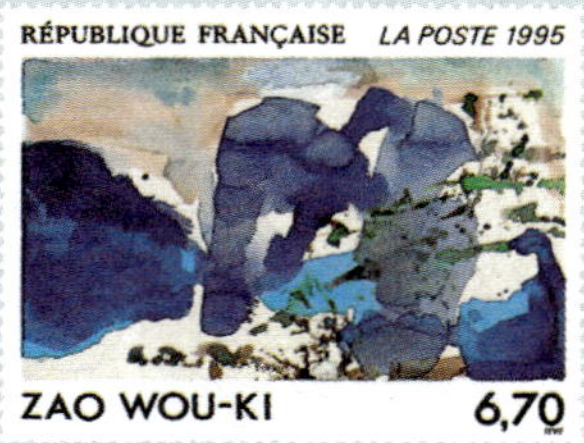

Oeuvre originale de Zao Wou-Ki.

2928	6 f. 70, bleu foncé, bleu clair, vert et brun	3 »	1 10
	a. (Non dentelé)	61 »	

Tirages : 4 694 480, 4 912 561 et 4 781 970.

1995. - *Série "Arts décoratifs". Les oiseaux de J.-J. Audubon. Héliogravure. Dentelés 12½.*

Aigrette neigeuse.

Pigeons à queue rayée.

2929	2 f. 80, multicolore	1 25	0 50
2930	2 f. 80, multicolore	1 25	0 50

Sterne Pierre-Garin.

Buse pattue.

2931	4 f. 30, multicolore	1 85	1 10
2932	4 f. 40, multicolore	1 85	1 10
	N°s 2929 à 2932 (4 val.)	6 20	3 20
	La série, non dentelée	92 »	

Tirages : 14 355 685, 13 704 106, 6 229 792 et 6 174 258.

Idem. Émis en feuillet. Héliogravure. Dentelés 13½.
BF *n° 18.*

2929a	2 f. 80, multicolore	1 40	1 40
2930a	2 f. 80, multicolore	1 40	1 40
2931a	4 f. 30, multicolore	2 »	2 »
2932a	4 f. 40, multicolore	2 »	2 »
	Nos 2929a à 2932a (4 val.)	6 75	6 75

Tirage : 1 517 342 blocs.

1995. - *Journée du Timbre. Cinquantenaire de la Marianne de Gandon. Timbre sur timbre. Taille-douce. Dentelé 13.*

2933	2 f. 80+60 c. rouge, lilas, vert-gris	1 85	1 25
	a. Id. timbre de carnet, dent. 13½ X 13, longueur 39 mm (au lieu de 40)	1 85	1 55
	b. (Non dentelé)	23 »	

Tirage : 1 656 110.

1995. - *Idem, sans surtaxe. Émis en carnet. Taille-douce. Dentelé 13½ x 13.*

2934	2 f. 80, rouge, lilas, vert-gris	4 »	2 30
2934A	La paire 2933a+2934	6 10	4 60

La bande (format vertical) destinée à la confection de carnets comprend 1 vignette sans valeur, 4 timbres n° 2934, et 3 timbres n° 2933a intercalés entre les précédents.

2935	La bande-carnet non pliée	21 »	21 »
	a. (Non dentelée)	305 »	

Tirage : 958 276.

1995. - *50e anniversaire de la création des Comités d'Entreprise. Taille-douce. Dentelé 13.*

Composition avec sablier.

2936	2 f. 80, bleu et brun-jaune	1 25	0 30
	a. (Non dentelé)	15 »	

Tirage : 8 787 316.

1995. - *Centenaire de l'École Supérieure d'Électricité. Héliogravure. Dentelé 13.*

Logotype, train, antenne.

2937	3 f. 70, bleu foncé, bleu clair et rge	1 70	1 25
	a. (Non dentelé)	23 »	

Tirage : 4 882 277.

1995. - *Bicentenaire de l'École des Langues Orientales. Héliogravure. Dentelé 13.*

Lettres : arabe, hébreu, chinois, cyrillique.

2938	2 f. 80, bleu-vert, bleu, rouge et jne	1 25	0 50
	a. (Non dentelé)	23 »	

Tirage : 9 479 147.

1995. - *Centenaire de la naissance de Jean Giono (1895-1970). Taille-douce. Dentelé 13.*

Portrait de l'écrivain, paysage.

2939	3 f. 70, bleu clair, bleu et jaune-brun	1 85	1 25
	a. (Non dentelé)	15 »	

Tirage : 4 858 508.

1995. - *La sidérurgie lorraine. Taille-douce. Dentelé 13 x 12½.*

Acier laminé, câble, ouvrier fondeur, haut fourneau, coulée de métal.

2940	2 f. 80, multicolore	1 25	0 30
	a. (Non dentelé)	15 »	

Tirage : 8 397 847.

1995. - *Europa. Paix et Liberté. Héliogravure. Dentelés 13.*

2941	2 f. 80, multicolore sur gris	1 25	0 30
2942	3 f. 70, multicolore sur gris	1 80	0 80
	La paire, non dentelée	80	»

Tirages : 9 232 583 et 5 477 765.

1995. - *Métier de la forêt. Taille-douce. Dentelé 13 x 12½.*

Bûcheron des Ardennes.

2943	4 f. 40, multicolore	1 85	0 80
	a. (Non dentelé)	15	»

Tirage : 5 246 485.

1995. - *"8 mai 1945 - La Victoire". Héliogravure. Dentelé 13.*

Portrait du Général de Gaulle et monuments de Paris.

2944	2 f. 80, bleu, brun-jaune, jne et rouge	1 25	0 50
	a. (Non dentelé)	46	»

Tirage : 14 923 903.

1995. - *L'Assemblée Nationale. Héliogravure. Dentelé 13.*

Vue du bâtiment ; Liberté avec drapeau.

2945	2 f. 80, multicolore	1 25	0 65
	a. (Non dentelé)	20	»

Tirage : 9 342 688.

1995. - *Au profit de la Croix-Rouge. Tapisserie de Saumur (XVIIe siècle). Héliogravure. Dentelé 12½ x 13.*

Louis XIII à cheval.

2946	2 f. 80+60 c. multicolore	1 70	1 40
	a. (Dentelé 13½ x 13)	1 70	1 55
	b. (Non dentelé)	40	»

Tirage : 1 583 020.

A été aussi émis en carnets (tirage : 827 924). Le n° 2946a provient des carnets.

1995. - *Cinquantenaire du Secours Populaire Français. Taille-douce. Dentelé 13.*

Logo du mouvement humanitaire.

2947	2 f. 80, jaune, noir, rouge et bleu	1 25	0 30
	a. (Non dentelé)	15	»

Tirage : 8 979 423.

1995. - *Espace et Guyane ; Ariane. Type du n° 2696, sans "EUROPA" ni le sigle C.E.P.T. Taille-douce. Dentelé 12½ x 13.*

2948	2 f. 80, bleu, rouge et vert	1 55	0 30
	a. (Non dentelé)	35	»

Tirage : 7 757 322.

1995. - *Série courante. Les régions françaises. Taille-douce. Dentelés 13.*

Bretagne.

Vosges.

2949	2 f. 40, vert	1 10	0 15
2950	2 f. 40, vert	1 10	0 15

Auvergne. Camargue.

2951 2 f. 80, rouge 1 25 0 15
2952 2 f. 80, rouge 1 25 0 15
N°s 2949 à 2952 (4 val.) 4 70 0 60
La série, non dentelée 40 »

Les 2 f. 40 sont avec une bande de phosphore à droite, les 2 f. 80 avec deux bandes de phosphore.

Tirages : 27 385 699, 27 177 146, 37 800 566 et 37 710 695.

1995. - *68e Congrès de la Fédération Française des Associations Philatéliques à Orléans. Taille-douce. Dentelé 13.*

Pont George V et Cathédrale Sainte-Croix.

2953 2 f. 80, brun, brun-orange et bleu 1 25 0 30
a. (Non dentelé) 17 »

Tirage : 8 270 701.

1995. - *Série touristique. Taille-douce. Dentelés 13.*

La malterie de Stenay (Meuse). Remiremont (Vosges).

2954 2 f. 80, vert foncé et olive clair 1 25 0 30
2955 2 f. 80, bleu, brun et vert 1 25 0 30

Le pont de Nyons (Drôme). Corrèze.

2956 4 f. 40, multicolore 2 » 0 80
2957 4 f. 40, vert, mauve et ardoise 2 » 0 80
N°s 2954 à 2957 (4 val.) 6 50 2 20
La série, non dentelée 61 »

Tirages : 8 833 489, 8 790 960, 6 144 929 et 5 885 635.

1995. - *Tricentenaire de la mort de Jean de la Fontaine (1621-1695). Illustrations de fables. Héliogravure. Dentelés.*

La cigale et la fourmi. La grenouille qui veut se faire aussi grosse que le boeuf. Le loup et l'agneau.

2958 2 f. 80, multicolore sur crème 1 55 0 80
2959 2 f. 80, multicolore sur crème 1 55 0 80
2960 2 f. 80, multicolore sur crème 1 55 0 80

Le corbeau et le renard. Le chat, la belette et le petit lapin. Le lièvre et la tortue.

2961 2 f. 80, multicolore sur crème 1 55 0 80
2962 2 f. 80, multicolore sur crème 1 55 0 80
2963 2 f. 80, multicolore sur crème 1 55 0 80
N°s 2958 à 2963 (6 val.) 9 30 4 80

Imprimés se tenant horizontalement, avec 2 vignettes sans valeur (titres des fables illustrées, portrait du fabuliste).

2964 La bande 10 » 9 »
a. (Non dentelée) 170 »

Tirage : 5 171 225.

Voir également à la rubrique des "Entiers postaux" (n°s 66 à 77).

1995. - *Commémoration de la rafle du 16 juillet 1942 dite "Rafle du Vel d'Hiv" (vélodrome d'hiver). Héliogravure. Dentelé 13.*

Barbelés, étoile, fleur symbolique.

2965 2 f. 80, multicolore 1 25 0 50
a. (Non dentelé) 23 »

Tirage :

1995. - *Hommage à André Maginot (1877-1932). Taille-douce. Dentelé 13.*

Portrait de l'homme politique et Ministère de la Guerre.

2966 2 f. 80, brun-jaune et vert 1 25 0 30
a. (Non dentelé) 17 »

Tirage : 7 850 944.

1995. - *50e anniversaire de la Grande Loge Féminine de France. Taille-douce. Dentelé 13.*

Emblème ; colonnes à chapiteau.

2967 2 f. 80, multicolore 1 25 0 30
a. (Non dentelé) 20 »

Tirage : 9 169 607.

1995. - *500e anniversaire de la Pharmacie hospitalière. Taille-douce. Dentelé 13.*

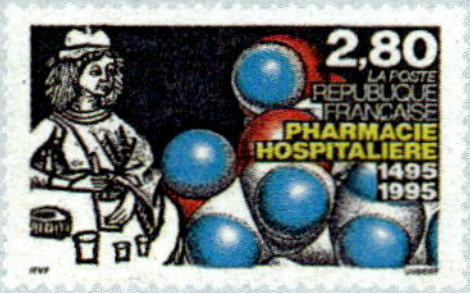

Préparateur d'antan ; gélules.

2968 2 f. 80, multicolore 1 25 0 30
a. (Non dentelé) 17 »

Tirage : 8 168 174.

1995. - *Série européenne d'art contemporain. Héliogravure. Dentelé 13 x 12½.*

Oeuvre originale de Kirkeby.

2969 6 f. 70, marron, vert et noir 3 » 1 25
a. (Non dentelé) 58 »

Tirage : 5 117 729.

1995. - *Série touristique. Barbizon. Héliogravure. Dentelé 13.*

"Les chaumières de Barbizon vers 1838-1839". Détail d'un tableau de Diaz de la Peña.

2970 4 f. 40, multicolore 2 » 0 65
a. (Non dentelé) 20 »

Tirage : 5 557 198.

1995. - *50e anniversaire de l'Ecole Nationale d'Administration. Héliogravure. Dentelé 13.*

Couleurs nationales.

2971 2 f. 80, bleu, rouge et noir 1 25 0 30
a. (Non dentelé) 17 »

Tirage : 8 354 551.

1995. - *Série artistique. Oeuvre de Berthe Morisot (1841-1895). Offset. Dentelé 12½ x 13.*

"Le Berceau".

2972 6 f. 70, multicolore 3 » 1 10
a. (Non dentelé) 60 »

Tirage : 4 669 866.

1995. - *Bicentenaire de l'Institut de France. Taille-douce. Dentelé 13.*

Vue aérienne.

2973	2 f. 80, noir, vert et brun-orange	1 25	0 30
	a. (Non dentelé)	17 »	

Tirage : 8 685 711.

1995. - *Centenaire de l'Automobile Club de France. Taille-douce. Dentelé 13.*

Parties avant et arrière de voitures ancienne et moderne ; logo et siège du Club, Place de la Concorde à Paris.

2974	4 f. 40, gris, rouge et bleu	2 »	0 65
	a. (Non dentelé)	20 »	

Tirage : 5 649 914.

1995. - *Cinquantenaire de l'Organisation des Nations Unies. Héliogravure. Dentelé 13.*

Emblème et nombre 50 ; colombe et casque stylisés.

2975	4 f. 30, multicolore	2 »	1 25
	a. (Non dentelé)	20 »	

Tirage : 5 378 159.

1995. - *Personnages célèbres. "Les santons de Provence". Taille-douce. Dentelés 13.*

Le berger.

Le meunier.

Le tambourinaire et le ravi.

2976	2 f. 80+60 c. multicolore	1 55	1 55
2977	2 f. 80+60 c. multicolore	1 55	1 55
2978	2 f. 80+60 c. multicolore	1 55	1 55

La poissonnière.

Le rémouleur.

Les vieux.

2979	2 f. 80+60 c. multicolore	1 55	1 55
2980	2 f. 80+60 c. multicolore	1 55	1 55
2981	2 f. 80+60 c. multicolore	1 55	1 55
	Nos 2976 à 2981 (6 val.)	9 30	9 30
	La série, non dentelée	110 »	

Tirages : 1 698 539, 1 627 168, 1 699 623, 1 680 348, 1 688 554 et 1 700 133.

La bande (format horizontal) destinée à la confection de carnets, comprend, de gauche à droite, deux vignettes représentant un village provençal stylisé, puis les timbres 2976 à 2981, dans l'ordre des numéros.

2982	La bande-carnet non pliée	9 50	9 50
	a. (Non dentelé)	140 »	

Tirage : 1 388 014.

1995. - *Hommage à Francis Jammes (1868-1938). Taille-douce. Dentelé 13.*

Portrait de l'écrivain.

2983	3 f. 70, bleu et noir	1 70	1 25
	a. (Non dentelé)	17 »	

Tirage : 5 048 195.

1995. - *La Cathédrale d'Evry. Taille-douce. Dentelé 13.*

2984	2 f. 80, multicolore	1 40	0 30
	a. (Non dentelé)	17 »	

Tirage : 7 137 652.

1995. - *"France 98". Coupe du monde de Football (I). Dentelé 13.*

Logo sur terrain stylisé.

2985 2 f. 80, multicolore 1 25 0 30
a. (Non dentelé) 23 »

Tirage :

Voir également à la rubrique "Entiers postaux".

1995
Du N° 2918 au N° 2985
(sauf 2934A) =
68 timbres ****149** **⊙93**
Autre rubrique de l'année :
Blocs et feuillets 17 et 18

1996. - *Série européenne d'art contemporain. Héliogravure. Dentelés 13 x 12½.*

Oeuvre originale de Wercollier (Luxembourg).

2986 6 f. 70, noir, rouge et bleu 3 » 1 10

"Horizon". Oeuvre originale de Dibbets (Pays-Bas).

2987 6 f. 70, bleu, rouge et noir 3 » 1 10

Tirages : 6 165 090 et 5 758 829.

1996. - *Civilisation des Arawaks (Guadeloupe). Taille-douce. Dentelé 13.*

Chien en céramique.

2988 2 f. 80, multicolore 1 25 0 50

Tirage : 7 071 771.

1996. - *Série artistique. Bicentenaire de la naissance de Jean-Baptiste Corot (1796-1875). Offset. Dentelé 13 x 12½.*

"Le pont de Narni".

2989 6 f. 70, multicolore 3 35 1 10

Tirage : 5 234 438.

1996. - *Journée du Timbre. "Semeuse 1903". Taille-douce. Dentelé 13½.*

2990 2 f. 80+60 c. bleu et rose violacé 1 70 1 55
a. Idem, timbre de carnet, dentelé 13½ x 13 1 85 1 70

Tirage : 1 864 530.

1996. - *Idem, sans surtaxe. Emis en carnet. Taille-douce. Dentelé 13½ x 13.*

2991 2 f. 80, bleu et rose violacé 4 » 2 30
2991A La paire 2991+2990a 6 10 4 60

La bande (format vertical) destinée à la confection de carnets comprend 1 vignette sans valeur, 4 timbres n° 2991 et 3 timbres n° 2990a intercalés entre les précédents.

2992 La bande-carnet non pliée 21 » 21 »

Tirage : 1 154 867.

1996. - *"L'imaginaire irlandais". Emission conjointe avec l'Irlande. Héliogravure. Dentelé 13½.*

Saint Patrick (d'après l'oeuvre d'Evie Hone).

2993 2 f. 80, multicolore 1 25 0 50

Tirage : 5 960 508.

L'Irlande a émis simultanément sur ce sujet une figurine de 32 p. (n° 937 cotes 8 » 4 »).

1996. - *Centenaire de la naissance de Jacques Rueff (1896-1978). Taille-douce. Dentelé 13.*

Portrait de l'économiste.

2994 2 f. 80, noir, bleu et jaune 1 25 0 50

Tirage : 5 490 049.

1996. - *400e anniversaire de la naissance de René Descartes (1596-1650). Taille-douce. Dentelé 13.*

Portrait du philosophe et savant (d'après Frans Hals).

2995 4 f. 40, rouge-brique 2 » 1 40

Tirage : 5 969 830.

1996. - *Cinquantenaire de Electricité de France-Gaz de France. Héliogravure. Dentelé 13.*

Incandescence d'une ampoule électrique.

2996 3 f. multicolore 1 40 0 50

Tirage : 9 413 295.

1996. - *Série "Nature de France" (XI). Parcs na naux. Héliogravure. Dentelés 13 x 13½.*

Parc des Cévennes (Marmotte et ancolie).

Parc de la Vanoise (Bouquetin et gentiane bleue).

2997 3 f. multicolore 1 40 0 65

2998 4 f. 40, multicolore 2 15 0 80

Parc du Mercantour (Gypaète barbu et saxifrage).

2999 4 f. 40, multicolore 2 15 1 25

Tirages : 10 516 008, 6 332 455 et 5 705 200.

1996. - *50e Salon philatélique d'Automne. Dentelé 13.*

3000 3 f. multicolore 1 40 0 30

Tirage : 10 280 525.

A l'exemple de cette sympathique Tour Eiffel, nous avons légèrement joué avec la chronologie pour affecter le n° 3000 au timbre commémorant cet évènement philatélique. Nos amis lecteurs apprécieront certainement ce geste.

1996. - *Europa. Les femmes célèbres. Héliogravure. Dentelé 13.*

Madame de Sévigné.

3000A 3 f. multicolore 1 40 0 50

Tirage : 11 857 721.

... de l'Institut National de la ... Héliogravure. Dentelé 13.

Pinces saisissant une fleur, et jeunes pousses.

3001	3 f. 80, multicolore	1 85	1 25

Tirage : 6 772 467.

1996. - *Maison de Jeanne d'Arc à Domrémy-la-Pucelle (Vosges). Héliogravure. Dentelé 13.*

3002	4 f. 50, multicolore	2 15	0 65

Tirage : 6 297 310.

1996. - *20ᵉ anniversaire de l'Accord RAMOGE. Emission conjointe avec l'Italie et Monaco. Taille-douce. Dentelé 13.*

Poissons, navire, phare et littoral.

3003	3 f. multicolore	1 85	0 50

Tirage : 11 241 200.

L'Italie et Monaco ont chacune émis simultanément un timbre de présentation identique. Italie 750 lires (n° 2167 cotes 8 » 3 »), Monaco 3 f. (n° 2038 cotes 9 » 5 »).

1996. - *69ᵉ Congrès de la Fédération Française des Associations Philatéliques, à Clermont-Ferrand. Taille-douce. Dentelé 13.*

Flèches de la cathédrale et horloge avec personnages sculptés.

3004	3 f. brun, rouge et vert	1 40	0 50

Tirage : 10 020 590.

1996. - *Type Marianne du Bicentenaire. Taille-douce. Dentelés 13.*

3005	2 f. 70, vert	1 40	0 15
3006	3 f. 80, bleu	1 70	0 65
3007	4 f. 50, rose	2 »	0 30

Une bande de phosphore pour le 2 f. 70 et deux bandes de phosphore pour les 3 f. 80 et 4 f. 50.

Provenant de roulettes. Une bande de phosphore à droite. Dentelé 13 horizontalement.

3008	2 f. 70, vert	2 »	1 »
	a. (N° rouge au verso)	2 50	

Provenant de carnet. Une bande de phosphore. Gommage adhésif précoupé vertical en lignes ondulées.

3009	1 f. orange	2 50	1 »

Imprimé attenant horizontalement à une vignette sans valeur ("Simplifiez vous la vie ! essayez l'enveloppe timbrée"), provenant du carnet 1507.

3009a	1 f.+vignette	3 »
3009b	2874 (sans val.)+1 f.+vignette	6 »

Sans phosphore.

3005a	2 f. 70	7 65
3007a	4 f. 50	28 »

1996. - *"France 98". Coupe du Monde de Football (II). Héliogravure. Dentelés 13.* BF *n° 19.*

Sujets : Logo, joueurs en action stylisés et mentions : 3010, Lens ; 3011, Montpellier ; 3012, Saint-Etienne ; 3013, Toulouse.

3010	3 f. multicolore	1 40	0 50
3011	3 f. multicolore	1 40	0 50

3012	3 f. multicolore	1 40	0 50
3013	3 f. multicolore	1 40	0 50
	Nᵒˢ 3010 à 3013 (4 val.)	5 60	2 »

Tirages :

Voir également à la rubrique des "Entiers postaux".

1996. - *Série artistique. Le trésor de Neuvy-en-Sullias. Taille-douce. Dentelé 12½ x 13.*

Bronze gallo-romain (Cheval).

3014 6 f. 70, beige rosé, bronze, vert et marron 3 » 1 10

Tirage : 5 874 691.

1996. - *Hommage à Jacques Marette (1922-1984). Taille-douce. Dentelé 13.*

Portrait de l'homme politique.

3015 4 f. 40, violet foncé 2 » 1 25

Tirage : 5 257 104.

1996. - *Centenaire des Jeux olympiques. Héliogravure. Dentelé 13.*

Lanceur de disque.

3016 3 f. multicolore 1 40 0 65

Tirage : 11 589 444.

1996. - *Centenaire de la mise en service du train Ajaccio-Vizzavona. Héliogravure. Dentelé 13.*

3017 3 f. multicolore 1 40 0 65

Tirage : 10 356 590.

1996. - *Série touristique. Taille-douce (Nos 3018, 3019, et 3020) et héliogravure (N° 3021). Dentelés : 13 (Nos 3018, 3019, et 3021 et 12½ x 13 (N° 3020).*

Bitche (Moselle).

Vue des îles Sanguinaires.

3018 3 f. multicolore 1 40 0 50

3019 3 f. multicolore 1 40 0 50

Abbaye du Thoronet (Var).

Cathédrale de Chambéry.

3020 3 f. 80, brun et violet 1 55 1 »

3021 4 f. 50, multicolore 1 85 0 80

Nos 3018 à 3021 (4 val.) 6 20 2 80

Tirages : 9 269 186, 9 906 847, 4 780 232 et 6 163 979.

1996. - *Centenaire de la consécration de la Basilique Notre-Dame de Fourvière, à Lyon. Taille-douce. Dentelé 13 x 12½.*

3022 3 f. multicolore 1 40 0 30

Tirage : 8 804 801.

1996. - *Série artistique. Oeuvre originale d'Arman. Héliogravure. Dentelé 13 x 13½.*

3023 6 f. 70, noir, or rouge et or jaune 3 35 1 25

Tirage : 5 861 609.

1996. - *De la Gaule à la France (I) (496-1996). Taille-douce. Dentelé 13.*

Le baptême de Clovis.

3024 3 f. multicolore 1 40 0 30

Tirage : 15 260 439.

1996. - *Personnages célèbres. Héros français du roman policier. Héliogravure. Dentelés 13.*

Rocambole.

Arsène Lupin.

Rouletabille.

3025 3 f.+60 c. multicolore 1 70 1 70
3026 3 f.+60 c. multicolore 1 70 1 70
3027 3 f.+60 c. multicolore 1 70 1 70

Fantômas.

Maigret.

Nestor Burma.

3028 3 f.+60 c. multicolore 1 70 1 70
3029 3 f.+60 c. multicolore 1 70 1 70
3030 3 f.+60 c. multicolore 1 70 1 70
N°s 3025 à 3030 (6 val.) 10 20 10 20

Tirages : 1 434 443, 1 457 244, 1 439 089, 1 451 179, 1 437 784 et 1 356 997.

La bande (format vertical) destinée à la confection de carnets comprend de haut en bas, deux vignettes et les timbres n°s 3025 à 3030.

3031 La bande-carnet non pliée 10 50 10 50

Tirage : 1 124 832.

1996. - *Bicentenaire du Lycée Henri IV. Taille-douce. Dentelé 12½ x 13.*

Vue de la Tour Clovis.

3032 4 f. 50, multicolore 2 » 0 80

Tirage : 5 988 255.

1996. - *Cinquantenaire de l'U.N.I.C.E.F. (Fonds des Nations Unies pour l'enfance). Héliogravure. Dentelé 13½.*

3033 4 f. 50, multicolore 2 » 0 80

Tirage : 6 679 565.

1996. - *Cinquantenaire du Conseil Economique et Social. Taille-douce. Dentelé 13.*

Façade et hémicycle du Palais d'Iéna.

3034 3 f. multicolore 1 40 0 30

Tirage : 8 474 373.

1996. - *Cinquantenaire de l'UNESCO (Organisation des Nations Unies pour l'éducation, la science et la culture). Offset. Dentelé 13.*

Oeuvre du sculpteur Calder et bâtiment de la salle plénière.

3035 3 f. 80, multicolore 1 70 1 »

Tirage : 4 569 832.

1996. - *Cinquantenaire de la création des Départements d'Outre-Mer. Héliogravure. Dentelé 13.*

Silhouette avec mention du nom des D.O.M.

3036 3 f. multicolore 1 40 0 50

Tirage :

1996. - *150ᵉ anniversaire de l'Ecole Française d'Athènes. Héliogravure. Dentelé 13.*

La tholos (Delphes).

3037 3 f. multicolore 1 40 0 50

Tirage :

1996. - *20ᵉ anniversaire de la mort d'André Malraux (1901-1976). Taille-douce. Dentelé 13 x 12½.*

Portrait et signature.

3038 3 f. multicolore 1 40 0 50

Tirage :

1996. - *Au profit de la Croix-Rouge. Fêtes de fin d'année. Héliogravrue. Dentelé 12½ x 13.*

Ours blanc et bonhomme de neige en ballon.

3039 3 f.+60 c. multicolore 1 70 1 40
a. idem (dentelé 13½ X 13) 1 70 1 55

Tirage :

A été aussi émis en carnets (tirage :).

Le n° 3039a provient des carnets.

Voir également à la rubrique des "Entiers postaux".

1996. - *50ᵉ Festival international du Film de Cannes. Héliogravure. Dentelé 13.*

Clap, caméra et tige de laurier.

3040 3 f. multicolore 1 40 0 30

Tirage :

1996. - *Bibliothèque Nationale de France. Héliogravure. Dentelé 13½.*

3041 3 f. bleu, rouge et jaune 1 40 0 30

Tirage :

1996
Du N° 2986 au N° 3041
(sauf 2991A) =
57 timbres ****131** **⊙78**

Autres rubriques de l'année :
Préoblitérés 236 à 239
Service 114 à 117

1997. - *1ᵉʳ anniversaire de la mort du Président François Mitterrand (1916-1996). Héliogravure. Dentelé 13.*

Portrait.

3042 3 f. multicolore 1 40 0 30

Tirage : 17 227 298.

1997. - *Innovation participative. Héliogravure. Dentelé 13½.*

3043 3 f. multicolore 1 40 0 30

Tirage : 11 519 528.

1997. - *20ᵉ anniversaire du Centre Georges Pompidou. Taille-douce. Dentelé 12½ x 13.*

Détail de la façade : escaliers mécaniques.

3044 3 f. vert, bleu et rouge 1 40 0 30

Tirage : 8 325 294.

1997. - *Timbres de souhaits. Héliogravure. Dentelés 13.*

"Bonne fête".

"Joyeux anniversaire".

3045 3 f. multicolore 1 40 0 30

3046 3 f. multicolore 1 40 0 30

Voir également à la rubrique des "Entiers postaux".

Tirages : 9 214 065 et 8 736 199.

1997. - *250ᵉ anniversaire de l'École Nationale des Ponts et Chaussées. Taille-douce. Dentelé 12½ x 13.*

Partie de la façade de la nouvelle École.

3047 3 f. multicolore 1 40 0 30

Tirage : 8 262 928.

1997. - *Patrimoine guyanais. Saint-Laurent-du-Maroni. Taille-douce. Dentelé 12½ x 13.*

Le Camp de la Transportation.

3048 3 f. multicolore 1 40 0 30

Tirage : 8 528 668.

1997. - *Série artistique. Taille-douce (N° 3049) et héliogravure (N° 3050). Dentelés 13-13½.*

Fresques de Tavant (Indre-et-Loire). Scènes avec deux personnages.

3049 6 f. 70, multicolore 3 » 0 80

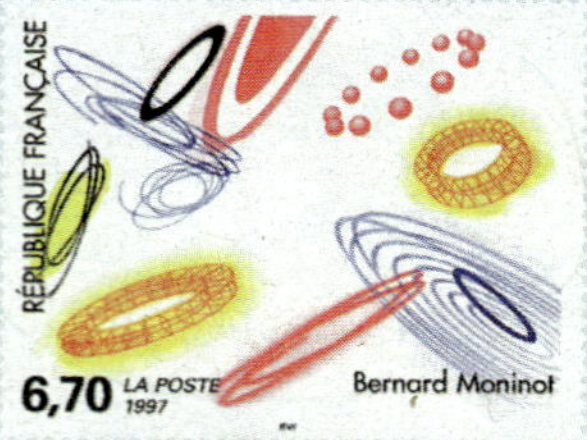

Oeuvre originale de Bernard Moninot.

3050 6 f. 70, multicolore 3 » 0 80

Tirages : 5 858 074 et 6 055 830.

1997. - *Journée du Timbre "Mouchon 1902". Taille-douce. Dentelé 13½.*

3051 3 f.+60 c. violet, gris clair et bleu foncé 1 70 1 25

a. Idem timbre de carnet, dentelé 13½ x 13 1 85 1 40

Tirage : 1 454 012.

1997. - *Idem. Sans surtaxe. Emis en carnet. Taille-douce. Dentelé 13½ x 13.*

3052 3 f. violet, gris clair et bleu foncé 4 » 2 »
3052A La paire 3052+3051a 6 10 4 60

La bande (format vertical) destinée à la confection de carnets comprend 1 vignette sans valeur, 4 timbres verticaux n° 3052 et 3 timbres verticaux n° 3051a.

3053 La bande-carnet non pliée 21 » 21 »

Tirage : 909 689.

1997. - *Série "Nature de France" (XII). Parcs naturels nationaux. Héliogravure. Dentelés 13½.*

Parc des Ecrins (Barre des Ecrins, aigle royal et chardon bleu).

Parc de la Guadeloupe (Volcan de la Soufrière, fleur de balisier et racoon (raton laveur).

3054 3 f. multicolore 1 40 0 50
3055 3 f. multicolore 1 40 0 50

Parc des Pyrénées (Isard et lis jaune).

Parc de Port-Cros (Tête de puffin et lavande maritime).

3056 4 f. 50, multicolore 1 85 1 25
3057 4 f. 50, multicolore 1 85 1 25
N°s 3054 à 3057 (4 val.) 6 50 3 50

Tirages : 11 521 101, 13 354 630, 6 424 678 et 6 298 394.

1997. - *Europa. Contes et légendes. Taille-douce. Dentelé 13.*

"Le chat Botté" de Charles Perrault (d'après illustration de Gustave Doré).

3058 3 f. bleu 1 40 0 30

Tirage : 12 255 013.

1997. - *"Philexjeunes'97". Exposition philatélique de jeunes collectionneurs, à Nantes. Offset. Dentelé 13.*

3059 3 f. multicolore 1 40 0 30

Tirage : 10 573 301.

1997. - *Les Journées de la Lettre. Le voyage d'une lettre. Héliogravure. Dentelés 13 x 13½.*

Enveloppe personnage écrivant une lettre.

Pli grimpant à l'échelle pour accéder à la boîte aux lettres.

3060 3 f. multicolore 2 50 1 »
3061 3 f. multicolore 2 50 1 »

Pli roulant à toute vitesse.

Facteur portant du courrier et deux plis le suivant.

3062 3 f. multicolore 2 50 1 »
3063 3 f. multicolore 2 50 1 »

La réception de la lettre.

Sa longue et captivante lecture.

3064 3 f. multicolore 2 50 1 »
3065 3 f. multicolore 2 50 1 »
N°s 3060 à 3065 (6 val.) 15 » 6 »

Imprimés se tenant verticalement avec mini-vignette supérieure sans valeur.

3065A La bande 15 » 10 »

Tirage : 4 434 636 bandes.

Idem. Emis en carnet de 2 séries. Auto-adhésifs. Dentelés 11.

3066 3 f. multicolore (3060) 2 » 1 50
3067 3 f. multicolore (3061) 2 » 1 50
3068 3 f. multicolore (3062) 2 » 1 50
3069 3 f. multicolore (3063) 2 » 1 50
3070 3 f. multicolore (3064) 2 » 1 50
3071 3 f. multicolore (3065) 2 » 1 50
N°s 3066 à 3071 (6 val. se tenant en bloc) 12 » 9 »

Tirage : 7 439 291 carnets.

Voir également à la rubrique des "Entiers postaux".

…ge aux combattants français en Afrique du …2). Dentelé 13.*

Soldat ; carte de l'Afrique du Nord.

3072 3 f. multicolore 1 40 0 30

Tirage : 8 323 352.

1997. - *70e Congrès de la Fédération Française des Associations Philatéliques, à Versailles. Héliogravure. Dentelé 13.*

Façade du château, sculptures du bassin d' Apollon.

3073 3 f. multicolore 1 40 0 30

Imprimé attenant à une vignette sans valeur (Logo du 75e anniversaire de la Fédération des Associations Philatéliques).

Tirage :

1997. - *"France 98". Coupe du Monde de Football (III). Héliogravure. Dentelés 13.* BF *no 19.*

Sujets : Logo, joueurs en action stylisés et mentions : 3074, Lyon ; 3075, Marseille ; 3076, Nantes ; 3077, Paris.

3074 3 f. multicolore 1 40 0 50
3075 3 f. multicolore 1 40 0 50

3076 3 f. multicolore 1 40 0 50
3077 3 f. multicolore 1 40 0 50
Nos 3074 à 3077 (4 val.) 5 60 2 »

Tirages : 8 354 710, 8 516 834, 8 479 289 et 8 209 295.

Voir également à la rubrique des "Entiers postaux".

1997. - *De la Gaule à la France (II) (397-1997). Taille-douce. Dentelé 13½.*

Saint Martin (320-397).

3078 4 f. 50, multicolore 2 » 0 65

Tirage : 6 317 371.

1997. - *Série touristique. Taille-douce (Nos 3079 et 3080), offset taille-douce (No 3081) et héliogravure (No 3082). Dentelés 12½-13½.*

Millau (Aveyron).

Guimiliau (Finistère).

3079 3 f. vert clair et vert foncé 1 40 0 30
3080 3 f. gris-noir et brun clair 1 40 0 30

Château du Plessis-Bourré (Maine et Loire).

Les Salles-Lavauguyon (Hte-Vienne). ("La Création" fresque de l'église Saint-Eutrope).

3081 4 f. 40, multicolore 1 85 1 »
3082 4 f. 50, multicolore 1 85 0 70
Nos 3079 à 3082 (4 val.) 6 50 2 30

Tirages : 9 078 785, 9 691 053, 5 499 206 et 5 770 482.

1997. - *Type Marianne du 14 Juillet. Sans valeur indiquée (validité permanente). Deux bandes de phosphore. Taille-douce. Dentelé 13.*

3083 (sans val.) rouge 1 » 0 15

Provenant de roulette. Dentelé 13 horizontalement.

3084 (sans val.) rouge 1 50 0 50
a. (No rouge au verso) 2 »

Provenant de carnet. Gommage adhésif. Précoupé vertical en lignes ondulées.

3085 (sans val.) rouge 1 » 0 15

Sans bande de phosphore.

3083a (sans val.) 11 50
3084a (sans val.) 15 50

AV EDITIONS

92600 Asnières-sur-Seine

LE SAVOIR PAR LES TIMBRES

TOUTE LA PHILATELIE DEPUIS 38 ANS.

- TIMBRES GARANTIS «qualité de MORANT». Demandez notre tarif gratuit.
- MATÉRIEL (toutes les marques) à prix préférentiels.

Documentation gratuite : AV-CERES-DAVO-FARCIGNY-HAWID-ID/SAFE-KABE-LEUCHTTURM-LINDNER-MARINI-MOC-PRINZ-YVERT.

- EDITEUR du premier *album encyclopédique des timbres de France.*

(feuille spécimen **gratuite** et documentation sur demande).

Un texte au-dessus de chaque timbre, vous indiquera la raison historique, politique, géographique, ou commémorative de son émission.

Album agréé par la commission du livre.

Vivez votre passion de façon culturelle. Extrait d'une case de l'album AV»»»»»

AV EDITIONS O.A.C.P. de MORANT
6, rue du Chalet
92600 ASNIÈRES-sur-SEINE
☎ : (33)-01.47.93.61.16 - Fax : (33)-01.47.33.24.65
EMAIL avoacp@wanadoo.fr SITE : avoacp.fr

Profitez du changement de millénaire, pour débuter votre collection en EURO sur l'album encyclopédique des Editions AV.
Avec ou sans pochettes.
Modulable en 6 volumes de 1849 à nos jours.
Près de 200 revendeurs AV sont à votre écoute.

1997. - *Type Marianne du 14 Juillet. Taille-douce. Dentelés 13.*

3086	10 c. bistre-noir	0 15	0 15
3087	20 c. émeraude	0 15	0 15
3088	50 c. violet-rouge	0 15	0 15
3089	1 f. orange	0 30	0 15
3090	2 f. bleu	0 65	0 30
3091	2 f. 70, vert	1 »	0 15
3092	3 f. 50, vert-jaune	1 10	0 30
3093	3 f. 80, bleu	1 25	0 65
3094	4 f. 20, orange foncé	1 40	0 30
3095	4 f. 40, bleu	1 40	0 65
3096	4 f. 50, rose	1 40	0 30
3097	5 f. bleu-vert	1 55	0 30
3098	6 f. 70, vert foncé	2 »	0 30
3099	10 f. violet	3 »	0 30
	Nos 3086 à 3099 (14 val.)	15 50	4 15

Une bande de phosphore à droite pour les 10 c., 20 c., 50 c., 1 f., 2 f. et 2 f. 70, une bande à gauche pour le 3 f. 50 et deux bandes pour les autres valeurs.

Sans bande de phosphore.

3086a	10 c.	14 »
3091a	2 f. 70,	11 50

Provenant de roulette, une bande de phosphore à droite. Dentelé 13 horizontalement.

3100	2 f. 70, vert	1 50	1 »
	a. (N° rouge au verso)	2 »	

Provenant de carnet, une bande de phosphore. Gommage adhésif. Précoupé vertical en lignes ondulées.

3101	1 f. orange	1 50	1 »

Imprimés attenant horizontalement à une vignette sans valeur ("simplifiez vous la vie ! essayez l'enveloppe timbrée") provenant du carnet 1508.

3101a	1 f.+vignette	2 »
3101b	3084 (sans val.)+1 f.+vignette	3 »

1997. - *Championnats du monde d'Aviron-Savoie. Taille-douce. Dentelé 13 x 13½.*

3102	3 f. bleu, violet et brun	1 40	0 30

Tirage : 8 099 187.

1997. - *Corsaires basques. Taille-douce. Dentelé 13½ x 13.*

Corsaires, navire, fort de Socoa et la Rhune.

3103 3 f. multicolore 1 40 0 30

Tirage : 8 496 509.

1997. - *Série artistique. Héliogravure. Dentelés 13½ x 13.*

"Le Pouce". Oeuvre de César.

3104 6 f. 70, multicolore 3 » 1 25

"Raisins et grenades". Oeuvre de Chardin (1699-1779).

3105 6 f. 70, multicolore 3 » 1 25

Tirages : 5 188 850 et 5 684 074.

1997. - *Voiturier de marée - Port de Boulogne. Taille-douce. Dentelé 13½ x 13.*

3106 3 f. gris, bleu et violet 1 40 0 30

Tirage : 8 008 670.

1997. - *Série touristique. Taille-douce. Dentelés 12 x 13 (N° 3107 ; 13 x 12½ (N° 3108) ; 13 (N° 3109).*

Sablé-sur-Sarthe. Basilique Saint-Maurice, à Epinal (Vosges).

3107 3 f. vert, brun et bleu 1 40 0 30
3108 3 f. brun, rouge et vert 1 40 0 30

Les cascades Domaine de Sceaux.

3109 3 f. jaune, vert et bleu 1 40 0 30

Tirages : 8 558 587, 8 494 246 et 8 579 494.

1997. - *Année du Japon. Taille-douce. Dentelé 13½.*

Kudara Kannon, bodhisattva (statue du VIIe s.) et façade de la Maison de la Culture du Japon à Paris.

3110 4 f. 90, bleu, orangé et noir 2 15 1 10

Tirage : 4 205 274.

1997. - *Championnats du monde de Judo 1997. Héliogravure. Dentelé 13.*

Composition avec judokas.

3111 3 f. multicolore 1 40 0 50

Tirage : 8 131 763.

1997. - *Espace européen SAR.LOR.LUX (Sarre, Lorraine et Luxembourg). Héliogravure. Dentelé 13.*

Motif symbolique.

3112 3 f. multicolore 1 40 0 50

Tirage : 9 431 280.

L'Allemagne et le Luxembourg ont chacun émis simultanément un timbre de présentation identique (respectivement n° 1789 cote : 13 » et n° 1375 cote : 6 »).

1997. - *La Qualité. Héliogravure. Dentelé 13.*

Motif symbolique.

3113 4 f. 50, multicolore 1 85 0 65

Tirage : 6 746 187.

1997. - *Le Collège de France. Taille-douce. Dentelé 13.*

Vue du bâtiment ; effigie de François 1er.

3114 4 f. 40, vert, brun et noir 1 85 0 65

Tirage : 4 497 468.

1997. - *Personnages célèbres. Héros d'aventures. Héliogravure. Dentelés 13.*

Lancelot.

Pardaillan.

3115 3 f.+60 c. multicolore 1 70 1 70
3116 3 f.+60 c. multicolore 1 70 1 70

D'Artagnan.

Cyrano.

3117 3 f.+60 c. multicolore 1 70 1 70
3118 3 f.+60 c. multicolore 1 70 1 70

Le capitaine Fracasse.

Le Bossu.

3119 3 f.+60 c. multicolore 1 70 1 70
3120 3 f.+60 c. multicolore 1 70 1 70
Nos 3115 à 3120 (6 val.) 10 20 10 20

Tirages : 1 295 909, 1 275 252, 1 308 811, 1 341 168, 1 305 306 et 1 290 269.

La bande (format horizontal) destinée à la confection de carnets comprend de gauche à droite, deux vignettes et les timbres nos 3115 à 3120.

3121 La bande-carnet non pliée 10 50 10 50

Tirage : 1 070 219.

1997. - *Au profit de la Croix-Rouge. Fêtes de fin d'année. Héliogravure. Dentelé 12½ x 13.*

Ourson en peluche aux commandes d'une étoile.

3122 3 f.+60 c. multicolore 1 70 1 40
a. (Dentelé 13½ x 13) 1 70 1 55

Tirage : 1 453 692.

A été aussi émis en carnets (Tirage : 831 825).

Le n° 3122a provient des carnets.

1997. - *"Meilleurs voeux" du facteur. Héliogravure. Dentelé 13.*

Souris présentant un paquet cadeau à un chat.

3123 3 f. multicolore 1 40 0 50

Tirage : 9 996 949.

1997. - *Protection de l'enfance maltraitée. Héliogravure. Dentelé 13½.*

Ours en peluche tenant un moulinet.

3124 3 f. multicolore 1 40 0 50

Tirage : 9 035 408.

1997. - *"Meilleurs voeux" du facteur. Héliogravure. Dentelé 13.*

Oeuvre originale du facteur Michel Trani.

3125 3 f. multicolore 1 40 0 50

Tirage : 9 261 945.

1997. - *Cinquantenaire de la mort du Maréchal Leclerc. Héliogravure. Dentelé 13.*

Portrait : Croix de Lorraine sur carte de France.

3126 3 f. vert, noir et bleu 1 40 0 50

Tirage : 9 229 374.

1997. - *"Philexfrance'99". Exposition philatélique mondiale, à Paris, du 2 au 11 juillet 1999. Taille-douce. Dentelé 13½ x 13.*

Marianne du 14 Juillet et logo de l'exposition.

3127 3 f. bleu et rouge 1 40 0 30

Tirage :

1997. - *Millénaire de l'abbaye de Moutier d'Ahun (Creuse). Taille-douce. Dentelé 13½ x 13.*

Église Notre-Dame ; détail d'une sculpture sur bois (XVIIe s.).

3128 4 f. 40, multicolore 2 » 0 65

Tirage : 5 078 452.

> **1997**
> **Du N° 3042 au N° 3128**
> **(sauf 3052A et 3065A) =**
> **87 timbres** **172 ⊙92
> Autre rubrique de l'année :
> Poste aérienne 61

1998. - *Hommage à Michel Debré (1912-1996). Héliogravure. Dentelé 13.*

Portrait de l'homme politique.

3129 3 f. multicolore 1 40 0 50

Tirage : 7 664 200.

1998. - *"France'98". Coupe du Monde de Football (IV). Héliogravure. Dentelés 13½.* BF *n° 19.*

Sujets : Logo, joueurs en action stylisés et mentions : 3130, Bordeaux ; 3131, Saint-Denis.

3130 3 f. multicolore 1 40 0 50
3131 3 f. multicolore 1 40 0 50

Tirages : 8 085 858 et 8 122 324.

Voir également à la rubrique des "Entiers postaux".

1998. - *Bicentenaire de l'Assemblée Nationale. Héliogravure. Dentelé 13.*

Composition avec façade du bâtiment stylisée.

3132 3 f. rouge sur bleu 1 40 0 50

Tirage :

1998. - *Timbres de souhaits. "Bonne fête". Héliogravure. Dentelé 13.*

Petite fille tenant un bouquet et un pli avec coeur.

3133 3 f. multicolore 1 40 0 30

Tirage :

1998. - *25e anniversaire de la fonction de Médiateur de la République. Offset. Dentelé 13.*

Composition symbolique.

3134 3 f. multicolore 1 40 0 50

Tirage : 8 012 534.

1998. - *Journée du Timbre. "Blanc 1900". Taille-douce. Dentelé 13½.*

3135 3 f.+60 c. orange sur vert 1 55 1 25

a. Idem. Timbre de carnet dentelé 13½ X 13 1 85 1 55

Tirage : 1 704 748.

Les caractères des noms du dessinateur et du graveur sont légèrement plus grands sur le n° 3135a.

1998. - *Idem. Sans surtaxe. Emis en carnet. Taille-douce. Dentelés 13½ x 13.*

3136 3 f. orange sur vert 4 » 2 »

3136A La paire 3136+3135a 6 70 4 80

La bande (format vertical) destinée à la confection de carnets comprend 4 timbres verticaux n° 3136, 1 vignette et 3 timbres verticaux n° 3135a.

3137 La bande-carnet non pliée 21 » 21 »

Tirage : 966 459 carnets.

1998. - *50e anniversaire de la mort de l'Abbé Franz Stock (1904-1948), aumônier des prisons. Taille-douce. Dentelé 13.*

Portrait.

3138 4 f. 50, bleu 1 85 0 80

Tirage : 5 020 920.

1998. - *"France'98". Coupe du Monde de Football (V). Héliogravure. Dentelé.*

Ballon.

3139 3 f. multicolore 1 40 0 30

Tirage : 35 714 414.

Un timbre à ce type a ensuite été émis avec la mention "Champion du Monde FRANCE" (n° 3170).

1998. - *Idem. Emis en carnet. Héliogravure. Auto-adhésif. Dentelé.*

3140 3 f. multicolore 1 40 0 80

Tirage : 7 969 653.

Un exemplaire de ce timbre figure également sur un feuillet de 286 X 210, comportant 7 vignettes auto-adhésives représentant la mascotte "Footix" au cours de 7 actions de jeu (tête, passe, shoot, etc).

Le feuillet 4 60

1998. - *Timbre de souhaits. "Joyeux anniversaire". Héliogravure. Dentelé 13.*

Composition avec bougie.

3141 3 f. multicolore 1 40 0 30

Tirage : 7 506 204.

1998. - *Bicentenaire de la réunion de la République de Mulhouse à la France. Héliogravure. Dentelé 13½.*

Mulhousiens célébrant l'événement devant l'Hôtel de Ville.

3142 3 f. multicolore 1 40 0 50

Tirage : 9 074 549.

1998. - *900e anniversaire de la fondation de l'abbaye de Cîteaux - Côte d'Or. Taille-douce. Dentelé 13.*

Aile de la bibliothèque entre deux enluminures (un scribe et un lecteur).

3143 3 f. multicolore 1 40 0 50

Tirage : 9 470 807.

1998. - *Patrimoine réunionnais. Saint-Pierre. Taille-douce. Dentelé 13.*

La Sous-Préfecture.

3144 3 f. multicolore 1 40 0 50

Tirage : 8 333 329.

1998. - *Centenaire de la naissance du peintre René Magritte (1898-1967). Emission commune avec la Belgique. Héliogravure. Dentelé 13.*

"Le Retour".

3145 3 f. multicolore 1 40 0 65

Tirage : 9 167 913.

La Belgique a émis simultanément un timbre du même type de 17 f. belges (n° 2755 cote : 1 25).

1998. - *400e anniversaire de la signature de l'Edit de Nantes. Offset. Dentelé 13.*

Portrait d'Henri IV.

3146 4 f. 50, multicolore 2 » 0 80

Tirage : 5 367 150.

1998. - *Série artistique. Bicentenaire de la naissance du peintre Eugène Delacroix (1798-1863). Taille-douce. Dentelé 12½ x 13.*

"Entrée des Croisés dans Constantinople".

3147 6 f. 70, multicolore 3 » 1 25

Tirage : 4 820 310.

1998. - *150e anniversaire de l'Abolition de l'esclavage. Offset. Dentelé 13.*

Composition symbolique.

3148 3 f. multicolore 1 40 0 50

Tirage : 8 399 615.

1998. - *Centenaire de la Ligue des Droits de l'Homme. Héliogravure. Dentelé 13.*

Composition symbolique.

3149 4 f. 40, multicolore 1 85 0 80

Tirage : 4 628 216.

1998. - *Les Journées de la Lettre. La lettre au fil du temps. Héliogravure. Dentelés 13 x 13½.*

Colombe tenant un pli et l'arche de Noé.

Scribe égyptien.

3150 3 f. multicolore 2 50 1 »

3151 3 f. multicolore 2 50 1 »

Messager de Marathon portant un pli destiné à Athènes.

Chevalier avec pli et porte-plume géants.

3152 3 f. multicolore 2 50 1 »

3153 3 f. multicolore 2 50 1 »

L'écrivain Voltaire.

Cosmonaute avec une lettre.

LINDNER 50
1947-1997
Album sans charnières
Les produits Lindner
souvent imités - jamais égalés
Euro
Euro Collection
Exigez l'original!
Documentation disponible
chez votre revendeur ou chez:
LINDNER Philatélie SARL
5, rue des Chênes · 67670 MOMMENHEIM
Téléphone: 03 88 59 19 90 · Télécopie: 03 88 59 19 91
E-mail: lindnerphilateli@aol.com

3154	3 f. multicolore	2 50	1 »
3155	3 f. multicolore	2 50	1 »
	Nos 3150 à 3155 (6 val.)	15 »	6 »

Imprimés se tenant verticalement avec mini-vignette supérieure sans valeur.

3155A	La bande	15 »	10 »

Idem. Emis en carnet de 2 séries. Auto-adhésifs. Dentelés 11.

3156	3 f. multicolore (3150)	2 »	1 50
3157	3 f. multicolore (3151)	2 »	1 50
3158	3 f. multicolore (3152)	2 »	1 50
3159	3 f. multicolore (3153)	2 »	1 50
3160	3 f. multicolore (3154)	2 »	1 50
3161	3 f. multicolore (3155)	2 »	1 50
	Nos 3156 à 3161 (6 val. se tenant en bloc)	12 »	9 »

Tirages :

1998. - *Série artistique. Oeuvre de Pablo Picasso (1881-1973). Offset. Dentelé 13 x 13½.*

"Le Printemps". © Succession Picasso 98.

3162	6 f. 70, multicolore	3 »	1 25

Tirage : 6 609 416.

1998. - *Hommage au compositeur Henri Collet (1885-1951). Taille-douce. Dentelé 12½ x 13.*

Portrait ; extrait de la partition de la "Symphonie de l'Alhambra".

3163	4 f. 50, gris, jaune et noir	2 »	1 »

Tirage : 5 457 567.

1998. - *71e Congrès de la Fédération Française des Associations Philatéliques, à Dunkerque. Taille-douce. Dentelé 13½.*

Géant, Bateau feu de France, église Saint-Eloi.

3164	3 f. multicolore	1 40	0 30

Tirage : 9 748 106.

1998. - *Le Mont Saint-Michel. Héliogravure. Dentelé 13.*

3165	3 f. multicolore	1 85	0 65

Tirage : 12 982 187.

1998. - *Europa. Festivals nationaux. Fêtes nationales. La Fête de la Musique le 21 juin. Héliogravure. Dentelé 13.*

Le dieu Pan.

3166	3 f. multicolore	1 40	0 50

Tirage : 10 872 487.

1998. - *Série touristique.Héliogravure (Nos 3167 et 3168) et taille-douce (N° 3169). Dentelés 13.*

Le Gois - Ile de Noirmoutier (Vendée).

La Baie de Somme.

3167	3 f. multicolore	1 40	1 »
3168	3 f. multicolore	1 40	0 50

Le château de Crussol (Ardèche).

3169	3 f. multicolore	1 40	0 30

Tirages : 8 367 789, 9 473 425 et 10 039 684.

1998. - *"France'98". Coupe du Monde de Football (VI). T.-P. de même date avec la mention "Champion du Monde FRANCE". Héliogravure. Dentelé.*

3170	3 f. multicolore	1 40	0 30

Tirage : 12 440 852.

1998. - *Centenaire de la mort du poète Stéphane Mallarmé (1842-1898). Taille-douce-offset. Dentelé 13.*

Portrait.

3171	4 f. 40, multicolore	1 85	0 80

Tirage : 3 509 890.

1998. - *Centenaire de l'Aéro-Club de France. Héliogravure. Dentelé 13.*

Composition avec avions, ballon.

3172	3 f. multicolore	1 40	0 50

Tirage : 9 192 284.

1998. - *Emission commune France-Chine. Patrimoine culturel. Héliogravure. Dentelés 13½.*

Palais impérial.

Palais du Louvre - Paris.

3173	3 f. multicolore	1 55	0 50
3174	4 f. 90, multicolore	2 30	0 80

Tirages : 9 441 381 et 4 493 139.

La Chine a émis simultanément deux timbres aux mêmes types (nos 3609 et 3610 cote 7 »).

1998. - *"Philexfrance 99". Exposition philatélique internationale (II). Emis en feuillet et en bande se tenant. "Le Petit Prince" d'Antoine de Saint-Exupéry (1900-1944). Héliogravure. Dentelés 13.* BF *n° 20. © Fondation Saint-Exupéry 1998.*

Sujets : D'après dessins de l'auteur. Le petit prince : 3175, portrait ; 3176, avec le renard ; 3177, sur sa planète ; 3178, assis sur un mur, et le serpent ; 3179, arrosant la fleur. - Format vertical pour les nos 3177 à 3179.

3175	3 f. multicolore	1 40	0 60
3176	3 f. multicolore	1 40	0 60
3177	3 f. multicolore	1 40	0 60
3178	3 f. multicolore	1 40	0 60
3179	3 f. multicolore	1 40	0 60
	Nos 3175 à 3179 (5 val.)	7 »	3 »
3179A	La bande	6 90	4 60

Tirages :

1998. - *Série touristique. La Collégiale de Mantes-la-Jolie. Taille-douce. Dentelé 13½.*

3180	4 f. 40, multicolore	1 85	0 80

Tirage : 3 926 212.

1998. - *L'Opéra de Paris - Palais Garnier. Héliogravure. Dentelé 13½.*

Détail du rideau d'avant-scène, silhouette de danseurse.

3181	4 f. 50, multicolore	1 85	0 80

Tirage : 6 397 059.

1998. - *Série "Nature de France" (XIII). Chevaux. Héliogravure. Multicolores. Dentelé 13½.*

3182	2 f. 70 *(Le camarguais)*	1 40	0 50
3183	3 f. *(Le trotteur)*	1 40	0 65

3184	3 f. *(Le Pottok)*	1 40	0 65
3185	4 f. 50 *(L'ardennais)*	2 »	0 65
	N°s 3182 à 3185 (4 val.)	6 20	2 45

Tirages : 19 365 376, 10 068 500, 10 701 081 et 6 916 359.

1998. - *Centenaire du Salon de l'Auto. Héliogravure. Dentelé 12½.*

Dessins d'un bolide et d'une de Dion-Bouton.

3186	3 f. multicolore	1 40	0 50

Tirage : 8 854 016.

1998. - *Personnages célèbres. Acteurs du cinéma français. Héliogravure. Dentelés 13.*

Romy Schneider (1938-1982).

Simone Signoret (1921-1985).

Jean Gabin (1904-1976).

3187	3 f.+60 c. multicolore	2 »	2 »
3188	3 f.+60 c. multicolore	2 »	2 »
3189	3 f.+60 c. multicolore	2 »	2 »

Louis de Funès (1914-1983).

Bernard Blier (1916-1989).

Lino Ventura (1919-1987).

3190	3 f.+60 c. multicolore	2 »	2 »
3191	3 f.+60 c. multicolore	2 »	2 »
3192	3 f.+60 c. multicolore	2 »	2 »
	N°s 3187 à 3192 (6 val.)	12 »	12 »

Tirages :

La bande (format vertical) destinée à la confection de carnets comprend de haut en bas, une vignette et les timbres n°s 3187 à 3192.

3193	La bande-carnet non pliée	12 »	12 »

Tirage :

1998. - *Série touristique. Saint-Dié (Vosges). Taille-douce. Dentelé 13.*

La Tour de la Liberté.

3194	3 f. bleu, violet et noir	1 40	0 30

Tirage : 9 361 812.

1998. - *40e anniversaire de la Constitution de la Ve République. Héliogravure. Dentelé 13.*

Composition symbolique.

3195	3 f. multicolore	1 40	0 50

Tirage : 9 594 822.

1998. - *80e anniversaire de l'Armistice. Héliogravure. Dentelé 13 x 13½.*

Composition avec drapeaux des pays belligérants.

3196	3 f. multicolore	1 40	0 50

Tirage : 7 235 949.

1998. - *Série artistique. Oeuvre de Marcel Duchamp. Héliogravure. Dentelé 13 x 13½.*

Les neufs moules Malic.

3197	6 f. 70, multicolore	3 »	1 25

Tirage : 3 990 450.

1998. - *Cinquantenaire de l'Union Mondiale pour la Nature (UICN). Offset. Dentelé 13 x 13½.*

Composition avec logo, visage d'enfant, macareux, étoile de mer, fleur.

3198 3 f. multicolore 1 40 0 50

Tirage : 3 965 129.

1998. - *Au profit de la Croix-Rouge. Fêtes de fin d'année. Héliogravure. Dentelé 12½ x 13.*

Lutin marchant sur une boule dorée.

3199 3 f.+60 c. multicolore 1 55 1 10
a. idem, dentelé 13½ x 13 1 55 1 40

Tirage :

A été aussi émis en carnets (Tirage :).

Le n° 3199a provient des carnets.

1998. - "*Meilleurs Voeux*". *Emis uniquement en feuillet. Héliogravure. Dentelés 13 x 13½.* BF *n° 21.*

Père Noël sur surf des neiges ; collines jaunes.

Maison décorée, aux volets verts.

Père Noël sur surf et cimes de sapins.

3200 3 f. multicolore 2 » 0 75
3201 3 f. multicolore 2 » 0 75
3202 3 f. multicolore 2 » 0 75

Maison décorée, aux volets rouges.

Père Noël sur surf et collines enneigées.

3203 3 f. multicolore 2 » 0 75
3204 3 f. multicolore 2 » 0 75
N°s 3200 à 3204 (5 val.) 10 » 3 75

Sur les timbres n°s 3200, 3202 et 3204 figure "Bonne Année" ; sur ceux n°s 3201 et 3203 figure "Meilleurs Voeux".

Tirage : 3 998 825 feuillets.

1998. - *Médecins Sans Frontières. Héliogravure. Dentelé 13½.*

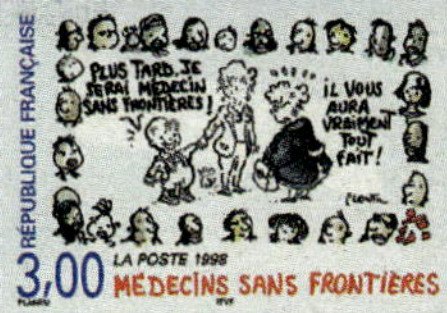

Logo et dessin de Plantu.

3205 3 f. multicolore 1 40 0 50

Tirage : 8 424 894.

1998. - *Nouvel hémicycle du Parlement Européen. Héliogravure. Dentelé 13.*

3206 3 f. multicolore 1 40 0 50

Tirage : 9 017 758.

1998. - *150e anniversaire de la naissance du peintre Paul Gauguin (1848-1903). Héliogravure. Dentelé 13 x 13½.*

D'après "Vision après le sermon".

3207 6 f. 70, multicolore 3 » 1 55

Tirage : 4 911 908.

1998. - *Cinquantenaire de la Déclaration Universelle des Droits de l'Homme. Offset. Dentelés 13½ x 13.*

Globe et 4 visages.

3208 3 f. multicolore 1 40 0 30

Portraits de R. Cassin et E. Roosevelt. Palais de Chaillot.

3209 3 f. multicolore 1 40 0 30

Tirages : 7 847 308 et 5 531 456.

1998. - *Centenaire de la découverte du radium par Pierre et Marie Curie. Héliogravure. Dentelé 13.*

Composition symbolique.

3210 3 f. multicolore 1 40 0 50

Tirage : 6 387 286.

1998
Du N° 3129 au N° 3210
(sauf 3136A, 3155A, 3179A) =
82 timbres ****177** **⊙101**

Autres rubriques de l'année :

Poste aérienne 62

Blocs et feuillets 19 à 21

Service 118 et 119

1999. - *150e anniversaire du premier timbre-poste français. Emis en carnet. Timbres sur timbres. Taille-douce. Dentelés 13.*

"Cérès noir" de 1849 sur timbre.

"Cérès rouge" de 1849 sur timbre.

3211 3 f. noir et rouge 4 » 3 »
3212 3 f. rouge et noir 1 25 0 50
3212A La paire 3211+3212 6 » 4 50

La bande (format vertical) destinée à la confection de carnets comprend de haut en bas, une vignette avec le logo et les dates de l'Exposition philatélique mondiale "Philexfrance 99", le timbre n° 3211 et 4 timbres n° 3212.

3213 La bande carnet non pliée 8 » 8 »

Tirage : 2 166 956.

1999. - *Le timbre Euro. Taille-douce. Dentelé 13.*

Symbole de l'euro.

3214 3 f. rouge et bleu 1 » 0 15

Idem. Emis en carnet. Auto-adhésif. Précoupé vertical en lignes ondulées.

3215 3 f. rouge et bleu 1 50 0 50

Tirages :

1999. - *150e anniversaire de l'Assistance publique - Hôpitaux de Paris. Héliogravure. Dentelé 13½.*

3216 3 f. multicolore sur rose 1 40 0 50

Tirage : 7 869 628.

1999. - *50 ans de relations diplomatiques France-Israël. Héliogravure. Dentelé 13.*

Composition avec drapeaux des deux Etats.

3217 4 f. 40, multicolore 2 » 0 80

Tirage : 3 661 337.

1999. - *Timbres de souhaits. Héliogravure. Dentelés.*

Coeur avec "Je t'aime".

Rose dans un coeur.

3218 3 f. multicolore 1 50 0 50
3219 3 f. multicolore 1 50 0 50

Tirages : 7 844 196 et 8 534 935.

Idem. Emis en carnet. Auto-adhésifs. Héliogravure. Dentelés.

3220 3 f. multicolore (3218) 2 50 0 80
3221 3 f. multicolore (3219) 2 50 0 80

Tirage : 2 453 722 carnets.

1999. - *Série artistique. Jean Goujon, architecte et sculpteur (v. 1510-v. 1566). Taille-douce. Dentelé 13½ x 13.*

3222 6 f. 70, multicolore 2 75 1 25

Tirage : 3 711 475.

1999. - *Recensement de la Population. Héliogravure. Dentelé 13½.*

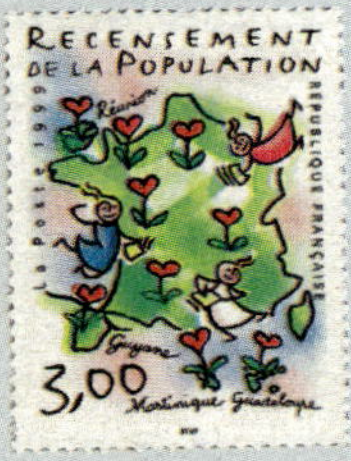

Composition symbolique.

3223 3 f. multicolore 1 40 0 50

Tirage : 8 969 556.

1999. - *Patrimoine culturel du Liban. Héliogravure. Dentelé 12½.*

D'après mosaïque de pavement "L'Enlèvement d'Europe".

3224 4 f. 40, multicolore 1 40 0 65

Tirage : 5 039 001.

1999. - *Journée du Timbre. Astérix. Héliogravure. Dentelé 13½. © 1999 Les Editions Albert René/Goscinny-Uderzo.*

Oeuvre originale d'Albert Uderzo.

3225 3 f. multicolore 1 40 0 50

Tirage : 9 659 222.

Idem. Emis en carnet. Dentelé 13½ x 13.

3225a 3 f. multicolore 1 40 0 70
3226 3 f.+60 c. multicolore 3 » 2 30
3226A La paire 3226+3225a 5 » 4 »

La bande (format vertical) destinée à la confection de carnets comprend 4 timbres verticaux n° 3225a, 1 vignette et 3 timbres verticaux n° 3226.

3227 La bande-carnet non pliée 12 » 12 »

Tirage :

Idem. Emis uniquement en feuillet. Sans réserve blanche autour de l'image. Dentelé 13½ x 13. BF *n° 22.*

3228 3 f.+60 c. multicolore 2 » 2 »

1999. - *Timbre pour Mariages. Héliogravure. Dentelé 13.*

Couple de tourterelles, coeurs, "Oui".

3229 3 f. multicolore 1 » 0 50

Tirage :

1999. - *Timbre pour Remerciements. Héliogravure. Dentelé 13.*

"merci" en plusieur langues.

3230	3 f. multicolore	1 »	0 50

Tirage :

1999. - *Timbres pour Naissances. Héliogravure. Dentelés 13.*

Cigogne avec petit paquet et "c'est une fille".

Idem et "c'est un garçon".

3231	3 f. rose, noir et bleu	1 »	0 50
3232	3 f. bleu, noir et rose	1 »	0 50

Tirages :

1999. - *Cinquantenaire du Conseil de l'Europe. Héliogravure. Dentelé 13.*

Carte du monde et étoiles européennes.

3233	3 f. multicolore	1 40	0 50

Tirage : 8 749 529.

1999. - *"Philexfrance'99". Exposition philatélique internationale (III). Emis uniquement en feuillet. Chefs-d'oeuvre de l'Art. Taille-douce pour le n° 3234, offset pour les autres valeurs. Dentelés 13½ x 13 pour le 3234 ; 13 pour les autres valeurs.* BF *n° 23.*

La Vénus de Milo (2ᵉ s. av. J.-C.).

3234	5 f. multicolore	8 »	8 »

La Joconde, de Léonard de Vinci (1452-1519).

3235	5 f. multicolore	8 »	8 »

Détail de "La Liberté guidant le peuple" d'Eugène Delacroix (1798-1863).

3236	10 f. multicolore	18 50	18 50

Emis uniquement en feuillet vendu 50 f. dont 30 f. reversés à l'Association pour le Développement de la Philatélie.

Tirages :

1999. - *13 juin 1999, élections au Parlement européen. Héliogravure. Dentelé 13.*

Oeuvre originale de Jean-Michel Folon.

3237	3 f. multicolore	1 40	0 50

Tirage : 7 506 444.

1999. - *800ᵉ anniversaire de la mort du Roi d'Angleterre Richard Iᵉʳ Coeur de Lion (1157-1199). Taille-douce. Dentelé 13 x 12.*

Détail de l'"Historia Anglorus" (d'après photo).

3238	3 f. multicolore	1 40	0 50

Tirage : 6 791 259.

1999. - *Série touristique. Dieppe. Taille-douce. Dentelé 13½.*

3239 3 f. multicolore 1 40 0 30

Tirage : 7 944 627.

1999. - *Europa. Réserves et parc naturels. La Camargue. Héliogravure. Dentelé 13 x 13½.*

Flamants roses en vol, cheval s'abreuvant, coucher de soleil.

3240 3 f. multicolore 1 40 0 50

Tirage : 8 759 012.

1999. - *Timbre "Bonne vacances". Héliogravure. Dentelé 13.*

Soleil avec lunettes.

3241 3 f. multicolore 1 25 0 50

Tirage :

1999. - *Timbre "Joyeux anniversaire". Héliogravure. Dentelé 13.*

Gâteau avec bougie.

3242 3 f. multicolore 1 25 0 50

Tirage :

1999. - *Timbre "Vive les vacances". Héliogravure. Dentelé 13.*

Bouchon flottant.

3243 3 f. multicolore 1 25 0 50

Tirage :

1999. - *Saint-Pierre, patrimoine martiniquais. Héliogravure. Dentelé 13.*

Maison de la Bourse, hibiscus, barque, volcan, mer.

3244 3 f. multicolore 1 40 0 50

Tirage : 7 493 091.

1999. - *Série touristique. Château du Haut-Koenigsbourg (Bas-Rhin). Offset/taille-douce Dentelé 13.*

3245 3 f. multicolore 1 25 0 50

Tirage : 5 995 562.

1999. - *Centenaire de l'Ecole de Nancy. Offset. Dentelé 13.*

Détail de la coupe "Noctuelles" d'Emile Gallé.

3246 3 f. multicolore 1 40 0 50

Tirage : 9 297 921.

1999. - *Série artistique. Claude Monet (1840-1926). Offset. Dentelé 13.*

"Nymphéas, effet du soir".

3247 6 f. 70, multicolore 3 » 1 25

Tirage : 4 992 635.

1999. - *Congrès mondial de Roses anciennes, à Lyon. Emis uniquement en feuillet. Héliogravure. Dentelés 13½ x 13.* BF *n° 24.*

Rose "Madame Alfred Carrière" (1879).

Rose "Madame Caroline Testout" (1890).

3248	3 f. multicolore	1 50	1 50
3249	4 f. 50, multicolore	2 20	2 »

Rose "La France" (1867).

3250	4 f. 50, multicolore	2 20	2 »

Tirage : 1 902 214 feuillets.

1999. - *800e anniversaire de la Jurade de Saint-Emilion. Taille-douce. Dentelé 13½ x 13.*

Sceau d'origine et vignes de "la grande muraille".

3251	3 f. 80, multicolore	1 70	0 65

Tirage : 3 663 727.

1999. - *Hôtel de la Monnaie, à Paris. Taille-douce. Dentelé 13.*

3252	4 f. 50, multicolore	2 »	0 65

Tirage : 5 994 382.

1999. - *Bicentenaire de la naissance de la Comtesse de Ségur (1799-1874). Héliogravure. Dentelé 13½.*

"Les Petites Filles modèles" (1858).

3253	3 f. multicolore	1 40	0 65

Tirage : 8 884 221.

1999. - *Série artistique. Vitrail de la cathédrale d'Auch. Taille-douce. Dentelé 13½ x 13.*

Détail de vitrail réalisé par Arnaud de Moles.

3254	6 f. 70, multicolore	3 »	1 25

Tirage : 3 907 372.

1999. - *Timbre "Aimer accueillir". Héliogravure. Dentelé 13.*

Mosaïque avec soleil, colombes, fleurs.

3255	3 f. multicolore	1 40	0 65

Tirage : 8 967 013.

La philatélie en Région Rhône Alpes

CNEP

AGNOLETTO & FILS 45 rue de la Charité - 69002 Lyon
Tél.: 04 78 92 84 36 - Fax : 04 72 40 22 31
Spécialités : carnets de France et colonies, timbres, lettres, thématiques, cartes maximum, matériel philatélique : Leuchtturm, Safe, Moc...

CARBONI PHILATÉLIE 86, rue J. Sarrazin - 69008 Lyon
Tél.: 04 72 31 19 11 - Fax : 04 72 31 19 12 - email : carboni.daniel@wanadoo.fr
Marché aux timbres Place Bellecour - 69002 Lyon (Dimanche matin)
Vente par correspondance, achat France, Colonies, Lettres anciennes.

PHILFRANCE 43 Boulevard de l'Europe - 69600 Oullins
Tél.: 04 78 51 63 48 - email: philfrance@philfrance.com - http://www.philfrance.com
France-Etranger neufs/oblitérés. Pochettes France 100 à 3000 différents.
Années compl. neufs/oblit. KILOS France-Etranger. Catalogue GRATUIT sur demande.

D.MARBOT "Les Collettes" route de Trévoux - 01600 St Didier de Formans
Tél.: 04 74 00 12 68 - Fax : 04 74 00 13 19 - email: dommarbot@aol.com
Achat, déplacements toutes régions, timbres, lettres, vracs, archives, kilos,
Catalogue de vente gratuit sur demande.

DEMI LUNE PHILATÉLIE BP 34 - 69813 Tassin la Demi-Lune
Tél.: 04 78 36 53 12 - Fax : 04 72 57 74 08 - email: demilunephilatélie@wanadoo.fr
Vente par correspondance et sur internet http://www.demilunephilatélie.com
Liste sur demande : France, Andorre, Monaco, Dom-Tom, Colonies, Europe.

J.L.M NEGOCE Gérant Jean-Louis Maache - 28, rue Nicolaï BP 7155 - 69302 LYON
Cedex 07 - Site Internet : www.jlmnegoce.com - Tél.: 04 78 69 10 29 - Fax : 04 78 69 03 62
Achat et vente, timbres et lettres, France et étranger, documents, autographes, objets postaux, photos dédicacées anciennes, ventes sur offres, ventes à prix nets, catalogue sur demande.

LAHITTE PHILATÉLIE 39 rue St Hélène, 69002 Lyon
Tél.: 04 78 37 17 25 - Fax : 04 78 37 88 22
Spécialités : timbres de France, Colonies, Europe, thématiques, cartes postales anciennes
Matériel philatélique : Lindner, safe, Yvert & Tellier, Moc...

PHILATÉLIE LYONNAISE 10,rue de Venise, 69100 Villeurbanne
Tél.: 04 78 68 93 12 - Fax : 04 78 85 40 68 - email: philatélie.lyonnaise@wanadoo.fr
Achat et vente de timbres, lettres, CPA, ouvrages de philatélie et marcophilie.
2 catalogues de ventes sur offres annuelles. Site:http//www.philatélielyonnaise.com

UNIVERS PHILATÉLIE 4, rue francisque Rochard, 42302 Roanne
M. Yves Dubuis Tél.: 04 77 72 03 51 - Fax: 04 77 70 60 84
ACHAT - EXPERTISE - VENTE
Collections, Stocks, Timbres, Cartes postales, Monnaies (France - Etranger).

1999. - *Série touristique. Figeac (Lot). Taille-douce. Dentelé 13½.*

3256 3 f. multicolore 1 40 0 30

Tirage : 8 348 183.

1999. - *Bicentenaire de la naissance de l'explorateur René Caillié (1799-1838). Taille-douce. Dentelé 13½ x 13.*

Portrait.

3257 4 f. 50, multicolore 2 » 0 50

Tirage : 5 606 640.

1999. - *"Philexfrance'99". Exposition philatélique internationale (III). 150e anniversaire du premier timbre-poste français. Héliogravure. Dentelé 12 x 13.*

Composition avec le timbre n° 3 sur timbre et le visage de Cérès en hologramme.

3258 6 f. 70, multicolore 3 » 1 55

Imprimé avec petite vignette attenant horizontalement comportant la mention "Philexfrance'99" - Paris et le logo de l'Exposition.

Tirage : 3 360 554.

1999. - *Célébration de l'an 2000. Héliogravure. Dentelé 13½.*

Composition symbolique.

3259 3 f. (0,46 €) multicolore 1 40 0 50

Tirage : 8 596 121.

1999. - *"Dessine-moi l'an 2000". Héliogravure. Dentelé 13 x 12½.*

Oeuvre de Morgane Toulouse (9 ans).

3260 3 f. (0,46 €) multicolore 1 40 0 50

Tirage : 8 730 690.

1999. - *Eclipse de soleil, le 11 août 1999. Héliogravure. Dentelé 12½.*

La Lune occultant le disque solaire.

3261 3 f. (0,46 €) multicolore 1 40 0 50

Tirage : 9 701 481.

1999. - *Personnages célèbres. Les oeuvres des grands photographes français. Héliogravure. Dentelés 13.*

Robert Doisneau.

Braissaï.

3262 3 f.+60 c. (0,46+0,09 €) multicolore 1 85 1 85
3263 3 f.+60 c. (0,46+0,09 €) multicolore 1 85 1 85

Jacques-Henri Lartigue.

Henri Cartier-Bresson.

3264 3 f.+60 c. (0,46+0,09 €) multicolore 1 85 1 85
3265 3 f.+60 c. (0,46+0,09 €) multicolore 1 85 1 85

Atget.

Nadar.

3266 3 f.+60 c. (0,46+0,09 €) multicolore 1 85 1 85
3267 3 f.+60 c. (0,46+0,09 €) multicolore 1 85 1 85
Nos 3262 à 3267 (6 val.) 11 10 11 10

Tirages : 1 236 521, 1 195 827, 1 190 908, 1 199 374, 1 191 038 et 1 185 055.

La bande (format horizontal) destinée à la confection de carnets comprend de gauche à droite, une vignette et les timbres n°s 3262 à 3267.

3268 La bande-carnet non pliée 11 10 11 10

Tirage : 963 790.

1999. - *Série "Collection Jeunesse". Armada du siècle - Rouen 1999. Grands voiliers. Emis uniquement en feuillet. Héliogravure. Multicolores. Dentelés 13.* BF *n° 25.*

3269 1 f. (0,15 €) *("Simón Bolivar")* 0 50 0 50

3270 1 f. (0,15 €) *("Iskra")* 0 50 0 50

3271 1 f. (0,15 €) *("Statsraad Lehmkuhl")* 0 50 0 50

3272 1 f. (0,15 €) *("Asgard II")* 0 50 0 50

3273 1 f. (0,15 €) *("Belle-Poule")* 0 50 0 50

3274 1 f. (0,15 €) *("Belem")* 0 50 0 50

3275 1 f. (0,15 €) *("Amérigo Vespucci")* 0 50 0 50

3276 1 f. (0,15 €) *("Sagres")* 0 50 0 50

3277 1 f. (0,15 €) *("Europa")* 0 50 0 50

3278 1 f. (0,15 €) *("Cuauhtemoc")* 0 50 0 50

N°s 3269 à 3278 (10 val.) 5 » 5 »

Tirage : 3 277 294 feuillets.

1999. - *Série touristique. Arnac-Pompadour (Corrèze). Taille-douce. Dentelé 13 x 13½.*

Le château.

3279 3 f. (0,46 €) multicolore 1 40 0 30

Tirage : 8 900 801.

1999. - *Coupe du monde de Rugby 1999. Héliogravure. Dentelé.* BF *n° 26.*

Plaquage.

3280 3 f. (0,46 €) multicolore 1 10 0 50

Tirage : 11 812 584.

1999. - *Hommage à Frédéric Ozanam (1813-1853). Taille-douce. Dentelé 13.*

Portrait de l'historien.

3281 4 f. 50, (0,69 €) multicolore 1 85 0 50

Tirage : 4 950 197.

1999. - *Cinquantenaire du Mouvement Emmaüs. Héliogravure. Dentelé 13.*

Silhouettes d'hommes et de femmes se tenant par la main ; logo.

3282 3 f. (0,46 €) multicolore 1 40 0 50

Tirage : 8 516 890.

1999. - *Série "Nature de France" (XIV). Chats et chiens. Héliogravure. Dentelés 13½.*

Le chartreux.

L'européen.

3283	2 f. 70, (0,41 €) multicolore	1 25	0 50
3284	3 f. (0,46 €) multicolore	1 25	0 50

Le montagne des Pyrénées.

L'épagneul breton.

3285	3 f. (0,46 €) multicolore	1 25	0 50
3286	4 f. 50, (0,69 €) multicolore	1 85	0 65
	Nos 3283 à 3286 (4 val.)	5 60	2 15

Tirages : 16 937 307, 10 891 595, 11 206 547 et 6 655 178.

1999. - *150e anniversaire de la mort du compositeur Frédéric Chopin (1810-1849). Emission commune Pologne - France. Taille-douce. Dentelé 13½.*

Portrait de profil ; bâtiment de la Bibliothèque de l'Université, à Varsovie.

3287	3 f. 80, (0,58 €) bleu, violet et orge	1 25	0 50

Tirage : 4 401 778.

La Pologne a émis simultanément une figurine au même type de 1 z. 40, (n° 3564 cotes : 10 » 4 »).

1999. - *Au profit de la Croix-Rouge. Fêtes de fin d'année. Héliogravure. Dentelé 12½ x 13.*

Etoile s'apprêtant à frapper les douze coups de minuit sur un tambour-horloge.

3288	3 f.+60 c. (0,46+0,09 €) multicolore	1 55	1 10
	a. idem, dentelé 13½ x 13	1 55	1 40

Tirage : 1 287 089.

A été aussi émis en carnets (Tirage : 756 536).

Le n° 3288a provient des carnets.

1999. - *400e anniversaire de la naissance du peintre flamand Antoon Van Dyck (1599-1641). Héliogravure. Dentelé 13½ x 13.*

Détail du portrait de Charles à la chasse.

3289	6 f. 70, (1,02 €) multicolore	3 »	1 40

Tirage : 4 834 869.

1999. - *"Meilleurs Voeux 2000". Héliogravure. Dentelés 13 x 13½ (n° 3290) et 13 (n° 3291).*

Paquet cadeau dont le papier déchiré fait découvrir un morceau de ciel.

3290	3 f. (0,46 €) multicolore	1 25	0 50

Composition avec le nombre 2000.

3291	3 f. (0,46 €) multicolore	1 25	0 65

Le timbre n° 3291 est imprimé attenant horizontalement à une vignette sans valeur (mention "Vive l'An 2000" en plusieurs langues).

Tirages :

1999. - *Centenaire du Métro. Héliogravure. Dentelé 13.*

Panneaux anciens et modernes.

3292 3 f. (0,46 €) multicolore 1 25 0 50

Tirage : 9 336 704.

1999. - *Bicentenaire du Conseil d'Etat. Héliogravure. Dentelé 13 x 12½.*

Dessin d'entablement.

3293 3 f. (0,46 €) multicolore 1 25 0 50

Tirage : 6 329 612.

1999
Du N° 3211 au N° 3293
(sauf 3212A et 3226A) =
83 timbres **183 ⊙128

Autres rubriques de l'année :
- Poste aérienne 63
- Blocs et feuillets 22 à 26
- Service 120 et 121

2000. - *Le phare du bout du monde. Héliogravure. Dentelé 13 x 12½.*

Le phare de San Juan de Salvamento (Cap Horn) et sa réplique à la Rochelle achevée le 1er janvier 2000.

3294 3 f. (0,46 €) multicolore 1 25 0 50

Tirage : 19 295 891.

2000. - *Coeurs 2000 d'Yves Saint Laurent. Héliogravure. Dentelés.* BF *n° 27.*

Coeurs entourés de deux serpents.

Coeur avec profil féminin.

3295 3 f. (0,46 €) multicolore 1 50 0 50
3296 3 f. (0,46 €) multicolore 1 50 0 50

Tirages : 10 769 648 et 7 994 899.

Idem. Emis en carnet. Auto-adhésifs. Héliogravure. Dentelés.

3297 3 f. (0,46 €) multicolore (3295) 2 50 1 »
3298 3 f. (0,46 €) multicolore (3296) 2 50 1 »

Tirage : 1 719 608 carnets.

2000. - *Bicentenaire de la Banque de France. Offset. Dentelé 13.*

Portail, parties de billets.

3299 3 f. (0,46 €) multicolore 1 » 0 30

Tirage : 9 151 038.

2000. - *Bicentenaire de la création du Corps préfectoral. Héliogravure. Dentelé 13 x 12½.*

Allégorie.

3300 3 f. (0,46 €) multicolore 1 » 0 50

Tirage : 8 578 997.

2000. - *Série artistique. Sandro Botticelli (1445-1510). Héliogravure. Dentelé 13.*

"Vénus et les Grâces offrant des présents à une jeune fille" (détail de fresque).

3301 6 f. 70, (1,02 €) multicolore 2 75 1 85

Tirage : 4 910 543.

2000. - *Série touristique. La cité de Carcassonne (Aude). Héliogravure. Dentelé 13.*

3302 3 f. (0,46 €) multicolore 1 » 0 50

Tirage : 9 963 764.

2000. - *Fête du Timbre. Héliogravure. Dentelé 13½. © Hergé/Moulinsart 2000.*

Tintin et Milou (d'après oeuvre de Hergé).

3303 3 f. (0,46 €) multicolore 1 40 0 50

Tirage : 15 258 643.

Idem. Emis en carnet. Dentelés 13½ x 13.

3303a 3 f. (0,46 €) multicolore 1 40 0 65

3304 3 f.+60 c. (0,55 €) multicolore 2 » 1 50

3304A La paire 3304+3303a 3 50 3 »

La bande (format vertical) destinée à la confection de carnets comprend 1 timbre n° 3303 et 1 vignette, et 3 paires successives n°s 3304a+3304.

3305 La bande-carnet non pliée 12 » 12 »

Tirage : 1 054 591.

2000. - *Flore. Pervenche de Madagascar. Offset. Dentelé 13 x 13½.*

3306 4 f. 50, (0,69 €) multicolore 1 40 0 50

Tirage : 6 780 877.

2000. - *Le Parlement de Bretagne (Rennes). Héliogravure. Dentelé 13½.*

3307 3 f. (0,46 €) multicolore 1 » 0 30

Tirage : 9 495 807.

2000. - *Timbre "Félicitations". Héliogravure. Dentelé 13.*

Composition avec "Félicitations", fleur stylisée.

3308 3 f. (0,46 €) multicolore 1 » 0 30

Tirage :

2000. - *Série artistique. Camille Claudel (1864-1943). Héliogravure. Dentelé 13½ x 13.*

Sculpture "La Valse".

3309 6 f. 70, (1,02 €) multicolore 2 75 1 40

Tirage : 4 468 344.

2000. - *Série touristique. Saint-Guilhem-le-Désert (Hérault). Taille-douce. Dentelé 13½.*

3310　3 f. (0,46 €) multicolore　1 »　0 30

Tirage : 9 690 478.

2000. - *Série touristique. Gérardmer - Vallée des lacs (Vosges). Taille-douce. Dentelé13½.*

3311　3 f. (0,46 €) multicolore　1 »　0 30

Tirage : 10 024 180.

2000. - *Le siècle au fil du timbre (I). Le sport. Emis uniquement en feuillet. Héliogravure. Dentelés 13 pour les nos 3312 et 3316, dentelés 13½ x 13 pour les nos 3313 à 3315.* BF *n° 29.*

Portrait du boxeur Marcel Cerdan et détail ceinture (champion du monde des poids moyens en 1948).

l'athlète américain Carl Lewis (4 médailles d'or aux Jeux olympiques de Los Angeles, en 1984).

3312　3 f. (0,46 €) multicolore　1 »　0 50
3313　3 f. (0,46 €) multicolore　1 »　0 50

la France, championne du monde de football en 1998 (coupe et supporters en fond).

le skieur Jean-Claude Killy (3 médailles d'or aux Jeux olympiques de Grenoble en 1968).

3314　3 f. (0,46 €) multicolore　1 »　0 50
3315　3 f. (0,46 €) multicolore　1 »　0 50

l'aviateur Charles Lindbergh et partie avant de son avion le "Spirit of Saint Louis" (1ère traversée sans escale de l'Atlantique les 20-21 mai 1927).

3316　3 f. (0,46 €) multicolore　1 »　0 50
Nos 3312 à 3316 (5 val.)　5 »　2 50
3316A　La bande　5 »　3 »

Paire verticale se tenant.

3312a　(3312+3316)　2 »　1 55

Tirages :

Le feuillet comprend deux séries, la première dans la partie supérieure est sur un format photographique illustrant l'équipe de France victorieuse de la coupe du monde de football, Jean-Claude Killy et Charles Lindbergh à son arrivée au Bourget ; la seconde, dans la partie inférieure est une bande se tenant des cinq timbres.

2000. - *Série "Collection Jeunesse". Voitures anciennes. "Philexjeunes 2000" - Annecy. Emis uniquement en feuillet. Héliogravure. Multicolores. Dentelés 13½ x 13.* BF *n° 30.*

3317　1 f. (0,15 €) *(Bugatti 35)*　0 35　0 30
3318　1 f. (0,15 €) *(Citroën Traction)*　0 35　0 30

3319　1 f. (0,15 €) *(Renault 4 CV)*　0 35　0 30
3320　1 f. (0,15 €) *(Simca Chambord)*　0 35　0 30

3321　1 f. (0,15 €) *(Hispano-Suiza K6)*　0 35　0 30
3322　2 f. (0,30 €) *(Coccinelle Volkswagen)*　0 65　0 50

3323　2 f. (0,30 €) *(Cadillac 62)*　0 65　0 50
3324　2 f. (0,30 €) *(Peugeot 203)*　0 65　0 50

3325	2 f. (0,30 €) *(Citroën DS19)*	0 65	0 50
3326	2 f. (0,30 €) *(Ferrari 250 GTO)*	0 65	0 50
	Nos 3317 à 3326 (10 val.)	5 »	4 »

Tirage : 3 065 089 feuillets.

2000. - *Europa 2000. Héliogravure. Dentelé 13½.*

Colonne d'étoiles européennes et enfants cueillant de nouvelles étoiles.

3327	3 f. (0,46 €) multicolore	1 »	0 50

Tirage : 8 948 921.

2000. - *300e anniversaire de la naissance de l'ingénieur et agronome Henri-Louis Duhamel du Monceau (1700-1782). Taille-douce. Dentelé 13.*

Portrait sur fond de forêt.

3328	4 f. 50, (0,69 €) multicolore	1 40	0 50

Tirage : 5 290 745.

2000. - *73e Congrès de la Fédération Française des Associations Philatéliques, à Nevers. Taille-douce. Dentelé 13½.*

Aiguière en faïence, du 17e s. et la Porte de Croux.

3329	3 f. (0,46 €) multicolore	1 »	0 30

Tirage : 9 413 848.

2000. - *Timbre "Bonnes vacances". Héliogravure. Dentelé 13.*

Composition symbolique.

3330	3 f. (0,46 €) multicolore	1 »	0 30

Tirage :

2000. - *Cinquantenaire de la conquête de l'Annapurna. Taille-douce. Dentelé 13 x 12½.*

Alpinistes en cordée et montagne en fond.

3331	3 f. (0,46 €) multicolore	1 »	0 50

Tirage : 9 434 075.

2000. - *Série "Nature de France" (XV). Faune et flore. Héliogravure. Dentelés 13½.* BF *n° 31.*

Papillon sardanapale.

Girafe réticulée.

3332	2 f. 70, (0,41 €) multicolore	1 »	0 50
3333	3 f. (0,46 €) multicolore	1 »	0 50

Allosaure.

Tulipa lutea.

3334	3 f. (0,46 €) multicolore	1 »	0 50
3335	4 f. 50, (0,69 €) multicolore	1 40	0 80
	Nos 3332 à 3335 (4 val.)	4 40	2 30

Tirages : 16 679 038, 11 100 790, 10 852 927 et 6 715 091.

2000. - *Série touristique. Abbatiale d'Ottmarsheim (Haut-Rhin). Taille-douce. Dentelé 12½ x 13.*

3336 3 f. (0,46 €) multicolore 1 » 0 30

Tirage : 9 610 899.

2000. - *Centenaire de la naissance d'Antoine de Saint-Exupéry (1900-1944). Héliogravure. Dentelé 13.*

Portrait, avion.

3337 3 f. (0,46 €) multicolore 1 » 0 50

Tirage : 11 869 655.

2000. - *Le Train jaune de Cerdagne. Héliogravure. Dentelé 13.*

Le train de face et sur un viaduc.

3338 3 f. (0,46 €) multicolore 1 » 0 50

Tirage : 9 963 430.

2000. - *Folklores. Héliogravure. Dentelé 13.*

Silhouettes de danseurs, musicien, instruments de musique.

3339 4 f. 50, (0,69 €) multicolore 1 40 0 65

Tirage : 5 548 595.

2000. - *Jeux olympiques de Sydney (Australie). Disciplines. Héliogravure. Dentelés 13.* BF *n° 31A.*

Sujets : 3340, cyclisme, escrime, relais ; 3341, relais, judo, plongeon.

3340 3 f. (0,46 €) multicolore 1 » 0 50

3341 3 f. (0,46 €) multicolore 1 » 0 50

3340A La paire 3340+3341 2 » 1 50

Tirage : 10 404 747.

2000. - *Personnages célèbres. Les grands aventuriers français. Héliogravure. Dentelés 13.*

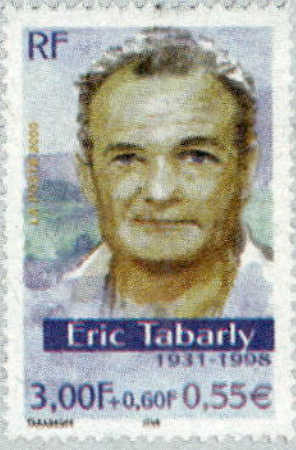

Eric Tabarly (1931-1998).

Alexandra David-Néel (1868-1969).

3342 3 f.+0.60 f. (0,55 €) multicolore 1 10 0 70

3343 3 f.+0.60 f. (0,55 €) multicolore 1 10 0 70

Haroun Tazieff (1914-1998).

Paul-Emile Victor (1907-1995).

3344 3 f.+0.60 f. (0,55 €) multicolore 1 10 0 70

3345 3 f.+0.60 f. (0,55 €) multicolore 1 10 0 70

Jacques-Yves Cousteau (1910-1997).

Norbert Casteret (1897-1987).

3346 3 f.+0.60 f. (0,55 €) multicolore 1 10 0 70

3347 3 f.+0.60 f. (0,55 €) multicolore 1 10 0 70

Nos 3342 à 3347 (6 val.) 6 60 4 20

La bande (format vertical) destinée à la confection de carnets comprend une vignette et les timbres nos 3342 à 3347.

3348 La bande-carnet non pliée 6 60 4 50

Tirage :

2000. - *25e anniversaire de la mort du Frère Alfred Stanke (1904-1975). Taille-douce. Dentelé 13.*

Portrait et cathédrale de Bourges.

3349 4 f. 40 (0,67 €) bleu-noir, bleu et brun 1 35 0 50

Tirage :

2000. - *Série artistique. Gaston Chaissac (1910-1964). Héliogravure. Dentelé 13½ x 13.*

Tableau "Visage rouge".

3350 6 f. 70 (1,02 €) multicolore 2 15 1 40

Tirage :

2000. - *Le siècle au fil du timbre (II). Société. Emis uniquement en feuillet. Héliogravure. Dentelés 13½-13.* BF *n° 32.*

1901, le lave-linge.

1936, les congés payés (famille se baignant d'après photo d'époque).

3351 3 f. (0,46 €) multicolore 1 » 0 50

3352 3 f. (0,46 €) multicolore 1 » 0 50

1944, le droit de vote des femmes (femmes votant).

1948, la Déclaration universelle des Droits de l'Homme (mentions : dignité, droits de l'homme, libres, égaux, et mur en brique en fond).

3353 3 f. (0,46 €) multicolore 1 » 0 50

3354 3 f. (0,46 €) multicolore 1 » 0 50

1969, le premier pas sur la Lune (astronaute sur la Lune).

3355 3 f. (0,46 €) multicolore 1 » 0 50

Nos 3351 à 3355 (5 val.) 5 » 2 50

3355A La bande issue du BF n° 32 5 » 3 50

Tirage :

2000. - *40e anniversaire de S.O.S. amitié. Offset. Dentelé 13.*

3356 3 f. (0,46 €) multicolore 1 » 0 50

Tirage :

2000. - *2001 nouveau millénaire. Offset. Dentelé13.*

3357 3 f. (0,46 €) multicolore 1 » 0 30

Tirage :

2000. - *Série artistique. Mosaïque (9e siècle) de Germigny-des-Prés (Loiret). Héliogravure. Dentelé 13½ x 13.*

Détail (ange).

3358 6 f. 70 (1,02 €) multicolore 2 15 1 40

Tirage :

2000. - *Hommage au dessinateur Raymond Peynet (1908-1999). Taille-douce. Dentelé 13½ x 13.*

"Le kiosque des amoureux - Valence".

3359 3 f. (0,46 €) multicolore 1 25 0 50

Tirage :

2000. - *Faune en voie de disparition. Emission commune avec la Nouvelle-Zélande. Héliogravure. Dentelés 13½.*

Kiwi austral (Nouvelle-Zélande).

3360 3 f. (0,46 €) multicolore 1 » 0 50

Faucon crécerellette (France).

3361 5 f. 20 (0,79 €) multicolore 1 60 1 »

Tirages : 9 281 120 et 3 007 257.

La Nouvelle-Zélande a émis simultanément deux timbres aux mêmes types (n°s 1793 et 1798).

2000. - *Au profit de la Croix-Rouge. Fêtes de fin d'année. Héliogravure. Dentelé13½ x 13.*

Avion en bois avec pilote larguant des cadeaux.

3362 3 f.+60 c. (0,55 €) multicolore 1 10 0 70

Tirage :

2000. - *"Bonne année" et "Meilleurs voeux". Héliogravure. Dentelés : 12½ x 13 (N° 3363) et 13½ x 13 (N° 3364).*

Cristaux de neige et feuille de houx.

3363 3 f. (0,46 €) multicolore 1 » 0 30

Boule de neige - Terre avec bonnet rouge.

3364 3 f. (0,46 €) multicolore 1 » 0 30

Tirages : 13 769 332 et 13 737 871.

2000. - *3e millénaire. Héliogravure. Dentelé 13 x 13½.*

Pli avec carte du monde et @.

3365 3 f. (0,46 €) multicolore 1 » 0 50

Imprimé attenant horizontalement à une vignette sans valeur (symboles @ et "Meilleurs voeux"). Emis en petite feuille de 10 timbres+vignettes avec marges illustrées de nuages.

Tirage :

2000. - *3e millénaire. Type du T.-P. de même date. Offset. Dentelé 13 x 13½.*

3365A 3 f. (0,46 €) multicolore (3365) 5 » 5 »

Imprimé attenant horizontalement à une vignette sans valeur, personnalisée par un portrait d'après photo, pendant toute la durée du 54e Salon philatélique d'Automne. Cette possibilité de personnalisation a été renouvelée et élargie pendant l'année 2001. (Musée de la Poste et Salons de Tours et Nancy).

2000. - *Métallurgie - 1900-2000. Taille-douce. Dentelé 13 x 13½.*

Silhouette de tour Eiffel et de fusée Ariane.

3366 4 f. 50 (0,69 €) multicolore et argent 1 40 0 80

Tirage : 4 046 406.

2000
Du N° 3294 au N° 3366 (sauf 3304A, 3316A, 3340A et 3355A = 74 timbres **105 ⊙62**

Autres rubriques de l'année :
Poste aérienne 64
Bocs et feuillets 27 à 32

2001. - *Championnat du monde de Handball, à Nantes. Héliogravure. Dentelé 13½.*

Joueur stylisé.

3367 3 f. (0,46 €) multicolore 1 » 0 50

Tirage :

2001. - *Saint-Valentin. Coeur 2001 de Christian Lacroix. Héliogravure. Dentelé.* BF *n° 33.*

3368 3 f. (0,46 €) multicolore 1 » 0 50

Tirage : 12 451 763.

2001. - *Série artistique. Pieter Bruegel l'Ancien (v. 1525-1569). Taille-douce. Dentelé 13 x 13½.*

"La danse des paysans".

3369 6 f. 70 (1,02 €) multicolore 2 05 1 40

Tirage :

2001. - *Fête du Timbre. Héliogravure. Dentelé 13½. © 2001 Marsu by Franquin.*

Gaston Lagaffe (d'André Franquin).

3370 3 f. (0,46 €) multicolore 1 » 0 50

Tirage :

Idem. Emis en carnet. Héliogravure. Dentelé 13½ X 13.

3370a 3 f. (0,46 €) multicolore 1 » 0 65
3371 3 f.+0 f. 60 (0,55 €) multicolore 1 50 1 »
3371A La paire 3371+3370a 2 50 2 »

La bande (format vertical) destinée à la confection de carnets comprend 1 paire horizontale du n° 3370a et 3 paires horizontales n°s 3370a+3371.

BC3370a La bande-carnet non pliée 10 » 10 »

Tirages :

2001. - *Le siècle au fil du timbre (III). Communication. Emis uniquement en feuillet. Héliogravure. Dentelés 13.* BF *n° 35.*

La télévision : personnages de "Bonne nuit les petits".

La publicité au cinéma : le Petit Mineur.

3372 3 f. (0,46 €) multicolore 1 » 0 50
3373 3 f. (0,46 €) multicolore 1 » 0 50

Le téléphone portable.

La radio : "Salut les copains".

3374	3 f. (0,46 €) multicolore	1 »	0 50
3375	3 f. (0,46 €) multicolore	1 »	0 50

Le disque compact.

3376	3 f. (0,46 €) multicolore	1 »	0 50
	Nos 3372 à 3376 (5 val.)	5 »	2 50
B3372	La bande issue du BF n° 35	5 »	3 50

Tirage :

2001. - *Timbres pour naissances. Héliogravure. Dentelés 13.*

"C'est un garçon".

"C'est une fille".

3377	3 f. (0,46 €) multicolore	1 »	0 50
3378	3 f. (0,46 €) multicolore	1 »	0 50

Tirages : 9 397 791 et 9 282 655.

2001. - *Timbres de messages. Héliogravure. Dentelés 13.*

"merci".

"oui".

3379	3 f. (0,46 €) multicolore	1 »	0 50
3380	4 f. 50 (0,69 €) multicolore	1 40	0 80

Tirages : 15 785 596 et 7 473 798.

2001. - *Série "Nature de France" (XVI). Faune. Héliogravure. Dentelés 13½.* BF *n° 36.*

Ecureuil.

Chevreuil.

3381	2 f. 70 (0,41 €) multicolore	0 85	0 50
3382	3 f. (0,46 €) multicolore	1 »	0 50

Hérisson.

Hermine.

3383	3 f. (0,46 €) multicolore	1 »	0 50
3384	4 f. 50 (0,69 €) multicolore	1 40	0 80
	Nos 3381 à 3384 (4 val.)	4 25	2 30

Tirages :

2001. - *Série artistique. Hôtel des Chevaliers de Saint-Jean-de-Jérusalem, à Toulouse. Taille-douce. Dentelé 13.*

Détail peinture murale (13e s.).

3385	6 f. 70 (1,02 €) multicolore	2 05	1 55

Tirage :

2001. - *Série touristique. Nogent-le-Rotrou (Eure-et-Loir). Taille-douce et offset. Dentelé 13½ x 13.*

Château.

3386	3 f. (0,46 €) multicolore	1 »	0 50

Tirage : 7 558 383.

2001. - *Série touristique. Besançon (Doubs). Taille-douce. Dentelé 13.*

La citadelle de Vauban et fontaine.

3387	3 f. (0,46 €) multicolore	1 »	0 50

Tirage : 10 144 364.

2001. - *Europa. L'eau, richesse naturelle. Héliogravure. Dentelé 13.*

Globe dans une goutte d'eau.

3388 3 f. (0,46 €) multicolore 1 » 0 30

Tirage : 12 494 392.

2001. - *Les Jardins de Versailles. Hommage au jardinier Le Nôtre (1613-1700). Héliogravure. Dentelé 13.*

3389 4 f. 40 (0,67 €) multicolore 1 35 0 80

Tirage :

2001. - *Le Vieux-Lyon (Rhône). Taille-douce. Dentelé 13½ x 13.*

Les traboules.

3390 3 f. (0,46 €) multicolore 1 » 0 50

Tirage : 7 723 398.

2001. - *Les personnages célèbres. Artistes de la chanson. Héliogravure. Dentelés 13.* BF *n° 37.*

Claude François (1939-1978).

Léo Ferré (1916-1993).

Serge Gainsbourg (1928-1991).

3391 3 f. (0,46 €) multicolore 1 » 0 50
3392 3 f. (0,46 €) multicolore 1 » 0 50
3393 3 f. (0,46 €) multicolore 1 » 0 50

Dalida (1933-1987).

Michel Berger (1947-1992).

Barbara (1930-1997).

3394 3 f. (0,46 €) multicolore 1 » 0 50
3395 3 f. (0,46 €) multicolore 1 » 0 50
3396 3 f. (0,46 €) multicolore 1 » 0 50
N°s 3391 à 3396 (6 val.) 6 » 3 »

Tirages :

2001. - *74e Congrès de la Fédération Française des Associations Philatéliques, à Tours. Taille-douce. Dentelé 13½.*

Statuette de compagnon (de Jean Bourreau), pont et cathédrale.

3397 3 f. (0,46 €) multicolore 1 » 0 50

Tirage : 7 306 979.

2001. - *30e anniversaire de la mort de Jean Vilar (1912-1971). Taille-douce et offset. Dentelé 13.*

Portrait de l'acteur et metteur en scène de théâtre ; Palais des Papes à Avignon.

3398 3 f. (0,46 €) multicolore 1 » 0 50

Tirage : 7 488 028.

2001. - *"Bonnes Vacances". Deux bandes de phosphore. Offset. Dentelé 13.*

Empreinte de pied sur une plage.

3399 3 f. (0,46 €) multicolore 1 » 0 50

Tirage : 9 430 726.

2001. - *"Bonnes Vacances". Type du T.-P. de même date. Emis en carnet. Deux bandes de phosphore. Auto-adhésif. Offset. Dentelé 11.*

3400 3 f. (0,46 €) multicolore (3399) 1 » 0 50

Tirage :

2001. - *Série touristique. Calais (Pas-de-Calais). Taille-douce. Dentelé 13.*

Jetée, Hôtel de ville et ferry.

3401 3 f. (0,46 €) multicolore 1 » 0 50

Tirage : 6 521 947.

2001. - "*Demain l'Euro*". *Héliogravure. Dentelé.*

Composition avec pièce de 1 euro et étoiles du drapeau européen.

3402 3 f. (0,46 €) multicolore 1 » 0 50

Tirage :

2001. - *120e anniversaire de la naissance de l'ingénieur Albert Caquot (1881-1976). Taille-douce. Dentelé 13½.*

Portrait ; pont ; ballon "saucisse".

3403 4 f. 50 (0,69 €) multicolore 1 40 0 80

Tirage : 4 374 880.

2001. - *Centenaire de la Loi du 1er Juillet 1901 sur la liberté d'association. Héliogravure. Dentelé 13.*

Composition avec pièces de puzzle et mention "Liberté d'association".

3404 3 f. (0,46 €) multicolore 1 » 0 50

Tirage :

2001. - *Série "Collection Jeunesse". Les leg*
Locomotives. Emis uniquement en feuillet. Hé
Multicolores. Dentelés 13½ x 13. BF *n° 38.*

3405 1 f. 50 (0,23 €) *(Eurostar)* 0 50 0 40

3406 1 f. 50 (0,23 €) *(American 220)* 0 50 0 40

3407 1 f. 50 (0,23 €) *(Crocodile)* 0 50 0 40

3408 1 f. 50 (0,23 €) *(Crampton)* 0 50 0 40

3409 1 f. 50 (0,23 €) *(Garratt 59)* 0 50 0 40

3410 1 f. 50 (0,23 €) *(Pacific Chapelon)* 0 50 0 40

3411 1 f. 50 (0,23 €) *(Mallard)* 0 50 0 40

...endes du rail.
...iogravure.
(n° 3411) 2001

... *Capitole)* 0 50 0 40

3413 1 f. 50 (0,23 €) *(Autorail panoramique)* 0 50 0 40

3414 1 f. 50 (0,23 €) *(230 Classe P8)* 0 50 0 40
Nos 3405 à 3414 (10 val.) 5 » 4 »

Tirages :

2001. - *Série touristique. Château de Grignan (Drôme). Taille-douce. Dentelé 13.*

3415 3 f. (0,46 €) multicolore 1 » 0 30

Tirage :

2001. - *Cinquantenaire de la Convention de Genève relative aux Réfugiés. Héliogravure. Dentelé 13.*

Emblème.

3416 4 f. 50 (0,69 €) multicolore 1 40 0 80

Tirage :

2001. - *Type Marianne du 14 Juillet. Type du T.-P. de 1997. Mention RF (au lieu de République Française). Sans valeur indiquée (validité permanente). Deux bandes de phosphore. Taille-douce. Dentelé 13.*

3417 (sans val.) rouge (3083) 0 80 0 15

Provenant de roulette. Deux bandes de phosphore. Taille-douce. Dentelé 13 horizontalement.

3418 (sans val.) rouge (3084) 1 » 0 30

Provenant de carnet. Deux bandes de phosphore. Gommage adhésif. Taille-douce. Précoupé vertical en lignes ondulées.

3419 (sans val.) rouge (3085) 0 80 0 15

2001. - *400e anniversaire de la naissance du mathématicien Pierre de Fermat (1601-1665). Taille-douce. Dentelé 13½ x 13.*

Portrait.

3420 4 f. 50 (0,69 €) multicolore 1 40 0 80

Tirage :

2001. - *Série artistique. Centenaire de la mort du peintre Henri de Toulouse-Lautrec (1864-1901). Héliogravure. Dentelé 13½ x 13.*

"Yvette Guilbert chantant "Linger, Longer, Loo".

3421 6 f. 70 (1,02 €) multicolore 2 » 1 40

Tirage :

2001. - *Le siècle au fil du timbre (IV). Sciences. Emis uniquement en feuillet. Héliogravure. Dentelés 13½ x 13.* BF *n° 39.*

La pénicilline.

L'ADN.

3422 3 f. (0,46 €) multicolore 1 » 0 30
3423 3 f. (0,46 €) multicolore 1 » 0 30

Le laser.

Le 1[er] homme dans l'espace.

3424 3 f. (0,46 €) multicolore 1 » 0 30

3425 3 f. (0,46 €) multicolore 1 » 0 30

La carte à puce.

3426 3 f. (0,46 €) multicolore 1 » 0 30

N°s 3422 à 3426 (5 val.) 5 » 1 50

B3422 La bande issue du BF n° 39 5 »

Tirage :

2001. - *Val-de-Reuil (Eure). Héliogravure. Dentelé 13.*

"L'Astrolabe", sculpture d'Alain Le Boucher.

3427 3 f. (0,46 €) multicolore 1 » 0 30

Tirage :

2001. - *Halloween. Héliogravure et phosphorescence. Dentelé 13.* BF *n° 40.*

Citrouille.

3428 3 f. (0,46 €) multicolore 1 » 0 30

Tirage :

2001. - *Série artistique. Johan Barthold Jongkind (1819-1891). Offset. Dentelé 13 x 13½.*

"Honfleur à marée basse".

3429 6,70 f. (1,02 €) multicolore 2 » 1 40

Tirage :

2001. - *Hommage à Jacques Chaban-Delmas (1915-2000). Deux bandes de phosphore. Taille-douce. Dentelé 13 x 13½.*

Portrait de l'homme politique.

3430 3 f. (0,46 €) multicolore 1 » 0 40

Tirage :

2001. - *Timbres pour naissances. "C'est un garçon", "Cest une fille". Types des T.-P. de même date. Impression offset avec vignette "Cérès" ou "Les timbres personnalisés".*

3431 3 f. (0,46 €) multicolore (3377) 3 » 3 »

3432 3 f. (0,46 €) multicolore (3378) 3 » 3 »

Ces timbres personnalisés (3431 et 3432), en offset, furent proposés lors du 55e Salon Philatélique d'Automne (8 au 11 novembre 2001), mais par suite d'une panne informatique, peu d'exemplaires furent réalisés. Ils furent proposés à nouveau à Bordeaux du 5 au 13 mai. Finalement ils furent mis en vente par correspondance à partir de juillet 2002 avec vignette attenante "Cérès - Service Philatélique de la Poste - Paris France" ou "Les Timbres personnalisés".

2001. - *Timbre de message. "merci". Type du T.-P. de même date. Impression offset avec vignette "Cérès" ou "Les timbres personnalisés".*

3433 3 f. (0,46 €) multicolore (3379) 3 » 3 »

Voir note après le n° 3432.

2001. - *Hommage à Jean Pierre-Bloch (1905-1999). Deux bandes de phosphore. Taille-douce. Dentelé 13.*

Portrait de l'homme politique.

3434	4,50 f. (0,69 €) bleu	1 40	0 70

Tirage :

2001. - *Centenaire de la naissance du dessinateur et graveur Albert Decaris (1901-1988). Taille-douce. Dentelé 13½ x 13.*

3435	3 f. (0,46 €) multicolore	1 »	0 50

Tirage :

2001. - *Au profit de la Croix-Rouge. Fêtes de fin d'année. Deux bandes de phosphore. Héliogravure. Dentelé 12½ x 13.*

Boule-Père Noël.

3436	3 f. + 0,60 f. (0,46 + 0,09 €) mult.	1 10	0 70
	a. (Idem, dentelé 13½ x 13)	1 10	0 70

Tirage :
A été aussi émis en carnets (Tirage :).
Le n° 3436a provient de carnets.

2001. - *"Bonne Année" et "Meilleurs Voeux". Deux bandes de phosphore. Offset. Dentelés 13.*

Enfants et bonhomme de neige.

Enfants transportant du houx et un paquet cadeau dans une brouette.

3437	3 f. (0,46 €) multicolore	1 »	0 50
3438	3 f. (0,46 €) multicolore	2 »	1 20

Tirages :

Emis en carnet. Auto-adhésifs. Deux bandes de phosphore. Offset. Dentelés 11.

3439	3 f. (0,46 €) multicolore (3437)	1 »	0 50
3440	3 f. (0,46 €) multicolore (3438)	1 »	0 50

Tirages :
La paire 2 » 1 20

2001. - *Fontaines. Emission commune avec le Maroc. Héliogravure. Dentelés 13½.*

Fontaine Nejjarine (Maroc).

Fontaine Wallace (France).

3441	3,00 f. (0,46 €)	1 »	0 50
3442	3,80 f. (0,58 €)	2 »	1 20

Tirages :

Le Maroc a émis simultanément deux timbres aux mêmes types (n°s 1298 et 1299).

2001
Du N° 3367 au N° 3442
(sauf 3371A) =
76 timbres **86 ⊙50
Autres rubriques de l'année :
Blocs et feuillets 33 à 42
Service 122 à 125

2002. - *Type Marianne du 14 Juillet. Types des T-P de 1997. Mention RF (au lieu de République Française). Taille-douce. Dentelés 13.*

3443	0,01 € jaune	0 15	0 15
3444	0,02 € bistre-noir	0 15	0 15
3445	0,05 € vert-émeraude	0 15	0 15
3446	0,10 € violet-rouge	0 20	0 15
3447	0,20 € orange	0 40	0 20
3448	0,41 € vert	0 80	0 40
3449	0,50 € bleu nuit	1 »	0 50
3450	0,53 € vert-jaune	1 »	0 50
3451	0,58 € bleu	1 20	0 60
3452	0,64 € orange foncé	1 30	0 60
3453	0,67 € bleu outremer	1 40	0 70
3454	0,69 € rose	1 40	0 70
3455	1,00 € bleu-vert	2 »	1 »
3456	1,02 € vert foncé	2 »	1 »
3457	2,00 € violet	4 »	2 »
	N°s 3443 à 3457 (15 val.)	17 15	8 80

Une bande de phosphore à droite pour les 0,01 €, 0,02 €, 0,05 €, 0,10 €, 0,20 €, 0,41 €, 0,53 € et 0,64 € et deux bandes de phosphore pour les autres valeurs.

Tirages :

Provenant de roulette. Une bande de phosphore à droite. Dentelé 13 horizontalement.

3458 0,41 € vert 0 80 0 40

Tirage :

2002. - *Saint-Valentin. Coeur 2002, de Yann Arthus-Bertrand. Héliogravure. Dentelé.* BF *n° 43.*

Photo aérienne de Voh (Nouvelle-Calédonie).

3459 0,46 € multicolore 0 90 0 45

Tirage :

2002. - *Jeux olympiques d'hiver de Salt Lake City (Etats-Unis). Deux bandes de phosphore. Héliogravure. Dentelé 13.*

Snowboard.

3460 0,46 € multicolore 0 90 0 45

Tirage :

2002. - *Série artistique. Gustav Klimt (1862-1918). Héliogravure. Dentelé 13½ x 13.*

"Le Baiser".

3461 1,02 € multicolore 2 » 1 20

Tirage :

VENTE SUR PLACE OU PAR CORRESPONDANCE
TOUT EN 1 SEUL MAGASIN
TIMBRES DE FRANCE AU DÉTAIL ET TOUS PAYS
NEUFS OU OBLITÉRÉS-MATÉRIEL-LIVRES-JOURNAUX
TOUTES LES GRANDES MARQUES
DE MATÉRIEL TOUTES COLLECTIONS
AV - CERES - DAVO - HAWID
ID - KABE - LEUCHTTURM
LINDNER - MOC - MARINI
PRINZ - SAFE
Yvert & Tellier
REMISE DÈS LE 1ER ACHAT
TARIF DES MARQUES
ENVOYÉS SUR SIMPLE DEMANDE
BERNARD QUALITÉ CHOIX - PRIX
AUMONT
SPÉCIALISTE DE LA QUALITÉ
ACHETE
LES TIMBRES EUROPA, MONACO
ET LES BELLES COLLECTIONS TOUS PAYS
AU JUSTE PRIX ! FEUILLE OU 1/2 FEUILLE
LES TIMBRES DE FRANCE Par QUANTITÉ,
STOCK IMPORTANT (même les petites valeurs)
MAGASIN OUVERT DU MARDI AU VENDREDI :
9h à 12h15 et de 13h15 à 18h00
LE SAMEDI :
de 9h à 12h15 et de 14h à 18h00
En plein centre de Paris,
dans le quartier de l'Art et de la Collection
22 rue Drouot PARIS 9ème
ACCÈS FACILE - 9 lignes de bus - 4 stations de métro - parkings.
Tél. 01 47 70 63 34 et 01 42 46 35 29
COMMANDES PAR FAX 01 42 46 25 32
PAR INTERNET Site Marchand : bernard-aumont.com
Messagerie internet : AUMONT@noos.fr
ou bernard@bernard-aumont.com
ACHETER CHEZ BERNARD AUMONT,
La certitude de ne jamais ÊTRE DÉÇU !
(Faîtes l'essai de montrer vos timbres à vos amis philatélistes.)

2002. - *Hommage à l'écrivain Alain Bosquet (1919-1998). Deux bandes de phosphore. Taille-douce. Dentelé 13.*

Portrait.

3462 0,58 € multicolore 1 20 0 80

Tirage :

2002. - *Timbres pour naissances. Deux bandes de phosphore. Héliogravure. Dentelés 13.*

"C'est une fille". "C'est un garçon".

3463 0,46 € multicolore 1 » 0 50
3464 0,46 € multicolore 1 » 0 50

Tirages :

2002. - *Timbre pour mariages. Deux bandes de phosphore. Héliogravure. Dentelé 13.*

"Oui".

3465 0,69 € multicolore 1 40 1 »

Tirage :

2002. - *Europa. Le cirque. Deux bandes de phosphore. Héliogravure. Dentelé 13½.*

3466 0,46 € multicolore 1 » 0 50

Tirage :

2002. - *Fête du timbre. Deux bandes de phosphore. Héliogravure. Dentelé 13½. © Boule & Bill ®, International s.a. 2002.*

Boule et Bill (de Jean Roba).

3467 0,46 € multicolore 1 » 0 50

Tirage :

Idem. Emis en carnet. Sans bandes de phosphore. Héliogravure. Dentelés 13½ X 13.

3467a 0,46 € multicolore 1 » 0 50
3468 0,46 € +0,09 € multicolore 1 10 0 50
P3467a La paire 3467a+3468 2 » 1 50

La bande (format vertical) destinée à la confection de carnets comprend 1 paire 3468+3467a, 1 paire 3467a+3468, 1 paire 3468+3467a et 1 paire du n° 3467a.

BC3467a La bande-carnet non pliée 2 » 8 »

Idem. Emis uniquement en feuillet. Sans réserve blanche autour de l'image. Sans bandes de phosphore. Dentelé 13½ x 13. BF *n° 46.*

3469 0,46 €+0,09 € multicolore (3468) 1 10 0 50

Tirage :

2002. - *Les arènes de Nîmes. Taille-douce et offset. Dentelé 13.*

3470 0,46 € multicolore 1 » 0 50

Tirage :

2002. - *Le siècle au fil du timbre (V). Transports. Emis uniquement en feuillet. Héliogravure. Dentelés 13 pour les n°s 3471 et 3475, 13½ x 13 pour les n°s 3472 à 3474.* BF *n° 47.*

Concorde.

3471 0,46 € multicolore 1 » 0 50

La mobylette.

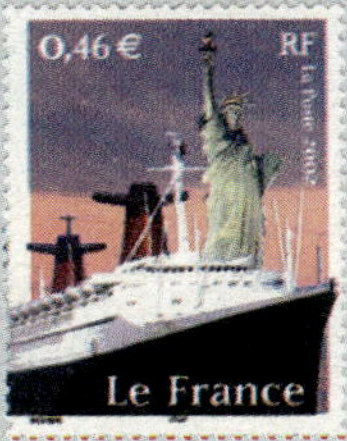

Le France.

3472 0,46 € multicolore 1 » 0 50
3473 0,46 € multicolore 1 » 0 50

La 2 CV.

Le TGV.

3474 0,46 € multicolore 1 » 0 50
3475 0,46 € multicolore 1 » 0 50
N°s 3471 à 3475 (5 val.) 5 » 2 50

Tirages :

B3471 La bande issue du BF n° 47 5 » 5 »

2002. - *Bicentenaire de la rencontre des deux navigateurs et explorateurs Nicolas Baudin (1754-1803) et Matthew Flinders (1774-1814). Emission commune avec l'Australie. Deux bandes de phosphore. Héliogravure. Dentelés 13½.*

Portrait de M. Flinders et l'"Investigator".

3476 0,46 € multicolore 1 » 0 50

Portrait de N. Baudin et le "Géographe".

3477 0,79 € multicolore 1 60 1 »

Tirages :

L'Australie à émis simultanément deux timbres (n°s 2026 et 2027).

2002. - *Série touristique. La Charité-sur-Loire (Nièvre). Deux bandes de phosphore. Taille-douce. Dentelé 13½.*

3478 0,46 € multicolore 1 » 0 50

Tirage

2002. - *Timbre pour invitations. Deux bandes de phosphore. Héliogravure. Dentelé 13.*

3479 0,46 € or et multicolore 1 » 0 50

Tirage :

2002. - *Timbre pour anniversaires. Deux bandes de phosphore. Héliogravure. Dentelé 13.*

3480 0,46 € multicolore 1 » 0 50

Tirage :

2002. - *100e Paris-Roubaix. Deux bandes de phosphore. Héliogravure. Dentelé 13.*

Coureurs sur les pavés.

3481 0,46 € multicolore 1 » 0 50

Tirage :

2002. - *Série artistique. Fernando Botero. Héliogravure. Dentelé 13.*

"Les Danseurs".

3482 1,02 € multicolore 2 » 1 50

Tirage :

2002. - *Champions du monde de Football. Emission commune avec l'Allemagne, l'Argentine, le Brésil, l'Italie et l'Uruguay. Héliogravure. Dentelés (12½ pour le n° 3484).*

Sujets : 3483, ballon, terrain et drapeaux de 6 des 7 pays ayant remporté la coupe du monde ; 3484, drapeau français, 1998, image floue de joueurs.

3483 0,46 € multicolore 1 » 0 50

3484 0,46 € multicolore 1 » 0 50

Tirages :

Imprimés se tenant horizontalement.

2002. - *Série "Nature de France" (XVII). Faune marine. Héliogravure. Dentelés 13½.* BF *n° 48.*

Tortue luth.

Grand dauphin.

3485 0,41 € multicolore 0 80 0 40

3486 0,46 € multicolore 1 » 0 50

Orque.

3487 0,46 € multicolore 1 » 0 50

Phoque veau marin.

3488 0,69 € multicolore 1 40 1 »

N°s 3485 à 3488 (4 val.) 4 20 2 40

Tirages :

2002. - *75e Congrès de la Fédération Française des Associations Philatéliques, à Marseille. Deux bandes de phosphore. Taille-douce. Dentelé 13.*

Vue panoramique de la ville.

3489 0,46 € multicolore 1 » 0 50

Tirage :

2002. - *Bicentenaire de la Légion d'honneur. Héliogravure. Dentelé 13.*

Croix.

3490 0,46 € multicolore 1 » 0 50

Tirage :

2002. - *Bicentenaire de la mort de Louis Delgrès (1766-1802), défenseur de l'abolition de l'esclavage. Deux bandes de phosphore. Héliogravure. Dentelé 13½.*

Portrait de l'officier.

3491 0,46 € multicolore 1 » 0 50

Tirage :

2002. - *Rocamadour (Lot). Deux bandes de phosphore. Héliogravure. Dentelé 13½.*

3492 0,46 € multicolore 1 » 0 50

Tirage :

2002. - *Timbre pour vacances. Deux bandes de phosphore. Offset. Dentelé 13.*

3493 0,46 € multicolore 1 » 0 50

Tirage :

2002. - *Timbre pour vacances. Type de même date. Emis en carnet. Deux bandes de phosphore. Auto-adhésif. Offset. Dentelé 11.*

3494 0,46 € multicolore (3493) 1 » 0 50

Tirage :

2002. - *Championnat du monde d'Athlétisme Handisport., au stadium Lille-Métropole. Deux bandes de phosphore. Héliogravure. Dentelé 13½.*

Course en fauteuils roulants.

3495 0,46 € multicolore 1 » 0 50

Tirage :

2002. - *Chapelle de Saint-Ser (Bouches-du-Rhône). Deux bandes de phophore. Taille-douce. Dentelé 13 x 13½.*

3496 0,46 € multicolore 1 » 0 50

Tirage :

2002. - *Série touristique. Collioure (Pyrénées-orientales). Deux bandes de phophore. Héliogravure. Dentelé 13½.*

"Le phare de Collioure", d'André Derain.

3497 0,46 € multicolore 1 » 0 50

Tirage :

2002. - *Cathédrale de Metz. Taille-douce. Dentelé 13½ x 13.*

Détail vitrail "Eve et le serpent, La Création" (1963-64), de Marc Chagall.

3498 0,46 € multicolore 1 » 0 50

Tirage :

NOUVEAU

Venez visiter notre nouveau magasin au centre de Paris

AU MATÉRIEL DE COLLECTIONS

54 Passage des Panoramas • 75002 PARIS

Tél. : 01 42 36 03 18 • Fax : 01 42 36 03 19

NOUVEAU

UN STOCK IMPRESSIONNANT DE MATÉRIEL PARMI LES PLUS GRANDES MARQUES !

(AV, CÉRÈS, DAVO, HAWID, ID, KABE, LEUCHTTURM, LINDNER, MARINI, MOC, PRINZ, SAFE, YVERT ET TELLIER, etc...)

ACCUEIL, RAPIDITÉ, PRIX

Tout le matériel sur le net

www.aumaterieldecollections.fr

2002. - *Série touristique. Locronan (Finistère). Deux bandes de phosphore. Taille-douce. Dentelé 13.*

Eglise Saint-Ronan et chapelle du Pénity.

3499	0,46 € multicolore	1 »	0 50

Tirage :

2002. - *Les personnages célèbres. Grands interprètes de jazz. Deux bandes de phosphore. Héliogravure. Dentelés 13.*

Louis Armstrong (1901-1971).

Sidney Bechet (1897-1959).

3500	0,46 € multicolore et or	1 »	0 50
3501	0,46 € multicolore et or	1 »	0 50

Duke Ellington (1899-1974).

Ella Fitzgerald (1918-1996).

3502	0,46 € multicolore et or	1 »	0 50
3503	0,46 € multicolore et or	1 »	0 50

Stéphane Grappelli (1908-1997).

Michel Petrucciani (1962-1999).

3504	0,46 € multicolore et or	1 »	0 50
3505	0,46 € multicolore et or	1 »	0 50
	Nos 3500 à 3505 (6 val.)	6 »	3 »

Tirages :

Idem. Emis en feuillet. Sans bandes de phosphore. Héliogravure. Dentelés 13. BF n° 50.

3500a	0,46 € multicolore et or	1 »	0 50
3501a	0,46 € multicolore et or	1 »	0 50
3502a	0,46 € multicolore et or	1 »	0 50
3503a	0,46 € multicolore et or	1 »	0 50
3504a	0,46 € multicolore et or	1 »	0 50
3505a	0,46 € multicolore et or	1 »	0 50

ACHAT-VENTE-CONSEIL EN PLACEMENT-ESTIMATION
VENTE PAR CORRESPONDANCE (Tarifs sur demande)
TIMBRES DE FRANCE AU DÉTAIL ET TOUS PAYS
ET MATÉRIEL DES GRANDES MARQUES, TOUTES COLLECTIONS.

QUALITÉ - CONFIANCE - CHOIX - PRIX

BERNARD AUMONT

SPÉCIALISTE DE LA QUALITÉ

ACHETE

LES TIMBRES EUROPA, MONACO ET LES BELLES COLLECTIONS TOUS PAYS

LES TIMBRES DE FRANCE
Par QUANTITÉ,
(même les petites valeurs)
FEUILLE OU 1/2 FEUILLE

STOCK IMPORTANT
AU JUSTE PRIX !

TOUT EN 1 SEUL MAGASIN
TIMBRES NEUFS OU OBLITÉRÉS -
MATÉRIEL - LIVRES - JOURNAUX

MAGASIN OUVERT DU MARDI AU VENDREDI :
9h à 12h15 et de 13h15 à 18h00
LE SAMEDI :
de 9h à 12h15 et de 14h à 18h00

En plein centre de Paris,
dans le quartier de l'Art et de la Collection

ACCÈS FACILE - 9 lignes de bus
4 stations de métro - parkings.
22 rue Drouot
PARIS 9ème

Tél. 01 47 70 63 34
et 01 42 46 35 29

COMMANDES PAR FAX 01 42 46 25 32
PAR INTERNET
Site Marchand : bernard-aumont.com
Messagerie internet : AUMONT@noos.fr

TOUTES LES GRANDES MARQUES

AV - CERES - DAVO
DAVO - HAWID - ID
KABE - LEUCHTTURM
LINDNER - MOC
MARINI - PRINZ - SAFE

Yvert & Tellier

REMISE ACCORDÉE DÈS LE 1ER ACHAT,
PRIX CLUB OU PAR QUANTITÉ
TARIFS DES MARQUES
ENVOYÉS SUR SIMPLE DEMANDE

Années complètes

<u>TIMBRES-POSTE</u>

	★★	★	⊙			
1938	670	375	300	Du N° 372 au N° 418	*52 timbres*	
1939	295	156	147	Du N° 419 au N° 450	*32 timbres*	*(sauf n° 421A et B)*
1940	168	89	110	Du N° 451 au N° 469	*19 timbres*	
1941	162	94	123	Du N° 470 au N° 537	*70 timbres*	
1942	89	53	89	Du N° 538 au N° 567	*30 timbres*	
1943 (1)	148	89	146	Du N° 568 au N° 598	*31 timbres*	*(sauf 571A et 580A)*
1943 (2)	199	126	198		*22 timbres*	*(sauf 568-71 et 576-580)*
1944	104	64	95	Du N° 599 au N° 668	*70 timbres*	
1945	82	48	46	Du N° 669 au N° 747	*85 timbres*	*(sauf 701A à F)*
1946	25	16	19	Du N° 748 au N° 771	*24 timbres*	
1947	36	21	25	Du N° 772 au N° 792	*21 timbres*	
1948	65	37	36	Du N° 793 au N° 822	*30 timbres*	
1949	171	102	136	Du N° 823 au N° 862	*42 timbres*	*(sauf N° 833A et 846A)*
1950	105	62	103	Du N° 863 au N° 877	*15 timbres*	
1951	152	90	102	Du N° 878 au N° 918	*41 timbres*	
1952	115	70	105	Du N° 919 au N° 939	*21 timbres*	
1953	194	118	118	Du N° 940 au N° 967	*28 timbres*	
1954	312	186	253	Du N° 968 au N° 1007	*40 timbres*	
1955	243	143	221	Du N° 1008 au N° 1049	*46 timbres*	
1956	157	96	108	Du N° 1050 au N° 1090	*41 timbres*	
1957	105	63	72	Du N° 1091 au N° 1141	*52 timbres*	
1958	59	37	48	Du N° 1142 au N° 1188	*47 timbres*	
1959	76	44	32	Du N° 1189 au N° 1229	*41 timbres*	
1960	105		72	Du N° 1230 au N° 1280	*53 timbres*	
1961	75		57	Du N° 1281 au N° 1324	*44 timbres*	
1962	64		56	Du N° 1325 au N° 1367	*49 timbres*	
1963	39		32	Du N° 1368 au N° 1403	*38 timbres*	
1964	54		44	Du N° 1404 au N° 1434	*31 timbres*	*(sauf 1417A)*
1965	28		17	Du N° 1435 au N° 1467	*33 timbres*	*(sauf 1465A)*
1966	29		22	Du N° 1468 au N° 1510	*43 timbres*	
1967	19		16	Du N° 1511 au N° 1541	*33 timbres*	
1968	21		19	Du N° 1542 au N° 1581	*40 timbres*	
1969	32		27	Du N° 1582 au N° 1620	*40 timbres*	
1970	32		27	Du N° 1621 au N° 1662	*42 timbres*	
1971	34		26	Du N° 1663 au N° 1701	*39 timbres*	*(sauf 1698A)*
1972	36		24	Du N° 1702 au N° 1736	*35 timbres*	
1973	40		32	Du N° 1737 au N° 1782	*46 timbres*	
1974	41		29	Du N° 1783 au N° 1829	*47 timbres*	
1975	35		29	Du N° 1830 au N° 1862	*33 timbres*	
1976	42		34	Du N° 1863 au N° 1913	*52 timbres*	
1977	51		34	Du N° 1914 au N° 1961	*48 timbres*	
1978	65		40	Du N° 1962 au N° 2027	*69 timbres*	
1979	51		37	Du N° 2028 au N° 2072	*47 timbres*	
1980	55		35	Du N° 2073 au N° 2117	*45 timbres*	
1981	70		49	Du N° 2118 au N° 2177	*60 timbres*	*(sauf 2142A)*
1982	106		63	Du N° 2178 au N° 2251	*74 timbres*	*(sauf 2200A)*
1983	70		35	Du N° 2252 au N° 2298	*47 timbres*	*(sauf 2262A)*
1984	72		33	Du N° 2299 au N° 2346	*49 timbres*	*(sauf 2313A)*
1985	126		80	Du N° 2347 au N° 2392	*47 timbres*	*(sauf 2369A)*
1986	103		56	Du N° 2393 au N° 2451	*60 timbres*	
1987	86		48	Du N° 2452 au N° 2500	*49 timbres*	
1988	110		62	Du N° 2501 au N° 2559	*59 timbres*	*(sauf 2538A)*
1989	104		72	Du N° 2560 au N° 2614	*55 timbres*	*(sauf 2583A et 2605A)*
1990	99		51	Du N° 2615 au N° 2675	*61 timbres*	
1991	101		56	Du N° 2676 au N° 2735	*60 timbres*	
1992	91		54	Du N° 2736 au N° 2784	*49 timbres*	
1993	160		98	Du N° 2785 au N° 2853	*69 timbres*	*(sauf 2793A, 2813A, 2852A et B)*
1994	179		117	Du N° 2854 au N° 2917	*64 timbres*	*(sauf 2864A)*
1995	149		93	Du N° 2918 au N° 2985	*68 timbres*	*(sauf 2934A)*
1996	131		78	Du N° 2986 au N° 3041	*57 timbres*	*(sauf 2991A)*
1997	172		92	Du N° 3042 au N° 3128	*87 timbres*	*(sauf 3052A et 3065A)*
1998	177		101	Du N° 3129 au N° 3210	*82 timbres*	*(sauf 3136A, 3155A, 3179A*
1999	183		128	Du N° 3211 au N° 3293	*83 timbres*	*(sauf 3212A et 3226A)*
2000	105		62	Du N° 3294 au N° 3366	*74 timbres*	*(sauf 3304A, 3316A, 3340A et 3355A)*
2001	86		50	Du N° 3367 au N° 3442	*76 timbres*	*(sauf 3371A)*

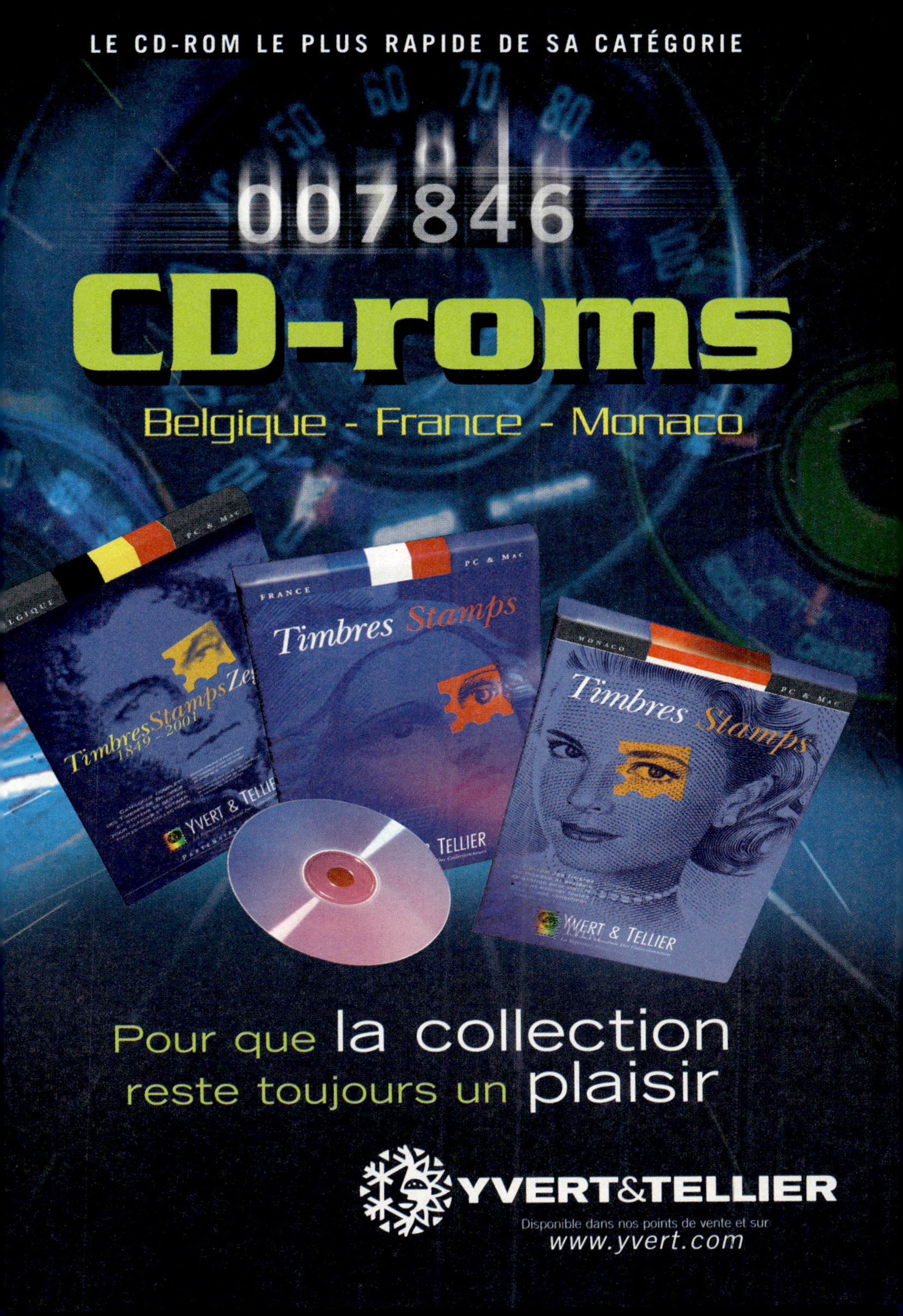

LE CD-ROM LE PLUS RAPIDE DE SA CATÉGORIE
007846
CD-roms
Belgique - France - Monaco
Timbres Stamps
Timbres Stamps
Pour que la collection
reste toujours un plaisir
YVERT&TELLIER
Disponible dans nos points de vente et sur
www.yvert.com

TIMBRES POUR LA POSTE AERIENNE

Jusqu'en 1959 les cotes de la colonne de gauche concernent les timbres neufs avec gomme d'origine intacte et sans charnière, celles de la colonne centrale les timbres neufs avec charnière légère, celles de la colonne de droite les timbres oblitérés.

1927. - *Premier Salon international de l'Aviation et de la Navigation, à Marseille. Timbres-poste de 1900-06 (Merson, nos 145 et 123) surchargés.*

1	2 f. orange et vert-bleu (n° 145) (B)	370 »	215 »	230 »
	a. (Coin de l'écusson cassé)	2 100 »	1 400 »	1 400 »
2	5 f. bl. et chamois (n° 123)	370 »	210 »	210 »

Très bon centrage (+50%).

Tirage : 90 000 paires, dont 65 000 vendues.

1928. - *Timbres-poste de 1923-27 (Berthelot, n° 243 et Pasteur, n° 181) surchargés.*

3	10 f. s. 90 c. rge (n° 243)	2 750 »	2 100 »	2 100 »
	a. (Surch. renv.)	27 000 »	20 000 »	18 500 »
4	10 f. s. 1 f. 50, bleu (n° 181)	14 500 »	10 500 »	10 500 »

Surcharge espacée (8 mm au lieu de 6 mm entre la base du 1 et le second trait).

3b	10 f. s. 90 c.	5 000 »	3 550 »	3 550 »
3c	(Surch. renv.)	42 000 »	38 500 »	
4a	10 f. s. 1 f. 50	18 500 »	13 000 »	13 000 »

Ces timbres ont été émis à bord du paquebot Ile-de-France et servaient uniquement pour la surtaxe aérienne.

Tirages : 2700 et 900.

1930. - *Avion survolant Marseille. Taille-douce. Dentelés 13.*

5	1 f. 50, carmin	42 »	26 »	4 60
	(Sur lettre)			6 10
6	1 f. 50, bleu	42 »	26 »	2 30
	(Sur lettre)			4 60
	a. outremer	92 »	54 »	23 »
	b. outremer vif	805 »	575 »	460 »

Le n° 6a fut émis à l'occasion de l'Exposition Internationale de la Poste Aérienne, à Paris ; pendant la durée de celle-ci, un certain nombre d'exemplaires ont été perforés comme ci-dessous :

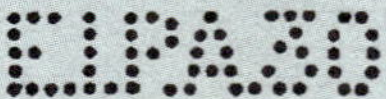

6c	1 f. 50 (+5 f.) outremer	765 »	535 »	420 »
6d	1 f. 50 (+5 f.) carmin	5 000 »	3 850 »	5 350 »

Tirages : 6 000 000 (n° 5), 36 800 000 (n° 6) et 60 000 (n° 6c).

1934. - *25e anniversaire de la traversée de la Manche par Louis Blériot. Taille-douce. Dentelé 13.*

Monoplan de Blériot.

7	2 f. 25, lilas	40 »	23 »	7 »
	(Sur lettre)			11 50
	(Id. seul)			20 »

Tirage : 8 100 000.

1936. - *Avion survolant Paris. Taille-douce. Dentelés 13.*

8	85 c. vert foncé	5 50	3 »	3 »
	(Sur lettre)			6 10
	(Id. seul)			11 50
	a. vert clair	27 »	20 »	4 60
9	1 f. 50, bleu	21 50	13 »	6 »
	(Sur lettre)			9 20
	(Id. seul)			15 50
10	2 f. 25, violet	40 »	25 »	7 50
	(Sur lettre)			12 25
	(Id. seul)			23 »
11	2 f. 50, rose	51 »	40 »	9 20
	(Sur lettre)			15 50
	(Id. seul)			23 »
12	3 f. outremer	42 »	30 »	2 30
	(Sur lettre)			6 10
	(Id. seul)			23 »
13	3 f. 50, brun-jaune	120 »	79 »	27 »
	(Sur lettre)			30 »
	(Id. seul)			46 »
14	50 f. vert-jaune	1 550 »	1 000 »	420 »
	(Sur lettre)			610 »
	(Id. seul)			1 250 »
	a. vert	1 700 »	1 150 »	435 »
	b. vert foncé	1 950 »	1 400 »	690 »
	N°s 8 à 14 (7 val.)	1 830 »	1 190 »	475 »

Tirages : 2 400 000, 5 000 000, 1 100 000, 1 400 000, 6 000 000, 1 000 000 et 118 000.

1936. - *Avion survolant Paris. Burelage rose. Taille-douce. Dentelé 12½ x 13.*

Caudron "Simoun", sur Paris.

15	50 f. outremer	1 300 »	765 »	385 »
	(Sur lettre)			610 »
	(Id. seul)			1 150 »
	a. (Spécimen)	5 750 »	4 600 »	

Imprimé par l'Institut de Gravure à Paris.

Tirage : 210 000.

1946-47. - *Série mythologique. Taille-douce. Dentelés 13.*

Sagittaire.

Iris.

16	40 f. vert foncé	0 70	0 50	0 50
17	50 f. rouge	0 70	0 50	0 30
	a. rose	0 70	0 50	0 50

Egine enlevée par Jupiter.

Char du Soleil.

18	100 f. bleu foncé	9 20	6 10	1 30
	a. bleu-noir	11 50	7 65	1 55
19	200 f. vermillon	6 40	4 40	1 90
	a. rge-sang (pap. carton)	42 »	23 »	8 40
	b. rge fcé (pap. normal)	12 25	9 20	1 85
	N°s 16 à 19 (4 val.)	17 »	11 50	4 »
	La série, non dentelée		460 »	

Tirages : 51 970 775, 67 757 250, 19 505 000 et 7 656 975.

1947. - *12e Congrès de l'Union Postale Universelle à Paris. Vue de Paris. Taille-douce. Dentelé 13.*

Les ponts de Paris.

20	500 f. vert foncé	65 »	42 »	54 »

Tirage : 520 000.

1947. - *Surtaxe au profit de l'Entraide française. Taille-douce. Dentelés 13.*

Antoine de Saint-Exupéry (1900-1944).

Jean Dagnaux (1891-1940).

21	50 f.+30 f. brun-lilas	3 85	2 30	3 85
22	100 f.+70 f. bleu	4 60	3 »	4 60
	La paire, non dentelée		230 »	

Tirages : 975 000 paires.

Le n° 21 a été repris en 1994 pour un aérogramme. Voir à la rubrique des "Entiers postaux" (n° 1021).

1948. - *Surtaxe au profit de l'Entraide française. Cinquantenaire du premier vol de l'avion d'Ader (1897). Taille-douce. Dentelé 13.*

23	40 f.+10 f. bleu foncé	1 85	1 25	1 85
	a. (Non dentelé)		115 »	
	b. hachures sur "FRANCE"	15 50	9 20	3 »

Tirage : 1 500 000.

1949. - *Vues stylisées de grandes villes. Taille-douce. Dentelés 13.*

24	100 f. brun-violet *(Lille)*	1 50	1 »	0 50
25	200 f. vert *(Bordeaux)*	17 50	10 »	1 »
	a. Papier épais	60 »	33 »	23 »

26	300 f. violet *(Lyon)*	20 »	14 »	13 »
27	500 f. rouge *(Marseille)*	77 »	45 »	7 »
	Nos 24 à 27 (4 val.)	116 »	70 »	21 50
	La série, non dentelée		460 »	

Tirages : 85 152 500, 8 207 500, 3 212 500 et 2 827 500.

1949. - *Congrès international de Télégraphie et Téléphonie. Vue de Paris. Taille-douce. Dentelé 13.*

Grand Palais et pont Alexandre III.

28	100 f. rouge-brun	9 20	6 10	7 65
	a. (Non dentelé)		230 »	

Tirage : 1 625 000.

1950. - *Vue de Paris. Papier bleuté. Taille-douce. Dentelé 13.*

29	1000 f. noir et br. violacé	145 »	92 »	27 50
	a. (Non dentelé)		690 »	

Tirage : 1 137 500.

1954. - *Prototypes. Taille-douce. Dentelés 13.*

Dassault "Mystère IV".

Nord-Aviation "Noratlas".

30	100 f. bleu et brun-rouge	3 50	3 »	0 30
31	200 f. br.-noir et outremer	11 50	7 »	0 50

Fouga "Magister".

Bréguet "Provence" et vue générale du port d'Alger.

32	500 f. jaune-orange et rge	200 »	110 »	15 20
33	1000 f. bl.-vert, bleu-noir et brun-rouge	135 »	80 »	20 »
	Nos 30 à 33 (4 val.)	350 »	200 »	36 »
	La série, non dentelée		500 »	

Un 2 f. au type du 200 f. a paru en 1960 (n° 38).

1955. - *Troisième anniversaire de la mort de l'aviatrice Maryse Bastié (1898-1952). Taille-douce. Dentelé 13.*

34	50 f. rose et brun-violet	7 65	4 60	5 35
	a. (Non dentelé)		92 »	

Tirage : 1 485 000.

1957-59. - *Prototypes. Taille-douce. Dentelés 13.*

Morane-Saulnier 760 "Paris".

35	300 f. vert foncé, olive et bleu-vert	7 65	4 60	3 85
	a. (Non dentelé)		61 »	

PHILA 2000

CNEP

PHILA 2000
61 passage des panoramas - 75002 Paris
Du lundi au samedi
Tél.: 01 40 26 46 55 FAX : 01 40 26 41 52
E-mail : phila2000@wanadoo.fr
Métro : Grands Boulevards

Vous souhaitez acheter des timbres ?

Tous les 2 mois, recevez gratuitement chez vous nos offres de timbres de **France et Ex-Colonies**, ces catalogues illustrés de nombreuses photos (voir ci-dessous) vous seront envoyés sur simple demande.

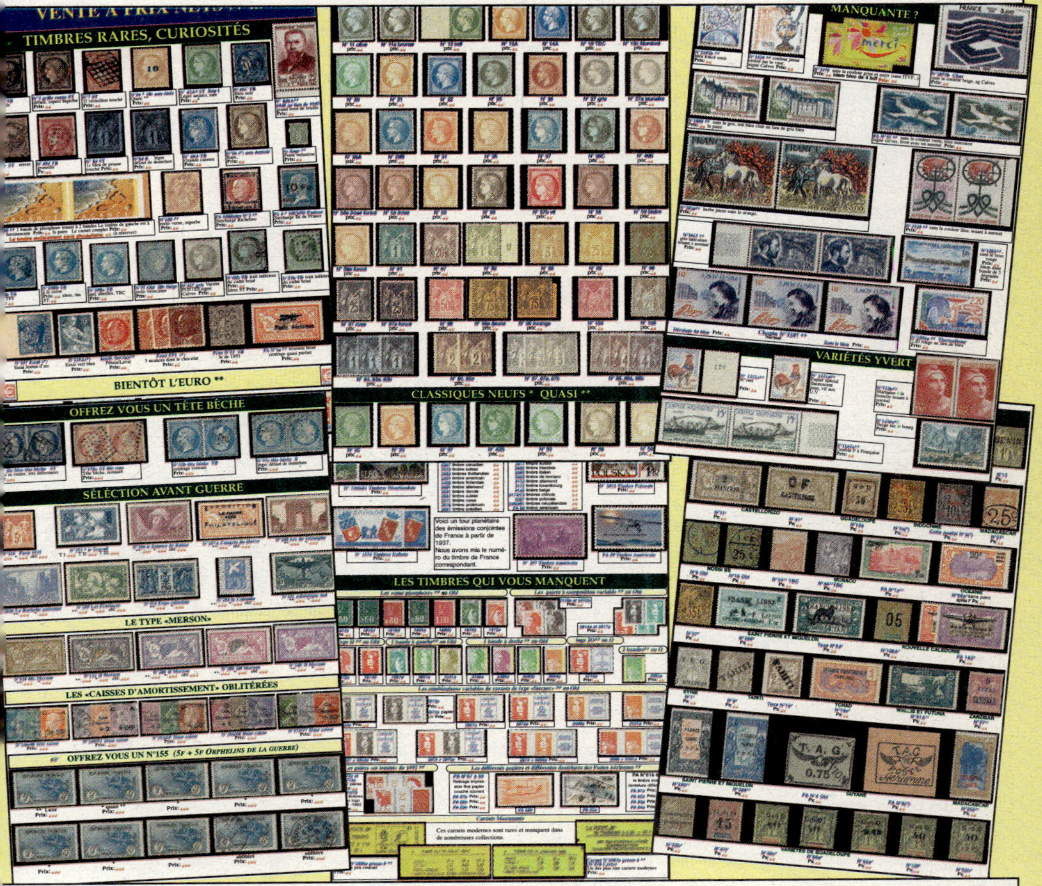

Vous souhaitez vendre des timbres ?

Nous sommes acheteurs de toute collection ou ensemble de timbres, lettres, variétés de France et Ex-Colonies. Nous étudions toutes propositions.
Vous avez trouvez des variétés à la poste: nous sommes acheteurs.
Discrétion assurée. Consultez-nous avant toute transaction.

Sud-Aviation "Caravelle".

Hélicoptère "Alouette".

36 500 f. bleu foncé et noir 35 » 23 » 4 60
a. (Non dentelé) 140 »
37 1000 f. olive, lilas et noir 77 » 46 » 27 »
a. (Non dentelé) 170 »

A partir de 1960 les cotes de la colonne de gauche concernent les timbres neufs sans charnière, celles de la colonne de droite, les timbres oblitérés.

1960-64. - *Prototypes. Types de 1954-59 avec valeur en nouveau franc. Taille-douce. Dentelés 13.*

38 2 f. brun-noir et outremer (31) 2 » 0 30
a. outremer 3 85 0 50
39 3 f. vert fcé, olive et bleu-vert (35) 2 » 0 20
a. vert foncé et bleu-vert 3 » 0 30

40 5 f. bleu foncé et noir (36) 4 » 1 »
41 10 f. olive, lilas et noir (37) 16 » 2 50
a. olive, rose et noir 30 » 3 »
Nos 38 à 41 (4 val.) 24 » 4 »
La série, non dentelée 305 »

1965. - *Taille-douce. Dentelé 13.*

Dassault "Mystère 20".

42 2 f. bleu-vert et bleu 1 » 0 30
a. (Non dentelé) 61 »

1969. - *Premier vol de l'avion supersonique "Concorde". Taille-douce. Dentelé 13.*

43 1 f. bleu et bleu-noir 1 » 0 65
a. (Non dentelé) 200 »

Voir également à la rubrique des Entiers postaux (Aérogramme 1001).

Des timbres à ce type ont été émis dans les différents Territoires d'Outre-Mer (Voir Tome 2, 1re partie).

1970. - *Mermoz (19T01-1936) et Saint-Exupéry (1900-1944). Pionniers de la Poste Aérienne. Taille-douce. Dentelé 13.*

44 20 f. bleu et gris-bleu 11 » 0 65
a. (Non dentelé) 140 »
b. (Paire horizontale) 40 »
c. (Paire horizontale avec intervalle blanc) 35 »

Le 44b provient du tirage de 1970 (feuilles de 25), le 44c de feuilles de 10.

1971. - *Centenaire de la poste par ballons montés. Taille-douce. Dentelé 13.*

45 95 c. multicolore 1 » 0 80
a. (Non dentelé) 100 »

1971. - *Didier Daurat (1891-1969) et Raymond Vanier. Pionniers de la Poste Aérienne. Taille-douce. Dentelé 13.*

46 5 f. bleu-nuit, sépia et vert 3 » 0 30
a. (Non dentelé) 77 »

1972. - *Hélène Boucher (1908-1934) et Maryse Hilsz (1903-1946). Pionniers de la Poste Aérienne. Taille-douce. Dentelé 13.*

47 10 f. violet et noir 6 10 0 50
a. (Non dentelé) 61 »

1973. - *Guillaumet et Codos (1896-1960). Pionniers de la Poste Aérienne. Taille-douce. Dentelé 13.*

48 15 f. gris-bleu, carmin et violet-brun 9 20 0 80
a. (Non dentelé) 77 »

1976. - *Mise en service commercial de "Concorde" Paris-Rio de Janeiro 1976. Taille-douce. Dentelé 13.*

49 1 f. 70, rouge, bleu et noir 1 10 0 65
a. (Non dentelé) 155 »

1977. - *Cinquantenaire de la traversée de l'Atlantique-Nord par Charles Lindbergh (1902-1974) et de la disparition de Nungesser (1892-1927) et Coli (1881-1927). Taille-douce. Dentelé 13.*

50 1 f. 90, bleu-vert, olive et bleu-noir 1 10 0 80
a. (Non dentelé) 77 »

1978. - *65ᵉ anniversaire de la première liaison postale aérienne officielle entre Villacoublay et Pauillac. Taille-douce. Dentelé 13.*

51 1 f. 50, bleu, vert foncé et brun-rge 1 » 0 65
a. (Non dentelé) 77 »

1979. - *Salon international de l'Aéronautique et de l'Espace. Taille-douce. Dentelé 13.*

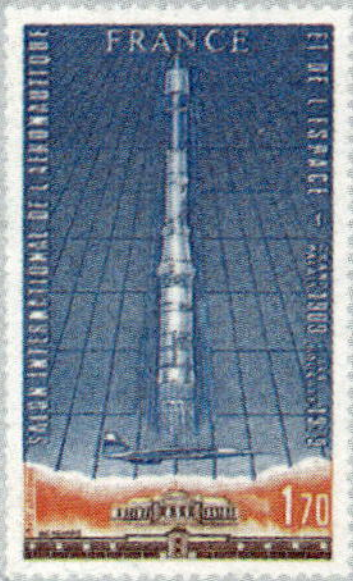

52 1 f. 70, outremer, brun-rouge et orange 1 25 1 10
a. (Non dentelé) 110 »

1980. - *Cinquantenaire de la première traversée Paris-New York sans escale, par Costes (1892-1973) et Bellonte. Taille-douce. Dentelé 13.*

Avion "Point d'interrogation".

53 2 f. 50, bleu et rouge-brun 1 40 0 50
a. (Non dentelé) 84 »

1981. - *34ᵉ Salon international de l'Aéronautique et de l'Espace. Taille-douce. Dentelé 13.*

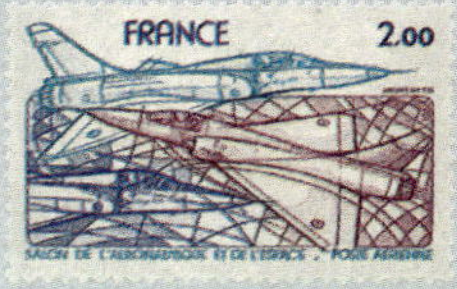

Avions "Mirage 2000".

54 2 f. bleu, violet et rose 2 15 0 65
a. (Non dentelé) 84 »

1981. - *Hommages aux aviateurs Dieudonné Costes (1892-1973) et Joseph Le Brix (1899-1931). Première traversée de l'Atlantique-Sud sans escale, 1927. Taille-douce. Dentelé 13.*

Portraits et avion Bréguet XIX GR "Nungesser-Coli".

55 10 f. noir et rouge 5 » 0 50
a. (Non dentelé) 70 »

1982. - *Hydravion Laté 300 "Croix du Sud". Taille-douce. Dentelé 13.*

L'hydravion au décollage et noms de son équipage.

56	1 f. 60, bleu et violet	1 10	1 »
	a. (Non dentelé)	61 »	

Tirage : 8 000 000.

1984. - *Avion bimoteur Farman F 60 Goliath. Taille-douce. Dentelé 13.*

57	15 f. bleu foncé	6 »	0 80
	a. (Non dentelé)	61 »	

Impression fine. Papier couché azurant (1987).

57b	15 f. bleu-gris	8 »	1 »

1985. - *Hydravion CAMS 53. Taille-douce. Dentelé 13.*

58	20 f. orange	8 »	0 80
	a. (Non dentelé)	61 »	

Impression fine. Papier couché azurant (1987).

58b	20 f. orange	11 »	1 »

1986. - *Trimoteur Wibault 283. Taille-douce. Dentelé 13.*

Profil et face de l'appareil.

59	30 f. violet	12 »	1 »
	a. (Non dentelé)	61 »	

Impression fine. Papier couché azurant (1992).

59b	30 f. violet	16 »	2 »

1987. - *Trimoteur Dewoitine 338. Taille-douce. Dentelé 13.*

60	50 f. vert	15 50	5 »
	a. (Non dentelé)	61 »	

1997. - *Biplan Breguet XIV. Héliogravure. Dentelé 13 x 12½.*

61	20 f. multicolore	6 10	1 »

Emis également en petite feuille de 10 timbres avec marges illustrées.

	La feuille	90 »	

Idem. Dentelé 13 x 13½.

61a	20 f. multicolore	9 »	2 »

1998. - *Biplan Potez 25. Héliogravure. Dentelé 13 x 12½.*

62	30 f. multicolore	9 »	2 »

Idem. Dentelé 13 x 13½.

62a	30 f. multicolore	12 »	3 »

Ce timbre est émis en petite feuille de 10 avec marges illustrées.

	La feuille	120 »	

1999. - *Airbus A300-B4. Héliogravure. Dentelé 13 x 12½.*

63	15 f. multicolore	5 »	0 80

Idem. Dentelé 13 x 13½.

63a	15 f. multicolore	7 »	2 »

Ce timbre est émis en petite feuille de 10 avec marges illustrées.

	La feuille	70 »	

2000. - *Couzinet 70. Héliogravure. Dentelé 13 x 12½.*

64	50 f. (7,62 €) multicolore	15 »	5 35
	Idem. Dentelé 13 x 13½.		
64a	50 f. (7,62 €) multicolore	16 »	6 10

Ce timbre est émis en petite feuille de 10 avec marges illustrées.
La feuille 155 »

POSTE AERIENNE MILITAIRE

1943. - *Timbres-poste de 1940-41 surchargés.*

1	50 c. s. 75 c. brun-rouge (477)	1 300 »	1 100 »	1 400 »
2	1 f. rouge (514)	1 100 »	840 »	1 100 »
3	1 f. 50, brun-rouge (517)	230 »	185 »	270 »
	Idem, sur timbres de Mauritanie de 1938.			
4	2 f. lilas-rose (90)	535 »	460 »	535 »
5	3 f. vert (91)	535 »	460 »	535 »
	Idem, sur timbres de Sénégal de 1938-40.			
6	1 f. brun-rouge (164)	650 »	535 »	535 »
7	1 f. 75, outremer (148)	765 »	645 »	645 »

Il existe quelques exemplaires d'autres timbres de France (n°s 393, 499, 500 et 512) d'Algérie (n° 133) et du Sénégal (n°s 121, 127 et 165) et revêtus de la même surcharge. (Les timbres se trouvant à bord, à l'agence postale embarquée, ont été utilisés).

Les lettres connues sont adressées aux États-Unis, au Sénégal et en Algérie lors du séjour du RICHELIEU à New York en 1943 (février à octobre) (*Valeur...à partir de* 2300 »).

Le RICHELIEU séjourna ensuite en Grande-Bretagne où il fut incorporé à la Royal Navy de novembre 1943 à mars 1944. Pendant cette période furent utilisés à bord les timbres et entiers postaux de Grande-Bretagne (*Valeur...à partir de* 2450 »).

Après diverses missions dans le Pacifique, le bâtiment a séjourné à Casablanca d'octobre 1944 à février 1945. Pendant cette période furent utilisés à bord les timbres et entiers des Etats-Unis avec la surcharge RF de Casablanca (voir ci-dessous).

1944-45. - *Timbre de poste aérienne n° 26 des États-Unis surchargés.*

I

II

III

IV

8	6 c. rouge Type I *(Casablanca)*	88 »	500 »
9	6 c. rouge Type II *(Oran)*	100 »	535 »
10	6 c. rouge Type III *(Alger)*	88 »	500 »
11	6 c. rouge Type IV *(Marseille)*	215 »	840 »

La colonne de droite concerne les timbres oblitérés sur lettre.
En France métropolitaine ces cachets furent utilisés en 1945 et 1946.
Les plis avec marque de censure américaine sont rares.
6 cents rouge...à partir de 1250 ».
Entier postal, 6 cents orange à partir de 1850 ».

ALSACE-LORRAINE

Guerre de 1870-71

TIMBRES DITS D'ALSACE-LORRAINE

1870. - *Typographie. Dentelés 13½ x 14½.*

1	1 c. vert-bronze	115 »	115 »
	(Sur lettre)		230 »
	a. vert-olive	115 »	115 »
2	2 c. brun-rouge	200 »	215 »
	(Sur lettre)		345 »
	(Id. seul)		1 100 »
	a. brun-lilas	210 »	215 »
3	4 c. gris-lilas	230 »	135 »
	(Sur lettre)		210 »
	(Id. seul)		690 »
	a. gris-noir	255 »	135 »
4	5 c. vert-jaune	230 »	18 50
	(Sur lettre)		46 »
	(Id. seul)		155 »
	a. vert foncé	260 »	18 50
5	10 c. bistre-brun	185 »	7 65
	(Sur lettre)		23 »
	a. bistre-orange (Burelage citron)	215 »	11 50
6	20 c. bleu	215 »	20 »
	(Sur lettre)		30 »
	a. bleu laiteux	230 »	18 50
7	25 c. brun-noir	245 »	125 »
	(Sur lettre)		305 »
	(Id. seul)		385 »
	a. brun clair	275 »	125 »

Ces timbres furent émis le 6 septembre 1870 par les armées allemandes occupant le territoire français : ils eurent cours forcé dans les départements envahis et n'ont pas été réimprimés.

Burelage renversé.

Ces timbres étant imprimés en deux fois, les feuilles qui se trouvaient à l'envers, au second passage, produisirent des timbres avec burelage renversé.

La distinction des burelages droits et renversés est aisée à faire : le fond des timbres est couvert d'arcs de cercle qui se coupent ; la convexité est tournée vers le bas dans les burelages droits (≋), vers le haut dans les burelages renversés (≋).

1b	1 c.	610 »	840 »
2b	2 c.	305 »	765 »
3b	4 c.	305 »	245 »
4b	5 c.	8 050 »	805 »
5b	10 c.	305 »	23 »
6b	20 c.	385 »	110 »
7b	25 c.	840 »	385 »

Guerre de 1939-1945

Les cotes de la colonne de gauche concernent les timbres neufs avec gomme d'origine intacte et sans charnière, celles de la colonne centrale les timbres neufs avec charnière légère, celles de la colonne de droite les timbres oblitérés.

1940. - *Timbres d'Allemagne de 1933-36 (Hindenburg) surchargés.*

8	3 p. bistre-brun	0 80	0 50	0 50
9	4 p. bleu-ardoise	0 80	0 50	0 50
10	5 p. vert vif	0 80	0 50	0 50
11	6 p. vert foncé	0 80	0 50	0 50
	a. (Surch. renversée)		1 000 »	
12	8 p. rouge-orange	0 80	0 50	0 50
	a. (Surch. renversée)		1 000 »	
13	10 p. marron	0 80	0 50	0 50
14	12 p. rouge carminé	1 25	0 65	0 65
15	15 p. lilas	1 25	0 65	0 65
16	20 p. bleu	1 85	0 80	0 80
17	25 p. outremer	1 85	0 80	0 80
18	30 p. brun-olive	1 85	0 80	0 80
19	40 p. lilas-rose	2 75	1 20	1 20
20	50 p. vert et noir	9 20	3 55	3 55
21	60 p. lie-de-vin et noir	9 20	3 55	3 55
22	80 p. bleu et noir	20 »	9 »	9 »
23	100 p. jaune-orange et noir	20 »	8 »	8 »
Nos 8 à 23 (16 val.)		74 »	32 »	32 »

24	3 p. bistre-brun	1 25	0 65	0 65
25	4 p. bleu-ardoise	1 25	0 65	0 65
26	5 p. vert vif	1 25	0 65	0 65
27	6 p. vert foncé	1 25	0 65	0 65
28	8 p. rouge-orange	1 25	0 65	0 65
29	10 p. marron	1 50	0 80	0 80
30	12 p. rouge carminé	1 50	0 80	0 80
31	15 p. lilas	1 50	0 80	0 80
32	20 p. bleu	2 »	1 »	1 »
33	25 p. outremer	2 »	1 »	1 »
34	30 p. brun-olive	2 45	1 15	1 15
35	40 p. lilas-rose	3 »	1 50	1 50
36	50 p. vert et noir	7 65	3 55	3 55
37	60 p. lie-de-vin et noir	7 65	3 55	3 55
38	80 p. bleu et noir	21 50	9 20	9 20
39	100 p. jaune-orange et noir	20 »	8 40	8 40
Nos 24 à 39 (16 val.)		77 »	35 »	35 »

Bertrand Sinais

EXPERT PRÈS LA COUR D'APPEL DE PARIS

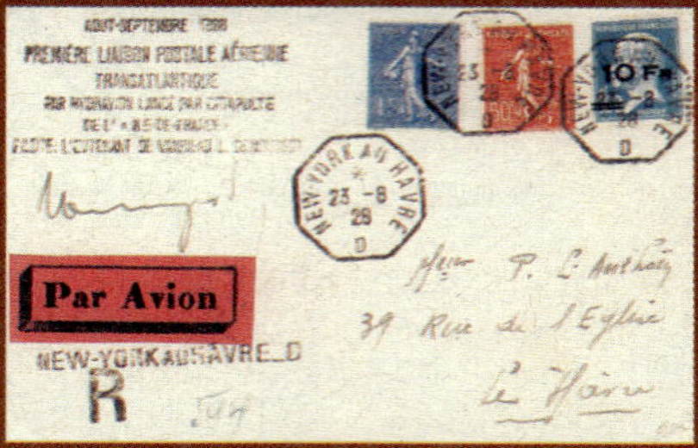

ACHAT COLLECTIONS
DE TIMBRES ET DE LETTRES

SPÉCIALITÉS
CURIOSITÉS
GUERRES
(1870-1914-1939)
AÉROPHILATÉLIE
TARIFS
ET
AFFRANCHISSEMENTS
ENTIERS POSTAUX
CARNETS

7 rue de Châteaudun
75009 Paris

10h30-12h30
14h15-19h00
(Lundi au Vendredi)

Tél. : 01 48 78 29 80
Fax : 01 48 74 70 86

CORRESPONDANCES TRANSPORTÉES PAR

BALLONS MONTÉS

PENDANT LE SIÈGE DE PARIS

(18 septembre 1870 - 27 janvier 1871)

Pendant le Siège, le transport du courrier à destination de l'extérieur fut assuré par aérostats. Au total, 67 ballons quittèrent la capitale, parmi lesquels on distingue : les ballons de la Compagnie des Aérostiers puis de la Compagnie des Aéronautes (dont les plis, à elles confiés portent leur cachet au dos) ; les ballons de l'Administration des Postes et les ballons privés, lesquels ne pouvaient, officiellement emporter de la correspondance.

Il est à peu près établi que, sur les 67 ballons, 56 seulement ont transporté officiellement des plis.

Le plus souvent, il est malaisé de déterminer le ballon ayant transporté le pli ; dans ce cas, il est alors dénommé « pli ordinaire » (§ A). Par contre, l'identification certaine du ballon donne une plus-value très nette au pli, qui est alors dénommé « ballon identifié » (§ B).

D'autres plus-values peuvent intervenir ; elles proviennent :

a) des timbres utilisés pour l'affranchissement (§ C) ;
b) de la destination (§ D) ;
c) de la nature du pli : Lettres-Journaux (§ E) ;
Journaux (§ F) ;
Correspondance de Presse (§ G) ;
Circulaires officielles ou privées (§ H) ;
d) des marques de départ, de transit ou d'arrivée (§ J).

A - PLIS ORDINAIRES

Les cotes s'entendent pour un affranchissement normal constitué :

soit avec deux 10 c. de l'Empire lauré (n° 28)
soit avec un 20 c. de l'Empire lauré (n° 29) ;
soit avec un 20 c. du Siège de Paris (n° 37) ;
soit (cartes postales) un 10 c. de l'Empire lauré (n° 28).

Le pli, à partir de ...... 300 ».

B - BALLONS IDENTIFIÉS

Les ballons dont le nom est suivi de la lettre A ont été affrêtés par la Compagnie des Aérostiers, ou par la Compagnie des Aéronautes.

20 c. Siège oblitéré Etoile 1 ; Cachet à date de Paris : Place de la Bourse - 19 Nov. 70 - 6e Levée
à destination de la Côte St André (Isère). Arrivée au verso : cachet à date du 27 Nov. 70.
Voyagé par le Ballon L'ARCHIMÈDE

Nom des ballons	*Cachets de départ*	*Cachets d'arrivée*	*Valeur*
Le Neptune ....A	19 au 22-9-70	23 au 25-9-70	13 000 »
La Ville de Florence	23 et 24-9-70	27 et 28-9-70	995 »
Les États-Unis	25 au 28-9-70	29-9 au 3-10-70	765 »
Le Céleste	28 et 29-9-70	antérieurs au 7-10-70	535 »

Nom des ballons	*Cachets de départ*	*Cachets d'arrivée*	*Valeur*
Le non dénommé n° 1	27 au 29-9-70	sans ou du 15 au 22-10-70	385 »
L'Armand Barbès A	30-9 au 6-10-70	antérieurs au 11-10-70	305 »
Le non dénommé n° 2	30-9 au 8-10-70	Trouvé à La Courneuve le 10-10-70	4 600 »
Le Washington	7 au 11-10-70	12 au 14-10-70	305 »
Le Louis Blanc A	7 au 11-10-70	12 au 14-10-70	305 »
Le Godefroy Cavaignac	12 et 13-10-70	15 au 18-10-70	305 »
Le Jean-Bart n° 1	11 au 14-10-70 (1re levée)	15 au 17-10-70	305 »
Le Jules Favre n° 1	14 et 15-10-70	17 au 19-10-70	305 »
Le Jean-Bart n° 2	14 et 15-10-70	17 au 19-10-70	305 »
Le Victor Hugo A	16 au 18 (1re levée)10-70	20 au 22-10-70	400 »
Le Lafayette	18 (autres levées) 10-70	19 au 23-10-70	430 »
Le Garibaldi A	19 au 21-10-70	23-10 au 3-11-70	400 »
Le Montgolfier	22 et 23-10-70	sans	800 »
Le Vauban	24 au 26-10-70	27-10 au 4-11-70	360 »
Le Colonel Charras A	27 au 29 (2e levée) 10-70	30-10 au 3-11-70	360 »
Le Fulton	29 (autres levées) 10 au 1-11-70	3-4-11-70	345 »
Le Ferdinand Flocon A	2, 3-11-70	5, 6 au 8-11-70	360 »
Le Galilée	2 au 4 (1re levée) 11-70	sans ou 5, 6-11-70	575 »
La Ville de Châteaudun A	4 (autres levées), 5 et 6-11 (1re levée)	5 au 10-11-70	325 »
La Gironde	6 au 8 (1re levée), 11-70	9 au 11-11-70	360 »
Le Daguerre	8 (autres levées) au 11-11-70.	sans arrivée	765 »
		20 au 29-11-70	550 »
Le Général Uhrich A	12 au 18-11-70	20 au 27-11-70	305 »
L'Archimède	19 et 20-11-70	antérieurs au 30-11-70	360 »
La Ville d'Orléans A	12 au 24-11-70	10-12-70 et 1-71 accidenté	1 700 »
		non accid.	800 »
Le Jacquard	24 au 28-11-70	3 au 28-12-70	2 600 »
Le Jules Favre n° 2 A	28 au 30-11-70	antérieurs au 5-12-70.	305 »
Le Franklin	1er au 4-12-70	5 et 6-12-70	385 »
Le Denis-Papin	5 et 6-12-70	7-12-70	450 »
L'Armée de Bretagne A	5 et 6-12-70	8 au 10-12-70	305 »
Le Général Renault A	7 au 10-12-70	antérieurs au 15-12-70	490 »
La Ville de Paris A	10 (7e levée) au 13-12-70	sans ou 26-7-71	475 »
Le Parmentier	14, 15 et 16-12-70	22 au 31-12-70	360 »
Le Davy	17-12-70	18 au 21-12-70	610 »
Le Général Chanzy A	18 (1re à 6e levée), 12-70	sans	2 000 »
Le Lavoisier	18 (7e levée) au 21-12-70	22 au 26-12-70	370 »
La Délivrance A	22-12-70	23 au 26-12-70	385 »
Le Tourville	23 au 26-12-70	27 à 29-12-70	370 »
Le Bayard	27 et 28-12-70	30-12-70 au 3-1-71	385 »
L'Armée de la Loire A	29 au 30-12-70	1er au 3-1-71	385 »
Le Newton	31-12-70 au 3-1-71	antérieurs au 9-1-71	385 »
Le Duquesne	4 au 8-1-71	10 au 18-1-71	385 »
Le Gambetta A	9-1-71	11 au 17-1-71	385 »
Le Kepler	10-1-71	11, 12 et 13-1-71	500 »
Le Général Faidherbe A	11 et 12-1-71	13, 14, 15-1-71	385 »
Le Vaucanson	13 et 14-1-71	15, 16 et 17-1-71	375 »
La Poste de Paris A	15 au 17-1-71	21 au 29-1-71	450 »
Le Général Bourbaki A	18 et 19-1-71	23 au 29-1-71	385 »
Le Général Daumesnil	20 et 21-1-71	22, 23-1-71	370 »
Le Torricelli	22 et 23-1-71	25 au 30-1-71	560 »
Le Richard Wallace A	24 au 26-1-71	à partir du 7-2-71	5 750 »
Le Général Cambronne	27-1-71	28-1 au 4-2-71	1 550 »

Les cotes s'entendent pour affranchissement normal constitué comme décrit au paragraphe A.

C - AFFRANCHISSEMENTS

10 c. Empire, non dentelé
20 c. . . . . 3 450 »
40 c. . . . . 6 000 »
1 c. Empire, dentelé . . . .
5 c. . . . . 1 500 »
10 c. . . . . 535 »
20 c. Empire, dentelé . . . 385 »
40 c. . . . . 840 »
80 c. . . . . 2 200 »
1 c. Empire lauré. . . . . . .
2 c.. . . . .
4 c. Empire lauré. . . . . . .
30 c. . . . . 125 »
40 c. . . . . 230 »
80 c. . . . . 765 »
10 c. Siège . . . . . . 275 »
10 c. Sage Tête-bêche . . 15 000 »
40 c.. . . . . 245 »

D - DESTINATIONS

Certaines lettres transportées étaient à destination de pays lointains (voir ci-dessous) ; elles sont relativement rares. Le chiffre ( ) suivant le nom du pays indique le montant de l'affranchissement courant :

France, territ. occupés (20)
cachet arrivée franç. .... 1 250 »
allem .... 2 850 »
France (Corse) (20) ... 1 300 »
Allemagne (40 ou 50),
sans cachet d'arrivée 1 000 »
avec cachet d'arrivée . 2 750 »

Algérie (20) .... 1 550 »
Autriche (60) .... 3 400 »
Antilles (70) .... 10 000 »
Argentine (80) .... 16 500 »
Belgique (30) .... 340 »
Brésil (80) .... 12 000 »
Cap de Bonne Esp. (80) 40 000 »
Chili (80) .... 15 000 »

Danemark (50) .... 5 000 »
Égypte (40) .... 7 000 »
Espagne (40) .... 2 450 »
États-Unis (70 ou 80) .. 4 000 »
Grande-Bretagne (30) .. 340 »
Haïti (80) .... 15 000 »
Indes (80) .... 21 000 »
Italie (40) .... 2 300 »

80 c. Empire Lauré oblitéré Etoile 16 sur formule imprimée ;
Paris rue de Palestro du 25 Octobre 70 à destination d'Osaka Japon (par Marseille).
Pli ayant voyagé par le Ballon Monté le Vauban le 27 Octobre.
Cachet de Transit de Marseille du 2 Novembre 70 et Arrivée au
bureau français de Yokohama le 25 Décembre 70.

Gabon (80) .... 30 000 »
Japon (80) .... 40 000 »
Luxembourg (25) .... 10 000 »
Malaisie (80) .... 25 000 »
Maurice (80) .... 20 000 »
Monaco (20) .... 10 000 »
Mexique (80) .... 14 000 »
Norvège (70) .... 7 000 »

Pays-Bas (40) .... 1 300 »
Pérou (1 f.) .... 15 000 »
Philippines (80) ...... 22 000 »
Portugal (40) .... 3 500 »
Puerto Rico (80) ..... 22 000 »
Réunion (50) .... 16 500 »
Roumanie (40) ...... 14 000 »
Russie (80) ss cach. arr. 3 050 »

Russie (80) av. cach. arr. 12 500 »
Russie du Sud (1 f.)
sans cachet d'arrivée . 4 000 »
Sénégal (50) .... 15 000 »
Suède (70) .... 7 000 »
Suisse (30) .... 300 »
Turquie (40) (voie marit.) 3 050 »
Turquie (80) (voie de terre) 6 500 »

E. - LETTRES-JOURNAUX

Ces plis comportent une partie imprimée, donnant des nouvelles de Paris assiégé, et une partie réservée à la correspondance.

a) *LA GAZETTE DES ABSENTS* (32 numéros).

N° 1, par Le Montgolfier (22 et 23-10-70) .... 1 500 »
N° 1, autres dates .... 425 »
N° 10, par La Ville d'Orléans, non accidentée .... 1 200 »
N° 10, par La Ville d'Orléans, accidentée avec cachet PP .... 4 000 »
N° 11, par Le Jacquard (25 au 28-11-70) .... 2 600 »
N° 11, autres dates .... 1 400 »
N° 31, par Le Richard Wallace .... 3 000 »
N° 31, par Le Cambronne (arrivée jusqu'au 4 février) .... 1 950 »
N° 32, par Le Richard Wallace .... 3 000 »
N° 32, par Le Général Cambronne (arrivée jusqu'au 4 février) .... 1 850 »
Autres numéros, chaque .... de 385 » à 460 »
N°s 4, 7, 13, 14, 15 et 20, avec supplément imprimé, chaque .... 690 »
Les n°s 13, 14 et 19 avec griffe « Le Figaro », chaque .... 3 850 »
Chaque numéro à l'état neuf, depuis .... 60 »
Plan de Paris, en couleurs (2 différents), neuf, chaque .... 610 »
Plan de Paris, en noir, neuf .... 765 »
Suppléments illustrés à la Gazette des Absents
(4 différents), neufs, chaque .... 690 »

(Un supplément illustré est connu ayant volé).

b) *LA DÉPÊCHE-BALLON* (27 numéros).

N° 1 .... 1 850 »
N° 8, par La Ville d'Orléans, non accidentée .... 1 550 »
N° 8, par La Ville d'Orléans, accidentée avec cachet PP .... 2 200 »
N° 9, par Le Jacquard .... 3 500 »

N° 26, par Le Richard Wallace .... 3 200 »
N° 27, par Le Général Cambronne .... 2 200 »
Autres numéros, chaque .... de 460 » à 690 »
Chaque numéro à l'état neuf, depuis .... 75 »

c) *AUTRES JOURNAUX-LETTRES.*

Le Ballon-Poste, sur papier rose (21 numéros).
Nos 1 à 4, chaque .... 1 850 »
N° 8, par Le Jacquard .... 4 350 »
Autres numéros, chaque .... de 600 » à 765 »
Chaque numéro, à l'état neuf .... 75 »
Le Ballon-Poste, sur papier saumon, 31 octobre .... 3 850 »
La Cloche, 26 et 30 novembre, chaque .... 3 000 »
L'Echo des Étrangers (5 numéros), chaque .... 6 500 »
L'Électeur Libre, 29 novembre .... 6 000 »
L'Enveloppe-Gazette, du 7 au 19 décembre (13 numéros), chaque .... 6 000 »
Le Journal-Ballon (4 numéros), chaque .... 3 000 »
Le Moniteur Aérien, 27 octobre .... 8 000 »
Le Montgolfier, 15 novembre .... 12 000 »
Le Soir (17 numéros), chaque .... 3 000 »
Pour tous ces journaux, chaque numéro à l'état neuf, ... depuis 155 »
Le Journal-Poste (17 numéros),
Nos 12, 13, 14, 16, sous enveloppe avec griffe du journal, chaque .... 3 850 »
Autres numéros, chaque .... 1 100 »
Nos 3 et 7 avec supplément, chaque .... 2 300 »
A l'état neuf, chaque .... 80 »

F - JOURNAUX

Certains journaux parisiens ont imprimé, durant le Siège, des éditions spéciales, généralement sur papier pelure, destinées à être expédiées par ballons. Ils n'ont aucune place réservée à la correspondance.

L'Ami de la France, 15 décembre ....
La Chronique Illustrée, 21 décembre sous enveloppe .... 6 300 »
Le Gaulois, grand format : (13 numéros), chaque .... 7 000 »
petit format : (2 numéros), chaque .... 6 800 »
Le Journal des Débats (5 numéros), chaque .... 8 000 »
Journal Le Français, sous enveloppe (2 numéros), chaque .... 9 000 »
Le Journal Officiel, 7 numéros connus ayant volé (sous bande) .... 9 000 »
Le Journal d'Outre-Mer (2 numéros connus) ....
La Liberté, 2 novembre (sous enveloppe) .... 7 000 »
Le Moniteur des Communes ....
Le National, sous enveloppe (un numéro) .... 3 800 »
Les Nouvelles, 17 décembre ....
Les Nouvelles du Matin, 3 décembre .... 3 800 »
Les Nouvelles du Midi, 31 décembre, sous enveloppe .... 4 200 »
Les Nouvelles du Soir, 24 octobre .... 3 800 »
Le Petit Journal (7 numéros sous enveloppe), chaque .... 3 300 »
Le Petit Journal, reproduction photo, sous enveloppe (4 numéros), chaque .... 4 400 »
La Revue des Deux Mondes (1 numéro sous enveloppe) .... 4 600 »
Le Siècle (2 numéros sous enveloppe), chaque .... 4 600 »
Paris-Journal .... 5 500 »
Chaque numéros, à l'état neuf, ... depuis 250 »

D'autres journaux sont connus, mais seulement à l'état neuf.

G. - CORRESPONDANCES DE PRESSE

Agence Fournier, sous enveloppe .... 5 000 »
Dernières Nouvelles (Havas), sous enveloppe, 20, 23, 26, septembre, chaque .... 4 200 »
Correspondance Havas, édition française .... 1 000 »
Correspondance Havas, édition allemande, sans arrivée .... 1 500 »
Correspondance Havas, édition allemande, avec arrivée .... 3 700 »
Gazette de Francfort .... 4 600 »
Nouvelle Presse Libre de Vienne .... 5 200 »

H - CIRCULAIRES

a) *CIRCULAIRES OFFICIELLES.*

Circulaire de la Compagnie du Chemin de fer P. L. M. .... 5 150 »
Conseil Général des Hospices .... 5 600 »
Ministère des Finances aux Directeurs des Manufactures .... 5 000 »
Circulaire du Directeur général des Manufactures de l'État .... 5 000 »

Circulaire de l'Assistance Publique .... 5 050 »
Circulaire de la Direction Générale des Domaines .... 4 800 »
Chacune de ces circulaires, à l'état neuf, ... depuis 300 »

b) *CIRCULAIRES PRIVÉES*

Circulaire du Directeur de l'École Albert-le-Grand .... 5 600 »
Circulaire de la Banque Vernes (sur Gazette n° 7) .... 6 300 »
Circulaire de la Banque Vernes (sur papier libre) .... 6 300 »
Circulaire de la Société Générale .... 4 800 »
Circulaire de « La Nationale » .... 3 500 »
Circulaire de « L'Union » .... 4 800 »
Circulaire de la Maison Paul Dupont .... 7 250 »
Circulaire de « La Providence » .... 4 800 »
Circulaire de L'Illustration .... 5 600 »
Circulaire de l'Alliance Républicaine .... 5 250 »
Crédit Viager .... 5 250 »
Compagnie des Courriers .... 7 250 »
Lettre aux Électeurs .... 5 250 »
Lettre aux Électeurs de l'Aisne .... 5 250 »
Lettre aux Électeurs de la Corrèze .... 5 250 »
Lettre aux Électeurs de la Dordogne .... 5 250 »
Lettre du Comité Vendéen de Paris .... 5 250 »
Lettre des Convoyeurs de Paris .... 6 400 »
Circulaire de la Maison Decugis .... 6 500 »
Manifeste des Loges .... 31 500 »
Circulaire de la Société Fraternelle des Enfants de la Drôme .... 6 800 »
Chacune de ces circulaires, à l'état neuf, ... depuis 290 »

J - MARQUES DE DÉPART

A. - Bureaux de Paris : Bureau central, étoile pleine ; bureaux de quartier ; étoile avec chiffre. Les plus rares sont ☆ 23 (rue d'Aligre) et ☆ 28 (Cardinal Lemoine) (le cachet à date y a servi habituellement) ; ☆ 29 (rue Pascal) ; ☆ 33 (boulevard de l'Hôpital) ; ☆ 36 (boulevard Voltaire).
Cachet à date Paris S. C. rouge .... à partir de 1 000 »

B. - Bureaux intra-muros et banlieue : Losanges GC les plus rares : 904 Paris-Charonne, 1625 Paris-Gare d'Ivry, 3180 Les Lilas, 3240 Rueil, 4097 Vanves, 4290 Vincennes (cachet à date simple cercle). Les losanges P. C. sont rares ; on connaît 432, 2170, 2523, 3739.

C. - Cachets avec taxe à payer 15 et 30 c .... à partir de 1 400 »

D. - Poste militaire :
a) Armée du Rhin 13e Corps : griffes AR 13e C, ARAL, ARAM, ARAN, avec cachet à date
Armée du Rhin .... à partir de 2 700 »
b) 14e Corps (le cachet à date sert d'oblitération) .... 3 000 »
c) Armée française : griffe AFA à AFM, en noir, parfois en rouge .... à partir de 2 500 »

K. - PLIS CONFIÉS AUX AÉRONAUTES

Lettre manuscrite de Paris du 16 Oct.70 affranchie à l'aide d'un 20 c. Siège.
Lettre confiée aux Aérostiers de Paris qui ont apposé leur cachet rouge.
* REPUBLIQUE FRANÇAISE
1
AEROSTIERS
NADAR - DARTOIS
DURUOF

Ce pli quitta Paris le 18 Oct par le Ballon le Victor Hugo. Les aérostiers ont atterri dans l'Aisne le même jour et ont gagné Tours le 20 Oct. pour déposer le courrier. Le timbre fut annulé par le cachet à date de Tours du 21 Oct. et le pli distribué les jours suivants dans le Morbihan

a) Compagnie des Aérostiers
Grand cachet Nadar, Dartois, Duruof, rouge .... 9 000 »

b) Compagnie des Aéronautes
Grand cachet Dartois et Yon, bleu .... 12 500 »
rouge (Ballon Général Uhrich) .... 25 500 »

c) Plis sans cachet de départ, oblitérés en cours de route ou à l'arrivée ; le plus souvent :
Tours simple cercle, double cercle ou 3997 .... à partir de 2 000 »
Cachet à date avec PP .... à partir de 2 750 »
Bordeaux GC 532 .... à partir de 2 150 »

Autres cachets apposés en cours de route, soit griffe GC, PC, ambulant, soit cachet à date, permettant d'identifier le ballon .... à partir de 1 950 »
Le cachet des Aérostiers peut se trouver sur ces plis.

L. - AUTRES MARQUES DE TRANSIT OU D'ARRIVÉE

Certains cachets apposés en cours de route, ou à l'atterrissage, permettent d'identifier plus sûrement le ballon transporteur et donnent une plus-value aux plis. Certains sont forts rares.

L'identification de certains ballons est parfois difficile, par exemple lorsque deux de ceux-ci ont quitté Paris le même jour, ou bien lorsque le cachet d'arrivée est plus tardif que celui indiqué dans le tableau A. Il est recommandé, dans ce cas, de se reporter au Catalogue Spécialisé des Timbres de France (Volume I).

M. - PLIS TRANSPORTÉS PENDANT LE SIÈGE DE PARIS PAR D'AUTRES VOIES

Les plis sortis de Paris par passeur officiel ou par passeur privé sont très rares.
Les plis sortis ou entrés par la voie diplomatique sont rarissimes.

N. - AUTRES VILLES ASSIÉGÉES

Plusieurs villes de province, assiégées pendant la guerre, ont utilisé divers moyens officiels et privés pour assurer le transport du courrier.

Le Vermillon
55, passage des Panoramas 75002 Paris
Lettres classiques
(marques postales et timbres sur lettres)
Guerre de 1870-1871
(ballons montés, boules de Moulins)
ACHAT • ESTIMATION
Tél. : 01 44 76 04 64 - Fax : 01 44 76 04 65
www.le-vermillon.com

CORRESPONDANCES TRANSPORTÉES PAR BOULES DE MOULINS

Pendant le Siège, dans le sens province-Paris, l'envoi de ballons montés, qui n'étaient pas dirigeables et dont le lieu d'atterrissage était donc parfaitement aléatoire, n'étant pas envisageable, trois inventeurs, ROBERT, DELORT et VONOVEN, firent adopter un système connu sous le nom de Boules de Moulins.

Les plis devaient initialement être centralisés à Clermont-Ferrand mais l'on opta très vite pour Moulins sur Allier.

Les lettres, après avoir été centralisées au bureau de Poste de Moulins, furent insérées dans 55 sphères de zinc contenant 500 à 800 missives. Chaque lettre était affranchie au tarif spécial de 1 franc et portait la mention manuscrite « Paris par Moulins-sur-Allier ». Au cours du mois de janvier 1871 les boules furent immergées dans la Seine en amont de Paris. Malheureusement, les filets installés dans Paris assiégé pour intercepter les boules, furent emportés par les blocs de glace que charriait la Seine.

Tandis qu'une partie des boules s'enlisèrent avant d'arriver à Paris, les autres traversèrent la capitale et allèrent se perdre jusque dans l'estuaire de la Seine, si bien que les premiers repêchages n'intervinrent qu'après la fin du Siège.

AFFRANCHISSEMENTS

- Affranchissement absent pour cause d'immersion .... 200 »
- Affranchissement incomplet pour cause d'immersion .... 385 »

Les affranchissements les plus habituels sont composés des timbres de l'émission Empire lauré (E.L.) et de ceux de l'émission de Bordeaux (B).

- 20 c. (E.L.) + 80 c. (E.L.) .... 950 »
- 20 c. (E.L.) x 5 .... 1 250 »
- 20 c. (E.L.) + 40 c. (E.L.) x 2 .... 1 500 »
- 20 c. (E.L.) + 80 c. (B) .... 1 400 »
- 40 c. (E.L.) x 2 + 20 c. (B) .... 1 800 »
- 80 c. (E.L.) + 20 c. (B) .... 1 150 »
- 20 c. (B) + 80 c. (B) .... 1 500 »

A partir des timbres-poste de ces deux émissions, d'autres compositions sont possibles ; certaines sont très rares.

Ainsi on connaît des plis affranchis avec
5 pièces du 20 c. (I) Bordeaux .... 12 500 »

L'importance du tarif et l'exiguité des lettres (qui ne devaient pas peser plus de 4 grammes) interdisaient totalement l'emploi de petites valeurs à 1, 2 et 4 centimes et rendaient difficile l'emploi de timbres à 5 ou 10 centimes :

Sont connus :
5 c. (B) .... 8 000 »
10 c. (B) .... 3 500 »
10 c. (E.L.) .... 3 500 »

Exceptionnellement des timbres des émissions antérieures ont été utilisés :

Sont connus :
5 c. Empire dentelé .... 20 000 »
10 c. Empire dentelé .... 6 500 »
20 c. + 80 c. Empire dentelé .... 6 500 »
40 c. Empire dentelé + 20 c. (B) .... 5 000 »
80 c. Empire dentelé + 20 c. (E.L.) .... 2 500 »
ainsi que les 20 c. et 80 c. Empire non dentelés ... 20 000 »

Dans les localités dépourvues de timbres, les lettres recevaient une griffe « PP » encadrée, accompagnée d'une mention manuscrite « Perçu 1 F en numéraire ».

LETTRES EN PROVENANCE DE L'ÉTRANGER

La plupart des plis en provenance de l'étranger étaient centralisés à Bordeaux (oblitération GC 532) mais certains parvinrent directement à Moulins (GC 2565) et quelques autres sont oblitérés de Marseille (GC 2240).

On connaît des lettres originaires des pays suivants : BELGIQUE, PAYS-BAS, GRANDE-BRETAGNE, SUISSE et PORTUGAL.

GC 532 .... 2 000 »
GC 2565 .... 2 500 »
GC 2240 .... 3 250 »

(Ces cotes s'entendent pour des plis contenant une correspondance établissant la provenance étrangère de la lettre).

Certaines lettres étrangères étaient postées en France près de la frontière : on connaît ainsi des plis de Belgique ou de Grande-Bretagne postés à Lille, de Suisse postés à Saint-Julien en Genevois ou Fernex : .... 2 500 »

• Plis de Grande-Bretagne affranchis en timbres anglais .... 25 000 »

• Plis avec double affranchissement (Suisse + France, Belgique + France) .... 45 000 »

LES « SACS DE RIZ »

Après la fin du Siège des lettres en souffrance à Moulins furent acheminées sur Paris, cachées dans des sacs de ravitaillement, d'où leur surnom de « Sacs de riz ». Elles portent un cachet d'arrivée à Paris du 12 février 1871.

• Lettre avec cachet d'arrivée à Paris le 12 février 1871 .... 3 000 »

Peu après, d'autres lettres en souffrance furent acheminées officiellement à Paris (cachet d'arrivée du 17, 18 ou 22 février 1871).

• Lettres avec cachet d'arrivée à Paris le 17, 18 ou 22 Février 1871 .... 3 000 »

LES REPÊCHAGES TARDIFS

Aucune lettre ne parvint à son destinataire pendant le Siège mais à partir de 1871 eurent lieu des repêchages suivis d'une distribution officielle par l'Administration avec cachet d'arrivée : 6 mars 1871, 26 mars 1871, 15 mai 1871, 2 et 5 juin 1871, 8 juin 1871, 23 juin 1871, 2, 26, 27 août 1871, 13 janvier 1872, 18 mars 1872, 2, 3 mai 1872, 29 août 1872, 29 novembre 1872, 11 décembre 1872, 13 mai 1873, 16 mai 1873, 5 juin 1873, 25 juin 1873, 25 juillet 1873, 6 juillet 1874, 10 décembre 1875, 7 juillet 1876, 18 avril 1882, 6 août 1968, 14 avril 1982 à partir de 5 000 »

Trois de ces repêchages donnèrent lieu à l'apposition d'une griffe spéciale :

- « Trouvée dans une boîte échouée sur les bords de la Seine à Quillebeuf (Eure), le 26 mars 1871 » .... 15 000 »

- « Corresp^ce contenue dans une boule « de Moulins » repêchée prés de St-Wandrille, le 6 août 1968 » .... 26 000 »

- « Pli contenu dans une boule de Moulins découverte à Vatteville la Rue, le 14 avril 1982 » .... » »

Actualité Philatélique

14 Rue Daguerre - BP 28
95240 CORMEILLES-EN-PARISIS
FRANCE

Tél : (33) 01 34 50 64 15
Fax : (33) 01 34 50 64 16
www.actualitephilatelique.fr

Spécialiste de la Vente par Correspondance

TARIF GÉNÉRAL
France - Monaco - TAAF
Ventes à prix nets
3 catalogues annuels
colonies, étranger, lots, collections, etc...

ACHAT - EXPERTISE - VENTE
English spoken - sprechen Deutsch
spreken Nederlands

BLOCS ET FEUILLETS

Jusqu'en 1949 les cotes de la colonne de gauche concernent les blocs neufs avec gomme d'origine intacte et sans charnière, celles de la colonne centrale les blocs neufs avec charnière légère, celles de la colonne de droite les blocs oblitérés.

1925. - *Exposition philatélique internationale de Paris. T.-P. imprimé par bloc de quatre sur feuillets de 140 x 220, avec cadre et EXPOSITION INTERNATIONALE DE TIMBRES-POSTE - Émission spéciale - PARIS - 1925. Dentelés.*

1	5 f. carmin (216)	3 600 »	1 200 »	1 200 »
	a. (Non dentelé)		5 350 »	
	b. (Avec cachet témoin de l'exposition hors timbre)	2 500 »	1 200 »	

Pour acheter ce bloc, il fallait présenter un ticket d'entrée à l'exposition vendu 5 f. Il en a été de même pour les blocs suivants n°s 2 et 3.

1927. - *Exposition philatélique internationale de Strasbourg. T.-P. au type Semeuse réunis sur feuillets de 110 x 140 et séparés par un intervalle blanc avec inscription bleue STRASBOURG - 1927. Dentelés.*

2	5 f. bleu (241)			
	10 f. rouge (242)			
	Le feuillet	2 500 »	1 150 »	1 150 »
	a. (Avec cachet témoin de l'exposition hors timbre)	1 800 »	1 150 »	

1937. - *Exposition philatélique internationale de Paris. (PEXIP). Timbres au type des T.-P. de 1849 imprimés en paires verticales séparées par un intervalle et les mots PEXIP - PARIS - 1937, sur feuillets de 150 X 220. Dentelés.*

3 5 c. outremer et brun (348)
15 c. rouge-brun et rose (349)
30 c. outremer et rose (350)
50 c. rouge-brun et brun (351)

Le feuillet	725 »	385 »	385 »
a. Non dentelé		3 000 »	
b. (Avec cachet témoin de l'exposition hors timbre)	500 »	385 »	

1945. - *Non émis. Marianne de Dulac. T.-P. de même date réunis en bloc de quatre sur feuillets de 121 X 172. Non dentelé.*

4 2 f. 40 rouge (693) 5 000 » 4 000 »

Imprimé pendant la guerre sur papier de très mauvaise qualité.

1949. - *Exposition du centenaire du Timbre (Paris CITEX). Timbre non dentelé (avec dentelure extérieure pour découpage), imprimé par feuilles de dix de 154 X 279. Chaque feuille porte dans la marge supérieure les millésimes 1849-1949 (format d'un timbre : 40 X 52).*

5 10 f. (+100 f.), vermillon

(841) La feuille de dix timbres	765 »	610 »	610 »
a. Non dentelée	15 500 »		

A partir de 1960 les cotes de la colonne de gauche concernent les blocs neufs sans charnière, celles de la colonne de droite les blocs oblitérés.

1964. - *Exposition philatélique internationale "Philatec", à Paris. T.-P. de même date imprimé par huit sur feuillets de 145 X 285 avec EXPOSITION INTERNATIONALE PHILATEC PARIS 1964. Dentelés.*

6 8 X 1 f. (+3 f.), brun, bleu foncé et carmin (1422) 275 » 215 »
a. Non dentelé 3 000 »

1975. - *Exposition philatélique internationale "Arphila'75". T.-P. de même date réunis sur feuillets de 150 X 143. Dentelés.*

7 2 f. gris-vert et rouge-brique (1834)
3 f. rouge, bleu et gris-bleu (1835)
4 f. bleu, rouge-brique et vert-noir (1836)
6 f. gris-vert rouge et bleu (1837)

Le feuillet	9 15	9 15
a. Non dentelé	500 »	

1982. - *"Philexfrance'82". Exposition philatélique internationale. T.-P. de même date réunis sur feuillets de 100 X 71,5, avec une vignette centrale sans valeur, sur laquelle figure le logo de l'exposition. Vendu 30 f. Dentelés.*

8 4 f. rouge et bleu (2216)
6 f. bleu et rouge (2217)

Le feuillet	15 »	15 »
a. Non dentelé	300 »	

Épreuve en noir insérée dans le catalogue de l'exposition : 350 ».

1986. - *Cinquantenaire de la cinémathèque française. T.-P. de même date réunis sur feuillet de 143 X 180. Dentelés.*

9 10 X 2 f. 20, noir et gris (n°s 2433/2442) 13 » 13 »
a. (Non dentelé) 300 »

1989. - *Personnages célèbres de la Révolution. T.-P. de même date réunis sur feuillet de 78 X 105. Dentelés.*

10 2 f. 20, multicolore (2592)
2 f. 20, multicolore (2593)
2 f. 20, multicolore (2594)
2 f. 20, multicolore (2595)
Le feuillet 5 35 5 35
a. Non dentelé 270 »

1989. - *Bicentenaire de la Révolution et de la Déclaration des Droits de l'Homme et du Citoyen. T.-P. de même date réunis sur feuillet de 130 X 143. Vendu 50 f. Dentelés.*

11 5 f. multicolore (2596)
5 f. multicolore (2597)
5 f. multicolore (2598)
5 f. multicolore (2599)
Le feuillet 20 » 20 »
a. Non dentelé 400 »
b. En noir 150 »
c. Papier fluorescent 300 »

Le N° 11b accompagnait les deux tomes du catalogue de l'exposition "Philexfrance'89".

1990. - *Bicentenaire de la Révolution. T.-P. de même date réunis sur feuillet de 78 X 105. Taille-douce. Dentelés.*

12 2 f. 50, multicolore (2667)
2 f. 50, multicolore (2668)
2 f. 50, multicolore (2669)
2 f. 50, multicolore (2670)
Le feuillet 5 35 5 35
a. Non dentelé 300 »

1991. - *Bicentenaire de la Révolution française. T.-P. de même date réunis sur feuillet de 106 X 80. Dentelés*

13 2 f. 50, multicolore (2700)
2 f. 50, multicolore (2701)
2 f. 50, multicolore (2702)
2 f. 50, multicolore (2703)
Le feuillet 6 » 6 »
a. Non dentelé 300 »

1992. - *"Albertville'92". Jeux olympiques d'hiver. T.-P. de 1991 et 1992 réunis sur feuillet de 143 X 27 avec vignette centrale sans valeur (logo des Jeux, impression offset). Dentelés.*

14 2 f. 50+20 c. rouge, gris et bleu (2737)
2 f. 50+20 c. rouge, gris et bleu (2738)
2 f. 50+20 c. rouge, gris et bleu (2739)
2 f. 50+20 c. rouge, gris et bleu (2740)
2 f. 50+20 c. rouge, gris et bleu (2742)
2 f. 50+20 c. rouge, gris et bleu (2741)
2 f. 50+20 c. rouge, gris et bleu (2679a)
2 f. 50+20 c. rouge, gris et bleu (2680a)
2 f. 50+20 c. rouge, gris et bleu (2709a)
2 f. 50+20 c. rouge, gris et bleu (2710a)
Le feuillet 18 » 18 »
a. Non dentelé 500 »
b. En noir 500 »
c. (Vignette centrale brillante) 20 » 20 »

1993. - *Salon du Timbre. 1er Salon européen des Loisirs du Timbre. T.-P. de même date réunis sur feuillet de 105 X 78, vendu 15 f. avec deux vignettes sans valeur. Dentelés.*

15 2 f. 40, multicolore (2849)
2 f. 40, multicolore (2850)
Le feuillet 18 50 18 50
a. Non dentelé 200 »

1994. - *Salon du Timbre. 1er Salon européen des Loisirs du Timbre. T.-P. de même date réunis sur feuillet de 106 X 78, vendu 16 f. Dentelés.*

16 2 f. 80, multicolore (2909)
2 f. 80, multicolore (2910)
Le feuillet 18 50 18 50
a. Non dentelé 200 »

1995. - *1er siècle du cinéma. T.-P. de même date réunis sur feuillet de 105 X 78. Dentelés.*

17 2 f. 80, multicolore (2919)
2 f. 80, multicolore (2920)
2 f. 80, multicolore (2921)
2 f. 80, multicolore (2922)
Le feuillet 7 » 7 »
a. Non dentelé 185 »

Tirage : 2 334 341.

1995. - *Série Arts décoratifs. Hommage au peintre ornithologue J.-J. Audubon (1785-1851). T.-P. de même date réunis sur feuillet de 121 X 113. Dentelés.*

18 2 f. 80, multicolore (2929a)
2 f. 80, multicolore (2930a)
4 f. 30, multicolore (2931a)
4 f. 40, multicolore (2932a)
Le feuillet 7 » 7 »

Tirage : 1 517 342.

1998. - *"France'98". Coupe du Monde de Football. Types des T.-P. de 1996, 1997 et 1998 réunis avec vignette centrale sans valeur (le Stade de France) sur feuillet de 148 X 140.*

19 3 f. multicolore (3012)
3 f. multicolore (3074)
3 f. multicolore (3011)
3 f. multicolore (3010)
3 f. multicolore (3077)
3 f. multicolore (3130)
3 f. multicolore (3076)
3 f. multicolore (3075)
3 f. multicolore (3013)
3 f. multicolore (3131)
Le feuillet 14 » 14 »

Les caractères des noms du graveur et de l'imprimeur sont légèrement plus serrés, et les espaces de "République française La Poste" un peu plus grands que sur les timbres de feuilles.

Tirage : 4 378 016.

1998. - *"Philexfrance 99". Exposition philatélique internationale. T.-P. de même date réunis sur feuillet de 112 X 158 vendu 25 f. dont 10 f. au profit de l'Exposition. Dentelés. © Fondation Saint-Exupéry 1998.*

20 3 f. multicolore (3175)
3 f. multicolore (3176)
3 f. multicolore (3177)
3 f. multicolore (3178)
3 f. multicolore (3179)
Le feuillet 9 » 9 »

Le logo de l'Exposition figure hors timbres.

Tirage :

1998. - *"Meilleurs Voeux". T.-P. de même date réunis sur feuillet. Dentelés.*

21 2 X 3 f. multicolores (3200)
2 X 3 f. multicolores (3201)
2 X 3 f. multicolores (3202)
2 X 3 f. multicolores (3203)
2 X 3 f. multicolores (3204)
Le feuillet 11 50 11 50

Tirage : 3 998 825.

1999. - *Journée du Timbre. Astérix. T.-P. de même date imprimé sur feuillet de 102 X 77. Dentelé. © Les Editions Albert René/Goscinny-Uderzo.*

22 3 f.+60 c. multicolore (3228) 2 » 2 »

Tirage :

1999. - *"Philexfrance'99". Exposition philatélique internationale (III). Chefs d'oeuvre de l'Art. T.-P. de même date réunis sur feuillet de 158 X 112, vendu 50 f. dont 30 f. reversés à l'Association pour le Développement de la Philatélie. Dentelés.*

23 5 f. multicolore (3234)
10 f. multicolore (3235)
10 f. multicolore (3236)
Le feuillet 35 » 35 »

Le logo de l'Exposition figure hors timbres.

Vendu sous bande plastique dans une présentation illustrée (2 versions), avec laissez-passer pour l'Exposition.

Tirage :

1999. - *Congrès mondial de Roses anciennes, à Lyon. T.-P. de même date réunis sur feuillet de 110 X 160. Dentelés.*

24 3 f. multicolore (3248)
4 f. 50, multicolore (3249)
4 f. 50, multicolore (3250)
Le feuillet 6 » 6 »

Tirage : 1 902 214.

1999. - *Série "Collection Jeunesse". Armada du siècle - Rouen 1999. Grands voiliers. T.-P. de même date réunis sur feuillet de 108 X 183. Dentelés.*

25 1 f. multicolore (3269)
1 f. multicolore (3270)
1 f. multicolore (3271)
1 f. multicolore (3272)
1 f. multicolore (3273)
1 f. multicolore (3274)
1 f. multicolore (3275)
1 f. multicolore (3276)
1 f. multicolore (3277)
1 f. multicolore (3278)
Le feuillet 5 » 5 »

Tirage : 3 277 294.

1999. - *Coupe du monde de Rugby 1999. T.-P. de même date imprimé sur feuillet de 143 X 210 avec vignette centrale sans valeur (coupe Webb-Ellis). Dentelé.*

26 10 X 3 f. (0,46 €) multicolores (3280) 12 » 12 »

Tirage : 1 900 773.

2000. - *Coeurs 2000 d'Yves Saint Laurent. T.-P. de même date réunis sur feuillet de 95 X 150. Dentelés.*

27 3 X 3 f. (0,46 €) multicolores (3295)
2 X 3 f. (0,46 €) multicolores (3296)
Le feuillet 7 » 7 »

Tirage :

2000. - *Fête du Timbre "Tintin". T.-P. de même date imprimé sur feuillet de 100 X 75. Héliogravure. Dentelé. © Hergé/Moulinsart 2000.*

28 3 f.+60 c. (0,55 €) multicolore (3304) 1 50 1 50

Tirage :

2000. - *Le siècle au fil du timbre (I). Le port. T.-P. de même date imprimés sur feuillet de 185 X 245. Héliogravure. Dentelés.*

29 2 X 3 f. (0,46 €) multicolores (3312)
2 X 3 f. (0,46 €) multicolores (3313)
2 X 3 f. (0,46 €) multicolores (3314)
2 X 3 f. (0,46 €) multicolores (3315)
2 X 3 f. (0,46 €) multicolores (3316)
Le feuillet 9 15 9 15

Vendu dans une pochette illustrée.

Tirage :

2000. - *Série "Collection Jeunesse". Voitures anciennes. "Philexjeunes 2000"-Annecy. T.-P. de même date imprimés sur feuillet de 108 X 183. Héliogravure. Dentelés.*

30 1 f. (0,15 €) multicolore (3317)
1 f. (0,15 €) multicolore (3318)
1 f. (0,15 €) multicolore (3319)
1 f. (0,15 €) multicolore (3320)
1 f. (0,15 €) multicolore (3321)
2 f. (0,30 €) multicolore (3322)
2 f. (0,30 €) multicolore (3323)
2 f. (0,30 €) multicolore (3324)
2 f. (0,30 €) multicolore (3325)
2 f. (0,30 €) multicolore (3326)
Le feuillet 5 » 5 »

La mention de l'exposition "Philexjeunes 2000-Annecy" figure hors timbres.

Tirage :

2000. - *Série "Nature de France" (XV). Faune et flore. T.-P. de même date imprimés sur feuillet de 110 X 160. Dentelés.*

31 2 f. 70 (0,41 €) multicolore (3332)
3 f. (0,46 €) multicolore (3333)
3 f. (0,46 €) multicolore (3334)
4 f. 50 (0,69 €) multicolore (3335)
Le feuillet 4 15 4 15

Tirage : 1 687 497.

2000. - *Jeux olympiques de Sidney (Australie). Disciplines. T.-P. de même date imprimés sur feuillet de 210 X 143. Héliogravure. Dentelés.*

31A 5 X 3 f. (0,46 €) multicolores (3340)
5 X 3 f. (0,46 €) multicolores (3341)
Le feuillet 10 » 10 »

Tirage : 2 505 572.

2000. - *Le siècle au fil du timbre (II). Société. T.-P. de même date imprimés sur feuillet de 185 X 245. Héliogravure. Dentelés.*

32 2 X 3 f. (0,46 €) multicolores (3351)
2 X 3 f. (0,46 €) multicolores (3352)
2 X 3 f. (0,46 €) multicolores (3353)
2 X 3 f. (0,46 €) multicolores (3354)
2 X 3 f. (0,46 €) multicolores (3355)
Le feuillet 9 15 9 15

Tirage :

2001. - *Saint-Valentin. Coeur 2001 de Christian Lacroix. T.-P. de même date imprimé sur feuillet de 137 X 143. Dentelé.*

33 5 X 3 f. (0,46 €) multicolores (3368) 5 » 5 »

Tirage :

2001. - *Fête du Timbre. T.-P. de même date imprimé sur feuillet de 100 X 75. Dentelé.*

34 3 f.+0 f. 60 (0,55 €) multicolore (3371) 1 55 1 55

Tirage :

2001. - *Le siècle au fil du timbre (III). Communication. T.-P. de même date imprimés sur feuillet de 185 X 245. Héliogravure. Dentelés.*

35 2 X 3 f. (0,46 €) multicolores (3372)
2 X 3 f. (0,46 €) multicolores (3373)
2 X 3 f. (0,46 €) multicolores (3374)
2 X 3 f. (0,46 €) multicolores (3375)
2 X 3 f. (0,46 €) multicolores (3376)
Le feuillet 10 » 10 »

Tirage :

2001. - *Série "Nature de France" (XVI). Faune. T.-P. de même date imprimés sur feuillet de 160 X 110. Dentelés.*

36 2 f. 70 (0,41 €) multicolore (3381)
3 f. (0,46 €) multicolore (3382)
3 f. (0,46 €) multicolore (3383)
4 f. 50 (0,69 €) multicolore (3384)
Le feuillet 4 05 4 05

Tirage :

2001. - *Personnages célèbres. Artistes de la chanson. T.-P. de même date imprimés sur feuillet de 135 X 143, vendu 28 f. (4,27 €) (faciale 18 f. (2,76 €) dont 10 f. reversés à la Croix-Rouge Française. Dentelés.*

37 3 f. (0,46 €) multicolore (3391)
3 f. (0,46 €) multicolore (3392)
3 f. (0,46 €) multicolore (3393)
3 f. (0,46 €) multicolore (3394)
3 f. (0,46 €) multicolore (3395)
3 f. (0,46 €) multicolore (3396)
Le feuillet 10 » 10 »

Tirage :

2001. - *Série "Collection Jeunesse". Les légendes du rail. Locomotives. T.-P. de même date imprimés sur feuillet de 108 X 183. Dentelés.*

38 1 f. 50 (0,23 €) multicolore (3405)
1 f. 50 (0,23 €) multicolore (3406)
1 f. 50 (0,23 €) multicolore (3407)
1 f. 50 (0,23 €) multicolore (3408)
1 f. 50 (0,23 €) multicolore (3409)
1 f. 50 (0,23 €) multicolore (3410)
1 f. 50 (0,23 €) multicolore (3411)
1 f. 50 (0,23 €) multicolore (3412)
1 f. 50 (0,23 €) multicolore (3413)
1 f. 50 (0,23 €) multicolore (3414)
Le feuillet 4 50 4 50

Tirage :

2001. - *Le siècle au fil du timbre (IV). Sciences. T.-P. de même date imprimés sur feuillet de 185 X 245. Héliogravure. Dentelés.*

39 2 X 3 f. (0,46 €) multicolores (3422)
2 X 3 f. (0,46 €) multicolores (3423)
2 X 3 f. (0,46 €) multicolores (3424)
2 X 3 f. (0,46 €) multicolores (3425)
2 X 3 f. (0,46 €) multicolores (3426)
Le feuillet 10 » 10 »

Tirage :

2001. - *Halloween.T.-P. de même date imprimé sur feuillet de 135 X 143, avec 4 vignettes sans valeur. Dentelé.*

40 5 X 3 f. (0,46 €) multicolore (3428) 5 » 5 »

Tirage :

2001. - *Les couleurs de Marianne en Francs. Les valeurs de la monnaie et les valeurs de la lettre. Types des T-P de 1997 imprimés sur feuillets de 145 X 143. Sans bandes de phosphore. Taille-douce. Dentelés 13.*

41 0,10 F bistre-noir (3086)
0,20 F émeraude (3087)
0,50 F violet-rouge (3088)
1,00 F orange (3089)
2,00 F bleu (3090)
5,00 F bleu-vert (3097)
10 F violet (3099)

42 2,70 F vert (3091)
(sans val.) rouge (3083)
3,50 F vert-jaune (3092)
3,80 F bleu (3093)
4,20 F orange foncé (3094)
4,40 F bleu (3095)
4,50 F rose (3096)
6,70 F vert foncé (3098)
Les 2 feuillets 16 » 16 »

Tirage :

2002. - *Saint-Valentin. Coeur 2002, de Yann Arthus-Bertrand. T-P de même date imprimé sur feuillet de 135 X 143. Dentelé.*

43 5 X 0,46 € multicolores (3459)

Tirage :

2002. - *Les couleurs de Marianne en Euros. Les valeurs de la monnaie et les valeurs de la lettre. Types des T-P de 2001 et 2002 imprimés sur feuillets de 145 X 143. Sans bandes de phosphore. Taille-douce. Dentelés 13.*

44	0,01 € jaune (3443)		
	0,02 € bistre-noir (3444)		
	0,05 € vert-émeraude (3445)		
	0,10 € violet-rouge (3446)		
	0,20 € orange (3447)		
	0,50 € bleu nuit (3449)		
	1,00 € bleu-vert (3455)		
	2,00 € violet (3457)		
45	0,41 € vert (3448)		
	(sans val.) rouge (3417)		
	0,53 € vert-jaune (3450)		
	0,58 € bleu (3451)		
	0,64 € orange foncé (3452)		
	0,67 € bleu outremer (3453)		
	0,69 € rose (3454)		
	1,02 € vert foncé (3456)		
	Les 2 feuillets	18 »	18 »

Tirage :

2002. - *Fête du timbre. T-P de même date imprimé sur feuillet de 100 X 75. Dentelé.*

46	0,46 €+0,09 € multicolore (3469)	1 20	1 20

Tirage :

2002. - *Le siècle au fil du timbre (V). Transports. T-P de même date imprimés sur feuillet de 185 X 245. Héliogravure. Dentelés.*

47	2 X 0,46 € multicolore (3471)		
	2 X 0,46 € multicolore (3472)		
	2 X 0,46 € multicolore (3473)		
	2 X 0,46 € multicolore (3474)		
	2 X 0,46 € multicolore (3475)		
	Le feuillet	10 »	10 »

Tirage :

2002. - *Série "Nature de France" (XVII). Faune marine. T-P de même date imprimés sur feuillet de 110 X 160.*

48	0,41 € multicolore (3485)		
	0,46 € multicolore (3486)		
	0,46 € multicolore (3487)		
	0,69 € multicolore (3488)		
	Le feuillet	4 »	4 »

L'emblème du WWF figure hors timbres.

Tirage :

2002. - *Champions du monde de Football. Emission commune avec l'Allemagne, l'Argentine, le Brésil et l'Uruguay. T-P de même date imprimés sur feuillet de 143 X 210. Dentelés.*

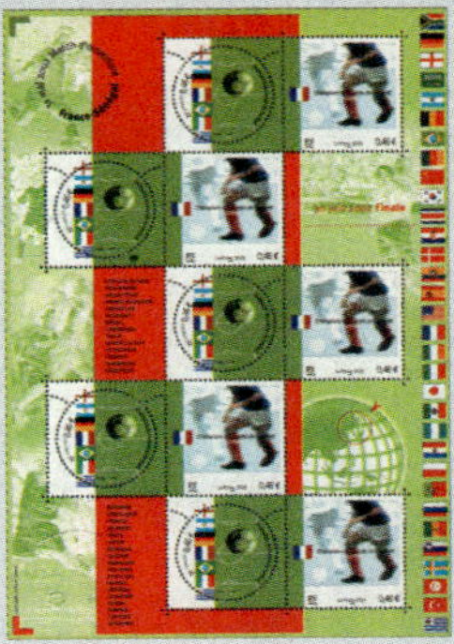

49	5 X 0,46 € multicolores (3483)		
	5 X 0,46 € multicolores (3484)		
	Le feuillet	10 »	10 »

Impression au verso du feuillet permettant d'inscrire le nom des pays sélectionnés depuis les quarts de finale jusqu'à la finale.

Tirage :

2002. - *Les personnages célèbres. Grands interprètes de jazz. T.-P. de même date imprimés sur feuillet de 135 X 143, vendu 4,36 € dont 1,60 € reversés à la Crois-Rouge Française. Dentelés.*

50	0,46 € multicolore et or (3500a)		
	0,46 € multicolore et or (3501a)		
	0,46 € multicolore et or (3502a)		
	0,46 € multicolore et or (3503a)		
	0,46 € multicolore et or (3504a)		
	0,46 € multicolore et or (3505a)		
	Le feuillet	8 70	8 70

Tirage :

NOUVEAU
Venez visiter notre nouveau magasin au centre de Paris
AU MATÉRIEL DE COLLECTIONS
54 Passage des Panoramas • 75002 PARIS
Tél. : 01 42 36 03 18 • Fax : 01 42 36 03 19
NOUVEAU
UN STOCK IMPRESSIONNANT DE MATÉRIEL PARMI LES PLUS GRANDES MARQUES !
(AV, CÉRÈS, DAVO, HAWID, ID, KABE, LEUCHTTURM, LINDNER, MARINI, MOC, PRINZ, SAFE, YVERT ET TELLIER, etc...)
ACCUEIL, RAPIDITÉ, PRIX
Tout le matériel sur le net
www.aumaterieldecollections.fr

BLOCS SPÉCIAUX SUR PAPIER GOMMÉ

Ces blocs-feuillets ont pouvoir d'affranchissement et, à l'exception de Av. n° 20, sont dentelés.

Nos	
446 et 753, Lettre de Fragonard et Musée Postal	3 350 »
748 et 789, Fournier (2 f. + 3 f. rouge-brun 2 f. + 3 f. bleu-noir)	1 150 »
755 à 758, Armoiries (Corse 10 c., Alsace 30 c., Lorraine 50 c., Nice 60 c.)	1 150 »
761 et 762, Conférence de la Paix (3 et 10 f.)	610 »
765 à 770, Célébrités du XVe siècle (2 f. + 1 f., 3 f. + 1 f., 4 f. + 3 f., 5 f. + 4 f., 6 f. + 5 f., 10 f. + 6 f.)	1 550 »
772 à 776, Cathédrales (1 f . + 1 f., 3 f. + 2 f., 4 f. + 3 f., 6 f. + 4 f., 10 f. + 6 f.)	1 550 »
759, 760, 763, 764, 777 et 778 (5, 10, 15, 20, 6 et 25 f.)	1 250 »
780 à 783, 12e Congrès de l'Union Postale (3,50, 4,50, 6 et 10 f.)	1 550 »
Idem, non dentelés	1 250 »
795 à 802, Centenaire de la Révolution de 1848	1 550 »
792, 803 et 805 (15, 12, 18 f.)	1 150 »
818 et 819, Palais de Chaillot (12 f. et 18 f.)	610 »
820 et 821, Paul Langevin (5 f.) et Jean Perrin (8 f.)	1 250 »
823 à 826, Série des métiers (3 f. + 1 f., 5 f. + 3 f., 8 f. + 4 f., 10 f. + 6 f.)	1 250 »
830 à 833, Centenaire du Timbre	3 400 »
834 à 838, Armoiries (Bourgogne 10 c., Guyenne 50 c., Savoie 1 f., Auvergne 2 f., Anjou 4 f.)	1 150 »
841A, 842, 842A et 843 (St-Bertrand de Comminges 20 f., St-Wandrille 25 f., Vallée de la Meuse 40 f., Gerbier de Jonc 50 f.)	1 150 »
844 à 847, Congrès international de télégraphie et téléphonie	1 550 »
850 à 852, 75e anniversaire de l'U.P.U	2 300 »
853 à 858, Célébrités du XVIIIe siècle (1re série) (5 f. + 1 f., 8 f. + 2 f., 10 f. + 3 f., 12 f. + 4 f., 15 f. + 5 f., 25 f.+ 10 f.)	1 300 »
859 à 862, Les saisons (5 f. + 1 f., 8 f. + 2 f., 12 f. + 3 f., 15 f. + 4 f.)	1 300 »
867 à 872, Célébrités du XVIIIe siècle (2e série) (5 f. + 2 f., 8 f. + 3 f., 10 f. + 4 f., 12 f. + 5 f., 15 f. + 6 f., 20 f. + 10 f.)	1 300 »
874 et 875, Mme de Sévigné (15 f.), Mme Récamier (12 f.)	1 100 »
876 et 877, Croix-Rouge, 8 f. + 2 f., 15 f. + 3 f.	1 700 »
873 et 878, Châteaudun 8 f., Fontainebleau 12 f.	1 100 »
891 à 896, Célébrités du XIXe siècle (1re série) (5 f. + 1 f., 8 f. + 2 f., 10 f. + 3 f., 12 f. + 4 f., 15 f. + 5 f., 30 f. + 10 f.)	1 300 »
899 à 903, Armoiries	1 150 »
908 à 910, Poètes symbolistes	1 250 »
911 et 912, Nations Unies	1 550 »
914 et 915, Croix-Rouge	1 550 »
905, 916, 917 et 924, Arbois (30 f.), Pic du Midi (40 f.), Abbaye aux Hommes (50 f.), Château de Chambord (20 f.)	1 150 »
922 et 925, Narvik (30 f.), Bir Hakeim (30 f.)	1 150 »
921 et 928, Vaucouleurs (12 f.), Viaduc de Garabit (15 f.)	1 250 »
930 à 935, Célébrités du XIXe siècle (2e série) (8 f. + 2 f., 12 f. + 3 f., 15 f. + 4 f., 18 f. + 5 f., 20 f. + 6 f., 30 f. + 7 f.)	1 300 »
937 et 938, Croix-Rouge	1 550 »
815 et 942, Leclerc (6 f.), Maréchal Leclerc (8 f.)	1 250 »
945 à 950, Célébrités du XIIe au XXe siècles (8 f. + 2 f., 12 f. + 3 f., 15 f. + 4 f., 18 f. + 5 f., 20 f. + 6 f., 30 f. + 7 f.)	1 300 »
951 à 954, Armoiries	1 150 »
943, 944, 956 et 957, Gargantua (6 f.), Hernani (18 f.), Célimène (8 f.), Figaro (12 f.)	1 150 »
958 et 959, Armoiries	1 100 »
960 à 965, Jeux Olympiques sur 2 feuillets	2 300 »
966 et 967, Croix-Rouge	2 000 »
941 et 970 à 974, Productions, sur 2 feuillets	1 850 »
976 à 981, sur 2 feuillets, Lourdes (6 f.), Les Andelys (8 f.), Royan (10 f.), Quimper (12 f.), Cheverny (18 f.), Ajaccio (20 f.)	1 850 »

Partie centrale du bloc.

982 à 984, Maréchal de Lattre (12 f.), Libération (15 f.), Maréchal Leclerc (12 f.)	1 250 »

Nos	
939 et 988, Versailles (18 f.)	1 100 »
989 et 994, Célébrités du XIIIe au XXe siècles	1 250 »
999 à 1005, Armoiries	1 100 »
1006 et 1007, Croix-Rouge	1 550 »
1009A, 1010, 1011 et 1011B, Marianne (de Muller)	1 400 »
1012 à 1017, Inventeurs, sur 2 feuillets	1 550 »
1027 à 1032, Célébrités diverses	1 250 »
1036 à 1042, Série touristique, sur 2 feuillets	1 550 »
1044 à 1047, Armoiries	1 100 »
1048 et 1049, Croix-Rouge	1 550 »
1052 et 1053, Driant, Verdun	1 000 »
1055 à 1058, Fabre, Tellier, Flammarion, Sabatier	1 100 »
1066 à 1071, Célébrités du XVe au XXe siècles	1 250 »
1072 à 1075, Sports	1 550 »
1076 et 1077, Europa	5 350 »
1078 à 1080, Réalisations techniques	1 100 »
1082 à 1087, Personnages étrangers	1 400 »
1089 et 1090, Croix-Rouge	1 550 »
1095 à 1098, Savants et inventeurs	915 »
1100 à 1104, Héros de la Résistance (1re série)	1 100 »
1108 à 1113, Célébrités diverses du XIIIe au XXe siècles, sur 2 feuillets	1 250 »
1115 et 1116, Moissonneuse	1 100 »
1105, 1118 et 1119, Le Quesnoy, Région bordelaise, Cahors	1 000 »
1122 et 1123, Europa	2 150 »
1106 et 1125 à 1131, Série touristique, sur 3 feuillets	1 550 »
1132 à 1138, Célébrités étrangères, sur 2 feuillets	1 700 »
1140 et 1141, Croix-Rouge	1 250 »
1142 à 1145, Grands médecins	1 150 »
1146 à 1149, Grands savants	1 150 »
1152 à 1155, Villes reconstruites	1 100 »
1157 à 1160, Héros de la Résistance (2e série)	1 100 »
1161 à 1164, Jeux traditionnels	1 250 »
1166 à 1171, Célébrités diverses	1 100 »
1173 et 1174, Europa	1 700 »
1177 et 1178, U.N.E.S.C.O.	1 400 »
1180 à 1186, Armoiries	1 150 »
1187 et 1188, Croix-Rouge	1 400 »
1198 à 1202, Héros de la Résistance (3e série)	1 100 »
1203 à 1206, Réalisations techniques (2e série)	995 »
1207 à 1212, Célébrités diverses	1 100 »
1218 et 1219, Europa	1 400 »
1226 et 1227, Croix-Rouge	1 400 »

POSTE AÉRIENNE.

Nos	
16 à 19, Série mythologique	2 000 »
20, Congrès de l'Union Postale	2 150 »
Idem, non dentelé	1 100 »
21 et 22, Saint-Exupéry, Dagnaux	1 700 »
21, 22 et 23, Saint-Exupéry, Dagnaux, Ader	1 700 »
24 à 27, Lille, Bordeaux, Lyon, Marseille	1 850 »
28, Congrès international de télégraphie et téléphonie	1 850 »
30 à 33, Prototypes	2 150 »
36, Caravelle	1 850 »

TIMBRES DE SERVICE.

Nos	
17, 18 et 20, Conseil de l'Europe	1 700 »

rubriques
Nouveautés
présentation
format
couleur
Le nouveau monde de la collection
YVERT&TELLIER
TOME 1
2003 TIMBRES DE FRANCE
YVERT&TELLIER
TOME 1bis
2003 TIMBRES DE MONACO
YVERT&TELLIER
TOME 3
2003 TIMBRES D'EUROPE DE L'OUEST
YVERT&TELLIER
TOME 4
2003 TIMBRES D'EUROPE DE L'EST
YVERT&TELLIER
Disponible dans nos points de vente et sur
www.yvert.com

Table de concordance des anciens Numéros de la rubrique Carnets

anciens N^{os}	nouveaux N^{os}
1	111-C1
2	111-C2
3	135-C1
4	135-C2
5	137-C1
6	137-C2
7	137-C3
9	137-C5
10	137-C7
11	137-C6
12	137-C8
13	137-C9
14	158-C1
15	138-C1
15A	138-C2
18	138-C5
19	138-C3
22	138-C8
23	138-C10
24	147-C1
24a	147-C1a
25	130-C1
26	130-C2
28	130-C3
28A	130-C4
29	130-C5
30	130-C7
31	130-C6
32	140-C1
33	140-C2
34	140-C3
35	140-C4
36	158-C2
38	159-C1
39	159-C2
40	140-C5
41	159-C3
42	159-C4
45	140-C6
47	170-C1
48	170-C2
50	188-C1
51	188-C2
52	189-C2
53	189-C1
54	140-C7
55	140-C8
56	140-C9
57	140-C10
58	140-C11
59	140-C12
60	140-C13
61	140-C14
62	140-C15
63	140-C16
64	140-C17
65	140-C18
66	140-C19
68	191-C1
69	191-C2
70	191-C3
71	192-C1
72	192-C2
74	192-C3
75	192-C4
76	192-C5
78	217-C1
79	217-C3
80	193-C1
83	194-C1
85	194-C3
86	194-C4
87	194-C6
88D	194-C2
88D	194-C5
89D	194-C7
90	199-C1
91	199-C2
92	199-C3
93	199-C4
94	199-C5
95	199-C6
96	199-C7
97	199-C8
98	199-C9
99	199-C10
100	199-C11
101	199-C12
102	199-C13
103	199-C14
104	199-C15
105	199-C16
106	199-C21
107	199-C22
108	199-C23
109	199-C24
110	199-C25
111	199-C26
112	199-C27
113	199-C28
114	199-C29
115	199-C30
116	199-C31
117	199-C32
118	199-C33
119	199-C34
120	199-C35
121	199-C36
122	199-C18
123	199-C17
124	199-C37
125	199-C38
126	199-C19
127	199-C39
128	199-C40
129	199-C41
130	199-C42
131	199-C43
132	199-C44
133	199-C45
134	199-C46
134a	199-C47
135	199-C20
136	257-C1
137	257-C2
138	257-C3
139	257-C4
140	257-C5
140a	257-C6
141	257-C7
142	257-C8
142a	257-C9
143	257-C10
144	257-C11
145	257-C12
146	257-C13
147	257-C14
148	199-C48
149	199-C49
150	190-C1
151	360-C1
152	199-C67
153	199-C68
154	199-C69
155	199-C70
156	199-C71
157	199-C72
158	199-C73
159	199-C74
160	199-C75
161	199-C50
162	199-C51
163	199-C52
164	199-C53
165	199-C54
166	199-C55
167	199-C56
168	199-C57
169	199-C58
170	199-C59
171	199-C60
174	199-C61
175	199-C62
175a	199-C64
176	199-C63
177	199-C66
178	257-C15
179	257-C16
180	272-C1
181	272-C2
182	272-C3
183	272-C4
184	272-C5
185	272-C6
186	272-C7
187	272-C8
188	272-C9
189	272-C10
190	272-C11
191	272-C12
192	272-C13
193	272-C14
194	272-C15
195	283-C1
196	283-C2
197	283-C3
198	283-C4
199	283-C5
200	283-C6
201	283-C7
202	283-C8
203	283-C9
204	283-C10
205	283-C11
206	283-C12
207	283-C13
208	283-C14
209	283-C15
210	283-C16
211	283-C17
212	283-C18
213	283-C19
214	283-C20
215	283-C21
216	283-C22
217	283-C23
218	283-C24
219	283-C25
220	283-C26
221	283-C27
222	283-C28
223	283-C29
224	283-C30
225	283-C31
226	283-C32
227	283-C33
228	283-C34
229	283-C35
230	283-C36
231	283-C37
232	283-C38
233	283-C39
234	283-C40
235	283-C41
236	283-C42
237	283-C43
238	283-C44
239	283-C45
240	283-C46
241	283-C58
242	283-C59
243	283-C60
244	283-C61
245	283-C62
246	283-C63
247	283-C64
248	283-C65
249	283-C66
250	283-C67
251	283-C47
252	283-C48
253	283-C49
254	283-C50
255	283-C51
256	283-C52
257	283-C53
258	283-C54
259	283-C55
260	283-C56
261	283-C57
262	365-C1
263	365-C2
264	365-C3
265	365-C6
266	365-C4
267	365-C5
268	365-C7
269	365-C8
270	365-C9
271	365-C10
272	365-C11
273	365-C12
274	365-C13
275	368-C1
276	368-C2
277	368-C3
278	368-C4
279	433-C1
280	517-C1
281	517-C2
282	256-C1
283	813-C1
284	813-C1
285	813-C2
286	886-C6
287	886-C9
288	886-C22
289	886-C6
290	886-C4
291	886-C15
292	886-C1
294	886-C5
295	886-C7
296	886-C19
297	886-C8
298	886-C20
299	886-C2
301	886-C10
302	886-C3
303	886-C11
304	886-C10
305	886-C21
306	886-C16
307	886-C18
308	886-C17
309	886-C12
310	886-C13
311	886-C14
312	1011-C3
313	1011-C3
314	1011-C20
315	1011-C12
316	1011-C20
317	1011-C20
318	1011-C9
319	1011-C3
321	1011-C3
322	1011-C2
323	1011-C2
324	1011-C11
324a	1011-C10
325	1011-C21
326	1011-C28
327	1011-C23
328	1011-C24
329	1011-C22
330	1011-C22
331	1011-C16
331a	1011-C17
331b	1011-C18
331c	1011-C19
332	1011-C15
332a	1011-C13
332b	1011-C14
333	1011-C7
334	1011-C5
334a	1011-C6
335	1011-C8
336	1011-C7
337	1011-C4
338	1011-C1
339	1011-C25
339a	1011-C26
339b	1011-C27
340	1011B-C23
341	1011B-C38
342	1011B-C39
343	1011B-C27
343a	1011B-C28
343b	1011B-C29
343c	1011B-C30
344	1011B-C6
345	1011B-C1
346	1011B-C8
347	1011B-C37
348	1011B-C20
348a	1011B-C21
349	1011B-C3
350	1011B-C5
351	1011B-C7
352	1011B-C24
352a	1011B-C25
352b	1011B-C26
353	1011B-C10
354	1011B-C10
355	1011B-C2
356	1011B-C18
357	1011B-C22
358	1011B-C13
359	1011B-C31
359a	1011B-C32
359b	1011B-C33
359c	1011B-C34
359d	1011B-C35
359e	1011B-C36
360	1011B-C11
360a	1011B-C12
361	1011B-C17
362	1011B-C4
363	1011B-C19
364	1011B-C9
365	1011B-C10
366	1011B-C14
366a	1011B-C15
366b	1011B-C16
367	1263-C4
368	1010-C1
368A	1010-C2
368B	1010-C3
369	1011-C-C2
370	1234-C2
371	1263-C3
372	1263-C3
373	1263-C3
374	1354-C1
375	1011-C-C1
376	1234-C1
377	1263-C1
378	1263-C1
379	1263-C1

NB : Dans cette table, les anciens numéros manquants correspondent à des carnets spéciaux non repris dans notre nouvelle numérotation. Pour toutes précisions concernant ces carnets, vous pourrez consulter les ouvrages spécialisés parus ou à paraitre.

I. - CARNETS ANCIENS

La rubrique “carnets” subit avec l’édition 2003 une importante modification : une nouvelle numérotation, basée sur la numérotation des timbres, est créée.

Vous trouverez page ci-contre le tableau de correspondance entre les nouveaux n° et les anciens n°.

* **Nombre de timbres**

  Les carnets contiennent généralement 20 timbres - les exceptions sont signalées.

* **Formats**

  De l’origine (1906) à 1922 le format des carnets est de 110x60
  De 1923 à 1965 le format passe à 115x72
  Les formats différents sont précisés.

* **Couvertures**

  De 1906 à 1921 les couvertures sont postales
  De 1922 à 1965 (sauf exceptions précisées) les couvertures sont avec publicité

* **Séries**

  A partir de 1922 les carnets se rencontrent avec une ou plusieurs couvertures différentes. Les cotes indiquées correspondent aux carnets neufs et complets avec les couvertures les plus courantes.

* **NB**

  Cette rubrique ne reprend que les carnets de “base” ; elle exclue les carnets particuliers tels que :
  carnets “annulés”
  carnets “spécimen”
  carnets des cours d’instruction
  carnets non dentelés
  carnets avec variété d’impression ou de piquage
  carnets privés
  carnets porte-timbres
  Pour toutes précisions concernant ces carnets vous pouvez consulter les ouvrages spécialisés parus ou à paraître.

-*-*-*-*-

111 TYPE BLANC - 5c. vert (type I B) - n° 111 e

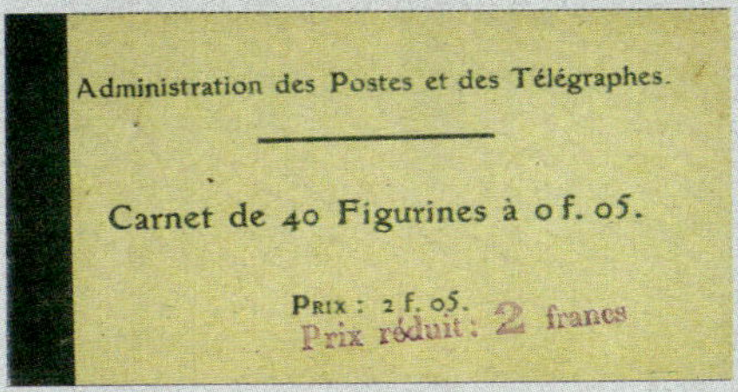

111-C 1	Carnet de 40 figurines à 0f.05 - Prix : 2f.05	1 700 »
111-C 2	Carnet C1 - surchargé : Prix réduit : 2 Fr	2 000 »

130 TYPE SEMEUSE LIGNEE - 15c. vert olive (type V) - n° 130 d

130-C 1	Couverture avec texte sur la 1re page de la couverture - papier GC	800 »
130-C 2	Couverture avec en 2e page : loi 30 decembre 1916 - papier GC	700 »
130-C 3	Carnet C2 - papier et gomme blancs	1 200 »
130-C 4	Carnet C2 - papier X (gomme striée)	13 000 »
130-C 5	Couverture avec en 2e page : taxes révisées le 12 août 1919 - papier GC	600 »
130-C 6	Carnet C5 - papier blanc	900 »
130-C 7	Couverture avec bandes striées - papier GC (40 timbres)	6 500 »

135 TYPE SEMEUSE CAMEE chiffres maigres - 10c. rouge (Type III) - n° 135 c

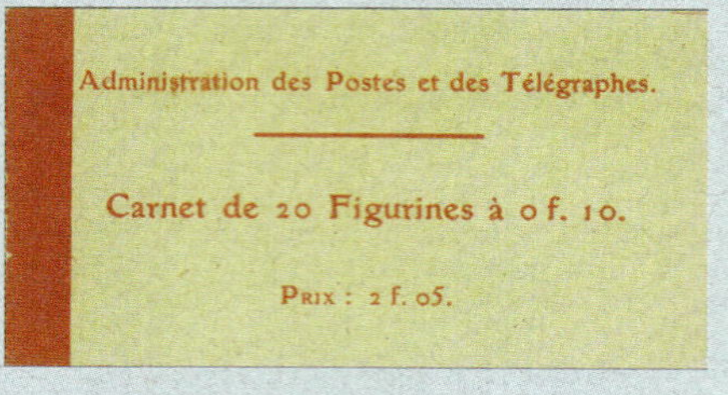

135-C 1	Carnet de 20 figurines à 0f.10 - Prix : 2f.05	600 »
135-C 2	Carnet C1 - surchargé : Prix réduit : 2 Fr	650 »

137 TYPE SEMEUSE CAMEE chiffres gras - 5c. vert (type I) - n° 137

137-C 1	Carnet de 40 figurines à 0f.05 - Prix : 2f.05	800 »
137-C 2	Carnet C1 - surchargé: Prix réduit : 2 Fr	900 »

137 TYPE SEMEUSE CAMEE chiffres gras - 5c. vert (type II) - n° 137 d

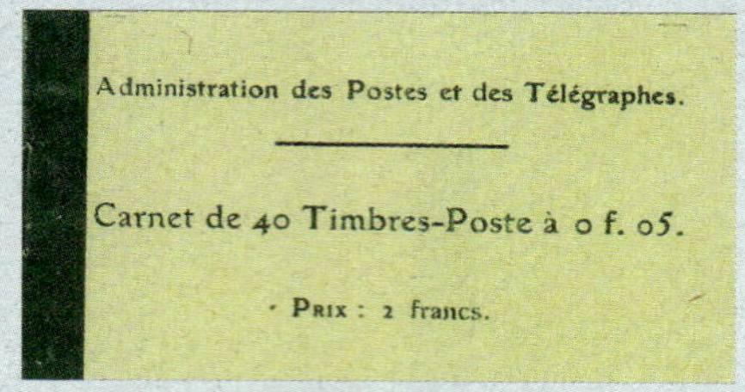

137-C 3	Carnet de 40 Timbres-Poste à 0f.05 - Prix : 2 francs.	350 »
137-C 4	Carnet C3 - couverture grisâtre - papier brouillé	360 »
137-C 5	Carnet C3 - papier GC	500 »
137-C 6	Carnet C3 ou C4 - papier X (gomme striée)	14 000 »
137-C 7	Couverture avec en 2e page : taxes révisées le 12 août 1919 (40 timbres)	350 »
137-C 8	Carnet C7 - papier GC	700 »
137-C 9	Couverture avec en 2e page : loi du 29 mars 1920 (40 timbres)	350 »

138 TYPE SEMEUSE CAMEE chiffres gras - 10c. rouge (type I C) - n° 138 d

138-C 1	Carnet de 20 Timbres-Poste à 0f.10 - Prix : 2 francs	600 »
138-C 2	Carnet C1 - papier X (gomme striée)	14 500 »
138-C 3	Carnet C1 - avec 1 timbre isolé au type 1a (case 13)	610 »
138-C 4	Carnet C3 - papier X (gomme striée)	15 000 »
138-C 5	Carnet C1 - papier GC	3 800 »
138-C 6	Carnet C5 - papier GC - avec 1 timbre isolé au type 1a (case 13)	4 000 »

138 TYPE SEMEUSE CAMEE chiffres gras - 10c. rouge (type II) - n° 138 f

138-C 7	Carnet de 30 timbres - 5 feuillets de 6 sur papier X (format 74x48)	......3 200 »
138-C 8	Carnet C7 - 5 feuillets de 6 sur papiers mélangés (X et normal)	......2 500 »
138-C 9	Carnet C7 - 5 feuillets de 6 sur papier normal (gomme lisse).	............2 700 »
138-C 10	Feuille de 144 t. - sur papier X (pour fabrication du carnet C7)	......16 000 »

140 TYPE SEMEUSE CAMEE chiffres gras - 25c. bleu (type IV) - n°140 L

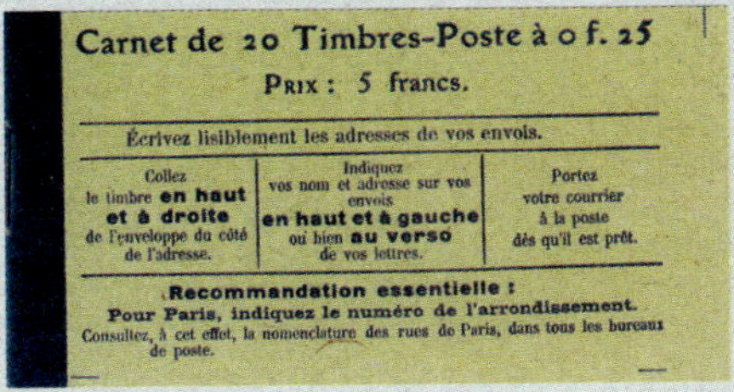

140-C 1	Carnet de 20 Timbres à 0f.25 - Prix : 5 francs (couv. postale)	............4 500 »
140-C 2	Carnet C1 - papier GC	....» »

140 TYPE SEMEUSE CAMEE chiffres gras - 25c. bleu (type IB) - n°140 c

140-C 3	Carnet de 20 Timbres à 0f.25 - Prix : 5 francs (couv. postale)	............6 900 »

140 TYPE SEMEUSE CAMEE chiffres gras - 25c. bleu (type II) - n°140 e

140-C 4	Carnet de 20 Timbres à 0f.25 - Prix : 5 francs (couv. postale)	..................» »
140-C 5	Carnet avec publicité privée sur couverture (format 110x60)	............1 600 »

140-C 6	Carnet avec publicité privée sur couverture (format 115x72)	............1 800 »

140 TYPE SEMEUSE CAMEE chiffres gras - 25c. bleu (type II) - n°140 g

140-C 7 ANNALES - ANNALES - ROZAN - ROZAN ....2 800 »
140-C 8 ANNALES - GREY POUPON - OLIBET - VICHY ....2 000 »
140-C 9 BERNOT - BERNOT - KOTO - JIF ....8 000 »
140-C 10 BISQUIT - BISQUIT - BISQUIT - BISQUIT ....800 »
140-C 11 ECO - ECO - OLIBET - OLIBET ....4 500 »
140-C 12 EVIAN - EVIAN - EVIAN - EVIAN ....600 »
140-C 13 LOUVRE - LOUVRE - LOUVRE - LOUVRE ....5 000 »
140-C 14 LOUVRE - LOUVRE - 10 timbres ....25 000 »
140-C 15 SECOURS - GREY POUPON - SECOURS - AMOURETTE .....2 300 »
140-C 16 SECOURS - GUYOT - SECOURS - JIF ....1 800 »
140-C 17 SECOURS - SECOURS - SECOURS - SECOURS ....1 800 »
140-C 18 SOULAC - GREY POUPON - OLIBET - VICHY ....1 800 »
140-C 19 VICHY - SECOURS - OLIBET - SECOURS ....1 800 »

147 TYPE SEMEUSE CAMEE avec surtaxe - 10c.+ 5c. (type II) - n°147

147-C 1 Couverture avec inscriptions postales sur la 1re page ....2 000 »

158 TYPE SEMEUSE CAMEE chiffres gras - 5c. orange (type IIA) - n° 158 a

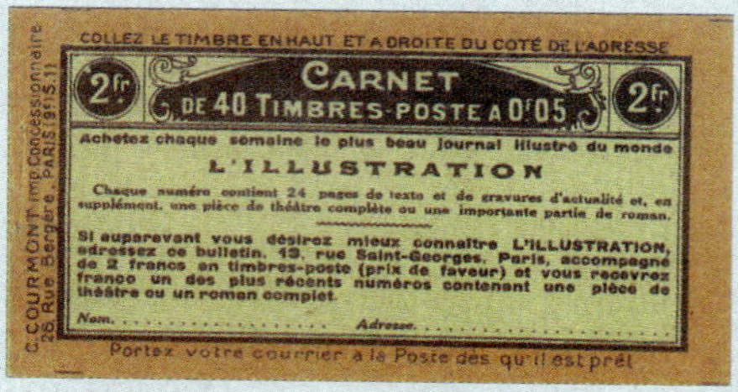

158-C 1 Carnet de 40 Timbres-Poste à 0f.05 - Prix : 2 francs (couv. postale) ......200 »
158-C 2 Carnet avec publicité privée sur couverture (format 110x60) ....150 »

159 TYPE SEMEUSE CAMEE chiffres gras - 10c. vert (type IC) - n° 159 c

159-C 1 Carnet avec publicité privée sur couverture (format 110x60) ....300 »
159-C 2 Carnet C1 - avec 1 timbre isolé au type 1a (case 13) ....310 »

159-C 3 Carnet avec publicité privée sur couverture (format 115X72) ....260 »
159-C 4 Carnet C3 - avec 1 timbre isolé au type 1a (case 13) ....270 »
159-C 5 Carnet C3 - avec couverture cartonnée (Pasteur à l'écran) - série 28 ......750 »

170 TYPE PASTEUR - 10c. vert (type II) - n° 170

170-C 1 Carnet avec publicité privée sur couverture (format 115x72) ....60 »

170-C 2 Carnet C1 - avec couverture cartonnée (Pasteur à l'écran) - série 28 ......600 »

188 **TYPE SEMEUSE CAMEE chiffres maigres - 10c. Vert (type III) - n° 188**

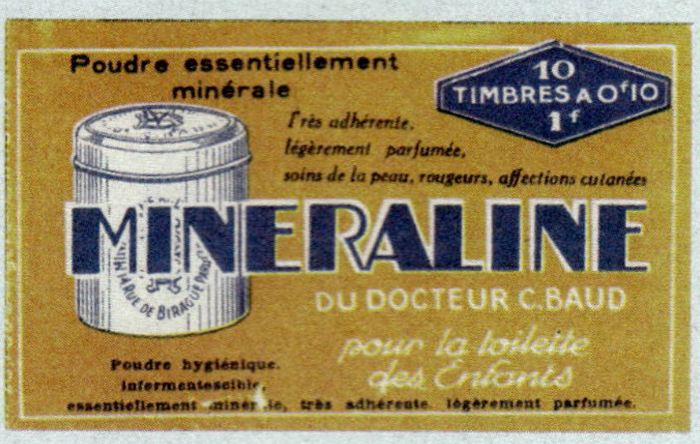

188-C 1 MINERALINE - 10 timbres - (1926) ....5 200 »

188-C 2 PHENA - 10 timbres - (1927) ....535 »

189 **TYPE SEMEUSE CAMEE chiffres gras - 15c. Brun (type I) - n° 189 a**

189-C 1 VIRGILE-CHAREYRE X 2 - 10 timbres - (1928) ....190 »

189-C 2 ROLLAND laboratoires - 20 timbres - (1929)..................................450 »

190 **TYPE SEMEUSE CAMEE chiffres gras - 20c. lilas-rose (type VI) - n° 190 d**

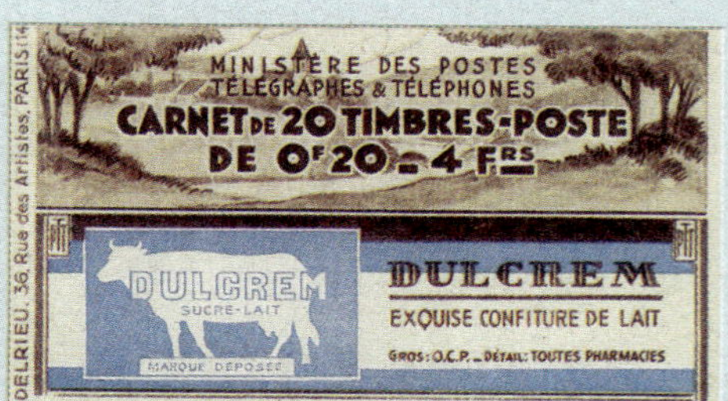

190-C 1 POSTE - BYRRH - BYRRH - POSTE ....45 »

191 TYPE SEMEUSE CAMEE chiffres gras - 30c. rose (type IIB) - n° 191 c

191-C 1 EVIAN - EVIAN - EVIAN - EVIAN ....150 »

191-C 2 SECOURS - AEQUITAS - SECOURS - OXYMENTOL ....160 »

191-C 3 SECOURS - GREY POUPON - SECOURS - PIVOLO ....160 »

192 TYPE SEMEUSE CAMEE chiffres gras - 30c. bleu (type IIB) - n° 192 b

192-C 1 EVIAN - EVIAN - EVIAN - EVIAN ....250 »

192-C 2 GIBBS - GIBBS - GIBBS - GIBBS ....155 »

192-C 3 SECOURS - AEQUITAS - SECOURS - OXYMENTOL ....240 »

192-C 4 SECOURS - GREY POUPON - SECOURS - PIVOLO ....240 »

192-C 5 SECOURS - MENIER - SECOURS - FLORENT...............................200 »

193 TYPE SEMEUSE CAMEE chiffres gras - 40c. brun-olive (type I) - n° 193 a

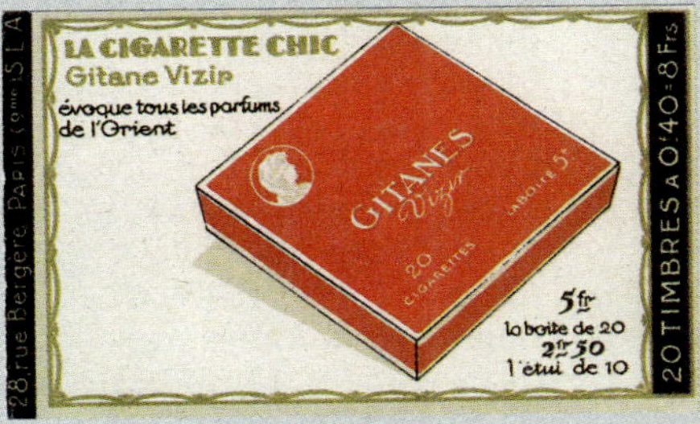

193-C 1 GREY POUPON - URODONAL - GUYOT - GYRALDOSE ....250 »

194 TYPE SEMEUSE CAMEE chiffres gras - 40c. vermillon (type I) - n° 194 b

194-C 1	EVIAN - EVIAN - EVIAN - EVIAN	180 »
194-C 2	Feuille de 120 timbres pour la confection de 6 carnets C1	5 000 »
194-C 3	GIBBS - GIBBS - GIBBS - GIBBS	170 »
194-C 4	GREY POUPON - VITTEL - SECOURS - SECOURS	170 »
194-C 5	Feuille de 120 timbres pour la confection de 6 carnets C4	5 000 »
194-C 6	LESIEUR - LESIEUR - LESIEUR - LESIEUR	220 »
194-C 7	Feuille de 120 timbres pour la confection de 6 carnets C6	2 200 »

199 TYPE SEMEUSE LIGNEE - 50c. rouge (type I) - n° 199 c

199-C 1	CHEVAL VERT - CHEVAL VERT - CHEVAL VERT CHEVAL VERT	500 »
199-C 2	COQ - COQ - COQ - COQ	140 »
199-C 3	EVIAN - EVIAN - EVIAN - EVIAN	130 »
199-C 4	EVIAN - DELFT - EVIAN - LESIEUR	280 »
199-C 5	EVIAN - GIBBS (Barbe) - EVIAN - GIBBS (Beauté)	200 »
199-C 6	EVIAN - GIBBS (Beauté) - EVIAN - GIBBS (Barbe)	180 »
199-C 7	EVIAN - GOA - EVIAN - R et C	240 »
199-C 8	EVIAN - GREY POUPON - EVIAN - SECOURS	150 »
199-C 9	EVIAN - RADIUM - EVIAN - LESIEUR	350 »
199-C 10	EVIAN - VOUVRAY - EVIAN - SANGLIER	220 »
199-C 11	EVIAN - VOUVRAY - EVIAN - SANS RIVALE	250 »
199-C 12	GIBBS - GIBBS - GIBBS - GIBBS	200 »
199-C 13	GREY POUPON - URODONAL - GUYOT - GYRALDOSE	1 000 »
199-C 14	GREY POUPON - VITTEL - SECOURS - SECOURS	2 600 »
199-C 15	LESIEUR - LESIEUR - LESIEUR - LESIEUR	800 »
199-C 16	SECOURS - URODONAL - SECOURS - GYRALDOSE	210 »

199 TYPE SEMEUSE LIGNEE - 50c. rouge (type IIB) - n° 199 e

199-C 17	MONTPEYROUX - 10 timbres - feuillet de gauche perforé	1 400 »
199-C 18	Carnet C17 - feuillet de gauche non perforé	160 »
199-C 19	PROVINS - 10 timbres	120 »
199-C 20	VIRGILE CHAREYRE - 10 timbres	105 »
199-C 21	BUSSANG - BUSSANG - BUSSANG - BUSSANG	330 »
199-C 22	Carnet C21 - feuillet gauche : 10 timbres au type IV	950 »
199-C 23	COQ - COQ - COQ - COQ	125 »
199-C 24	COQ - COQ - FALIERES - MIREILLE	175 »
199-C 25	DU - DU - DU - DU	120 »
199-C 26	DU - DU - CALVET - KWATTA	150 »
199-C 27	Carnet C26 - feuillet gauche : 10 timbres au type IV	1 100 »
199-C 28	FALIERES - SHYB - ANNALES - SHYB	220 »
199-C 29	FALIERES - SHYB - GREY POUPON - SHYB	220 »
199-C 30	FLORENT - FLORENT - VACHE QUI RIT - MIREILLE	150 »
199-C 31	GITANES - GREY POUPON - REDOUTE - PHENIX	140 »
199-C 32	GREY POUPON - MOET - CALVET - GUYOT	180 »
199-C 33	GREY POUPON - SHYB - PHENIX - SHYB	200 »
199-C 34	GUILHON - SHYB - PHENIX - SHYB	220 »
199-C 35	GUYOT - MOET - SPHERE - SPHERE	150 »
199-C 36	MADON - REDOUTE - ORSAM - PHENIX	170 »
199-C 37	PHENIX - OSRAM - REDOUTE - REDOUTE	250 »
199-C 38	PHENIX - PHENIX - PHENIX - PHENIX	150 »
199-C 39	PLOMBIERES - SANGLIER - JAFFELIN - JAFFELIN	160 »
199-C 40	QUINZAINE PHILATELIQUE X 4	200 »
199-C 41	REDOUTE - SPHERE - SPHERE - REDOUTE	220 »
199-C 42	REDOUTE - PHENIX - PHENIX - REDOUTE	170 »
199-C 43	SPHERE - SPHERE - SPHERE - SPHERE	230 »
199-C 44	TOILE D'AVION X 4	125 »
199-C 45	TOILE D 'AVION X 2 - LAINES st EPIN X 2	160 »
199-C 46	TOURING - FLORENT - FLORENT - QUINZAINE PHILATELIQUE	160 »
199-C 47	carnet C46 - 1 seul "e" à "ARMEE " (case 5)	170 »

199 TYPE SEMEUSE LIGNEE - 50c. rouge (type IV) - n° 199 h - sans publicité

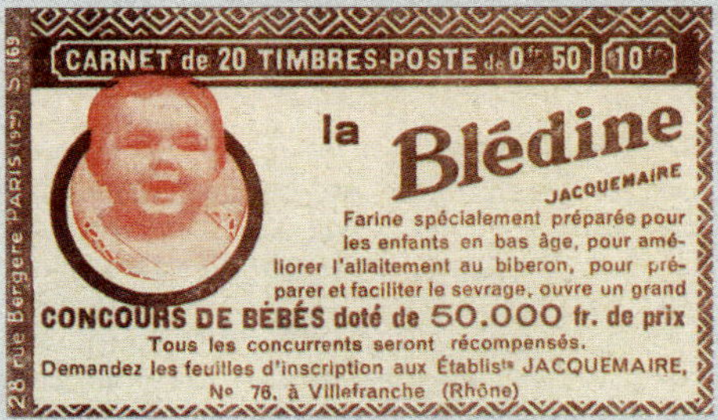

199-C 48	Carnet avec inscriptions postales sur couverture : 1re et 4e page	160 »
199-C 49	Carnet avec publicité privée sur couverture (format 115x72)	160 »

199 TYPE SEMEUSE LIGNEE - 50c. rouge (type IV) - n° 199 j - avec publicités

199-C 50	BLEDINE - MAZDA - BENJAMIN - BENJAMIN	180 »
199-C 51	Carnet C50 avec 1 timbre isolé au type IIB (case 11)	1 000 »
199-C 52	DU - DU - DU - DU	160 »
199-C 53	GITANES - GREY POUPON - REDOUTE - PHENIX	550 »
199-C 54	GREY POUPON - MOET - CALVET - GUYOT	420 »
199-C 55	GREY POUPON - SHYB - PHENIX - SHYB	170 »
199-C 56	PHENIX - DU - CALVET - DU	200 »
199-C 57	PHENIX - OSRAM - REDOUTE - REDOUTE	340 »
199-C 58	PHENIX - SHYB - ORSAM - SHYB	240 »
199-C 59	REDOUTE - MAZDA - BENJAMIN - BENJAMIN	290 »
199-C 60	Carnet C59 avec 1 timbre isolé au type IIA (cases 1 et 14)	800 »
199-C 61	REDOUTE - MOET - SPHERE - SPHERE	240 »
199-C 62	REMA - GUILHON - CALVET - REDOUTE	240 »
199-C 63	Carnet C62 avec 1 timbre isolé au type IIA (case 1)	1 200 »
199-C 64	Carnet C62 avec pont perforé horizontalement	800 »
199-C 65	Carnet C64 avec 1 timbre isolé au type IIA (case 1)	2 800 »
199-C 66	SPHERE - SPHERE - SPHERE - SPHERE	160 »

199 TYPE SEMEUSE LIGNEE - 50c. rouge (type IIA) - n° 199 a

199-C 67	BENJAMIN - MOET - GREY POUPON - BENJAMIN	220 »
199-C 68	BLECAO - MAZDA - BENJAMIN - BENJAMIN.	450 »
199-C 69	BLEDINE - MAZDA - BENJAMIN - BENJAMIN	2 500 »
199-C 70	GREY POUPON - MAZDA - REDOUTE - BENJAMIN.	200 »
199-C 71	MOET - BENJAMIN - BENJAMIN - BENJAMIN	190 »
199-C 72	MOET - VICHY - REDOUTE - BENJAMIN	200 »
199-C 73	PUPIER - MOET - BENJAMIN - BENJAMIN	200 »
199-C 74	REDOUTE - MAZDA - BENJAMIN - BENJAMIN	340 »
199-C 75	VICHY - MAZDA - BENJAMIN - REDOUTE	190 »

217 TYPE SEMEUSE CAMEE chiffres gras - 25c. sur 30c. bleu (type IIB) - n° 217 a

217-C 1 GIBBS - GIBBS - GIBBS - GIBBS -
feuille de 120 timbres (pour la confection de 6 carnets non émis) ......1 500 »
217-C 2 GIBBS - GIBBS - GIBBS - GIBBS -
bloc de 20 t. de la feuille C1 ....250 »
217-C 3 SECOURS - MENIER - SECOURS - FLORENT -
feuille de 120 timbres (pour confection de 6 carnets non émis) ......23 000 »
217-C 4 SECOURS - MENIER - SECOURS - FLORENT -
bloc de 20 t. de la feuille C3 ....3 800 »

256 TYPE SOURIRE DE REIMS - n° 256

256-C 1 Carnet de 8 timbres, émis pour la caisse d'amortissement ....1 050 »

257 TYPE JEANNE D'ARC - 50c. bleu (type I) - n° 257 a

257-C 1 BUSSANG - BUSSANG - BUSSANG - BUSSANG ....260 »
257-C 2 CHAMPIGNEULLES X 4. ....250 »
257-C 3 COQ - COQ - FALIERES - MIREILLE ....100 »
257-C 4 FALIERES - BENEDICTINS - FLORENT - FLORENT ....110 »
257-C 5 FALIERES - BENEDICTINS - VACHE QUI RIT - VIN ....92 »
257-C 6 Carnet C5 - R de RF brisé (case 5) ....120 »
257-C 7 FALIERES - SHYB - ANNALES - SHYB ....170 »
257-C 8 FALIERES - TOURING-CLUB - FLORENT - FLORENT ....110 »
257-C 9 Carnet C8 - 1 seul "e" à "Armée" (case 10) ....125 »
257-C 10 FLORAVENE X 4. ....230 »
257-C 11 GALLIA X 4. ....340 »
257-C 12 LE HAVRE X 4. ....130 »
257-C 13 LUX RADIO X 4. ....160 »
257-C 14 PHILA GALLIA X 4. ....320 »

257 TYPE JEANNE D'ARC - 50c. bleu (type II) - n° 257 b

257-C 15 VALS - SHYB - FALIERES - SHYB ....130 »
257-C 16 VALS - SHYB - PROVINS - SHYB ....130 »

272 TYPE FACHI - 50c. rouge (type II) - n° 272 b

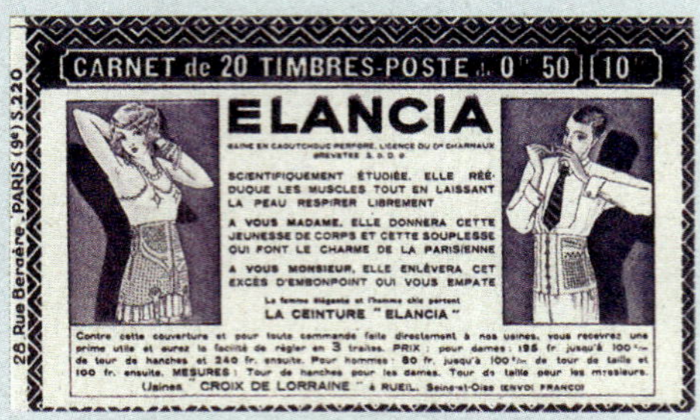

272-C 1	BENJAMIN - BENJAMIN - BENJAMIN - BENJAMIN	200 »
272-C 2	Carnet C1 - avec 1 timbre isolé au type I (case 14)	750 »
272-C 3	BENJAMIN - MAZDA - BENJAMIN - BENJAMIN	260 »
272-C 4	BLEDINE - MAZDA - BENJAMIN - BENJAMIN	2 600 »
272-C 5	Carnet C4 - avec 1 timbre isolé au type I (case 4)	3 000 »
272-C 6	DU - DU - DU - DU	250 »
272-C 7	Carnet C6 - avec 1 timbre isolé au type I (case 14)	800 »
272-C 8	GREY POUPON - BENJAMIN - REDOUTE - BENJAMIN	300 »
272-C 9	Carnet C8 - avec 1 timbre isolé au type I (case 19)	950 »
272-C 10	LA CROIX MIR - GREY POUPON - BENJAMIN - BENJAMIN	270 »
272-C 11	LA CROIX MIR - MAZDA - BENJAMIN - BENJAMIN	250 »
272-C 12	REDOUTE - MOET - SPHERE - SPHERE	270 »
272-C 13	REDOUTE - SPHERE - SPHERE - REDOUTE	280 »
272-C 14	Carnet C13 - avec 1 timbre isolé au type I (case 19)	900 »
272-C 15	RIPOLIN - BENJAMIN - BENJAMIN - BENJAMIN	240 »

283 TYPE PAIX - 50c. rouge (type I) - n° 283 a

283-C 1	ARC EN CIEL - ART VIVANT - PARIZOT - BENJAMIN	170 »
283-C 2	ARC EN CIEL - PRUD'HOMME - PARIZOT - BENJAMIN	180 »
283-C 3	ART VIVANT - BENJAMIN - BENJAMIN - ART VIVANT	140 »
283-C 4	ART VIVANT - BON SEL - POISSON DIEPPE - BENJAMIN	410 »
283-C 5	ART VIVANT - MAZDA - GALERIES BARBES - LEDUN	220 »
283-C 6	BENJAMIN - ART VIVANT - BLEDINE - MAZDA	190 »
283-C 7	BLEDINE - MAZDA - BENJAMIN - ART VIVANT	270 »
283-C 8	FER A CHEVAL - REDOUTE - BENJAMIN - ART VIVANT	145 »
283-C 9	MOET - BENJAMIN - BENJAMIN - BENJAMIN	160 »
283-C 10	MONLEON - NELOMBO - MONLEON - BON SEL	420 »
283-C 11	PARIZOT - ART VIVANT - ART VIVANT - BENJAMIN	160 »
283-C 12	REDOUTE - ART VIVANT - ART VIVANT - BENJAMIN	160 »
283-C 13	REDOUTE - HAHN - ART VIVANT - BENJAMIN	150 »
283-C 14	REMA - ART VIVANT - ART VIVANT - BENJAMIN	190 »
283-C 15	RICQLES - HAHN - BLECAO - ART VIVANT	1 000 »
283-C 16	RICQLES - HAHN - BLECAO - NUPTIA	205 »
283-C 17	RICQLES - MAZDA - GALERIES BARBES - BLECAO	380 »
283-C 18	RICQLES - MAZDA - BLEDINE - POUGUES	210 »
283-C 19	VERAMINT - HAHN - BLECAO - ART VIVANT	240 »
283-C 20	VERAMINT - HAHN - BLECAO - NUPTIA	450 »
283-C 21	VERAMINT - MAZDA - BLEDINE - GREBEL LA PERLE	215 »

283 TYPE PAIX - 50c. rouge (type IIA) - n° 283 c

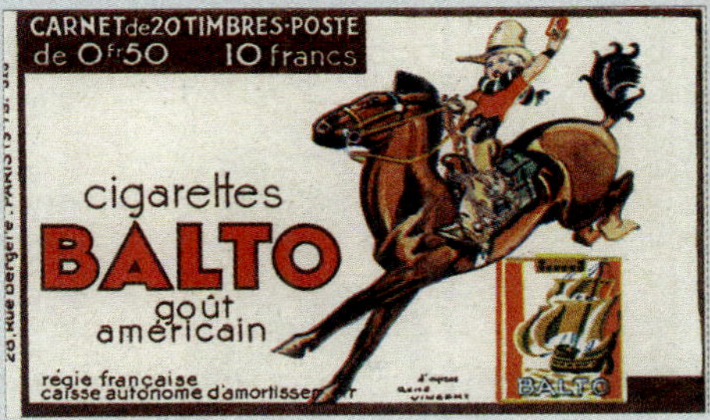

283-C 22 ART VIVANT - ART VIVANT - ART VIVANT - ART VIVANT ......230 »
283-C 23 ART VIVANT - HAHN - ART VIVANT - ART VIVANT ....150 »
283-C 24 ART VIVANT - MAZDA - BENJAMIN - BENJAMIN ....210 »
283-C 25 BERNARD - ART VIVANT - ART VIVANT - CALVADOS............180 »
283-C 26 BERNARD - BLEDINE - ART VIVANT - ART VIVANT ....180 »
283-C 27 Carnet C26 - avec 1 timbre isolé au type I (cases 1 - 5 ou 19) ....750 »
283-C 28 BERNARD - FAUROY - ART VIVANT - ART VIVANT ....195 »
283-C 29 Carnet C28 - avec 1 timbre isolé au type I (cases 1 ou 5) ....720 »
283-C 30 BERNARD - RISBAN - DU - DU ....170 »
283-C 31 COURTOIS - MAZDA - BENJAMIN - BLEDINE ....160 »
283-C 32 D U - GONDOLO - DU - CONORD ....220 »
283-C 33 GALERIES BARBES - MAZDA - BLEDINE - BENJAMIN ....290 »
283-C 34 MOET - GITANE - BLEDINE - MOET..450 »
283-C 35 RICQLES - BLEDINE - ART VIVANT - ART VIVANT ....240 »
283-C 36 RICQLES - BLEDINE - ART VIVANT - CONORD ....330 »
283-C 37 Carnet C36 - avec 1 timbre isolé au type I (case 20) ....740 »
283-C 38 RICQLES - FER A CHEVAL - BLEDINE - MOET ....200 »
283-C 39 RICQLES - GITANE - BLEDINE - MOET ....370 »
283-C 40 RICQLES - HAHN - FAUROY - ART VIVANT..................................460 »
283-C 41 RICQLES - HERCULE - FAUROY - ART VIVANT............................340 »
283-C 42 RICQLES - MOET - BLEDINE - DU ....190 »
283-C 43 RICQLES - POMMADE F. M - FAUROY - BLECAO ....260 »
283-C 44 RIPOLIN - HAHN - ART VIVANT - TETRA ....220 »
283-C 45 TETRA - HAHN - ART VIVANT - ART VIVANT ....230 »
283-C 46 VALISERE - VALISERE - VALISERE - VALISERE ....220 »

283 TYPE PAIX - 50c. rouge (type IV) - n° 283 h

283-C 47 BLEDINE - HAHN - BLEDINE - BLEDINE ....850 »
283-C 48 MOET - BLEDINE - RICQLES - HAHN ....550 »
283-C 49 MOET - FER A CHEVAL - BLEDINE - BLEDINE ....560 »
283-C 50 MOET - GITANE - BLEDINE - MOET..550 »
283-C 51 MOET - HAHN - BLEDINE - MOET ....600 »
283-C 52 RICQLES - GITANE - BLEDINE - MOET ....720 »
283-C 53 RICQLES - HAHN - BLEDINE - MOET ....620 »
283-C 54 RICQLES - HAHN - MOET - BLEDINE ....720 »
283-C 55 RICQLES - HAHN - MOET - FER A CHEVAL ....600 »
283-C 56 RICQLES - JIL - FER A CHEVAL - JIL ....720 »
283-C 57 VALISERE - VALISERE - VALISERE - VALISERE ....680 »

283 TYPE PAIX - 50c. rouge (type III) - n° 283 f

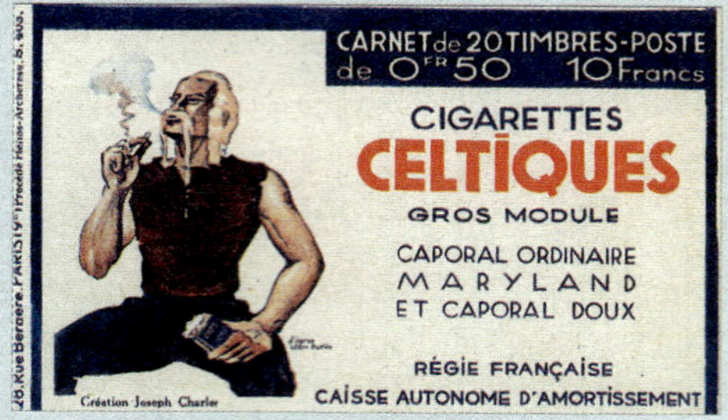

283-C 58 BLEDINE - BLEDINE - BLEDINE - BLEDINE ....150 »
283-C 59 BLEDINE - HAHN - BLEDINE - BLEDINE ....200 »
283-C 60 FER A CHEVAL - BYRRH - BYRRH - TETRA. ....220 »
283-C 61 GALERIES BARBES - HAHN - BLEDINE - BLEDINE ....240 »
283-C 62 GALERIES BARBES - HAHN - MOET - BLEDINE........................200 »
283-C 63 MOET - HAHN - MOET - BLEDINE ....260 »
283-C 64 P. AERIENNE - BYRRH (Gin) - BYRRH (Zeste) - C.C.P. ....160 »
283-C 65 P. AERIENNE - BYRRH (Santé) - BYRRH (Fatigués) - C.C.P. ......900 »
283-C 66 P. AERIENNE - BYRRH (Naturel) - BYRRH (Noble) - TETRA ......180 »
283-C 67 TETRA - HAHN - BLEDINE - BLEDINE ....135 »

360 TYPE SEMEUSE CAMEE chiffres gras - 30c. rouge sombre (type III) - n° 360 b

360-C 1 POSTE AERIENNE - BYRRH - BYRRH - C.C.POSTAL ....40 »

365 TYPE PAIX - 65c. outremer (type II) - n° 365 b

365-C 1 FER A CHEVAL - BYRRH (Gin) - BYRRH (Zeste) - P.A. ....150 »
365-C 2 FER A CHEVAL - BYRRH (Naturel) - BYRRH (Noble) - TETRA 145 »
365-C 3 FER A CHEVAL - BYRRH (Velouté) - BYRRH (Fameux) - TETRA 150 »
365-C 4 HAHN - BYRRH (Naturel) - BYRRH (Noble) - C.C.P. ....145 »
365-C 5 HAHN - BYRRH (Gin) - BYRRH (Zeste) - C.C.P. ....125 »
365-C 6 HAHN - BYRRH (Naturel) - BYRRH (Noble) - P.A. ....180 »
365-C 7 HAHN - BYRRH (Virilise) - BYRRH (Stimule) - P.A. ....120 »
365-C 8 HAHN - BYRRH - BYRRH - TETRA ....145 »
365-C 9 P. AERIENNE - BYRRH (Santé) - BYRRH (Fatigués) - C.C.P. ......125 »
365-C 10 P. AERIENNE - BYRRH (Virilise) - BYRRH (Stimule) - C.C.P. ......130 »
365-C 11 P. AERIENNE - BYRRH (Velouté) - BYRRH (Fameux) - C.C.P. ......140 »
365-C 12 TELEA - BYRRH (Velouté) - BYRRH (Fameux) - C.C.P. ....235 »
365-C 13 TELEA - BYRRH (Gin) - BYRRH (Zeste) - C.C.P. ....190 »

368 TYPE PAIX - 90c. outremer (type I) - n° 368 a

368-C 1 FER A CHEVAL - BYRRH - BYRRH - C.C.POSTAL ....135 »
368-C 2 HAHN - BYRRH (Naturel) - BYRRH (Noble) - C.C.POSTAL ....125 »
368-C 3 HAHN - BYRRH (Virilise) - BYRRH (Stimule) - C.C.POSTAL ......130 »
368-C 4 HAHN - BYRRH (Velouté) - BYRRH (Fameux) - C.C.POSTAL ......130 »

433 TYPE IRIS - 1fr. rouge - n° 433 a

433-C 1 Feuille de 80 timbres (pour la confection de 4 carnets non émis) ....380 »
433-C 2 Bloc de 20 timbres de la feuille C1 ....90 »

517 TYPE PETAIN - 1fr.50 brun rouge - n° 517 c et 517 a

517-C 1 Carnet avec barres sur la marge des timbres
(1 à 8 points sous le 20e timbre) ....95 »
517-C 2 SECOURS NATIONAL X 4 ....47 »

813 TYPE GANDON - 15fr. rouge (type II) - n° 813 b

813-C 1 HAHN - POSTE - POSTE - POSTE..385 »
813-C 2 HAHN - POSTE - SECCOTINE - POSTE ....385 »

886 TYPE GANDON - 15fr. bleu (type II) - n° 886 c

886-C 1 BIC - BIC - BIC - BIC .... 240 »
886-C 2 BIC - HAHN - BIC - HAHN .... 250 »
886-C 3 EXCEL - BIC - EXCEL - BIC .... 230 »
886-C 4 HAHN - BIC - HAHN - BIC .... 240 »
886-C 5 KANGOUROU - BIC - POSTE - BIC .... 270 »
886-C 6 PERNOT - PERNOT - PERNOT - PERNOT .... 190 »
886-C 7 POSTE - BIC - POSTE - BIC (série 6) .... 600 »
886-C 8 POSTE - BIC - POSTE - BIC .... 250 »
886-C 9 SECCOTINE - POSTE - BIC - BIC .... 260 »

886 TYPE GANDON - 15fr. bleu (type I) - n° 886 a

886-C 10 EXCEL - BIC - EXCEL - BIC (séries 9 et 11) .... 150 »
886-C 11 EXCEL - BIC - EXCEL - BIC (série 10) .... 520 »
886-C 12 EXCEL - BIC - EXCEL - BIC (série 14) .... 155 »
886-C 13 EXCEL - BIC - EXCEL - BIC (série 15) .... 180 »
886-C 14 EXCEL - BIC - EXCEL - BIC (série 16) .... 155 »
886-C 15 HAHN - BIC - HAHN - BIC .... 550 »
886-C 16 HAHN (barres E et H hautes) - BIC
HAHN (barres E et H hautes) - BIC .... 440 »
886-C 17 HAHN (barres E et H centrées) - BIC
HAHN (barres E et H centrées) - BIC .... 640 »
886-C 18 HAHN (barres E et H centrées) - BIC
HAHN (barres E et H hautes) - BIC .... 520 »
886-C 19 KANGOUROU - BIC - POSTE - BIC .... 800 »
886-C 20 POSTE - BIC - POSTE - BIC .... 710 »
886-C 21 PROVINS - BIC - POSTE - BIC .... 210 »
886-C 22 SECCOTINE - POSTE - BIC - BIC .... 600 »

1010 TYPE MULLER - 12fr. vert - n° 1010 (feuillet de 10 timbres)

1010-C 1 Couverture (mains pliant le feuillet) gomme jaunâtre - 10 timbres............55 »
1010-C 2 Couverture (mains pliant le feuillet) gomme blanche - 10 timbres............125 »
1010-C 3 Couverture (voyageurs) gomme blanche - 10 timbres ....85 »

1011 TYPE MULLER - 15fr. rouge - n° 1011 a

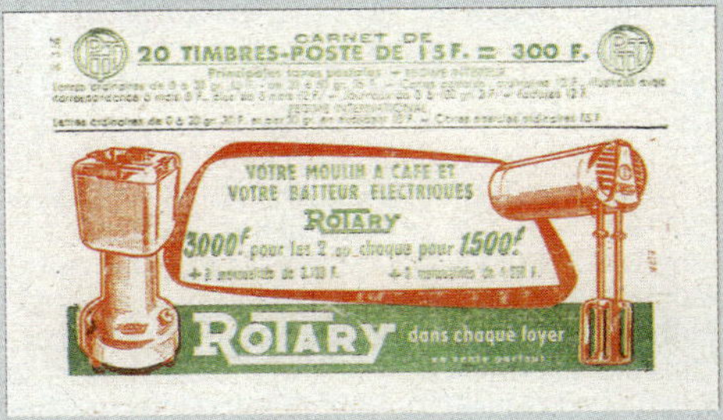

1011-C 1 A.G.VIE - SATAM - A.G.VIE - GRAMMONT ....85 »
1011-C 2 EXCEL - BIC - EXCEL - BIC ....90 »
1011-C 3 EXCEL - BIC CLIC - EXCEL - BIC CLIC ....90 »
1011-C 4 EXCEL - GRAMMONT - EXCEL - GRAMMONT ....80 »
1011-C 5 EXCEL - HAHN (cheveux) - EXCEL - HAHN (cheveux) ....300 »
1011-C 6 EXCEL - HAHN (cheveux) - EXCEL - HAHN (pellicules) ....120 »
1011-C 7 EXCEL - LINCOLN - EXCEL - LINCOLN ....80 »
1011-C 8 EXCEL - SATAM - EXCEL - GRAMMONT ....85 »
1011-C 9 GRAMMONT - BIC CLIC - GRAMMONT - BIC CLIC ....80 »
1011-C 10 HAHN (barres E-H-A- centrées) - BIC - HAHN - BIC (série 5 - 56) ......120 »
1011-C 11 HAHN (barres E-H-A- hautes) - BIC - HAHN - BIC (série 5 - 56) ......260 »
1011-C 12 HAHN - BIC CLIC - HAHN - BIC CLIC ....80 »
1011-C 13 HAHN - SLAVIA (5 cases) - HAHN - SLAVIA (case 4) ....240 »
1011-C 14 HAHN - SLAVIA (case 4) - HAHN - SLAVIA (case 4) ....210 »
1011-C 15 HAHN - SLAVIA (5 cases) - HAHN - SLAVIA (5 cases) ....290 »
1011-C 16 JIF - SLAVIA (5 cases) - JIF - SLAVIA (5 cases) ....200 »
1011-C 17 JIF - SLAVIA (5 cases) - JIF - SLAVIA (case 4) ....320 »
1011-C 18 JIF - SLAVIA (case 4) - JIF - SLAVIA (case 4) ....320 »
1011-C 19 JIF - SLAVIA (case 4) - JIF - SLAVIA (5 cases) ....350 »
1011-C 20 LIEBIG - BIC CLIC - LIEBIG - BIC CLIC ....80 »
1011-C 21 POSTE (Barres) - BIC - PROVINS - BIC ....78 »
1011-C 22 POSTE - POSTE - POSTE - POSTE ....88 »
1011-C 23 PRIMAGAZ - GRAMMONT - WHYP - PROVINS ....85 »
1011-C 24 ROLLA - AVIA - POSTE - POSTE ....95 »
1011-C 25 SLAVIA (5 cases) - A.G VIE - SLAVIA (5 cases) - A.G VIE ....275 »
1011-C 26 SLAVIA (5 cases) - A.G VIE - SLAVIA (case 4) - A.G VIE ....150 »
1011-C 27 SLAVIA (case 4) - A.G VIE - SLAVIA (case 4) - A.G VIE ....260 »
1011-C 28 SLAVIA - SLAVIA - SLAVIA - SLAVIA ....105 »

1011B TYPE MULLER - 20fr. bleu (type I) - n° 1011Bb

1011B-C 1 A.G VIE - GRAMMONT - A.G VIE - GRAMMONT ....80 »
1011B-C 2 A.G VIE - GRAMMONT - A.G VIE - PROVINS ....85 »
1011B-C 3 A.G VIE - GRAMMONT - A.G VIE - SATAM ....80 »
1011B-C 4 AKYLON - GRAMMONT - AKYLON - GRAMMONT ....95 »
1011B-C 5 CALBERSON - GRAMMONT - CALBERSON - SATAM ....85 »
1011B-C 6 COMPTOIR ELECTRIQUE - GRAMMONT - SATAM - SATAM ......80 »
1011B-C 7 ELAUL - GRAMMONT - ELAUL - THIAUDE ....85 »
1011B-C 8 ELCO - GRAMMONT - ELCO - GRAMMONT ....420 »
1011B-C 9 EXCEL - A.G VIE - EXCEL - A.G VIE ....80 »
1011B-C 10 EXCEL - GRAMMONT - EXCEL - GRAMMONT ....80 »
1011B-C 11 FRIMATIC - A.G VIE - HAHN - A.G VIE ....140 »
1011B-C 12 Carnet C11 - 2e I de FRIMATIC cassé (point sur le i) ....250 »
1011B-C 13 FRIMATIC - GRAMMONT - FRIMATIC - ROLLA ....85 »
1011B-C 14 FRIMATIC - GRAMMONT - FRIMATIC - THIAUDE ....130 »
1011B-C 15 Carnet C14 - 2e I de FRIMATIC (supérieur) cassé (point sur le i) ......175 »
1011B-C 16 Carnet C14 - 2e I de FRIMATIC (inférieur) cassé (point sur le i) ......350 »
1011B-C 17 GUEULES CASSEES - GRAMMONT - A.G VIE - GRAMMONT ......92 »
1011B-C 18 HAHN - GRAMMONT - HAHN - SATAM ....92 »
1011B-C 19 HAHN - PRIMAGAZ - HAHN - GUEULES CASSEES ....88 »
1011B-C 20 HAHN - SATAM - HAHN (pellicules) - SATAM..............................112 »
1011B-C 21 HAHN - SATAM - HAHN (cheveux) - SATAM ....280 »
1011B-C 22 ROLLA - GRAMMONT - FRIMATIC - CHÂTEAU THIERRY ......88 »
1011B-C 23 ROLLA - SATAM - GRAMMONT - GRAMONT..............................80 »
1011B-C 24 SLAVIA (5 cases) - ELAUL - SLAVIA (case 4) THIAUDE ....170 »
1011B-C 25 SLAVIA (5 cases) - ELAUL - SLAVIA (5 cases) THIAUDE ....230 »
1011B-C 26 SLAVIA (case 4) - ELAUL - SLAVIA (case 4) THIAUDE ....230 »
1011B-C 27 SLAVIA (5 cases) - GRAMMONT - SLAVIA (5 cases) GRAMMONT 190 »
1011B-C 28 SLAVIA (5 cases) - GRAMMONT - SLAVIA (4) GRAMMONT ......185 »
1011B-C 29 SLAVIA (4) - GRAMMONT - SLAVIA (4) GRAMMONT ....270 »
1011B-C 30 SLAVIA (4) - GRAMMONT - SLAVIA (5 cases) GRAMMONT ......350 »
1011B-C 31 SLAVIA (5 cases) - SLAVIA (4) - SLAVIA (4) SLAVIA (5 cases)...........310 »
1011B-C 32 SLAVIA (4) - SLAVIA (5 cases) - SLAVIA (4) SLAVIA (4) ....270 »
1011B-C 33 SLAVIA (5 cases) - SLAVIA (5 cases) - SLAVIA (4) SLAVIA (5 cases)......270 »
1011B-C 34 SLAVIA (5 cases) - SLAVIA (4) - SLAVIA (5 cases) SLAVIA (5 cases) ......360 »
1011B-C 35 SLAVIA (5 cases) - SLAVIA (4) - SLAVIA (4) SLAVIA (4) ....380 »
1011B-C 36 SLAVIA (4) - SLAVIA (4) - SLAVIA (5 cases) SLAVIA (5 cases) ......320 »

Les carnets du type MULLER 15F rouge et 20F bleu avec pub SLAVIA comportent dans certaines compositions, le 2ème A de SLAVIA ouvert à la base. Celles-ci sont repérées par les n° de cases indiqués.

1011B TYPE MULLER - 20fr. bleu (type II) - n° 1011Bd

1011B-C 37 ELCO - GRAMMONT - ELCO - GRAMMONT ....370 »
1011B-C 38 PROVINS - GRAMMONT - GRAMMONT - ROLLA ....350 »
1011B-C 39 SATAM - A.G VIE - SATAM - A.G VIE ....350 »

1011C TYPE MULLER - 25fr. rouge (type II) - n° 1011Cc

1011C-C 1 Carnet de 8 timbres - série 1-59 - (format 40x75) ....57 »

1011C TYPE MULLER - 25fr. rouge (type I) - n° 1011Ca

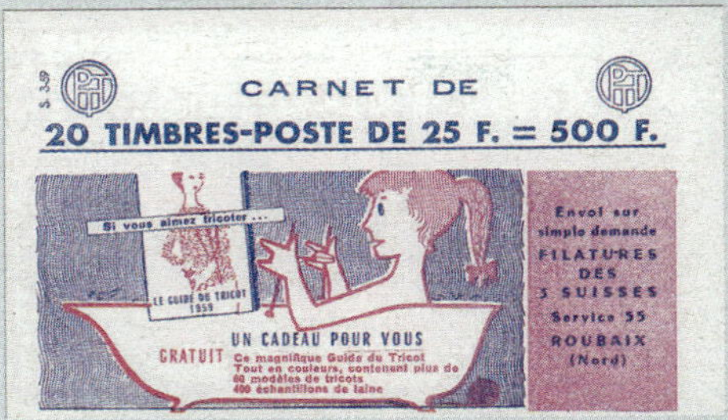

1011C-C 2 Carnet de 20 timbres - avec barres sur les marges ....57 »

1234 TYPE MARIANNE A LA NEF - 0,25fr. bleu et rouge (type II) - n° 1234 b

1234-C 1 Carnet de 8 timbres - (format 40x75) ....85 »

1234 TYPE MARIANNE A LA NEF - 0,25fr. bleu et rouge (type I) - n° 1234 a

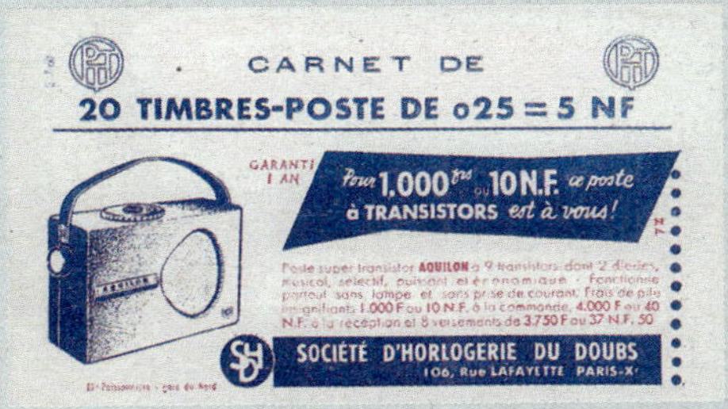

1234-C 2 Carnet de 20 timbres - avec barres sur les marges ....100 »

1263 TYPE MARIANNE de DECARIS - 0,25fr. gris et carmin (type II) - n° 1263 e

1263-C 1 Carnet de 8 timbres - (format 40x75) - n° de série sur 8 mm. ....47 »

1263-C 2 Carnet C1 - n° de série sur 6 mm. (série 04-63) ....75 »

1263 TYPE MARIANNE de DECARIS - 0,25fr. gris et carmin (type I) - n° 1263 d et 1263 c

1263-C 3 Carnet de 20 timbres - avec barres sur les marges ....56 »

1263-C 4 Carnet C3 avec pubs PHILATEC sur marges ....110 »

1354 TYPE BLASON de PARIS - 0,30fr. bleu et rouge - n° 1354B

1354-C 1 Carnet de 20 timbres - avec barres sur les marges ....56 »

LA POSTALE
Philatélie
55, passage des Panoramas - 75002 Paris
ACHAT
de carnets au plus haut cours
Téléphonez-nous au 01 40 26 63 03
www.lapostale.fr

Table de concordance
des anciens Numéros de la rubrique Carnets

anciens N^os	nouveaux N^os
1001	1331-C1
1002	1331-C2
1003	1331-C3
1004	1331-C4
1005	1331-C5
1005A	1331-C5A
1006	1331A-C1
1007	1331A-C2
1008	1536-C1
1008a	1536-C2
1009	1536-C3
1010	1536 B-C1
1011	1536 B-C2
1012	1536 A-C1
1013	1664-C1
1014	1664-C2
1015	1664-C3
1015	1664-C4
1015	1664-C8
1015a	1664-C7
1016	1664-C5
1016	1664-C6
1016	1664-C10
1016a	1664-C9
1017	1815-C1
1017a	1815-C2
1018	1816-C1
1019	1816-C2
1019a	1816-C4
1020	1816-C3
1020a	1816-C5
1021	1893-C1
1022	1892-C1
1023	1892-C2
1024	1892-C3
1025	1970-C1
1026	1972-C1
1027	1972-C2
1028	1972-C3
1029	1973-C1
1030	1974-C1
1031	1974-C2
1031a	1974-C3
1032	1974-C4
1033	2058-C1
1034	2059-C1
1035	2059-C2
1035a	2059-C3
1036	2059-C4
1037	2101-C1
1038	2102-C1
1039	2102-C3
1039a	2102-C4
1040	2102-C7
1041	2101-C2
1042	2102-C2
1043	2102-C5
1043a	2102-C6
1044	2102-C8
1045	2154-C1
1046	2155-C1
1047	2155-C2
1047a	2155-C3
1048	2155-C4
1049	2186-C1
1050	2187-C1
1051	2187-C2
1051a	2187-C3
1052	2187-C4
1053	2220-C3
1053A	2220-C3A
1055	2220-C2
1055a	2220-C4
1056	2220-C7
1057	2220-C1
1058	2219-C2
1059	2220-C5
1059a	2220-C6
1060	2220-C8
1061	2274-C1
1062	2274-C2
1062a	2274-C3
1063	2274-C4
1064	2318-C1
1065	2319-C1
1065a	2319-C2
1067	2319-C4
1068	2375-C1
1069	2376-C2
1070	2376-C3
1072	2424-C1
1073	2427-C1
1074	2376-C4
1075	2376-C5
1075a-b	2376-C6
1075c	2376-C7
1076	2376-C11
1076a-b	2376-C9
1076c	2376-C10
1077	2427-C2
1078	2376-C12
1078A	2376-C12A
1079	2614-C1
1079a	2614-C2
1080	2614-C3
1081	2630-C1
1082	2629-C1
1083	2614-C5
1083a	2614-C6
1083a	2614-C6a
1083b	2614-C7
1084	2614-C8
1085	2630-C2
1086	2614-C10
1086a	2614-C10a
1087	2713-C1
1087A	2712-C1
1088	2715-C1
1089	2720-C1
1090	2715-C4
1090a	2715-C4a
1091	2715-C5
1091a	2715-C5a
1092	2715-C2
1093	2715-C6
1094	2715-C3
1095	2720-C2
1096	2807-C2
1097	2806-C1
1098	2807-C1
1099	2874-C1
1100	2874-C2
1101	2874-C3
1102a	2874-C4
1102	2874-C5
1103	2874-C6
1104	2874-C7
1105	2874-C9
1106	2874-C8
1107	3085A-C1
1108	3085-C1
1109	3085-C3
1110	3085-C2
1111	3085-C5
1112	3085-C4
1113	3085a-C3
1114	3085-C6
1251	2376-C8
1252	2614-C4
1253	2614-C9
1254	2614-C11
1255	2715-C7
1256	2720-C3
1751	2614-CP1
1752	2712-CP1
3023	3215-C1

II. - CARNETS MODERNES

Comme pour les carnets anciens la rubrique “carnets modernes” subit avec l’édition 2003 une importante modification : une nouvelle numérotation, basée sur la numérotation des timbres, est créée.
Vous trouverez page ci-contre le tableau de correspondance entre les nouveaux n^{os} et les anciens n^{os}.

* **Carnets fermés :**

Ces carnets contiennent 5,10 ou 20 timbres (exceptionnellement 8 ou 9)
Sur la couverture est indiqué (ou non) un n° de confectionneuse
Format 72x26 pour les carnets de 5 à 10 timbres (sauf confectionneuse 9)
Format 78x26 pour la confectionneuse 9 - toujours avec gomme brillante
Format 72x52 pour les carnets de 20 timbres
Pendant toute la période allant du n° 1331 A (coq 0,30fr) au n° 2424 (liberté 1,90fr vert) les couvertures comportent 3 types de publicité :

* Caisse d’épargne postale

* Code postal

* Philexfrance 82

Toutes les autres couvertures sont représentées

* **Carnets ouverts (3 formes)**

Carnet pour guichets (avec ou sans pont) - (format : 125x52)

Carnet pour distributeurs sagem - (format 120x57)

Carnet pour distributeurs automatiques de billets - (DAB) - (format : 143x96)

1331 TYPE COQ de DECARIS - 0,25 Fr. outremer et carmin-brun - n° 1331

1331-C 1 8 timbres - couverture CALBERSON (diagonal) - série 101-62 ....110 »

1331-C 2 8 timbres - couverture CALBERSON (horizontal) ....32 »

1331-C 3 8 timbres - couverture PHILATEC - série 101-64 ....94 »
1331-C 3a 8 timbres - couverture PHILATEC - série 102-64 ....30 »

1331-C 4 8 timbres - caisse d'épargne postale ....32 »

1331-C 5 8 timbres - imprimerie - 7 couleurs différentes ....34 »
1331-C 5 A Carnets C5 - série complète des 7 couleurs ....240 »

1331A TYPE COQ de DECARIS - 0,30 Fr. vert,rouge et bistre - n° 1331 A

1331A-C 1 10 timbres - caisse d'épargne postale ....23 »
1331A-C 2 20 timbres - caisse d'épargne postale ....45 »

1536 TYPE CHEFFER - 0,30 Fr. lilas - n° 1536

1536-C 1 10 timbres - caisse d'épargne postale - avec n° - ouvrir ici (avec trait) ......15 »
1536-C 2 10 timbres - caisse d'épargne postale - sans n° - ouvrir ici (sans trait) ......140 »
1536-C 3 20 timbres - caisse d'épargne postale - avec n° - ouvrir ici (avec trait) ......30 »
1536-C 4 20 timbres - caisse d'épargne postale - sans n° - ouvrir ici (sans trait) ......180 »

1536 A TYPE CHEFFER - 0,30 Fr. vert - n° 1536 A

1536 A-C 1 20 timbres - caisse d'épargne postale ....17 »

1536 B TYPE CHEFFER - 0,40 Fr. rose - n° 1536 B

1536 B-C 1	10 timbres - caisse d'épargne postale	15 »
1536 B-C 2	20 timbres - caisse d'épargne postale	17 »

1664 TYPE MARIANNE de BEQUET - 0,50 Fr. rouge - n° 1664

1664-C 1	10 timbres - caisse d'épargne postale	12 »
1664-C 2	20 timbres - caisse d'épargne postale	23 »
1664-C 3	10 timbres - code postal - ouvrir ici - (sans trait)	15 »
1664-C 4	10 timbres - code postal - ouvrir ici - (avec trait)	64 »
1664-C 5	20 timbres - code postal - ouvrir ici - (sans trait)	22 »
1664-C 6	20 timbres - code postal - ouvrir ici - (avec trait)	90 »

1664 TYPE MARIANNE de BEQUET - 0,50 Fr. rouge - n° 1664 c - 3 bandes de phosphore

1664-C 7	10 timbres - code postal - ouvrir ici - (sans trait)	12 »
1664-C 8	10 timbres - code postal - ouvrir ici - (avec trait)	16 »
1664-C 9	20 timbres - code postal - ouvrir ici - (sans trait)	19 »
1664-C 10	20 timbres - code postal - ouvrir ici - (avec trait)	33 »

1815 TYPE MARIANNE de BEQUET - 0,60 Fr. vert - n° 1815

1815-C 1	20 timbres - code postal	140 »

1815 TYPE MARIANNE de BEQUET - 0,60 Fr. vert - n° 1815 c - sans phosphore

1815-C 2	20 timbres - code postal	400 »

1816 TYPE MARIANNE de BEQUET - 0,80 Fr. rouge - n° 1816

1816-C 1	5 timbres - code postal	9 »
1816-C 2	10 timbres - code postal	12 »
1816-C 3	20 timbres - code postal	21 »

1816 TYPE MARIANNE de BEQUET - 0,80 Fr. rouge - n° 1816 d - sans phosphore

1816-C 4	10 timbres - code postal	100 »
1816-C 5	20 timbres - code postal	160 »

1892 TYPE MARIANNE de BEQUET - 1 Fr. rouge - n° 1892

1892-C 1	5 timbres - code postal - gomme brillante	13 »
1892-C 1 a	5 timbres - code postal - gomme mate	38 »
1892-C 2	10 timbres - code postal - gomme brillante	14 »
1892-C 2 a	10 timbres - code postal - gomme mate	38 »
1892-C 3	20 timbres - code postal - gomme brillante	23 »
1892-C 3 a	20 timbres - code postal - gomme mate	50 »

1893 TYPE MARIANNE de BEQUET - 0,80 Fr. vert - n° 1893

1893-C 1	20 timbres - code postal - gomme brillante	46 »
1893-C 1 a	20 timbres - code postal - gomme mate	54 »

1970 TYPE SABINE - 0,80 Fr. vert - n° 1970

1970-C 1	20 timbres - code postal - gomme brillante	45 »
1970-C 1 a	20 timbres - code postal - gomme mate	62 »

1972 TYPE SABINE - 1 Fr. rouge - n° 1972

1972-C 1	5 timbres - code postal - gomme brillante	16 »
1972-C 1 a	5 timbres - code postal - gomme mate	44 »
1972-C 2	10 timbres - code postal - gomme brillante	23 »
1972-C 2 a	10 timbres - code postal - gomme mate	67 »
1972-C 3	20 timbres - code postal - gomme brillante	45 »
1972-C 3 a	20 timbres - code postal - gomme mate	133 »

1973 TYPE SABINE - 1 Fr. vert - n° 1973

1973-C 1	20 timbres - code postal - gomme brillante	23 »
1973-C 1 a	20 timbres - code postal - gomme mate	39 »

1974 TYPE SABINE - 1,20 Fr. rouge - n° 1974

1974-C 1	5 timbres - code postal - gomme brillante	8 »
1974-C 1 a	5 timbres - code postal - gomme mate	14 »
1974-C 2	10 timbres - code postal - gomme brillante	12 »
1974-C 2 a	10 timbres - code postal - gomme mate	25 »
1974-C 3	10 timbres - code postal - conf 9	15 »
1974-C 4	20 timbres - code postal - gomme brillante	24 »
1974-C 4 a	20 timbres - code postal - gomme mate	46 »

2058 TYPE SABINE - 1,10 Fr. vert - n° 2058

2058-C 1	20 timbres - code postal - gomme brillante	23 »
2058-C 1 a	20 timbres - code postal - gomme mate	63 »

2059 TYPE SABINE - 1,30 Fr . Rouge - n° 2059

2059-C 1	5 timbres - code postal - gomme brillante	8 »
2059-C 1 a	5 timbres - code postal - gomme mate	24 »
2059-C 2	10 timbres - code postal - gomme brillante	13 »
2059-C 2 a	10 timbres - code postal - gomme mate	39 »
2059-C 3	10 timbres - code postal - conf 9	17 »
2059-C 4	20 timbres - code postal - gomme brillante	23 »
2059-C 4 a	20 timbres - code postal - gomme mate	75 »

2101 TYPE SABINE - 1,20 Fr. vert - n° 2101

2101-C 1	20 timbres - code postal - gomme brillante	17 »
2101-C 1 a	20 timbres - code postal - gomme mate	32 »
2101-C 2	20 timbres - philexfrance 82 - gomme brillante	43 »

2102 TYPE SABINE - 1,40 Fr. Rouge - n° 2102

2102-C 1	5 timbres - code postal - gomme brillante	16 »
2102-C 1 a	5 timbres - code postal - gomme mate	26 »
2102-C 2	5 timbres - philexfrance 82 - gomme brillante	31 »
2102-C 2 a	5 timbres - philexfrance 82 - gomme mate	11 »
2102-C 3	10 timbres - code postal - gomme brillante	13 »
2102-C 3 a	10 timbres - code postal - gomme mate	23 »
2102-C 4	10 timbres - code postal - conf 9	14 »
2102-C 5	10 timbres - philexfrance 82 - gomme brillante	9 »
2102-C 5 a	10 timbres - philexfrance 82 - gomme mate	11 »
2102-C 6	10 timbres - philexfrance 82 - conf 9	11 »
2102-C 7	20 timbres - code postal - gomme brillante	22 »
2102-C 7 a	20 timbres - code postal - gomme mate	38 »
2102-C 8	20 timbres - philexfrance 82 - gomme brillante	17 »
2102-C 8 a	20 timbres - philexfrance 82 - gomme mate	29 »

2154 TYPE SABINE - 1,40 Fr. vert - n° 2154

2154-C 1	20 timbres - philexfrance 82 - gomme brillante	22 »
2154-C 1 a	20 timbres - philexfrance 82 - gomme mate	32 »

2155 TYPE SABINE - 1,60 Fr . Rouge - n° 2155

2155-C 1	5 timbres - philexfrance 82 - gomme brillante	13 »
2155-C 1 a	5 timbres - philexfrance 82 - gomme mate	16 »
2155-C 2	10 timbres - philexfrance 82 - gomme brillante	11 »
2155-C 2 a	10 timbres - philexfrance 82 - gomme mate	17 »
2155-C 3	10 timbres - philexfrance 82 - conf 9	14 »
2155-C 4	20 timbres - philexfrance 82 - gomme brillante	22 »
2155-C 4 a	20 timbres - philexfrance 82 - gomme mate	26 »

2186 TYPE LIBERTE de DELACROIX - 1,40 Fr. vert - n° 2186

2186-C 1	20 timbres - philexfrance 82 - gomme brillante	19 »
2186-C 1 a	20 timbres - philexfrance 82 - gomme mate	35 »

2187 TYPE LIBERTE de DELACROIX - 1,60 Fr. rouge - n° 2187

2187-C 1	5 timbres - philexfrance 82 - gomme brillante	8 »
2187-C 2	10 timbres - philexfrance 82 - gomme brillante	13 »
2187-C 2 a	10 timbres - philexfrance 82 - gomme mate	32 »
2187-C 3	10 timbres - philexfrance 82 - conf 9	17 »
2187-C 4	20 timbres - philexfrance 82 - gomme brillante	23 »
2187-C 4 a	20 timbres - philexfrance 82 - gomme mate	32 »

2219 TYPE LIBERTE de DELACROIX - 1,60 Fr. vert - n° 2219

2219-C 1	20 timbres - philexfrance 82 - gomme mate	55 »
2219-C 2	20 timbres - code postal - gomme brillante	15 »
2219-C 2 a	20 timbres - code postal - gomme mate	30 »

2220 TYPE LIBERTE de DELACROIX - 1,80 Fr. rouge - n° 2220

2220-C 1	5 timbres - code postal - gomme brillante	7 »
2220-C 1 a	5 timbres - code postal - gomme mate	10 »
2220-C 2	10 timbres - philexfrance 82 - gomme brillante	32 »

2220-C 3	10 timbres - CNIT philexfrance 82 - conf 9	11 »
2220-C 3 A	Carnets C3 - série complète des 11 carnets de couleurs différentes	120 »
2220-C 4	10 timbres - philexfrance 82 - conf 9	16 »
2220-C 5	10 timbres - code postal - gomme brillante	11 »
2220-C 5 a	10 timbres - code postal - gomme mate	28 »
2220-C 6	10 timbres - code postal - conf 9	12 »
2220-C 7	20 timbres - philexfrance 82 - gomme brillante	49 »
2220-C 7 a	20 timbres - philexfrance 82 - gomme mate	60 »
2220-C 8	20 timbres - code postal - gomme brillante	19 »
2220-C 8 a	20 timbres - code postal - gomme mate	32 »

2274 TYPE LIBERTE de DELACROIX - 2 Fr. rouge - n° 2274

2274-C 1	5 timbres - code postal - gomme brillante	22 »
2274-C 1 a	5 timbres - code postal - gomme mate	10 »
2274-C 2	10 timbres - code postal - gomme brillante	11 »
2274-C 2 a	10 timbres - code postal - gomme mate	14 »
2274-C 3	10 timbres - code postal - conf 9	16 »
2274-C 4	20 timbres - code postal - gomme brillante	20 »
2274-C 4 a	20 timbres - code postal - gomme mate	24 »

2318 TYPE LIBERTE de DELACROIX - 1,70 Fr. vert - n° 2318

2318-C 1 20 timbres - code postal - gomme brillante ....23 »
2318-C 1 a 20 timbres - code postal - gomme mate ....35 »

2319 TYPE LIBERTE de DELACROIX - 2,10 Fr. rouge - n° 2319

2319-C 1 10 timbres - code postal - gomme brillante - couverture rouge sur crème 13 »
2319-C 1 a 10 timbres - code postal - gomme mate - couverture rouge sur crème ......20 »
2319-C 2 10 timbres - code postal - conf 9 ....14 »
2319-C 3 10 timbres - code postal - gomme mate - couverture bleu sur crème ......12 »
2319-C 4 20 timbres - code postal - gomme brillante - couverture rouge sur crème .23 »
2319-C 4 a 20 timbres - code postal - gomme mate - couverture rouge sur crème ......35 »

2375 TYPE LIBERTE de DELACROIX - 1,80 Fr. vert - n° 2375

2375-C 1 10 timbres - code postal - gomme brillante ....14 »
2375-C 1 a 10 timbres - code postal - gomme mate ....28 »

2376 TYPE LIBERTE de DELACROIX - 2,20 Fr. rouge - n° 2376

2376-C 1 10 timbres - code postal - gomme mate - couverture bleu sur crème ......14 »

2376-C 2 10 timbres - code postal - gomme brillante - couverture rouge sur crème 14 »
2376-C 2 a 10 timbres - code postal - gomme mate - couverture rouge sur crème ......25 »

2376-C 3 10 timbres - code postal - (conf 9) ....14 »

2376-C 4 10 timbres - POUR OFFRIR DES TIMBRES - la pochette trimestrielle - (conf 9) ....18 »

2376-C 5 10 timbres - POUR OFFRIR DES TIMBRES - la pochette semestrielle (conf 9) ....17 »

2376 TYPE LIBERTE de DELACROIX - 2,20 Fr. rouge - n° 2376.....(suite)

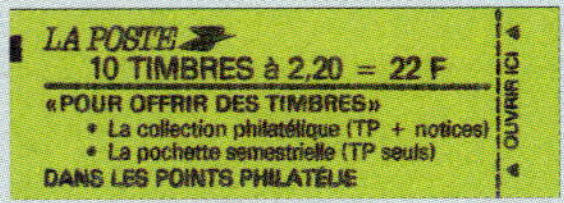

2376-C 6 10 timbres - POUR OFFRIR DES TIMBRES - la pochette semestrielle 15 »

2376-C 7 10 timbres - POUR OFFRIR DES TIMBRES - la pochette semestrielle - (plus lettre D) ....34 »

2376-C 8 10 timbres - Faites de la MUSIQUE - conf 9 ....15 »

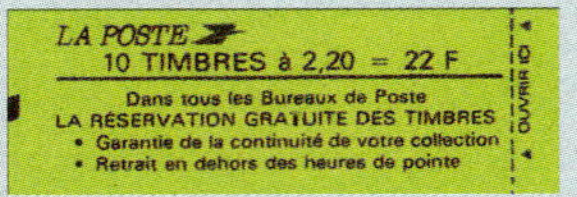

2376-C 9 10 timbres - LA RESERVATION GRATUITE DES TIMBRES............23 »

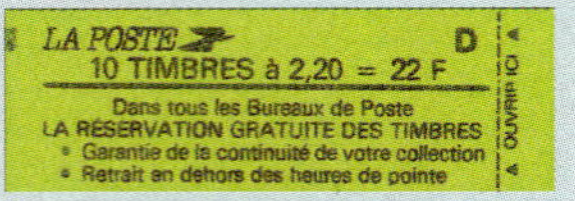

2376-C 10 10 timbres - LA RESERVATION GRATUITE DES TIMBRES - (plus lettre D) ....23 »

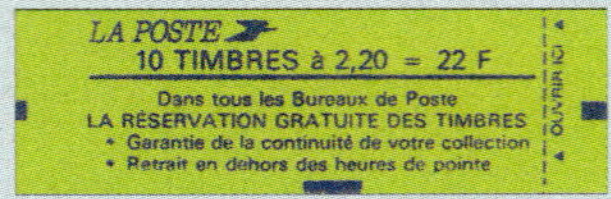

2376-C 11 10 timbres - LA RESERVATION GRATUITE DES TIMBRES - ((conf 9) ....17 »

2376-C 12 10 timbres - philexfrance 89 - évenements de juillet 1789 ....15 »

2376-C 12A Carnets C12 - série complète des 11 carnets différents ....160 »

2424 TYPE LIBERTE de DELACROIX - 1,90 Fr. vert - n° 2424

2424-C 1 10 timbres - code postal ....45 »

2427 TYPE LIBERTE de DELACROIX - 2,20 Fr. rouge - n° 2427 - dentelé 3 côtés

2427-C 1 10 timbres - code postal - couverture rouge sur blanc - format 140x52 ......18 »

2427-C 2 10 timbres - RESERVEZ VOS TIMBRES DE COLLECTION
bleu sur jaune - (format 140x52) ....15 »

2614 TYPE MARIANNE de BRIAT - 2,30 Fr. rouge - n° 2614

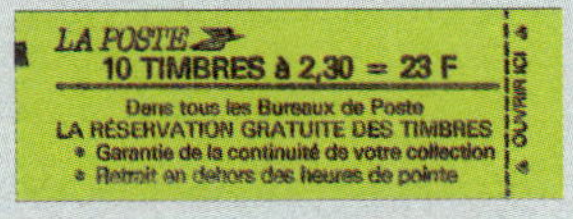

2614-C 1 10 timbres - LA RESERVATION GRATUITE DES TIMBRES ....32 »

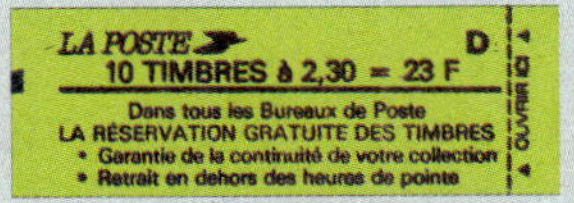

2614-C 2 10 timbres - LA RESERVATION GRATUITE DES TIMBRES
(plus lettre D) ....32 »

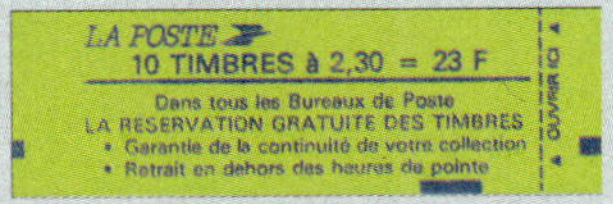

2614-C 3 10 timbres - LA RESERVATION GRATUITE DES TIMBRES -
(conf 9) ....18 »

2614-C 4 10 timbres - LA RESERVATION GRATUITE DES TIMBRES
schweppes (au verso) - (conf 9) ....14 »

2614-C 5 10 timbres - JEUX OLYMPIQUES D'HIVER ....460 »

2614 TYPE MARIANNE de BRIAT - 2,30 Fr. rouge - n° 2614.....(suite)

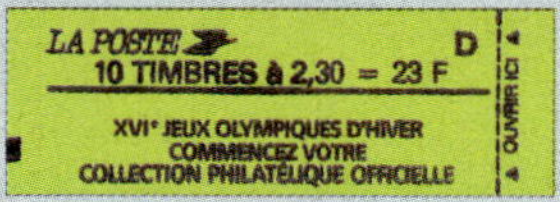

2614-C 6 10 timbres - JEUX OLYMPIQUES D'HIVER - plus lettre D - (conf 8) 110 »

2614-C 6 a 10 timbres - JEUX OLYMPIQUES D'HIVER - plus lettre D - (conf 6) 210 »

2614-C 7 10 timbres - JEUX OLYMPIQUES D'HIVER - (conf 9) ....18 »

2614-C 8 9 timbres à 2,30 —20 F - lettre D - JEUX OLYMPIQUES D'HIVER - (conf 9) ....17 »

2614-C 9 10 timbres - Faites de la MUSIQUE - sacem - (conf 9-1)........................14 »

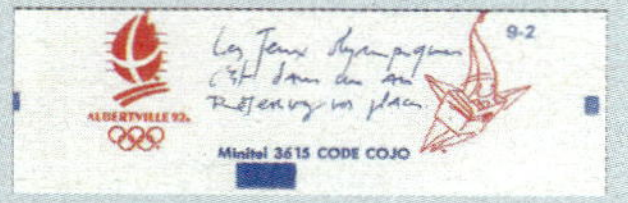

2614-C 10 10 timbres - JEUX OLYMPIQUES D'HIVER - couverture blanche (conf 9-2) ....14 »

2614-C 10 a 10 timbres - JEUX OLYMPIQUES D'HIVER - couverture blanche (sans n° de confectionneuse) ....45 »

2614-C 11 10 timbres - la poste avec le train MOZART - (conf 9-3) ....14 »

2614-CP 1 10 timbres - la poste figeac - (format 125x54) ....320 »

2629 TYPE MARIANNE de BRIAT - 2,30 Fr. rouge - n° 2629 - dentelé 3 côtés

2629-C 1 10 timbres - RESERVEZ VOS TIMBRES DE COLLECTION
bleu sur jaune - (format 140x52) ....34 »

2630 TYPE MARIANNE de BRIAT - 2,30 Fr. rouge - n° 2630 - non dentelé adhésif

2630-C 1 10 timbres - RESERVEZ VOS TIMBRES DE COLLECTION
bleu sur jaune ....32 »

2630-C 2 10 timbres - JEUX OLYMPIQUES D'HIVER - bleu sur jaune ....17 »

2712 TYPE MARIANNE de BRIAT - lettre D - rouge - n° 2712 - dentelé

2712-CP 1 10 timbres - Marseille La Poste Colbert - format 114x54 - tirage local
"en page 4 : M de Marseillais <u>sans trait</u> parasite sur
la branche inclinée gauche ....250 »

2712-C 1 10 timbres - Marseille La Poste Colbert - format 114x54 - tirage officiel
"en page 4 : M de Marseillais <u>avec trait</u> parasite sur
la branche inclinée gauche ....14 »

2713 TYPE MARIANNE de BRIAT - lettre D - rouge - n° 2713 - non dentelé adhésif

2713-C 1 10 timbres - CHANGEMENT DE TARIF (LETTRE D) ....14 »

2715 TYPE MARIANNE de BRIAT - 2,50 Fr. rouge - n° 2715 - dentelé

2715-C 1 10 timbres - Alberville 92 - lettre D - (conf 9) ....17 »

2715-C 2 10 timbres - Alberville 92 - lettre G - (conf 9) ....15 »

2715-C 3 10 timbres - loisirs culture passion - lettre G - (conf 9) ....15 »

2715-C 4 10 timbres - Alberville 92 - lettre D - (conf 6) ....18 »
2715-C 4 a 10 timbres - Alberville 92 - lettre D - (conf 8) ....38 »

2715-C 5 10 timbres - Alberville 92 - lettre G - (conf 7) ....17 »
2715-C 5 a 10 timbres - Alberville 92 - lettre G - (conf 6) ....250 »

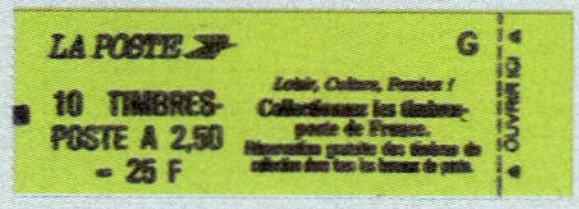

2715-C 6 10 timbres - loisirs culture passion - lettre G ....21 »

2715-C 7 10 timbres - publicité M&M's ....14 »

2720 TYPE MARIANNE de BRIAT - 2,50 Fr. rouge - n° 2720 - non dentelé adhésif

2720-C 1 10 timbres - Alberville 92 - format 125X52 ....14 »

2720-C 2 10 timbres - loisir,culture,passion - format 125 X 52 ....12 »

2720-C 3 10 timbres - médiamétrie ....14 »

2806 TYPE MARIANNE de BRIAT - TVP - rouge - n° 2806 - dentelé

2806-C 1 10 timbres à validité permanente - lettre D - ....15 »

2807 TYPE MARIANNE de BRIAT - TVP - rouge - n° 2807 - non dentelé adhésif

2807-C 1 10 timbres - carnet pour distributeur sagem - format 120x57 ....34 »

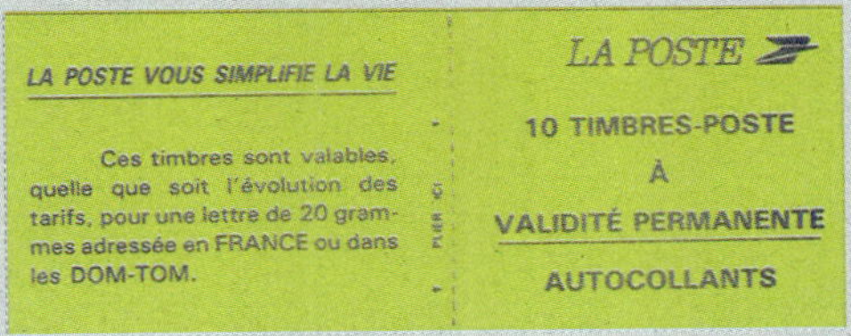

2807-C 2 10 timbres - carnet pour guichets ....15 »

2874 TYPE MARIANNE de BRIAT - TVP - rouge - n° 2874 (type I) - cisaillés en ligne

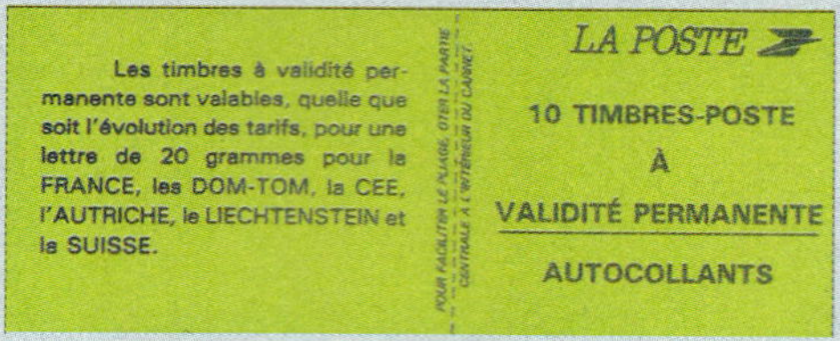

2874-C 1 10 timbres - carnet pour guichets - sans pont ....14 »

2874-C 2 10 timbres - carnet pour guichets - avec pont ....14 »

2874-C 3 Carnet C2 - texte modifié : DOM/TOM...(zone 1 export.....Vatican) ......14 »

2874-C 4 10 timbres - carnet pour distributeur sagem - (pointillé entre les 2 lignes) 22 »

2874-C 5 10 timbres - carnet pour distributeur sagem - (pointillé sous les 2 lignes) 49 »

2874-C 6 10 timbres - carnet pour guichets - Essayez l'enveloppe timbrée
(format 125x52) ....12 »

2874 TYPE MARIANNE de BRIAT - TVP - rouge - n° 2874 (type I) - cisaillés en ligne (suite)

2874-C 7 10 timbres - carnet pour distributeur sagem - Essayez l'enveloppe timbrée 15 »

2874-C 8 10 timbres - carnet pour distributeur sagem - Essayez l'enveloppe pré-timbrée ....18 »

2874 TYPE MARIANNE de BRIAT - TVP - rouge - n° 2874a (type II) - cisaillés en ligne

2874-C 9 20 timbres - carnet pour distributeurs de billets (DAB)
Essayez l'enveloppe pré-timbrée ....220 »

3085 TYPE MARIANNE "du 14 juillet" - TVP - rouge - n° 3085 (type I) cisaillés en ligne

3085-C 1 10 timbres - carnet pour guichets - essayez l'enveloppe timbrée format 125x52 ....12 »

3085 TYPE MARIANNE "du 14 juillet" - TVP - rouge - n° 3085 (type I) cisaillés en ligne (suite)

3085-C 2 20 timbres - carnet pour distributeurs de billets (DAB) - Essayez l'enveloppe pré-timbrée ....23 »

3085-C 3 10 timbres - carnet pour guichets - LE TIMBRE , UN PLAISIR QUI SE COMMUNIQUE ....12 »
(Ce carnet existe au Type II voir n°3085a-C2)

3085-C 4 10 timbres - carnet pour guichets - le mondial du timbre - PHILEX France 99..12 »

3085-C 5 20 timbres - carnet pour distributeur (DAB) - LE TIMBRE , UN PLAISIR QUI SE COMMUNIQUE ....21 »
(Ce carnet existe au Type II voir n°3085a-C4)

3085 TYPE MARIANNE "du 14 juillet" - TVP - rouge - n° 3085 (type I) cisaillés en ligne (suite)

3085-C 6 10 timbres - carnet pour guichets - Un siècle d'émotions ....10 »

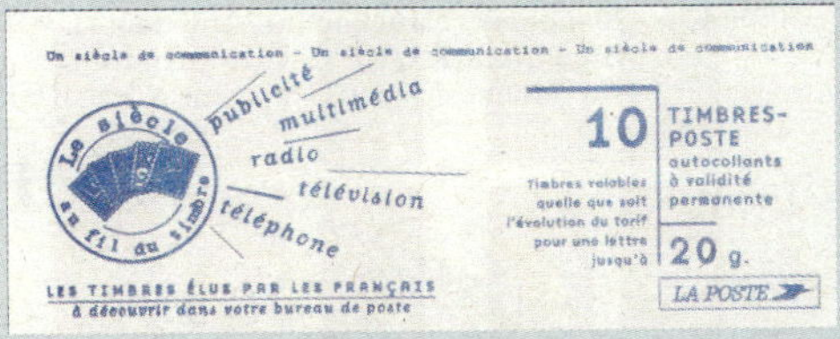

3085-C 7 10 timbres - carnet pour guichets - Un siècle de communication ....10 »

(Ce carnet existe au Type II voir n°3085a-C5)

3085a TYPE MARIANNE "du 14 juillet" - TVP - rouge - n° 3085a (type II) cisaillés en ligne

3085a-C 1 10 timbres - carnet pour distributeur sagem - Essayez l'enveloppe pré-timbrée ....12 »

3085a-C 2 10 timbres - carnet pour guichets - LE TIMBRE , UN PLAISIR QUI SE COMMUNIQUE ....12 »
(Ce carnet existe au Type I voir n° 3085-C3)

3085a-C 3 10 timbres - carnet pour distributeur sagem - LE TIMBRE, UN PLAISIR QUI SE COMMUNIQUE ....10 »

3085a TYPE MARIANNE "du 14 juillet" - TVP - rouge - n° 3085a (type II) cisaillés en ligne

3085a-C 4 20 timbres - carnet pour distributeur (DAB) - LE TIMBRE , UN PLAISIR QUI SE COMMUNIQUE ....21 »
(Ce carnet existe au Type I voir n°3085-C5)

3085a-C 5 10 timbres - carnet pour guichets - Un siècle de communication ....10 »

(Ce carnet existe au Type I voir n°3085-C7)

3215 TIMBRE "EURO" - 3 Fr - 0,46 Euro - n° 3215 - cisaillés en ligne

3215-C 1 10 timbres - sigle EURO ....12 »

3419 TYPE MARIANNE "du 14 juillet" avec RF - TVP - rouge - n° 3419 - cisaillés en ligne

3419-C 1 10 timbres - carnet pour guichets - Un siècle de sciences ....10 »

3419-C 2 10 timbres - carnet pour guichets - la poste vous facilite l'Euro ....10 »

3419 TYPE MARIANNE "du 14 juillet" avec RF - TVP - rouge - n° 3419 - cisaillés en ligne

3419-C 3 10 timbres - carnet pour distributeur sagem - LE TIMBRE , UN PLAISIR QUI SE COMMUNIQUE ....10 »

3419-C 4 20 timbres - carnet pour distributeur (DAB) - LE TIMBRE , UN PLAISIR QUI SE COMMUNIQUE ....21 »

3419-C 5 10 timbres - carnet pour guichet - Un siècle de transport ....10 »

III. - CARNETS DE TIMBRES, TYPE « DISTRIBUTEURS » A COMPOSITION VARIABLE

Type Liberté de Gandon

Carnet à 10 f., contenant deux bandes horizontales de 5 timbres chacune (nos 2179, 2183, 2376).

1501 Le carnet 12 »

Dentelures horizontales souvent défectueuses.

Type Marianne du Bicentenaire

Carnet à 10 f., contenant deux bandes horizontales de 5 timbres chacune (nos 2614, 2617, 2618).

1502 Le carnet 30 »

—

Carnet à 20 f., contenant deux bandes horizontales de 4 timbres et une vignette chacune (nos 2807, 2824).

1503 Le carnet 25 »

Il existe deux modalités de fixation des bandes sur la couverture.

—

Carnet à 20 f., contenant deux bandes horizontales de 4 timbres et une vignette chacune, disposées comme 1503 (nos 2873 et 2874) :

1504 Le carnet 20 »

Idem, couverture modifiée.

1505 Le carnet 20 »

Idem, couverture blanche.

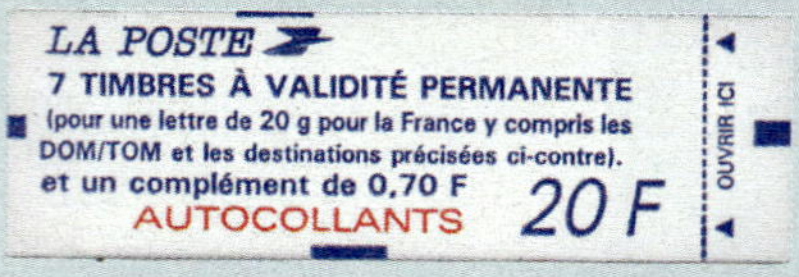

1506 Le carnet 20 »

Il existe deux types de vignettes à caractères différents.

—

Carnet à 20 f., contenant deux bandes horizontales de 4 timbres et une vignette chacune (nos 2874 et 3009).

1507 Le carnet 15 »

Type Marianne du 14 Juillet (Type I)

Carnet à 20 f., contenant deux bandes horizontales de 4 timbres et une vignette chacune (nos 3085 et 3101).

1508 Le carnet 15 »

Idem. Couverture modifiée.

1509 Le carnet 10 »

Type Marianne du 14 Juillet (Type II)

Carnet à 20 f., contenant deux bandes horizontales de 4 timbres et une vignette chacune (nos 3085 et 3101).

1510 Le carnet 7 »

Les carnets des rubriques IV à VII existent oblitérés souvent du 1er jour de l'émission. (Mêmes cotes que pour le carnet à l'état neuf).

IV. - CROIX-ROUGE AVEC PUBLICITÉ (1952)

2001 15 f. + 5 f. bleu foncé et rouge (938a) 370 »

V. - CROIX-ROUGE SANS PUBLICITÉ

2002 12 f. + 3 f. et 15 f. + 5 f. (966-967), 4 timbres de chaque (1953) 140 »
2003 12 f. + 3 f. et 15 f. + 5 f. (1006-1007), 4 timbres de chaque (1954) 150 »

2004 15 f. + 5 f. bleu et rouge (1049) (1955) 285 »
2005 12 f. + 3 f. et 15 f. + 5 f. (1089-1090), 4 timbres de chaque (1956) 69 »
2006 15 f. + 7 f. et 20 f. + 8 f. (1140 et 1141), 4 timbres de chaque (1957) 68 »
2007 15 f. + 7 f. et 20 f. + 8 f. (1187 et 1188), 4 timbres de chaque (1958) 30 50
2008 20 f. + 10 f. et 25 f. + 10 f. (1226 et 1227), 4 t. de chaque (1959) 38 25
2009 20 c. + 10 c. et 25 c. + 10 c. (1278 et 1279), 4 t. de chaque (1960) 51 »
2010 20 c. + 10 c. et 25 c. + 10 c. (1323 et 1324), 4 t. de chaque (1961) 40 »
2011 20 c. + 10 c. et 25 c. + 10 c. (1366 et 1367), 4 t. de chaque (1962) 40 »
a. (2e tirage) avec 1366a et 1367a 880 »
2012 20 c. + 10 c. et 25 c. + 10 c. (1400 et 1401), 4 t. de chaque (1963) 13 75
2013 20 c. + 10 c. et 25 c. + 10 c. (1433 et 1434), 4 t. de chaque (1964) 6 90
2014 25 c. + 10 c. et 30 c. + 10 c. (1466 et 1467), 4 t. de chaque (1965) 5 35
2015 25 c. + 10 c. et 30 c. + 10 c. (1508 et 1509), 4 t. de chaque (1966) 6 10
2016 25 c. + 10 c. et 30 c. + 10 c. (1540 et 1541), 4 timbres de chaque (1967) 6 10
2017 25 c. + 10 c. et 30 c. + 10 c. (1580 et 1581) 4 timbres de chaque (1968) 6 10
2018 40 c. + 15 c. et 40 c. + 15 c. (1619 et 1620), 4 timbres de chaque (1969) 6 90
2019 40 c. + 15 c. et 40 c. + 15 c. (1661 et 1662), 4 timbres de chaque (1970) 19 25
a. (Sur la couverture l'inscription « Croix-Rouge » a 27 mm (au lieu de 32) 77 »
2020 30 c. + 10 c. et 50 c. + 10 c. (1700 et 1701), 4 timbres de chaque (1971) 9 15
2021 30 c. + 10 c. et 50 c. + 10 c. (1735 et 1736), 4 timbres de chaque (1972) 10 75
2022 30 c. + 10 c. et 50 c. + 10 c. (1779 et 1780), 4 timbres de chaque (1973) 10 75
2023 60 c. + 15 c. et 80 c. + 15 c. (1828 et 1829), 4 timbres de chaque (1974) 7 65
2024 60 c. + 15 c. et 80 c. + 20 c. (1860 et 1861) 4 timbres de chaque (1975) 7 65
2025 80 c. + 20 c. et 1 f. + 25 c. (1910 et 1911), 4 timbres de chaque (1976) 8 40

2026 80 c. + 20 c. et 1 f. + 25 c. (1959 et 1960), 4 timbres de chaque (1977) 8 40
2027 1 f. + 25 c. et 1 f. 20 + 30 c. (2024 et 2025), 4 timbres de chaque (1978) 8 40
2028 1 f. 10 + 30 c. et 1 f. 30 + 30 c. (2070a et 2071a), 4 timbres de chaque (1979) 8 40
2029 1 f. 20 + 30 c. et 1 f. 40 + 30 c. (2116a et 2117a), 4 timbres de chaque (1980) 8 40

2030 1 f. 40 + 30 c. et 1 f. 60 + 30 c. (2175 et 2176), 4 timbres de chaque (1981) 8 40
2031 1 f. 60 + 30 c. et 1 f. 80 + 40 c. (2247a et 2248a), 4 timbres de chaque (1982) 15 25
2032 1 f. 60 + 40 c. et 2 f. + 40 c. (2295a et 2296a) 4 timbres de chaque (1983) 13 75

Imprimés en feuillet de 10 timbres et deux vignettes sans valeur « Affranchissez Croix-Rouge » :

2033 2 f. 10 + 50 c. multicolore (2345a) (1984) 15 25
2034 2 f. 20 + 50 c. multicolore (2392a) (1985) 13 75
2035 2 f. 20 + 60 c. gris, noir et rouge (2449a) (1986) 15 25
2036 2 f. 20 + 60 c. multicolore (2498a) (1987) 13 75
2037 2 f. 20 + 60 c. noir, rouge et bleu (2555a) (1988) 13 75

Imprimés en feuillet de 10 timbres et deux vignettes sans valeur (motif du timbre, sans valeur faciale, teintes différentes et légende « Affranchissez votre coeur ») :

2038 2 f. 20 + 60 c. multicolore (2612a) (1989) 13 75
2039 2 f. 30 + 60 c. multicolore (2646a) (1990) 15 25

Imprimé en feuillet de 10 timbres et 2 vignettes sans valeur (« Tous les jours une preuve d'amour ») :

2040 2 f. 50 + 60 c. multicolore (2733a) (1991) 15 25

Imprimé en feuillet de 10 timbres et 2 vignettes sans valeur (« Soyons fidèles, continuons l'histoire ») :

2041 2 f. 50 + 60 c. multicolore (2783) (1992) 13 75

Imprimé en feuillet de 10 timbres et 2 vignettes sans valeur (« Avec la Croix-Rouge, soyons plus près de ceux qui ont besoin ») :

2042 2 f. 80 + 60 c. multicolore (2853a) (1993) 17 »
a. (Non dentelé) 385 »

Imprimés en feuillet de 10 timbres et 2 vignettes sans valeur (« L'intégralité des surtaxes de 0,60 F par timbre est réservée à la Croix-Rouge française. LA POSTE »).

2043 2 f. 80 + 60 c. multicolore (2915a) (1994) 17 »
a. (Non dentelé) 385 »
2044 2 f. 80 + 60 c. multicolore (2946a) (1995) 17 »
a. (Non dentelé) 385 »
2045 3 f.+60 c. multicolore (3039a) (1996) 17 »
2046 3 f.+60 c. multicolore (3122a) (1997) 17 »
2047 3 f.+60 c. multicolore (3199a) (1998) 15 25
2048 3 f.+60 c. (0,46+0.09) multicolore (3288a) (1999) 15 25
2049 3 f.+60 c. (0,55 €) multicolore (3362) (2000) 11 »
2050 3 f.+60 c. (0,46+0.09 €) multicolore (3436a) (2001) 11 »

VI. - CARNETS COMMÉMORATIFS

3001 Personnages célèbres (2360A) (1985) 41 25
3002 Personnages célèbres (2400A) (1986) 6 90
3003 Personnages célèbres (2460) (1987) 10 75
3004 La Communication en bandes dessinées (2515) (1988) 14 75
3005 Personnages célèbres (2523) (1988) 6 40

3006 Personnages célèbres (2570) (1989) 7 35
3007 Personnages célèbres (2655) (1990) 8 40
3008 Personnages célèbres (2687) (1991) 8 40
3009 Personnages célèbres (2753) (1992) 9 15
3010 Personnages célèbres (2805) (1993) 8 40
3011 Le plaisir d'écrire (2848) (1993) 15 25
3012 Relations culturelles France-Suède (2872) (1994) 19 25
3013 Personnages célèbres (2903) (1994) 9 15
3014 Personnages célèbres (2982) (1995) 9 15
3015 Personnages célèbres (3031) (1996) 10 25
3016 Les Journées de la Lettre (3066-3071x2) (1997) 22 »
3017 Personnages célèbres (3121) (1997) 10 »
3018 « France 98 » (3140x10) (1998) 13 75
3019 La lettre au fil du temps (3156-3161x2) (1998) 16 50
3020 Personnages célèbres (3193) (1998) 9 15
3021 150e anniversaire du premier timbre-poste Français (3213) (1999) 6 90
3022 Timbres de souhaits (3220-3221x5) (1999) 13 75
3023 Timbre Euro (3215x10) (1999) 9 15
3024 Personnages célèbres (3268) (1999) 7 35
3025 Coeurs 2000 d'Yves Saint Laurent (3297+3298x5) (2000) 9 15
3026 Personnages célèbres (3348) (2000) 6 65
3027 « Bonnes Vacances » (3400x10) (2001) 9 15
3028 « Bonnes Année » et « Meilleurs voeux » (3439+3440x5) (2001)
3029 "Vacances" (3494x10) (2002) 8 »

VII. - CARNETS « JOURNÉE DU TIMBRE »

Imprimés en carnet de 6 timbres et deux vignettes sans valeur.

3500 Journée du Timbre 1986 (2411) 10 »
3501 Journée du Timbre 1987 (2469) 10 75
3502 Journée du Timbre 1988 (2526) 8 40
3503 Journée du Timbre 1989 (2578) 8 40
3504 Journée du Timbre 1990 (2640) 8 40
3505 Journée du Timbre 1991 (2689) 9 15
3506 Journée du Timbre 1992 (2744) 9 15

Imprimé en carnet de 7 timbres et une vignette sans valeur.

3507 Journée du Timbre 1993 (2794) 12 25

3508	Journée du Timbre 1994 (2865)	20 75
3509	Journée du Timbre 1995 (2935)	20 75
3510	Journée du Timbre 1996 (2992)	20 75
3511	Journée du Timbre 1997 (3053)	20 75
3512	Journée du Timbre 1998 (3137)	17 75
3513	Journée du Timbre 1999 (3227)	10 75
3514	Fête du Timbre 2000 (3305)	10 »
3515	Fête du Timbre 2001 (BC3370a)	7 85
3516	Fête du Timbre 2001 (BC3467a)	7 85

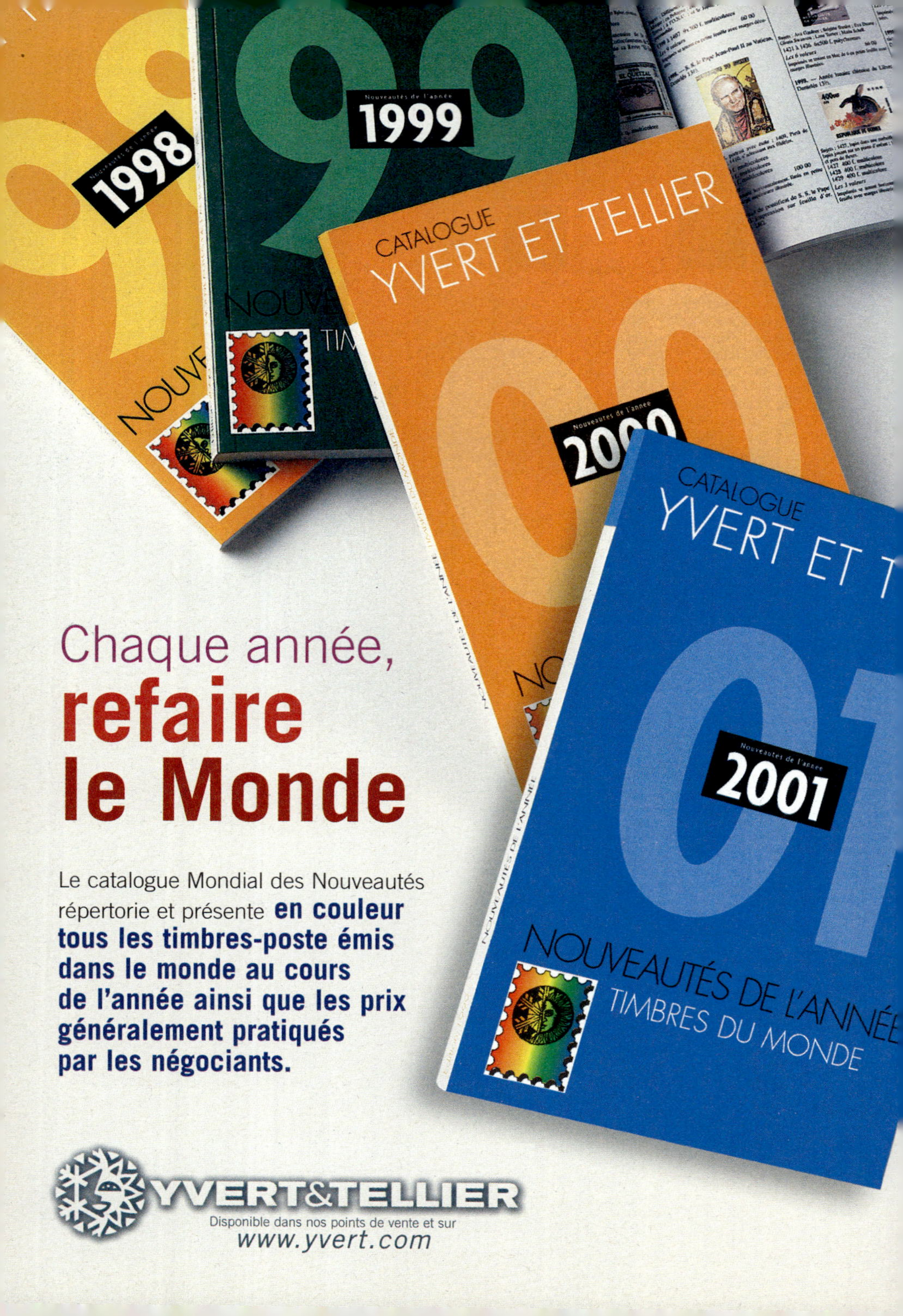
Nouveautés de l'année
1998
Nouveautés de l'année
1999
CATALOGUE
YVERT ET TELLIER
Nouveautés de l'année
2000
CATALOGUE
YVERT ET T
Nouveautés de l'année
2001
NOUVEAUTÉS DE L'ANNÉE
TIMBRES DU MONDE
Chaque année,
refaire
le Monde
Le catalogue Mondial des Nouveautés répertorie et présente en couleur tous les timbres-poste émis dans le monde au cours de l'année ainsi que les prix généralement pratiqués par les négociants.
YVERT&TELLIER
Disponible dans nos points de vente et sur
www.yvert.com

COINS DATÉS

On trouve en général les blocs de quatre timbres avec coin daté comportant deux timbres avec charnière et deux timbres sans charnière.

Entre 1900 et 1959 nos cotes s'entendent pour ce cas de figure ; lorsque les quatre timbres sont sans charnière, avec gomme d'origine intacte, on ajoute, à la cote indiquée pour le coin daté, la cote d'un timbre sans charnière.

A partir de 1960 les prix s'entendent pour des blocs de quatre timbres sans charnière.

A partir de 1975, pour certains timbres sur la rotative à grand rendement (R.G.R.), les prix s'entendent pour un bloc de six timbres (date complète). Ces timbres sont indiqués **[6]**.

On tiendra compte, le cas échéant, des % pour très bon centrage.

Coin daté avec date à gauche (provenant de bandes sans fin pour roulettes).

Le mot erreur est utilisé pour signaler :

1° que la date indiquée n'est pas celle de l'impression (cas n° 175) ;

2° que la date ne devait pas être portée sur la feuille (cas des commémoratifs modernes comme le n° 1060).

L'année n'est pas indiquée pour les timbres qui n'ont duré que l'année d'émission.

107 Blanc (II)	*1 c.*
26	40 »
27	7 »
28	7 »
29	7 85
30	7 »
31	8 60
32	75 »
108 idem (II)	*2 c.*
24	12 50
25	60 »
26	8 60
28	8 60
30	8 60
31	11 »
109 idem (II)	*3 c.*
30	30 »
32	33 50
111 idem	*5 c.*
25 (IIA)	35 »
25 (à gauche IIB)	925 »
26 (IIA)	23 »
27 (IIA)	23 »
28 (IIA)	23 »
29 (IIA)	23 »
31 (IIA)	23 »
32 (IIA)	25 »
139 Semeuse	*20 c.*
23 (III)	29 »
24 (III)	35 »
25 (III)	37 »
25 (à gauche IV)	600 »
140 idem (IIIB)	*25 c.*
24	40 »
25	80 »
26	23 50
27	23 50

142 idem (II)	*35 c.*
26	535 »
157 idem (II) 1/2 s.	*1 c.*
26	12 »
27	6 »
28	6 »
30	30 »
31	30 »
32	40 »
159 Semeuse	*10 c.*
22 (IB)	12 »
23 (III)	8 »
24 (III)	165 »
25 (III)	22 50
25 (à gauche IV)	650 »
26 (III)	7 15
26 (à gauche IV)	650 »
27 (III)	7 15
28 (III)	7 15
29 (III)	7 15
170 Pasteur	*10 c.*
23	6 90
24	115 »
25 (erreur)	160 »
171 idem	*15 c.*
24	13 50
25	20 »
172 idem	*20 c.*
26	21 50
174 idem	*30 c.*
26	7 75
27	6 90
28	6 90
29	6 90
30	6 90
31	6 90

175 Pasteur	*45 c.*
24	18 »
34 (erreur)	380 »
176 idem	*50 c.*
24 (à gauche)	6 000 »
177 idem	*75 c.*
24 (à gauche)	5 250 »
178 idem	*90 c.*
26	93 »
179 idem	*1 f.*
25	170 »
25 (à gauche)	845 »
26	190 »
180 idem	*1 f. 25*
26	190 »
181 idem	*1 f. 50*
26	65 »
27	51 »
28	51 »
29	51 »
32	51 »
189 Semeuse	*15 c.*
25 (I)	8 35
26 (I)	5 »
27 (I)	3 35
28 (I)	4 20
29 (I)	3 35
30 (I)	3 35
31 (I)	4 20
32 (I)	4 20
33 (I)	3 35
34 (I)	3 35
35 (I)	3 35
36 (I)	3 35
35 (II)	6 70

36 (II)	6 70
37 (II)	5 »
38 (II)	5 85
190 idem	*20 c.*
26 (III)	3 35
27 (III)	3 35
29 (III)	3 35
30 (III)	3 35
31 (III)	5 85
32 (III)	3 35
33 (III)	3 35
34 (III)	3 35
35 (III)	3 35
35 (V)	5 85
36 (V)	5 85
37 (V)	5 85
38 (V)	5 85
191 idem (IIA)	*30 c.*
25	33 »
192 idem	*30 c.*
25 (IIA)	31 50
26 (IIA)	31 50
26 (à gauche IIC)	5 150 »
193 idem (II)	*40 c.*
26	33 50
194 idem (II)	*40 c.*
26	21 50
195 idem	*1 f. 05*
25	77 »
196 idem	*1 f. 40*
26	160 »
197 idem	*45 c.*
26	46 50
27	46 50
28	46 50

29	46 50
31	57 »
32	57 »
198 idem (IIA)	*40 c.*
26	62 »
199 Semeuse (IIA)	*50 c.*
26	14 »
27	10 »
28	10 »
29	10 »
30	10 »
31	10 »
32	10 »
200 idem	*60 c.*
24	51 »
25	57 »
201 idem	*65 c.*
24	22 50
202 idem	*75 c.*
26 (I)	45 »
28 (I)	45 »
29 (I)	45 »
30 (I)	47 »
31 (I)	47 »
32 (II)	5 250 »
203 idem	*80 c.*
25	305 »
204 idem	*85 c.*
24	105 »
205 idem	*1 f.*
26	56 »
27	53 »
28	53 »
29	56 »

TIMBRES-POSTE (suite)

30	56 »
31	62 »
32	73 »
217 Surch.	*25/30 c.*
25 (IIA)	130 »
26 (IIA)	5 »
218 idem (II)	*25/35 c.*
26	5 »
220 idem	*50/80 c.*
25	11 »
221 idem	*50/85 c.*
24	23 50
222 idem	*50/1 f. 25*
26	27 50
223 idem	*50/60 c.*
24	19 »
25	13 »
224 idem	*50/65 c.*
24	8 50
225 idem	*50/1 f. 05*
25	12 25
227 idem	*90/1 f. 05*
25	24 25
228 idem	*1 f.10/1 f. 40*
26	9 20
233 Blanc (II)	*10 c.*
29	39 »
30	47 »
31	39 »
234 Semeuse	*65 c.*
26	68 »
28	85 »
29	76 »
31	76 »
235 idem (IIIB)	*25 c.*
27	3 »
28	2 25
29	2 25
30	3 »
31	2 40
32	2 40
33	2 40
34	2 70
35	2 25
36	2 25
37	2 25
38	2 25
236 idem (II)	*40 c.*
27	21 »
28	21 »
237 idem (II)	*40 c.*
28	12 25

29	15 75
30	12 25
31	15 75
32	12 25
238 idem	*1 f. 10*
27	93 »
28	110 »
30	120 »
239 Semeuse	*2 f.*
30	120 »
31	140 »
243 Berthelot	
27	17 »
28	17 »
29	17 »
31	18 50
32	42 »
246 Caisse d'Amort.	42 »
247 »	60 »
248 »	81 »
249 »	77 »
250 »	225 »
251 »	350 »
253 »	125 »
254 »	220 »
255 »	385 »
256 »	580 »
257 Jeanne d'Arc	15 50
258 Arc de Triomphe	
30	300 »
31	300 »
33	325 »
34	300 »
259 Chath. de Reims	
30 (I)	525 »
30 (II)	845 »
30 (III)	2 700 »
31 (IV)	525 »
32 (IV)	525 »
260 Mont-St-Michel	
28 (erreur)	280 »
29 (I)	200 »
30 (I)	200 »
30 (II)	160 »
31 (II)	150 »
32 (II)	150 »
33 (II)	160 »
34 (II)	160 »
35 (II)	150 »
36 (II)	150 »
37 (II)	150 »
261 La Rochelle	
29 (I)	820 »
29 (à droite)	900 »
30 (II)	1 150 »
31 (II)	1 300 »
31 (III)	655 »

32 (III)	710 »
35 (III)	625 »
36 (III)	625 »
37 (III)	625 »
38 (III)	655 »
262 Pont du Gard (IIB)	
31	2 150 »
36	2 000 »
37	2 000 »
264 B.I.T.	*50 c.*
30	22 50
265 idem	*1 f. 50*
29	160 »
266 Caisse d'Amort.	155 »
267 »	310 »
268 »	545 »
269 »	1 200 »
270 Expo. Colon.	*15 c.*
30	9 60
31	9 60
271 idem	*40 c.*
30	20 »
31	20 »
272 idem	*50 c.*
30 (I)	7 »
30 (II)	8 »
31 (I)	8 »
31 (II)	9 »
32 (erreur)	20 »
273 idem	*1 f. 50*
30	93 »
31	93 »
275 Caisse d'Amort.	325 »
276 »	745 »
277 »	740 »
277A Semeuse	*1 c.*
33	2 25
34	3 »
35	2 25
36	3 »
277B idem	*1 c.*
36	3 »
37	3 »
38	3 75
278 idem	*2 c.*
32	2 25
33	2 25
34	3 »
35	2 25
36	2 25
37	2 25
38	3 »
43 (erreur)	18 »

278A idem	*3 c.*
33	2 40
34	3 75
35	2 40
36	2 40
37	2 40
278B idem (III)	*5 c.*
34	2 25
35	2 25
36	2 25
37	3 »
38	3 »
279 idem	*10 c.*
32 (III)	17 »
33 (à gauche IV)	105 »
34 (III)	17 »
34 (à gauche IV)	105 »
35 (III)	17 »
36 (III)	17 »
37 (III)	17 »
38 (III)	17 »
279A idem 1/2 s.	*1 c.*
33	4 10
34	3 60
35	3 60
36	4 90
279B idem 1/2 s.	*1 c.*
37	7 65
280 Paix	*30 c.*
32	9 60
33	9 60
34	17 50
35	9 60
36	9 60
37	9 60
281 idem (I)	*40 c.*
32	2 50
33	2 50
34	2 50
35	2 50
36	2 50
37	2 50
282 idem	*45 c.*
33	16 »
34	22 50
35	18 »
36	16 »
37	16 »
283 idem	*50 c.*
32 (I)	2 »
33 (I)	2 »
34 (I)	2 »
35 (I)	2 »
35 (III)	2 25
36 (III)	2 25
37 (III)	2 25
284 idem	*65 c.*
33	6 45

35	4 60
36	4 60
37	4 60
284A idem	*75 c.*
32	2 »
33	3 30
34	2 »
35	2 »
36	2 »
37	2 »
38	2 »
39	2 »
285 idem	*90 c.*
32	270 »
33	295 »
286 idem	*1 f.*
33 (I)	35 50
34 (I)	35 50
35 (II)	28 75
36 (II)	28 75
37 (II)	28 75
287 idem	*1 f. 25*
32	600 »
288 idem	*1 f. 50*
32	2 50
33	3 »
34	3 35
35	2 50
36	3 35
37	4 20
38	6 70
289 idem	*1 f. 75*
32	40 75
34	37 25
35	40 75
36	44 »
37	40 75
290 Le Puy	*90 c.*
33	30 »
34	30 »
35	45 »
36	30 »
37	30 »
291 Briand	*30 c.*
33	140 »
34	145 »
292 Doumer	215 »
293 Victor Hugo	*1 f. 25*
33	48 50
34	48 50
35	60 »
294 Colombe	450 »
295 Jacquard	30 »
296 Cartier	240 »
297 »	455 »

TIMBRES-POSTE (suite)

298 Paix 50 c./1 f. 25
32 31 »

299 Normandie 1 f. 50
35 115 »
36 (erreur) 200 »

300 idem
36 460 »

301 Rivière bretonne 2 f.
34 300 »
35 300 »

302 St-Trophime 3 f. 50
35 235 »

303 Delessert 155 »

304 Victor Hugo 1 f. 25
35 39 »
36 50 »
37 39 »

305 Richelieu 200 »

306 Callot 77 »

307 Chômeurs intellectuels 50 c.+10 c.
35 27 »
36 27 »

308 idem 50 c.+2 f.
35 430 »

309 Aide aux réfugiés 75 c.+50 c.
36 77 »
26 (erreur) 170 »

310 Ampère 140 »

311 Moulin de Daudet 2 f.
36 27 50
37 27 50
38 27 50

312 Enfants de chômeurs 50 c.+10 c.
36 35 »

313 Pilâtre de Rozier 75 c.
36 135 »

314 Rouget de l'Isle 20 c.
36 24 50

315 Marseillaise 46 »

316 Vimy 74 »
317 » 120 »

318 Jaurès 24 »
319 » 100 »

320 Atlantique 120 »
321 » 2 500 »

322 Exposition 4 40
323 19 »
324 11 »
325 9 60
326 95 »
327 260 »

328 Rassemblement pour la Paix 120 »

329 Chômeurs 27 »

330 Chômeurs
36 20 »
37 (erreur) 105 »

331 Chômeurs 20 »
332 33 75
333 190 »

334 Chamonix 1 f. 50
36 68 »
37 85 »

335 Corneille 17 »

336 Exposition 19 50

337 Mermoz 5 10

338 idem 3 f.
37 53 »
38 62 »

339 Chemins de fer 10 25
340 » 68 »

341 Descartes 18 »
342 » 52 »

343 A. France 20 »

344 Rodin 56 »

345 Œuvres des P.T.T. 15 50
346 » 15 50
347 » 15 50

352 Réfugiés 30 50

353 Loti 30 50

354 Samothrace
37 615 »
42 (erreur) 1 000 »
355 » 615 »

356 Pour sauver la race
37 25 50
38 31 »

357 États-Unis 1 f. 75
37 24 »
38 28 50

358 Col de l'Iseran
37 21 50
38 21 50

359 Paix 80 c./1 f.
34 (I) 10 75
35 (II) 4 90
37 (II) 4 90
38 (II) 4 10

360 Semeuse (IIA) 30 c.
37 4 60
38 5 70

361 idem (II) 35 c.
37 7 65
38 8 75

362 idem
38 14 75
39 (erreur) 70 »

363 Paix 55 c.
37 7 90
38 8 75

364 idem 60 c.
37 3 »
38 3 35

365 idem 65 c.
36 (erreur) 50 »
37 4 90
38 4 90
39 (erreur) 45 »

366 idem 80 c.
38 2 30
39 2 30
40 3 85

367 idem 90 c.
38 1 60

368 idem (I) 90 c.
38 8 50
39 8 50

369 idem (II) 1 f.
37 30 »
38 30 »
39 30 »

370 idem (I) 1 f.
39 19 »

371 idem 1 f.
39 61 »

372 idem 1 f.75
38 7 »

373 idem 2 f.
39 2 30
40 2 30
41 (erreur) 17 »

374 idem 2 f. 25
39 85 »

375 idem 2 f. 50
39 15 50

375A idem (I) 2 f. 50
40 7 »
41 7 »

376 idem (I) 3 f.
39 7 45
40 7 45
41 7 45

377 Charcot 14 50
377A » 105 »

378 Gambetta 3 25

379 Versailles 155 »

380 Chômeurs 17 »
381 » 23 »
382 » 50 »
383 » 53 »

384 Chômeurs
38 52 »
39 52 »

385 Chômeurs 140 »

386 Infanterie 48 »
387 » 33 50

388 Champenoise 34 »

389 Orange 7 »

390 Mineurs 33 50

391 Avignon 95 »

392 Carcassonne
38 5 15
39 5 15
40 6 »

393 Vincennes
38 11 50
39 11 50

394 Saint-Malo
38 340 »
39 340 »
40 340 »

395 Santé 91 »

396 Football 115 »

397 La Fontaine 7 »

398 Ader
38 630 »
39 630 »
40 680 »

399 Reims 72 »

400 Souverains anglais 7 »

401 Rapatriés 42 »

402 Curie 78 »

403 Armistice 28 »

404 Mercure 1 c.
38 0 90
39 0 90
41 0 90

405 idem 2 c.
38 0 90
39 0 90

406 idem 5 c.
38 0 90
39 0 90
40 0 90

407 idem 10 c.
38 0 90
39 0 90
40 0 90
42 1 »

408 idem 15 c.
38 1 35

409 idem 15 c.
39 7 15

410 idem (I) 20 c.
37 (erreur) 18 75
38 0 90
39 0 90
41 0 90

411 idem 25 c.
38 1 »
39 1 »
40 1 50

412 idem (II) 30 c.
39 0 90
40 0 90
41 0 90
42 0 90

413 Mercure 40 c.
39 0 90
40 0 90
41 0 90
42 1 »

TIMBRES-POSTE (suite)

414 idem *45 c.*
39 6 45

414A idem *50 c.*
39 21 50

414B idem *50 c.*
40 5 »
41 5 »

415 idem *60 c.*
39 1 50

416 idem (II) *70 c.*
38 1 80
39 1 80
40 1 80

416A idem *75 c.*
39 37 50

417 Étudiant 70 »

418 Radio aveugles 70 »

419 Race 18 »

420 Trulin 70 »

421 Cézanne 31 25

422 Croix-Rouge 54 »

423 Génie 53 »

424 Orphelins 155 »

425 Clémenceau 5 50

426 New York *68* »

427 Niepce-Daguerre
38 (erreur) 90 »
39 60 »

428 Enfants chômeurs 18 25

429 Tour Eiffel 61 »

430 Liège 90 »

431 Iris 80 c.
40 1 50

432 idem *1 f.*
39 6 15
40 6 15

433 idem *1 f.*
39 2 65
40 2 65
41 2 65

434 idem *1 f. 30*
39 1 60
40 1 60

435 idem *1 f. 50*
40 1 70
41 2 30

436 Puvis de Chavanne 7 »

437 Debussy 33 50

438 Balzac 26 »

439 Claude Bernard 125 »

440 Natalité 24 50
441 » 33 50

442 Grégoire de Tours 4 60

443 Strasbourg 7 65

444 Révolution 18 »

445 Verdun 7 »

446 Musée Postal 21 50

447 Marins 95 »

448 Languedoc 3 25

449 Pau 6 80

450 Lyon 4 50

451 Soldats 18 »
452 » 18 »

453 France d'Outre-mer 15 50

454 Joffre 37 75

455 Foch 35 50

456 Galliéni 25 50

457 Paysanne 61 »

458 New York 64 »

459 Blessés 41 50
460 » 47 »

461 Guynemer
40 72 »
41 72 »

462 Debussy 34 »

463 Balzac 34 »

464 Claude Bernard 34 »

465 Victimes de la guerre 6 80

466 Secours national 14 25
467 » 13 50
468 » 15 50
469 » 18 »

470 Pétain
40 2 50

471 Pétain
40 3 25

472 Pétain
40 1 25

470 Pétain
40 7 65

474 Prisonniers *7 65*
475 » 50

476 Surch. *30/35 c.*
38 (II) 1 25

477 idem *50/75 c.*
39 1 60

478 idem *50/55 c.*
37 9 15
38 1 25

479 idem *50/65 c.*
38 1 »

480 idem *50/75 c.*
34 4 60
35 1 25
38 1 85

481 idem *50/80 c.*
38 11 50
39 1 25
40 84 »

482idem *50/90 c.*
38 1 60
39 1 »

483 idem *1 f./1 f. 25*
39 1 60

484 idem *1 f./1 f. 40*
39 2 50

485 idem *1 f./1 f. 50*
34 9 65
35 6 15
36 12 25
38 7 »

486 idem *1 f./1 f. 75*
38 1 60

487 idem *1 f./2 f. 25*
39 1 60

488 idem *1 f./2 f. 50*
39 7 15

489 idem *1 f./2 f. 15*
38 1 70

490 idem *2 f. 50/5 f.*
39 6 75
40 2 50

491 idem *5 f./10 f.*
39 10 »

492 idem *10 f./20 f.*
39 8 35
40 8 35

493 idem *20 f./50 f.*
40 275 »
40 papier mince 310 »

494 idem *10 f./1 f.*
41 1 25

495 Mistral *1 60*

496 Cancer
40 8 35
41 10 »

497 Secours national 13 50
498 » 51 »

499 Beaune *5 f.*
41 2 20
42 2 50

500 Anger *10 f.*
41 4 »
42 4 »

501 Aigues-Mortes
41 6 80
42 6 80
43 12 »

502 Paquebot Pasteur 2 50

505 Pétain *20 c.*
41 1 »

506 idem *30 c.*
41 1 »

507 idem *40 c.*
41 1 25

508 idem *50 c.*
40 (erreur) 30 50
41 1 »
42 1 »

509 idem *60 c.*
42 1 »
43 1 »
44 10 »

510 idem *70 c.*
41 1 25
42 2 30

511 idem *70 c.*
42 1 25

512 idem *80 c.*
41 1 60

513 idem *80 c.*
42 1 »

514 idem *1 f.*
41 1 »
42 1 »
43 1 »
44 5 35

515 idem *1 f. 20*
42 1 »
43 1 »
44 3 »

516 idem *1 f. 50*
41 1 10
42 1 10

517 idem *1 f. 50*
42 1 »
43 1 »
44 1 25

518 idem *2 f.*
41 1 »
42 1 »
43 1 »
44 1 60

519 idem *2 f. 40*
42 1 25

520 idem *2 f. 50*
41 4 75

521 idem *3 f.*
41 1 »
42 1 »
43 1 »
44 1 60

521A idem *4 f.*
42 1 25
43 1 25
44 2 30

TIMBRES-POSTE (suite)

521B idem *4 f. 50*
42 4 60
43 4 60
44 10 75

522 idem *4 f.*
42 1 60
43 1 85

523 idem *4 f. 50*
42 1 60

524 idem *5 f.*
42 1 60

525 Pétain *50 f.*
42 23 »
43 33 »

538 Mercure *50 c.*
42 1 »

539 Beaune 3 60

546 Mercure *10 c.*
42 1 »
43 1 »
44 1 »
45 1 60

547 idem *30 c.*
42 1 »
43 1 »
44 1 »
45 1 25

548 idem *40 c.*
42 1 25
43 1 25
44 1 25

549 idem *50 c.*
42 1 »
43 1 »
44 1 »
45 3 »

552 Secours national
42 65 »

567 Beffroi d'Arras
42 1 60
43 2 30

572 Armoiries *5 f.*
43 2 30
44 3 85

573 idem *10 f.*
43 3 »

574 idem *15 f.*
43 10 75

575 idem *20 f.*
43 7 65

582 Dauphiné *20 f.*
43 4 90

602 Armoiries *5 f.*
44 1 60

603 idem 10 f. 1 60

604 idem 15 f. 4 60

605 idem 20 f. 6 10

610 Chenonceaux 15 f.
44 3 20

611 idem *25 f.*
44 3 35

630 à 648 Coq et Marianne
44 *la série* 185 »

649 Iris *80 c.*
44 1 40

650 idem *1 f.*
44 1 »
45 2 30

651 idem *1 f. 20*
44 1 »
45 1 25

652 idem *1 f. 50*
44 1 »
45 1 »

653 idem *2 f.*
44 1 »
45 1 10

654 idem *2 f. 40*
44 1 25

655 idem *3 f.*
44 1 25
45 2 45

656 idem *4 f.*
44 1 60
45 7 65

657 Surch. R.F. *10 c.*
42 2 30
43 5 35
44 1 »

658 idem *30 c.*
42 1 »
43 1 »

659 idem *40 c.*
44 1 »

660 idem *60 c.*
43 5 35
44 1 »

670 Écusson *10 c.*
45 1 »
46 1 »

671 idem *30 c.*
45 1 »
46 1 »

672 idem *40 c.*
44 3 »
45 1 25

673 idem *50 c.*
45 1 »
46 1 »

674 Cérès *60 c.*
45 1 »
46 1 10

675 idem *80 c.*
45 1 »

676 idem *1 f.*
45 1 »
46 1 »
47 1 »
48 1 25

677 idem *1 f. 20*
45 1 60

678 idem *1 f. 30*
47 1 60

679 idem *1 f. 50*
45 1 »
46 1 »
47 1 »

680 idem *2 f.*
46 1 10
47 1 10
48 1 25
49 4 60

681 idem *2 f. 50*
46 1 10
47 1 10

712 Marianne, Gandon *1 f. 50*
44 27 »
45 1 25

713 idem *2 f.*
45 1 »

714 idem *2 f. 40*
45 2 »

715 idem *3 f.*
45 1 »
46 1 »

716 idem *3 f.*
46 1 »

716A idem *3 f.*
47 9 15
48 10 »

716B idem *3 f. 50*
47 4 15

717 idem *4 f.*
45 1 25

718 idem *4 f.*
46 1 »
47 1 »
48 9 15

718A idem *4 f. 50*
47 1 »

719 idem *5 f.*
45 1 10
46 1 10

719A idem *5 f.*
46 1 »
47 1 »

719B idem *5 f.*
47 1 60
48 1 60

720 idem *6 f.*
45 2 30

721 idem *6 f.*
46 8 »

721A idem *6 f.*
47 1 40
48 1 40

722 idem *10 f.*
45 3 »
46 3 85

723 idem *10 f.*
46 7 35

724 idem *15 f.*
45 15 50

725 idem *4 f.*
44 4 60
45 1 40

726 idem *10 f.*
46 6 10

727 idem *15 f.*
46 50 »

728 idem *20 f.*
46 5 60
48 (erreur) 200 »

729 idem *25 f.*
46 40 »

730 idem *20 f.*
45 7 65
46 6 90

731 idem *25 f.*
45 9 15
46 10 75

732 idem *50 f.*
45 10 »

733 idem *100 f.*
45 70 »

736 Tuberculeux
45 1 25

750 idem 3 f./2 f.+1 f.
45 1 25

755 Armoiries *10 c.*
46 1 »
47 1 »
48 1 25

756 idem *30 c.*
46 1 »
47 1 »
48 1 60

757 idem *50 c.*
46 1 »
47 1 »
48 2 30

758 idem *60 c.*
46 1 »
47 1 »
48 1 25

759 Vézelay *5 f.*
46 1 60
47 1 85

760 Luxembourg 10 f.
46 1 25
47 1 25
48 1 60

763 Rocamadour 15 f.
46 21 50
47 21 50

764 Pointe du Raz 20 f.
46 6 10
47 6 10
48 6 10
49 10 75

777 Cannes *7 65*

778 Nancy *25 f.*
47 21 50
48 21 50

791 Surchargé 1 25

TIMBRES-POSTE (suite)

792 Conques	*15 f.*
47	21 50
48	21 50
803 Luxembourg	*12 f.*
48	15 50
804 idem	*15 f.*
48	3 35
805 Conques	*19 50*
806 Marianne, Gandon	3 f.
48	1 25
807 idem	*4 f.*
48	1 60
808 idem	*4 f.*
48	17 »
49	24 50
809 idem	*5 f.*
48	4 60
49	4 60
50	4 60
51	4 60
810 idem	*8 f.*
48	2 »
49	2 »
50	2 »
51	2 »
52	2 30
53	3 »
811 idem	*10 f.*
48	1 25
50	1 40
51	1 40
52	1 25
53	1 40
54	1 70
812 idem	*12 f.*
49	18 »
50	18 »
51	18 »
813 idem (I)	*15 f.*
49	6 10
50	6 10
51	6 90
822 Nancy	*25 f.*
48	60 »
49	71 »
827 Surchargé	*5 f./6 f.*
48	1 25
834 Armoiries	*10 c.*
49	1 »
50	1 »
51	1 »
835 idem	*50 c.*
49	1 »
50	1 »
51	1 25
836 idem	*1 f.*
49	3 35
50	4 60
51	6 10
837 idem	*2 f.*
49	3 85
50	5 35
51	8 40
838 idem	*4 f.*
49	2 30
841A St-Bertrand-de Comminges	*20 f.*
49	1 60
50	1 60
51	1 60
52	2 30
842 St-Wandrille	25 f.
49	2 30
50	2 30
51	2 30
842A Vallée de la Meuse	*40 f.*
49	77 »
50	77 »
51	77 »
843 Gerbier-de-Jonc	*50 f.*
49	12 25
50	12 25
51	12 25
883 Marianne, Gandon	*5 f.*
51	2 30
52	2 75
53	2 75
54	2 75
884 idem	*6 f.*
51	39 »
52	39 »
53	54 »
885 idem	*12 f.*
51	5 35
52	5 35
53	5 35
886 idem (I)	*15 f.*
51	1 25
52	1 25
53	1 25
54	1 25
55	1 25
887 idem	*18 f.*
51	88 »
888 St-Wandrille	*30 f.*
51	30 50
899 Armoiries	*10 c.*
51	1 »
900 idem	*50 c.*
51	1 10
53	13 75
901 idem	*1 f.*
51	1 60
52	1 60
53	2 30
902 idem	*2 f.*
51	4 60
52	4 60
53	4 60
903 idem	*3 f.*
51	5 35
905 Arbois	*30 f.*
51	5 35
52	6 10
53	7 65
916 Pic du Midi	*40 f.*
51	35 »
52	35 »
53	35 »
917 Abbaye aux Hommes	*50 f.*
51	28 50
52	28 50
53	28 50
924 Chambord	*20 f.*
52	2 60
53	2 60
941 Haute couture	*30 f.*
53	4 60
943 Gargantua	*6 f.*
53	2 »
54	3 »
944 Hernani	*18 f.*
53	3 »
951 Armoiries	*50 c.*
53	1 60
952 idem	*1 f.*
53	1 60
54	1 60
953 idem	*2 f.*
53	2 30
54	2 30
954 idem	*3 f.*
53	3 »
54	3 »
956 Célimène	*8 f.*
53	1 60
54	2 30
957 Figaro	*12 f.*
53	1 25
54	1 60
958 Armoiries	*70 c.*
53	1 60
959 idem	*80 c.*
53	1 60
960 Sports	*20 f.*
53	12 25
54	15 50
961 idem	*25 f.*
53	74 »
54	81 »
962 idem	*30 f.*
53	12 25
54	13 75
963 idem	*40 f.*
53	74 »
54	81 »
964 idem	*50 f.*
53	30 50
54	35 »
965 idem	*75 f.*
53	190 »
54	220 »
968 Gandon	*15 f./18 f.*
51	3 »
970 Productions de luxe	*25 f.*
54	65 »
971 idem	*30 f.*
54	7 65
55	9 15
56	10 75
972 idem	*40 f.*
54	21 50
55	24 50
56	24 50
973 idem	*50 f.*
54	7 65
55	8 40
56	9 15
974 idem	*75 f.*
54	70 »
55	77 »
56	92 »
976 Lourdes	*6 f.*
54	2 »
55	2 »
977 Les Andelys	*8 f.*
54	1 85
55	1 85
978 Royan	*10 f.*
54	2 »
55	2 30
979 Quimper	*12 f.*
53 (erreur)	30 50
54	2 30
55	2 30
980 Cheverny	*18 f.*
54	15 50
55	18 »
981 Ajaccio	*20 f.*
54	18 »
55	18 50
999 Armoiries	*50 c.*
54	1 60
55 (en jaune)	2 30
1000 idem	*70 c.*
54	1 60
55	2 30
1001 idem	*80 c.*
54	1 60
55	2 30
1002 idem	*1 f.*
54	1 25
55	1 85
1003 idem	*2 f.*
54	1 »
55	1 »
56	1 10
57	1 10
58	1 10
1004 idem	*3 f.*
54	1 »
55	1 »
56	1 »
57	1 »
58	1 25
1005 idem	*5 f.*
54	0 80
55	0 80
56	0 80
57	1 »
58	1 10
1011 Marianne, Muller	*15 f.*
55	1 60
56	1 60
57	1 85
1011A idem	*18 f.*
58 (I)	6 90
58 (II)	1 60
1011B idem (II)	*20 f.*
57	2 30
58	2 30

TIMBRES-POSTE (suite)

59 2 30
62 77 »

1011C idem (I) *25 f.*
59 6 10

1020 Ganterie *25 f.*
55 4 90

1036 Bordelais *6 f.*
55 1 60
56 1 85
57 2 30

1037 Marseille *8 f.*
55 2 30
56 2 30
57 11 50

1038 Nice *10 f.*
55 1 60
56 1 60
57 1 60

1039 Cahors *12 f.*
55 1 60
56 1 60
57 1 60

1040 Uzerche *18 f.*
55 3 85
56 3 85
57 5 35

1041 Martinique *20 f.*
55 15 50
56 15 50
57 23 »

1042 Brouage *25 f.*
55 6 10
56 6 10
57 9 15

1044 Foix *50 c.*
55 0 80
56 1 10
57 1 10
58 1 40

1045 Marche *70 c.*
55 0 80
56 0 80
57 1 »
58 1 60

1046 Roussillon *80 c.*
55 0 80
56 0 80
57 1 60
58 1 60

1047 Comtat-Venaissin *1 f.*
55 0 80
56 1 10
57 1 10
58 1 40

1060 France-Amérique *30 f.*
56 (erreur) 140 »

1072 Basket *30 f.*
56-57 6 10

1073 Pelote *40 f.*
56-57 28 50

1074 Rugby *50 f.*
56-57 10 »

1075 Alpinisme *75 f.*
56-57 61 »

1105 Le Quesnoy *1 25*
1106 (57-58) 1 10

1115 Moissonn. *6 f.*
57 0 80
58 1 »

1115A idem *10 f.*
59 3 »
61 77 »
62 60 »

1116 idem *12 f.*
57 1 25
58 1 25

1118 Bordelais 18 »

1119 Cahors 100 »

1125 Guadeloupe *8 f.*
57 1 »
58 1 »

1126 Élysée *10 f.*
57 1 »
58 1 »
59 6 90

1127 Beynac-Cazenac *18 f.*
57 1 60
58 9 15

1128 Valençay *25 f.*
57 3 60
58 3 60
59 6 10

1129 Rouen *35 f.*
57 1 70
58 1 70
59 2 30

1130 St-Rémy *50 f.*
57 2 75
58 2 75
59 3 35

1131 Évian *65 f.*
57 4 30
58 4 60

1181 Marseille 0 80

1181 Lyon 0 80

1182 Toulouse 0 80

1183 Bordeaux 0 80

1184 Nice 0 80

1185 Nantes 0 80

1186 Lille
58 1 25
59 1 25

1192 Élysée 10 »

1193 Évian 18 »

1194 Guadeloupe *100 f.*
59 145 »
62 240 »

1195 Alger 15 f. 1 25

1216 Marianne, Nef (I) *25 f.*
59 2 30
61 46 »
62 46 »

1229 Fréjus 1 60

1230 Lille *5 c.*
59 42 »
60 42 »

1230A Oran *5 c.*
60 1 60
61 1 60
62 1 60

1231 Moissonn. *10 c.*
59 3 »
60 3 »
61 3 »
62 3 »

1232 Alger *15 c.*
59 5 35
60 5 35
61 5 35
62 6 10

1233 Semeuse *20 c.*
59 1 60
60 1 60
61 1 60
62 1 60
63 1 85
64 2 30

1234 Marianne, Nef *25 c.*
59 13 75
60 13 75

1234A Semeuse *30 c.*
61 12 25

1235 Laon *15 c.*
59 2 30
60 2 30

1236 Fougères *30 c.*
59 23 »
60 23 »
61 23 »

1237 Kerrata *45 c.*
59 4 60
60 4 60
61 5 35

1238 Tlemcen *50 c.*
59 15 50
60 15 50
61 21 »

1239 Sioule *65 c.*
59 7 65
60 7 65
61 10 75
63 (erreur) 84 »

1240 Chaumont *85 c.*
59 18 50
60 18 50
61 18 50

1241 Cilaos *1 f.*
59 18 »
60 18 »
61 18 »

1263 Marianne, Decaris (I) *25 c.*
60 1 60
61 1 60
62 1 60
63 1 60
64 1 85
65 42 »

1282 Marianne, Cocteau *20 c.*
61 (I) 1 60
62 (I) 1 60
63 (I) 1 60
64 (I) 1 60
65 (I) 1 60
66 (II) 19 50

1311 Saint-Paul *15 c.*
61 1 »
62 1 »

1312 Arcachon *30 c.*
61 1 60
62 1 60
63 1 60

1313 Sully-sur-Loire 45 c.
61 1 60

62 1 60
63 2 30
64 2 30

1314 Cognac *50 c.*
61 8 40
62 8 40
63 11 50

1315 Dinan *65 c.*
61 2 30
62 2 30
63 2 30
64 3 85

1316 Calais *85 c.*
61 3 »
62 3 »
63 3 »

1317 Dunkerque *95 c.*
62 6 10

1318 Medéa *1 f.*
61 27 50
62 27 50

1331 Coq *25 c.*
62 1 60
63 1 60
64 1 60
65 3 »

1331A idem *30 c.*
63 4 60
64 4 60
65 4 60
66 4 60
67 7 65

1351A Armoiries, Niort *1 c.*
63, 64 0 80
74 0 80
75 1 »
77 1 10

1351B idem Guéret *2 c.*
63 0 80
64 0 80
76 1 »

1352 idem Amiens *5 c.*
62 0 80
63 0 80
64 0 80
65 0 80

1353 idem Troyes *10 c.*
62 0 80
63 0 80
64 0 80
65 0 80
66 0 80
67, 68, 69 0 80

TIMBRES-POSTE (suite)

70 0 80
71 0 80
72, 74 1 »
75, 76 1 »
77, 78 0 80

1353a (avec bandes de phosphore)
70 3 »
71 1 60
73, 76 0 80

1353A idem Agen 12 c.
63 0 80
64 0 80
65 0 80
66 0 80

1354 idem Nevers 15 c.
62 0 80
63 0 80
64 0 80
69 1 »
70 1 »
71 1 »
72, 73 0 80
75, 76, 77 0 80

1354A idem La Réunion 18 c.
63 2 30
64 2 30
65 2 30

1354B idem Paris 30 c.
63 3 85
64 3 85
65 3 85
66 3 85
67 3 85
68 5 35

1355 Le Touquet 1 f.
62 3 85
63 3 85
64 3 85
65 3 85

1390 Amboise 30 c.
63 2 30
64 2 30
65 3 35

1391 Côte d'Azur varoise 50 c.
63 2 30
64 2 30
65 2 30

1392 St-Flour 60 c.
63 3 85
64 3 85
65 3 85

1392A Provins 70 c.
64 2 30

65 2 30
66 2 30
67 2 30

1393 Vittel 85 c.
63 10 »
64 14 50

1394 Moissac 95 c.
63 4 60
65 6 10

1394A Ronchamp 1 f. 25
64 4 60

1433 Croix-Rouge 20 c.+10 c.
64 (erreur) 70 »

1434 idem 25 c.+10 c.
64 (erreur) 70 »

1435 Ronchamp 40 c.
64 1 60
65 1 60
66 1 60
67 1 60

1436 Moustiers 50 c.
65 2 30
66 2 30
67 2 30

1437 Aix-les-Bains 60 c.
65 4 60
66 4 60
67 4 60

1438 Gorges du Tarn 75 c.
65 6 90
66 10 »

1439 Vendée 95 c.
65 30 50

1440 Carnac 1 f.
65 7 65
66 7 65
67 9 15

1441 Joux 1 f. 30
64 7 65
65 7 65

1468 Armoiries, Auch 5 c.
66 0 80
67, 68 0 80
69 4 60
70, 71, 72, 73 0 80
74 0 80
75 0 80
76, 77 0 80

1469 idem Mont-de-Marsan 25 c.
66 5 35
67 5 35

1499 Saint-Quentin 50 c.
67, 68 2 30
69 2 30
70 2 30

1500 Vire 60 c.
67 3 »
69 3 85

1501 Saint-Germain 70 c.
67 2 30
68, 69 2 30

1502 La Baule 75 c.
67 11 50

1503 Boulogne 95 c.
67 7 65

1504 Rodez 1 f.
67, 68, 69 3 85
70 3 85

1505 Morlaix 1 f. 50
67 7 65

1506 Château de Val 2 f. 30
66 11 50
67 11 50
68 17 »

1510 Saint-Lô 20 c.
66, 67 1 25
68, 70 1 25
71, 72 1 25
73, 74 1 85

1510a (avec bandes de phosphore) 40 c.
71 4 60
73, 74, 75, 76 1 25
77, 78 1 25

1535 Marianne, Cheffer 25 c.
67 3 »

1536 idem 30 c.
67 2 45
68 2 45

1536A idem 30 c.
68 3 »
69 3 »
75 3 »

1536B idem 40 c.
68 3 »
69 3 »
70 3 »

1536Bb (2 bdes phos.)
70 21 50

1546 Grenoble 75 c.+25 c.
67 (erreur) 77 »

1582 Brou 45 c.
69 1 60

1583 Vouglans 80 c.
69, 70 3 »

1584 Chantilly 85 c.
69 5 35
70 17 »

1585 Trinité 1 f. 15
69 5 35

1611 Républ. Cheffer 30 c.
69, 70, 71 1 60
72, 73, 74, 75 1 60
76, 77 2 30

1611b (avec bande de phosphore
70 3 85
71, 72, 73, 74, 75 1 60

1644 Martinique 50 c.
70, 71 2 30

1645 Chancelade 95 c.
70 7 65

1646 Ilet du Gosier 1 f.
70, 71, 72 3 »

1647 Observatoire de Haute-Provence 1 f. 30
70 11 50

1663 Marianne de Béquet 45 c.
71, 72 2 30
73, 74 2 30
77 3 »

1664 Marianne de Béquet 50 c.
70, 71, 72, 73 2 30
74 2 30
71, coin à gauche (TD.3) 765 »

1664c (avec bandes de phosphore)
70 3 85
71, 72, 73 3 »
74, 75, 76, 77 2 30

1683 Riom 60 c.
71, 72 2 30
73 3 85

1684 Dole 65 c.
71, 72 3 85
73 13 75

1685 Riquewihr 90 c.
71, 72, 73 3 85

1686 Sedan 1 f. 10
71 3 85
73 6 10

1687 Gorges de l'Ardèche 1 f. 40
71 4 60
74 4 60

1692 Caméléon 60 c.
71 6 10

1712 Charlieu 1 f. 20
72, 73, 74 3 85

1713 Narbonne 3 f. 50
72, 73 12 25

1719 Code postal 30 c.
72 0 80

1720 idem 50 c.
72 2 30

1725 Sologne 1 f.
72 3 85
73 6 10

1726 Bazoches 2 f.
72, 73, 74 6 10

1757 Dijon 65 c.
73 2 60
74 2 30

1758 Gien 90 c.
73 2 75
74 2 75

1759 Amboise (Clos-Lucé) 1 f.
73 3 85
74 5 35
75 3 »
76 4 60

1764 Saut du Doubs 60 c.
73 2 30
74 2 30

1793 Salers 65 c.
74 3 »

1794 St-Florent 3 f.
74 8 40
75 8 40

1806 Rouen (Palais de Justice) 35 c.
75 3 »

1807 Vallée du Lot 1 f. 10
74 3 »
76 6 90

1808 Saint-Pol-de-Léon 1 f. 20
74 4 60

TIMBRES-POSTE (suite)

75 3 »
76 3 »

1809 Rochechouart 1 f. 40
74 3 85
75 3 85
76 3 85

1810 Saint-Nicolas de Port 2 f.
74 6 10
75 6 10
76 6 10

1814 Marianne de Béquet 60 c.
74 4 60
75 4 60
76 4 60

1814a (sans bande de phosphore)
74, 75 11 50

1816 idem 80 c.
74 4 30
75 3 85
76 3 85
75, 76 **[6]** 7 65

1816a (sans bande de phosphore)
74 49 »

G.T. = gomme tropicale

1816b G.T.
75 35 »

1816d G.T. (sans bande de phosphore)
74 35 »

1871 Bonaguil 1 f.
76 2 30

1872 Ussel 2 f.
76 5 35
77, 78 5 35

1873 Malmaison 3 f.
76 7 »
77 7 65

1891 Marianne de Béquet 80 c.
76 3 »
77 3 »

1891 idem G.T.
76 6 10
77 6 10

1891b idem (sans bde de phosphore)
77 7 65

1892 idem 1 f.
76 3 »
77 3 »

1892 idem G.T.
76 9 15
77 10 75

1892b idem (sans bde de phosphore)
77 9 15

1902 Lodève 1 f. 10
76 3 »

1903 Biarritz 1 f. 40
76, 77 3 85

1904 Thiers 1 f. 70
76, 77, 78 4 60

1937 Dorat 1 f. 45
77 3 85

1938 Fontenay 1 f. 50
77, 78 3 85

1939 Bayeux 1 f. 90
77 5 35

1947 Pont-à-Mousson 1 f. 25
77 3 »

1948 St-Amand-les-Eaux 1 f. 40
77 3 85

1949 Vitré 2 f. 40
77, 78 6 10

1951 Excoffon 3 f.
77 (erreur) 125 »

1962 Sabine 1 c.
78, 79, 80, 81 0 80

1962 idem G.T.
78 1 »

1963 idem 2 c.
78, 79 0 80

1963 idem G.T.
78 1 »

1964 idem 5 c.
78, 79, 80 0 80

1964 idem G.T.
78,79, 80 1 »

1965 idem 10 c.
78, 79, 80, 81 0 80

1965 idem G.T.
78, 79, 80 1 »

1966 idem 15 c.
78, 79, 80 2 30

1966 idem G.T.
78, 79, 80 2 30

1967 idem 20 c.
78, 79, 80, 81 0 80

1967 idem G.T.
78, 79, 80 1 85

1967a idem (bande à gauche)
79 3 »

1968 idem 30 c.
78, 79, 80, 81 0 80
78, coin à gauche (TD.3) 23 »

1968 idem G.T.
78, 79 1 60

1969 idem 50 c.
78, 79, 80, 81 1 60

1969 idem G.T.
79, 80, 81 1 85

1970 idem 80 c. vert
77 6 90

1970 idem G.T.
78 15 50

1970a (sans bande de phosphore) G.T.
77 10 75

1971 id. 80 c. jne-ol.
78, 79, 80, 81 2 30
78, coin à gauche (TD.3) 12 25

1971 idem G.T.
78 2 30

1972 idem 1 f. rouge
77 7 65
78 15 50

1972 idem G.T.
77,78 30 50

1972a (sans bande de phosphore) G.T.
77 29 »

1973 idem 1 f. vert
78, 79 3 85
78, coin à gauche (TD.3)

1973 idem G.T.
78, 79 5 35

1974 idem 1 f. 20
78, 79 3 85

1974 idem G.T.
78, 79 6 90

1975 idem 1 f. 40
78, 79 9 15

1975 idem G.T.
79 13 75

1976 idem 1 f. 70
78, 79, 80 5 35

1976 idem G.T.
78, 80 6 90

1977 idem 2 f.
78, 79, 80, 81 4 60

1977 idem G.T.
78,79 5 35

1978 idem 2 f. 10
78, 79 5 35
80 8 40

1978 idem G.T.
78 7 65

1979 idem 3 f.
78, 79, 80, 81 6 90

1979 idem G.T.
78, 80 9 15

1996 Verdon 50 c.
77 1 60

1998 Saint-Saturnin 1 f.
78 2 30

1999 Bec-Hellouin 1 f. 10
78 3 85

2000 Esquelbecq 1 f. 10
78 3 »

2001 Église Aubazine 1 f. 25
77 6 90
78 4 60

2002 Abbaye de Fontevraud 1 f. 70
78 5 35

2040 Abbayes Normandes 1 f.
79 2 30
80 11 50

2041 Auray 1 f.
79 2 30
80 11 50

2042 Moulin de Steenvoorde 1 f. 20
79 3 »

2043 Grotte de Niaux 1 f. 50
78 3 85
79 3 85
80 4 60

2044 Palais des Rois Majorque 1 f. 70
79 3 85

2056 Sabine 70 c.
79 1 60
80 3 »

2056 idem G.T.
79 2 30

2057 idem 1 f. olive
79, 80, 81 2 30

2057 idem G.T.
79, 80 2 30

2058 idem 1 f. 10
79, 80 4 60

2058 idem G.T.
79 12 25

2059 idem 1 f. 30
78, 79 4 60

2059 idem G.T.
79, 80 12 25

2060 idem 1 f. 60
78, 79 6 10

2060 idem G.T.
79 10 »

2060a (sans bande de phosphore)
79

2061 idem 1 f. 80
79 5 35

2061 idem G.T.
79 6 10

2064 Maisons-Laffitte 45 c.
79 1 60
80 2 30

2081 Cordes 1 f. 50
79, 80 3 85

2082 Maintenon 2 f.
80 4 50

2083 Montauban 2 f. 30
79, 80 6 10

2084 Le Puy 3 f. 20
80 8 40

2101 Sabine 1 f. 20
80, 81 3 »

2101 idem G.T.
80 4 60

TIMBRES-POSTE (suite)

2102 idem 1 f. 40
80, 81 3 85

2102 idem G.T.
80, 81 4 60

2111 Rambouillet 2 f. 20
80 5 35
81 6 90

2112 Solesmes 2 f. 50
80, 81 6 10

2118 Sabine 40 c.
80 2 30

2118 idem G.T.
80 1 60

2119 idem 60 c.
80 1 60

2119 idem G.T.
80 2 30

2120 idem 90 c.
80 2 30

2120 idem G.T.
80 3 »

2121 idem 3 f. 50
80 8 40

2121 idem G.T.
80 8 40

2122 idem 4 f.
80 10 75

2122 idem G.T.
80 11 50

2123 idem 5 f.
80, 81 13 75

2123 idem G.T.
80, 81 15 50

2132 Cathédrale Saint-Jean de Lyon 1 f. 40
81 3 85

2133 Nîmes 1 f. 70
80 5 35

2134 Ste-Anne d'Auray 2 f. 20
81 6 10

2135 Sully 2 f. 50
81 6 10

2154 Sabine 1 f. 40
81 3 85

2154 idem G.T.
81 3 85

2155 idem 1 f. 60
81 3 85

2155 idem G.T.
81 5 35

2156 idem 2 f. 30
81 11 50

2156 idem G.T.
81 20 »

2160 Abbaye de Vaucelles 2 f.
81 6 10

2161 N.-D. de Louviers 2 f. 20
81 6 10

2162 Saint-Emillion 2 f. 60
81, 82 6 90

2163 Crest 2 f. 90
81, 82 7 65

2178 Liberté 5 c.
81, 82, 83 1 60
84, 85, 86 1 60

2179 idem 10 c.
81, 82, 83, 84, 85 1 »
85, 86, 87, 88
89, 90 **[6]** 1 40

2180 idem 15 c.
81, 82, 84 2 30

2181 idem 20 c.
81, 82, 83, 84, 85 1 »
85, 86, 87, 88
89, 90 **[6]** 1 40

2182 idem 30 c.
81, 82, 83, 84, 85
86, 87, 88, 89, 1 »

2183 idem 40 c.
81, 82, 83, 84, 85
86, 87, 88, 89, 1 60

2184 idem 50 c.
81, 82, 83, 84, 85
86, 87, 88, 89 ,90 1 60

2185 idem 1 f.
81, 82, 83, 84, 85
86, 87, 88, 89, 90 2 30

2186 idem 1 f. 40
81, 82, 4 60

2187 idem 1 f. 60
81, 82, 3 85

2188 idem 2 f.
81, 82, 5 35

2188a idem 2 f.
84, 86 5 35

2189 idem 2 f. 30
81 12 25

2190 idem 5 f.
81, 82, 83, 84, 85
86, 87, 88, 89, 90 13 »

2193 Saint-Pierre-et-Miquelon 1 f. 60
81, 82, 4 60

2194 Aix-en-Provence 2 f.
82, 4 60

2195 Château de Pau 3 f.
82, 6 90

2196 Collonges-la-Rouge 3 f.
82, 6 90

2219 Liberté 1 f. 60
82, 83, 84 4 60

2220 idem 1 f. 80
82, 83 4 60

2221 idem 2 f. 60
82 15 50

2232 Château de Ripaille 2 f. 90
82 7 65

2239 Liberté 60 c.
82, 83, 84, 85,
87, 88, 89, 90 1 60

2240 idem 70 c.
82, 83, 84, 85,
86, 87, 88, 89 2 30

2241 idem 80 c.
82, 83, 85, 87,
88 2 30

2242 idem 90 c.
82, 83, 84, 86,
87 2 30

2243 idem 3 f.
82, 83, 85, 86,
87, 88, 89 6 90

2244 idem 4 f.
82, 83, 84, 85,
87, 88, 9 15

2274 idem 2 f.
83, 84 4 60

2275 idem 2 f. 80
83 14 50

2276 idem 10 f.
82, 84, 85, 86,
87, 88, 89, 90 23 »

2311 Légion Etrangère 3 f. 10
84 (erreur) 9 15

2318 Liberté 1 f. 70
84, 85 4 60

2319 idem 2 f. 10
84, 85 5 35

2320 idem 3 f.
84, 85 13 »

2375 Liberté 1 f. 80
85 5 35
85, 86 **[6]** 8 40

2376 idem 2 f. 20
85, 86, 89 5 35
85, 86, 87, 88,
89 **[6]** 8 40

2376a idem (Type II) 1 f. 60
85 19 50
86, 87, 89 15 50
85, 86 **[6]** 27 »

2377 idem 3 f. 20
85 18 »

2423 idem A=(1 f. 90)
86 **[6]** 7 65

2424 idem 1 f. 90
86, 87 **[6]** 17 »

2425 idem 3 f. 40
86 14 50
87 23 »

2483 idem B = (2 f.)
87 **[6]** 6 90

2484 idem 2 f.
87, 88, 89 **[6]** 7 65

2485 idem 3 f. 60
87, 89 9 15

2486 idem 3 f. 70
87, 88, 89 9 15

2486a idem (1 bande phosphore)
88 17 »

2530 idem surch. 0 31 écu s. 2 f. 20
88 7 65

2614 Marianne du Bicentenaire 2 f. 30
89, 90, 91 5 35
89, 90, 91 **[6]** 9 15

2615 Liberté C = (2 f. 10) vert
89 **[6]** 8 40

2616 idem C = (2 f. 30) rouge
89 **[6]** 9 15

2617 Marianne du Bicentenaire 10 c.
90, 91, 92, 93,
94, 96 **[6]** 1 25

2618 idem 20 c.
90, 91, 92, 93,
94, 95, 96, 97 **[6]** 9 15

2619 idem 50 c.
90, 91, 92, 93,
94, 95, 96, 97 1 »

2620 idem 1 f.
90, 91, 92, 93, 94
95, 96, 97 2 30

2621 idem 2 f.
90, 91, 92 4 60

2622 idem 2 f. 10
89, 90, 91 5 35
89, 90 **[6]** 7 65

2623 idem 3 f. 20
90 9 15

2624 idem 3 f. 80
90, 91 9 15

2625 idem 5 f.
90, 91, 92, 93, 94
95, 96, 97 11 50

2626 idem 10 f.
90, 91, 92, 93,
94, 95, 96, 97 21 50

2711 idem D = (2 f. 20) vert
90, 91 **[6]** 6 90

2712 idem D = (2 f. 50) rouge
90, 91 **[6]** 6 90

2714 idem 2 f. 20
91, 92 **[6]** 9 15

2715 idem 2 f. 50
91, 92, 93 **[6]** 10 »

2716 idem 3 f. 40
91, 92 8 40

TIMBRES-POSTE (suite)

2717 idem	*4 f.*
91, 92	11 50
2770 idem	*4 f. 20*
92, 93, 94	10 »
2773 Bicentenaire de la République (M. Raysse)	
93 **[6]**	10 »
2775 idem (J.-C. Blais)	*2 f. 50*
93 **[6]**	10 »
2790 Marianne du Bicentenaire	*2 f. 20*
92, 93 **[6]**	10 75
2806 idem (sans val.)	
93, 94, 95, 96, 97 **[6]**	10 75
2820 idem	*2 f. 40*
93, 94, 95 **[6]**	9 15
2821 idem	*3 f. 50*
93	8 40
2821a idem	*3 f. 50*
93, 95, 97	10 75
2822 idem	*4 f. 40*
93, 94, 95	10 »
2906 idem	*2 f.*
94, 95, 96, 97	4 60
2949 Bretagne	*2 f. 40*
95 **[6]**	8 40
2950 Vosges	*2 f. 40*
95 **[6]**	8 40
2951 Auvergne	*2 f. 80*
95 **[6]**	10 »
2952 Camargue	*2 f. 80*
95 **[6]**	10 »
3005 Marianne du Bicentenaire	*2 f. 70*
96, 97 **[6]**	9 15
3006 idem	*3 f. 80*
96	8 40
3007 idem	*4 f. 50*
96, 97	10 »
3081 Château du Plessis-Bourré	*4 f. 40*
97 (erreur)	11 50
3083 Marianne du 14 Juillet (Sans val.)	
97, 98, 99, 00 **[6]**	7 65
3086 idem	*10 c*
97, 98, 99, 00 **[6]**	1 25
3087 idem	*20 c.*
97, 98, 99 **[6]**	1 25
3088 idem	*50 c.*
97, 98, 99, 00	1 »
3089 idem	*1 f.*
97, 98, 99, 00	1 60
3090 idem	*2 f.*
97, 98, 99	3 »
3091 idem	*2 f. 70*
97, 98, 99, 00 **[6]**	7 65
3092 idem	*3 f.50*
97, 98, 99, 00	5 35
3093 idem	*3 f. 80*
97, 98, 99	6 10
3094 idem	*4 f. 20*
97, 98	6 90
3095 idem	*4 f. 40*
97, 98	6 90
3096 idem	*4 f. 50*
97, 98, 99, 00	6 90
3097 idem	*5 f.*
97, 98, 99	7 65
3098 idem	*6 f. 70*
97, 98, 99, 00	10 »
3099 idem	*10 f.*
97, 98, 99, 00	15 50

TIMBRES-PRÉOBLITÉRÉS

40 Blanc (II)	*4 c.*
24 (à gauche)	3 650 »
41 idem	*5 c.*
25 (IIA)	49 »
25 (41a)	490 »
25 (à gauche IIB)	895 »
26 (IIA)	37 »
42 idem (II)	*71/2 c.*
26	7 »
43 idem (II)	*10 c.*
29	11 »
30	11 »
31	11 »
32	30 »
46 Semeuse	*45 c.*
27	55 »
28	42 »
29	42 »
30	50 »
31	42 »
47 idem 55 c. s. 60 c.	
25	805 »
48 idem	*65 c.*
24	51 »
49 idem	*65 c.*
27	84 »
28	135 »
29	84 »
30	88 »
32	92 »
51 idem (III)	*10 c.*
25	46 »
25 (51a)	310 »
26	11 »
27	4 »
28	4 »
29	4 »
52 idem (III)	*10 c.*
32	6 »
33	6 »
34	6 »
35	6 »
36	6 »
37	24 »
53 idem	*15 c.*
25 (I)	15 »
25 (I) (53a)	355 »
26 (I)	4 »
27 (I)	4 »
28 (I)	3 »
30 (I)	3 »
31 (I)	3 »
32 (I)	3 »
33 (I)	3 »
34 (I)	4 »
35 (I)	3 »
35 (II)	5 »
36 (I)	3 »
36 (II)	17 »
37 (II)	5 »
38 (II)	5 »
54 idem (III)	*20 c.*
23	535 »
24	495 »
25	535 »
55 idem	*20 c.*
32 (III)	20 »
33 (III)	20 »
35 (III)	24 »
35 (V)	25 »
36 (V)	24 »
37 (V)	24 »
56 idem (IIIB)	*25 c.*
24	250 »
26	68 »
27	68 »
57 idem (IIIB)	*25 c.*
27	25 »
28	17 »
29	17 »
30	17 »
31	17 »
31 (à gauche IIIC)	500 »
32	17 »
33	25 »
34	17 »
35	25 »
36	17 »
37	25 »
38	17 »
60 idem (IIA)	*30 c.*
25	1 500 »
61 idem (IIA)	*30 c.*
38	10 »
63 idem (II)	*35 c.*
37	51 »
38	59 »
64 idem (II)	*40 c.*
26	145 »
65 Pasteur	*15 c.*
24	215 »
25	250 »
66 idem	*30 c.*
32	215 »
67 Pasteur	*45 c.*
24	150 »
69 Paix	*30 c.*
33	29 500 »
70 idem (I)	*40 c.*
34	49 »
35	49 »
37	66 »
71 idem	*45 c.*
32	120 »
34	145 »
35	125 »
36	125 »
72 idem	*60 c.*
37	53 »
38	53 »
73 idem	*65 c.*
33	380 »
35	345 »
36	345 »
74 idem (II) 80 c./1 f.	
37	7 »
75 idem	*80 c.*
38	540 »
76 idem	*1 f.*
38	74 »
77 idem	*1 f. 40*
39	74 »
78 Mercure (I)	*20 c.*
38	5 »
39	5 »
40	5 »
41	6 »
79 idem (I)	*30 c.*
41	15 »
80 idem	*40 c.*
39	7 »
40	7 »

TIMBRES-PRÉOBLITÉRÉS

42	9 »
81 idem	*40 c.*
43	4 »
44	4 »
82 idem	*50 c.*
42	4 »
83 idem	*60 c.*
40	190 »
84 Pétain	*70 c.*
42	9 »
85 idem	*1 f. 20*
42	10 »
86 idem	*2 f.*
42	25 »
87 Mazelin	*60 c.*
45	3 »
88 idem	*80 c.*
45	3 »
89 idem	*90 c.*
46	4 »
90 idem	*1 f.*
46	3 »
47	3 »
91 idem	*1 f. 20*
45	4 »
91A idem	*1 f. 50*
47	3 »
48	4 »
92 idem	*2 f.*
46	4 »
93 idem	*2 f. 50*
47	6 »
94 Marianne	*2 f.*
45	3 »
95 idem	*2 f. 50*
48	12 »
96 idem	*3 f.*
46	3 »
97 idem	*4 f.*
47	3 »
98 idem	*4 f.*
48	3 »
99 idem	*4 f.*
49	6 »
100 idem	*6 f.*
47	6 »
48	28 »
101 idem	*8 f.*
49	4 »
50	4 »
51	4 »
52	5 »
53	5 »

102 idem	*10 f.*
48	3 »
103 idem	*12 f.*
49	5 »
50	5 »
51	7 »
103A idem	*12 f.*
51	35 »
52	35 »
53	36 »
104 idem (I)	*15 f.*
49	4 »
105 Armoiries, Anjou	*4 f.*
49 (105a)	230 »
49	2 »
50	2 »
51	2 »
52	3 »
53	3 »
106 Moissonneuse	*4 f.*
54	2 »
55	2 »
56	2 »
57	2 »
107 Coq	*5 f.*
57	2 »
58	3 »
108 Moissonneuse	*8 f.*
54	28 »
55	31 »
56	28 »
57	31 »
109 Coq	*8 f.*
59	4 »
110 idem	*10 f.*
57	9 »
58	13 »
111 idem	*12 f.*
54	19 »
55	21 »
56	21 »
57	21 »
112 idem	*15 f.*
57	12 »
58	19 »
113 idem	*20 f.*
59	9 »
114 idem	*24 f.*
54	100 »
55	110 »
56	110 »
57	110 »
115 idem	*30 f.*
57	38 »
58	42 »

116 idem	*40 f.*
59	27 »
117 Coq	*45 f.*
57	140 »
118 idem	*55 f.*
59	110 »
119 idem	*8 c.*
59	7 »
60	7 »
61	7 »
62	8 »
63	8 »
64	13 »
120 idem	*20 c.*
59	19 »
60	22 »
61	22 »
62	22 »
63	27 »
121 idem	*40 c.*
59	65 »
60	73 »
61	73 »
62	73 »
63	73 »
64	100 »
122 idem	*55 c.*
59	195 »
61	230 »
62	230 »
63	230 »
123 Monnaie	*10 c.*
63	6 »
64	6 »
65	7 »
66	7 »
124 idem	*15 c.*
66, 67	3 »
68	3 »
125 idem	*22 c.*
69	6 »
70	6 »
126 idem	*25 c.*
63	5 »
64	5 »
66	5 »
67	5 »
68	7 »
127 idem	*35 c.*
69	10 »
70	17 »
128 idem	*50 c.*
63, 64	8 »
66, 67	8 »
68	10 »
129 idem	*70 c.*
69	38 »

130 idem	*26 c.*
71	5 »
131 idem	*30 c.*
71	6 »
74	10 »
132 idem	*45 c.*
71	12 »
133 idem	*90 c.*
71	15 »
72	18 »
134 idem	*42 c.*
75	8 »
135 idem	*48 c.*
75	9 »
136 idem	*70 c.*
75	17 »
137 idem	*1 f. 35*
75	22 »
138 idem	*50 c.*
75	9 »
139 idem	*52 c.*
76	5 »
140 idem	*60 c.*
75	13 »
141 idem	*62 c.*
76	9 »
142 idem	*90 c.*
75	17 »
143 idem	*95 c.*
76	11 »
144 idem	*1 f. 60*
75	35 »
145 idem	*1 f. 70*
76	23 »
146 Zodiaque	*54 c.*
76	6 »
77	8 »
147 idem	*68 c.*
77	8 »
148 idem	*1 f. 05*
76	12 »
149 idem	*1 f. 85*
76	46 »
77	23 »
150 idem	*58 c.*
77, 78	9 »
151 idem	*73 c.*
78	12 »
152 idem	*1 f. 15*
78	19 »

153 idem	*2 f.*
78	23 »
154 idem	*61 c.*
78	7 »
155 idem	*78 c.*
78	7 »
156 idem	*1 f. 25*
78	9 »
157 idem	*2 f. 10*
78	12 »
158 Champignon	*64 c.*
78	8 »
79	7 »
159 idem	*83 c.*
78	8 »
79	7 »
160 idem	*1 f. 30*
78	11 »
79	9 »
161 idem	*2 f. 25*
78	12 »
79	11 »
162 Tours	*68 c.*
79	5 »
163 idem	*88 c.*
79	5 »
164 idem	*1 f. 40*
79	7 »
165 idem	*2 f. 35*
79	9 »
166 Châteaux	*76 c.*
80	4 »
167 idem	*99 c.*
80	4 »
168 idem	*1 f. 60*
80	5 »
169 idem	*2 f. 65*
80	9 »
170 idem	*88 c.*
81	4 »
171 idem	*1 f. 14*
81	4 »
172 idem	*1 f. 84*
81	6 »
173 idem	*3 f. 05*
81	11 »
174 Monuments	*97 c.*
82	4 »
175 idem	*1 f. 25*
81, 82	4 »

TIMBRES-PRÉOBLITÉRÉS

176 idem *2 f. 03*
82 6 »

177 idem *3 f. 36*
82 10 »

178 Saisons *1 f. 05*
83 4 »

179 idem *1 f. 35*
83 5 »

180 idem *2 f. 19*
82, 83 6 »

181 idem *3 f. 63*
83 11 »

182 Cartes à jouer *1 f. 14*
84 3 »

183 idem *1 f. 47*
84 4 »

184 idem *2 f. 38*
84 7 »

185 idem *3 f. 95*
84 12 »

186 Mois de l'année *1 f. 22*
85 8 »

187 idem *1 f. 57*
85 10 »

188 idem *2 f. 55*
85 12 »

189 idem *4 f. 23*
85 19 »

190 idem *1 f. 28*
86 8 »

191 idem *1 f. 65*
86 10 »

192 idem *2 f. 67*
86 12 »

193 idem *4 f. 44*
86 20 »

194 idem *1 f. 31*
87 9 »

195 idem *1 f. 69*
87 12 »

196 idem *2 f. 74*
87 15 »

197 idem *4 f. 56*
87 22 »

198 Les quatre éléments *1 f. 36*
88 8 »

199 idem *1 f. 75*
88 12 »

200 idem *2 f. 83*
88 12 »

201 idem *4 f. 75*
88 22 »

202 Instruments de musique *1 f. 39*
89 8 »

203 idem *1 f. 79*
89 9 »

204 idem *2 f. 90*
89 15 »

204a idem *2 f. 90*
90 1 050 »

205 idem *4 f. 84*
89 21 »

206 idem *1 f. 46*
90 7 »

207 idem *1 f. 89*
90 9 »

208 idem *3 f. 06*
90 17 »

209 idem *5 f. 10*
90 23 »

210 idem *1 f. 93*
90 9 »

211 idem *2 f. 39*
90 12 »

212 idem *2 f. 74*
90 17 »

213 idem *1 f. 60*
91 260 »

213a idem *1 f. 60*
91 38 »

214 idem *1 f. 98*
91 23 »
92 46 »

214a idem *1 f. 98*
92 765 »

215 idem *2 f. 08*
91 15 »

215a idem *2 f. 08*
91 195 »

216 idem *2 f. 46*
91 15 »

216a idem *2 f. 46*
91 54 »

217 idem *2 f. 98*
91 15 »

218 idem *3 f. 08*
91, 92 37 »

218a idem *3 f. 08*
91, 92 54 »

219 idem *3 f. 14*
91 31 »

219a idem *3 f. 14*
91 305 »

220 idem *3 f. 19*
91 37 »

220a idem *3 f. 19*
91, 92 43 »

221 idem *5 f. 28*
91 31 »

221a idem *5 f. 28*
91 140 »

222 idem *5 f. 30*
91 19 »

222a idem *5 f. 30*
91 385 »

223 idem *5 f. 32*
91 20 »

223a idem *5 f. 32*
91 115 »

224 idem *1 f. 73*
92 5 »

225 idem *2 f. 25*
92 7 »

226 idem *3 f. 51*
92 13 »

227 idem *5 f. 40*
92 17 »

228 idem *1 f. 82*
93 5 »

229 idem *2 f. 34*
93 6 »

230 idem *3 f. 86*
32 12 »

231 idem *5 f. 93*
93 17 »

232 Feuilles d'arbres *1 f. 91*
94 5 »

233 idem *2 f. 46*
94 7 »

234 idem *4 f. 24*
94 12 »

235 idem *6 f. 51*
94 19 »

236 idem *1 f. 87*
96 5 »

237 idem *2 f. 18*
96 6 »

238 idem *4 f. 66*
96 12 »

239 idem *7 f. 11*
96 17 »

240 Fleurs sauvages *1 f. 87*
98 5 »

241 idem *2 f. 18*
98 6 »

242 idem *4 f. 66*
98 11 »

243 idem *7 f. 11*
98 15 »

244 Orchidées *0,29 €*
02 6 »

245 idem *0,33 €*
02 10 »

POSTE AÉRIENNE

5 Marseille 1 f. 50
28 (erreur) 185 »
29 165 »
30 165 »
31 (erreur) 185 »

6 Marseille 1 f. 50
30 160 »
30, outremer 340 »
30, outr. vif 2 550 »
31 160 »
32 160 »

6c perf. EIPA 1 f. 50+5 f.
30 3 250 »

7 Blériot 2 f. 25
34 150 »

8 Avion s. Paris 85 c.
35 (8a) 105 »
36 22 »
37 22 »

9 idem 1 f. 50
35 72 »

10 idem 2 f. 25
35 155 »
37 155 »

11 idem 2 f. 50
35 215 »
36 215 »

12 idem 3 f.
35 180 »

13 idem 3 f. 50
35 460 »

14 idem 50 f.
35 6 100 »
35, vert fcé 6 900 »

15 Burelé 50 f.
4 900 »

16 Sagittaire 40 f.
46 3 60
47 4 40
48 3 60
49 3 60

17 Iris 50 f.
46 3 60
47 3 60
48 3 60
49 3 60

18 Egine 100 f.
46 38 25
47 49 75
48 42 »
49 42 »

19 Soleil 200 f.
46 27 50
48 27 50
49 35 25

24 Lille 100 f.
49 6 10
50 6 10
51 6 10
52 6 10
53 6 10

25 Bordeaux 200 f.
49 71 »
50 71 »
51 71 »
52 71 »
53 71 »

26 Lyon 300 f.
49 88 »

27 Marseille 500 f.
49 305 »
53 385 »

29 Paris 1000 f.
49 600 »
51 640 »
52 600 »
53 600 »

30 Mystère IV 100 f.
53 14 »
54 14 »
55 14 »
56 14 »
57 14 »
58 14 »

31 Noratlas 200 f.
53 55 »
54 55 »
55 55 »
56 55 »
57 55 »
58 55 »
59 71 »

32 Magister 500 f.
53 805 »
54 805 »
55 835 »

33 Provence 100 f.
53 520 »
54 520 »

35 Morane 300 f.
59 30 50

36 Caravelle 500 f.
57 155 »
59 155 »

37 Alouette 1000 f.
57 350 »
58 350 »
59 350 »

38 Noratlas 2 f.
59 9 15
60 9 15
61 9 15
62 9 15
63 9 15
64 9 15
65 9 15

38a Noratlas
63 17 75
64 17 75

39 Morane 3 f.
59 9 95
61 9 95
62 à 69 9 95
70 9 95
71 9 95
72 à 73 9 95
74 19 25

40 Caravelle
59 à 68 19 25
69 19 25
sans date 23 »

41 Alouette 10 f.
59 à 65, 67, 68 77 »
70 105 »

42 Mystère 20 2 f.
65 à 69 4 60
70 4 60
71, 72 6 90

44 Mermoz et Saint-Exupéry 20 f.
70 84 »
76, 78, 79, 80, 81, 82, 83, 84 69 »

46 Daurat et Vanier 5 f.
76 15 25
77 15 25
78, 79 15 25
80, 81 18 50

47 Boucher et Hilsz 10 f.
72 30 50
74 30 50
75, 76 30 50
77, 78, 79 30 50
80, 81 30 50

48 Guillaume et Codos 15 f.
72 77 »
73, 79 49 75
80, 81, 82, 84 45 75
83 77 »

55 Costes et Le Brix 10 f.
81, 82, 83 30 50

57 Farman Goliath 15 f.
84, 85, 86 42 »

57b 87, 88, 89, 90, 91, 92, 94 30 50

58 Hydravion CAMS 53 20 f.
84, 85, 86 49 75

58b 87, 88, 89, 90, 91, 92, 93, 94, 95, 96 40 50

59 Trimoteur Wibault 283 30 f.
85, 86 69 »

59b 92 63 »

TIMBRES DES COURS D'INSTRUCTION

ANNULÉ

Semeuse camée

N° 20 (III) -	*20 c.*
23	65 »

SPÉCIMEN

Type Blanc

N° 52 (III) -	*2 c.*
25	210 »
N° 54 (IIA) -	*5 c.*
25	195 »

Semeuse lignée

N° 59 -	*60 c.*
25	125 »
N° 60 -	*80 c.*
25	155 »

Semeuse camée

N° 61 (III) -	*10 c.*
25	65 »
26	65 »
N° 62 (I) -	*15 c.*
25	110 »

Semeuse camée

N° 63 (III) -	*20 c.*
25	110 »
N° 64 (III) -	*25 c.*
25	90 »
N° 65 (IIA) -	*30 c.*
25	61 »
N° 68 -	*1 f. 05*
25	115 »

Pasteur

N° 70 -	*45 c.*
24	125 »
N° 72 -	*1 f.*
25	125 »

Préoblitérés

N° 84 (IIA) -	*5 c.*
25	1 800 »
N° 85 (III) -	*10 c.*
25	1 400 »
N° 86 (I) -	*15 c.*
25	1 400 »
N° 87 (III) -	*20 c.*
24	1 400 »
N° 90 -	*45 c.*
24	1 400 »

TIMBRES DE FRANCHISE

6 Semeuse (IIA)	*50 c.*
28	75 »
31	60 »
7 Paix	*50 c.*
33 (I)	47 50
34 (I)	34 50
35 (I)	33 »
35 (III)	26 75
36 (III)	26 75
37 (III)	28 25
8 Paix (I)	*65 c.*
36 (erreur)	5 60
37	4 »
38	4 »
9 Paix (I)	*90 c.*
39	5 »
10 Paix (I)	*90 c.*
39	17 »
11 Emblème Vert	
46	9 15
12 Emblème Rouge	
46	2 50
47	3 »
48	2 50
49	3 »
50	3 »
51	3 »
52	2 50
53	2 50
54	3 »
55	2 50
56	2 50
57	3 »
58	3 »
59	3 »
60	3 »
61	3 »
62	2 50
63	2 50
64	5 85
13 Drapeau	
64	2 50
67	2 50
68	2 50
69	2 50
70	4 20
71	4 20

TIMBRES DE SERVICE

16 (57,58)	10 75
17 (58)	1 55
18 (58)	2 »
19 (59)	5 35
20 (58)	4 »
21 (59)	9 15
22 (61)	2 50
23 (61)	3 35
25 (61)	9 95
27 (62, 63)	6 90
28 (62, 63)	17 »
29 (63, 65)	6 90
30 (63, 65)	6 90
31 (69)	8 40
32 (62, 63)	17 »
33 (71)	19 25
34 (63, 65)	7 65
35 (69)	27 50
39 (69)	4 »
40 (69)	6 10
41 (71)	15 25
42 (69)	20 »
43 (75)	8 40
44 (75)	12 25
45 (75)	29 »
46 (75)	7 65
47 (75)	12 25
48 (75)	42 »
49 (76)	30 50
50 (76)	6 90
51 (76)	4 60
52 (76)	15 25
53 (76)	7 65
54 (76)	5 »
55 (76)	17 »
56 (78)	4 10
57 (78)	5 35
58 (78)	4 10
59 (78)	5 35
60 (80)	4 60
61 (80)	5 35
62 (80)	6 90
63 (80)	5 35
64 (80)	6 90
65 (81)	4 80
66 (81)	4 80
67 (81)	6 10
68 (81)	5 60
69 (81)	5 60
70 (81)	6 10
71 (82)	6 10
72 (82)	6 90
73 (82)	6 10
74 (82)	6 90
75 (83)	5 35
76 (83)	7 65
77 (83)	6 10
78 (83)	7 65
79 (84)	6 10
80 (84)	6 90
81 (84)	10 75
82 (84)	5 35
83 (84)	6 10
84 (84)	9 15
85 (85)	6 10
86 (85)	7 65
87 (85)	11 50
88 (85)	8 40
89 (85)	8 40
90 (85)	17 »
91 (86)	7 65
92 (86)	15 25
93 (86)	9 95
94 (86)	9 95
95 (86)	17 »
96 (87)	7 65
97 (87)	15 25
98 (87)	7 65
99 (87)	15 25
100 (89)	10 75
101 (89)	18 50
102 (90)	9 15
103 (90)	10 75
104 (90)	9 15
105 (90)	13 75
106 (91)	9 15
107 (91)	10 75
108 (91)	9 15
109 (91)	10 75
110 (93)	9 15
111 (93)	9 15
112 (93)	9 15
113 (93)	9 15
114 (96)	6 90
115 (96)	9 15
116 (96)	6 90
117 (96)	9 15
118 (98)	6 90
119 (98)	8 40
120 (99)	8 40
121 (99)	8 40
122 (01)	8 40
123 (01)	8 40
124 (01)	8 40
125 (01)	8 40

TIMBRES-TAXE

28 Banderole 5 c.
34 3 »
35 3 »
36 3 »
37 3 »
38 4 90

29 Banderole 10 c.
34 3 60
35 3 »
36 3 »
37 3 »
38 3 »
40 3 »
42 3 »

33 Banderole 30 c.
34 4 10
35 4 10
36 4 10
37 3 »
38 3 »
39 3 »
40 3 »
42 3 »

37 Banderole 50 c.
34 5 55
35 5 55
36 5 55
37 4 75
38 4 75
39 4 75
40 4 75
42 4 75

38 Banderole 60 c.
35 7 65
36 8 40
37 6 10
38 6 90
39 6 10

40A Banderole 1 f.
35 10 »
36 10 »
37 10 »
38 10 »
39 10 »
40 10 »
41 16 75
42 10 »

42 Banderole 2 f.
34 6 25
35 5 50
37 5 50
40 5 50
42 5 50

42A Banderole 3 f.
26 5 50
36 17 25
37 5 50
38 5 50
39 5 50
40 5 50
42 5 50

55 Recouvrem. 1 c.
27 8 85
28 25 75

56 Recouvrem. 10 c.
30 15 25
31 15 25

57 Recouvrem. 30 c.
26 54 »
28 44 25
29 44 25

58 Recouvrem. 60 c.
26 42 75
27 39 75
28 38 25
30 38 25
31 38 25

59 Recouvrem. 1 f.
26 115 »

60 Recouvrem. 1 f.
31 125 »
32 125 »
33 125 »
34 125 »
35 125 »

61 Recouvrem. 2 f.
27 685 »

62 Recouvrem. 2 f.
31 1 100 »

63 Recouvrem. 1/60 c.
31 220 »

64 Recouvrem. 1 f. 20/2 f.
27 375 »

65 Recouvrem. 5 f./1 f.
26 470 »

66 Banderole 5 f.
40 13 »
42 14 50

67 Gerbes Chiffre-Taxe 10 c.
43 1 »
45 1 25

68 Gerbes 30 c.
43 1 »

69 Gerbes 50 c.
43 1 »
44 1 »
45 1 »
46 1 25

70 Gerbes 1 f.
43 1 »
45 1 25
46 1 25

71 Gerbes 1 f. 50
43 1 55
44 2 »
45 2 75

72 Gerbes 2 f.
43 1 55
45 2 »
46 2 »

73 Gerbes 3 f.
43 2 »
45 2 85
46 2 85

74 Gerbes 4 f.
45 29 »

75 Gerbes 5 f.
43 2 45

76 Gerbes 10 f.
45 17 »

77 Gerbes 20 f.
46 49 75

78 Gerbes Timbre-Taxe 10 c.
47 6 »

79 Gerbes 30 c.
47 6 »

80 Gerbes 50 c.
47 96 »

81 Gerbes 1 f.
47 1 55
48 1 55
49 1 55
50 1 55
51 1 55
52 1 55
53 2 30
55 1 55
56 2 30
57 2 30
58 2 75

82 Gerbes 2 f.
46 1 55
47 1 55
48 1 55
51 1 55
52 1 55
53 1 55
54 1 55
55 1 55
56 1 55
58 2 75

83 Gerbes 3 f.
46 2 30
47 2 30
48 2 30
50 1 55
51 1 55
54 2 30

84 Gerbes 4 f.
46 1 55
47 1 70
48 1 70
52 1 70
53 2 »

85 Gerbes 5 f.
47 1 55
48 1 55
49 1 55
50 2 30
51 1 55
52 1 55
53 1 55
54 1 55
55 1 55
56 1 55
57 1 55
58 1 85
59 13 75

86 Gerbes 10 f.
47 1 55
48 1 55
49 1 55
50 1 55
51 1 55
52 1 55
53 1 55
54 1 55
55 1 55
56 1 55
57 1 55
58 1 55
59 1 55
61 15 25

87 Gerbes 20 f.
47 8 35
49 8 35
50 8 35
51 8 35
52 8 35
53 8 35
54 8 35
55 8 35
56 8 35
57 8 35
58 8 35
59 8 35

88 Gerbes 50 f.
50 115 »
51 115 »
52 115 »
53 115 »
54 115 »
55 115 »
57 115 »
59 115 »
61 145 »

89 Gerbes 100 f.
53 360 »
55 360 »
57 360 »

90 Gerbes 5 c.
59 19 25
60 19 25
61 19 25
62 20 75
63 20 75
64 23 »

91 Gerbes 10 c.
59 30 50
60 30 50
61 30 50
62 30 50
63 30 50

92 Gerbes 20 c.
59 26 75
60 26 75
61 26 75
62 26 75
63 26 75
64 26 75

93 Gerbes 50 c.
60 77 »
61 92 »
62 77 »
63 77 »
64 77 »

94 Gerbes 1 f.
60 305 »
61 305 »
62 305 »
63 370 »
64 305 »

95 Centaurée 5 c.
64 0 80
65 0 80
66, 68 0 80
70, 71 0 80
76, 79 0 80

96 Gentiane 10 c.
65 0 80
66 0 80
67 0 80
69 0 80
70, 71 0 80
75, 76 0 80
78, 79 0 80
80, 81 0 80

97 Coquelicot 15 c.
64 1 55

98 Pervenche 20 c.
71 0 80
74 0 80
75 0 80
76, 78 0 80
79, 81 0 80

99 Myosotis 30 c.
64 1 10
66 1 10
67 1 10
68 1 10
69 1 10
70 1 10
71 1 10
72 1 55
74, 75, 76, 77, 78 1 10
79, 80, 81 1 10

100 Ancolie 40 c.
71 2 30
74 1 85
75 1 85
76, 77, 78 1 85
79, 81 1 85

101 Trèfles 5 c.
64 1 85
65 1 85
66 3 05
67 1 85
68 1 85
69 1 85
71 1 85
73 1 85
74 1 85
75 1 85
76, 77, 78, 79 1 85
80 1 85

102 Soldanelle 1 f.
64 3 85
65 3 85
66 3 85
67 3 85
68 3 85
69 3 85
70 3 85
71 3 85
73 3 85
74 3 85
75, 76 3 85
78, 79, 80, 81 3 85

103 Coléoptères 10 c.
81, 82, 84, 86 1 55

104 idem 20 c.
81, 82, 83 1 55

105 idem 50 c.
81, 82, 83, 85, 87 1 55

106 idem 1 f.
81, 83, 84, 86 4 20
87 5 85

107 idem 2 f.
81, 86 6 90

108 idem 4 f.
81, 82, 83, 84, 85 13 75

109 idem 30 c.
82, 83, 85, 87 2 30

110 idem 40 c.
82, 83, 85, 86 2 50

111 idem 3 f.
82, 83, 84, 85 10 »
87 20 »

112 idem 5 f.
82, 83 15 25
87 18 50

TIMBRES POUR COLIS POSTAUX

Jusqu'en 1939 les cotes de la colonne de gauche concernent les timbres neufs avec charnière légère, et celles de la colonne de droite les timbres oblitérés.

1892. - *Lithographie.*

II - VALEUR DÉCLARÉE

I - APPORT A LA GARE
a

III - LIVRAISON PAR EXPRÈS

	Non dentelé.		
1	10 c. rouge sombre (II)	23 »	18 50
	Dentelés 13½.		
2	10 c. rouge (II)	1 100 »	300 »
3	25 c. brun s. jaune (I)	880 »	300 »
4	25 c. vert (III)	60 »	30 50
	Dentelé 10 x 13½.		
5	10 c. rouge (II)	915 »	360 »
	Dentelés 11.		
6	10 c. rouge-orange (II)	30 »	14 »
	a. rose foncé	35 »	15 »
7	25 c. brun s. jaune (I)	30 »	23 »
8	25 c. vert-jaune (III)	46 »	25 »

De nouvelles valeurs à ce type ont paru en 1918-23 (nos 28 à 32). Les 10 c. noir, 25 c. bleu sur azuré et 25 c. lilas, appartiennent à l'Algérie, ainsi que le même type à valeur encadrée.

1901. - *Typographie. Dentelés 14 x 13½.*

9	5 c. *gris*	3 »	
10	10 c. *vert pâle*	4 »	
11	20 c. *rose pâle*	22 »	
	a. (Non dentelé)	170 »	
12	50 c. *bleu*	9 »	
13	1 f. *brun*	10 »	
14	2 f. *rouge-brun*	46 »	
	Nos 9 à 14 (6 val.)	94 »	

1918. - *Typographie. Dentelés 11.*

b

15	5 c. noir	1 25	1 »
16	15 c. lilas-brun	1 25	1 »
	Non dentelés.		
17	5 c. noir	3 85	2 30
18	15 c. violet	10 »	4 60
	a. lilas-brun	11 50	6 10

1918-20. - *Impression plus fine. Typographie. D. 11-11½.*

c

19	5 c. noir	115 »	42 »
20	35 c. rouge	3 85	2 30
21	50 c. violet foncé	4 60	1 55
22	1 f. jaune-orange	3 85	1 55
	Non dentelés.		
23	5 c. noir	115 »	42 »
24	15 c. lilas	30 »	18 50
25	35 c. rouge	3 85	2 30
26	50 c. violet-bleu	26 »	14 »
27	1 f. jaune	20 »	14 »

De nouvelles valeurs à ce type ont paru en 1926 (nos 77 à 80) et en 1938 (nos 155 à 159).

Les mêmes timbres avec indication de monnaie (fr.) appartiennent à l'Algérie.

1918-23. - *Type* ***a****. Lithographie. Dentelés 10½-11.*

	I. - Apport à la gare.		
28	30 c. brun s. jaune	46 »	15 50
29	60 c. brun s. jaune	55 »	30 »
	II - Valeur déclarée.		
30	15 c. vermillon	20 »	11 50
	III. - Livraison par exprès.		
31	30 c. vert	46 »	23 »
32	60 c. vert	92 »	55 »

1924. - *Type Daussy. Valeur et COLIS POSTAUX en bleu. Typographie. Dentelé 13½.*

33	15 c. rouge	5 35	4 60
	(Sur document)		300 »
	a. (Valeur et COLIS POSTAUX renversés)	725 »	460 »
	b. (Valeur en rouge)	1 000 »	
	c. (Sans légende)	1 100 »	
	d. (Non dentelé)	1 300 »	

1926. - *Types de 1918-20 (dentelés 11) surchargés.*

Les cotes de la 1re colonne concernent les timbres avec gomme, la 2e colonne sans gomme et la 3e colonne oblitérés.

34	0 F. 20 s. 2 f. rose (c)	2 30	1 25	1 25
35	0 F. 30 s. 2 f. jaune (c)	2 30	1 25	1 25
	a. (Sans 0,30 mais avec les traits)	50 »		
36	0 F. 40 s. 3 f. gris (c)	2 30	1 25	1 55
37	0 F. 45 s. 3 f. orange (c)	2 30	1 25	0 80
	a. (Ss point après F)	12 25	6 10	6 10
38	0 F. 95 s. 1 f. jaune (c)	9 15	3 85	3 »
	a. (Non dentelé)	70 »		
39	1 F. 35 s. 3 f. violet (c)	12 25	7 65	5 35
40	1 F. 45 s. 5 c. noir (b) (R)	2 30	1 25	1 25
41	1 F. 75 s. 2 f. bleu (c)	12 25	7 »	5 35
42	1 F. 85 s. 10 c. orange	2 30	1 25	1 55
43	1 F. 95 s. 15 c. lilas-brun (b)	2 75	1 85	1 55
	a. (Non dentelé)	85 »		
44	2 F. 35 s. 25 c. vert (c)	2 30	1 10	1 10
	a. (Non dentelé)	85 »		
45	2 F. 90 s. 35 c. rouge (c)	3 »	1 25	0 80
	a. (Point avant et après F)	14 »		6 10
	b. (Non dentelé)	85 »		
46	3 F. 30 s. 50 c. violet foncé (c) (R)	3 85	2 »	1 85
	a. (Double surch.)	115 »		77 »
	a. (Non dentelé)	61 »		

1926. - *Fond formé des mots COLIS POSTAL répétés à l'infini. Format 18 x 21,5. Typographie. Dentelés 11.*

d

e

f

I. - Apport à la gare.

47	1 F. 00, s. 60 c. brun s. jaune (d)	15 50	12 25
48	1 f. 00, brun s. jaune (e)	18 50	14 »
49	1 F. 30, s. 1 f. brun s. jaune	18 50	13 »
50	1 f. 50, brun s. jaune (e)	21 »	12 25
51	1 f. 65, brun s. jaune (e)	15 50	13 »
52	1 F. 90 s. 1 f. 50, brun s. jaune	18 50	13 »
53	2 F. 10 s. 1 f. 65, brun s. jaune	18 50	13 »

I bis. - Apport à la gare d'un colis déposé dans un bureau de Paris.

I

II

III

54	15 c. brun s. jaune (f) (I)	8 40	3 »
	a. brun foncé s. jaune vif (II)	215 »	
	b. (Non dentelé) (II)	245 »	

Le type III concerne le n° 95.

II. - Valeur déclarée.

55	0 F. 50 s. 15 c. rouge (d)	3 »	1 55
56	50 c. rouge (e)	840 »	
57	50 c. rouge (1)		4 60
	2	30	
	a. (Double impression du chiffre 1)	245 »	
	b. (Non dentelé)	200 »	
58	0 F. 55 s. 15 c. rouge (d (1)	7 »	3 85
59	0 F. 55 s. 50 c. rouge (1)	7 »	4 60
60	0 F. 65 s. 50 c. rouge	3 »	2 30
61	0 F. 65 s. 50 c. rouge (1)	17 »	9 95
62	1 F. 50 s. 50 c. rouge (3)	7 »	5 35
63	2 F. 00 s. 50 c. rouge (4)	8 40	3 »
64	2 F. 50 s. 50 c. rouge (5)	17 »	9 15

Les chiffres entre ( ) sont ceux qui ont été imprimés en haut et à gauche du timbre, pour rappeler au personnel combien de fois la taxe initiale de 50 centimes devait être perçue.

III. - Livraison par exprès.

65	1 F. 00 s. 60 c. vert (d)	9 15	6 10
66	1 f. 00, vert (e)	85 »	49 »
67	1 F. 30 s. 1 f. vert	17 »	14 »
68	1 f. 50, vert (e)	17 »	15 50
69	1 f. 65, vert (e)	17 »	14 »
70	1 F. 90 s. 1 f. 50, vert	17 »	14 »
71	2 F. 10 s. 1 f. 65, vert	30 »	18 50

IV. - Intérêt à la livraison.

72	50 c. lilas (d)	2 30	1 55
73	50 c. lilas (e) (1)	7 »	4 60
74	1 F. 50 s. 50 c. lilas (e) (3)	8 40	5 35
75	2 F. s. 50 c. lilas (e) (4)	10 75	7 65
76	2 F. 50 s. 50 c. lilas (e) (5)	10 75	7 65

Le type **d** a reparu en 1933 (n°s 96 à 100), en 1937 (n°s 119 à 126), en 1938 (n°s 147 à 154) et en 1939 (n° 164) ; il a été ensuite légèrement retouché (n°s 165 à 173).

1926. - *Type* **c**. *Typographie. Dentelés 11.*

77	10 c. orange	2 30	1 55
78	25 c. vert	2 30	1 55
79	2 f. bleu	30 »	18 50
80	3 f. violet	120 »	77 »

1928. - *Timbres de 1926 surchargés.*

Les chiffres entre ( ) indiquent les prix auxquels étaient vendus ces timbres provisoires.

I. - Apport à la gare.

81	1 f. 00, brun s. jaune (1,45)	17 »	15 50
82	1 f. 50, brun s. jaune (2,15)	17 »	12 25
83	1 f. 65, brun s. jaune (2,35)	17 »	12 25

II. - Valeur déclarée.

84 50 c. rouge (nº 56) (0,75) ▯ 6 » 4 60
a. (Surcharge renversée) 185 » 185 »

III. - Livraison par exprès.

85 1 f. 00, vert (1,45) 18 50 15 50
86 1 f. 50, vert (2,15) 18 50 15 50
87 1 f. 65, vert (2,35) 18 50 15 50

1928-29. - *Type* **d** *(nº 88) et type* **e** *(nºs 88A à 94) avec nouvelle valeur en surcharge. Dentelés 11.*

I. - Apport à la gare.

88 1 F. 45 s. 60 c. brun s. jaune 7 » 7 »
88A 1 F. 45 s. 1 f. brun s. jaune 46 » 30 »
89 2 F. 15 s. 1 f. 50, brun s. jaune 70 » 46 »
90 2 F. 35 s. 1 f. 65, brun s. jaune 70 » 46 »

II. - Valeur déclarée.

91 0 F. 75 s. 50 c. rouge 2 45 1 55

0F.

au lieu de

0F.

91a (Lettre F plus petite) 15 50 3 85

III. - Livraison par exprès.

92 1 F. 45 s. 1 f. vert 70 » 42 »
93 2 F. 15 s. 1 f. 50, vert 70 » 42 »
94 2 F. 35 s. 1 f. 65, vert 70 » 42 »

1932. - *Type* **f** *modifié. Dentelé 11.*

I bis. - Apport à la gare d'un colis déposé dans un bureau de Paris.

95 15 c. brun s. jaune (III) 9 15 4 60
(Voir différence des types avant le nº 54).

1933-34. - *Type* **d**. *Dentelés 11.*

I. - Apport à la gare.

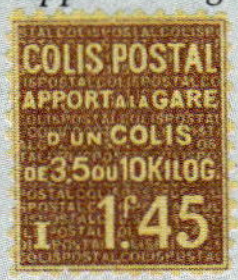

96 1 f. 45, brun s. jaune 46 » 20 »
97 2 f. 35, brun clair s. jaune 1 700 »

II. - Valeur déclarée.

98 75 c. rouge 20 » 3 »

III. - Livraison par exprès.

99 1 f. 45, vert 565 » 300 »

V. - Colis encombrant.

100 2 f. bleu 50 » 21 »

Voir à Algérie les timbres à ce type avec la surcharge CONTROLE REPARTITEUR (nºs 38 à 43) ou CONTROLE (nºs 62 et 63).

1936. - *Timbres de 1926 (type* **e***) surchargés* **B**.

I. - Apport à la gare.

101 1 f. 00, *brun s. jaune* (48) 115 »
102 1 f. 50, *brun s. jaune* (50) 115 »
103 1 f. 65, *brun s. jaune* (51) 115 »

II. - Valeur déclarée.

104 50 c. *rouge* (56) 115 »

III. - Livraison par exprès.

105 1 f. 00, *vert* (66) 115 »
106 1 f. 50, *vert* (68) 115 »
107 1 f. 65, *vert* (69) 115 »

Les nºs 101 à 107, préparés en vue d'une augmentation des tarifs, n'ont pas été émis.

1937. - *Timbres de 1928-33 (type* **e** *pour les nºs 109, 114 et 116, type* **d** *pour les autres, surchargés.*

Les chiffres entre ( ) indiquent les prix auxquels étaient vendus ces timbres :

Les crochets [ ] encadrant la couleur d'un timbre indiquent que ce timbre n'a pas été émis sans surcharge.

I. - Apport à la gare.

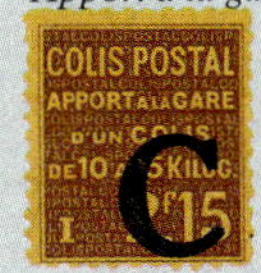

108 1 f. 45, brun s. jaune (96) (1 f. 85) 7 » 7 »
109 2 F. 15 s. 1 f. 50, brun s. jaune (89) (2 f. 75) 42 » 30 »
110 2 f. 15 [brun s. jaune] (2 f. 75) 27 50 20 »
111 2 f. 35, brun s. jaune (97) (3 f. 05) 27 50 20 »

II - Valeur déclarée.

112 75 c. rouge (98) (0 f. 95) 18 50 17 »
a. (Surch. renversée) 115 »
b. (Paire dont un sans surcharge) 215 »
c. (Double surcharge) 130 »

III. - Livraison par exprès.

113 1 f. 45, vert (99) (1 f. 85) 18 50 15 50
114 2 F. 15 s. 1 f 50 (93) (2 f. 75) 18 50 15 50

115	2 f. 15 [vert] (2 f. 75)	46 »	30 »
116	2 F. 35 s. 1 f. 65 (94) (3 f. 05)	275 »	100 »
117	2 f. 35 [vert] (3 f. 05)	18 50	15 50

V. - Colis encombrant.

118	2 f. bleu (100) (2 f. 60)	42 »	35 »

1937. - *Timbres de 1933-34 (type **d**) avec nouvelle valeur en surcharge.*

Les crochets [ ] encadrant la couleur d'un timbre indiquent que ce timbre n'a pas été émis sans surcharge.

I. - Apport à la gare.

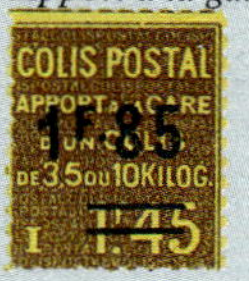

119	1 F. 85 s. 1 f. 45, brun s. jaune (96)	15 50	9 15
120	2 F. 75 s. 2 f. 15 [brun s. jaune]	30 »	18 50
121	3 F. 05 s. 2 f. 35, brun s. jaune (97)	58 »	27 »

II - Valeur déclarée.

122	0 F. 95 s. 75 c. rouge (98)	46 »	25 »

III. - Livraison par exprès.

123	1 F. 85 s. 1 f. 45, vert (99)	77 »	45 »
124	2 F. 75 s. 2 f. 15 [vert]	77 »	45 »
125	3 F. 05 s. 2 f. 35 [vert]	77 »	45 »

V. - Colis encombrant.

126	2 F. 60 s. 2 f. bleu (100)	17 »	14 »

Le tarif des colis postaux ayant été augmenté, ces timbres, émis en remplacement des provisoires surchargés C, ont été remplacés à leur tour par les suivants avec surcharge D.

1938. - *Timbres de 1928-37 (type **e** pour les n°s 129, 139 et 141, type **d** pour les autres) surchargés.*

Les chiffres entre ( ) indiquent les prix auxquels étaient vendus ces timbres provisoires.

Les crochets [ ] encadrant la couleur d'un timbre indiquent que ce timbre n'a pas été émis sans surcharge.

I. - Apport à la gare.

127	1 f. 45, brun s. jaune (96) (2 f. 30)	3 »	2 30
128	1 F. 85 s. 1 f. 45, brun s. jaune (119) (2 f. 30)	3 »	2 30
129	2 F. 15 s. 1 f. 50, brun s. jaune (89) (3 f. 45)	3 »	2 30
130	2 f. 15 [brun s. jaune] (3 f. 45)	45 »	35 »
131	2 F. 35 s. 1 f. 65, brun s. jaune (90) (3 f. 85)	690 »	535 »
132	2 f. 35, brun s. jaune (97) (3 f. 85)	3 »	2 30
133	2 F. 75 s. 2 f. 15, brun s. jaune (120) (3 f. 45)	3 »	2 30
134	3 F. 05 s. 2 f. 35, brun s. jaune (121) (3 f. 85)	6 10	5 35

II. - Valeur déclarée.

135	75 c. rouge (98) (1 f. 15)	3 85	3 »
	a. (Paire dont un sans surcharge)	125 »	
136	0 F. 95 s. 75 c. rouge (122) (1 f. 15)	3 »	3 »

III. - Livraison par exprès.

137	1 f. 45, vert (99) (2 f. 30)	4 60	3 85
138	1 F. 85 s. 1 f.45 (123) (2 f.30)	5 35	3 85
139	2 F. 15 s. 1 f. 50 (93) (3 f. 45)	500 »	370 »
140	2 f. 15 [vert] (3 f. 45)	18 50	18 50
141	2 F. 35 s. 1 f. 65 (94) (3 f. 45)	800 »	800 »
142	2 f. 35 [vert] (3 f. 85)	11 50	11 50
143	2 F. 75 s. 2 f. 15 (124) (3 f. 45)	3 85	3 »
144	3 F. 05 s. 2 f. 35 (125) (3 f. 85)	4 60	3 85

V - Colis encombrant.

145	2 f. bleu (100) (3 f. 25)	3 »	2 30
146	2 F. 60 s. 2 f. bleu (126) (3 f. 25)	3 »	2 30

1938. - *Timbres de 1933-34 (type **d**) avec nouvelle valeur en surcharge.*

Les crochets [ ] encadrant la couleur d'un timbre indiquent que ce timbre n'a pas été émis sans surcharge.

I. - Apport à la gare.

147	2 F. 30 s. 1 f. 45, brun s. jaune (96)	3 85	3 »
148	3 F. 45 s. 2 f. 15, [brun s. jaune]	3 85	3 »
149	3 F. 85 s. 2 f. 35, brun s. jaune (97)	3 85	3 »

II. - Valeur déclarée.

150	1 F. 15 s. 75 c. rouge (98)	1 55	1 55

III. - Livraison par exprès.

151	2 F. 30 s. 1 f. 45, vert (99)	3 85	3 »
152	3 F. 45 s. 2 f. 15 [vert]	3 85	3 »
153	3 F. 85 s. 2 f. 35 [vert]	3 85	3 »

V. - Colis encombrant.

154	3 F. 25 s. 2 f. bleu (100)	1 55	1 55

Cette série a été émise en remplacement des provisoires surchargés D.

1938. - *Type **c**. Typographie. Dentelés 11.*

155	10 c. noir	18 50	18 50
156	10 c. lilas-rose	100 »	100 »
	a. (Non dentelé)	110 »	110 »
157	15 c. outremer	100 »	100 »
	a. (Non dentelé)	110 »	110 »
158	20 c. lilas-brun	18 50	18 50

Percé en lignes.

159	20 c. lilas-brun	11 50	11 50

1938. - *Timbres de 1938 (surchargés D.) avec nouvelle surcharge 10 kg = 2 f. 30.*

160	2 F. 30 s. 2 f. 15, vert (140)	73 »	70 »
161	2 F. 30 s. 2 f. 35, vert (142)	73 »	70 »
162	2 F. 30 s. 2 F. 75 s. 2 f. 15 (143)	155 »	110 »
163	2 F. 30 s. 3 F. 05 s. 2 f. 35 (144)	155 »	110 »

A partir de 1939 et jusqu'en 1945, les cotes de la colonne de gauche concernent les timbres neufs avec gomme d'origine intacte et sans charnière, celles de la colonne centrale les timbres neufs avec charnière légère, celles de la colonne de droite les timbres oblitérés.

1939. - *Type **d**. Valeur déclarée. Typographie. Dentelé 11.*

164	1 f. 15, rouge	3 »	1 55	1 55

1939. - *Format 17,5 x 21. Typographie. Dentelés 11.*

I. - Domicile.

165	2 f. 40, brun s. jaune	4 60	3 »	3 »
166	3 f. 50, brun s. jaune	4 60	3 »	3 »
167	3 f. 80, brun s. jaune	4 60	3 »	3 »

II. - Valeur déclarée.

168	1 f. rouge	4 60	3 »	2 30
169	5 f. rouge	4 60	3 »	3 »

III. - Remboursement.

170	2 f. 50, vert-jaune	4 60	3 »	2 30
171	7 f. 50, vert-jaune	4 60	3 »	2 30

IV - Intérêt à la livraison.

172	1 f. lilas	15 50	10 75	7 65

V. - Colis encombrant.

173	3 f. 20, bleu	17 75	12 25	8 40

1941. - *Taille-douce. Dentelés 12-12½.*

i

k

Viaduc de Garabit.
l

Viaduc de Fontpedrouse.
m

Lorsque le cartouche ne porte pas la valeur, nous indiquons entre ( ) le prix auquel était vendu le timbre.

*I. - Livraison à domicile (**i**).*

174	(2 f. 70), brun	10 75	6 10	5 35
175	(3 f. 90), bleu	10 75	6 10	5 35
176	(4 f. 20), vert foncé	10 75	6 10	5 35
	a. (Non dentelé)		100 »	

*II. - Valeur déclarée (**k**).*

177	1 f. brun	4 60	2 75	1 55
	a. (Valeur omise)		77 »	
	b. (Id. non dentelé)		155 »	
178	5 f. carmin	2 30	1 55	1 85
	a. (Valeur omise)		77 »	
	b. (Id. non dentelé)		155 »	

*III. - Remboursement (**l**).*

179	2 f. 50, bleu	2 30	1 55	1 85
	a. (Valeur omise)		77 »	
	b. (Double impression de la valeur dont une à l'envers)		115 »	
180	7 f. 50, vert-jaune	6 10	4 60	3 85
	a. (Non dentelé)		77 »	
	b. (Valeur omise)		385 »	

*IV. - Intérêt à la livraison (**m**).*

181	1 f. violet	1 55	1 »	1 10
	a. (Valeur omise)		140 »	
	b. (Id. non dentelé)		200 »	

*V. - Colis encombrant (**n**).*

n

182	(3 f. 50), bleu	15 50	12 25	11 50

Le cartouche des nos 174, 175, 176 et 182 ne porte pas l'indication de la valeur.

1941. - *Types précédents avec valeur dans le cartouche. Taille-douce. Dentelés 12-12½.*

*I. - Livraison à domicile (**i**).*

183	2 f. 70, brun	12 25	7 65	6 10
184	3 f. 90, bleu	12 25	7 65	6 10
185	4 f. 20, vert foncé	12 25	7 65	6 10

*V. - Colis encombrant (**n**).*

186	3 f. 50, bleu	55 »	40 »	18 50

De nouvelles valeurs au type **i** ont paru en 1943 (nos 208 à 210) et en 1944 (nos 212 à 214). Le type **n** a également été repris en 1944 (no 215).

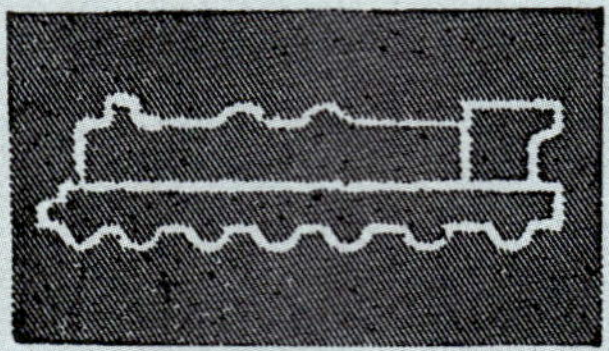

A

1942-43. - *Idem, avec chiffres de la valeur plus forts. Filigrane A. Taille-douce. Dentelés 12½.*

au lieu de

II. - Valeur déclarée.

Avec filigrane A.

187A	1 f. brun (k)	10 75	7 65	7 65
188A	5 f. carmin (k)	21 50	15 50	12 25

Sans filigrane.

187B	1 f. brun (k)	2 30	1 55	1 55
188B	5 f. carmin (k)	7 65	6 10	6 10

III. - Remboursement.

Avec filigrane A.

189A	2 f. 50, bleu (l)	14 »	9 15	6 10
190A	7 f. 50, vert-jaune (l)	23 »	17 »	12 25

Sans filigrane.

189B	2 f. 50, bleu (l)	2 30	1 55	1 55
190B	7 f. 50, vert-jaune (l)	11 50	7 65	7 65

Un 20 f. rouge au type **l** a été émis en 1943 (nº 211).

1942. - *Surtaxe au profit du Comité national de solidarité des cheminots. Timbres de 1941-42 surchargés.*

Les lignes de la surcharge sont moins espacées sur les timbres du petit format.

I. - Livraison à domicile.

191	+3 F s. 2 f. 70, brun (183) (V)	20 »	15 »
192	+3 F s. 3 f. 90, bleu (184) (B)	20 »	15 »
193	+3 F s. 4 f. 20, vert foncé (185) (V)	20 »	15 »

II. - Valeur déclarée.

194	+3 F s. 1 f. brun (187) (Br.)	21 »	15 »
195	+3 F s. 5 f. carmin (178) (V)	21 »	15 »

III. - Remboursement

196	+3 F s. 2 f. 50, bleu (189) (B)	21 »	15 »
197	+3 F s. 7 f. 50, vert (190) (V)	21 »	15 »

IV - Intérêt à la livraison.

198	+3 F s. 1 f. violet (181) (R)	23 »	15 »

V. - Colis encombrant.

199	+3 F s. 3 f. 50, bleu (186) (B)	23 »	15 »
	Nos 191 à 199 (9 val.)	190 »	135 »

Les nos 194 à 198 existent sans point après N.

Valeur, chaque 27 »

1943. - *Timbres de 1941 avec lettre F dans le cartouche réservé à la valeur. Taille-douce.*

I. - Livraison à domicile (nos 174 à 176, type ***i****).*

200	(3 f.), brun (B)	4 60	3 »	3 »
201	(4 f. 30), bleu (R)	4 60	3 »	3 »
202	(4 f. 70), vert foncé (R)	4 60	3 »	3 »

V. - Colis encombrant (nº 182, type ***n****).*

203	(3 f. 90), bleu (R)	11 50	7 »	7 »

1943. - *Timbres de 1941 avec nouvelle valeur en surcharge.*

I. - Livraison à domicile.

o

204	3 F 0 s. 2 f. 70, brun (B)	7 65	6 10	4 60
205	4 F 3 s. 3 f. 90, bleu (R)	4 60	3 »	3 »
206	4 F 7 s. 4 f. 20, vert fcé (R)	5 35	3 85	3 »

V. - Colis encombrant.

207	3 F 9 s. 3 f. 50, bleu (R)	5 35	3 85	3 »

1943. - *Types de 1941 avec valeur dans le cartouche. Taille-douce.*

*I. - Livraison à domicile (****i****). Dentelé 12 x 12½.*

208	3 f. 0, brun et bleu	6 10	4 60	3 »
	a. brun-rouge et bleu	7 »	5 35	3 85
209	4 f. 3, bleu et rouge	15 50	10 75	6 10
210	4 f. 7, vert foncé et rouge	17 »	12 25	2 30

Ont reparu avec filigrane A en 1944 (N°s 212 à 214).

*III. - Remboursement (**l**). Filigrane A. Dentelé 12½ x 13.*

211	20 f. rouge	7 65	5 35	4 60

1944. - *Types de 1941 avec valeur dans le cartouche. Filigrane A. Taille-douce. Dentelés 12-12½.*

*I. - Livraison à domicile (**i**).*

212	3 f. 0, brun et bleu	22 »	14 »	10 »
213	4 f. 3, bleu et rouge	35 »	22 »	14 »
214	4 f. 7, vert et rouge	35 »	22 »	14 »

*V. - Colis encombrant (**n**).*

215	3 f. 9, bleu et rouge	22 »	14 »	12 25
	a. (Sans filigrane)		77 »	

1944-45. - *Taille-douce. Dentelés 12 x 12½.*

Barrage de Marèges.
p

Caténaires.
q

Ligne à haute tension.
r

*II. - Valeur déclarée (**p**).*

Avec filigrane A.

216A	1 f. lie-de-vin	8 40	6 10	6 10
217A	5 f. carmin	10 »	7 »	7 »

Sans filigrane.

216B	1 f. lie-de-vin	385 »	300 »
217B	5 f. carmin	385 »	300 »

*III. - Remboursement (**q**).*

Avec filigrane A.

218A	2 f. 5, bleu	10 »	7 »
219A	7 f. 5, vert	10 »	7 »

Sans filigrane.

218B	2 f. 5, bleu	385 »	300 »
219B	7 f. 5, vert	385 »	300 »

*IV. - Intérêt à la livraison (**r**).*

Avec filigrane A.

220A	1 f. violet	10 »	7 »

Sans filigrane.

220B	1 f. violet	385 »	300 »

1945. - *Timbres de 1941 avec lettre G dans le cartouche réservé à la valeur.*

*I. - Livraison à domicile (**i**).*

Avec filigrane A.

221A	(5 f.), brun	23 »	18 50	20 »
222A	(7 f. 2), bleu (Vte)	20 »	14 »	14 »
223A	(7 f. 8), Vert foncé (Vte)	20 »	14 »	14 »

Sans filigrane.

221B	(5 f.), brun	7 65	6 10	6 10
222B	(7 f. 2), bleu (Vte)	7 65	6 10	6 10
223B	(7 f. 8), Vert foncé (Vte)	7 65	6 10	6 10

*V. - Colis encombrant (**n**).*

224	(6 f. 6), bleu (Vte)	9 15	7 »	7 »

L'ancien n° 225 est catalogué sous le n° 187B.

1945. - *Timbres de 1943 avec nouvelle valeur en surcharge.*

I. - Livraison à domicile.

Avec filigrane A.

226A	5 F. 0 s. 3 f. 0	9 15	7 »	7 »
227A	7 F. 2 s. 4 f. 3 (Vte)	9 15	7 »	7 »
228A	7 F. 8 s. 4 f. 7 (Vte)	9 15	7 »	7 »

Sans filigrane.

226B	5 F. 0 s. 3 f. 0	65 »	46 »
227B	7 F. 2 s. 4 f. 3 (Vte)	65 »	46 »
228B	7 F. 8 s. 4 f. 7 (Vte)	65 »	46 »

V. - Colis encombrant.

Avec filigrane A.

229A	6 F. 6 s. 3 f. 9 (Vte)	11 50	7 65

Sans filigrane.

229B	6 F. 6 s. 3 f. 9 (Vte)	65 »	46 »

1945. - *Taille-douce. Dentelés 12 x 12½.*

s

t

I. - Livraison à domicile (s).

Avec filigrane A.

230A	5 f. lie-de-vin et noir	23 »	17 »
231A	7 f. 2, bleu et violet	23 »	17 »
232A	7 f. 8, vert et violet	23 »	17 »

Sans filigrane.

230B	5 f. lie-de-vin et noir	12 25	7 65
231B	7 f. 2, bleu et violet	46 »	30 »
232B	7 f. 8, vert et violet	30 »	20 »

V. - Colis encombrant (t).

Avec filigrane A.

233	6 f. 6, outremer et violet	9 15	7 »

TIMBRES POUR COLIS POSTAUX ET AUTRES (DE 0 À 50 KILOS)

Dits Timbres pour "Petits Colis".

Émis par la S.N.C.F., ces timbres n'ont pas été vendus à l'état neuf. Leur dentelure est de qualité médiocre.

1944-47. - *Lithographie. Filigrane A. Dentelés 12½.*

1	1 f. vert	1 50
2	2 f. violet	1 85
3	3 f. gris	1 85
3A	4 f. gris-noir	2 50
	Taille-douce. Format 18,5 x 22.	
4	5 f. bleu	2 30
4A	5 f. outremer	1 50
5	6 f. lilas-rose	1 50
6	7 f. violet	3 35
7	7 f. mauve	20 »
8	8 f. vert-olive	2 50
9	9 f. bleu-vert	5 35
10	10 f. rose	1 70
11	20 f. vert-jaune	1 50
	a. (Non dentelé, sans filigrane)	230 »
12	30 f. violet-rouge	1 50
13	30 f. gris	1 50
14	40 f. ocre	1 50
15	50 f. orange	1 40
16	60 f. lilas-rose	1 50
17	70 f. violet	28 »
18	70 f. mauve	7 65
19	80 f. olive	2 »
20	90 f. bleu-vert	29 »
21	90 f. turquoise	2 45
22	100 f. gris-brun	1 50
23	100 f. jaune clair	2 30
23A	100 f. rouge	2 »
24	200 f. vert-jaune	2 »
25	500 f. jaune-orange	2 30
26	1000 f. jaune	16 »
	Nos 1 à 26 (29 val.)	150 »

Seul le 1er tirage des nos 1, 2, 4, 10, 11, 15 et 22 est sans filigrane.

1948-54. - *Type de 1944-47. Taille-douce. Filigrane A. Dentelés 13 x 13½.*

27	9 f. bleu clair	17 »
28	10 f. vert	10 »
29	20 f. lilas	17 »
30	50 f. bleu	11 »
	Nos 27 à 30 (4 val.)	55 »

Des séries des nos 1 à 30 existent neuves.
Valeur : 3050 »

1960. - *Taille-douce. Filigrane A. Dentelés 13.*

31	5 c. orange	2 »
32	10 c. rouge	10 »
33	20 c. rouge	4 »
34	30 c. rouge	4 »
35	40 c. rouge	9 »
36	50 c. rouge	4 50
37	60 c. rouge	4 50
38	70 c. rouge	4 50
39	80 c. rouge	4 50
40	90 c. rouge	4 50
41	1 f. bleu	2 50
42	2 f. bleu	2 »
43	3 f. bleu	2 »
44	4 f. bleu	2 »
45	5 f. bleu	2 »
46	10 f. jaune	3 »
47	20 f. vert	20 »
	Nos 31 à 47 (17 val.)	85 »

Des séries des nos 31 à 47 existent neuves.
Valeur : 725 » 385 »

Certains de ces timbres existent avec surcharge SPECIMEN.

Seul le dernier tirage (sur papier très blanc) est sans filigrane. Il comporte toute la série sauf les nos 31, 32, 36 et 37.

COLIS POSTAUX D'ALSACE-LORRAINE

(Timbres-Pré-Perforés)

Entre les deux guerres mondiales, le Service des Colis-Postaux a été directement assuré, en Alsace-Lorraine, par la Poste.

L'affranchissement consistait en timbres-poste apposés sur des récépissés. Les timbres des valeurs faciales supérieures à 2 F devaient réglementairement posséder une perforation centrale.

Cette dernière fut souvent obtenue, après affranchissement et oblitération, par un coup de poinçon ou d'emporte-pièce traversant le récépissé. Mais dans certains bureaux, les fortes valeurs étaient vendues pré-perforées aux usagers. Les perforations étaient de forme variable, mais le plus souvent circulaire.

Il est actuellement connu, sur récépissé, les pré-perforés suivants : Merson : n°s 123, 206, 207 et 240 et Monuments : n°s 259, 260 et 261. D'autres valeurs ont pu être pré-perforées occasionnellement. Par suite d'une mauvaise application des directives postales, le 2 F Merson n° 145 fut pré-perforé en 1927 par le Bureau de Strasbourg-Tanneries.

Valeur sur récépissé.

1919-31. - *Type Merson.*

1	3 f. violet et bleu (206)	45 »
2	3 f. lilas et carmin (240)	95 »
3	5 f. bleu et chamois (123)	30 »
4	10 f. vert et rouge (207)	77 »
	Erreur.	
5	2 f. orange et vert-bleu (145)	340 »

1929-31. - *Sites et Monuments.*

6	3 f. ardoise (259)	50 »
7	5 f. brun (260)	23 »
8	10 f. bleu (261)	77 »

Timbres de Port-payé d'Entreprises.

Au début des années 30, certaines entreprises, grandes utilisatrices du service des colis-postaux d'Alsace-Lorraine, furent autorisées à remplacer, sur leurs bulletins d'expédition, les timbres-poste normaux par une étiquette numérotée portant la mention "P.P." et l'indication de chaque entreprise expéditrice (une cinquantaine de connues). Ces étiquettes étaient imprimées en noir pour les colis normaux et en rouge pour les envois de colis contre remboursement. (Val. des timbres de port-payé d'entreprise, sur bull. d'expéd. : Noirs, à partir de 61 » Rouges, à partir de 140 »).

TIMBRES DES COURS D'INSTRUCTION

En 1911 l'Administration des P.T.T. a institué des cours théoriques et pratiques pour l'instruction professionnelle des surnuméraires débutants. Avant leur envoi dans les centres d'instruction et pour leur enlever toute valeur fiduciaire, les figurines nécessaires aux exercices d'application étaient revêtues de l'une des surcharges ci-après :

Les cotes de la colonne de gauche concernent les timbres neufs avec gomme d'origine intacte et sans charnière, celles de la colonne de droite, les timbres neufs avec charnière légère.

1911-28. - *Timbres avec surcharge ANNULE.*

Type-Blanc.

1	1 c. gris (107) (I)	30 »	25 »
2	1 c. ardoise (107a) (I)	17 »	14 »
3	2 c. brun-lilas (108) (I)	17 »	14 »
4	2 c. brun-lilas foncé (108a) (I)	17 »	14 »
5	3 c. orange (109) (I)	23 »	18 50
6	3 c. rouge-orange (109a) (I)	20 »	15 »
	a. (Triple surcharge)		230 »

Type Merson.

7	40 c. rouge et bleu (119)	1 100 »	960 »
8	45 c. vert et bleu (143)	1 100 »	1 000 »
9	50 c. brun et gris (120)	1 100 »	960 »
10	1 f. lie-de-vin et olive (121)	1 150 »	1 000 »
11	2 f. violet et jaune (122)	2 500 »	2 150 »
12	5 f. bleu et chamois (123)	1 150 »	1 050 »

Type Semeuse lignée.

13	15 c. vert-olive (130) (IV)	17 »	13 »
14	15 c. vert-gris (130) (IV)	15 50	12 25
15	50 c. bleu (161)	20 »	15 50

Type Semeuse fond plein.

Surcharge à main.

16	5 c. vert foncé (137) (I)	55 »	46 »
	a. (Surch. à main) (Vte) (IIA)		85 »
17	5 c. orange (158) (I)	7 »	5 35
18	10 c. rouge (138) (IA)	65 »	55 »
	a. (Surch. à main) (Vte) (IC)		140 »
19	10 c. vert (159) (IA)	10 »	7 65
	a. vert (IC)		65 »
20	20 c. brun-lilas (139a) (I)	15 50	12 25
	a. brun-lilas (III)		12 25
21	25 c. bleu (140) (IA)	7 »	5 35
	a. bleu foncé (140a) (IA)		13 »
	b. bleu (140) (II)		115 »
22	30 c. orange (141)	55 »	46 »
23	30 c. rouge (160)	14 »	10 75
24	35 c. violet foncé (142a) (I)	14 »	10 75
	a. violet (142) (I)		28 »

TIMBRES-TAXE

25	1 c. noir (10)	23 »	18 50
26	5 c. bleu (28)	22 »	17 75
27	10 c. brun (29)	22 »	17 75
28	20 c. olive (31)	22 »	17 75
29	25 c. rose (32)	25 »	20 »
30	30 c. rouge carminé (33)	22 »	17 75
31	50 c. lilas (37)	22 »	17 75
32	1 f. lilas-brun sur paille (40)	57 »	46 »
33	2 f. rouge-orange (41)	345 »	290 »

RECOUVREMENTS

34	1 c. olive (43)	30 »	25 »
35	10 c. violet (44)	35 »	27 50
36	30 c. bistre (46)	35 »	27 50
37	50 c. rouge (47)	370 »	325 »

TIMBRES PRÉOBLITÉRÉS

Type Semeuse lignée.

38	15 c. vert-olive (45) (IV)	110 »	85 »

Type Semeuse fond plein.

39	5 c. orange (50) (I)	110 »	92 »
40	20 c. lilas-brun (54) (I)	110 »	92 »
41	30 c. rouge (58)	115 »	96 »
42	35 c. violet (62) (I)	115 »	96 »

1923. - *Type Merson. Mot ANNULÉ répété deux fois sur le timbre.*

43	40 c. rouge et bleu (119)	30 »	25 »
44	45 c. vert et bleu (143)	40 »	30 »
45	60 c. violet et bleu (144)	14 »	10 75
	a. (Double surcharge)		230 »
	b. (Triple surcharge)		270 »
46	1 f. lie-de-vin et olive (121)	40 »	30 »
47	2 f. orange et vert-bleu (145)	58 »	46 »
48	5 f. bleu et chamois (123)	325 »	275 »
	a. (Double surcharge)		500 »

TIMBRE PRÉOBLITÉRÉ

49	45 c. vert et vert-bleu (44)	340 »	290 »

1925. - *Timbres avec surcharge SPÉCIMEN.*

Type Blanc.

50	½ sur 1 c. ardoise (157) (I)	610 »	550 »
51	1 c. ardoise (107a) (I)	46 »	40 »
52	2 c. brun-lilas (108) (II)	51 »	42 »
53	3 c. orange (109) (I)	46 »	40 »
54	5 c. vert (111) (IIA)	46 »	40 »

Type Merson.

55	2 f. orange et vert-bleu (145)	140 »	110 »
56	3 f. violet et bleu (206)	185 »	140 »
57	5 f. bleu et chamois (123)	145 »	115 »

Type Semeuse lignée.

58	50 c. vert-olive (198) (I)	30 »	25 »
59	60 c. violet (200)	30 »	25 »
60	80 c. rouge (203)	40 »	30 »

Type Semeuse fond plein.

61	10 c. vert (159) (III)	17 »	13 »
62	15 c. brun-lilas (189) (I)	27 50	22 »
63	20 c. lilas-brun (139) (III)	27 50	22 »
64	25 c. bleu (140) (IIIB)	25 »	20 »
65	30 c. bleu (192) (IIA)	15 50	12 25
	a. bleu (IIB)		61 »
	b. (avec bande publ.) (IIB)		70 »
66	35 c. violet (142) (I)	40 »	30 »
67	40 c. brun-olive (193) (I)	20 »	15 50
68	1 f. 05, vermillon (195)	27 50	23 »

Type Pasteur.

69	10 c. vert (170)	230 »	200 »
70	45 c. rouge (175)	30 »	25 »
71	75 c. bleu (177)	30 »	25 »
72	1 f. bleu (179)	30 »	25 »

TIMBRES-TAXE

73	5 c. bleu (28)	20 »	15 50
74	10 c. brun (29)	27 50	23 »
75	20 c. olive (31)	25 »	20 »
76	30 c. rouge carminé (33)	25 »	20 »
77	40 c. rose (35)	25 »	20 »
78	50 c. lilas (37)	42 »	35 »
79	1 f. brun-lilas s. paille (40)	27 50	22 »

RECOUVREMENTS

80	1 c. olive (43)	65 »	55 »
81	10 c. violet (44)	46 »	40 »
82	30 c. bistre (46)	46 »	40 »
83	60 c. rouge (48)	46 »	40 »

TIMBRES PRÉOBLITÉRÉS

84	5 vert (41) (IIA)	385 »	325 »
85	10 c. vert (51) (III)	340 »	270 »
86	15 c. brun-lilas (53) (1)	340 »	270 »
87	20 c. lilas-brun (54) (III)	340 »	270 »
88	30 c. rose (59) (I)	340 »	270 »
89	35 c. violet (62) (I)	340 »	270 »
90	45 c. rouge (67)	340 »	270 »
91	50 c. bleu (68)	340 »	270 »

Pour les carnets et les entiers postaux utilisés dans les cours d'instruction on se reportera aux chapîtres correspondants.

En 1932, l'Administration a cessé d'utiliser, pour les cours d'instruction, les timbres surchargés SPÉCIMEN. Elle les a remplacés par des simili-timbres comportant l'indication abrégée de la valeur supposée et la mention SANS VALEUR, le tout dans un encadrement. La couleur de ces simili-timbres est celle des timbres en cours au moment de l'impression.

On reconnaîtra sur ce dernier cliché le simili-timbre correspondant au n° 29 de Poste aérienne (vue de Paris).

TIMBRES DE DISTRIBUTEURS

En 1969, l'Administration postale a mis en service à titre expérimental, une machine automatique avec laquelle il était possible d'obtenir, entre autres, des vignettes d'affranchissement. Ces dernières, imprimées par le distributeur, étaient traitées comme des timbres-poste ordinaires, donc régulièrement oblitérées. L'appareil, installé dans le centre commercial de MONTGERON (91230 Essonne), a fonctionné pendant une quinzaine de mois.

1969. - *Timbre de distributeur. Impression rouge. Papier blanc. Gommé.*

A droite, valeur dans un cadre, avec indicatif BAA-001 (Bureau Affranchissement Automatique).

A gauche, origine 91 MONTGERON 1 ESSONNE dans un cercle.

1 –.– *(Valeur selon affranchissement usuel - 0,10 à 0,50, particulièrement)* 500 »
(Sur lettre) 350 »
1A –.– *(Trait d'union à mi-hauteur)* 1 850 »
(Sur lettre) 1 200 »

1969. - *Idem. Présentation différente.*

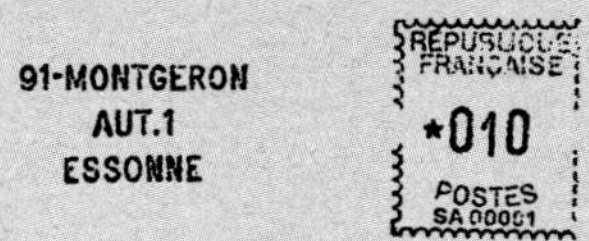

A droite, valeur dans un cadre, avec indicatif SA 0001 (Service Automatique).

A gauche, origine 91 MONTGERON AUT. 1 ESSONNE sur trois lignes.

2 –.– *(Valeur selon affranchissement usuel 0,10 à 0,50, particulièrement)* 350 »
(Sur lettre) 310 »
2,90 (Sur lettre recommandée) 1 400 »
2a 000 (pour démonstration) 100 »

Cette dernière vignette existerait en papier rose.

1969. - *Idem. Papier jaunâtre.*

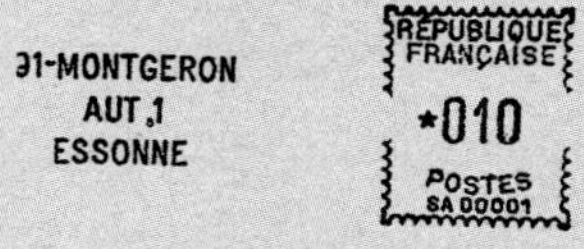

Le point entre AUT et 1 est placé prés du .1

2A –.– *(Valeur selon affranchissement usuel - 0,10 à 0,50, particulièrement)* 200 »
(Sur lettre) 150 »

NOTE. - Le n° 1 a été délivré en mai et juin 1969, le n° 2, dès juillet 1969, et le n° 2A d'avril 1970 jusqu'à la fin de l'exploitation (juillet 1970).

Dès 1981, de nouveaux distributeurs (9 maquettes non définitives) ont été mis en service. Ces appareils effectuent en totalité l'impression des timbres, sur papier adhésif, avec, à la demande de l'usager, l'une des 40 valeurs tarifaires du régime intérieur en vigueur (LETTRES ET PLIS NON URGENTS - PNU - PAQUETS POSTE ORDINAIRES et URGENTS), à l'exclusion des envois recommandés.

1981. - *Timbres de distributeurs. Papier adhésif. Impression lilas-rose, carmin, rouge ou rouge-orange. Valeur selon tarif en vigueur. Avec inscriptions LS ou LSA (Libre Service Affranchissement), n° de l'appareil et code comptable du bureau d'exploitation (les valeurs indiquées s'entendent pour l'unité inférieure de chaque tarif concerné).*

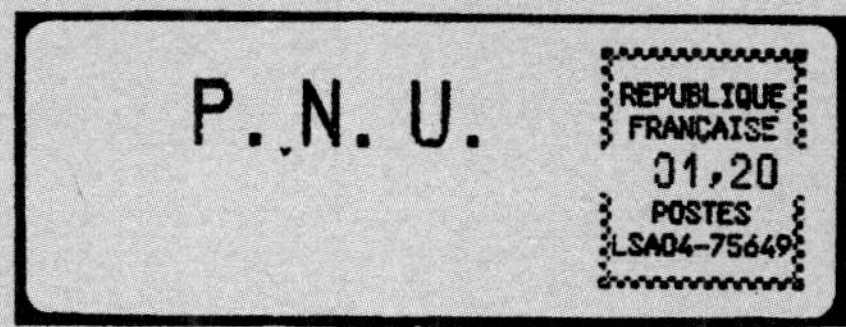

Type 1. Distributeur C.G.A. (LSA 04)
(sans support papier).

Type 2. Distributeur EMD-CAMP (LS 1, 2, 3)
(sans support papier).

Type 3. Distributeur C.G.A. (PNU sans point)
(LSA 05 et 06) (avec support papier).

Type 4. Distributeur CROUZET (LS 07, 08, 09)
(sans trait d'union entre LS 07 et le n° comptable)
(avec support papier).

Type 4a. Distributeur CROUZET (LS 07)
(avec trait d'union entre LS 07 et le n° comptable)
(avec support papier).

—

P.N.U. ou PNU	= Pli non urgent.
LETTRE	= Courrier rapide.
–	= Paquet poste ordinaire.
URGENT	= Paquet poste urgent.

—

Dès 1988,

–	= Paquet poste départemental.

Les cotes indiquées concernent les vignettes neuves les plus courantes. Les supports papier existent en blanc ou en jaune.

—

Type 1. LSA 04 - 75649 (rue Molière, PARIS).

3	1 f. 20 (P.N.U.)	75 »
4	1 f. 40 (LETTRE)	75 »
	a. sans indication LETTRE	200 »
5	2 f. 20 (–)	90 »
6	3 f. 50 (URGENT)	90 »

Type 2. LS 1 PC - 75652 (bd du Montparnasse, PARIS)
LS 2 PC - 93048 (MONTREUIL Ppal)
LS 3 PC - 75508 (rue La Boétie, PARIS)

7	1 f. 20 (P.N.U.)	65 »
8	1 f. 40 (LETTRE)	65 »
9	2 f. 20 (–)	75 »
10	3 f. 50 (URGENT)	75 »
7a à 10a	(LS1) 4 val.	540 »
7b à 10b	(LS2) 4 val.	310 »

Type 3. LSA 05 - 75724 (bd Bonne-Nouvelle, PARIS)
LSA 06 - 94022 (CHOISY-LE-ROI)

11	1 f. 20 (P.N.U.)	65 »
12	1 f. 40 (LETTRE)	65 »
13	2 f. 20 (–)	75 »
14	3 f. 50 (URGENT)	75 »
11a à 14a	(LSA 06) 4 val.	500 »

Type 4. LS 07 - 92050 (NANTERRE R.P.)
LS 08 - 75628 (rue des Ecoles, PARIS)
LS 09 - 75513 (avenue d'Italie, PARIS)

15	1 f. 20 (P.N.U.)	65 »
16	1 f. 40 (LETTRE)	65 »
17	2 f. 20 (–)	65 »
18	3 f. 50 (URGENT)	65 »
15a à 18a	(LS 07) 4 val.	460 »
15b à 18b	(LS 08) 4 val.	310 »

1981. - *Idem. Tarif postal au 01.09.81.*

Type 1. LSA 04 - 75747 (avenue du Général Leclerç, PARIS)

19	1 f. 40 (P.N.U.)	45 »
20	1 f. 60 (LETTRE)	45 »
21	2 f. 60 (–)	45 »
22	4 f. (URGENT)	45 »

Type 2. LS 1 PC - 75652 (bd du Montparnasse, PARIS)
LS 2 PC - 93048 (MONTREUIL Ppal)
LS 3 PC - 75508 (rue La Boétie, PARIS)

23	1 f. 40 (P.N.U.)	65 »
24	1 f. 60 (LETTRE)	65 »
25	2 f. 60 (–)	65 »
26	4 f. (URGENT)	65 »
23a à 26a	(LS 1) 4 val.	700 »
23b à 26b	(LS 2) 4 val.	310 »

Type 3. LSA 05 - 75724 (bd Bonne-Nouvelle, PARIS)
LSA 06 - 92184 (NEUILLY-SABLONS)

27	1 f. 40 (P.N.U.)	25 »
28	1 f. 60 (LETTRE)	25 »
29	2 f. 60 (–)	25 »
30	4 f. (URGENT)	25 »
27a à 30a	(LSA 06)	160 »

Type 4. LS 07 - 92962 (BOULOGNE-BILLANCOURT)
LS 08 - 75628 (rue des Ecoles, PARIS)
LS 09 - 75513 (avenue d'Italie, PARIS)

31	1 f. 40 (P.N.U.)	25 »
32	1 f. 60 (LETTRE)	25 »
33	2 f. 60 (–)	25 »
34	4 f. (URGENT)	25 »

1982. - *Idem. Tarif postal au 01.06.82.*

Type 2. LS 3 PC - 75508 (rue La Boétie, PARIS)

35	1 f. 60 (P.N.U.)	17 50
36	1 f. 80 (LETTRE)	17 50
37	2 f. 90 (–)	17 50
38	4 f. 50 (URGENT)	17 50

Type 3. LSA 05 - 75724 (bd Bonne Nouvelle, PARIS)
LSA 06 - 92184 (NEUILLY-SABLONS)
LSA 06 - 75747 (av. du Général Leclerc, PARIS)

39	1 f. 60 (P.N.U.)	17 50
40	1 f. 80 (LETTRE)	17 50
41	2 f. 90 (–)	17 50
42	4 f. 50 (URGENT)	17 50
39a à 42a	(LSA 05) 4 val.	100 »

Type 4. LS 07 - 92962 (BOULOGNE-BILLANCOURT)
LS 08 - 75628 (rue des Ecoles, PARIS)
LS 09 - 75513 (avenue d'Italie, PARIS)

43	1 f. 60 (P.N.U.)	15 »
44	1 f. 80 (LETTRE)	15 »
45	2 f. 90 (–)	15 »
46	4 f. 50 (URGENT)	15 »
43a à 46a	(LS 07) 4 val.	65 »

Type 4a. LS 07 - 75747 (avenue du Général Leclerc, PARIS)

47	1 f. 60 (P.N.U.)	17 50
48	1 f. 80 (LETTRE)	17 50
49	2 f. 90 (–)	25 »
50	4 f.50 (URGENT)	25 »

1982. - *Idem. Philexfrance 1982. Exposition philatélique internationale, à Paris.*

Type 1. PHILEXFRANCE 1982 (texte 36 mm).

51	1 f. 60 (P.N.U.)	25 »
52	1 f. 80 (LETTRE)	25 »
53	2 f. 90 (–)	32 50
54	4 f. 50 (URGENT)	32 50

Type 2. PHILEXFRANCE 1982 (texte 39 mm).

55	1 f. 60 (P.N.U.)	20 »
56	1 f. 80 (LETTRE)	20 »
57	2 f. 90 (–)	25 »
58	4 f. 50 (URGENT)	25 »

1982. - *Idem. SICOB 1982.*

59	1 f. 60 (P.N.U.)	20 »
60	1 f. 80 (LETTRE)	20 »
61	2 f. 90 (–)	25 »
62	4 f. 50 (URGENT)	25 »

NOTE. - Majoration 100 % pour timbres avec impression parfaitement lisible. En effet, cette impression a tendance à disparaître au contact de certaines matières (cristal ou plastique) ou à une exposition prolongée à la lumière. Conservation difficile.

1983. - *Idem. Tarif postal au 01.06.83.*

Type 2. LS 3 PC - 75508 (rue La Boétie, PARIS)

63	2 f. (LETTRE)	8 50
64	3 f. 10 (–)	8 50
65	4 f. 90 (URGENT)	8 50

Type 4. LS 09 - 75513 (avenue d'Italie, PARIS)

66	2 f. (LETTRE)	8 50
67	3 f. 10 (–)	8 50
68	4 f. 90 (URGENT)	8 50

Type 4a. LS 07 - 75747 (avenue du Général Leclerc, PARIS)

69	2 f. (LETTRE)	8 50
70	3 f. 10 (–)	8 50
71	4 f. 90 (URGENT)	8 50

1983. - *Idem. Bourg-en-Bresse (28 au 30.10). Congrès du Parti socialiste. LSO 01053.*

72	1 f. 60 (P.N.U.)	115 »
73	2 f. (LETTRE)	115 »
74	3 f. 10 (–)	115 »
75	4 f. 90 (URGENT)	115 »

1984. - *Idem. Valence : 10e exposition du Cercle Philatélique Crouzet (21 et 22.01) et Foire-Exposition (27.04-06.05). LSO 26362.*

76	1 f. 60 (P.N.U.)	25 »
77	2 f. (LETTRE)	25 »
78	3 f. 10 (–)	25 »
79	4 f. 90 (URGENT)	25 »

1984. - *Idem. Tarif postal au 01.07.84.*

Type 4. LS 09 - 75513 (avenue d'Italie, PARIS)

80	1 f. 70 (P.N.U.)	8 50
81	2 f. 10 (LETTRE)	8 50
82	3 f. 20 (–)	8 50
83	5 f. (URGENT)	8 50

Type 4a. LS 07 - 75747 (avenue du Général Leclerc, PARIS)

84	1 f. 70 (P.N.U.)	8 50
85	2 f. 10 (LETTRE)	8 50
86	3 f. 20 (–)	8 50
87	5 f. (URGENT)	8 50

NOTE. - Les timbres de distributeurs avec mention SPECIMEN proviennent d'appareils placés en démonstration dans certaines expositions. Exemples : LS 1, à la Foire internationale de NANCY (juin 1981), LS 07, au SICOB, Paris - La Défense (octobre 1981).

Les vignettes portant les mentions. TSTPTT, JOUR, PERP, etc. n'ont aucune valeur fiducaire. Il s'agit de vignettes de service des P.T.T.

Fonctionnement des appareils :

LS 1	Du 04. 02.81 au 23.09.81	Bd de Montparnasse, PARIS 52 (14e arr.)
LS 2	Du 18.02.81 au 07.05.82	MONTREUIL PRINCIPAL (93)
LS3	Du 26.01.81 à 11-1983	Rue La Boétie, PARIS 8 (8e arrondissement)
LSA 04	Du 13.01.81 au 31.07.81	Rue Molière, PARIS 49 (1er arrondissement)
	Du 17.11.81 à février 82	Avenue du Général Leclerc, PARIS (14e arr.)
LSA 05	Du 06.03.81 au 07.06.82	Bd Bonne-Nouvelle, PARIS 124 (10e arr.)

NOTE. - Cet appareil a fonctionné avec la référence LSA 06, du 09.06.82 à février 1983, avenue du Général Leclerc, PARIS 147 (14e arr.).

LSA 06	Du 26.02.81 au 06.06.81	CHOISY-LE-ROI (94)
	Du 12.11.81 au 17.12.82 (92)	NEUILLY-SABLONS

NOTE. - Pendant un court laps de temps (fin avril 82), le distributeur de Neuilly-Sablons a délivré, par erreur, des étiquettes portant la référence

LSA 05	- 75724 (Paris Bonne-Nouvelle).	
LS 07	Du 29.04.81 au 18.09.81	NANTERRE R.P. (92)
	Du 17.03.82 au 15.02.83	BOULOGNE-BILLANCOURT (Hôtel de Ville) (92)
	Dès le 16.03.83	Avenue du Général Leclerc, PARIS 147 (14ᵉ arr.)
LS 08	Du 13.05.81 au 07.03.83	Rue des Écoles, PARIS 28 (5ᵉ arr.)
LS 09	Dès le 11.06.81	Avenue d'Italie, PARIS 13 (13ᵉ arr.)

Ces maquettes (prototypes) très sensibles, sont l'objet de fréquents arrêts de marche dus à leur réglage et leur mise au point.

1985. - *Timbres de distributeurs. Papier adhésif bleu ciel. Impression lilas-rose. Valeur selon tarif en vigueur (1.07.84). Avec n° de l'appareil et code comptable du bureau d'exploitation. Papier support jaune ou gris-bleu.*

Type A (papier Carrier)

88	1 f. 70 (P.N.U.)	11 50
89	2 f. 10 (LETTRE)	11 50
90	3 f. 20 (–)	15 25
91	5 f. (URGENT)	15 25
88a à 91a	C 007 75628 (R. des Ecoles, PARIS) (4 val.)	77 »
88b à 91b	C 001 - 69123) (R.P. LYON) (4 val.)	115 »
88c et 89c	C 001 - 69264) (VILLEFRANCHE-SUR-SAONE) (2 val.)	125 »

NOTE. - Le Service Philatélique des P.T.T. a vendu ces timbres sous forme de plaquette comprenant 1.70 (P.N.U.), 3 f. 70 (LETTRE), 2 f. 10 (–) et 5 f. (URGENT).

La plaquette	11 50
La plaquette (Code erroné 75951)	77 »

Fonctionnement des appareils :

C 001 - 01249 (25.02.85) (MIRIBEL (Ain)
C 004 - 75961 (04.85) (Service Philatélique des P.T.T., PARIS)
C 007 - 75628 (24.06.85 au 31.07.85) (Rue des Ecoles, PARIS 28)
C 001 - 69920 (02.07.85) (LYON-BROTTEAUX)
C 001 - 75508 (05.07.85) (Rue La Boétie, PARIS 8)
C 001 - 75513 (05.07.85) (Av. d'Italie, PARIS 13)
C 001 - 75747 (05.07.85) (Av. du Général Leclerc, PARIS 147)
C 001 - 69123 (29.07.85) (Recette Principale, LYON)
C 001 - 69264 (31.07.85) (VILLEFRANCHE-SUR-SA0NE

NOTE. - Début 1985, le type A a été utilisé à titre d'essai sur les appareils L 07-75747 et LS 09 75513.

1985. - *Timbres de distributeurs FRAMA/SATAS. Papier blanc fluorescent. Gomme invisible. Impression lilas-rose. L'usager a le choix d'une valeur de taxe de 0 f. 10 à 80 f. Les deux valeurs courantes du tarif peuvent être obtenues directement en poussant une touche correspondant à ces valeurs. Ce sont celles que nous mentionnons (ce type d'appareil ne rend pas la monnaie en pièces, comme les précédents, mais en vignette).*

92	1 f. 70, lilas-rose	1 40
92A	0 f. 10 à 80 f.	Valeur faciale x 5
	Avec minimum de 3	
93	2 f. 10, lilas-rose	1 70

Appareils

S 01 45234 ORLÉANS (dès le 26.02.85)
S 01 92184 NEUILLY-SABLONS (dès le 26.03.85) (retirés en 1989).

NOTE. - Les rouleaux de papier placés dans ces appareils annonçaient la fin du tirage par l'impression d'une, deux voire trois bandes verticales roses (valeur de chaque timbre ainsi marqués : 16 €).

1985. - *Timbres de distributeurs. Type A. Tarif postal au Iᵉʳ 08.85.*

94	1 f. 80 (P.N.U.)	8 50
95	2 f. 20 (LETTRE)	8 50
96	3 f. 20 (–)	8 50
97	5 f. (URGENT)	8 50
94a à 97a	C 001 - 010201 (ARS) (4 val.)	40 »

NOTE. - En 1985 et 1986, le Service Philatélique des P.T.T. a vendu ces timbres sous forme de plaquette comprenant les nᵒˢ 94 à 97.

La plaquette (C 004 - 75961)	54 »
La plaquette (C 004 - 75951) (code erroné)	15 25
La plaquette (C 034 - 34001) (code erroné)	45 75

Fonctionnement des appareils (du 01.08.85 au 31.07.86, sauf indications contraires)

C 001 - 01249 MIRIBEL (Ain)
C 001 - 69123 (LYON R.P.)
C 001 - 69264 (VILLEFRANCHE-SUR-SA0NE)
C 001 - 69920 (01.08.85 à juillet 86) (LYON BROTTEAUX) (cet appareil a été transféré à ARS-SUR-FORMANS)
C 001 - 75508 PARIS 8)
C 001 - 75513 PARIS 13)
C 001 - 75628 PARIS 28) (code modifié)
C 001 - 75747 PARIS 147)
C 001 - 75500 (26.09.85) (PARIS R.P.)
C 001 - 75505 (27.10.85) (PARIS 5 - rue de l'Epée de Bois)
C 001 - 01021 (16.07.86) (ARS-SUR-FORMANS)

1985. - *Idem. Exposition « FESTIVAL INDUSTRIE et TECHNOLOGIE » La Villette, PARIS (27.10.85 au 19.01.86).*

98 1 f. 80 (P.N.U.) 8 50
99 2 f. 20 (LETTRE) 8 50
100 3 f. 20 (-) 8 50
101 5 f. (URGENT) 8 50
98a à 101a (avec support jaune) (4 val.) 47 50

Appareil C 001 - 75900.

1985. - *Timbres de distributeurs FRAMA/SATAS. Type précédent (n° 92). Tarif postal au 1er.08.85.*

102 1 f. 80, lilas-rose 1 75
103 2 f. 20, lilas-rose 2 »

Voir au n° 92A Appareil en service du 21.02.86 au 28.06.89 :

S 01 29039 CONCARNEAU, Finistère

1986. - *Timbres de distributeurs. Type A. Tarif postal au 01.08.1986.*

104 1 f. 90 (P.N.U.) 4 50
105 2 f. 20 (LETTRE) 4 50
106 3 f. 50 (-) 4 50
107 5 f. 40 (URGENT) 4 50
104a à 107a C 001 - 01021 (ARS) (4 val.) 25 »

Fonctionnement des appareils.

Modifications :

C 001 - 01021 (ARS-SUR-FORMANS du 01.08.86 au 11.10.86)

(Cet appareil a fonctionné le 15.10.86 par erreur avec ce code à LYON BROTTEAUX où il était de retour).

C 001 - 69920 (16.10.86) (LYON BROTTEAUX)

1986. - *Timbres de distributeurs FRAMA/SATAS. Type précédent (n° 92). Tarif postal au 01.08.86.*

108 1 f. 90, rose-lilas 2 »

1986. - *Timbres de distributeurs IIe Congrès philatélique régional du Dauphiné et cinquantenaire de la Société Philatélique de Valence (25 et 26.10.1986), à Valence. Types de 1984 (nos 76 à 79).*

109 1 f. 90 (P.N.U.) 16 50
110 2 f. 20 (LETTRE) 16 50
111 3 f. 50 (-) 16 50
112 5 f. 40 (URGENT) 16 50

1987. - *Timbres de distributeurs. Type A. Tarif postal au 01.08.1987.*

113 2 f. (P.N.U.) 4 60
114 2 f. 20 (LETTRE) 4 60
115 3 f. 70 (-) 4 60
116 5 f. 60 (URGENT) 4 60

Codes A à G (voir fonctionnement des appareils).

1987. - *Timbre de distributeurs FRAMA/SATAS. Type précédent (n° 92). Tarif postal au 01.08.87.*

117 2 f. lilas-rose 1 55

1988.- *Idem. Type A. Valence. Congrès national de la Fédération des Sociétés philatéliques françaises. N° de Code C. 000 26362.*

118 2 f. (P.N.U.) 15 25
119 2 f. 20 (LETTRE) 15 25
120 3 f. 70 (-) 15 25
121 5 f. 60 (URGENT) 15 25

Type B

1988. - *Timbres de distributeurs. Type B. Support papier jaune.*

122 2 f. (P.N.U.) 4 60
123 2 f. 20 (LETTRE) 4 60
124 3 f. 70 (-) 9 15

Codes A à I (1988) et J (1989).

1988. - *Idem. Type B.*

125 5 f. 60 (-) 23 »
126 5 f. 60 (URGENT) 15 25

Codes A à F.
Le n° 125, Code E, n'existe pas.

1988. - *Tarif postal au 16.08.88. Timbres de distributeurs. Type A.*

127 6 f. 20 (-) 23 »
128 6 f. 20 (URGENT) 15 25

Codes A, B, C, F, G et H.

Idem. Type B.

129 6 f. 20 (-) 23 »
130 6 f. 20 (URGENT) 15 25

Codes A à I.

Fonctionnement des appareils (références) :

A) C 001 - 01249 (MIRIBEL)
B) C 001 - 75500 (PARIS LOUVRE RP)
C) C 001 - 75505 (PARIS MOUFFETARD)
D) C 001 - 75508 (PARIS LA BOETIE)
E) C 001 - 75513 (PARIS ITALIE)
F) C 001 - 75628 (PARIS JUSSIEU)
G) C 001 - 75747 (PARIS DENFERT ROCHEREAU)

Mise en place de 1988 à 1990 :

H) C 001 - 75702 (PARIS BIENVENUE) (15.11.88)
I) C 001 - 77468 (TORCY) (14.11.88)
J) C 001 - 75724 (PARIS BONNE NOUVELLE) (01.08.89)
K) C 001 - 75663 (PARIS JEANNE D'ARC) (17.01.90)
L) C 002 - 75500 (PARIS LOUVRE RP) (12.07.90)

NOTES. - A sa mise en service, l'appareil (code H) placé à PARIS BIENVENUE a distribué les vignettes n° 113 à 115 et 127, 128 (valeur : 40 €).

De même l'appareil (code J) a distribué les vignettes nos 113 à 115 et 143-144 (valeur : 35 €) et, idem, avec support publicitaire Fassroll (valeur : 47 50 €).

En août 1988, un nouvel échelon de tarif est introduit d'où une nouvelle nomenclature :

(–) Paquet-poste départemental à délai garanti (URGENT) - idem, extra départemental

Fin juin 1989, est introduit le service "COLISSIMO" qui entraîne peu à peu l'émission de nouveaux timbres :

(J + 1) Colissimo départemental
(J + 2) Colissimo extra-départemental

1989. - *Tarif postal modifié. Type B.*

131 11 f. (URGENT) 30 50

Codes A, I et G.

1989. - *PHILEXFRANCE 89. Exposition mondiale de philatélie à Paris (07-17.07). Timbres de distributeurs type B. Code C 001 75900.*

132 1 f. 90 cerise 385 »
133 2 f. cerise 25 »
134 2 f. 20 cerise 25 »
135 3 f. 70 cerise 32 50
136 6 f. 20 cerise 32 50
137 11 f. cerise 32 50
133a à 137a brun-rouge (5 val.) 100 »

En 1990, à la faveur d'une réparation de l'appareil à PARIS ITALIE (Code E), ces vignettes ont été émises par erreur avec le code du bureau C 001 75513 (Valeur de chaque timbre : 80 €).

NOTE. - Le n° 132, à la suite d'une erreur, n'a été disponible que le 07.07 de 14 h à 20 h. (Nbre de timbres : 599).

1989. - *Sommet des pays industrialisés, à l'Arche de la Défense, à Puteaux (14.17.07). Timbres de distributeurs. Type B.*

138 2 f 77 »
139 2 f. 20 77 »
140 3 f. 70 115 »
141 6 f. 20 115 »
142 11 f. 115 »

NOTE. - A la mise en service, les timbres étaient du type A (Valeur : 305 € la vignette).

1989. - *Timbres de distributeurs. Type A.*

143 6 f. 20 (J+1) 11 50
144 11 f. (J+2) 11 50

Codes J et K (1991).

1989. - *Idem. Type B.*

145 6 f. 20 (J+1) 11 50
146 11 f. (J+2) 11 50

Codes A, B, C, E, G, H, I, J (1989), K et L (1990).

NOTE. - A sa mise en service l'appareil Code K, placé à PARIS JEANNE D'ARC a délivré des timbres avec valeurs inversées 6,20 (J+2) et 11,00 (J+1) valeur de chaque timbre : 200 €.

1989. - *Modernité et LA POSTE. Exposition de la Poste à l'Assemblée nationale (05.07.12). Timbre de distributeur. Type B.*

147 2 f. 125 »
148 2 f. 20 125 »
149 3 f. 70 125 »
150 6 f. 20 125 »
151 11 f. 125 »

1989. - *Idem. Exposition de la Poste au Sénat (12.14.12). Timbres de distributeurs. Type B.*

152 2 f. 92 »
153 2 f. 20 92 »
154 3 f. 70 92 »
155 6 f. 20 92 »
156 11 f. 92 »

1990. - *Tarif postal du 11.01.90. Timbres de distributeurs. Type B.*

157 2 f. 10 (P.N.U.) 3 85
158 2 f. 30 (LETTRE) 3 85
159 4 f. 20 (–) 7 65

Codes A, B, C, E, G, H, I, J, K et L.

Type A.

157A 2 f. 10 (P.N.U.) 3 85
158A 2 f. 30 (LETTRE) 3 85
159A 4 f. 20 (–) 7 65

Code K (1991).

1990. - *Timbres de distributeurs. Papier adhésif gris-bleu. Impression de la valeur en rouge. Sans n^os^ (ni d'appareil, ni de code comptable). Papier support jaune. Types C DIVA ou LISA).*

Type C (DIVA). Gros chiffres avec étoiles à 6 branches.
(sans mention complémentaire :
P.N.U., LETTRE, etc.).

160 0 f. 10 à 200 f. Valeur faciale x 3 avec minimum de 3

Type C (LISA). Chiffres maigres avec étoiles à 8 branches. Impression rouge-orange.

(sans mention)

161	0 f. 10 à 99 f. 90	Valeur faciale x 5
	avec minimum de 3	

(avec mention)

162	3 f. 80 (LETTRE)	3 05
163	6 f. 20 (J+1)	4 60
164	11 f. (J+2)	7 65

Idem. Impression violet-rose.

(sans mention) (rare)

161a	0 f. 10 à 99 f. 90	Valeur faciale x 30
	avec minimum de 10	

(avec mention)

162a	3 f. 80 (LETTRE)	23 »
163a	6 f. 20 (J+1)	34 50
164a	11 f. (J+2)	45 75

NOTE. - Pour information, nous donnons les mises en place des premiers appareils seulement, les timbres étant désormais partout identiques.

1 DIVA PARIS ÉTOILE (12.03.90)
RAMBOUILLET (13.03.90)
LA DÉFENSE PUTEAUX (14.03.90)

2 LISA PARIS ST LAZARE (19.04.90)
PARIS MONTMARTRE (19.04.90)

Le distributeur LISA de PARIS ST LAZARE a délivré le 19.04.90, un timbre erroné 2 f. 80 (LETTRE) valeur : 95 €.

NOTE. – Les vignettes portant les mention : TEST IMPRIMANTE, TEST de valeur, Table de tarifs (LISA), AUTOTEST (Diva), ANNULÉ (centres d'instruction disposant d'appareils), sont des vignettes de service des P.T.T. sans valeur fiduciaire ; elles complètent agréablement une collection.

Type C (LSA)

165	2 f. 10 (P.N.U.)	23 »
166	2 f. 30 (LETTRE)	23 »
167	4 f. 20 (–)	23 »
168	6 f. 20 (J+1)	23 »
169	11 f. (J+2)	23 »

Codes B et L. (Août 1990 et février 1991).
(Émission due à un manque de papier de type B)

1991. - *Tarif postal au 19.08.91. Timbres de distributeur. Type B (L.S.A.).*

170	2 f. 20 (P.N.U.)	1 55
171	2 f. 50 (LETTRE)	1 55
172	6 f. (–)	4 60
173	9 f. (J+1)	7 65
174	12 f. (J+2)	7 65

Codes B, C, E, G, H, J, K et L.

NOTE. - Les distributeurs Codes C, E, H, K et L ont délivré des timbres 000,00 (possibilité technique erronée). Valeur de chaque timbre : 80 € Code H 160 €.

170a à 174a	(5 val.)	305 »

Code I (TORCY).

1991. - *Idem. Type C (LISA). Impression rouge-orange.*

(avec mention)

175	4 f. (LETTRE)	3 05
176	9 f. (J+1)	4 60
177	12 f. (J+2)	7 65

NOTE. - En janvier 1992, le distributeur mis en service rue Duhesmes à Paris 18e a délivré des timbres 0,00 (valeur : 40 € la vignette).

1991. - *Idem. Type C (LISA). Impression violet-rose.*

175a	4 f. (LETTRE)	23 »
176a	9 f. (J+1)	34 50
177a	12 f. (J+2)	45 75

NOTE. - La rupture de stock, soit du papier, soit du ruban de l'imprimante, est à l'origine d'emissions provisoires d'une durée de quelques heures à quelques semaines (Nos 189 à 196).

En particulier, l'utilisation de papier du type A de 1985 (Carrier) a été constatée fin 1992 et début 1993 sur distributeurs DIVA (Saint-André de Cubzac) ou LISA (Rue Duc, Paris 18e) (valeur d'un timbre 50 €. Puis dès le 05.07.93, selon nouveau tarif postal.

Par ailleurs un rouleau de timbres avec impression décalée (suppression des mots République Française) a été utilisé au bureau R. de la Boétie, à Paris. Valeur de chaque vignette : 25 €.

1991. - *Idem. Type B (L.S.A.) Impression en noir.*

178	2 f. 20 (P.N.U.)	19 25
179	2 f. 50 (LETTRE)	19 25
180	6 f. (–)	19 25
181	9 f. (J+1)	19 25
182	12 f. (J+2)	19 25

Code I (TORCY).

1991. - *Idem. Type C (LSA). Impression en noir.*

183	2 f. 20 (P.N.U.)	19 25
184	2 f. 50 (LETTRE)	19 25
185	6 f. (–)	19 25
186	9 f. (J+1)	19 25
187	12 f. (J+2)	19 25

Code I (TORCY).

1991. - *Idem. Type B (LSA). Valeur erronée. 19.08.*

188	14 f. (P.N.U.)	38 25

Code B, J et L (impression rouge).
Code I (impression en noir).

Idem. Type C (LSA)

188a	14 f. (P.N.U.)	38 25

Code I (Impression en noir)

1991. - *Idem. Type B (LISA).*

(sans mention)

189 0 f. 10 à 99 f. 90 Valeur faciale x 10

avec minimum de 10

(avec mention)

190	4 f. (LETTRE)	6 10
191	9 f. (J+1)	15 25
192	12 f. (J+2)	15 25

NOTE. - A Bandol, du 13 au 20.08.93, le distributeur a délivré par erreur un timbre LETTRE à 1 f. 30 (valeur : 100 €).

1992. - *Idem. Type C (LISA). Impression en noir.*

(sans mention)

193 0 f. 10 à 99 f. 90 Valeur faciale x 40

avec minimum de 10

(avec mention)

194	4 f. (LETTRE)	30 50
195	9 f. (J+1)	38 25
196	12 f. (J+2)	38 25

Origine : PARIS MOUFFETARD (25.02)

1992. - *Timbres de distributeurs. Papier adhésif TURQUOISE. Impression de la valeur en rouge. Type C de 1990 (DIVA) (n° 160).*

197 0 f. 10 à 200 f. Valeur faciale x 3

avec minimum de 3

1992. - *Idem. Type C de 1990 (LISA) (n° 161). Papier adhésif turquoise.*

(sans mention)

198 0 f. 10 à 99 f. 90 Valeur faciale x 3

avec minimum de 3

(avec mention)

199	4 f. (LETTRE)	3 05
200	9 f. (J+1)	7 65
201	12 f. (J+2)	9 15

L'usager peut obtenir du distributeur, avec chaque timbre du type LISA, une vignette "Reçu" libellée en français, en allemand, en anglais, en italien ou en espagnol, au choix.

1993. - *Idem. Impression de la valeur en noir.*

198a 0 f. 10 à 99 f. 90 Valeur faciale x 20

avec minimum de 13

Impression de la valeur en lilas (Nantes).

198b 0 f. 10 à 99 f. 90 Valeur faciale x 50

avec minimum de 100

1992. - *Tarif postal au 10.08.92. Timbres de distributeurs. Type C. (LISA) avec mentions. Papier adhésif gris-bleu. Impression de la valeur en rouge.*

202	4 f. 20 (LETTRE)	3 05
203	11 f. (J+1)	7 65
204	14 f. (J+2)	9 15

Par erreur de programmation : on peut trouver 2 f. 50 (LETTRE) (valeur 32 50 €) (1993) (PARIS 9-ROCHECHOUART).

1992. - *Idem. Papier adhésif turquoise. Impression de la valeur en rouge.*

205	4 f. 20 (LETTRE)	3 05
206	11 f. (J+1)	7 65
207	14 f. (J+2)	9 15

1993. - *Erreurs : 11 f. (J+2), 14 f. (J+1) : valeur de chaque timbre 100 € (PARIS-Gare de Lyon) ; 2 f. 50 (LETTRE) valeur 32 50 € (Paris 9 - Rochechouart)*

1993. - *Impression de la valeur en noir.*

205a	4 f. 20 (LETTRE)	45 75
206a	11 f. (J+1)	45 75
207a	14 f. (J+2)	61 »

Origine : PARIS POPINCOURT (05.93)

1993. - *Papier Type B (LISA).*

(avec mention)

205b	4 f. 20 (LETTRE)	23 »
206b	11 f. (J+1)	23 »
207b	14 f. (J+2)	23 »

1993. - *Papier Type A (LISA). Montage à l'endroit (PARIS MONTMARTRE) ou à l'envers.*

(avec mention)

205c	4 f. 20 (LETTRE)	45 75
206c	11 f. (J+1)	45 75
207c	14 f. (J+2)	45 75

1993. - *Idem. Type C (LISA). Papier adhésif bleu. Impression de la valeur en rouge.*

2080 f. 10 à 99 f. 90 Valeur faciale x 3

avec minimum de 3

209	4 f. 20 (LETTRE)	4 60
210	11 f. (J+1)	7 65
211	14 f. (J+2)	9 15

1993. - *Idem. Type C (DIVA). Papier adhésif bleu. Impression de la valeur en rouge.*

212 0 f. 10 à 200 f. Valeur faciale x 3

avec minimum de 3

1993. - *Idem. Type C (DIVA). Papier adhésif turquoise. Impression de la valeur en noir.*

213 0 f. 10 à 200 f. Valeur faciale x 20

avec minimum de 50

Origine : PARIS-PATAY (10-93)

1993. - *Tarif postal au 05.07.93. Timbres de distributeur, appareil LISA. Impression en rouge.*

(avec mention)

Papier adhésif Type C, turquoise.

214	4 f. 40 (LETTRE)	3 05
215	13 f. (J+1)	7 65
216	17 f. (J+1) *	9 95
217	17 f. (J+2)	9 95

* NOTE : Nouveau tarif colissimo avec délai garanti en 24 heures pour les départements de proximité.

Papier adhésif Type C, bleu.

214a	4 f. 40 (LETTRE)	3 05
215a	13 f. (J+1)	7 65
216a	17 f. (J+1)	9 95
217a	17 f. (J+2)	9 95

Papier adhésif Type C, gris-bleu.

214b	4 f. 40 (LETTRE)	3 05
215b	13 f. (J+1)	7 65
216b	17 f. (J+1)	9 95
217b	17 f. (J+2)	9 95

Papier adhésif Type B.

214c	4 f. 40 (LETTRE)	3 05
215c	13 f. (J+1)	7 65
216c	17 f. (J+1)	9 95
217c	17 f. (J+2)	9 95

Papier adhésif Type A, (Carrier). Support jaune, avec publicité. Montage à l'envers.

214d	4 f. 40 (LETTRE)	23 »
215d	13 f. (J+1)	23 »
217d	17 f. (J+2)	23 »

Origine : LE PERREUX

Papier adhésif Type A, (Carrier). Support jaune. Montage à l'endroit.

214e	4 f. 40 (LETTRE)	23 »
215e	13 f. (J+1)	23 »
216e	17 f. (J+1)	23 »
217e	17 f. (J+2)	23 »

Origine : STRASBOURG

Papier adhésif Type A, (Carrier). Support bleu.

214f	4 f. 40 (LETTRE)	23 »
215f	13 f. (J+1)	23 »
217f	17 f. (J+2)	23 »

Origine : SAINT-QUENTIN

Papier adhésif Type C, turquoise. Impression en noir.

214g	4 f. 40 (LETTRE)	15 25
215g	13 f. (J+1)	15 25
216g	17 f. (J+1)	15 25
217g	17 f. (J+2)	15 25

Papier adhésif Type C, turquoise. Impression en lilas.

214h	4 f. 40 (LETTRE)	23 »
215h	13 f. (J+1)	23 »
216h	17 f. (J+1)	23 »
217h	17 f. (J+2)	23 »

Papier adhésif Type C, bleu. Impression en noir (Mégève).

214j	4 f. 40 (LETTRE)	30 50
215j	13 f. (J+1)	30 50
216j	17 f. (J+1)	30 50
217j	17 f. (J+2)	30 50

1996. - *Tarif postal au 18 Mars. Type C (Lisa). Papier adhésif turquoise (avec mentions). Impression en rouge.*

218	4 f. 50 (LETTRE)	7 65
219	19 f. (J+1)	15 25
220	19 f. (J+2)	15 25

Papier adhésif Type C, turquoise. Impression en noir.

218a	4 f. 50 (LETTRE)	23 »
219a	19 f. (J+1)	23 »
220a	19 f. (J+2)	23 »

Papier adhésif Type C, gris-bleu. Impression en noir.

218b	4 f. 50 (LETTRE)	30 50
219b	19 f. (J+1)	30 50
220b	19 f. (J+2)	30 50

Papier adhésif Type B, (Comète). Impression en rouge.

218c	4 f. 50 (LETTRE)	23 »
219c	19 f. (J+1)	23 »
220c	19 f. (J+2)	23 »

Papier adhésif Type C, gris-bleu. Impression en rouge.

218d	4 f. 50 (LETTRE)	23 »

1996. - *Modification de logiciel, les vignettes portent de nouveaux codes (mise en service échelonnée) afin d'identifier le tarif choisi.*

E = Ecopli
C = Colieco
J+1D = Colissimo Départemental (délai 24 h.)
J+1R = Colissimo Régional (délai 24 h.)
J+2N = Colissimo National (délai 48 h.)

221	2 f. 70 (E)	3 05
222	13 f. (C)	7 65
223	13 f. (J+1D)	7 65
224	19 f. (J+1R)	10 75
225	19 f. (J+2N)	10 75

Papier adhésif Type C, turquoise. Impression en noir.

221a	2 f. 70 (E)	7 65
222a	13 f. (C)	7 65
223a	13 f. (J+1D)	7 65
224a	19 f. (J+1R)	10 75
225a	19 f. (J+2N)	10 75

Papier adhésif Type C, gris-bleu. Impression en rouge.

221b	2 f. 70 (E)	23 »
222b	13 f. (C)	23 »
223b	13 f. (J+1D)	23 »
224b	19 f. (J+1R)	23 »
225b	19 f. (J+2N)	23 »

Papier adhésif Type B, (Comète). Impression en rouge.

221c	2 f. 70 (E)	15 25
222c	13 f. (C)	15 25
223c	13 f. (J+1D)	15 25
224c	19 f. (J+1R)	15 25
225c	19 f. (J+2N)	15 25

La vignette "Reçu" que l'usager peut obtenir (voir après N° 201) porte la mention complémentaire : "SANS VALEUR D'AFFRANCHISSEMENT". A noter une erreur dans le libellé anglais : "WHITOUT au lieu de WITHOUT" (SANS...), erreur rectifiée par la suite.

> De nombreuses variétés de toutes sortes apparaissent, telles que : Montage du papier à l'envers, impression sur support, impression du reçu sur la vignette, massicotage à cheval, erreurs de programmation (ex : 0,00, J+1 1.70 (1994) etc., nouvelles erreurs de ruban encreur : impression en NOIR ou en VIOLET.
> Valeur de chaque pièce : 20 €

1996. - *Tarif de 1993 avec nouveaux codes, le basculement sur le tarif 1996 n'ayant pas été effectué sur certains appareils.*

221A	2 f. 40 (E)	» »
222A	13 f. (C)	» »
223A	13 f. (J+1D)	» »
224A	17 f. (J+1R)	» »
225A	17 f. (J+2N)	» »

1998. - *Tarif postal du 07.09.98. Type C (Lisa) turquoise. Impression en rouge.*

226	13 f. 50 (C)	7 65
227	13 f. 50 (J+1D)	7 65
228	19 f. 50 (J+1R)	10 75
229	19 f. 50 (J+2N)	10 75

Idem. Impression en noir (Stains).

226a	13 f. 50 (C)	15 25
227a	13 f. 50 (J+1D)	15 25
228a	19 f. 50 (J+1R)	23 »
229a	19 f. 50 (J+2N)	23 »

Idem. Papier gris-bleu. Impression en rouge (Perpignan).

226b	13 f. 50 (C)	23 »
227b	13 f. 50 (J+1D)	23 »
228b	19 f. 50 (J+1R)	30 50
229b	19 f. 50 (J+2N)	30 50

Type B (Comète). Impression en rouge (Eure).

226c	13 f. 50 (C)	15 25
227c	13 f. 50 (J+1D)	15 25
228c	19 f. 50 (J+1R)	23 »
229c	19 f. 50 (J+2N)	23 »

1998. - *Nouveau logiciel (préparation à l'introduction à l'Euro). Type C (Lisa) papier turquoise. Impression en rouge. L'étoile placée derrière la valeur faciale est supprimée, remplacée par les lettres FRF (franc français).*

230	0 f. 10 à 99 f. 90 avec minimum de 15	Valeur faciale x 10
231	2 f. 70 FRF (E)	2 30
232	4 f. 50 FRF (LETTRE)	2 30
233	13 f. 50 FRF (C)	6 10
234	13 f. 50 FRF (J+1D)	6 10
235	19 f. 50 FRF (J+1R)	9 15
236	19 f. 50 FRF (J+2N)	9 15

Par suite de basculement non effectué, il existe :

231a	2 f. 40 FRF (E)
232a	4 f. 40 FRF (LETTRE)

Origine : AUBERVILLIERS et PANTIN (le jour de la mise en service).

1998/99. - *Type C (Lisa) modifié comme précédemment avec mention de la parité Euro* **(€)**. *Les règles précises de l'arrondi ne sont parfois pas respectées.*

237	0 f. 10 FRF à 99 f. 90 FRF avec valeur en € avec minimum de 0 50		Valeur faciale x 3

Note : Le 0 f. 10 FRF sort avec la parité € 0 01 EUR valeur 0 50 €.

238	2 f.70 FRF (E)	0,41 EUR	1 25
239	4 f. 50 FRF (LETTRE)	0,68 EUR	3 »
240	13 f. 50 FRF (C)	2,06 EUR	4 50
241	13 f. 50 FRF (J+1D)	2,06 EUR	4 50
242	19 f. 50 FRF (J+1R)	2,97 (ou 2,98) EUR	6 25
243	19 f. 50 FRF (J+2N)	2,97 (ou 2,98) EUR	6 25

Idem. Impression en noir

237a	0 f.10 FRF à 99 f. 90 FRF (avec val. en €) avec minimum de 7 50		Valeur faciale x 5
238a	2 f. 70 FRF (E)	0,41 EUR	7 50
239a	4 f. 50 FRF (LETTRE)	0,68 EUR	7 50
240a	13 f. 50 FRF (C)	2,06 EUR	12 50
241a	13 f. 50 FRF (J+1D)	2,06 EUR	12 50
242a	19 f. 50 FRF (J+1R)	2,97 (ou 2,98) EUR	16 50
243a	19 f. 50 FRF (J+2N)	2,97 (ou 2,98) EUR	16 50

Idem. Impression en violet-bleu

237b	0 f. 10 FRF à 99 f. 90 FRF (avec val. en €) avec minimum de 7 50		Valeur faciale x 10
238b	2 f. 70 FRF (E)	0,41 EUR	7 50
239b	4 f. 50 FRF (LETTRE)	0,68 EUR	7 50
240b	13 f. 50 FRF (C)	2,06 EUR	20 »

241b	13 f. 50 FRF (J+1D)	2,06 EUR	20 »
242b	19 f. 50 FRF (J+1R)	2,97 (ou 2,98) EUR	30 »
243b	19 f. 50 FRF (J+2N)	2,97 (ou 2,98) EUR	30 »

La parité FRF/EUR est introduite manuellement par les postiers, entraînant de nombreuses erreurs, telles que :

Paris Champs Elysées 3 f. FRF donne 20 EUR

Chassieu 0 f. 10 FRF donne 0,00 EUR, 3 f. FRF donne 0 04 EUR

1999. - *Type C (Lisa), comme précedemment avec mention de la parité EURO (€). Logiciel corrigé. La parité FRF/EUR est intégrée directement, les règles de l'arrondi sont respectées.*

244	0 f. 10 FRF	0,02 EUR	0 50

Pour les autres valeurs sans mention, voir le n° 237.

245	4 f. 50 FRF (LETTRE)	0,69 EUR	3 »
246	19 f. 50 FRF (J+1R)	2,97 EUR	6 25
247	19 f. 50 FRF (J+2N)	2,97 EUR	6 25

Note : Les n°s 237 à 247 existent sur papier Type B (Comète) avec impression rouge ou en noir.

1999. - *PHILEXFRANCE 99. Exposition philatélique internationale « Mondial du Timbre » Paris (2-11.07). Timbre de distributeur Type D (Lisa) ; papier bleu-turquoise, adhésif.*

A. Avec parité FRF-EUR. Paiement en numéraire.

Type D (LISA). Monuments de Paris.

248	2 f. 70 FRF à 130 f. FRF avec valeur en € avec minimum de 2 30 avec mentions :	Valeur faciale x 5	
249	2 f. 70 FRF (E)	0,41 EUR	2 30
250	4 f. 50 FRF (LETTRE)	0,69 EUR	3 50
251	13 f. 50 FRF (C)	2,06 EUR	10 »
252	13 f. 50 FRF (J+1D)	2,06 EUR	10 »
253	19 f. 50 FRF (J+1R)	2,97 EUR	15 »
254	19 f. 50 FRF (J+2N)	2,97 EUR	15 »

Impossible d'obtenir des valeurs inférieures à 2 f. 70.

B. Sans parité EUR. Paiement par carte à puce (porte-monnaie électronique) MODEUS à 50 f. (vendue 60 f.) ou à 100 f. (vendue 120 f.)

259	2 f. 70 à 105 f. avec minimum de 7 50	Valeur faciale x 10	
260	4 f. 50 (LETTRE)		7 50
261	13 f. 50 (J+1)		22 50
262	19 f. 50 (J+2)		30 »

Note : Le 0 f. 10, bien qu'interdit, a pu être obtenu (valeur 15 €).

1999. - *Timbre de distributeurs Type E (Lisa 2) Société IER. Papier adhésif thermosensible turquoise. Impression en noir, avec parité €. Prototypes mis en place à Paris Saint-Germain des Prés et à La Défense (22.10). Pourvus d'écrans tactiles, ils acceptent les paiements, soit en numéraire, soit par carte bancaire. D'autres appareils seront mis en place progressivement.*

Type E (Lisa 2) Sté IER.

263	0 f. 10 FRF à 130 f. FRF avec parité € avec minimum de 0 50	Valeur faciale x 3	
264	2 f. 70 FRF (E)	0,41 EUR	1 25
265	4 f. 50 FRF (LETTRE)	0,69 EUR	3 »
266	13 f. 50 FRF (C)	2,06 EUR	4 50
267	13 f. 50 FRF (J+1D)	2,06 EUR	4 50
268	19 f. 50 FRF (J+1R)	2,97 EUR	6 25
269	19 f. 50 FRF (J+2N)	2,97 EUR	6 25

A la mise en service, une valeur 3 f. FRF (LETTRE) a été émise (valeur 120 €).

Note : Le reçu délivré n'est pas semblable au timbre mais imprimé sur papier blanc thermosensible. Par ailleurs du papier thermosensible du type E a également été utilisé sur un appareil LISA de la première génération.

2000. - *Timbre de distributeur. Type C (Lisa 1). Papier adhésif turquoise thermosensible analogue à celui utilisé sur les appareils LISA 2 ci-dessus. Impression en rouge. (PARIS-LA DEFENSE).*

263a	0 f. 10 FRF à 130 f. FRF avec parité € avec minimum de 7 50	Valeur faciale x 5	
264a	2 f. 70 FRF (E)	0,41 EUR	7 50
265a	4 f. 50 FRF (LETTRE)	0,69 EUR	7 50
266a	13 f. 50 FRF (C)	2,06 EUR	10 »
267a	13 f. 50 FRF (J+1D)	2,06 EUR	10 »
268a	19 f. 50 FRF (J+1R)	2,97 EUR	15 »
269a	19 f. 50 FRF (J+2N)	2,97 EUR	15 »

Note : Plus lisse et acceptant difficilement l'impression, le papier thermosensible est néanmoins souvent introduit dans tous les appareils en usage (Lisa 1 et Diva).

2000. - *2e Biennale philatélique de Paris (25-27.02). Timbre de distributeur. Type F (Lisa). Papier adhésif bleu clair. Impression rouge, avec parité €.*

Type F (Lisa)

270	2 f. 70 FRF à 130 f. FRF avec valeur en € avec minimum de 7 50	Valeur faciale x 5	
271	2 f. 70 FRF (E)	0,41 EUR	7 50
272	4 f. 50 FRF (LETTRE)	0,69 EUR	7 50
273	13 f. 50 FRF (C)	2,06 EUR	10 »
274	13 f. 50 FRF (J+1D)	2,06 EUR	10 »
275	19 f. 50 FRF (J+1R)	2,97 EUR	15 »
276	19 f. 50 FRF (J+2N)	2,97 EUR	15 »

Impossible d'obtenir des valeurs inférieures à 2 f. 70.

2000. - *Tarif postal au 01.06. Timbre de distributeur Type C (Lisa). Papier adhésif turquoise. Sans parité €. Impression en noir.*

277	14 f. 50 (C)	6 75
278	14 f. 50 (J+1D)	6 75
279	20 f. 50 (J+1R)	10 »
280	20 f. 50 (J+2N)	10 »

2000. - *Idem avec parité €. Impression en rouge.*

281	14 f. 50 FRF (C)	2,21 EUR	6 75
282	14 f. 50 FRF (J+1D)	2,21 EUR	6 75
283	20 f. 50 FRF (J+1R)	3,13 EUR	10 »
284	20 f. 50 FRF (J+2N)	3,13 EUR	10 »

Idem. Impression en noir.

285	14 f. 50 FRF (C)	2,21 EUR	6 75
286	14 f. 50 FRF (J+1D)	2,21 EUR	6 75
287	20 f. 50 FRF (J+1R)	3,13 EUR	10 »
288	20 f. 50 FRF (J+2N)	3,13 EUR	10 »

Idem. Impression en violet.

285a	14 f. 50 FRF (C)	2,21 EUR	6 75
286a	14 f. 50 FRF (J+1D)	2,21 EUR	6 75
287a	20 f. 50 FRF (J+1R)	3,13 EUR	10 »
288a	20 f. 50 FRF (J+2N)	3,13 EUR	10 »

Idem. Papier thermosensible. Impression en rouge.

281a	14 f. 50 FRF (C)	2,21 EUR	6 75
282a	14 f. 50 FRF (J+1D)	2,21 EUR	6 75
283a	20 f. 50 FRF (J+1R)	3,13 EUR	10 »
284a	20 f. 50 FRF (J+2N)	3,13 EUR	10 »

Idem. Papier thermosensible. Impression en noir.

285b	14 f. 50 ERF (C)	2,21 EUR	6 75
286b	14 f. 50 FRF (J+1D)	2,21 EUR	6 75
287b	20 f. 50 FRF (J+1R)	3,13 EUR	10 »
288b	20 f. 50 FRF (J+2N)	3,13 EUR	10 »

Idem. Type E (Lisa 2) Sté IER. Papier thermosensible. Impression en noir.

289	14 f. 50 FRF (C)	2,21 EUR	6 75
290	14 f. 50 FRF (J+1D)	2,21 EUR	6 75
291	20 f. 50 FRF (J+1R)	3,13 EUR	10 »
292	20 f. 50 FRF (J+2N)	3,13 EUR	10 »

2000. - *Timbre de distributeur. Type G (Diva). Papier adhésif bleu clair et jeune clair. Impression de la valeur en rouge. Sans parité €.*

Type G (Diva). Avions en papier plié.

293 0 f. 10 à 200 f. Valeur faciale
avec minimum de 1 40 x 5

2001. - *Idem. Avec une barre de phosphore à gauche et à droite (barres de sécurité).*

293a 0 f. 10 à 200 f. Valeur faciale
avec minimum de 1 40 x 5

2000. - *Idem. Impression de la valeur en noir.*

294 0 f. 10 à 200 f. Valeur faciale
avec minimum de 1 40 x 5

2001. - *Idem. Avec une barre de phosphore à gauche et à droite (barres de sécurité).*

294a 0 f. 10 à 200 f. Valeur faciale
avec minimum de 1 40 x 5

2001. - *Idem. Type G (Diva). Papier thermosensible. Impression de la valeur en rouge.*

294A 0 f. 10 à 200 f. Valeur faciale
avec minimum de 1 40 x 5

Note. L'exploitation des appareils DIVA a cessé le 31 décembre 2001, avec la disparition du franc.

2000. - *Idem. Type G (Lisa). Impression en rouge, avec parité €.*

Type G (Lisa 1). Avions en papier plié.

295 0 f. 10 à 200 f. Valeur faciale
avec parite € x 3
avec minimum de 1 40

296	2 f. 70 FRF (E)	0,41 EUR	1 40
297	4 f. 50 FRF (LETTRE)	0,69 EUR	2 25
298	14 f. 50 FRF (C)	2,21 EUR	6 75
299	14 f. 50 FRF (J+1D)	2,21 EUR	6 75
300	20 f. 50 FRF (J+1R)	3,13 EUR	9 50
301	20 f. 50 FRF (J+2N)	3,13 EUR	9 50

Ancien tarif maintenu par erreur.

298a	13 f. 50 FRF (C)	2,06 EUR	10 »
299a	13 f. 50 FRF (J+1D)	2,06 EUR	10 »
300a	19 f. 50 FRF (J+1R)	2,97 EUR	15 »
301a	19 f. 50 FRF (J+2N)	2,97 EUR	15 »

2000. - *Idem. Type G (Lisa 1). Impression en noir, avec parité €.*

Type G (Lisa 1). Avions en papier plié.

302 0 f. 10 à 130 f. Valeur faciale
avec parite € x 3
avec minimum de 1 40

303	2 f. 70 FRF (E)	0,41 EUR	1 40
304	4 f. 50 FRF (LETTRE)	0,69 EUR	2 25
305	14 f. 50 FRF (C)	2,21 EUR	6 75
306	14 f. 50 FRF (J+1D)	2,21 EUR	6 75
307	20 f. 50 FRF (J+1R)	3,13 EUR	9 50
308	20 f. 50 FRF (J+2N)	3,13 EUR	9 50

Idem. Impression en violet (Région de Nantes et à Nanterre).

302a	0 f. 10 à 130 f. avec parite € avec minimum de 1 40	Valeur faciale x 3	
303a	2 f. 70 FRF (E)	0,41 EUR	1 40
304a	4 f. 50 FRF (LETTRE)	0,69 EUR	2 25
305a	14 f. 50 FRF (C)	2,21 EUR	6 75
306a	14 f. 50 FRF (J+1D)	2,21 EUR	6 75
307a	20 f. 50 FRF (J+1R)	3,13 EUR	9 50
308a	20 f. 50 FRF (J+2N)	3,13 EUR	9 50

Ancien tarif maintenu à Nanterre par erreur.

305b	13 f. 50 FRF (C)	2,06 EUR	6 75
306b	13 f. 50 FRF (J+1D)	2,06 EUR	6 75
307b	19 f. 50 FRF (J+1R)	2,97 EUR	9 50
308b	19 f. 50 FRF (J+2N)	2,97 EUR	9 50

2000. - *Timbre de distributeur. Type I (Lisa 1). Papier bleu clair et jeune clair. Impression en noir. Sans parité €. (Gennevilliers).*

Type I (Lisa 1). Sans parité €.

309	0 f. 10 à 130 f. avec minimum de 1 40	Valeur faciale x 3	
310	2 f. 70 (E)		1 40
311	4 f. 50 (LETTRE)		2 25
312	14 f. 50 (C)		6 75
313	14 f. 50 (J+1D)		6 75
314	20 f. 50 (J+1R)		9 50
315	20 f. 50 (J+2N)		9 50

2000. - *Timbre de distributeur. Type H (Lisa 2). Société IER. Parpier thermosensible bleu clair et jaune clair. Impression en noir, avec parité €.*

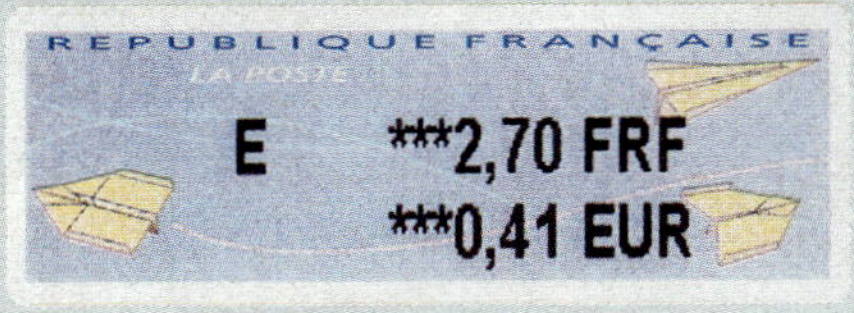

Type H (Lisa 2). S^té IER

316	0 f. 10 à 130 f. avec parité € avec minimum de 1 40	Valeur faciale x 3	
317	2 f. 70 FRF (E)	0,41 EUR	1 40
318	4 f. 50 FRF (LETTRE)	0,69 EUR	2 25
319	14 f. 50 FRF (C)	2,21 EUR	6 75
320	14 f. 50 FRF (J+1D)	2,21 EUR	6 75
321	20 f. 50 FRF (J+1R)	3,13 EUR	9 50
322	20 f. 50 FRF (J+2N)	3,13 EUR	9 50

2000. - *Idem. Type G (Lisa 1). Papier thermosensible. Impression en noir. Avec parité €.*

Type G (Lisa 1). Avions en papier plié. Lisse.

323	0 f. 10 à 130 f. avec parité € avec minimum de 1 40	Valeur faciale x 3	
324	2 f. 70 FRF (E)	0,41 EUR	1 40
325	4 f. 50 FRF (LETTRE)	0,69 EUR	2 25
326	14 f. 50 FRF (C)	2,21 EUR	6 75
327	14 f. 50 FRF (J+1D)	2,21 EUR	6 75
328	20 f. 50 FRF (J+1R)	3,13 EUR	9 50
329	20 f. 50 FRF (J+2N)	3,13 EUR	9 50

2000. - *Idem. Papier thermosensible. Impression en rouge.*

330	0 f. 10 à 130 f. avec parité € avec minimum de 1 40	Valeur faciale x 3	
331	2 f. 70 FRF (E)	0,41 EUR	1 40
332	4 f. 50 FRF (LETTRE)	0,69 EUR	2 25
333	14 f. 50 FRF (C)	2,21 EUR	6 75
334	14 f. 50 FRF (J+1D)	2,21 EUR	6 75
335	20 f. 50 FRF (J+1R)	3,13 EUR	9 50
336	20 f. 50 FRF (J+2N)	3,13 EUR	9 50

2000-01. - *Timbre de distributeur. Type B (Comète). Impression en noir, avec parité €. (Deville-les-Rouen).*

330A	0 f. 10 à 130 f. avec parité € avec minimum de 1 40	Valeur faciale x 3	
331A	2 f. 70 FRF (E)	0,41 EUR	1 40
332A	4 f. 50 FRF (LETTRE)	0,69 EUR	2 25
333A	14 f. 50 FRF (C)	2,21 EUR	6 75
334A	14 f. 50 FRF (J+1D)	2,21 EUR	6 75
335A	20 f. 50 FRF (J+1R)	3,13 EUR	9 50
336A	20 f. 50 FRF (J+2N)	3,13 EUR	9 50

2000-01. - *Idem. Impression en rouge, avec parité €. (Vanves).*

330B	0 f. 10 à 130 f. avec parité € avec minimum de 1 40	Valeur faciale x 3	
331B	2 f. 70 FRF (E)	0,41 EUR	1 40
332B	4 f. 50 FRF (LETTRE)	0,69 EUR	2 25
333B	14 f. 50 FRF (C)	2,21 EUR	6 75
334B	14 f. 50 FRF (J+1D)	2,21 EUR	6 75
335B	20 f. 50 FRF (J+1R)	3,13 EUR	9 50
336B	20 f. 50 FRF (J+2N)	3,13 EUR	9 50

ABONNEZ-VOUS à

L'ÉCHO DE LA TIMBROLOGIE

37, rue des Jacobins - 80036 Amiens Cedex 1

(spécimen gratuit sur demande)

Voir l'OFFRE SPÉCIALE d'abonnement dans ce catalogue.

1999-2000. - *Expérimentation du porte-monnaie électronique MODEUS, à NOISY LE GRAND, avec utilisation d'un ancien programme analogue à celui implanté sur les appareils de type Lisa, en 1996. (N°s 218 à 220).*

1999. - *Timbre de distributeur. Type C (Lisa). Papier adhésif turquoise. Impression en rouge.*

337	13 f. 50 (J+1)	9 »
338	19 f. 50 (J+2)	15 »

2000. - *Idem. Tarif au 01.06. Impression en rouge.*

339	14 f. 50 (J+1)	9 »
340	20 f. 50 (J+2)	15 »

Idem. Impression en noir.

341	14 f. 50 (J+1)	9 »
342	20 f. 50 (J+2)	15 »

2000. - *Timbre de distributeur. Type I (Lisa). Papier adhésif bleu clair et jaune clair. Impression en rouge. Sans parité €.*

Type I (Lisa 1). Sans parité € (en rouge).

343	0 f. 10 à 130 f. avec minimum de 1 40	Valeur faciale x 3	
344	4 f. 50 (LETTRE)		2 50
345	14 f. 50 (J+1)		7 50
346	20 f. 50 (J+2)		10 »

NB. Seules mentions existantes.

Idem. Impression en noir.

Type I (Lisa 1). Sans parité € (en noir).

	0 f. 10 à 130 f. avec minimum de 1 40 (voir n° 309)	Valeur faciale x 3	
	4 f. 50 (LETTRE) (voir n° 311)		
347	14 f. 50 (J+1)		7 50
348	20 f. 50 (J+2)		10 »

NB. Idem. Seule mentions existantes.

2001. - *Idem. Tarif au 01.06. Impression en noir, sans parité €.*

348A	15 f. 50 (J+1)	50 »
348B	21 f. 70 (J+2)	50 »

Note : L'expérience MODEUS a cessé en juillet 2001.

2000. - *54e Salon philatélique d'automne. Paris (9-12-11). Timbre de distributeur. Type K (Lisa). Papier adhésif orangé. Impression en noir, avec parité €.*

Type K (Lisa). Feuilles d'automne et Tour Eiffel stylisées.

349	2 f. 70 FRF à 130 f. FRF avec parité € avec minimum de 7 50	Valeur faciale x 5	
350	2 f. 70 FRF (E)	0,41 EUR	7 50
351	4 f. 50 FRF (LETTRE)	0,69 EUR	7 50
352	14 f. 50 FRF (C)	2,21 EUR	10 »
353	14 f. 50 FRF (J+1D)	2,21 EUR	10 »
354	20 f. 50 FRF (J+1R)	3,13 EUR	15 »
355	20 f. 50 FRF (J+2N)	3,13 EUR	15 »

2001. - *Salon philatélique, Nancy (23-25.03). Timbre de distributeur. Type L (Lisa). Papier adhésif gris-beige. Impression en noir, avec parité €.*

Type L (Lisa). Place Stanislas et 50e anniversaire du 1er jour.

356	0 f. 10 FRF à 130 f. FRF avec parité € avec minimum de 7 50	Valeur faciale x 5	
357	2 f. 70 FRF (E)	0,41 EUR	7 50
358	4 f. 50 FRF (LETTRE)	0,69 EUR	7 50
359	14 f. 50 FRF (C)	2,21 EUR	10 »
360	14 f. 50 FRF (J+1D)	2,21 EUR	10 »
361	20 f. 50 FRF (J+1R)	3,13 EUR	15 »
362	20 f. 50 FRF (J+2N)	3,13 EUR	15 »

L'un des appareils a délivré des timbres à l'ancien tarif.

359a	13 f. 50 FRF (C)	2,06 EUR	12 »
360a	13 f. 50 FRF (J+1D)	2,06 EUR	12 »
361a	19 f. 50 FRF (J+1R)	2,97 EUR	18 »
362a	19 f. 50 FRF (J+2N)	2,97 EUR	18 »

Par ailleurs, reçus obtenus datés des 23 et 24.03.2000... De l'un des deux autres distributeurs mis en place.

2001. - *74e Congrés de la F.F.A.P. (1-4 juin), Tours. Timbre de distributeur. Type M (Lisa). Papier adhésif vert pâle. Impression en noir, avec parité €. Deux bandes de phosphore à droite (barre de sécurité).*

Type M (Lisa). La gare de Tours.

363	0 f. 10 FRF à 130 f. FRF avec parité € avec minimum de 7 50	Valeur faciale x 5	
364	2 f. 70 FRF (E)	0,41 EUR	7 50
365	4 f. 50 FRF (LETTRE)	0,69 EUR	7 50
366	15 f. 50 FRF (C)	2,36 EUR	12 »
367	15 f. 50 FRF (J+1D)	2,36 EUR	12 »
368	21 f. 70 FRF (J+1R)	3,31 EUR	16 50
369	21 f. 70 FRF (J+2N)	3,31 EUR	16 50

2001. - *Modifications tarifaires du 01.06. Timbre de distributeur. Type G (Lisa 1). Avions en papier plié. Impression en rouge, avec parité €.*

370	15 f. 50 FRF (C)	2,36 EUR	6 75
371	15 f. 50 FRF (J+1D)	2,36 EUR	6 75
372	21 f. 70 FRF (J+1R)	3,31 EUR	9 50
373	21 f. 70 FRF (J+2N)	3,31 EUR	9 50

2001. - *Idem. Papier thermosensible. Impression en rouge.*

370a à 373a — Mêmes prix

2001. - *Idem. Impression en noir.*

374	15 f. 50 FRF (C)	2,36 EUR	6 75
375	15 f. 50 FRF (J+1D)	2,36 EUR	6 75
376	21 f. 70 FRF (J+1R)	3,31 EUR	9 50
377	21 f. 70 FRF (J+2N)	3,31 EUR	9 50

2001. - *Idem. Papier thermosensible. Impression en noir.*

374a à 377a — Mêmes prix

2001. - *Idem. Type I (Lisa 1). Impression en noir, sans parité €. (Gennevilliers).*

378	15 f. 50 (C)	25 »
379	15 f. 50 (J+1D)	25 »
380	21 f. 70 (J+1R)	25 »
381	21 f. 70 (J+2N)	25 »

2001. - *Idem. Type H (Lisa 2). S^té IER. Impression en noir, avec parité €.*

382	15 f. 50 FRF (C)	2,36 EUR	6 75
383	15 f. 50 FRF (J+1D)	2,36 EUR	6 75
384	21 f. 70 FRF (J+1R)	3,31 EUR	9 50
385	21 f. 70 FRF (J+2N)	3,31 EUR	9 50

2001. - *Timbre de distributeur. Type C (Lisa 1). Oiseaux papier turquoise. Impression en noir, sans parité €.*

386	15 f. 50 FRF (C)	2,36 EUR	6 75
387	15 f. 50 FRF (J+1D)	2,36 EUR	6 75
387A	21 f. 70 FRF (J+1R)	3,31 EUR	9 50
387B	21 f. 70 FRF (J+2N)	3,31 EUR	9 50

2001. - *Idem. Type C (Lisa 1). Impression en rouge, avec parité €.*

386a	15 f. 50 FRF (C)	2,36 EUR	6 75
387a	15 f. 50 FRF (J+1D)	2,36 EUR	6 75
387Aa	21 f. 70 FRF (J+1R)	3,31 EUR	9 50
387Ba	21 f. 70 FRF (J+2N)	3,31 EUR	9 50

2001. - *Timbre de distributeur. Type E (Lisa 2). S^té IER. Oiseaux papier turquoise thermosensible. Impression en noir, avec parité €.*

387C	15 f. 50 FRF (C)	2,36 EUR	6 75
387D	15 f. 50 FRF (J+1D)	2,36 EUR	6 75
387E	21 f. 70 FRF (J+1R)	3,31 EUR	9 50
387F	21 f. 70 FRF (J+2N)	3,31 EUR	9 50

Au cours du 2e trimestre 2001, l'utilisation du papier avec bandes de phosphore se généralise (barres de sécurité). Ces bandes peuvent se trouver à cheval sur deux timbres.

2001. - *Timbre de distributeur. Type G (Lisa 1). Impression en noir, avec parité € et 2 bandes de phosphore à gauche et à droite (barres de sécurité).*

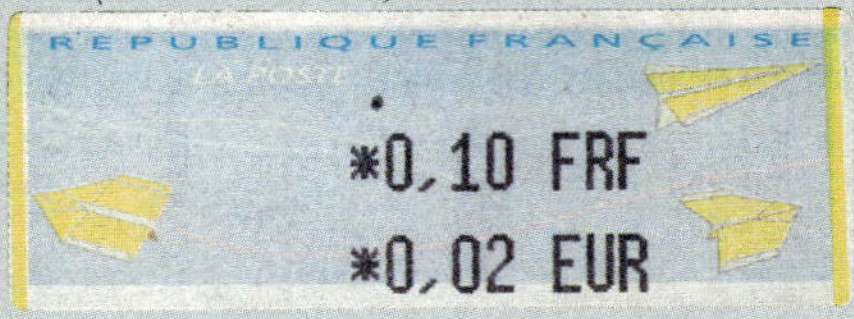

Type G (Lisa 1). Avec barres de sécurité.

388	0 f. 10 FRF à 130 f. FRF avec parité € avec minimum de 1 40	Valeur faciale x 3	
389	2 f. 70 FRF (E)	0,41 EUR	1 40
390	4 f. 50 FRF (LETTRE)	0,69 EUR	2 25
391	15 f. 50 FRF (C)	2,36 EUR	6 75
392	15 f. 50 FRF (J+1D)	2,36 EUR	6 75
393	21 f. 70 FRF (J+1R)	3,31 EUR	9 50
394	21 f. 70 FRF (J+2N)	3,31 EUR	9 50

2001. - *Idem. Impression en rouge.*

394A	0 f. 10 FRF à 130 f. FRF avec parité € avec minimum de 1 40	Valeur faciale x 3	
394B	2 f. 70 FRF (E)	0,41 EUR	1 40
394C	4 f. 50 FRF (LETTRE)	0,69 EUR	2 25
394D	15 f. 50 (C)	2,36 EUR	6 75
394E	15 f. 50 (J+1D)	2,36 EUR	6 75
394F	21 f. 70 (J+1R)	3,31 EUR	9 50
394G	21 f. 70 (J+2N)	3,31 EUR	9 50

Voir également le type G (Diva) n°s 293a, 294a et 294A.

2001. - *Idem. Type G (Lisa 1). Papier thermosensible, impression en noir, avec parité € et barres de sécurité.*

395	0 f. 10 FRF à 130 f. FRF avec parité € avec minimum de 1 40	Valeur faciale x 3	
396	2 f. 70 FRF (E)	0,41 EUR	1 40
397	4 f. 50 FRF (LETTRE)	0,69 EUR	2 25
398	15 f. 50 FRF (C)	2,36 EUR	6 75
399	15 f. 50 FRF (J+1D)	2,36 EUR	6 75
400	21 f. 70 FRF (J+1R)	3,31 EUR	9 50
401	21 f. 70 FRF (J+2N)	3,31 EUR	9 50

2001. - *Idem. Papier thermosensible, impression en rouge.*

402	0 f. 10 FRF à 130 f. FRF avec parité € avec minimum de 1 40	Valeur faciale x 3	
403	2 f. 70 FRF (E)	0,41 EUR	1 40
404	4 f. 50 FRF (LETTRE)	0,69 EUR	2 25
405	15 f. 50 FRF (C)	2,36 EUR	6 75
406	15 f. 50 FRF (J+1D)	2,36 EUR	6 75
407	21 f. 70 FRF (J+1R)	3,31 EUR	9 50
408	21 f. 70 FRF (J+2N)	3,31 EUR	9 50

2001. - *Timbre de distributeur. Type H (Lisa 2). S^té IER. Impression en noir, avec parité € et barres de sécurité.*

409	0 f. 10 FRF à 130 f. FRF avec parité € avec minimum de 1 40	Valeur faciale x 3	
410	2 f. 70 FRF (E)	0,41 EUR	1 40
411	4 f. 50 FRF (LETTRE)	0,69 EUR	2 25
412	15 f. 50 FRF (C)	2,36 EUR	6 75
413	15 f. 50 FRF (J+1D)	2,36 EUR	6 75
414	21 f. 70 FRF (J+1R)	3,31 EUR	9 50
415	21 f. 70 FRF (J+2N)	3,31 EUR	9 50

2001. - *55e Salon philatélique d'automne. Paris (8-11.11). Timbre de distributeur. Type N (Lisa). Papier adhésif gris. Impression en noir, avec parité €.*

Type N (Lisa). Hommage au graveur Albert Decaris, Paris et la Tour Eiffel.

416	2 f. 70 FRF à 130 f. FRF avec parité € avec minimum de 7 50	Val. fac. en € x 5	
417	2 f. 70 FRF (E)	0,41 EUR	7 50
418	4 f. 50 FRF (LETTRE)	0,69 EUR	7 50
419	15 f. 50 FRF (C)	2,36 EUR	12 »
420	15 f. 50 FRF (J+1D)	2,36 EUR	12 »
421	21 f. 70 FRF (J+1R)	3,31 EUR	16 50
422	21 f. 70 FRF (J+2N)	3,31 EUR	16 50

A partir du 1er janvier 2002
100 centimes d'euro = 1 EURO (€)
1 EURO = 6 f. 55957.

2002. - *(01 et 02.01). Timbre de distributeur. Types précédents G (Lisa 1) et H (Lisa 2).*

Type G (Lisa 1). Impression en noir.

423	0,01 EUR à 99,99 EUR avec minimum de 1 40	Valeur faciale x 3	
424	0,41 EUR (E)		1 40
425	0,69 EUR (LETTRE)		2 25
426	2,35 EUR (C)		6 75
427	2,35 EUR (J+1D)		6 75
428	3,30 EUR (J+1R)		9 50
429	3,30 EUR (J+2N)		9 50

Idem. Impression en rouge.

423a à 429a — Mêmes prix

Idem. Impression en noir, avec une bande de phosphore à gauche et à droite (barres de sécurité).

430 à 436 — Mêmes prix

Idem. Impression en rouge.

430a à 436a — Mêmes prix

Idem. Impression en noir. Papier thermosensible.

437 à 443 — Mêmes prix

Idem. Impression en rouge.

437a à 443a — Mêmes prix

Idem. Impression en noir. Papier thermosensible, avec une bande de phosphore à gauche et à droite (barres de sécurité).

444 à 450 — Mêmes prix

Idem. Impression en violet (région de Nantes).

Type G (Lisa 1). Impression en violet.

450A à 450G — Mêmes prix

Type H (Lisa 2). Ste IER. Papier thermosensible.

451	0,01 EUR à 99,99 EUR avec minimum de 1 40	Valeur faciale x 3	
452	0,41 EUR (E)		1 40
453	0,69 EUR (LETTRE)		2 25
454	2,35 EUR (C)		6 75
455	2,35 EUR (J+1D)		6 75
456	3,30 EUR (J+1R)		9 50
457	3,30 EUR (J+2N)		9 50

Idem. Avec une bande de phosphore à gauche et à droite (barres de sécurité).

458 à 464 — Mêmes prix

Type H (Lisa 2). Avec trait diagonal et bande de phosphore à gauche et à droite.
(Origine : PARIS RP rue du Louvre, en particulier).

465	0,01 EUR à 99,99 EUR avec minimum de 7 50	Valeur faciale x 5	
466	0,41 EUR (E)		7 50
467	0,69 EUR (LETTRE)		7 50
468	2,36 EUR (C)		12 »
469	2,36 EUR (J+1D)		12 »
470	3,31 EUR (J+1R)		16 50
471	3,31 EUR (J+2N)		16 50

(Les nos 468 à 479 ont des valeurs non réajustées avant la mise en service 01.01.2002).

2002. - *Timbre de distributeur. Type C (Lisa 1). Oiseaux papier turquoise. Impression en rouge.*

Type C (Lisa 1). (EURO).

472	0,01 EUR à 99,99 EUR avec minimum de 1 40	Valeur faciale x 3

473	0,41 EUR (E)	1 40
474	0,69 EUR (LETTRE)	2 25
475	2,35 EUR (C)	6 75
476	2,35 EUR (J+1D)	6 75
477	3,30 EUR (J+1R)	9 50
478	3,30 EUR (J+2N)	9 50

Idem. Impression en noir.

479 à 485 Mêmes prix

2002. - *Timbre de distributeur. Type E (Lisa 2). S[te] IER. Oiseaux papier turquoise thermosensible. Impression en noir.*

Type E (Lisa 2). Thermosensible. (EURO).

486	0,01 EUR à 99,99 EUR avec minimum de 1 40	Valeur faciale x 3
487	0,41 EUR (E)	1 40
488	0,69 EUR (LETTRE)	2 25
489	2,35 EUR (C)	6 75
490	2,35 EUR (J+1D)	6 75
491	3,30 EUR (J+1R)	9 50
492	3,30 EUR (J+2N)	9 50

2002. - *3e Biennale philatélique de Paris (08-10.02). Timbre de distributeur. Type P (Lisa). Papier adhésif bleu clair. Impression en noir.*

Type P (Lisa). Avénement de l'Euro (sigles €).

493	0,01 EUR à 99,99 EUR avec minimum de 7 50	Valeur faciale x 5
494	0,41 EUR (E)	7 50
495	0,69 EUR (LETTRE)	7 50
496	2,35 EUR (C)	12 »
497	2,35 EUR (J+1D)	12 »
498	3,30 EUR (J+1R)	16 50
499	3,30 EUR (J+2N)	16 50

2002. - *Salon philatélique de printemps. Les arènes de Nimes (22-24.03). Timbre de distributeur. Type Q (Lisa). Papier adhésif orange. Impression en noir.*

Type Q (Lisa). Le Pont du Gard.

500	0,01 EUR à 99,99 EUR avec minimum de 7 50	Valeur faciale x 5
501	0,41 EUR (E)	7 50
502	0,69 EUR (LETTRE)	7 50
503	2,35 EUR (C)	12 »
504	2,35 EUR (J+1D)	12 »
505	3,30 EUR (J+1R)	16 50
506	*3,30 EUR (J+2N)*	16 50

2002. - *75e Congrès de la FFAP (17-20-05), Marseille. Timbre de distributeur. Type R. (Lisa). Papier adhésif bleu clair, impression en noir. Bandes de phosphore à gauche et à droite.*

Type R (Lisa). Le port de Marseille.

507	0,01 EUR à 99,99 EUR avec minimum de 7 50	Valeur faciale x 5
508	0,41 EUR (E)	7 50
509	0,69 EUR (LETTRE)	7 50
510	2,35 EUR (C)	15 »
511	2,35 EUR (J+1D)	15 »
512	3,30 EUR (J+1R)	20 »
513	3,30 EUR (J+2N)	20 »

TIMBRES FISCAUX

Voir catalogue des Timbres Fiscaux et Socio-postaux de France - 2000, Yvert & Tellier, Amiens, 1er catalogue de Fiscaux en couleurs.

ENTIERS POSTAUX

Tout support tel que carte postale, carte-lettre, enveloppe ou bande pour journaux, sur lequel un timbre-poste est imprimé est un « ENTIER POSTAL ».

La nomenclature donnée ci-après est celle des entiers émis par le Service des Postes à l'exclusion des entiers privés qui sont décrits au Catalogue Spécialisé Tome II.

Il est à préciser que la plupart des valeurs d'usage courant ont été retenues pour le timbrage des « entiers » : types SAGE, BLANC, MOUCHON, SEMEUSE, etc.

Le type dit « CHAPLAIN », utilisé pour les timbres-téléphone a également été réservé au timbrage des « entiers de la poste pneumatique ».

ABRÉVIATIONS

AER - Aérogramme.
BJ - Bande pour journaux.
CL- Carte-lettre.
CLPM- Carte-lettre pneumatique pour Marseille.
CLPMRP- Idem, avec réponse payée.
CLPP- Carte-lettre pneumatique pour Paris.
CLPPRP- Idem, avec réponse payée.
CP - Carte postale.
CPP- Carte pneumatique pour Paris.
CPRP- Carte postale avec réponse payée.
D - Date, avec date.
E- Enveloppe.
EPM- Enveloppe pneumatique pour Marseille.
EPP- Idem, pour Paris.
MC- Maxicarte.
SD- Sans date.

NOTES EXPLICATIVES

Les chiffres romains entre parenthèses sont ceux des « TYPES » des timbres.

Dates des « ENTIERS » : Assez nombreux sont les entiers postaux datés.

La date dont ils sont porteurs est constituée de trois chiffres ; le premier indique le millésime de l'année et les deux autres la énième semaine au cours de laquelle l'entier a été imprimé dans la dite année.

Il existe des dates obliques et renversées.

Cotations : Les cotes des entiers postaux avec réponse payée, oblitérés, s'appliquent à chacun des éléments de ceux-ci. Cependant, il faut admettre que la partie « réponse » mérite une majoration de 100 % et davantage si le timbre est oblitéré de l'étranger.

Les cotes des CL oblitérées concernent des pièces entières (avec les bordures) ; celles qui en sont démunies valent le quart de la cote indiquée.

Numéros absents : Les numéros de la nomenclature apparaissent avec des « manquants ». Les numéros absents sont ceux d'entiers postaux tels que les entiers administratifs par exemple ; ils sont aussi ceux d'entiers avec particularités ou variétés « incorporés » dans les numéros cités, ce qui explique la présence de la mention « à partir de » placée avant certaines cotes.

Ces entiers figurent dans le Catalogue Spécialisé Tome II ainsi que les entiers postaux dits « TIMBRÉS SUR COMMANDE ».

Les numéros entre parenthèses reportent aux numéros des timbres-poste de la nomenclature générale.

I. - ENTIERS A TYPES SPÉCIAUX.

1935-36. - *Vues de Paris. Illustrations au recto. Héliogravure.*

a) Notre-Dame, Champs Élysées, Concorde. Tombeau de Napoléon, La Madeleine, soit 5 cartes dans chacune des couleurs noire, verte et sépia.

Sans la légende RÉPUBLIQUE FRANÇAISE.

1	CP 90 c. rouge	23 »	12 25

Avec la légende RÉPUBLIQUE FRANÇAISE. *

2	CP 90 c. rouge	42 »	19 25

b) La Conciergerie : 5 cartes avec illustrations différentes dans chacune des couleurs verte, prune, sanguine, brune, sépia et noire.

Sans la légende RÉPUBLIQUE FRANÇAISE.

3	CP 90 c. rouge	23 »	15 25

Avec la légende RÉPUBLIQUE FRANÇAISE. *

4	CP 90 c. rouge	42 »	20 »

c) Le lac du Bois de Boulogne : 5 cartes avec illustrations différentes en vert.

Sans la légende RÉPUBLIQUE FRANÇAISE.

5	CP 90 c. rouge	25 25	15 25

Avec la légende RÉPUBLIQUE FRANÇAISE. *

6	CP 90 c. rouge	42 »	26 75

* Pour les n°s 2, 4 et 6 « REPUBLIQUE FRANÇAISE » se situe sur la C. P. au dessus de « CARTE POSTALE ».

1936. - *Mémorial de Vimy. Héliogravure.*

Dix illustrations au verso de chacune des CP n°s 7 et 8.

7	CP 50 c. vert sur chamois ou crème	20 »	12 25
8	CP 90 c. rouge	20 »	12 25

Cinq illustrations au verso de chacune des CP n°s 9 à 13

1937. - *Mémorial de Montfaucon. Héliogravure.*

CP 9/10.

CP 11.

9	CP 1 f. brun-noir	20 »	12 50
10	CP 1 f. sépia	20 »	12 50

1937. - *Mémorial de Château-Thierry. Héliogravure.*

11	CP 1 f. brun-noir	36 »	18 50

1938. - *Mémorial de la Pointe de Grave. Héliogravure.*

12	CP 55 c. bleu	20 »	11 50
13	CP 1 f. rouge	20 »	11 50

1938. - *Armoiries de l'Ile-de-France. Héliogravure.*

Dix illustrations en noir ou brun.

14	CL 65 c. bleu	32 50	35 »

1939. - *Éclaireurs de France.*

15	CP 40 c.+60 c. bleu	60 »	47 50

Pour les enveloppes « Distingo », voir ci-après n°s 2001 et suivants.

II. - ENTIERS COMMÉMORATIFS DONT LE SUJET DU TIMBRE EST SEMBLABLE A CELUI DES TIMBRES-POSTE ADHÉSIFS EMIS.

1924. - *Jeux olympiques de Paris. Typographie.*

37	CP 30 c. noir et rouge (185)	125 »	155 »

1925. - *Exposition internationale des arts décoratifs. Typographie.*

38	CP 45 c. lilas et carmin (213)	50 »	30 50

1938. - *Inauguration du Mémorial australien de Villers-Bretonneux. Héliogravure.*

Cinq illustrations au dos.

39	CP 55 c. vert (400)	15 25	12 25
40	CP 1 f. carmin	15 25	12 25

1939-40. - *Défilé du 11 Novembre. Typographie.*

41 CP 70 c. bleu (403) 7 65 2 30
a. Oblitéré sans timbre complémentaire 15 25
42 CP 80 c. bleu 13 75 6 10

1939. - *Exposition internationale de New York. Héliogravure.*

43 CP 70 c. vert (426) 17 » 11 50
44 CP 1 f. 25, vermillon (299) 23 » 13 75

1940. - *La Marseillaise de Rude. Taille-douce.*

45 E 50 c. carmin (315) 30 50 27 50

1976. - *Exposition philatélique JUVAROUEN. Taille-douce.*

46 CP 60 c. ardoise (1876) 2 30 1 25

1982. - *Exposition philatélique internationale PHILEXFRANCE 82. Taille-douce.*

47 CP 1 f. 60, brun-rouge (2216) 1 85 1 »

1982. - *Inauguration du bureau de poste de Paris-Tour Eiffel. Taille-douce.*

48 CP 1 f. 60, vert-jaune (429) 2 30 1 25

1984. - *«Philex-Jeunes'84». Exposition philatélique de la jeunesse, à Dunkerque. Taille-douce.*

49 CP 2 f. rouge (2308) 2 30 1 »

1984. - *Europa. 25e anniversaire de la Conférence européenne des administrations des postes et télécommunications (C.E.P.T.). Taille-douce.*

50 CP 2 f. 20, bleu (2309) 2 30 1 »

1986. - *Centenaire de l'érection de la Statue de la Liberté, à New York. Taille-douce.*

51 CP 2 f. 50, bleu et rouge (2421) 2 30 1 25

1987. - *Centenaire de l'Institut Pasteur. Taille-douce.*

52 CP 2 f. 20, rouge et bleu (2496) 1 55 0 80

1989. - *Panorama de Paris. Multicolores. Taille-douce.*

53	CP 2 f. 20 *(Arche de la Défense)* (2579)	1 55	0 80
54	CP 2 f. 20 *(Centenaire de la tour Eiffel)* (2580)	1 55	0 80
55	CP 2 f. 20 *(Pyramide du Grand Louvre)* (2581)	1 55	0 80
56	CP 2 f. 20 *(Notre-Dame)* (2582)	1 55	0 80
57	CP 2 f. 20 *(Opéra Bastille)*(2583)	1 55	0 80
Nos 53 à 57 (5 cartes)		7 75	4 »

1990. - *Course autour du monde 1989-1990. Offset. Au recto : « La Poste ».*

58	CP 2 f. 30, vert, bleu et jaune	1 85	1 10

1992. - *Course autour du monde à la voile en équipage. Au recto, le voilier « La Poste ».*

59	CP 2 f. 50, multicolore (2755)	2 30	1 55
60	CP 3 f. 40, multicolore (2756)	3 05	2 30

Vendues en paire, sous pochette transparente.

1992. - *80e anniversaire de la 1re liaison postale aérienne, Nancy-Lunéville. Offset.*

61	CP 2 f. 50, multicolore (2778)	1 85	1 10

1993. - *Les Postiers autour du monde. Offset. Dentelure figurée.*

62	E 2 f. 50, multicol. (2789)	1 25	0 80

1993-94. - *Idem.*

63	CP 2 f. 80, multicol. (2831)	1 85	1 »
64	CP 2 f. 80, multicol. (2831)	1 85	1 »

Texte du n° 64 : « Whitbread 1993-94 ». Le Maxi-Yacht « La Poste » à Fremantle (Australie).

Date d'impression : Fév. 94 (au lieu de Sept. 93).

1994. - *Les restaurants du coeur. Offset. Dentelures figurées.*

65	CP 2 f. 80+60 c. multicolore (2902)	3 85	2 30

1995. - *Tricentenaire de la mort du fabuliste Jean de la Fontaine (I).*

66	E 2 f. 80, multicol. (2958)	2 30	1 10
67	E 2 f. 80, multicol. (2959)	2 30	1 10
68	E 2 f. 80, multicol. (2960)	2 30	1 10
69	E 2 f. 80, multicol. (2961)	2 30	1 10
70	E 2 f. 80, multicol. (2962)	2 30	1 10
71	E 2 f. 80, multicol. (2963)	2 30	1 10
Nos 66 à 71 (6 enveloppes)		13 80	6 60

Vendues en lot de 6 enveloppes préaffanchies et 6 cartes-lettres assorties.

1995. - *Tricentenaire de la mort du fabuliste Jean de la Fontaine (II).*

72	CP 2 f. 80, multicol. (2958)	2 30	1 »
73	CP 2 f. 80, multicol. (2959)	2 30	1 »
74	CP 2 f. 80, multicol. (2960)	2 30	1 »

75	CP 2 f. 80, multicol. (2961)	2 30	1 »
76	CP 2 f. 80, multicol. (2962)	2 30	1 »
77	CP 2 f. 80, multicol. (2963)	2 30	1 »
Nos 72 à 77 (6 cartes)		13 80	5 70

Vendues en lot indivisible, sous pochette transparente.

1998. - *« France 98».*

78	E 3 f. multicolore (3139) (162x114)	1 55	1 »
79	E 3 f. multicolore (3139) (220x110)	1 55	1 »

1999. - *Le timbre Euro.*

80	E 3 f. rouge et bleu (3214) (220x110)	1 25	0 30

Vendue en lot de 10 enveloppes, sous pochette transparente.

1999. - *Type « Cérès rouge » de 1849 sur timbre. « Carte postale électronique ». (utilisée à l'Exposition « Philexfrance'99 »). Sans valeur indiquée (validité permanente). L'illustration au verso reproduit le timbre n° 3 (20 centimes noir de 1849).*

81	CP (sans val.) rouge et noir (3212)		7 65

1999. - *Départements d'Outre-Mer. Enveloppes préaffranchies, destinées aux entreprises, existent avec et sans fenêtre.*

82	E 3 f. multicolore (1646)	0 95	0 65
83	E 3 f. multicolore (1914)	0 95	0 65
84	E 3 f. multicolore (3244)	0 95	0 65

1999. - *"Coupe du Monde de rugby 1999". Enveloppe préaffranchie, destinée aux entreprises. Trois modèles : sans fenêtre, petite et grande fenêtre.*

85	E 3 f. multicolore (3280)	1 10	0 65

1999. - *"Merci". Enveloppe préaffranchie, destinée aux entreprises. Trois modèles : sans fenêtre, petite et grande fenêtre.*

86	E 3 f. multicolore (3230)	0 95	0 65

1999. - *"Célébration de l'An 2000". Enveloppe préaffranchie, destinée aux entreprises. Trois modèles : sans fenêtre, petite et grande fenêtre.*

87	E 3 f. multicolore (3259)	0 95	0 65

1999. - *"Magritte". Enveloppe préaffranchie, destinée aux entreprises. Trois modèles : sans fenêtre, petite et grande fenêtre.*

88	E 3 f. multicolore (3145)	0 95	0 65

1999. - *"Meilleurs vœux 2000". Enveloppe préaffranchie, destinée aux entreprises. Trois modèles : sans fenêtre, petite et grande fenêtre.*

89	E 3 f. multicolore (3290)	0 95	0 65

2000. - *"Aimer accueillir". Enveloppe préaffranchie, destinée aux entreprises. Trois modèles : sans fenêtre, petite et grande fenêtre.*

90	E 3 f. multicolore (3255)	0 95	0 65

2000. - *"2001 nouveau millénaire". Enveloppe préaffranchie, destinée aux entreprises. Trois modèles : sans fenêtre, petite et grande fenêtre.*

91	E 3 f. multicolore (3357)	0 95	0 65

2001. - *"Arobase".*

92	E 3 f. multicolore (3365)	1 55	0 80

Vendues en lot de 5 enveloppes sous pochette transparente.

93	E 3 f. multicolore (3365)	0 95	0 65

Enveloppe préaffranchie, destinée aux entreprises. Trois modèles : sans fenêtre, petite et grande fenêtre. Pas de précasage pour le code postal.

2001. - *"Magritte".*

94	E 3 f. multicolore (3145)	1 55	0 80

Vendues en lot de 5 enveloppes sous pochette transparente. A la différence de l'enveloppe n° 88, la figurine est plus petite, le papier est glacé et comporte un précasage pour le code postal.

2001. - *"Meilleurs Voeux".*

95	E 3 f. multicolore (3364)	1 50	0 80

Enveloppe préaffranchie, destinée aux entreprises. Trois modèles : sans fenêtre, petite et grande fenêtre. Pas de précasage pour le code postal.

2002. - *"Champions du Monde de football". Enveloppe préaffranchie non illustrée.*

96	E 0,46 € multicolore (3483)	0 80	0 40

Vendues en lot indivisible de 5 enveloppes semblables, sous pochette transparente.

2002. - *Sites touristiques. Enveloppes préaffranchies non illustrées.*

97	E 0,46 € *Arènes de Nimes* (3470)	0 80	0 40
98	E 0,46 € *Rocamadour* (3492)	0 80	0 40
99	E 0,46 € *Le phare de Collioure* (3497)	0 80	0 40

Vendues à l'unité dans le département ou se situe le site (Gard, Lot, Pyrénées-Orientales)

IIA - ENTIERS COMMÉMORATIFS DONT LE SUJET DU TIMBRE EST SEMBLABLE A CELUI DE TIMBRES-POSTE ADHÉSIFS ÉMIS, MAIS SANS VALEUR FACIALE INDIQUÉE.

1995. - *« Le plaisir d'écrire », vu par 12 auteurs de bandes dessinées.*

3001	E	(sans val.) multicol. (2844)	2 30	1 25
3002	E	(sans val.) multicol. (2845)	2 30	1 25
3003	E	(sans val.) multicol. (2846)	2 30	1 25

1995. - *« France 98 ». Coupe du monde de football.*

3004	E	(sans val.) multicol. (2985)	2 30	1 25

1996. - *« France 98 ». Coupe du monde de football.*

3005	CP	(sans val.) multicol. (3010)	1 55	0 80
3006	CP	(sans val.) multicol. (3011)	1 55	0 80
3007	CP	(sans val.) multicol. (3012)	1 55	0 80
3008	CP	(sans val.) multicol. (3013)	1 55	0 80

Nos 3005 à 3008 (4 cartes) 6 20 3 20

Vendues en lot indivisible, sous pochette transparente.

Idem. Enveloppes préaffranchies, avec cartes-lettres assorties.

3009	E	(sans val.) multicol. (3010)	1 85	0 80
3010	E	(sans val.) multicol. (3011)	1 85	0 80
3011	E	(sans val.) multicol. (3012)	1 85	0 80
3012	E	(sans val.) multicol. (3013)	1 85	0 80

Nos 3009 à 3012 (4 enveloppes) 7 40 3 20

Vendues en lot indivisible, sous pochette transparente.

1996. - *Lot « Duo ». Enveloppes préaffranchies avec cartes-lettres pour la réponse « La Communication » et « Le Plaisir d'écrire ».*

3013	E	(sans val.) multicol. (2514)	1 55	0 80
3014	CL	(sans val.) multicol. (2514)	1 55	1 10
3015	E	(sans val.) multicol. (2841)	1 55	0 80
3016	CL	(sans val.) multicol. (2841)	1 55	1 10

1996. - *Le « Poste-Livre ». Enveloppe matelassée, préaffranchie, de 335x175, pour envoi de livres jusqu'à 1 kg. Timbre au type « Le Plaisir d'écrire ».*

3017		(sans val.) multicol. (2841)	7 65	7 65

Existe avec texte sur 2 ou 4 lignes, ainsi qu'en un format plus grand.

1996. - *Lot « Corse ». Enveloppes préaffranchies avec cartes de correspondance assorties « Train Ajaccio-Vizzavona » et « Iles Sanguinaires »*

3018	E	(sans val.) multicol. (3017)	2 30	1 55
3019	E	(sans val.) multicol. (3019)	2 30	1 55

Vendues en lot indivisible de 2 enveloppes de chacun des sujets, sous pochette transparente.

1996. - *Lot « Panorama de Paris ». Enveloppes préaffranchies avec cartes de correspondances assorties.*

3020	E	(sans val.) multicol. (2579)	2 30	1 25
3021	E	(sans val.) multicol. (2580)	2 30	1 25
3022	E	(sans val.) multicol. (2581)	2 30	1 25
3023	E	(sans val.) multicol. (2582)	2 30	1 25
3024	E	(sans val.) multicol. (2583)	2 30	1 25

Nos 3020 à 3024 (5 enveloppes) 11 50 6 25

Vendues en lot indivisible sous pochette transparente.

1996. - *Lot « Bandes dessinées ». Enveloppes préaffranchies illustrées avec cartes de correspondance assorties « La Communication ».*

3025	E	(sans val.) multicol. (2503)	2 30	1 25
3026	E	(sans val.) multicol. (2507)	2 30	1 25
3027	E	(sans val.) multicol. (2508)	2 30	1 25
3028	E	(sans val.) multicol. (2511)	2 30	1 25
3029	E	(sans val.) multicol. (2514)	2 30	1 25

Nos 3025 à 3029 (5 enveloppes) 11 50 6 25

Vendues en lot indivisible sous pochette transparente.

1996. - *Cinquantenaire de Electricité de France-Gaz de France.*

3030	E	(sans val.) multicol. (2996)	3 05	2 30

1996. - *Lot « Joyeux Noël ». Enveloppes préaffranchies avec cartes de correspondance assorties « Le plaisir d'écrire ».*

3031	E	(sans val.) multicol. (2846)	1 85	1 »

Vendues en lot indivisible de 3 enveloppes avec illustrations différentes sous pochette transparente.

1996. - *Lot « Meilleurs Voeux ». Enveloppes préaffranchies avec cartes de correspondance assorties « Au profit de la Croix-Rouge ».*

3032	E	(sans val.) multicol. (3039)	1 85	1 »

Vendues en lot indivisible de 5 enveloppes avec illustrations différentes sous pochette transparente.

1997. - *Lot « Guadeloupe : l'île aux belles eaux ». Enveloppes préaffranchies illustrées, avec cartes de correspondance assorties « Ile du Gosier ».*

3033	E	(sans val.) multicol. (1646)	2 30	1 55

Vendues en lot indivisible de 5 enveloppes avec illustrations différentes sous pochette transparente.

1997. - *Lot « Martinique Jouanacaera ». Enveloppes préaffranchies illustrées, avec cartes de correspondance assorties « L'Anthurium de la Martinique ».*

3034	E	(sans val.) multicol. (1738)	2 30	1 55

Vendues en lot indivisible de 5 enveloppes avec illustrations différentes sous pochette transparente.

1997. - *Lot « Réunion : l'île intense ». Enveloppes préaffranchies illustrées, avec cartes de correspondance assorties « Réunion ».*

3035	E	(sans val.) multicol. (1914)	2 30	1 55

Vendues en lot indivisible de 5 enveloppes avec illustrations différentes sous pochette transparente.

1997. - *Lot « Guyane : Espace - Amazonie ». Enveloppes préaffranchies illustrées, avec cartes de correspondance assorties « Espace et Guyane ; Ariane ».*

3036	E	(sans val.) multicol. (2948)	2 30	1 55

Vendues en lot indivisible de 5 enveloppes avec illustrations différentes sous pochette transparente.

1997. - *« Bonne Fête ». Enveloppe préaffranchie illustrée, (Personnage dans une boîte aux lettres) avec carte assortie.*

3037	E	(sans val.) multicol. (3045)	4 30	1 55

Idem. Enveloppe préaffranchie illustrée, (Les dalmatiens de Disney) avec carte assortie.

3037a	E	(sans val.) multicol. (3045)	4 30	1 55

Idem. Enveloppe préaffranchie illustrée, (Astérix - personnage du barde) avec carte assortie (1999).

3037b	E	(sans val.) multicol. (3045)	4 30	1 55

1997. - *« Joyeux anniversaire ». Enveloppe préaffranchie illustrée, (Gâteau avec bougie) avec carte assortie.*

3038	E	(sans val.) multicol. (3046)	4 30	1 55

Idem. Enveloppe préaffranchie illustrée, (Mickey et ses amis) avec carte assortie.

3038a	E	(sans val.) multicol. (3046)	4 30	1 55

Idem. Enveloppe préaffranchie illustrée, (Astérix et Obélix) avec carte assortie (1999).

3038b	E	(sans val.) multicol. (3046)	4 30	1 55

1997. - *« Joyeux anniversaire».*

3039	CP	(sans val.) multicol. (3046)	3 05	1 55

1997. - *« Le voyage d'une lettre ». Enveloppes préaffranchies illustrées avec cartes de correspondance assorties « Les Journées de la Lettre ».*

3040	E	(sans val.) multicol. (3060)	2 30	1 »
3041	E	(sans val.) multicol. (3061)	2 30	1 »
3042	E	(sans val.) multicol. (3062)	2 30	1 »
3043	E	(sans val.) multicol. (3063)	2 30	1 »
3044	E	(sans val.) multicol. (3064)	2 30	1 »
3045	E	(sans val.) multicol. (3065)	2 30	1 »
Nos 3040 à 3045 (6 enveloppes)			13 80	5 70

Vendues en lot indivisible sous pochette transparente.

1997. - *Lot « Héros d'aventures ». Enveloppes préaffranchies illustrées, avec cartes de correspondance assorties.*

3046	E	(sans val.) multicol. (3115)	2 30	1 »
3047	E	(sans val.) multicol. (3116)	2 30	1 »
3048	E	(sans val.) multicol. (3117)	2 30	1 »
3049	E	(sans val.) multicol. (3118)	2 30	1 »
3050	E	(sans val.) multicol. (3119)	2 30	1 »
3051	E	(sans val.) multicol. (3120)	2 30	1 »
Nos 3046 à 3051 (6 enveloppes)			13 80	5 70

Vendues en lot indivisible, sous pochette transparente.

1997. - *Lot « Joyeux Noël ». Enveloppes préaffranchies illustrées, avec cartes de correspondance assorties « Au profit de la Croix-Rouge ».*

3052	E	(sans val.) multicol. (3122)	2 30	1 »

Vendues en lot indivisible de 3 enveloppes avec illustrations différentes, sous pochette transparente.

1997. - *Lot « Meilleurs Voeux ». Enveloppes préaffranchies illustrées, avec cartes de correspondance assorties.*

3053	E	(sans val.) multicol. (3123)	2 30	1 »

Vendues en lot indivisible de 5 enveloppes avec illustrations différentes, sous pochette transparente.

1997. - *« France'98 ». Coupe du monde de football.*

3054	CP	(sans val.) multicol. (3074)	1 55	0 80
3055	CP	(sans val.) multicol. (3075)	1 55	0 80
3056	CP	(sans val.) multicol. (3076)	1 55	0 80
3057	CP	(sans val.) multicol. (3077)	1 55	0 80
Nos 3054 à 3057 (4 cartes)			6 20	3 20

Vendues en lot indivisible, sous pochette transparente.

1997. - *Idem. Enveloppes préaffranchies illustrées, avec cartes de correspondance assorties.*

3058	E	(sans val.) multicol. (3074)	1 85	0 80
3059	E	(sans val.) multicol. (3075)	1 85	0 80
3060	E	(sans val.) multicol. (3076)	1 85	0 80
3061	E	(sans val.) multicol. (3077)	1 85	0 80
Nos 3058 à 3061 (4 enveloppes)			7 40	3 20

Vendues en lot indivisible, sous pochette transparente.

1997. - *Lot « Ingénio ». Carte postale préaffranchie à personnaliser « Les Journées de la Lettre ».*

3062	CP	(sans val.) multicol. (3065)	2 30	1 55

Vendues en lot de 2 cartes sous pochette transparente.

1997. - *Lot « Châteaux de la Loire ». Enveloppes préaffranchies illustrées, avec cartes de correspondance assorties.*

3063	E	(sans val.) violet foncé et noir (924)	1 85	1 25
3064	E	(sans val.) brun-lilas et noir (610)	1 85	1 25
3065	E	(sans val.) multicol. (1390)	1 85	1 25
3066	E	(sans val.) multicol. (1255)	1 85	1 25
3067	E	(sans val.) multicol. (2464)	1 85	1 25
Nos 3063 à 3067 (5 enveloppes)			9 25	6 25

Vendues en lot indivisible sous pochette transparente.

1997. - *Lot « Paysages de Vendée ». Enveloppes préaffranchies, avec cartes de correspondance assorties.*

3068	E	(sans val.) multicol. (1439)	2 30	1 55

Vendues en lot indivisible de 5 enveloppes avec illustrations différentes, sous pochette transparente.

1997. - *Lot « Nord-Pas-de-Calais ». Enveloppes préaffranchies illustrées, avec cartes de correspondance assorties.*

3069	E	(sans val.) multicol. (1503)	1 85	1 25
3070	E	(sans val.) multicol. (2088)	1 85	1 25
3071	E	(sans val.) multicol. (1316)	1 85	1 25
3072	E	(sans val.) multicol. (2238)	1 85	1 25
3073	E	(sans val.) multicol. (1355)	1 85	1 25
Nos 3069 à 3073 (5 enveloppes)			9 25	6 25

Vendues en lot indivisible sous pochette transparente.

1997. - *Lot « Franche-Comté ». Enveloppes préaffranchies, avec cartes de correspondance assorties.*

3074	E	(sans val.) multicol. (1916)	2 30	1 55

Vendues en lot indivisible de 5 enveloppes avec illustrations différentes, sous pochette transparente.

1997. - *Lot « Santons de Provence ». Enveloppes préaffranchies illustrées, avec cartes de correspondance assorties.*

3075	E	(sans val.) multicol. (2976)	1 85	1 »
3076	E	(sans val.) multicol. (2977)	1 85	1 »
3077	E	(sans val.) multicol. (2978)	1 85	1 »
3078	E	(sans val.) multicol. (2979)	1 85	1 »
3079	E	(sans val.) multicol. (2980)	1 85	1 »
3080	E	(sans val.) multicol. (2981)	1 85	1 »
Nos 3075 à 3080 (6 enveloppes)			11 10	5 70

Vendues en lot indivisible sous pochette transparente.

1997. - *Lot « Rhône-Alpes, toutes les couleurs de la nature...». Enveloppes préaffranchies avec cartes de correspondance assorties.*

3081	E	(sans val.) multicol. (2557)	2 30	1 55

Vendues en lot indivisible de 5 enveloppes avec illustrations différentes, sous pochette transparente.

1998. - *« France 98». Coupe du monde de football.*

3082	CP	(sans val.) multicol. (3130)	1 55	0 80
3083	CP	(sans val.) multicol. (3131)	1 55	0 80

1998. - *Idem. Enveloppes préaffranchies illustrées, avec cartes de correspondance assorties.*

3084	E	(sans val.) multicol. (3130)	1 85	0 80
3085	E	(sans val.) multicol. (3131)	1 85	0 80

1998. - *Lot « Footix en délire ». Cartes postales préaffranchies « France 98 » (timbre rond).*

3086	CP	(sans val.) multicol. (3139)	1 85	1 »
3086a	CP	(Philfoot France 98)	» »	» »

Vendues sous pochette transparente, en lot indivisible de 4 cartes illustrées chacune avec une image différente de la mascotte.

1998. - *Idem. Enveloppe préaffranchie, avec carte de correspondance assortie.*

3087	E	(sans val.) multicol. (3139)	1 85	1 »

Lot « Pour l'humour du foot » (5 enveloppes avec illustrations différentes).

Les 5 enveloppes	9 15	

Idem. Lot « Enfants de la balle autour du monde » (5 enveloppes avec illustrations différentes).

Les 5 enveloppes 9 15

Idem. Lot « Footix joue et gagne » (5 enveloppes avec illustrations différentes).

Les 5 enveloppes 9 15

1998. - *« France 98 ». L'équipe de France, championne du monde.*

3088 CP (sans val.) multicol. (3170) 1 55 1 »

1998. - *Lot « V.T.T. ». Cartes postales préaffranchies. « Championnats du monde de cyclisme ».*

3089 CP (sans val.) multicol. (2590) 1 55 1 »

Vendues sous pochette transparente, en lot indivisible de 3 cartes illustrées chacune avec une image différente.

1998. - *"Le Petit Prince. Série de 5 maxicartes préaffranchies, vendues sous pochette transparente, avec le logo de l'Exposition Philexfrance 99.*

3090	MC	(sans val.) multicol. (3175)	2 30	2 30
3091	MC	(sans val.) multicol. (3176)	2 30	2 30
3092	MC	(sans val.) multicol. (3177)	2 30	2 30
3093	MC	(sans val.) multicol. (3178)	2 30	2 30
3094	MC	(sans val.) multicol. (3179)	2 30	2 30

Vendues en lot indivisible sous pochette transparente.

1998. - *Affiches et scènes du film « The X Files ». Cartes postales préaffranchies. « Philexfrance 82 » (La Poste et les Techniques).*

3095	CP	(sans val.) multicol. (2200)	1 85	1 »
3095a	CP	(Scully et Mulder)	1 85	1 »
3095b	CP	(Dallage)	1 85	1 »
3095c	CP	(Mulder)	1 85	1 »

1998. - *Lot « Joyeux Noël ». Enveloppes préaffranchies illustrées, avec cartes de correspondance assorties. « Au profit de la Croix-Rouge».*

3096 E (sans val.) multicol. (3199) 1 85 0 80

Vendues en lot indivisible de 3 enveloppes avec illustrations différentes, sous pochette transparente.

1998. - *Lot « Meilleurs Vœux ». Enveloppes préaffranchies illustrées, avec cartes de correspondance assorties.*

3097 E (sans val.) multicol. (3203) 1 85 0 80

Vendues en lot indivisible de 5 enveloppes avec illustrations différentes, sous pochette transparente.

1998. - *« Meilleurs Vœux ». Enveloppe préaffranchie, destinée aux entreprises, avec fenêtre.*

3098	E	(sans val.) multicol. (3201)	1 55	0 80
3098a	E	(sans val.) multicol. (3201) (sans fenêtre)	1 55	0 80

1999. - *« Cérès ». Enveloppe préaffranchie illustrée, avec carte de correspondance assortie.*

3099 E (sans val.) noir sur jaune (3) 1 85 1 25

1999. - *« Bonne Fête ». Maxicarte préaffranchie. « Cœur-étoiles ».*

3100 MC (sans val.) multicol. (3217) 3 05 1 55

1999. - *« Bonne Fête ». Maxicarte préaffranchie. « Cœur-roses ».*

3101 MC (sans val.) multicol. (3218) 3 05 1 55

1999. - *« Astérix ». Maxicarte préaffranchie.*

3102 MC (sans val.) multicol. (3225) 3 05 1 55

1999. - *Lot « Bonjour l'Europe ». Enveloppes préaffranchies illustrées, avec cartes de correspondances assorties.*

3103	E	(sans val.) multicol. (429)	1 85	1 »
3104	E	(sans val.) multicol. (3206)	1 85	1 »
3105	E	(sans val.) multicol. (3217)	1 85	1 »
3106	E	(sans val.) multicol. (3230)	1 85	1 »
3107	E	(sans val.) multicol. (3233)	1 85	1 »

N°s 3103 à 3107 (5 enveloppes) 9 25 4 75

Vendues en lot indivisible sous pochette transparente.

1999. - *« Roland Garros ». Enveloppe préaffranchie illustrée, avec carte de correspondance assortie.*

3108 E (sans val.) multicol. (2012) 3 05 1 55

1999. - *« Coupe du monde de Rugby 1999 ». Enveloppe préaffranchie illustrée, avec carte de correspondance assortie.*

3109 E (sans val.) multicol. (3280) 3 05 1 55

1999. - *« Coupe du monde de Rugby 1999 ». Maxicarte préaffranchie.*

3110 MC (sans val.) multicol. (3280) 3 05 1 55

1999. - *« 1900-2000, un siècle d'émotions ». Enveloppes préaffranchies illustrées, avec cartes de correspondance assorties. « Personnages célèbres. Les oeuvres des grands photographes français ».*

3111	E	(sans val.) multicol. (3262)	1 85	1 »
3112	E	(sans val.) multicol. (3263)	1 85	1 »
3113	E	(sans val.) multicol. (3264)	1 85	1 »
3114	E	(sans val.) multicol. (3266)	1 85	1 »
3115	E	(sans val.) multicol. (3267	1 85	1 »

N°s 3111 à 3115 (5 enveloppes) 9 25 4 75

1999. - *« Meilleurs Voeux ». Enveloppes préaffranchies illustrées, avec cartes de correspondance assorties.*

3116 E (sans val.) multicol. (3290) 1 85 0 80

Lot de 5 enveloppes avec illustrations différentes, vendu sous pochette transparente.

1999. - *« Meilleurs Voeux 2000 ». Enveloppe préaffranchie illustrée, avec carte de correspondance assortie.*

3117 E (sans val.) multicol. (3291) 1 85 0 80

1999. - *« Prêt à souhaiter - Homme ». Enveloppe préaffranchie illustrée, avec carte de correspondance assortie et étiquettes de voeux ou félicitations.*

3118 E (sans val.) multicol. (3145) 4 30 2 15

1999. - *« Prêt à souhaiter - Femme ». Enveloppe préaffranchie illustrée, avec carte de correspondance assortie et étiquettes de voeux ou félicitations.*

3119 E (sans val.) multicol. (3249) 4 30 2 15

1999. - *« Prêt à souhaiter - Enfant ». Enveloppe préaffranchie illustrée, avec carte de correspondance assortie et étiquettes de voeux ou félicitations.*

3120 E (sans val.) multicol. (2038) 4 30 1 55

2000. - *« Coeurs 2000 d'Yves Saint Laurent ». Maxicartes préaffranchies.*

3121	MC	(sans val.) multicol. (3295)	3 05	1 55
3122	MC	(sans val.) multicol. (3296)	3 05	1 55

2000. - *« Les aventures de Tintin ». Enveloppes préaffranchies illustrées, avec cartes de correspondance assorties.*

3123	E	(sans val.) multicol. (3304)	1 85	1 25

Lot de 5 enveloppes avec illustrations différentes, vendu sous pochette transparente.

2000. - *« Prêt à souhaiter - 7 à 77 ans ». Enveloppe préaffranchie illustrée (fusée ou harmonie de Moulinsart), avec carte de correspondance assortie et étiquettes de voeux ou félicitations.*

3124	E	(sans val.) multicol. (3304)	4 30	2 75

2001. - *« Coeur 2001 de Christian Lacroix ». Maxicarte préaffranchie.*

3125	MC	(sans val.) multicol. (3368)	3 05	1 55

2001. - *« Les aventures d'Astérix ». Enveloppes préaffranchies, avec cartes de correspondance assorties.*

3126	E	(sans val.) multicol. (3225)	1 85	1 25

Lot de 5 enveloppes avec illustrations différentes, vendu sous pochette transparente.

2001. - *« Prêt à souhaiter - Astérix ». Enveloppe préaffranchie illustrée (Astérix, Obélix et Panoramix), avec carte de correspondance assortie et étiquettes de vœux ou félicitations.*

3127	E	(sans val.) multicol. (3225)	4 30	2 75

2001. - *« Meilleurs Voeux ». Enveloppes préaffranchies illustrées (format 162x115), avec cartes de correspondance assorties.*

3128	E	(sans val.) multicol. (3364)	1 50	0 60

Lot de 5 enveloppes avec illustrations différentes, vendu sous pochette transparente.

2001. - *« Grands aventuriers français ». Cartes postales prétimbrées dépliantes.*

3129	CP	*Eric Tabarly* (3342) (sans val.) bleu	3 »	2 »
3130	CP	*Haroun Tazieff* (3344) (sans val.) rouge	3 »	2 »
3131	CP	*Cdt Cousteau* (3346) (sans val.) jaune	3 »	2 »

2002. - *« Centenaire de l'éruption de la montagne Pelée ». Enveloppe préaffranchie illustrée avec carte de correspondance assortie.*

3132	E	(sans val.) multicol. (3244)	2 50	2 »

2002. - *« Bicentenaire Louis Delgrès ». Enveloppe préaffranchie illustrée avec carte de correspondance assortie.*

3133	E	(sans val.) multicol. (3148)	2 50	2 »

2002. - *« Equipe de France de football ». Carte postale préaffranchie (210x105mm).*

3134	CP	(sans val.) multicol. (3483)	1 50	1 »

III. - ENTIERS AVEC TIMBRES IDENTIQUES AUX TIMBRES-POSTE MOBILES D'USAGE COURANT

1878-1906. - *TYPE SAGE (II).*

1882. - *BJ, avec ou sans filet, SD ou D.*

101	BJ	1 c. noir (83), S à partir de	6 10	2 30
103	BJ	1 c. noir, D	6 10	2 30
104	BJ	2 c. brun-rouge (85), SD, à partir de	6 10	2 30
106	BJ	2 c. brun-rouge, D	6 10	2 30
107	BJ	3 c. [*vermillon*], à partir de	18 50	11 50

1882. - *E, avec pattes en pointe, en écusson ou arrondies, SD ou D.*

109	E	5 c. vert (75) (107x70), à partir de	7 65	4 60
112	E	5 c. vert s. vert (116x76)	7 65	4 60
113	E	5 c. vert s. blanc (id.)	6 10	3 »
114	E	5 c. vert s. bulle (152x117)	23 »	11 50
116	E	5 c. vert-jaune (102) (107x70)	10 75	4 60

1878. - *CP-CPRP : SD ou D (2, 3 ou 4 lignes).*

CP sans RÉPUBLIQUE FRANÇAISE

Mention : réservé exclusivement.

117	CP	10 c. noir s. lilas (89), à partir de	23 »	4 60

Mention : exclusivement réservé.

119	CP	10 c. noir s. lilas, à partir de	7 65	2 30
122	CP	10 c. noir s. chamois	7 65	1 55
123	CP	10 c. noir s. vert, SD et D, à partir de	6 10	0 80

CP avec RÉPUBLIQUE FRANÇAISE

125	CP	10 c. noir s. vert, à partir de	4 60	0 80

CPRP sans RÉPUBLIQUE FRANÇAISE

Mention : réservé exclusivement.

127	CPRP	10 c. noir s. bleu	23 »	9 15

Mention : exclusivement réservé.

128	CPRP	10 c. noir s. bleu, à partir de	15 25	9 15

CPRP avec RÉPUBLIQUE FRANÇAISE

130	CPRP	10 c. noir s. bleu, à partir de	15 25	9 15

CP sans RÉPUBLIQUE FRANÇAISE

(deux ou trois lignes pour l'adresse).

134	CP	15 c. bleu s. bleu (90), à partir de	35 25	23 »

CARTES-LETTRES.

Trois piquages ont été successivement utilisés.

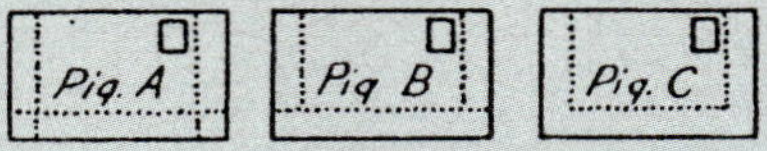

a

Surcharge **a** de 1906 (nombreux types). Utilisation des stocks restants.

PIQUAGES A et B sans RÉPUBLIQUE FRANÇAISE.

PIQUAGE A - formats variables.

Sans AVIS sur bandelette inférieure.

136	CL	15 c. bleu s. paille (90), perf. 13½ ou 10½ à partir de	45 75	15 25
137	CL	15 c. idem, surch. a, à partir de	45 75	30 50

Avec AVIS « Pour ouvrir... ».

140	CL	15 c. bleu s. paille, perf. 13½ ou 10½ à partir de	45 75	15 25
		a. Id., non pliée, non gommée, à partir de	45 75	
141	CL	15 c. Idem, surch. a, à partir de	45 75	30 50
		a. Id., non pliée, non gommée. à partir de	45 75	
144	CL	15 c. bleu s. gris, perf. 13½	61 00	38 25
145	CL	15 c. Idem, surch. a, pliée ou non, à partir de	18 50	13 75

PIQUAGE B (perf. 11½.).

146	CL	15 c. bleu s. paille	30 50	12 25
147	CL	15 c. Idem, surch. a	38 25	30 50
148	CL	15 c. bleu s. gris	10 75	5 35
149	CL	15 c. Idem, surch. a	23 »	15 25
150	CL	15 c. bleu s. verdâtre	215 »	110 »

1888. - *PIQUAGE C (perf. 11½.).*

Sans RÉPUBLIQUE FRANÇAISE.

151	CL	15 c. bleu s. gris, SD	9 15	4 60
152	CL	15 c. Idem, surch. a	18 50	13 »
153	CL	15 c. bleu s. gris, D, 602 à 608	15 25	7 65
154	CL	15 c. Idem, surch. a	15 25	7 65
155	CL	15 c. bleu s. gris, D, 624-625	15 25	7 65

Avec RÉPUBLIQUE FRANÇAISE.

156	CL	15 c. bleu s. gris foncé ou clair	6 10	1 55
157	CL	15 c. Idem, surch. a	7 65	2 30

Sans RÉPUBLIQUE FRANÇAISE.

158	CLRP	15 c. bleu s. gris	30 50	23 »
159	CLRP	15 c. Id., surch. a		

Avec RÉPUBLIQUE FRANÇAISE.

160	CLRP	15 c. bleu s. Chamois, SD	30 50	23 »
161	CLRP	15 c. Id., surch. a	*110* »	
162	CLRP	15 c. bleu s. chamois, D	42 »	30 50
162A	CLRP	15 c. Id., surch. a	*110* »	

1882. - ENVELOPPES.

Format 116x76 mm.

163	E	15 c. bleu s. azuré	30 50	15 25
164	E	15 c. bleu s. bleu-gris ou bleu-vert, à partir de	13 75	7 65

Format 123x96 mm.

166	E	15 c. bleu s. azuré	30 50	15 25
167	E	15 c. Idem, surch. a	25 25	12 25
168	E	15 c. bleu s. bleu-gris	15 25	7 65
169	E	15 c. Idem, surch. a	9 15	6 10
170	E	15 c. bleu s. bleu-vert	10 75	6 10
171	E	15 c. Idem, surch. a	4 60	3 »
172	E	15 c. bleu s. verdâtre, D	6 10	3 »
173	E	15 c. Idem, surch. a	4 60	3 »

Format 147x112 mm.

174	E	15 c. bleu s. azuré	30 50	15 25
175	E	15 c. Idem, surch. a	25 25	12 25
176	E	15 c. bleu s. bleu-gris	15 25	7 65
177	E	15 c. Idem, surch. a	9 15	6 10
178	E	15 c. bleu s. bleu-vert	10 75	6 10
179	E	15 c. Idem, surch. a	4 60	3 »
180	E	15 c. bleu s. vert clair, D	6 10	3 »
181	E	15 c. Idem, surch. a	4 60	3 »

1879. - *Ce côté est réservé exclusivement à l'adresse.*

182	CPRP	15 c. [*noir*] s. vert	230 »	115 »

1886. - *Sans RÉPUBLIQUE FRANÇAISE.*

Sans AVIS sur bandelette inférieure.

183	CL	25 c. noir s. rose (91), piquage A, perf. 13½ ou 10½, à partir de	30 50	15 25
185	CL	25 c. noir s. rose, piqu. B, perf. 11½	30 50	15 25

Avec AVIS sur bandelette - perf. 11½.

186	CL	25 c. noir s. rose, piquage B ou C, à partir de	23 »	15 25

1896. - *Avec RÉPUBLIQUE FRANÇAISE.*

188	CL	25 c. noir s. rose, piquage C, perf. 11½, SD ou D, à partir de	19 25	15 25

1879. - *POSTE PNEUMATIQUE - PARIS.*

(Timbres sans le mot POSTE)

190	CPP	50 c. rose s. chamois	155 »	92 »

191	CPP	50 c. Id., surch. TAXE RÉDUITE 30 c.	140 »	92 »
192	CLPP	75 c. [*noir*] s. bleu	155 »	100 »
193	CLPP	75 c. Id., surch. TAXE RÉDUITE 50 c.	155 »	92 »

TYPE BLANC.

1901-32. - *Bandes pour journaux.*

Papiers bulle gris, chamois, crème, gris jaunâtre. Distance entre timbre et date variable.

194	BJ	1 c. gris (107-I), à partir de	6 90	3 85
196	BJ	1 c. ardoise (107a-I), D, à partir de	8 40	4 60
197	BJ	1 c. Idem, SD	15 25	7 65
198	BJ	1 c. ardoise (107b-II)	170 »	125 »
199	BJ	2 c. brun-rouge (108-I), D, à partir de	5 35	3 85
200	BJ	2 c. Idem, SD	18 50	9 15
201	BJ	2 c. brun-rouge (108b-II), D	77 »	54 »
202	BJ	2 c. Idem, SD	45 75	30 50
203	BJ	3 c. br.-orange (109-I)	23 »	12 25

1901-06. - *Enveloppes.*

Les dates aident à reconnaître les couleurs.

204	E	5 c. vert-jaune (111-I) (D 113 à 226)	17 »	9 15
205	E	5 c. vert-bleu (111a-I) (D 237 à 617)	11 50	3 »
206	E	5 c. vert (111b-I) (D 635 à 649)	24 50	9 15

1924. - *Bande pour journal.*

207	BJ	5 c. vert (111-Ic)	92 »	30 50

TYPE MOUCHON PRIMITIF.

1901-02. - *Cartes postales.*

208	CP	10 c. rouge s. vert (116)	13 75	1 85
209	CPRP	10 c. rouge s. bleu	54 »	18 50

1901-06. - *Cartes-lettres.*

210	CL	15 c. orange s. gris (117), SD	15 25	10 75
211	CL	15 c. Idem, D	12 25	10 75
212	CL	15 c. Id., surch. a, D	11 50	6 10
213	CLRP	15 c. orange s. chamois, SD	54 »	30 50
214	CLRP	15 c. Id., surch. a	215 »	

1901-06. - *Enveloppes.*

Sans inscriptions pour l'expéditeur.

215	E	15 c. orange (123x96 ou 147x112), à partir de	10 75	6 10
216	E	15 c. Idem, surch. a	4 60	2 30

Avec inscriptions pour l'expéditeur.

219	E	15 c. orange (123x96 ou 147x112)	10 75	6 10
220	E	15 c. Idem, surch. a	4 60	2 30

TYPE MOUÇHON RETOUCHÉ.

1902-03. - *Cartes postales.*

223	CP	10 c. rose s. vert-jaune (124)	9 95	1 55
224	CPRP	10 c. rose s. bleu	45 75	15 25

1902-06. - *Cartes-lettres et enveloppes.*

225	CL	15 c. vermillon sur gris (125)	9 15	4 60
226	CL	15 c. Idem, surch. a	3 85	3 »
227	CLRP	15 c. vermillon sur chamois	54 »	30 50
228	CLRP	15 c. Id., surch. a	245 »	
229	E	15 c. vermillon (123x96), D	9 15	4 60
230	E	15 c. Idem, surch. a	4 60	3 »
231	E	15 c. vermillon (147x12), D	9 15	3 »
232	E	15 c. Idem, surch. a	3 05	2 30
233	CL	25 c. bl. s. rose (127)	115 »	61 »

TYPE SEMEUSE FOND LIGNÉ.

1904-06. - *Timbres de 10 c.*

234	CP	10 c. rose (129-I)	9 15	1 25
235	CPRP	10 c. rose (I), D et SD, à partir de	27 50	10 75
237	CP	10 c. rose (II)	27 50	6 10
238	CPRP	10 c. rose (I + II ou II+I), D ou SD, à partir de	30 50	13 »
240	CL	10 c. rose (III)	10 75	6 10

Format 123x96, intérieur bleu clair (Type III).

241	E	10 c. rose s. blanc, D ou SD, à partir de	15 25	6 10

243	E	10 c. Id., int. violet-noir, D	18 50	7 65
244	E	10 c. rose s. vert, D ou SD, à partir de	12 25	4 60

Format 147x112, intérieur bleu clair (Type III).

245	E	10 c. rose s. blanc, D ou SD, à partir de	15 25	6 10
247	E	10 c. Id., int. violet-noir, D	21 50	7 65
248	E	10 c. rose s. vert, D ou SD, à partir de	12 25	4 60

1904-06. - *Timbres de 15 c. (130) 1re période.*

Mention de l'expéditeur sur 6 lignes; inscriptions sur marge inférieure, papier gris épais, D.

250	CL	15 c. vert (I)	7 65	4 60
251	CL	15 c. Idem, surch. a	3 05	1 55
252	CL	15 c. vert (II)	12 25	6 10
253	CL	15 c. Idem, surch. a	4 60	3 »

Avec mention pour l'expéditeur, papier vert-gris.

254	E	15 c. vert (I) (123x96)	9 15	3 85
255	E	15 c. Idem, surch. a	4 60	1 55
256	E	15 c. vert (I) (147x112)	9 15	3 »
257	E	15 c. Idem, surch. a	4 60	1 55

1917-20. - *Deuxième période du 15 c.*

Sans mention de l'expéditeur, papier vergé crème.

258	E	15 c. vert (I) (123x96), D	45 75	19 25
259	E	15 c. vert (I) (147x112), D	45 75	19 25
260	E	15 c. Idem, SD	54 »	19 25

Mention de l'expéditeur sur 4 lignes.

261	E	15 c. vert s. vergé crème (I) (147x112)	54 »	18 50
262	E	15 c. vert s. blanc (I) (147x112)	15 25	7 65

Papier mou, gris-chamois, inscriptions sur marge inférieure seulement.

263	CL	15 c. vert (I)	15 25	6 10
264	CL	15 c. Idem (IV)	12 25	4 60

Inscriptions sur les 3 marges.

265	CL	15 c. vert s. bulle (V)	13 75	6 10
266	CP	15 c. vert s. vert-gris (V)	12 25	4 60

1904-06. -

267	CL	25 c. bleu (132) s. rose ou saumon	125 »	38 25

1927-32. - *Types du 50 c. rouge (199).*

Timbre à 4½ mm à droite du mot LETTRE.

268	CL	50 c. rouge (IIA)	13 75	6 10

Timbres distant de 7 mm.

269	CL	50 c. rouge (IIB)	24 50	9 15
270	CL	50 c. rouge (IV)	9 15	4 60
271	E	50 c. rouge (IIB)	18 50	7 65

1944. - *Entier timbré à 1 f. 20 (Type unique).*

Carte postale imprimée à Rennes à la demande des autorités militaires alliées pour les départements libérés.

272	CP	1 f. 20, brun sur chamois	92 »	92 »

TYPE SEMEUSE FOND PLEIN.

1906. - *Type Semeuse fond plein à inscriptions maigres.*

273	CL	10 c. rouge (135-I), D, 628, 629 et 630	42 »	19 25
274	CL	Idem (135-IIA), D, 632 à 651	15 25	7 65
275	CL	Idem (135-IIB), D, 652 à 710	12 25	6 10
275A	CL	Idem (135-III), D, 702-703	77 »	30 50

Note : Les dates aident à l'identification des types.

276	CP	10 c. rouge s. vert clair (135-III), D	30 50	15 25

Type Semeuse fond plein à inscriptions grasses.

Timbre de 5 c. vert n° 137.

1907-14. - *Enveloppes format 107x70 mm.*

277	E	5 c. vert (137-IA), D ou SD, à partir de	3 85	1 55

Timbre de 10 c. rouge n° 138.

1907-16. - *Cartes-lettres.*

278	CL	10 c. rouge (138-IA)	3 05	1 55

1907-16 et **1917-20.** - *Cartes postales.*

279	CP	10 c. rouge s. vert-bleu (138-IC) (1907-17), à partir de	6 10	3 »
280	CPRP	10 c. rouge s. vert-bleu (138-IC), SD (1907)	19 25	9 15
281	CPRP	10 c. Idem, s. vert clair, même D sur les 2 cartes (1914-1919)	23 »	9 15
282	CPRP	10 c. Idem, s. azuré, D différentes (537 sur la réponse)	30 50	12 25

1907-16. - *Enveloppes avec note pour l'expéditeur (123x96 mm).*

283	E	10 c. rouge s. vert-gris (138-IC)	6 10	3 »
284	E	10 c. Idem, s. blanc	13 »	4 60

Sans note pour l'expéditeur (123x96 mm).

285	E	10 c. Idem, s. blanc (138-IC), D	7 65	3 »
286	E	10 c. Idem, SD	9 15	2 30

Avec note pour l'expéditeur (147x112 mm).

287	E	10 c. rouge s. vert-gris (138-IC)	6 10	2 30
288	E	10 c. Idem, s. blanc	17 »	6 10

Sans note pour l'expéditeur (147x112 mm).

289	E	10 c. rouge s. blanc (138-IC), D ou SD, à partir de	12 25	3 85
291	E	10 c. rouge s. papier vergé crème. Id., D ou SD, à partir de	54 »	15 25

Timbre de 20 c. lilas-brun n° 139.

1920-25. - *Cartes postales.*

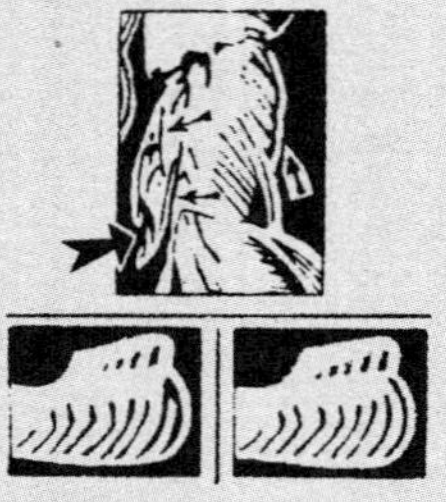

IIA IIB

293	CP	20 c. lilas-brun (139-IIA), D ou SD, à partir de	9 15	2 30
294	CP	20 c. Idem (139-IIB), D ou SD, à partir de	9 15	2 30
295	CPRP	20 c. Id. (139-III), SD ou date sur réponse, à partir de	77 »	23 »

Timbre de 25 c. bleu n° 140.

1920-25. - *Cartes-lettres.*

296	CL	25 c. bleu (140-IIIA), D 447 à 502 (1924)	30 50	23 »
297	CL	25 c. bleu (140-IV), D 017 à 502 (1920)	8 40	8 40

Note : T. IIIA : 8 mm séparent le timbre de Carte-Lettre.
T. IV : l'écart est de 9 mm.

1920-25. - *Enveloppes avec note pour l'expéditeur.*

298	E	25 c. bleu (140-IV), D ou SD (1920), à partir de	19 25	7 65

Sans note pour l'expéditeur.

299	E	25 c. bleu (140-IV), SD (1921)	13 75	6 10

Timbre de 30 c. noir.

(n'existe que sur entiers postaux administratifs de la poste pneumatique, aux types I et IV).

Timbre de 30 c. violet.

(n'existe que sur entiers postaux de la poste pneumatique, aux types I et IV).

TYPE I : Se reporter aux Timbres-poste (émission de 1924-26).

TYPE IV.
Boule du chiffre 3 plus haute que dans le type I.
Dans République, la lettre B est plus haute que les autres et le i petit. La signature O. Roty est tronquée prés du cadre.

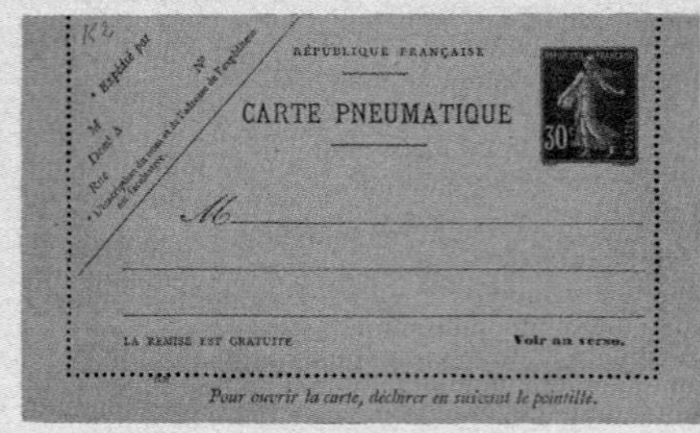

302	CLPP	30 c. violet (Type I) (1907), 14 lignes au verso, 19 localités desservies	81 »	15 25
303	CLPP	30 c. Idem, 16 lignes au verso, 20 localités desservies (1908), D	81 »	15 25
304	CLPP	30 c. Idem, SD	81 »	19 25
305	CLPP	30 c. Idem, 17 lignes au verso et 3 lignes de texte ajoutées au bas du recto (1910), D	81 »	15 25
306	CLPP	30 c. violet (Type IV) (1911), D, 17 lignes au verso, petits caractères, 42 localités desservies	81 »	15 25
307	CLPP	30 c. Idem (1916), D 3 lignes consacrées aux tarifs au verso	81 »	15 25
308	CLPPRP	30 c. violet (Type I) (1908), SD, 16 lignes au verso, 20 localités desservies	115 »	30 50
309	CLPPRP	30 c. Idem (1910), même recto que n° 305	115 »	30 50
310	CLPPRP	30 c. violet (Type IV) (1911), 17 lignes au verso, petits caractères, 42 localités desservies	115 »	30 50
311	EPP	30 c. violet (Type I) (1907), au verso : 19 villes desservies	65 »	15 25
312	EPP	30 c. Idem (1908), 20 villes desservies	65 »	15 25
313	EPP	30 c. violet (Type IV) (1911), tarifs au recto et 42 villes desservies au verso	65 »	15 25
314	CLPM	30 c. violet (Type IV) (1910)	305 »	230 »
315	CLPMRP	30 c. Id. (id.)	535 »	270 »
316	EPM	30 c. Idem (idem)	385 »	230 »

Émission de 1921.

317	BJ	5 c. orange (158-I)	54 »	30 50
318	CP	30 c. rouge (160-IV)	45 75	15 25

Émission de 1926-37.

319	BJ	15 c. brun-lilas (189-I), D	45 75	15 25
320	BJ	15 c. Idem, SD	45 75	15 25
321	BJ	20 c. lilas-rose (190-V)	125 »	54 »

Types du 30 c.

IIA

IID

Type IID : Boucle inférieure de l'S de Française qui remonte.
Type IIA : Boucle plus horizontale, donc plus ouverte.

322	E	30 c. bleu (192-IIA)	92 »	38 25
323	CP	30 c. bleu (192-IID), D ou SD	30 50	10 75
324	CPRP	30 c. Id., SD ou D sur carte-réponse	1 100 »	27 50

Types du 40 c.

II III

Type II : Pas de point à l'endroit marqué d'une flèche. Boucle supérieure de l'S de Française « fermée ».

Type III : Présence constante d'un point à l'endroit précité. Boucle supérieure de l'S « ouverte ». N'existe que sur entiers.

325	CL	40 c. vermillon (194-II)	12 25	3 »
326	CL	40 c. Idem (III)	15 25	3 85
327	CP	40 c. violet (236-II) (137x88 mm)	4 60	1 55
328	CP	40 c. Id. (147x104 mm), D à droite ou à gauche	4 60	1 55
330	CPRP	40 c. Idem, SD, à partir de	61 »	23 »
331	CP	40 c. outremer (237-II) (147x104 mm), D	3 85	0 80
332	CP	40 c. Idem, SD	38 25	19 25
333	CPRP	40 c. Idem (147x104 mm), SD	61 »	19 25
334	CPRP	40 c. Idem (id.), D	61 »	19 25

Nos 331 à 334 : la couleur du timbre va de l'outremer au gris à peine bleuté.

335	CP	90 c. [*rouge*] (1930), D ou SD, à partir de	92 »	45 75
336	CPRP	90 c. Idem, D ou SD, à partir de	140 »	61 »

Note : En tant que timbre mobile, ce 90 c. rouge n'existe qu'avec la surcharge ANDORRE

Émission de 1932-39.

337	BJ	1 c. bistre-olive (277A), D ou SD	3 85	1 55
338	BJ	2 c. vert foncé (278)	3 85	1 55
339	BJ	10 c. outremer (279-III), D ou SD	6 90	3 »
340	BJ	30 c. rouge sombre (360-IIA)	145 »	92 »

TYPE PASTEUR.

1923-27. - *Cartes postales.*

341	CP	20 c. vert (172), D	15 25	4 60
342	CP	20 c. Idem, SD	15 25	4 60
343	CP	30 c. rouge (173)	30 50	7 65
344	CPRP	30 c. Idem	125 »	30 50
345	CPRP	60 c. [*rouge*] (pas de timbre mobile correspondant)	185 »	84 »
346	CP	75 c. [*rouge*] (idem)	185 »	92 »
347	CPRP	90 c. rouge (178)	385 »	155 »

TYPE BERTHELOT

1928. -

348	CP	90 c. rouge (243)	200 »	155 »

TYPE PAIX.

Émission de 1932-37.

I

III

Pour la distinction entre les types I et III, voir :
1) Jonction de la barre inclinée à la barre horizontale du 4,
2) C à dos aplati et C à dos rond et grèle,
3) Le zéro plus ovale sur le type III.

Sans lignes pour l'adresse, carton gris-vert.

349	CP	40 c. lilas (280-I)	4 60	0 80
350	CPRP	40 c. Id., SD ou D	125 »	38 25

Lignes pour l'adresse, carton crème pour CP et CPRP.

351	CP	40 c. lilas (280-III)	23 »	6 10
352	E	50 c. rouge (283-IA)	30 50	9 15
353	CL	50 c. rouge (283-IIB)	23 »	9 15
354	CP	90 c. rouge (285), D ou SD	125 »	30 50
355	CPRP	90 c. Idem, D	140 »	45 75

Émission de 1937-39.

356	CP	55 c. violet (363)	12 25	3 »
357	CPRP	55 c. Idem	1 550 »	535 »
358	E	65 c. outremer (365-I)	45 75	19 25
359	CL	65 c. Idem (365-II)	30 50	9 15

Types du 90 c.

I-II

III

Le type III se distingue du type I par la signature A. DELZERS plus éloignée du cadre inférieur et dont la lettre A déborde à gauche du cadre vertical.

360	E	90 c. outremer (368-I)	77 »	23 »
361	CL	90 c. Idem, s. chamois (368-III)	110 »	38 25
362	CL	90 c. Idem, s. gris-bleu (368-III)	54 »	19 25
363	CP	1 f. rose (369-II), D ou SD, à partir de	125 »	58 »

TYPE MERCURE

364	CP	70 c. lilas-rose (416-II)	30 50	8 40
365	CL	1 f. [*bleu*] (type modifié sans la signature Hourriez)	32 50	10 75

TYPE IRIS

1939-40. - *Sans indication de l'expéditeur.*

366	CP	80 c. brun s. crème ou chamois (431)	6 10	1 55
367	CPRP	80 c. brun s. crème (431)	1 550 »	610 »

Avec indication de l'expéditeur.

368	CP	80 c. brun s. chamois (1941) (431)	6 10	2 30

Sans indication de l'expéditeur.

369	CL	1 f. rouge (433)	30 50	13 75
370	E	1 f. rouge (433)	38 25	13 75
371	CP	1 f. 25 [*carmin*]	92 »	45 75
372	CP	1 f. 50, orange (435)	69 »	45 75

1941. - *Cartes de correspondance entre zones libre et occupée, sans valeur indiquée sur la figurine. Prix de vente 0,90.*

Correspondance familiale, 4 lignes d'instructions au verso et 14 lignes de texte. Nombreuses couleurs du carton.

373	CP	(–) brun	6 10	0 80

Idem. 8 lignes d'instructions au verso et 7 lignes de pointillés.

374	CP	(–) brun s. chamois	7 65	0 80

Correspondance commerciale : Avis de commande.

375	CP	(–) brun s. gris	110 »	77 »

Idem. Accusé de réception d'avis de commande.

376	CP	(–) brun s. rose	140 »	77 »

Émission de 1944.

377	CP	1 f. 20, violet s. blanc couché (651)	3 85	1 55
378	CP	2 f. 40, rose. Id. (654)	23 »	7 65

TYPES PÉTAIN

1941-42. - *I - Type LEMAGNY.*

Correspondance familiale.

379	CP	80 c. brun s. cartons divers (512	3 05	0 80
380	CP	80 c. brun s. blanc couché (2 types)	0 95	0 50
381	CPRP	80 c. brun s. blanc couché	100 »	45 75

Correspondance commerciale.

382	CP	80 c. rouge-brun s. vert	77 »	45 75

Avec surcharge :

« Complément de taxe perçu dans un rectangle », donnant pouvoir d'affranchissement de 1 f. 20.

383	CP	80 c. brun s. blanc couché (CP n° 380)	3 05	0 65
384	CP	80 c. rouge-brun s. vert (CP n° 382)	77 »	45 75
385	CL	1 f. rouge (514)	38 25	12 25
386	E	1 f. rouge	38 25	15 25
387	CP	1 f. 20, brun-rouge s. blanc couché (515)	1 »	0 50
388	CPRP	1 f. 20, idem	125 »	45 75

Carte postale n° 387 surchargée RF à Blois et à Orléans à la libération.

389	CP 1 f. 20, brun-rouge s. blanc couché	58 »	58 »

Correspondance commerciale.

390	CP 1 f. 20, brun-rge s. vert	110 »	61 »

Carte postale dite du « Noël des Prisonniers ».

394	CP 5 f. [*bleu*] s. blanc couché (2 types)	38 25	61 »

1942. - *II - Type BERSIER.*

395	CP 2 f. 40, rouge s. blanc couché (519)	50 »	38 25
396	CLPP 3 f. orange s. vert gris ou azuré (521)	46 »	10 75

Un timbre de 3 f. noir existe sur entiers administratifs de la poste pneumatique (1943) (Valeur : 6250 » 2500 »).

1945-46. - *Type CÉRES DE MAZELIN.*

398	CP 1 f. 50, lilas blanc couché (679)	7 65	2 30
399	CPRP 1 f. 50, lilas, idem	130 »	77 »
400	CP 2 f. 50, brun (681)	8 40	2 30

1946-51. - *Type MARIANNE DE GANDON.*

401	CP 3 f. 50, rouge-brun s. blanc (716B)	33 75	6 10
402	CP 3 f. 50, idem, s. gris foncé (716B)	49 »	7 65
403	CP 5 f. bleu s. chamois clair (719B)	11 50	3 »
404	CP 6 f. rouge-orange s. blanc (721)	130 »	49 »
405	CP 8 f. bleu cl. s. chamois clair (810)	51 »	7 65

Trois lignes pour l'expéditeur.

406	CP 12 f. outremer (812)	27 50	7 65

Quatre lignes pour l'expéditeur.

407	CP 12 f. outremer (812)	27 50	7 65
408	CP 12 f. orange (148x104) (885)	17 »	3 »
409	CP 12 f. Idem (140x100)	15 25	3 »

Trois lignes pour l'expéditeur.

410	CP 15 f. rouge (type II) (813)	92 »	38 25

Quatre lignes pour l'expéditeur.

411	CP 15 f. rouge (type II) (813)	84 »	30 50
412	CP 18 f. rose carminé (148x104) (887)	185 »	110 »
413	CP 18 f. Idem (140x100)	185 »	110 »

1955-57. - *Type MARIANNE DE MULLER.*

Carton chamois ou jaune.

414	CP 12 f. vert-jaune (1010)	18 50	4 60
415	CP 15 f. rose (1011)	11 50	3 »
416	CP 18 f. [*bleu*] (type III)	140 »	61 »

Carton chamois ou rosé.

417	CP 20 f. bleu (1011 B-I)	11 50	2 30

1960. - *Type SEMEUSE DE PIEL.*

418	CP 20 c. turquoise et rose (1233-I)	15 25	2 30

1965. - *Type MARIANNE DE DECARIS.*

419	CP 25 c. lie-de-vin et gris s. chamois ou blanc-crème (1263-II)	4 »	1 55

1969-73. - *Type MARIANNE DE CHEFFER.*

Recto divisé par un trait vertical.

420	CP 30 c. vert s. beige clair (1611)	4 60	1 25

Recto non divisé. Destinataire en rouge.

421	CP 30 c. vert s. beige clair (1611)	3 05	1 55

1975-76. - *Type MARIANNE DE BÉQUET. Typographie.*

Bande de phosphore sur RÉPUBLIQUE FRANÇAISE.

422	CP 60 c. vert (1814)	3 05	1 55
423	CP 80 c. vert (1891)	3 05	1 55

1978-80. - *Type SABINE. Taille-douce.*

Bande de phosphore sur le timbre, à droite

424	CP 80 c. vert (1970)	4 60	3 »
425	CP 1 f. vert (1973)	3 05	1 »
426	CP 1 f. 10, vert (2058)	3 05	0 80
427	CP 1 f. 20, vert (2101)	3 85	0 80

1981. - *Idem. Légende RÉPUBLIQUE FRANÇAISE.*

428	CP 1 f. 40, vert (2154)	2 30	1 55

1982-84. - *Type LIBERTÉ DE GANDON.*

429	CP 1 f. 40, vert (2186)	1 55	0 80
430	CP 1 f. 60, vert (2219)	1 85	0 65
431	CP 1 f. 70, vert (2318)	1 55	0 65

1984. - *Liberté de Gandon. Nouveaux types, sans valeurs faciales indiquées. Carton ou papier jaune.*

432	CP	(1 f. 70), vert	1 55	0 80
433	CL	(2 f. 10), rouge	1 55	1 »
434	E	(2 f. 10), rouge	1 55	1 »

Ces entiers expérimentaux ont été vendus dans le département de l'Isère ; leur validité n'a pas été affectée par les changements de tarifs postaux.

1985-88. - *Liberté de Gandon.*

435	CP	1 f. 80, vert (2375)	1 55	0 65
436	CP	1 f. 90, vert (2424)	1 55	0 65
437	CP	2 f. vert (2484)	1 55	0 65

1989. - *Liberté de Gandon. « Carte Postale électronique ». Valeur imprimée à l'Exposition « Philexfrance'89 ». La valeur imprimée dans le timbre varie selon le pays de destination. L'illustration au verso reproduit l'affiche de l'exposition.*

438	CP	bleu, rouge et noir, valeur imprimée : 2 f. 20	12 25	
		a. autre valeur, à destination de l'étranger	21 50	

1990-91. - *Type MARIANNE DU BICENTENAIRE.*

439	CP	2 f. 10, vert (2622)	1 25	0 65
440	CP	2 f. 50, rouge (2715)	0 95	0 65

1994. - *Marianne du Bicentenaire. Sans valeur indiquée (validité permanente). Timbre sur fond de sécurité bleu.*

441	CP	(sans val.) rouge (2806)	1 25	0 65
442	E	(sans val.) rouge (2806) (162x114)	1 25	0 50
443	E	(sans val.) rouge (2806) (220x110)	1 25	0 50

Il existe de nombreuses variétés des n°s 442 et 443.

Idem. Fond de sécurité modifié.

444	E	(sans val.) rouge (2806) (162x114)	1 25	0 30
445	E	(sans val.) rouge (2806) (220x110)	1 25	0 30
446	E	(sans val.) rouge (2806) (220x110) *(à fenêtre, autocollante)*	1 25	0 30
447	E	(sans val.) rouge (2806) (225x115) *(à fenêtre, patte gommée)*	1 25	0 30

1997. - *Marianne du Bicentenaire. Sans valeur indiquée (Validité permanente pour l'envoi en « Lettre » en Métropole, à destination d'Andorre et Monaco ou à l'intérieur des DOM, de documents jusqu'à 100 g (I) et jusqu'à 500 g (II). Deux barres de phosphore à gauche du timbre dans la partie fluorescente entourant le timbre.*

448	E	(sans val.) rouge (2806) Enveloppe cartonnée (I) (229x162)	3 05	1 »
449	E	(sans val.) rouge (2806) Enveloppe cartonnée (II) (328x248)	6 10	2 30

Timbre agrandi sur le 449.

Idem. Sans valeur indiquée (Validité permanente pour l'envoi en « Prioritaire » de documents à destination des DOM-TOM ou en provenance des DOM, jusqu'à 100 g (I) et jusqu'à 500 g (II). Deux barres de phosphore à gauche du timbre dans la partie fluorescente entourant le timbre.

450	E	(sans val.) bleu turquoise (2806) Enveloppe cartonnée (I) (229x162)	3 85	1 85
451	E	(sans val.) bleu turquoise (2806) Enveloppe cartonnée (II) (328x248)	10 75	3 85

Timbre agrandi sur le 451.

1997. - *Type MARIANNE DU 14 JUILLET. Sans valeur indiquée (validité permanente). Timbre sur fond de sécurité bleu avec tête de la Marianne.*

452	E	(sans val.) rouge (3083) (162x115)	1 25	0 30
453	E	(sans val.) rouge (3083) (220x110)	1 25	0 30

1999. - *Type Marianne du 14 Juillet. Sans valeur indiquée . Validité permanente pour l'envoi en « Lettre » en Métropole, à destination d'Andorre et Monaco ou à l'intérieur des DOM, de documents jusqu'à 100 g. (I) et jusqu'à 500 g. (II). Deux barres de phosphore à gauche du timbre.*

454 E (sans val.) rouge (3083) Enveloppe cartonnée (I) (229x162) 3 05 1 25
455 E (sans val.) rouge (3083) Enveloppe cartonnée (II) (328x248) 6 10 2 30

2000. - *Type Marianne du 14 Juillet. Sans valeur indiquée (validité permanente). Enveloppes réservées à la réexpédition temporaire ou définitive des correspondances ordinaires dont le destinataire a changé d'adresse en France. Deux barres de phosphore à gauche du timbre.*

456 E (sans val.) rouge (3083) 1 55 » »
457 E (sans val.) rouge (3083) 2 30 » »

2001. - *Type Marianne du 14 Juillet. Sans valeur indiquée (validité permanente). Lettre recommandée suivi R1 avec avis de réception. Deux barres de phosphore à gauche du timbre. Se présente comme une carte-lettre.*

458 CL (sans val.) rouge (3083) 7 » 5 »

2002. - *Type Marianne du 14 Juillet avec mention RF. Sans valeur indiquée (validité permanente pour l'envoi en « Lettre » en Métropole, à destination d'Andorre et Monaco ou à l'intérieur des DOM). Deux barres de phosphore.*

459 E (sans val.) rouge (3417) (170x114) 1 » 0 30
460 E (sans val.) rouge (3417) (220x110) 1 » 0 30
461 E (sans val.) rouge (3417) lettre jusqu'à 50 g (229x162) 1 50 0 40
462 E (sans val.) rouge (3417) lettre jusqu'à 100 g (324x229) 2 50 0 50

2002. - *Type Marianne du 14 Juillet avec mention RF. Sans valeur indiquée. Validité permanente pour l'envoi en « Lettre » en Métropole, à destination d'Andorre et Monaco ou à l'intérieur des DOM, de documents jusqu'à 100 g (I) et jusqu'à 500 g (II). Deux barres de phosphore à gauche du timbre.*

463 E (sans val.) rouge (3417) Enveloppe cartonnée (I) (229x162) 3 » 1 »
464 E (sans val.) rouge (3417) Enveloppe cartonnée (II) (328x248) 6 » 2 »

AÉROGRAMMES

1969. - *Avion Concorde. Offset. Timbre au type du n° 43 de poste aérienne.*

1001 AER 1 f. bleu et noir 20 » 12 25

1970-75. - *Timbre « Emblème » des P.T.T. (oiseau stylisé). Offset.*

1002 AER 1 f. 15, jaune et bleu-violet 12 25 5 35
a. ocre-jaune et bleu-violet 7 65 5 35
1003 AER 1 f. 40, jaune et bleu-violet 12 25 4 60

1977-80. - *Avion Concorde survolant Paris. Offset.*

1004 AER 1 f. 60, noir et polychrome 8 » 3 »
1005 AER 1 f. 90, noir et polychrome 8 » 3 »
1006 AER 2 f. 10, noir et polychrome 9 50 4 »
1007 AER 2 f. 35, noir et polychrome 9 50 3 »

1982. - *Idem. Légende RÉPUBLIQUE FRANÇAISE.*

1008 AER 2 f. 70, noir et polychrome 6 10 3 »
1009 AER 3 f. 10, noir et polychrome 6 10 3 »

1983. - *Bicentenaire de l'air et de l'espace et type Liberté de Gandon. Offset.*

1010 AER 3 f. 10, bleu, rouge et noir 3 25 1 85

1984. - *Type de 1982.*

1011 AER 3 f. 30, noir et polychrome 3 25 1 25
1012 AER 3 f. 50, noir et multicolore 2 50 1 25

1984. - *Avion survolant Paris. Offset.*

1013 AER 3 f. 50, bleu et outremer 1 85 1 25

1985-87. - *Type de 1982.*

1014 AER 3 f. 70, multicolore 2 30 1 25
1015 AER 3 f. 90, multicolore 3 05 1 25
1016 AER 4 f. 20, multicolore 2 30 1 25

1989. - *Bicentenaire de la Révolution. Timbre au type du n° 2560. Offset.*

1017 AER 4 f. 20, bleu et rouge 3 05 1 »

1990. - *Avion ATR 72 en vol. Offset.*

1018 AER 4 f. 20, bleu clair et bleu 1 85 1 10

1992. - *Hélicoptère Dauphin 2 en vol. Offset.*

1019 AER 4 f. 50, multicolore 2 30 1 10

1993. - *Airbus A 340 en vol, sur planisphère. Offset.*

1020 AER 5 f. multicolore 1 85 1 10

1994. - *50e anniversaire de la disparition d'Antoine de Saint-Exupéry. Type du T. aérien de 1947. Offset.*

1021 AER 5 f. brun-lilas 1 85 1 10

1996-2002. - *Hélicoptère Eurocopter EC 135. Héliogravure.*

1022 AER 5 f. multicolore 1 75 0 80

1023 AER 0,76 €. multicolore 1 50 0 80

La cote des aérogrammes oblitérés s'entend pour des plis ayant voyagé au tarif.

ENVELOPPES « DISTINGO »

1991. - *Enveloppes « Distingo », pour envoi de documents importants. Imperméables et indéchirables.*

Composition géométrique.

Au verso : « La Poste organisateur officiel » et logotypes des jeux olympiques d'hiver et du parcours de la flamme olympique.

2001 E ( ) multicolore, format de l'enveloppe 229x162 15 25 10 »
2002 E ( ) multicolore, format de l'enveloppe 326x229 15 25 12 25

Idem, sans les mentions olympiques

2003 E ( ) format 229x162 11 50 3 85
2004 E ( ) format 326x229 13 75 4 60

Des N°s 2001, 2002 et 2003 ont été surchargés : Envoi intra-départemental pour les D.O.M. et inter D.F.A.

Idem, validité étendue pour les D.O.M.

Bandeau « La Poste » réduit.

2005 E ( ) format 229x162 9 95 6 90
2006 E ( ) format 326x229 8 40 5 35

Existent avec et sans précasage ; ces derniers font souvent l'objet d'une personnalisation pour l'entreprise utilisatrice.

Idem. Logo « La Poste » plus petit et encadré.

2007 E ( ) format 229x162 6 10 3 85
2008 E ( ) format 326x229 7 65 4 60

Idem. Mention ronde « Courrier suivi » en haut à gauche et étiquette de suivi collée sur l'enveloppe.

2009 E ( ) format 221x110 2 30 1 55
2010 E ( ) format 221x121 2 30 1 55
2011 E ( ) format 230x162 3 05 2 30

Le n° 2009 possède une fenêtre ; les mentions : "Distingo 20" figure sur les n°s 2009 et 2010 et "Distingo 50" sur le n° 2011.

EMBALLAGES PRÉAFFRANCHIS « DILIGO »

Depuis 1992 La Poste commercialise divers emballages préaffranchis comportant des vignettes autocollantes. Il ne s'agit pas d'entiers postaux. Ces pièces postales ont été placées dans ce chapitre par commodité.

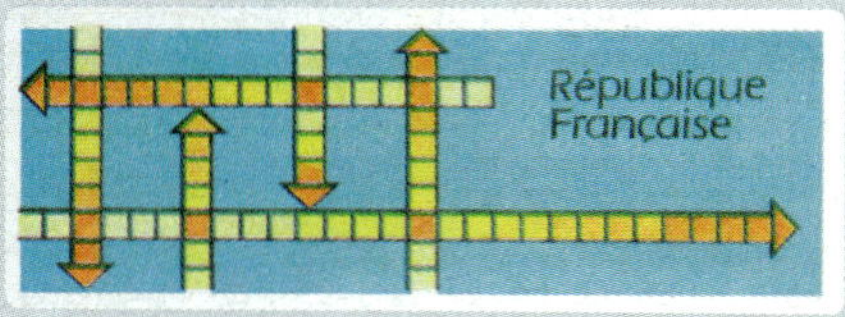

2101 « Flèches entrecroisées »

1996. -

2102« Carte de France avec flèches »

1997. - *Avec fond de sûreté. Dentelé.*

2103

Ces objets ont été placés dans la rubrique « Entiers Postaux », La Poste ne vendant pas les vignettes séparément.

TYPE CHAPLAIN

30 c. rose.

2501	CPP	30 c. (1880)	15 25	4 60
2502	CPRP	30 c. (1882)	38 25	7 65
2504	CPRP	30 c. surchargée « valable pour tout Paris » (1885)	69 »	15 25

30 c. carmin.

Légende « République Française » et « carte pneumatique ». Six lignes d'avis au verso.

2594	CLPP	30 c. (1902)	15 25	4 60
2595	CLPPRP	30 c. (1903)	33 75	15 25

Quatorze lignes d'avis au verso.

2596	CLPP	30 c. (1907)	15 25	6 10
2597	CLPPRP	30 c. (1907)	61 »	17 »
2763	EPP	30 c. (1902)	15 25	6 10

30 c. noir.

Plan de Paris, teinté foncé à l'ouest.

2505	CPP	30 c. (1882)	12 25	3 85

Idem, à l'ouest et au nord.

2506	CPP	30 c. (1883)	13 75	3 85

Plan de Paris, sans teinte rose.

2507	CPP	30 c. (1884)	13 75	3 85

Idem, avec surcharge « valable pour tout Paris ».

2508	CPP	30 c. (1885), à partir de	13 75	3 85

Texte vertical simplifié. Sans plan. Avec et sans date.

2511	CPP	30 c. (1885-1894), à partir de	10 75	3 »
2512	CPRP	30 c. (1887-1896), à partir de	70 »	21 50

Nouvelle légende : « République Française » et « Carte pneumatique ». Avec date.

2521	CPP	30 c. (1897-1898)	15 25	3 »

Idem. Avec ou sans date.

2523	CPRP	30 c. (1897-1899)	62 50	15 25
2593	CLPP	30 c. (1902)	15 25	7 65

40 c. rouge-brique.

2598	CLPP	40 c. (1919)	30 50	9 15
2750	CLPM	40 c. (1919)	275 »	175 »
2773	EPP	40 c. (1919)	38 25	12 25

50 c. rose.

2516	CPP	50 c. (1880)	61 »	38 25
2519	CPRP	50 c. (1880)	460 »	305 »

Idem, surcharge « Taxe réduite 30 c. ».

2517	CPP	30 c. s. 50 c. (1880)	45 75	15 25
2520	CPRP	30 c. s. 50 c. (1880)	77 »	45 75

50 c. carmin.

Format 145x85 mm.

2764	EPP	50 c. (1897), à partir de	30 50	7 65
2765	EPP	30 c. s. 50 c. (1902), à partir de	54 »	23 »

Format 123x95 mm.

2766	EPP	50 c. (1897)	15 25	6 10

Surcharge à la main.

2767	EPP	30 c. s. 50 c. (1902), à partir de	10 75	6 10

Surcharge typographique.

2768	EPP	30 c. s. 50 c. (1902)	10 »	5 35

50 c. noir.

Papier bleu. Légende : «Télégramme». Cinq lignes d'avis au verso. Piquage AA 10½.

N.B. : AA, BB, CC désignent les piquages A, B et C à l'envers.

2526	CLPP 50 c. (1881)	38 25	12 25

Plan de Paris, teinté violet à l'ouest.

2527	CLPP 50 c. (1882)	30 50	9 15

Plan de Paris, teinté violet à l'ouest et au nord.

2528	CLPP 50 c. (1883)	23 »	9 15

Plan de Paris, sans teinte violette.

2529	CLPP 50 c. (1884)	26 75	9 15

Idem, surcharge « valable pour tout Paris ».

2530	CLPP 50 c. (1885)	38 25	10 75

Neuf lignes d'avis au verso.
Piquage AA 13½. ou 10½.

2531	CLPP 50 c. (1885) à partir de	30 50	9 15
2533	CLPP 30 c. s. 50 c. (1902)	15 25	7 65

Idem. Piquage CC. Avec ou sans date.

2534	CLPP 50 c. (1890)	10 75	7 65
2535	CLPP 30 c. s. 50 c. (1902)	19 25	4 60

Légende : «Carte pneumatique fermée» et « République Française ».
Six lignes d'avis au verso. Piquage CC.

2550	CLPP 50 c. (1897)	9 15	6 10
2551	CLPP 30 c. s. 50 c. (1902), à partir de	15 25	4 60

Trois lignes d'avis du verso sont barrées de six traits.

2553	CLPP 50 c. (1898), à partir de	15 25	4 60
2554	CLPP 30 c. s. 50 c. (1902), à partir de	45 75	15 25

Cinq lignes d'avis au verso. Piquage CC.

2563	CLPP 50 c. (1899)	9 15	5 35

Surcharge faite à la presse.

2564	CLPP 30 c. s. 50 c. (1902), à partir de	15 25	3 85

Surcharge faite à la main.

2567	CLPP 30 c. s. 50 c. (1902), à partir de	15 25	4 60

60 c. carmin.

2756	EPP 60 c. (1889)	45 75	10 75
2757	EPP 50 c. s. 60 c. (1896), à partir de	15 25	7 65

60 c. violet.

2599	CLPP 60 c. (1921)	30 50	7 65
2751	CLPM 60 c. (1921)	305 »	275 »
2774	EPP 60 c. (1921)	38 25	7 65

75 c. carmin.

2759	EPP 75 c. (1885)	33 75	23 »
2760	EPP 60 c. s. 75 c. (1887)	20 »	10 75

75 c. violet.

2600	CLPP 75 c. (1924)	30 50	12 25

1 f. noir.

Papier rose avec « Bon de réponse » sur côté droit.
Légende: « Télégramme ». Piquage AA 13½.

2540	CLPPRP 1 f. (1884)	45 75	30 50
2541	CLPPRP 60 c. s. 1 f. (1902), à partir de	77 »	45 75

Inscription « Pour ouvrir... » de 69 mm.
Piquage AA 10½.

2543	CLPPRP 1 f. (1884)	45 75	30 50
2544	CLPPRP 60 c. s. 1 f. (1902)	77 »	38 25

Inscription « Pour ouvrir...» de 73 mm.

2545	CLPPRP 1 f. (1884)	45 75	30 50
2546	CLPPRP 60 c. s. 1 f. (1902)	77 »	23 »

Idem. Piquage CC.

2547	CLPPRP 1 f. (1890)	54 »	30 50
2548	CLPPRP 60 c. s. 1 f. (1902), à partir de	110 »	30 50

Légende : « Carte pneumatique fermée » et « République Française ». Piquage AA.
Neuf lignes d'avis au verso.

2574	CLPPRP 1 f. (1898)	61 »	45 75
2575	CLPPRP 60 c. s. 1 f. (1902)	110 »	45 75

Idem. Trois lignes du verso sont barrées de six gros traits.

2576	CLPPRP 1 f. (1899)	61 »	36 75
2577	CLPPRP 60 c. s. 1 f. (1902), à partir de	77 »	30 50

Bon de réponse tenant en plein. Cinq lignes d'avis au verso. Piquage AA 13½ ou AA 13½ sur 10 ½.

2580	CLPPRP 1 f. (1899), à partir de	45 75	30 50
2581	CLPPRP 60 c. s. 1 f. (1902), à partir de	38 25	19 25

Idem. Bon de réponse perforé. Piquage AA 13½.

2588	CLPPRP 1 f. (1899)	61 »	38 25
2589	CLPPRP 60 c. s. 1 f. (1902), à partir de	38 25	26 75

1 f. violet.

2601	CLPP 1 f. (1926)	38 25	9 15
2752	CLPM 1 f. (1926)	305 »	255 »
2775	EPP 1 f. (1925)	38 25	7 65

1 f. 50, violet.

2603	CLPP 1 f. 50 (1929), à partir de	38 25	9 15
2776	EPP 1 f. 50 (1928)	38 25	9 15

1 f. 50, rouge.

Papier bleu-vert foncé.

2604	CLPP 1 f. 50 (1929)	38 25	9 15
2753	CLPM 1 f. 50 (1929)	345 »	270 »
2777	EPP 1 f. 50 (1930)	23 »	9 15

Papier azuré clair.

2605	CLPP 1 f. 50 (1930)	13 75	4 60
2754	CLPM 1 f. 50 (1934)	305 »	270 »
2778	EPP 1 f. 50 (1931)	26 75	6 10

Une carte-lettre à 1 f. 50 a été émise en 1964 (nº 2617).

2 f. rouge.

2606	CLPP 2 f. (1938)	69 »	5 35
2755	CLPM 2 f. (1938)	610 »	385 »
2779	EPP 2 f. (1938)	45 75	12 25

3 f. rouge.

Papier épais avec fils de soie.

2607 CLPP 3 f. (1944) 23 » 7 65

6 f. rouge.

2608 CLPP 6 f. (1946) 30 50 7 65

19 f. rouge.

2609 CLPP 19 f. (1947) 45 75 10 75

30 f. rouge.

2610 CLPP 30 f. (1949) 38 25 10 75

45 f. rouge.

2611 CLPP 45 f. (1950-1951), à partir de 45 75 10 75

100 f. rouge.

2613 CLPP 100 f. (1958) 45 75 15 25

125 f. rouge.

2614 CLPP 125 f. (1959) 45 75 15 25

Nouveau franc.

1 f. 25, rouge.

Papier vert-jaune clair.

2615 CLPP 1 f. 25 (1960) 38 25 12 25

Papier bleu.

2616 CLPP 1 f. 25 (1963) 30 50 13 »

1 f. 50, rouge.

2617 CLPP 1 f. 50 (1964) 30 50 10 75

1 f. 60, rouge.

Papier gris-bleu, au verso liste des communes Seine et Seine-et-Oise.
Dimensions maxima 155x125 mm.

2618 CLPP 1 f. 60 (1965) 24 50 7 65

Papier azuré. Suppression de la liste du verso.
Dimensions maxima 155x125 mm.

2619 CLPP 1 f. 60 (1968) 23 » 7 65

Papier gris-bleu. Idem. Dimensions maxima 225x125 mm.

2620 CLPP 1 f. 60 (1970) 23 » 7 65

Idem. Papier azuré.

2621 CLPP 1 f. 60 (1971) 24 50 7 65

3 f. rouge.

Papier azuré.

2622 CLPP 3 f. (1971) 12 25 5 35

8 f. 40, rouge.

2623 CLPP 8 f. 40 (1977) 9 15 6 10

12 f. rouge.

2624 CLPP 12 f. (1981) 9 15 6 10

Le Service Pneumatique a été suspendu le 30 mars 1984.

ENTIERS POSTAUX DES COURS D'INSTRUCTION DES P.T.T.

1911. - *Première émission.*

Surcharge à main ANNULÉ violette.
Type Blanc.

2801	BJ 1 c. gris (194)	61 »
2802	BJ 2 c. brun-lilas (199a)	61 »

Type Semeuse fond plein.

2803	E 5 c. vert (277)	30 50
2804	CL 10 c. rouge (278)	27 50
2805	CP 10 c. rouge (279)	26 75
2806	CPRP 10 c. rouge (280)	38 25
2807	E 10 c. rouge (285 à 290)	30 50
2808	CLPP 30 c. violet (305)	69 »
2809	CLPPRP 30 c. violet (309)	155 »
2810	EPP 30 c. (313)	100 »

1921-23. - *Deuxième émission.*

Surcharge typographique noire ANNULÉ.

Type Blanc.

2811	BJ 1 c. ardoise (196)	45 75
2812	BJ 2 c. brun-lilas (199a)	45 75

Type Semeuse fond plein.

2813	E	5 c. vert (277)	34	50
2814	BJ	5 c. orange (317)	42	»
2815	CP	20 c. lilas-brun (294)	30	50
2816	CPRP	20 c. lilas-brun (295)	49	75
2817	CL	25 c. bleu (296)	26	»
2818	CL	25 c. bleu (297)	26	»
2819	E	25 c. bleu (298)	38	25
2820	CP	30 c. rouge (318)	30	50

Type Pasteur.

2821	CPRP	30 c. rouge (344)	81	»

1925. - *Troisième émission.*

Surcharge typographique noire SPECIMEN.

Type Blanc.

2822	BJ	1 c. ardoise (196)	42	»
2823	BJ	2 c. lilas-rose (199b)	42	»
2824	BJ	5 c. vert (204)	42	»

Type Semeuse fond plein.

2825	E	5 c. vert (277)	30	50
2826	CPRP	20 c. lilas-brun (295)	65	»
2827	CL	25 c. bleu (296)	24	50
2828	CL	25 c. bleu (297)	24	50
2829	E	25 c. bleu (299)	26	»
2830	CLPRP	30 c. violet (310)	340	»
2831	CP	30 c. rouge (318)	30	50

Type Pasteur.

2832	CP	20 c. vert (342)	28	25
2833	CPRP	60 c. [*rouge*] (345)	170	»

1969-83. - *Surcharges typographiques de divers types : SPECIMEN ou SPECIMEN SANS VALEUR.*

Type Marianne de Cheffer.

2834	CP	30 c. (420)	30	50
2835	CP	30 c. (421)	30	50

Type Marianne de Béquet.

2836	CP	60 c. (422)	34	50

Type Liberté de Gandon.

2837	CP	1 f. 60 (430)	38	25
2837A	CP	1 f. 70 (431)	77	»

Tour Eiffel.

2838	CP	1 f. 60 (48)	23	»

Aérogrammes.

2839	AER	1 f. (1001)	77	»
2840	AER	1 f. 15 (1002)	77	»

TIMBRES SOCIO-POSTAUX

Divers timbres ont été imprimés et émis par la Poste à des fins sociales, de 1911 à 1936. Ils ont, après leur retrait en 1936, été remplacés par des timbres-poste normaux sur les cartes des assurés sociaux. ils existent surchargés « ANNULÉ » et « SPÉCIMEN » pour les Cours d'Instruction des postiers. Des émissions particulières de ces timbres ont été utilisées en Alsace-Lorraine.

Voir catalogue des Timbres Fiscaux et Socio-postaux de France - 2000, Yvert & Tellier, Amiens, 1er catalogue de Fiscaux en couleurs.

ÉPREUVES DE LUXE

Depuis 1923, l'Administration des Postes fait imprimer des épreuves de luxe de la plupart des timbres émis. Ces épreuves sont constituées, en général, par un feuillet mesurant 150 x 120 mm, au centre duquel le ou les timbres sont imprimés dans leur couleur exacte, mais *non dentelés.* Ces feuilles, *officiellement* réservées aux titulaires des hautes charges de l'État et à quelques hauts fonctionnaires des Postes, sont recherchées par les collectionneurs.

Sans indication de valeur ; celle-ci (10 c., 30 c., 50 c.) est imprimée en petits chiffres au-dessous de chaque timbre :

N°s		
170	Pasteur, vert	
173	“ rouge	
174	“ bleu	
	Épreuve collective	1700 »
	Avec chiffres de la valeur :	
170	Pasteur, 10 c. vert	
173	“ 30 c. rouge	
176	“ 50 c. bleu	
	Épreuve collective	1600 »
183	Jeux Olympiques, 10 c.	
184	“ “ 25 c.	
185	“ “ 30 c.	
186	“ “ 50 c.	
	Épreuve collective	5000 »
209	Ronsard, 75 c.	130 »
210	Arts décoratifs, 10 c.	
211	“ “ 15 c.	
212	“ “ 25 c.	
213	“ “ 25 c.	
214	“ “ 75 c.	
215	“ “ 75 c.	
	Entier 38. 45 c. rouge	
	Épreuve collective	1100 »
216	Exposition philatélique de Paris, 5 f., en bloc de 4 (BF n° 1)	3000 »
241, 242,	Exposition philatélique de Strasbourg, 5 f. et 10 f. (BF n° 2)	3000 »
243	Berthelot, 90 c.	130 »
244	Légion américaine, 90 c.	
245	“ “ 1 f. 50	
	Épreuve collective	600 »
246	Caisse d'Amortissement, + 10, bleu	
247	“ “ + 25, vert-olive	
248	“ “ + 50, rge-orange	
	Épreuve collective	750 »
249	Caisse d'Amortissement, + 10, violet-gris	
250	“ “ + 25, rouge-br.	
251	“ “ + 50, lilas	
	Épreuve collective	800 »
252	Le Travail, 1 f. 50+8 f. 50	600 »
253	Caisse d'Amortissement, + 10, vert	
254	“ “ + 25, roses-lilas	
255	“ “ + 50, rouge-br.	
	Épreuve collective	800 »
256	Sourire de Reims, 1 f. 50 + 3 f. 50	625 »
257	Jeanne d'Arc, 50 c.	180 »
257A	Exposition philatélique du Havre, 2 f.	1650 »
258	Arc de Triomphe, 2 f.	250 »
259	Cathédrale de Reims, 3 f.	375 »
260	Mont-Saint-Michel, 5 f.	250 »
261	Port de la Rochelle, 10 f.	350 »
262	Pont du Gard, 20 f.	950 »
263	Centenaire de l'Algérie, 50 c.	125 »
264	Congrès du B.I.T., 50 c.	
265	“ “ 1 f. 50	
	Épreuve collective	625 »
266	Caisse d'Amortissement, + 10, rose	
267	“ “ + 25, brun	
268	“ “ + 50, violet	
	Épreuve collective	800 »
269	Provinces françaises, 1 f. 50 + 3 f. 50	600 »
270	Femme Fachi, 15 c.	
271	“ “ 40 c.	
272	“ “ 50 c.	
273	“ “ 1 f. 50	
	Épreuve collective	300 »
274	Exposition coloniale, 1 f. 50	225
275	Caisse d'Amortissement, + 10, vert-olive	
276	“ “ + 25, violet	
277	“ “ + 50, rouge	
	Épreuve collective	825 »

277A	Semeuse, 1c.	
278	“ 2 c.	
278A	“ 3 c.	
278B	“ 5 c.	
279	“ 10 c.	
	Épreuve collective	375 »
280	Type Paix, 30 c.	
281	“ “ 40 c.	
282	“ “ 45 c.	
283	“ “ 50 c.	
284	“ “ 65 c.	
284A	“ “ 75 c.	
285	“ “ 90 c.	
369	“ “ 1 f.	
28	“ “ 1 f. 50	
	Épreuve collective	700 »
286	Type Paix, 1 f.	
287	“ “ 1 f. 25	
289	“ “ 1 f. 75	
	Épreuve collective	500 »
290	Le puy-en-Velay, 90 c.	110 »
291	Briand, 30 c.	120 »
292	Doumer, 75 c.	120 »
293	Victor Hugo, 1 f. 25	140 »
294	Colombe, 1 f. 50	200 »
295	Jacquard, 40 c.	90 »
296	Jacques Cartier, 75 c.	
297	“ “ 1 f. 50 les 2 épreuves	525 »
	Épreuve collective	475 »
299	Normandie, 1 f. 50, bleu	140 »
299	“ *petit format*	350 »
300	“ 1 f. 50, bleu clair	300 »
300	“ *petit format*	525 »
301	Rivière Bretonne, 2 f.	140 »
302	Saint-Trophime, 3 f. 50	130 »
303	Delessert, 75 c.	130 »
304	Victor Hugo, 1 f. 25	150 »
305	Richelieu, 1 f. 50	130 »
306	Jacques Callot, 75 c.	130 »
307	Chômeurs intellectuels, 50 + 10 c.	110 »
308	“ “ 50 + 2 f.	175 »
308	“ “ petit format	225 »
309	Aide aux réfugiés, 75 + 50 c	160 »
310	Ampère, 75 c.	125 »
311	Moulin de Daudet, 2 f.	100 »
312	Enfants de Chômeurs, 50 + 10 c.	100 »
313	Pilâtre de Rozier, 75 c.	300 »
314	Rouget de l'Isle, 20 c.	125 »
315	La Marseillaise, 40 c.	125 »
316	Vimy, 75 c.	90 »
316	“ 75 c., *petit format*	125 »
317	“ 1 f. 50	90 »
317	“ 1 f. 50, *petit format*	125 »
318	Jaurès, 40 c.	120 »
319	“ 1 f. 50	120 »
320	Conquête de l'Atlantique, 1 f. 50	300 »
32	“ “ 10 f.	1300 »
322	Exposition de Paris, 20 c.	
323	“ “ 30 c.	
324	“ “ 40 c.	
325	“ “ 50 c.	
326	“ “ 90 c.	
327	“ “ 1 f. 50	
	Deux épreuves collectives	500 »
328	Rassemblement pour la Paix, 1 f. 50	100 »
329	Chômeurs intellectuels, 50 + 20 c.	90 »
329	“ “ *petit format*	140 »
330	Jacques Callot, 20 + 10 c.	110 »
331	Berlioz, 40 + 10 c.	120 »
332	Victor Hugo, 50 + 10 c.	150 »
333	Pasteur, 1 f. 50 + 50 c.	150 »
334	Chamonix, 1 f. 50	325 »
335	Corneille, 75 c.	90 »
336	Exposition de Paris, 1 f. 50	90 »
337	Mermoz, 30 c.	160 »
338	“ 3 f.	200 »
339	Chemins de fer, 30 c.	250 »
340	“ “ 1 f. 50	275 »
341	Discours *sur* la méthode, 90 c.	90 »
342	Discours de la méthode, 90 c.	90 »
343	Anatole France, 30 + 10 c.	90 »
344	Rodin, 90 + 10 c.	90 »
345	Sports et Loisirs, 20 + 10 c.	
346	Sports et Loisirs 40 + 10 c.	
347	“ “ 50 + 10 c.	
	Les trois	240 »

348 à 351,	PEXIP , 5c., 15 c., 30 c., 50 c.	
	(*B.-F.* 3)	1200 »
352	Réfugiés politiques, 50 + 25 c.	140 »
353	Pierre Loti, 50 + 20 c.	90 »
354	Samothrace, 30 c.	
355	" 55 c.	
	Les deux	650 »
356	Pour sauver la race, 65 + 25 c.	90 »
357	Constitution des États-Unis, 1 f. 75	100 »
358	Col de l'Iseran, 90 c.	85 »
360	Semeuse, 30 c.	
361	" 35 c.	
362	" 50 c.	
	Épreuve collective	275 »
363	Type Paix, 55 c.	
364	" " 60 c.	
365	" " 65 c.	
	Épreuve collective	275 »
366	Type Paix, 80 c.	50 »
367	" " 90 c. vert	50 »
368	" " 90 c. bleu	50 »
369	" " 1 f.	50 »
370	" " 1 f. 25	50 »
371	" " 1 f. 40	50 »
372	Cérès, 1 f. 75	50 »
373	" 2 f.	50 »
374	" 2 f. 25	50 »
375	" 2 f. 50, vert	50 »
375A	" 2 f. 50, outremer	50 »
376	" 3 f.	50 »
377	Charcot, 65 + 35 c.	
377A	" 90 + 35 c.	
	Les deux	325 »
378	Gambetta, 55 c.	70 »
379	Château de Versailles, 1 f. 75 + 75 c.	100 »
380	Anatole France, 30 + 10 c.	65 »
381	Jacques Callot, 35 + 10 c.	65 »
382	Berlioz, 55 + 10 c.	80 »
383	Victor Hugo, 65 + 10 c.	130 »
384	Rodin, 1 f. + 10 c.	80 »
385	Pasteur, 1 f. 75 + 25 c.	145 »
386	Infanterie, 55 + 70 c.	
387	" 65 + 1 f. 10	
	Les deux	130 »
388	Champagne, 1 f. 75	70 »
389	Arc de Triomphe d'Orange, 2 f.	70 »
390	Mineurs, 2 f. 15	70 »
391	Avignon, 3 f.	75 »
392	Carcassone, 5 f.	75 »
393	Donjon de Vincennes, 10 f.	80 »
394	Saint-Malo, 20 f.	75 »
395	Service de Santé, 55 + 45 c.	135 »
396	Football, 1 f. 75	350 »
397	La Fontaine, 55 c.	60 »
398	Ader, 50 f.	325 »
399	Cathédrale de Reims, 65 + 35 c.	75 »
400	Souvenirs anglais, 1 f. 75	55 »
400	" " 1 f. 75, *petit format*	100 »
401	Rapatriés d'Espagne, 65 + 60 c.	70 »
402	Pierre et Marie Curie, 1 f. 75 + 50 c.	185 »
403	Armistice, 65 + 35 c.	60 »
404	Mercure, 1 c.	30 »
405	" 2 c.	30 »
406	" 5 c.	30 »
407	" 10 c.	30 »
408	" 15 c. vermillon	30 »
409	" 15 c. brun-orange	30 »
410	Mercure, 20 c.	30 »
411	" 25 c.	30 »
412	" 30 c.	30 »
413	" 40 c.	30 »
414	" 45 c.	30 »
414A	" 50 c. bleu	30 »
414B	" 50 c. vert	30 »
415	" 60 c.	30 »
416	" 70 c.	30 »
416A	" 75 c.	30 »
417	Oeuvres des Étudiants, 65 + 60 c.	55 »
418	Radio aux Aveugles, 90 + 25 c.	60 »
419	Prophylaxie, 90 + 30 c.	60 »
420	Le jeune Trulin, 90 + 35 c.	70 »
421	Cézanne, 2 f. 25	180 »
422	75ᵉ anniversaire de la Croix-Rouge 90 + 35 c.	240 »
423	Génie Militaire, 70 + 50 c.	60 »
424	Orphelins des P.T.T., 90 + 35 c.	60 »
425	Clémenceau, 90 c.	65 »
426	Exposition de New York, 2 f. 25	130 »

427	Niepce et Daguerre, 2 f. 25	90 »
428	Enfants des Chômeurs, 90 + 35 c.	55 »
429	Tour Eiffel, 90 + 50 c.	110 »
430	Exposition de Liège, 2 f. 25	55 »
431	Iris, 80 c.	50 »
432	" 1 f. vert	50 »
433	" 1 f. rouge	50 »
434	" 1 f. 30	50 »
435	" 1 f. 50	50 »
436	Puvis de Chavannes, 40 + 10 c.	80 »
437	Debussy, 70 + 10 c.	90 »
438	Balzac, 90 + 10 c.	70 »
439	Claude bernard, 2 f. 25 + 25 c.	
440	Pour la Natalité, 70 + 80 c.	
441	" " 90 + 60 c.	
	Les deux	185 »
442	Grégoire de Tours, 90 c.	80 »
443	Cathédrale de Strasbouirg, 70 c.	90 »
444	150ᵉ aniversaire de la Révolution, 90 c.	90 »
445	Verdun,90 c.	70 »
446	La lettre de Fragonard, 40 + 60 c.	125 »
446	" *Petit format*	300 »
446	" *Petit format avec remarque*	300 »
446	" 40 + 60 c. violet, *Petit format*	300 »
447	Marins perdus en mer, 70 + 30 c.	70 »
448	Languedoc, 70 c.	65 »
449	Château de Pau, 90 c.	65 »
450	Pont de la Guillotière, 90 C.	65 »
451	Pour nos Soldats, 40 + 60 c.	
452	" " 1 f. + 50 c.	
	Les deux	125 »
453	France d'Outre-Mer, 1 f. + 25 c.	80 »
454	Joffe, 80 c. + 45 c.	
455	Foch, 1 f. + 50 c.	
456	Galliéni, 1 f. 50 + 50 c.	
457	Paysanne à la charrue, 2 f. 50 + 50 c.	
	Les quatre	280 »
458	Exposition de New York, 2 f. 50	130 »
459	Croix-Rouge, 80 c. + 1 f.	
460	" " 1 f. + 2 f.	
	Les deux	375 »
461	Guynemer, 50 f.	225 »
462	Debussy, 80 + 10 c.	70 »
463	Balzac, 1 f. + 10 c.	70 »
464	Claude Bernard, 2 f. 50 + 25 c.	70 »
465	Pour les victimes de la guerre, 1 f. + 2 f.	70 »
466	Secours national, 80 c. + 2 f.	
467	" " 1 f. + 2 f.	
468	" " 1 f. 50 + 2 f.	
469	" " 2 f. 50 + 2 f.	
	Les quatre	150 »
470	Maréchal Pétain, 40 c.	
471	" " 80 c.	
472	" " 1 f.	
473	" " 2 f. 50	
	Les quatre	200 »
	Les 4 valeurs, épreuve collective	400 »
474	Pour nos Prisonniers, 80 c. + 5 f.	
475	" " 1 f. + 5 f.	
	Les deux	80 »
476	Semeuse, 30 s. 35 c.	40 »
477	Mercure, 50 s. 75 c.	40 »
478	Paix, 50 s. 55 c.	40 »
479	" 50 s. 65 c.	40 »
480	" 50 s. 75 c.	40 »
481	" 50 s. 80 c.	40 »
482	" 50 s. 90 c.	40 »
483	" 1 f. s. 1 f. 25	40 »
484	" 1 f. s. 1 f. 40	40 »
485	" 1 f. s. 1 f. 50	40 »
486	Cérès, 1 f. s. 1 f. 75	40 »
487	" 1 f. s. 2 f. 25	40 »
488	" 1 f. s. 2 f. 50	40 »
489	Mineurs, 1 f. s. 2 f. 15	80 »
490	Carcassonne, 2 f. 50 s. 5 f.	80 »
491	Vincennes, 5 f. s. 10 f.	80 »
492	Saint-Malo, 10 f. s. 20 f.	80 »
493	Ader, 20 f. s. 50 f.	225 »
494	Maréchal Pétain, + 10 s. 1 f.	80 »
495	Mistral, 1 f.	80 »
495	" 1 f., *grand format vertical, avec remarque*	110 »
495	" sur papier rose	130 »
496	Contre la cancer, 2 f. 50 + 50 c.	135 »
497	Secours national, 1 f. + 2 f.	
498	" " 2 f. 50 + 7 f. 50	
	Les deux	200 »
	1 f. + 2 f. et 2 f. 50 + 7 f. 50,	
	Épreuve collective	300 »

499 Hôtel-Dieu de Beaume, 5 f. 80 »
500 Angers, 10 f. 80 »
501 Aigues-Mortes, 20 f. 80 »
502 Paquebot Pasteur, 1 f. + 1f. s. 70 c. 100 »
503 Pour la France d'Outre-Mer, 1 f. + 1 f. 80 »
504 Société des œuvres de mer, 1 f. + 9 f. 80 »
505 à 524 (+ 521A-B), Maréchal Pétain
Les 22 épreuves 450 »
505 à 507 (20 c., 30 c., 40 c.,),
Les 3 valeurs, épreuve collective 450 »
508 à 515 (50 c., 60 c., 70 c. bleu, 70 c., orange, 80 c. brun,
80 c. vert-jaune, 1 f., 1 f. 20)
Les 8 valeurs, épreuve collective 450 »
516 à 521 (1 f. 50, rose, 1 f. 50, brun-rouge,
2 f., 2 f. 40, 2 f. 50, 3 f.).
Les 6 valeurs, épreuve collective 450 »
521A + B (4 f. bleu-violet, 4 f. 50, vert-jaune).
Les 2 valeurs, épreuve collective 450 »
522 à 524 (4 f. outremer, 4 f. 50, vert foncé, 5 f.).
Les 3 valeurs, épreuve collective 450 »
525 Maréchal Pétain, 50 f. 135 »
526 à 537, Armoiries de villes, 20 c. + 30 c., 40 c. + 60 c.,
50 c. + 70 c., 70 c + 80 c., 80 c. + 1 f., 1 f. + 1 f., 1 f. 50
+ 2 f., 2 f. + 2 f., 2 f. 50 + 3 f., 3 f. + 5 f., 5 f. + 6 f.,
10 f. + 10 f.
Les 12 épreuves 480 »
Les 12 valeurs, épreuve collective 900 »
538 Mercure, 50 c. turquoise 45 »
539 Hôtel-Dieu de Beaume, 15 f. 50 »
540 Œuvres de l'air, 1 f. 50 + 3 f. 50 200 »
541 La Pérouse, 2 f. 50 + 7 f. 50 150 »
542 Chabrier, 2 f. + 3 f. 170 »
543 Qinzaine impériale, 1 f. 50 + 8 f. 50 150 »
544 Jean de Vienne, 1 f. 50 + 8 f. 50 135 »
545 Massenet, 4 f. 80 »
546 Mercure, 10 c.
547 " 30 c.
548 " 40 c.
549 " 50 c.
Les quatre 140 »
550 Stendhal, 4 f. 85 »
551 Blondel, 4 f. 85 »
552 Secours national, + 50 c. sur 1 f. 50 50 »
553 à 564, Armoiries de villes, 50 c. + 60 c. 60 c. + 70 c.,
80 c. + 1 f., 1 f. + 1 f. 30, 1 f. 20 + 1 f. 50, 1 f. 50 +
1 f. 80, 2 f. + 2 f. 30, 2 f. 40 + 2 f. 80,
3 f. + 3 f. 50, 4 f. + 5 f., 4 f. 50 + 6 f., 5 f. + 7 f.
La série des 12 valeurs 480 »
Les 12 valeurs, épreuve collective 900 »
565 à 566, Légion tricolore, 1 f. 20 + 8 f. 80,
bleu et 1 f. 20 + 8 f. 80, rouge.
Les 2 valeurs, sur même feuillet 200 »
567 Beffroi d'Arras, 10 f. vert 70 »
568 à 571, Secours national, 1 f. + 10 f. bleu,
1 f. + 10 f. rouge, 2 f. + 12 f. bleu et 2 f. + 12 f. rouge 250 »
Les 4 valeurs, sur même feuillet 550 »
572 Armoiries du Lyonnais, 5 f.
573 Armoiries de la Bretagne, 10 f.
574 Armoiries de la Provence, 15 f.
575 Armoiries de l'Ile-de-France, 20 f.
Les quatre 125 »
Les 4 valeurs, épreuve collective 240 »
576 à 580, Secours national, 1 f. 20 + 1 f. 40,
1 f. 50 + 2 f. 50, 2 f. 40 + 7 f.,
4 f. + 10 f., 5 f. + 15 f.
Les 5 épreuves 250 »
Les 5 valeurs, épreuve collective 550 »
Épreuve collective en violet 650 »
581 Lavoisier, 4 f. 50 »
582 Paysage du Dauphiné, 20 f. 80 »
583 Hôtel-Dieu de Beaune, 4 f. 80 »
584 Secours national, 1 f. 50 + 3 f. 50 90 »
585 Famille du prisonnier, 1 f. 50 + 8 f. 50
586 " " 2 f. 40 + 7 f. 60
Les deux 150 »
Les 2 valeurs, épreuve collective 325 »
587 à 592, Célébrités du XVIe siècle, 60 c. +
80 c., 1 f. 20 + 1 f. 50, 1 f. 50 + 3 f.,
2 f. 40 + 4 f., 4 f. + 6 f., 5 f. + 10 f.
Les 6 épreuves 250 »
Les 6 valeurs, épreuve collective 450 »
593 à 598, Costumes régionaux, 60 c. + 1 f. 30,
1 f. 20 + 2 f., 1 f. 50 + 4 f., 2 f. 40
+ 5 f., 4 f. + 6 f., 5 f. + 7 f.
Les 6 épreuves 250 »
Les 6 valeurs, épreuve collective 450 »
599 Branly, 4 f. 60 »

600 Tourville, 4 f. + 6 f. 90 »
601 Gounod, 1 f. 50 + 3 f. 50 65 »
602 Armoires de Flandre, 5 f.
603 " du Languedoc, 10 f.
604 " de l'Orléannais, 15 f.
605 " de la Normandie, 20 f.
Les quatre 160 »
Les 4 valeurs, épreuve collective 250 »
606 Maréchal Pétain, 1 f. 50 + 3 f. 50
607 Corporation payasanne, 2 f. + 3 f.
608 Charte du travail, 4 f. + 6 f.
Les trois 200 »
Les 3 valeurs, épreuve collective 400 »
609 Création du service ambulant, 1 f. 50 80 »
610 Château de Chenonceaux, 15 f. 70 »
611 " " 25 f. 80 »
612 à 617, Célébrités du XVIIe siècle,
50 c. + 1 f. 50, 80 c. + 2 f. 20, 1 f. 20
+ 2 f. 80, 1 f. 50 + 3 f. 50,
2 f. + 4 f., 4 f. + 6 f.
Les 6 épreuves 250 »
Les 6 valeurs, épreuve collective 450 »
618 Paris-Orléans, 4 f. + 6 f. 90 »
619 Claude Chappe, 4 f. 65 »
649 Iris, 80 c. vert-jaune
650 " 1 f. bleu clair
651 " 1 f. 20, violet
652 " 1 f. 50, rouge-brun
653 " 2 f. brun
654 " 2 f. 40, rose carminé
655 " 3 f. rouge-orange
656 " 4 f. bleu
Les huit 250 »
Les 8 valeurs, épreuve collective 600 »
661 Basilique de Saint-Denis, 2 f. 40 60 »
662 Maréchal Bugeaud, 4 f. 60 »
663 à 667, Cathédrales, 50 c. + 1 f. 50,
80 c. + 2 f. 20, 1 f. 20 + 2 f. 80,
1 f. 50 + 3 f. 50, 4 f. + 6 f. 300 »
Les 5 valeurs, épreuve collective 450 »
668 Journée du Timbre (1944) 60 »
669 Libération, 4 f. bleu 65 »
670 Chaîne brisée, 10 c.
671 " " 30 c.
672 " " 40 c.
673 " " 50 c.
Les quatre 130 »
Les 4 valeurs, épreuve collective 400 »
674 Cérès (de Mazelin), 60 c. 40 »
675 " " 80 c. 40 »
677 " " 1 f. 40 »
678 " " 1 f. 20 40 »
678A " " 1 f. 30 40 »
679 " " 1 f. 50 40 »
674, 675 et 677 à 679, 60 et 80 c., 1 f.,
1 f. 20 et 1 f. 50
Les 5 valeurs, épreuve collective 325 »
680 Cérès (de Mazelin), 2 f. vert-jaune 40 »
681 " " 2 f. 50, brun 40 »
Les 2 valeurs, épreuve collective 300 »

Marianne (de Gandon), typographiés

712 1 f. 50, rose carminé 50 »
713 2 f. vert 50 »
714 2 f. 40, rouge 50 »
715 3 f. brun 50 »
716 3 f. rose 50 »
716A 3 f. vert 50 »
716B 3 f. 50, rouge-brun 50 »
717 4 f. bleu 50 »
718 4 f. violet 50 »
718B 4 f. 50, bleu 50 »
719 5 f. vert 50 »
719A 5 f. rose 50 »
719B 5 f. bleu 50 »
720 6 f. bleu-violet 50 »
721 6 f. rouge 50 »
721A 6 f. rose 50 »
722 10 f. orange 50 »
723 10 f. bleu 45 »
716B, 718A et 719A : 3 f. 50, 4 f. 50 et 5 f. rose
Les 3 valeurs, épreuve collective 450 »
716, 718, 721, 723 : 3 f. rose, 4 f. violet,
6 f. rouge et 10 f. bleu
Les 4 valeurs, épreuve collective 450 »
716A, 719B et 721 : 3 f. vert, 5 f. bleu et 6 f. rouge
Les 3 valeurs, épreuve collective 450 »

724 : 15 f. lilas-rose		250 »
712, 713, 714, 715, 717, 719, 720, 722, 724 :		
	1 f. 50, 2 f., 2 f. 40, 3 f. brun,	
	4 f. bleu, 5 f., 6 f. bleu-violet,	
	10 f. orange et 15 f.	
	Les 9 valeurs, épreuve collective	550 »
	Marianne (de Gandon), gravés	
725	4 f. bleu	
726	10 f. bleu	
727	15 f. lilas-rose	
728	20 f. vert	
729	25 f. orange	
	Les cinq	250 »
	Les 5 valeurs, épreuve collective	500 »
	Grand format	
730	20 f. vert	
731	25 f. violet	
732	50 f. brun-rouge	
733	100 f. carmin	
	Les quatre	250 »
	Les 4 valeurs, épreuve collective	500 »
734	Metz, 2 f. 40	
735	Strasbourg, 4 f.	
	Les deux	120 »
736	Ligue anti-tuberculeuse, 2 f. + 1 f.	60 »
737	Semaine des P.T.T., 4 f. + 6 f.	60 »
738	Sarah Bernhardt, 4 f. + 1f.	90 »
739	Libération, 4 f. brun-rouge	60 »
740	Croisade. Air pur, 4 f. + 2 f.	60 »
741	France d'Outre-Mer, 2 f.	60 »
742	Oradour, 4 f. + 2 f.	65 »
743	Journée du Timbre (1945)	80 »
744	Dunkerque, 1 f. 50 + 1 f. 50	
745	Rouen, 2 f. + 2 f.	
746	Caen, 2 f. 40 + 2 f. 60	
747	Saint-Malo, 4 f. + 4 f.	
	Les quatre	240 »
	Les 4 valeurs, épreuve collective	400 »
748	Fournier, 2 f. + 3 f.	80 »
749	Becquerel, 2 f. + 3 f.	80 »
750	3 f. s. 2 f. + 1 f. orange	60 »
751	Invalides de guerre, 4 f. + 6 f.	70 »
752	Œuvres de la Marine, 2 f. + 3 f.	80 »
753	Musée Postal, 2 f.+ 3 f.	175 »
753	" " *petit format*	300 »
753	" " *petit format*	
	" " *avec remarque*	400 »
753	" " *petit format*	
	" " *papier bleuté*	400 »
446 et 753, Lettre de Fragonard et le cachet de cire.		
	Les 2 valeurs, épreuve collective	1500 »
754	Journée du Timbre (1946)	120 »
755	Armoiries, Corse, 10 c.	
756	" Alsace, 30 c.	
757	" Lorraine, 50 c.	
758	" Nice, 60 c.	
	Les quatre	180 »
755 à 758. Les 4 valeurs, épreuve collective		300 »
759	Vézelay, 5 f.	65 »
760	Palais du Luxembourg, 10 f.	65 »
761	Conférence de la Paix, 3 f.	
762	" " 10 f.	
	Les deux	140 »
761 et 762. Les 2 valeurs, épreuve collective		225 »
763	Rocamadour, 15 f.	60 »
764	Pointe du Raz, 20 f.	60 »
765 à 770. Célébrités du XVe siècle :		
	2 f. + 1 f. ; 3 f. + 1 f. ; 4 f. + 3 f. ;	
	5 f. + 4 f. ; 6 f. + 5 f. ; 10 f. + 6 f.	250 »
	Les 6 valeurs, épreuve collective	450 »
771	U.N.E.S.C.O., 10 f. bleu	180 »
772 à 776. Cathédrales : 1 f. + 1 f. ; 3 f. + 2 f. ;		
	4 f. + 3 f. ; 6 f. + 4 f. ; 10 f. + 6 f.	
	Les 5 épreuves	225 »
	Les 5 valeurs, épreuve collective	450 »
777	Cannes, 6 f.	65 »
778	Nancy, 25 f.	65 »
759, 760, 763, 764, 777 et 778 : 5, 6, 10,		
	15, 20 et 25 f.	
	Les 6 valeurs, épreuve collective	500 »
779	Louvois, Journée du Timbre (1947)	60 »
780 à 783. 12e Congrès de l'Union Postale :		
	3,50, 4,50, 6 et 10 f.	450 »
780 à 783. *Petit format,* les 4 épreuves		600 »
780 à 783 et *Av.* 20		
	Les 5 valeurs, épreuve collective	2500 »

784	Pavie, 4 f. 50	60 »
785	Fénelon, 4 f. 50	60 »
786	Saint-Nazaire, 6 f. + 4 f.	65 »
787	Jamboree, 5 f.	500 »
788	Voie de la Liberté, 6 f. + 4 f.	60 »
789	Fournier, 2 f. + 3 f. bleu-noir	50 »
748 et 789. Fournier, 2 f. + 3 f. rouge-brun		
	et Fournier, 2 f. + 3 f. bleu-noir.	
	Les 2 valeurs, épreuve collective	350 »
790	Résistance, 5 f.	65 »
790	Id., épr. collect. en bleu et en rouge	650 »
791	Cérès, 1 f. sur 1 f. 30, bleu	50 »
678 et 791 : 1 f. 30, bl. et 1 f. sur 1 f. 30		
	Les 2 valeurs, épreuve collective	300 »
792	Abbaye de Conques, 15 f.	60 »
793	Braille, 6 f. + 4 f.	65 »
794	Arago. Journée du Timbre (1948)	80 »
795 à 802. Centenaire de la Révolution		
	de 1848. Les 8 épreuves	325 »
795 à 802. Les 8 valeurs, épreuve collective		600 »
803	Palais du Luxembourg, 12 f.	60 »
804	" " 15 f.	60 »
805	Conques, 18 f.	60 »
792, 803, 805. Les 3 val., épreuve collective		350 »
806	Marianne (de Gandon), 3 f.	55 »
807	" " 4 f.	55 »
808	" " 4 f.	55 »
809	" " 5 f.	55 »
810	" " 8 f.	55 »
811	" " 10 f.	55 »
806, 807, 811. Marianne (de Gandon)		
	Les 3 valeurs, sur même feuillet	400 »
812	Marianne (de Gandon), 12 f.	55 »
813	" " 15 f.	55 »
814	Calmette, 6 f. + 4 f.	60 »
815	Leclerc, 6 f.	60 »
816	Chateaubriand, 18 f.	60 »
817	Barrage de Génissiat, 12 f.	60 »
818	Palais de Chaillot, 12 f.	
819	" " 18 f. Les deux	350 »
	Idem. Les 2 valeurs, épreuve collective	500 »
820	Paul Langevin, 5 f.	
821	Jean Perrin, 8 f. Les deux	110 »
	Les 2 valeurs, épreuve collective	150 »
822	Nancy, 25 f.	60 »
823 à 826. Série des métiers, 3 f. + 1 f. ; 5 f.		
	+ 3 f. ; 8 f. +4 f. ; 10 f. + 6 f.	240 »
	Les 4 valeurs, épreuves collective	400 »
827	Marianne (de Gandon), 5.f. s. 6 f.	60 »
828	Choiseul. Journée du Timbre (1949)	100 »
829	Expéditions polaires, 15 f.	200 »
	Centenaire du Timbre.	
830	Cérès, 15 f	
831	" 25 f.	
832	Marianne, 15 f.	
833	" 25 f. Les quatre	300 »
830 à 833. Épreuve collective		1000 »
830 à 833. *Petit format,*		
	avec remarque. Les quatre	1000 »
834	Armoiries, Bourgogne, 10 c.	
835	" Guyenne, 50 c.	
836	" Savoie, 1 f.	
837	" Auvergne, 2 f.	
838	" Anjou, 4 f. Les cinq	200 »
	Les cinq valeurs, épreuve collective	325 »
839	6e centenaire du rattachement du	
	Dauphiné, 12 f.	65 »
840	Amitié franco-américaine, 25 f.	110 »
841	Exposition philatélique de Paris	
	(Citex), 10 f.	425 »
841	Id. *Petit format, avec remarque*	700 »
830 à 833 et 841. Les 5 valeurs, épreuve collective		1250 »
841A	Saint-Bertrand de Comminges, 20 f.	
842	Saint-Wandrille, 25 f.	
842A	Vallée de la Meuse, 40 f.	
843	Gerbier de Jonc, 50 f. Les quatre	200 »
841A à 843. Les 4 valeurs, épreuve collective		400 »
	Congrès International de Télégraphie et Téléphonie.	
844 à 847 : 10, 15, 25 et 50 f. Les 4 épreuves		250 »
844 à 847 et P.A. 28. *Grand format.*		
	Les 5 valeurs, épreuve collective, distance	
	entre les timbres : 2 cm	900 »
	Petit format.	
	Les 5 valeurs, épreuve collective, distance	
	entre les timbres : 1 cm	700 »
848	Racine, 12 f.	65 »

A partir du n° 849, toutes les épreuves simples sont de petit format, à peu près 130x110 mm.

849	Chambres de Commerce, 15 f.	50 »

75e anniversaire de l'U.P.U. :

850 à 852	5, 15 et 25 f. Les 3 épreuves	850 »
	Les 3 valeurs, épreuve collective	1600 »

Célébrités du XVIIIe siècle (première série) :

853 à 858	5 f. + 1 f. ; 8 f. + 2 f. ; 10 f. + 3 f. ; 12 f. + 4 f. ; 15 f. + 5 f. ; 25 f. + 10 f.	
	Les 6 épreuves	360 »
	Les 6 valeurs, épreuve collective	650 »

Les saisons :

859 à 862	5 f. + 1 f. ; 8 f. + 2 f. ; 12 f. + 3 f. ; 15 f. + 4 f. Les 4 épreuves	325 »
	Les 4 valeurs, épreuve collective	500 »
863	Facteur, 12 f. + 3 f.	100 »
864	Poincarré, 15 f.	60 »
865	Péguy, 12 f.	60 »
866	Rabelais, 12 f.	60 »

Célébrités du XVIIIe siècle (deuxième série) :

867 à 872	5 f. + 2 f. ; 8 f. + 3 f. ; 10 f. + 4 f. ; 12 f. + 5 f. ; 15 f. + 6 f. ; 20 f. + 10 f.	
	Les 6 épreuves	360 »
	Les 6 valeurs, épreuve collective	650 »
873	Châteaudun, 8 f.	60 »
874	Madame de Sévigné, 15 f.	60 »
875	Madame de Récamier, 12 f.	65 »
874-875.	Épreuve collective	175 »
876-877.	Croix-Rouge (1950). La paire	325 »
876-877.	*Idem*, épreuve collective	500 »
878	Fontainebleau, 12 f.	60 »
873 et 878.	Épreuve collective	200 »
879	Journée du Timbre (1951)	90 »
880	Jules Ferry, 15 f.	60 »
881	Textile, 25 f.	60 »
882	Saint Jean-Baptiste de la Salle, 15 f.	60 »
883 à 887.	*Gandon*, 5 f., 6 f., 12 f., 15 f. et 18 f.	
	Les 5 épreuves	200 »
883-887.	Épreuve collective	350 »
888	Saint-Wandrille, 30 f.	60 »
889	Troupes coloniales, 15 f.	60 »
890	Vincent d'Indy, 25 f.	90 »

Célébrités du XIXe siècle (première série) :

891 à 896	5 f. + 1 f. ; 8 f. + 2 f. ; 10 f. + 3 f. ; 12 f. + 4 f. ; 15 f. + 5 f. ; 30 f. + 10 f.	
	Les 6 épreuves	360 »
	Les mêmes, épreuve collective	650 »
897	Médecine vétérinaire, 12 f.	60 »
898	Médecine militaire, 15 f.	60 »

Armoiries des provinces françaises (5e série) :

899 à 903.	Les 5 épreuves	125 »
	Les mêmes, épreuve collective	200 »
904	Saint Nicolas, 15 f.	100 »
905	Arbois, 30 f.	60 »
906	Bimillénaire de Paris, 15 f.	80 »
907	Noguès, 12 f.	90 »
908 à 910.	Symbolistes. Les 3 épreuves	150 »
	Les mêmes, épreuve collective	400 »
911, 912.	Nations Unies. Les deux	500 »
	Les mêmes, épreuve collective	650 »
913	Clos de Vougeot, 30 f.	90 »
914-15.	Croix-Rouge (1951). La paire	300 »
	Les mêmes, épreuve collective	450 »
916	Pic du Midi, 40 f.	85 »
917	Abbaye aux Hommes, 50 f.	65 »
918	Clémenceau, 15 f.	60 »
919	Journée du Timbre (1952)	90 »
920	Maréchal de Lattre, 15 f.	60 »
921	aucouleurs, 12 f.	70 »
922	Narvik, 30 f.	70 »
923	Conseil de l'Europe, 30 f.	600 »
924	Château de Chambord, 20 f.	60 »
924, 905, 916, 917.	Épreuve collective	200 »
925	Bir Hakeim, 30 f.	70 »
922 et 925.	Épreuve collective	180 »
926	Sainte-Croix de Poitiers, 15 f.	60 »
927	Médaille, militaire, 15 f.	70 »
921 et 928.	Épreuve collective	180 »
928	Viaduc de Garabit, 15 f.	70 »
929	Léonard de Vinci, 30 f.	180 »

Célébrités du XIXe siècle (deuxième série) :

930 à 935	8 f. + 2 f. ; 12 f. + 3 f. ; 15 f. + 4 f. ; 18 f. + 5 f. ; 20 f. + 6 f. ; 30 f. + 7 f.	
	Les 6 épreuves	360 »
	Les mêmes, épreuve collective	650 »
936	Laennec, 12 f.	70 »
937-38.	Croix-Rouge (1952). La paire	250 »
	Les mêmes, épreuve collective	400 »
939	Versailles, 18 f. (voir aussi 988)	90 »
940	Comte d'Argenson. Journée du Timbre (1953)	80 »
668, 743, 754, 779, 794, 828, 863, 879, 919	et 940. Épreuve collective	850 »
941	Haute Couture, 30 f.	70 »
942	Maréchal Leclerc, 8 f.	60 »
815 et 942.	Épreuve collective	185 »
943	Gargantua, 6 f.	65 »
944	Hernani, 18 f.	65 »

Célébrités du XIIe au XXe siècles :

945 à 950	8 f. + 2 f. ; 12 f. + 3 f. ; 15 f. + 4 f. ; 18 f. + 5 f. ; 20 f. + 6 f. ; 30 f. + 7 f.	
	Les 6 épreuves	360 »
	Les mêmes, épreuve collective	650 »
951 à 954.	Armoiries. Les 4 épreuves	160 »
	Les mêmes, épreuve collective	275 »
955	Tour de France, 12 f.	90 »
956	Célimène, 8 f.	65 »
957	Figaro, 12 f.	65 »
943, 944, 956, 957.	Épreuve collective	225 »
958, 959.	Armoiries. Les deux	90 »
	Les mêmes, épreuve collective	140 »
960 à 965.	Sports. Les 6 épreuves	450 »
	Les mêmes, épreuve collective, sur deux épreuves. Les deux	850 »
966-67.	Croix-Rouge (1953). La paire	250 »
	Les mêmes, épreuve collective	400 »
968	15 f. s. 18 f.	60 »
969	La Valette. Journée du Timbre (1954)	90 »
970 à 974.	Productions. Les 5 épreuves	250 »
970 à 974, 941.	Épreuve collective sur deux épreuves. Les deux	400 »
975	Foire de Paris, 15 f.	65 »
976	Lourdes, 6 f.	
977	LesAndelys, 8 f.	
978	Royan, 10 f.	
979	Quimper, 12 f.	
980	Cheverny, 18 f.	
981	Ajaccio, 20 f. Les six	250 »
976 à 981.	Épreuve collective, sur deux épreuves. Les deux	400 »
982	Maréchal de Lattre, 12 f.	65 »
983	Libération, 15 f.	65 »
984	Maréchal Leclerc, 12 f.	65 »
982 à 984.	Épreuve collective	250 »
985	Jumièges, 12 f.	60 »
986	Tournus, 30 f.	60 »
987	Stenay	60 »
988	Versailles	90 »
939, 988;	Épreuve collective	200 »

Célébrités du XIIe au XXe siècles :

989 à 994.	Les 6 épreuves	390 »
	Les mêmes, épreuve collective	700 »
995	Villandry	65 »
996	Saint-Cyr	90 »
997	Légion d'Honneur	75 »
998	Système métrique	65 »
999 à 1005.	Armoiries. Les 7 épreuves	245 »
	Les mêmes, épreuve collective	350 »
1006-07.	Croix-Rouge (1954). La paire	350 »
	Les mêmes, épreuve collective	450 »
1008	Saint-Simon	60 »
1009	Rotary	250 »
1009A	Marianne (Muller)	150 »
1010A	Marianne (Muller)	150 »
1011	Marianne (Muller)	80 »
1011A	Marianne (Muller)	80 »
1001B	Marianne (Muller)	80 »
1009A,	1010, 1011 1011B. En épreuve collective	650 »
1011C	Marianne (Muller)	80 »
1012-1017.	Les six	240 »
	Inventeurs, sur 2 épreuves collectives	450 »
1018	Journée du Timbre (1955)	80 »
1019	Limoges	60 »
1020	Ganterie	65 »
1021	Florian	60 »
1022	Télévision	65 »
1023	Déportation	60 »
1024	Électrification	65 »

1025	Jacquemart	60 »
1026	Jules Verne	125 »
1027 à 1032.	Les six	390 »
	Épreuve collective	700 »
1033	Lumière	65 »
1034	Jacques Cœur	60 »
1035	Canada	70 »
1036 à 1042.	Les sept	300 »
	Idem. Sur 2 épreuves collectives	400 »
1043	Gérard de Nerval	65 »
1044 à 1047.	Les 4 armoiries	160 »
	Id. Épreuve collective	250 »
1048-49.	Croix Rouge (1955). La paire	250 »
	Idem. Épreuve collective	375 »
1050	Déportation	60 »
1051	Douai	60 »
1052	Driant	60 »
1053	Verdun	60 »
	Les 2, en épreuve collective	150 »
1054	F. de Tassis. J. du T. (1956)	65 »
1055	J.-H. Fabre	
1056	Charles Tellier	
1057	Camille Flammarion	
1058	Paul Sabatier. Les quatre	200 »
	Idem. Épreuve collective	300 »
1059	Grand Trianon	60 »
1060	France-Amérique Latine	65 »
1061	Reims-Florence	70 »
1062	Malte	65 »
1063	Saint Yves	60 »
1064	Franchet d'Esperey	60 »
1065	Montceau-les-Mines	60 »
1066 à 1071.	Les six	240 »
	Épreuve collective	400 »
1072 à 1075.	Les quatre	240 »
	Épreuve collective	450 »
1076 et 1077.	Europa (1956). La paire	700 »
	Épreuve collective	1000 »
1078 à 1080.	Les trois	150 »
	Épreuve collective	200 »
1081	Parmentier	60 »
1082 à 1087.	Les six	240 »
	Épreuve collective	350 »
1088	Coubertin	220 »
1089-90.	Croix-Rouge (1956). La paire	200 »
	Épreuve collective	300 »
1091	Colombophilie	65 »
1092	Schœlcher	60 »
1093	Felouque. J. du Timbre (1957)	65 »
1094	Sièvres	60 »
1095 à 1098.	Les quatre	160 »
	Épreuve collective	300 »
1099	Uzès	60 »
1100 à 1104.	Les cinq	200 »
	Épreuve collective	300 »
1105, 1106.	Le Quesnoy. Les deux	80 »
1107	Cour des Comptes	60 »
1108 à 1113.	Les six	200 »
	Épreuve collective	400 »
1114	Travaux publics	60 »
1115, 1115A, 1116.	Moissonneuse. Les trois	120 »
1115, 1116.	Épreuve collective	180 »
1117	Brest	60 »
1118	Région bordelaise	60 »
1119	Cahors	60 »
1118, 1119 et 1105.	Épreuve collective	220 »
1120	Jeux anniversaires	60 »
1121	Auguste Comte	60 »
1122-23.	Europa (1957). La paire	420 »
	Épreuve collective	550 »
1124	Bimillénaire de Lyon	60 »
1125 à 1131.	Les sept	200 »
	Les sept, sur trois épreuves collectives	350 »
1132 à 1138.	Les sept	210 »
	Les sept, sur deux épreuves collectives	350 »
1139	Thénard	60 »
1140-41.	Croix-Rouge (1957). La pmaire	170 »
	Épreuve collective	300 »
1142 à 1145.	Les quatre	160 »
	Épreuve collective	275 »
1146 à 1149.	Les quatre	160 »
	Épreuve collective	275 »
1150	Lourdes	50 »
1151	Journée du Timbre (1958)	60 »
1152 à 1155.	Les quatre	160 »
	Épreuve collective	275 »
1156	Exposition de Bruxelles	60 »
1157 à 1160.	Les quatre	160 »
	Épreuve collective	275 »
1161 à 1164.	Les quatre	160 »
	Épreuve collective	300 »
1165	Cathédrale de Senlis	60 »
1166 à 1171.	Les six	200 »
	Épreuve collective	300 »
1172	Tapisserie	60 »
1173-74.	Europa (1958). La paire	225 »
	Épreuve collective	350 »
1175	Château de Foix	50 »
1176	Jumelage Paris-Rome	65 »
1177, 1178.	U.N.E.S.C.O. Les deux	130 »
	Épreuve collective	225 »
1179	Armistice	60 »
1180 à 1186.	Armoiries. Les sept	200 »
	Épreuve collective	325 »
1187-1188.	Croix-Rouge. La paire	180 »
	Épreuve collective	300 »
1189	Floralies	60 »
1190	Palmes académiques	50 »
1191	Charles de Foucauld	50 »
1192 à 1194.	Les trois	120 »
1195	Blason d'Alger	50 »
1196	Journée du Timbre (1959)	70 »
1197	Écoles des Mines	50 »
1198 à 1202.	Les cinq	200 »
	Épreuve collective	300 »
1203 à 1206.	Les quatre	160 »
	Épreuve collective	240 »
1207 à 1212.	Les six	200 »
	Épreuve collective	300 »
1213	Goujon et Rozanoff	70 »
1214	Marceline Desbordes-Valmore	50 »
1215	Pont de Tancarville	60 »
1216	Marianne à la Nef	50 »
1217	Jaurès	50 »
1218-19.	Europa (1959). La paire	225 »
	Épreuve collective	325 »
1220	Donneurs de sang	50 »
1221 à 1223.	Tricentenaire du traité des Pyrénées	80 »
1224	Poliomyélite	50 »
1225	Bergson	50 »
1226-27.	Croix-Rouge (1959). la paire	150 »
	Épreuve collective	280 »
1228	O.T.A.N.	110 »
1229	Fréjus	60 »
1230 à 1234.	Les cinq	325 »
	Épreuve collective	500 »
1230A	5 c. Oran	60 »
1234A	30 c. Semeuse	100 »
1235 à 1241.	Les sept	225 »
	Sur 2 épreuves collectives	325 »
1242	Nolhac	50 »
1243	Musée d'Art et d'Industrie	60 »
1244	États Généraux	90 »
1245	Journée du Timbre (1960)	60 »
1246-1247.	Savoie et Nice. Les deux	100 »
	Épreuve collective	200 »
1248 à 1252.	Résistance. Les cinq	200 »
	Épreuve collective	300 »
1253	Réfugiés	80 »
1254	Strasbourg	50 »
1255	Blois	50 »
1256	La Bourboule	50 »
1257 à 1262.	Célébrités. Les six	200 »
	Épreuve collective	300 »
1263	Marianne de Decaris	80 »
1264	18 juin	175 »
1265	Jeux olympiques	175 »
1266-67.	Europa (1960). La paire	225 »
	Épreuve collective	300 »
1268	Lisieux	50 »
1269	Madame de Staël	60 »
1270	Estienne	50 »
1271	Sangnier	50 »
1272	Libération	55 »
1273 à 1276.	Oiseaux. Les quatre	200 »
1277	Honnorat	50 »
1278-79.	Croix-Rouge (1960). La paire	125 »
	Épreuve collective	200 »
1280	Sainte-Barbe	50 »
1281	Maillol	50 »
1282	20 c.Cocteau	60 »
1283	Orly	50 »
1284	Méliès	100 »
1285	Journée du Timbre (1961)	50 »

1286	Nicot	60	»
1287	Lacordaire	50	»
1288 à 1291.	Résistance. Les quatre	160	»
	Épreuve collective	250	»
1292	Anciens Combattants	50	»
1293	Bagnoles-de-l'Orne	50	»
1294	Deauville	50	»
1295 à 1300.	Célébrités. Les six	200	»
	Épreuve collective	300	»
1301 à 1305.	Comédiens. Les cinq	200	»
	Épreuve collective	300	»
1306	Mont-Dore	50	»
1307	Fauchard	50	»
1308	Thann	50	»
1309-10.	Europa (1961). La paire	225	»
	Épreuve collective	300	»
1311-18.	Série touristique. Les huit	250	»
	(sauf 1317), sur 2 épreuves collectives	400	»
1319-22.	Tableaux. Les quatre	800	»
1323-24.	Croix-Rouge (1961). La paire	180	»
	Épreuve collective	300	»
1325	Paquebot France	90	»
1326-27.	Ski	180	»
	Épreuve collective	325	»
1328	Bretonneau	40	»
1329	Bourdet	40	»
1330	Laval	50	»
1331	Coq	80	»
1331A	Coq	80	»
1332	Journée du Timbre (1962)	50	»
1333	Vannes	50	»
1334	Journée de Théâtre	40	»
1335-37.	Résistance. Les trois	100	»
	Épreuve collective	200	»
1338	Paludisme	110	»
1339	Semaine national des hôpitaux	40	»
1340-41.	Aviation. La paire	160	»
	Épreuve collective	300	»
1342	Besançon	40	»
1343	Gobelins	40	»
1344	Pascal	40	»
1345-50.	Célébrités. Les six	180	»
	Sur deux épreuves collectives	300	»
1351	Rennes	40	»
1351A-54B.	Armoiries. Les huit	250	»
1355	Touquet	80	»
1356-57.	Roses. Les deux	110	»
	Épreuve collective	225	»
1358-59.	Europa (1962). La paire	200	»
	Épreuve collective	300	»
1360-61	Télécommunications. Les deux	250	»
	Épreuve collective	500	»
1362	Radiotéléscope de Nançay	110	»
1363-65	Tableaux. Les trois	550	»
1366-67	Croix-Rouge (1962). La paire	180	»
	Épreuve collective	300	»
1368	Bathyscaphe	60	»
1369	Floralies nantaises	60	»
1370-75	Célébrités. Les six	180	»
	Les deux épreuves collectives	300	»
1376	Tableau de Delacroix	175	»
1377	Vitrail Sainte-Foy	175	»
1378	Journée du Timbre (1963)	50	»
1379	Campagne mondiale contre la faim	60	»
1380-81	Résistants. Les deux	80	»
	Épreuve collective	180	»
1382-86	Grands hommes. Les cinq	160	»
	Épreuve collective	300	»
1387	Première Conférence postale	90	»
1388	Lycée Louis-le-Grand	50	»
1389	Caen	50	»
1390-94A	Série touristique. Les sept	200	»
1390-94	Épreuve collective	350	»
1395	Ski nautique	70	»
1396-97	Europa (1963). La paire	200	»
	Épreuve collective	350	»
1398-99	Tableaux. Les deux	350	»
1400-01	Croix-Rouge (1963). La paire	180	»
	Épreuve collective	300	»
1402	Maison de la Radio	50	»
1403	PHILATEC	90	»
1404	Sapeurs-Pompiers	50	»
1405	Paralysés	50	»
1406	Journée du Timbre (1964)	50	»
1407-11.	Libération. Les cinq	185	»
1412	Coty	40	»
1413	Jean le Bon	150	»

1414-17	PHILATEC - Les quatre	450	»
	+ emblème Philatec, épreuve coll.	750	»
	En noir, grand format, épreuve coll.	1200	»
1418	Postale de nuit	60	»
1419	Notre-Dame de Paris	150	»
1420	Calvin	50	»
1421	Gerbet	50	»
1422	PHITALEC	500	»
1423	Mandel	40	»
1424-25	Champlevé, Licorne. Les deux	300	»
1426	La serveuse anglaise «du Star»	150	»
1427	Vitrail de Sens	150	»
1428	Tokyo	200	»
1429	Bataille de la Marne	60	»
1430-31	Europa (1964). La paire	200	»
	Épreuve collective	350	»
1432	Coopération	40	»
1433-34	Croix-Rouge (1964). La paire	150	»
	Épreuve collective	250	»
1435 à 1441.	Les 7 épreuves	200	»
	Idem + 1392A. Épreuves collectives (2)	350	»
1442 à 1445.	Célébrités 1965. Les 4 épreuves	150	»
	Idem. Épreuve collective	225	»
1446	«La Guienne» J. du T. (1965)	50	»
1447	Retour des Déportés	50	»
1448	Maison des Jeunes	40	»
1449	Campagne d'accueil	40	»
1450	20e anniversaire de la Victoire	50	»
1451	U.I.T.	60	»
1452	Croix de guerre	50	»
1453	Bourges	50	»
1454	Tunnel Mont-Blanc	55	»
1455-56	Europa (1965). La paire	200	»
	Idem. Épreuve collective	350	»
1457	Duc de Berry	130	»
1458	Apocalypse	130	»
1459	Violon rouge, de Dufy	130	»
1460	Reboisement	40	»
1461	Ile Bourbon	50	»
1462	Énergie atomique	60	»
1463	École de l'Air	60	»
1464-65	Diamant/A 1. Les deux	300	»
	Idem. Épreuve collective	500	»
1466-67	Croix-Rouge (1965). La paire	140	»
	Idem. Épreuve collective	280	»
1468-69	5 + 25 c. Blasons. Les deux	80	»
1470 à 1475.	Célébrités (1966) (6)	180	»
	Idem. Épreuves collective	275	»
1476	Satellite D 1	120	»
1477	Journée du Timbre (1966)	40	»
1478	Cratère de Vix	130	»
1479	Nouveau-Né	130	»
1480	Échecs	400	»
1481	Pont-Saint-Esprit	50	»
1482	Millénaire du Mont-Saint-Michel	50	»
1483	Bicentenaire de la Lorraine	40	»
1484	Verdun	50	»
1485	Niort	50	»
1486	Hastings	50	»
1487	Académie	40	»
1488	Chemins de fer	50	»
1489	Oléron	50	»
1490-91	Europa (1966). La paire	200	»
	Idem. Épreuve collective	350	»
1492	Sainte-Chapelle	130	»
1493	Lurçat	130	»
1494	Daumier	130	»
1495 à 1497.	Sujets historiques (3)	120	»
	Idem. Épreuve collective	250	»
1498	Pneumatique	50	»
1499 à 1506.	Sites (8)	225	»
	Idem. Épreuve collective	400	»
1507	Rance	50	»
1508-09	Croix-Rouge (1966). La paire	140	»
	Idem. Épreuve collective	280	»
1510	Blason de Saint-Lô	60	»
1511-14	Célébrités (4)	130	»
	Idem. Épreuve collective	200	»
1515	Radio européenne	50	»
1516	Journée du Timbre (1967)	50	»
1517	Rousseau	130	»
1518	François 1er	130	»
1519	Montréal	50	»
1520	Grenoble	150	»
1521-22	Europa (1967). La paire	160	»
	Idem. Épreuve collective	325	»
1523	Nungesser-Coli	60	»

1524	Bordeaux	50 »
1525	Tours	50 »
1526	Esnault-Pelterie	100 »
1527	Vétérinaire	50 »
1528	Floralies	60 »
1529	Comptablité	50 »
1530	Ingres	140 »
1531	Troyes	140 »
1532	Bir-Hakeim	50 »
1533	Curie	150 »
1534	Lions international	225 »
1535-36	Marianne Cheffer (2)	120 »
	Idem. Épreuve collective	300 »
1536A/B	2 val. Cheffer (30 et 40 c.)	120 »
	Idem. Épreuve collective	400 »
1537 à 1539.	Histoire	120 »
	Idem. Épreuve collective	250 »
1540-41	Croix-Rouge (1967). La paire	140 »
	Idem. Épreuve collective	280 »
1542	Chèque postaux	35 »
1543-47	Grenoble (5)	380 »
	Idem. Épreuve collective	550 »
1548	Prévention routière	30 »
1549	Journée du Timbre (1968)	35 »
1550 à 1553	Personnages (4)	100 »
	Idem. Épreuve collective	170 »
1554	5e Conférence de l'audiovisuel	30 »
1555	Lascaux	130 »
1556-57	Europa (1968). La paire	150 »
	Idem. Épreuve collective	250 »
1558	Lesage	35 »
1559	Langeais	35 »
1560	Larousse	35 »
1561	Rambouillet	35 »
1562	Valreas	35 »
1563	Flandre	35 »
1564	Pont de Martrou	35 »
1565	Liaison Paris-Saint-Nazaire	150 »
1566	Prisonnières Huguenottes	40 »
1567	Béziers	40 »
1568	Arearea	130 »
1569	La Danse	125 »
1570	Modèle	130 »
1571	Armistice en Orient	35 »
1572	Corse	35 »
1573	Jeux de Mexico	175 »
1574	Expéditions polaires	110 »
1575	Petits lits blancs	35 »
1576	Armistice	35 »
1571 + 1576	Épreuve collective	160 »
1577 à 1579	Histoire	150 »
	Idem. Épreuve collective	250 »
1580-81	Croix-Rouge (1968). La paire	140 »
	Idem. ÉPreuve collective	250 »
1582 à 1585	Sites (4)	140 »
	Idem. Épreuve collective	200 »
1586	Amiens	120 »
1587	Philippe le Bon	120 »
1588	Abbaye de Saint-Savin	120 »
1588A	Le Cirque	130 »
1589	Journée du Timbre (1969)	40 »
1590 à 1595.	Célébrités (6)	180 »
	Idem. Épreuve collective	250 »
1596	Hautefort	35 »
1597	Floralies	40 »
1598-99	Europa (1969). La paire	140 »
	Idem. Épreuve collective	250 »
1600	Albert Thomas	40 »
1601	Garigliano	40 »
1602	Châlons-sur-Marne	40 »
1603	Libération	40 »
1604	Libération	40 »
1605	Libération	40 »
1606	Normandie-Niémen	50 »
1607	Libération de Paris	40 »
1608	Libération de Strasbourg	40 »
1609	Canoë-kayak	100 »
1610	Bonaparte	125 »
1611	Marianne (Cheffer)	50 »
1612	Charte européenne de l'eau	50 »
1613	Année de la nature	40 »
1614	Châtenay-Malabry	40 »
1615	« Le Redoutable »	50 »
1616 à 1618.	Histoire (3)	110 »
	Idem. Épreuve collective	200 »
1619-20	Croix-Rouge (1969). La paire	120 »
	Idem. Épreuve collective	200 »

1621	Tour du monde	50 »
1622	Gendarmerie nationale	40 »
1623 à 1628.	Personnages célèbres (6)	180 »
	Idem. Épreuve collective	250 »
1629	Handball	60 »
1630	Maréchal Juin	50 »
1631	Aérotrain	70 »
1632	Journée du Timbre (1970)	40 »
1633	Quinine	50 »
1634	Protection de la nature	80 »
1635	Diamant B.	80 »
1636	Lutte contre le cancer	50 »
1637-38	Europa (1970). La paire	130 »
	Idem. Épreuve collective	250 »
1639	De Lattre de Tassigny	50 »
1640	Primitif de Savoie	110 »
1641	Triomphe de Flore	110 »
1642	Lens	35 »
1644	Rochers du diamant	35 »
1645	Chancelade	35 »
1646	Ilet du Gosier	35 »
1647	Observatoire de Haute-Provence	50 »
1648	Camp de concentration	35 »
1649	Jeux des handicapés	35 »
1650	Athlétisme	50 »
1651	Salines de chaux	40 »
1652	Diane, de Boucher	110 »
1653	Degas	110 »
1654	Cathédrale de Strasbourg	110 »
1655 à 1657.	Histoire (1970) (3)	110 »
	Idem. Épreuve collective	200 »
1658	25e anniversaire de l'O.N.U.	40 »
1659	Bordeaux	50 »
1660	Belfort	35 »
1661-62	Croix-Rouge (1970). La paire	120 »
	Idem. Épreuve collective	200 »
1663	45 c. Béquet	70 »
1664	50 c. Béquet	70 »
1665	Patinage	70 »
1666	Océanexpo	40 »
1667-70	Célébrités (4)	120 »
1671	Journée du Timbre (1971)	35 »
1672	Millet	110 »
1673	« Songe creux »	110 »
1674	« Cap-Hornier »	40 »
1675	Isard	40 »
1676-77	Europa 71. La paire	125 »
	Idem. Épreuve collective	250 »
1678-80	Histoire	160 »
	Idem. Épreuve collective	250 »
1681	Grenoble	35 »
1682	Famille rurale	35 »
1683-87	Sites 71 (5)	150 »
1688	Union interparlementaire	35 »
1689-90	Célébrités 71 (2 val. suppl.)	60 »
	Idem. Épreuve collective	200 »
1691	Chambre des Métiers	35 »
1692	Caméléon	40 »
1693	Saumon	40 »
1694	Grand-duc	40 »
1695 à 1698.	De Gaulle (4)	400 »
	Idem. Épreuve collect. (la bande compl.)	750 »
1699	Académie de Médecine	35 »
1700-01	Croix-Rouge (1971). La paire	120 »
	Idem. Épreuve collective	200 »
1702	Fragonard	110 »
1703	Monet	110 »
1704	Crozet et Kerguelen	80 »
1705	Sapporo	100 »
1706-09	Célébrités (4)	130 »
1710	Journée du Timbre (1972)	40 »
1711	Mois du cœur	40 »
1712	Charlieu	35 »
1713	Narbonne	35 »
1714-15	Europa 72. La paire	130 »
1716	Donneurs de sang	40 »
1717	Voilier Terre-Neuvas	40 »
1718	Saint-Brieuc	35 »
1719-20	Code postal	70 »
	Idem. Épreuve collective	100 »
1721	Internationale P.T.T.	35 »
1722	J.O. de Munich	110 »
1723	Tourisme pédestre	35 »
1724	Championnats cyclistes	80 »
1725	Sologne	40 »
1726	Bazoches du Morvand	35 »
1727-28	Célébrités	65 »

1729-31	Histoire (3)	150	»
	Idem. Épreuve collective	200	»
1732	Maître de Moulins	100	»
1733	Derain	100	»
1734	Champollion	50	»
1735-36	Croix-Rouge (1972). La paire	110	»
	Idem. Épreuve collective	200	»
1737	Sainte-Thérèse	40	»
1738	Anthurium	50	»
1739	Traité Franco-Allemand	80	»
1740	Immigration Polonaise	35	»
1741	Chapiteau d'Issoire	100	»
1742	Le Brun	100	»
1743	Moutier d'Ahun	100	»
1744-48	Célébrités (5)	150	»
1749	Journée du Timbre (1973)	40	»
1750	Centre téléph. Tuileries	35	»
1751	Airbus	80	»
1752-53	Europa (1973). La paire	120	»
1754	Raton laveur	40	»
1755	Cigognes	40	»
1756	Bicentenaire du Grand-Orient	50	»
1757	Dijon	35	»
1758	Gien	35	»
1759	Amboise	35	»
1760	Académie des Sciences d'Outre-Mer	35	»
1761	24 heures du Mans	60	»
1762	5 mâts « France »	40	»
1763	Toulouse	35	»
1764	Saut du Doubs	35	»
1765	Watteau	110	»
1766	Cardinal de Richelieu	125	»
1767	Hansen	35	»
1768	Pasteur	40	»
1769	Tony Garnier	35	»
1770	Ducretet	35	»
1771	Molière	40	»
1772	Écluse «François 1er»	35	»
1773	Bourgoin et Kieffer	40	»
1774-76	Histoire (3)	130	»
	Idem. Épreuve collective	200	»
1777	Flamme de l'Arc de Triomphe	35	»
1778	Chambre d'Agriculture	35	»
1779-80	Croix-Rouge (1973). La paire	110	»
	Idem. Épreuve collective	200	»
1781	Déclaration des Droits de l'Homme	35	»
1782	Musée Postal	35	»
1783	Exposition «Arphila»	40	»
1784	Saint-Grignon de Montfort	35	»
1785	Poulenc	35	»
1786	Journée du Timbre (1974)	35	»
1787	Aéroport «Charles de Gaulle»	110	»
1788	Centenaire du Club Alpin	40	»
1789-90	Europa (1974). la paire	120	»
	Idem. Épreuve collective	200	»
1791	Sauvetage en mer	35	»
1792	Conseil de l'Europe	60	»
1793	Salers	35	»
1794	Saint-Florent	35	»
1795	Bison	40	»
1796	Général Kœning	35	»
1797	Villes Compagnons de la Libération	35	»
1798	Colmar	35	»
1799	Débarquement en Normandie	40	»
1800	J.O. échiquéens	325	»
1801	Tricentenaire l'Hôtel des Invalides	35	»
1802	Turbotrain TGV 001	60	»
1803	Surrégénérateur Phénix	40	»
1804	Réseau Exprès Régional	50	»
1805	Hélicoptère Gazelle	70	»
1806-10	Sites (5)	100	»
1811	Tableau de Miro	120	»
1812	Tableau de Sisley	120	»
1812 et 1766.	Épreuve collective en noir	500	»
1813	Tapisserie, par Mathieu	120	»
1814	60 c. Béquet (*Typo)*	60	»
1816	80 c. Béquet	60	»
1817	Centenaire de l'U.P.U.	200	»
1818	Naissance de Copernic	60	»
1819	Tatou géant de la Guyane	40	»
1820	Aigrette Garzette	40	»
1821	Libération et médaille de la Libération	40	»
1822	Jean Giraudoux	35	»
1823	Barbey d'Aurevilly	35	»
1824	Docteur Schweitzer	60	»
1825	Edmond Michelet	35	»
1826	Robert Schuman	40	»

1827	Eugène Thomas	35	»
1828-29.	Croix-Rouge (1974). La paire	110	»
	Idem. Épreuve collective	200	»
1830-33.	Arphila (4)	300	»
	Idem. Épreuve collective	650	»
	Idem. En noir	1100	»
1834-37.	Arphila (4). Voir BF n° 7		
1838	Journée du Timbre (1975)	35	»
1839	Président Georges Pompidou	35	»
1840-41.	Europa (1975). La paire	140	»
1842	Exposition de la machine-outil	35	»
1843	Centenaire du Sénat	35	»
1844	Convention du mètre	40	»
1845	Fondation Santé des étudiants	35	»
1846	Théâtre du peuple du Bussang	35	»
1847	Région de Picardie	35	»
1848	Région de Bourgogne	35	»
1849	Région des Pays de la Loire	35	»
1850	Région d'Auvergne	35	»
1851	Région Poitou-Charentes	35	»
1852	Région Nord-Pas-de-Calais	35	»
1853	Libération des camps de concentration	35	»
1854	Création du Service de Déminage	35	»
1855	Villes nouvelles	35	»
1856	Pont de Saint-Nazaire	35	»
1857	Année internationale de la Femme	50	»
1858	André Siegfried	35	»
1859	Relations franco-sociétiques	35	»
1860-61.	Croix-Rouge (1975). La paire	110	»
	Idem. Épreuve collective	200	»
1862	Frégate «La Melpomène»	35	»
1863	Région du Centre	35	»
1864	Région Aquitaine	35	»
1865	Région Limousin	35	»
1865A	Région Guyane	35	»
1866	Région Midi-Pyrénées	40	»
1867	Linteau de Saint-Genis des Fontaines	100	»
1868	Vénus de Brassempouy	100	»
1869	Delaunay	100	»
1870	Journée du Timbre (1976)	40	»
1871-73.	Sites (3)	80	»
1874	Cinquantenaire ACORAM	35	»
1875	Rouen	35	»
1876	Juvarouen	35	»
1877-78.	Europa (1976). La paire	140	»
1879	Bicentenaire des États-Unis	100	»
1880	Maréchal Moncey	35	»
1881	Max Jacob, par Picasso	35	»
1882	Mounet-Sully	35	»
1883	Verdun	35	»
1884	Communication	35	»
1885	Associaition France-Libre	35	»
1886	Protection de la nature (Tronçais)	35	»
1887	Satellite Symphonie	50	»
1888	La Fête	35	»
1889	J.O. Montréal	100	»
1890	Officiers de réserve	35	»
1891	80 c. Béquet (*Typo*)	40	»
1892	1 f. Béquet (*Gravé*)	40	»
1896	Général Daumesnil	35	»
1897	Eugène Fromentin	35	»
1898	Anna de Noailles	35	»
1899	Ramsès	100	»
1900	Carzou	100	»
1901	Vlaminck	100	»
1902	Lodève	35	»
1903	Biarritz	35	»
1904	Thiers	35	»
1905	Centenaire du Téléphone	50	»
1906	10e festival du film de Tarbes	35	»
1907	Police nationale	35	»
1908	Accélérateur CERN	80	»
1909	Foires Expositions	35	»
1910-11.	Croix-Rouge (1976). La paire	100	»
	Idem. Épreuve collective	200	»
1912	Douane	35	»
1913	Musée de l'Atlantique (Port-Louis)	40	»
1914-21.	Régions (8 valeurs)	180	»
1922	Centre Pompidou	50	»
1923	Corot	110	»
1924	Vasarely	100	»
1925	Dunkerque	35	»
1926	Souvenir Français	35	»
1927	Journée du Timbre (1977)	35	»
1928-29.	Europa (1977). La paire	130	»
	Idem. Épreuve collective	225	»
1930	Horticulture	40	»

1931	Floralies Internationales de Nantes	40	»
1932	Rattachement du Cambrésis	35	»
1933	Instituts catholiques	35	»
1934	Fédération Europ. de la Construction	35	»
1935	Annecy	35	»
1936	École Polytechnique de Palaiseau	45	»
1937	Dorat	35	»
1938	Abbaye de Fontenay	35	»
1939	Bayeux	35	»
1940	60e anniv. Coupe de France de football	70	»
1941	Mémorial au Général de Gaulle	100	»
1942	Chambre économique	35	»
1943	5e anniv. de la bataille de Nancy	35	»
1944	Rattachement de la Bourgogne	35	»
1945	Assoc. Internat. des Parlementaires de langue française	35	»
1946	Cigale rouge	40	»
1947	Pont-à-Mousson	35	»
1948	Saint-Amand-les-Eaux	35	»
1949	Vitré	35	»
1950	Trémois	120	»
1951	Excoffon	110	»
1952	Meilleurs ouvriers de France	35	»
1953	Édouard Herriot	35	»
1954	Abbé Breuil	35	»
1955	Guillaume de Machault	35	»
1956	Charles Cros	35	»
1957	Conseil Économique et Social	35	»
1958	4e centenaire de la naissance de Rubens	120	»
1959-60.	Croix-Rouge (1977). La paire	100	»
	Idem. Épreuve collective	200	»
1961	Tennis de Table	100	»
1962 à 1979.	Sabine (18)	650	»
1970 et 1972.	Épreuve collective	500	»
1982	Birr (Percheron)	50	»
1983	Carrousel sous Louis XIV	120	»
1984	École Nationale Supérieure des Télécommunications	35	»
1985	Ile Saint-Barthélémy	35	»
1986-90A.	Célébrités (6)	150	»
1991-93.	Régions (3)	80	»
1994	Buffet	110	»
1195	Aménagement du Territoire (DATAR)	35	»
1996 à 2002.	Sites (7)	200	»
2003	Juvexniort	35	»
2004	Journée du Timbre (1978)	35	»
2005	Port Cros	40	»
2006	Fleurir la France	35	»
2007	Économies d'Énergie	35	»
2008-09.	Europa (1978). La paire	100	»
	Idem. Épreuve collective	200	»
2010	Notre-Dame de Lorette	35	»
2011	Troyes	35	»
2012	Stade Roland Garros	110	»
2013	Métiers d'Art	35	»
2014	Imprimerie Nationale	35	»
2015	Réunion de la Franche-Comté	35	»
2016	Rattachement de Valenciennes et Maubeuge	35	»
2017	Académie de Philatélie	50	»
2018	Balbuzard	40	»
2019	Championnat européen de gymnastique, à Strasbourg	100	»
2020	Sport pour Tous	50	»
2021	Monument aux Combattants polonais	35	»
2022	60e anniversaire de l'Armistice	35	»
2023	Aide à la réadaptation	35	»
2024-25.	Croix-Rouge (1978). La paire	110	»
	Idem. Épreuve collective	200	»
2026	Brayer	100	»
2027	Droits de l'Homme	70	»
2028	Année de l'Enfant	70	»
2029	Maréchal de Bercheny	35	»
2030	Léon Jouhaux	35	»
2031	Pierre Abélard	35	»
2032	Courteline	35	»
2032A	Simone Weil	35	»
2032B	André Malraux	35	»
2033	Miniature sur la musique	110	»
2034	Victor Segalen	35	»
2035	Floralies de la Martinique	40	»
2036	Temple de Borobudur	70	»
2037	Journée du Timbre (1979)	35	»
2038	Francisque Poulbot	35	»
2039	Abeille	80	»
2040-44.	Sites (5)	150	»
2045	Saint-Germain-des-Prés	35	»
2046-47.	Europa (1979). La paire	130	»
	Idem. Épreuve collective	200	»
2048	Nantes	35	»
2049	Palais Royal	35	»
2050	Élection Assemblée des Communautés Européennes	85	»
2051	Jeanne d'Arc	35	»
2052	Félix Guyon	35	»
2053	Diane au bain	110	»
2054	Van Gogh	120	»
2055	Télécom 79	35	»
2056-61.	Sabine (6)	200	»
2064	Maisons-Laffitte	35	»
2065	Lorraine	35	»
2066	École Centrale	35	»
2067	Dali	110	»
2068	Chapelain-Midy	100	»
2069	Championnats de judo	90	»
2070-71.	Croix-Rouge (1979). La paire	100	»
	Idem. Épreuve collective	200	»
2072	La Lutherie	35	»
2073	Eurovision	60	»
2074	Zadkine	100	»
2075	Ubac	100	»
2076	Géants du Nord	35	»
2077	Gastronomie française	35	»
2078	Journée du Timbre (1980)	50	»
2079	La Broderie	35	»
2080	Lutte contre le tabagisme	35	»
2081	Cordes	35	»
2082	Maintenon	35	»
2083	Montauban	35	»
2084	Le Puy	35	»
2085-86.	Europa (1980). La paire	120	»
	Idem. Épreuve collective	200	»
2087	École d'Arts et Métiers	35	»
2088	Dunkerque	35	»
2089	Papillon	40	»
2090	Dürer (Philexfrance)	150	»
	Idem. Noir. *Grand format*	400	»
2091	Assoc. des Relations publiques	35	»
2092	Année du Patrimoine	35	»
2093	Sciences de la Terre	35	»
2094	Rochambeau	80	»
2095	Viollet-le-Duc	35	»
2096	Jean Monnet	50	»
2097	Jean-Marie de La Mennais	35	»
2098	Frédéric Mistral	35	»
2099	Saint-John Perse	35	»
2100	Pierre Paul de Riquet	35	»
2101	Sabine 1 f. 20, vert	50	»
2102	Sabine 1 f. 40, rouge	50	»
2105	Fédération française de Golf	80	»
2106	Comédie Française (Tricentenaire)	35	»
2107	Picart Le Doux	100	»
2108	Le Nain	110	»
2109	Modigliani	110	»
2110	Hartung	100	»
2111	Rambouillet	35	»
2112	Abbaye de Solesmes	35	»
2113	Agam	100	»
2114	40e anniversaire du 18 juin 1940	150	»
2115	Garde Républicaine	35	»
2116-17.	Croix-Rouge (1980). La paire	100	»
	Idem. Épreuve collective	200	»
2118-23.	Sabine (6)	180	»
2124	Journée du Timbre (1981)	70	»
2125	L'eau	35	»
2126 à 30.	Grandes réalisations (5)	180	»
2131	La Reliure	35	»
2132	Saint-Jean de Lyon	35	»
2133	Maison Carrée, Nîmes	35	»
2134	Sainte-Anne d'Auray	35	»
2135	Château de Rosny	35	»
2136	Pissarro	110	»
2137	Gleizes	100	»
2138-39.	Europa (1981). La paire	110	»
	Idem. Épreuve collective	200	»
2140	École Saint-Maixent	35	»
2141-42	Philexfrance'82 - Trémois	280	»
	Idem. Épreuve collective	500	»
2143	Presse	35	»
2144	Vichy	35	»
2145	H.E.C.	35	»
2146	Espace littoral	40	»
2147	Escrime	70	»
2148	Louis Armand	35	»
2149	Louis Jouvet	35	»
2150	Sœur Javouhey	35	»
2151	Offenbach	50	»
2152	Theillard de Chardin	35	»
2153	Pasteur Boegner	35	»

2154-56	Sabine R.F. (3)	130	»
	Idem. Épreuve collective	300	»
2159	Boire ou conduire	35	»
2160	Abbaye de Vaucelles	35	»
2161	Notre-Dame de Louviers	35	»
2162	Saint-Émilion	35	»
2163	Crest	35	»
2164	Pen Club	35	»
2165-66	Caisse Nationale d'Épargne	50	»
	Idem. Épreuve collective	150	»
2167	École publique	35	»
2168	Pignon	100	»
2169	Manessier	100	»
2170	École navale	35	»
2171	Maison de la Chasse	35	»
2172	Panthéon	40	»
2173	Année Internationale des personnes handicapées	35	»
2174	Virgile	100	»
2175-76	Croix-Rouge (1981). La paire	130	»
	Idem. Épreuve collective	200	»
2177	Châteaubriant	35	»
2178-90	Liberté (13)	400	»
	Idem. Épreuve collective (N°s 2186, 2187, 2189)	350	»
2193	Saint-Pierre-et-Miquelon	35	»
2194	Aix-en-Provence	35	»
2195	Pau. Château Henri IV	35	»
2196	Collonges-la-Rouge	35	»
2197	Région. Corse	35	»
2198	Saint François d'Assise	35	»
2199-2200	Philexfranc'82. Folon	250	»
	Idem. Épreuve collective	600	»
2201	Lord Baden-Powell	110	»
2202	Recensement	40	»
2203	Aéroport Bâle-Mulhouse	40	»
2204	Lutte contre le racisme	35	»
2205	Journée du Timbre (1982)	80	»
2206	La Ferronnerie	35	»
2207-08	Europa (1982). La paire	120	»
	Idem. Épreuve collective	200	»
2209	Coupe du monde de football	80	»
2210	« L'éphèbe d'Agde »	110	»
2211	Claude Gelée, dit Le Lorrain	110	»
2212	Festival international du film. Cannes	35	»
2213	Centre National d'Études Spatiales	50	»
2214	Sommet des Pays industrialisés	35	»
2215	Jules Vallès	35	»
2216-17	Philexfrance'82. Voir BF n°8		
2218	F. et I. Joliot-Curie	50	»
2219-21	Liberté (3)	110	»
2224	Éclairage public, Grenoble 1882	35	»
2225	Guillaume Postel	35	»
2226	Henri Mondor	35	»
2227	Louis Pergaud	35	»
2228	Robert Debré	35	»
2229	André Chantemesse	35	»
2230	Gustave Eiffel	40	»
2231	«Le Dentellière», de Vermeer	110	»
2232	Château de Ripaille	35	»
2233	Sapeurs-Pompiers	35	»
2234	«La Famille», de Marc Boyan	100	»
2235	Marionnettes	35	»
2236	Rugby	80	»
2237	Écoles Normales Supérieures	35	»
2238	Lille	35	»
2239-44	Liberté (6)	200	»
2245	«Chambre turque», de Balthus	100	»
2246	Bacille de Koch	30	»
2247-48	Croix-Rouge 1982. La paire	120	»
	Idem. Épreuve collective	200	»
2249	Sainte Thérèse d'Avila	35	»
2250	Cavelier de La Salle	40	»
2251	Léon Blum	35	»
2252	Région. Provence-Alpes-Côte d'Azur	35	»
2253	Brantôme en Périgord	35	»
2254	Concarneau	35	»
2255	Noirlac	35	»
2256	Martin Luther	50	»
2257	Alliance Française	35	»
2258	Journée du Timbre (1983)	80	»
2259	Danielle Casanova	35	»
2260	Année mondiale des communications	35	»
2261-62	Bicentenaire de l'air et de l'espace (2)	225	»
2263	Dewasne	100	»
2264	Raphaël	110	»
2265	Gustave Doré	100	»
2266-69	Flore et Faune de France (4)	180	»
2270-71	Europa (1983). La paire	110	»
	Idem. Épreuve collective	200	»
2272	Propriété industrielle	35	»
2273	Marseille	35	»
2274-76	Liberté (3)	130	»
	Idem. Épreuve collective	250	»
2278	Air France	50	»
2279	André Messager	35	»
2280	Jacques-Ange Gabriel	35	»
2281	Hector Berlioz	50	»
2282	Max-Pol Fouchet	35	»
2283	René Cassin	35	»
2284	Stendhal	35	»
2285	Traités de Paris et de Versailles	80	»
2286	Art du Bijou	35	»
2287	Jarnac	35	»
2288	Charleville-Mézières	35	»
2289	Conseil de Coopération douanière	35	»
2290	Vélocipède P. et E. Michaux	50	»
2291	Jean Effel	110	»
2292	Météorologie nationale	50	»
2293	Renée Lévy	35	»
2294	Berthie Albrecht	35	»
2295-96	Croix-Rouge 1983. La paire	100	»
	Idem. Épreuve collective	180	»
2297	Utrillo	110	»
2298	Pierre Mendès France	35	»
2299	César	100	»
2300	Messagier	100	»
2301	Bonnard	100	»
2302	Guadeloupe	35	»
2303	Flora-Tristan	35	»
2304	Journée du Timbre (1984)	80	»
2305	Syndicats professionnels	35	»
2306	Élections Parlement Européen	40	»
2307	Jacques Cartier	80	»
2308	Philex-Jeunes'84	35	»
2309-10	Europa (1984). La paire	100	»
	Idem. Épreuve collective	200	»
2311	Légion Étrangère	35	»
2312-13	40e anniv. Libération (2)	120	»
	Idem Le Triptyque	200	»
2314	Jeux Olympiques	120	»
2315	La Gravure	35	»
2316	Bordeaux	35	»
2317	CNET	35	»
2318-20	Liberté (3)	120	»
	Idem. Épreuve collective	400	»
2323	Grande Chartreuse	35	»
2324	Palais Facteur Cheval	35	»
2325	Belle-Ile-en-Mer	35	»
2326	Phare de Cordouan	35	»
2327	Congrès de géographie	70	»
2328	Émile Littré	35	»
2329	Jean Zay	35	»
2329A	Pierre Corneille	35	»
2330	Gaston Bachelard	35	»
2331	Jean Paulhan	35	»
2332	Evariste Galois	35	»
2333	Télécom 1	70	»
2334	TGV Postal	70	»
2335	Château de Montségur	35	»
2336	Marx Dormoy	35	»
2337-40	Faune et Flore de Ffrance (Rapaces)-(4)	200	»
2341	Centenaire de l'automobile	50	»
2342	Masson	100	»
2343	Hélion	100	»
2344	Vincent Auriol	35	»
2345	Croix-Rouge (1984)	80	»
2346	9e Plan	35	»
2347	La Francophonie	35	»
2348	Vienne (Isère)	35	»
2349	Abbaye de Landévennec	35	»
2350	Cathédrale de Montpellier	35	»
2351	Saint-Michel-de-Cuxa	35	»
2352	Saintonge romane (Talmont)	35	»
2353	50e anniversaire de la Télévision	40	»
2354	La Saint-Valentin	80	»
2355	Romain Rolland	30	»
2356	Jules Romains	30	»
2357	Jean-Paul Sartre	30	»
2358	Victor Hugo	30	»
2359	Roland Dorgelès	30	»
2360	François Mauriac	30	»
2355-60	Personnages célèbres		
	Épreuve collective	400	»
2361	Pauline Kergomard	35	»

2362	Journée du Timbre (1985)	40 »
2363	Vitrail de Strasbourg	100 »
2364	Nicolas de Staël	100 »
2365	Architecture contemporaine (Givors)	35 »
2366-67	Europa (1985). La paire	110 »
	Idem. Épreuve collective	200 »
2368-69	40e anniv. de la Victoire (2)	100 »
	Idem. Le triptyque	200 »
2370	Tours	35 »
2371	Vaccin contre la rage	40 »
2372	Mystère Falcon 900	80 »
2373	Société sauvetage du Lac Léman	40 »
2374	40e anniversaire des Nations Unies	35 »
2375-77	Liberté (3)	80 »
	Idem. Épreuve collective	1000 »
2380	Accueil des Huguenots	35 »
2381	Dubuffet	100 »
2382	Alechinski	100 »
2383	«Le chien», de Giacometti	100 »
2384-87	Faune et Flore de France (Arbres) (4)	150 »
2388	Solutré	35 »
2389	La France à ses morts	35 »
2390	Charles Dullin	35 »
2391	Documentation française	35 »
2392	Croix-Rouge (1985)	50 »
2393	Tricentenaire France-Thaïlande	35 »
2394	Front populaire	80 »
2395	Carnaval - Venise à Paris	60 »
2396	François Arago	35 »
2397	Henri Moissan	35 »
2398	Henri Fabre	35 »
2399	Marc Seguin	35 »
2400	Paul Héroult	35 »
2396-2400	Personnages célèbres (5 épreuves)	150
	Épreuve collective	400 »
2401	Filitosa	35 »
2402	Château de Loches	35 »
2403	Saint-Germain de Livet	35 »
2404	Notre-Dame-en-Vaux	35 »
2405	Monpazier	50 »
2406	Pierre Cot	35 »
2407	La Typographie	90 »
2408	Louise Michel	35 »
2409	La Villette, Cité des Sciences et de l'Industrie	50 »
2410	Journée du Timbre (1986)	40 »
2411	Idem. Timbre du carnet	40 »
2412	Hautes Études Afrique et Asie modernes	35 »
2413	Estève	100 »
2414	Magnelli	100 »
2415	Année internationale de la Paix	35 »
2416-17	Europa (1986). La paire	110 »
	Idem. Épreuve collective	180 »
2418	Curé d'Ars	40 »
2419	Nancy	35 »
2420	Championnats de volley-ball	50 »
2421	Statue de la Liberté	60 »
2422	Bicentenaire ascension Mont-Blanc	35 »
2423	Liberté «A»	40 »
2424-25	Libert (2)	80 »
2423-25	Idem. Épreuve collective	400 »
2428	Mesures arcs de méridien	35 »
2429-32	Nature de France (Minéraux) (4)	180 »
2443	Henri Alain-Fournier	35 »
2444	Enseignement technique	35 »
2445	Conférence énergie, à Cannes	35 »
2446	Léonard de Vinci	100 »
2447	Arp	100 »
2448	Soulages	100 »
2449	Croix-Rouge (1986)	70 »
2450	Musées techniques de Mulhouse	50 »
2451	Musée d'Orsay	45 »
2452	Fulgence Bienvenüe	40 »
2453	Raoul Follereau	35 »
2454	Charles Richet	35 »
2455	Eugène Jamot	35 »
2456	Bernard Halpern	35 »
2457	Alexandre Yersin	35 »
2458	Jean Rostand	35 »
2459	Jacques Monod	35 »
2454-59	Personnages célèbres 6 épreuves	150 »
	Épreuve collective	475 »
2461	«Philexfrance'89»	80 »
2462	Redon	35 »
2463	Étretat	35 »
2464	Azay-le-Rideau	35 »
2465	Les Baux de Provence	35 »
2466	Côtes de Meuse	35 »
2467	Coutellerie de Thiers	35 »
2468	Journée du Timbre (1987)	40 »
2469	Idem. Timbre du carnet	40 »
2470	Le Corbusier	40 »
2471-72	Europa (1987). La paire	110 »
	Idem. Épreuve collective	180 »
2473	Bram Van Velde	100 »
2474	Eugène Boudin	100 »
2475	Henri Pourrat	35 »
2476	Lens	35 »
2477	Entrée en guerre des États-Unis	60 »
2478	Millénaire Hugues Capet	35 »
2479	La Flèche	35 »
2480	Congrès transports à câbles	35 »
2481	Nice 25 ans après	35 »
2482	Championnats de lutte	50 »
2483	Liberté «B»	40 »
2484-85	Libert (2)	120 »
	Idem. Épreuve collective	400 »
2486	Liberté	60 »
2488-91	Nature de France (Champignons) (4)	200 »
2492	Guillaume le Conquérant	40 »
2493	Camille Bryen	100 »
2494	Antoine Pevsner	100 »
2495	Montbenoît, Le Saugeais	35 »
2496	Institut Pasteur	40 »
2497	Blaise Cendrars	50 »
2498	Croix-Rouge (1987)	60 »
2499	Maréchal Leclerc	35 »
2500	Traité d'Andelot	35 »
2501	Coopération franco-allemande	50 »
2502	Marcel Dassault	50 »
2515	La Communication en bandes dessinées	500 »
2516	Synagogue Victoire	35 »
2517	Duquesne	35 »
2518	Suffren	35 »
2519	La Pérouse	35 »
2520	La Bourdonnais	35 »
2521	Bougainville	35 »
2522	Dumont d'Urville	35 »
2517-22	Personnages célèbres 6 épreuves	180 »
	Épreuve collective	475 »
2524	Liberté «Philexfrance'89»	80 »
2525	Journée du Timbre (1988)	40 »
2526	Idem. Timbre du carnet	40 »
2527	École Nationale Supérieure P.T.T.	35 »
2528	Don du sang	35 »
2529	«Philex-Jeunes 88»	35 »
2530	Liberté surchargé en ÉCU	50 »
2531-32	Europa (1988). La paire	130 »
	Idem. Épreuve collective	200 »
2533	Jean Monnet	40 »
2534	Valence	35 »
2535	Assistance médicale internationale	35 »
2536	Handicapés	35 »
2537-38	Bicentenaire de la Révolution (2)	225 »
2537-38	Épreuve collective, couleur	600 »
2537-38	Épreuve collective, noire	500 »
2539-42	Nature de Ffrance («Histoire naturelle» de Buffon) (4)	160 »
2543	Troupes alpines	35 »
2544	Roland Garros	60 »
2545	Douarnenez	35 »
2546	Sédières	35 »
2547	Cirque de Gavarnie	35 »
2548	Hermès dicéphale	45 »
2549	Armistice de 1918	35 »
2550	Pérouges	35 »
2551	Jacobsen	100 »
2552	Bimillénaire de Strasbourg	35 »
2553	Sépulcre de Ligier-Richier	100 »
2554	Serge Poliakoff	100 »
2555	Croix-Rouge (1988)	60 »
2556	Le thermalisme	70 »
2557	Tinguely	120 »
2558	Pietà de Villeneuve-lés-Avignon	100 »
2559	Droits de l'Homme	50 »
2560	Bicentenaire de la Révolution - Folon	90 »
2561	Yves Klein	100 »
2562	Pour le bien des aveugles	35 »
2563	École Estienne	40 »
2564	Sieyes	35 »
2565	Mirabeau	35 »
2566	Vicomte de Noailles	35 »
2567	La Fayette	35 »
2568	Barnave	35 »
2569	Drouet	35 »

2564-69	Personnages célèbres. 6 épreuves	180	»
	Épreuve collective	575	»
2571	Vol franco-soviétique	70	»
2572	Élections Parlement européen	80	»
2573	La Liberté	60	»
2574	L'Égalité	60	»
2575	La Fraternité	60	»
2576	Liberté, Égalité, Fraternité (triptyque)	350	»
2577	Journée du Timbre (1989)	50	»
2578	Idem. Timbre de carnet	50	»
2579-83	Panorama de Paris (bande)	275	»
2584-85	Europa (1989) La paire	180	»
	Idem. Épreuve collective	400	»
2586	Forêt de Fontainebleau	35	»
2587	Château de Vaux-le-Vicomte	40	»
2588	Malestroit	35	»
2589	U-I-T	90	»
2590	Championnats du monde de cyclisme	100	»
2591	«Le Serment du Jeu de Paume» par David	100	»
2600	Sommet des pays industrialisés	60	»
2601	La Brenne	40	»
2602-05	Bicentenaire de la Déclaration des Droits de l'Homme et du Citoyen (bande)	275	»
2606	Lapicque	100	»
2607	TGV Atlantique	90	»
2608	Tramway électrique	50	»
2609	Ordonnance de Villers-Cotterêts	35	»
2610	Cauchy	35	»
2611	Maréchal de Lattre de Tassigny	40	»
2612	Croix-Rouge (1989)	50	»
2613	Harkis	40	»
2614	Marianne du Bicentenaire	35	»
2615-16	Liberté «C» (2)	100	»
2617-26	Marianne du Bicentenaire : 10 valeurs	450	»
	Épreuve collective (11 valeurs) 10 valeurs + le 2F30 rouge	1000	»
2631	La dentelle	35	»
2632	«Albertville'92»	110	»
2633	«Albertville'92» Patinage artistique	110	»
2634	Centenaire de la naissance du Général de Gaulle	100	»
2635	Odilon Redon	100	»
2636	Odilon Redon	100	»
2637	Odilon Redon	100	»
2638	Max Hymans	50	»
2639	Journée du Timbre (1990)	35	»
2640	Idem. Timbre de carnet	35	»
2641	Jean Guehenno	35	»
2642-43	Europa (1990). La paire	130	»
	Idem. Épreuve collective	550	»
2644	Centenaire du 1er Mai	35	»
2645	Institut du Monde arabe	35	»
2646	Croix-Rouge (1990)	60	»
2647	Villefrance-sur-Saône	35	»
2648	Course autour du monde «La Poste»	50	»
2649	Aristide Bruant	35	»
2650	Maurice Chevalier	35	»
2651	Tino Rossi	35	»
2652	Édith Piaf	35	»
2653	Jacques Brel	35	»
2654	Georges Brassens	35	»
2649-51	Personnages célèbres. Épreuve collective	600	»
2656	Cinquantenaire Appel du 18 juin 1940	100	»
2657	Abbaye de Cluny	35	»
2658	Pont-canal de Briare	35	»
2659	Abbaye de Flaran	35	»
2660	Cap Canaille	35	»
2661	Maison France-Brésil	40	»
2662	Institut Géographique National	40	»
2663-66	Nature de France : Poissons d'eau douce (4)	150	»
2671	Maurice Genevoix	35	»
2672	Roger Bissière	100	»
2673	O-C-D-E	80	»
2674	«Albertville'92» Saut à skis	90	»
2675	«Albertville'92» Ski de vitesse	90	»
2676	«Albertville'92» Slalom	90	»
2677	«Albertville'92» Hockey	90	»
2678	«Albertville'92» Ski de fond	90	»
2679	«Albertville'92» Luge	90	»
2681	Paul Éluard	35	»
2682	André Breton	35	»
2683	Louis Aragon	35	»
2684	Francis Ponge	35	»
2685	Jacques Prévert	35	»
2686	René Char	35	»
2681-86	Personnages célèbres. Épreuve collective	525	»
2688	Journée du Timbre (1991)	35	»
2689	Idem. Timbre de carnet	35	»
2690	«Philexjeunes'91». Cholet	35	»
2691	Imprimerie Nationale	35	»
2692	Auguste Renoir	100	»
2693	Georges Seurat	100	»
2694	Concours Lépine	35	»
2695	Mozart	100	»
2696-97	Europa (1991) La paire	180	»
	Idem. Épreuve collective	600	»
2698	Perpignan	35	»
2699	Tournoi de Roland Garros	100	»
2700-03	Bicentenaire Révolution (bloc)	380	»
2704	Pont de Cheviré	50	»
2705	Carennac	50	»
2706	Wasquehal	50	»
2707	Munster	50	»
2708	Gaston Febus	40	»
2709	«Albertville'92» Ski artistique	100	»
2710	«Albertville'92» Ski alpin	100	»
2711-12	«Albertville'92»	90	»
2714-17	«Albertville'92»	240	»
	Série épreuves collectives	700	»
2721-24	Nature de France (espèces protégées)	180	»
2725	Congrès Forestier	40	»
2726	École Spéciale des Travaux Publics	35	»
2727	Max Ernst	60	»
2728	Amnesty International	35	»
2729	Marcel Cerdan	35	»
2730	François Rouan	100	»
2731	Roberto Matta	100	»
2732	Parcours de la Flamme Olympique	70	»
2733	Croix-Rouge (1991)	60	»
2734	Jeux Paralympiques à Tignes	50	»
2737-42	«Albertville'92» Épreuve collective	50	»

De 1992 à 1998 (N° 3210 - Le Radium), les épreuves de luxe furent remplacées par des feuillets non dentelés avec gomme. Ces feuillets, outre le verso gommé se distinguent des épreuves de luxe par la présence d'une légende imprimée sous la figurine.

PRÉOBLITÉRÉS

89	Cérès, 90 c.	30	»
95	Marianne (de Gandon), 2 f. 50	50	»
106 à 118	(13 val.)	275	»
119 à 122	(4 val.)	110	»
123 à 133.	Monnaie gauloise (11 val.)	200	»
134 à 137.	Monnaie gauloise (4 val.)	80	»
138 à 145.	Monnaie gauloise (8 val.)	125	»
146 à 149.	Zodiaque (4 val.)	80	»
150 à 153.	Zodiaque (4 val.)	80	»
154 à 157.	Zodiaque (4 val.)	80	»
158 à 161	Champignons (4 val.)	200	»
162 à 165.	Cathédrales (4 val.)	75	»
166 à 169.	Châteaux (4 val.)	75	»
170 à 173.	Monuments (4 val.)	75	»
174 à 177.	Monuments (4 val.)	75	»
178 à 181.	Les quatre saisons (4 val.)	75	»
182 à 185.	Cartes à jouer (4 val.)	75	»
186 à 189.	Les mois de l'année (4 val.)	75	»
190 à 193.	Les mois de l'année (4 val.)	75	»
194 à 197.	Les mois de l'année (4 val.)	75	»
198 à 201.	Les quatre éléments (4 val.)	75	»
202 à 205.	Instruments de musique (4 val.)	75	»
206 à 209.	Instruments de musique (4 val.)	75	»
210 à 212.	Instruments de musique (3 val.)	75	»

POSTE AÉRIENNE

1	Premier Salon de l'Aviation, 2 f.		
2	» » 5 f.		
	Les 2 sur même feuillet	2800	»
5	Port de Marseille, 1 f. 50, carmin	500	»
6	» 1 f. 50, bleu	500	»
7	Blériot, 2 f. 25	375	»
8	Vues de Paris, 85 c.	250	»
9	» 1 f. 50	250	»
10	» 2 f. 25	250	»
11	» 2 f. 50	250	»
12	» 3 f.	250	»
13	» 3 f. 50	250	»
14	» 50 f. vert	2400	»

15	Vues de Paris, 50 f. outremer et rose	3000	»
16	Mythologie, 40 f. vert foncé		
17	» 50 f. rose carminé		
18	» 100 f. bleu foncé		
19	» 200 f. vermillon. Les quatre	800	»
16 à 19.	Les 4 valeurs. Épreuve collective	1650	»
20	Congrès de l'U.P.U., 500 f. vert foncé	550	»
20	*Petit format*	700	»
21	Saint-Exupéry, 50 f. + 30 f.		
22	Dagnaux, 100 f. + 70 f. Les deux	450	»
21 et 22.	Les 2 valeurs. Épreuve collective	650	»
23	Premier vol Ader, 40 f. + 10 f., bl. fcé	160	»
21, 22, 23.	Les 3 val. Épreuve collective	650	»
24	Lille, 100 f.		
25	Bordeaux, 200 f.		
26	Lyon, 300 f.		
27	Marseille, 500 f. Les quatre	650	»
24 à 27	*Grand format*. Les 4 valeurs Épreuve collective	900	»
28	Congrès international de Télégraphie et Téléphonie, 100 f.	350	»
29	Paris, 1000 f.	825	»
30 à 33	Les 4 valeurs	650	»
	Épreuve collective	900	»
34	Maryse Bastié	90	»
35	Morane Saulnier	90	»
36	Caravelle	200	»
37	Alouette	250	»
38 à 41.	Les quatre valeurs	500	»
	Idem. Épreuve collective	800	»
42	Mystère 20	90	»
43	Concorde	275	»
44	20 f. Mermoz et Saint-Exupéry	200	»
45	Ballon monté	125	»
46	5 f. Daurat et Vanier	100	»
47	10 f. Boucher et Hilsz	100	»
48	15 f. Guillaumet et Codos	100	»
49	Concorde	200	»
50	Traversée Atlantique-Nord	100	»
51	Liaison Villacoublay et Pauillac	100	»
52	Salon Aéronautique	150	»
53	Anniversaire Paris-New-York	100	»
54	Salon Aéronautique (1981)	100	»
55	Costes et Le Brix	100	»
56	Hydravion Laté 300	90	»
57	Avion bimoteur Farman F 60 Goliath	90	»
58	Hydravion CAMS 53	90	»
59	Trimoteur Wibault 283	90	»
60	Trimoteur Dewoitine 338	90	»

BLOCS ET FEUILLETS

7	Arphila'75	700	»
8	Philexfrance'82	500	»
	Idem. En noir (insérée dans le catalogue de l'exposition). *Format* 140 x 200 mm. Avec inscriptions «EXPOSITION PHILATÉLIQUE INTERNATIONALE - PARIS - La Défense - 11-21 Juin 1982»	50	»
	Idem. En noir. *Format* 200 x 290 Sans inscriptions	1000	»
9	Cinémathèque française	275	»
10	Personnages célèbres de la Révolution	250	»
11	Bicentenaire de la Révolution et de la Déclaration des Droits de l'Homme et du Citoyen	325	»
12	Bicentenaire de la Révolution	375	»
13	Bicentenaire de la Révolution	375	»
14	«Albertville'92» Jeux olympiques	800	»

FRANCHISE MILITAIRE

11	Vert	40	»
12	Rouge	40	»
13	Bleu, blanc, rouge	40	»

TIMBRES DE SERVICE

16	Conseil de l'Europe	700	»
17 à 21	Conseil de l'Europe. Les cinq val.	750	»
17-18-20	Idem. Épreuve collective	800	»
22 à 26	UNESCO. Les cinq val.	600	»
	Idem. Épreuve collective (22, 24, 25)	650	»
27 à 35	Conseil de l'Europe, 9 épreuves	700	»
27-28-32	Épreuve collective	600	»
36 à 38	UNESCO (3 val.)	220	»
	Idem. Épreuve collective	350	»
39 à 42	UNESCO (4 val.)	200	»
39-40-42	Épreuve collective	300	»
43 à 45	UNESCO (3 val.)	150	»
	Idem. Épreuve collective	200	»
46 à 49	Conseil de l'Europe (4 val.)	250	»
50 à 52	UNESCO (3 val.)	160	»
	Idem. Épreuve collective	220	»
53 à 55	Bâtiment du Conseil (3 val.)	200	»
	Idem. Épreuve collective	220	»
56-57	UNESCO (2 val.)	110	»
	Idem. Épreuve collective	200	»
58-59	Anniversaire des Droits de l'Homme (Conseil de l'Europe) (2 val.)	120	»
	Idem. Épreuve collective	240	»
60-62	UNESCO (Patrimoine universel) (3 val.)	110	»
	Idem. Épreuve collective	175	»
63-64	Conseil de l'Europe (2 val.)	90	»
65-67	Conseil de l'Europe (3 val.)	120	»
	Idem. Épreuve collective	240	»
68-70	UNESCO (Patrimoine universel) (3 val.)	110	»
	Idem. Épreuve collective	200	»
71-72	UNESCO (Patrimoine universel) (2 val.)	80	»
	Idem. Épreuve collective	180	»
73-74	Conseil de l'Europe (2 val.)	90	»
75-76	UNESCO (Patrimoine universel) (2 val.)	60	»
	Idem. Épreuve collective	180	»
77-78	Conseil de l'Europe (2 val.)	80	»
79-81	UNESCO (Patrimoine universel) (3 val.)	110	»
	Idem. Épreuve collective	200	»
82-84	Conseil de l'Europe (3 val.)	110	»
85-87	Conseil de l'Europe (3 val.)	110	»
	Idem. Épreuve collective	180	»
88-90	UNESCO (Patrimoine universel) (3 val.)	110	»
	Idem. Épreuve collective	180	»
91-92	UNESCO (Patrimoine universel) (2 val.)	80	»
	Idem. Épreuve collective	170	»
93-95	Conseil de l'Europe (3 val.)	90	»
	Idem. Épreuve collective	180	»
96-97	Conseil de l'Europe (2 val.)	80	»
	Idem. Épreuve collective	180	»
98-99	UNESCO (Patrimoine universel) (2 val.)	80	»
	Idem. Épreuve collective	180	»
100-101	Conseil de l'Europe (2 val.)	100	»
	Idem. Épreuve collective	200	»
102-103	UNESCO (Patrimoine universel) (2 val.)	100	»
	Idem. Épreuve collective	250	»
104-105	Conseil de l'Europe (2 val.)	100	»
106-107	Conseil de l'Europe (2 val.)	80	»
108-109	UNESCO (Patrimoine universel) (2 val.)	80	»
	Idem. Épreuve collective	300	»

TIMBRES-TAXE

67 à 77	10, 30, 50 c., 1, 1,50, 2, 3, 4, 5 10 et 20 f. Les 10 val.	250	»
67 à 73 et 75	Les 8 val. Épreuve collective	500	»
74, 76 et 77	4, 10 et 20 f. Les 3 valeurs Épreuve collective	275	»
78 à 87	Lég. timbre-taxe : 10, 30, 50 c. 1, 2, 3, 4, 5, 10 et 20 f. Les dix val.	225	»
78 à 87	Les 10 valeurs. Épreuve collective	500	»
88	*Petit format*, 50 f.	40	»
89	100 f.	90	»
90 à 94	Les cinq val.	140	»
95 à 102	Les huit val.	140	»
103-108	Coléoptères (6 val.)	150	»
109-112	Coléoptères (4 val.)	100	»

ENTIERS POSTAUX

39 et 40	Les deux val.	400	»

redécouvrez **l'Europe**

	ALAND	
2S20	POCH 10	6,90 €
	ALBANIE	
2V86	POCH 100	8,50 €
2V87	POCH 300	45,50 €
	ALLEMAGNE	
2V88	POCH 200	5,50 €
2V89	POCH 500	17,00 €
	AUTRICHE	
2V91	POCH 100	3,90 €
2V92	POCH 200	9,15 €
2V93	POCH 500	29,90 €
	AZERBAIDJAN	
2S01	POCH 50	2,90 €
2S50	POCH 75	7,60 €
2S02	POCH 100	9,15 €
	BELGIQUE	
2V94	POCH 100	2,90 €
2V95	POCH 200	5,50 €
2V96	POCH 500	17,50 €
	BIELORUSSIE	
2S03	POCH 25	2,90 €
2S04	POCH 50	9,90 €
	BULGARIE	
2X01	POCH 100	2,95 €
2X02	POCH 500	25,15 €
2X03	POCH 1000	94,90 €
	DANEMARK	
2X04	POCH 100	2,90 €
2X05	POCH 200	5,90 €
2X06	POCH 300	9,90 €
2X07	POCH 400	24,50 €
	ESPAGNE	
2X08	POCH 100	3,90 €
2X09	POCH 200	8,50 €
2X10	POCH 300	17,50 €
2X11	POCH 500	32,90 €
	ESTONIE	
2S51	POCH 25	7,60 €
2S52	POCH 50	22,90 €
	FEROE	
2S21	POCH 25	24,50 €
	FINLANDE	
2X13	POCH 100	3,90 €
2X14	POCH 200	11,50 €
2X15	POCH 300	21,50 €
	GRANDE-BRETAGNE	
2X16	POCH 100	2,90 €
2X17	POCH 200	7,60 €
2X18	POCH 300	19,00 €
2X19	POCH 500	30,50 €
	GRECE	
2X26	POCH 100	7,60 €
2X27	POCH 200	17,50 €
2X30	POCH 300	28,90 €
	GROENLAND	
2S22	POCH 25	18,50 €
	GUERNESEY	
2X23	POCH 25	4,60 €
2X24	POCH 50	9,90 €
2X25	POCH 100	22,90 €
	HONGRIE	
2X31	POCH 100	2,30 €
2X32	POCH 200	4,60 €
2X33	POCH 500	11,50 €
	ISLANDE	
2S23	POCH 25	4,60 €
	ITALIE	
2X35	POCH 100	2,95 €
2X36	POCH 200	6,10 €
2X37	POCH 500	29,90 €
	JERSEY	
2X20	POCH 25	4,60 €
2X21	POCH 50	9,90 €
2X22	POCH 100	22,90 €
	KAZAKHSTAN	
2S53	POCH 15	2,30 €
	LETTONIE	
2S54	POCH 25	7,60 €
2S55	POCH 50	14,50 €
	LITUANIE	
2S56	POCH 25	7,60 €
2S57	POCH 50	14,50 €
	LUXEMBOURG	
2X39	POCH 100	8,50 €
2X40	POCH 200	21,50 €
2X41	POCH 300	38,50 €
2X42	POCH 500	99,50 €
	MALTE	
2X43	POCH 100	9,90 €
2X44	POCH 200	25,15 €
	NORVEGE	
2X45	POCH 100	4,60 €
2X46	POCH 200	9,90 €
2X47	POCH 300	18,50 €
	OUZBEKISTAN	
2S07	POCH 25	2,90 €
2S08	POCH 50	6,10 €
	PAYS-BAS	
2X48	POCH 100	2,95 €
2X49	POCH 200	8,50 €
2X50	POCH 500	57,50 €
	POLOGNE	
2X51	POCH 100	2,95 €
2X52	POCH 500	15,20 €
	PORTUGAL	
2X54	POCH 100	3,90 €
2X55	POCH 200	8,90 €
2X56	POCH 500	34,30 €
	ROUMANIE	
2X57	POCH 100	2,90 €
2X58	POCH 500	12,90 €
2X59	POCH 1000	33,50 €
	RUSSIE	
2S58	POCH 25	4,60 €
	ST-MARIN	
2X60	POCH 50	3,50 €
2X61	POCH 100	9,95 €
2X62	POCH 200	25,15 €
	SUÈDE	
2X63	POCH 100	3,90 €
2X64	POCH 200	7,60 €
2S24	POCH 300	9,15 €
2S25	POCH 400	13,90 €
	SUISSE	
2X65	POCH 100	4,60 €
2X66	POCH 300	25,15 €
	TADJIKISTAN	
2S09	POCH 25	2,90 €
	TCHECOSLOVAQUIE	
2X67	POCH 100	2,30 €
2X68	POCH 200	4,60 €
2X69	POCH 300	7,60 €
	TURQUIE	
2X71	POCH 100	2,30 €
2X72	POCH 200	4,60 €
2X73	POCH 500	13,50 €
	U.R.S.S.	
2X75	POCH 300	9,15 €
2X76	POCH 500	17,50 €
2X77	POCH 1000	36,50 €
	YOUGOSLAVIE	
2X78	POCH 100	2,95 €
2X79	POCH 200	6,10 €
2X80	POCH 500	21,50 €

Pochettes à un prix mini

FRANCE

2R01	POCH 200	4,80 €
2R02	POCH 300	8,90 €
2R03	POCH 400	14,50 €
2R04	POCH 500	23,60 €
2R05	POCH 600	36,00 €
2R06	POCH 800	57,00 €

MONDE ENTIER

2R11	POCH 300	2,10 €
2R12	POCH 500	3,80 €
2R13	POCH 1000	9,20 €
2R14	POCH 2000	22,10 €
2R15	POCH 3000	41,90 €

POSSESSIONS ÉTRANGÈRES

POSS. BRITANIQUES

2X85	POCH 500	13,90 €
2X86	POCH 1000	29,50 €
2X87	POCH 2000	87,50 €

POSS. BELGES

2X88	POCH 100	4,60 €
2X89	POCH 200	9,15 €
2X90	POCH 300	14,90 €

POSS. ESPAGNOLES

2X92	POCH 100	9,95 €
2X93	POCH 200	26,90 €

POSS. ITALIENNES

2X94	POCH 50	11,50 €
2X95	POCH 100	26,90 €

POSS. NÉERLANDAISES

2X96	POCH 50	2,95 €
2X97	POCH 100	11,50 €
2X98	POCH 200	27,50 €

POSS. PORTUGAISES

2Y01	POCH 100	6,10 €
2Y02	POCH 200	12,20 €
2Y03	POCH 500	57,50 €

TIMBRE DE FRANCHISE

Jusqu'en 1964 les cotes de la colonne de gauche concernent les timbres neufs avec gomme d'origine intacte et sans charnière, celles de la colonne centrale les timbres neufs avec charnière légère, celles de la colonne de droite les timbres oblitérés.

1901-04. - *Timbres-poste surchargés.*

Les lettres F.M. sont les initiales des mots "Franchise Militaire".

1	15 c. orange (117)	180 »	70 »	8 »
	(Sur lettre)			17 »
	a. (Surch. renversée)		345 »	140 »
	b. (Chiffre 1 touchant le cadre)		155 »	38 25
	c. (Non dentelé)		230 »	
2	15 c. vermillon (125)	225 »	77 »	7 »
	(Sur lettre)			13 75
3	15 c. vert-olive (130) (IV)	150 »	50 »	6 90
	(Sur lettre)			13 75
	a. (Sans point après M)		115 »	45 75
	b. (Non dentelé)		155 »	

Très bon centrage (+50%).

1906-07. - *Idem.*

4	10 c. rose (129) (III)	88 »	30 50	8 50
	(Sur lettre)			17 »
	a. (Sans point après M)		92 »	45 75
	b. (Non dentelé)		195 »	
5	10 c. rouge (138) (IA)	3 05	1 55	1 »
	(Sur lettre)			5 35
	a. (Surch. renversée)		125 »	54 »
	b. (Non dentelé)		110 »	

Très bon centrage (+50%).

1929. - *Idem.*

6	50 c. rouge (199) (IIA)	10 »	5 35	1 »
	(Sur lettre)			4 60
	a. (Sans point après M)	61 »	38 25	15 25
	b. (Point avant et après F)	61 »	38 25	15 25
	c. (M rapproché)	23 »	15 25	10 75

1933. - *Idem.*

7	50 c. rose-rouge (283) (I)	7 »	3 85	0 80
	(Sur lettre)			4 60
	a. (Type III)	6 10	3 85	0 80
	b. (Surch. renversée)		195 »	115 »

1937. - *Idem.*

8	65 c. outremer (365) (I) (C)	0 80	0 50	0 50
	(Sur lettre)			3 85
	a. (Sans point après M)		30 50	24 50

1939. - *Idem.*

9	90 c. outremer (368) (I) (C)	1 »	0 65	0 65
	(Sur lettre)			3 85

1939. - *Pour la correspondance des réfugiés espagnols. Timbre-poste de 1937-39 surchargé.*

10	90 c. outremer (368) (I) (C)	3 25	2 30	3 »
	(Sur lettre)			9 15
	a. (Avec point après F)	30 50	23 »	26 75

1946-58. - *Typographie. Dentelés 14 x 13½.*

11	Vert	1 85	1 55	1 55
	(Sur lettre)			23 »
	a. (Non dentelé)		23 »	
12	Rouge	0 50	0 30	0 50
	(Sur lettre)			2 30
	a. rouge carminé	0 65	0 30	0 65

1964. - *Drapeau. Typographie. Dentelé 12 x 14.*

13	Bleu, blanc, rouge		0 50	0 50
	(Sur lettre)			1 »
	a. (Non dentelé)		19 25	

Timbres de Franchise Militaire pour colis

En 1952, les P.T.T. ont mis en service une formule illustrée destinée aux paquets militaires bénéficiant de la Franchise Postale. La partie supérieure était conservée par le Bureau de Poste recevant le colis ; la partie inférieure était une étiquette à coller sur l'envoi. Elle était gommée et dentelée.

14 FRANCHISE POSTALE
(Loi du 24 mai 1951), noir 61 »

Le texte de la partie inférieure a été modifié en 1964 :

15 FRANCHISE POSTALE
(Art. D 75 et D 76), noir 9 15

16 Idem, rouge sur bleu 610 »

TIMBRES DE GRÈVE

Les cotes de la colonne de gauche concernent les timbres neufs avec gomme d'origine intacte et sans charnière, celles de la colonne centrale les timbres neufs avec charnière légère, celles de la colonne de droite les timbres oblitérés.

1909. - *Lithographie. Dentelé 11½.*

Ce timbre a eu cours à Amiens pendant la grève des postiers, du 13 au 19 mai.

1 10 c. vert et outremer 30 » 20 » 30 »
a. (10 sans c) 70 » 54 » 65 »
b. (Tête-bêche) 110 » 77 » 110 »
c. (Non dentelé)
d. vert (sans teinte de fond) 110 »
e. (10 sans c) (sans teinte de fond) 305 »
f. (Tête-bêche) (sans teinte de fond) 880 »

La feuille de 25 avec les 2 variétés 6a et 6b 850 »

1953. - *Dentelés 11½.*

Émis par la Chambre de Commerce d'Orléans le 11 août 1953, au cours de la grève des postiers, ces timbres concrétisaient la surtaxe uniforme de 10 francs demandée pour l'acheminement, à travers le département du Loiret, du courrier à caractère strictement commercial.

2 10 f. rouge-brun sur bleu 230 » 200 » 200 »
(sur lettre) 305 »

3 10 f. rouge-brique sur jne 385 » 305 » 275 »
(Sur lettre) 385 »

TIMBRES DE GUERRE

Pour le n° 1 et les n°s 26 à 37 les cotes de la colonne de gauche concernent les timbres neufs avec gomme d'origine intacte et sans charnière, celles de la colonne centrale les timbres neufs avec charnière légère, celles de la colonne de droite les timbres oblitérés.

1914. - *Dentelé 11½.*

Émis le 3 septembre 1914 par la Chambre de Commerce de Valenciennes pendant l'occupation allemande. A été en cours jusqu'au 30 octobre.

1 10 c. vermillon 700 » 460 » 460 »
(Sur lettre) 650 »
a. (Non dentelé) 1 550 »

1940. - *Timbres de France de 1932-38 aux types Mercure et Paix (n°s 3 et 6) surchargés à la main.*

Dunkerque (paires).

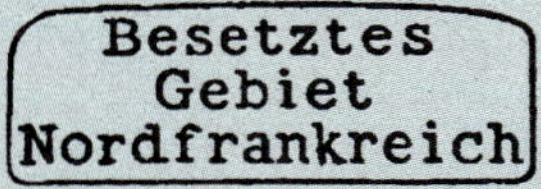

2 40 c. violet (413) 2 750 » 3 050 »
3 50 c. rose-rouge (283) 150 » 140 »
4 50 c. bleu (414A) 150 » 140 »

Coudekerque (paires).

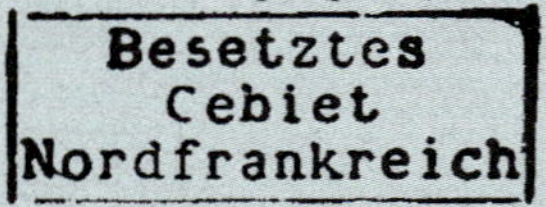

5 40 c. violet (413) 615 » 840 »
6 50 c. rose-rouge (283) 1 200 » 1 250 »
7 50 c. bleu (414A) 260 » 255 »

Les prix des timbres oblitérés s'appliquent à des paires sur lettres.

En dehors des timbres n°s 2 à 7, qui ont été vendus aux guichets de la poste en paires neuves surchargées, il existe, tant pour Dunkerque que pour Coudekerque, diverses autres valeurs dans les types *Semeuse, Paix, Cérès, Mercure et Iris,* ainsi que certains timbres de grand format (n°s 392 à 394, 419, 421, 428, 436 à 441, 446, 451 à 457). Des enveloppes et des cartes, jetées dans des boîtes postales et affranchies au moyen de ces timbres et dont la valeur totale ne dépassait pas 1 franc pour les lettres et 80 c. pour les cartes ont été en effet régulièrement acheminées par la poste après avoir été munies de la surcharge qui, dans ce cas, doit être à cheval sur le ou les timbres et l'enveloppe ou la carte. Les différentes valeurs ainsi utilisées pour l'affranchissement normal d'une lettre ou d'une carte peuvent être considérées comme régulières, à la condition toutefois d'être sur les enveloppes ou cartes originales et de porter les cachets à date du départ et de l'arrivée.

Les autres valeurs que l'on peut rencontrer revêtues de l'un des deux cachets, et qui constituent un affranchissement supérieur à 1 f., doivent être considérées comme ayant été surchargées par complaisance.

1945. - *Lithographie. Sans gomme. Dentelés 11½.*

8	50 c. vert foncé s. vert pâle	155 »	170 »
	a. (Tête-bêche)	650 »	
9	2 f. brun-lilas s. vert pâle	155 »	170 »
	a. (Tête-bêche)	650 »	

Ces timbres furent émis par la Chambre de Commerce de Saint-Nazaire pour pallier la pénurie de timbres-poste dans les bureaux de la "poche" allemande de Saint-Nazaire.

Le sujet du timbre représente les armes de la ville de Saint-Nazaire : une galère avec rameurs, voile déployée brodée d'une clef. Tirage : 30000 pour le 50 c. (dont 19000 vendus) et 20000 pour le 2 f. (dont 16000 vendus). Du 9 au 15 mai ces timbres reçurent une surcharge manuelle "Libération" (même valeur).

Interdits sur le reste du territoire à partir du 1.11.1944, les timbres au type Pétain continuèrent à affranchir le courrier de la "poche" jusqu'au 8.5.1945 (valeur 45 »). De février-mars à mai 1945, les bureaux de La Turballe, Batz-sur-Mer, Guérande et Piriac sur Mer, dépourvus de timbres ont apposé une griffe "taxe perçue" sur les plis non affranchis (valeur : 60 »). A partir du 8.1.1945 le bureau de La Baule a apposé l'empreinte de machine à affranchir rouge C0443 des Chantiers navals de Penhöet - Saint-Nazaire sur le courrier (valeur : 45 »).

Il n'y a pas de n°s 10 à 25, pour conserver à la série suivante la même numérotation qu'en Belgique. En effet cette série servait aux Postes d'étapes, tant dans la partie envahie du Nord de la France qu'en Belgique (voir Tome III 1re partie).

1916-17. - *Timbres d'Allemagne de 1905-16 surchargés.*

26	3 c. sur 3 p. brun	2 30	0 80	0 80
27	5 c. sur 5 p. vert	2 30	0 80	0 80
28	8 c. sur 7½ p. orange	3 85	1 40	1 40
29	10 c. sur 10 p. rouge	2 30	0 80	0 80
30	15 c. sur 15 p. bistre	3 05	1 »	1 »
31	25 c. sur 20 p. bleu-violet	3 05	1 »	1 »
	a. outremer	6 10	1 85	1 85
32	40 c. sur 30 p. rouge et noir sur chamois	6 50	2 20	2 20
33	50 c. sur 40 p. carmin et noir	7 65	3 »	3 »
34	75 c. sur 60 p. lilas	39 50	11 50	11 50
35	1 F. sur 80 p. rouge et noir sur rose	39 50	11 50	11 50
36	1 F. 25 cent. sur 1 m. carmin	155 »	52 »	52 »
37	2 F. 50 cent. sur 2 m. bleu	155 »	54 »	54 »
	N°s 26 à 37 (12 val.)	420 »	140 »	140 »

POSTES MONTÉNÉGRINES EN EXIL À BORDEAUX

(Émissions privées)

L'inscription S.P. du M. est l'abréviation des mots "Service Postal du Monténégro". - Les timbres ci-dessous ont été ainsi surchargés par le gouvernement monténégrin durant son séjour à Bordeaux. Ils ont affranchi pendant trois semaines un nombre restreint de correspondances simples ou recommandées.

1916. - *Timbres de France de 1900-06 surchargés.*

1 5 c. (137)
2 10 c. (138)
3 15 c. (130)
4 20 c. (139)
5 25 c. (140)
6 30 c. (141)
7 35 c. (142)
8 40 c. (119)
9 45 c. (143)
10 50 c. (120)
11 1 f. (121)

N°s 1 à 11 (11 val.)

Existent tous avec surcharge renversée et les n°s 8, 9 et 11 avec surcharge verticale.

TIMBRES DE RETOUR

1916. -

1 Noir sur bleu

Idem Légende : Le destinataire n'a pu être atteint.

2 Noir sur rouge

3 Bleu sur blanc

Le cliché du n° 3 est réduit de moitié.

POSTES SERBES À CORFOU

1917. - *Timbres de France de 1900-06 revêtus de la griffe postale apposée pour donner l'origine des plis en langue française.*

1 1 c. gris (107)
2 2 c. brun-lilas (108)
3 3 c. orange (109)
4 5 c. vert foncé (137)
5 10 c. rouge (138)
6 15 c. vert-olive (130)
7 20 c. lilas-brun (139)
8 25 c. bleu (140)
9 30 c. orange (141)
10 35 c. violet (142)
11 40 c. rouge et bleu (119)
12 45 c. vert et bleu (143)
13 50 c. brun et gris (120)
14 1 f. lie-de-vin et olive (121)

N°s 1 à 14 (14 val.)

Cette marque a été utilisée par les employés du bureau serbe à Corfou, pour pallier l'absence momentanée de timbres de Serbie.

Trois timbres de Grèce (5, 10 et 20 l.) ont été employés dans les mêmes conditions.

BASE NAVALE ITALIENNE DE BORDEAUX

Les cotes de la colonne de gauche concernent les timbres neufs avec gomme d'origine intacte et sans charnière, celles de la colonne centrale les timbres neufs avec charnière légère, celles de la colonne de droite les timbres oblitérés.

1943-44. - *Timbres d'Italie de 1929-30 surchargés.*

Sujets : 5 c. la louve allaitant Romulus et Remus ; 10 c. Auguste ; 15 c. "Italia" ; 20 c. Jules César ; 25 c. Victor-Emmanuel III de profil ; 30 c. et 50 c. Victor-Emmanuel III de face.

1	10 c. sépia (226)	12 50	8 50	12 50
2	15 c. vert-gris (227)	17 000 »	11 500 »	11 500 »
3	20 c. rose-rouge (228)	47 50	35 »	47 50
4	25 c. vert (229)	140 »	77 »	115 »
5	30 c. sépia (230)	17 »	9 15	17 »
6	50 c. violet (232)	50 »	30 50	50 »

Sans T à FASCISTA.

1a	10 c.		77 »	110 »
3a	20 c.		385 »	535 »
4a	25 c.		460 »	690 »
5a	30 c.		385 »	535 »
6a	50 c.		535 »	690 »

Tenant à non surchargé.

1 b	10 c.+10 c.		230 »	305 »
3 b	20 c.+20 c.		535 »	690 »
4 b	25 c.+25 c.		535 »	690 »
5 b	30 c.+30 c.		535 »	690 »
6 b	50 c.+50 c.		535 »	690 »

7	5 c. sépia (224)	9 250 »	5 750 »	6 100 »
8	10 c. sépia (226)	305 »	255 »	270 »
9	15 c. vert-gris (227)	1 400 »	1 100 »	1 400 »
10	25 c. vert (229)	25 »	15 25	25 »
11	30 c. sépia (230)	35 »	23 »	31 »
12	50 c. violet (232)	20 »	11 50	17 »
	a. (Impression recto verso)		270 »	

Existent sans le second b à Répubblica.

Ces émissions ont été faites à Bordeaux pour les équipages des sous-marins stationnés dans cette ville.

TIMBRES POUR JOURNAUX

1868. - *Typographie.*

Le 2 c. lilas acquittait une taxe purement fiscale ; les timbres bleus de 2 c. étaient vendus 4 c., dont 2 pour la poste et 2 pour le fisc ; les timbres roses de 2 c. étaient vendus 6 c., dont 4 pour la poste et 2 pour le fisc. - Il existe des essais sur fond moiré. - Les n°s 3 à 6 sont généralement sans gomme.

1	2 c. lilas	350 »	85 »
2	2 c. bleu	700 »	350 »
3	2 c. rose carminé	1 550 »	
4	5 c. *lilas*	18 500 »	
5	5 c. *bleu*	8 000 »	
6	5 c. *rose carminé*	8 000 »	

Les réimpressions, dentelées ou non dentelées, faites à l'occasion de l'exposition du Gand (1913), ont été tirées sur les papiers les plus divers au moyen du coin original. Il y a une très grande variété de teintes. Quelques exemplaires portent la surcharge ÉPREUVE.

Une nouvelle réimpression des n°s 1 à 6 a été faite à l'occasion de l'exposition de Paris (PEXIP, 1937) tirée avec soin sur papier blanc, timbre par timbre, celle-ci se rapproche beaucoup plus des originaux.

1869. - *Même type. Typographie. Dentelés 11½-12½.*

7	2 c. violet	55 »	25 »
8	2 c. bleu	85 »	40 »
9	2 c. rose	275 »	115 »
10	5 c. lilas	1 400 »	725 »
11	5 c. *bleu*	2 300 »	
12	5 c. *rose*	2 300 »	

Les n°s 10, 11 et 12 sont sur papier teinté.

1884. - *Timbres-poste de 1877-80 (Sage) surchargés.*

13	1 c. noir sur azuré (83)	11 50
14	2 c. brun-rouge (85)	13 75
15	3 c. gris (87)	17 »
16	4 c. lilas-brun (88)	23 »
17	5 c. vert (75)	34 50

Pour ces cachets, il convient de ne retenir que des pièces sur bande ou grand fragment d'époque.

Mêmes cotes pour la surcharge à côté du timbre.

LEGION DES VOLONTAIRES FRANÇAIS CONTRE LE BOLCHEVISME (L.V.F.)

Après l'invasion de l'U.R.S.S. par l'armée allemande le 22 juin 1941, la L.V.F. fut créée le 7 juillet, à l'instigation des mouvements collaborateurs. La L.V.F. procéda à plusieurs émissions de timbres de bienfaisance qui, bien que vendus exclusivement à Paris, peuvent se rencontrer sur des lettres de soldats du Front de l'Est (valeur : à partir de 150 »).

1941. - *Bloc-feuillet de l'Ours. Taille-douce. Dentelé 12½.*

1 F+100F bleu et rouge 400 » 500 »
a. (Non dentelé) 1 000 »

1941. - *Timbres pour le courrier par avion. Taille-douce. Dentelés 12 x 12½.*

2 F vert foncé et rouge 15 » 50 »

3 F+10F carmin et bleu 15 » 50 »

Tirage : 450.000 paires dont 141.000 vendues par souscription du 10 au 20 novembre 1941 puis au public du 12 au 15 décembre.

1942. - *Timbres précédents surchargés "Front de l'Est - Ostfront".*

4 F vert foncé et rouge 20 » 60 »

5 F+10F carmin et bleu 20 » 60 »

Tirage : 300.000 paires dont 137.000 vendues par souscription le 15 janvier 1942 puis au public du 20 janvier au 7 février.

1942. - *Série "Borodino". Héliogravés. Dentelés 13.*

Guetteur devant un village russe.

Artillerie.

6 F+1F violet et rouge 4 » 12 »
7 F+1F vert et noir 4 » 12 »

Char d'assaut.

Soldats de la L.V.F. et grenadiers du 1er empire.

8 F+1F sépia et bleu 4 » 12 »
9 F+1F outremer et rouge 4 » 12 »

Cavalerie.

10 F+1F carmin et vert 4 » 12 »

Tirage : 1.000.000 séries dont 450.000 vendues par souscription close le 20 avril 1942 et au public à partir du 30 avril.

La L.V.F. envisagea ensuite l'émission d'une série de timbres sur les rapprochements Franco-Allemands depuis Charlemagne mais le projet n'eut pas de suite.

ACHAT-VENTE-CONSEIL EN PLACEMENT-ESTIMATION

VENTE PAR CORRESPONDANCE (Tarifs sur demande)

TIMBRES DE FRANCE AU DÉTAIL ET TOUS PAYS
ET MATÉRIEL DES GRANDES MARQUES, TOUTES COLLECTIONS.

QUALITÉ - CONFIANCE - CHOIX - PRIX

BERNARD AUMONT

SPÉCIALISTE DE LA QUALITÉ

ACHETE

LES TIMBRES EUROPA, MONACO ET LES BELLES COLLECTIONS TOUS PAYS

LES TIMBRES DE FRANCE
STOCK IMPORTANT
AU JUSTE PRIX !

Par QUANTITÉ,
(même les petites valeurs)
FEUILLE OU 1/2 FEUILLE

TOUT EN 1 SEUL MAGASIN
TIMBRES NEUFS OU OBLITÉRÉS -
MATÉRIEL - LIVRES - JOURNAUX

MAGASIN OUVERT DU MARDI AU VENDREDI :
9h à 12h15 et de 13h15 à 18h00
LE SAMEDI :
de 9h à 12h15 et de 14h à 18h00

En plein centre de Paris,
dans le quartier de l'Art et de la Collection

ACCÈS FACILE - 9 lignes de bus
4 stations de métro - parkings.
22 rue Drouot
PARIS 9ème

Tél. 01 47 70 63 34
et 01 42 46 35 29

COMMANDES PAR FAX 01 42 46 25 32
PAR INTERNET
Site Marchand : bernard-aumont.com
Messagerie internet : AUMONT@noos.fr

TOUTES LES GRANDES MARQUES

AV - CERES - DAVO
DAVO - HAWID - ID
KABE - LEUCHTTURM
LINDNER - MOC
MARINI - PRINZ - SAFE

Yvert & Tellier

REMISE ACCORDÉE DÈS LE 1ER ACHAT,
PRIX CLUB OU PAR QUANTITÉ
TARIFS DES MARQUES
ENVOYÉS SUR SIMPLE DEMANDE

TIMBRES DE LA LIBÉRATION

Nous décrivons, sous cette rubrique, les seules émissions authentifiées par le ministère des Postes après la libération du territoire. Certaines de ces émissions (Bordeaux, Lille, Lyon) ont eu cours dans une région. Les autres ont eu un emploi plus restreint, à l'échelon départemental, voire local. Pour tous ces timbres, le prix est le même à l'état neuf ou oblitéré, mais les exemplaires sur lettre bénéficient d'une plus-value parfois importante.

D'autres surcharges ont été faites à la même époque dans un certain nombre de localités plus ou moins importantes, dont nous donnons la liste en fin de rubrique ; elle n'est pas limitative.

L'ordonnance N° 45-2458 du 19 octobre 1945 parue dans le Journal officiel de la République Française ordonne l'arrêt des surcharges sur Timbres-Poste et la validité d'affranchissement. Précise, dans son article 2, que cet arrêté du gouvernement signé par le Général de Gaulle, le garde des Sceaux, les Ministres des Postes et des Colonies, n'est pas applicable aux Timbres-Poste surchargés antérieurement. Ce qui constitue une reconnaissance des faits de toutes les surcharges de la Libération.

Aveyron (DECAZEVILLE).

1944. - *Timbres de 1941-42 surchargés en bleu.*

ou

I II

		I	II
1	10 c. outremer *(Mercure)*	355 »	355 »

Maréchal Pétain.

2	60 c. violet	185 »	185 »
3	70 c. rouge-orange	170 »	170 »
4	1 f. rouge	125 »	125 »
5	1 f. 20, brun-rouge	185 »	185 »
6	1 f. 50, brun-rouge	90 »	92 »
7	2 f. vert	185 »	185 »
8	3 f. rouge-orange	185 »	185 »
9	4 f. bleu-violet	185 »	185 »
10	4 f. 50, vert	185 »	185 »
Nos 1 à 10 (10 val.)		1 850 »	1 850 »

Charente-Maritime (PONS).

1944. - *Timbres de 1941-42 (Maréchal Pétain) surchargés.*

R.F I **R.F** II

		I	II
1	60 c. violet	11 »	C
2	70 c. rouge-orange	11 »	15 »
3	80 c. vert-jaune	23 »	15 »
4	1 f. rouge	6 10	11 »
5	1 f. 20, brun-rouge	11 »	15 »
6	1 f. 50, brun-rouge	7 40	12 »
7	2 f. vert	11 »	18 50
8	2 f. 40, rouge	61 »	230 »
9	3 f. rouge-orange	11 »	18 50
10	4 f. bleu-violet	15 25	23 »
11	4 f. 50, vert	15 25	23 »
12	4 f. 50, vert *(gravé)*	77 »	385 »
Nos 1 à 12 (12 val.)		260 »	766 »

Creuse (MEASNES).

1944. - *Timbres de 1941-42 (Maréchal Pétain) surchargés.*

1	1 f. rouge	45 »
2	1 f. 50, brun-rouge	55 »
3	2 f. vert	45 »
4	3 f. rouge-orange	45 »
5	4 f. bleu	45 »
6	4 f. 50, vert-jaune	145 »
Nos 1 à 6 (6 val.)		380 »

Deux-Sèvres (NIORT).

1944. - *Timbres de 1941-42 (Maréchal Pétain) surchargés en rouge.*

R F I **R F** II

		I	II
1	60 c. violet	15 25	15 25
2	70 c. rouge-orange	15 25	15 25
3	80 c. vert-jaune	18 50	18 50
4	1 f. rouge	12 25	12 25
5	1 f. 20, brun-rouge	12 25	12 25
6	1 f. 50, brun-rouge	12 25	12 25
7	2 f. vert	15 25	15 25
8	2 f. 40, rouge	110 »	110 »
9	3 f. rouge-orange	30 50	30 50
10	4 f. bleu-violet	18 50	18 50
11	4 f. 50, vert	40 »	40 »
Nos 1 à 11 (11 val.)		300 »	300 »
12	4 f. 50, vert *(gravé)*	725 »	725 »
13	5 f. vert-bleu	955 »	955 »

Gironde (BORDEAUX).

1944. - *Timbres de 1941-42 (Maréchal Pétain) surchargés.*

R. F. I **R. F.** II **R. F.** III

		I	II	III
1	60 c. violet	60 »	88 »	170 »
2	70 c. rouge-orange	3 »	3 85	5 35
3	80 c. vert	7 40	11 50	15 25
4	1 f. rouge	2 30	3 »	4 60
	a. (Dble surch.)	100 »	125 »	170 »
	b. (Surch. renv.)	100 »	140 »	200 »
5	1 f. 20, brun-rouge	2 30	2 30	3 »
6	1 f. 50, brun-rouge	1 10	1 50	1 70
	a. (Dble surch.)	110 »	140 »	200 »
	b. (Surch. renv.)	110 »	140 »	200 »
7	2 f. vert	2 30	3 »	4 60
8	2 f. 40, rouge	4 »	7 »	9 »
9	3 f. rouge-orange	2 30	3 »	4 60
10	4 f. bleu-violet	3 »	3 85	5 35
	a. (Surch. renv.)	100 »	140 »	170 »
11	4 f. 50, vert	2 30	3 »	4 60
Nos 1 à 11 (11 val.)		90 »	130 »	228 »

Timbres-taxe de 1943 avec les mêmes surcharges.

		I	II	III
12	30 c. lilas-rose	88 »	135 »	270 »
13	50 c. vert	3 85	7 »	10 »
14	1 f. outremer	5 35	8 40	10 75
15	1 f. 50, rouge	5 35	8 40	10 75
16	2 f. bleu-vert	9 10	15 25	21 50
	a. (Dble surch.)	140 »	200 »	255 »
17	3 f. rouge-brun	6 10	12 25	20 »
18	5 f. rose-lilas	12 25	21 70	28 »
Nos 12 à 18 (7 val.)		130 »	208 »	371 »

La série complète (poste et taxe),
54 valeurs : 1 157 »

La feuille de 100 timbres contenait 50 surcharges au type I, 30 au type II et 20 au type III.

Indre (AIGURANDE).

1944. - *Timbres de 1941-42 (Maréchal Pétain) surchargés.*

Libre

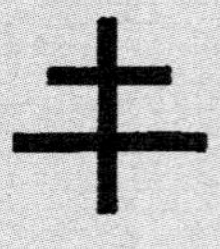

1	60 c. violet	15 »
2	70 c. rouge-orange	23 »
3	80 c. vert-jaune	23 »
4	1 f. rouge	15 »
5	1 f. 20, brun-rouge	46 »
6	1 f. 50, brun-rouge	30 50
7	2 f. vert	15 »
8	2 f. 40, rouge	69 »
9	3 f. rouge-orange	30 50
10	4 f. bleu-violet	58 »
11	4 f. 50, vert	58 »
Nos 1 à 11 (11 val.)		383 »

Indre-et-Loire (TOURS-GARE).

1944. - *Timbres de 1941-42 (Maréchal Pétain) surchargés.*

RF

1	70 c. rouge-orange	34 »
2	1 f. rouge	34 »
3	1 f. 20, brun-rouge	34 »
4	1 f. 50, brun-rouge	34 »
5	2 f. vert	34 »
6	4 f. outremer *(gravé)*	550 »
7	4 f. 50, vert *(gravé)*	170 »
8	5 f. vert-bleu	185 »
Nos 1 à 8 (8 val.)		720 »

(LOCHES).

1944. - *Timbre de 1941-42 surchargé.*

R.F.

1	40 c. violet *(Mercure n° 548)*	92 »
2	1 f. 50, brun-rouge *(Pétain n° 517)*	185 »

D'autres valeurs en surcharge de Loches.

Loir et Cher (BLOIS).

et Loiret (ORLÉANS).

Surcharge d'une carte postale valeur 375.

Voir rubrique des Entiers Postaux (n° 389).

Manche (CHERBOURG).

1944. - *Timbres de 1941-42 (Maréchal Pétain) surchargés.*

1	60 c. violet	7 70
2	70 c. rouge-orange	9 15
3	80 c. vert-jaune	12 25
4	1 f. rouge	9 15
5	1 f. 20, brun-rouge	23 50
6	1 f. 50, brun-rouge	23 50
7	2 f. vert	15 25
8	2 f. 40, rouge	23 »
9	3 f. rouge-orange	11 50
10	4 f. bleu-violet	11 50
11	4 f. outremer *(gravé)*	110 »
12	4 f. 50, vert	11 50
13	4 f. 50, vert *(gravé)*	110 »
14	5 f. vert-bleu	92 »
15	50 f. noir	690 »
Nos 1 à 15 (15 val.)		1 160 »

Marne (CHALONS, REIMS).

1944. - *Timbre de 1941-42 surchargé.*

R.F.

1	1 f. 50, brun-rouge (517)	30 »

Nord (LILLE).

1944. - *Timbre de 1941-42 surchargé.*

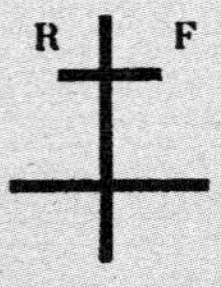

1	1 f. 50, brun-rouge (517)	3 »
	a. (Surch. renv.)	45 »
	b. Petite cassure	4 60
	c. Grande cassure	15 »
	d. Sa,ns F (case 50)	23 »

Il exite d'autres valeurs LILLE mais non émises.

Région Rhône-Alpes (LYON).

1944. - *Timbres de 1941-42 surchargés.*

R. F.

Mercure.

1	10 c. outremer	0 65
2	30 c. rouge	0 65
3	40 c. violet	0 65
4	50 c. turquoise	0 50

Maréchal Pétain.

5	60 c. violet	1 25
6	70 c. rouge-orange	1 55
7	80 c. vert-jaune	1 55
8	1 f. rouge	0 65
9	1 f. 20, brun-rouge	0 65
10	1 f. 50, brun-rouge	0 65
11	2 f. vert	0 95
12	2 f. 40, rouge	13 »
13	3 f. rouge-orange	1 10
14	4 f. bleu-violet	1 10
15	4 f. 50, vert	1 55

N°s 1 à 15 (15 val.) 24 »

Ces timbres ont été utilisés simultanément et pendant deux mois dans huit départements de la région Rhône-Alpes : Rhône, Ain, Isère, Loire, Savoie, Haute-Savoie, Drôme, Ardèche.
On note l'exitence de 3 timbres BLASONS (No 603 à 60) LYON vendus un seul jour et retirés de la vente.

Savoie (CHAMBÉRY).

1944. - *Timbres de 1941-44 surchargés.*

F. F. I.
SAVOIE
+ 1F50

Timbres de 1941-42.

1	+ 1 f. 50 s. 1 f. 50, brun-rouge (517)	15 25
2	+ 10 f. s. 5 f. vert-bleu (524)	18 50

Timbres de 1944.

3	+ 15 f. s. 10 f. (603)	18 50
4	+ 20 f. s. 15 f. (604)	18 50
5	+ 25 f. s. 20 f. (605)	21 50

F. F. I.
SAVOIE
25-8-1944
+ 20F

Timbres de 1944 (Célébrités du XVIIe siècle).

6	+ 6 f. s. 50 c. + 1 f. 50	145 »
7	+ 6 f. s. 80 c. + 2 f. 20	145 »
8	+ 6 f. s. 1 f. 20 + 2 f. 80, noir	145 »
9	+ 6 f. s. 1 f. 50 + 3 f. 50, outremer	145 »
10	+ 6 f. s. 2 f. + 4 f. bruit-rouge	145 »
11	+ 6 f. s. 4 f. + 6 f. rouge-orange	145 »

Timbre de 1944 (Centenaire des chemins de fer).

12	+ 20 f. s. 4 f. + 6 f. noir	135 »

+ 6F
F. F. I.
SAVOIE

Timbre de 1944 (Claude Chappe).

13	+ 6 f. s. 4 f. bleu	765 »

F F I. SAVOIE
25 Août 1944
+ 30F

Timbre de 1943 (Paysage du Dauphiné).

14	+ 30 f. s. 20 f. vert foncé	75 »

N°s 1 à 14 (14 val.) 1 950 »

Vienne (CHATELLERAULT).

1944. - *Timbres de 1941-42 (Maréchal Pétain) surchargés.*

RF

1	60 c. violet (R)	50 »
	a. (Surcharge rouge)	92 »
2	70 c. rouge-orange	15 25
3	80 c. vert-jaune	15 25
4	1 f. rouge	15 25
5	1 f. 20, brun-rouge	15 25
6	1 f. 50, brun-rouge	17 »
7	2 f. vert	30 50
8	2 f. 40, rouge	100 »
9	3 f. rouge-orange	15 25
10	4 f. bleu-violet	15 25
	a. (Surcharge rouge)	77 »
11	4 f. outremer *(gravé)*	170 »
12	4 f. 50, vert	18 »
13	4 f. 50, vert *(gravé)*	170 »
14	5 f. vert-bleu	213 »
15	50 f. noir	900 »

N°s 1 à 15 (15 val.) 1 761 »

POITIERS.

1944. - *Timbres de 1941-42 (Maréchal Pétain) surchargés.*

R. F.
I

16	1 f. 50, brun-rouge	36 »

R F (II) — RF (III) — **R. F.** (IV)

		II	III	IV
17	60 c. violet	38 »	110 »	8 »
18	70 c. rouge-orange	46 »	155 »	12 »
19	80 c. vert-jaune	77 »	110 »	10 »
20	1 f. rouge	31 »	92 »	5 »
21	1 f. 20, brun-rouge	23 »	92 »	5 »
22	1 f. 50, brun-rouge	19 »	385 »	5 »

23	2 f. vert	27 »	2 300 »	10 »
24	2 f. 40, rouge	31 »	2 050 »	15 »
25	3 f. rouge-orange	54 »	145 »	6 »
26	4 f. bleu-violet	77 »	185 »	6 »
27	4 f. 50, vert	77 »	3 250 »	8 »
Nos 17 à 27 (11 val.)		500 »	8 874 »	90 »
28	50 f. noir	1 150 »	2 550 »	1 700 »

Surchargé avec la planche des petits formats, le n° 28, type IV, porte des doubles ou parties de doubles surcharges. On ne connaît que quelques exemplaires portant une seule surcharge. (Valeur 16500).

AUTRES SURCHARGES LOCALES

Annecy (1 val.)		54 »
Annemasse (Poste 11 val., type I ou II	(Type I)	610 »
et taxe 8 val., type I ou II) :	(Type II)	1 550 »
Baccarat (10 val., type I ou II)		275 »
Badonviller (11 val.)		275 »
Bellegarde (6 val.)		305 »
Bourg d'Oisans (3 val.) sur cartes		460 »
Chouzé-sur-Loire (12 val.)		385 »
Cinq-Mars-la-Pile (16 val.)		1 850 »
Collonges (20 val.)		1 100 »
Curzay (16 val.)		8 800 »
Lignères (12 val.)		275 »
Montreuil-Bellay (14 val.)		185 »
Sainte-Foy-la-Grande (1 val.)		140 »
Thorens (4 val.)		305 »

Saverne.

Nos 1 à 20, 1 p. à 1 m. (type I) effigie d'Hilter	805 »
Nos 1a à 20a, 1 p. à 1 m. (type II)	
effigie d'Hilter	1 200 »
Les 2 séries se tenant	2 150 »

Région parisienne.

Pendant l'interruption du service postal, entre le 19 et le 26 août 1944, les services F.F.I. de la région parisienne ont utilisé pour leur service personnel intérieur des enveloppes sur lesquelles étaient apposés un timbre de 1 f. 50 (Maréchal Pétain) surchargé d'une croix de Lorraine et une vignette bleue à l'effigie du Général de Gaulle.

L'enveloppe (griffe FFI du 19 au 25 Août)	20 »
L'enveloppe du 26 Août griffe PARIS LIBRE	27 »

Classeurs mobiles
Futura
15 possibilités de recharges différentes
YVERT&TELLIER
Disponible dans nos points de vente et sur
www.yvert.com

MILLÉSIMES

L'indication de millésime est représentée, sur la feuille, par un seul chiffre (1 à 0). Pour différencier ceux ayant été utilisés pendant plusieurs décennies, nous les avons chiffrés 90 (pour les années 1891 à 1899), 00 (pour les années 1900 à 1909), 10 (pour les années 1910 à 1919), 20 (pour les années 1920 à 1929), 30 (pour les années 1930 à 1934).

Les cotes indiquées ci-dessous s'entendent pour des millésimes encadrés de deux timbres neufs avec charnières légères. Un timbre, voire les deux, pouvant avoir une gomme d'origine intacte sans charnière, on ajoutera dans ce cas aux cotes ci-dessous, la différence entre les cotes respectives des deux qualités, pour chaque timbre concerné.

Les timbres des feuilles sans millésime se collectionnent par blocs de quatre montrant la partie au milieu de laquelle devrait se trouver le millésime, la paire supérieure et la marge ou l'intervalle y attenant.

On tiendra compte, le cas échéant des % pour très bon centrage.

TIMBRES-POSTE

SAGE

N° 75 - 5 c.

Sans	220 »
91	365 »
92	185 »
93	185 »
94	150 »
95	110 »
96	105 »
97	96 »
98	91 »

N° 80 - 30 c.

Sans	535 »
91	690 »
92	460 »
93	400 »
94	340 »
95	305 »
96	305 »
97	305 »
98	285 »
99	285 »
00	285 »

N° 82 - 1 f.

Sans	915 »
91	1 100 »
92	840 »
93	610 »
94	520 »
95	490 »
96	460 »
97	435 »
98	435 »
99	435 »
00	435 »

N° 83 - 1 c.

Sans	64 »
91	165 »
92	81 »
93	56 »
94	24 »
95	19 25
96	14 50
97	13 »
98	13 »
98 renv.	16 »
99	13 »
00	13 »

N° 85 - 2 c.

Sans	78 »
91	125 »
92	78 »
93	34 50
94	30 »
95	25 75
96	22 50
97	20 75
98	17 25
99	17 25
00	17 25

N° 87 - 3 c.

Sans	72 »
91	125 »
92	32 »
93	24 »
94	32 »
95	21 »
96	17 75
97	14 50
98	14 50
99	14 50
00	13 »

N° 88 - 4 c.

Sans	77 »
91	115 »
92	49 75
93	30 50
94	30 50
95	26 75
96	20 75
97	20 75
98	17 »
99	18 50
00	17 »

N° 89 - 10 c.

Sans	230 »
91	305 »
92	230 »
93	200 »
94	155 »
95	130 »
96	125 »
97	115 »
98	115 »
99	115 »

N° 94 - 40 c.

Sans	765 »
91	840 »
92	400 »
93	400 »
94	370 »
95	370 »
96	340 »
97	370 »
98	340 »
99	340 »
00	340 »

N° 95 - 5 f.

Sans	3 750 »
91	3 750 »
92	1 900 »
94	2 050 »
98	1 900 »
99	1 900 »

N° 96 - 20 c.

Sans	265 »
91	295 »
92	185 »
93	185 »
94	165 »
95	165 »
96	165 »
97	140 »
98	140 »
99	140 »
00	125 »

N° 97 - 25 c.

Sans	575 »
91	575 »
92	305 »
93	305 »
94	260 »
95	260 »
96	260 »
97	260 »
98	260 »
99	245 »
00	245 »

N° 98 - 50 c.

Sans	1 400 »
91	1 150 »
92	765 »
93	955 »
94	765 »
95	725 »
96	690 »
97	650 »
98	690 »
99	650 »

N° 99 - 75 c.

Sans	1 550 »
91	1 300 »
92	765 »
93	765 »
94	690 »
95	650 »
96	690 »

N° 101 - 15 c.

Sans	205 »
91	41 75
92	41 75
93	155 »
94	110 »
95	145 »
96	50 »
97	41 75
98	41 75
99	41 75
00	41 75

N° 102 - 5 c.

98	50 »
99	50 »
00	41 75

N° 103 - 10 c.

98	61 »
99	73 »
00	61 »

N° 104 - 50 c.

00	690 »

N° 105 - 2 f.

00	340 »

N° 106 - 5 c.

98	68 »
98 (renv.)	91 »
99	60 »

BLANC

N° 107 - 1 c. gris

00 (IA)	7 65
01 (IA)	10 »
01 (IB)	6 10
02 (IB)	4 60
03 (IB)	5 35
04 (IB)	7 65
05 (IB)	6 90
06 (IB)	6 10
07 (IB)	6 90
09 (IB)	13 »
10 (IB)	8 40
11 (IB)	8 40
12 (IB)	9 15
13 (IB)	9 15
13 (IA)	230 »
14 (IB)	9 15
14 (IA)	13 75
15 (IA)	840 »
16 (IA)	10 »
16 (IB)	10 »
16, GC (IB)	18 50
17, GC (IA)	9 15
18, GC	9 15
19, GC	20 »

Ardoise

19, GC (IA)	7 65
19, GC (IB)	7 65
20, GC (IA)	13 75
20, GC (IB)	13 75
21, (IA)	6 10
22, (IA)	6 10
22, (IB)	6 10
23, (IA)	6 10
23, (IB)	6 10
24, (IB)	6 10
25, (IB)	6 10
26, (IB)	13 »

N° 108 - 2 c.

Sans (IA)	260 »
00 (IA)	7 65
01 (IA)	6 10
02 (IA)	6 10
03 (IB)	5 35
04 (IB)	5 35
05 (IB)	5 35
06 (IB)	5 35
07 (IB)	6 10
08 (IB)	6 10
08 (renv.)	23 »
09 (IB)	5 35
10 (IB)	5 35
11 (IB)	5 35
12 (IB)	6 10
13 (IB)	6 10
14 (IB)	5 35
17, GC (IB)	13 75
19, GC (IB)	21 50
20, GC (IA)	18 50
20, GC (IB)	18 50
21 (IB)	6 10
22 (IA)	6 10
22 (IB)	6 10
23 (IA)	6 10
23 (IB)	6 10

N° 109 - 3 c.

Sans (IA)	285 »
00 (IA)	7 50
06 (IA)	105 »
07 (IA)	92 »
07 (IB)	170 »
08 (IA)	8 35
08 (IB)	6 70
09 (IB)	5 85
10 (IB)	5 85
11 (IB)	5 85
12 (IB)	5 85
15 (IB)	6 70
16 (IB)	5 85
17, GC (IB)	5 85
19, GC (IB)	5 85
20 (IB)	5 85
21 (IB)	5 85
23 (IB)	5 85

N° 110 (I) - 4 c.

Sans	305 »
00	23 »
01	20 75
02	26 75
03	18 50
04	18 50
05	38 25
06	38 25
07	38 25
24	15 25

N° 111 (IA) -5 c.

Sans	305 »
00	13 »
01	13 »
02	11 50
03	12 25
04	12 25
05	11 50
06	13 »
07	25 25

MOUCHON

N° 112 - 10 c.

00	87 »

N° 113 - 20 c.

00	210 »

N° 114 - 25 c.

00	370 »

N° 115 - 30 c.

00	275 »

N° 116 - 10 c.
00 99 »
01 90 »

N° 117 - 15 c.
00 28 75
01 28 75
02 32 75

N° 118 —25 c.
00 395 »
01 475 »

N° 124 - 10 c.
02 110 »
03 115 »

N° 125 - 15 c.
02 41 75
03 41 75

N° 126 - 20 c.
02 295 »

N° 127 - 25 c.
02 315 »
03 380 »

N° 128 - 30 c.
02 745 »

SEMEUSE LIGNÉE

N° 129 - 10 c.
03 (I) 30 50
04 (II) 155 »
04 (III) 30 50
05 (III) 34 50
06 (III) 34 50

N° 130 - 15 c.
03 13 »
04 21 50
05 15 25
06 15 25
16 21 50
16, GC 23 »
17, GC 17 »
18, GC 17 »
19, GC 17 »
20 13 75
21 13 75
22 13 75
23 13 75
24 13 75

N° 131 - 20 c.
03 235 »
04 250 »
05 265 »
06 265 »

N° 132 - 25 c.
03 265 »
04 275 »
05 290 »
06 290 »

N° 133 - 30 c.
03 570 »
04 610 »
05 570 »
06 650 »

Fond plein (avec sol)

N° 134 - 10 c.
Sans (I) 77 »
Sans (II) 155 »
06 (II) 10 »

(sans sol)

N° 135 - 10 c.
06 (I) 33 25
06 (IIA) 71 »
07 (IIA) 100 »

N° 136 - 35 c.
06 (I) 765 »
06 (II) 535 »

N° 137 (I) - 5 c.
Sans 125 »
07 6 10
08 6 10
08 (renv.) 12 25
09 6 10
10 6 90
11 6 90
12 7 65
13 6 90
14 6 10
16 6 90
16, GC 9 15
17, GC 10 75
18, GC 13 75
19, GC 12 25
20 13 75
20, GC 110 »
21 13 75

N° 138 (IA) 10 c.
Sans 255 »
07 7 55
08 6 70
09 6 70
10 8 40
11 6 70
12 6 70
13 6 70
14 9 25
15 8 40
16 8 40
16, GC 120 »
20 9 25
21 8 40

N° 139 (I) - 20 c.
07 13 »
08 13 »
09 13 »
10 13 »
12 14 50
13 14 50
14 13 75
16 13 75
17, GC 17 75
18, GC 19 25
19, GC 19 25
20, GC 24 »
21 13 »

N° 140 - 25 c.
07 (I) 9 15
08 9 15
09 13 75
10 9 15
11 10 75
12 12 25
13 12 25
14 12 25
15 26 75
16 9 15
17, GC 17 »
18, GC 15 25
19, GC 21 50
20, GC 24 50
20 9 15
21 9 15
22 9 15
23 9 15
23 (IIIA) 61 »
24 (IIIA) 54 »

N° 141 - 30 c.
07 54 »
08 54 »
09 54 »
10 61 »
11 69 »
12 61 »
13 69 »
14 61 »
15 61 »
16 69 »
16, GC 77 »
17, GC 73 »
18, GC 73 »
19, GC 77 »
20, GC 92 »
20 61 »

N° 142 (I) - 35 c.
07 34 50
08 38 25
10 38 25
11 38 25
12 38 25
13 38 25
14 42 »
15 42 »
16 42 »
18, GC 45 75
19, GC 49 75
20 38 25
21 38 25
22 38 25
24 38 25

Croix- Rouge

N° 146+5 c.s.10c.
14 23 »

N° 147 10 c.+5 c.
14 140 »
15 195 »
16 295 »

Orphelins

N° 148 2+3 c.
17 17 75

N° 149 5+5 c.
19 69 »

N° 150 15+10 c.
17 110 »

N° 151 25+15 c.
17 305 »
20 345 »

Blanc surchargé

N° 157 ½ c.s.1 c.
19, GC (IA) 5 »
19, GC (IB) 8 »
20, GC (IA) 60 »
20, GC (IB) 81 »
22 (IA) 6 »
24 (IB) 6 »
25 9 »
26 11 »

Semeuse

N° 158 (I) 5 c.
Sans 135 »
21 7 »
22 7 »
23 8 70
24 9 55

N°159 (IA) 10 c.
21 5 40
22 5 40
23 10 75

N° 160 - 30 c.
21 26 75

N° 161 - 50 c.
21 170 »

Orphelins surch.

N° 162 +1 c. s. 2+3 c.
17 4 »
22 4 »

N° 163 +2 1/2 c.s.5+5 c.
19 5 35
22 5 35

N° 164 +5 c.s.15+10 c.
17 9 15

N° 165 +5 c.s.25+15 c.
17 22 50
20 9 »
22 9 »

Pasteur

N° 173 - 30 c.
23 3 85

N° 176 - 50 c.
23 20 50
24 105 »

N° 177 - 75 c.
24 15 50

Semeuse

N° 191 (I) 30 c.
24 5 75
25 33 »

N° 193 (I) 40 c.
25 7 55
26 7 55

N° 198 (I) 50 c.
25 23 »

Ronsard

N° 209 - 75 c.
24 10 25

Pasteur surch.

N° 219 50 s.75 c.
24 15 50

Orphelins

N° 229 2+1 c.
17 7 »

TIMBRES PRÉOBLITÉRÉS

N° 13 3 c.
93 1 850 »

N° 25 - 15 c.
19 805 »

N° 26 - 5 c.
16 805 »

N° 27 - 5 c.
21 2 200 »

N° 28 - 15 c.
20 1 800 »

N° 29 - 30 c.
20 1 300 »

N° 30 - 5 c.
21 485 »

N° 32 - 30 c.
21 2 000 »

N° 33 - 5 c.
21 605 »

N° 34 - 15 c.
21 3 850 »

N° 36 - 5 c.
22 455 »

N° 37 - 15 c.
19 1 700 »

N° 39 (I) 3 c.
21 125 »
23 41,25

N° 40 (I) 4 c.
24 8,30
25 125 »

N° 45 (IV) 15 c.
21 8,40
22 12,25
23 7,65
24 7,65

N° 50 (I) 5 c.
21 140 »
22 125 »
23 125 »
24 125 »

N° 54 (I) 20 c.
21 325 »

N° 58 (I) 30 c.
21 490 »

N° 59 (I) 30 c.
24 125 »

N° 62 (I) 35 c.
22 300 »
24 270 »

N° 68 - 50 c.
23 460 »
24 610 »

F. M.

N° 1 — 15 c.
01 215 »
02 270 »

N° 2 — 15 c.
03 230 »

N° 3 — 15 c.
04 170 »
05 155 »

N° 4 (III) 10 c.
05 92 »
06 100 »

N° 5 (IA) 10 c.
07 6 10
08 6 10
10 6 90
11 6 10
12 6 90
13 6 10
14 9 15
15 6 10
16 7 65

TIMBRES-TAXE

N° 10	*1 c.*
Sans	25 »
98	8 35
99	10 »
00	10 »
01	8 35
02	8 35
03	8 35
04	8 35
05	8 35
06	8 35
07	8 35
N° 14 -	*5 c.*
Sans	690 »
92	305 »
N° 15 -	*10 c.*
Sans	535 »
92	340 »
N° 16 -	*15 c.*
Sans	460 »
91	230 »
92	230 »
N° 18 -	*30 c.*
Sans	1 150 »
91	725 »
92	650 »
N° 20 -	*50 c.*
Sans	3 450 »
91	1 700 »
92	2 000 »
N° 25 -	*1 f.*
Sans	4 200 »
91	1 950 »
92	1 950 »
N° 28 -	*5 c.*
93	7 35
94	7 35
95	4 90

96	4 10
97	3 »
98	2 45
99	2 45
00	2 45
01	2 45
02	2 45
03	2 45
04	2 45
05	2 45
06	2 45
07	2 45
08	2 45
09	2 45
11	2 45
13	2 45
14	2 45
17,GC	4 10
18,GC	4 90
20	2 45
21	2 45
22	2 45
24	2 45
26	2 45
27	2 45
28	2 45
29	2 45
30	2 45
32	2 45
33	2 45
N° 29 -	*10 c.*
93	4 90
94	4 90
95	4 10
96	4 90
97	3 25
98	2 45
99	2 45
00	2 45
01	2 45
02	2 45
03	2 45
05	2 45

06	2 45
07	2 45
08	2 45
09	2 45
11	2 45
12	2 45
13	2 45
14	2 45
15	2 45
17,GC	3 25
18,GC	4 90
19	2 45
20	2 45
21	2 45
22	2 45
24	2 45
26	2 45
27	2 45
28	2 45
29	2 45
30	2 45
31	2 45
33	2 45
N° 30 -	*15 c.*
93	110 »
96	110 »
97	110 »
98	98 »
99	98 »
00	98 »
01	98 »
02	98 »
03	110 »
04	110 »
05	115 »
17,GC	105 »
N° 31 -	*20 c.*
Sans	48 75
06	29 25
07	29 25
08	29 25
09	29 25

11	29 25
12	29 25
13	29 25
15	29 25
18,GC	35 75
20	29 25
21	29 25
22	29 25
23	29 25
24	29 25
26	29 25
N° 32 -	*25 c.*
23	32 75
N° 33 -	*30 c.*
93	3 25
94	3 25
96	3 25
97	2 45
98	2 45
99	2 45
00	2 45
01	2 45
02	2 45
03	2 45
04	2 45
05	2 45
17,GC	4 10
19,GC	4 90
21	2 45
22	2 45
23	2 45
24	2 45
26	2 45
27	2 45
28	2 45
29	2 45
30	2 45
31	2 45
32	2 45
N° 34 -	*30 c.*
94	1 450 »

N° 35 -	*40 c.*
25	49 »
N° 36 -	*45 c.*
24	41 25
N° 37-	*50 c.*
94	6 10
95	5 35
96	3 85
97	3 35
98	3 35
99	3 »
00	3 »
01	3 »
02	3 »
03	3 »
04	3 »
06	3 »
18,GC	13 75
20,GC	17 »
20	3 »
22	3 »
23	3 »
24	3 »
26	3 »
27	3 »
28	3 »
30	3 »
31	3 »
32	3 »
33	3 »
N° 38 -	*60 c.*
25	4 60
28	4 60
29	5 35
31	4 60
32	4 60
N° 39 -	*1 f.*
96	1 450 »

N° 40 -	*1 f.*
20	41 75
26	59 »
27	41 75
28	41 75
29	41 75
30	41 75
31	41 75
33	41 75
34	41 75
N° 41-	*2 f.*
Sans	1 350 »
N° 42-	*2 f.*
26	3 85
30	3 85
32	3 85
Recouvrements	
N° 43 -	*1 c.*
08	6 90
18,GC	8 40
N° 44 -	*10 c.*
08	9 15
09	7 65
10	7 65
11	7 65
12	7 65
16	7 65
17,GC	9 15
20	7 65
22	7 65
23	7 65
25	7 65
26	7 65
N° 45 -	*20 c.*
19,GC	165 »
20	150 »

N° 46 -	*30 c.*
09	62 »
10	62 »
12	62 »
23	62 »
24	62 »
25	62 »
26	62 »
N° 47-	*50 c.*
09	895 »
10	895 »
N° 48 -	*60 c.*
25	14 »
N° 49	
	20 c. s. 30 c.
09	79 »
10	74 »
12	79 »
N° 50	
	40 c. s. 50 c.
09	33 75
10	33 75
N° 51	
	50 c. s. 10 c.
25	11 50
26	11 50
N° 52	
	60 c. s. 1 c.
18,GC	21 50
N° 53	
	1 f. s. 60 c.
25	58 »
N° 54	
	2 f. s. 60 c.
25	58 »

COURS D'INSTRUCTION

ANNULÉS

Blanc	
N° 1 - 1 c. gris	
11 (B)	84 »
N° 2 1 c. ardoise	
22 (IA)	38 25
22 (IB)	38 25
23 (IB)	38 25
N° 3 -	*2 c.*
10 (IB)	45 75
23 (IA)	39 75
23 (IB)	39 75
N° 5 (IB)	*3 c.*
11	45 75
21	38 25
23	38 25

Semeuse lignée	
N° 13 (IV) 15 c.	
06	45 75
23	38 25
N° 15 (I) 50 c.	
21	45 75
Semeuse fond plein	
N° 16 5 c. vert	
10 (IA)	130 »
N° 17 (IA)	
	5 c. orange
22	15 25
23	13 75
N° 18 (IA)	
	10 c. rouge
11	155 »

N° 19 10 c. vert	
22 (IA)	21 50
N° 20 (I) -20 c.	
10	36 75
N° 21 (IA) 25c.	
11	38 25
23	15 25
N° 22 (I)	
	30 c. orange
11	140 »
N° 23 (I)	
	30 c. rouge
21	28 25

N° 24 (I) -35 c.	
11	65 »
22	28 25
Taxe	
N° 25 -	*1 c.*
07	58 »
N° 26 -	*5 c.*
11	50 »
22	50 »
N° 27 -	*10 c.*
11	50 »
22	50 »
N° 28 -	*20 c.*
11	50 »
21	50 »

N° 29 -	*25 c.*
23	61 »
N° 30 -	*30 c.*
22	50 »
N° 31 -	*50 c.*
06	50 »
22	50 »
N° 32 -	*1 f.*
20	140 »
N° 33 -	*2 f.*
Sans	915 »

Recouvrements	
N° 34 -	*1 c.*
08	84 »
1, 8, GC	77 »
N° 35 -	*10 c.*
10	81 »
23	81 »
N° 36 -	*30 c.*
10	81 »
23	81 »
N° 37 -	*50 c.*
09	915 »

Préoblitérés	
Semeuse lignée	
N° 38 (IV)15 c.	
23	285 »
Semeuse fond plein	
N° 39 (IA) 5 c.	
22	285 »
N° 40 (I)	
21	285 »
N° 41 (I) 30 c.	
21	285 »
N° 42 (I) 35 c.	
22	285 »

SPÉCIMEN

Blanc

N° 50 1/2 s. 1 c.
24 (IB) 1 700 »

N° 51 (IB) 1 c.
25 115 »

N° 53 (IB) 3 c.
23 100 »

Semeuse lignée

N° 58 (I) 50 c.
25 77 »

Semeuse fond plein

N° 66 (I) 35 c.
24 100 »

N° 67 (I) 40 c.
25 50 »

Pasteur

N° 71 - 75 c.
24 77 »

Taxe

N° 73 - 5 c.
24 50 »

N° 74 - 10 c.
24 70 »

N° 75 - 20 c.
24 65 »

N° 76 - 30 c.
24 65 »

N° 77 - 40 c.
25 65 »

N° 78 - 50 c.
24 110 »

N° 79 - 1 f.
20 69 »

Recouvrements

N° 80 - 1 c.
8 155 »

N° 81 - 10 c.
25 115 »

N° 82 - 30 c.
25 115 »

N° 83 - 60 c.
25 115 »

Préoblitérés

Semeuse fond plein

N° 88 (I) 30 c.
24 840 »

N° 89 (I) 35 c.
24 840 »

Pasteur

N° 91 - 50 c.
24 840 »

Aussi séduisant au regard
qu'au toucher...
Cuir
Perfecta
Luxe cuir
La chaleur de leur c
deux tons au grain inimi
ble, leur ouatinage et le
finition exemplaire fer
de ces nouveaux cla
seurs des écrins dans le
quels vous aurez plaisi
présenter votre collectio
YVERT&TELLIER
Disponible dans nos points de vente et sur
www.yvert.com

TIMBRES-MONNAIE

Les timbres-monnaie apparurent en France au lendemain de la première Guerre Mondiale lorsqu'il y eut pénurie de petite monnaie. Ils disparurent en 1924 quand la petite monnaie métallique fut à nouveau disponible en quantité suffisante.

Pour plus de renseignements, voir l'ouvrage de Pierre Broustine "Timbres-Monnaie France et Colonies".

Les timbres en sachets

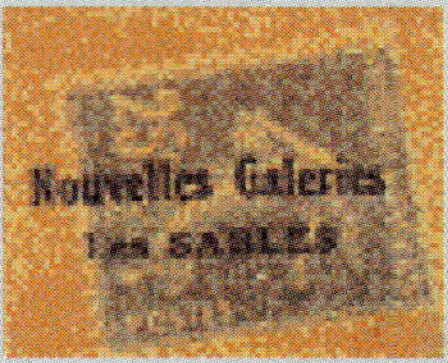

On inséra d'abord des timbres dans des petites pochettes translucides de cellophane fermées par une étiquette publicitaire. Ces sachets présentaient l'inconvénient d'être très fragiles.

	N°130	N°137	N°138	N°140	N°158	N°159	N°170
Allez Frères, Bordeaux			120 »	120 »	120 »		
Au Bon Marché, Paris	150 »	100 »	100 »				
Au Gant d'Or (stoppage des bas), Toulon			150 »				
Au Gant d'Or (parfums), Toulon			150 »				
Au Grand Paris		120 »					
Au Printemps, Paris	150 »	100 »	100 »	120 »	150 »		
Aux Deux Passages, Lyon			120 »				
Batignoles, Cinéma, Paris (n°140 en bloc de 4)				200 »			
Bellamy, Paris						250 »	
Bloc Suez (article pour fumeurs)		150 »					
Boka		150 »					
Boucherie Tronc		120 »					
Brosserie Rouy, Paris				120 »			
Canton, Droguerie, Bayonne				200 »			
Castel Chabre, Toulon			150 »	150 »			
Chichet Frères, Mercerie, Béziers		150 »					
Cie du Soleil, Assurances, Paris		100 »					
Dupin et Fils, Montpellier		150 »					
Economie Ménagère, Paris			120 »				
Galeries Lafayette, Paris (Cheval vert)		100 »					
Galeries Lafayette, Paris (Cheval jaune)		100 »					
Gimet-Bonnin, Pastilles de Vichy (avec paire de timbres)		300 »					
Gorlier, Pharmacie, Toulon		150 »					
Haute Albigès, Cennes Monestiès		150 »					
O. Mennesson, Photographie, Optique, Roanne		150 »					
La Coopération Financière, Paris (avec timbre en bloc de 4)				300 »			
G. Moreau, Paris (avec timbre en bloc de 4)			300 »				
Nouvelles Galeries, Les Sables				150 »			
G. Séguin, Quincaillerie-Ferronnerie,							

	N°130	N°137	N°138	N°140	N°158	N°159	N°170
Arcy sur Aube		150 »					
Servouse, Quincaillerie, Issoire		150 »					
L. Soulatges, Installations Electriques, Toulon		150 »					
Victor Autiero, Pianos, Avignon		150 »					
Ville de Madrid, Bayonne		150 »					450 »

Les jetons métalliques

Les timbres en sachets se révélant trop fragiles, un inventeur, Edouard Bouchaud-Praceiq déposa le 29 mars 1920 un brevet pour des timbres-monnaie métalliques et le lendemain en céda la licence à Robert Binds Shedler qui possédait une entreprise spécialisée dans l'estampage et l'impression sur fer blanc. Ce dernier déposa alors la marque «FYP» (fallait y penser).

On rencontre essentiellement deux métaux : l'aluminium pour les timbres-monnaie estampés (E), c'est-à-dire présentant une impression en relief sans couleurs et le fer pour les timbres-monnaie dont le dos porte une impression de couleur (C) à plat (en général trois couleurs où dominent le rouge, le noir et le doré, mais on trouve aussi du crème, du vert, etc...).

	N°107	N°130	N°137	N°138	N°140	N°158	N°159
Agglomérés Renaux, Paris (C)			60 »	60 »	80 »		
Alimentation Piétri, Marseille (C)		150 »	75 »	75 »	100 »		
Aluminium Lamine, Paris (C)					150 »		
American Optical, Paris (C)			75 »	75 »	100 »		
Amourette (C)			60 »	60 »	80 »		
Anisette Marie Brizard (C)			60 »	60 »	80 »		
Appareil à Gaz Taupin, Paris (C)			75 »				
Armes Balp, Saint-Etienne (C)		225 »	150 »	150 »	175 »		
Au Bon Marché, Metz, Thionville (E)						300 »	
Aubrun, Nouveauté Française, St Amand, Bourges, Vierzon (E)		300 »	150 »	150 »	200 »		
Au Confortable, Douai (E)			150 »	150 »	200 »		
Bac, Oeillets Métalliques, Paris (E)				300 »			
Banque Boutin, Dinard (E)			120 »	120 »	150 »		
Banque Charpentier, Cognac (C)			100 »	100 »	125 »		
Banque de Marseille, Marseille (C)			120 »	120 »	150 »		
Banque Jousseaume, Chartres (C)			150 »	150 »	200 »		
Banque Vasseur, Paris (C)				100 »	125 »	150 »	
Banque Villa, Millau (C)			120 »	120 »			
Bassez Grenier, Grains et Fourrages, Valenciennes, Paris, Chartres (C)			120 »	120 »			
Batterie de Cuisine, G. Carpentier (E)			75 »				
Belle Fermière, Nogent le Rotrou (C)			150 »	150 »	200 »		

	N°107	N°130	N°137	N°138	N°140	N°158	N°159
Berlan Lederlin, Paris (E)	450 »						
Beucher Olivier, Poitiers (E)			150 »	150 »	150 »		
Bières de la Meuse (E)			150 »				
Bière Gangloff (E)						150 »	
Bitter Gaillard, Bordeaux (C)			120 »	120 »	150 »		
Bonduel La Lorraine, Looz-les-Lille (E)				150 »			
Brasserie Delesalle, Lille (E)			175 »				
Cabinet Dentaire Américain (Raymond's), Toulon (C)			75 »	75 »	100 »		
Cabinet Dentaire Américain (Officine), Toulon (C)			75 »	75 »			
Café Campinas, Bordeaux (C)			120 »	120 »			
Caobinia, Bordeaux (C)			120 »	120 »	150 »		
Cassoret Frères, Hangar Agricole, Arras (C)			150 »	150 »	200 »		
C.A.T.A. Transports, Saint-Germain-en-Laye (C)			100 »	100 »	150 »		
Caves Dupont-Merklin (Champagne Mercier), Paris (C)			80 »	80 »	100 »		
Champagne de Marcy, Paris (C)			80 »	80 »			
Charbons Breton, Paris (C)			60 »	60 »	80 »		
Charcuterie Videau, Bordeaux (C)			120 »	120 »	150 »		
Chareton Droniou, Guingamp (E)				150 »	150 »		
Chaussures Berthelot, Paris (E)			150 »	150 »	150 »		
Chaussures Feist, Caen (C)			200 »				
Chaussures Haguenauer (E)			200 »				
Chaussures Julien, Senlis (E)			200 »	200 »	200 »		
Chemiserie Ville de Paris, Troyes (E)						150 »	150 »
Chesquiers J, Haubourdin (C)					200 »		
Chicorée Capon, La Courneuve (2 types) (C)			100 »				
Chicorée Groux, Blendecques (C)			150 »	150 »	180 »		
Chicorée Pasteur (E)				200 »			
Chicorée Vierge Noire, Graville (C)			150 »	150 »			
Chocolat François, Talence (C)			80 »	80 »	100 »		
Chocolat Labouesse, Le Kremlin-Bicêtre (3 types) (C)			60 »	60 »	75 »		
Chocolat Masson, Paris (C)			80 »	80 »	100 »		
Chocolat Mouren, Marseille (C)			120 »				
Chocolat Payraud (Chocolat Caco), Lyon (C)			80 »	80 »			
Chocolat Payraud (Chocolats Fondants), Lyon (C)			80 »	80 »	100 »		
Chocolats Pihan, Paris (C)					80 »		
Cognac Denis-Mounie, Cognac (C)			100 »	100 »			
Cognac Foucauld, Cognac (C)					120 »	150 »	200 »
Cognac Meukow, Cognac (C)			100 »	100 »	120 »		
Coin Musard, Coulommiers, Melun, Nemours (D)		200 »	120 »	120 »	150 »		
Comodia (Revue de Théâtre), Paris (C)			80 »	80 »	100 »		
Cie Française Tissus, Bordeaux (C)		200 »	120 »	120 »	150 »		
Comptoir d'Escompte de l'Ouest (E)			200 »				
Comptoir Vaisse, Paris (C)			120 »	120 »	150 »		

	N°107	N°130	N°137	N°138	N°140	N°158	N°159
Concert Mayol, Paris (C)			60 »	60 »	80 »		
Confections Esnault, Bernay (C)			150 »	150 »	200 »		
Confiserie Socobas, Biarritz (C)			100 »	100 »	120 »		
Conserves Cresca, Bordeaux (C)							
Conserves Gargantua, Lorient (C)			80 »	80 »			
Cordonnerie du Chat Noir, Paris (C)			100 »	100 »			
Crédit Français, Paris (E)			50 »	50 »	75 »		
Crédit Lyonnais (Nombreux Types) (E)			20 »	20 »	30 »		
Crédit Moderne, Nîmes (C)			150 »	150 »	200 »		
Dame Blanche, Bordeaux (C)		150 »					
Dame de France (C)			60 »	60 »	75 »		
Dames de France, Bordeaux (C)			120 »	120 »	150 »		
Dentiers Deluy, Marseille (C)			200 »				
Dentrifice de Botot (2 Types) (E)			30 »	30 »	45 »		
Dentrifice des Bénédictins, Soulac (C)			50 »	50 »			
Dosne, Château-Thierry (C)			200 »				
Ducas Tissus, Montceau-les-Mines (C)			150 »				
Ducommun Montres et Bijoux, Perpignan (C)			120 »	120 »	150 »		
Emailleries Aubry, Saultain (C)							
Essence Vulnéraire Jannet, Cognac (E)			200 »	200 »			
Everite Constant, Bordeaux (C)			100 »	100 »			
Exposition d'Alger 1921, Alger (C)			150 »	150 »			
Fils JTPF, Lille (C)				60 »	75 »		
Fort-Carré Bières, Looz-les-Lille (C)			150 »				
Galeries de Coutances, Coutances (C)			150 »	150 »			
Galeries de France, Bagnères de Bigorre (C)				200 »			
Galerie du Havre, Le Havre (C)			150 »	150 »	175 »		
Galerie Lafayette, Saint Nazaire (E)							300 »
Galeries Modernes (E)			120 »	120 »	150 »		
Galeries Modernes (C)			120 »	120 »	150 »		
Galeries Modernes, Argentan (C)			150 »	150 »	150 »		
Galeries Modernes, Arras (C)			150 »	150 »	150 »		
Galeries Modernes, Evreux (C)			150 »	150 »	150 »		
Galeries Modernes, Fécamps (C)			150 »	150 »	150 »		
Galeries Modernes, Honfleur (C)			150 »	150 »	150 »		
Galeries Modernes, Trouville (C)			150 »	150 »	150 »		
Gallus Apéritif (C)			150 »				
Genièvre de l'Abbaye, Loos-les-Lille (C)			150 »				
Grand Bazar, Le Havre (C)			200 »	200 »	200 »		
Grands Magasins Jones, Paris (E)			60 »	60 »	75 »		
a) avec timbre perforé FYP			300 »	300 »			
Grison Crème, Paris (C)		150 »	80 »	80 »	100 »		
Hôtel Atlantic, Nice (E)			150 »				
a) avec timbre italien n°77	90 »						
Hôtel Bristol, Lyon (C)			100 »				

	N°107	N°130	N°137	N°138	N°140	N°158	N°159
Hôtel Louvre et Paix, Marseille (C)			120 »	120 »			
Hôtel du Pavillon (Doré Noir Rouge), Paris (2 types) (C)			80 »	80 »			
Hôtel Tamaris (C)					200 »		
Huileries Desmarais (C)						200 »	
Huile Soetenaey, Dunkerque (C)			200 »				
Huîtres Vertes Jacou, Marennes (C)				120 »	150 »	200 »	
Idéale Publicité «FYP», Paris (E)			150 »				
Ihler J. Sapogenine, Arc Haute Saône (C)			200 »				
Inoui Tailleur, Saint-Etienne (C)			200 »				
Kirby Beard Orfévrerie, Paris (E)			40 »	40 »			
Kirby Smith «Auto», Paris (E)			40 »	40 »			
Lacour et Chasseriaud, Angoulême (C)			150 »	150 »	175 »		
Lait Suisse à l'Ours (C)			120 »	120 »			
La Lanterne, Paris (C)			80 »	80 »	90 »		
La Ménagère, Nancy (C)			150 »	150 »	175 »		
La Robuste (E)			150 »	150 »		200 »	
Lecluselle et Becquart, Lille (C)			200 »				
Lefebvre Porte Bonheur (E)			70 »	70 »	80 »	120 »	
Le Girondin, Bordeaux, Paris (E)			150 »	150 »	175 »		
Le Messager de la H. Savoie, Thonon (C)			250 »	250 »	250 »		
Lessive Supérieure, Nice (C)			200 »				
Lisez l'Intran, Paris (E)			80 »	80 »	90 »		
Literie Centrale, Saint-Etienne (C)			200 »	200 »			
Liverna, Aubais (Gard) (C)			150 »			150 »	
Louis Biret, Produits Alimentaires, Pouzauges (Vendée) (C)			175 »	175 »	175 »		
Machine à Bois Lefebvre, Paris (E)			80 »			120 »	
Macolline (C)			150 »				
Madeleine Cinéma, Paris (E)			90 »	90 »			
Magasins Modernes, Argentan (C)				250 »			
Magasins Réunis (C)			60 »	60 »	75 »		
Maison Empereur, Marseille (C)				150 »			
Maison Samuel, Vesoul		250 »	150 »	150 »			
Maison Veille Tissus, Chatellerault (Vienne) (E)			200 »	200 »			
Massart Béton Armé, Bordeaux (C)			120 »				
Massart Fournitures Bâtiment (C)		200 »	120 »	120 »			
Miroiterie Lingrand, Lille (C)			200 »				
Mixture Chavanne, Artemare (Ain) (C)				200 »			
Modern Garage, Tonneins (Lot et Garonne) (C)			200 »	200 »			
Musée Océanographique, Monaco (C)			100 »				
Nègre Gourmet, Bagnères de Bigorre (Hautes Pyrénées) (C)						200 »	
Néréa (E)			150 »	150 »			
Nougat Chabert et Guillot, Montélimar (C) (Noir - Rouge - Or)			80 »				
Nougat Chabert et Guillot, Montélimar (C)							

	N°107	N°130	N°137	N°138	N°140	N°158	N°159
(Bleu - Noir - Blanc - Or)			80 »				
Nouveauté Escoffier, Morlaix (Finistère) (C)			200 »	200 »	200 »		
Nouvelles Galeries (E)			60 »	60 »	75 »		
Nouvelles Galeries Lorient (C)		250 »	200 »	200 »			
Nouvelles Galeries St Brieuc (Côtes du Nord) (C)			200 »	200 »			
Office Picard, Paris (E)			100 »	120 »	120 »		
Olida, Paris, Levallois, Strasbourg (C)		150 »	60 »	60 »	75 »	75 »	
Omnium Français d'Electricité, Paris (E)			120 »	120 »	150 »		
Palais de la Mode, Argentan (Orne) (C)			2000 »				
Papeterie Moraud, Lyon (C)				200 »			
Peinture Matolin, Paris (C)			120 »	120 »	150 »		
Peretti, Marseille (C)			120 »	120 »			
Perret et Albert, Saint-Etienne (C)			150 »	150 »	150 »		
Petite Epargne, Paris (C)			75 »	75 »	90 »		
Pétrole Hahn, Paris (C)		200 »	150 »	150 »	175 »		
Phare de la Loire, Saint-Etienne (C)			200»				
Pharmacie Centrale, Lille (C)			200 »				
Pharmacie Commerciale, Nîmes (C)			120 »	120 »	150 »		
Pharmacie du Progrès, Saint-Etienne (C)			150 »	150 »	175 »		
Pharmacie Mougne, Saint-Malo (E)			150 »				
Photos Lydia, Paris (C)			80 »				
Pilules Pink (E)			45 »	45 »	60 »		
Pilules Pink (C)			45 »	45 »	60 »		
Pneu Ajax, Paris (E)			75 »	75 »			
Porte-Plume Waterman, Paris (E)			75 »				
Produits Chimiques d'Auby (Nord) (C)			150 »	150 »			
Progrès de la Côte d'Or, Dijon (C)			200 »				
Progrès Nancéïen, nancy (C)				200 »			
Quatre Prix Fixes (Aux), Grenoble (C)			200 »				
Quincaillerie Garnier, Saint-Dizier, Bar-le-Duc (C)			120 »	120 »			
Radiolaire, Gradignan (Gironde) (C)						200 »	
Rainbow Tailor, Bordeaux (C)			75 »	75 »	90 »		
Raoult Grospiron, Paris, Le Mans (E)						100 »	
Raspail Liqueur, Arceuil (Seine) (C)			120 »	120 »			
Réchaud à gaz Chalot, Paris (C)		150 »	80 »	80 »	100 »		
Rhum Charleston, Paris (C)			60 »	60 »	75 »		
Rhum Maddhan, Aubervilliers (E)			150 »	150 »	150 »		
Rhum Maddhan Martinique, Paris (C)			80 »	80 »	90 »		
Riviera, Nice (C)			120 »	120 »	150 »		
Salaisons Provençales, Marseille (C)			120 »				
Sarah Félix, Levallois (E)			150 »	150 »			
Schiedem de Loos, Loos-lez-Lille (C)			150 »				
Schmitt Aubert, Niort, Fontenay le Comte (C)			200 »				
Schuhl, Marseille (E)			120 »			150 »	

	N°107	N°130	N°137	N°138	N°140	N°158	N°159
Selleries Réunies, Paris (C)			100 »	100 »	120 »		
Sté Générale, Paris (E)			30 »	30 »	45 »		
Sté Marseillaise de Crédit, Marseille (E)		120 »	60 »	60 »	75 »		
Solderine Bakers, Paris (C)			120 »	120 »	175 »		
Spidoleine (E)			25 »	25 »	30 »		
Talon L.T.S. (E)			60 »	60 »			
Tarragonaise, Paris (C)			120 »	120 »	150 »		
Teinture Lataste, Bordeaux (C)			120 »	120 »	150 »		
Teinturerie Rouchon, Bordeaux, Agen (C)			150 »	150 »	175 »		
The Sport, Paris (C)			60 »	60 »	75 »		
Tout Paris à St Cloud, Fête 1921 (C)			60 »	60 »	75 »		
Tubecuir, Paris (C)			60 »	60 »			
Verdon Liqueur, Nice (C)			100 »	100 »			
Vermouth Crucifix (E)			70 »	70 »			
Verney Caron, Saint-Etienne, Paris (C)			100 »	100 »	120 »		
Vianne Lazare Anisintor, Bordeaux (C)			150 »				
Vianne Lazare Pousse-Café, Bordeaux (C)			150 »	150 »	175 »		
Vichy Celestins, Vichy (C)			175 »		200 »		
Vichy Lardy, Vichy, Paris (C)			175 »				
Ville du Puy, Lille (C)			100 »	100 »			
Vin Andrieu, Toulouse (E)			150 »	150 »			
Vins Colombant, Saint-Etienne (C)			175 »	175 »			

Pour en savoir plus nous vous recommandons
l'ouvrage de Pierre Broustine
Timbres-Monnaie
Pochettes - Carnets - Jetons
France et Colonies
Disponible auprès des Editions Yvert et Tellier

éditions
FARCIGNY *Jean*
philatéliques

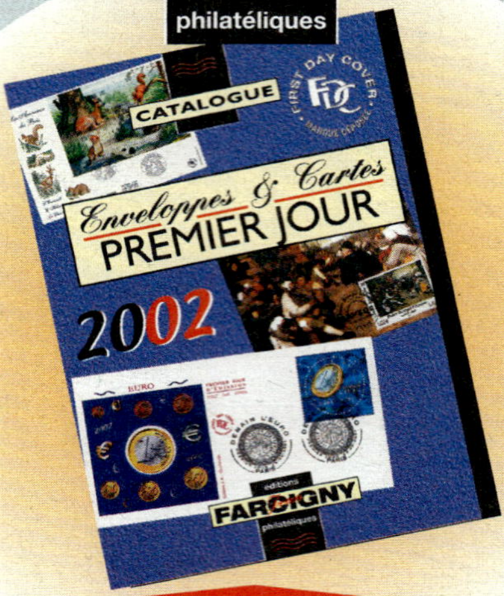

NOUVEAUTÉS

Si vous voulez en savoir plus sur les « Premier Jour »

Catalogue des enveloppes et cartes 1er jour 2002
Cotes en Euro

Edité et réalisé pour les Editions Jean Farcigny.

Avec descriptions et cotes des cartes et enveloppes 1er Jour de France, Andorre, Monaco, Territoires d'Outre-M

168 pages en couleurs.

19€ + port **3€**

En vente chez votre fournisseur ou aux

éditions
FARCIGNY *Jean*
philatéliques

FIRST DAY COVER FDC MARQUE DÉPOSÉE

CNEP

TOUTE LA PHILATÉLIE

- 1er Jour - Thématiques - Nouveautés - Matériel de classement -

39, rue d'Estienne-d'Orves - 92400 COURBEVOIE

Bureaux ouverts du Lundi au Samedi

Tél. : 01.43.33.31.63 - Fax : 01.43.34.94.62

www.editions-farcigny.fr - e-mail=editions.farcigny@wanadoo.fr

DOCUMENTS OFFICIELS (Doc)

Collection historique réalisée par l'Administration.

De 1973 à 1992, l'Administration des Postes et Télécommunications a réalisé pour le « Musée Postal », à l'occasion de chaque parution de timbre, un Document mis en vente pendant 8 semaines.

De format 22 x 29,7, tiré sur les presses de l'Imprimerie des Timbres-Poste à Périgueux, ce Document, qui est sur velin pur chiffon d'Arches, comporte :
- le texte de la notice officielle
- l'impression du poinçon original
- une illustration gravée
- le timbre oblitéré du cachet Premier Jour
- la marque à sec de l'Imprimerie du Timbre
- le n° d'ordre de parution (que nous indiquons avant le sujet).

Depuis 1993, le « Document Philatélique Officiel édité par la Poste et tiré sur les presses de l'Imprimerie des Timbres-Poste et des Valeurs Fiduciaires » ne comporte plus de numéro d'ordre de parution ; la période de mise en vente a été portée à un an.

A compter de 2000 le papier utilisé est un Montevrain Lana Vélin.

OBLITÉRATIONS « PREMIER JOUR » (1er j.)

Le premier timbre ayant fait l'objet d'une mise en vente anticipée régulière fut le 20 c. Rouget de l'Isle, disponible à Lons-le-Saunier et à Paris R.P. dès le 27 juin 1936. Cette exception devint une règle à peu près constante à partir du timbre Péguy (juin 1950) ; une oblitération spéciale dite « Premier Jour » l'a sanctionnée à partir du timbre Fontainebleau (février 1951) ; avec le 15 f. Jules Ferry (mars 1951), un modèle standard d'oblitération fut adopté, qui au début de 1966 (voir pages suivantes), a été modifié.

Ce type de marque n'a cependant pas l'exclusivité de la qualification « Premier Jour ». Un certain nombre d'oblitérations spéciales, illustrées ou non, de grand ou de petit format, ont pleine valeur de « Premiers Jours ». Il en est de même de quelques oblitérations ordinaires, sous réserve d'origine et de date déterminées.

Premier Jour (PJ)

Grand Format (GF)

Petit Format spécial (PF)

Ordinaire (O)

Grand Format - Premier Jour (GF-PJ)

SUR ENVELOPPES illustrées ou non

La plupart des enveloppes émises avant 1950 se présentent non illustrées.

1936	(Doc)	(1er j)
20 c. Rouget de l'Isle (O), Lons-le-Saunier, 27/6		75 »
75 c. et 1 f. Vimy (PF), Vimy, 26/7		120 »

1938	(Doc)	(1er j)
Journée du Timbre, oblit. format ord.		30 »

1939	(Doc)	(1er j)
Journée du Timbre, oblit. format ord. 5/3		25 »

1940	(Doc)	(1er j)
Journée du Timbre		25 »

1941	(Doc)	(1er j)
Journée du Timbre		25 »

1942	(Doc)	(1er j)
Journée du Timbre, oblit. (GF), ill. 19/4		10 »

1943	(Doc)	(1er j)
Journée du Timbre, oblit. (GF), ill. 10/10		10 »
4 f. Beaune (GF), Beaune, 21/7		25 »

1944	(Doc)	(1er j)
1 f. 50+3 f. 50, Journée du Timbre (GF), 9/12		35 »

1945	(Doc)	(1er j)
4 f. + 2 f. Oradour (GF), Oradour, 13/10		25 »
2 f. + 3 f. Journée du Timbre (GF), 13/10		30 »

1946	(Doc)	(1er j)
2 f. + 3 f. Musée Postal (GF), Paris-Salon de la Philatélie, 25/5		5 50
3 f. + 2 f. Journée du Timbre (GF), 29/6		25 »
5 f. Vézelay (GF), Vézelay, 21/7		30 »
3 f. et 10 f. Conférence de Paris (PF), Paris 29/7		8 »
10 f. U.N.E.S.C.O. (PF), Paris, 19/11		18 »

1947	(Doc)	(1er j)
4 f. 50+5 f. 50, Journée du Timbre (GF), 15/3		27 »
3 f. 50, 4 f. 50, 6 f., 10 f., U.P.U. (PF), Paris, 7/5		115 »
500 f. U.P.U. (PF), Paris, 7/5		310 »
4 f. 50, Pavie (PF), Dinan, 1/6		16 »
4 f. 50, Fénelon (GF), Cambrai, 12/7		16 »
6 f. + 4 f. Saint-Nazaire (GF), Saint-Nazaire, 2/8		32 »
5 f. Jamboree (PF), Moisson (S.-et-O.), 2/8		32 »

1948	(Doc)	(1er j)
6 f. +4 f. Journée du Timbre (GF), 6/3		25 »
12 f. et 18 f. Nations Unies (PF), bureau temporaire de Chaillot, 21/9		30 »

1949	(Doc)	(1er j)
15 f.+5 f. Choiseul (GF), 26/3		25 »
12 f. Dauphiné (GF), Grenoble et Romans, 14/5		55 »
Bloc CITEX (GF et grille), Paris-Grand Palais, 1/6		77 »
Série C.I.T.T. (PF), Paris, bureau temporaire du Congrès, 13/6,		380 »

1950	(Doc)	(1er j)
12 f. + 3 f. Journée du Timbre (GF), 11/3		35 »
12 f. Péguy (O). Toutes oblitérations de l'Eure-et-Loir et du Loiret du 10/6		90 »
12 f. Rabelais (O), Chinon et Meudon, 24/6		90 »
Révolutionnaires de 1789 (CD), Paris, 10/7		925 »
8 f. Châteaudun (PF), Châteaudun, 25/11		70 »
15 f. Madame de Sévigné (O), Grignan, 25/11		400 »
(PF), Hôtel Carnavalet, 25/11		70 »
15 f. Madame Récamier (O), Lyon, 9/12		70 »
Paire Croix-Rouge (GF), Paris-Musée Postal, 22/12 (2 env.)		400 »

1951	(Doc)	(1er j)
12 f. Fontainebleau (PJ), Fontainebleau, 20/1		200 »
12 f. + 3 f. Journée du Timbre (GF), 10/3		130 »
15 f. Jules Ferry (PJ), Saint-Dié, 17/3		225 »
25 f. Textile (Lille) (O), 9/4		125 »
15 f. Saint J.-B. de La Salle (GF) Reims, 28/4		85 »
15 f. Troupes coloniales (GF), Paris, 12/5		65 »
15 f. Idem. Bordeaux - Congrès fédéral, 12/5		120 »
25 f. D'Indy (PJ), Paris, 15/5		65 »
5 f. + 1 f. A. de Musset (PJ), Paris, 2/6		75 »
8 f. + 2 f. Delacroix (PJ), Saint-Maurice, 2/6		105 »
10 f. + 5 f. Gay-Lussac (PJ), Saint-Léonard-de-Noblat, 2/6		150 »
12 f. + 14 f. Surcouf (PJ), Saint-Malo, 12/6		150 »
15 f. + 5 f. Talleyrand (PJ), Paris, 12/6		120 »
30 f. + 10 f. Napoléon (PJ), Ajaccio, 2/6		160 »
La série, Musset à Napoléon (sur 1 enveloppe)		825 »
12 f. Médecine vétérinaire (PF), Journée vétérinaire d'Alfort, 8/6		60 »
15 f. Médecine militaire (GF), Paris - Val-de-Grâce, 17/6		60 »
15 f. Saint-Nicolas (GF), Epinal - Imagerie, 23/6		60 »
30 f. Arbois (PJ), Arbois, 23/6		60 »
15 f. Bimillénaire de Paris (GF), Paris - Musée de Cluny, 7/7		30 »
12 f. Noguès (PJ), Rennes, 13/10		55 »
(GF), Paris exposition philatélique, 13/10		90 »
8 f. Baudelaire (PJ), Paris, 27/10		45 »
12 f. Verlaine (PJ), Metz, 27/10		45 »
15 f. Raimbaud (PJ), Charleville, 27/10		45 »
18 f. et 30 f. Nations Unies (PF), Paris - Palais de Chaillot, 6/11		100 »
15 f. Clemenceau (PJ), Paris, 11/11		18 »
(O), St-Vincent-sur-Jard, 11/11		25 »
30 f. Clos-Vougeot (PJ), Vougeot, 17/11		35 »
Paire Croix-Rouge (GF), Paris, 15/12		50 »
40 f. Pic du Midi (PJ), Bagnères-de-Bigorre, 22/12		30 »
50 f. Caen (PJ), Caen, 22/12		30 »

1952	(Doc)	(1er j)
12 f. + 3 f. Journée du Timbre (GF), 8/3		35 »
15 f. De Lattre (PJ), Paris, 8/5		15 »
(O), Mouilleron-en-Pareds, 8/5		125 »
12 f. Vaucouleurs (PJ), Vaucouleurs, 11/5		25 »
30 f. Narvik (PJ), Paris, 28/5		25 »
20 f. Chambord (PJ), Chambord, 30/5		40 »
30 f. Conseil de l'Europe (PJ), Strasbourg, 31/5		60 »
30 f. Bir Hakeim (PJ), Paris, 14/6		25 »
15 f. Poitiers (PJ), Poitiers, 21/6		25 »
15 f. Médaille militaire (PJ), Paris, 5/7		25 »
15 f. Viaduc de Garabit (PJ), Saint-Flour, 5/7		40 »
30 f. Léonard de Vinci (PJ), Amboise, 9/7		40 »
(GF), Congrès d'Amboise, 9/7		750 »
8 f. + 2 f. Flaubert (PJ), Rouen, 18/10		20 »
12 f. + 3 f. Manet (PJ), Paris, 18/10		20 »
15 f. + 4 f. Saint-Saëns (PJ), Paris, 18/10		25 »
18 f. + 5 f. Henri Poincaré (PJ), Nancy, 18/10		20 »
20 f. + 6 f. Haussmann (PJ), Paris, 18/10		20 »
30 f. + 7 f. Thiers (PJ), Marseille, 18/10		20 »
12 f. Laennec (PJ), Quimper, 7/11		14 »
(GF), Paris-Salon Philatélique d'Automne, 7/11		17 »
Paire Croix-Rouge (GF), Metz, 13/12		25 »
(GF), Paris, 13/12		25 »
18 f. Versailles (PJ), Versailles, 20/12		30 »
(O), Château de Versailles, 20/12		715 »

1953	(Doc)	(1er j)
12 f. + 3 f. Journée du Timbre (GF), 14/3		20 »
30 f. Haute Couture (PJ), Paris, 24/4		12 »
6 f. Gargantua (PJ), Paris, 27/5		12 »
18 f. Hernani (PJ), Paris, 6/6		12 »
8 f. Leclerc (GF), Paris-Kermesse aux étoiles, 13/6		15 »
8 f . + 2 f. Saint Bernard (PJ), Citeaux, 9/7		15 »
12 f. +3 f. Olivier de Serres (PJ), Le Pradel, 9/7		15 »
15 f.+ 4 f. Rameau (PJ), Dijon, 9/7		18 »
18 f. + 5 f. Monge (PJ), Beaune, 9/7		15 »
20 f. + 6 f. Michelet (PJ), Paris, 9/7		15 »
30 f. + 7 f. Lyautey (PJ), Nancy, 9/7		16 »
12 f. Tour de France cycliste (PJ), Paris, 26/7		18 »
(GF), Paris, 26/7		125 »
8 f. Célimène (PJ), Paris, 19/9		12 »
12 f. Figaro (PJ), Paris, 19/9		12 »
20 f., 25 f., 30 f., 40 f., 50 f., 75 f. Sports (PJ), Paris, 28/11		100 »
Paire Croix-Rouge (GF), Le Havre, 12/12		40 »

1954	(Doc)	(1er j)
100 f., 200 f., 500 f., 1000 f. Avion (PJ), Paris, 16/1		950 »
12 f. + 3 f. Journée du Timbre (GF), 20/3		18 »
25 f., 30 f., 40 f., 50 f., 75 f. Métiers d'Art (PJ), Paris, 6/5		65 »
15 f. Foire de Paris (PJ), Paris, 22/5		8 »
(GF), Paris, 22/5		75 »
15 f. Débarquement (PJ), Arromanches, 5/6		30 »
Deuxième Jour : (GF), Lion-sur-Mer, 6/6		105 »
(GF), Sainte-Marie-du-Mont, 6/6		105 »
(GF), Paris, 6/6		40 »
8 f. Les Andelys (PJ), Les Andelys, 5/6		5 »
12 f. De Lattre (GF), Paris, 5/6		14 »
12 f. Leclerc (GF), Paris-Kermesse aux étoiles, 12/6		7 »
12 f. Quimper (PJ), Quimper, 12/6		5 »
6 f. Lourdes (PJ), Lourdes, 12/6		7 »
12 f. Jumièges (PJ), Jumièges, 13/6		7 »
30 f. Tournus (PJ), Tournus, 18/6		15 »
18 f. Cheverny (PJ), Cour-Cheverny, 19/6		10 »
15 f. Stenay (PJ), Stenay, 26/6		5 »
10 f. Royan (PJ), Royan, 3/7		6 »
20 f. Ajaccio (PJ), Ajaccio, 3/7		7 »
18 f. Versailles (obl. hexagone du château), 10/7		15 »
12 f. + 4 f. Saint-Louis (PJ), Poissy, 10/7		35 »
15 f. + 5 f. Bossuet (PJ), Dijon, 10/7		30 »
18 f. + 6 f. Sadi Carnot (PJ), Limoges, 10/7		30 »
20 f. + 7 f. Bourdelle (PJ), Montauban, 10/7		30 »
25 f. + 8 f. Dr Roux (PJ), Confolens, 10/7		32 »
30 f. + 10 f. Paul Valéry (PJ), Sète, 10/7		35 »
18 f. Villandry (PJ), Villandry, 17/7		15 »
15 f. Saint-Cyr (PJ), Coetquidan 1/8		10 »
12 f. Légion d'Honneur (PJ), Boulogne-sur-Mer, 14/8		35 »
30 f. Système métrique (PJ), Paris, 4/10		16 »
50 c. Maine, 70 c. Navarre, 80 c. Bourbonnais, 1 f. Nivernais (PJ), Paris, 3/11		6 »
(GF), Paris-Enfance, 3/11		30 »
2 f. Aunis, 3 f. Angoumois, 5 f. Saintonge (PJ), Paris, 11/11		6 »
(GF), Paris-Salon Philatélique d'Automne, 11/11		35 »
Paire Croix-Rouge (GF), Mulhouse, 13/12		35 »

1955

	(Doc)	(1er j)
12 f. Saint-Simon (PJ), Paris, 5/2		7 »
30 f. Rotary (PJ), Paris, 23/2		8 »
5 f. Le Bon (PJ), Brachay, 5/3		3 »
10 f. Thimonnier (PJ), L'Arbresle, 5/3		3 »
12 f. Appert (PJ), Châlons-s/-Marne, 5/3		3 »
18 f. Sainte-Claire-Deville (PJ), Paris, 5/3		4 »
25 f. Martin (PJ), Bourges, 5/3		4 »
30 f. Chardonnet (PJ), Besançon, 5/3		4 »
12 f. +3 f. Journée du Timbre (GF), 19/3		16 »
25 f. Ganterie (PJ), Saint-Junien, 26/3		4 »
12 f. Limoges (PJ), Limoges, 26/3		5 »
12 f. Florian (PJ), Sauves, 2/4		5 »
15 f. Télévision (PJ), Paris, 16/4		4 »
12 f. Camp de déportés (PJ), Paris, 23/4		4 »
12 f. Électrification Chemin de fer (PJ), Lille, 11/5		7 »
12 f. Jacquemart de Moulins (PJ), Moulins, 28/5		4 »
(GF), Congr. féd. de Vichy, 28/5		32 »
30 f. Jules Verne (PJ), Nantes, 3/6		20 »
(GF), Paris, 3/6		52 »
(O), Amiens, 3/6		525 »
50 f. Maryse Bastié (PJ), Limoges, 4/6		45 »
(GF), Paris, 4/6		60 »
12 f. + 5 f. Philippe-Auguste (PJ), Gonesse, 11/6		20 »
15 f. + 6 f. Malherbe (PJ), Caen, 11/6		20 »
18 f. + 7 f. Vauban (PJ), St-Léger-Vauban, 11/6		20 »
25 f. + 8 f. Vergennes (PJ), Dijon, 11/6		20 »
30 f. + 9 f. Laplace (PJ), Beaumont (Calvados). 11/6		20 »
50 f. + 15 f. Renoir (PJ), Limoges, 11/6		30 »
30 f. Lumière (PJ), Besançon, 12/6		18 »
(GF), Lyon, 12/6		270 »
12 f. Jacques Coeur (PJ), Bourges, 18/6		8 »
30 f. France-Canada (PJ), La Rochelle, 9/7		20 »
6 f. Bordeaux (PJ), Bordeaux, 15/10		3 »
8 f. Marseille (PJ), Marseille, 15/10		3 »
10 f. Nice (PJ), Nice, 15/10		3 »
12 f. Cahors (PJ), Cahors, 15/10		3 »
18 f. Uzerche (PJ), Uzerche, 15/10		4 50
25 f. Remparts de Brouage (PJ), Brouage, 15/10		3 50
20 f. Martinique (GF), Paris-Salon de l'enfance + griffe, 1/11		3 »
12 f. G. de Nerval (PJ), Paris, 11/11		4 »
(GF), Paris-Salon Philatélique d'Automne, 11/11		22 »
50 f. Comté de Foix (PJ), Foix, 19/11		1 80
70 f. Marche (PJ), Guéret, 19/11		1 80
80 f. Roussillon (PJ), Perpignan, 19/11		1 80
1 f. Comtat Venaissin (PJ), Carpentras, 19/11		1 80
Paire Croix-Rouge (GF), Angers, 17/12		30 »
6 f. Marianne de Muller obl. Service Pub. P.T.T., 24/11		20 »

1956

	(Doc)	(1er j)
15 f. Struthof (PJ), Natzwillers, 14/1		22 »
(GF), Paris, 14/1		17 »
15 f. Douai (PJ), Douai, 11/2		6 »
15 f. Colonel Driant (PJ), Neufchâtel-sur-Aisne, 21/2		6 »
30 f. Verdun (PJ), Verdun, 3/3		12 »
(GF), Paris 3/3		15 »
12 f. +3 f. Journée du Timbre (GF), 17/3		12 »
12 f. Fabre (PJ), Saint-Léons (Aveyron), 7/4		7 50
(O), Sérignan, 7/4		8 »
15 f. Charles Tellier (PJ), Amiens, 7/4		4 »
(GF), Paris, 7/4		4 »
18 f. Flammarion (PJ), Montigny-le-Roi, 7/4		7 50
(GF), Juvisy, 7/4		7 50
30 f. Sabatier (PJ), Carcassonne, 7/4		6 »
12 f. Trianon (PJ), Versailles, 14/4		5 »
30 f. France-Amérique Latine (PJ), Paris, 21/4		6 »
12 f. Reims-Florence (PJ), Reims, 5/5		7 »
12 f. Ordre de Malte (PJ), Paris, 12/5		5 »
15 f. Saint-Yves (PJ), Tréguier, 19/5		4 »
30 f. Franchet d'Esperey (PJ), Paris, 26/5		2 50
12 f. Montceau les Mines (PJ), Montceau-les-Mines, 2/6		2 50
(GF), Montceau-les-Mines, 2/6		5 »
12 f. + 3 f. Jean Goujon (PJ), Paris, 9/6		7 50
12 f. + 3 f. G. Budé (PJ), Paris, 9/6		7 50
12 f. + 3 f. Champlain (PJ), Brouage, 9/6		10 »
(GF), Paris, 9/6		12 »
15 f. + 5 f. Chardin (PJ), Paris, 9/6		9 »
15 f. + 5 f. M. Barrés (PJ), Charmes, 9/6		9 »
15 f. + 5 f. M. Ravel (PJ), Ciboure, 9/6		12 »
30 f. Basket (PJ), Mulhouse, 7/7		6 »
40 f. Pelote basque (PJ), Hasparren, 7/7		6 »
50 f. Rugby (PJ), Toulouse, 7/7		7 »
75 f. Alpinisme (PJ), Grenoble, 7/7		8 »
15 f. et 30 f. Europa 56 (GF), Paris, 15/9		45 »
(GF), Strasbourg, 15/9		60 »
12 f. Donzère-Mondragon (PJ), Bollène-Ecluse, 6/10		8 »
18 f. Téléphérique (PJ), Chamonix, 6/10		8 »
30 f. Port de Strasbourg (PJ), Strasbourg, 6/10		8 »
12 f. Parmentier (PJ), Montdidier, 27/10		3 »
8 f. Pétrarque (PJ), Fontaine-de-Vaucluse, 10/11		3 »
12 f. Lulli (PJ), Paris, 10/11		6 »
(GF), Paris-Salon Philatélique d'Automne, 10/11		8 »
15 f. J.-J. Rousseau (PJ), Montmorency, 10/11		6 »
18 f. Franklin (PJ), Paris, 10/11		4 50
(GF), Paris-Salon de l'enfance, 10/11		3 »
20 f. Chopin (PJ), Paris,10/11		10 »
(GF), Paris-Salon Philatélique d'Automne, 10/11		10 »
30 f. Van Gogh (PJ), Paris, 10/11		12 »
(GF), Paris, 10/11		20 »
30 f. Coubertin (PJ), Paris, 24/11		15 »
Paire Croix-Rouge (GF), Epinal, 8/12		13 »

1957

	(Doc)	(1er j)
15 f. Colombophilie (PJ), Vincennes, 12/1		9 »
(PF), Vincennes, 12/1		10 »
500 f. Caravelle (PJ), Toulouse, 26/1		110 »
18 f. Schoelcher (PJ), Paris, 16/2		7 »
12 f. + 3 f. Journée du Timbre (GF), 16/3		10 »
30 f. Sèvres (PJ), Sèvres, 23/3		7 »
8 f. Planté (PJ), Orthez, 13/4		3 »
12 f. Beclère (PJ), Paris, 13/4		3 »
18 f. Terrillon (PJ), Oigny-s/-Seine, 13/4		3 »
30 f. Oehmichen (PJ), Châlons-sur-Marne, 13/4		8 »
(GF), Valentigney, 13/4		9 »
12 f. Uzès (PJ), Uzès, 27/4		4 »
8 f. Jean Moulin (PJ), Béziers, 18/5		8 »
10 f. D'Estienne d'Orves (PJ), Verrières-le-Buisson, 18/5		7 »
12 f. Keller (PJ), Petit-Quevilly, 18/5		7 »
18 f. Brossolette (PJ), Paris, 18/5		7 »
20 f. Lebas (PJ), Roubaix, 18/5		7 »
8 f. Le Quesnoy (PJ), Le Quesnoy, 1/6		2 50
12 f. Cour des Comptes (PJ), Paris, 1/6		2 50
12 f. + 3 f. Joinville (PJ), Joinville (Hte-Mne), 15/6		4 50
12 f. + 3 f. B. Palissy (PJ), Agen, 15/6		4 50
15 f. + 5 f. Lamennais (PJ), Saint-Malo, 15/6		4 50
15 f. + 5 f. Quentin de la Tour (PJ), Saint-Quentin, 15/6		7 50
18 f. + 7 f. George Sand (PJ), Paris, 15/6		6 »
18 f. + 7 f. J. Guesde (PJ), Paris, 15/6		6 »
(GF), Roubaix, 15/6		6 »
30 f. Travaux publics (PJ), Paris, 20/6		2 20
12 f. Brest (PJ), Brest, 6/7		3 »
18 f. Jeux universitaires (PJ), Paris, 31/8		4 »
(GF), Antony, 31/8		5 »
35 f. Aug. Comte (PJ), Montpellier, 14/9		2 70
(GF), Paris, 14/9		2 70
20 f. et 35 f. Europa 57 (GF), Paris, 16/9		22 »
(GF), Strasbourg, 16/9		22 »
20 f. Lyon (PJ), Lyon, 5/10		3 »
8 f. Guadeloupe (PJ), Basse-Terre et Pointe-à-Pitre, 19/10		3 »
10 f. Elysée (PJ), Paris, 19/10		3 »
12 f. Beynac (PJ), Beynac-Cazenac, 19/10		3 »
25 f. Valençay (PJ), Valençay, 19/10		4 »
35 f. Rouen (PJ), Rouen, 19/10		3 »
50 f. Saint-Rémy (PJ), Saint-Rémy, 19/10		2 »
65 f. Evian (PJ), Evian, 19/10		2 »
8 f. Copernic (PJ), Paris, 9/11		7 50
10 f. Michel-Ange (PJ), Paris, 9/11		3 »
12 f. Cervantès (PJ), Paris, 9/11		2 50
(GF), Paris-Salon de l'enfance, 9/11		2 50
15 f. Rembrandt (PJ), Paris, 9/11		3 »
(GF), Paris-Salon Philatélique d'Automne, 9/11		4 »
18 f. Newton (PJ), Paris, 9/11		3 50
25 f. Mozart (PJ), Paris, 9/11		10 »
35 f. Goethe (PJ), Paris, 9/11		3 50
15 f. Thénard (PJ), La Louptière (Aube), 30/11		1 80
Paire Croix-Rouge (GF), Niort, 7/12		12 »

1958

	(Doc)	(1er j)
1000 f. Alouette (PJ), Paris, 11/1		115 »
8 f. Pinel (PJ), Jonquière 25/1		5 »
12 f. Widal(PJ), Paris, 25/1		5 »
15 f. Nicolle (PJ), Rouen, 25/1		5 »
35 f. Leriche (PJ), Roanne, 25/1		5 »
35 f. Surchargé Conseil de l'Europe (flamme PJ du Conseil), 14/1		24 »
8 f. Lagrange (PJ), Paris, 15/2		3 »
12 f. Le Verrier (PJ), Saint-Lô, 15/2		3 »

15 f. Foucault (PJ), Paris, 15/2	3 »
35 f. Berthollet (PJ), Talloires, 15/2	4 »
20 f. Lourdes obl. flamme, 28/2	9 »
12 f. Le Havre (PJ), Le Havre, 29/3	3 »
15 f. Maubeuge (PJ), Maubeuge, 29/3	3 »
18 f. Saint-Dié (PJ), Saint-Dié, 29/3	3 »
25 f. Sète (PJ), Sète, 29/3	4 »
15 f. + 5 f. Journée du Timbre (GF), 17/3	8 »
35 f. Expo. Bruxelles (PJ), 12/4	4 »
8 f. Cavaillès (PJ), Saint-Maixent, 19/4	5 »
12 f. Scamaroni (PJ), Ajaccio, 19/4	5 »
15 f. Simone Lévy (PJ), Chaussin, 19/4	5 »
20 f. Bingen (PJ), Paris, 19/4	5 »
12 f. Boules (PJ), Valence, 26/4	4 »
15 f. Joutes (PJ), Givors, 26/4	4 »
18 f. Arc (PJ), Soissons, 26/4	5 »
25 f. Lutte bretonne (PJ), Quimper, 26/4	4 »
15 f. Senlis (PJ), Senlis, 17/5	2 70
12 f. + 4 f. J. du Bellay (PJ), Liré, 7/6	4 »
12 f. + 4 f. Jean Bart (PJ) Dunkerque, 7/6	6 »
(GF), Paris, 7/6	7 »
15 f. + 5 f. Diderot (PJ), Langres, 7/6	4 »
15 f. + 5 f. Courbet (PJ), Ornans, 7/6	8 »
20 f. + 8 f. Carpeaux (PJ), Valenciennes, 7/6	6 »
(GF) Courbevoie, 7/6	5 »
35 f. + 15 f. Toulouse-Lautrec (PJ), Albi, 7/6	11 »
15 f. Bayeux (PJ), Bayeux, 21/6	3 50
20 f. Marianne de Muller, mise en service des timbres de métropole en Algérie, Alger 22/7	37 50
20 f. et 25 f. Europa 58 (GF), Paris, 13/9	5 »
(GF), Strasbourg, 13/9	6 »
Cachet de Bruxelles	6 »
8 f. Conseil de l'Europe sur fragment (PF), 11/10	4 50
Flamme sur lettre	37 50
20 f. Conseil de l'Europe sur fragment (PF), 12/10	4 50
Flamme sur lettre	37 50
35 f. Conseil de l'Europe sur fragment (PF), 13/10	4 50
Flamme sur lettre	37 50
Les 3 fragments réunis sur une enveloppe 11-12-13/10	12 »
15 f. Foix (PJ), Foix, 11/10	3 50
35 f. Paris-Rome (PJ), Paris, 11/10	7 »
20 f. et 35 f. U.N.E.S.C.O. (PJ), Paris, 1/11	3 »
15 f. Armistice (PJ), Compiègne-Rethondes, 11/11	7 »
50 c. Blason Marseille (PJ), Marseille, 15/11	2 »
70 c. Blason Lyon (PJ), Lyon, 15/11	2 »
80 c. Blason Toulouse (PJ), Toulouse, 15/11	2 »
1 f. Blason Bordeaux (PJ), Bordeaux, 15/11	2 »
2 f. Blason Nice (PJ), Nice, 15/11	2 »
3 f. Blason Nantes (PJ), Nantes, 15/11	2 »
5 f. Blason Lille (PJ), Lille, 15/11	2 »
15 f. + 7 f. Saint Vincent de Paul (PJ), Saint-Vincent-de-Paul (Landes), 6/12	4 »
20 f.+ 8 f. Dunant (PJ), Paris, 6/12	4 »
Les deux précédents (GF), Toulouse, 6/12	10 »

1959	(Doc)	(1er j)
25 f. Marianne de Muller, obl. Musée Postal, 5/1		3 »
10 f. Moissonneuse, obl. Paris R.P. 12/1		3 »
15 f. Floralies (PJ), Paris, 17/1		3 »
20 f. Palmes académiques (PJ), Paris, 24/1		4 »
300 f. Avion (PJ), Paris, 14/2		22 »
50 f. Père de Foucauld (PJ), Strasbourg, 31/1		8 »
30 f. Palais de l'Élysée, obl. Musée Postal, 10/2		4 »
65 f. Évian obl. Musée Postal, 10/2		4 50
100 f. Guadeloupe obl. Musée Postal, 10/2		7 50
15 f. Blason d'Alger (PJ), Alger, 7/3		2 »
20 f. + 5 f. Journée du Timbre (GF), 21/3		13 »
20 f. École des Mines (PJ), Paris, 11/4		2 50
15 f. Yvonne Le Roux (PJ), Toulon, 25/4		3 »
15 f. Martyrs du Lycée Buffon (PJ), Paris, 25/4		3 »
20 f. Martin-Bret (PJ), Marseille, 25/4		3 »
20 f. Médéric (PJ), Paris, 25/4		3 »
30 f. Moutardier (PJ), Comines, 25/4		3 »
15 f. Foum et Guerza (PJ), Biskra, 23/5		3 »
20 f. Marcoule (PJ), Chusclan, 23/5		4 »
30 f. Hassi Messaoud (PJ), Hassi-Messaoud, 23/5		3 »
50 f. Palais du C.N.I.T. (PJ), Puteaux, 23/5		4 50
20 f. Pilotes d'essai (PJ), Le Bourget, 13/6		7 »
20 f. + 5 f. Villehardouin (PJ), Piney (Aube), 13/6		4 »
15 f. + 5 f. Le Notre (PJ), Paris, 13/6		4 50
15 f. + 10 f. D'Alembert (PJ), Paris, 13/6		4 »
20 f. + 10 f. David d'Angers (PJ), Angers, 13/6		4 50
30 f. + 10 f. Bichat (PJ), Thoirette, 13/6		4 50
30 f. + 10 f. Bartholdi (PJ), Colmar, 13/6		8 »
30 f. Desbordes-Valmore (PJ), Douai, 20/6		2 »
30 f. Tancarville (PJ), Tancarville, 1/8		3 »
50 f. Jaurès (PJ), Castres, 12/9		2 50
25 f. et 50 f. Europa 59 (GF), Paris, 19/9		4 »
(GF), Strasbourg, 19/9		4 »
20 f. Donneurs de sang (PJ), Paris, 17/10		3 »
(GF), Paris, 17/10		3 50
50 f. Traité des Pyrénées (PJ), Behobie, 24/10		3 »
20 f. Poliomyélite (PJ), Paris, 31/10		2 »
(GF), Paris-Salon de l'enfant, 31/10		2 »
50 f. Bergson (PJ), Paris, 7/11		2 »
20 f. Avesnes (PJ), Avesnes, 14/11		2 »
30 f. Castillet de Perpignan (PJ), Perpignan, 14/11		2 »
20 f. + 10 f. Abbé de l'Epée (PJ), Versailles, 5/12		4 »
25 f. + 10 f. Valentin Hauy (PJ), Saint-Just-en-Chaussée, 5/12		4 »
La paire des précédents (GF), Châlons-s/-M., 5/12		6 »
25 f.+ 5 f. Fréjus (O), Paris, 11/12		3 »
50 f. O.T.A.N. (PJ), Paris, 12/12		3 50
Conférence De Gaulle - Eisenhower (O) Paris 14/12		5 »
Session Ministérielle (O) Paris 15/12		5 »

1960	(Doc)	(1er j)
20 c. Semeuse de Piel obl. Paris R.P., 2/1		3 »
15 c. Laon (PJ), Laon, 16/1		3 »
30 c. Fougères (PJ), Fougères, 16/1		3 »
45 c. Gorges de Kerrata (PJ), Kerrata, 16/1		3 »
50 c. Tlemcen (PJ), Tlemcen, 16/1		3 »
65 c. Vallée de la Sioule (PJ), Ebreuil, 16/1		3 »
(GF), Menat, 16/1		4 »
85 c. Chaumont (PJ), 16/1		3 »
1 f. Réunion (PJ), Paris, 16/1		2 »
20 c. Nolhac (PJ), Ambert, 13/2		2 »
30 c. Saint-Etienne (PJ), Saint-Etienne, 20/2		2 »
50 c. Communes d'Europe (PJ), Cannes, 5/3		2 50
(GF), Cannes, 5/3		3 »
20 c. + 5 c. Journée du Timbre (GF), 12/3		5 »
30 c. Savoie (PJ), Chambéry, 24/3		3 »
50 c. Nice (PJ), 24/3		2 50
20 c. Debeaumarché (PJ), Dijon, 26/3		3 »
20 c. Masse (PJ), Ribérac, 26/3		3 »
30 c. Ripoche (PJ), Paris, 26/3		3 »
30 c. Vieljeux (PJ), Les Vans (Ardèche), 26/3		4 50
(GF), La Rochelle, 26/3		4 »
50 c. Abbé Bonpain (PJ), Dunkerque, 26/3		5 »
25 c. + 10 c. Réfugié (PJ), Paris, 7/4		2 »
(GF), Paris, 7/4		2 »
20 c. Strasbourg (PJ), Strasbourg, 21/5		2 »
30 c. Blois (PJ), Blois, 21/5		3 »
50 c. La Bourboule (PJ), La Bourboule, 28/5		4 »
10 c. + 5 c. L 'Hospital (PJ), Aigueperse, 11/6		4 »
20 c. + 10 c. Turenne (PJ) Sedan, 11/6		4 »
(GF), Paris, 11/6		4 »
20 c. + 10 c. Boileau (PJ), Paris, 11/6		4 »
30 c. + 10 c. Dr Charcot (PJ), Paris, 11/6		5 50
30 c. + 10 c. Bizet (PJ), Paris, 11/6		8 »
50 c. + 15 c. Degas (PJ), Paris, 11/6		8 »
25 c. Marianne de Decaris (GF), Paris, 15/6		4 »
20 c. 18 Juin (PJ), Paris, 18/6		11 »
20 c. Jeux olympiques (PJ), Paris, 9/7		7 »
25 c. et 50 c. Europa 60 (GF), Paris, 17/9		3 »
(GF), Strasbourg, 17/9		3 »
15 c. Basilique de Lisieux (PJ), Lisieux, 24/9		2 »
5 c. Blason d'Oran (PJ), Oran, 15/10		1 50
30 c. Madame de Staël (PJ), Paris, 22/10		2 20
15 c. Général Estienne (PJ), Condé-en-Barrois, 5/11		2 20
(GF), Paris, 5/11		2 20
20 c. Marc Sangnier (PJ), Paris, 5/11		2 20
(GF), Paris Salon de l'Enfant, 5/11		1 80
20 c. Ordre de la Libération (PJ), Paris, 11/11		8 »
30 c . Macareux (PJ), Paris, 12/11		10 »
50 c. Guêpier (PJ), Paris, 12/11		8 »
30 c. André Honnorat (PJ), Paris, 19/11		2 »
30 c. Collège Sainte-Barbe (PJ), Paris, 3/12		2 »
20 c. + 10 c. et 25 c. + 10 c. Saint-Martin (PJ), Tours 3/12		8 »
(GF), Marseille, 3/12		8 »
20 c. Vanneau (PJ), Paris, 17/12		8 »
45 c. Sarcelle (PJ), Paris, 17/12		8 »

1961	(Doc)	(1er j)
20 c., 25 c., 50 c. U.N.E.S.C.O. (PJ), Paris, 21/1		8 »
20 c. Aristide Maillol (PJ), Banyuls-sur-Mer, 18/2		3 »
30 c. Semeuse de Piel obl. Musée Postal, 23/2		3 »
20 c. Marianne de Cocteau, obl. Musée Postal, 23/2		4 »

50 c. Aéroport de Paris (PJ), Paris, 25/2	5 »
50 c. Georges Méliès (PJ), Paris, 11/3	7 »
20 c. + 5 c. Journée du Timbre (GF), 18/3	5 20
30 c. Jean Nicot (PJ), Nîmes, 25/3	3 »
30 c. Lacordaire (PJ), Recey-sur-Ource, 25/3	3 50
20 c. Jacques Renouvin (PJ), Paris, 22/4	3 »
(GF), Paris, 22/4	3 »
20 c. Lionel Dubray (PJ), Joinville-le-Pont, 22/4	3 »
30 c. Paul Gateaud (PJ), Ozolles, 22/4	3 »
(GF), Mâcon, 22/4	3 »
30 c. Mère Elisabeth (PJ), Draria (Algérie), 22/4	3 »
(GF), Lyon, 22/4	3 »
50 c. Fédération mondiale des Anciens Combattants (PJ), Paris, 6/5	3 »
20 c. Bagnoles de l'Orne (PJ), Bagnoles-de-l'Orne, 6/5	2 50
50 c. Deauville (PJ), Deauville, 13/5	3 »
15 c. + 5 c. Du Guesclin (PJ), Broons, 20/5	4 »
20 c. + 10 c. Pierre Puget (PJ), Marseille, 20/5	4 »
20 c. + 10 c. Coulomb (PJ), Angoulême, 20/5	4 »
30 c. + 10 c. Général Drouot (PJ), Nancy, 20/5	4 »
(GF), Nancy, 20/5	4 »
45 c. + 10 c. Daumier (PJ), Marseille, 20/5	6 »
(GF), Paris, 20/5	6 »
50 c. + 15 c. Guillaume Apolinaire (PJ), Paris, 20/5	5 »
20 c. La Champmeslé (PJ), Rouen, 10/6	3 »
30 c. Talma (PJ), Paris, 10/6	3 »
30 c. Rachel (PJ), Paris, 10/6	3 »
50 c. Raimu (PJ), Toulon, 10/6	5 »
50 c. Gérard Philippe (PJ), Cannes, 10/6	5 »
20 c. Le Mont-Dore (PJ), Mont-Dore, 1/7	4 »
50 c. Pierre Fauchard (PJ), Paris, 1/7	3 »
20 c. Thann (PJ), Thann, 1/7	2 20
25 c. + 50 c. Europa (GF), Paris, 16/9	3 »
(GF), Strasbourg, 16/9	3 »
(GF), Lens 16/9	3 »
(GF), Charleville 16/9	3 »
15 c. Saint-Paul (PJ), Saint-Paul, 7/10	4 »
30 c. Arcachon (PJ), Arcachon, 7/10	4 »
45 c. Sully-sur-Loire (PJ), Sully-sur-Loire, 7/10	5 »
50 c. Cognac (PJ), Cognac, 7/10	4 »
65 c. Dinan (PJ), Dinan, 7/10	4 »
85 c. Calais (PJ), Calais, 7/10	4 »
1 f. Médéa (PJ), Médéa (Algérie), 7/10	4 »
50 c. Le Messager (PJ), Paris, 10/11	35 »
65 c. Nus bleus (PJ), Paris, 10/11	35 »
85 c. Joueurs de cartes (PJ), Aix-en-Provence, 10/11	55 »
1 f. 14 Juillet (PJ), Paris, 10/11	55 »
20 c. + 10 c. et 25 c. + 10 c. Croix-Rouge (PJ), Bourges, 2/12	20 »

1962

(Doc)	(1er j)
30 c. Paquebot France (PJ), Le Havre, 11/1	9 »
Traversée Le Havre - U.S.A 3/2 (O)	9 »
30 c. et 50 c. Championnats du monde de ski (PJ), Chamonix, 27/1	17 »
50 c. Pierre - Fidèle Bretonneau (PJ), Saint-Georges-sur-Cher, 17/2	3 50
(GF), Tours, 17/2	3 50
30 c. Maurice Bourdet (PJ), Marseille, 17/2	3 50
(GF), Paris, 17/2	3 50
20 c. Laval (PJ), Laval, 24/2	4 »
25 c. Coq Gaulois (PJ), Paris, 10/3	6 50
20 c. + 5 c. Journée du Timbre (GF), 17/3	5 »
50 c. Journée mondiale du Théâtre (PJ), Paris, 24/3	4 »
30 c. Vannes (PJ), Vannes, 24/3	5 »
95 c. Dunkerque (PJ), Dunkerque, 24/3	6 50
20 c. Mont-Valérien (PJ), Mont-Valérien, 7/4	7 50
30 c. Vercors (PJ), La Chapelle-en-Vercors, 7/4	7 50
50 c. Ile de Sein (PJ), Ile de Sein, 7/4	7 50
50 c. Lutte contre le paludisme (PJ), Paris, 14/4	2 20
30 c. Semaine nationale des hôpitaux (PJ), Paris, 5/5	3 »
15 c. Vol à voile (PJ) - Toussus le Noble 12/5	3 50
20 c. Aviation légère et sportive (PJ), Toussus-le-Noble, 12/5	3 50
(GF), Paris, 12/5 (2 env.)	6 »
50 c. Ecole d'horlogerie de Besançon (PJ), Besançon, 19/5	4 »
50 c. Tricentenaire des Gobelins (PJ), Paris, 26/5	4 »
50 c. Pascal (PJ), Clermont-Ferrand, 26/5	4 50
15 c. + 5 c. Denis Papin (PJ), Blois, 2/6	6 »
20 c. + 10 c. Edmé Bouchardon (GF), Chaumont, 2/6	5 20
20 c. + 10 c. Joseph Lakanal (PJ), Serres-sur- Arget, 2/6	5 20
30 c. + 10 c. Gustave Charpentier (PJ), Dieuze, 2/6	7 50
45 c. + 15 c. Edouord Esraunier (PJ), Dijon, 2/6	5 20
50 c.+ 20 c. Hyacinthe Vincent (PJ), Bordeaux, 2/6	6 »
30 c. Rennes (PJ), Rennes, 9/6	3 50
(GF), Rennes, 9/6	3 50
5 c. Blason d'Amiens (PJ), Amiens, 21/7	2 20
15 c. Blason de Nevers (PJ), Nevers, 21/7	2 20
1 f. Le Touquet-Paris-Plage (PJ), Touquet-Paris Plage,1/9	2 20
20 c. et 30 c. Roses (PJ), Orléans, 8/9 (2 envel.)	7 »
Idem "Vertolaye" (GF) (2 envel.)	8 »
25 c. et 50 c. Europa (GF), Paris, 15/9	2 20
(GF), Strasbourg, 15/9	2 50
(GF), Aix-en-Provence, 15/9	3 »
25 c. et 50 c. Télécommunications spatiales (PJ), Pleumeur-Bodou, 29/9 (2 envel.)	4 50
50 c. "Bonjour, Monsieur Courbet" (PJ), Ornans, 9/11	38 »
65 c. "Madame Manet au canapé bleu" (PJ), Paris, 9/11	38 »
1 f. "Officier de chasseurs à cheval" (PJ), Rouen, 9/11	38 »
(GF), Paris, 9/11	20 »
20 c. + 10 c. et 25 c. + 10 c. "Croix-Rouge" (PJ), Angoulême, 8/12	20 »

1963

(Doc)	(1er j)
20 c., 25 c. et 50 c. Conseil de l'Europe (PJ),Strasbourg, 3/1	10 »
10 c. Blason de Troyes (PJ), Troyes, 12/1	2 »
30 c. Bathyscaphe "Archimède" (PJ), Paris, 26/1	2 »
30 c. Floralies nantaises (PJ), Nantes, 9/2	2 »
20 c. + 10 c. Amyot (PJ), Melun, 23/2	3 »
30 c. + 10 c. Marivaux (PJ), Paris, 23/2	3 »
50 c. + 20 c. Daviel (PJ), Barre-en-Ouche, 23/2	3 »
50 c. "La lutte de Jacob avec l'ange" (PJ), St-Maurice, 2/3	12 »
1 f. "Vitrail de l'église Sainte-Foy de Conches" (PJ), Conches-en-Ouche, 2/3	12 »
20 c. + 5 c. Journée du Timbre (GF), 16/3	4 »
50 c. Campagne mondiale contre la faim (PJ), Paris, 22/3	2 »
30 c. Plateau des Glières (PJ), Thônes, 23/3	4 »
(GF), Thorens-Glières 23/3	4 »
50 c. Déportés, Paris (PJ), Paris, 23/3	3 »
Déportés (idem) (GF), Paris, 23/3	3 »
20 c. Beethoven, 20 c. Verhaeren, 20 c. Mazzini, 20 c. Mayrish, 30 c. De Groot (PJ), Paris, 27/4	10 »
50 c. 1re Conférence postale internationale (PJ), Paris, 4/5	2 »
30 c. Lycée Louis-le-Grand (PJ), Paris, 18/5	2 »
20 c. + 10 c. Etienne Méhul (PJ), Givet, 25/5	3 »
30 c. + 10 c. Nicolas Vauquelin (PJ), Saint-André-d'Hébertot, 25/5	2 20
(GF), Paris, 25/5	2 20
50 c. + 20 c. Alfred de Vigny (PJ), Loches, 25/5	3 70
30 c. Caen (PJ), Caen, 1/6	3 »
(GF), Caen, 1/6	3 50
50 c. Radiotélescope de Nançay (PJ), Nançay, 8/6	3 50
(GF), Le Bourget, 8/6	10 »
30 c. Château d'Amboise (PJ), Amboise, 15/6	3 »
50 c. Côte d'Azur varoise (PJ), Saint-Raphaël, 15/6	2 50
60 c. Saint-Flour (PJ), Saint-Flour, 15/6	2 50
85 c. Vittel (PJ), Vittel, 15/6	2 50
95 c. Abbaye de Moissac (PJ), Moissac, 15/6	2 50
30 c. Ski nautique (PJ), Vichy, 31/8	2 »
25 c. et 50 c. Europa (GF), Paris, 14/9	2 »
(GF), Strasbourg, 14/9	3 »
85 c. Les Mariés de la Tour Eiffel (PJ), Paris, 9/11	10 »
(GF), Vence, 9/11	7 50
(GF), Paris, 9/11	7 50
95 c. Vitrail de la cathédrale de Chartres (PJ), Chartres, 9/11	13 »
20 c. + 10 c. et 25 c. + 10 c. Croix-Rouge (GF-PJ), Bordeaux, 7/12	5 »
25 c. Philatec (PJ), Paris, 14/12	1 50
20 c. Maison de la radio-télévision (PJ), Paris, 15/12	1 50

1964

(Doc)	(1er j)
1 c. Blason de Niort (GF), Niort, 25/1	2 »
2 c. Blason de Guéret (PJ), Guéret, 25/1	2 »
30 c. Protection civile (PJ), Paris, 8/2	4 »
30 c. Reclassement professionnel des paralysés (PJ), Paris, 22/2	2 »
20 c. + 5 c. Journée du Timbre (GF), 14/3	4 »
20 c. + 5 c. Déportation (PJ), Paris, 21/3	3 50
50 c. + 5 c. Résistance (PJ), Paris, 21/3	3 50
30 c. + 10 c. Président Coty (PJ), Le Havre, 25/4	2 »
1 f. Jean le Bon (PJ), Le Mans, 25/4	12 »
25 c., 25 c., 30 c. et 30 c. Bande Philatec (PJ), Paris, 9/5	4 50
25 c. Aéropostale de Nuit (PJ), Le Bourget, 9/5	3 »
12 c. Blason d'Agen (PJ), Agen, 16/5	2 »
18 c. Saint-Denis de la Réunion (PJ), Paris, 16/5	2 »
30 c. + 10 c. Calvin (PJ), Noyon, 23/5	2 »
60 c. Notre-Dame de Paris (PJ), Paris, 23/5	9 »
30 c. + 10 c. Gerbert (PJ), Aurillac, 30/5	1 60
(GF), Reims, 30/5	1 60
1 f. Philatec (PJ), Paris, 5/6	30 »

(GF), Paris, 8/6	30 »
idem, en bloc de quatre sur grande enveloppe	100 »
30 c. + 5 c. Débarquements de Normandie et de Provence (GF-PJ), Caen, Bayeux, Saint-Lô, Cherbourg, Valognes, Sainte-Mère-Eglise, 6/6 (6 enveloppes)	22 50
70 c. Tour de César (PJ), Provins, 13/6	2 »
1 f. 25, Chapelle de Notre-Dame-du-Haut (PJ), Ronchamp, 13/6	3 »
15 c.+ 5 c. Appel du 18 Juin (PJ), Paris, 18/6	10 »
30 c. Georges Mandel (PJ), Chatou, 4/7	1 50
50 c. Jeux Olympiques de Tokyo (PJ), Paris, 4/7	2 »
1 f. Email champlevé limousin (PJ), Limoges, 4/7	7 50
(GF), Le Mans, 4/7	7 »
30 c. + 5 c. Libération de Paris et de Strasbourg (GF-PJ), Paris, 22/8	4 »
30 c. 50e anniversaire de la victoire de la Marne	
(PJ), Gagny, 5/9	3 »
(GF), Sézanne, 5/9	3 »
25 c. et 50 c. Europa (PJ), Paris, 12/9	2 60
(GF), Strasbourg, 12/9	2 60
1 f. "La Dame à la licorne" (PJ), Paris, 31/10	8 »
25 c. Coopération (PJ), Paris, 6/11	2 »
20 c. + 10 c. Jean Nicolas Corvisart (PJ), Dricourt, 12/12	5 50
25 c. + 10 c. Dominique Larrey (PJ), Baudéan, 12/12	5 50

1965 (Doc) (1er j)

30 c. Coq gaulois (PJ), Paris, 15/1	3 50
30 c. Blason de Paris (PJ), Paris, 16/1	3 50
25, 30 et 60 c. Conseil de l'Europe (PJ), Paris, 16/1	9 »
30 et 60 c. U.N.E.S.C.O. (PJ), Paris, 23/1	4 50
40 c. Chapelle Notre-Dame-du-Haut, à Ronchamp (PJ), Ronchamp, 6/2	3 »
1 f. 30, Château de Joux (PJ), Pontarlier, 6/2	3 »
30 c. + 10 c. La Rochefoucauld (PJ), Paris, 13/2	2 »
40 c. + 10 c. Paul Dukas (PJ), Paris, 13/2	2 »
30 c. + 10 c. Nicolas Poussin (PJ), Les Andelys, 20/2	3 »
40 c. + 10 c. Charles d'Orléans (PJ), Paris, 20/2	3 »
(GF), Blois, 20/2	2 »
1 f . "L'anglaise du Star au Havre" (PJ), Albi, 12/3	10 »
(GF), Paris, 12/3	9 »
25 c. + 5 c. Journée du Timbre (GF), 27/3	4 »
40 c. Retour des déportés (PJ), Paris, 1/4	3 »
(GF), Paris, 2-3/4	3 »
25 c. Maison des Jeunes et de la Culture (PJ), Paris, 10/4	3 »
60 c. "Campagne de l'accueil et de l'amabilité" (PJ), Paris, 24/4	2 »
40 c. 20e anniversaire de la Victoire de 1945 (PJ), Reims, 8/5	3 70
(GF), Paris, 8/5	3 50
60 c. U.I.T. (PJ), Paris, 17/5	2 20
40 c. Croix de Guerre (PJ), Paris, 22/5	3 »
40 c. Cathédrale de Bourges (PJ), Bourges, 5/6	3 »
(GF), Bourges, 5/6	3 »
1 f. Cathédrale de Sens (PJ), Sens, 5/6	5 »
(GF), Sens, 7/6	8 »
2 f. Mystère 20 (PJ), Le Bourget, 12/6	10 »
(GF), Le Bourget, 12/6	12 »
50 c. Moustiers-Sainte-Marie (PJ), Moustiers, 19/6	3 »
75 c. Gorges du Tarn (PJ), Sainte-Enimie, 10/7	3 »
95 c. Paysage vendéen (PJ), Saint-Jean-de-Monts, 10/7	3 »
1 f. Alignements de Carnac (PJ), Carnac, 10/7	3 »
30 c. Tunnel routier sous le Mont-Blanc (PJ), Chamonix, 17/7	3 »
60 c. Aix-les-Bains (PJ), Aix-les-Bains, 17/7	3 »
30 c. et 60 c. Europa (PJ), Paris, 25/9	1 50
(GF), Strasbourg, 25/9	2 »
1 f. Les très riches heures du duc de Berry (PJ), Chantilly, 25/9	5 50
25 c. 1 000 000 ha reboisés (PJ), Paris, 2/10	2 »
30 c. Tricentenaire du repeuplement de l'Ile Bourbon (PJ), Paris, 2/10	2 »
60 c. 20e anniversaire du Commissariat à l'énergie atomique (PJ), Paris, 9/10	2 20
1 f. L'apocalypse (PJ), Angers, 30/10	5 50
(GF), Paris, 31/10	3 20
25 c. 30e anniversaire de l'École de l'Air (PJ), Salon-de-Provence, 6/11	2 20
(GF), Paris, 6/11	3 »
1 f. Le violon rouge (PJ), Le Havre, 6/11	4 »
(GF), Paris, 6/11	2 50
30 et 60 c. Fusée Diamant et Satellite A I (PJ), Paris, 30/11	2 »
25 c. + 10 c. et 30 c. + 10 c. Croix-Rouge	
(GF-PJ), Strasbourg, 11/12	3 »
(GF), Cagnes-sur-Mer, 11/12	3 »

1966 (Doc) (1er j)

La plupart des oblitérations Premier Jour sont désormais à l'un des trois types ci-dessous :
I. Grand format illustré avec la mention Premier Jour.
II. Grand format illustré sans mention Premier Jour.
III. Grand format ordinaire avec mention Premier jour.
Il y a de très rares exceptions, telle l'oblitération accompagnant le satellite D1
Les clichés sont réduits d'1/3.

I

II

III

5 c. Armoiries d'Auch (I), Auch, 22/1	2 20
25 c. Armoiries de Mont-de-Marsan (I), Mont-de-Marsan, 22/1	2 20
30 c. Marcel Proust (I), Paris, 12/2	2 20
(II), Illiers, 12/2	2 20
30 c. Saint Pierre Fourier (I), Mirecourt, 12/2	2 20
30 c. François Mansart (I), Paris, 12/2	2 20
60 c. Satellite D I (PJ), Paris, 18/2	1 80
25 c. + 10 c. Journée du Timbre (II), 19/3	3 50
1 f. Cratère de Vix (I), Châtillon-sur-Seine, 26/3	10 »
60 c. Jeu d'échecs (I), Le Havre, 2/4	4 »
25 c. Pont de Pont-Saint-Esprit (I), Pont-Saint-Esprit, 23/4	2 20
25 c. Millénaire du Mont-Saint-Michel (I), Le Mont-Saint-Michel, 30/4	3 50
25 c. Bicentenaire de la réunion de la Lorraine et du Barrois à la France (I), Nancy, 6/5	2 20
(II), Bar-le-Duc, 6/5	2 20
30 c. + 5 c. 50e anniversaire de la victoire de Verdun (I), 28/5	3 50
(II), Paris, 28/5	3 50
40 c. Niort (III), Niort, 28/5	2 20
60 c. 9e centenaire de la bataille d'Hastings (I), Falaise, 4/6	3 »
(II), Bayeux, 4/6	3 »
60 c. Tricentenaire de l'académie des Sciences (I), Paris, 4/6	2 »
60 c. 19e Congrès international des Chemins de fer (I), Paris, 11/6	2 20
25 c. Pont d'Oléron (I), Château d'Oléron et Bourcefranc, 18/6, chaque	2 »
1 f. Le Nouveau-Né (I), Rennes, 25/6	4 »
30 c. + 10 c. Gabriel Fauré (1), Pamiers, 25/6	2 50
30 c. + 10 c. Elie Metchnikoff (I), Paris, 9/7	2 »
30 c. + 10 c. Hippolyte Taine (I), Vouziers, 9/7	2 »
30 c. et 60 c. Europa (I), Paris, 24/9	2 »
(II), Strasbourg, 24/9	2 »
1 f. Vitrail de la Sainte-Chapelle à Paris (I), Paris, 22/10	4 »
40 c. Vercingétorix (I), Clermont-Ferrand, 5/11	2 »
(II), Alésia, 5/11	2 »
40 c. Clovis (I), Reims, 5/11	2 »
60 c. Charlemagne (I), Noyon, 5/11	2 »
(II), Paris, 5/11	2 »
1 f. 60, Centenaire du réseau pneumatique (I), Paris, 11/11	4 50
2 f. 30, Château de Val (I), Lanobre, 19/11	8 50
1 f. Tapisserie de Lurçat (I), Aubusson, 19/11	3 »
(II), St-Céré, 19/11	2 20
60 c. Usine marémotrice de la Rance (I), Saint-Servan, 3/12	2 »
La Richardais, 3/12	2 »
1 f. Crispin et Scapin (I), Marseille, 10/12	2 20
25 c. + 10 c. et 30 c. + 10 c. Croix-Rouge (I), Saint-Étienne, 10/12	3 »
20 c. Blason de Saint-Lô (I), Saint-Lô, 17/12	2 »
25, 30 et 60 c. U.N.E.S.C.O. (I), Paris, 17/12	4 50

1967	(Doc)	(1er j)
30 c. + 10 c. Émile Zola (I) Paris, 4/2		3 »
(II), Paris		2 »
30 c. +10 c. Beaumarchais (I), Paris, 4/2		3 »
(II), Paris, 4/2		2 »
40 c. 3e Congrès international de l'U.E.R. (I) Paris, 4/3		1 50
25 c. +10 c. Journée du Timbre (II), 8/4		3 50
1 f. "La carriole du Père Juniet" (I), Laval, 15/4		5 »
60 c. Exposition internationale de Montréal (I), Paris, 22/4		1 80
60 c. 10es Jeux olympiques d'hiver (I), Grenoble, 22/4		2 »
30 c. et 60 c. Europa (I), Paris, 29/4		2 20
(II), Strasbourg, 29/4		2 20
40 c. Nungesser et Coli (I), Paris, 6/5		3 »
25 c. Pont de Bordeaux (I), Bordeaux, 6/5		2 20
40 c. Tours (III), Tours, 13/5		2 50
60 c. Esnault-Pelterie (I), Le Bourget, 27/5		2 50
25 c. Ecole vétérinaire (I), Maisons-Alfort, 27/5		1 80
1 f. Cathédrale de Rodez (I), Rodez, 10/6		2 50
1 f. 50, Morlaix (I), Morlaix, 10/6		2 50
70 c. Saint-Germain-en-Laye		
(I), Saint-Germain-en-Laye, 17/6		3 »
30 c. +10 c. Saint François de Sales (I), Thorens-Glières, 24/6		2 »
30 c. +10 c. Camus (I), Lourmarin, 24/6		2 »
1 f. François 1er (I), Cognac, 1/7		4 »
95 c. Boulogne-sur-Mer (I), Boulogne-sur-Mer, 8/7		2 20
60 c. Vire (I), Vire, 8/7		2 20
50 c. Saint-Quentin (I), Saint-Quentin, 8/7		2 20
75 c. La Baule (I), La Baule, 22/7		2 20
40 c. Floralies d'Orléans (I), Orléans, 29/7		2 50
40 c. 9e Congrès international de la Comptabilité (I), Paris, 2/9		2 »
Ingres "La Baigneuse" (I), Montauban, 9/9		7 »
Bir Hakeim, 25e anniversaire (I), Paris, 7/10		3 »
Eglise Sainte-Madeleine (I), Troyes, 7/10		4 »
Marie Curie (I), Paris, 21/10		3 »
Cinquantenaire du Lions international, Paris, 28/10		2 50
République, nouvelles valeurs 0,25, 0,30 (I), Paris, 4/11		2 50
Hugues Capet (I), Senlis, 10/11		2 »
Hugues Capet (II), Paris, 10/11		2 »
Philippe-Auguste (I), Bouvines, 10/11		2 »
Saint Louis (I), Paris, 10/11		2 »
Croix-Rouge (I), Dieppe, 16/12		4 »

1968	(Doc)	(1er j)
Cinquantenaire des Chèques Postaux (I), Paris, 6/1		1 50
Xes Jeux Olympiques d'hiver,		
sur 5 env. différentes (I), Grenoble, 27/1		7 50
Idem, cachet "Inauguration",		
sur 5 env. différentes (II), Grenoble, 6/2		7 50
La Prévention routière (I), Paris, 24/2		2 »
Journée du Timbre 1968 (II), 16/3		3 »
François Couperin (I), Paris, 23/3		2 »
Général Desaix (I), Ayat-sur-Sioule (23-3)		1 50
5e Conférence de coopération mondiale 'Cités Unies'		
(I), Royan, 13/4		1 80
Grotte préhistorique de Lascaux-Montignac (I), 13/4		20 »
Europa (I), Paris, 27/4		1 80
"Conseil de l'Europe" (II), Strasbourg, 27/4		2 »
Alain René Lesage (I), Sarzeau, 4/5		1 50
Château de Langeais (I), Langeais, 4/5		2 50
Pierre Larousse (I), Toucy, 11/5		1 80
Jumelage Forêt de Rambouillet-Forêt Noire,		
Rambouillet, 18/5		2 »
650e anniversaire de l'Enclave des Papes, Valréas (I), 25/5		2 »
Tricentenaire du traité d'Aix-la-Chapelle, Paris (I), 29/6		1 50
Paul Claudel, Villeneuve-sur-Fère (I), 6/7		2 »
Paris (II), 6/7		1 80
Saint-Pol-Roux, Marseille (I), 6/7		1 80
Camaret (II), 6/7		1 80
Le Pont de Martrou, Rochefort (I), 20/7		3 »
1re liaison postale par avion, Saint-Nazaire (I), 17/8		2 »
1re liaison postale par avion, Paris (I), 17/8		2 »
Bicentenaire de la Libération des prisonnières		
huguenotes, Aigues-Mortes (I), 31/8		3 50
Béziers, Béziers (I), 7/9		1 80
Arearea, Paris (I), 21/9		4 »
50e anniversaire de l'Armistice sur le front d'Orient,		
Paris (I), 28/9		2 20
Bicentenaire du rattachement de la Corse à la France,		
Ajaccio (I), 5/10		2 20
Jeux olympiques de Mexico, Paris (I), 12/10		2 »
20e anniversaire des Expéditions polaires françaises,		
Paris (I), 19/10		3 »
La Danse, Paris (I), 26/10		3 »
50e anniversaire du bal des Petits Lits Blancs,		
Paris (I), 26/10		1 50
50e anniversaire de l'Armistice, Paris (I), 9/11		2 20
50e anniversaire de l'Armistice, La Capelle (I), 9/11		4 50
Portrait de modèle, Paris (I), 9/11		3 »
Philippe IV le Bel, Paris (I), 16/11		1 80
Du Guesclin, Châteauneuf-les-Randon (I), 16/1		1 80
Jeanne-d'Arc, Vaucouleurs (I), 16/11		2 »
Croix-Rouge, Troyes (I), 14/12		4 »

1969	(Doc)	(1er j)
Marianne de Cheffer, Paris (I et II), 11/1		2 50
Eglise de Brou, Bourg-en-Bresse (I), 15/2		1 80
Barrage de Vouglans, Vouglans (I), 15/2		2 20
La Trinité-sur-Mer, La Trinité-s/Mer (I), 15/2		3 »
Cathédrale d'Amiens, Amiens (I), 22/2		3 »
Avion " Concorde ", Toulouse (I), 2/3		9 »
U.N.E.S.C.O. Paris (I), 8/3		8 »
Journée du Timbre, Paris (I), 15/3		3 »
Albert Roussel, Tourcoing (I), 22/3		2 »
Général Marceau, Chartres (I), 22/3		2 »
Sainte-Beuve, Boulogne-sur-Mer (I), 22/3		1 80
Conseil de l'Europe, Strasbourg (I), 22/3		7 »
Château de Hautefort, Hautefort (I), 5/4		2 50
Floralies de Paris, Paris (I), 12/4		2 50
Floralies de Paris, "Inauguration" (I), 23/4		5 »
Europa, Paris (I), 26/4		1 80
Europa, Strasbourg (II), 26/4		4 »
Philippe le Bon, Dijon (I), 3/5		3 »
Victoire du Garigliano, Paris (I), 10/5		2 »
50e anniversaire de l'O.I.T., Paris (I), 10/5		1 50
Maréchal Lannes, Lectoure (I), 10/5		1 80
André Gide, Paris (I), 17/5		1 80
Georges Cuvier, Montbéliard (I), 17/5		1 80
Châlons-sur-Marne, Châlons-s.-Marne (I), 24/5		1 80
25e anniversaire du débarquement de Normandie,		
Paris (I), 31/5		4 »
Combats du Mont Mouchet, St-Flour (I), 7/6		3 »
Chantilly, Chantilly (I), 21/6		1 50
Saint-Savin-sur-Gartempe, St-Savin (I), 28/6		2 70
Canoë-Kayak, Bourg-Saint-Maurice (I), 2/8		1 80
Bicentenaire de Napoléon, Ajaccio (I), 16/8		3 50
Débarquement de Provence, St-Raphaël (I), 23/8		3 »
Maréchal Leclerc, Paris (I), 23/8		3 50
Charte de l'Eau, Paris (I), 27/9		1 80
Charte de l'Eau, Strasbourg (II), 27/9		1 80
Mouflon, Paris (I), 11/10		2 80
Normandie-Niemen, Paris (I), 18/10		3 50
Ecole Centrale, Châtenay-Malabry (I), 18/10		2 »
Le Redoutable, Cherbourg (I), 25/10		2 »
Le Redoutable, Paris (II), 25/10		2 20
Louis XI, Paris (I), 8/11		2 »
Idem, Charles le Téméraire, Dijon (II)		2 »
Bayard, Poncharra (I), 8/11		2 »
Henri IV, Nantes (I), 8/11		2 50
"Le Cirque", de Seurat, Paris (I), 8/11		4 »
Maréchal Leclerc Strasbourg (I), 22/11		3 50
Croix-Rouge, Avignon (I), 13/12		5 50

1970	(Doc)	(1er j)
Alain Gerbault, Laval (I), 10/1		4 »
Alain Gerbault, Puteaux (II), 10/1		6 »
Gendarmerie, Paris (I), 31/1		6 »
Philibert de l'Orme, Lyon (I), 14/2		1 80
Le Vau, Paris (I), 14/2		1 50
Prosper Mérimée, Paris (I), 14/2		2 »
Handball, Paris (I), 21/2		2 »
Maréchal Juin, Paris (I), 28/2		2 50
Aérotrain, Orléans (I), 7/3		2 50
Journée du Timbre, (II), 14/3		3 »
Flamant rose, Paris (I), 21/3		2 20
Caventou, Saint-Omer (I), 21/3		1 50
Pelletier, Paris (I), 21/3		1 50
Fusée Diamant, Kourou Guyane (I), 28/3		3 »
Lutte contre le cancer, Paris (I), 4/4		2 50
Alexandre Dumas, Villers-Cotterets (I), 11/4		2 »
Edouard Branly, Amiens (I), 11/4		2 »
Maurice de Broglie, Paris (I), 11/4		2 »
Europa, Paris (I), 2/5		1 80
Europa, Strasbourg (II), 2/5		3 »
Armistice de Berlin, Paris (I), 8/5		2 50
Primitif de Savoie, Chambéry (I), 9/5		4 50
Lens, Lens (I), 16/5		1 50

Périgueux, Périgueux (II), 13/6	2 »
Martinique, Diamant (I), 20/6	1 50
Chancelade, Chancelade (I), 20/6	2 20
Guadeloupe, Le Gosier (I), 20/6	1 80
Retour des Déportés, Strasbourg (I), 27/6	2 »
Handicapés physiques, Saint-Étienne (I), 27/6	1 80
"Flore" de Carpeaux, Valenciennes (I), 4/7	4 50
Observatoire de Haute-Provence,	
Saint-Michel-l'Observatoire (I), 4/7	2 50
Mermoz, Aubenton (I), 19/9	55 »
Saint-Exupéry, Lyon (I), 19/9	60 »
Athlétisme, Paris (I), 11/9	1 80
Salines Royales, Arc et Senans (I), 26/9	1 80
Diane (Boucher), Paris (I), 10/10	3 50
Richelieu, La Rochelle (I), 17/10	2 »
Louis XIV, Versailles (I), 17/10	3 50
Fontenoy, Paris (I), 17/10	2 »
O.N.U., Paris (I), 24/10	1 80
Bordeaux, Bordeaux (I), 7/11	3 50
Denfert-Rochereau, Belfort (I), 14/11	2 70
Degas, Paris (I), 14/11	4 »
Fresque de Dissay, Poitiers	
Croix-Rouge (I), 12/12	4 50

1971	(Doc)	(1er j)
Marianne de Béquet, Paris (I), 2/1		2 »
Ballons montés, Paris (I), 16/1		5 »
Musée Postal, (III), 16/1		3 »
Saint Mathieu, Strasbourg (I), 23/1		3 30
Marianne 0,45, Paris (I), 6/2		2 »
U.N.E.S.C.O., Paris (I), 13/2		3 »
Conseil de l'Europe, Strasbourg (I), 20/2		3 »
Patinage artistique, Lyon (I), 20/2		2 »
Auber, Caen (I), 6/3		2 70
Général Brosset, Paris (I), 6/3		2 20
Lyon (III), 6/3		2 20
Océanexpo, Bordeaux (I), 6/3		2 »
Journée du Timbre (III), 27/3		2 50
Millet, Paris (I), 3/4		4 »
Cap Hornier, Saint-Malo (I), 10/4		5 »
Didier Daurat, Paris (I), 17/4		13 »
Raymond Vanier, Orléans (I), 17/4		13 »
Isard, Tarbes (I), 24/4		2 »
Etats Généraux, Versailles (I), 8/5		3 »
Grignard, Cherbourg (I), 8/5		1 80
Lyon (III), 8/5		1 80
Europa (2 enveloppes), Paris (I), 8/5		3 »
Strasbourg (III), 8/5		3 »
Grenoble "Congrès", Grenoble (I), 29/5		2 »
Farman, Le Bourget (I), 29/5		3 »
A.F.R., Angers (I), 5/6		1 50
Rouault, Paris (I), 5/6		3 »
Sedan "Château", Sedan (I), 12/6		2 20
Pont d'Arc, Vallon Pont d'Arc (I), 12/6		2 20
Sainte-Chapelle, Riom (I), 19/6		1 50
Place aux Fleurs, Dole (I), 3/7		1 50
Le Dolder, Riquewihr (I), 3/7		1 80
La Bastille, Paris (I), 10/7		3 »
U.I. Interparlementaire, Paris (I), 28/8		1 80
Valmy, Valmy (I), 18/9		4 »
Général Delestraint, Saint-Vaast (I), 16/10		2 50
Bourg-en-Bresse (II), 16/10		2 50
Robert Houdin, Blois (I), 16/10		4 50
Chambre des Métiers, Paris (I), 16/10		1 50
Caméléon, Paris (I), 6/11		1 80
Général de Gaulle, Lille (O), 9/11		5 »
Entrevue de Brazza, Lille (O), 9/11		5 »
Arc de Triomphe, Lille (O), 9/11		5 »
Président de la République, Lille (O), 9/11		5 »
La bande complète, Lille (O), 9/11		15 »
Existe avec oblitération de Colombey-les-Deux-Eglises		15 »
Académie de Médecine, Paris (I), 13/11		2 »
Croix-Rouge (2 env.), Tournus (I), 11/12, R		4 »
(2 env.), Royan (II), 11/12, R		6 »

1972	(Doc)	(1er j)
Fragonard, Paris (I), 22/1		4 »
Crozet, Paris (I), 29/1		3 »
J.O. Sapporo, Paris (I), 5/2		2 20
Chomedey de Maisonneuve, Neuville-s.-Vanne (I)		1 80
Troyes (O)		2 20
Bergès, Lorp-Sentaraille (I), 19/2		1 80
Lancey (II)		2 20
Journée du Timbre 1972 (I), 18/3		2 50
Mois du coeur, Paris (I), 8/4		1 80
Cathédrale de Saint-Just, Narbonne (I), 8/4		3 70
Grand-duc, Paris (I), 15/4		3 »
Europa (2 enveloppes), Paris (I), 22/4		3 »
(2 enveloppes), Strasbourg (II), 22/4		4 50
Abbaye de Charlieu, Charlieu (I), 29/415		2 50
Donneurs de sang, Nantes (I), 5/5		2 »
Terre-Neuvas, Dinard (I), 6/5		3 »
45e Congrès Société phil., Saint-Brieuc (I), 20/5		1 50
Saumon, Paris (I), 27/5		2 20
Code Postal, Paris (I), 3/6		2 »
Aviatrices, H. Boucher, Paris (I), 10/6		11 »
M. Hilsz, Levallois (I), 10/6		11 »
Claude Monet, Paris (I), 17/6		3 »
Edouard Belin, Vesoul (I), 24/6		1 80
I.P.T.T., Paris (I), 1/7		1 50
Louis Blériot, Cambrai (I), 1/7		2 50
J.O. Munich, Paris (I), 8/7		2 »
Randonnée pédestre, Florac (I), 15/7		2 20
Championnats du monde cyclistes, Gap (I), 22/7		3 »
Marseille (I), 22/7		3 »
Château de Bazoches, Bazoches (I), 2/9		2 50
Amiral de Grasse, Le Bar-sur-Loup (I), 9/9		2 »
Idem, Toulon (II), 9/9		2 »
Théophile Gautier, Tarbes (I), 9/9		2 70
La Sologne, Romorantin (I), 30/9		1 80
Incroyables, Paris (I), 7/10		2 »
Le Maître de Moulins, Paris (I), 14/10		3 50
Champollion, Paris (I), 14/10		3 »
Idem, Figeac (II), 14/10		3 »
Pont d'Arcole, Paris (I), 11/11		3 »
Bonaparte en Egypte, Paris (I), 11/11		3 »
Desgenettes, Luxeuil (I), 16/12		2 50
Broussais, Luxeuil (I), 16/12		2 50
Derain, Paris (I), 16/12		6 »

"A partir de la fin de l'année 1973 les cotes de la colonne de gauche concernent les Documents Officiels et celles de droite les Premiers Jours".

1973	(Doc)	(1er j)
Sainte Thérèse, Alençon (I), 6/1		3 »
Anthurium, Fort-de-France (I), 20/1		2 20
Coopération Franco-Allemande, Paris (I), 22/1		2 50
Amiral Coligny, Châtillon-Coligny (I), 17/2		1 80
Idem, Paris (II), 17/2		1 80
Immigration polonaise, Auchel (I), 3/2		1 80
Eglise Saint-Austremoine, Issoire (I), 10/2		6 »
Codos, Ivier, 24/2		35 »
Guillaumet, Bouy, 24/2		35 »
Journée du Timbre (II), 24/3		3 »
Airbus, Toulouse (I), 7/4		10 »
Europa (2 enveloppes), Paris (I), 14/4		3 »
Idem Strasbourg (II), 14/4		3 »
Ernest Renan, Tréguier (I), 28/4		1 80
Lebrun, "Etude", Paris (I), 28/4		3 70
Cigogne, Strasbourg (I), 12/5		2 20
Grand-Orient de France, Paris (I), 12/5		3 »
Centre "Tuileries", Paris (I), 15/5		1 50
Palais des Ducs de Bourgogne, Dijon (I), 19/5		2 »
(Le cachet n'est pas illustré, avec texte au centre)		
Santos-Dumont, Le Bourget (I), 26/5		3 »
Boiseries, "Le Moutier d'Ahun" (I), 26/5 +		3 50
Cinquantenaire de l'Académie des Sciences		
d'Outre-Mer, Paris (I), 26/5		1 50
Colette, Saint-Sauveur-en-Puisaye (I), 2/6		3 70
Cinquantenaire des 24 heures du Mans, Le Mans (I), 2/6		2 30
Congrès des sociétés philatéliques, Toulouse (I), 9/6		1 80
Duguay-Trouin, Saint-Malo (I), 9/6		5 »
5 mâts "France II", La Rochelle (I), 9/6		5 »
Raton laveur, Basse-Terre (I), 23/6		2 »
Le Clos-Lucé, Amboise (I), 23/6		2 »
Château de Gien, Gien (I), 18/8		2 »
Saut du Doubs, Villers-le-Lac (I), 8/9		1 80
Watteau "La Finette", Paris (I), 22/9		3 »
Hansen, "Lèpre", Paris (I), 29/9		1 80
Pasteur, Dole (I), 6/10		2 50
Idem, Paris (II), 6/10		2 50
E. Ducretet, Paris (I), 6/10		1 80
Molière, Paris (I), 20/10		2 20
Idem, Pezenas (II), 20/10		2 20
Ecluse "François 1er", Le Havre (I), 27/10		2 20
Bourgoin-Kieffer, Paris (I), 27/10		2 50

Code Civil, Paris (I), 3/11		1 80
Anniversaire de la flamme, Paris (I), 10/11		2 20
Sacre de l'Empereur, Paris (I), 10/11		3 »
Tony Garnier, Lyon (I), 17/11		2 »
Industrie, Paris (I), 24/11		1 50
Agriculture, Paris (I), 1/12		1 50
Croix-Rouge, Cognac (I) R, 1/12		4 »
Idem, Tonnerre (II), 1/12		4 »
Droits de l'Homme, Paris (I), 8/12		3 »
Musée Postal, Paris (I), 19/12	6 10	1 50

1974	(Doc)	(1er j)
Arphila, Paris (I), 19/1	6 90	2 20
St-Louis Grignion de Montfort, Montfort (I), 23/2	23 »	2 50
Journée du Timbre, (II), 9/3	19 25	3 70
Aéroport Charles de Gaulle, Paris (I), 16/3	26 75	3 »
Richelieu, Paris (I), 23/3	27 50	5 »
Club Alpin Français, Paris (I), 30/3	13 »	3 »
Europa, "Rodin Maillol", Paris (I), 20/4	19 25	2 20
Idem, Strasbourg (II), 20/4		2 20
Sauvetage en mer, Paris (I), 27/4	15 25	2 »
Conseil de l'Europe, Strasbourg (I), 4/5	12 25	1 80
Saint-Florent, Saint-Florent (I), 11/5	13 »	6 »
Bison, Mouzon (I), 25/5	20 »	2 20
Général Koenig, Caen (I), 25/5	12 25	2 »
Idem, Paris (II), 25/5		2 »
Colmar, Colmar (I), 1/6	7 65	1 50
Débarquement, Arromanches (I), 8/6	23 »	4 50
XXes J.O. Echecs, Nice (I), 8/6	30 50	3 »
Hôtel des Invalides Paris (I), 15/6	9 95	1 80
Villes Compagnons de la Libération (III), 15/6	11 50	2 50
Musée Postal, Koenig, Villes Compagnons de la Libération ont été oblitérés avec cachet sans cercle.		
Salers, Salers (I), 22/6	9 95	1 80
Francis Poulenc, Paris (I), 20/7	9 95	2 »
Turbotrain 001, Tours (I), 31/8	30 50	4 »
Turbotrain 001, Tours (II), 1/9		8 »
Vallée du Lot, Decazeville (I), 7/9	6 10	1 50
Oeuvre de Miro, Paris (III), 14/9	15 25	3 30
Phenix, Bagnols-sur-Cèze (I), 21/9	11 50	1 80
U.P.U. Paris (I), 5/10	13 75	2 70
0,60/0,80, Marianne, Paris (I), 5/10	30 50	6 »
Saint-Nicolas-de-Port, (I), 12/10	8 40	2 »
Copernic, Paris (I), 12/10	10 75	3 »
Tatou, Cayenne (I), 19/10	15 25	3 »
Oeuvre de Sisley, Paris (I), 9/11	18 50	3 »
Barbey d'Aurevilly, Saint-Sauveur-le-Vicomte (I), 16/11	9 15	2 20
Jean Giraudoux, Bellac (I), 16/11	9 15	2 20
Tapisserie de Mathieu, Créteil (I), 16/11	18 50	3 50
Médaille Résistance, Paris (I), 23/11	26 75	3 50
Croix-Rouge, Pau (I), 30/11	21 50	6 »
Mulhouse (II), 30/11		6 50

1975	(Doc)	(1er j)
A. Schweitzer, Kaysersberg (I), 11/1	28 25	4 »
Château de Rochechouart (I), 11/1	23 »	2 50
Église de Saint-Paul-de-Léon (I), 18/1	15 25	2 »
Palais de Justice, Rouen (I), 25/1	13 »	2 »
Aigrette, Villars-les-Dombes (I), 15/2	15 25	3 »
Edmond Michelet, Paris/Brives (I), 22/2	8 40	2 20
Arphila, "Oeil", Paris (I), 1/3	9 15	1 60
Journée du Timbre, Paris (II), 8/3	20 75	3 »
Arphila, " Chapiteau ", Paris (I), 22/3	9 15	2 »
Georges Pompidou, Aurillac-Saint-Flour (III), 2/4	11 50	4 50
Paris (III), 2/4		4 50
Arphila, " Graphisme ", Paris (I), 19/4	9 15	2 »
Europa, Paris (I), 26/4 (2 enveloppes)	20 75	8 »
Strasbourg (II), 26/4 (2 enveloppes)		8 »
Exposition Machine-Outil, Paris (I), 3/5	11 50	2 20
Robert Schuman, Paris-Scy-Chazelles (III), 10/5	11 50	2 »
Arphila, "Cérès", Paris (I), 17/5	9 15	2 50
Sénat, Paris (I), 24/5	7 65	2 »
Convention du Mètre, Paris (I), 31/5	9 15	2 »
Hélicoptère Gazelle, Le Bourget (I), 31/5	19 25	4 50
Arphila (4 enveloppes), Paris (I), 9/6		40 »
Bloc entier, Paris (I), 6/6		25 »
(4 enveloppes), Paris (II)		40 »
Bloc entier, Paris (II), 9/6	25 25	30 »
Santé des Etudiants, Paris (I), 21/6	7 65	2 »
Métro régional, Puteaux (I), 21/6	23 »	4 »
Paris (I), 21/6		8 »
Eugène Thomas, Vieux-Condé-Le Quesnoy (I), 28/6	6 90	2 »
Théâtre du Peuple, Bussang (I), 9/8	6 90	1 50
Pays de la Loire, Nantes (I), 6/9	6 90	1 80
Libération des Camps, Besançon (I), 27/9	7 65	1 80
Auvergne, Clermont-Ferrand (I), 4/10	6 90	1 80
Déminage, Lepuix (I), 11/10	6 90	1 50
Villes-Nouvelles, Evry, Cergny, l'Isle d'Abeau (I), 18/10	6 90	2 »
Bourgogne, Dijon (I), 25/10	6 90	2 »
Année de la Femme, Paris, 8/11 (cachet sans cercle).	7 65	2 »
Pont de Saint-Nazaire, Saint-Nazaire, Saint-Brevin (cachet sans cercle), 8/11	6 90	2 »
Picardie, Noyon (I), 15/11	6 90	2 »
Siegfried André, Le Havre (I), 15/11	6 90	1 80
U.N.E.S.C.O. Paris (I), 15/11		10 »
Franco-Russe (50e anniversaire) (III), 22/11	7 65	2 »
Conseil de l'Europe, Strasbourg, 22/11		10 »
Croix-Rouge, Le Creusot (I), 29/11	9 15	5 50
Croix-Rouge, Fort-de-France (I), 29/11		6 »
La Melpomène , Paris (I), 6/12	9 95	3 »
Poitou-Charentes, Poitiers (I), 6/12	6 90	2 70
Nord-Pas-de-Calais, Lille (I), 13/12	7 65	5 »

1976	(Doc)	(1er j)
Concorde Paris/Rio, Paris (I), 10/1	23 »	8 »
Midi-Pyrénées, Toulouse (I), 10/1	6 10	3 70
Art Roman, St-Genis-des-Fontaines (I), 24/1	10 75	5 »
Centre, Orléans (I), 31/1	5 35	2 »
Vénus de Brassempuy, St-Germain-en-Laye, 6/3	10 75	5 »
Journée du Timbre (II), 13/3	8 40	3 »
Château, Rueil-Malmaison (I), 10/4	6 90	3 »
A.C.O.R.A.M., Paris (I), 24/4	5 35	1 50
Le Gros Horloge, Rouen (I), 24/4	6 10	1 50
Juvarouen, Rouen (I), 27/4	6 10	2 »
Europa (céramique), Paris (I), 8/5	9 95	3 »
Europa (céramique), Strasbourg (I) 8/5		4 50
Bicentenaire des États-Unis, Versailles (I), 15/5	13 75	2 20
Aquitaine, Bordeaux (I), 22/5	5 35	1 50
Maréchal Moncey, Paris Palise (I), 22/5	5 35	1 80
Limousin, Limoges (I), 29/5	5 35	1 50
Verdun, Paris, Verdun (I), 12/6	6 10	3 »
La Communication, Paris (I), 12/6	5 35	1 50
Forêt de Tronçais, Montluçon (I), 19/6	6 90	2 »
France Libre, Paris (I), 19/6	5 35	2 »
Symphonie, Toulouse, Issy-les-Moulineaux, 26/6	6 10	3 »
Bonaguil, Saint-Flour-sur-Lémance (I), 10/7	6 10	2 »
La Fête, Paris (I), 10/7	5 35	1 50
Ussel, Ussel (I), 10/7	6 10	2 20
J.O. Montréal, Paris (I), 17/7	6 10	1 80
Officiers de Réserve, Saint-Denis de la Réunion (I), 17/7	5 35	2 »
Oeuvre de Delaunay, Paris (III), 24/7	7 65	5 »
Max Jacob, Quimper (I), 22/7	7 65	1 80
Marianne 76, Paris (I), 31/7	24 50	3 »
Mounet-Sully, Bergerac (I), 28/8	5,35	2 »
Général Daumesnil, Périgueux et Vincennes (I), 4/9	5 35	2 20
Ramsès, Paris (I), 4/9	9 15	6 »
Oeuvre de Carzou, Vence, Paris (III), 18/9	9 15	4 50
Fromentin, La Rochelle (I), 25/9	5 35	1 80
Côte Basque, Biarritz (I), 25/9	6 10	1 80
Centenaire Téléphone, Paris et Riquewihr (I), 25/9	5 35	1 50
Film de tourisme, Tarbes (I), 2/10	6 10	2 »
Police nationale, Paris (I), 9/10	5 35	2 »
Thiers, Thiers (I), 9/10	6 10	2 »
Conseil de l'Europe, Strasbourg (I), 16/10		5 »
Guyane, Cayenne (I), 16/10	5 35	1 80
C.E.R.N., Pressevin (I), 22/10	9 15	2 50
U.N.E.S.C.O. Paris (I), 23/10		6 »
Anna de Noailles, Paris (I), 6/11	5 35	1 80
Cathédrale de Lodève, Lodève (I), 13/11	6 10	1 50
Croix-Rouge, Bourg-en-Bresse et Saint-Denis de la Réunion (I), 20/11	6 10	3 70
Foire Exposition, Paris (I), 20/11	5 35	1 50
Douane, Paris (I), 27/11	6 90	1 50
Musée de l'Atlantique, Port-Louis et Paris (I), 4/12	6 10	3 »
Oeuvre de de Vlaminck, Paris (I), 18/12	9 15	3 »

1977	(Doc)	(1er j)
Franche-Comté, Besançon (I), 8/1	8 40	2 »
Languedoc-Roussillon, Montpellier (I), 15/1	8 40	2 »
Rhône-Alpes, Lyon (I), 22/1	6 10	2 50
Conseil de l'Europe, Strasbourg (I), 22/1		5 »

Martinique, Fort-de-France (I), 29/1	6 10	1 80
Réunion, Saint-Denis (I), 5/2	7 65	1 80
Centre Pompidou, Paris (I), 5/2	9 15	3 »
Oeuvre de Corot, Paris (I), 12/2	12 25	4 »
Dunkerque, Dunkerque (I), 12/2	5 35	1 50
Bretagne, Rennes (I), 19/2	6 10	2 70
Alsace, Strasbourg (I), 26/2	5 35	3 20
Souvenir français, Lille (I), 5/3	6 10	3 »
Journée du Timbre (II), 26/3	7 65	3 »
Oeuvre de Vasarely, Paris (III), 7/4	12 25	3 »
Champagne-Ardenne, Châlons-s.-Marne (I), 16/4	5 35	3 »
Europa, Paris (I), 23/4	7 65	2 20
Europa, Strasbourg (I), 23/4		2 20
Horticulture, Paris (I), 23/4	6 10	2 »
Floralies, Nantes (I), 7/5	6 90	2 »
Rattachement du Cambrésis, Cambrai (I), 14/5	4 60	1 50
Instituts catholiques, Paris-Lille-Lyon (I), 14/5	4 60	1 80
Fédérat. Europ. construct., Paris (I), 21/5	4 60	1 50
Congrès Philatélique, Annecy (I), 28/5	4 60	2 »
Abbaye de Fontenay, Marmagne (I), 4/6	4 60	1 80
Ecole Polytechnique, Palaiseau (I), 4/6	9 95	2 »
Traversée Atlantique Nord, Le Bourget et Nogent-sur-Marne (I), 4/6	11 50	4 50
Coupe de France de football, Paris (I), 11/6	12 25	3 50
Mémorial de Gaulle, Colombey-Paris (I), 18/6	19 25	5 50
Jeune Chambre économique, Paris-Lyon (I), 18/6	4 60	1 50
Bataille de Nancy, Nancy (I), 25/6	5 35	1 80
Rattachement de la Bourgogne, Dijon (I), 2/7	5 35	1 80
Parlementaires de langue française, Paris (I), 8/7	5 35	1 80
Cathédrale de Bayeux, Bayeux (I), 9/7	6 10	2 50
Collégiale de Dorat, Le Dorat (I), 16/7	6 10	1 80
Cigale Rouge, Paris-Serignan (I), 10/9	6 10	3 »
Saint-Amand-les-Eaux, Saint-Amand (I), 17/9	5 35	1 80
Oeuvre de Trémois, Paris (III), 17/9	23 »	4 »
Château de Vitré, Vitré (I), 24/9	6 10	2 »
Les Prémontrés, Pont-à-Mousson (I), 1/10	5 35	1 50
Meilleurs ouvriers, Paris (I), 1/10	4 60	1 50
Éd. Herriot, Troyes et Lyon (I), 8/10	4 60	2 »
Abbé Breuil, Mortain (I), 15/10	6 10	2 20
Conseil Economique, Paris (I), 22/10	4 60	1 50
Oeuvre de Rubens, Tours-Paris (I), 5/11	17 »	6 »
Guillaume de Machault, Machault et Paris (I), 12/11	4 60	2 50
Croix-Rouge, Marseille (I), 26/11	7 65	4 »
Charles Cros, Fabrezan-Paris (I), 3/12	4 60	1 80
Tennis de table, Paris-Annecy (I), 17/12	13 75	4 »
Art contemporain-Excoffon, Paris (III), 17/12	8 40	3 20
Sabine, Lille (I), 17/12	38 25	6 »

1978	(Doc)	(1er j)
Percheron, Paris (I), 7/1	11 50	3 70
Carrousel, Versailles (I), 14/1	15 25	6 »
École de Communications, Paris (I), 19/1	5 35	1 50
Saint-Barthélémy, Saint-Barthélémy (I), 19/1	7 65	1 50
Haute-Normandie, Rouen (I), 21/1	6 10	2 »
Oeuvre de Buffet, Paris (I), 4/2	30 50	5 »
Aménagement du territoire, Paris (I), 11/2	5 35	1 50
Marie Noël, Auxerre (I), 11/2	5 35	1 50
Bernanos, Paris (I), 18/2	5 35	1 80
Aubazine, Aubazine (I), 18/2	6 10	1 80
Juvexniort, Niort (I), 25/2	5 35	2 50
Gorges du Verdon, La Palud (I), 4/3	6 10	1 50
Ile-de-France, Paris (I), 4/3	5 35	1 80
Bec-Hellouin, Bec-Hellouin (I), 25/3	6 10	2 20
Lecomte de l'Isle, Saint-Paul (I), 25/3	5 35	1 80
Basse-Normandie, Caen (I), 1/4	5 35	2 40
Sabine (11 val.), Paris (I), 31/3 (3 enveloppes)	18 50	18 »
Journée du Timbre (II), 8/4	6 90	3 »
Tolstoï Paris (I), 15/4	6 10	2 »
Port Cros, Hyères (I), 15/4	7 65	3 »
Économies d'Énergie, Paris (I), 22/4	5 35	1 50
Fleurir la France, Nice-Colmar (I), 22/4	5 35	2 50
Notre-Dame de Lorette, Ablain St-Nazaire (I), 6/5	6 10	2 »
Europa, Paris (I), 6/5	7 65	2 70
Europa, Strasbourg (II), 6/5		2 70
Congrès Philatélique, Troyes (I), 13/5	6 10	2 »
Pont-Neuf, Paris (I), 27/5	6 10	1 80
Stade Roland Garros, Paris (I), 27/5	9 95	3 »
Abbaye de Fontevraud, Fontevraud (I), 3/6	6 10	1 80
Saint-Saturnin, Saint-Saturnin (I), 10/6	6 10	1 80
Sabine (5 val.), Paris (I), 3/6 (2 env.)	15 25	9 »
Château d'Esquelbecq, Esquelbecq (I), 17/6	6 10	2 »
Voltaire, J.-J. Rousseau, Ferney-Voltaire-Montmorency (I), 1/7	5 35	2 »
Métiers d'Art, Paris (I), 9/9	5 35	1 80
Claude Bernard Saint-Julien (I), 16/9	5 35	2 »
Imprimerie Nationale, Paris (I), 23/9	5 35	1 50
Franche-Comté, Besançon (I), 23/9	5 35	1 50
Rattachement de Valenciennes et Maubeuge, (I), 30/9	5 35	1 50
Académie de Philatélie, Paris (I), 7/10	5 35	2 »
Balbuzard, Bastia (I), 14/10	9 15	2 50
1re liaison, Villacoublay-Pauillac (I), 14/10	10 75	2 70
Conseil de l'Europe, Strasbourg (I), 14/10		2 30
U.N.E.S.C.O., Paris (I), 14/10		2 30
Gymnastique, Strasbourg (I), 21/10	9 95	1 80
Sport pour Tous, Blanzac (I), 21/10	7 65	1 80
Armistice 1918/1978, Compiègne et la Flamengrie (I), 11/11	5 35	2 20
Combattants Polonais, Paris (I), 11/11	5 35	2 »
Réadaptation, Paris (I), 18/11	5 35	1 80
Croix-Rouge, Château-Thierry (I), 26/12	9 95	3 »
Droits de l'Homme, Paris (I), 9/12	6 10	3 »
Yves Brayer, Paris (I), 9/12	12 25	3 »

1979	(Doc)	(1er j)
Année de l'Enfant, Paris (I), 6/1	11 50	5 »
Maréchal de Bercheny, Tarbes (I), 13/1	6 10	2 »
Miniature sur la musique, Paris (I), 13/1	10 75	3 50
Victor Segalen, Brest-Paris (I), 20/1	5 35	1 80
Floralies internationales, Les Trois Ilets (I), 3/2	5 35	1 50
Borobudur, Paris (1), 24/2	5 35	2 20
Journée du Timbre (I), 10/3	6 90	2 50
Poulbot, Paris (I), 24/3	9 15	2 50
Abeille, Paris-Evian (I), 31/3	7 65	2 50
Abbaye de Saint-Germain-des-Prés, Paris (I), 21/4	6 10	2 »
Palais des Rois, Perpignan (I), 21/4	6 10	1 80
Europa (2 envel.), Paris (I), 28/4	8 40	2 20
Idem (2 envel.), Strasbourg (II), 28/4		2 20
Congrès Fédération, Nantes (I), 5/5	6 10	1 50
Léon Jouhaux, Paris (I), 12/5	5 35	2 »
Moulin de Steenvoorde (I), 12/5	5 35	2 »
Palais Royal, Paris (I), 19/5	5 35	2 50
Elections Européennes, Strasbourg (I), 19/5	6 10	3 »
Hommage à Jeanne d'Arc, Rouen (I), 24/5	5 35	2 »
Abélard, Le Pallet (I), 9/6	5 35	2 »
Salon Aéronautique, Le Bourget (I), 9/6	7 65	5 »
Abbayes Normandes, Bernay, Saint-Pierre-sur-Dives (I), 16/6	6 10	2 »
Courteline, Tours (I), 23/6	5 35	2 »
Félix Guyon, Paris (I), 23/6	5 35	1 80
Auray, Auray (I), 30/6	6 10	1 50
Grotte de Niaux, Niaux (I), 7/7	7 65	1 80
Télécom 79, Paris (I), 22/9	5 35	1 80
Diane au Bain, Ecouen (I), 22/9	9 95	4 »
Sabine (6 val.) (2 envel.), Paris (II), 1/10	20 »	15 »
Château de Maisons-Laffitte (I), 6/10	6 90	1 80
L'église d'Auvers-sur-Oise, Paris (I), 27/10	23 »	11 »
"Lorraine", Nancy-Metz (I), 10/11	5 35	2 »
Simone Weil, Paris (I), 10/11	5 35	2 »
École Centrale des Arts et Manufactures, Paris (I), 17/11	6 10	1 80
Oeuvre de Salvador Dali, Paris (III), 17/11	11 50	4 »
André Malraux, Paris (I), 24/11	5 35	2 »
Championnats du monde de judo, Paris (I), 24/11	7 65	2 »
Oeuvre de Chapelain-Midy, Paris (III), 1/12	8 40	3 »
Croix-Rouge, "Vitrail", de Rouen (I), 1/12	6 10	3 »
La Lutherie, Paris-Mirecourt (I), 8/12	4 60	3 »

1980	(Doc)	(1er j)
Eurovision, Paris (I), 12/1	5 35	2 50
"Femme à l'Eventail", Paris (I), 19/1	7 65	2 50
Oeuvre de Ubac, Paris (III), 2/2	7 65	2 50
Viollet-le-Duc, Paris (I), 16/2	4 60	2 20
Géants du Nord, Douai-Lille, 16/2	5 35	1 80
Gastronomie française, Paris (I), 23/2	5 35	1 80
Journée du Timbre, Paris (I), 8/3	6 90	3 50
Jean Monnet, Cognac (I), 15/3	9 95	2 50
La Broderie, Paris (I), 29/3	5 35	2 20
Cité médiévale de Cordes (I), 5/4	5 35	1 80
Tabac ou Santé, Paris (I), 5/4	5 35	1 80
A. Briand, "Europa", Paris (I), 26/4	7 65	2 20
Saint Benoît, "Europa", Paris (I), 26/4		3 »
A. Briand, Europa 80, Strasbourg (I), 26/4		2 20
Saint Benoît, Europa 80, Strasbourg (I), 26/4		2 50
Cathédrale du Puy, Le Puy (I), 10/5	5 35	2 50
Montauban, Montauban (I), 17/5	5 35	3 »
École Normale Supérieure d'Arts et Métiers Liancourt (I), 17/5	6 10	1 50
Congrès S.P.F., Dunkerque (1), 24/5	5 35	1 50

Papillon ; Gap (I), 31/5	7 65	2 50
Château de Maintenon (I), 7/6	5 35	2 »
Albrecht Dürer, Paris (I), 7/6	17 »	2 20
Relations Publiques, Paris (I), 10/6	4 60	1 50
Patrimoine National, Paris (I), 21/6	4 60	1 80
Congrès géologique, Paris (1), 5/7	4 60	1 80
Bicentenaire du débarquement à Newport, Paris (I), 12/7	9 15	2 50
Sabine, 2 valeurs, Paris (I), 1/8	15 25	5 »
Traversée Paris-New York, Le Bourget (I), 30/8	11 50	3 50
De La Mennais, Saint-Malo (I), 6/9	5 35	2 »
Mistral, Maillane (I), 6/9	5 35	2 »
Abbaye de Solesmes (I), 20/9	5 35	2 »
Jean Picart Le Doux, Paris (I), 20/9	8 40	4 50
Agam. Message de Paix, Paris et Pérouges (I), 4/10	7 65	4 50
Saint-John Perse, Point-à-Pitre et Aix-en-Provence (I), 11/10	5 35	2 »
Pierre-Paul de Riquet, Béziers (I), 11/10	5 35	2 »
Le golf, Paris (I), 18/10	20 »	3 »
Comédie Française, Paris (I), 18/10	5 35	2 »
Modigliani, Creil (I), 25/10	11 50	3 »
Hommage à Charles de Gaulle, Paris (I), 8/11	19 25	5 »
Louis Le Nain, Paris (I), 8/11	11 50	3 »
U.N.E.S.C.O. (I), 15/11		4 »
Garde Républicaine, Paris (I), 22/11	5 35	3 50
Conseil de l'Europe, Strasbourg (I), 22/11		3 20
Croix-Rouge, "Stalles", Amiens (I), 6/12	7 65	3 20
Château de Rambouillet, Rambouillet (I), 6/12	5 35	2 »
Oeuvre de Hans Hartung, Paris (I), 20/12	9 15	3 20

1981	(Doc)	(1er j)
"Sabine", 6 val. (2 enveloppes), Paris (I), 10/1	15 25	35 »
Microélectronique, Meylan (I), 5/2	7 65	2 20
A.-M. Javouhey, Jallanges et Paris (I), 7/2	5 35	2 »
Jacques Offenbach, Paris (I), 14/2	7 65	2 70
Albert Gleizes, Paris (I), 28/2	6 90	3 »
Journée du Timbre, "Goya", Paris (II), 7/3	6 90	4 »
L'Eau, Paris et Châteauneuf-les-Martigues (I), 14/3	5 35	2 20
Château de Sully, Rosny-sur-Seine (I), 21/3	5 35	2 »
Biologie, Paris (1), 28/3	6 10	1 80
Energies nouvelles, Odeillo et Nandy (I), 28/3	6 10	2 »
Fonds marins, Dunkerque (I), 28/3	6 10	2 »
Télématique, Rennes (I), 28/3	7 65	2 »
La Reliure, Paris (I), 4/4	5 35	2 »
La maison carrée, Nîmes (I), 11/4	5 35	2 »
Oeuvre de Pissarro, Perpignan (1), 18/4	9 15	4 »
Europa, Paris (I), 2/5	7 65	3 »
Europa, Strasbourg (I), 2/5		3 »
Centen. de l'École Militaire, Saint-Maixent (I), 16/5	6 10	2 »
Teilhard de Chardin, Orcines (I), 23/5	6 10	2 »
Louis Armand, Cruseilles (I), 23/5	6 10	2 20
Philexfrance, 3 enveloppes (I), 23/5	24 50	10 »
Saint-Jean de Lyon (I), 30/5	5 35	1 50
La Presse. Th. Renaudot, Loudun et Paris (I), 30/5	5 35	2 »
Congrès S.P.F., Vichy (I), 6/6	5 35	1 80
Salon de l'aéronautique, Le Bourget (I), 6/6	9 15	5 20
Louis Jouvet, Crozon (I), 13/6	5 35	2 20
Hautes Etudes commerciales, Jouy-en-Josas (I), 19/6	6 10	1 80
Conservatoire de l'espace littoral, Rochefort (I), 20/6	5 35	2 20
Championnats du monde d'escrime, Clermont-Ferrand (I), 27/6	6 10	2 20
Basilique, Sainte-Anne d'Auray (I), 4/7	5 35	2 »
"Sabine", 3 val., Paris (I), 1/9	12 25	10 »
Boire ou conduire, Paris (I), 5/9	5 35	2 20
Costes et Le Brix, Baden/Septfonds (I), 12/9	12 25	12 »
Abbaye de Vaucelles, Les Rues des Vignes (1), 19/9	5 35	1 80
Pen Club, Paris (I), 19/9	5 35	1 80
Caisse Nationale d'Epargne, Paris (I), 21/9	5 35	2 »
Centenaire École publique, Saint-Dié-Paris (I), 26/9	5 35	1 80
Notre-Dame de Louviers, Louviers (I), 26/9	5 35	1 80
Pignon. "Les Plongeurs", Paris (I), 3/10	7 65	3 »
Saint-Émilion, Saint-Émilion (I), 10/10	5 35	2 »
École Navale, Lanvéoc-Paris (I), 17/10	5 35	1 80
Chasse et nature, Paris (I), 24/10	6 10	1 80
Panthéon, Paris (I), 2/11	7 65	2 »
Handicapés, Paris (I), 7/11	5 35	1 80
Pasteur Boegner, Epinal (I), 14/11	6 10	2 »
Virgile, Paris (I), 14/11	13 »	2 30
Conseil de l'Europe, Strasbourg (I), 21/11		3 »
Crest, Crest (I), 28/11	5 35	2 »
Croix-Rouge, Audincourt-Argentan (1), 5/12	6 10	4 »
U.N.E.S.C.O., Paris (I), 12/12		3 »
Martyrs de Châteaubriant (I), 12/12	5 35	2 20
Manessier. "Alléluia", Paris (I), 19/12	7 65	3 50

1982	(Doc)	(1er j)
"Liberté", 13 val., Paris (I), 4 envelop., 4/1	26 75	38 »
Corse, Ajaccio-Bastia (I), 9/1	6 10	2 20
Saint-Pierre-et-Miquelon, Saint-Pierre (I), 9/1	6 10	3 »
Guillaume Postel, Barenton (I), 23/1	5 35	1 80
Louis Pergaud, Belmont (I), 23/1	5 35	1 80
Saint François d'Assise, Paris (I), 6/2	9 15	1 80
Philexfrance, Folon, Paris (I), 13/2	30 50	12 »
Lord Baden-Powell, Lille (I), 20/2	7 65	3 »
Recensement, Paris (I), 27/2	7 65	2 20
Idem, sans chiffre 7		125 »
Aéroport Bâle-Mulhouse, Mulhouse (I), 13/2	7 65	4 »
Lutte contre le racisme, Paris (I), 20/3	6 10	1 80
Clichy (II), 20/3		1 80
Journée du Timbre, Paris (II), 27/3	6 90	4 »
La Ferronnerie, Paris (I), 17/4	6 10	2 50
Europa, Paris (I), 24/4	7 65	2 70
Europa, Strasbourg (II), 24/4		2 70
Coupe du monde de football, Paris (I), 28/4	9 15	2 50
Robert Debré, Sedan (I), 15/5	6 10	2 »
Paris (II), 15/5		2 »
Ephèbe d'Agde, Agde (I), 15/5	9 95	5 »
Château Henri IV, Pau (I), 15/5	6 10	3 50
Festival de Cannes, Cannes (I), 15/5	7 65	2 20
C.N.E.S., Toulouse (I), 15/5	9 15	3 70
Henri Mondor, Saint-Cernin (I), 22/5	6 10	2 20
Aurillac (II), 22/5		2 50
Créteil (II), 22/5		2 50
"Liberté", 3 val., Paris (I), 1/6	15 25	5 »
Sommet pays industrialisés, Versailles (I), 4/6	6 90	2 »
Jules Vallès, Le Puy (I), 5/6	6 10	1 50
Philexfrance-Bloc Cocteau, Paris-La-Défense (I), 11/6	34 50	34 »
Philexfrance-Bloc Cocteau, Paris-La-Défense (II), 14/6		30 »
Cl. Gellée, dit Le Lorrain, Charme (I), 19/6	11 50	5 »
Aix-en-Provence, Aix-en-Provence (I), 19/6	6 10	1 80
Frédéric et Irène Joliot-Curie, Paris (I), 26/6	12 25	1 80
Collonges-la-Rouge, Collonges (I), 3/7	6 10	2 »
Eclairage Public, Grenoble (I), 10/7	7 65	1 80
Château de Ripaille, Thonon-les-Bains (I), 4/9	6 10	2 50
"La dentelière", de Vermeer, Paris (I), 4/9	11 50	6 »
Sapeurs-Pompiers, Reims (I), 18/9	10 75	6 »
"La Famille", de Boyan, Paris (I), 18/9	7 65	6 »
Marionnettes, Charleville (I), 25/9	6 90	3 »
Marionnettes, Lyon (II), 25/9		3 »
Rugby, Bordeaux (I), 9/10	11 50	3 20
Écoles Normales Supérieures (III), 16/10	9 15	1 50
Beffroi de Lille, Lille (I), 16/10	6 10	1 50
Chantemesse, Le Puy (I), 23/10	6 10	1 80
U.N.E.S.C.O., Paris (I), 23/10		3 »
"Liberté", 6 val., Paris (I), 3/11 (2 env.)	15 25	10 »
La "chambre turque", de Balthus, Paris (III), 6/11	9 95	4 50
Robert Koch, Paris (I), 13/11	6 10	2 50
Conseil de l'Europe, Strasbourg (I), 13/11		3 30
Croix-Rouge, Nantes (I), 20/11	7 65	10 »
Sainte Thérèse d'Avila, Paris (I), 20/11	7 65	2 »
Croix du Sud, Biscarrosse (I), 4/12	9 15	5 »
Croix du Sud, Les Mureaux (II), 4/12		5 »
Léon Blum, Paris (I), 18/12	6 10	1 80
Gustave Eiffel, Dijon (I) 18/12	9 15	2 20
Gustave Eiffel, Paris (II), 18/12		2 20
Cavelier de la Salle, Paris (1), 18/12	6 10	3 »

1983	(Doc)	(1er j)
Provence-Alpes-Côte d'Azur, Marseille (I), 8/1	6 10	1 50
André Messager, Montluçon (I), 15/1	6 10	3 »
Hector Berlioz, La Côte-Saint-André (I), 22/1	6 10	3 »
Brantôme, Brantôme (I), 5/2	6 10	1 50
Martin Luther, Paris (I), 12/2	7 65	2 »
Alliance Française, Paris (I), 19/2	6 10	1 50
Journée du Timbre, Paris (II), 26/2	6 90	3 »
Hommage à la Femme, Paris (I), 8/3	6 10	2 »
Année des communications, Paris (I), 12/3	6 10	1 80
Bicentenaire de l'air et de l'espace, 3 enveloppes, Le Bourget (I), 19/3	15 25	8 »
Bicentenaire de l'air et de l'espace, Annonay (II), 19/3		5 »
"Aurora-Sez", de Dewasne, Paris (III), 19/3	7 65	3 »
Oeuvre de Raphaël, Paris (I), 9/4	23 »	3 »
Jacques-Ange Gabriel, Paris (I), 16/4	6 10	2 »
Flore et Faune de France, 4 val. Toulouse (I), 23/4	45 75	8 »
Europa, Paris (I), 29/4	7 65	5 20
Europa, Strasbourg (II), 29/4		5 20
Max-Pol Fouchet, St-Vaast-la-Hougue (1), 30/4	6 10	2 »
Max-Pol Fouchet, Vézelay (II), 30/4		2 »

Propriété industrielle, Paris (I), 14/5	6 10	1 50
Congrès S.P.F., Marseille (I), 21/5	6 10	1 50
Idem, P.T.T. France (II), 21/5		2 »
"Liberté", 3 val., Paris (I), 1/6	12 25	16 »
Concarneau, Concarneau (I), 11/6	6 10	2 20
Air-France, Paris (I), 18/6	11 50	3 »
Gustave Doré, Strasbourg (I), 18/6	10 75	3 »
René Cassin, Bayonne (I), 25/6	6 10	2 »
René Cassin, Nice (II), 25/6		2 »
Abbaye de Noirlac, Bruère-Allichamps (I), 2/7	6 10	2 40
Traités de Versailles, Versailles (III), 2/9	7 65	3 50
Traités de Versailles, Paris (II), 2/9		3 50
Traités de Versailles (obl. Washington), 2/9		4 50
Art du Bijou, Paris (I), 10/9	6 10	2 20
Charleville-Mézières, Charleville-Mézières (I), 17/9	6 10	2 50
Coopération douanière, Bordeaux (1), 22/9	6 10	1 60
Vélocipède, Bar-le-Duc (I), 1/10	9 15	2 50
Vélocipède, Paris (II), 1/10		2 50
Jarnac, Jarnac (1), 8/10	7 65	2 »
U.N.E.S.C.O. Paris (I), 8/10		3 »
Hommage à Jean Effel, Paris (I), 15/10	12 25	5 »
Météorologie Nationale, Paris (I), 22/10	7 65	1 50
Renée Lévy, Auxerre (I), 5/11	6 10	2 »
Berthie Albrecht, Marseille (I), 5/11	6 10	2 »
Stendhal, Grenoble (I), 12/11	6 10	2 »
Stendhal, Paris (II), 12/11		2 »
Conseil de l'Europe, Strasbourg (I), 19/11		3 »
Croix-Rouge, Enghien-les-Bains (I), 26/11	7 65	3 »
Utrillo, Paris (I), 3/12	9 15	3 »
Pierre Mendès France, Paris (I), 16/12	6 10	1 80
Pierre Mendès France, Louviers (II), 17/12		1 80

1984	(Doc)	(1er j)
Émile Littré, Paris (I), 14/1	6 90	2 »
César, Paris (1), 4/2	11 50	4 »
Jean Zay, Orléans (I), 18/2	6 90	2 »
Guadeloupe, Basse-Terre, Pointe-à-Pitre (I), 25/2	6 90	1 80
Farman F 60 Goliath, Toulouse (I), 3/3	13 75	7 50
Farman F 60 Goliath, Toulouse (II), 3/3		9 »
Flora Tristan, Paris (I), 8/3	6 90	1 80
Journée du Timbre, Paris (II), 17/3	6 90	3 »
Centenaire des syndicats, Paris (I), 22/3	6 90	2 »
Élections au Parlement Européen, Strasbourg (I), 24/3	7 65	2 20
Messagier, Paris (I), 31/3	9 15	6 »
Colombier Fontaine (II) 1/4		6 »
Pierre Bonnard, Paris (I), 14/4	10 75	5 »
Jacques Cartier, Saint-Malo (I), 20/4	7 65	3 »
Jacques Cartier (Canada n° 869), Saint-Malo (I), 20/4		3 »
Philex-Jeunes, Dunkerque (I), 21/4	6 90	2 »
Europa, Paris (I), 28/4	7 65	3 »
Europa, Strasbourg (II), 28/4		3 »
Légion Étrangère, Aubagne (1), 30/4	9 15	2 »
Légion Etrangère, Paris (II), 30/4		2 20
40e anniversaire de la Libération, Paris (I), 8/5	15 25	4 »
Belle-Ile-en-Mer, Belle-Ile-en-Mer (I), 26/5	6 90	2 »
Jeux Olympiques, Paris (I), 2/6	13 »	2 50
La Gravure, Versailles (I), 8/6	6 90	1 80
Bordeaux, Bordeaux (I), 9/6	6 90	1 80
CNET, Paris (I), 18/6	6 90	2 »
Phare de Cordouan, Verdon (I), 23/6	9 15	2 »
Gaston Bachelard, Bar-sur-Aube (I), 23/6	6 90	2 »
Palais idéal du Facteur Cheval, Hauterives (I), 30/6	9 15	3 »
"Liberté", 3 valeurs, Paris (I), 2/7	12 25	8 »
Grande Chartreuse, St-Pierre-de-Chartreuse (I), 7/7	8 40	1 80
Congrès de géographie, Paris (I), 25/8	8 40	2 »
Télécom I, Paris (1), 1/9	9 15	3 »
TGV Postal, Lyon (I), 8/9		5 »
TGV 1re rame postale (C.D.), 1/10	20 75	5 »
Château de Montségur (Lavelanet) (I), 15/9	7 65	2 30
Les Rapaces, Paris (I), 22/9	45 75	8 »
Marx Dormoy, Montluçon (I), 22/9	6 90	1 80
Pierre Corneille, Rouen (I), 29/9	6 90	2 »
Centenaire Automobile, Paris (1), 6/10	9 15	2 50
La Pythie (A. Masson), Paris (I), 13/10	7 65	4 »
U.N.E.S.C.O. (3 P.J.), Paris (I), 20/10		4 »
Jean Paulhan, Nîmes (I), 27/10	6 90	2 »
Vincent Auriol, Revel (I), 3/11	6 90	1 80
Conseil de l'Europe, Strasbourg (I), 10/11		4 »
Evariste Galois, Bourg-la-Reine (I), 10/11	6 90	2 »
Croix-Rouge, Grasse (I), 24/11	9 15	3 20
Jean Hélion, Amiens (I), 1/12	9 15	3 »
9e Plan, Paris (I), 8/12	7 65	1 80

1985	(Doc)	(1er j)
La Francophonie, Paris (I), 15/1	7 65	2 »
Vienne (Isère), Vienne (1), 19/1	7 65	2 »
Télévision (50e anniversaire), Paris (I), 26/1	7 65	2 »
Peynet, Saint-Amour (I), 14/2	23 »	4 »
Peynet, Saint-Valentin (I), 14/2		4 »
Victor Hugo, Besançon (1), 23/2	9 15	5 »
Roland Dorgelès, Amiens (I), 23/2	9 15	4 50
François Mauriac, Bordeaux (I), 23/2	9 15	4 50
Romain Rolland, Clamecy (I), 23/2	9 15	4 50
Jules Romains, Saint-Julien-Chapteuil (I), 23/2	9 15	4 50
Jean-Paul Sartre, Paris (I), 23/2	9 15	4 50
Personnages Célèbres (bande carnet) (III), 23/2	69 »	70 »
Hydravion CAMS 53, Marseille (I), 2/3	12 25	17 »
Hydravion CAMS 53, Marseille (II), 2/3		18 »
Pauline Kergomard, Paris (I), 8/3	7 65	1 50
Journée du Timbre, Paris (II), 16/3	7 65	3 »
Millénaire de la fondation de Montpellier (I), 30/3	7 65	1 80
Vitrail Cathédrale, Strasbourg (I), 13/4	9 95	4 50
Architecture contemporaine, Givors (I), 20/4	7 65	2 »
Abbaye de Landévennec (I), 20/4	7 65	1 70
Europa "Musiciens", Paris (2 P.J.) (I), 27/4	8 40	3 70
Europa "Musiciens", Strasbourg (2 P.J.) (II), 27/4		3 70
40e anniversaire de la Victoire, Paris (I), 8/5	10 75	3 50
Congrès Fédération, Tours (I), 25/5	7 65	1 50
Vaccin contre la rage, Paris (I), 1/6	9 15	2 »
Nicolas de Staël, Antibes (I), 1/6	11 50	3 »
Mystère Falcon 900, Le Bourget (I), 1/6	12 25	6 »
Saintonge Romane, Talmont (I), 15/6	7 65	2 »
Société Internationale de Sauvetage du Lac Léman, Saint-Gingolph (I), 15/6	9 95	3 »
Idem, Jumelage Franco/Suisse, 15/6		3 »
40e anniversaire de l'O.N.U., Paris (I), 26/6	7 65	2 »
Abbaye Saint-Michel-de-Cuxa, Codalet (I), 6/7	7 65	2 »
"Liberté", 3 valeurs, Paris (I), 1/8	15 25	7 »
Accueil des Huguenots, Anduze (I), 31/8	10 75	3 »
Conseil de l'Europe, Strasbourg (I), 31/8	9 15	6 »
Jean Dubuffet, Le Havre (I), 14/9	9 15	3 »
Les Arbres, Orléans (I), 21/9	45 75	8 »
Solutré, Solutré (I), 28/9	9 15	3 »
P. Alechinsky, Paris (I), 12/10	9 95	3 50
U.N.E.S.C.O. (3 P.J.), Paris (I) B, 26/10	9 15	4 »
La France à ses Morts, Paris (I), 2/11	7 65	2 »
Charles Dullin, Yenne (I), 9/11	7 65	2 »
Charles Dullin, Puteaux (II), 9/11		2 50
Documentation Française, Paris (I), 16/11	7 65	1 50
Croix-Rouge, Colmar (I) R, 23/11	9 95	3 »
Croix-Rouge-P.T.T. France, New York (II) R, 23/11		3 »
Giacometti, Paris (I), 7/12	9 95	4 »
Giacometti-P.T.T. France, Monaco (II), 7/12		4 »

1986	(Doc)	(1er j)
Franco-Thaïlandaise, Paris (I), 25/1	9 15	2 »
Franco-Thaïlandaise, Brest (II), 25/1		2 »
Front Populaire, Paris (I), 1/2	9 15	2 40
Carnaval. Venise à Paris, Paris (I), 11/2	9 15	2 »
François Arago, Estagel (I), 22/2	7 65	2 20
Henri Moissan, Paris (I), 22/2	7 65	2 20
Henri Fabre, Marseille (I), 22/2	7 65	2 20
Henri Fabre, La Terrasse (II), 22/2		2 20
Marc Seguin, Annonay (I), 22/2	7 65	2 20
Paul Héroult, Thury-Harcourt (I), 22/2	7 65	2 20
Personnages célèbres (feuille du carnet) (III), 22/2	13 75	15 »
Raymond Gid. Typographie, Paris (I), 1/3	12 25	3 »
Raymond Gid. Typographie, Rennes (II), 1/3		3 70
Pierre Cot, Coise (I), 1/3	9 15	4 »
Saint-Germain-de-Livet, Saint-Germain (I), 1/3	7 65	2 »
Louise Michel, Paris (I), 8/3	7 65	2 »
La Villette, Paris (I), 14/3	9 15	2 50
Journée du Timbre. "La Briska" (II), 5/4	9 15	3 »
Journée du Timbre (timbre du carnet) (II), 5/4		3 »
Journée du Timbre (feuille du carnet) (II), 5/4	15 25	30 »
C.H.E.A.M., Paris (I), 12/4	7 65	1 80
Estève, Culan (I), 12/4	9 15	4 »
Victor Basch, La Rochelle (I), 26/4	8 40	1 80
Europa, Paris (I), 26/4	8 40	3 »
Europa, Strasbourg (II), 26/4		4 50
Curé d'Ars, Ars-sur-Formans (I), 3/5	9 15	1 80
Curé d'Ars, Dardilly (I), 3/5		1 80
Congrès Fédération, Nancy (I), 17/5	8 40	2 »
Volley-ball, Paris (I), 24/5	9 15	2 »
Notre-Dame-en-Vaux, Châlons-sur-Marne (I), 7/6	7 65	1 80
Château de Loches, Loches (I), 14/6	7 65	2 »

Château de Loches. "Stamplink'86",		
P.T.T. France (II), 14/6		2 50
Magnelli, Paris (I), 25/6	9 15	3 30
Magnelli, Vallauris (II), 25/6		3 »
Statue de la Liberté, Paris (I), 4/7	10 75	4 »
Statue de la Liberté, obl. New York, 4/7		4 »
Statue de la Liberté, sur grande envel. cachet		
PARIS-NEW YORK, 4/7		
Filitosa, Filitosa (Corse) (I), 5/7	7 65	2 »
Monpazier, Monpazier (I), 5/7	7 65	2 50
"Liberté" "A", Paris (I), 1/8	13 75	3 »
"Liberté" "3 f. 40", Paris (II), 1/8		3 50
Bicentenaire Mont-Blanc, Chamonix (I), 8/8	9 95	2 »
Mesures d'arcs de méridien, Paris (I), 5/9	11 50	2 50
Mesures d'arcs de méridien "Stockholmia 86",		
P.T.T. France (II), 5/9		2 50
"Liberté" "1 f 90", Paris (II), 13/9		2 20
Minéraux, Paris (I), 13/9	45 75	10 »
Cinémathèque (5 PJ), Paris (I), 20/9		12 »
Cinémathèque (Bloc), Paris (I), 20/9	34 50	23 »
H. Alain Fournier, La Chapelle d'Angillon (I), 4/10,	9 15	1 80
Épineuil le Fleuriel (I), 4/10		1 80
Enseignement technique, Voiron (I), 4/10	7 65	1 50
Conférence énergie, Cannes (I), 5/10	7 65	2 40
Trimoteur Wibault 283, Le Bourget (I), 11/10	19 25	25 »
"La danseuse" d'Arp, Strasbourg (I), 8/11	9 15	3 »
"Isabelle d'Esté" de Léonard de Vinci,		
Puteaux (I), 8/ 11	10 75	3 50
Croix-Rouge, Reims (I) R, 22/11	9 15	2 20
Musées techniques de Mulhouse, Mulhouse (I), 22/11	15 25	3 »
U.N.E.S.C.O. (2 P.J.), Paris (I) B, 6/12	9 15	3 »
Musée d'Orsay, Paris (I), 9/12	11 50	3 »
Conseil de l'Europe, Strasbourg (I), 13/12	9 15	4 »
Pierre Soulages, Paris (I), 20/12	9 15	4 »

1987	(Doc)	(1er j)
F. Bienvenüe, métropolitain, Paris (I), 17/1	9 15	2 20
Uzel près l'Oust (I), 17/1		2 20
Raoul Follereau, Nevers (I) 24/1	8 40	2 »
Charles Richet Paris (I), 21/2	8 40	3 »
Eugène Jamot St Sulpice les champs (I), 21/2	8 40	3 »
Bernard Halpern, Paris (I), 21/2	8 40	3 »
Alexandre Yersin, Paris (I), 21/2	8 40	3 »
Jean Rostand, Paris (I), 21/2	8 40	3 »
Jacques Monod, Paris (I), 21/2	8 40	3 »
Personnages célèbres, (bande-carnet), (I), 21/2	38 25	30 »
"Philexfrance'89", Dijon (I), 7/3	9 15	2 20
Redon, Redon (I) (I), 7/3	7 65	1 80
Coutellerie, Thiers (I), 7/3	7 65	3 »
Journée du Timbre, "La Berline", (II), 14/3	9 15	3 »
Journée du Timbre, (timbre de carnet), (II), 14/3		3 »
Journée du Timbre, (bande-carnet), (II), 14/3	15 25	20 »
Le Corbusier, Paris (I), 11/420	9 15	2 50
Dewoitine 338, Toulouse (I), 11/4	23 »	32 »
Bram Van Velde, Paris (I), 25/4	9 15	5 »
Europa, Paris (I), 25/4	9 15	3 50
Europa, Strasbourg (II), 25/4		3 50
Henri Pourrat Ambert (I), 9/5	8 40	1 80
Château d'Azay le Rideau, Azay le Rideau (I), 9/5	9 15	2 »
Eugène Boudin, Honfleur (I), 23/5	11 50	5 »
Côtes de Meuse, Vigneulles les Hattonchatel		
(I), 30/5	11 50	3 »
Congrès Fédération, Lens (I), 6/6	8 40	1 80
Congrès Exposition Philatélique, Lens (II), 6/6		2 »
Vue d'Étretat d'après Delacroix, Étretat (I), 12/6	9 95	2 70
Entrée en guerre des États-Unis, Paris (I), 13/6	11 50	2 30
Transports à câbles, Grenoble (I), 17/6	9 15	2 »
Millénaire Hugues Capet, Noyon (I), 20/6	9 15	2 »
Prytanée national de La Flèche, La Flèche (I), 20/6	9 95	2 »
Les Baux de Provence, Baux de Provence (I), 27/6	9 15	2 »
Rassemblement mondial des "Pieds-noirs",		
Nice (I), 27/6	9 15	1 80
"Liberté" "B", Paris (I), 1/8	9 95	4 »
"Liberté" "3f. 60", Paris (II), 1/8		4 »
Championnats de lutte, Clermont-Ferrand (I), 21/8	9 15	3 »
Champignons (4 P.J.), Paris (I), 5/9	45 75	10 »
Guillaume le Conquérant, Caen (I), 5/9	9 95	2 20
Rouen (I), 5/9		2 20
Camille Bryen, Paris (I), 12/9	9 95	3 »
Le Saugeais, Montbenoît (I), 19/9	9 15	2 »
Institut Pasteur, Paris (I), 3/10	11 50	1 80
Conseil de l'Europe, Strasbourg, 10/10	9 15	3 »
"Liberté" "2f", Paris (II), 15/10		2 20
Blaise Cendrars, Courbevoie (II), 6/11	9 15	1 80
Antoine Pevsner Paris (I), 14/11	9 95	3 »
Monaco (II), 14/11		3 20
"Liberté" "f. 70", Paris (II), 16/11		3 »
Croix-Rouge, Dijon (I), 21/11	9 15	3 »
Maréchal Leclerc, Paris (I), 28/11	9 15	2 50
Strasbourg (I), 28/11		2 50
Traité d'Andelot, Andelot-Blancheville (I), 28/11	9 15	2 20
U.N.E.S.C.O. (2 P.J.), Paris (I), 5/12	9 15	3 50

1988	(Doc)	(1er j)
Coopération franco-allemande, Paris (I), 14/1	15 25	3 »
Idem, timbre allemand, Bonn, 14/1		3 »
Idem, les 2 timbres, Paris et Bonn, 14/1		3 »
Marcel Dassault, Suresnes (I), 23/1	11 50	3 »
"La communication" en bandes dessinées, (6 envel.),		
Angoulême (I), 29/1	23 »	15 »
Idem, bande-carnet Angoulême (I) 29/1		30 »
Synagogue, Paris (I), 7/2	9 95	1 80
Duquesne, Dieppe (I), 20/2	9 15	2 20
Suffren, St-Cannat (I), 20/2	9 15	2 20
St-Tropez (II), 20/2		2 20
La Pérouse, Albi (I), 20/2	9 15	2 20
La Bourdonnais, St-Malo (I), 20/2	9 15	2 20
Bougainville, Paris (I), 20/2	9 15	2 20
Dumont d'Urville, Condé-sur-Noireau (I), 20/2	9 15	2 20
Personnages célèbres, (bande-carnet) (I), 20/2	15 25	20 »
"Philexfrance'89", Metz (I), 4/3	9 15	2 20
Paris (I), 4/3		2 20
Journée du Timbre, "Voiture montée", (II), 12/3	9 15	3 »
Journée du Timbre, (timbre de carnet), (II), 12/3		3 »
Journée du Timbre, (bande-carnet), (II), 12/3	15 25	15 »
Ecole Nationale Supérieure P.T.T., Paris (I), 21/3	8 40	2 20
"Philex-Jeunes 88", Nevers (I), 5/4	9 15	1 80
Don du sang, Metz (I), 9/4	15 25	2 »
"Liberté" surcharge en Ecu, Paris (I), 16/4	12 25	5 »
Europa (2 P.J.), Paris (I), 30/4	9 15	3 50
Europa (2 P.J.), Strasbourg (II), 30/4		3 70
Jean Monnet, Cognac (I), 9/5	11 50	2 »
Congrès Fédération, Valence (I), 21/5	8 40	2 »
Assistance médicale, Paris (I), 23/5	8 40	2 10
Handicapés, Lyon (I), 28/5	9 15	2 20
Hermès dicéphale, Fréjus (I), 11/6	9 15	3 »
Bicentenaire de la Révolution (2 P.J.),		
Vizille-Grenoble (I), 18/6	12 25	6 »
Idem, le triptyque sur grande enveloppe,		
Vizille-Grenoble (I), 18/6		8 »
Animaux de Buffon, (4 PJ), Montbard (I), 18/6	45 75	5 »
Paris (I), 18/6		5 »
Troupes alpines, Grenoble (I), 27/6	9 15	1 80
Roland Garros, Saint-Denis de la Réunion (I), 2/7	10 75	2 »
Vouziers (II), 2/7		2 »
Château de Sédières, Clergoux (I), 2/7	9 15	3 »
Cirque de Gavarnie, Gavarnie (I), 25/7	9 15	2 20
Musée du Bateau, Douarnenez (I), 25/7		1 80
Armistice de 1918, Paris (I), 10/9	9 15	2 »
Pérouges, Pérouges (I) 10/9	9 15	1 80
Jacobsen Paris (I), 22/9	15 25	3 »
Copenhague, 22/9		4 »
Bimillénaire de Strasbourg, Strasbourg, 24/9	9 15	2 20
Sépulcre Saint-Mihiel, St-Mihiel, 15/10,	9 15	4 »
Poliakoff, Lille (I), 22/10	9 95	3 50
Thermalisme, Paris (I), 22/10	9 15	2 »
Croix-Rouge, Le Bourget (I), 19/11	9 15	3 »
Tinguely, Paris (I), 25/11	18 50	5 »
Bâle, 25/11		5 20
Pietà de Villeneuve-lès-Avignon,		
Villeneuve-les-Avignon (II), 10/12	10 75	4 »
Paris (I), 10/12		4 »
Droits de l'Homme, Paris (I), 10/12	9 15	2 50

1989	(Doc)	(1er j)
Bicent. de la Révolution Française, Paris (I), 1/1	13 75	3 »
Idem. 100 enveloppes avec cachets		
des 100 départements (II), 1/1		325 »
Yves Klein Paris (I), 21/1	9 15	3 »
Pour le bien des aveugles, Paris (I), 27/1	9 15	2 »
École Estienne, Paris (I), 4/2	8 40	2 »
Conseil de l'Europe, Strasbourg (I), 4/2	9 15	3 »
Sieyès, Fréjus (I), 25/2	8 40	3 »
Mirabeau, Bignon/Mir., 25/2	8 40	3 »
Mirabeau (II), 25/2		3 »

Vicomte de Noailles, Maintenon (I), 25/2	8 40	3 »
La Fayette, Chavaniac (I), 25/2	8 40	3 »
Barnave, St-Egreve (I), 25/2	8 40	3 »
Drouet, St-Menehould (I), 25/2	8 40	3 »
Varennes (II), 25/2		3 »
Personnages célèbres (bande-carnet) (II), 25/2	15 25	12 »
Élections Parlement Européen, Strasbourg (I), 4/3	9 15	2 »
Vol Franco-soviétique, Paris (I), 4/3	10 75	3 »
La Liberté, Villeurbanne (I), 18/3	9 15	3 »
Journée du Timbre, (II), 15/4	9 15	3 »
Journée du Timbre (timbre de carnet) (II), 15/4		3 »
Journée du Timbre (bande-carnet) (II), 15/4	13 75	12 »
L'Égalité, Ermenonville (I), 22/4	9 15	2 50
Panorama de Paris (5 P.J.), Puteaux (I), 21/4		11 50
Idem bande entière, Puteaux (I), 21/4	15 25	9 »
Europa, Paris (I), 29/4	9 15	3 »
Europa, Strasbourg (II), 29/4		3 »
Forêt de Fontainebleau, Fontainebleau (I), 20/5	8 40	2 »
U.I.T., Nice (I), 23/5	8 40	2 20
La Fraternité, Champagney (I), 27/5	9 15	2 50
Champ. du monde de cyclisme, Chambéry (I), 3/6	9 95	2 50
Malestroit, Malestroit (I), 10/6	8 40	2 20
Serment du Jeu de Paume, Paris (I), 20/6	11 50	3 50
Serment du Jeu de Paume, Versailles (I), 20/6		3 50
Mme Roland, Paris (I), 24/6		2 70
Camille Desmoulins, Guise (I), 24/6		2 70
Condorcet, Ribemont (I), 24/6		2 70
Bourg la Reine (II), 24/6		3 »
Clamart (II), 24/6		3 »
Kellermann, Strasbourg (I), 24/6		2 70
Personnages célèbres, Bloc (Bloc-Feuillet), 24/6	13 75	12 »
Philexfrance'89, Bloc (I), Paris 7/7	30 50	30 »
Idem. (4 P.J.) avec bloc découpé (I) Paris, 7/7		40 »
Liberté, Egalité, Fraternité, tryptique avec vignette, Paris (II), 14/7	13 »	5 »
Sommet de l'Arche, Puteaux (I), 14/7	9 95	2 50
Sommet Puteaux (II), 14/7		5 »
Château de Vaux-le-Vicomte, Maincy (I), 14/7	9 15	4 »
La Brenne, Rosnay (I), 25/8	9 15	2 50
Droits de l'Homme, (4 P.J.), Versailles (I), 26/8	12 25	10 »
Idem bande sur grande enveloppe, Versailles (I), 26/8		10 »
TGV Atlantique, Nantes (I), 23/9	10 75	5 »
Paris (II), 23/9		5 »
Charles Lapicque, Dijon (I), 23/9	10 75	3 50
Villers-Cotterêts, Villers-Cotterêts (I), 28/10	9 15	2 »
Tramway électrique, Clermont-Ferrand (I), 28/10	9 95	3 50
Augustin Cauchy, Paris (I), 10/11	9 15	2 20
Sceaux (II), 10/11		2 20
Maréchal de Lattre, Belfort (I), 18/11	9 15	2 20
Mouilleron (I), 18/11		2 20
Croix-Rouge, Lyon (I), 18/11	9 15	2 50
Washington (II), 18/11		2 50
Harkis, Paris (I), 9/12	9 15	2 »
Marseille (II), 9/12		2 »
Marianne du Bicentenaire, 2 f. 30, Paris (I), 31/12	11 50	3 50

1990

1990	(Doc)	(1er j)
"Liberté" " C", Paris (I), 2/1	9 95	3 »
Marianne du Bicentenaire, 2 f. 10, Paris (I), 22/1		3 »
2 f. 30 adhésif, Paris (II), 29/1		6 »
La Dentelle, Paris (I), 3/2	9 15	2 50
Jeux d'Albertville'92, Albertville (I), 8/2	13 »	2 20
Jeux olympiques, Patinage (I) Albertville, 8/2	13 »	3 »
Gal de Gaulle, Lille (I), 24/2	11 50	4 »
Paris (II), 24/2		4 »
Max Hymans, Paris (I), 3/3	9 15	2 »
Odilon Redon, Bordeaux (I) 3/3	13 »	3 20
Journée du Timbre, (II) 17/3	9 15	3 »
(Timbre du carnet) (II) 17/3		3 »
(Bande carnet) (II) 17/3	12 25	12 »
Jean Guehenno, Fougères (I), 24/3	9 15	2 50
Marianne du Bicentenaire, 0,10, 0,20, 0,50, 3,20 et 3,80. (2 P.J.), Paris (I), 26/3		8 »
U.N.E.S.C.O., Paris (I), 7/4	10 75	3 »
Abbaye de Flaran, Valence s/Baïse, (I) 21/4	9 15	3 »
Europa, (2 P.J), Strasbourg (I), 28/4	9 95	4 50
Macon (II), 28/4		2 20
Cerizay (II), 28/4		2 20
1er Mai, Paris (I) 1/5	9 95	2 20
Institut du Monde Arabe, Paris (I), 5/5	9 15	3 »
Croix-Rouge, Quimper (I), 5/5	10 75	3 50
Marianne du Bicentenaire 1, 2, 5 et 10 f. (2 P.J.), Paris (I) 21/5	18 50	12 »
Conseil de l'Europe, Strasbourg (I), 26/5	10 75	3 50
Congrès Fédération, Villefranche sur Saône (I), 2/6	9 15	2 20
Course autour du monde, Paris (I), 6/6	11 50	2 20
Lorient (II), 9/6		2 20
Auguste Rodin, Paris (I), 9/6	10 75	3 70
Aristide Bruant, Courtenay (I), 16/6	11 50	4 »
Maurice Chevalier, Paris (I), 16/6	11 50	4 »
Tino Rossi, Ajaccio (I), 16/6	11 50	4 »
Édith Piaf, Paris (I), 16/6	11 50	4 »
Jacques Brel, Paris (I), 16/6	11 50	4 »
Georges Brassens, Sète (I), 16/6	11 50	4 »
Personnages célèbres, (bande-carnet) (II), 16/6	17 »	20 »
Christ de Wissembourg, Wissembourg (I), 16/6	10 75	4 »
Appel du 18 Juin 40, Paris (I), 17-18/6	11 50	3 50
Lille (II), 17-18/6		3 50
Abbaye de Cluny, Cluny (I), 23/6	9 15	2 20
Pont-Canal de Briare, Briare (I), 7/7	9 15	2 20
Maison France-Brésil, Paris (I), 14/7	9 15	2 70
Cap Canaille, Cassis (I), 14/7	9 15	2 70
Institut Géographique National, St-Mandé (I), 29/9	10 75	2 20
Nature : les Poissons, (2 P.J.), Neuilly s/S. (I), 6/10	45 75	10 »
Création du Drapeau Tricolore, Paris (I), 13/10		3 »
Création des Départements Français, Port s/Saône (I), 13/10		3 »
G. Monge, Beaune (I), 13/10		3 »
Abbé Grégoire, Vého-Embermenil (I), 13/10		3 »
Bicentenaire de la Révolution Française, Paris (II), 13/10 Bloc-feuillet (II), 13/10	15 25	12 »
Maurice Genevoix, Decize (I), 10/11	9 15	2 20
Châteauneuf s/Loire (II), 10/11		2 70
Verdun (II), 10/11		2 70
Roger Bissière, Paris (I), 8/12	9 95	3 »
O.C.D.E., Paris (I), 15/12	10 75	2 70
Jeux olympiques, Saut, Courchevel (I), 22/12	13 »	3 »
Ski de vitesse, Les Arcs (I), 29/12	13 »	3 »

1991

1991	(Doc)	(1er j)
Jeux olympiques, Slalom, Les Ménuires (I), 19/1	13 »	2 50
Ski de fond, Les Saisies (I), 2/2	13 »	2 50
Hockey, Méribel (I), 9/2	13 »	2 50
Auguste Renoir, Limoges (I), 23/2	13 »	4 »
Jacques Prévert, Neuilly s/S (I), 23/2	11 50	3 »
Paul Éluard, St-Denis (I), 23/2	11 50	3 »
Louis Aragon, St-Arnoult en Y. (I), 23/2	11 50	3 »
André Breton, Tinchebray (I), 23/2	11 50	3 »
Francis Ponge, Montpellier (I), 23/2	11 50	3 »
René Char, L'Isle s/La Sorgue (I), 23/2	11 50	3 »
Personnages célèbres, (bande-carnet) (II), 23/2	12 25	22 50
Jeux olympiques, Luge, Macot, La Plagne (I), 2/3	13 »	2 50
Journée du Timbre, (II) 16/3	11 50	3 »
(Timbre de carnet) (II), 16/3		3 »
(Bande-carnet) (II), 16/3	12 25	12 »
Philexjeunes'9I, Cholet (I), 30/3	11 50	2 50
Mozart, Paris (I), 9/4	15 25	3 20
Imprimerie Nationale, Paris (I), 13/4	11 50	3 »
Georges Seurat, Mulhouse (I), 13/4	13 »	3 70
Jeux olympiques, Curling, Pralognan (I), 20/4	13 »	2 80
Concours Lépine, Paris (I), 27/4	12 25	3 »
Pont de Cheviré, Nantes (I), 27/4	11 50	2 50
Europa. Espace, Strasbourg (I), 27/4	11 50	4 »
Kourou (I), 27/4		4 »
Congrès Fédération, Perpignan (I), 18/5	11 50	2 20
Roland Garros'9I, Paris (I), 24/5	13 »	3 »
Paris (II), 26/5		3 »
L'Arbre de La Liberté, Paris (I), 1/6		3 »
Gendarmerie Nationale, Paris (I), 1/6		3 »
La Tour d'Auvergne, Carhaix Plouguer (I), 1/6		3 »
Saint-Just, Decize (I), 1/6		3 »
Blérancourt (II), 1/6 Blérancourt		3 »
Bloc-Feuillet, Révolution (I), 1/6	15 25	12 »
Orgues de Wasquehal, Wasquehal (I), 22/6	13 »	3 »
Carennac, Carennac (I), 6/7	11 50	2 20
Vallée de Munster, Munster (I), 6/7	11 50	2 70
Gaston Fébus, l'Hôpital d'Orion-Orthez (I), 13/7	12 25	4 »
Foix (II), 13/7		4 »
Jeux Olympiques, ski artistique, Tignes (I), 3/8	13 »	3 »
Jeux Olympiques, ski alpin, Val d'Isère (I), 17/8	13 »	3 »
Marianne du Bicentenaire "D", Paris (I), 19/8		3 »
Idem, "D" adhésif, Paris (I), 19/8		3 »
Ours des Pyrénées, St-Lory-Soulan (I), 14/9	11 50	3 »
Tortue terrestre, Gonfaron (I), 14/9	11 50	3 »
Castor, Ste-Marie-de-la-Mer (I), 16/9	11 50	3 »
Martin-pêcheur, Dole (I), 14/9	11 50	3 »
Congrès forestier mondial, Paris (I), 22/9	11 50	2 50
Langeac (II), 22/9		2 50
Marianne du Bicentenaire, 2 f. 20, 2 f. 50, 3 f. 40 et 4 f., Paris (I), 30/9 (2 PJ)	15 25	10 »

Marianne du Bicentenaire, 2 f. 50, Rge adhésif, Paris (I), 30/9		3 »
École Spéciale Travaux Publics, Paris (I), 5/10	11 50	2 20
Max Ernst, Sceaux (I), 10/10	12 25	3 »
Bonn 1 (I), 10/10		3 »
Marcel Cerdan, Paris (I), 19/10	12 25	2 50
Amnesty International, Paris (I), 19/10	9 15	3 »
François Rouan, Paris (I), 9/11	10 75	3 50
Flamme Olympique, Paris (I), 14/11	12 25	2 50
Idem, parcours de la Flamme :		
Départ, Paris (II), 14/12/91		4 »
Arrivée, Albertville (II), 8/2/92		4 »
U.N.E.S.C.O., Paris (I), 13/11	9 95	4 »
Conseil de l'Europe, Strasbourg (I), 23/11	9 95	4 »
Roberto Matta, Paris (I), 30/11	10 75	3 70
Croix-Rouge, Toulon (I), 30/11	9 95	3 »
Montréal (II), 30/11		3 »
Idem, Carnet, Toulon (I), 30/11		20 »
Jeux Paralympiques, Paris (I), 6/12	12 25	2 50
Lyon (II), 7/12		2 50
Ratt. volontaire Mayotte, Paris (I), 20/12	9 95	2 20

1992

	(Doc)	(1er j)
Expo 92 Séville, Paris (I), 18/1	11 50	2 70
Bloc Jeux Olympiques, Albertville (II), 8/2	18 50	25 »
Journée du Timbre (II), 7/3	9 95	3 »
(Timbre du Carnet) (II), 7/3		3 »
(Bande Carnet) (II), 7/3	11 50	15 »
Jeux Olympiques, émission franco-grecque, Tours (I), 3/4	13 75	3 »
Idem, Timbre grec, Athènes-Tours (I), 3/4		3 20
César Franck, Paris (I), 11/4	9 95	3 »
Germaine Tailleferre, St-Maur-des-Fossés (I), 11/4	9 95	3 »
Érik Satie, Honfleur (I), 11/4	9 95	3 »
Arcueil (II), 11/4		3 »
Arthur Honegger, Le Havre (I), 11/4	9 95	3 »
Florent Schmitt, Blamont (I), 11/4	9 95	3 »
Georges Auric, Lodère (I), 11/4	9 95	3 »
Personnages célèbres, (Bande-carnet) (I), 11/4	11 50	15 »
Marguerite d'Angoulême, Angoulême (I), 11/4	9 95	3 »
Fondation d'Ajaccio, Ajaccio (I), 30/4	11 50	3 »
Europa. Christophe Colomb, Strasbourg (I), 9/5	13 75	4 »
St-Dié (I), 9/5		4 »
Essen (I), 9/5		4 »
Canal de l'Ourcq, Bondy (I), 30/5	11 50	2 50
Congrès des céréales et du pain, Paris (I), 30/5	11 50	2 70
Congrès Fédération, Niort (I), 6/6	11 50	2 20
France et Espagne, Pays olympiques, Paris (I), 19/6	13 75	3 »
Madrid (II),		3 20
L'Homme de Tautavel, Tautavel (I), 20/6	11 50	3 »
Jacques Callot, Nancy (I), 27/6	11 50	4 »
Metz (II), 27/6		4 »
Mont Aiguille, Clelles en Trièves, 27/6	11 50	2 70
Château de Biron, Biron, 4/7	11 50	2 70
Lorient, Lorient, 4/7	11 50	3 »
Fleurs des étangs et marais, Nantes (I), 12/9 (4 PJ)	45 75	12 »
Marianne du Bicentenaire, 4 f. 20, Paris (I), 14/9		3 70
1792, An I de la République, Paris (I), 26/9	11 50	4 »
Bicentenaire de la proclamation de la République, Paris (I), 26/9 (4 PJ)	15 25	16 »
Marché unique européen, Paris (I), 6/11	13 »	3 50
Idem Strasbourg (II), 6/11		3 »
Liaison postale aérienne Nancy-Lunéville, Roissy (I), 12/11	10 75	3 »
Lunéville (II), 12/11		4 »
Nancy (II), 12/11		4 »
Marcel Paul, Paris (I), 13/11	10 75	3 »
"Philateg", Paris (II), 13/11		6 »
Francis Bacon, Paris (I), 20/11	10 75	5 »
Alberto Burri, Paris (I), 20/11	10 75	5 »
Paul Delvaux, Paris (I), 20/11	10 75	5 »
Antoni Tapies, Paris (I), 20/11	10 75	5 »
Croix-Rouge, Strasbourg (I), 28/11	10 75	3 »
Stockholm (II), 28/11		3 »
Idem, Carnet, Strasbourg (I), 28/11		21 »
Les Gens du voyage, Paris (I), 5/12	10 75	3 »

1993

	(Doc)	(1er j)
Les Postiers autour du monde, Port Camargue (I), 6/2	10 75	3 50
Espèces protégées de canards, Villars-les-Dombes (I), 6/2 (4 PJ)	45 75	15 »
Marianne du Bicentenaire, 2 f. 20, vert clair, Paris (II), 8/2		3 20
Mémorial des guerres en Indochine, Fréjus (I), 16/2	10 75	2 70
Journée du Timbre, (II) 6/3	10 75	3 50
(Paire du carnet) (II) 6/3		4 »
(Bande carnet) (II) 6/3	10 75	20 »
Jeux méditerranéens 93, Montpellier (I), 13/3	10 75	2 20
Centenaire du "Droit Humain", Paris (I), 3/4	10 75	3 »
Europa, art contemporain, Strasbourg (I), 17/4 (2 PJ)	10 75	6 »
Idem Paris (II), 17/4 (2 PJ)	10 75	6 »
Marianne du Bicentenaire "à validité permanente", Boulogne sur Seine (I), 19/4	10 75	4 »
Guy de Maupassant, Tourville sur Arques (I), 24/4	10 75	3 »
Alain, Mortagne au Perche (I), 24/4	10 75	3 »
Jean Cocteau, Maisons Lafitte (I), 24/4	10 75	3 »
Marcel Pagnol, Aubagne (I), 24/4	10 75	3 »
André Chamson, Nîmes (I), 24/4	10 75	3 »
Marguerite Yourcenar, Paris (I), 24/4	10 75	3 »
Bailleul (II), 24/4		3 »
Personnages célèbres, (Bande-carnet) (I), 24/4	10 75	20 »
Chinon, Chinon (I), 24/4	10 75	3 20
Conférence des Cours Constitutionnelles, Paris (I), 8/5	10 75	2 20
Django Reinhardt, Boulogne sur Seine (I), 14/5	10 75	3 »
Louise Weiss, Paris, (I) 15/5	10 75	2 20
Congrès Fédération, Lille (I), 29/5	10 75	3 20
Muséum national d'Histoire naturelle, Paris (I), 5/6	10 75	2 20
Martyrs et Héros de la Résistance, Lyon (I), 18/6	10 75	5 20
Télégraphe optique de Chappe, Saint-Martin-du-Tertre (I), 10/7	10 75	3 »
Petit train d'Artouste, Laruns (I), 10/7	10 75	3 20
Minerve, Minerve (I), 17/7	10 75	3 »
Marianne du Bicentenaire, 2 f. 40 vert, Paris (I), 12/7	10 75	2 50
4 f. 40 bleu, Paris (I), 26/7		3 »
70 c. adhésif avec timbre adhésif "à validité permanente", Paris (II), 2/8		12 »
3 f. 50 vert-jaune, Paris (I), 9/8		3 »
Abbaye de La Chaise-Dieu, La Chaise-Dieu (I), 4/9	10 75	2 50
Georges de la Tour, Vic sur Seille (I), 9/9	10 75	4 50
Libération de la Corse, Ajaccio ou Bastia (I), 9 et 10/9	10 75	2 70
Montbéliard, Montbéliard (I), 11/9	10 75	3 »
Le Val de Grâce, Paris (I), 25/9	10 75	3 »
Les Postiers autour du monde, Cherbourg (II), 25/9		3 »
Maurice Denis, Saint Germain en Laye (I), 2/10	10 75	4 50
Arts du cirque, Châlons sur Marne (I), 2/10	10 75	3 »
Takis, Paris (I), 9/10	10 75	4 50
Le Jacquemard de Lambesc, Lambesc (I), 9/10	10 75	3 »
"Le plaisir d'écrire", Paris (I), 21/10 (7 PJ)	10 75	22 50
La bande-carnet, sur grande enveloppe		22 50
U.N.E.S.C.O., Paris (I), 23/10	10 75	5 25
Salon du Timbre, (2 env.), Paris (I), 10/11		12 »
Bloc sur grande enveloppe, Paris (I) 10/11	12 25	12 »
Musée du Louvre, diptyque, Paris (I), 20/11	10 75	4 50
Musée du Louvre, bande de deux diptyques, grande enveloppe, Paris (II), 20/11		11 »
Croix-Rouge, Metz (I), 27/11	10 75	3 »
Montréal (II), 27/11		3 »
Idem, carnet, Metz (I)		20 »
Marie-Hélène Vieira da Silva, Paris (I), 11/12	10 75	5 »

1994

	(Doc)	(1er j)
Conseil de l'Europe, Strasbourg (I), 15/1	10 75	5 »
Arts décoratifs, Nancy (I), 22/1 (4 PJ)	45 75	12 »
Bourg la Reine (II), 22/1 (4 PJ)		12 »
Sean Scully, Paris (I), 29/1	10 75	4 50
Cathédrale du Mans, Le Mans (I), 12/2	10 75	4 50
Marianne du Bicentenaire, timbre adhésif "à validité permanente" avec dentelure verticale en lignes ondulées, Paris (II), 16/2		4 50
Bastia, Bastia (I), 19/2	10 75	2 70
Élections au Parlement Européen, Paris (I), 26/2	10 75	2 40
Strasbourg (II), 26/2		2 40
Laurent Mourguet, créateur de Guignol, Villeurbanne (I), 4/3	10 75	2 70
Salon Lugdunum (II), 4/3		5 »
École Polytechnique, Palaiseau (I), 11/3	10 75	2 40
Journée du Timbre, (II) 12/3	10 75	4 »
Paire du carnet (II) 12/3		5 »
Bande carnet	10 75	22 »
Relations culturelles France-Suède, Paris (I), 18/3 (4 PJ)	20 »	18 »
Bande carnet, grande enveloppe		25 »
Bande carnet et carnet suédois sur grande enveloppe, Paris et Stockholm (I et II), 18/3		28 »

Président Georges Pompidou, Paris (I), 9/4	10 75	2 40
Hommage aux Maquis, Thones (I), 9/4	10 75	2 70
Petit Bornand (II), 9/4		3 »
Thorens-Glières (II), 9/4		3 »
Philexjeunes'94, Grenoble (I), 22/4	10 75	2 40
Europa, l'Europe et les découvertes,		
Strasbourg (I), 30/4	10 75	5 50
Paris (II), 30/4	10 75	5 50
Inauguration du Tunnel sous la Manche,		
Coquelles (I), 3/5 (2 PJ)	12 25	8 »
Calais (II), 3/5 (2 PJ)		10 »
Timbres français et britanniques		
sur grande enveloppe (I) et (II), 3/5		24 »
Banque asiatique de développement, Nice (I), 3/5	10 75	2 20
Congrès Fédération, Martigues (I), 20/5	10 75	2 20
Cour de Cassation, Paris (I), 3/6	10 75	2 40
Cinquantenaire du Débarquement, Bayeux (I), 4/6	10 75	3 50
Caen (II), 4/6		4 »
Hommage aux libérateurs, Bayeux (I), 4/6	10 75	3 50
Montagne Sainte Victoire, Aix en Provence (I), 18/6	10 75	3 »
Argentat (Corrèze), Argentat (I), 18/6	10 75	3 »
Centenaire du C.I.O., Paris (I), 23/6	10 75	3 »
Pays de la Saulx (Meuse), Haironville (I), 2/7	10 75	2 50
Orgues de Poitiers, Poitiers (I), 5/7	10 75	3 »
Marianne du Bicentenaire 2 f., Paris (I), 5/7		2 70
50e anniversaire du Débarquement en Provence		
La Croix Valmer (I), 13/8	10 75	2 70
Draguignan (II), 13/8		3 »
Saint-Raphaël (II), 13/8		3 »
Toulon (II), 13/8		3 »
Nicolas Poussin, Les Andelys (I), 10/9	10 75	3 50
Fernandel, Marseille (I), 17/9	10 75	3 70
Yvonne Printemps, Ermont (I), 17/9	10 75	3 70
Joséphine Baker, Castelnaud (I), 17/9	10 75	3 70
Bourvil, Pretot-Vicquemare (I), 17/9	10 75	3 70
Yves Montand, Marseille (I), 17/9	10 75	3 70
Coluche, Paris (I), 17/9	10 75	3 70
Personnages célèbres (Bande carnet) (I), 17/9	12 25	20 »
Conservatoire des Arts et Métiers, Paris (I), 24/9	10 75	2 70
Cascade du Parc de Saint Cloud Saint Cloud (I), 24/9	10 75	3 »
Ecole Normale Supérieure, Paris (I), 8/10	10 75	2 70
Toxicomanie, Paris (I), 15/10		2 70
Georges Simenon, Paris (I), 15/10	10 75	3 »
Parc Floral de Paris - Salon du Timbre Paris		
(I), 15/10 (2 env.)		14 »
Bloc sur grande enveloppe, Paris (I), 15/10	12 25	16 »
Grande loge de France, Paris (I), 5/11	10 75	3 »
Baselitz, Paris (I), 19/11	10 75	5 »
Alain Colas, Clamecy (I), 19/11	10 75	3 »
Croix Rouge, Arras (I), 26/11	10 75	3 70
Montreal (II), 26/11		3 70
Idem. Carnet Arras (I), 26/11		20 »
Contre le Sida, Paris (I), 1/12		2 50
Fédération Nationale de la Presse, Paris (I), 1/12	10 75	2 70
Les Champs Elysées, Paris (I), 31/12	10 75	4 50

1995	(Doc)	(1er j)
Les Champs Elysées, Paris (II), 1/1		6 »
Centenaire du Cinéma (4 env.), Paris (I), 14/1		12 »
(4 env.), Lyon (II), 14/1		12 »
Bloc sur 1 grande enveloppe, Paris (I),		
Lyon (II), Besançon (II) et La Ciotat (II)14/1	12 25	14 »
Pont de Normandie,, Le Havre (I), 20/1	10 75	5 »
Honfleur (II), 20/1		5 »
Notariat Européen, Paris (I), 21/1	10 75	2 70
Louis Pasteur, Dole (I), 18/2	10 75	3 »
Paris (II), 18/2		3 »
Châsse de Saint Taurin, Evreux (I), 25/2	10 75	5 »
Audubon, Les Oiseaux (4 PJ), Paris (I), 25/2		14 »
Idem (4 PJ)Nantes (II), 52/2		16 »
Bloc oiseaux, Paris (I), 25/2	10 75	15 »
Nantes (II), 25/2		25 »
Malterie, Stenay (I), 25/2	10 75	2 70
Journée du Timbre (II), 4/3	10 75	4 50
Paire du Carnet, 4/3		5 »
Bande-carnet sur grande env., 4/3	10 75	20 »
Comités d'Entreprise, Paris (I), 7/3	10 75	2 70
Ecole supérieure d'Electricité, Gif/Yvette (I), 11/3	10 75	4 »
Institut langues Orientales, Paris (I), 25/3	10 75	3 »
Jean Giono, Manosque (I), 25/3	10 75	3 »
Ariane - 100e satellite, Kourou (I), 28/3		3 »
Sidérurgie lorraine, Hayange (I) 1/4	10 75	3 »
Europa, Paix et Liberté (2 env.), Strasbourg (I), 29/4	10 75	6 »
Paris (II), 29/4		6 »
Métier de la Forêt (I), Renwez, 29/4	10 75	3 30
De Gaulle - La Victoire, Paris (I), 8/5	10 75	5 »
Pierre Prud'hon, Toulouse (I), 12/5	10 75	7 »
Remiremont, Remiremont (I), 13/5	10 75	2 70
Assemblée Nationale, Paris (I), 13/5	10 75	3 »
Croix Rouge, Saumur (I), 13/5	10 75	5 »
Helsinki (II), 13/5		7 »
Carnet, Saumur (I), 13/5		20 »
Secours populaire, Paris (I), 20/5	10 75	2 20
Metz (II), 20/5		2 20
Pont de Nyons, Nyons (I), 20/5	10 75	3 30
La Bretagne, Rennes (I), 27/5	(les 4) 10 75	3 »
Les Vosges, Epinal (I), 27/5		3 »
L'Auvergne, Clermont-Ferrand (I), 27/5		3 »
La Camargue, Arles (I), 27/5		3 »
Congrès Fédération, Orléans (I), 2/6	10 75	3 »
Orléans (II), 2/6		6 »
Village de Corrèze, Corrèze (I), 3/6	10 75	3 »
Zao Wou-Ki, Paris (I), 10/6	10 75	7 »
Fables de La Fontaine (6 env.) (I),		
Château-Thierry 24/6	10 75	20 »
Bande de 6 T.-P., Château-Thierry 24/6		15 »
Rafle du Vel d'Hiv, Paris (I) 9/7	10 75	3 »
André Maginot, Paris (I), 9/9	10 75	3 »
Revigny (II),9/9		3 »
Grande Loge Féminine, Paris (I)	10 75	3 »
Kirkeby, Paris (I) 23/9	10 75	7 »
La pharmacie hospitalière, Paris (I), 23/9	10 75	3 »
Lyon (II), 23/9		4 »
Congrès, Paris (II), 26/9		8 »
Barbizon, Barbizon (I), 30/9	10 75	4 »
Ecole Nationale d'Administration, Paris (I), 5/10	10 75	3 »
Ecole Nation. d'Administration, Strasbourg (I), 5/10		3 »
Berthe Morisot, Paris (I), 7/10	10 75	6 »
Institut de France, Paris (I), 14/10	10 75	3 »
Automobile Club de France, Paris (I), 4/11	10 75	3 50
50e anniversaire de l'O.N.U., Paris (I), 16/11	10 75	3 50
50e anniversaire de l'O.N.U., enveloppe mixte		
France - O.N.U. - Paris 16/11		5 »
Les santons de Provence (6 env.)	chaque 10 75	
Marseille (I), 25/11		25 »
Sceaux (II), 25/11		27 »
Carnet santons (I), 25/11		17 »
Montréal (II), 25/11		25 »
Francis James, Orthez (I), 2/12	10 75	5 »
Tournay (II), 2/12		5 »
Cathédrale d'Evry, Evry (I), 9/12	10 75	4 »
Coupe du Monde de Football 98, Paris (1), 12/12	10 75	4 »

1996	(Doc)	(1er j)
Wercollier, Strasbourg (I), 20/1	10 75	6 »
Dibbets, Paris (I) 10/2	10 75	6 »
Civilisation des Arawaks, St Martin (I), 10/2	10 75	3 »
Corot, Ville d'Avray (I), 2/3	10 75	6 »
L'Imaginaire Irlandais, Paris (I) 16/3	10 75	3 »
Journée du Timbre (II), 16/3	10 75	4 »
Paire du Carnet (II), 16/3		6 »
Bande-carnet (II) 16/3		18 »
Jacques Rueff, Paris (I), 23/3	10 75	3 50
Marianne du Bicentenaire (2 70-3 80-4 50)		
Paris (I), 18/3	10 75	6 50
René Descartes, Descartes (I), 30/3	10 75	4 »
50 ans d'EDF-GDF, Paris (I) 6/4	10 75	3 »
Toulouse (II) 6/4		3 »
Grenoble (II) 6/4		3 »
Parc des Cévennes, Florac (I), 20/4	(les 3) 12 25	3 50
Parc du Mercantour, St Etienne de Tinée (I) 20/4		4 »
Parc de la Vanoise, Planay (I) 20/4		4 »
I.N.R.A., Paris (I) 4/5	10 75	3 »
Europa, Madame de Sévigné, Strasbourg (I) 27/4	10 75	3 »
Paris (II) 27/4		3 »
Maison de Jeanne d'Arc - Domrémy 11/5	10 75	5 »
Accord Ramoge, Marseille 14/5	10 75	4 »
Monaco 14/5		5 50
Gênes 14/5		6 »
Congrès Fédération, Clermont Ferrand (I) 26/5	10 75	3 »
Aulnat (II) 26/5		3 50
Bitche, Bitche (I), 25/5	10 75	2 70
Coupe du Monde de Football, Lens, Montpellier,		
Saint-Etienne, Toulouse (I), 1/6 (4 env.)	10 75	12 »
U.N.E.S.C.O., Paris (I), 1/6 (2 env.)		6 »
Conseil de l'Europe, Strasbourg (I), 1/6		6 »
Iles Sanguinaires, Ajaccio (I), 1/6	10 75	3 50
Cathédrale de Chambéry, Chambéry (I), 8/6	10 75	3 70
Trésor de Neuvy-en-Sullias, Orléans (I), 8/6	10 75	5 »

Jacques Marette, Paris (I), 15/6	10 75	3 »
Centenaire des Jeux olympiques, Lille (I), 15/6	10 75	3 »
Train Ajaccio-Vizzavona, Ajaccio (I), 29/6	10 75	4 »
Abbaye du Thoronet, Le Thoronet (I), 6/7	10 75	3 70
Notre-Dame de Fourvière, Lyon (I), 6/9	10 75	3 »
Baptême de Clovis, Reims (I), 14/9	10 75	3 50
Arman, Marseille (I), 21/9	10 75	5 50
Héros français du roman policier (6 env.)		
Paris (I), 5/10	12 25	22 »
Saint-Nazaire (II), 5/10		23 »
bande carnet (I) Paris 5/10		22 »
Lycée Henri IV, Paris (I), 12/10	10 75	3 »
U.N.I.C.E.F., Paris (I), 19/10	10 75	3 »
Conseil Economique et Social, Paris (I), 26/10	10 75	2 70
Cinquantenaire de l'U.N.E.S.C.O., Paris (I), 2/11	10 75	3 »
Salon Philatélique d'Automne, Paris (I), 7/11	10 75	4 50
Croix-Rouge, Paris (I) 16/11	10 75	5 »
Bande carnet, Paris (I) 16/11		20 »
Départements d'Outre-Mer, Paris (I), 16/11	10 75	3 »
Basse Terre (II), 16/11		3 »
Cayenne (II), 16/11		3 »
Fort de France (II), 16/11		3 »
Saint Denis de la Réunion (II), 16/11		3 »
Ecole Française d'Athènes, Paris (I), 23/11	10 75	3 »
André Malraux, Paris (I), 23/11	10 75	3 »
Festival de Cannes, Paris (I), 30/11	10 75	3 »
Cannes (II), 30/11		3 »
Bibliothèque Nationale de France, Paris (I), 14/12	10 75	4 »

1997	(Doc)	(1er j)
François Mitterrand, Château Chinon (I), 4/1	10 75	4 »
Paris (II), 4/1		4 »
Innovation participative, Paris (I), 24/1	10 75	2 70
Centre Pompidou, Paris (I), 31/1	10 75	3 »
Timbres de souhaits, Chessy (I), 8/2	10 75	2 70
Saint Valentin (I), 8/2		2 70
Ecole Nationale des Ponts et Chaussées, Paris (I), 14/2	10 75	2 70
Patrimoine guyanais, Saint-Laurent-du Maroni (I) 22/2	10 75	2 70
Fresques de Tavant, Tavant (I), 1/3	10 75	5 »
Journée du Timbre, (II), 15/3	10 75	3 50
Paire du carnet (II), 15/3		4 50
Bande-carnet (II), 15/3		15 »
Millau, Millau (I), 15/3	10 75	3 »
Bernard Moninot, Paris (I), 29/3	10 75	5 50
Parc des Ecrins, Briançon (I), 12/4		3 »
Parc de la Guadeloupe, Petit Bourg (I), 12/4		3 »
Parc des Pyrénées, 12/4		3 70
Parc de Port-Cros, Hyères (I) 12/4		3 70
Les 4 Parcs ci-dessus, Mulhouse (II) 12/4	12 25	15 »
Europa "Le Chat Botté", Strasbourg (I), 26/4	10 75	3 50
Philexjeunes'97, Nantes (I), 2/5	9 15	2 70
Les Journées de la Lettre, Paris (I) 8/5 (6 env.)		17 »
Idem. Timbres auto-adhésifs du carnet Paris (I), 8/5	13 75	20 »
Idem. Enveloppe grand format (avec oblitérations de 8 villes : Lille, Strasbourg, Bordeaux, Lyon, Rennes, Marseille, Clermont Ferrand, Paris) (II)		30 »
Hommage aux combattants en A.F.N., Paris (I) 10/5	10 75	3 »
Congrès Fédération, Versailles (I), 17/5	10 75	3 »
Versailles (O), 17/5		4 »
75e anniversaire de la Fédération, Versailles (II) 17/5		4 »
Château du Plessis-Bourré, Ecuillé (I) 24/5	10 75	4 »
Coupe du Monde de Football, Lyon, Marseille, Nantes, Paris (I) 31/5 (4 env.)	10 75	12 »
Fresque Les Salles Lavauguyon, Les Salles Lavauguyon (I) 14/6	10 75	4 »
Saint Martin, Tours (I) 5/7	10 75	4 »
Amiens, Ligugé, St Martin Lacaussade (II) 5/7 (3 env.)		12 »
Enclos Paroissial, Guimiliau (I) 12/7	10 75	3 »
Marianne du 14 Juillet (4 val.), Paris (I) 14/7 (2 env.)	10 75	8 20
Championnats du monde d'aviron, Novalaise (I) 30/8	10 75	3 »
César, Paris (I) 13/9	10 75	5 »
Corsaires Basques, St Jean de Luz (I) 13/9	10 75	2 70
Marianne du 14 Juillet (12 val.) Paris (I) 15/9 (4 env.)	15 25	22 »
Sablé sur Sarthe, Sablé (I) 20/9	10 75	2 70
Basilique St Maurice, Epinal (I) 20/9	10 75	2 70
Voiturier de Marée, Boulogne s/mer (I) 26/9	10 75	2 70
J. B. Chardin, Paris (I) 27/9	10 75	5 »
Année du Japon, Paris (I) 4/10	10 75	4 »
Judo, Paris (I) 9/10	10 75	3 »
Domaine de Sceaux, Sceaux (I) 11/10	10 75	2 70
SAR.LOR.LUX Metz (I) 16/10	10 75	2 70
Luxembourg 16/10		3 »
Bonn 16/10		3 »
La Qualité, St Dié (I) 18/10	10 75	3 »
Abbeville et Dijon (II) 18/10 (2 env.)		6 70
Collège de France, Paris (I) 18/10	10 75	3 70
Héros d'aventures, Paris (I) 25/10 (6 env.)		20 »
Lancelot, Rennes (II) 25/10		3 50
Le Bossu, Nevers (II) 25/10		3 50
Cyrano, Bergerac (II) 25/10		3 50
Héros d'aventures (bande-carnet) (I) 25/10	12 25	20 »
Croix-Rouge, Paris (I) 6/11	10 75	5 »
Idem carnet, Paris (I) 6/11		20 »
Meilleurs Voeux ; chat et souris, Paris (I) 8/11	10 75	3 »
Breguet XIV, Paris (I) 15/11	15 25	14 »
Enfance maltraitée, Paris (I) 20/11	10 75	2 70
Meilleurs Voeux du Facteur, Paris (I) 22/11	10 75	3 »
Maréchal Leclerc, Paris (I) 28/11	10 75	3 »
Amiens, Strasbourg (II) 28/11 (2 env.)		6 »
"Philexfrance 99" Paris (I) 6/12	10 75	3 »
Moutier d'Ahun, Moutier d'Ahun (I) 13/12	10 75	3 »

1998	(Doc)	(1er j)
Michel Debré, Paris (I) 15/1	10 75	3 »
Amboise, St Denis Réunion (II) 15/1 (2 env.)		6 50
Assemblée Nationale, Paris (I) 24/1	10 75	2 70
Coupe du Monde de Football, Bordeaux, St Denis (I) 24/1 (2 env.)	10 75	6 »
Idem bloc 10 villes (I) 24/1	15 25	21 »
"Bonne Fête" St Valentin (I) (31/1)	10 75	2 70
Médiateur de la République Paris (I) 5/2	10 75	2 70
Journée du Timbre, Paris (II) 21/2	10 75	3 »
Paire du carnet (II) 21/2		4 50
Bande carnet (II) 21/2		15 »
Coupe du Monde de Football (timbre rond gommé), St Denis (I) 28/2	10 75	3 »
Idem (timbre rond auto-adhésif), Paris (I) 28/2		3 »
Abbé Franz Stock, Paris (I) 28/2	10 75	4 »
Chartres (II) 28/2		4 »
"Joyeux anniversaire", Paris (I) 13/3	10 75	2 70
Réunion Mulhouse à la France, Mulhouse (I) 14/3	10 75	4 »
Abbaye de Cîteaux, St Nicolas les Cîteaux (I) 14/3	10 75	4 »
Patrimoine réunionnais, St Pierre (I) 4/4	10 75	4 »
Magritte, Paris (I) 18/4	10 75	5 »
Bruxelles 18/4		5 »
Edit de Nantes, Nantes (I) 18/4	10 75	4 »
Pau (II) 18/4		5 »
Delacroix, St Maurice (I) 25/4	10 75	6 50
Abolition esclavage, Paris (I) 25/4	10 75	2 70
Nantes, Champagney, Basse Terre, Cayenne, St Denis, Fort de France (II) 25/4 (6 env.)		18 »
Gois de Noirmoutiers, Barbâtre (I) 2/5	10 75	3 »
Beauvoir s/mer (II) 2/5		3 »
Les Journées de la Lettre, Paris (I) 9/5 (6 env.)	13 75	20 »
Idem, auto-adhésifs, Lille, Lyon, Rennes, Marseille, Strabourg, Chateauroux (II) 9/5 (6 env.)		21 »
Idem env . G. F. avec la bande+1 carnet oblit. des 7 villes 9/5		30 »
Ligue des Droits de l'Homme, Paris (I) 9/5	10 75	4 »
Pablo Picasso, Villeurbanne (I) 15/5	10 75	6 50
Henri Collet, Bordeaux (I) 15/5	10 75	4 »
Congrès Fédération Dunkerque, Dunkerque (I) 29/5	10 75	3 »
71e Congrès (II) 30/5		4 »
Le Mont Saint-Michel, Mont Saint-Michel (I) 6/6	10 75	4 »
Europa, Fête de la Musique, Strasbourg (I) 13/6	10 75	3 50
Paris (II) 13/6		3 50
La Baie de Somme, St Valéry s/Somme (I) 27/6	10 75	3 »
Château de Crusol, St Péray (I) 4/7	10 75	3 »
"Champion du Monde FRANCE", St Denis (II) 12/7		5 »
Potez 25, Evreux (I) 13/7	15 25	18 »
Stéphane Mallarmé, Vulaines s/Seine (I) 5/9	10 75	3 »
Sens (II) 5/9		3 50
Aéro-Club de France, Paris (I) 12/9	10 75	3 »
avec griffe spéciale Transport par ballon, oblitération ordinaire d'arrivée, Matougues 14/9		4 50
Saint-Exupéry, (5 env.), Paris (I) 12/9		20 »
Bloc entier, env. G.F. 12/9	15 25	16 »
France-Chine (2 env.), Paris (I) 12/9	10 75	6 »
Pékin (II) 12/9		4 50
Collégiale de Mantes-la-Jolie, Mantes-la-Jolie (I) 19/9	10 75	3 50
Opéra de Paris, Paris (I) 19/9	10 75	4 »
Chevaux, (4 env.) Paris (I) 27/9	10 75	13 »
(4 env.) Argentan, Arles, Charleville, Espelette (II) 27/9		14 »
(3 env.) St Lo, La Glacerie, Marcq en Baroeul (II) 27/9		10 »

Salon de l'Auto, Paris (I) 1/10	10 75	3 »
Paris, Salon (II) 1/10		4 »
Acteurs de Cinéma Français (6 env.) Paris (I) 3/10	12 25	20 »
Bande-carnet (I) 3/10		20 »
Saint-Dié, Saint-Dié (I) 3/10	10 75	3 »
Constitution de la Ve République, Reims (I) 3/10	10 75	3 »
Armistice 1914-1918, Paris (I) 17/10	10 75	3 »
Marcel Duchamp, Rouen (I) 17/10	10 75	5 »
UNESCO (2 env.), Paris (I) 24/10	10 75	6 70
Union Mondiale pour la Nature, Fontainebleau (I) 3/11	10 75	3 »
Croix-Rouge, Paris (I) 5/11	10 75	4 »
Carnet, Paris (I) 5/11		20 »
"Meilleurs voeux", Paris (I) 7/11	13 75	5 »
"Bonne année", Paris (I) 7/11		5 »
Bloc-feuillet, Paris, (I) 7/11		22 »
Médecins Sans Frontières, Paris (I) 21/11	10 75	3 »
Paul Gauguin, Pont Aven (I) 5/12	10 75	6 »
Parlement européen, Strasbourg (I) 5/12	10 75	3 »
Déclaration Universelle des Droits de l'Homme (2 env), Paris, (I) 10/12	10 75	6 »
Dijon (II), Manosque (II) 10/12		6 »
Le radium, Fontenay-aux-Roses (I) (15/12	10 75	3 »
Paris (II) 15/12		3 »

1999	(Doc)	(1er j)
150e anniversaire du timbre-poste français, (2 env.) Paris (I) 1/1	10 75	8 »
Bande-carnet, Paris (I) 1/1		14 »
Timbre Euro, Paris (I) 1/1	10 75	5 »
Assistance Publique - Hôpitaux de Paris, Paris (I) 9/1	10 75	2 70
Relations diplomatiques France-Israël, Paris (I) 24/1	10 75	3 »
(4 env.), Lyon (II), Marseille (II), Strasbourg (II), Toulouse (II)		15 »
Timbres de souhaits (2 env.), Paris (I) 6/2	10 75	7 50
Timbre Euro auto-adhésif, Paris (I) 6/2		5 »
Jean Goujon, Paris (I) 13/2	10 75	5 50
Recensement de la population, Paris (I) 20/2	10 75	2 70
Patrimoine culturel du Liban, Paris (I) 27/2	10 75	4 »
Journée du Timbre - Astérix, Paris (II) 6/3	10 75	4 »
Paire du carnet, Paris (II) 6/3		6 »
Bande-carnet, Paris (II) 6/3		25 »
Bloc et paire du carnet, Paris (II) 6/3		13 »
Cinquantenaire du Conseil de l'Europe, Strasbourg (I) 19/3	10 75	3 »
Mariages, remerciements, naissance (4 env.), Strasbourg (I) 20/3	10 75	12 »
Elections au Parlement Européen, Paris (I) 27/3	10 75	2 70
Strasbourg (II) 27/3		2 70
Philexfrance'99, oeuvres d'art (3 env.), timbres du bloc Paris (I) 26/3		35 »
Bloc-feuillet, Paris (I) 26/3	23 »	35 »
Richard Coeur de Lion, Chalus (I) 10/4	10 75	3 »
Les Andelys, Fontevraud (II) 10/4		7 50
Airbus A300-B4, Blagnac (I) 10/4		14 »
Dieppe, Dieppe (I) 17/4	10 75	3 »
Europa, la Camargue, Strasbourg (I) 24/4	10 75	3 50
Arles (II) 24/4		3 50
Bonnes vacances, Joyeux anniversaire (2 env.) Paris (I) 13/5	10 75	6 70
Betton (II) 13/5		7 50
Patrimoine martiniquais, St Pierre (I) 15/5	10 75	3 »
Château du Haut Koenigsbourg, Sélestat (I) 15/5	10 75	4 »
Ecole de Nancy - Emile Gallé, Nancy (I) 22/5	10 75	3 »
Claude Monet, Giverny (I) 29/5	10 75	5 50
Roses anciennes (3 env.), Lyon (I) 28/5		10 »
Bloc feuillet, Lyon (I) 28/5	12 25	11 »
Jurade de St Emilion, St Emilion (I) 29/5	9 15	3 30
Hôtel de la Monnaie, Paris (I) 5/6	9 15	3 70
La Comtesse de Ségur, Aube (I) 12/6	9 15	3 »
Pluneret (II) 12/6		3 50
Aimer accueillir, Paris (I) 19/6	9 15	3 »
Vitrail de la Cathédrale d'Auch, Auch (I) 19/6	9 15	5 »
René Caillié, Mauzé sur le Mignon (I) 26/6	9 15	3 70
Figeac - Hommage à Champollion, Figeac (I) 26/6	9 15	3 50
"Philexfrance'99" - Cérès avec hologramme, Paris (I) 2/7	9 15	6 »
Célébration de l'An 2000, Paris (I) 5/7	9 15	3 20
Dessine-moi l'An 2000, Paris (I) 6/7	9 15	3 »
Laubert (II) 6/7		5 »
Eclipse de Soleil, Paris (I) 8/7	9 15	4 »
Photographes français (6 env.), Paris (I) 10/7	10 75	23 »
Bande carnet, Paris (I) 10/7		20 »
Armada du Siècle (5 env.), Rouen (I) 10/7		18 »
Bloc, Rouen (I) 10/7	10 75	14 »
Arnac-Pompadour, Arnac-Pompadour (I) 10/7	9 15	3 »
Frédéric Ozanam, Paris (I) 11/9	9 15	3 70
Coupe du Monde de Rugby, St Denis (I) 11/9	9 15	3 50
Toulouse, Béziers, Montpellier, Lens (4 env.) (I) 11/9		17 »
Conseil de l'Europe - Art (2 env.), Strasbourg (I) 18/9	9 15	7 »
Mouvement Emmaüs, Orléans (I) 26/9	9 15	3 »
Chats et chiens, (4 env.), Gennevilliers (I) 2/10	18 50	15 »
Laon, Brignais, Laruns, Rennes (II) 2/10		15 »
Frédéric Chopin, Paris (I) 17/10	10 75	4 »
Pologne (I) 17/10		4 »
Croix-Rouge, Paris (I) 10/11	9 15	4 »
Bande carnet, Paris (I) 10/11		20 »
Van Dyck, Paris (I) 11/11	9 15	5 »
Salon Automne (II) 11/11		6 »
Meilleurs Vœux 2000, Melun (I) 20/11	9 15	6 »
Paris (II) 31/12/99 et 1/01/2000		8 »
Le métro parisien, Paris (I) 4/12	9 15	3 50
Conseil d'Etat, Paris (I) 11/12	9 15	3 »

2000	(Doc)	(1er j)
Le phare du bout du monde, Paris (I) 1/1/2000	9 15	3 50
Le phare du bout du monde, La Rochelle (I) 1/1		3 50
Nantes (II) 1/1		4 »
Cœurs 2000 (2 env.), Paris (I) 8/1	9 15	9 »
Bloc, St Valentin (II) 14/2		11 »
Banque de France, Paris (I) 15/1	9 15	3 20
Chamalières (II) 15/1		3 50
Avion Couzinet 70, Paris (I) 12/2	20 »	20 »
Corps Préfectoral, Paris (I) 17/2	9 15	3 »
Sandro Botticelli, Paris (I) 25/2	9 15	5 »
Carcassonne, Carcassonne (I) 3/3	9 15	4 »
Fête du Timbre, Tintin et Milou (TP feuille), Paris (II) 11/3	9 15	5 »
Paire carnet, Paris (II) 11/3		6 »
Bande carnet, Paris (II) 11/3		20 »
Bloc + paire carnet, Paris (II) 11/3		12 »
Parlement de Bretagne, Rennes (I) 25/3	9 15	3 »
Pervenche de Madagascar, Castres (I) 25/3	9 15	4 »
Félicitations, Villeurbanne (I) 7/4	9 15	3 »
Camille Claudel, Paris (I) 8/4	9 15	5 50
Fère en Tardenois (II) 8/4		6 »
St-Guilhem-le-Désert, St-Guilhem-le-Désert (I) 8/4	9 15	3 »
Le Siècle au fil du Timbre, N° 1 Sport (5 env.) Clermont-Ferrand, Lens, Paris, Marseille, St Etienne (I) 15/4	15 25	17 »
Bande, Bordeaux, Reims, Vannes, Paris (I) 15/4		13 »
Gérardmer, vallée des lacs, Gérardmer (I) 15/4	9 15	3 »
Voitures anciennes " Philexjeunes 2000 ", (5 env.), Annecy (I) 5/5		20 »
Sochaux, Mulhouse, Puteaux (II) 5/5		20 »
Bloc, Annecy (I) 5/5	12 25	13 »
Europa 2000, Strasbourg (I) 9/5	9 15	3 50
Paris (II) 9/5		3 50
Henri-Louis Duhamel du Monceau, Orléans (I) 13/5	9 15	4 »
73e Congrès F.F.A.P Nevers, Nevers (I) 19/5	9 15	3 »
Bonnes Vacances, Paris (I) 1/6	9 15	3 »
Conquète Annapurna - Premier 8000, Chamonix Mt-Blanc (I) 3/6	9 15	3 »
Abbatiale d'Ottmarsheim, Ottmarsheim (I) 17/6	9 15	3 »
Papillon sardanapale, Paris (I) 17/6		3 50
Allosaure, Paris (I) 17/6		3 50
Girafe reticulée, Paris (I) 17/6		3 50
Tulipe lutea, Paris (I) 17/6		4 »
Bloc regard sur la nature, Paris (I) 17/6	13 »	11 »
Antoine de Saint-Exupéry, Lyon (I) 24/6	11 »	4 »
Agay (II) - St Maurice de Remens (II) 24/6 sur 1 envel.		5 »
Le Train Jaune, Villefranche de Conflent (I) 14/7	15 »	3 50
Ste Léocadie (II) 14/7		3 50
Folklores de France, Confolens (I) 12/8	10 »	3 80
Biarritz (II) 12/8		3 80
J.O Sydney 2000, Arcueil (I) 9/9 (2 P.J)		6 »
Bloc J.O Sydney 2000, Arcueil (I) 9/9	15 »	20 »
Paul-Emile-Victor, Paris (I) 16/9		3 50
Prémanon (II) 16/9		4 »
Haroun Tazieff, Paris (I) 16/9		3 50
Eric Tabarly, La Trinité (I) 16/9		3 50
Nantes (II) 16/9		4 »
Jacques-Yves Cousteau, St André de Cubzac (I) 16/9		3 50
Norbert Casteret, St Martory (I) 16/9		3 50
Aramits (II) 16/9		4 »
Alexandra David-Néel, Digne les Bains (I) 16/9		3 50
Saint-Mandé (II) 16/9		4 »
Carnet Aventuriers célèbres, (I) 16/9	30 »	20 »
Gaston Chaissac, Paris (I) 23/9	9 15	5 »
Les Sables d'Olonnes (II) 23/9		5 50
Frère Alfred Stanke, Bourges (I) 23/9	9 30	4 »
Dijon (II) 23/9		4 »

S.O.S amitié, Paris (I) 30/9	9 »	3 »
Le Siècle au fil du timbre, N° 2 Société (5 P.J) Paris, Rouen, Pleumeur Bodou, Toulouse, Nice (I) 30/9	15 »	17 »
Bande entière Paris (I) 30/9		13 »
Nouveau Millenaire 2001, Paris (I) 14/10	9 »	3 »
Mosaïque Carolingienne, Germigny-des-Prés (I) 21/10	11 »	5 »
France/Nouvelle Zélande, Paris (I) 4/11 (2 P.J)	10 »	8 »
Stamps Centre Wanganui (II) 4/11 (2 P.J)		8 »
Raymond Peynet, Valence (I) 4/11	12 »	5 »
Saint Valentin (II) 4/11		5 »
Croix-Rouge, Paris (I) 9/11	9 »	4 »
Bande carnet, Paris (I) 9/11		20 »
3e Millenaire, Paris (I) 9/11	9 »	3 »
Timbre personnalisé, Paris (II) 9/11		6 »
Bonne Année - Meilleurs vœux, Paris (I) 11/11	9 »	4 50
La Métallurgie, Paris (I) 9/12	9 »	4 50
Le Creusot (II) 9/12		4 50

2001

	(Doc)	(1er j)
Championnat du Monde de Handball, Nantes (I) 20/1	10 »	3 »
Dunkerque, Montpellier, Besançon (II) 3 envel. 20/1		12 »
Cœur 2001- Christian Lacroix, Paris (I) 27/1	10 »	3 »
Bloc Cœur 2001, Paris (I) 27/1		11 »
Pieter Bruegel l'ancien, Paris (I) 3/2	10 »	5 »
Fête du Timbre, Gaston Lagaffe, (TP feuille), Paris (II) 24/2	10 »	4 50
Paire carnet, Paris (II) 24/2		5 50
Bande carnet, Paris (II) 24/2		18 »
Bloc seul, Paris (II) 24/2		11 »
Le siècle au fil du Timbre, N°3 Communication, Paris (I) 17/3 (5 P.J)	15 »	17 »
Bande entière, Paris (I) 17/3		13 »
Garçon - Fille - Oui - Merci, Nancy (I) 23/3 (3 P.J)	10 »	11 50
L'écureuil, Paris (I) 21/4		3 50
Le Hérisson, Paris (I) 21/4		3 »
Le Chevreuil, Paris (I) 21/4		3 »
L' hermine, Paris (I) 21/4		3 50
Bloc Animaux des bois, Paris (I) 21/4	10 »	11 »
Hôtel des Chevaliers St Jean de Jerusalem, Toulouse (I) 21/4	9 »	5 »
Nogent le Retrou, le château, Nogent le Retrou (I) 28/4	9 »	3 »
Besançon, la citadelle, Besançon (I) 5/5	9 »	3 »
Europa 2001, l' eau, Strasbourg (I) 8/5	9 »	3 »
St Jean de Luz (II) 8/5	9 »	3 50
Jardins de Versailles, Versailles (I) 12/5	9 »	4 »
Chanteurs célèbres, Paris (I) (6PJ) 19/5	15 »	23 »
Bloc, Paris (II) 19/5		20 »
Vieux Lyon, Lyon (I) 19/5	10 »	3 20
74e Congrès F.F.A.P. Tours, Tours (I) 1/6	9 »	3 »
Jean Vilar, Sète (I) 7/6		3 »
Jean Vilar, Avignon (I) 7/6		3 »
Vacances (TP gommé), Paris (I) 10/6		3 30
Vacances (TP autocol.), Aix en Provence (I) 10/6		3 30
Calais, Calais (I) 16/6	9 »	3 »
Demain l'Euro, Paris (I) 23/6	9 »	3 50
Strasbourg (II) 23/6		3 50
Albert Caquot, Vouziers (I) 30/6	10 »	3 50
Liberté d'Association, Paris (I) 1/7	10 »	3 »
Les Légendes du Rail, Paris (I) 6/7 (5PJ)	15 »	18 »
Dijon, Mulhouse (II) 6/7 - Chalindrey (II) 7/7 sur 5 PJ	9 »	20 »
Bloc, Paris (II) 6/7		14 »
Château de Grignan, Grignan (I) 7/7	9 »	3 »
Convention Genève Réfugiés, Paris (I) 28/7	9 »	3 50
Marianne du 14 Juillet TVP "RF", Paris (I) 1/8	12 »	4 »
Pierre de Fermat, Beaumont de Lomagne (I) 19/8	10 »	3 50
H. de Toulouse Lautrec, Albi 8/9	12 »	5 »
Le Siècle au fil du Timbre N° 4 Sciences, Paris (I) 22/9 (5 PJ)	12 »	17 »
Bande entière, Paris (I) 22/9		13 »
Val de Reuil, Val de Reuil (I) 29/9	9 »	3 »
Halloween, Paris ou Boulogne s/mer (I) 22/10	12 »	3 »
Bloc, Paris ou Boulogne s/mer (II) 22/10		13 »
J. Barthold Jongkind, La Côte St André (I) 27/10	12 »	5 »
Honfleur (II), 27/10		5 »
Croix Rouge, Paris (I) 8/11	7 »	4 »
Jean Pierre-Bloch, Paris (I) 8/11	7 »	4 »
Meilleurs Voeux, Bonne Année, Paris (I) 9/11	8 »	4 »
Albert Decaris, Paris (I) 9/11	12 »	4 »
Sotteville les Rouen (I) 9/11		4 »
Jacques Chaban-Delmas, Paris (I) 10/11	10 »	3 50
Bordeaux (I) 10/11		3 50
Ascain (II) 10/11		3 50
Blocs de Marianne en Francs, Paris (I) 10/11 (2 PJ)	32 »	25 »
Conseil de l'Europe, Strasbourg (I) 1/12	9 »	4 50
UNESCO, Paris (I) 1/12	14 »	7 »
France/Maroc, les Fontaines, Paris (I) 14/12 (2 PJ)	14 »	7 »
Maroc (II) 14/12 (2 PJ)		7 »

2002

	(Doc)	(1er j)
Marianne du 14 Juillet - 15 valeurs en Euro, Paris 1/1 (4 PJ)	32 »	27 »
Coeur 2002 - Yann Arthus Bertrand, Paris (I) 18/1	3 50	3 50
Bloc, Paris (I) 18/1		12 »
Salt Lake City, Albertville (I) 26/1	10 »	3 50
Gustav Klimt, Paris (I) 8/2	10 »	5 »
Blocs de Marianne en Euros, Paris (I) 8/2	32 »	25 »
Alain Bosquet, Paris (I) 16/2	10 »	3 50
Garçon - Fille - Oui, Paris (I) 23/2 (2 PJ)	9 »	8 »
Europa 2002 - Le Cirque, Strasbourg (I) 2/3	12 »	3 50
Fête du Timbre - Boule et Bill, Paris (II) 16/3	12 »	4 »
Paire carnet, Paris (II) 16/3		5 »
Bande carnet, Paris (II) 16/3		15 »
Bloc seul, Paris (II) 16/3		8 »
Les Arènes de Nîmes, Nîmes (I) 22/3	12 »	3 50
Le Siècle au fil du Timbre N° 5 Transports, Paris (I) 23/3 (5 PJ)	40 »	18 »
Bande entière, Paris (I) 23/3		13 »
France/Australie, Paris et St Martin de Ré (I) 4/4 (2 PJ)	20 »	7 50
Australie (II) 4/4 (2 PJ)		8 »
La Charité-sur-Loire, La Charité-sur-Loire (I) 6/4	7 »	3 50
Anniversaire - Invitation, Sevrier (I) 6/4 (2 PJ)	7 »	7 »
100e Course Paris-Roubaix, Compiègne (I) 13/4	10 »	3 50
Roubaix (I) 13/4		3 50
Fernando Botero, Paris (I) 27/4	15 »	5 »
Champions du Monde de Football, Paris (I) 27/4	15 »	4 50
Les Animaux Marins, Boulogne s/mer (I) 4/5	15 »	
ou Paris (I) 5/5 (4 PJ)		15 »
Bloc, Boulogne s/mer (II) 4/5 ou Paris (II) 5/5		12 »
75e Congrès F.F.A.P. Marseille, Marseille (I) 17/5	15 »	3 50
La Légion d'Honneur, Paris (I) 18/5	15 »	3 50
Longué - Jumelles (II) 18/5		3 50
Champions du Monde de Football	9 »	
(TP du bloc), St Denis (I) 18/5		4 50
Rocamadour, Rocamadour (I) 25/5	9 »	3 50
Louis Delgrès, Basse Terre (Guadeloupe) (I) 25/5	9 »	3 50
St Pierre (Martinique) (I) 25/5		3 50

des dorures
raffinées
100%
SÉDUCTION
FRANCE
YVERT&TELLIER
Disponible dans nos points de vente et sur
www.yvert.com

TIMBRES POUR IMPRIMES DITS "PREOBLITERES"

Les numéros entre parenthèses renvoient aux numéros des timbres-poste.

1893. - *Timbres-poste au type Sage surchargés.*

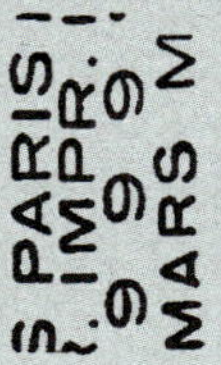

1re période.

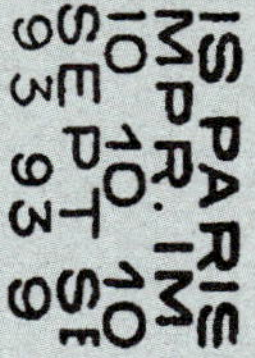

2e période.

Les Préoblitérés de 1893 sont rarement en bel état. Les prix donnés s'appliquent aux exemplaires sans gomme de qualité courante, c'est-à-dire présentant même de légers défauts.

I. - Première période (Janvier à Mars)
Surcharge sur 4 lignes.

1	2 c. brun-rouge (85)	3 050 »
2	4 c. lilas-brun (88)	1 550 »
3	5 c. vert (75)	1 550 »
4	10 c. noir sur lilas (89)	2 000 »
5	15 c. bleu (101)	2 000 »
6	20 c. brique sur vert (96)	1 300 »
7	25 c. noir sur rose (97)	2 750 »
8	30 c. brun (80)	1 550 »
9	40 c. rouge-orange sur paille (94)	5 750 »
10	50 c. rose (98)	11 000 »
10A	75 c. violet sur orange (99)	

II. - Seconde période (Septembre à Décembre)
Surcharge sur 5 lignes.

Dans cette période il existe des surcharges sur 4 lignes, sans le quantième, ligne de surcharge du milieu.

11	1 c. noir sur azuré (83)	1 950 »
12	2 c. brun-rouge (85)	2 100 »
13	3 c. gris (87)	690 »
14	4 c. lilas-brun (88)	690 »
15	5 c. vert (75)	575 »
16	10 c. noir sur lilas (89)	995 »
17	15 c. bleu (101)	1 450 »
18	20 c. brique sur vert (96)	1 250 »
19	25 c. noir sur rose (97)	2 450 »
20	30 c. brun (80)	1 400 »
21	40 c. rouge-orange sur paille (94)	3 850 »
22	50 c. rose (98)	6 100 »
23	75 c. violet sur orange (99)	12 500 »

Jusqu'en 1959 les cotes de la colonne de gauche concernent les timbres avec gomme d'origine intacte et sans charnière, celles de la colonne centrale les timbres avec gomme et charnière légère, celles de la colonne de droite les timbres sans gomme ou avec gomme altérée.

1920-22. - *Timbres-poste au type Semeuse, surchargés.*

POSTES PARIS 1920

24	5 c. vert (137)	705 »	385 »	170 »
25	15 c. vert-olive (130)	535 »	305 »	125 »

POSTES PARIS 1921

26	5 c. vert (137)	535 »	305 »	80 »
27	5 c. orange (158)	1 250 »	725 »	170 »
28	15 c. vert-olive (130)	1 050 »	645 »	180 »
29	30 c. orange (141)	880 »	490 »	80 »

POSTES PARIS 1922

30	5 c. orange (158)	305 »	170 »	11 »
31	15 c. vert-olive (130)	1 300 »	765 »	290 »
32	30 c. rouge (160)	1 150 »	690 »	170 »

POSTES FRANCE 1921

33	5 c. orange (158)	385 »	230 »	80 »
34	15 c. vert-olive (130)	2 600 »	1 700 »	765 »
35	30 c. orange (141)			6 000 »

POSTES FRANCE 1922

36	5 c. orange (158)	270 »	180 »	60 »
37	15 c. olive (130)	1 150 »	690 »	370 »
38	30 c. rouge (160)	1 700 »	995 »	535 »

Nos 24 à 38, très bon centrage (+30%).

1922-47. - *Timbres-poste de 1900-46, surchargés :*

(p.) Surcharge à plat, fine, encre brillante.

(r.) Surcharge rotative, lourde, encre terne.

Reproduction agrandie du n° 56 pour illustrer les deux types de surcharges.

Type Blanc.

39	3 c. orange (109) (I) (p.)	22 25	12 50	3 35

40	4 c. brun (110) (I) (p.)	4 15	2 »	1 »
	a. (110) (II) (r.)	495 »	330 »	19 »
41	5 c. vert (111) (IIA) (r.)	10 75	5 20	0 50
	a. (111) (IIA) (p.)	125 »	83 »	4 15
	b. (111) (IIB) (r.)	125 »	83 »	15 »
	c. (Surcharge verte)		2 700 »	2 900 »
42	7½ c. [lilas] (II) (r.)	1 40	0 50	0 80
43	10 c. violet (233) (II) (r.)	2 60	1 55	0 30

Type Merson.

44	45 c. vert et bleu (143) (p.)	81 »	45 75	44 25

Type Semeuse lignée.

45	15 c. olive (130) (IV) (p.)	3 85	2 30	2 30
46	45 c. violet (197) (r.)	12 25	5 80	1 25
47	55 c. sur 60 c. [violet] (p.)	250 »	145 »	54 »
48	65 c. rose (201) (p.)	14 »	7 35	4 90
49	65 c. olive (234) (r.)	23 25	12 50	4 90

Type Semeuse fond plein.

50	5 c. orange (158) (I) (p.)	88 »	45 25	1 25
51	10 c. vert (159) (III) (r.)	0 80	0 50	0 30
	a. (159) (III) (p.)	72 »	49 25	3 35
	b. (159) (IV) (r.)	54 »	41 25	24 75
	c. (Premier s de Postes retouché)	305 »	250 »	215 »
52	10 c. outremer (279) (III) (r.)	1 25	0 80	0 30
	a. (279) (IV) (r.)	88 »	66 »	28 75
53	15 c. brun-lilas (189) (I) (r.)	1 »	0 50	0 50
	a. (189) (I) (p.)	88 »	49 25	4 15
	b. (189) (II) (r.)	1 »	0 65	0 50
54	20 c. lilas-brun (139) (III) (p.)	140 »	78 »	11 50
	a. (139) (I) (p.)	145 »	91 »	23 25
55	20 c. lilas-rose (190) (III) (r.)	5 35	3 35	0 50
	a. (190) (V) (r.)	4 60	3 35	0 50
56	25 c. bleu (140) (IIIB) (r.)	20 »	9 95	1 70
	a. (140) (IIIB) (p.)	65 »	41 25	4 15
57	25 c. jaune-brun (235) (IIIB) (r.)	3 85	2 45	0 30
	a. (235) (IIIC) (r.)	92 »	66 »	3 35
58	30 c. rouge (160) (p.)	275 »	155 »	7 35
59	30 c. rose (191) (I) (p.)	73 »	39 50	4 15
60	30 c. bleu (192) (IIA) (r.)	400 »	250 »	66 »
61	30 c. rouge sombre (360) (IIA) (r.)	2 30	1 70	1 70
62	35 c. violet (142) (I) (p.)	155 »	88 »	15 »
63	35 c. vert (361) (II) (r.)	13 »	7 35	2 90
64	40 c. vermillon (194) (II) (r.)	38 25	21 50	12 50

Type Pasteur.

65	15 c. vert (171) (p.)	57 »	34 50	7 35
66	30 c. vert (174) (r.)	52 »	33 »	6 60
67	45 c. rouge (175) (p.)	40 »	23 25	3 35
68	50 c. bleu (176) (p.)	260 »	155 »	28 75

Type Paix.

69	30 c. vert (280) (r.)	7 350 »	5 000 »	
70	40 c. lilas (281) (I) (p.)	13 »	7 35	2 »
71	45 c. bistre (282) (r.)	34 »	19 »	2 45
72	60 c. bistre (364) (r.)	13 »	8 25	1 70
73	65 c. violet-brun (284) (r.)	88 »	49 25	4 15
74	80 c. sur 1 f. orange (359) (II) (r.)	1 55	1 40	1 40
	a. (Surch. 80 c. renv.)	575 »	445 »	
	b. (double surcharge)		1 400 »	645 »
75	80 c. orange (366) (r.)	140 »	83 »	49 25
76	1 f. rose (369) (r.)	18 50	11 50	2 45
77	1 f. 40, lilas (371) (r.)	18 50	11 50	5 80

N°s 39 à 77, très bon centrage (+30%).

Les surcharges des N°s 71 et 73 sont imprimées soit en haut, soit en bas des timbres (mêmes cotes).

Type Mercure.

78	20 c. lilas (410) (I) (r.)	1 »	0 50	0 50
79	30 c. rouge (412) (I) (r.)	3 85	2 30	2 30
80	40 c. violet (413) (r.)	1 85	1 »	0 65
81	40 c. violet (548) (r.)	1 »	0 50	0 50
82	50 c. turquoise (538) (r.)	1 »	0 50	0 50
83	60 c. rouge-orange (415) (r.)	43 »	26 »	26 »

Type Pétain.

84	70 c. rouge-orange (511) (r.)	2 »	1 55	1 55
85	1 f. 20, brun-rouge (515) (r.)	2 50	1 55	1 55
86	2 f. vert (518) (r.)	5 35	3 05	3 05

Type Cérès de Mazelin.

87	60 c. outremer (674) (r.)	0 50	0 50	0 50
88	80 c. vert-jaune (675) (r.)	0 50	0 50	0 50
89	90 c. [vert] (r.)	0 80	0 65	0 65
	a. (Non dentelé)		9 15	
90	1 f. rose-rouge (676) (r.)	0 50	0 50	0 50
91	1 f. 20, brun-noir (677) (r.)	0 65	0 65	0 65
91A	1 f. 50, lilas (679) (r.)	0 65	0 30	0 30
92	2 f. vert-jaune (680) (r.)	0 80	0 80	0 80
93	2 f. 50, brun (681) (r.)	1 25	1 »	1 »
	Nos 87 à 93 (8 val.)	5 65	4 85	4 85

Type Marianne de Gandon.

94	2 f. vert (713) (r.)	0 50	0 50	0 50
95	2 f. 50, [brun] (r.)	2 60	1 55	1 55
96	3 f. rose (716) (r.)	0 50	0 50	0 50
97	4 f. violet (718) (r.)	0 50	0 50	0 50
98	4 f. émeraude (807) (r.)	0 50	0 50	0 50
99	4 f. orange (808) (r.)	1 40	0 80	0 80
100	6 f. rose carminé (721a) (r.)	1 25	0 80	1 »
	a. (Mèches reliées)	80 »	40 »	40 »
	b. (Mèches croisées)	80 »	40 »	40 »
101	8 f. bleu clair (810) (r.)	1 »	0 50	0 50
102	10 f. lilas (811) (r.)	0 65	0 50	0 50
103	12 f. outremer (812) (r.)	1 10	0 65	0 65
103A	12 f. rouge-orange (885) (r.)	8 »	3 85	2 15
104	15 f. rouge (813) (I) (r.)	1 »	0 50	0 50
	Nos 94 à 104 (12 val.)	19 »	11 15	9 60

Armoiries.

105	4 f. outremer, rouge et jaune (838) (r.)	0 30	0 30	0 30
	a. Idem (838) (p.)	55 »	30 50	17 »

1953-59. - *Typographie. Dentelés 14 x 13½.*

Moissonneuse.

Coq Gaulois.

Le type "Coq Gaulois" n'existe qu'avec préoblitération.
(1) timbres émis en 1953
(2) timbres émis en 1957
(3) timbres émis en 1959

	Type Moissonneuse.			
106	4 f. bleu-vert (1)	0 30	0 30	0 30
	Type Coq Gaulois.			
107	5 f. brun-olive (2)	0 50	0 30	0 30
	Type Moissonneuse.			
108	8 f. rouge-brun (1)	6 90	3 05	1 85
	Type Coq Gaulois.			
109	8 f. violet (3)	0 80	0 50	0 50
110	10 f. bleu (2)	2 45	1 40	0 50
111	12 f. rouge carminé (1)	4 60	3 05	1 10
112	15 f. lilas (2)	3 05	1 85	1 »
113	20 f. vert (3)	2 30	1 55	1 25
114	24 f. vert-bleu (1)	24 50	13 75	6 10
115	30 f. orange (2)	10 75	4 60	3 85
116	40 f. rouge-brun (3)	5 35	3 35	3 35
117	45 f. vert foncé (2)	30 50	17 »	17 »
118	55 f. vert-jaune (3)	23 »	14 50	14 50
	Nos 106 à 118 (13 val.)	115 »	65 20	51 55
	La série, non dentelée		305 »	

A partir de 1960 les cotes de la colonne de gauche concernent les timbres avec gomme sans charnière, celles de la colonne de droite les timbres sans gomme.

1960. - *Type Coq gaulois. Valeur en nouveau franc. Typographie. Dentelés 14 x 13½.*

119	8 c. violet	1 »	0 20
120	20 c. vert	3 »	0 70
121	40 c. rouge-brun	13 »	3 »
122	55 c. vert-jaune	37 »	19 25
	Nos 119 à 122 (4 val.)	54 »	23 15
	La série, non dentelée	110 »	

1964-69. - *Monnaie gauloise. Typographie. Dentelés 13½ x 14.*

Monnaie gauloise.

123	10 c. vert et sépia	0 65	0 30
124	15 c. orange et brun	0 30	0 30
125	22 c. turquoise et outremer foncé	0 80	0 50
126	25 c. lilas et sépia	0 65	0 65
127	35 c. carmin et bleu	1 85	0 80
128	50 c. bleu et brun	1 25	1 10
129	70 c. bleu et brun-rouge	6 90	3 85
	Nos 123 à 129 (7 val.)	12 40	7 50
	La série, non dentelée	92 »	

Le 15 c. existe avec surcharge brune.

1971. - *Idem.*

130	26 c. bistre et violet	0 80	0 30
131	30 c. bistre foncé et bistre clair	0 80	0 80
132	45 c. bistre et vert	2 »	1 »
133	90 c. bistre et rouge	2 60	1 55
	Nos 130 à 133 (4 val.)	6 20	3 60
	La série, non dentelée	61 »	

A partir du n° 134 et jusqu'au n° 173, les timbres portent l'inscription FRANCE à la place de RÉPUBLIQUE FRANÇAISE.

1975. - *Idem.*

134	42 c. orange et carmin	1 55	0 80
135	48 c. bleu et brun	1 55	1 55
136	70 c. lilas-rose et rouge	3 05	1 85
137	1 f. 35, vert et brun	3 85	2 »
	Nos 134 à 137 (4 val.)	10 »	6 20
	La série, non dentelée	34 50	

1976. - *Idem.*

138	50 c. émeraude et brun	1 55	1 55
139	52 c. rose et brun	0 80	0 80
140	60 c. brun-lilas et brun	2 30	1 70
141	62 c. lilas et brun	1 55	1 55
142	90 c. orange et brun	3 05	2 20
143	95 c. bistre et brun	1 55	1 55
144	1 f. 60, lilas et brun	5 35	3 85
145	1 f. 70, bleu et brun	3 85	2 30
	Nos 138 à 145 (8 val.)	20 »	15 50
	La série, non dentelée	61 »	

1977. - *Signes du Zodiaque. Taille-douce. Dentelés 13.*

Poissons.

Taureau.

146	54 c. violet	0 80	0 50
147	68 c. brun foncé	0 80	0 65

Scorpion.

Verseau.

148	1 f. 05, lilas-rouge	1 70	1 55
149	1 f. 85, vert foncé	3 70	2 »
	Nos 146 à 149 (4 val.)	7 »	4 70
	La série, non dentelée	54 »	

1978. - *Idem. Taille-douce. Dentelés 13.*

Cancer.

Bélier.

150	58 c. vert-jaune	1 25	1 10
151	73 c. carmin	1 85	1 40

Capricorne.

Vierge.

152	1 f. 15, orange	2 75	2 45
153	2 f. vert-émeraude	3 35	3 55
	Nos 150 à 153 (4 val.)	9 20	8 50
	La série, non dentelée	54 »	

1978. - *Idem. Taille-douce. Dentelés 13.*

Sagittaire.

Balance.

154	61 c. bleu	0 65	0 50
155	78 c. rouge	1 »	0 65

Lion.

Gémeaux.

156	1 f. 25, olive	1 25	1 25
157	2 f. 10, carmin	1 85	1 55
	Nos 154 à 157 (4 val.)	4 70	3 95
	La série, non dentelée	54 »	

1979. - *Champignons. Taille-douce. Dentelés 13½ x 13.*

Oronge.

Trompette de la mort.

158	64 c. orange	0 65	0 30
159	83 c. brun-olive	0 65	0 65

Pleurote de l'olivier.

Clavaire chou-fleur.

160	1 f. 30, ocre	1 10	0 80
161	2 f. 25, violet	1 55	1 40
	Nos 158 à 161 (4 val.)	3 95	3 15
	La série, non dentelée	125 »	

1979. - *Monuments historiques. Taille-douce. Dentelés 13.*

Tour de la lanterne, La Rochelle.

Tours de la cathédrale de Chartres.

162	68 c. lilas-brun	0 65	0 50
163	88 c. bleu-outremer	0 65	0 65

Tours de la cathédrale de Bourges.

Tours de la cathédrale d'Amiens.

164	1 f. 40, vert-olive	1 25	0 80
165	2 f. 35, brun-olive	1 40	1 25
	Nos 162 à 165 (4 val.)	3 95	3 20
	La série, non dentelée	42 »	

1980. - *Idem. Taille-douce. Dentelés 13.*

Château d'Angers.

Château de Kerjean.

166	76 c. bleu	0 50	0 30
167	99 c. vert-gris	0 80	0 50

Château de Pierrefonds.

Château de Tarascon.

168	1 f. 60, rose	1 10	1 »
169	2 f. 65, brun-orange	1 55	1 40
	Nos 166 à 169 (4 val.)	3 95	3 15
	La série, non dentelée	34 50	

1981. - *Idem. Taille-douce. Dentelés 13.*

La chapelle impériale d'Ajaccio.

L'horloge astronomique de Besançon.

170	88 c. lilas-rose	0 65	0 30
171	1 f. 14, bleu	0 65	0 50

Les ruines du château de Coucy-le-Château.

La Grotte de Font-de-Gaune, à Les Eyzies-de-Tayac.

172	1 f. 84, vert foncé	1 »	1 »
173	3 f. 05, rouge-brun	1 70	1 40
	Nos 170 à 173 (4 val.)	3 95	3 15
	La série, non dentelée	34 50	

1982. - *Monuments historiques. Taille-douce. Dentelés 13.*

Château de Tanlay, Yonne.

Fort de Salses, Pyrénées-Orientales.

174	97 c. olive	0 65	0 30
175	1 f. 25, rouge	0 65	0 65

Tour de Montlhéry, Essonne.

Château d'If, Bouches-du-Rhône.

176	2 f. 03, brun foncé	1 10	1 »
177	3 f. 36, bleu	1 55	1 25
	Nos 174 à 177 (4 val.)	3 95	3 15
	La série, non dentelée	34 50	

1983. - *Les quatre saisons. Taille-douce. Dentelés 13.*

Printemps.

Été.

178	1 f. 05, vert-olive	0 50	0 50
179	1 f. 35, rouge	0 65	0 65

Automne.

Hiver.

180	2 f. 19, brun	1 10	1 »
181	3 f. 63, violet	1 70	1 55
	Nos 178 à 181 (4 val.)	3 95	3 65
	La série, non dentelée	30 50	

1984. - *Cartes à jouer. Taille-douce. Dentelés 13.*

Coeur.

Pique.

182	1 f. 14, noir, violet et rouge	0 65	0 50
183	1 f. 47, noir et bleu	0 80	0 65

Carreau.

Trèfle.

184	2 f. 38, noir, brun et rouge	1 40	1 »
185	3 f. 95, noir et vert	1 85	1 55
	Nos 182 à 185 (4 val.)	4 70	3 65
	La série, non dentelée	30 50	

1985. - *Les mois de l'année (I). Taille-douce. Dentelés 13.*

Janvier.

Février.

186	1 f. 22, lilas	1 10	0 65
187	1 f. 57, bleu et gris	1 30	1 30

Mars.

Avril.

188	2 f. 55, olive et brun	1 55	1 55
189	4 f. 23, brun-jaune et olive	3 05	2 75
	Nos 186 à 189 (4 val.)	7 »	6 25
	La série, non dentelée	30 50	

1986. - *Les mois de l'année (II). Taille-douce. Dentelés 13.*

Mai.

Juin.

190	1 f. 28, rose et vert foncé	1 10	1 »
191	1 f. 65, vert-bleu et vert	1 25	1 25

Juillet.

Août.

192	2 f. 67, rouge et bleu	1 55	1 55
193	4 f. 44, brun et orange	3 05	2 45
	Nos 190 à 193 (4 val.)	6 95	6 20
	La série, non dentelée	30 50	

1987. - *Les mois de l'année (III). Taille-douce. Dentelés 13.*

Septembre.

Octobre.

194	1 f. 31, brun-roux et lilas-brun	1 25	1 10
195	1 f. 69, lilas et brun-jaune	1 55	1 55

Novembre.

Décembre.

196	2 f. 74, bleu et gris	1 85	1 55
197	4 f. 56, lilas et vert foncé	3 05	2 75
	Nos 194 à 197 (4 val.)	7 70	6 95
	La série, non dentelée	30 50	

1988. - *Les quatre éléments. Taille-douce. Dentelés 13.*

L'air.

L'eau.

198	1 f. 36, noir et turquoise	1 25	0 65
199	1 f. 75, noir et bleu	1 55	0 80

Le feu.

La terre.

200	2 f. 83, noir et rouge-brun	1 85	1 70
201	4 f. 75, noir et olive	3 05	3 05
	Nos 198 à 201 (4 val.)	7 70	6 20
	La série, non dentelée	34 50	

Le no 201 a été vendu 4 f. 72.

1989. - *Les instruments de musique (I). Offset. Dentelés 12 x 12½.*

Harpe.

Piano.

202	1 f. 39, bleu et noir	1 10	1 »
203	1 f. 79, brun-jaune et noir	1 25	1 »

Trompette.

Violon.

204	2 f. 90, orange et noir	2 30	2 »
	a. (Dentelé 13)	210 »	145 »
205	4 f. 84, brun-orange et noir	3 »	3 »
	Nos 202 à 205 (4 val.)	7 65	7 »
	La série, non dentelée	42 »	

Au type du 2 f. 90 est paru un 1 f. 82 en 1993 (No 228).

1990. - *Les instruments de musique (II). Offset. Dentelés 13.*

Accordéon.

Musette ou biniou.

206	1 f. 46, émeraude, vert et noir	1 25	1 »
207	1 f. 89, orange, brun et noir	1 55	1 40

Tambourin.

Vielle.

208	3 f. 06, bleu clair, bleu et noir	2 60	2 30
209	5 f. 10, rose, lilas et noir	3 85	3 05
	Nos 206 à 209 (4 val.)	9 25	7 70
	La série, non dentelée	45 75	

De nouvelles valeurs à ces types sont parues en 1992 (Nos 214, 216, 218 et 219) et en 1993 (Nos 229 et 230).

1990. - *Les instruments de musique (III). Offset. Dentelés 13.*

Harpe.

Piano.

Violon.

210	1 f. 93, vert clair et noir	1 55	1 »
211	2 f. 39, rose et noir	1 85	1 40
212	2 f. 74, mauve et noir	2 45	1 85
	La série, non dentelée	38 25	

De nouvelles valeurs à ces types sont parues en 1992 (Nos 220, 222 et 223).

1992. - *Les instruments de musique (IV). Types précédents et nouveaux instruments. Offset. Dentelés 13.*

Guitare électrique.

Accordéon.

Saxophone.

213	1 f. 60, orange, brun et noir	*54* »	*26* »
214	1 f. 98, ocre, olive et noir (206)	4 60	3 30
215	2 f. 08, jaune, brun-jaune et noir	2 30	1 85

Musette ou biniou.

Banjo.

Tambourin.

216	2 f. 46, lilas, violet et noir (207)	2 30	1 85
217	2 f. 98, rose, violet et noir	2 30	1 85
218	3 f. 08, rouge, lie-de-vin et noir (208)	6 90	4 30

Vielle.

Harpe.

Xylophone.

219	3 f. 14, turquoise, vert et noir (209)	3 »	2 30
220	3 f. 19, gris et noir (210)	6 90	3 85
221	5 f. 28, vert-jaune, vert-bleu et noir	6 »	3 70

Piano.

Violon.

222	5 f. 30, bleu clair, bleu et noir (211)	3 85	3 »
223	5 f. 32, brun et noir (212)	3 85	3 »
	Nos 213 à 223 (11 val.)	96 »	55 »
	La série, non dentelée	125 »	

Dentelés 12.

213a	1 f. 60	7 65	4 60
214a	1 f. 98	155 »	145 »
215a	2 f. 08	35 25	28 50
216a	2 f. 46	10 75	7 65
218a	3 f. 08	10 75	7 65
219a	3 f. 14	54 »	46 »
220a	3 f. 19	7 60	4 60
221a	5 f. 28	28 »	20 »
222a	5 f. 30	68 »	61 »
223a	5 f. 32	23 »	20 »
	Nos 213a à 223a (10 val.)	400 »	345 »

Ces timbres portent le millésime 1991.

L'encre utilisée pour l'impression des textes et du fond pointillé des 1 f. 60, 2 f. 08, 2 f. 98 et 5 f. 28 est phosphorescente.

De nouvelles valeurs aux types des 1 f. 60, 2 f. 08, 2 f. 98 et 5 f. 28 sont parues en 1992 (Nos 224 à 227) et en 1993 (No 231).

1992. - *Les instruments de musique (V). Types précédents. Offset. Dentelés 13.*

Guitare électrique.

Saxophone.

224	1 f. 73, vert-jaune, vert-bleu et noir (213)	1 »	0 65
225	2 f. 25, orange, brun-rouge et noir (215)	1 25	1 »

Banjo.

Xylophone.

226	3 f. 51, bleu clair, bleu et noir (217)	2 45	1 55
227	5 f. 40, rose, brun-rge et noir (221)	3 05	2 30
	Nos 224 à 227 (4 val.)	7 70	5 45
	La série, non dentelée	42 »	

1993. - *Les instruments de musique (VI). Types précédents. Offset. Dentelés 13.*

Trompette.

Tambourin.

228	1 f. 82, gris, beige et noir (204)	1 »	0 65
229	2 f. 34, orange, brun-jaune et noir (208)	1 25	1 »

Vielle.

Xylophone.

230	3 f. 86, rose, rouge-brun et noir (209)	2 45	1 55
231	5 f. 93, rose, lilas et noir (221)	3 05	2 30
	Nos 228 à 231 (4 val.)	7 70	5 45
	La série, non dentelée	45 75	

1994. - *Feuilles d'arbres (I). Offset. Dentelés 13.*

Chêne.

Platane.

232	1 f. 91, olive, vert et noir	1 »	0 65
233	2 f. 46, vert sombre, vert et noir	1 25	0 80

Marronnier.

Houx.

234	4 f. 24, rouge, brun et noir	2 15	1 40
235	6 f. 51, vert-bleu foncé, bleu-vert et noir	3 35	2 60
	Nos 232 à 235 (4 val.)	7 70	5 45
	La série, non dentelée	45 75	

1996. - *Feuilles d'arbres (II). Offset. Dentelés 13.*

Frêne.

Hêtre.

236	1 f. 87, brun, vert et noir	1 »	0 50
237	2 f. 18, carmin, orange et noir	1 25	0 80

Noyer.

Orme.

238	4 f. 66, vert, jaune et noir	2 15	1 55
239	7 f. 11, bleu, bleu-vert et noir	3 35	2 60
	Nos 236 à 239 (4 val.)	7 70	5 45

1998. - *Fleurs sauvages. Offset. Dentelés 13.*

Liseron.

Coquelicot.

240	1 f. 87, multicolore	0 90	0 50
241	2 f. 18, multicolore	1 25	0 65

Violette.

Bouton d'or.

242	4 f. 66, multicolore	1 85	1 40
243	7 f. 11, multicolore	3 »	2 15
	Nos 240 à 243 (4 val.)	7 »	4 70

2002. - *Fleurs. Orchidées. Une bande de phosphore à gauche. Offset. Dentelés 13.*

Orchidée insulaire.

Orchidée Bourbon.

244	0,29 € multicolore	0 70	0 60
245	0,33 € multicolore	0 80	0 65

RADIODIFFUSION

Le ministère des P.T.T. a émis pendant trois années successives des timbres matérialisant la taxe mise à la charge des possesseurs d'appareil de radiodiffusion.

1935-37. - *Taille-douce. Dentelés 13.*

1	( ) bleu	130 »	77 »	30 »
2	( ) rouge	70 »	40 »	25 »
3	( ) vert	40 »	25 »	» »

La radiodiffusion fut érigée en administration autonome en 1939.

ACHAT-VENTE-CONSEIL EN PLACEMENT-ESTIMATION
VENTE PAR CORRESPONDANCE (Tarifs sur demande)
TIMBRES DE FRANCE AU DÉTAIL ET TOUS PAYS
ET MATÉRIEL DES GRANDES MARQUES, TOUTES COLLECTIONS.

QUALITÉ - CONFIANCE - CHOIX - PRIX

BERNARD AUMONT

SPÉCIALISTE DE LA QUALITÉ

ACHETE

LES TIMBRES EUROPA, MONACO ET LES BELLES COLLECTIONS TOUS PAYS

LES TIMBRES DE FRANCE
Par QUANTITÉ,
(même les petites valeurs)
FEUILLE OU 1/2 FEUILLE

STOCK IMPORTANT
AU JUSTE PRIX !

TOUT EN 1 SEUL MAGASIN
TIMBRES NEUFS OU OBLITÉRÉS - MATÉRIEL - LIVRES - JOURNAUX

MAGASIN OUVERT DU MARDI AU VENDREDI :
9h à 12h15 et de 13h15 à 18h00
LE SAMEDI :
de 9h à 12h15 et de 14h à 18h00

En plein centre de Paris,
dans le quartier de l'Art et de la Collection

ACCÈS FACILE - 9 lignes de bus
4 stations de métro - parkings.
22 rue Drouot
PARIS 9ème

Tél. 01 47 70 63 34
et 01 42 46 35 29

COMMANDES PAR FAX 01 42 46 25 32
PAR INTERNET
Site Marchand : bernard-aumont.com
Messagerie internet : AUMONT@noos.fr

TOUTES LES GRANDES MARQUES
AV - CERES - DAVO
DAVO - HAWID - ID
KABE - LEUCHTTURM
LINDNER - MOC
MARINI - PRINZ - SAFE
Yvert & Tellier

REMISE ACCORDÉE DÈS LE 1ER ACHAT,
PRIX CLUB OU PAR QUANTITÉ
TARIFS DES MARQUES
ENVOYÉS SUR SIMPLE DEMANDE

ROULETTES

Certains timbres de grande consommation destinés aux machines distributrices ont été confectionnés en « bandes sans fin ». Ils se présentent alors sous forme de bobines d'abord de 600 (tirage à plat) ou 1200 (tirage par rotative) et, depuis 1929 en bobines de 500 ou 1000 exemplaires et exceptionnellement de 2000.

Les timbres provenant de ces bobines, dites « Roulettes », se collectionnent généralement par bande verticale de 6 ou 11, afin de pouvoir les différencier avec certitude (*).

Ces timbres se présentent généralement avec les dents coupées sur un ou deux côtés.

Des feuilles de Roulettes ont parfois servi à l'approvisionnement des Bureaux, qui, les ont détaillées au public. Il existe donc des bandes horizontales de 6 timbres des Roulettes nos 11, 13, 15, 16, 17, 18, 19, 31, 37, 39, 42, 43, et 47.

N°	Timbre	Type	N° au catalogue	Bande de	verticale Cote	Bande horizont. de 6
	A. - IMPRESSION à PLAT					
1	5 c. Semeuse vert	I	137	6	245 »	
2	10 c. Semeuse rouge	IA	138	6	110 »	
3	15 c. Semeuse lignée vert-gris	IV	130c	6	1 550 »	
4	25 c. Semeuse bleu	I	140	6		
5	5 c. Semeuse orange	I	158	6	305 »	
6	10 c. Semeuse vert	IA	159a	6		
7	50 c. Semeuse lignée bleu	I	161	6	340 »	
	B. - IMPRESSION par ROTATIVE					
8	5 c. Semeuse orange	IIB	158c	6	185 »	
9	10 c. Pasteur vert		170	11	400 »	
10	15 c. Semeuse lignée vert	VI	130f	6		
11	50 c. Pasteur bleu	II	176	6		2 850 »
12	15 c. Pasteur vert		171	11	210 »	
13	20 c. Semeuse lilas-brun	IV	139c	11	460 »	245 »
14	25 c. Semeuse bleu	IIIC	140k	11	610 »	
15	75 c. Pasteur bleu		177	6	2 300 »	2 300 »
16	5 c. Blanc vert	IIB	111f	11	1 300 »	650 »
17	10 c. Semeuse vert	IV	159e	11	100 »	270 »
18	30 c. Semeuse bleu	IIC	192c	11	4 600 »	2 450 »
19	1 f. Pasteur bleu	I	179	11	915 »	610 »
20	15 c. Semeuse brun-lilas	I	189	11	690 »	
21	40 c. Semeuse vermillon	II	194	11	6 500 »	
22	30 c. Pasteur vert	II	174	11	400 »	
23	50 c. Semeuse lignée rouge	III	199f	11	305 »	
24	1 f. 50, Pasteur bleu		181	11	805 »	
25	25 c. Semeuse jaune-brun	IIIC	235a	11	725 »	
26	40 c. Semeuse violet	II	236	11	460 »	
27	40 c. Semeuse outremer	II	237	11	1 150 »	
28	30 c. Paix vert		280	11	500 »	
29	40 c. Paix lilas	II	281a	11	1 300 »	
30	20 c. Semeuse lilas-rose	IV	190a	11	340 »	
31	10 c. Semeuse outremer	IV	279a	11		115 »
32	50 c. Paix rose-rouge	IIB	283d	3	305 »	
33	65 c. Paix outremer	III	365c	11	610 »	
34	30 c. Mercure rouge	II	412a	11	725 »	
35	70 c. Mercure lilas-rose	II	416a	11	1 300 »	
36	90 c. Paix outremer	II	368b	11	840 »	
37	15 f. Marianne (Gandon) outremer	III	886d	11	505 »	3 050 »
38	6 f. Marianne (Muller) brun-rouge (N'existe qu'en roulettes).		1009A	11	45 75	
39	15 f. Marianne (Muller) rose carminé		1011	11	45 75	4 600 »
40	20 f. Marianne (Muller) bleu	I	1011B	11	230 »	
41	25 f. Marianne (Muller) rouge		1011C	11	230 »	
	Timbres préoblitérés					
42	4 c. Blanc, surch. « Affranchissement Postes »	II	40a	6	2 850 »	2 550 »
43	5 c. Blanc, id., surch. « Affranchissement Postes »	IIB	41b	11	1 100 »	590 »
44	10 c. Semeuse vert, surch. « Affranch. Postes »	IV	51b	11	460 »	
45	15 c. Semeuse brun-lilas, surch. « Affr. Postes »	I	53	11	4 600 »	
46	10 c. Blanc, surch. « Affranchissement Postes »		43	11	1 700 »	
47	25 c. Semeuse jne-br., surch. « Affranch. Postes »	IIIC	57a	11		460 »
48	10 c. Semeuse outremer, surch. « Affranch. Postes »	IV	52a	11	1 000 »	
49	20 c. Mercure lilas, surch. « Affranch. Postes »	II	78	11	1 400 »	

Remarque : la numérotation des roulettes 8 à 49 a été modifiée en séparant les roulettes de timbres préoblitérés.

N°	Timbre	Type	N° au catalogue	Bande de	verticale Cote	Bande horizont. de 6
	Timbres en nouveaux francs					
50	20 c. Semeuse (Piel) turquoise et rose	II	1233a	11	270 »	
51	25 c. Marianne à la Nef bleu et rouge		1234	11	210 »	
52	25 c. Marianne (Decaris) gris clair et carm. fcé		1263	11	65 »	
52a	25 c. Marianne (Decaris) rose clair et carm. fcé		1263a	11	340 »	

(Depuis 1962, un timbre sur dix des roulettes porte un numéro rouge inscrit au verso, sur la gomme, pour faciliter la comptabilité). (Après 1986, 1 timbre sur cinq).

N°	Timbre	Type	N° au catalogue	Bande de	verticale Cote	Bande horizont. de 6
53	25 c. Coq, outremer, carmin et brun dont 1 timbre avec n° vert au verso		1331	11	340 »	
53a	dont 1 timbre avec n° rouge au verso		1331	11	77 »	
54	30 c. Coq, vert, rouge et bistre		1331A	11	30 50	
55	25 c. Armoiries (Mont-de-Marsan), brun-rouge et bleu		1469	11	140 »	
56	25 c. Marianne (Cheffer), bleu		1535	11	92 »	
57	30 c. Marianne (Cheffer), lilas		1536	11	25 25	
58	30 c. Marianne (Cheffer), vert		1536A	11	9 15	
59	40 c. Marianne (Cheffer), rouge carminé		1536B	11	26 75	
60	5 c. Armoiries (Auch), bleu et rouge		1468	11	3 85	
61	50 c. Marianne (Béquet), carmin-rose		1664	11	38 25	
62	50 c. Marianne (Béquet), idem avec bandes phosphore		1664c	11	26 75	
63	40 c. La chapelle de Ronchamp					
	(en raison du format le n° inscrit est porté 2 fois).					
	1er tirage : vert, ocre et violet-brun		1435	11	» »	
63a	2e tirage : vert-olive foncé, bistre-jaune et violet-brun		1435a	11	8 40	
63b	3e tirage : idem avec gomme blanche et mate		1435a	11	9 15	
	Le 1er tirage se distingue au niveau de la dentelure latérale car les roulettes ont été préparées à la main, alors que dans les 2e et 3e tirages, il les ont été confectionnées à la machine.					
64	20 c. Armoiries (Saint-Lô), multicolore		1510	11	19 25	
65	60 c. Marianne (Béquet), vert (gravé) avec bandes phosphore		1815a	11	92 »	
66	80 c. Marianne (Béquet), rouge avec bandes phosphore		1816b	11	45 75	
	Non dentelés verticalement					
67	80 c. Marianne (Béquet), vert avec 1 bande phosphore		1894	11	10 75	
68	1 f. Marianne (Béquet), rouge avec 3 bandes phosphore		1895	11	10 75	
69	80 c. Sabine, vert avec 1 bande phosphore		1980	11	24 50	
70	1 f. Sabine, rouge avec 2 bandes phosphore		1981	11	26 »	
71	1 f. Sabine, vert avec 1 bande phosphore		1981A	11	18 50	
72	1 f. 20, Sabine, rouge avec 2 bandes phosphore		1981B	11	20 »	
73	1 f. 10, Sabine, vert avec 1 bande phosphore		2062	11	27 50	
74	1 f. 30, Sabine, rouge avec 2 bandes phosphore		2063	11	27 50	
75	1 f. 20, Sabine, vert avec 1 bande phosphore		2103	11	9 95	
76	1 f. 40, Sabine, rouge avec 2 bandes phosphore		2104	11	11 50	
77	1 f. 40, Sabine, vert avec 1 bande phosphore		2157	11	9 95	
78	1 f. 60, Sabine, rouge avec 2 bandes phosphore		2158	11	10 75	
79	1 f. 40, Liberté, vert avec 1 bande phosphore		2191	11	24 50	
80	1 f. 60, Liberté, rouge avec 2 bandes phosphore		2192	11	24 50	
81	1 f. 60, Liberté, vert avec 1 bande phosphore		2222	11	11 50	
82	1 f. 80, Liberté, rouge avec 2 bandes phosphore		2223	11	13 »	
83	2 f. Liberté, rouge avec 2 bandes phosphore		2277	11	13 »	
84	1 f. 70, Liberté, vert avec 1 bande phosphore		2321	11	11 50	
84a	Idem. Gomme brillante		2321b	11	54 »	
85	2 f. 10, Liberté, rouge avec 2 bandes de phosphore		2322	11	13 75	
85a	Idem. Gomme brillante		2322b	11	84 »	
86	1 f. 80, Liberté, vert avec 1 bande de phsophore		2378	11	13 »	
86a	Idem. Numérotation tous les 5 timbres		2378	11	15 25	
86b	Idem. Gomme brillante		2378c	11	160 »	
87	2 f. 20, Liberté, rouge avec 2 bandes de phsophore		2379	11	15 25	
87a	Idem. Numérotation tous les 5 timbres		2379	11	13 75	
87b	Idem. Gomme brillante, jaunâtre		2379c	11	27 50	
88	1 f. 90, Liberté, vert avec 1 bande de phosphore		2426	11	23 »	
89	2 f. Liberté, vert avec 1 bande de phosphore		2487	11	11 50	
89a	Idem. Gomme brillante jaunâtre		2487b	11	20 »	
90	2 f. 10, Marianne du Bicentenaire, vert avec 1 bande de phosphore		2627	11	11 50	
91	2 f. 30, Marianne du Bicentenaire, rouge avec 2 bandes de phosphore		2628	11	13 75	

N°	Timbre	N° au catalogue	Bande de	verticale Cote	Bande horizont. de 6
92	2 f. 20, Marianne du Bicentenaire, vert avec 1 bande de phosphore	2718	11	14 50	
93	2 f. 50, Marianne du Bicentenaire, rouge avec 2 bandes de phosphore	2719	11	14 50	
94	2 f. 40, Marianne du Bicentenaire, vert avec 1 bande de phosphore	2823	11	13 75	
95	(sans valeur) Marianne du Bicentenaire, rouge avec 2 bandes de phosphore	2819	11	15 75	
96	2 f. 70, Marianne du Bicentenaire, vert avec 1 bande de phosphore	3008	11	13 75	
97	(sans valeur) Marianne du 14 Juillet, rouge avec 2 bandes de phosphore	3084	11	11 50	
98	2 f. 70, Marianne du 14 Juillet, vert avec 1 bande de phosphore	3100	11	11 50	
99	(sans valeur) Marianne du 14 Juillet, Mention RF, rouge avec 2 bdes de phosph.	3418	11	11 50	

(*) A partir de la roulette n° 53, la bande de 11 n'est plus indispensable pour différencier avec certitude les timbres de roulette, avec les novations de 1962 (N[os] au verso d'un timbre sur 10) et de 1976 (non dentelure verticale) ; certains collectionneurs se contentent désormais d'une bande de 10 ; les cotes sont à diminuer de 15%. Avec la numérotation tous les cinq timbres, à partir de 1986, il est également loisible de collectionner une bande de 6 ou 5 timbres : les cotes sont à diminuer de 50% ou de 60%.

TIMBRES DE SERVICE

Pour les n°s 1 à 15 les cotes de la colonne de gauche concernent les timbres neufs avec gomme d'origine intacte et sans charnière, celles de la colonne de droite les timbres avec charnière ou sans gomme.

1943. - *Francisque. Typographie.*

Format 17 x 22. Dentelés 14 x 13½.

1	10 c. *brun-orange*	55 »	35 »
2	30 c. *outremer*	55 »	40 »
3	40 c. *lilas*	65 »	32 »
4	50 c. *bleu-vert*	65 »	45 »
5	70 c. *gris-noir*	600 »	365 »
6	1 f. *rose*	300 »	125 »
7	1 f. 20, *bleu*	250 »	60 »
8	1 f. 50, *brun-rouge*	70 »	45 »
9	2 f. *vert*	35 »	26 »
10	3 f. *orange*	100 »	35 »
11	4 f. 50, *olive*	250 »	100 »
12	5 f. *violet*	10 »	7 »

Format 22 x 36. Dentelés 13½ x 14.

13	10 f. *bleu*	72 »	45 »
14	15 f. *vert*	35 »	20 »
15	20 f. *lilas-rose*	38 »	20 »
	N°s 1 à 15 (15 val.)	2 000 »	1 000 »

Très bon centrage +100%.

Ces timbres auraient dû être émis pour l'affranchissement du courrier des administrations, qui devaient perdre le droit à la franchise postale, à partir du 1er janvier 1942. Les réticences des ministères et administrations concernés entraînèrent le report de l'émission, et le tirage fut finalement détruit à la Libération.

Un petit stock de timbres avec gomme fut découvert au début des années soixante et les timbres sans gomme, souvent froissés, furent récupérés dans des bacs d'eau à la Libération, juste avant leur destruction.

En 1946, une étiquette gommée, bleue et rouge (dent. 12½) portant la mention "Affranchissement en compte avec l'Administration des Postes" fut mise en service pour affranchir les questionnaires du Service du Ravitaillement Général. Elle était oblitérée par le bureau de poste de départ.

15A		3 85	1 70
	(sur carte questionnaire)	3 85	

A partir du n° 16, les cotes de la colonne de gauche concernent les timbres neufs, sans charnière, celles de la colonne de droite, les timbres oblitérés.

1958. - *T.-P. de 1957 (Cathédrale de Rouen) surchargé.*

16	35 f. rose et lie-de-vin (1129)	1 55	3 »

1958-59. - *Conseil de l'Europe. Taille-douce. Dentelés 13.*

Drapeau du Conseil.

17	8 f. violet, bleu foncé et orange	0 30	0 30
18	20 f. ocre, bleu foncé et jaune pâle	0 30	0 30
19	25 f. vert foncé, outremer et lilas-rose	1 »	1 »
20	35 f. rouge-brique et bleu foncé	0 80	0 80
21	50 f. lilas-rose et outremer	1 55	1 55
	N°s 17 à 21 (5 val.)	3 90	3 90
	La série, non dentelée	535 »	

Les n°s 16 à 21 étaient réservés à l'affranchissement du courrier des membres du Conseil de l'Europe. Ils peuvent être utilisés sur du courrier privé déposé dans les bureaux du Conseil, à Strasbourg.

Huit nouvelles valeurs à ce type ont paru en 1963-71 (n°s 27 à 35), trois autres en 1975 (n°s 46 à 48) et une en 1976 (n° 49).

1960-65. - *Service de l'U.N.E.S.C.O., à Paris. Taille-douce. Dentelés 13.*

Tête de Bouddha et Hermès de Praxitèle.

22	20 c. noir, bleu et ocre	0 50	0 50
23	25 c. noir, vert et violet	0 50	0 50
24.	30 c. bistre clair et bistre foncé	1 55	1 25
25	50 c. noir, violet et rouge	1 70	1 70
26	60 c. rouge-brun, carmin et bleu	2 75	2 30
	N°s 22 à 26 (5 val.)	7 »	6 25
	La série, non dentelée	385 »	

1963-71. - *Type de 1958-59 (Conseil de l'Europe). Taille-douce. Dentelés 13.*

27	20 c. brun, bleu et jaune	1 25	1 25
28	25 c. vert foncé, bleu et rose	3 05	1 85
29	25 c. bleu, jaune, vert et rouge	1 25	1 »

30	30 c. bleu, jaune et rouge	1 10	1 »
	a. (Couleur jaune omise)	535 »	
	b. (jaune omis sur les étoiles)	155 »	
31	40 c. gris, bleu, jaune et rouge	1 55	1 40
32	50 c. lilas-rose et bleu	3 05	2 45
33	50 c. vert, bleu, rouge et jaune	3 35	2 »
34	60 c. bleu, jaune, violet et rouge	1 55	1 55
35	70 c. brun-violet, bleu, jaune et rouge	5 35	3 85
	Nos 27 à 35 (9 val.)	21 50	16 25
	La série, non dentelée	500 »	

Les étoiles du drapeau sont en blanc sur les nos 27, 28 et 32, en jaune sur les autres valeurs.

1966. - *U.N.E.S.C.O. Campagne de l'alphabétisation. Taille-douce. Dentelés 13.*

36	25 c. gris et noir	0 65	0 65
37	30 c. rouge-brique et brun-rouge	1 »	1 »
38	60 c. vert et vert foncé	1 25	1 25
	La série, non dentelée	215 »	

1969-71. - *U.N.E.S.C.O. Déclaration universelle des Droits de l'Homme. Taille-douce. Dentelés 13.*

39	30 c. vert foncé, rouge et brun	0 80	0 80
40	40 c. carmin, rouge et brun	1 10	0 80
41	50 c. outremer, carmin et brun	2 30	2 30
42	70 c. violet, rouge et ardoise	3 55	3 05
	Nos 39 à 42 (4 val.)	7 75	6 95
	La série, non dentelée	230 »	

Du no 43 au no 65, les timbres portent l'inscription FRANCE à la place de République Française.

1975. - *Idem.*

43	60 c. vert, brun-lilas et rouge	1 55	1 25
44	80 c. brun-orange, brun-rouge et rouge	1 55	1 55
45	1 f. 20, bleu-nuit, lilas-brun et rouge	5 35	4 15
	La série, non dentelée	140 »	

1975. - *Conseil de l'Europe. Drapeau. Type de 1958-59. Dentelés 13.*

46	60 c. vert-jaune, bleu, jaune et orange	1 55	1 40
47	80 c. grenat, jaune et bleu	2 30	1 70
48	1 f. 20, turquoise, bleu, jaune et rouge	8 40	4 60
	La série, non dentelée	140 »	

1976. - *Idem.*

49	1 f. olive, rouge, jaune et bleu	5 35	5 35
	a. (Non dentelé)	61 »	

1976. - *U.N.E.S.C.O. Taille-douce. Dentelés 13.*

50	80 c. vert-bleu, gris et bistre-olive	1 10	1 10
51	1 f. vert-jaune, bleu et orange	0 50	0 50
52	1 f. 40, brun, brun-orange et lilas-rose	2 30	2 30
	La série, non dentelée	110 »	

1977. - *Conseil de l'Europe. Bâtiment du Conseil, à Strasbourg. Taille-douce. Dentelés 13.*

53	80 c. ocre, brun-orange et rouge	1 10	1 10
54	1 f. bleu, vert foncé et brun	0 50	0 50
55	1 f. 40, vert foncé, olive et gris	3 05	2 30
	La série, non dentelée	110 »	

1978. - *U.N.E.S.C.O. Type de 1976. Dentelés 13.*

56	1 f. 20, vert, outremer et brun-rouge	0 65	0 65
57	1 f. 70, rouge, vert-bleu et brun-rouge	1 »	0 80
	La paire, non dentelée	92 »	

1978. - *25e anniversaire de l'entrée en vigueur de la Convention Européenne des Droits de l'Homme. Conseil de l'Europe. Type de 1977 modifié. Taille-douce. Dentelés 13.*

58 1 f. 20, lilas-rge, vert fcé et gris-bleu 0 65 0 65
59 1 f. 70, bleu, émeraude et vert-bleu 1 » 1 »
La paire, non dentelée 92 »

1980. - *U.N.E.S.C.O. Patrimoine universel. Sites classés à protéger. Taille-douce. Dentelés 13.*

"La maison des esclaves", île de Gorée - Sénégal.

Site de Moenjodaro - Pakistan.

60 1 f. 20, rose-bleu, bleu et vert 0 80 0 80
61 1 f. 40, vert-jaune, bleu et rose 1 10 1 10

Palais de Sans-Souci - Haïti.

62 2 f. rose-brun, violet, et vert-gris 1 25 1 25
La série, non dentelée 92 »

1980. - *Conseil de l'Europe. Bâtiment du Conseil, à Strasbourg. Type de 1977. Dentelés 13.*

63 1 f. 40, brun-olive 1 10 1 10
64 2 f. bleu-gris 1 25 1 25
La paire, non dentelée 69 »

1981. - *Conseil de l'Europe. Taille-douce. Dentelés 13.*

Palais de l'Europe : "Entrée et Hémicycle".

65 1 f. 40, brun-rouge, bleu-gris foncé et violet 0 80 0 80
66 1 f. 60, brun-orange et olive 0 80 0 80
67 2 f. 30, bleu-vert, gris-bleu et olive foncé 1 10 1 10
La série, non dentelée 92 »

1981. - *U.N.E.S.C.O. Patrimoine universel. Sites classés à protéger. Taille-douce. Dentelés 13.*

Fès - Maroc.

Sukhotaï - Thaïlande.

68 1 f. 40, bleu, roux et rose foncé 0 80 0 80
69 1 f. 60, rose foncé, bleu et olive 0 80 0 80

Fort Saint-Elme - Malte.

70 2 f. 30, olive, bleu et roux 1 10 1 10
La série, non dentelée 92 »

1982. - *U.N.E.S.C.O. Patrimoine universel. Sites classés à protéger. Taille-douce. Dentelés 13.*

Huê - Viet Nam.

São Miguel - Brésil.

71 1 f. 80, lilas-rose, lilas et vert-bleu 1 10 1 10
72 2 f. 60, gris-bleu, sépia et rouge 1 25 1 25
La paire, non dentelée 51 »

1982. - *Conseil de l'Europe. Type de 1981. Taille-douce. Dentelés 13.*

73 1 f. 80, brun-violet, vert foncé et carmin 1 10 1 10
74 2 f. 60, bleu-vert, gris-bleu et violet 1 25 1 25
La paire, non dentelée 61 »

1983. - *U.N.E.S.C.O. Patrimoine universel. Sites classés à protéger. Taille-douce. Dentelés 13.*

Mosquée de Chinguetti - Mauritanie.

Mur d'enceinte intérieur d'Istanbul - Turquie.

75	2 f. bleu, brun et noir	1 »	1 »
76	2 f. 80, bleu, noir et brun	1 40	1 40
	La paire, non dentelée	61 »	

1983. - *Conseil de l'Europe. Type de 1981. Taille-douce. Dentelés 13.*

77	2 f. vert, carmin et bleu-vert	1 »	1 »
78	2 f. 80, violet, brun-rouge et bleu-vert	1 40	1 40
	La paire, non dentelée	61 »	

1984. - *U.N.E.S.C.O. Patrimoine universel. Sites classés à protéger. Taille-douce. Dentelés 13.*

Eglise monolithique de Lalibela - Ethiopie.

Sanaa - République arabe du Yémen.

79	1 f. 70, vert et brun-jaune	1 »	1 »
80	2 f. 10, bleu et brun	1 10	1 10

Église Sainte-Marie Kotor - Yougoslavie.

81	3 f. vert, brun-jaune et brun	1 85	1 85
	La série, non dentelée	92 »	

1984. - *Conseil de l'Europe. Type de 1981. Taille-douce. Dentelés 13.*

82	1 f. 70, vert	1 »	1 »
83	2 f. 10, rouge	1 10	1 10
84	3 f. bleu	1 85	1 85
	La série, non dentelée	77 »	

1985. - *Conseil de l'Europe. Taille-douce. Dentelés 13.*

Pied chaussé sortant d'un oeuf.

85	1 f. 80, vert	1 10	1 10
86	2 f. 20, rouge	1 25	1 25
87	3 f. 20, bleu	1 85	1 85
	La série, non dentelée	77 »	

1985. - *U.N.E.S.C.O. Patrimoine universel. Sites classés à protéger. Taille-douce. Dentelés 13.*

Théâtre romain de Carthage - Tunisie.

Vieille place de La Havane - Cuba.

Temple d'Anuradhapura - Sri Lanka.

88	1 f. 80, bleu, vert et brun	1 10	1 10
89	2 f. 20, bleu, vert et brun	1 25	1 25
90	3 f. 20, bleu, vert et brun	2 30	2 30
	La série, non dentelée	92 »	

1986. - *U.N.E.S.C.O. Patrimoine universel. Sites classés à protéger. Taille-douce. Dentelés 13.*

Temple de Tikal - Guatemala.

Mosquée de Bagerhat - Bangladesh.

91	1 f. 90, gris, brun clair et vert	1 25	1 25
92	3 f. 40, brun clair, gris et vert	2 60	2 60
	La paire, non dentelée	61 »	

1986. - *Conseil de l'Europe. Impression en offset. Dentelés 13.*

Bâtiment du Conseil.

93	1 f. 90, vert	1 25	1 25
94	2 f. 20, rouge	1 40	1 40
95	3 f. 40, bleu	2 30	2 30
	La série, non dentelée	77 »	

1987. - *Idem.*

96	2 f. vert	1 25	1 25
97	3 f. 60, bleu	2 30	2 30
	La paire, non dentelée	61 »	

1987. - *U.N.E.S.C.O. Patrimoine universel. Sites classés à protéger. Taille-douce. Dentelés 13.*

Acropole d'Athènes - Grèce.

Temple de Philae - Égypte.

98	2 f. bleu, beige et brun	1 25	1 25
99	3 f. 60, bleu, beige et brun	2 30	2 30
	La paire, non dentelée	61 »	

1989. - *40e anniversaire du Conseil de l'Europe. Valeur en Francs et ÉCU. Taille-douce sur fond offset. Dentelés 13.*

Allégorie.

100	2 f. 20, rouge, lilas et jaune sur rose	1 55	1 55
101	3 f. 60, bleu, vert et jaune sur azuré	3 05	3 05
	La paire, non dentelée	77 »	

1990. - *U.N.E.S.C.O. Patrimoine universel. Sites classés à protéger. Taille-douce. Dentelés 13.*

San Francisco de Lima - Pérou.

Shibam - Yémen du Sud.

102	2 f. 30, vert, brun-jaune et noir	1 55	1 55
103	3 f. 20, bleu, bleu clair et brun-roux	1 85	1 85
	La paire, non dentelée	61 »	

1990. - *Conseil de l'Europe. Offset. Dentelés 13.*

Carte d'Europe et étoiles.

104	2 f. 30, noir, vert, rouge bleu et jne	1 55	1 55
105	3 f. 20, noir, rouge, bleu et jaune	2 30	2 30
	La paire, non dentelée	61 »	

1991. - *Conseil de l'Europe. Type précédent. Offset. Dentelés 13.*

106	2 f. 50, multicolore	1 55	1 55
107	3 f. 40, multicolore	1 85	1 85
	La paire, non dentelée	61 »	

1991. - *U.N.E.S.C.O. Patrimoine universel. Sites classés à protéger. Taille-douce. Dentelés 13.*

Temple de Bagdaon - Népal.

Citadelle d'Herat - Afghanistan.

108	2 f. 50, brun et rouge	1 55	1 55
109	3 f. 40, vert, brun-olive et brun	1 85	1 85
	La paire, non dentelée	61 »	

1993. - *U.N.E.S.C.O. Patrimoine universel. Sites classés à protéger. Offset. Dentelés 13.*

Parc archéologique d'Angkor - Cambodge.

Parc national du Tassili n'Ajjer - Algérie.

110	2 f. 80, multicolore	1 55	1 55
111	3 f. 70, multicolore	1 85	1 85
	La paire, non dentelée	61 »	

1994. - *Conseil de l'Europe. Offset. Dentelés 13.*

Détail de "36 têtes", oeuvre originale de Hundertwasser.

Détail de "36 têtes", oeuvre originale de Hundertwasser.

112	2 f. 80, multicolore	1 55	1 55
113	3 f. 70, multicolore	1 85	1 85
	La paire, non dentelée	61 »	

1996. - *U.N.E.S.C.O. Patrimoine universel. Sites classés à protéger. Offset. Dentelés 13.*

Parc national "Uluru" - Australie.

Parc national "Los Glaciares" - Argentine.

114	3 f. multicolore	1 25	1 25
115	3 f. 80, multicolore	1 85	1 85

1996. - *Conseil de l'Europe. Offset. Dentelés 13.*

Palais des Droits de l'Homme - Strasbourg.

Palais des Droits de l'Homme - Strasbourg.

116	3 f. bleu clair, argent et rouge	1 25	1 25
117	3 f. 80, bleu clair, argent et bleu foncé	1 85	1 85

1998. - *U.N.E.S.C.O. Patrimoine universel. Sites classés à protéger. Offset. Dentelés 13.*

Pompéi (femme cueillant des fleurs - peinture murale).

Ile de Pâques (statues).

118	3 f. multicolore	1 40	1 40
119	3 f. 80, multicolore	1 85	1 85

1999. - *Conseil de l'Europe. Héliogravure. Dentelés 13.*

Statue en bronze de l'aurige de Delphes.

Statue de la divinité grecque Niké, oeuvre de Petras Mazuras.

120	3 f. (0,46 €) multicolore	1 25	1 25
121	3 f. 80 (0,58 €) multicolore	1 85	1 85

2001. - *Conseil de l'Europe. Deux bandes de phosphore. Offset. Dentelés 13.*

"Je suis noir, je suis blanc, je suis noir et blanc", oeuvre de Tomi Ungerer.

122	3 f. (0,46 €) multicolore	1 10	1 10
123	3 f. 80 (0,58 €) multicolore	1 40	1 40

2001. - *UNESCO. Deux bandes de phosphore. Offset. Dentelés 13.*

Pyramides de Guizèh.

Parc national de Komodo.

124	3 f. (0,46 €) multicolore	1 10	1 10
125	3 f. 80 (0,58 €) multicolore	1 40	1 40

TIMBRES-SPÉCIMEN

Certains timbres-poste ou taxe existent avec la surcharge noire SPECIMEN, frappée horizontalement au moyen d'un cachet à main. Elle mesure généralement 16x3 mm.

On connaît les suivants :

Empire non lauré, dentelés.

1	1 c. vert-olive (19)	370 »
2	5 c. vert (20)	305 »

3	10 c. bistre (21)	245 »
4	20 c. bleu (22)	245 »
5	20 c. et 20 c. *(tête-bêche)* (22b)	8 400 »
6	40 c. orange (23)	305 »
7	80 c. rose (24)	305 »
8	80 c. et 80 c. *(tête-bêche)* (24b)	15 500 »

Empire lauré.

9	1 c. vert-olive (25)	805 »
10	2 c. rouge-brun (26)	230 »
11	4 c. gris (27)	230 »
12	20 c. bleu (29)	1 700 »
13	30 c. brun (30)	1 700 »
14	40 c. orange (31)	1 700 »
15	80 c. rose (32)	1 700 »
16	5 f. violet-gris (33)	3 050 »

Pour le 5 f. il existe deux types de surcharges.

Cérès gros chiffres.

17	15 c. bistre (55)	765 »

Idem, petits chiffres.

18	15 c. bistre (59)	765 »

Pour les timbres au Type Cérès ainsi que pour ceux au Type Sage il existe plusieurs types de surcharges.

Type Sage.

19	1 c. noir s. azuré (83)	500 »
20	2 c. brun-rouge (85)	500 »
21	4 c. lilas-brun (88)	765 »
22	5 c. vert (75)	1 100 »
23	10 c. noir s. lilas (80)	610 »
24	15 c. bleu (90)	535 »
25	20 c. brun-lilas s. paille (67)	1 100 »
26	25 c. jaune clair (92)	340 »
27	30 c. brun-jaune (80)	725 »
28	40 c. rouge-orange (94)	650 »
29	75 c. carmin (71)	1 250 »
30	1 f. vert-bronze (72)	915 »
31	5 f. violet s. lilas (95)	1 400 »

Chômeurs intellectuels.

32	20 c.+10 c. brun carminé (330)	84 »
33	40 c.+10 c. vert (331)	84 »
34	50 c.+10 c. rouge-brique (332)	84 »
35	1 f. 50+50 c. outremer (333)	84 »

Ces timbres sont normalement sans gomme.

Timbres-taxe.

36	60 c. jaune-bistre (8)	1 150 »
37	60 c. bleu (9)	690 »
38	1 c. noir (10)	84 »
39	25 c. rose (32)	84 »
40	45 c. vert (36)	84 »

TIMBRES-TAXE

Avant l'institution du timbre-poste en France, des "vignettes-taxe" avaient été employées officiellement, soit pour frapper d'une double-taxe les plis de service qui contenaient, à tort, une correspondance personnelle, soit pour servir de bordereau de décompte de taxe dans le cas des lettres réexpédiées de l'étranger.

Il existe deux séries de vignettes de double-taxe. L'une imprimée sur papier vieux rose en vertu de l'Ordonnance royale du 14 décembre 1825, était employée, soit entière, soit coupée par moitié, soit avec la seule mention TAXE A PERCEVOIR. La seconde série est du 12 février 1845 ; elle comporte trois types présentant tous le même aspect général, mais de couleurs différentes, rouge, bleu et jaune. (Valeur : à partir de 9150 »).

Quant aux vignettes-bordereaux de taxe, elles étaient imprimées sur papier jaune et réglementairement employées pour la taxe à percevoir des lettres réexpédiées de l'étranger en vertu des Instructions des Postes de juin 1832.

Le chapitre concerne les émissions aux chiffres taxe, aux timbres taxe et aux timbres de recouvrement.

1859. -

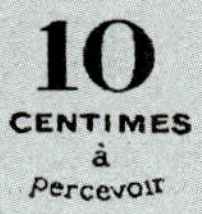

I

II

I. - Barre supérieure du 1 très légère ; mot "centimes" en lettres petites et espacées ; l'accent grave de l'à très léger et presque horizontal ; trait inférieur de la barre verticale du p de percevoir à peine visible.

II. - Barre supérieure du 1 très marquée ; mot "centimes" en lettres fortes et rapprochées ; accent grave de l'à presque vertical ; p de percevoir nettement imprimé.

I. - Lithographie.

1	10 c. noir	30 000 »	270 »
	(Sur lettre)		700 »
	Le n° 1, sans gomme, vaut	6 000 »	

II. - Typographie.

2	10 c. noir	30 »	20 »
	(Sur lettre)		30 »

BLOCS DE QUATRE

10 c. (n° 1)		
10 c. (n° 2)	130 »	370 »

1863-70. - *Même type.*

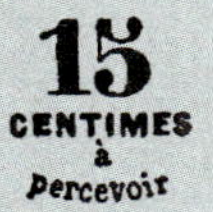

I

II

I. - Accent grave de l'à presque vertical ; mot "percevoir" légèrement cintré ; p nettement imprimé ; l'oeil de cette lettre est petit.

II. - Accent grave de l'à presque horizontal ; mot "percevoir" plus cintré ; trait inférieur de la barre verticale du p à peine visible ; l'oeil de cette lettre est assez fort.

I. - Typographie.

3	15 c. noir	35 »	15 »
	(Sur lettre)		30 »

Avec surcharge manuscrite.

3A	25 sur 15 c. noir (sur lettre)	3 200 »

II. - Lithographie.

4	15 c. noir	155 »	290 »
	a. (Sur lettre)		1 500 »

Avec surcharge manuscrite.

4A	25 sur 15 c. noir (sur lettre)		4 600 »

BLOCS DE QUATRE

15 c. (n° 3)	150 »	210 »
15 c. (n° 4)	700 »	

1871-78. - *Idem. Typographie.*

5	25 c. noir	160 »	65 »
	(Sur lettre)		110 »
6	30 c. noir	230 »	140 »
	(Sur lettre)		300 »
7	40 c. bleu	360 »	450 »
	(Sur lettre)		2 300 »
	a. (outremer)	7 000 »	7 000 »
	(Sur lettre)		23 000 »
	b. (bleu de Prusse)	2 850 »	
8	60 c. jaune-bistre	535 »	1 250 »
	(Sur lettre)		8 400 »
9	60 c. bleu	70 »	130 »
	(Sur lettre)		1 500 »
	a. (bleu très foncé)	700 »	900 »

NON ÉMIS

9A	20 c. *noir*	5 000 »	
9B	60 c. *noir*	2 850 »	

BLOCS DE QUATRE

25 c.	750 »	1 200 »
30 c.	1 150 »	1 300 »
40 c.	1 700 »	
60 c. (n° 8)	2 400 »	
60 c. (n° 9)	340 »	900 »
60 c. (n° 9a)	2 850 »	

Piquages.

B. - Percés en lignes.

2a	10 c.	270 »
3a	15 c.	420 »
5a	25 c.	450 »
6a	30 c.	700 »
7d	40 c.	3 850 »
9b	60 c. bleu	3 450 »

D. - Piquage de Clamecy.

2a	10 c.	5 500 »
3a	15 c.	5 000 »

Les cotes ci-dessus s'entendent pour des timbres oblitérés sur lettre entière. (Les timbres sur très grand fragment valent le tiers).

Les timbres-taxe précédents ont eu un emploi restrictif (correspondances locales) jusqu'au 30 septembre 1882.

1881-92. - *Type Duval. Typographie. Dentelés 14 x 13½.*

Les timbres à ce type, non dentelés, appartiennent aux Colonies françaises.

10	1 c. noir	2 50	2 50
11	2 c. noir	30 »	30 »
12	3 c. noir	30 »	28 »
13	4 c. noir	60 »	45 »
14	5 c. noir	125 »	35 »
15	10 c. noir	115 »	2 50
16	15 c. noir	80 »	12 »
17	20 c. noir	400 »	150 »
18	30 c. noir	250 »	2 50
19	40 c. noir	150 »	70 »
20	50 c. noir	700 »	200 »
	a. (Non dentelé)	1 250 »	
21	60 c. noir	700 »	60 »
22	1 f. noir	880 »	400 »
23	2 f. noir	1 700 »	900 »
24	5 f. noir	3 850 »	1 900 »

Très bon centrage (+50%).

BLOCS DE QUATRE

1 c.	11 »	12 »
2 c.	140 »	170 »
3 c.	150 »	170 »
4 c.	285 »	285 »
5 c.	590 »	340 »
10 c.	515 »	40 »
15 c.	385 »	90 »
20 c.	2 000 »	1 100 »
30 c.	1 300 »	55 »
40 c.	765 »	400 »
50 c.	3 550 »	1 450 »
60 c.	3 550 »	1 150 »
1 f.	5 000 »	3 250 »
2 f.	9 000 »	5 500 »
5 f.	22 000 »	12 500 »

Ces timbres et ceux des deux émissions suivantes sont souvent oblitérés par un cachet triangulaire.

Les 5 et 10 c. ont été surchargés au Maroc pour servir de T.-P. (voir Tome II 1re partie).

1884. - *Idem.*

25	1 f. marron	500 »	100 »
26	2 f. marron	200 »	155 »
27	5 f. marron	525 »	375 »

BLOCS DE QUATRE

1 f.	2 500 »	1 100 »
2 f.	975 »	900 »
5 f.	2 700 »	2 100 »

A partir du n° 28 et jusqu'en 1959 les cotes de la colonne de gauche concernent les timbres neufs avec gomme d'origine intacte et sans charnière, celles de la colonne centrale les timbres neufs avec charnière légère, celles de la colonne de droite les timbres oblitérés.

1893-1935. - *Idem.*

28	5 c. bleu (1894)	0 60	0 30	0 45
29	10 c. brun (1893)	0 60	0 30	0 45
30	15 c. vert-jaune (1894)	60 »	35 »	1 60
31	20 c. olive (1906)	13 »	7 65	0 75
32	25 c. rose	12 50	7 50	4 50
33	30 c. rouge carminé	0 60	0 30	0 30
34	30 c. rouge-orange (1894)	1 000 »	550 »	100 »
35	40 c. rose	25 »	13 »	4 50
36	45 c. vert	23 »	10 »	5 50
37	50 c. lilas (1895)	1 »	0 50	0 50
38	60 c. vert	1 80	0 75	0 75

39	1 f. rose s. paille (1896)	1 000 »	535 »	450 »
	(Sur lettre)			600 »
40	1 f. lilas-brun s. paille	20 »	10 »	0 30
40A	1 f. lilas-brun s. blanc	2 50	1 35	0 45
41	2 f. rouge-orange (1910)	500 »	250 »	75 »
42	2 f. violet	1 20	0 75	1 05
42A	3 f. lilas-rose	1 20	0 75	1 20

Nos 34, 39 et 41. Très bon centrage (+30%).

Un 5 f. rouge-orange a paru en 1941 (N° 66).

Papier G.C.

28a	5 c. bleu	2 50	0 90	1 50
29a	10 c. brun	2 50	0 90	0 90
30a	15 c. vert-jaune	37 50	22 50	1 50
31a	20 c. olive	10 50	5 25	0 90
33a	30 c. rouge carminé	2 70	1 20	0 90
37a	50 c. lilas	6 75	3 75	3 »

A la fin de 1916 et jusqu'en 1920 les timbres ont été imprimés sur un papier grisâtre ou jaunâtre de très mauvaise qualité, dit de "grande consommation" (G.C).

Les nos 28, 29, 33, 37, 38 et 42 ont fait l'objet de tirage à plat et par rotatives ; seules les dimensions permettent de les distinguer. (Voir Catalogue Spécialisé Tome I).

1908-25. - *Typographie. Dentelés 14 x 13½.*

43	1 c. olive	2 50	1 10	1 50
44	10 c. violet	3 »	1 40	0 50
	a. (Non dentelé)		135 »	
45	20 c. bistre	88 »	45 »	1 50
46	30 c. bistre	30 50	14 50	0 50
47	50 c. rouge	600 »	300 »	66 »
48	60 c. rouge	6 »	3 »	5 »
	Nos 43 à 48 (6 val.)	730 »	365 »	75 »

N° 47. Très bon centrage (+30%).

Papier G.C.

43a	1 c. olive	3 75	2 50	1 50
44b	10 c. violet	5 25	3 »	1 50
45a	20 c. bistre	70 »	36 »	1 50

Ces timbres servaient à taxer les valeurs dont le recouvrement, confié à la Poste, restait impayé.

1917. - *Timbres de 1908 surchargés.*

49	20 c. s. 30 c. bistre (46)	42 »	27 »	4 50
50	40 c. s. 50 c. rouge (47)	24 »	12 »	4 50
	a. (Sans point après c)	85 »	60 »	60 »
	b. (Chiffre 0 éloigné de 4)	110 »	85 »	85 »
	c. (Double surcharge)	700 »	575 »	

1926. - *Idem, surchargés.*

II

I

51	50 c. s. 10 c. violet (44)	9 »	4 »	4 60
52	60 c. s. 1 c. olive (I) (43)	15 »	7 »	5 40
	a. 6 large (II)	140 »	90 »	
53	1 F. s. 60 c. rouge (48)	38 »	20 »	10 »
54	2 F. s. 60 c. rouge (48)	38 »	20 »	10 »
	Nos 51 à 54 (4 val.)	100 »	51 »	30 »

1927-31. - *Typographie. Dentelés 14 x 13½.*

55	1 c. olive	2 50	1 50	1 60
56	10 c. rose	4 »	2 50	2 30
57	30 c. bistre	11 50	6 »	0 50
58	60 c. rouge	10 »	6 »	0 50
59	1 f. lilas	31 »	17 »	3 70
60	1 f. bleu-vert	36 »	20 »	0 90
61	2 f. bleu	190 »	95 »	50 »
62	2 f. sépia	315 »	170 »	30 50
	Nos 55 à 62 (8 val.)	600 »	318 »	90 »

1929-31. - *Timb. de 1927 avec nouvelle valeur en surcharge.*

63	UN f. s. 60 c. rouge (58)	65 »	34 50	1 55

Surcharge en chiffres

64	1 f. 20 s. 2 f. bleu (C) (61)	105 »	50 »	13 »
65	5 f. s. 1 f. lilas (59)	145 »	70 »	13 »

1941. - *Type Duval de 1881-92. Dentelé 14 x 13½.*

66	5 f. rouge-orange	3 50	1 85	2 75

1943-46. - *Type Gerbes. Légende FRANCE CHIFFRE-TAXE. Typographie. Dentelés 14 x 13½.*

67	10 c. sépia	0 15	0 15	0 15
68	30 c. lilas-rose	0 15	0 15	0 15
69	50 c. vert	0 15	0 15	0 15
70	1 f. bleu-violet	0 15	0 15	0 15
71	1 f. 50, rouge	0 30	0 15	0 30
72	2 f. bleu-vert	0 30	0 15	0 30
73	3 f. rouge-brun	0 50	0 15	0 30
74	4 f. violet	7 »	3 85	3 35
75	5 f. rose-lilas	0 65	0 30	0 50
76	10 f. rouge-orange	3 85	2 45	2 30
77	20 f. brun-olive	11 50	7 65	3 50
	Nos 67 à 77 (11 val.)	24 70	15 30	11 15

1946-55. - *Type Gerbes. Légende FRANCE TIMBRE TAXE. Typographie. Dentelés 14 x 13½.*

78	10 c. sépia	1 35	0 70	1 35

79	30 c. lilas-rose	1 35	0 70	1 35
80	50 c. vert	28 »	11 50	10 75
81	1 f. bleu-violet	0 30	0 30	0 30
82	2 f. bleu-vert	0 30	0 30	0 30
83	3 f. rouge-brun	0 30	0 30	0 30
84	4 f. violet	0 30	0 30	0 30
85	5 f. rose-lilas	0 30	0 30	0 30
86	10 f. rouge-orange	0 30	0 30	0 30
87	20 f. brun-olive	2 »	0 80	0 50
88	50 f. vert foncé	28 50	15 50	1 60
89	100 f. vert	87 »	54 »	7 65
	Nos 78 à 89 (12 val.)	150 »	85 »	25 »

A partir de 1960 les cotes de la colonne de gauche concernent les timbres neufs, sans charnières, celles de la colonne de droite les timbres oblitérés.

1960. - *Type Gerbes. Légende REPUBLIQUE FRANCAISE TIMBRE TAXE. Typographie. Dentelés 14 x 13½.*

90	5 c. rose-lilas	4 »	0 80
91	10 c. orange	6 10	0 70
92	20 c. brun-olive	5 40	0 30
93	50 c. vert foncé	15 50	1 40
94	1 f. vert	65 »	2 30
	Nos 90 à 94 (5 val.)	96 »	5 50

1964-71. - *Fleurs des Champs. Typographie. Dentelés 14 x 13½.*

Centaure jacée.

Gentiane.

Coquelicot.

95	5 c. lilas, rose, rouge et vert	0 15	0 15
96	10 c. carmin, vert et outremer	0 15	0 15
97	15 c. brun, vert et rouge	0 30	0 30

Pervenche.

Myosotis.

Ancolie.

98	20 c. mauve, vert clair et vert foncé	0 15	0 15
99	30 c. brun, vert foncé et outremer	0 15	0 15
100	40 c. jaune, rouge et vert foncé	0 30	0 30

Trèfle.

Soldanelle des Alpes.

101	50 c. outremer, vert et rouge	0 30	0 30
102	1 f. outremer, vert et lilas	0 80	0 30
	Nos 95 à 102 (8 val.)	2 30	1 80
	La série, non dentelée	92 »	

1982. - *Insectes. Coléoptères (I). Taille-douce. Dentelés 13.*

"Ampedus cinnabarinus".

"Dorcadion fuliginator".

"Pyrochroa coccinea".

103	10 c. noir et brun-rouge foncé	0 15	0 15
104	20 c. noir	0 15	0 15
105	50 c. noir et rouge-brique	0 30	0 30

"Scarites laevigatus".

"Trichius gallicus".

"Apoderus corily".

106	1 f. noir	0 50	0 50
107	2 f. noir et brun-jaune	1 »	0 80
108	4 f. noir et rouge-brun	2 20	0 80
	Nos 103 à 108 (6 val.)	4 30	2 70
	La série, non dentelée	61 »	

Double frappe.

103a	10 c.	25 »
104a	20 c.	40 »
105a	50 c.	25 »
106a	1 f.	25 »
108a	4 f.	25 »

1983. - *Insectes. Coléoptères (II). Taille-douce. Dentelés 13.*

"Leplura cordigera".

"Paedurus littoralis".

109	30 c. noir, brun et rouge	0 30	0 30
110	40 c. noir, bleu et brun-rouge	0 50	0 30

"Adelia alpina".

"Tricodes alvearius".

111	3 f. noir et brun-rouge	1 55	0 50
112	5 f. noir, bleu-lilas et rouge-brun	2 30	0 50
	Nos 109 à 112 (4 val.)	4 65	1 60
	La série, non dentelée	54 »	

Les timbres-taxe ont été définitivement retirés le 18-11-1988.

TIMBRES-TELEGRAPHE

1868. - *Typographie.*

1	25 c. rouge-carmin	700 »	155 »
2	50 c. vert	700 »	245 »
3	1 f. orange	1 250 »	275 »
4	2 f. violet	1 250 »	200 »

Avec surcharge ÉPREUVE.

1a	25 c.	260 »	
3a	1 f.	340 »	
4a	2 f.	300 »	

BLOCS DE QUATRE

25 c.	3 500 »	2 100 »
50 c.	3 500 »	2 100 »
1 f.	6 500 »	2 600 »
2 f.	6 500 »	1 950 »

1868 (14 janvier). - *Idem. Dentelés 11½ x 12½.*

5	25 c. rouge carminé	960 »	105 »
6	50 c. vert	285 »	17 75
	a. vert clair	285 »	20 »
7	1 f. orange	285 »	15 50
	a. orange clair	340 »	20 »
8	2 f. violet	460 »	27 50
	a. violet clair	490 »	29 »

Avec surcharge ÉPREUVE.

6b	50 c.	92 »	
7b	1 f.	115 »	
8b	2 f.	140 »	

BLOCS DE QUATRE

25 c.	5 000 »	765 »
50 c.	1 550 »	460 »
1 f.	1 550 »	4 600 »
2 f.	2 300 »	500 »

TIMBRES-TELEPHONE

Les Timbres-Téléphone sont sans gomme.

1880. - *Formules typographiques avec talon et n° d'ordre. Papier mince.*

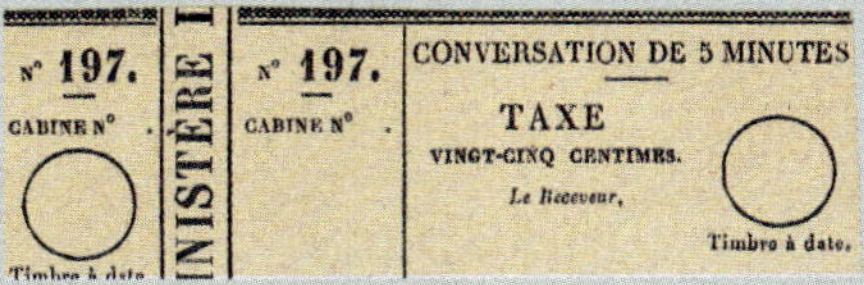

1	25 c. noir sur bulle	2 000 »	2 300 »
2	50 c. noir sur bulle	2 000 »	2 300 »

A. - Sur les n°s 3 à 15, le timbre porte dans le cartouche inférieur : TÉLÉGRAPHE.

1885-87. - *Légende MINISTÈRE des POSTES et des TÉLÉGRAPHES-TÉLÉPHONES - Bulletin de conversation. Fond de sûreté formé des mots MINISTÈREDESPOSTESETDESTÉLÉGRAPHESTÉ LÉPHONES. Typographie. Papier carte. Dentelés 13½.*

A partir des cabines téléphoniques ouvertes au public.

3	25 c. bleu sur chamois	245 »	12 25
4	50 c. rouge sur rose	300 »	28 »

Service téléphonique à longue distance.

5	1 f. rouge sur azuré	765 »	30 50

Service téléphonique international.

6	3 f. noir sur vert	650 »	70 »

1888-96. - *Id. Légende POSTES ET TÉLÉGRAPHES-TÉLÉPHONES - Bulletin de Conversation. Fond de sûreté formé des mots POSTESETTÉLÉGRAPHESTÉLÉPHONES. Typographie. Dentelés 13½.*

7	25 c. bleu sur chamois	270 »	19 50
8	30 c. noir sur lilas	155 »	17 »
8A	30 c. vert sur gris	200 »	88 »
9	50 c. rouge sur rose	170 »	15 25
	a. (Fond omis)	185 »	
	b. (Non dentelé)	270 »	
	c. (Non dentelé, noir sur rose)	300 »	
10	1 f. rouge sur azuré	180 »	15 25
11	3 f. noir sur vert	460 »	23 »

1896. - *Timbres précédents avec "5 Minutes dans le service local 3 Minutes dans le service interurbain" en surcharge.*

12	25 c. bleu s. chamois (3) (R)	2 600 »	1 000 »
13	25 c. bleu s. chamois (7) (R)	500 »	180 »
14	25 s. 50 c. rouge s. rose (9) (B)	345 »	180 »

Id. BULLETIN de CONVERSATION.

15	25 c. bleu et rouge s. chamois	185 »	77 »

B. - Sur les n°s 16 à 30, le timbre porte dans le cartouche inférieur : TÉLÉPHONES.

1897. - *Légende POSTES & TÉLÉGRAPHES -Bulletin de Communication. Fond de sûreté formé des mots POSTESETTÉLÉGRAPHESTÉLÉPHONES. Papier carte. Typographie. Dentelés 13½.*

16	25 c. bleu sur chamois	92 »	8 40
17	30 c. brun-noir sur lilas	145 »	45 »
18	50 c. rouge sur rose	125 »	8 40
19	1 f. rouge sur azuré	140 »	30 50
20	3 f. noir sur vert	765 »	155 »
	a. (Non dentelé)		230 »

Surcharge rouge : TAXE RÉDUITE à 0,15 centimes.

21	0,15 sur 25 c. bleu sur chamois (16)	92 »	15 25
	a. (Surcharge noire)	245 »	

1900-06. - *Id. Sans fond de sûreté. Papier blanc ou crème. Typographie. Dentelés 13½.*

22	10 c. violet	77 »	5 35
23	15 c. noir	110 »	9 95
24	25 c. bleu	45 »	4 60
25	30 c. brun	110 »	11 50
26	40 c. brun-rouge	77 »	6 10
27	50 c. orange	65 »	6 10
28	75 c. rose	170 »	23 »
29	1 f. rouge	140 »	24 50
30	3 f. vert	8 050 »	880 »

Non dentelés.

22a	10 c.	185 »
23a	15 c.	300 »
24a	25 c.	185 »
25a	30 c.	300 »
26a	40 c.	155 »
27c	50 c.	460 »

Impression double.

23b	15 c.	460 »
26b	40 c.	460 »

DÉPARTEMENTS D'OUTRE-MER

A) Guadeloupe, Guyane, Martinique.

Ces départements utilisent depuis 1949 les timbres de la Métropole.

B) Réunion.

A utilisé les timbres de la Métropole, surchargés en francs C.F.A., (Voir Tome II 1re partie).

Depuis le 1er janvier 1975, il n'est plus émis de timbres exprimés en francs C.F.A. et les timbres métropolitains les remplacent.

C) Mayotte.

Collectivité territoriale depuis 1976. Les timbres métropolitains y ont été utilisés jusqu'en 1996.

Depuis cette date Mayotte émet ses propres timbres, voir au Tome II (1re partie).

D) Saint-Pierre-et-Miquelon.

Les timbres de la Métropole ont été utilisés entre 1976 et 1985. Collectivité territoriale depuis lors, Saint-Pierre-et-Miquelon utilise ses propres timbres (voir au tome II 1re partie).

COLONIES FRANÇAISES

1 f(ranc) = 100 c(entimes).

Les timbres métropolitains de 10 c., 25 c. et 1 f. carmin de l'émission 1849-1850 (France, n°s 1, 4 et 6) ont été provisoirement utilisés de novembre 1851 à août 1853 en Guadeloupe et Martinique, et de mars 1852 à août 1855 à la Réunion. Les mêmes valeurs, et en outre le 25 c. type de 1852 (France n° 10) ont servi à la Guyane en 1852 et jusqu'à la fin de 1853.

L'oblitération s'effectuant en France, l'origine ne peut être identifiée que sur les lettres, connues en petit nombre, dont la rareté croît dans l'ordre suivant : Guadeloupe, Martinique, Guyane, Réunion.

Oblitérations

Les premiers cachets oblitérants des colonies étaient constitués par des points (ronds ou carrés) assemblés en losanges ou en carrés. Certains de ces cachets sont muets, d'autres portent au centre l'abréviation en trois lettres du nom de la colonie (sauf pour INDE), selon le tableau ci-après :

ASI Assinié (Côte-d'Ivoire).
CCH Cochinchine.
GAB Gabon.
GOR Gorée (Sénégal).
GPE Guadeloupe.
INDE Inde.
MQE Martinique.
NSB Nossi-Bé.
OCN Océanie.
SNG Sénégal.
SPM Saint-Pierre-et-Miquelon.

Emissions générales

1859-65. - *Aigle impérial. Papier teinté.*

1	1 c. olive	23 »	27 »
	(Sur lettre)	340 »	
	⊞	125 »	270 »
	a. (Paire intergalvano)	915 »	» »
2	5 c. vert	27 »	17 »
	(Sur lettre)	125 »	
	⊞	135 »	230 »
	b. (Paire intergalvano)	610 »	» »
3	10 c. bistre-jaune	35 »	9 »
	(Sur lettre)	40 »	
	⊞	170 »	70 »
4	20 c. bleu	40 »	15 »
	(Sur lettre)	45 »	
	⊞	185 »	200 »
5	40 c. vermillon	30 »	15 »
	(Sur lettre)	61 »	
	⊞	140 »	155 »
6	80 c. rose	125 »	70 »
	(Sur lettre)	250 »	
	⊞	610 »	700 »

Les n°s 3 et 4 existent avec double impression sans gomme (REBUTS) valeur n° 3 : 80 » - n° 4 : 105 ».

Paire dont un timbre couché.

3a	10 c. et 10 c.	1 100 »	575 »
	(Sur lettre)	1 700 »	

Timbre sans parenthèses.

2a	5 c.	170 »	125 »

Dans le timbre normal, l'inscription se présente ainsi :

5 c. POSTES (5) c.

Ces timbres ont été réimprimés (valeur : 90 » pièce). Les réimpressions de 1887 sont de nuances plus vives que les originaux et donnent, sous la lumière de Wood, la teinte jaune caractéristique des réimpressions Granet. La planche du 10 c. ne comporte pas de timbre couché.

De 1871 à 1880, les timbres des Colonies françaises sont les mêmes que les timbres de France, mais non dentelés.

1871-72. - *Napoléon III. Papier teinté.*

a

b

7	1 c. vert-olive (a)	77 »	70 »
	(Sur lettre)	230 »	
	⊞	350 »	610 »
	a. (A la cigarette)	2 100 »	1 250 »
	(Sur lettre)	4 000 »	
8	5 c. vert-jaune	1 150 »	500 »
	(Sur lettre)	1 250 »	
	⊞	9 200 »	10 000 »
9	30 c. brun (b)	170 »	55 »
	(Sur lettre)	155 »	
	⊞	840 »	385 »
10	80 c. rose (b)	1 150 »	130 »
	(Sur lettre)	460 »	
	⊞	5 900 »	3 400 »

Le n° 8 (effigie non laurée) fut émis spécialement et fourni aux colonies en novembre 1871 ; il ressemble beaucoup au 5 c. vert de France de 1853. Il est aisé cependant de l'en distinguer par la nuance qui est semblable à celle du n° 35 (de France) et par l'état de la gravure usée.

Il existe différents types de surcharges "SPECIMEN" apposées sur les exemplaires d'exposition dans les bureaux de poste (rares), ces surcharges sont connues sur les types Cérès, Sage et Alphée Dubois, ainsi que sur les timbres Taxe au type Duval.

1871. - *Cérès. Idem.*

11	10 c. bistre	420 »	155 »
	(Sur lettre)	370 »	
	⊞	2 000 »	2 000 »
12	20 c. bleu	610 »	140 »
	(Sur lettre)	550 »	
	⊞	3 050 »	1 700 »
13	40 c. orange	300 »	15 »
	(Sur lettre)	60 »	
	⊞	2 000 »	610 »
	a. saumon	575 »	50 »
	(Sur lettre)	105 »	

Chiffres 4 larges.

Pour la distinction de ce type, voir les clichés de France (1849-50).

13b	40 c. orange	3 850 »	700 »
	(Sur lettre)	1 550 »	

13c	Paire avec un normal	8 050 »	2 000 »
	(Sur lettre)	4 600 »	
13d	Paire des deux timbres retouchés	23 000 »	8 400 »
	(Sur lettre)	27 500 »	

TETE-BECHE

11a	10 c. et 10 c.	50 000 »	23 000 »
12a	20 c. et 20 c.	17 000 »	
	(Sur lettre)	46 000 »	

1872-77. - *Cérès. Papier teinté.*

A. - Grands chiffres dans les angles inférieurs.

14	1 c. vert-olive	15 »	17 »
	(Sur lettre)	155 »	
	⊞	77 »	115 »
	a. (Cadre inférieur brisé)	90 »	» »
15	2 c. rouge-brun	575 »	915 »
	(Sur lettre)	12 500 »	
	⊞	2 900 »	» »
	a. (à la barbiche)	2 300 »	3 050 »

16	4 c. gris	12 500 »	650 »
	(Sur lettre)	18 500 »	
	⊞	» »	» »
17	5 c. vert s. azuré	17 »	11 »
	(Sur lettre)	23 »	
	⊞	85 »	110 »
	a. (Papier filigrané LACROIX)	300 »	230 »

Les 2 c. et 4 c. ne furent fournis qu'à la Cochinchine. Ne pas confondre avec le 4 c. de France, non dentelé. Le 4 c. Colonies est gris-jaunâtre, tandis que le 4 c. de France, non dentelé, est gris pâle. Quant au 4 c., essai, il est très facilement reconnaissable à une petite tâche sur la joue, due à un trait de burin.

B. - Type de 1871. Gros chiffres.

18	10 c. brun s. rose	270 »	15 »
	(Sur lettre)	40 »	
	⊞	1 350 »	275 »
19	15 c. bistre	610 »	115 »
	(Sur lettre)	340 »	
	⊞	3 050 »	1 400 »
20	30 c. brun	125 »	25 »
	(Sur lettre)	54 »	
	⊞	610 »	230 »
21	80 c. rose	700 »	170 »
	(Sur lettre)	710 »	
	⊞	3 400 »	1 100 »

C. - Même type. Petits chiffres.

22	15 c. bistre	385 »	15 »
	(Sur lettre)	45 »	
	⊞	1 800 »	155 »
23	25 c. bleu (I)	185 »	15 »
	(Sur lettre)	40 »	
	⊞	915 »	140 »
	a. (III)	460 »	30 »
	(Sur lettre)	77 »	
	⊞	2 300 »	300 »

1877-79. - *Type Sage. Papier teinté.*

Type I.

24	1 c. vert	30 »	45 »
	(Sur lettre)	170 »	
	⊞	200 »	275 »
25	4 c. vert	20 »	14 »
	(Sur lettre)	50 »	
	⊞	105 »	140 »
26	30 c. brun	45 »	45 »
	(Sur lettre)	105 »	
	⊞	210 »	285 »
27	40 c. rouge-orange	30 »	23 »
	(Sur lettre)	65 »	
	⊞	155 »	230 »
28	75 c. rose	85 »	77 »
	(Sur lettre)	225 »	
	⊞ rose	430 »	535 »
	a. carmin	170 »	140 »
	(Sur lettre)	420 »	
	⊞	840 »	840 »
29	1 f. olive	54 »	23 »
	(Sur lettre)	77 »	
	⊞	250 »	260 »

Type II.

30	2 c. vert	15 »	12 »
	(Sur lettre)	40 »	
	⊞	77 »	77 »
31	5 c. vert	20 »	6 »
	(Sur lettre)	11 50	
	⊞	105 »	90 »
	a. (vert sur vert)	25 »	11 »
	(Sur lettre)	28 »	
	⊞	125 »	125 »
32	10 c. vert	100 »	15 »
	(Sur lettre)	40 »	
	⊞	500 »	140 »
33	15 c. gris	300 »	85 »
	(Sur lettre)	250 »	
	⊞	1 550 »	1 400 »
34	20 c. brun-lilas s. paille	60 »	10 »
	(Sur lettre)	23 »	
	⊞	290 »	125 »

35	25 c. bleu	5 600 »	200 »
	(Sur lettre)	535 »	
	⊞	» »	3 850 »
36	25 c. outremer	45 »	10 »
	(Sur lettre)	26 »	
	⊞	215 »	110 »
36A	1 f. *vert-bronze*	2 100 »	
	⊞	» »	» »

36A : quelques exemplaires furent envoyés au Tonkin entre 1884 et 1888 où ils reçurent une oblitération de complaisance.

Pour la distinction des types, se reporter aux clichés qui accompagnent l'émission de France de la même époque.

1878-80. - *Idem (Type II).*

37	1 c. noir s. azuré	20 »	20 »
	(Sur lettre)	73 »	
	⊞	105 »	185 »
38	2 c. lilas-brun s. paille	18 50	15 »
	(Sur lettre)	60 »	
	⊞	95 »	125 »
39	4 c. lilas-brun s. gris	27 »	27 »
	(Sur lettre)	70 »	
	⊞	140 »	195 »
40	10 c. noir s. lilas	125 »	23 »
	(Sur lettre)	60 »	
	⊞	610 »	250 »
41	15 c. bleu	30 »	15 »
	(Sur lettre)	40 »	
	⊞	155 »	200 »
42	20 c. brique s. vert	85 »	15 »
	(Sur lettre)	40 »	
	⊞	420 »	200 »
43	25 c. noir s. rouge	700 »	300 »
	(Sur lettre)	1 250 »	
	⊞	3 500 »	» »

44	25 c. jaune-bistre	840 »	30 »
	(Sur lettre)	95 »	
	⊞	4 200 »	460 »
45	35 c. violet-noir s. jaune	50 »	30 »
	(Sur lettre)	125 »	
	⊞	250 »	275 »

Ne pas confondre le n° 43 avec la réimpression Granet ni avec le timbre de France non dentelé (qui est sur papier mince).

Le n° 44 est jaune-bistre sur jaune foncé, contrairement au n° 92b de France qui est jaune-bistre sur jaune clair.

Tirage spécial de 1900 sur bristol avec dentelure figurée.

L'Atelier du Timbre a procédé à un tirage de luxe des timbres de France, des Colonies françaises et des Bureaux français à l'étranger émis entre 1876 et 1892, en vue de la présentation à l'Exposition Universelle de 1900.

Lorsque les timbres originaux sont dentelés, la dentelure est figurée par une impression supplémentaire à l'encre sépia.

Pour les timbres des Colonies françaises et des Bureaux français à l'étranger, on ne connaîtrait que 2 panneaux de 25 timbres découpés.

Pour les sage ce tirage n'est pas avec dentelure figurée mais seulement sur bristol. La série : 5 500 »

1881. - *Type Alphée Dubois. Papier teinté. Dentelés 14 x 13½.*

46	1 c. noir s. azuré	5 35	4 60
	⊞	28 »	95 »
47	2 c. lilas-brun s. paille	5 35	5 35
	⊞	28 »	95 »
48	4 c. lilas-brun s. gris	5 35	5 35
	⊞	28 »	95 »
49	5 c. vert	6 10	3 »
	⊞	30 »	54 »
50	10 c. noir s. lilas	11 50	5 35
	⊞	60 »	95 »
51	15 c. bleu	17 »	3 »
	⊞	85 »	95 »
52	20 c. brique s. vert	61 »	20 »
	⊞	285 »	285 »
53	25 c. jaune-bistre	15 »	5 35
	⊞	77 »	95 »
54	25 c. noir s. rose	15 »	3 »
	⊞	77 »	95 »
55	30 c. brun	45 »	23 »
	⊞	210 »	230 »
56	35 c. violet-noir s. orange	45 »	30 »
	⊞	225 »	275 »
	a. sur jaune	115 »	61 »
	⊞	575 »	575 »
57	40 c. rouge-orange	45 »	30 »
	⊞	230 »	285 »
58	75 c. rose	140 »	70 »
	⊞	700 »	1 000 »
59	1 f. olive	85 »	45 »
	⊞	420 »	460 »

Type Alphée Dubois, la série de 14 valeurs avec dentelure figurée 1 500 ».

OBLITERATIONS SUR LES TIMBRES EN TYPE "AIGLE"

ASSINIE (Bleu ou Noir)

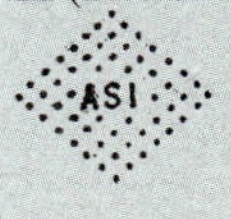

1	1 c.	
2	5 c.	
3	10 c.	460 »
4	20 c.	285 »
5	40 c.	285 »
6	80 c.	460 »
	Sur lettre : à partir de	4 600 »

COCHINCHINE (Bleu ou Noir)

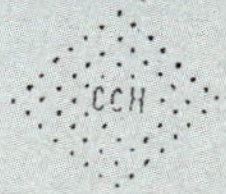

1	1 c.	30 »
2	5 c.	20 »
3	10 c.	11 50
4	20 c.	17 »

5	40 c.	15 »
6	80 c.	77 »
	Sur lettre : à partir de	195 »

Il existe également les cachets CCN2 à CCN8, rares.

GABON (Bleu ou Noir)

1	1 c.	215 »
2	5 c.	155 »
3	10 c.	95 »
4	20 c.	95 »
5	40 c.	95 »
6	80 c.	140 »
	Sur lettre : à partir de	955 »

GOREE (Sénégal) (Bleu ou Noir)

1	1 c.	185 »
2	5 c.	46 »
3	10 c.	38 »
4	20 c.	30 »
5	40 c.	30 »
6	80 c.	110 »
	Sur lettre : à partir de	210 »

GUADELOUPE (Noir)

1	1 c.	» »
2	5 c.	535 »
3	10 c.	420 »
4	20 c.	350 »
5	40 c.	350 »
6	80 c.	460 »
	Sur lettre : à partir de	4 600 »

INDE (Noir)

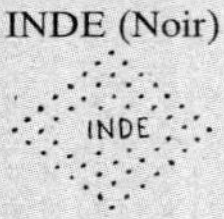

1	1 c.	185 »
2	5 c.	155 »
3	10 c.	38 »
4	20 c.	38 »
5	40 c.	45 »
6	80 c.	95 »
	Sur lettre : à partir de	285 »

MARTINIQUE (Noir)

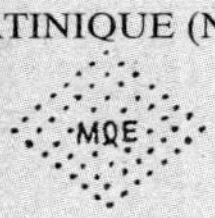

1	1 c.	27 50
2	5 c.	18 50
3	10 c.	11 50
4	20 c.	18 50
5	40 c.	12 25
6	80 c.	77 »
	Sur lettre : à partir de	140 »

NOSSI BE (Noir)

1	1 c.	» »
2	5 c.	230 »
3	10 c.	185 »
4	20 c.	185 »
5	40 c.	140 »
6	80 c.	140 »
	Sur lettre : à partir de	2 000 »

OCEANIE (Noir)

1	1 c.	500 »
2	5 c.	225 »
3	10 c.	155 »
4	20 c.	155 »
5	40 c.	170 »
6	80 c.	200 »
	Sur lettre : à partir de	2 000 »

SENEGAL (Bleu ou Noir)

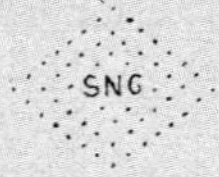

1	1 c.	155 »
2	5 c.	45 »
3	10 c.	30 »
4	20 c.	28 »
5	40 c.	30 »
6	80 c.	85 »
	Sur lettre : à partir de	270 »

ST PIERRE ET MIQUELON (Noir)

1	1 c.	500 »
2	5 c.	460 »
3	10 c.	200 »
4	20 c.	200 »
5	40 c.	155 »
6	80 c.	115 »
	Sur lettre : à partir de	2 000 »
	sauf avec le 80 c. :	500 »

ANCRE (Bleu ou Noir)

1	1 c.	275 »
2	5 c.	185 »
3	10 c.	70 »
4	20 c.	61 »
5	40 c.	61 »
6	80 c.	95 »
	Sur lettre : à partir de	230 »

L'émission au type Alphée Dubois fut la dernière qui eut cours dans toutes les colonies françaises. Les variations du change dans quelques-unes de nos possessions obligèrent les pouvoirs publics à doter chaque colonie d'une série particulière ne servant que dans ses bureaux de poste ; on obtint d'abord ces timbres particuliers par des surcharges indiquant le nom de la colonie.

Dans certains cas la surcharge ne comportait que l'indication de la monnaie ainsi :

Sur timbres-poste ou timbres-taxe de France :

Surcharge en ANNAS, voir Zanzibar.

Surcharge en CENTIMOS, voir Maroc.

Surcharge en CENTS, voir Chine.

Surcharge en MILLIEMES, voir Alexandrie et Port-Saïd.

Surcharge en PIASTRES, voir Levant.

Surcharge chiffre et texte arabe, voir Maroc.

Surcharge 0.15 ou 15, voir Majunga.

Sur timbres-poste ou timbres-taxe des Colonies :

Sur émission Aigle, Napoléon, Cérès et Sage :

Surcharge chiffre et R, voir Réunion.

Sur émission Sage :

Surcharge 25, voir Nossi-Bé.

Surcharge 25 et deux barres, voir Tahiti.

Surcharge 20, 25 et GPE, voir Guadeloupe.

Sur émission Alphée Dubois :

Surcharge chiffre et A et T, voir Annam et Tonkin.

Surcharge 5, 15, avec ou sans C.CH., voir Cochinchine.

Surcharge violette 15, généralement oblique, voir Diégo-Suarez.

Surcharge 15, 25, voir Gabon.

Surcharge 05, 5, 15, 25, voir Madagascar.

Surcharge chiffre et MQE, voir Martinique.

Surcharge chiffre et NSB, voir Nossi-Bé.

Surcharge chiffre et R, voir Réunion.

Surcharge 2, voir Réunion.

Surcharge chiffre et SPM, voir Saint-Pierre-et-Miquelon.

Surcharge 5, 10, 15, voir Sénégal.

Sur timbre-taxe de 1893 :

Surcharge 10, voir Sénégal.

A partir de 1892, parut une émission d'un type général pour toutes les colonies, mais portant, dans un cartouche, le nom de chacune d'elles. Ce principe a été adopté depuis lors mais quelques timbres ont été imprimés par erreur sans nom de colonie. On connaît ainsi :

Type groupe, 25 c., voir Indochine (n° 10a).

Type groupe, 30 c., voir Diégo-Suarez (n° 46a).

Type Faidherbe, 1 c., voir Sénégal (n° 30a).

Type Faidherbe, 5 c., voir Côte-d'Ivoire (n° 24a).

Type Faidherbe, 10 c., voir Sénégal (n° 4a).

Exp. colon., tous, voir Cameroun (nos 149a à 152a). 3 f. BF , voir Guadeloupe et Martinique.

Exposition de Paris, 20 c., 30 c., 90 c., 1 f. 50, voir Afrique Equatoriale (nos 27 à 32).

Effigie de Caillé, 90 c., voir Côte-d'Ivoire (nos 141a à 143a).

150e anniversaire de la Révolution, 2 f. 25 + 2 f., voir Afrique Equatoriale (n° 76a).

Effigie d'Eboué, 2 f., voir Afrique Equatoriale (n° 206a).

Poste aérienne 1940, 1 f. 90, 2 f. 90, 4 f. 50, 4 f. 90, et 6 f. 90, voir Côte-d'Ivoire (nos 1a et suivants).

Protection de l'enfance indigène, voir Côte-d'Ivoire (nos 6 à 8).

Voir aussi, à Afrique Occidentale (n° 75), un 20 f. sans nom de colonie portant la légende : OFFICE DES POSTES ET TELECOMMUNICATIONS.

Les timbres suivants, qui ne portent pas de nom de colonie, ont été émis par le Comité français de la libération nationale et mis en vente dans la plupart des colonies et en Corse.

Pour les nos 60 à 66 et le P.A. n° 1, les cotes de la colonne de gauche concernent les timbres neufs avec gomme d'origine intacte et sans charnière, celles de la colonne centrale les timbres neufs avec charnière légère, celle de la colonne de droite les timbres oblitérés.

1943. - *Pour l'aide aux combattants. Dentelés 12.*

60	0 f. 50+4 f. 50, émeraude	1 50	1 »	2 »
61	1 f. 50+8 f. 50, rose	1 50	1 »	2 »
62	3 f.+12 f. bleu clair	1 50	1 »	2 »
63	5 f.+15 f. gris-brun	1 50	1 »	2 »

64	9 f.+41 f. lilas	4 »	2 50	3 50
	Nos 60 à 64 (5 val.)	10 »	6 50	11 50
	La série, non dentelée		38 »	

1943. - *Pour l'aide aux résistants. Percé en scie.*

Ce timbre a été imprimé par feuillets de 10 exemplaires, en deux rangées horizontales de cinq. Au dessus ou en desscus de chaque timbre se trouve un cadre en pointillés gris renfermant une croix de Lorraine bleu foncé.

65	1 f. 50+98 f. 50, bleu foncé et gris	54 »	38 »	54 »
	a. (sans le cadre attenant)	19 »	15 »	15 »

1943. - *Au profit des oeuvres de Solidarité française. Dentelé 12.*

66	10 f.+40 f. bleu	6 75	5 35	7 65
	a. (Non dentelé)		12 25	

TIMBRE POUR LA POSTE AERIENNE

1944. - *Entraide de l'Aviation. Dentelé 12.*

1	10 f.+40 f. gris-vert	7 65	5 35	7 65
	a. (Non dentelé)		20 »	

TIMBRES-TAXE

1884. - *Non dentelés.*

1	1 c. noir	3 85	3 85
2	2 c. noir	3 85	3 85
3	3 c. noir	3 85	3 85
4	4 c. noir	4 60	3 85
5	5 c. noir	6 10	3 »
6	10 c. noir	9 15	6 10
7	15 c. noir	15 »	11 50
8	20 c. noir	15 »	12 25
9	30 c. noir	17 »	9 15
10	40 c. noir	23 »	9 15
11	60 c. noir	35 »	20 »
12	1 f. *noir*	350 »	
13	2 f. *noir*	350 »	
14	5 f. *noir*	460 »	

Les nos 1 à 11 existent sur papier jaunâtre et sur papier blanc.

Tirage sur bristol (sans dentelure figurée), les 14 valeurs 1 100 ».

1884. - *Idem.*

15	1 f. marron	35 »	23 »
16	2 f. marron	30 »	23 »
17	5 f. marron	105 »	70 »

On connaît des paires interpanneaux des 1 f., 2 f. et 5 f. en Aile de Moulin (Tête-Bêche).

Valeur d'une paire 765 »

Tirage sur bristol (sans dentelure figurée), les 3 valeurs 385 ».

1893-1908. - *Idem.*

18	5 c. bleu	1 10	1 10
19	10 c. brun	1 10	1 10
20	15 c. vert-jaune	1 25	1 25
21	20 c. olive (1906)	1 25	1 25
22	30 c. rouge carminé	2 50	1 60
23	50 c. violet	2 50	1 60
24	60 c. brun jaunâtre	4 30	2 50
	a. brun violacé	5 50	3 »
25	1 f. rose s. paille	25 »	21 »
26	1 f. lilas-brun s. paille (1905)	6 »	4 60
	Nos 18 à 26 (9 val.)	45 »	36 »

Tirage sur bristol (sans dentelure figurée) sauf les nos 21 et 26, les 7 valeurs 305 ».

Les 50 c. et 1 f. avec COLIS POSTAUX en surcharge sont catalogués à Côte-d'Ivoire.

1945-46. - *Dentelés 11½.*

27	10 c. bleu	0 30	0 30
28	15 c. vert-jaune	0 30	0 30
29	25 c. jaune-orange	0 30	0 30
30	50 c. vert foncé	0 80	0 65
31	60 c. brun-rouge	0 80	0 65
32	1 f. lie-de-vin	0 80	0 50
33	2 f. rouge	0 80	0 65
34	4 f. gris	3 35	2 75
35	5 f. outremer	3 35	2 75
36	10 f. violet	18 50	15 »
37	20 f. brun	3 80	3 »
38	50 f. vert	6 90	6 15
	Nos 27 à 38 (12 val.)	40 »	33 »

Les émissions générales des Colonies Françaises ont été de 1871 à 1881 aux mêmes types que les émissions de France, aussi sont-elles reprises dans le présent volume I. Toutefois le chapitre figure également en tête du volume II 1re partie.

gardez la monnaie !
et entrez dans l'Euro collection...
le classeur €uro
19€
124,63F
Bientôt les vacances, pour la première fois la monnaie commune va voyager à travers toute l'Europe.
L'occasion de collectionner les nouvelles pièces...
existe en :
04 noir 05 vert 06 rouge 03 havane 01 bleu
YVERT&TELLIER
Disponible dans nos points de vente et sur
www.yvert.com

ACHAT-VENTE-CONSEIL EN PLACEMENT-ESTIMATION
VENTE PAR CORRESPONDANCE (Tarifs sur demande)
TIMBRES DE FRANCE AU DÉTAIL ET TOUS PAYS
ET MATÉRIEL DES GRANDES MARQUES, TOUTES COLLECTIONS.

QUALITÉ - CONFIANCE - CHOIX - PRIX

BERNARD AUMONT

SPÉCIALISTE DE LA QUALITÉ

ACHETE

LES TIMBRES EUROPA, MONACO ET LES BELLES COLLECTIONS TOUS PAYS

LES TIMBRES DE FRANCE
STOCK IMPORTANT
AU JUSTE PRIX !

Par QUANTITÉ,
(même les petites valeurs)
FEUILLE OU 1/2 FEUILLE

TOUT EN 1 SEUL MAGASIN
TIMBRES NEUFS OU OBLITÉRÉS -
MATÉRIEL - LIVRES - JOURNAUX

MAGASIN OUVERT DU MARDI AU VENDREDI :
9h à 12h15 et de 13h15 à 18h00
LE SAMEDI :
de 9h à 12h15 et de 14h à 18h00

En plein centre de Paris,
dans le quartier de l'Art et de la Collection

ACCÈS FACILE - 9 lignes de bus
4 stations de métro - parkings.
22 rue Drouot
PARIS 9ème

Tél. 01 47 70 63 34
et 01 42 46 35 29

COMMANDES PAR FAX 01 42 46 25 32
PAR INTERNET
Site Marchand : bernard-aumont.com
Messagerie internet : AUMONT@noos.fr

TOUTES LES GRANDES MARQUES

AV - CERES - DAVO
DAVO - HAWID - ID
KABE - LEUCHTTURM
LINDNER - MOC
MARINI - PRINZ - SAFE

Yvert & Tellier

REMISE ACCORDÉE DÈS LE 1ER ACHAT,
PRIX CLUB OU PAR QUANTITÉ
TARIFS DES MARQUES
ENVOYÉS SUR SIMPLE DEMANDE

FEUILLETS-SOUVENIR DE LA C.N.E.P.

Ces feuillets sont mis en vente par les professionnels membres de la Chambre Syndicale Française des Négociants et Experts en Philatélie (C.N.E.P.) à l'occasion des Salons Philatéliques organisés par celle-ci.

Ils n'ont pas pouvoir d'affranchissement.

1980. - *Salon Philatélique de Strasbourg.*

1 "ALSATEC" 16 »

1981. - *Salon Philatélique de Lyon.*

2 "RHONALPEX" 10 »

1982. - *Salon Philatélique d'automne, à Paris.*

3 "PARIPEX" (I) 7 »

Idem. Dessin différent au-dessus de Notre-Dame. Pas de traits sur les toits des immeubles près du Pont Neuf.

3A "PARIPEX" (II) 9 »

1983. - *Salon Philatélique de Lille.*

4 "NORDEX" 6 »

1984. - *Salon Philatélique de Toulouse.*

5 "AVIAPHIL" 12 »

1985. - *Salon Philatélique de Marseille.*

6 "MASSILIA" 8 »

1986. - *Salon Philatélique de Rennes.*

7 "BRETAGNE" 8 »

1987. - *Salon Philatélique de Dijon.*

8 "BOURGOGNE" 11 »

1988. - *Salon Philatélique de Metz.*

9 "LORRAINE" 11 »

1989. - *Salon Philatélique de Lyon.*

10 "LYONNAIS" 16 »

Idem, avec surcharge rouge "ANNÉE DU BICENTENAIRE DE LA REVOLUTION FRANÇAISE".

11 20 »

Le papier du n° 11 est plus blanc que celui du n° 10.

1990. - *Salon Philatélique de Bordeaux.*

12 "AQUITAINE" 11 »

1991. - *Salon Philatélique de Mulhouse.*

13 "ALSACE" 11 »

1992. - *Salon Philatélique de Tours.*

14 "TOURAINE" 35 »

Idem, spécial Jeux olympiques.

15 "ANNÉE OLYMPIQUE" 35 »

1992. - *46e Salon Philatélique d'automne, à Paris.*

16 "DISNEY 92" 15 »

1993. - *Salon Philatélique de Strasbourg.*

17 "EUROPHILEX" 30 »

1994. - *Salon Philatélique de Lyon.*

18 "LUGDUNUM" 12 »

1994. - *48e Salon Philatélique d'automne, à Paris.*

19 "CHAMPS-ÉLYSÉES 94" 11 »

1995. - *Salon Philatélique de Toulouse.*

20 "TOLOSA 95" 12 »

1995. - *49e Salon Philatélique d'automne, à Paris.*

21 "PARIS 95" Hommage au Général de Gaulle" 10 »

1996. - *Salon Philatélique de Lille.*

22 "PHILAFLANDRE 96" 10 »

1996. - *50e Salon Philatélique d'automne, à Paris.*

23 "PARIS 1946-1996" 10 »

1997. - *Salon Philatélique de Mulhouse.*

24 "MULHOUSE-97" 10 »

1997. - *51e Salon Philatélique d'automne, à Paris.*

25 "PARIS 97" Croix-Rouge Française 10 »

1998. - *Salon Philatélique de Lyon.*

26 "Coupe du monde" 7 »

FRANCE
VAINQUEUR DU BRESIL
3·0
COUPE DU MONDE
12 07 1998

27 Idem surchargé 14 »

1998. - *52e Salon Philatélique d'automne, à Paris.*

28 "150e anniversaire du 1er Timbre-Poste français" 7 »

1999. - *Salon Philatélique de Strasbourg.*

29 "50e anniversaire du Conseil de l'Europe" 7 »

1999. - "*Philexfrance'99*".

30 "150e anniversaire du premier timbre-poste de France (Hologramme du 20 c. Cérès)" 10 »

2000. - *Salons Philatéliques Paris - Lyon.*

31 "An 2000" 7 »

2000. - *54e Salon Philatélique d'Automne, à Paris.*

32 "1900 à 2000" 7 »

2001. - *Salon Philatélique de Printemps, à Nancy.*

33 "NANCY 2001" 9 »

2001. - *55ᵉ Salon Philatélique d'Automne, à Paris.*

34 "2001 Hommage à Decaris" 6 »

2002. - *3ᵉ Biénnale Philatélique de Paris.*

35 "Adieu le Franc bonjour l'€uro" 6 »

2002. - *Salon Philatélique de Printemps, à Nîmes.*

36 "NÎMES 2002" 6 »

GARCIA - PHILATÉLIE
11 Passage des Panoramas
75002 Paris

ACHAT

VOUS VOULEZ
VENDRE VOS TIMBRES
AU JUSTE PRIX...

...TÉLÉPHONEZ-NOUS
01 42 36 22 30
L'ESTIMATION EST GRATUITE

SPÉCIALISTE DES TIMBRES
DE FRANCE ET EUROPA

Pré-presses Éditions YVERT & TELLIER Amiens
Impression Québécor Paris
Brochage : SIRC Marigny-le-Châtel
Dépôt légal Août 2002

Les points «club»

01 • AIN

01000 LIB MONTBARBON
Place de la Grenouillère
Bourg-en-Bresse
Tél. 04 74 24 61 00

03 • ALLIER

03200 VICHY PHILATELIE
22 avenue P. Doumer
Vichy
Tél. 04 70 31 65 41

03100 PHILATÉLIE NUMISMATIQUE
La Fontaine d'Argent
Montlucon / Place N-Dame
Tél : 04 70 28 46 28

06 • ALPES-MARITIMES

06000 ROLAND VESPA PHILATELIE
37 rue Gioffredo
Nice
Tél. 04 93 62 26 10

06110 ED. LA ROSE DES VENTS
383 bd J. Monod
Rocheville
Tél. 04 93 45 22 95

08 • ARDENNES

08000 VILLERS COLLECTIONS
8 rue Jules Lobet BP 45
Villers-Semeuse
Tél : 03 24 37 31 97

09 • ARIEGE

09500 LOISIRS ET COLLECTIONS
43 Pl du Maréchal Leclere
Mirepoix
Tél : 05 61 60 13 13

11 • AUDE

11000 PHILATELIE RAMORINO
24 rue Armagnac
Carcassonne
Tél. 04 68 25 03 83

13 • BOUCHES-DU-RHÔNE

13001 MAISON DU TIMBRE
1 rue Pythéas
Marseille
Tél. 04 91 33 76 16

13100 ATOUT PHILATELIE
19 bis rue Emeric David
Aix-en-provence
Tél. 04 42 91 40 39

14 • CALVADOS

14000 CAEN PHILATELIE
97 rue Saint Jean
Caen
Tél. 02 31 86 04 35

14000 LE PHILATELISTE
24 rue Caponière
Caen
Tél. 02 31 86 44 78

16 • CHARENTE

16000 PHILATELIE CHARENTAISE
12 place Delivertoux
Angoulême
Tél. 05 45 92 59 35

16100 COGNAC COLLECTIONS
98 rue Aristide Briand
Cognac
Tél. 05 45 82 58 78

17 • CHARENTE-MARITIME

17000 LE COLLECTIONNEUR
14 rue du Cordouan
La Rochelle
Tél. 05 46 41 74 86

17000 MONNAIES / MÉDAILLES 17
20 rue Gargoulleau
La Rochelle
Tél 05 46 41 40 01

18 • CHER

18000 BERNADET PHILATELIE
20 rue Porte jaune
Bourges
Tél. 02 48 24 10 00

21 • CÔTE-D'OR

21000 DIJON PHILATELIQUE
17 place Darcy
Dijon
Lettres - Cartes postales...
Tél/Fax. 03 80 30 58 06

25 • DOUBS

25000 BESANCON PHIL.
22 rue de la République
Besançon
Tél. 03 81 81 44 09

25000 ART ET PHILATÉLIE
32 rue Proudhon
Besançon
Tél. 03 81.81.31.44

25200 PHILA CARTO NUMI
8 rue de la Sous préfecture
Montbeliard
Tél. 03 81 97 10 09

26 • DROME

26000 L'AMATEUR TIMBROPHILE
1 Cité Chabert
Valence
Timbres - Cartes postales...
Tél. 04 75 43 36 63
Fax : 04 75 43 38 38

27 • EURE

27000 ESPACE COLLECTIONS
5 rue des Lombards
Evreux
Tél. 02 32 62 31 82

28 • EURE ET LOIRE

28100 LE GRENIER DES DUROCASSES
50 rue d'Orfeuil
Dreux
Tél. 02 37 46 73 18

29 • FINISTÈRE

29000 ESPACE COLLECTIONS
13 rue du Salle
Quimper
Tél. 02 98 95 89 64

29200 BREST PHILATELIE
20 rue de Lyon
Brest
Tél. 02 98 44 31 71

30 • GARD

30100 LE COLLECTIONNEUR CÉVENOL
14, rue Taisson
Alès
Tél. 04 66 52 90 99

30900 AS DE NÎMES COLLECTIONS
13, rue de la Curaterie
Nimes
Tél. 04 66 21 74 58

31 • HAUTE-GARONNE

31000 AUGERY PHILATELIE
7, rue du Rempart St-Etienne
Toulouse
Tél. 05 61 23 67 38

31000 PHILATELIE DES CARMES
40 rue du Pharaon
Toulouse
Tél. 05 61 55 39 08

31000 CIRY PHILATELIE
9 ter, rue des Lois
Toulouse
Thèmes - Colonies...
Tél./Fax 05 61 22 45 27

33 • GIRONDE

33000 ART ET PHILATELIE
31, rue Porte Dijeaux
Bordeaux
Tél. 05.56.52.10.68

33000 BARRET PHILATÉLIE
33 rue des Remparts
Bordeaux
Tél. 05 51 22 13

33000 LA MAISON DU COLL.
24 rue des Ayres
Bordeaux
Tél. 05 56 51 11 64

33000 PHILATEXTE
58 rue du château d'eau
Bordeaux
Tél. 05 56 01 18 18

33000 PHILATELIE BORDELAISE
3 rue Louis Combes
Bordeaux
Tél. 05 56 81 20 47

34 • HÉRAULT

34000 ACTUEL'COLLECTIONS
21 rue Henri René
Montpellier
Tél. 04 67 22 30 13

34000 DENOY PHILATÉLIE
35 rue St Guilhem
Montpellier
Tél. 04 67 60 32 49

34500 BEZIERS-PHILATELIE
12 rue Trencavel
Béziers
Tél. 04 67 28 24 73

35 • ILLE-ET-VILAINE

35000 REN' COLLECTIONS
6 rue d'Argentre
Rennes
Timbres - Thématique...
Tél. 02 99 78 22 04
Fax 02 99 79 66 85

36 • INDRE

36100 ISSOUDUN PHIL.
15 ch. des Côteaux Chinault.
Issoudun
Tél. 02 54 21 02 19

37 • INDRE-ET-LOIRE

37000 PHILARAMA
5 rue de Jérusalem
Tours
Tél. 02 47 66 32 01

37000 TOURAINE COLLECTIONS
61 rue Marceau
Tours
Tél. 02 47 05 13 08

38 • ISÈRE

38000 LE COLLECTIONNEUR
2, rue de Sault
Grenoble
Tél. 04 76 47 92 95

41 • LOIR ET CHER

41000 ARTS ET PASSIONS
4, rue St-Lubin
Blois
Tél. 02 54 78 61 61

42 • LOIRE

42000 M. J. RIOCREUX
29 rue de la République
St-Etienne
Tél. 04 77 32 50 81

42302 UNIVERS PHILATELIE
4 rue F. Rochard
Roanne
Tél. 04 77 72 03 51

44 • LOIRE-ATLANTIQUE

44000 LA BOURSE AUX TIMBRES
19 passage Pommeraye
Nantes
Tél. 02 40 48 52 04

45 • LOIRET

45000 PHILATELIE DU CENTRE
307 rue de Bourgogne
Orléans
Tél. 02 38 53 67 98

46 • LOT

46000 QUERCY PHILATÉLIE
17 rue Clément Marot
Cahors
Tél. 05 65 35 51 94

47 • LOT-ET-GARONNE

47008 MME VERDOUX
71 rue Lafayette
Agen
Tél. 05 53 66 54 21

49 • MAINE-ET-LOIRE

49000 ANJOU-PHILATELIE
53, rue Bressigny
Angers
Tél. 02 41 88 55 45

50 • MANCHE

50100 PHILATELIE 50
9 rue Albert Mahieu
Cherbourg
Tél. 02 33 93 55 91
(Publicité page 291)

51 • MARNE

51100 REIMS PHILATELIE
27 rue de Vesle
Reims
Tél. 03 26 47 72 21
(Publicité page 87)

52 • HAUTE-MARNE

52000 SAINT DIZIER PHIL.
7 place Aristide Briand
Saint-Dizier
Tél. 03 25 05 10 67

53 • MAYENNE

53000 PHILATÉLIE LAVALLOISE
47 Grande Rue
Laval
Tél. 02 43 67 15 41

54 • MEURTHE-ET-MOSELLE

54000 JEAN HECKLER
48 rue Stanislas
Nancy
Tél. 03 83 32 20 86

54000 PHILATELOR
25, rue de mon Desert
Nancy
Tél. 03 83 40 42 01

56 • MORBIHAN

56000 MAISON DE LA PRESSE
6 rue Joseph le Brix
Vannes
Tél. 02 97 47 18 79

57 • MOSELLE

57000 METZ-PHILATELIE
37 rue Mazelle
Metz
Tél. 03 87 74 00 14

57000 CENTRE PHILATÉLIQUE DE L' EST
2 rue de la
Pierre Hardie
Metz
Nouveautés du monde - Polaire
Tél./Fax 03 87 75 16 27

57500 NABOR COLLECTIONS
46, rue Poincaré
Saint-avold
Tél. 03 87 29 04 13

57970 PHILA PASSION PLUS
111 route Nationale
Yutz
Tél. 03 82 56 52 12

59 • NORD

59000 MOLINEL PHILATÉLIE
127 rue du Molinel
Lille
Nouveautés d'Europe
Tél.Fax 03 20 57 40 89

59100 ROUBAIX PHILATELIE
73 av Jean Lebas
Roubaix
Tél. 03 20 36 12 81

59140 DUNKERQUE PHILATÉLIE
33 rue Nationale
Dunkerque
Tél. 03 28 69 56 20

59200 PHILATELIE M. BLOT
55, rue de Mouvaux
Tourcoing
Tél. 03 20 26 95 12

59 • NORD

59300 L'INTERCALAIRE
65 Rue Saint Géry
Valenciennes
Tél/fax. 03 27 46 60 57

60 • OISE

60000 PHILATELIE MALHERBE
18 rue de Malherbe
Beauvais
Achat-Vente-Estimation
Tél. 03 44 45 26 90

60200 PHILATEMARQ
20 rue des Cordeliers
Compiègne
Tél. 03 44 23 18 76

61 • ORNE

61000 ART ET COLLECTION
4 place du 103ème R.I.
Alençon
Tél. 02 33 32 17 25

62 • PAS-DE-CALAIS

62114 SAINS LOISIRS
50 Rés. des Clairefontaines
Sains en Gohelle
Tél. 03 21 29 93 36

62600 JP LEPRETRE PHIL.
431 rue de l'Impératrice
Berck-sur-Mer
Tél. 03 21 09 07 70

63 • PUY-DE-DOME

63000 LIB GIBERT JOSEPH
42 av. des Etats-Unis
Clermont-Ferrand
Tél. 04 73 37 31 88

63000 LIBRAIRIE DOMINO
14 avenue des Etats Unis
Clermont-Ferrand
Tél : 04 73 37 15 11

63000 CLERMONT COLLECTIONS
1 rue Saint barthélemy
Clermont-Ferrand
Tél : 04 73 37 88 31

64 • PYRÉNÉES-ATLANTIQUES

64100 M. SCHNEIDER
3 bis rue Marengo
Bayonne
Tél. 05 59 59 85 64

64000 SUD OUEST PHILATELIQUE
15 rue Duboue
Pau
Tél. 05 59 27 73 28

64000 LE TIMBRE EUROPEEN
5 rue Lamothe
Pau
Tél. 05 59 83 76 06

65 • PYRÉNÉES-ATLANTIQUES

65000 PYRÉNÉES PHILATÉLIE
40 rue Larrey
Tarbes
Tél. 05 62 44 80 10

66 • PYRÉNÉES-ORIENTALES

66000 COMPTOIR DU COLLECTIONNEUR
2 rue Brousse
Perpignan
Tél. 04 68 34 52 09

67 • BAS-RHIN

67000 PHILATELIE SCHOTT
10 rue du Fbg de Pierre
Strasbourg
Tél. 03 88 32 44 52

67000 STRAPHIL
24 rue de la 1ère armée
Strasbourg
Tél. 03 88 24 18 99

68 • HAUT-RHIN

68000 BROCAPHIL
22 rue Vauban
Colmar
Tél. 03 89 23 98 34

68100 EST-PHILATELIE
20 rue Henriette
Mulhouse
Tél. 03 89 45 53 23

69 • RHÔNE

69000 ESPACE YVERT & TELLIER
48-50 rue de la Charité
Lyon
Tél 04 78 42 22 22
(Publicités page 30-83-452-407)

69002 PHILATÉLIE LAHITTE
39 rue Ste Hélène
Lyon
Tél 04 78 37 17 25
(Publicité page 357)

69160 DEMI LUNE PHILATÉLIE
138 rue Joliot Curie
Tassin la Demi lune
Tél 04 78 36 53 12
(Voir publicité page...)

69219 BOURSE AUX TIMBRES
62 rue Auguste Comte
Lyon BP 2405
Tél 04 78 37 47 47

72 • SARTHE

72000 L'UNIVERS PHILATÉLIQUE
3 av. du Gal de Gaulle
Le Mans
Tél : 02 43 24 41 70

73 • SAVOIE

73490 LA PHIL. SAVOISIENNE
226, RN6
La Ravoire
Achat-Vente-
Timbres et lettres
Tél. 04 79 71 35 44

74 • HAUTE-SAVOIE

74000 ANNECY PHILATÉLIE
4 rue Jean Jaurès
Annecy
Tél : 04 50 45 55 49

74100 LIBRAIRIE BAUD
8 avenue de la République
Annemasse
Tél. 04 50 92 16 04

75 • PARIS

75002 LA BOURSE DU COLLECTIONNEUR
11 rue St-Marc
Paris
Tél. 01 45 08 49 01

75002 AU MATÉRIEL DE COLLECTIONS
54 Passage des Panoramas
Paris
Tél. 01 42 36 03 18
(Publicités page 379-405)

75005 ARPHI-DIF
15 bd St-Germain
Paris
Tél. 01 43 54 34 54

75008 RENON
Gal. Elysées La Boétie,
52 av. Ch.Elysées
Paris
Tél. 01 42 25 58 20

75008 EDITIONS BERCK
6 place de La Madeleine
Paris
Tél. 01 42 60 34 26

75009 BERNARD AUMONT
22 rue Drouot
Paris
Tél. 01 47 70 63 34
(Publicités page 4-37-161-375-381-540-587)

75009 ESPACE YVERT & TELLIER
10 rue de Châteaudun
Paris
Tél. 01 40 82 74 70
(Publicités page 30-83-452-407)

75009 STE PHILA. LANGUEDOCIENNE
22 rue la Fayette
Paris
Tél. 01 42 46 99 30

75009 LA BOURSE DU TIMBRE
7, rue Drouot
Paris
Tél. 01 47 70 87 60

75010 LE MATERIEL PHILATELIQUE
16 rue d'Abbeville
Paris
Tél. 01 48 78 47 76

75010 MAISON CHAMPION
8 rue des Messageries
Paris
Tél. 01 42 46 70 38
(Publicité page 272)

76 • SEINE-MARITIME

76200 MINERAPHIL
6 et 8 rue Vauquelin
Dieppe
Timbres, minéraux...
Tél. 02 35 84 10 04
Fax : 02 32 90 11 89

76600 HAVRE-PHILATELIQUE
72 avenue Foch
Le Havre
Tél. 02 35 42 34 14

76000 REP. PHILATELIE
60 rue de la République
Rouen
Tél. 02 35 88 54 73

76000 ART TIMBRE
10 rue de la tour de beurre
Rouen
Tél. 02 35 52 02 61

77 • SEINE-ET-MARNE

77000 LA BOURSE AUX COLLECTIONS
21 rue Carnot
Melun
Timbres et monnaies
Achat - Vente
Tél. 01 64 39 94 49
Fax : 01 64 39 25 11

77170 MARC BESNARD PHILATÉLIE
9 rue des Halles
Brie Comte Robert
Tél/fax. 01 64 05 80 81

78 • YVELINES

78220 ARPHI
58 rue de Jouy
Viroflay
Tél. 01 30 24 21 62

78630 UNIVERS DU LIVRE
Centre Cial Art de Vivre
Orgeval
Tél. 01 39 75 29 61

79 • DEUX-SÈVRES

79000 INFORMAT
3 rue du Temple
Niort
Tél 05 49 28 06 96

80 • SOMME

80000 PICARDIE PHILATÉLIE
26 rue au Lin
Amiens
Tél. 03 22 92 33 32

80000 COLLECTIONS
5 rue des Chaudronniers
Amiens
Tél. 03 22 91 22 55

80000 PHIL'AMIENS
81 rue du Hocquet
Amiens
Tél. 03 22 91 66 51

80000 ESPACE YVERT ET TELLIER
Galerie des Jacobins
Amiens
Tél. 03 22 91 37 98
(Publicités page 30-83-452-407)

80100 LE COLLECTIONNEUR ABBEVILLOIS
29 Chaussée d'Hocquet
Abbeville
Tél 03 22 19 09 42

81 - TARN

81100 TARN COLLECTIONS
10 rue Camille Rabaub
Castres
Tél. 05 63 59 98 78

83 • VAR

83000 TOULON PHILATELIE
1 rue Saunier
Toulon
Tél. 04 94 91 92 04

84 • VAUCLUSE

84300 PHILATELIE CHABANNES
2 bis rue Diderot
Cavaillon
Tél. 04 90 78 07 76

85 • VENDÉE

85003 AGORA SA
11 rue Clémenceau
La Roche-Sur-Yon
Tél. 02 51 44 58 90

85100 OLONNES PHILATÉLIE
54 bis rue Nationale
Les Sables d'Olonnes.
Tél. 02 51 95 30 51

85300 CHALLANS PHILATÉLIE
27 rue Bonne Fontaine
Challans
Tél : 02 51 35 56 30

86 • VIENNE

86000 PHILATELIE ET MILITARIA
8 rue Gaston Hulin
Poitiers
Tél. 05 49 88 94 27

87 • HAUTE-VIENNE

87000 PHILATÉLIE 87
8 rue Jean Jaurès
Limoges
Tél. 05 55 34 47 82

88 • VOSGES

88000 VOSGES-PHILATELIE
11 rue Mal Delattre
Epinal
Tél. 03 29 64 11 30

89 • YONNE

89000 AUXERRE COLLECTIONS
4 bis rue Louis Richard
Auxerre
Tél. 03 86 51 74 23

91 • ESSONNE

91600 RICHARD PHILATÉLIE
22 bis rue Charles Rossignol
Savigny sur Orge
Tél. 01 69 24 32 05

92 • HAUTS-DE-SEINE

92160 PHILATÉLIE SUD
5 rue Raymond Aron
Antony
Tél. 01 43 50 52 22

92400 ED. FARCIGNY
39 rue d'Estiennes d'Orves
Courbevoie
Tél. 01 43 33 31 63
(Publicité page 558)

92600 AV Editions
O.A.C.P. de MORANT
6 rue du Chalet
Asnières
Tél. 01 47 93 61 16
(Publicité page 341)

95 • VAL-D'OISE

95170 VAL D'OISE DOCUMENTS ET COLLECTIONS
3, bis rue Charles de Gaulle
Deuil la Barre
Tél. 01 39 84 14 95

95610 LE GRAND CERCLE
Centre Cial Art de Vivre
1 rue du Bois-Noyer
Eragny
Tél. 01 34 30 48 00

Autres négociants membre de la CNEP (*)

Alain Von Der Weid
1, av Pedro Meylan - 1211 Genève - Suisse
Tél 41.22.735.75.10 Fax 41.22.735.76.90

Accueil Collections
Didier Martinaud
1956, av. Roger Salengro - 92370 Chaville
Tél 01.41.15.18.08 Fax 01.41.15.18.28

Achat Collections
Sandrine Lombardi
36, rue Frémicourt - 75015 Paris
Tél 01.43.06.34.34 Fax 01.47.34.34.04

Action Philatélie
Raphaël Stern
56, rue du Fg Montmartre - 75009 Paris
Tél 01.48.78.82.13 Fax 01.42.81.07.80

Actualité Philatélique
Jacques Lepine
14, rue Daguerre - 95240 Cormeilles en Parisis
Tél 01.34.50.64.15 Fax 01.34.50.64.16

Agnoletto & Fils
45, rue de la Charité - 69002 Lyon
Tél 04.78.92.84.36 Fax 04.72.40.22.31

Alain Philatélie
Alain Streichenberger
12, rue Notre Dame - 83000 Toulon
Tél 04.94.93.59.97 Fax 04.94.93.59.97

Atout PhilChristian Bento da Silva
10, rue de Châteaudun - 75009 Paris
Tél 01.40.16.91.57 Fax 01.40.16.91.95

Au Coin des Collectionneurs
Hervé Rouxeville
18, rue de la Juiverie - 44000 Nantes
Tél 02.40.47.73.04

Aubagne Philatelie
AE Corradi SARL
Avenue Joseph Lafond - 13400 Aubagne
Tél 04.42.03.02.88 Fax 04.42.03.85.14

Aux Timbres du XXe Siècle
Françoise Meunier
31, rue Gambetta - 32100 Condom
Tél 05.62.28.47.66 Fax 05.62.68.46.97

Beauvais Henri Odoul
18, rue Drouot - 75009 Paris
Tél 01.47.70.25.26 Fax 01.47.70.43.31

Behr Philatélie
Pascal Behr
30, avenue de l'Opéra - 75002 Paris
Tél 01.43.12.37.67 Fax 01.43.12.37.73

Boule
10, rue de la Grange Batelière - 75009 Paris
Tél 01.40.22.60.04 Fax 01.40.22.60.05

Bretagne Philatélie
Jean-Pierre Herbinet
15, rue Sainte Mélaine - 35000 Rennes
Tél 02.99.38.72.73 Fax 02.99.38.78.69

Briefmarken GMBH
Georg Roll
Hafenstrasse 8 - 26931 Elsfleth - Allemagne
Tél 49.4404.927.0 Fax 49.4404.927.222

Briefmarken Zum Baumhlin
Heinz Grimm
Dornacherstrasse 248 - 4018 Basel - Suisse
Tél 41.61.331.16.32 Fax 41.61.331.74.82

Bumowa
Jean-Luc Burg
41, route de Brufmath - 67670 Mommenheim
Tél 03.88.59.18.15 Fax 03.88.59.18.16

Bureau Philatélique d'Achats
Bertrand Sinais
7, rue de Chateaudun - 75009 Paris
Tél 01.48.78.29.80 Fax 01.48.74.70.86

Cameo International
Maurice Gale
P.O. Box 8843 - N3 1HL - Londres - Grande-Bretagne
Tél 44.20.8343.2434 Fax 44.20.8343.2754

Centre Philatélique de l'Est
Sylvain Atzeni
2, rue de la Pierre Hardie - 57000 Metz
Tél 03.87.75.16.27 Fax 03.87.75.16.27

Ceres Philatélie
Philippe Loeuillet
23, rue du Louvre - 75001 Paris
Tél 01.42.33.31.91 Fax 01.42.33.61.67

Cherrier Philatélie
Thérèse Cherrier
Carré Marigny - 75008 Paris
Tél 01.39.81.46.61

Combes Philatelie
P.O Box 8 - 13251 Marseille Cedex 20
Tél 04.91.33.12.38 Fax 04.91.54.04.42

Côte Basque Philatélie
Jean Menvielle
1, rue de la Monnaie - 64100 Bayonne
Tél 05.59.59.22.87 Fax 05.59.59.22.87

Courrier d'hier
Franck Trévisot
21, rue Drouot - 75009 Paris
Tél 01.47.70.50.75 Fax 01.47.70.50.76

D.D. Phil
Didier Desroches
57 Bd Beaumarchais - 75003 Paris
Tél 01.42.72.22.23

Dallay
31, rue des Bourdonnais - 75001 Paris
Tél 01.42.36.71.77 Fax 01.42.36.71.78

Dauphiné Philatélie
Jean-Pierre Danielewicz
19, rue Thiers - 38000 Grenoble
Tél 04.76.50.30.80

Davo France
10, rue Léon Foucault - 78184 St Quentin en Yvelines
Tél 01.34.60.51.39 Fax 01.34.60.31.32

Delta Philatélie
Jean-Paul Pinet
55, rue Auguste Comte - 69002 Lyon
Tél 04.78.92.92.54 Fax 04.78.37.29.90

Disler Philatelie
M.Disler
P.O Box 2212 - 1211 Genève - Suisse
Tél 41.26.430.03.61 Fax 41.26.430.03.64

Drijard Philatélie
Pierre Drijard
76, rue Lafayette - 75009 Paris
Tél 01.48.01.04.12 Fax 01.48.01.04.11

Drouet Philatélie
M. Drouet
29, rue des Puits - 92150 Suresnes
Tél 01.45.06.64.47 Fax 01.40.99.98.31

Drouot Philatélie
MM. Calves et Jacquard
8, rue Drouot - 75009 Paris
Tél 01.45.23.41.83 Fax 01.48.01.09.20

Dupont Philatelie SARL
92, rue du Gal de Gaulle - 10000 Troyes
Tél 03.25.73.40.18 Fax 03.25.73.91.85

Dupuis Philatélie
Georges Dupuis
2, rue des Deux Ponts - 44000 Nantes
Tél 02.40.20.45.71 Fax 02.40.20.45.71

E.B. Phil International
Edouard Berck
7, rue Nicolas Flamel - 75004 Paris
01.40.29.05.80 Fax 01.40.29.05.81

Echanges Philatéliques
Christian Pagnoux
55, rue du Faubourg Montmartre - 75009 Paris
Tél 01.40.16.02.42 Fax 01.42.82.91.28

Edifil Juan-Francisco
Quiroga PO COLON 41 - 20380 Irun - Espagne
Tél 34.943612095 Fax 34.943612095

Editions Philatéliques de Paris
André Borrey
23, rue du Louvre - 75001 Paris
Tél 01.45.08.46.63 Fax 01.45.08.56.97

Editions Philatéliques Européennes
Jean-Luc Staedel
Hall principal du Palais - 67000 Strasbourg
Tél 03.88.35.08.88 Fax 03.88.52.10.25

Europe Philatélie
Mireille Staedel
174, route de Lyon - 67400 Illkirch Graffenstaden
Tél 03.88.66.09.32 Fax 03.88.67.89.44

Fecamp Philatélie
Thierry Ponse
3, rue Félix Faure - 76400 Fécamp
Tél 02.35.29.16.22

Filatelia Riva Reno
Luciano Morselli
Via Galliera 23 - 40121 Bologna - Italie
Tél 39.(0)51.23.74.80 Fax 39.(0)51.23.21.80

GL Timbres et Monnaies
Guy Lestrade
2152, boul Lapinière 110 Qc
J4W1L9 Brossard - Canada
Tél 1.450.656.7756 Fax 1.450.656.7729

Healey & Wise
J.Michael Berry
P.O. Box 3TN2 4ZE - Kent - Grande Bretagne
Tél 44.189.253.3270 Fax 44 189.251.2777

Image & Document - Safe
70/86, av. de la République - 92325 Chatillon Cedex
Tél 01.46.55.86.86 Fax 01.46.55.01.00

Jamet Baudot
24, rue Gramont - 75002 Paris
Tél 01.42.96.51.12 Fax 01.42.96.04.67

Jlm Negoce
Jean-Louis Maache
28, rue Nicolaï - 69302 Lyon Cedex
Tél 04.78.69.10.29 Fax 04 78.69.03.62

Kiva
Pierre Vavasseur
13, passage des Panoramas - 75002 Paris
Tél 01.40.28.10.80

La Boutique Collections
M. Aufray
41, rue de Paris - 80700 Roye
Tél 03.22.87.42.41 Fax 03.22.87.83.26

La Boutique du Collectionneur
Denis Klein
Place de l'Europe - 68306 St Louis Cedex
Tél 03.89.67.00.90 Fax 03.89.67.00.90

La Coloniale
Carré Marigny - 75008 Paris
Tél 01.34.50.79.43

La Loupe
SARL Simone Heinkel
1, chemin de Belbeze - 34810 Pomerols
Tél 04.67.77.13.67 Fax 04.67.77.17.95

La Postale Philatélie
Samuel Gautre
55, passage des Panoramas - 75002 Paris
Tél 01.40.26.63.03 Fax 01.42.36.16.12

La Poste aux Lettres
Vincent Pothion
17, rue du Fg Montmartre - 75009 Paris
Tél 01.47.70.74.57 Fax 01.47.70.33.65

Lafolye EURL
Jacques Lafolye
30 Boulevard Pasteur - 44100 Nantes
Tél 02.40.43.25.43

Lahitte & Marsanoux
39, rue Ste Hélène - 69002 Lyon
Tél 04.72.77.54.44 Fax 04.78.37.88.22

L'Archive
Paolo Salvatori
13, rue Ecuyère - 14300 Caen
Tél 02.31.85.12.56 Fax 02.31.86.27.69

Le bonheur des Philatélistes
M. Amiart
88, rue de la Pompe - 75016 Paris
Tél 01.47.04.60.21 Fax 01.47.04.60.21

Le Carroussel Collection
99, rue de Rivoli - 75001 Paris
Tél 01.47.03.97.97 Fax 01.47.03.97.98

Le Timbre et la Lettre
Josiane Blanchard
12, rue Charles Hibert - 95290 L'Isle Adam
Tél 01.34.08.00.04

Le Vermillon
Benoit Scheiff
55, Passage des Panoramas - 75002 Paris
Tél 01.44.76.04.64 Fax 01.44.76.04.65

Leuchtturm Albenverlag GmbH
Am Spakenberg 45 - 21502 - Geesthacht - Allemagne
Tél 49.41.528.01. Fax 49.41.52801.222

Lindner Philatélie
5, rue des Chênes - 67670 Mommenheim
Tél 03.88.59.19.90 Fax 03.88.59.19.91

Lugdunum Philatélie
Thierry Lalevee
12, place X.Ricard - 69110 St Foy les Lyon
Tél 04.72.16.00.23 Fax 04.78.59.21.67

Lutéce Diffusion
Francis Bréchand
10, rue Théodule Villeret - 95130 Le Plessis Bouchard
Tél 01.34.44.20.50 Fax 01.34.44.06.67

M. & N.
Haworth Nigel Haworth
P.O Box 20BB7 2JQ - Clitheroe Lancashire
Grande-Bretagne
Tél 44.1200.423576 Fax 44.1200.423576

Maison Guy Pierre Fournier
22, rue Drouot - 75009 Paris
01.47.70.36.9801.45.23.58.56

Marco Phila
René Garnier
25, avenue Président E. Herriot - 33220 Pineuilh
Tél 05.57.46.25.82

Marcophilie 74
Olivier Borges - P.O Box 188 - 74304 Cluses Cedex
Tél 04.50.89.15.66 Fax 04.50.89.74.04

Marigny Philatélie
Michel Gorski
9, passage des Panoramas - 75002 Paris
Tél 01.40.39.06.74 Fax 01.40.39.06.75

Marine Philatélie
Carré Marigny - 75008 Paris

Marseille Collections
5, rue Edmond Rostand - 13006 Marseille
Tél 04.91.37.59.58 Fax 04.91.37.59.58

Martins Philatélie
M. Gottelmann
P.O Box 22 - 57805 Freyming
Tél 03.87.04.01.82

Maucci Philatélie
Antoine Maucci
132, rue Sommeiller - 73000 Chamberry
Tél 04.79.62.10.81

Meaux Philatélie
Mme Miniot
9, rue Longpérrier - 77100 Meaux
Tél 01.64.33.40.21 Fax 01.64.33.94.04

Mondiathème
Arnaud Magistry
60, passage des Panoramas - 75002 Paris
Tél 01.40.41.12.18 Fax 01.40.41.12.18

Orléans Philatélique
Philippe Voisin
50, rue Sainte Catherine - 45000 Orléans
Tél 02.38.53.23.20 Fax 02.38.54.14.45

Panoramas Philatélie
Christian Mananet
17, passage des Panoramas - 75002 Paris
Tél 01.40.39.98.26

Perimmob
Yves Uzan
10 bis, rue de Châteaudun - 75009 Paris
Tél 06.07.45.95.89

Phila 2000
Eric Olivier
61, passage des Panoramas - 75002 Paris
Tél 01.40.26.46.55 Fax 01.40.26.41.52

Phila Mail
MauriceDeneyer
43 Place de Mainvault - 7812 Mainvault
Belgique
Tél 32.68.64.61.75 Fax 32.68.64.53.71

Phila Retz
Vincent Longin
33, rue Mazureau - 44400 Reze
Tél 02.51.70.35.58 Fax 02.51.70.35.58

Philabel
62,rue du Christ - 7700 Mouscron - Belgique
Tél 32.56.84.07.92 Fax 32.56.84.33.47

Philaclaire
Daniel Beauvais
P.O Box 5 - 62860 Bourlon
Tél 03.27.82.56.60 Fax 03.27.82.54.59

Philafrance
Philippe Lamoral
2, rue Meissonnier - 75017 Paris
Tél 01.42.67.22.57 Fax 01.47.54.06.26

Philaluc
Jean-Luc Guilleret
7, rue de Châteaudun - 75009 Paris
Tél 01.48.78.45.63 Fax 01.42.81.23.15

Philat.O.M
Christian Rousseau Gros
23, rue Drouot - 75009 Paris
Tél 01.47.70.99.02 Fax 01.47.70.99.02

Philatel
M.Fourcaut
55, rue Alphonse Pallu - 78110 Le Vesinet
Tél 01.39.76.01.07 Fax 01.39.76.01.87

Philatelia
Monique Papadopoulos
15, rue Drouot - 75009 Paris
Tél 01.47.70.19.15

Philatélie 72
Philippe Roby
52, Grande rue - 72000 Le Mans
Tél 02.43.23.27.55 Fax 02.43.87.05.32

Philatélie CD
Christine Dedieu
24, rue Marbeuf - 75008 Paris
Tél 01.42.56.06.90 Fax 01.42.56.06.90

Philatélie Lyonnaise
Jean Perrichon
10, rue de Venise - 69100 Villeurbanne
Tél 04.78.68.93.12 Fax 04.78.85.40.68

Philatélie Nation
M. Hedroug
16, passage des Panoramas - 75002 Paris
Tél 01.42.33.03.41 Fax 01.42.33.24.45

Philatélie Philippe
Philippe Kaiser
26, rue de l'hiver - 67240 Oberhoffen sur Moder
Tél 03.88.63.67.31 Fax 03.88.63.27.94

Philatélie République
SergeNakkachian
37, avenue de la République - 75011 Paris
Tél 01.53.36.08.84 Fax 01.53.36.08.84

Philatélie Storl
VolkmarStorl
1, rue du Presbytère - 67501 Haguenau
Tél 03.88.93.87.80 Fax 03.88.93.42.58

Philatélique Partenaire
Guy Stoss
23, rue de Ramousset - 95100 Argentueil
Tél 01.34.10.11 66

Philatours EURL
Hervé Dousteyssier
15, rue de Jérusalem - 37000 Tours
Tél 02.47.66.27.69 Fax 02.47.66.32.21

Philexfeuille
Jean-Louis Espirac
19, Espace Méditerranée - 66000 Perpignan
Tél 04.68.34.12.00 Fax 04.68.34.74.16

Philexpert
Stéphane Bécu
102, av des Champs Elysées - 75008 Paris
Tél 01.46.74.55.25

Philimex
Gérard Laurent
58, rue du Fg Montmartre - 75009 Paris
Tél 01.48.78.64.10 Fax 01.42.87.05.45

Philinvest
Michel Draguet
41, Shopping Centre de Wavre - 1300 Wavre
Belgique
Tél 32.2.633.11.01 Fax 32.2.633.44.70

Pony Express Philatélie
Patricia Odjakdjian
Carré Marigny - 75008 Paris
Tél 01.42.55.63.01 Fax 01.42.55.83.60

Poste du Village
Alain Reboulot
6, rue Edith Cawell
35104 Rennes Cedex 3
Tél 02.99.79.27.02 Fax 02.99.79.45.16

Rhône Philatélie
Annie Paquient Armetta
25, rue J. Claude Martin
69290 Craponne
Tél 04.78.57.12.86 Fax 04.78.57.93.57

Rouge et Noir
Bernadette Pochelu
7 bis, avenue Las Bordes - 64420 Soumoulou
Tél 05.59.04.16.45

Roumet
Alexandre Roumet
17, rue Drouot - 75009 Paris
Tél 01.47.70.00.56 Fax 01.47.70.41.17

Seignolle Philatelie
9/11, Bd Louis Blanc - 19100 Brive
Tél 05.55.23.07.62 Fax 05.55.23.07.62

Silombra
11, rue de Provence - 75009 Paris
Tél 01.47.70.64.44 Fax 01.48.00.09.13

Soluphil France
Raymond Goebel
5, rue du Helder - 75009 Paris
Tél 01.48.01.61.00 Fax 01.42.46.37.15

Star Feuilles
Jean Capparos
P.O Box 55 - 93152 Blanc Mesnil
Tél 04.76.18.25.47 Fax 01.48.67.66.77

Sté des Philatélistes
Christian Boucherot
10, rue Charlot - 75003 Paris
01.40.27.01 2401.40.27.01.42

Studio Philatélique
Odonde Bearn
1, rue de la Barralerie - 34000 Montpellier
Tél 04.67.66.28.85 Fax 04.67.66.28.85

Sully Philatélie
Dominique Bauduin
13, rue Ernest Renan - 94700 Maisons Alfort
Tél 01.43.53.20.98 Fax 01.43.53.20.98

Taillandiers Philatélie
Jean Bourgineau
65, rue de la Roquettre - 75011 Paris
Tél 01.47.00.97.71 Fax 01.48.05.17.55

The Classic Collector
Sergio Sismondo
10035 Carousel Center Dr.Syracuse
13290 New-York - Etats-Unis
Tél 1.3154222331 Fax 1.3154222956

Timbres des Missions
Jean Bouctot
9, rue Léon Cogniet - 75017 Paris
Tél 01.47.70.75.91 Fax 01.47.70.03.60

Tomy Anka
27, rue du Fg Montmartre - 75009 Paris
Tél 01.47.70.45.72 Fax 01.47.70.18.71

Trephila
Igor Potthoff
Januarius Zick str.85 - 54396 Trier - Allemagne
Tél 49.651.16730 Fax 49.651.16730

Univers Philatélie
Yves Dubuis
2, rue F. Rochard - 42302 Roanne Cedex
Tél 04.77.72.03.51 Fax 04.77.70.60.84

Vesoul Philatélie
JeanDebaude
7, rue du Breuil - 70000 Vesoul
Tél 03.84.75.34.66 Fax 03.84.76.57.71

Vincennes Philatélie
Luisa Linuesa
74/76, avenue de Paris - 94300 Vincennes
Tél 01.43.28.67.61 Fax 01.43.65.29.43

Yonne Philatélique
Daniel Duaux
Moulin de Jaulges - 89360 Jaulges
Tél 03.86.43.20.00 Fax : 03.86.43.20.00

Philippe Mannesberg
B.P. 13 - 1640 Rhode Saint Genese
Belgique
Tél 32.2361.8641 Fax 32.2376.7238

Tony Feldman
44 Newman Street
W1P 3PA - Londres
Grande-Bretagne
Tél 44.171.240.5609 Fax 44.171.323.3983

Willem Van Der Bijl
Zadelstraat 35 - 3511 LS
Utrecht - Pays-Bas
Tél 31.30.234.2040 Fax 31.30.231.7077

Georges Robbe
York Chamber - Saint Hellier - Jersey C.I.
Tél 44.153.723.084 Fax 44.153.767.680

Mario Zanaria
6 Via Santa Margherita
20121 Milan - Italie
Tél 39.(0)28.05.24.27
Fax 39.(0)28.05.11.86

Jean-Paul Godu
P.O. Box 10
1024 Brussel - Belgique
Tél 32.2.512.31.42 Fax 32.2.503.38.11

Albert Michaux
41 bis, rue de l'Industrie
5060 Auvelais - Belgique
Tél 32.71.740.789 Fax 32.71.744.226

Milson Geoff
5 Beechcroft avenue 16
1 BJ Stafford - Grande-Bretagne
Tél 44.1785.245.564
Fax 44.1785.613.674

Andrew Holtz
P.O Box 1664 - 6836 Greenwich CT - U.S.A
Tél 1.203.625.0020 Fax 1.203.625.0050

Dominique Marbot
"Les Collettes"
01600 St Didier de Formans
Tél 04.74.00.12.68 Fax 04.74.00.13.19

Henri Fitoussi
8, passage Noyer - 03200 Vichy
Tél 04.70.98.28.01 Fax 04.70.97.48.68

Paul Sussman
P.O Box 255 - 13269 Marseille Cedex 08
Tél 04.91.79.61.75 Fax 04.91.79.61.75

Sergio Frizzi
P.O Box 62 - 13375 Marseille Cedex 12
Tél 04.91.49.01.91 Fax 04.91.49.01.91

Michel Lichiardopol
4bis, place de la Daurade - 31000 Toulouse
Tél 05.61.23.32.41 Fax 05.61.23.32.13

José Ribeiro
7, impasse Liffard - 31100 Toulouse
Tél 05.61.07.66.66 Fax 05.61.07.17.24

Christian Brun
13, rue de la Mezière - 35520 Melesse

Yves Dua
P.O Box 2 - 37530 Poce sur Cisse
Tél 02.47.57.64.05 Fax 02.47.57.64.05

Jean Simioni
P.O Box 19 - 47390 Layrac
Tél 05.53.67.00.00 Fax 05.53.67.00.00

Class'PPhil
15, place S. Lannoy - 59500 Douai
Tél 03 27 98 71 72

Rodolphe De Jonc
P.O Box 7 - 67015 Strasbourg Cedex
Tél 03.88.31.36.25

André Rupp
P.O Box 3233 - 68064 Mulhouse Cedex
Tél 03.89.66.43.01 Fax 03.89.66.43.01

Françoise Carboni
86, rue Jean Sazrrazin - 69008 Lyon
Tél 04.78.77.58.20 Fax 04.72.31.19.12

Claude Steinfels
25, les Sabines - 69130 Ecully
Tél 04.72.18.94.55 Fax 04.72.18.94.55

Danièle Dutertre
24, Galeries de Chartres - 75001 Paris
Tél 01.42.96.09.29 Fax 01.42.96.00.88

Jean-François Marusic
40, passage des Panoramas - 75002 Paris
Tél 01.42.33.68.58

Maurice Labre
48, passage des Panoramas - 75002 Paris
Tél 01.42.36.33.47

Henri Garcia
11, passage des Panoramas - 75002 Paris
Tél 01.42.36.22.30

Jean-José Garcia
11, passage des Panoramas - 75002 Paris
Tél 01.42.36.22.30

Jean-Pierre Depasse
52, passage des Panoramas - 75002 Paris
Tél 01.42.36.41.41 Fax 01.42.36.40.24

Michel Favier
11 Bd Malesherbes - 75008 Paris
Tél 01.42.65.49.39 Fax 01.42.65.49.39

Valentino Pagnanini
35, av des Champs Elysées - 75008 Paris
Tél 01.43.59.76.98

Yves Hennekinnes
10bis, rue de Châteaudun - 75009 Paris
Tél 32.69.35.41.89 Fax 32.69.35.41.89

Gilles Pilatte
21, rue Drouot - 75009 Paris
Tél 01.40.22.91.61 Fax 01.40.22.91.61

Patrice Robin
15, rue Drouot - 75009 Paris
Tél 01.42.46.56.22 Fax 01.47.70.04.91

Michel Guerin
10, rue de Châteaudun
75009 Paris
Tél 01.42.82.04.03 Fax 01.42.81.08.95

Roger Calves
8, rue Drouot - 75009 Paris
Tél 01.48.24.44.13 Fax 01.48.01.09.20

François Feldman
10, rue Drouot - 75009 Paris
Tél 01.45.23.10.22 Fax 01.48.01.03.45

Pierre Mayer
4, rue Drouot - 75009 Paris
Tél 01.42.46.96.44 Fax 01.48.24.04.12

Patrick Marechal
15, rue Drouot - 75009 Paris
Tél 01.47.70.61.09 Fax 01.47.70.04.91

Albert Cohen Sabban
4, rue Drouot - 75009 Paris
Tél 01.42.46.63.72 Fax 01.42.46.32.67

Michel Kotzky
Carré Marigny - 75008 Paris
Fax 01.42.02.75.82

Jean-Pierre Cealis
Carré Marigny - 75008 Paris
Tél 01.48.24.46.17

Richard Mennozy
1, Villa du Sahel - 75012 Paris
Tél 01.40.02.08.96

Tanneguy Arrou
Carré Marigny - 75015 Paris
Tél 01.45.79.37.09 Fax 01.45.79.37.09

Danielle Zagradsky
Carré Marigny - 75008 Paris
Tél 01.45.00.74.44 Fax 01.45.01.76.58

AlainKremer
82, avenue Mozart - 75016 Paris
Tél. 01.45.24.66.25

Guy Verite
Carré Marigny - 75016 Paris
Tél 01.42.24.07.74

GuyGautrin
Carré Marigny - 75008 Paris
Fax 06.81.27.75.83

Jean-Luc Bonifacio
P.O Box 233 - 75524 Paris Cedex 11

André Beaune
Carre Marigny - 75008 Paris

Guy Venot
8, avenue Henri Boissier - 91210 Draveil
Tél 01.69.03.64.02

Marc Muel
P.O Box 2
27390 Montreuil l'Argille
Tél 02.32.46.28.07 Fax 02.32.46.28.09

M.Bergougnoux
Carré Marigny - 75008 Paris

Anne-Marie Cunat
Carré Marigny - 75008 Paris
Tél 01.39.89.91.76

Gérald Prins
Carré Marigny - 75008 Paris
01.34.16.07.80

Patrick Prins
50, Passage des Panoramas - 75002 Paris
Tél 01.42.33.49.95 Fax 01.42.33.76.94

Alain Palla
Carré Marigny - 75008 Paris

Georges Brych
31 Bd des Moulins - 98000 Monte

(*) Liste transmise
par la CNEP le 2 Juillet 2002.

Choisissez votre thématique

Des collections à petits prix

ANIMAUX

2R20	POCH 100	**3,80 €**
2R21	POCH 200	**7,60 €**
2R22	POCH 300	**9,90 €**
2R23	POCH 500	**15,50 €**
2R24	POCH 1000	**34,50 €**

ASTRONAUTIQUE

2R34	POCH 100	**3,80 €**
2R35	POCH 200	**6,10 €**
2R36	POCH 300	**13,70 €**
2R37	POCH 500	**34,50 €**
2R38	POCH 1000	**76,20 €**

CHATS

2S30	POCH 200	**21,50 €**

FLORE

2R25	POCH 100	**3,80 €**
2R26	POCH 200	**6,10 €**
2R27	POCH 300	**9,90 €**
2R28	POCH 500	**22,90 €**
2R29	POCH 1000	**61,00 €**

SPORTS

2R30	POCH 100	**3,80 €**
2R31	POCH 200	**6,10 €**
2R32	POCH 500	**18,30 €**
2R33	POCH 1000	**53,50 €**

TABLEAUX

2R39	POCH 100	**3,80 €**
2R40	POCH 200	**6,10 €**
2R41	POCH 300	**9,90 €**
2R42	POCH 500	**29,90 €**
2R43	POCH1000	**59,90 €**

TRANSPORTS

2R44	POCH 100	**3,80 €**
2R45	POCH 200	**6,10 €**
2R46	POCH 300	**12,20 €**
2R47	POCH 500	**22,90 €**
2R48	POCH 1000	**59,90 €**

NOËL

2S31	POCH 50	**9,90 €**

VOITURES

2S32	POCH 300	**21,50 €**

Vous avez la légende, la surcharge…
identifiez vos timbres
Devenez un expert ou tout simplement simplifiez vous la vie pour décoder un texte dans une langue inconnue ou venir à bout des légendes les plus récalcitrantes. Le complément indispensable de vos recherches.
par Rodolphe FISCHMEISTER
2001 TOME DE RÉFÉRENCE
DES CATALOGUES
YVERT&TELLIER
Disponible dans nos points de vente et sur
www.yvert.com

YVERT&TELLIER

BON DE COMMANDE

COMMANDER C'EST TRÈS SIMPLE

✉ **par Courrier / by Mail**
37 rue des Jacobins 80036
Amiens Cedex 1 - FRANCE

✉ **par Fax / by Fax**
33 (0) 3-22-71-71-89

✆ **par Téléphone / by Phone**
33 (0) 3-22-71-71-71
de 8h30 à 17h

@ **par Internet***
www.yvert-et-tellier.fr

** liste des revendeurs français et étrangers*

☐ Adresse du domicile ☐ Adresse de livraison ☐ Nouvelle adresse

Nom : .... Prénom : .... N° Client : ....

Adresse : ....

....

Code postal :.................. Ville : .... Pays : ....

Téléphone [facultatif] : ....

Oui, je souhaite commander les produits suivants :

DÉSIGNATION	RÉF	QTÉ	PRIX UNIT	TOTAL
NOUVEAUX TOMES EDITION 2003				
Tome 1 France couverture souple	3511		17,00€	
couverture cartonnée	3512		19,90€	
Tome 1 bis Monaco	3513		12,00€	
Tome 3 Europe de l'Ouest 1ère partie : de A à G	3036		39,00€	
Tome 4 Europe de l'Est 1ère partie : de A à P	3443		35,00€	
Tome 2 2002				
1ère partie : Colonies françaises et TOM	3024		29€	
2ème partie : Pays indépendants d'Afrique (version noire)	3025		26€	
Tome 3 2001 Europe de l'Ouest				
2ème partie : de H à Y	3035		35,00€	
Tome 5 1998-99 Outre-Mer (version noire)				
1ère partie : de Aden à Brésil 98	3050		22,90€	
3ème partie : de Dominicaine à Guatemala 99	3052		22,90€	
Tome 6 2000 Outre-Mer (version noire)				
1ère partie : de Guinée-Bissau à Lesotho	3261		24,50€	
2ème partie : de Liban à Nyassaland	3262		25,90€	
Tome 7 1998 Outre-Mer (version noire)				
1ère partie : de Océan Indien à Samoa	3005		21,50€	
2ème partie : de Seychelles à Zoulouland	3006		21,50€	
Le catalogue Mondial des Nouveautés 2001	3084		15€	
2000	3083		13,75€	
1999	3082		13,75€	
1998	3080		12,20€	
L'Officiel des Télécartes 2003 (version couleur)	3599		19,80€	
Reportez ici les autres produits que vous désirez commander				

REGLEMENT *(à joindre à votre commande)*

❑ Chèque bancaire ❑ C.C.P [à l'ordre de Yvert & Tellier]

❑ Carte bancaire (16 numéros + signature obligatoire)

N° ⊔⊔⊔⊔ ⊔⊔⊔⊔ ⊔⊔⊔⊔ ⊔⊔⊔⊔

Expire fin ⊔⊔ ⊔⊔

Signature :

MONTANT DE VOTRE COMMANDE	
Port France	5,34€
MONTANT TOTAL À PAYER	
Étranger et DOM TOM *(A deviser selon frais postaux / To be exchanged according to postal charges)*	
TOTAL TO BE PAID	

Loi Informatiques & Libertés : Les informations qui vous ... YVERT & TELLIER RC B AMIENS 551 721 343 Prix indiqués valables jusqu'au 31/08/03 sauf erreurs ou omissions.

T38